LANGENSCHEIDTS
EUROWÖRTERBÜCHER

Langenscheidt Ευρωλεξικό Γερμανικό

Ελληνο-Γερμανικό
Γερμανο-Ελληνικό

DR. GÜNTHER S. HENRICH
και
ΚΥΡΙΑΚΗ ΧΡΥΣΟΜΑΛΛΗ-HENRICH

LANGENSCHEIDT
ΒΕΡΟΛΙΝΟ · ΜΟΝΑΧΟ · ΒΙΕΝΝΗ
ΖΥΡΙΧΗ · ΝΕΑ ΥΟΡΚΗ

Langenscheidts Eurowörterbuch Griechisch

Griechisch-Deutsch
Deutsch-Griechisch

von

DR. GÜNTHER S. HENRICH

KIRIAKI CHRISOMALLI-HENRICH

LANGENSCHEIDT

BERLIN · MÜNCHEN · WIEN

ZÜRICH · NEW YORK

Redaktionelle Mitarbeit: Susanne Teuner

Die Nennung von Waren erfolgt in diesem Werk, wie in Nachschlagewerken üblich, ohne Erwähnung etwa bestehender Patente, Gebrauchsmuster oder Warenzeichen. Das Fehlen eines solchen Hinweises begründet also nicht die Annahme, eine Ware oder ein Warenname sei frei.

Η ονομασία προϊόντων σ'αυτό το λεξικό λαμβάνει χώρα χωρίς αναφορά υπαρχόντων διπλωμάτων ευρεσιτεχνίας, υποδειγμάτων χρήσης, ή κατατεθέντων σημάτων. Η έλλειψη μιας τέτοιας υπόδειξης δε σημαίνει ότι ένα προϊόν ή ένα όνομα προϊόντος είναι ακατοχύρωτο.

Auflage: 6. 5. 4. 3. 2. | Letzte Zahlen
Jahr: 1997 96 95 94 93 | maßgeblich

Druck: Graph. Betriebe Langenscheidt, Berchtesgaden/Obb.
Printed in Germany · ISBN 3-468-12210-1

Inhaltsverzeichnis

Περιεχόμενα

Πρόλογος

Σήμερα βρισκόμαστε στο κατώφλι μιας Ευρώπης χωρίς σύνορα. Με την ολοκλήρωση της εσωτερικής αγοράς το 1993, η Ευρώπη πλησιάζει σημαντικά τα ιδανικά που τέθηκαν μετά το 1945. Αυτό σημαίνει, ότι η γνώση ξένων γλωσσών θα γίνει ακόμη σημαντικότερη. Το γεγονός τούτο δεν ισχύει μόνο για τον τουρίστα, αλλά κυρίως για τον επιχειρηματία, τον τεχνικό, τον πολιτικό, τον αθλητή και τον καλλιτέχνη.

Οι συντάκτες του τμήματος ξένων γλωσσών του LANGENSCHEIDT επεξεργάστηκαν μια μορφή λεξικού, η οποία ανταποκρίνεται στις νέες γλωσσικές ανάγκες της Ευρώπης. Το αποτέλεσμα της εργασίας αυτής βρίσκεται τώρα στη νέα σειρά των Ευρωλεξικών.

Η ιδιαιτερότητα των Ευρωλεξικών βρίσκεται στο προσφερόμενο λεξιλόγιο: Κατά την εκλογή του λεξιλογικού υλικού, που ξεπερνάει τις κοινές έννοιες και εκφράσεις, το μεγαλύτερο βάρος δόθηκε στις περιοχές της οικονομίας, του εμπορίου, των ταξιδιών και του γραφείου, ενώ βέβαια η δέουσα προσοχή προσφέρθηκε και σε τόσο σημαντικά πεδία, όπως η πολιτική, η τεχνική και ο πολιτισμός. Έννοιες όπως *μακροπρόθεσμη ανεργία, ευρωπαϊκή νόρμα, πρωινή τηλεόραση, νεαρός επιχειρηματίας, καλωδιακή σύνδεση, τρύπα όζοντος, τιμή ανά τετραγωνικό μέτρο, τουρισμός με σακίδιο, ολιγορυπαντικός, γραφείο ευρέσεως εργασίας, μεταφορά τεχνολογίας, κάρτα τηλεφώνου, αμόλυβδος, πρόωρη συνταξιοδότηση, εβδομαδιαίο ωράριο*, παρουσιάζουν παραδειγματικά τον ειδικό σκοπό των Ευρωλεξικών, να προσφέρουν σε όσο το δυνατό περισσότερους ανθρώπους ένα πρακτικό και χρήσιμο βοήθημα για τη γλωσσική επικοινωνία στη νέα Ευρώπη.

LANGENSCHEIDT

Vorwort

Wir stehen heute an der Schwelle zu einem Europa ohne Grenzen. Mit der Vollendung des Binnenmarktes von 1993 an ist Europa den Idealen, wie sie nach 1945 formuliert wurden, ein gutes Stück nähergerückt. Das bedeutet auch, daß Sprachkenntnisse an Bedeutung noch gewinnen werden. Dies gilt nicht nur für den Urlaubsreisenden, sondern insbesondere für den Geschäftsmann wie auch für den Techniker, den Politiker, den Sportler, den Künstler.

In den Fremdsprachenredaktionen von Langenscheidt wurden Wörterbuchkonzepte entwickelt, die den neuen sprachlichen Bedürfnissen Europas Rechnung tragen. Das Ergebnis dieser Arbeiten liegt jetzt in der neuentwickelten Reihe der Eurowörterbücher vor.

Charakteristisches und damit wichtigstes Merkmal der Eurowörterbücher ist der dargebotene Wortschatz: Das Schwergewicht bei der Auswahl der über den allgemeinsprachlichen Wortschatz hinausgehenden Wörter und Wendungen lag dabei auf den Sachgebieten Wirtschaft, Handel, Reise und Büro, wobei aber auch so wichtige Gebiete wie Politik, Technik und Kultur gebührende Berücksichtigung fanden. Begriffe wie *Dauerarbeitslosigkeit*, *Euronorm*, *Frühstücksfernsehen*, *Jungunternehmer*, *Kabelanschluß*, *Ozonloch*, *Quadratmeterpreis*, *Rucksacktourismus*, *schadstoffarm*, *Stellenvermittlung*, *Technologietransfer*, *Telefonkarte*, *unverbleit*, *Vorruhestand* und *Wochenarbeitszeit* veranschaulichen beispielhaft die besondere Zielsetzung der Eurowörterbücher, möglichst vielen Menschen eine praktische und nützliche Hilfe bei der sprachlichen Kommunikation im neugestalteten Europa zu bieten.

LANGENSCHEIDT

Hinweise für die Benutzung des Wörterbuches

1. **Die alphabetische Anordnung** ist überall streng eingehalten. An alphabetischer Stelle sind auch angegeben:
   a) die wichtigsten unregelmäßigen Formen der Verben;
   b) einige Komparative und Superlative von Adjektiven;
   c) die wichtigsten Formen der Pronomina.

2. **Die Tilde (das Wiederholungszeichen)** (~) dient der Raumersparnis und vertritt das ganze vorausgegangene Wort oder den Wortteil vor dem Strich (|), z. B.

   Telefon *n* τηλέφωνο; **~anruf** *m* (= Telefonanruf) τηλεφώνημα *n*
   αθλ|ητής, ~ήτρια (= αθλήτρια) Sportler(in *f*) *m*; **~ητικός** (= αθλητικός) sportlich

   Die Tilde mit Kreis (°~) weist darauf hin, daß sich die Schreibung des Anfangsbuchstabens des Stichwortes bei der Wiederholung ändert (groß in klein oder umgekehrt), z. B.

   dankbar ευγνώμων; **°~keit** *f* (= Dankbarkeit) ευγνωμοσύνη

3. **Ein Punkt** (·) in deutschen Stichwörtern wird bei Bedarf zur Kennzeichnung des Stimmabsatzes und der Sprechsilben verwendet, z. B. **ab·arbeiten, Nonstop·flug.**

4. **Hochgestellte Ziffern** ([1], [2]) hinter einem Stichwort unterscheiden Wörter von gleicher Schreibung, z. B.

   Ton[1] (-*ęs*; *"e*) *m* τόνος, ήχος; φωνή
   Ton[2] (-*ęs*; *-e*) *m* (*Erde*) πηλός

5. **In runden Klammern** ( ) stehende Bestandteile eines Stichwortes bedeuten, daß dieses Wort mit oder ohne diesen Bestandteil gebraucht werden kann, also zwei Formen hat, z. B.

   Falschgeld *n* πλαστά (χαρτο)νομίσματα (= πλαστά νομίσματα oder πλαστά χαρτονομίσματα)

6. **Rechtschreibung**

   Für die deutsche Sprache gelten die Regeln des DUDEN, für die griechische die amtliche Schulgrammatik, ergänzt durch die „Grammatik des Neugriechischen" von M. Triantaphyllidis und das „Große Lexikon der neugriechischen Sprache" von A. Georgopapadakos.

7. **Die Aussprachebezeichnung** erfolgt in der Lautschrift der Association Phonétique Internationale in eckigen Klammern, und zwar nur dort, wo sie von den allgemeinen Regeln für die Aussprache (S. 22 ff.) abweicht. In solchen Fällen wird im deutsch-griechischen Teil des Wörterbuches die Aussprache der deutschen

Stichwörter, im griechisch-deutschen Teil die der griechischen Stichwörter vermerkt.

Da die griechische Aussprache regelmäßig ist, werden nur folgende Punkte notiert:

ι (**ει, οι, υ**) vor Vokal als **j**;
beide Möglichkeiten der Aussprache von **αυ** und **ευ** [af, av – εf, εv];
beide Möglichkeiten der Aussprache von **γ** und **χ** [j, ɣ – ç, x];
die Aussprache der Konsonantenverbindungen **μπ, ντ, γκ** nur als [b, d, g];
die stimmhafte Aussprache des **σ** vor stimmhaften Konsonanten [zv, zɣ, zm usw.].

8. Betonung

Die griechischen Stichwörter erhalten – soweit sie nicht einsilbig sind – einen Akzent auf der betonten Silbe.

Bei allen **deutschen Stichwörtern,** die nicht auf der ersten Silbe betont werden, steht vor der betonten Silbe ein Betonungszeichen ('), z. B. **A'larm, akti'vieren.**

Deutsche Verben, die als ersten Bestandteil eine betonte Vorsilbe haben (ab-, auf-, um- usw.), werden nicht besonders vermerkt. Bei der Konjugation wird diese Vorsilbe abgetrennt (s. auch Grammatikanhang).

Οδηγίες για τη χρήση του λεξικού

1. **Η αλφαβητική διάταξη** τηρείται παντού αυστηρά.
Στην αλφαβητική τους σειρά αναφέρονται επίσης:
α) οι σπουδαιότεροι τύποι των ανώμαλων ρημάτων
β) μερικοί ανώμαλοι τύποι του συγκριτικού και υπερθετικού βαθμού των επιθέτων
γ) οι σπουδαιότεροι τύποι των αντωνυμιών.

2. **Το σημείο της επανάληψης** (~) εξοικονομεί χώρο και αντιπροσωπεύει είτε ολόκληρο το λήμμα που προηγήθηκε, είτε το μέρος του που βρίσκεται πριν την κάθετο (|), π.χ.

   Telefon *n* τηλέφωνο; **~anruf** *m* (= Telefonanruf) τηλεφώνημα *n*
   αθλ|ητής, ~ήτρια (= αθλήτρια) Sportler(in *f*) *m*; **~ητικός** (= αθλητικός) sportlich

   Το ίδιο σημείο με κύκλο (≗) σημαίνει ότι αλλάζει η γραφή του αρχικού γράμματος του λήμματος (από μικρό σε μεγάλο ή αντιστρόφως), π.χ.

   dankbar ευγνώμων; **≗keit** *f* (= Dankbarkeit) ευγνωμοσύνη

3. **Μια τελεία** (·) σε γερμανικά λήμματα δηλώνει τον κλειστό λαρυγγικό φθόγγο (Kehlkopfverschlußlaut) και το σωστό φωνητικό συλλαβισμό στο εσωτερικό των λέξεων, π.χ. **ab·arbeiten, Nonstop·flug.**

4. **Εκθέτες** ([1], [2]) πίσω από ένα λήμμα, δηλώνουν λέξεις της ίδιας γραφής, π.χ.

   Ton[1] (*-es*; *⸚e*) *m* τόνος, ήχος; φωνή
   Ton[2] (*-es*; *-e*) *m* (*Erde*) πηλός

5. Μέρη ενός λήμματος που βρίσκονται σε **παρενθέσεις ( )**, σημαίνουν ότι το λήμμα μπορεί να χρησιμοποιηθεί με και χωρίς αυτά τα μέρη, δηλ. η λέξη έχει δύο τύπους, π.χ.

   Falschgeld *n* πλαστά (χαρτο)νομίσματα (= πλαστά νομίσματα oder πλαστά χαρτονομίσματα)

6. **Ορθογραφία**

   Για τη γερμανική γλώσσα ισχύουν οι κανόνες του DUDEN, για την ελληνική η κρατική Σχολική Γραμματική καθώς επίσης η «Νεοελληνική Γραμματική» του Μ. Τριανταφυλλίδη και το «Μεγάλο Λεξικό της Νεοελληνικής Γλώσσας» του Α. Γεωργοπαπαδάκου.

7. **Η προφορά** δίνεται σε αγκύλες κατά τη φωνητική γραφή της Association Phonétique Internationale, μόνο στα σημεία που διαφέρουν από τους γενικούς κανόνες προφοράς (βλ. σ. 28). Σ' αυτές τις περιπτώσεις στο γερμανο-

-ελληνικό μέρος του λεξικού περιέχεται η προφορά των γερμανικών λέξεων, στο ελληνο-γερμανικό η προφορά των ελληνικών.

Επειδή η προφορά των ελληνικών είναι ομαλή, σημειώνονται μόνο τα ακόλουθα σημεία:

Το ημίφωνο **ι** (**ει, οι, υ**)·
οι δύο δυνατότητες προφοράς των **αυ** και **ευ** [af, av – εf, εv]·
οι δύο δυνατότητες προφοράς των **γ** και **χ** [j, γ – ç, x]·
η προφορά των συμφωνικών συμπλεγμάτων **μπ, ντ, γκ,** όταν δεν είναι έρρινη [b, d, g]·
η ηχηρή προφορά του **σ** μπροστά σε ηχηρά σύμφωνα [zv, zγ, zm κτλ.]

8. Τονισμός

Οι ελληνικές λέξεις – όταν δεν είναι μονοσύλλαβες – παίρνουν έναν τόνο στην τονισμένη συλλαβή.

Στα γερμανικά λήμματα, που δεν τονίζονται στην πρώτη συλλαβή, σημειώνεται ένας τόνος (') μπροστά από την τονισμένη συλλαβή, π.χ. **A'larm, akti'vieren.**

Γερμανικά ρήματα, που έχουν σαν πρώτο συστατικό ένα τονισμένο πρόθεμα (ab-, auf-, um- κτλ.), δε σημειώνονται ιδιαιτέρως. Αυτά τα ρήματα **χωρίζουν** κατά την κλίση το πρόθεμα (βλ. και Παράρτημα).

Grammatische Angaben im Wörterbuch

1. **Das grammatische Geschlecht** der Substantive (*m*, *f*, *n*) ist bei jedem deutschen Substantiv angegeben.

   Griechische Substantive auf **-ς** sind Maskulina, auf **-α, -η** Feminina, auf **-ο(ν)**, **-ι** Neutra. Abweichungen werden vermerkt, z. B. **οδός** *f*, **δάσος** *n*.

2. **Weitere grammatische Angaben** finden sich nur, wenn die Beugung des betreffenden Stichwortes von den Hauptregeln abweicht. Sie stehen in runden Klammern hinter dem Stichwort

   a) **bei den Substantiven:**
   Für die deutschen Substantive gelten folgende Hauptregeln.

   Die männlichen und sächlichen bekommen im Genitiv **-s** und im Plural keine Endung.

   Beispiele:
   der Lehrer – des Lehrer**s** – die Lehrer
   das Fenster – des Fenster**s** – die Fenster

   Die weiblichen Substantive bekommen im Genitiv keine Endung und im Plural **-en** oder nach *-e* **-n** oder bei der weiblichen Endung *-in* **-nen.**

   Beispiele:
   die Frau – die Frau**en**
   die Maschine – die Maschine**n**
   die Lehrerin – die Lehrerin**nen**

   Bei Abweichungen werden sowohl der Genitiv als auch der Plural angegeben, wobei der Genitiv vor dem Semikolon steht, der Plural danach. Es gibt folgende Zeichen.

   Vor dem Semikolon:
   \- keine Genitivendung
   -s Genitivendung auf *-s*
   -es Genitivendung auf *-es*
   -ens Genitivendung auf *-ens*
   -ɇs Genitivendung fakultativ auf *-s* oder *-es*
   -ses Genitivendung auf *-ses*
   -sses bei diesen Wörtern auf *-ß* wird das *-ß* im Genitiv zu *-ss-*

   Hinter dem Semikolon:
   \- keine Pluralendung
   ¨ gibt an, daß das Wort im Plural Umlaut bekommt (und keine Endung)
   -e Pluralendung auf *-e*
   ¨e gibt an, daß das Wort im Plural Umlaut bekommt und zusätzlich die Endung *-e*
   -en Pluralendung *-en*

-er Pluralendung *-er*
¨er gibt an, daß das Wort im Plural Umlaut bekommt und zusätzlich die Endung *-er*
-n Pluralendung *-n*
-s Pluralendung *-s*
-se Pluralendung *-se*
-sse bei diesen Wörtern auf *-ß* wird das *-ß* im Plural zu *-ss-*
0 ohne Pluralform

Ohne Semikolon:

-en oder *-n* kennzeichnen die schwachen männlichen Substantive, die sowohl im Singular, mit Ausnahme des Nominativs, als auch im Plural die Endung *-en* bzw. *-n* bekommen.

Unregelmäßige Plurale werden in ihrer vollen Form angegeben.

Beispiele:

Magazin (*-s*; *-e*) *n*: das Magazin, des Magazin**s**, die Magazin**e**
Gast (*-es*; *¨e*) *m*: der Gast, des Gast**es**, die G**ä**st**e**
Herz (*-ens*; *-en*) *n*: das Herz, des Herz**ens**, die Herz**en**
Leber (-; *-n*) *f*: die Leber, der Leber, die Leber**n**
Land (*-ęs*; *¨er*) *n*: das Land, des Land**es** *oder* des Land**s**, die L**ä**nd**er**
Gebiß (*-sses*; *-sse*) *n*: das Gebiß, des Gebi**sses**, die Gebi**sse**
Student (*-en*) *m*: der Student, des (dem, den) Student**en**, die (der, den, die) Student**en**
Museum (*-s*; *-'seen*) *n*: das Museum, des Museum**s**, die Mu**'seen**

Bei den **griechischen Substantiven** (außer denen der unter 1. behandelten Kategorien) ist der Genitiv bzw. die Pluralform angegeben.

Beispiele:

σπάσιμο (*-ματος*) Zerbrechen *n*
διεύθυνση (*-εις*) Adresse *f*

0 = das Substantiv bleibt in allen Formen unverändert, z. B. **τζετ** (*0*) *n* Düsenflugzeug *n*.

b) bei den deutschen Adjektiven werden in runden Klammern hinter dem betreffenden Stichwort die unregelmäßigen Steigerungsformen angegeben. Es gibt folgende Zeichen:

¨er; *¨est* bzw. *¨er*; *¨st*/*¨t* } Komparativ- und Superlativbildung mit Umlaut und der Endung *-er* im Komparativ bzw. *-est*, *-st* oder *-t* im Superlativ

Beispiele:

groß (*¨er*; *¨t-*) groß, **größer, größt-**
gut (*besser*; *best-*) gut, **besser, best-**
karg (*¨er*; *¨st-*) karg, **kärger, kärgst-**

Die meisten griechischen Adjektive enden auf *-ος* (männlich), *-η* (weiblich), *-ο* (sächlich). Abweichungen hiervon hinsichtlich der Femininbildung werden angegeben, z. B. **σπιτίσιος** (*-α, -ο*). Zu den Zahlen (2 bzw. 3) bei gewissen anderen Adjektivkategorien s. grammatischen Anhang.

c) bei den Verben:

* verweist auf die „Liste der unregelmäßigen deutschen Verben" im grammatischen Anhang.

(*sn*) gibt an, daß die zusammengesetzten Zeiten mit dem Hilfsverb *sein* gebildet werden.

Beispiel:

gehen (*sn*): ich **bin** gegangen

Bei den **griechischen Verben** stehen im griechisch-deutschen Teil die Stammformen, d. h. Aorist Aktiv, Aorist Passiv, Partizip Perfekt Passiv, soweit sie gebildet werden, in runden Klammern nach dem Stichwort, z. B. **δέρνω** (*δειρ· δαρθ· δαρμ*) *schlagen.*

Wenn das Verb endbetont ist, bekommt es den Hinweis (*-άς*), soweit es der **-άω**-Gruppe angehört. Sonst wird es nach dem Beispiel **κινώ** (*-είς*) konjugiert, s. grammatischen Anhang.

Wenn mehrere Varianten möglich sind, werden sie nacheinander vor den Stammformen gegeben, z. B. **τηλεφωνώ** (*άς, είς· ησ· ηθ*) *telefonieren.*

Auch zur Aoristbildung vergleiche man den grammatischen Anhang.

„Stamm I" bedeutet Präsensstamm, „Stamm II" Aoriststamm.

Rektion der Verben

Das **Akkusativobjekt** wird entweder mit *etw.*/*κτ*, *j-n*/*κπ* oder mit kursiv gedrucktem Wort angegeben, z. B. **ablehnen** ... *Vorschlag* αρνιέμαι.

Das **Dativobjekt** wird mit *j-m*/*σε κπ* angegeben.

Zur Bedeutungseingrenzung wird bei Bedarf das **Subjekt** angegeben; es ist kursiv gedruckt und mit einem Doppelpunkt versehen, z. B. **absterben** ... *Glied*: μουδιάζω.

Γραμματικές ενδείξεις στο λεξικό

1. **Το γραμματικό γένος** των ουσιαστικών (*m*, *f*, *n*) αναφέρεται σε κάθε γερμανικό ουσιαστικό.

   Ελληνικά ουσιαστικά σε **-ς** είναι αρσενικά, σε **-α, -η** θηλυκά, σε **-ο(ν), -ι** ουδέτερα. Αποκλίσεις αναφέρονται ιδιαίτερα, π.χ. **οδός** *f*, **δάσος** *n*.

2. **Περισσότερες γραμματικές ενδείξεις** υπάρχουν μόνο, όταν η κλίση του συγκεκριμένου ουσιαστικού αποκλίνει από τους κανόνες. Βρίσκονται σε παρενθέσεις μετά το λήμμα.

   α) **Για τα γερμανικά ουσιαστικά** ισχύουν οι εξής κανόνες:

   Τα **αρσενικά** και τα **ουδέτερα** παίρνουν στη γενική ένα **-s**, στον πληθυντικό δε μεταβάλλονται.

   Παραδείγματα:
   der Lehrer – des Lehrer**s** – die Lehrer
   das Fenster – des Fenster**s** – die Fenster

   Τα **θηλυκά** δε μεταβάλλονται στη γενική του ενικού, στον πληθυντικό παίρνουν την κατάληξη **-en** ή μετά από **-e** ένα **-n**· όταν λήγουν σε **-in** παίρνουν την κατάληξη **-nen.**

   Παραδείγματα:
   die Frau – die Frau**en**
   die Maschine – die Maschine**n**
   die Lehrerin – die Lehrerin**nen**

   Σε περίπτωση αποκλίσεως αναφέρονται τόσο η γενική όσο και ο πληθυντικός. Τότε η γενική βρίσκεται πριν το σημάδι της ημιπεριόδου (ελληνικό ερωτηματικό) και ο πληθυντικός μετά. Δίνονται οι επόμενες ενδείξεις.

   Πριν το σημάδι της ημιπεριόδου:

-	χωρίς ξεχωριστή κατάληξη γενικής
-s	γενική σε *-s*
-es	γενική σε *-es*
-ens	γενική σε *-ens*
-ẹs	γενική προαιρετικά σε *-s* ή *-es*
-ses	γενική σε *-ses*
-sses	οι λέξεις που λήγουν σε *-ß* το μετατρέπουν στη γενική σε *-ss-*

   Μετά το σημάδι της ημιπεριόδου:

-	χωρίς κατάληξη πληθυντικού
¨	σημαίνει ότι ο πληθυντικός σχηματίζεται με μεταφωνία (αλλά χωρίς ιδιαίτερη κατάληξη)
-e	πληθ. σε *-e*
¨e	σημαίνει ότι ο πληθυντικός σχηματίζεται με μεταφωνία και επιπλέον την κατάληξη *-e*

-en πληθ. σε *-en*
-er πληθ. σε *-er*
ᵘer σημαίνει ότι ο πληθυντικός σχηματίζεται με μεταφωνία και επιπλέον την κατάληξη *-er*
-n πληθ. σε *-n*
-s πληθ. σε *-s*
-se πληθ. σε *-se*
-sse οι λέξεις που λήγουν σε *-ß* το μετατρέπουν στον πληθυντικό σε *-ss-*
0 χωρίς πληθυντικό

Χωρίς σημάδι της ημιπεριόδου:
-en ή *-n* χαρακτηρίζουν τα λεγόμενα «αδύνατα» αρσενικά ουσιαστικά, που παίρνουν τόσο στον ενικό, με εξαίρεση της ονομαστικής, όσο και στον πληθυντικό την κατάληξη *-en* ή *-n*.

Ανώμαλοι πληθυντικοί αναφέρονται με την πλήρη μορφή τους.

Παραδείγματα:

Magazin (*-s*; *-e*) *n*: das Magazin, des Magazin**s**, die Magazin**e**
Gast (*-es*; *ᵘe*) *m*: der Gast, des Gast**es**, die G**ä**st**e**
Herz (*-ens*; *-en*) *n*: das Herz, des Herz**ens**, die Herz**en**
Leber (-; *-n*) *f*: die Leber, der Leber, die Leber**n**
Land (*-ḛs*; *ᵘer*) *n*: das Land, des Land**es** *oder* des Land**s**, die L**ä**nd**er**
Gebiß (*-sses*; *-sse*) *n*: das Gebiß, des Gebi**sses**, die Gebi**sse**
Student (*-en*) *m*: der Student, des (dem, den) Student**en**, die (der, den, die) Student**en**
Museum (*-s*; *-'seen*) *n*: das Museum, des Museum**s**, die Mu'**seen**

Στα ελληνικά ουσιαστικά (εκτός από τις υπ' αριθ. 1 κατηγορίες) αναφέρεται η γενική ή ο τύπος του πληθυντικού μόνο στο ελληνογερμανικό μέρος.

Παραδείγματα:

σπάσιμο (*-ματος*) Zerbrechen *n*
διεύθυνση (*-εις*) Adresse *f*

0 σημαίνει ότι το ουσιαστικό μένει σ' όλους τους τύπους αμετάβλητο, π.χ. **τζετ** (*0*) *n* Düsenflugzeug *n*.

β) **Στα γερμανικά επίθετα** δίνονται μετά το σχετικό λήμμα οι ανώμαλοι τύποι των παραθετικών. Υπάρχουν τα επόμενα στοιχεία:

ᵘer; *ᵘest* ή *ᵘer*; *ᵘst*/*ᵘt* } σχηματισμός των παραθετικών με μεταφωνία, κατάληξη του συγκριτικού *-er*, του υπερθετικού *-est*, *-st* ή *-t*.

Παραδείγματα:

groß (*ᵘer*; *ᵘt-*) groß, **größer, größt-**
gut (*besser*; *best-*) gut, **besser, best-**
karg (*ᵘer*; *ᵘst-*) karg, **kärger, kärgst-**

Τα περισσότερα ελληνικά επίθετα λήγουν σε *-ος* (αρσ.), *-η* (θηλ.), *-ο* (ουδ.). Αποκλίσεις ως προς το σχηματισμό του θηλυκού αναφέρονται, π.χ. **σπιτίσιος** (*-α, -ο*). Για τους αριθμούς (2 ή 3) σε ορισμένες άλλες κατηγορίες επιθέτων βλ. Γραμματικό Παράρτημα.

γ) **Στα ρήματα:**

* παραπέμπει στον «Κατάλογο των ανώμαλων γερμανικών ρημάτων», βλ. Γραμματικό Παράρτημα

(*sn*) σημαίνει ότι οι σύνθετοι χρόνοι σχηματίζονται με το βοηθητικό *sein*, π.χ. **gehen** (*sn*): ich **bin** gegangen.

Για τα **ελληνικά ρήματα** δίνονται στο ελληνογερμανικό μέρος οι αρχικοί χρόνοι, δηλ. ενεργητικός αόριστος, παθητικός αόριστος, μετοχή παθητικού παρακειμένου – εφόσον σχηματίζονται –, μέσα σε παρένθεση μετά το λήμμα, π.χ. **δέρνω** (*δειρ· δαρθ· δαρμ*) *schlagen.*

Αν το ρήμα είναι οξύτονο (συνηρημένο) και ανήκει στην ομάδα **-άω**, παίρνει την ένδειξη (*-άς*). Διαφορετικά κλίνεται κατά το παράδειγμα κινώ (*-είς*), βλ. Γραμματικό Παράρτημα. Αν είναι δυνατοί περισσότεροι τύποι, αναφέρονται κατά σειρά πριν τους αρχικούς χρόνους, π.χ. **τηλεφωνώ** (*άς, είς· ησ· ηθ*) *telefonieren.*

„Stamm I" σημαίνει το ενεστωτικό και „Stamm II" το αοριστικό θέμα.

Σύνταξη των ρημάτων

Το **άμεσο αντικείμενο** (αιτιατικής) σημειώνεται είτε με την ένδειξη *etw./κτ, j-n/κπ*, είτε με κυρτά τυπωμένη λέξη, π.χ. **ablehnen** ... *Vorschlag* αρνιέμαι.

Το **έμμεσο αντικείμενο** (δοτικής) σημειώνεται με *j-m/σε κπ.*

Για την ακριβή απόδοση των σημασιών δίνεται – όταν είναι ανάγκη – και το **υποκείμενο.** Αυτό τυπώνεται με κυρτά γράμματα και μια διπλή τελεία, π.χ.: **absterben** ... *Glied*: μουδιάζω.

Abkürzungen im Wörterbuch
Συντομογραφίες που εφαρμόζονται στο λεξικό

αερ. αεροπορία Flugwesen
αθλ. αθλητισμός Sport
ανατ. ανατομία Anatomie
άνθρ. άνθρωπος Mensch
αόρ. αόριστος Aorist
απαρ. απαρέμφατο Infinitiv
απρ. απρόσωπο unpersönlich
αριθμ. αριθμητική Arithmetik
αρν. άρνηση Verneinung
αρχαιολ. αρχαιολογία Archäologie
αρχιτ. αρχιτεκτονική Architektur
αστρ. αστρονομία Astronomie
αυτοκ. αυτοκίνητο Auto
βιολ. βιολογία Biologie
βιομ. βιομηχανία Industrie
βλ. βλέπε siehe
βοτ. βοτανική Botanik
γεν. γενικά allgemein
γεωγρ. γεωγραφία Geographie
γεωλ. γεωλογία Geologie
γραμμ. γραμματική Grammatik
δηλ. δηλαδή das heißt
ειρων. ειρωνικά ironisch
εκκλ. εκκλησία Kirche
εμπ. εμπόριο Handel
ερωτ. ερωτηματικό Fragewort
ζωολ. ζωολογία Zoologie
ηλ. ηλεκτρισμός Elektrizität
ηλεκτρον. ηλεκτρονική Elektronik
θεατρ. θέατρο, -ικός Theater
θεολ. θεολογία Theologie
θρ. θρησκειολογία Religionswissenschaft
ιατρ. ιατρική Medizin
ιδ. ιδίως besonders
ιδιωμ. ιδιωματικός idiomatisch
ιστ. ιστορία, -ικός Geschichte
κ. και und
κινημ. κινηματογράφος Kino
κοινων. κοινωνιολογία Soziologie
κπ κάποιον jemanden
κτ κάτι etwas
κτλ. και τα λοιπά und so weiter
λαϊκ. λαϊκό populär
λογιστ. λογιστική Buchhaltung
λογοτ. λογοτεχνικό literarisch
μαθ. μαθηματικά Mathematik
μειωτ. μειωτικός pejorativ
μετρ. μετρική Metrik
μηχ. μηχανική Mechanik
μουσ. μουσική Musik
μτφ. μεταφορικά figürlich
μυθ. μυθολογία Mythologie
ναυτ. ναυτιλία Schiffahrt
νομ. νομική Jura
οικ. οικείας σφαίρας familiär
οικοδ. οικοδομική Bauwesen
οικον. οικονομία Wirtschaft
παθ. παθητική φωνή Passiv
παρατ. παρατατικός Imperfekt
περ. περίπου ungefähr
πληθ. πληθυντικός Plural
ποδόσφ. ποδόσφαιρο Fußball
ποιητ. ποιητικό poetisch
ποιν. ποινικός strafrechtlich
πολ. πολιτική Politik
πρόσ. πρόσωπο Person
προστ. προστακτική Imperativ
ρητ. ρητορική Rhetorik
σιδ. σιδηρόδρομος Eisenbahn
στρ. στρατιωτικός militärisch
συνήθ. συνήθως gewöhnlich
σχολ. σχολείο, -ικός Schule
ταχ., ταχυδρ. ταχυδρομείο Post
τελων. τελωνείο Zoll
τεχν. τεχνικός technisch
τηλεόρ. τηλεόραση Fernsehen
τοπ. τοπογραφία Topographie
τυπ. τυπογραφία Typographie

υποκ. υποκείμενο Subjekt
υποτ. υποτακτική Konjunktiv
φιλ. φιλολογία Philologie
φιλοσ. φιλοσοφία Philosophie
φυσ. φυσική Physik
φωτογρ. φωτογραφική Fotografie
χαρτοπ. χαρτοπαιξία Kartenspiel
χημ. χημεία Chemie
χρήμ. χρήματα Geld
χρον. χρονικός Zeit-, zeitlich
χυδ. χυδαίο vulgär
ψυχ. ψυχολογία Psychologie

---

(0) undeklinierbar άκλιτη λέξη
a. auch και, επίσης
A Akkusativ αιτιατική
Adj Adjektiv επίθετο
adj adjektivisch επιθετικά
Adv Adverb επίρρημα
adv adverbiell επιρρηματικά
allg. allgemein γενικά
Anat. Anatomie ανατομία
Aor Aorist αόριστος
Art Artikel άρθρο
Astr. Astronomie αστρονομία
Biol. Biologie βιολογία
Bot. Botanik βοτανική
bsd. besonders ιδίως
Chem. Chemie χημεία
D Dativ δοτική
e-e eine μία
e-m einem σ' έναν
e-n einen έναν
e-r einer μιας; σε μια
e-s eines ενός
EDV elektronische Datenverarbeitung ηλεκτρονική
El. Elektrizität ηλεκτρισμός
Esb. Eisenbahn σιδηρόδρομος
etw. etwas κάτι
f feminin θηλυκό
F familiär οικείας σφαίρας
fig. figürlich μεταφορικά
Flugw. Flugwesen αεροπορία
Fot. Fotografie φωτογραφία
Fragew Fragewort ερωτηματικό
G Genitiv γενική
Geogr. Geographie γεωγραφία
Geol. Geologie γεωλογία
Gr. Grammatik γραμματική
Hdl. Handel εμπόριο, οικονομικός όρος
hist. historisch ιστορικά
Imp Imperativ προστακτική
Impf Imperfekt παρατατικός
Inf Infinitiv απαρέμφατο
Interj Interjektion επιφώνημα
iro. ironisch ειρωνικά
j. jemand κάποιος
j-m jemandem σε κάποιον
j-n jemanden κάποιον
j-s jemandes κάποιου
jur. juristisch νομικός όρος
K Katharevusa καθαρεύουσα
Ko Konjunktion σύνδεσμος
Komp Komparativ συγκριτικός
Konj Konjunktiv υποτακτική
lit. literarisch λογοτεχνικά
m maskulin αρσενικό
mar. maritim ναυτικός όρος
Math. Mathematik μαθηματικά
Med. Medizin ιατρική
mil. militärisch στρατιωτικός όρος
mod. modern νεωτεριστικά
mst. meist συνήθως
Mus. Musik μουσική
n Neutrum ουδέτερο
N Nominativ ονομαστική
Ns Nebensatz δευτερεύουσα πρόταση
o ohne χωρίς
od. oder ή
P populär λαϊκό
Part Partizip μετοχή
Pass Passiv παθητική φωνή
Perf Perfekt παρακείμενος
Pers. Person πρόσωπο, άτομο
Phil. Philosophie φιλοσοφία
Phys. Physik φυσική
pl Plural πληθυντικός
poet. poetisch ποιητικά
pol. politisch πολιτικά
Präp Präposition πρόθεση
Präs Präsens ενεστώτας

Pron	Pronomen αντωνυμία	*Thea.*	Theater θέατρο
Psych.	Psychologie ψυχολογία	*Typ.*	Typographie τυπογραφία
refl	reflexiv αυτοπαθής	*u.*	und και
Rel.	Religion θρησκεία	*u.a.*	und anderes, unter anderem μεταξύ άλλων
rhet.	rhetorisch ρητορικά	*unp.*	unpersönlich απρόσωπα
S.	Sache πράγμα	*usw.*	und so weiter και τα λοιπά
s.	siehe βλέπε	*v.*	von από
sg, *Sing.*	Singular ενικός	V	vulgär χυδαίο
s-m	seinem στο(ν) ... του	*v/i*	intransitives Verb ρήμα αμετάβατο
s-n	seinen το(ν) ... του	*v/p*	(*griechische*) passive Verbform ρήμα παθητικό, αυτοπαθές
s-r	seiner της ... του	*v/t*	transitives Verb ρήμα μεταβατικό
s-s	seines του ... του	*Wirtsch.*	Wirtschaft οικονομία
sn	sein είμαι	*z. B.*	zum Beispiel παραδείγματος χάριν
Sp.	Sport αθλητισμός	*zeitl.*	zeitlich χρονικός
St.	Stamm θέμα	*Zool.*	Zoologie ζωολογία
Su	Substantiv ουσιαστικό		
su	substantivisch σαν ουσιαστικό		
Sup	Superlativ υπερθετικός		
Tech.	Technik τεχνική		
Tel.	Telefon τηλέφωνο		

Zur Aussprache des Griechischen

Griechische Buchstaben	Name der Buchstaben	Lautzeichen	Ausspracheerklärungen
Α α	['alfa]	[a]	kurzes **a** wie in **A**k**a**demie
Β β	['vita]	[v]	wie **w** in **w**er
Γ γ	['ɣama]	[ɣ]	vor [a, ɔ, u] oder Konsonanten wie **g** in berlinisch Wa**g**en; es klingt wie ein Zäpfchen-r ohne Rollen
		[j]	vor [ε, i] wie **j** in **j**a
Δ δ	['ðεlta]	[ð]	wie stimmhaftes **th** in englisch **th**at
Ε ϵ	['εpsilɔn]	[ε]	kurzes, offenes **e** wie in f**e**st
Ζ ζ	['zita]	[z]	stimmhaftes **s** wie in Ro**s**e
Η η	['ita]	[i]	kurz und geschlossen wie **i** in M**i**nute, nie offen wie in b**i**s
Θ θ	['θita]	[θ]	wie stimmloses **th** in englisch **th**ing
Ι ι	['jɔta]	[i, ĭ, j]	unbetont vor Vokal wie **j** in **j**a bzw. sehr kurzes **ĭ** wie in Fer**i**en; sonst *s.* **η**
Κ κ	['kapa]	[k]	vor [a, ɔ, u] oder Konsonanten: **k** ohne Behauchung wie in französisch **c**oup
		[k̡]	vor [ε, i, ĭ]: enge Verbindung von unbehauchtem **k** und **j**
Λ λ	['lamða]	[l]	**l** wie im Deutschen
Μ μ	[mi]	[m]	**m** wie im Deutschen
Ν ν	[ni]	[n]	**n** wie im Deutschen
Ξ ξ	[ksi]	[ks]	wie **x** in He**x**e oder **ks** in Ke**ks**
Ο ο	['ɔmikrɔn]	[ɔ]	kurzes, offenes **o** wie in **o**ft
Π π	[pi]	[p]	**p** ohne Behauchung wie in französisch **p**ère
Ρ ρ	[rɔ]	[r]	Zungenspitzen-**r** wie im Italienischen
Σ σ, ς	['siɣma]	[s]	stimmloses **s** wie **ss** in Wa**ss**er oder **ß** in Stra**ß**e
		[z]	vor stimmhaften Konsonanten (β, γ, δ, μ, ν, ρ, z. T. λ) wie ζ
Τ τ	[taf]	[t]	**t** ohne Behauchung wie französisch **t**ou**t**e
Υ υ	['ipsilɔn]	[i]	*s.* **ι**
Φ φ	[fi]	[f]	**f** wie im Deutschen
Χ χ	[çi]	[ç]	vor [ε, i] wie **ch** in i**ch**
		[x]	vor [a, ɔ, u] oder Konsonanten wie **ch** in Da**ch**
Ψ ψ	[psi]	[ps]	wie **ps** in **Ps**alm
Ω ω	[ɔ'mεɣa]	[ɔ]	*s.* **ο**

Von der Aussprache der Einzelbuchstaben abweichende Aussprache gewisser Buchstabenverbindungen

αι	[ɛ]	ναι [nɛ] ja
αυ	[av]	vor Vokalen oder stimmhaften Konsonanten: **παύω** ['pavɔ] aufhören, **αυλή** [a'vli] Hof
	[af]	vor stimmlosen Konsonanten: **αυτός** [a'ftɔs] dieser
ει	[i, j, ĭ]	wie ι: **είμαι** ['imɛ] (ich) bin; unbetont zwischen Konsonant und Vokal: **δουλειά** [ðu'lja] Arbeit bzw. **ασάφεια** [a'safĭa] Unklarheit
ευ	[ɛv]	vor Vokalen oder stimmhaften Konsonanten: **γυρεύω** [ji'rɛvɔ] suchen, **γεύμα** ['jɛvma] Mittagessen
	[ɛf]	vor stimmlosen Konsonanten: **εύκολος** ['ɛfkɔlɔs] leicht
οι	[i]	**τοίχος** ['tixɔs] Wand
ου	[u]	**πού** [pu] wo
γγ	[ŋ̆g]	vor [a, ɔ, u] oder Konsonanten wie **ng** in Ta**ng**o: **αγγούρι** [a'ŋ̆guri] (schwaches ŋ) Gurke
	[ŋ̆g̥]	vor [ɛ, i, ĭ] enge Verbindung von **ng** (**g** hörbar) und **j: άγγελος** ['aŋ̆g̥elɔs] (schwaches ŋ) Engel
γκ	[g]	am Wortanfang vor [a, ɔ, u] oder Konsonanten: **γκάζι** ['gazi] Gas; selten so im Wortinnern: **μπιγκόνια** [bi'gɔnja] Begonie
	[g̥]	am Wortanfang vor [ɛ, i]: **γκέμι** ['g̥ɛmi] Zügel; selten so im Wortinnern: **μπαγκέτα** [ba'g̥ɛta] Taktstock (enge Verbindung von **g** und **j**)
	[ŋ̆g, ŋ̆g̥]	im Wortinnern meist so (wie **γγ**): **όγκος** ['ɔŋ̆gɔs] Umfang, aber: **άγκυρα** ['aŋ̆g̥ira] Anker
μβ	[ɱv]	reduziertes **m,** bei dem die Unterlippe die oberen Schneidezähne berührt: **λαμβάνω** [la'ɱvanɔ] nehmen
μπ	[b]	am Wortanfang: **μπαίνω** ['bɛnɔ] eintreten; selten so im Wortinnern: **τζάμπα** ['dzaba] umsonst
	[m̆b]	im Wortinnern meist so: **κουμπί** [ku'm̆bi] (schwaches **m**) Knopf
μφ	[ɱf]	Aussprache des **μ** wie in **μβ: αμφιβάλλω** [aɱfi'valɔ] zweifeln
-ν κ-	[ŋ̆g, ŋ̆g̥]	bei enger Wortverbindung wie **γκ** im Wortinnern: **τον κάμπο** [tɔ'ŋ̆gam̆bɔ] die Ebene (Akk.), aber: **τον κύριο** [tɔ'ŋ̆g̥irĭɔ] den Herrn
-ν ξ-	[ŋ̆gz]	bei enger Wortverbindung: **δεν ξέρω** ['ðɛ'ŋ̆gzɛrɔ] ich weiß nicht
-ν π-	[m̆b]	bei enger Wortverbindung: **τον πατέρα** [tɔm̆ba'tɛra] den Vater

ντ	[d]	am Wortanfang: **ντουλάπι** [du'lapi] Schrank; selten so im Wortinnern: **νταντά** [da'da] Kinderfrau
	[ňd]	im Wortinnern meist so: **δόντι** ['ðɔňdi] (schwaches **n**) Zahn
-ν τ-	[ňd]	bei enger Wortverbindung: **στον τάφο** [stɔ'ňdafɔ] im/ins Grab
-ν τσ-	[ňdz]	bei enger Wortverbindung: **την τσάντα** [tiň'dzaňda] die Tasche (Akk.)
-ν ψ-	[m̌bz]	bei enger Wortverbindung: **έναν ψεύτη** ['ɛnam̌'bzɛfti] einen Lügner
τζ	[dz]	enge Verbindung von **d** in **d**a und **s** in Ro**s**e: **τζατζίκι** [dza'dziķi] Art Joghurtvorspeise, Zaziki
τσ	[ts]	wie deutsch **z** in **z**ehn, **tz** in Ka**tz**e oder **ts** in ste**ts**: **τσάι** [tsai] Tee

Weitere Einzelheiten sind bei den betreffenden Stichwörtern angegeben.

Merke:

η, ι, υ, ει, οι	lauten gleich, meist wie [i]
ε, αι	lauten wie [ɛ]
ο, ω	lauten wie [ɔ]

Erklärung der einzelnen Lautzeichen mit Beispielen

'	steht vor der Silbe, die betont ist	(το) νερό [nɛ'rɔ] Wasser
b d g	stimmhafter als im Deutschen	(το) μπαρ [bar] Bar ντύνομαι ['dinɔmɛ] ich ziehe mich an (το) γκάζι ['gazi] Gas
f j, l m, n	lauten wie im Deutschen	(το) φως [fɔs] Licht (η) γη [ji] Erde (η) λάμπα ['lam̆ba] Lampe (το) μάτι ['mati] Auge ναι [nɛ] ja
a	kurzes mittleres **a**, etwas dunkler als in W**a**sser, wie in **Aka**demie	καλά [ka'la] gut
ç	wie **ch** in i**ch**, eu**ch**	όχι ['ɔçi] nein
ð	wie stimmhaftes **th** in englisch **th**at	δεν [ðɛn] nicht
dz	enge Verbindung zwischen **d** in **d**a und **s** in **s**agen	τζάμι ['dzami] Fensterscheibe
ɛ	kurzes offenes **e** wie in **E**cke, f**e**st	φέρνω ['fɛrnɔ] ich bringe
ɣ	wie **g** in Wa**g**en in dialektischer Berliner Aussprache, ähnlich dem deutschen Zäpfchen-r, jedoch ohne Schwingung, ohne Rollen	(το) γάλα ['ɣala] Milch
i	kurzes geschlossenes **i**, etwa wie in M**i**nute. Es darf nicht wie in **i**ch oder b**i**n gesprochen werden.	η μύτη [i'miti] die Nase
ĭ	sehr kurzes, fast unsilbisches **i** wie in Fer**i**en	(ο) κύριος ['ķirĭɔs] Herr
k	**k** ohne Behauchung wie in französisch **c**oup	κακά [ka'ka] schlecht
ķ	enge Verbindung zwischen **k** und **j**	και [ķɛ] und
m̆	schwach ausgesprochenes **m** im Innern eines Wortes vor [b]	κουμπί [ku'm̆bi] Knopf
ɱ	halbnasales **m** vor [v] und [f]. Der Laut wird durch Heben der unteren Lippe gegen die oberen Schneidezähne erzeugt.	αμφιβάλλω [aɱfi'valɔ] ich zweifle
ň	schwaches **n** vor [d]	(το) δόντι ['ðɔňdi] Zahn

ŋ̑g, ŋ̑g̯	wie **ng** in Ta**ng**o (mit hörbarem **g**). Vor hellen Vokalen mit schwachem **j**	(το) αγγούρι [a'ŋ̑guri] Gurke (η) άγκυρα ['aŋ̑g̯ira] Anker
ɔ	kurzes offenes **o** wie in L**o**tte, **o**ffen	καλός καιρός [ka'lɔs k̯ɛ'rɔs] schönes Wetter
p	wie **p** in französisch **p**ère, d. h. ohne Behauchung; s. a. k	παρακαλώ [paraka'lɔ] (ich) bitte
r	Zungenspitzen-**r** wie im Italienischen oder Russischen	(το) ρεύμα ['rɛvma] Strom
s	stimmloses **s** wie **ss** in Wa**ss**er oder **ß** in schlie**ß**en	(η) σαλάτα [sa'lata] Salat
t	wie **t** in französisch **t**ante, unbehaucht wie **k** und **p**	τιμή [ti'mi] Preis
ts	wie deutsch **z** oder **tz** in **Z**ahl oder Mü**tz**e	(το) τσάι [tsai] Tee
θ	wie das stimmlose **th** in englisch **th**ing. Man spreche mit der Zunge zwischen den vorderen Zahnreihen einen stimmlosen s-Laut; s. auch ð	(το) θέατρο ['θɛatrɔ] Theater
u	geschlossenes **u**, etwa wie in **U**niversität	(το) κουτί [ku'ti] Schachtel
v	wie **w** in **W**asser, **w**er	(το) βιβλίο [vi'vliɔ] Buch
x	wie **ch** in no**ch**, au**ch**	(το) χωριό [xɔ'rjɔ] Dorf
z	wie stimmhaftes **s** in **S**onne, lei**s**e, französisch **z**èle, englisch **z**ero	(το) ζώο ['zɔɔ] Tier, (ο) κόσμος ['kɔzmɔs] Welt

Das griechische Alphabet

Α α	Β β	Γ γ	Δ δ	Ε ε	Ζ ζ	Η η	Θ θ
Ι ι	Κ κ	Λ λ	Μ μ	Ν ν	Ξ ξ	Ο ο	Π π
Ρ ρ	Σ σ, ς	Τ τ	Υ υ	Φ φ	Χ χ	Ψ ψ	Ω ω

Aussprache und Benennung s. S. 22

Die Aussprache der häufigsten Vor- und Endsilben

-άδα [-'aða]
-άζω [-'azɔ]
-αινα [-εna]
-αίνω [-'εnɔ]
-αίος [-'εɔs]
-ακι [-aķi]
-ακός [-a'kɔs]
-αμα [-ama]
-άνος [-'anɔs]
-ανός [-a'nɔs]
απο- [apɔ-]
-άρης [-'aris]
-άρι [-'ari]
-άριο [-'arĭɔ]
-άριος [-'arĭɔs]
-ασμός [-a'zmɔs]
-αστής [-a'stis]
-άστρια [-'astrĭa]
-άτης [-'atis]
-ατίζω [-a'tizɔ]
-άτος [-'atɔs]
-αύω [-'avɔ]
-εία [-'ia]
-εια [-ĭa, -ja]
-είο [-'iɔ]
-εμα [-εma]
επι- [εpi-]
-εύω [-'εvɔ]
-ημα [-ima]
-ηνός [-i'nɔs]
-ήρι [-'iri]
-ης [-is]
-ηση [-isi]
-ήτης [-'itis]
-ία [-'ia]
-ιά [-'ja]
-ιάζω [-'ĭazɔ, -'jazɔ]
-ιανός [-ĭa'nɔs, -ja'nɔs]
-ιδα [-iða]
-ίζω [-'izɔ]
-ικός [-i'kɔs]
-ιμο(ς) [-imɔ(s)]
-ινα [-ina]
-ινός [-i'nɔs]
-ίνος [-'inɔs]
-ιο [-ĭɔ]
-ιος [-ĭɔs, -jɔs]
-ισμα [-izma]
-ισμός [-i'zmɔs]
-ισσα [-isa]
-ιστρ(ι)α [-istr(ĭ)a]
-ιτός [-i'tɔs]
-ιτος [-itɔs]
κατα- [kata-]
-μένος [-'mεnɔs]
μετα- [mεta-]
-ο(ν) [-ɔ(n)]
-ος [-ɔs]
-ός [-'ɔs]
-οσύνη [-ɔ'sini]
-ότατος [-'ɔtatɔs]
-ότερος [-'ɔtεrɔs]
-ότητα [-'ɔtita]
παρα- [para-]
-στής [-'stis]
-τήριο [-'tirĭɔ]
-της [-tis]
-τητα [-tita]
υπερ- [ipεr-]
υπο- [ipɔ-]
-ώδης [-'ɔðis]
-ωδία [-ɔ'ðia]
-ωμα [-ɔma]
-ώνω [-'ɔnɔ]

Εξήγηση της γερμανικής προφοράς

Γενικοί κανόνες για την προφορά της γερμανικής

A **1.** Η γερμανική έχει μακρόχρονα και βραχύχρονα φωνήεντα.

2. Τα βραχύχρονα φωνήεντα είναι πάντα ανοιχτά: [ɛ] [œ] [ɪ] [ʏ] [ɔ] [ʊ]

3. Τα μακρόχρονα φωνήεντα είναι πάντα κλειστά, με εξαίρεση του [ɛː]: [eː] [øː] [iː] [yː] [oː] [uː]

Εξαίρεση: [ɛː]

4. Σε ξένες λέξεις μπροστά από άλλο φωνήεν τα [i, y, u] συχνά δε σχηματίζουν ιδιαίτερη συλλαβή: [ĭ] [y̆] [ŭ]

5. Το γερμανικό **a** είναι ουδέτερο, δηλ. ο ήχος του είναι εξίσου μακριά από το **o** και **e.** Αλλά συνήθως το μακρόχρονο **a** προφέρεται κάπως χαμηλότερα από το βραχύχρονο.

Αποδίδουμε το μακρόχρονο χαμηλό **a** με [ɑː],
το βραχύχρονο υψηλό **a** με [a].

6. Στις αρχικές συλλαβές **be-** και **ge-**, στις λήγουσες μπροστά από **-l, -ln, -lst, -m, -n, -nd, -nt, [-r, -rm, -rn, -rt, -rst]*) -s** και στον καταληκτικό φθόγγο (**-e**) το **e** προφέρεται σαν φθόγγος με αόριστο ήχο: [ə]

B Η γερμανική ορθογραφία βασίζεται εν μέρει στο ιστορικό και εν μέρει στο φωνητικό σύστημα. Υπάρχουν όμως και κανόνες, σύμφωνα με τους οποίους οι περισσότερες γερμανικές λέξεις μπορούν να προφέρονται σωστά:

1. Το φωνήεν είναι πάντα βραχύχρονο μπροστά από τα διπλά σύμφωνα (λ.χ. **ff, mm, tt, ss****), **tz** και **ck** που γράφεται για το **kk** και τις περισσότερες φορές βραχύχρονο μπροστά από δύο ή περισσότερα σύμφωνα. offen ['ʔɔfən] lassen ['lasən] oft [ʔɔft]

Εξαιρέσεις αναφέρονται στο λεξικό με χαρακτηρισμό του μακρόχρονου φωνήεντος: wüst [yː]

*) βλ. Ε 7β. **) για το **ß** βλ. Β 2ε.

2. Το φωνήεν είναι μακρόχρονο

α) σε ανοιχτή τονισμένη συλλαβή: — Ware ['va:ʀə]
Όταν το φωνήεν στα ομαλά ρήματα είναι μακρόχρονο στο απαρέμφατο, τότε μένει μακρόχρονο και στην κλίση: — sagen ['za:gən] sagte ['za:ktə] gesagt [gə'za:ktʿ]

β) όταν είναι διπλό: — Paar [pʿa:ʀ]

γ) όταν ακολουθεί άφωνο **h**: — Bahn [ba:n]

δ) όταν ακολουθεί μόνο ένα σύμφωνο: — Tag [ʿta:kʿ]

Εξαιρέσεις:

ab	[ˀapʿ]	ver-	[fɛʀ-]	was	[vas]
am	[ˀam]	das	[das]	er-	[ˀɛʀ-]
man	[man]	wes	[vɛs]	in	[ˀɪn]
-nis	[-nɪs]	weg	[vɛkʿ]	im	[ˀɪm]
zum	[tsum]	hat	[hat]	um	[ˀʊm]
un-	[ˀʊn-]	hin	[hɪn]	bin	[bɪn]
des	[dɛs]	ob	[ˀɔpʿ]	von	[fɔn]
bis	[bɪs]	zer-	[tsɛʀ-]	es	[ˀɛs]
mit	[mɪtʿ]	an	[ˀan]		

ε) μπροστά από το **ß** που βρίσκεται μεταξύ δύο φωνηέντων. — grüßen ['gʀy:sən]
Στο τέλος των λέξεων δε γράφεται ποτέ στην πραγματικά γερμανική ορθογραφία **ss**, αλλά πάντα **ß**: — Schluß [ʃlʊs]

ς) Επειδή τα **ch** και **sch** δε διπλασιάζονται ποτέ, δεν μπορεί κανείς να καταλάβει, αν το φωνήεν που προηγείται είναι μακρόχρονο ή βραχύχρονο. Τις περισσότερες φορές είναι βραχύχρονο: — Bach [bax] Wäsche ['vɛʃə]
Εξαιρέσεις αναφέρονται στο λεξικό με χαρακτηρισμό του μακρόχρονου φωνήεντος: — Buch [u:]

3. «Δίχρονα» φωνήεντα βρίσκονται μόνο σε άτονες συλλαβές, τις περισσότερες φορές σε ξένες λέξεις: — vielleicht [fiˑ'laiçt] monoton [moˑnoˑ'tʿo:n]

Γ Η γερμανική έχει τρεις διφθόγγους: — au [aʊ] ai, ei, ey [aɪ] äu, eu, oi [ɔʏ]

Το πρώτο στοιχείο της διφθόγγου τονίζεται περισσότερο από το δεύτερο.
Το δεύτερο στοιχείο είναι πολύ ανοιχτό.

Δ Ρινικά φωνήεντα βρίσκονται μόνο σε ξένες λέξεις παρμένες από τη γαλλική.

Σε λέξεις της καθομιλουμένης αυτά αντικαταστaίνονται σήμερα από το αντίστοιχο βραχύ φωνήεν μαζί με το ρινικό φθόγγο [ŋ].

Αποδίδουμε την προφορά των λέξεων αυτών σύμφωνα με τον τρόπο, με τον οποίο ακούονται πραγματικά από το στόμα μορφωμένου Γερμανού: Balkon [bal'kʻɔŋ]

Η προφορά των ξένων λέξεων που διαφέρει από τους γενικούς κανόνες, αναφέρεται στο λεξικό.

E Παρακάτω πρόκειται για μερικά χαρακτηριστικά σημεία που σχετίζονται με διάφορα γερμανικά σύμφωνα και την προφορά τους όσον αφορά τη θέση τους στη λέξη.

1. Μπροστά από κάθε αρχικό τονισμένο φωνήεν προφέρεται στα γερμανικά ένας κλειστός φθόγγος των φωνητικών χορδών, που λέγεται λαρυγγικός κλειστός φθόγγος (Kehlkopfverschlußlaut) (αγγλικά glottal stop, γαλλικά coup de glotte): [ʔ]

Ο φθόγγος αυτός δε σημειώνεται: abändern ['ʔapʔɛndɐn]

2. Το **h** προφέρεται στα γερμανικά:

α) στην αρχή της λέξης: hinein [hɪ'naɪn]

β) μπροστά από τονισμένα φωνήεντα· μπροστά από φωνήεντα που ανήκουν σε μια θεματική συλλαβή: Halt [halt]
anhalten ['ʔanhaltən]

γ) σε μερικές λέξεις, προπάντων ξένες: Uhu ['ʔu:hu:]
Alkohol ['ʔalkʻo·ho:l]

Σε όλες τις άλλες περιπτώσεις το **h** δεν προφέρεται: gehen ['ge:ən]
lahm [la:m]
Ehe ['ʔe:ə]

3. p – t – k

Οι στιγμιαίοι αυτοί φθόγγοι δασύνονται στις παρακάτω θέσεις:

α) στην αρχή της λέξης μπροστά από φωνήεν: Pech [pʻɛç]

ή μπροστά από **l, n, r** και **v** (στο **qu-**): Plage ['pʻla:gə]
Knie [kʻni:]
treu [tʻʀɔʏ]
Quelle ['kʻvɛlə]

β) στην τονισμένη συλλαβή στο εσωτερικό της λέξης: ertragen [ʔɛʀ'tʻʀa:gən]

γ) σε ξένες λέξεις μπροστά από φωνήεν, επίσης σε μη τονισμένη συλλαβή: Krokodil [kʻʀo·kʻo·'di:l]

δ) στον απόλυτο καταληκτικό φθόγγο: Rock [ʀɔkʻ]

Σε όλες τις άλλες περιπτώσεις οι φθόγγοι αυτοί δε δασύνονται ή μόνο λίγο.

4. b – d – g

Οι ηχηροί αυτοί στιγμιαίοι φθόγγοι γίνονται άηχοι στο τέλος μιας λέξης (βλ. και κανόνα 3δ):

ab [ˀapʿ]
und [ˀʊntʿ]
Weg [ve:kʿ]

Το ίδιο ισχύει για τις ομάδες συμφώνων **-gd**, **-bt**, **-gt**:

Jagd [jɑ:ktʿ]
gibt [gi:ptʿ]
gesagt [gə'zɑ:ktʿ]

Και στο τέλος συλλαβής τα **b**, **d**, **g** προφέρονται άηχα:

ablaufen ['ˀaplaʊfən]
endgültig ['ˀɛntgʏltɪç]
weggehen ['vɛkge:ən]

5. Αν συμπέσουν όμοια άηχα στιγμιαία σύμφωνα που ανήκουν σε δύο διαφορετικά συστατικά (λ.χ. **-tt-**), τότε προφέρεται μόνο το ένα, το οποίο παρατείνεται λίγο:

Bettuch ['bɛt:ʿu:x]
Handtuch ['hant:ʿu:x]

6. Αν μετά από ένα άηχο καταληκτικό σύμφωνο υπάρχει άλλο ηχηρό, που βρίσκεται στην αρχή της επόμενης συλλαβής, τότε δεν παρουσιάζεται αφομοίωση.

Οι δύο φθόγγοι προφέρονται ξεχωριστά:

aussetzen ['ˀaʊszɛtsən]
Absicht ['ˀapzɪçt]

7. Ο μορφωμένος Γερμανός έχει γενικά δύο **r**:

α) ένα **r** του σταφυλίτη που παράγεται με κραδασμό:

rollen ['ʀɔlən]
Ware ['vɑ:ʀə]
schreiben ['ʃʀaɪbən]

Στο τέλος λέξης και μπροστά από σύμφωνα το **r** παράγεται χωρίς κραδασμό, γίνεται σχεδόν [ə]:

für [fy:ʁ]
stark [ʃtaʁkʿ]

β) ένα άλλο **r** που μοιάζει σχεδόν με φωνήεν στην άτονη κατάληξη **-er** [ɐ], σχεδόν = [æa],

Lehrer ['le:ʀɐ]

Φωνητική αξία των γραμμάτων και διάφορων συνδυασμών γραμμάτων

Γράμμα ή συνδυασμός	φωνολογική αξία	παράδειγμα	προφορά κατά API.	αντίστοιχος ή παρόμοιος ελληνικός φθόγγος
a, aa, ah	*βλ.* A5			
	[ɑː]	Wagen	[ˈvɑːgən]	α͡α
		Saal	[zɑːl]	
		wahr	[vɑːʁ]	
a	[a]	Mann	[man]	α: άλλος
ai, ay	[aɪ] *βλ.* Γ	Mai	[maɪ]	αϊ: γάιδαρος
		Bayern	[ˈbaɪɐn]	
au	[aʊ] *βλ.* Γ	Haus	[haʊs]	α͡ου
ä, äh	[ɛː], F [eː]	Käse [ˈkʿɛːzə], F [ˈkʿeːzə]		ε͡ε
		wählen	[ˈvɛːlən]	
ä	[ɛ]	Männer	[ˈmɛnɐ]	ε: εγώ
äu	[ɔʏ] *βλ.* Γ	läuten	[ˈlɔʏtən]	οϊ: ρολόι
b	[b] *βλ.* E4	Abend	[ˈˀɑːbəntʿ]	μπ: μπαίνω
	[p]	halb	[halpʿ]	π: ελπίδα
		(*er*) gibt	[giːptʿ]	
c	*μόνο σε ξένες λέξεις*			
	[k]	Café	[kʿaˈfeː]	κ: καλός
	[ts]	Celsius	[ˈtsɛlzɪ̆ʊs]	τσ: τσέπη
ch	*μετά από ä, e, i, ö, ü, äu, eu, ei, ai, ay, l, n, r και στο παραγωγικό επίθημα -chen*:			
	[ç]	Fächer	[ˈfɛçɐ]	χ: χέρι, χίλια
		schlecht	[ʃlɛçt]	
		ich	[ˀɪç]	
		Köchin	[ˈkʿœçɪn]	
		Bücher	[ˈbyːçɐ]	
		Sträucher	[ˈʃtʀɔʏçɐ]	
		euch	[ˀɔʏç]	
		leicht	[laɪçt]	
		laichen	[ˈlaɪçən]	
		Dolch	[dɔlç]	
		manch	[manç]	
		Storch	[stɔʀç]	
		Kännchen	[ˈkɛnçən]	

Γράμμα ή συνδυασμός	φωνολογική αξία	παράδειγμα	προφορά κατά API.	αντίστοιχος ή παρόμοιος ελληνικός φθόγγος
	μετά από a, o, u, au:			
	[x]	lachen	['laxən]	χ: ζάχαρη
		Koch	[kʿɔx]	
		Buch	[buːx]	
		auch	[ˀaʊx]	
	σε ξένες λέξεις (εν μέρει):			
	[k]	Charakter	[kʿaˑ'ʀaktɐ]	κ: κότα
		Chronik	['kʿʀoːnɪkʿ]	
	[ʃ]	Chauffeur	[ʃɔ'føːʀ]	γαλλ. ch, αγγλ. sh
		Chef	[ʃɛf]	
	[tʃ]	Chile	['tʃiːleˑ]	αγγλ. ch
chs	[ks]	sechs	[zɛks]	ξ: ξέρω
	αλλά:	nächst	[nɛːçst]	
	επειδή το -st εδώ είναι κατάληξη συγκριτικού			
ck	[k] *βλ.* B 1	Brücke	['bʀʏkə]	κ: κάνω
d	[d]	leider	['laɪdɐ]	ντ: ντύνω
	[t]	Bad	[bɑːtʿ]	τ: τέχνη
		endlich	['ˀɛntlɪç]	
dt	[t]	Stadt	[ʃtatʿ]	τ: τεχνική
		(*er*) sandte	['zantʿə]	
e, ee, eh	[eː]	Weg	[veːkʿ]	φωνήεν μεταξύ των ελλ. ι και ε, πολύ μακρόχρονο
		Meer	[meːʀ]	
		mehr	[meːʀ]	
e	[ɛ]	weg	[vɛkʿ]	
	[eˑ]	Telefon	[tʿeˑleˑ'foːn]	
			F ['tʿeːləfoːn]	
	[ə]	bitte	['bɪtə]	(αυτό το φωνήεν δεν υπάρχει στα ελληνικά)
		bitten	['bɪtən]	
	βλ. A 6	Handel	['handəl]	
ei, ey	[aɪ]	klein	[kʿlaɪn]	αϊ: καϊμάκι
		Meyer (*επώνυμο*)	['maɪɐ]	
eu	[ɔʏ]	heute	['hɔʏtə]	οϊ: σόι
f	[f]	fünf	[fʏnf]	φ: φύση
g	[g]	tragen	['tʿʀaːgən]	γκ: γκάζι
		Gnade	['gnaːdə]	

Γράμμα ή συνδυασμός	φωνολογική αξία	παράδειγμα	προφορά κατά API.	αντίστοιχος ή παρόμοιος ελληνικός φθόγγος
	[k]	Tag	[tˁɑːkˁ]	κ: καπέλο
		Berg	[bɛʀkˁ]	
		Flugzeug	[ˈfluːktsɔʏkˁ]	
	[ç] *στην κατάληξη -ig*			
		König	[ˈkˁøːnɪç]	
		wenig	[ˈveːnɪç]	
	σημειωτέον όμως: Könige [ˈkˁøːniˑɡə]			
h	[h] *βλ.* E2	Haus	[haʊs]	αγγλ. h
		hinein	[hɪˈnaɪn]	
i, ie, ih, ieh	[iː]	wir	[viːʀ]	οιη: ποίημα
		hier	[hiːʀ]	
		ihn	[ʔiːn]	
		Vieh	[fiː]	
i	[ɪ]	in	[ɪn]	ι: έτσι
	[iˑ] *βλ.* B3	Minute	[miˑˈnuːtə]	ι: ίππος
	[ĭ] *βλ.* A4	Ferien	[ˈfeːʀĭən]	ι: σπάνιος
j	[j]	Jahr	[jɑːʀ]	γι: για, γιος
		Boje	[ˈboːjə]	
	σε γαλλ. λέξεις:			
	[ʒ]	Jalousie	[ʒaˑluˑˈziː]	γαλλ. j
k	[kˁ] *βλ.* E3	klein	[kˁlaɪn]	κ: κακός
		stark	[ʃtaʀkˁ]	
		Skat	[skɑːtˁ]	
l	[l]	Land	[lantˁ]	λ: λέω
		viel	[fiːl]	
m	[m]	Mann	[man]	μ: μηχανή
		Heim	[hɑɪm]	
n	[n]	nein	[nɑɪn]	ν: νερό
ng	[ŋ]	lang	[laŋ]	γγ: αγγούρι
		singen	[ˈzɪŋən]	
αλλά:	[ng] *n και g προφέρονται ξεχωριστά, όταν ανήκουν σε διάφορα συστατικά μέρη της λέξης:*			
		eingreifen	[ˈʔaɪnɡʀaɪfən]	
		ungern	[ˈʔʊnɡɛʀn]	

Γράμμα ή συν-δυασμός	φωνο-λογική αξία	παρά-δειγμα	προφορά κατά API.	αντίστοιχος ή παρόμοιος ελληνικός φθόγγος
nk	[ŋk]	Bank sinken	[baŋkʿ] [ˈziŋkən]	γκ: ελεγκτής
αλλά:	[nk]:	Unkenntnis	[ˈʔʊnkʿɛntnɪs]	ν-κ
o, oo, oh	[oː]	Tor Boot Ohr	[tʿoːʀ] [boːtʿ] [ʔoːʀ]	φωνήεν μεταξύ των ελλ. ο και ου, πολύ μακρόχρονο
o	[ɔ]	Post	[pʿɔst]	ο: όλος
	[o·] *βλ.* B3	monoton	[mo·no·ˈtʿoːn]	φωνήεν μεταξύ ο και ου
ö, oe, öh	[øː]	schön Goethe Höhle	[ʃøːn] [ˈgøːtʿə] [ˈhøːlə]	γαλλ. n**eu**tre
ö	[œ]	öffnen	[ˈʔœfnən]	γαλλ. n**eu**f
	[ø·] *βλ.* B3	Ökonomie	[ʔø·kʿo·no·ˈmi·]	γαλλ. p**eu**
p	[p] *βλ.* E3	Post Sperre	[pʿɔst] [ˈʃpɛʀə]	π: πατέρας
pf	[pf]	*στενός σύνδεσμος μεταξύ p και f και τα δύο σύμφωνα προφέρονται:*		
		Pferd stumpf	[pfeːʀtʿ] [ʃtʊmpf]	π͡φ: Σαπφώ
ph	[f]	*μόνο σε λέξεις παρμένες από την αρχαία ελληνική:*		
		Philosophie	[fi·lo·zo·ˈfiː]	φ: φωνή
qu	[kv]	Quelle bequem	[ˈkʿvɛlə] [bəˈkʿveːm]	κβ
r	[ʀ]	Lehrer	[ˈleːʀɐ]	σχεδόν όπως το ελλ. γ στη λέξη γάλα, αλλά αρθρώνεται με το σταφυλίτη
	[ɐ] *βλ.* E7			
	[ʁ]	für	[fyːʁ]	για r στο τέλος συλλαβής ή λέξης
	μόνο σε ελληνικές λέξεις:			
rh	[ʀ]	Rhythmus	[ˈʀʏtmʊs]	

Γράμμα ή συνδυασμός	φωνολογική αξία	παράδειγμα	προφορά κατά API.	αντίστοιχος ή παρόμοιος ελληνικός φθόγγος
s	[z]	*στον πρώτο φθόγγο, μπροστά από φωνήεντα, ανάμεσα σε φωνήεντα και μετά τα m, n, l, r:*		
		See Absicht lesen Linse Hälse Person emsig	[zeː] [ˈˀapzɪçt] [ˈleːzən] [ˈlɪnzə] [ˈhɛlzə] [pʿɛʀˈzoːn] [ˈˀɛmzɪç]	ζ: ζηλεύω
	[s]	*σ' όλες τις άλλες περιπτώσεις:*		
		Haus ist Erbse	[haʊs] [ˀɪst] [ˈˀɛʀpsə]	σ: σήμα
sp	[ʃp]	*στην αρχή μιας λέξης και μετά προθέματα:*		
		sprechen Beispiel	[ˈʃpʀɛçən] [ˈbaɪʃpiːl]	γαλλ. ch + π, αγγλ. sh + π
st	[ʃt]	*στην αρχή μιας λέξης και μετά προθέματα:*		
		stehen verstehen	[ˈʃteːən] [fɛʀˈʃteːən]	αγγλ. sh + τ, γαλλ. ch + τ
		στις άλλες θέσεις, στην αρχή πολλών ξένων λέξεων και μετά ξένα προθέματα όπως in-, dis-, re-:		
	[sp]	Knospe Respekt	[ˈkʿnɔspə] [ʀeˈspɛktʿ]	σπ: σπίτι
	[st]	Fenster Star Industrie	[ˈfɛnstɐ] [staːʀ] [ˀɪndʊsˈtʀiː]	στ: στέκομαι
ss	[s] *βλ.* B 1, 2ε	Wasser lassen	[ˈvasɐ] [ˈlasən]	σ: έσυρα
ß	[s] *βλ.* B 2ε	Größe heißen Gruß muß	[ˈɡʀøːsə] [ˈhaɪsən] [ɡʀuːs] [mʊs]	σ: έσυρα
sch	[ʃ] *βλ.* B 2ς	schön waschen	[ʃøːn] [ˈvaʃən]	γαλλ. ch, αγγλ. sh
			αλλά:	
		Häuschen	[ˈhɔʏsçən]	

πβ. και το **ch**!

Γράμμα ή συνδυασμός	φωνολογική αξία	παράδειγμα	προφορά κατά API.	αντίστοιχος ή παρόμοιος ελληνικός φθόγγος
t	[t] *βλ.* E3	Tag	[tʿɑːkʿ]	τ: τάξη
		Hut	[huːtʿ]	
th	[t] *μόνο σε ελλ. λέξεις και σε κύρια ονόματα:*	Theater	[tʿeˑˈɑːtʿɐ]	
-tion	[-tsĭoːn] *βλ.* A4 *μόνο σε ξένες λέξεις*	Nation	[naˑˈtsĭoːn]	τσ: τσιγάρο
tsch	[tʃ]	deutsch	[dɔʏtʃ]	*αγγλ.* ch
		Tscheche	[ˈtʃɛçə]	
tz	[ts] *βλ.* B1	sitzen	[ˈzɪtsən]	τσ: τσιγάρο
		Platz	[pʿlats]	
		Το φωνήεν πριν το tz είναι βραχύ.		
u, uh	[uː]	Hut	[huːtʿ]	ου: ουρανός, αλλά πολύ μακρόχρονο
		Uhr	[ʔuːʀ]	
u	[ʊ] *βλ.* B3	Mutter	[ˈmʊtɐ]	ου, που κλίνει λίγο προς το **ο**
	[uˑ] *βλ.* A4	Musik	[muˑˈziːkʿ]	ου: ουρανός
	[ŭ]	Statue	[ˈʃtɑːtʿŭə]	ου: ουίσκι
ü, üh	[yː]	Tür	[tʿyːʁ]	γαλλ. sûr
		führen	[ˈfyːʀən]	
ü	[ʏ]	Glück	[glʏkʿ]	φθόγγος μεταξύ των γαλλ. u και eu
	[yˑ]	amüsieren	[ʔamyˑˈziːʀən]	γαλλ. u
	[y̆]	Etui	[ʔeˑˈtʿy̆iː]	γαλλ. u μη συλλαβ.
v	[f]	Vater	[ˈfɑːtɐ]	φ: φαίνομαι
	στο τέλος ξένων λέξεων:	brav	[bʀɑːf]	
	[v] *στην αρχή και στη μέση ξένων λέξεων:*	Vase	[ˈvɑːzə]	β: βάζω
		November	[noˑˈvɛmbɐ]	
w	[v]	Welt	[vɛltʿ]	β: έβαλα
		Schwester	[ˈʃvɛstɐ]	
		ewig	[ˈʔeːvɪç]	

Γράμμα ή συν-δυασμός	φωνο-λογική αξία	παρά-δειγμα	προφορά κατά API.	αντίστοιχος ή παρόμοιος ελληνικός φθόγγος
x	[ks]	Axt Hexe	[ˀakst] [ˈhɛksə]	ξ: ξύλο
y	*σε ελλ. λέξεις:* [yː] [ʏ] [y˙] *σε αγγλ. λέξεις:* [i]	 Lyrik Rhythmus Physik Party	 [ˈlyːʀɪkʿ] [ˈʀʏtmʊs] [fy˙ˈzi˙kʿ] [ˈpʿɑːʀtʿiː]	βλ. **ü**
z	[ts]	Zahl zwei Herz	[tsɑːl] [tsvaɪ] [hɛʀts]	τσ: τσιμπώ

Το γερμανικό αλφάβητο

		όνομα	ελληνικός φθόγγος			όνομα	ελληνικός φθόγγος
A,	**a**	[ˀaː]	**α**	**O,**	**o**	[ˀoː]	μεταξύ **ο** και **ου**
Ä,	**ä**	[ˀɛː]	**є**	**Ö,**	**ö**	[ˀøː]	–
B,	**b**	[beː]	**μπ**	**P,**	**p**	[peː]	**π**
C,	**c**	[tseː]	**τσ**	**Q,**	**q**	[kuː]	**κ**
D,	**d**	[deː]	**ντ**	**R,**	**r**	[ˀɛʀ]	**ρ**
E,	**e**	[ˀeː]	μεταξύ **є** και **ι**	**S,**	**s**	[ˀɛs]	**ζ, σ**
F,	**f**	[ˀɛf]	**φ**		**ß**	[ˀɛsˈtsɛt]	**σ**
G,	**g**	[geː]	**γκ**	**T,**	**t**	[teː]	**τ**
H,	**h**	[haː]	–	**U,**	**u**	[ˀuː]	**ου**
I,	**i**	[ˀiː]	**ι**	**Ü,**	**ü**	[ˀyː]	–
J,	**j**	[jɔt]	**i̯**	**V,**	**v**	[faʊ]	**φ, β**
K,	**k**	[kaː]	**κ**	**W,**	**w**	[veː]	**β**
L,	**l**	[ˀɛl]	**λ**	**X,**	**x**	[ˀɪks]	**ξ**
M,	**m**	[ˀɛm]	**μ**	**Y,**	**y**	[ˈˀʏpsilɔn]	–
N,	**n**	[ˀɛn]	**ν**	**Z,**	**z**	[tsɛt]	**τσ**

Wörterverzeichnis Griechisch-Deutsch

A

α- (**αν-**) *συχνά*: un-, nicht ..., ohne ..., -frei, -los; *σε ξένες λέξεις της γερμ.*: in-, a-

αβ- *βλ. κ.* ***αυ-***

α|βαθής 2 *βλ.* ***άβαθος***; **~βαθμολόγητος** unzensiert

άβαθος flach, untief, seicht

άβαλτος *ρούχα*: ungetragen

αβαρία Seeschaden *m*; Bruch *m*; ***παθαίνω ~*** einen Schaden erleiden

α|βασάνιστος unüberlegt; ungeschoren; **~βασίλευτος** ohne König; F *αστρ.* noch am Himmel stehend; **~βάσιμος** unbegründet; **~βάσκαντος** nicht behext; **~βάσταχτος** unerträglich

άβατος unbetreten; nicht zugänglich; heilig

άβαφος ungefärbt, ungeschminkt

αβάφτιστος ungetauft

άβγαλτος ['avɣalt-] weltunerfahren; unentwickelt

αβγ|ό Ei *n*; ***κλούβιο ~ό*** faules Ei; ***μελάτο, σφιχτό ~ό*** weichgekochtes, hartgekochtes Ei; ***κόκκινα ~ά*** *n/pl* Ostereier *n/pl*; ***~ά μάτια*** *n/pl* Spiegeleier *n/pl*; **~οθήκη** Eierbecher *m*; **~ολέμονο** Ei-Zitronen-Soße *f*; **~ότσοφλο** Eierschale *f*

α|βέβαιος ungewiß, unklar; unsicher; unschlüssig; **~βεβαιότητα** Ungewißheit *f*; Unschlüssigkeit *f*; **~βεβαίωτος** unbestätigt

αβελτίωτος unverbesserlich

αβίαστος ungezwungen, ungekünstelt; mühelos; zwanglos

αβίδωτος nicht festgeschraubt

αβιταμίνωση Vitaminmangel *m*

αβλαβής 2, **άβλαβος** unschädlich; unbeschädigt, intakt

αβλεψία Flüchtigkeitsfehler *m*; Versehen *n*

αβοήθητος hilflos; ohne Beistand

άβολος unbequem; unhandlich; *ώρα*: ungelegen

αβουλία Willensschwäche *f*

αβούλιαχτος [-ljaxt-] unversenkbar

άβουλος willensschwach; unentschlossen

αβούλωτος unverschlossen

αβουτύρωτος ohne Butter

αβράβευτος nicht preisgekrönt; unbelohnt

άβραστος ungekocht, roh

αβρ|ός zart(fühlend); fein; **~ότητα** Zartgefühl *n*

αβροχία [avrɔç-] Regenmangel *m*

αβύζαχτος [a'vizaxt-] ungestillt

αβύθιστος unversenkbar; nicht gesunken

αβυσσαλέος (**-α, -ο**) abgrundtief

άβυσσος *f* Abgrund *m*, Tiefe *f*

αγαθ|ό Habe *f*, Vermögen *n*; ***τα ~ά*** Güter *n/pl*; ***καταναλωτικά ~ά*** Konsumgüter *n/pl*, Verbrauchsgüter *n/pl*; **~οεργία** [aɣaθɔɛrj-] Wohltätigkeit *f*; gute(s) Werk *n*; **~οεργός** [-ɛrɣ-] wohltätig; **~όπιστος** gutgläubig

αγαθ|ός gutherzig, gutmütig; naiv; **~οσύνη** Naivität *f*; **~ότητα** Gutmütigkeit *f*, Güte *f*

αγάλι(α) [a'ɣalja] *Adv* sachte, langsam

αγαλλ|ιάζω jauchzen, jubeln; **~ίαση** (*-εις*) Jubel *m*, Freudentaumel *m*

άγαλμα ['aɣalma] *n* Statue *f*

αγαμία Ehelosigkeit *f*; Zölibat *n*

άγαμος ledig, unverheiratet

αγαν|άκτηση (*-εις*) [aɣa'nakt-] Ärger *m*, Entrüstung *f*; Empörung *f*; **~ακτώ** (**-χτ-**) (*ησ· ισμ*) empört sein; sich ärgern (***με***/über *A*)

αγάπη [a'ɣapi] Liebe *f*, Zuneigung *f* (***για***/zu); ***μητρική ~*** Mutterliebe *f*

αγαπημέν|α *Adv* in gutem Einvernehmen, gütlich; **~ος** geliebt; Lieblings-; ***~ο φαγητό*** Leibgericht *n*

αγαπη|τικός Liebhaber *m*; Geliebte(r); **~τός** lieb, teuer

αγαπίζω (*σ*) *v/t* versöhnen; *v/i* sich versöhnen

αγαπώ [aɣa'pɔ] (*άς· ησ/ηθ*) lieben; (gern) mögen

άγαρμπος ['aɣarb-] plump

αγγαρ|εία Zwangsarbeit *f*; Schufterei

f; *μτφ.* Last *f*; **~εύω** (*εψ· ευτ· εμ*) Zwangsarbeit auferlegen, zwingen; beauftragen
αγγείο Gefäß *n*
αγγελ|ία Meldung *f*; Anzeige *f*; Annonce *f*; **~ικός** engelhaft; **~ιοδότης** Inserent *m*; **~ιοφόρος** Bote *m*
άγγελος Engel *m*
αγγελτήριο Anzeige *f*
αγγίζω (*ξ*) berühren
αγγίνα Angina *f*
άγγισμα *n* Berührung *f*
αγγούρι Gurke *f*
αγελ|άδα [ajɛl-] Kuh *f*; **~αδινός** Kuh-, Rind-
αγέλαστος [a'jɛ-] finster, mürrisch
αγέλη Herde *f*
αγέμιστος [-'jɛ-] leer; *στρ.* ungeladen
αγένεια Unhöflichkeit *f*, Gemeinheit *f*; Grobheit *f*
αγενής 2 unhöflich; gemein
αγέννητος ungeboren
αγερ- *βλ.* ***αερ-***
αγέραστος ewig jung
αγέρωχος [a'jɛrɔx-] anmaßend, arrogant
άγευστος fade; geschmacklos
αγεφύρωτος [ajɛ'firɔt-] unüberbrückbar; ohne Brücke
αγιάζ|ω [a'ja-] (*σ· στ· σμ*) *v/t* heiligsprechen; *v/i* heilig werden
αγίασμα [a'ji-] *n* Weihwasser *n*
αγιάτρευτος [a'jatrɛft-] unheilbar
αγίνωτος [a'jinɔt-] *φρούτο*: unreif
αγιο|γραφία [ajioɣ-] Heiligenbild(malerei *f*) *n*; **~γράφος** Maler *m von Heiligenbildern*
αγιόκλημα [a'jɔ-] *n βοτ.* Geißblatt *n*
άγιο|ς ['ajiɔs] (***αγία***) heilig; *Su m* Heilige(r); ***το ~ Πνεύμα*** der Heilige Geist; ***η αγία Γραφή*** die Heilige Schrift
αγκα|ζάρω (*αρισ*) *πούλμαν* bestellen; **~ζέ** (*0*) *θέση*: reserviert; *άνθρωπος*: gebunden; eingehakt *gehen*
αγκάθι Dorn *m*; ***κάθομαι στ' ~α*** ich sitze (wie) auf Kohlen
αγκαθωτός dornig; stachelig
αγκαλι|ά [aŋgalj-] Armvoll *m*; Umarmung *f*; Schoß *m*; **~άζω** (*σ· στ· σμ*) umarmen, umklammern
αγκάλιασμα *n* Umarmung *f*
αγκίδα Splitter *m*; *βιολ.* Stachel *m*
αγκινάρα Artischocke *f*
αγκίστρι Angel(haken *m*) *f*
αγκιστρώνω (*σ· θ*) angeln; anhaken; *μτφ.* fesseln
αγκο|μάχημα [-'maç-] *n*, **~μαχητό** Keuchen *n*, Röcheln *n*; **~μαχώ** [-ma'xɔ] (*ησ*) keuchen, röcheln
αγκράφα [a'g-] Schnalle *f*; Haken *m*
αγκύλ|η *τυπ.* eckige Klammer *f*; **~ος** krumm
αγκυλώνω (*σ· θ*) stechen
αγκύλωση (*-εις*) *ιατρ.* Ankylose *f*
άγκυρα Anker *m*
αγκυρο|βόλημα *n*, **~βόληση** (*-εις*) Ankerwerfen *n*, Ankern *n*; **~βόλιο** Ankerplatz *m*; **~βολώ** (*ησ*) Anker werfen, (ver)ankern
αγκώνας Ell(en)bogen *m*
άγλυκος ['aɣl-] ungesüßt, fade
αγναντεύω (*ψ*) *v/t* erblicken, überblicken, überschauen
αγνεία [aɣn-] *βλ.* ***αγνότητα***
άγνοια ['aɣnia] Unwissenheit *f*; ***εν αγνοία μου*** ohne mein Wissen
αγνοούμενος [aɣnɔ'u-] vermißt, verschollen
αγν|ός [aɣ-] keusch, rein; *βούτυρο*: rein; **~ότητα** Keuschheit *f*, Reinheit *f*
αγν|οώ [aɣ-] (*ησ· ηθ*) *v/t* nicht(s) wissen von *D*; ignorieren; **~ωμονώ** (*ησ*) undankbar sein; **~ωμοσύνη** Undankbarkeit *f*; **~ώμων** 2 undankbar; **~ώριστος** unerkennbar, unerkannt, unbekannt
άγνωστος ['aɣnɔst-] unbekannt; *μαθ.* Unbekannte *f*
άγονος unfruchtbar, steril
αγορά [aɣɔ-] Markt(halle *f*) *m*; (Ein-)Kauf *m*; Marktplatz *m*; *εμπ.* Markt *m*; Absatzgebiet *n*; ***γεωργική ~*** Agrarmarkt *m*; ***καταναλωτική ~*** Verbrauchermarkt *m*; ***Κοινή ~*** Gemeinsame(r) Markt *m*, EWG *f*; ***λαϊκή ~*** Wochenmarkt *m*; ***μαύρη ~*** Schwarzmarkt *m*; ***παγκόσμια ~*** Weltmarkt *m*; ***συνοικιακή ~*** Einkaufszentrum *n*; ***~ εργασίας*** Arbeitsmarkt *m*; ***~ εσωτερικού*** Inlandsmarkt *m*, Binnenmarkt *m*; ***~ εξωτερικού*** Auslandsmarkt *m*; ***~ κεφαλαίου*** Kapitalmarkt *m*; ***~ με δόσεις*** Ratenkauf *m*; ***~ μεταχειρισμένων ειδών*** Flohmarkt *m*; ***~ μετοχών*** Aktienmarkt *m*
αγορ|άζω (*σ· στ*) (ein)kaufen; **~ανομία** Marktinspektion *f*; **~απωλησία**

Geschäft *n*, Transaktion *f*; **~αστής** Käufer *m*; Abnehmer *m*; **~αστικός** Markt-; Kauf-; ***~αστική δύναμη*** Kaufkraft *f*; ***~αστική αξία*** Marktwert *m*
αγόρευση (*-εις*) Rede *f*; Ansprache *f*
αγορεύω (*ευσ*) e-e Rede halten, e-e Ansprache halten; plädieren
αγόρι Junge *m*
άγουρος unreif (*κ. μτφ.*)
αγράμματος [aɣr-] ungebildet
αγραμματοσύνη Unkenntnis *f*
αγρανάπαυση (*-εις*) Brache *f*, Anbaupause *f*
άγραφ(τ)ος ungeschrieben, unbeschrieben
αγρι|άδα Wildheit *f*; **~άνθρωπος** Wilde(r); Unhold *m*
αγριεύω (*ψ· ευτ*) *v/i* wütend werden (***με***/über *A*); *v/t* ängstigen
αγρίμι Wild *n*; *μτφ.* Hitzkopf *m*
αγριοβότανο [aɣr-] (Heil-)Kraut *n*
αγριο|γούρουνο [-'ɣurunɔ] Wildschwein *n*; **~λούλουδο** Feldblume *f*
άγριος (***-α, -ο***) wild; *μτφ.* böse
αγριότητα Wildheit *f*; Greueltat *f*
αγριό|τοπος [aɣri-] Wildnis *f*; **~χοιρος** [-çir-] Wildschwein *n*
αγρ|οικία [aɣrik-] Landhaus *n*; **~οίκος** (***-α, -ο***) grob, rauh; **~οκαλλιέργεια** [-jia] Ackerbestellung *f*; **~οκήπιο** Baumschule *f*; **~όκτημα** *n* Gehöft *n*, Bauernhof *m*
αγρο|νομία [aɣrɔ-] Agronomie *f*; **~νόμος** Agronom *m*
αγρ|ός [aɣr-] Acker *m*; **~ότης** Bauer *m*; **~οτικός** Land-; landwirtschaftlich, Agrar-; **~οφύλακας** Feldwächter *m*
αγρυπνία Nachtmesse *f*
αγρύπνια [a'ɣripnja] Schlaflosigkeit *f*
άγρυπνος schlaflos; wach(sam)
αγρυπνώ (*άς· ησ*) wachen; wach bleiben
αγύμναστος [a'jim-] ungeübt
αγύρευτος [a'ji-] nicht verlangt
αγύριστο|ς [a'ji-] nicht zurückgekehrt; ***στον ~!*** zum Teufel!; ***κεφάλι ~*** Starrkopf *m*
αγχιστεία [aŋç-] Schwägerschaft *f*
αγχόνη [a'ŋx-] Galgen *m*; Henken *n*
άγχος ['aŋx-] *n* Streß *m*; Todesangst *f*
αγχ|ώνω stressen; **~ωτικός** stressig
αγωγή [aɣɔ'ji] Erziehung *f*; *νομ.* Klage *f*; ***κάνω ~ σε κπ*** ich klage gegen j-n
αγώ(γ)ι [a'ɣɔ(j)i] Fahrt *f*, Fracht *f*
αγωγιάτης Fuhrmann *m*; Eseltreiber *m*
αγωγιμότητα [aɣɔji-] *τεχν.* Leitfähigkeit *f*
αγωγός [-'ɣɔs] *φυσ.* Leiter *m*; *τεχν.* Leitung *f*; ***κακός ~*** Nichtleiter *m*
αγώνας [a'ɣ-] Kampf *m*; Wettkampf *m*; ***~ των τάξεων*** Klassenkampf *m*; ***εκλογικός ~*** Wahlkampf *m*; ***εργατικός ~*** Arbeitskampf *m*
αγων|ία Besorgnis *f*; Todeskampf *m*; **~ίζομαι** (*στ*) *αθλ.* miteinander kämpfen (***σε***/in *D*); kämpfen (***για***/für *A*)
αγώνισμα [a'ɣɔ-] *n* Wettkampf *m*
αγων|ιστής [aɣɔn-] (*Wett-*)Kämpfer *m*; **~ιώ** (*άς· o. St. II*) in großer Furcht sein; **~ιώδης** 2 quälend
αδαής 2 unerfahren, unbewandert
αδαμάντινος diamanten; *μτφ.* (stein-)hart; *Su f* (*Zahn-*)Schmelz *m*
αδάμαστος unbezähmbar; eisern
αδασκάλευτος unaufgeklärt
αδασμολόγητος zollfrei
άδεια Genehmigung *f*, Erlaubnis *f*; Urlaub *m*; Konzession *f*; ***~ ανοικοδόμησης*** Baugenehmigung *f*; ***~ εισαγωγής*** Einfuhrgenehmigung *f*; ***~ εργασίας*** Arbeitserlaubnis *f*; ***~ εξαγωγής*** Ausfuhrgenehmigung *f*; ***~ εξόδου*** Ausreiseerlaubnis *f*; ***~ εξασκήσεως επαγγέλματος*** Gewerbeschein *m*; Zulassung *f*; ***~ κυκλοφορίας αυτοκινήτου*** Kraftfahrzeugbrief *m*; ***~ οδηγήσεως*** Führerschein *m*; ***~ παραμονής*** Aufenthaltserlaubnis *f*; ***~ ποιητική*** dichterische Freiheit *f*; ***~ προσγείωσης*** Landeerlaubnis *f*; ***έχω ~*** auf Urlaub sein
αδει|άζω (*σ*) *v/t* leeren, räumen; auspacken; *v/i* sich leeren; Zeit haben (***για***/zu *D*); **~ανός** *βλ.* ***άδειος***
άδειος ['aðj-] (***-α, -ο***) leer, gehaltlos
αδειούχος Urlauber *m*; *Adj* (***-α, -ο***) ... auf Urlaub
αδέκαστος unbestechlich
αδελφή Schwester *f*; Schwule(r) *m*
αδέλφια *n/pl* Geschwister *pl*
αδελφικός brüderlich
αδελφοποίηση (*-εις*) Verbrüderung *f*; ***~ πόλεων*** Städtepartnerschaft *f*
αδελφ|ός Bruder *m*; **~οί** *m/pl εμπ.* Gebrüder *pl*; **~ότητα** Brüderschaft *f*
αδέλφωση (*-εις*) Verbrüderung *f*

αδένας *ανατ.* Drüse *f*
άδενδρος baumlos
αδενοπάθεια Drüsenleiden *n*
αδέξιος (*-α, -ο*) ungeschickt
αδεξιότητα Ungeschicklichkeit *f*
αδερφ- *βλ.* ***αδελφ-***
αδέσμευτος ungebunden, frei
αδέσποτος herrenlos; *φήμη*: zweifelhaft
άδετος nicht (an)gebunden; *βιβλίο*: ungebunden
αδήλωτος *τελων.* nicht deklariert; *πολίτης*: unangemeldet
αδημον|ία Unruhe *f*; Ungeduld *f*; **~ώ** (*ησ*) ungeduldig sein
αδημοσίευτος unveröffentlicht
αδιάβαστος [a'ðjavast-] ungelesen; unlesbar; *μαθητής*: unvorbereitet
αδιάβατος [-j-] unpassierbar
αδιάβλητος makellos, unbestechlich
αδιάβροχο [-vrɔxɔ] Regenmantel *m*; **~ς** wasserdicht
αδιαθεσία Unpäßlichkeit *f*
αδιάθετος unpäßlich; *χρήμ.*: nicht verfügbar
αδιαθετώ (*ησ*) unpäßlich sein
αδιαίρετος ungeteilt; unteilbar; *νομ.* ***εξ αδιαιρέτου*** gemeinschaftlich
αδιάκοπος pausenlos, Dauer-
αδιακρισία Taktlosigkeit *f*, Indiskretion *f*
αδιάκριτος indiskret, taktlos
αδιά|λειπτος [aðj-] ununterbrochen, Dauer-; **~λεχτος** unsortiert; **~λλακτος** unversöhnlich; **~λυτος** nicht aufgelöst; *χημ.* unloslich
αδιαντροπιά Unverschämtheit *f*
αδιάντροπος [aðj-] unverschämt
αδιαπέραστος undurchdringlich
αδιά|ρρηκτος (**-χτ-**) unaufgebrochen; unverbrüchlich; **~σπαστος** unzerbrechlich
αδια|τάρακτος (**-χτ-**) ungetrübt; **~φανής** 2 undurchsichtig
αδιαφιλονίκητος unbestreitbar
αδιαφορία [aðja-] Gleichgültigkeit *f*
αδιάφορος gleichgültig
αδιαφορώ (*ησ*) es ist mir gleichgültig
αδίδακτος (**-χτ-**) *σχολείο*: nicht durchgenommen; unwissend
αδιέξοδο, ~ς *f* Sackgasse *f*
αδιέξοδος ausweglos
αδικαιολόγητος ungerechtfertigt
αδίκημα *n* Unrecht *n*, Vergehen *n*
αδικία Ungerechtigkeit *f*
άδικ|ο Unrecht *n*; **~ος** ungerecht; *κόπος*: vergeblich
αδικώ (*ησ· ηθ· ημ*) *v/t* unrecht tun *D*; ungerecht behandeln *A*
αδιοίκητος unverwaltet; ohne Führung
αδιόρατος undurchsichtig
αδι|οργάνωτος [-'ɣa-] unorganisiert; **~όρθωτος** unverbesserlich; unberichtigt; **~όριστος** nicht angestellt
αδίστακτος (**-χτ-**) skrupellos
αδοκίμαστος ungeprüft; unerfahren
αδόξαστο|ς ruhmlos; ***του άλλαξα τον ~*** ich hab's ihm schon gezeigt
άδοξος ruhmlos; unrühmlich
αδούλευτος unbearbeitet; träge
αδράνεια Energielosigkeit *f*; Untätigkeit *f*; Trägheit *f*
αδραν|ής 2 untätig; energielos; träge; **~ώ** (*ησ*) untätig sein
αδράχ|νω [-xnɔ] (*ξ*) (er)greifen, fangen; **~τι** [-xti] Spindel *f*
αδρός grob; reichlich, erheblich
αδυν|αμία Schwäche *f* (*μτφ.* ***σε***/für); ***~αμία μνήμης*** Gedächtnisschwäche *f*; **~ατίζω** (*σ*) *v/i* abnehmen, abmagern; *v/t* schwächen; **~ατισμένος** abgemagert, entkräftet
αδύνατος schwach; mager, dünn; unmöglich
αδυνατώ außerstande sein
αδυσώπητος unerbittlich
άδωρο|ς: *δώρο ~* unnütze(s) Geschenk *n*
αει|θαλής 2 *βοτ.* immergrün; *μτφ.* rüstig; **~κίνητος** rastlos, betriebsam
αεραγωγός [aɛraɣɔɣ-] Luftschacht *m*
αεράκι [aɛ-] Brise *f*, Lüftchen *n*
αεράμυνα [aɛ-] Luftabwehr *f*; ***παθητική ~*** Luftschutz *m*
αεραντλία [aɛ-] Luftpumpe *f*
αέρας [a'ɛras] Luft *f*; Wind *m*; *τεχν.* Spiel(raum *m*) *n*; ***~ κοπανιστός*** leere(s) Geschwätz *n*
αεργία [aɛrj-] Untätigkeit *f*; Arbeitslosigkeit *f*
άεργος [-ɣɔs] untätig; arbeitslos
αερίζω [aɛ-] (*σ· στ*) *v/t* kühlen; lüften; *v/p* (aus)lüften
αέριο [a'ɛ-] Gas *n*; ***φυσικό ~*** Erdgas *n*
αεριοπροώθηση Düsenantrieb *m*
αερι|οσωλήνας [aɛ-] Gasrohr *n*; **~ούχος** [-'ux-] (*-α, -ο*) gashaltig;

ποτό: kohlensäurehaltig; **~όφως** (*-φωτος*) *n* Leuchtgas *n*; **~σμός** [-zm-] Lüftung *f*; **~ώδης** 2 gasförmig; **~ωθούμενος** mit Düsenantrieb; *Su n* Düsenflugzeug *n*

αεροδιάδρομος προσγείωσης Einflugschneise *f*

αερο|δρόμιο Flugplatz *m*; **~δυναμική** Aerodynamik *f*; **~δυναμικός** aerodynamisch; Stromlinien-; **~θάλαμος** Luftkammer *f*; **~λεωφορείο** Airbus *m*; **~λιμένας** Flughafen *m*; **~ναυτιλία** Luftfahrt *f*

αεροπλάνο Flugzeug *n*; ***αναγνωριστικό ~*** Aufklärer *m*; ***βομβαρδιστικό ~*** Bombenflugzeug *n*; ***έκτακτο ~*** Sondermaschine *f*; ***επιβατικό ~*** Verkehrsflugzeug *n*; ***καταδιωκτικό ~*** Jäger *m*, Jagdflugzeug *n*; ***~ μεταγωγικό*** Transportflugzeug *n*; ***ναυλωμένο ~, ~ τσάρτερ*** Chartermaschine *f*; ***~ γραμμής*** Linienflugzeug *n*

αεροπλανοφόρο Flugzeugträger *m*

αεροπορία Luftfahrt *f*; Flugwesen *n*; ***πολεμική ~*** Luftwaffe *f*

αερο|πορικός Luftfahrts-; Flug- (*π.χ. ταξίδι*); **~πορικώς** mit Luftpost; *γεν.* mit dem Flugzeug; **~πόρος** Flieger *m*; **~σκάφος** *n K* Flugzeug *n*

αερόστατο Ballon *m*

αερ|οστεγής 2 luftdicht; **~όστρωμα** *n* Luftmatratze *f*; **~οσυνοδός** *m*/*f* Steward(eß *f*) *m*; **~ώδης** 2 Luft-

αετός Adler *m*

αέτωμα *n* Giebel *m*

αζευγάρωτος [-'vγa-] ungepaart

αζημίωτο|ς unbeschädigt; ohne Schaden; ***με το ~*** mit Gewinn

αζήτητος ohne Nachfrage; unverlangt, nicht abgefordert

άζωτο Stickstoff *m*

αζωτούχος [-'tux-] (**-α, -ο**) stickstoffhaltig

αηδ|ία Ekel *m*; Widerlichkeit *f*; **~ιάζω** (*σ*) *v/t* verabscheuen; überdrüssig werden *G*; sich ekeln (***με***/vor *D*); **~ιαστικός** ekelhaft, widerwärtig

αηδόνι Nachtigall *f*

αθ- *βλ. κ.* ***ανθ-***

αθανασία Unsterblichkeit *f*

αθάνατος unsterblich; unverwüstlich; *Su m* Agave *f*

άθαφτος unbegraben

αθέατος unsichtbar; verborgen

αθεΐα, αθεϊσμός Atheismus *m*

άθελα *Adv*, **αθέλητος** unfreiwillig; ungewollt

αθεμελίωτος *μτφ.* unbegründet

αθέμιτος unerlaubt, illegal

άθεος gottlos; *Su m* Atheist *m*

αθεράπευτος unheilbar

αθέρ|μαντος, ~μαστος ungeheizt

αθέτηση (*-εις*) Bruch *m*, Verletzung *f*; ***~ συμβολαίου*** Vertragsbruch *m*

αθετώ (*ησ*) *λόγο κλπ.* brechen

αθεώρητος nicht abgestempelt; nicht abgezeichnet; unbestätigt

άθικτος (**-χτ-**) unberührt; intakt

άθλημα *n* Sportart *f*

αθλ|ητής, ~ήτρια Sportler(in *f*) *m*; Athlet(in *f*) *m*; **~ητικός** athletisch; sportlich; Sport-; **~ητισμός** Leichtathletik *f*; Sport *m*

άθλιος (**-α, -ο**) elend, jämmerlich; miserabel, erbärmlich; *Su* Elende(r)

αθλιότητα Elend *n*, Jammer *m*; Misere *f*, Erbärmlichkeit *f*

άθλος (Helden-)Tat *f*

αθόρυβος geräuschlos

άθραυστος unzerbrechlich

αθροίζω (*σ· στ· σμ*) (an)sammeln, (auf)häufen; summieren, addieren

άθροισ|η (*-εις*), **~μα** *n* Ansammlung *f*; *μαθ.* Summe *f*

αθροιστικός Sammel-; Addier-

αθρόος (**-α, -ο**) zahlreich; haufenweise; *στρ.* geschlossen

αθυμία Niedergeschlagenheit *f*

αθυρ|οστομία Zungendrescherei *f*, Frechheit *f*; **~όστομος** frech

αθώος (**-α, -ο**) unschuldig; naiv; rein; schuldlos

αθωότητα Unschuld *f*; Naivität *f*

αθωώνω (*σ· θ· μ*) freisprechen

αθώωση (*-εις*) Freispruch *m*

αθωωτικός Freisprechungs-

αιγίδα Ägide *f*; ***υπό την ~*** *G* unter dem Schutz, unter der Schirmherrschaft *G*

αίγλη Glanz *m*, Ruhm *m*

Αιγόκερως [ε'γɔ-] (*-ω*) Steinbock *m*

αιδοίο Scham *f*, Geschlechtsorgan *n*

αιθ|άλη Ruß *m*; **~αλομίχλη** Smog *m*

αιθέρ|ας Äther *m*; **~ιος** (**-α, -ο**) ätherisch (*κ. χημ.*); luftig

αίθουσα Saal *m*; Klassenzimmer *n*; ***~ αναμονής*** Warteraum *m*; ***~ αναχωρήσεων*** Abflughalle *f*; ***~ έκθεσης*** Ausstellungsraum *m*; ***~ παρα-***

δόσεων Hörsaal *m*; **~ συνεδριάσεων** Sitzungssaal *m*
αίθριος (**-α, -ο**) heiter
αίλουρος Wildkatze *f*
αίμα *n* Blut *n*; **νέο ~** *μτφ.* frisches Blut; **παίρνω το ~ πίσω** Blutrache üben
αιματ|ηρός blutig; **~οκρίτης** Blutbild *n*; **~οκύλισμα** *n* Blutbad *n*; **~οχυσία** [-ɔçis-] Blutvergießen *n*
αιμάτωμα *n* Bluterguß *m*
αιματώνομαι (*θ*) durchblutet werden
αίμο|βόρος (**-α, -ο**) blutdürstig; **~δηλητηρίαση** (*-εις*) Blutvergiftung *f*; **~δότης, ~δότρια** Blutspender(in *f*) *m*; **~μείκτης** Blutschänder *m*; **~μειξία** Blutschande *f*; **~ποιητικός** blutbildend; **~ρραγία** [-raj-] Blutung *f*; Blutausfluß *m*; **~ρραγία μύτης** Nasenbluten *n*
αιμορροΐδα Hämorrhoide *f*
αιμο|στατικό: ~στατικό φάρμακο blutstillende(s) Mittel *n*; **~σφαιρίνη** Hämoglobin *n*; **~σφαίριο** (**λευκό, ερυθρό**) (weißes, rotes) Blutkörperchen *n*; **~φιλία** Bluterkrankheit *f*; **~φόρος** (**-α, -ο**) Blut-(*Gefäß*)
αιμόφυρτος blutüberströmt
αίνιγμα *n* Rätsel *n*
αινιγματ|ικός, ~ώδης 2 rätselhaft
ά(ι)ντε! ['a(i)dɛ] los! vorwärts!
αίρεση (*-εις*) Ketzerei *f*; Sekte *f*; *εμπ.* Option *f*
αιρετικός ketzerisch; *Su* Ketzer *m*
αιρετός wählbar; gewählt
αισθάνομαι (*ανθ*) *v/t* **μυρωδιά** bemerken; **χαρά** fühlen, empfinden, *v/i* sich fühlen
αισθαντικός empfindsam
αίσθημα *n* Empfindung *f*, Gefühl *n*; **~ ντροπής** Schamgefühl *n*
αισθηματ|ίας Gefühlsmensch *m*; **~ικός** sentimental; **~ικότητα** Sentimentalität *f*
αίσθηση (*-εις*) Sinn *m*; Gefühl *n*
αισθησιακός sinnlich
αισθησιασμός Sinnlichkeit *f*
αισθητ|ήριος (**-α, -ο**) Sinnes-(*Organ*); **~ική** Ästhetik *f*; Kosmetik *f*; **~ικός** ästhetisch; Sinnes-; *βοτ.* Fühl-; *Su f* Kosmetikerin *f*
αισθητός wahrnehmbar; fühlbar
αισι|οδοξία Zuversicht *f*, Optimismus *m*; **~όδοξος** zuversichtlich, optimistisch; *Su* Optimist *m*
αίσιος (**-α, -ο**) günstig, glücklich
αίσχος ['ɛsx-] *n* Schande *f*
αισχρ|οκέρδεια Schacherei *f*; Schiebergeschäft *n*; **~οκερδώ** (*ησ*) schachern; schieben; **~ολογία** [-ɔlɔj-] Zote *f*, Obszönität *f*; **~ός** schändlich, obszön; **~ότητα** Schändlichkeit *f*
αισχ|ύνη [ɛ'sçini] Scham *f*; Schande *f*; **~ύνω** (II = I · *υνθ*) *v/t* beschämen; *v/p* sich schämen (**για**/wegen *G*)
αίτη|μα *n* Forderung *f* (**για**/nach *D*); Postulat *n*; **~ση** (*-εις*) Antrag *m* (*G*/auf *A*; **προς**/an *A*); Gesuch *n*; **υποβάλλω ~ση** e-n Antrag stellen
αιτία Ursache *f*, Grund *m*; Anlaß *m*; **εξ ~ς** *G* wegen *G*
αιτιατική Akkusativ *m*
αίτιο Motiv *n*, Beweggrund *m*
αιτιο|λογία Begründung *f*; **~λογικός** begründend; *Gr.* kausal; **~λογικό αποφάσεως** *νομ.* Urteilsbegründung *f*; **~λογώ** [-lɔ'ɣɔ] (*ησ*) begründen
αίτιος (**-α, -ο**) schuld (*G*/an *D*); *Su* Schuldige(r)
αιτώ (*ησ · ηθ*) *K v/p* (**-ούμαι**) ersuchen (um *A*), beantragen; sich bewerben (um *A*)
αιτών (**-ούσα, -ούν**) Antragsteller *m*; **~ πολιτικό άσυλο** Asylbewerber *m*
αιφνιδ|ιάζω (*σ*) überraschen; überraschend angreifen; **~ιασμός** Überraschung *f*; Überfall *m*; **~ιαστικός** Überraschungs-; überraschend
αιφνίδιος (**-α, -ο**) plötzlich
αιχμαλ|ωσία [ɛx-] Gefangenschaft *f*; **~ωτίζω** (*σ*) gefangennehmen; *μτφ.* fesseln; **~ωτισμός** Gefangennahme *f*
αιχμάλωτος [ɛx-] gefangen; *Su* Gefangene(r) (*κ. μτφ.*)
αιχμή Spitze *f*; Schneide *f*
αιώνας Jahrhundert *n*
αιώνιος (**-α, -ο**) ewig
αιων|ιότητα Ewigkeit *f*; **~όβιος** (**-α, -ο**) uralt
αιωρούμαι (*ηθ*) schweben
ακαδημ|αϊκός akademisch; *Su* Akademiemitglied *n*; **~ία** Akademie *f*
ακαθάριστος ungereinigt; **φρούτο**: ungeschält; *εμπ.* brutto
ακαθαρσία Schmutz *m*; Exkrement *n*
ακάθαρτος schmutzig, unsauber
ακάθεκτος stürmisch, unbändig
ακαθόριστος unbestimmt, unklar
ακακία Akazie *f*

άκακος arglos, gutmütig
ακαλ|αισθησία Geschmacklosigkeit *f*; **~αίσθητος** geschmacklos
ακάλεστος ungeladen, ungebeten
ακαλλιέργητος [-'ɛrjit-] *γη*: unbestellt; *μτφ.* ungeschliffen
ακάλυπτος *εμπ.* ungedeckt; unbedeckt
ακάματος unermüdlich
άκαμπτος starr, unbiegsam; steif; *μτφ.* unbeugsam
ακαμψία Starrheit *f*; *ιατρ.* Steifheit *f*
ακανόνιστος ungeregelt; unregelmäßig; *εμπ.* unbeglichen
άκαπνος rauchlos
άκαρδος herzlos
ακαριαίος (*-α, -ο*) augenblicklich
ακαρπία Unfruchtbarkeit *f*
άκαρπος unfruchtbar, nutzlos
ακαρύκευτος [-ɛf-] ungewürzt
ακατ|άβλητος unverwüstlich; *εμπ.* offen; **~άγγελτος** nicht angezeigt; **~άγραπτος** [-γr-] (**-φτ-**) nicht eingetragen; **~αγώνιστος** unschlagbar; **~αδάμαστος** unbezähmbar; **~άδεκτος** (**-χτ-**) abweisend, arrogant; **~αδίωκτος** (**-χτ-**) unverfolgt; **~άκριτος** tadellos; untadelig; **~άκτητος** nicht erobert; uneinnehmbar; **~ακύρωτος** unbestätigt, nicht in Kraft; *πολ.* nicht ratifiziert; **~αλαβίστικος, ~άληπτος** unverständlich
ακατ|άλληλος ungeeignet (*για*/für *A*); unpassend, ungelegen; **~αλόγιστο** [-'lɔj-] *νομ.* Unzurechnungsfähigkeit *f*; **~αλόγιστος** unberechenbar; *νομ.* unzurechnungsfähig; **~αμάχητος** [-'maç-] unbesiegbar; *απόδειξη*: unwiderleglich; **~αμέτρητος** unermeßlich, unzählbar; **~ανάλωτος** unverbraucht; **~ανίκητος** unbesiegbar; **~ανόητος** unverständlich; **~άπαυστος** [-paf-] ununterbrochen, pausenlos, Dauer-; **~απόνητος** unermüdlich; **~άρτιστος** unqualifiziert; unausgebildet; **~άσβεστος** [-'azv-] ungelöscht; unauslöschlich; **~ασκεύαστος** [-ɛv-] unfertig; **~αστάλαχτος** [-laxt-] ungefiltert; *μτφ.* unentschlossen; **~αστασία** Unordnung *f*; Wechselhaftigkeit *f*; **~άστατος** unordentlich; *καιρός*: unbeständig, wechselhaft; **~άστρωτος** unfertig, nicht durchdacht; **~άσχετος** [-'asç-] *αιμορραγία*: unstillbar; ungepfändet; unpfändbar; **~ατόπιστος** nicht vertraut (*σε*/mit *D*); unkundig *G*; **~έβατος** [-'ɛv-] nicht herabsetzbar, fest; **~έργαστος** [-γa-] unbearbeitet, roh
ακατ|οίκητος unbewohnt; unbewohnbar; **~ονόμαστος** unaussprechlich; **~όρθωτος** unausführbar
ακατοχύρωτος [-'çi-] unbefestigt; *μτφ.* ungesichert
άκαυ(σ)τος ['akaf(s)t-] feuerfest; unverbrannt
ακένωτος unerschöpflich
ακέραιος ganz, heil, vollständig; ganz(*e Zahl*); *άνθρωπος*: redlich
ακεραιότητα Ganzheit *f*, Vollständigkeit *f*; *πολ.* Integrität *f*, Unantastbarkeit *f*; Redlichkeit *f*
ακέφαλος kopflos; *μτφ.* führerlos
ακεφιά schlechte Laune *f*
άκεφος schlechtgelaunt
ακηδεμόνευτος [-nɛft-] ohne Vormund; ungeschützt
ακήδευτος unbestattet
ακηλίδωτος unbefleckt, fleckenlos
ακήρυκτος (**-χτ-**) unerklärt
ακίνδυνος ungefährlich
ακινησία Unbeweglichkeit *f*, Bewegungslosigkeit *f*; *εμπ.* Stockung *f*
ακίνητο Grundstück *n*; *pl* Immobilien *pl*
ακινητο|ποίηση (*-εις*) Stillegung *f*; *ιατρ.* Ruhigstellung *f*; *εμπ.* Festlegung *f*; **~ποιώ** (*ησ*) *ιατρ.* ruhigstellen; festlegen, (fest) anlegen
ακίνητος unbeweglich, still
ακινητώ (*ησ*) *v/i* stillstehen
ακλάδευτος [-ɛf-] unbeschnitten
άκλαυτος ['aklaft-] unbeweint; tränenlos
ακλείδωτος unverschlossen
άκληρος erbenlos, kinderlos; besitzlos
ακλήρωτος *λαχείο:* nicht gezogen
άκλιτος undeklinierbar
ακλόνητος unerschütterlich
ακμ|άζω (*σ*) in (höchster) Blüte stehen; **~αίος** (*-α, -ο*) rüstig, vital; **~ή** Höhepunkt *m*; Blüte *f*; *ιατρ.* Akne *f*
ακοή Gehör *n*
ακοίμητος schlaflos, wach; wachsam
ακοιν|οποίητος nicht bekanntgegeben; **~ωνησία** Ungeselligkeit *f*;

~ώνητος ungesellig; *θρ.* ohne Kommunion
ακοίταχτος [-axt-] nicht durchgesehen; ohne (ärztliche) Behandlung
ακολ|άκευτος [-kɛft-] ungeschmeichelt; **~ασία** Unzucht *f*
ακόλαστος ausschweifend
ακόλλητος ungeleimt
ακολουθία Folge *f*; Gefolge *n*; *θρ.* Messe *f*
ακόλουθος folgend; *Su m γεν.* Anhänger *m*; Attaché *m*
ακολουθώ (*είς, άς· ησ*) folgen *D*; *συμβουλή* befolgen
ακόμ|α, ~η noch
ακόμπιαστα [-bja-] *Adv* in einem Zug
άκομψος unelegant
ακόνι Schleifstein *m*
ακονίζω (*σ*) schleifen; anspitzen
ακονιστής Schleifer *m*
ακοντίζω (*σ· στ*) schleudern; Speer werfen
ακόντιο Speer *m*
ακόντισμα *n*, **ακοντισ|μός** Speerwerfen *n*; **~τής** Speerwerfer *m*
ακοπάνιστος unzerstoßen
άκοπος ungeschnitten; mühelos
ακόρεστος unersättlich; *χημ.* ungesättigt
ακόσμητος [a'kɔz-] schmucklos
άκου! hör mal! he! *βλ.* ***ακούω***
ακουμπ|ισμένος angelehnt; **~ιστήρι** Lehne *f*, Stütze *f*; **~ώ** (*άς· ησ· ισμ*) *v/t* berühren; lehnen (***σε***/an *A*); *στην τράπεζα* bringen; *v/i* sich anlehnen (***σε***/an *A*)
ακούμπωτος nicht zugeknöpft
ακούν|ητος, ~ιστος unbeweglich
ακούραστος unermüdlich
ακούρδιστος (**-ρντ-**) *μουσ.* ungestimmt; *ρολόι:* nicht aufgezogen
ακούρευτος (mit) ungeschnitten(en Haaren); *πρόβατο:* ungeschoren
ακούσιος (***-α, -ο***) unfreiwillig
ακουσμένος bekannt, berühmt
ακουστά: (***το***) ***έχω ~*** ich habe (es) gehört; weiß (es) vom Hörensagen
ακουστικ|ή Akustik *f*; **~ό** *τηλ.* Hörer *m*; *ιατρ.* Hörrohr *n*; **~ός** *ανατ.* Gehör-; akustisch; **~ότητα** Hörbarkeit *f*
ακουστός hörbar; bekannt
ακούω (*ακούς, -ούει, -ούμε, -ούτε, -ούν· σ· στ· σμ· Impf άκουγα*) hören (***για***/über *A*, von *D*); gehorchen *D*, hören auf *A*; *v/p* sehr bekannt sein
ακραίος (***-α, -ο***) End-; extrem
ακράτεια Haltlosigkeit *f*
ακράτητος unbändig; haltlos
άκρη Ende *n*; Rand *m*; ***~ του βουνού*** Bergspitze *f*
ακριανός Eck-, End-, letzt-
ακριβαίνω (*βυν*) *v/i* teurer werden; *v/t* den Preis heraufsetzen für *A*
ακρίβεια Genauigkeit *f*; Teuerung *f*
ακριβής 2 genau; pünktlich
ακριβο|λογία [-lɔj-] peinliche Genauigkeit *f*; **~λόγος** [-'lɔɣ-] peinlich genau; **~πληρώνω** teuer bezahlen (*κ. μτφ.*)
ακριβ|ός teuer; lieb; **~ώς** *Adv* genau; pünktlich
ακρίδα Heuschrecke *f*
άκρο Ende *n*, Extrem *n*; *pl* Gliedmaßen *pl*, Extremitäten *pl*
ακροάζομαι (*στ*) *ιατρ.* abhören
ακρ|όαμα *n* musikalische Darbietung *f*; **~οαματικότητα** Einschaltquote *f*; **~οαριστερισμός** Linksextremismus *m*; **~οαριστερός** linksextrem; **~όαση** (*-εις*) Anhören *n*; *ιατρ.* Abhören *n*; Audienz *f*
ακροατ|ήριο Zuhörerschaft *f*; **~ής** Zuhörer *m*; *πανεπιστήμιο:* Gasthörer *m*
ακρο|βασία Akrobatik *f*; Akrobatenkunststück *n*; **~βάτης** Akrobat *m*, Trapezkünstler *m*; **~βατικός** Akrobaten-; **~βατώ** (*ησ*) auf dem Seil tanzen; Akrobat sein; **~γιαλιά** [-ja'lja] Küste *f*; Strand *m*; **~δεξιός** (***-ά, -ό***) rechtsextrem; **~θαλασσιά** *βλ.* ***ακρογιαλιά***
ακρόπολη (*-εις*) Zitadelle *f*; *ιδ. ιστ.* Akropolis *f*; *μτφ.* Hochburg *f*
άκρος (***-α, -ο***) höchst-, letzt-, äußerst-; vollkommen; extrem
ακρότητα Extrem *n*; Maßlosigkeit *f*
ακρωτ|ήρι(ο) Kap *n*; **~ηριάζω** (*σ· στ·*) *κ. μτφ.* verstümmeln; *ιατρ.* amputieren; **~ηριασμός** [-zm-] Verstümmelung *f*; Amputation *f*
ακτή Küste *f*; ***απόκρημνη ~*** Steilküste *f*; ***~ γυμνιστών*** FKK-Strand *m*, Nacktbadestrand *m*
ακτήμονας Besitzlose(r)
ακτίν|α Strahl *m*; *μαθ.* Radius *m*; *ποδήλατο*: Speiche *f*; ***~ες Ρέντγκεν*** (***ή Χ***) Röntgenstrahlen *m/pl*; ***~α ενεργείας*** Aktionsradius *m*

ακτινίδιο Kiwi(frucht) *f*
ακτινο|βολία *φυσ.* Strahlung *f*; Ausstrahlung *f*; **~βόλος** (**-α, -ο**) Strahlen aussendend; *μτφ.* strahlend; **~βολώ** (*ησ*) *v/i* Strahlen aussenden; *μτφ.* strahlen vor *D*; **~γραφία** [-ɣra-] Röntgenaufnahme *f*, Röntgenbild *n*; ***~διαγνωστική*** Strahlendiagnostik *f*; **~θεραπεία** Bestrahlung *f*; Strahlentherapie *f*; **~λογία** [-lɔj-] Röntgenologie *f*; Strahlenforschung *f*; **~λογικός** röntgenologisch; **~λόγος** [-ɣɔs] Röntgenologe *m*; **~σκόπηση** (*-εις*) (Röntgen-)Durchleuchtung *f*; **~σκοπώ** (*ησ*) durchleuchten
ακτινωτός strahlenförmig
ακτο|πλοΐα Küstenschiffahrt *f*; **~φυλακή** Wasserschutzpolizei *f*
ακυβ|ερνησία Regierungslosigkeit *f*; Mißwirtschaft *f*; **~έρνητος** steuerlos; ohne Regierung
ακύμαντος glatt; *μτφ.* unbewegt
ακυριολεξία fälschliche(r) Gebrauch e-s Wortes
άκυρος ungültig
ακυρ|ότητα Ungültigkeit *f*; **~ώνω** (*σ*) widerrufen; *εμπ.* stornieren
ακύρωση (*-εις*) Aufhebung *f*; Abbestellung *f*, Stornobuchung *f*
ακυρ|ώσιμος anfechtbar; **~ωτικός** Aufhebungs-
ακύρωτος nicht genehmigt; unratifiziert
ακώλυτος ungehindert, frei
αλάβαστρο, ~ς Alabaster *m*
αλαζ|όνας Wichtigtuer *m*; Angeber *m*; **~ονεία** Arroganz *f*; **~ονεύομαι** [-'nɛv-] (*ευτ*) angeben; **~ονικός** arrogant
αλάθ|ευτος [-ɛf-], **~ητος** unfehlbar
άλαλος stumm; *μτφ.* sprachlos
αλαμπουρνέζικος kauderwelsch
αλάνθαστος fehlerfrei; fehlerlos
αλαργεύω [-'jɛvɔ] (*εψ*) sich entfernen
άλας (*-ατος*) *n*, **αλάτι** Salz *n*
αλατ|ιέρα [-'tjɛ-] Salzfaß *n*; **~ίζω** (*σ*) salzen; **~ισμένος** gesalzen; Salz-; **~οπίπερο** Salz und Pfeffer; **~ούχος** [-'ux-] (**-α, -ο**) salzhaltig; **~ωρυχείο** [-iç-] Salzbergwerk *n*
αλαφιάζομαι [-'fja-] (*στ*) erschrecken
αλαφρ|άδα Leichtsinn *m*; Erleichterung *f*; **~όμυαλος** [-mja-] leichtsinnig; **~ός** leicht(sinnig)

άλγεβρα ['aljɛvra] Algebra *f*
αλγεβρικός algebraisch
αλέθω (*σ· στ· σμ*) mahlen
άλειμμα *n* Fett *n*; *τεχν.* Schmierung *f*; *μτφ.* Bestechung *f*
αλείφω (*ψ· φτ· μμ*) *χέρια* beschmieren; *ψωμί* (be)streichen; einfetten, eincremen
αλέκιαστος [-jast-] fleckenlos; unbefleckt
αλεξ|ικέραυνο Blitzableiter *m*; **~ιπτωτιστής** Fallschirmjäger *m*; **~ίπτωτο** Fallschirm *m*
αλεπού (*-ούδες*) *f* Fuchs *m* (*κ. μτφ.*)
αλερετούρ (*0*) *n* Hin- und Rückfahrt *f*
άλεσμα *n* Mahlen *n*; Mahlgut *n*
αλ|έτρι Pflug *m*; **~ετριά** Furche *f*
αλευθέρωτος [alɛf-] unbefreit
αλεύρι [a'lɛvri] Mehl *n*
αλευρ|όκολλα Mehlkleister *m*; **~όμυλος** Mühle *f*
αλευρ|ώδης 2 mehlig; **~ώνω** (*σ· θ*) panieren; *μτφ.* pudern
αλήθεια [a'liθja] Wahrheit *f*; **~;** tatsächlich?; **~, ...** übrigens, ...
αληθ|εύω [-'ɛvɔ] (*εψ*) *unp.* wahr sein, sich bewahrheiten; **~ής** 2, **~ινός** wahr, ungelogen; echt; **~οφανής** 2 glaubhaft scheinend
αλησμόνητος [-zm-] unvergeßlich
αλητεία Landstreicherei *f*
αλήτης Landstreicher *m*, Vagabund *m*
αλι|εία Fischfang *m*, Fischerei *f*; **~ευτικός** [-ɛf-] Fischerei-, Fischer-; **~εύω** [-'ɛvɔ] (*ευσ· ευμ*) fischen
άλικος dunkelrot
αλίμονο wehe! (***σε***/*D*)
αλίπαντος ungedüngt
αλίπαστος gesalzen; gepökelt
αλισίβα Lauge *f*
αλιτήριος (**-α, -ο**) schurkisch; *Su* Gauner *m*
αλιφασκιά [-'skja] Salbei *f*, *m*
άλιωτος [-lj-] ungeschmolzen; unverwest
αλκαλικός alkalisch
αλκάλιο Alkali *n*
αλκο|όλ (*0*) *n*, **~όλη** Alkohol *m*; **~ολικός** Alkoholiker *m*; **~ολισμός** Alkoholismus *m*, Trunksucht *f*; **~ολούχος** [-'ux-] (**-α, -ο**) alkoholhaltig; **~τέστ** (*0*) *n* Alkoholtest *m*
αλλά aber; (*nicht*) ..., sondern

αλλαγή [-'ji] (Ver-)Änderung *f*; Wechsel *m*; *εμπ.* Umtausch *m*; **~ διεύθυνσης** Adressenänderung *f*; **~ λαδιού** Ölwechsel *m*; **~ λάστιχου** Reifenwechsel *m*; **~ ρούχων** Umziehen *n*; **~ φρουράς** Wachablösung *f*
αλλάζω (*ξ· χτ· γμ*) *v/t* wechseln; *όνομα κλπ.* (ver)ändern; *εμπ.* umtauschen; *v/i* sich verändern; *καιρός*: sich ändern; *φρουρά*: abgelöst werden; **~ ημερομηνία** umdatieren (**σε**/*A*); **~ σπίτι** umziehen; **~ σχέδια** umdisponieren
άλλ' αντ' άλλων (*0*) *n/pl* unzusammenhängende(s) Zeug *n*
αλλαντικά *n/pl* Wurstwaren *f/pl*
αλλαξ|ιά [-'ja] Wäschegarnitur *f*; Anzug *m*; **~οπιστώ** konvertieren
αλλεπάλληλος aufeinanderfolgend
αλλεργ|ία [-j-] Allergie *f*; **~ικός** allergisch
αλληγορ|ία [aliɣɔr-] Allegorie *f*; Sinnbild *n*; **~ικός** allegorisch
αλληθωρίζω (*σ*) schielen
αλληλ- gegenseitig, wechselseitig
αλληλ|ασφάλεια Versicherung *f* auf Gegenseitigkeit; **~εγγύη** Solidarität *f*; **~ένδετος** verknüpft; **~εξάρτηση** (*-εις*) gegenseitige Abhängigkeit *f*; **~επίδραση** (*-εις*) Wechselwirkung *f*; **~οβοήθεια** gegenseitige Hilfe *f*; **~ογραφία** [-ɣra-] Korrespondenz *f*; Schriftverkehr *m*, Schriftwechsel *m*; **~ογραφώ** (*ησ*) korrespondieren; *εμπ.* die Korrespondenz führen; **~ουχία** [-uç-] Zusammenhang *m*; **~οφάγωμα** [-ɣ-] *n μτφ.* Zänkerei *f*
αλλιώς [-lj-] *Adv* sonst; anders
αλλιώτικ|α [-lj-] *Adv βλ.* **αλλιώς**; **~ος** andersartig; sonderbar, merkwürdig
αλλ|όγλωσσος [-ɣlɔ-] anderssprachig; **~οδαπός** Ausländer *m*
άλλοθι (*0*) *n νομ.* Alibi *n*
αλλόθρησκος andersgläubig
αλλοιώνω (*σ· θ*) verändern; verfälschen; *μουσ.* alterieren
αλλοίωση (*-εις*) Veränderung *f*
αλλ|όκοτος seltsam, absonderlich; **~οπρόσαλλος** wankelmütig, labil
άλλ|ος andere(r); **την ~η μέρα** am nächsten Tag; **ο ~ος κόσμος** das Jenseits; **χωρίς ~ο** ohne weiteres; **κατά τα ~α** im übrigen; **κάθε ~ο** im Gegenteil; **τίποτε ~ο** sonst noch etwas?; nichts mehr; **~ο τίποτε** und ob
άλλοτε früher; zu anderer Zeit
αλλοτρ|ιώνω (*σ*) veräußern; entfremden; **~ίωση** (*-εις*) Veräußerung *f*; Entfremdung *f*; **~ιώσιμος** veräußerlich
αλλού anderswo(hin); **κάπου ~** sonstwo(hin), irgendwoanders(hin)
αλλοφροσύνη Wahnsinn *m*
άλλως *K* anders; sonst; **~τε** übrigens
άλμα *n* Sprung *m*; **~ σε μήκος, σε ύψος, επί κοντώ** Weit-, Hoch-, Stabhochsprung *m*
αλματ|ικός, ~ώδης 2 sprunghaft
άλμη Salzwasser *n*; Lake *f*
άλμπουρο ['alb-] Mast *m*
αλμύρα Salzigkeit *f*; Lake *f*
αλμυρ|ίζω (*σ*) *v/i* salzig sein; **~ός** salzig; *τιμή*: gepfeffert
αλογάριαστος [-'ɣarja-] unermeßlich
αλογίκευτος [-'jikɛf-] unvernünftig
αλογίσιος [-'jisj-] (**-α, -ο**) Pferde-
άλογο [-ɣɔ] Pferd *n*
αλογόνο Halogen *n*; **~ς** (**-α, -ο**) salzbildend
άλογος unlogisch
αλοιφή Salbe *f*
αλουμίνιο Aluminium *n*
άλουστος ungewaschen
αλπινισ|μός [alpiniz-] Alpinismus *m*; **~τής** Alpinist *m*
άλσος *n* Gehölz *n*
αλτήρας Hantel *f*
άλτης Springer *m*
αλύγιστος [a'lijist-] unbiegsam; *μτφ.* unbeugsam
αλυκή Salzwerk *n*, Saline *f*
αλύπητος unbarmherzig
αλυσ|ίδα Kette *f κ. χημ.*; **~ίδα συναρμολογήσεως** Fließband *n*; **αντιολισθητική ~ίδα** Schneekette *f*; **~οδένω** (*σ· θ*) in Ketten legen
άλυτος *πρόβλημα*: ungelöst; unlösbar
αλύτρωτος unbefreit
αλφαβητικός alphabetisch
αλφάβητο Alphabet *n*, Abc *n*
αλφ|άδι Wasserwaage *f*; Winkelmaß *n*; **~αδιάζω** (*σ*) nivellieren
αλχημεία [alçim-] Alchimie *f*
αλώνι Tenne *f*; Drusch *m*
αλων|ίζω (*σ· στ*) *v/t* dreschen; *v/i* sich herumtreiben; **~ιστής** Drescher *m*; **~ιστικός** Dresch-
άλωση (*-εις*) Eroberung *f*, Einnahme *f*

άμα *Ko* sobald, wenn
αμαγείρευτος [-'jirɛft-] nicht gekocht
αμάζευτος [-zɛft-] nicht eingesammelt, nicht gepflückt
αμαζόνα Amazone *f*
αμάθεια Unbildung *f*
αμαθ|ής 2 ungebildet; **~ήτευτος** [-ɛft-] unausgebildet, ungelernt
αμάθητος, άμαθος unerfahren (**σε**/ in *D*); ungeübt, ungewohnt
αμανάτι Pfand *n*; Päckchen *n*
αμανές (*-έδες*) Liebeslied *n*
αμαντάλωτος unverriegelt
άμαξα Kutsche *f*; *σιδ.* Waggon *m*
αμαξάκι Kinderwagen *m*
αμαξάς (*-άδες*) Kutscher *m*; Fuhrmann *m*
αμάξι Wagen *m*; **~ *με πτυσσόμενο κάλυμμα*** Kabrio(lett) *n*
αμαξιτός befahrbar; **~ *προς εθνική*** Autobahnzubringer *m*
αμαξοστοιχία [-ç-] Zug *m*; **~ *εμπορική, ταχεία, κοινή, έκτακτη*** Güter-, Schnell-, Personen-, Sonderzug *m*
αμάξωμα *n* Karosserie *f*
αμάραντος unverwelklich
αμαρτ|αίνω, ~άνω (*ησ, Impf αμάρταινα*) sündigen
αμάρτημα *n*, **αμαρτία** Sünde *f*; Fehler *m*
αμαρτύρητος unbezeugt
αμαρτωλός sündig; *Su* Sünder *m*
αμάσητος unzerkaut
αμαύρωση (*-εις*) Verdunkelung *f*; *ιατρ.* völlige Blindheit *f*
αμαχητί [-çi'ti] *Adv* kampflos
άμαχος ['amax-] nicht kämpfend; **~ *πληθυσμός*** Zivilbevölkerung *f*
άμβλυνση Abgestumpftheit *f*
αμβλ|ύνω (II = I· *υνθ· υμ*) stumpf machen; *μτφ.* schwächen; **~ύς** (**-εία, -ύ**) stumpf; *μτφ.* schwach; **~ύτητα** Stumpfheit *f*; Stumpfsinn *m*
άμβλωση (*-εις*) Abtreibung *f*
άμβωνας Kanzel *f*
αμέ warum nicht; ja doch
αμέθοδος unmethodisch
αμέθυστος[1] nüchtern
αμέθυστος[2] Amethyst *m*
αμείβω (*ψ· φθ, φτ*) belohnen, entlohnen
αμείλικτος (**-χτ-**) unerbittlich
αμείωτος unvermindert
αμέλεια Nachlässigkeit *f*; Uninteressiertheit *f*; *ιδ. νομ.* Fahrlässigkeit *f*
αμελέτητος unvorbereitet; unüberlegt, planlos
αμέλημα *n* Unachtsamkeit *f*
αμελής 2 nachlässig; *νομ.* fahrlässig
αμελώ (*ησ· ηθ*) *v/t* vernachlässigen; *προθεσμία* versäumen
άμεμπτος tadellos; einwandfrei
αμεριμνησία Sorglosigkeit *f*
αμέριμνος sorglos; sorgenlos
αμέριστος *κληρονομιά, ενδιαφέρον*: ungeteilt; unteilbar
αμερόληπτος unparteiisch
αμεροληψία Unparteilichkeit *f*
άμεσος unmittelbar, *φόρος*: direkt; sofortig
άμεστος, αμέστωτος unreif
αμέσως sofort, (so)gleich
αμετάβατος *γραμμ.* intransitiv
αμεταβίβαστος *δικαίωμα*: unübertragbar; *ταχ.* unzustellbar
αμετάβλητος unverändert, unveränderlich, fest
αμεταγλώττιστος [-ɣl-] unübersetzt
αμεταγύριστος [-'ji-] feststehend
αμετά|δοτος nicht mitteilbar; *ιατρ.* nicht ansteckend; **~θετος** *υπάλληλος*: unversetzbar
αμετακίνητος unbeweglich; ortsfest; *απόφαση*: unverrückbar
αμετάκλητος unwiderruflich
αμετάλλακτος (**-χτ-**) unveränderlich
αμέταλλος ohne Metall
αμετα|μέλητος reuelos, ohne Reuegefühl; **~μόρφωτος** unverändert; unveränderlich; **~νόητος** unverbesserlich; reuelos
αμετάπειστος uneinsichtig
αμετ|άπτωτος *ενδιαφέρον*: unvermindert; **~ατόπιστος** unverrückbar; **~άτρεπτος** unabänderlich; **~άφραστος** unübersetzt; unübersetzbar; **~αχείριστος** [-'çi-] ungebraucht
αμέτοχος [-tɔx-] unbeteiligt
αμέτρητος unzählig; unermeßlich
άμετρος zahllos; übermäßig
αμήν [a'min] (*0*) *n* Amen *n*
αμηνόρροια *ιατρ.* Amenorrhöe *f*
αμηχανία [amixan-] Verlegenheit *f*
αμίαντο Asbest *m*; **~ς** unbefleckt
αμιγής [amij-] 2 unvermischt
αμίλητος schweigsam, stumm; ungesprächig

άμιλλα Wettbewerb *m*
αμίμητος unnachahmlich
άμισθος unbesoldet, ehrenamtlich
αμμ|οκονίαμα *n* Mörtel *m*; **~όλιθος** Sandstein *m*; **~όλοφος** Düne *f*
άμμος *f* Sand *m*
αμμ|ουδερός sandig; **~ουδιά** Strand *m*; Sandbank *f*; **~ώδης** 2 sandig; **~ωνία** Ammoniak *n*; Salmiakgeist *m*
αμνημόνευτος [-nɛft-] unerwähnt
αμνησία Amnesie *f*, Gedächtnisschwund *m*
αμνηστεύω (*ευσ· ευτ*) amnestieren
αμνηστία Amnestie *f*, Begnadigung *f*
αμοιβ|άδα Amöbe *f*; **~αίος** (*-α, -ο*) gegenseitig; **~αιότητα** Gegenseitigkeit *f*; **~ή** Honorar *n*, Vergütung *f*; Belohnung *f*; ***~ή ηθοποιού*** Gage *f*
αμοίραστος ungeteilt, unverteilt
άμοιρος Unglücks-
αμόλυβδος bleifrei
αμόλυντος unbefleckt, unberührt
αμολώ (*άς· ησ· ηθ*) losbinden; lokkern; *v/p* (*-ιέμαι*) loslaufen
αμόνι Amboß *m*
αμόνοιαστος [a'mɔnjast-] unverträglich, streitsüchtig
αμορτισέρ (*0*) *n* Stoßdämpfer *m*
αμορφία Unförmigkeit *f*; Formlosigkeit *f*
άμορφος formlos; ungestaltet
αμόρφωτος ungebildet
άμουσος ungeistig, amusisch
αμούστακος bartlos
άμοχθος mühelos; arbeitsscheu
αμπαζούρ [ab-] (*0*) *n* Lampenschirm *m*
αμπαλ|άζ (*0*) *n* Verpackung *f*; **~άρω** (*ρισ*) verpacken
αμπάλωτος [a'ba-] ungeflickt; ***μένω ~*** leer ausgehen
αμπάρα [a'bara] Riegel *m*
αμπάρι Lager *n*, Speicher *m*
αμπαρώνω (*σ· θ*) verriegeln
αμπέλι Weinberg *m*
αμπελόκηπος Weingarten *m*
αμπελ|ουργία [-lurj-] Weinbau *m*; **~ουργός** [-urɣ-] Winzer *m*; **~όφυλλο** Weinblatt *n*; **~ώνας** Weinberg *m*
αμπέρ [a'm̌pɛr] (*0*) *n* Ampere *n*
αμπόλιαστος [-lj-] nicht gepfropft
αμπούλα [a'm̌pula] Ampulle *f*
άμπωτη Ebbe *f*
άμυαλος ['amja-] leichtsinnig
αμυγδαλ|άτο Mandelkuchen *m*; **~ή** *ανατ*. Mandel *f*; **~ιά** [-'lja] Mandelbaum *m*; **~ίτιδα** Mandelentzündung *f*
αμύγδαλο [a'miɣ-] Mandel *f*
αμυγδαλ|όψιχα Mandelkern *m*; **~ωτός** Mandel-; mandelförmig
αμυδρός schwach, matt; trüb
αμύητος uneingeweiht
αμύθητος märchenhaft
αμυλάλευρο [-lɛvrɔ] Stärkemehl *n*
άμυλο Stärke *f*
αμυλόκολλα Stärkekleister *m*
αμυλ|ούχος [-'lux-] (*-α, -ο*), **~ώδης** 2 stärkehaltig
άμυνα Abwehr *f*, Verteidigung *f* (***κατά*** *G*/gegen *A*); ***αεροπορική ~*** Flugabwehr *f*
αμύνομαι (*νθ*) verteidigen (***για***/*A*); sich verteidigen, sich zur Wehr setzen
αμυντικός Verteidigungs-
αμυχή [ami'çi] Schramme *f*
αμφι- beid-, doppelt
αμφιβάλλω (*αμφέβαλα*) zweifeln
αμφίβιο Amphibie *f*, Lurch *m*
αμφιβληστροειδής 2: ***~ χιτώνας*** *ανατ*. Netzhaut *f*
αμφιβολία Zweifel *m*
αμφίβολος zweifelhaft
αμφιθέατρο Amphitheater *n*
αμφί|κοιλος bikonkav; **~κυρτος** bikonvex
άμφιο *mst n/pl* Priestergewand *n*
αμφι|σβήτηση (*-εις*) [-'zvit-] Bestreiten *n*, Anzweiflung *f*; **~σβητήσιμος** anfechtbar; **~σβητούμενος** strittig, umstritten; **~σβητώ** (*ησ· ηθ*) bezweifeln; *νομ*. anfechten
αμφιταλαντεύομαι [-'ɛvɔ-] (*ευτ*) schwanken, unschlüssig sein
αν wenn; *γνωρίζω, ρωτώ κλπ*. ob; ***~ και*** wenn ... auch, obwohl
ανά *K* über ... hin; *δύο κλπ*. je
ανα- *συχνά*: hinauf-, auf-, wieder-
αναβάλλω (*βαλ· βληθ*) verschieben, aufschieben, vertagen
ανάβαση (*-εις*) Besteigung *f* (*G*), Aufstieg *m*; *μτφ*. Ansteigen *n*
ανα|βιβασμός [-vaz-] Hinaufbringen *n*; Erhöhung *f*; **~βιώνω** (*σ*) wiederaufleben; **~βίωση** (*-εις*) Wiederaufleben *n*
αναβλητ|ικός verzögernd; hinhaltend; **~ικότητα** Verzögerung *f*
αναβλύζω (*σ*) *v/i* (hervor)sprudeln
αναβολή Vertagung *f*; Verschiebung *f*; ***~ πληρωμής*** Stundung *f*

αναβροχιά [-'ça] Dürre *f*
ανάβω (*ψ· φτ· μμ*) *v/t* anzünden, anstecken; *μτφ.* reizen, erregen; *φως* (an)machen; *v/i* brennen
αναγαλλιάζω [-γalj-] (*-γάλλιασ-*) jubeln, sich freuen
αναγγέλλω (*ειλ· ελθ*) mitteilen, (an-)melden, ankündigen
ανα|γέννηση (*-εις*) [-'jε-] Wiedergeburt *f*; *ιστ.* Renaissance *f*; **~γεννώ** [-jε'nɔ] (*άς· ησ· ηθ*) regenerieren; wiederherstellen
αναγκάζω (*σ· στ*) zwingen, nötigen
αναγκαίος (**-α, -ο**) notwendig, nötig
αναγκαιότητα Notwendigkeit *f*
αναγκαστικός Zwangs-; Not-
ανάγκη Not(lage) *f*; Bedürfnis *n*; ***είναι* ~** es ist nötig; ***έχω* ~** nötig haben, brauchen (***από***/*A*); ***εν* ~** im Notfall
ανάγλυφο [a'naγ-] Basrelief *n*
ανα|γνωρίζω [-γnɔ-] (*σ· στ*) (wieder)erkennen; anerkennen; zuerkennen (***για***/als); **~γνώριση** (*-εις*) Wiedererkennung *f*; Anerkennung *f*; **~γνωρισμένος** anerkannt
ανάγνωση (*-εις*) [-γnɔ-] Lesen *n*; Lesung *f*; Entzifferung *f*
ανάγνωσμα [-γnɔz-] *n* Lektüre *f*; Lesestück *n*; Lesestoff *m*
αναγνωστήριο Lesesaal *m*
ανα|γνώστης [-'γnɔst-] Leser *m*; Vorleser *m*; **~γνωστικό** Lesebuch *n*
αναγόρευση (*-εις*) [-'γɔrεf-] Proklamation *f*; Ernennung *f*, Promotion *f*
αναγορεύω (*ευσ· ευθ, ευτ*) *v/t* ausrufen, proklamieren; *v/p* promovieren, promoviert werden
ανα|γούλα [-'γula] Übelkeit *f*; Ekel *m*; **~γουλιάζω** [-'lja-] (*σ*) mir wird übel; **~γραφή** [-γra-] Eintragung *f*; Aufzeichnung *f*; **~γράφω** (*ψ· γραφ*[*τ*]) eintragen; aufzeichnen
ανάγω [a'naγɔ] (*αναγαγ-· αναχθ-*) zurückführen (***σε***/auf *A*); *μαθ.* reduzieren; umrechnen
ανάγωγος [-γɔγ-] ungezogen
ανα|δασώνω (*σ*) aufforsten; **~δάσωση** (*-εις*) Aufforstung *f*
αναδεικνύω *βλ.* ***αναδείχνω***
ανάδειξη (*-εις*) Auszeichnung *f*; Ernennung *f*; Aufstieg *m*
αναδείχνω (*ξ· χτ· γμ*) auszeichnen, Ehre einbringen *D*; *v/p* sich hervortun
ανα|δεξιμιός [-mj-] (*-ιά*) Patenkind *n*; **~δημιουργώ** [-γɔ] (*ησ*) neugestalten, umgestalten; **~δημοσίευση** (*-εις*) [-εf-] Wiederveröffentlichung *f*; **~διοργανώνω** [-γa-] umgestalten, reorganisieren; **~διοργάνωση** (*-εις*) Umgestaltung *f*, Reorganisierung *f*
ανα|δουλειά [-'lja] Arbeitslosigkeit *f*; **~δοχή** [-'çi] Übernahme *f*
ανάδοχος [-ðɔx-] *m κ. f* Pate *m*, Patin *f*; Unternehmer *m*
αναδρομ|ή Rückblick *m*; **~ικός** *νομ.* rückwirkend; zurückblickend
αναδύομαι (*θ*) auftauchen
ανα|ζήτηση (*-εις*) Suchen *n*; Erforschung *f*; ***~ζήτηση θέσης*** Stellungssuche *f*; **~ζητώ** (*άς, είς· ησ*) suchen; *λέξη* nachschlagen
αναζωο|γόνηση (*-εις*) [-'γɔ-] Wiederbelebung *f*; **~γονητικός** erholsam; **~γονώ** (*ησ*) wiederbeleben; regenerieren
αναζω|πυρώνω (*ωσ*) neuen Auftrieb geben *D*; wieder entfachen; **~πύρωση** (*-εις*) Kräftigung *f*; Entfachung *f*
ανα|θαρρεύω [-'εvɔ] (*εψ· εμ*) wieder Mut bekommen; **~θαρρύνω** (II = I) ermutigen
ανάθεμα *n* Fluch *m*; Kirchenbann *m*
αναθε|ματίζω (*σ*) verfluchen; **~μάτισμα** *n* Verfluchung *f*
αναθερμαίνω (*μαν· μανθ*) wiedererwärmen; *μτφ.* neu entflammen
ανάθεση (*-εις*) Beauftragung *f*
ανα|θέτω (*σ· τεθ*) beauftragen (*A* ***σε κπ***/j-n mit *D*); **~θεώρηση** (*-εις*) Überprüfung *f*; *νομ.* Revision *f*; **~θεωρητικός** Prüfungs-; Revisions-; **~θεωρώ** (*ησ*) überprüfen; *άποψη* korrigieren
αναθρ|εμμένος, ~έφω *βλ.* ***ανατρέφω***
αναθυμίαση (*-εις*) Ausdünstung *f*
αν|αίδεια Unverschämtheit *f*; **~αιδής** 2 unverschämt; **~αιμία** Anämie *f*, Blutarmut *f*; **~αιμικός** blutarm, anämisch
αναίρεση (*-εις*) Widerlegung *f*; Totschlag *m*; *νομ.* Kassation *f*, Aufhebung *f*
αναιρ|έσιμος widerlegbar; aufhebbar; **~ώ** (*εσ· εθ· ανηρημ-*) widerlegen; widerrufen
αναισθη|σία Gefühllosigkeit *f κ. μτφ.*; *ιατρ.* Narkose *f*, Anästhesie *f*;

~σιολόγος *m, f* Anästhesist(in *f*) *m*; **~τικός** Betäubungs-; **~τοποίηση** (*-εις*) Betäubung *f*, Narkose *f*; **~τοποιώ** betäuben
αναίσθητος bewußtlos; gefühllos
αν|αισχυντία [-sçi-] Schamlosigkeit *f*; **~αίσχυντος** schamlos; **~αίτιος** (**-α, -ο**) unschuldig; schuldlos
ανα|κάθομαι *v/i* aufrecht sitzen, sich aufrecht (hin)setzen; **~καινίζω** (*σ· στ· σμ*) renovieren, erneuern; **~καίνιση** (*-εις*) Renovierung *f*; Erneuerung *f*; **~καινιστής** Erneuerer *m*; **~καινιστικός** Renovierungs-
ανα|καλύπτω (*ψ· φτ· μμ*) entdecken; **~κάλυψη** (*-εις*) Entdeckung *f*; **~καλώ** (*εσ· κληθ*) zurückrufen (**κπ**/j-n); rückgängig machen; zurücknehmen
ανά|καμψη (*-εις*) Umkehr *f*; *μτφ.* Wende *f*; **~κατα** *Adv* durcheinander
ανακατ|αγραφή [-ɣra-] Umschreibung *f*; **~άκτηση** (*-εις*) Wiedereroberung *f*; **~ακτώ** (*-άς· ησ*) wiedererobern; **~άταξη** (*-εις*) Neuordnen *n*; Umgruppierung *f*; **~ατάσσω** (*ξ· χτ*) neu ordnen
ανα|κάτεμα *n* Durcheinanderbringen *n*; **~κατεύω** (*εψ· ευτ· εμ*) (ver)mischen (**με**/mit *D*); *ποτό κλπ.* umrühren; durcheinanderbringen; verwickeln (**κπ σε** *A*/j-n in *A*); *v/p* sich einmischen (**σε**/in *A*); mir ist übel
ανάκατος vermischt; durcheinander
ανακατώνω *βλ.* ***ανακατεύω***
ανακατωσούρα Unruhe(n) *f(pl)*, Tumult *m*, Krawall *m*
ανακεφαλ|αιώνω (*σ*) zusammenfassen; **~αίωση** (*-εις*) Zusammenfassung *f*, Überblick *m*
ανα|κήρυξη (*-εις*) Aufruf *m*, Proklamation *f*; **~κηρύσσω** (*ξ· χτ· γμ*) ausrufen, feierlich ernennen
ανα|κίνηση (*-εις*) Schütteln *n*; *μτφ.* Vorbringen *n*; **~κινώ** (*ησ*) schütteln; *ερώτηση* vorbringen
ανά|κλαση (*-εις*) *φυσ.* Reflexion *f*; *ιατρ.* Reflex *m*; **~κληση** (*-εις*) Rückberufung *f*, Abberufung *f*; Absage *f*
ανα|κοινωθέν (*-έντος*) *n* Bekanntmachung *f*; *πολ.* Kommuniqué *n*; **~κοινώνω** (*σ· θ*) bekanntgeben; **~κοίνωση** (*-εις*) Bekanntmachung *f*, Mitteilung *f*; Referat *n*
ανα|κολουθία Ungereimtheit *f*; Inkonsequenz *f*; **~κόλουθος** zusammenhanglos; inkonsequent; **~κοπή** *ιατρ.* Herzversagen *n*; *νομ.* Einspruch *m* (**κατά** *G*/gegen *A*); **~κούρκουδα** hingehockt; **~κουφίζω** (*σ· στ· σμ*) *v/t* (es) *j-m* erleichtern, Linderung verschaffen; **~κούφιση** Erleichterung *f*, Linderung *f*; **~κουφιστικός** lindernd; **~κρίβεια** Ungenauigkeit *f*; **~κριβής** 2 ungenau; unpünktlich; **~κρίνω** verhören
ανάκριση (*-εις*) *νομ.* Untersuchung *f*; Verhör *n*, Vernehmung *f*
ανακριτ|ής Untersuchungsrichter *m*; **~ικός** Untersuchungs-
ανάκτηση (*-εις*) Wiedererlangung *f*
ανάκτορα *n/pl* Schloß *n*; Palast *m*
ανακτώ (*άς· ησ*) wiedererlangen
ανακυκλώνω (*σ· θ*) wiederaufbereiten
ανακύκλωση (*-εις*) Wiederaufbereitung *f*, Recycling *n*
ανακύπτω auftauchen *κ. μτφ.*
ανακωχή [-'çi] Waffenstillstand *m*
αναλαμβάνω (*ανέλαβ· ληφθ· ανειλημμ-*) übernehmen
αναλαμπή Blinken *n*; Schimmern *n*
ανάλατος ungesalzen; *μτφ.* fade
ανάλγητος schmerzlos; gefühllos
αναλ|ήθεια Unwahrheit *f*; **~ηθής** 2 unwahr
ανάληψη (*-εις*) *τράπεζα*: Abhebung *f*; Übernahme *f*
αναλλοίωτος unveränderlich
αναλογ|ία [-lɔj-] Analogie *f*; Verhältnis *n*; *μαθ.* Proportion *f*; ***αγοραστική ~ία*** Marktanteil *m*; **~ίζομαι** (*στ*) bedenken; **~ικός** proportional; Verhältnis-(*Wahl*)
ανάλογο [-lɔɣɔ] Anteil *m*; **~ς** analog; entsprechend, angemessen
αναλογώ [-'ɣɔ] (*ησ*) *v/i* entfallen (**σε**/auf *A*); proportional sein; entsprechen (**προς** *A*/*D*)
ανάλυση (*-εις*) [-lisi] Auflösung *f*, Zerlegung *f*; Analyse *f*; **~ *αγοράς*** Marktanalyse *f*; ***σε τελευταία ~*** letzten Endes
ανα|λυτικός analytisch; ausführlich; **~λύω** *χημ.* auflösen, zerlegen; analysieren
αναλφ|αβητισμός [-zm-] Analphabetentum *n*; **~άβητος** Analphabet *m*
ανα|μάρτητος sündlos; **~μασώ** (*άς·*

ησ) wiederkäuen (κ. μτφ.); **~μειγνύω** [-'γniɔ] (ξ· χτ· γμ) mischen; verwickeln (**σε**/in *A*); *v/p* sich einmischen
ανάμειξη (-εις) (Ein-)Mischung *f*
αναμεμειγμένος verwickelt (in *A*)
αναμένω (μειν) erwarten, abwarten
ανάμεσα zwischen, unter (**σε**/*D*, *A*); *Adv* dazwischen, darunter
αναμετάδοση (-εις): ***άμεση*** **~** Direktübertragung *f*
αναμεταξύ zwischen, unter (*G*/*D*, *A*); ***στο*** **~** inzwischen
ανα|μέτρηση (-εις) Messung *f*; **~μετρώ** (άς· ησ) abmessen; erwägen; *v/p* (-ιέμαι) (ηθ) sich messen
άναμμα *n* Anzünden *n*; Aufregung *f*
αναμμένος angezündet; aufgeregt
ανάμνηση (-εις) Erinnerung *f*, Andenken *n* (*G*/an *A*)
ανα|μνηστικός Gedenk-(*Tafel*); **~μονή** Erwartung *f*; **~μορφώνω** (σ) umgestalten, reformieren; **~μόρφωση** (-εις) Reform *f*; Umgestaltung *f*; **~μορφωτής** Reformator *m*; **~μορφωτικός** Reform-; **~μπουμπούλα** [-bu'bula] wüste(s) Durcheinander *n*
αναμφ|ίβολος unzweifelhaft; **~ισβήτητος** [-'zvi-] unbestritten
ανανδρία Feigheit *f*; Gemeinheit *f*
άνανδρος feige; *Su* Feigling *m*
ανα|νεώνω (σ) erneuern; verlängern; **~νέωση** (-εις) Erneuerung *f*
αναντ|ικατάστατος unersetzlich; **~ίρρητος** unbestreitbar
αναξι|όπιστος unglaubwürdig, unzuverlässig; **~οπρέπεια** Niedrigkeit *f*; **~οπρεπής** 2 niedrig, schäbig
ανάξιος (**-α, -ο**) unwürdig (*G*/*G*); unfähig; *νομ.* erbunwürdig
αναξι|ότητα Unwürdigkeit *f*; Unfähigkeit *f*; **~όχρεος** zahlungsunfähig
αναπαλαιώνω repristinieren
αναπαλαίωση Repristination *f*, Wiederherstellung *f* des ursprünglichen Zustands
αναπαλλοτρίωτος unveräußerlich
αναπάντ|εχος [-εx-] unerwartet; **~ητος** unbeantwortet; stumm
αναπαρ|άγω [-γɔ] *βλ.* ***παράγω*** reproduzieren; *βιολ.* fortpflanzen; **~αγωγή** [-γɔ'ji] Fortpflanzung *f*; **~άσταση** (-εις) Darstellung *f*; Rekonstruktion *f*; **~ιστάνω** darstellen; *έγκλημα* rekonstruieren
ανάπαυ|λα [-vla] Erholungspause *f*; **~ση** [-fsi] Erholung *f*, Ruhe *f*; Entspannung *f*; *στρ.* rührt euch!
αναπαυτικός bequem
ανα|παύω [-'pavɔ] (αυσ· αυτ) *v/t* ausruhen; *v/p* sich ausruhen, sich entspannen; **~πηρία** Invalidität *f*
ανάπηρος körperbehindert; schwerverletzt; *Su K* Invalide *m*; Rollstuhlfahrer *m*; ***κατάλληλος για αναπήρους*** behindertengerecht
αναπλάθω (σ· στ) neugestalten, reformieren; sich (*D*) *etw.* vorstellen
ανα|πληρωματικός stellvertretend, Ersatz-; **~πληρώνω** (σ· θ) ersetzen (**με**/durch *A*); ergänzen; vertreten; **~πλήρωση** (-εις) Ersatz *m*; Ergänzung *f*; Vertretung *f*; **~πληρωτής** *εμπ.* Prokurist *m*; Stellvertreter *m*
αναπνευστ|ήρας [-pnεf-] Atemgerät *n*; Schnorchel *m*; **~ικός** Atem-
ανα|πνέω (ευσ) *v/i* atmen; *v/i*, *v/t* einatmen; **~πνοή** Atmung *f*
ανάποδα *Adv* verkehrt; kopfüber
αναπόδεικτος (**-χτ-**) unbewiesen
ανάποδη Rückseite *f*
αναποδ|ιά [-'ðja] Mißgeschick *n*; **~ιάζω** (σ) schrullig werden; **~ογυρίζω** [-ji-] (σ) umkehren; umkippen
ανάποδος umgekehrt; unerfreulich; *άνθρ.*: sonderbar
αναπόληση (-εις) Rückerinnerung *f*
αναπολώ (ησ) sich (*D*) ins Gedächtnis zurückrufen
αναπό|σπαστος untrennbar; **~τρεπτος** unvermeidlich
ανα|ποφάσιστος unentschlossen; **~πόφευκτος** [-fεfkt-] unvermeidlich; **~προσαρμογή** [-'ji] Wiederanpassung *f*
αναπτήρας Feuerzeug *n*
ανάπτυξη (-εις) Entwicklung *f*; Entfaltung *f*; *εμπ.* Ausweitung *f*, Wachstum *n*
αναπτύσσω (ξ· χθ, χτ· γμ) entwikkeln; *θέμα* darstellen; *v/p* sich entwikkeln; *παιδί*: wachsen
άναρθρος unartikuliert
αναρίθμητος unzählig; ungezählt
αναρμ|όδιος (**-α, -ο**) unzuständig; unbefugt; **~οδιότητα** Unzuständigkeit *f*
ανάρμοστος unpassend; ungehörig
ανάρπαστος geraubt; ***γίνομαι*** **~** aus den Händen gerissen werden
αναρριχητικός Kletter-(*Pflanze*)

αναρ|ρόφηση (-εις) Einsaugen *n*; *τεχν.* Ansaugen *n*; **~ρώνω** (*ωσ*) genesen
ανάρρωση (-εις) Genesung *f*
αναρρωτ|ήριο Sanatorium *n*; **~ικός** Genesungs-
ανάρτηση Aufhängen *n*
αναρτώ (*άς· ησ*) (auf)hängen
αναρχ|ία [-ç-] Anarchie *f*; Unordnung *f*; **~ικός** anarchistisch; *Su* Anarchist *m*
αναρωτιέμαι [-j-] (*ηθ*) sich fragen
ανάσα Atem *m*; ***παίρνω*** **~** Atem holen
ανα|σαίνω (*σαν*) (auf)atmen; sich ausruhen; **~σαλεύω** (*εψ*) aufschütteln
ανα|σέρνω *βλ.* ***ανασύρω***; **~σηκώνω** (*σ· θ*) anheben; *μανίκια* aufstreifen; *v/p* sich aufrecht setzen; **~σκάβω** (*ψ· φτ· μμ*) umgraben, ausgraben
ανασκαλ|εύω [-'lɛvɔ] (*εψ· ευτ*), **~ίζω** umwühlen, durchwühlen; *μτφ.* aufwühlen
ανασκαφή Ausgrabung *f*
ανάσκελα *Adv* auf dem Rücken
ανα|σκιρτώ (*άς· ησ*) zusammenfahren; zucken; **~σκόπηση** (-εις) Rückblick *m*, Überblick *m*; Betrachtung *f*; **~σκοπώ** (*ησ· ηθ*) e-n Überblick geben über *A*; **~σκουμπώνω** (*σ· θ*) aufkrempeln
ανα|σταίνω (*στησ· στηθ*) auferwecken, vom Tode erwecken; *παιδιά* großziehen; **~σταλτικός** Sperr-, Hemm-; *νομ.* aufschiebend
ανάσταση *θρ.* Auferstehung *f*
ανάστατος wüst; in Aufruhr
ανα|στατώνω aufregen, in Aufruhr versetzen; **~στάτωση** (-εις) Aufregung *f*, Aufruhr *m*; **~στέλλω** hemmen; *πληρωμή* einstellen; *νομ.* aufschieben; **~στεναγμός** Seufzer *m*; **~στενάζω** (*ξ*) seufzen
ανα|στηλώνω (*σ*) wiederaufrichten; wieder kräftigen; **~στήλωση** (-εις) Wiederaufrichtung *f*, Wiederaufstellung *f*; **~στηλωτής** Wiederhersteller *m*
ανάστημα *n* Wuchs *m*, Figur *f*
αναστολή Stoppen *n*; *εμπ.* Einstellung *f*; *νομ.* Aufschub *m*
ανάστροφη Rückseite *f*
ανασυγκρ|ότηση (-εις) Neuordnung *f*; **~οτώ** (*ησ· ηθ*) neuordnen; umgestalten
ανα|σύνδεση (-εις) erneute Verbindung *f*; **~σύνθεση** (-εις) erneute Zusammenstellung *f*; **~σύνταξη** (-εις) Neuordnung *f*; **~συντάσσω** (*ξ· χτ*) neu zusammenstellen; **~σύρω** hochziehen; **~σύσταση** (-εις) Neuordnung *f*, Wiederherstellung *f*; **~σφάλιστος** unversichert
ανασχηματ|ίζω [-sçi-] (*σ*) *πολ.* umbilden; **~ισμός** [-zm-] Umbildung *f*
ανα|ταράζω schütteln; *μτφ.* erschüttern; **~ταραχή** [-'çi] Aufruhr *m*; Beunruhigung *f*, Unruhe *f* (***για***/wegen *G*)
ανατέλλω (*τειλ*) aufgehen
ανα|τίμηση (-εις) Preiserhöhung *f*; Aufwertung *f*; **~τιμώ** (*άς· ησ· ηθ*) *v/t* den Preis erhöhen; aufwerten; *v/i* teurer werden; **~τινάζω** (*ξ· χτ*) *v/t* sprengen; durchschütteln; *v/p* explodieren; aufspringen; **~τίναξη** (-εις) Sprengung *f*; Explosion *f*
ανατοκίζω (*σ*) kapitalisieren
ανατολ|ή Osten *m*; Orient *m*; Sonnenaufgang *m*; **~ικός** östlich; anatolisch; **♀ίτης** Orientale *m*; Anatolier *m*
ανατομ|είο Anatomie *f* (*Gebäude*); **~ία** Anatomie *f*; **~ικός** anatomisch
ανατόμος Anatom *m*
ανα|τρεπτικός umstürzlerisch; **~τρέπω** (*ψ· τραπ*) *v/t*, *v/i* umstürzen; stürzen; *νομ.* widerlegen; *σχέδια* umstoßen; *κπ* absetzen; **~τρέφω** (*θρεψ· τραφ, θραφ*) großziehen; erziehen; **~τρέχω** (*ξ*) *μτφ.* zurückgreifen (***σε***/auf *A*); nachschlagen
ανα|τριχιάζω [-'ça-] (*-τρίχιασ-*) schaudern; **~τριχιαστικός** haarsträubend; **~τριχίλα** Schauder *m*
ανατροπή Umsturz *m*; Absetzung *f*
ανατροφή Erziehung *f*, Bildung *f*
ανα|τυπώνω (*σ· θ*) nachdrucken; **~τύπωση** (-εις) Nachdruck *m*, Reprint *m*
άναυδος ['anavð-] sprachlos
άναυλ|ος [-avl-] *Su* Schwarzfahrer(in *f*) *m*; **~α** *Adv* mit Gewalt
ανα|φαίρετος unentreißbar; unbestreitbar; **~φερόμενος** betreffend (***σε***/*A*), sich beziehend (***σε***/auf *A*); **~φέρω** (II = I· *φερθ*) erwähnen; anführen; melden; *v/p* sich beziehen (***σε***/auf *A*); **~φιλητό** Schluchzen *n*
ανα|φλέγω (*ξ· φλεχτ*) anzünden; *μτφ.*

anfachen; *v/p* sich entzünden; **~φλεκτήρας** Zündkerze *f*
ανάφλεξη (*-εις*) *αυτοκ.* Zündung *f*
αναφορ|ά Bericht *m*; *στρ.* Meldung *f*; Bezugnahme *f* (**σε**/auf *A*); Erwähnung *f*; **~ικός** bezüglich; relativ, Relativ-
αναφτερώνω beflügeln, Mut geben
αναφυλαξία Allergie *f*
ανα|φωνώ (*ησ*) (laut) rufen; aufschreien; **~χαίτιση** (*-εις*) [-'çε-] Hemmung *f*; Aufhalten *n*; **~χαιτίζω** (*σ· στ*) dämpfen; aufhalten
αναχρον|ισμός [-zm-] Anachronismus *m*; **~ιστικός** unzeitgemäß, unmodern
ανάχωμα [-x-] *n* Wall *m*; Deich *m*
αναχώρηση (*-εις*) [-'xɔ-] Abfahrt *f*; Abreise *f*; Rücktritt *m*
αναχωρώ (*ησ*) abfahren, abreisen (**για, σε**/nach *D*)
αναψηλάφηση (*-εις*) *νομ.* Überprüfungsantrag *m*, Revision *f*
ανα|ψυκτικό Erfrischung(sgetränk *n*) *f*; **~ψυχή** [-'çi] Erholung *f*
ανδραγάθημα *n* Heldentat *f*
άνδρας Mann *m*; *βλ. κ.* **άντρας**
ανδρ|εία Tapferkeit *f*; **~είκελο** *μτφ.* Marionette *f*; **~είος (-α, -ο), ~ειωμένος** tapfer, kühn; **~ιάντας** Statue *f*; **~ικός** Männer-; männlich; **~οπρεπής** 2 männlich, tapfer; **~ώνομαι** (*ωθ*) mannbar werden
ανε|βάζω (*σ· στ· σμ*) hinauftragen, hinaufbringen, nach oben tragen; *τιμές* erhöhen; *θεατρ.* aufführen; **~βαίνω** (*να ανεβώ· ανέβηκα· ανεβασμ-*) *v/t σκάλα* hinaufgehen; besteigen; *v/i* einsteigen; *νερό, πυρετός κλπ.*: steigen; *μτφ.* vorankommen
ανέβασμα *n* Steigerung *f*
ανεβοκατ|εβάζω hinauf- und hinunterbringen, -tragen; **~εβαίνω** hinauf- und hinuntergehen, -steigen; *τιμές*: schwanken
ανέγγιχτος [-ixt-] unberührt
ανεγείρω (II = I· *γερθ*) errichten
ανέγερση (*-εις*) [-jεr-] Errichtung *f*
ανεδαφικός unhaltbar
ανειδίκευτος ungelernt; *Su* Hilfsarbeiter *m*
ανειδοποίητος uninformiert
ανείδωτος nicht gesehen
ανειλημμένος *βλ.* **αναλαμβάνω**
ανειλικρ|ίνεια Unaufrichtigkeit *f*; **~ινής** 2 unaufrichtig, unehrlich
ανείπωτος unsagbar
ανειρήνευτος unversöhnlich
ανέκαθεν von jeher; schon immer
ανεκ|δήλωτος nicht offenbar, verborgen; **~διήγητος** [-ji-] unbeschreiblich; **~δοτικός** anekdotisch
ανέκδοτο [-gð-] Anekdote *f*; Witz *m*; **~ς** unveröffentlicht
ανέκκλητος unwiderruflich
ανεκ|μετάλλευτος [-lεft-] unausgenutzt; unausgebeutet; **~παίδευτος** [-ðεft-] un(aus)gebildet; **~πλήρωτος** unerfüllt; **~ποίητος** unverkauft; unverkäuflich; **~τέλεστος** nicht erfüllt
ανεκτικό|ς duldsam, nachsichtig; **~τητα** Duldsamkeit *f*, Toleranz *f*
ανεκτίμητος unschätzbar
ανεκτός erträglich
ανέκφραστος ausdruckslos; unsagbar
ανελαβ- *βλ.* **αναλαμβάνω**
ανελέητος unbarmherzig
ανελεύθερος unfrei; kriecherisch
αν|έλκυση (*-εις*) *ναυτ.* Bergung *f*; Heben *n*; **~ελκυστήρας** Aufzug *m*; **~ελκυστήρας χιονοδρόμων** Schlepplift *m*; **~ελκύω** (*σ· στ*) hinaufziehen; *ναυάγιο* heben
ανελλιπής 2 vollständig; pausenlos
ανέλπιστος unerwartet
ανεμβολίαστος ungeimpft
ανέμελος lässig; gleichgültig
ανέμη Winde *f*; Spinnrad *n*
ανεμίζω (*σ· στ*) *v/i σημαία* flattern
ανεμιστήρ|ας Ventilator *m*; **~ι** Fächer *m*; *τεχν.* Blasebalg *m*
ανεμο|βλογιά Windpocken *f/pl*; **~δείκτης (-χτ-)** Wetterfahne *f*; **~ζάλη** Orkan *m*; Wirrwarr *m*; **~θύελλα** Orkan *m*; **~κίνητος** mit Windantrieb
ανεμ|όμετρο Windmesser *m*; **~όμυλος** Windmühle *f*; **~όπτερο** Segelflugzeug *n*
άνεμος Wind *m*
ανεμ|όσκαλα (Hand-)Leiter *f*; **~οσκορπίζω** (*σ· στ*) vergeuden; **~οστρόβιλος** Wirbelwind *m*
ανεμπόδιστος ungehindert; frei
αν|ένδοτος unnachgiebig; beständig; **~ενόχλητος** ungestört, unbelästigt; **~εξαίρετος, ~εξαιρέτως** *Adv* ausnahmslos
ανεξ|ακρίβωτος nicht festgestellt; nicht feststellbar; unbestätigt; **~άλει-**

πτος unauslöschlich; **~άντλητος** unerschöpflich; **~αρτησία** Unabhängigkeit *f*, Selbständigkeit *f*; ***συλλογική ~αρτησία*** Tarifautonomie *f*; **~άρτητος** unabhängig, selbständig; **~έλεγκτος** unkontrolliert; ungeprüft; **~ερεύνητος** [-vni-] unerforscht; **~έταστος** *σχολ.* ungeprüft; *ιατρ.* ununtersucht; **~ήγητος** [-'iji-] unerklärlich; unerklärt; **~ιθρησκεία** Toleranz *f*; **~ίθρησκος** tolerant; **~ίτηλος** unauslöschlich; (farb)beständig, echt; **~ιχνίαστος** [-i'xni-] *έγκλημα*: unaufgeklärt; *πρόθεση*: unerforschlich

αν|έξοδος kostenlos; **~εξόφλητος** *εμπ.* unbeglichen, unbezahlt; unvergolten

ανεπ|αίσθητος unmerklich; **~αίσχυντος** [-sçi-] schamlos; **~ανάληπτος** unwiederholbar; **~ανόρθωτος** nicht wiedergutzumachen(d); unwiederbringlich; *Adv* für immer; **~άρκεια** Unzulänglichkeit *f*; Knappheit *f* (*G*/an *D*); ***~άρκεια τροφίμων*** Lebensmittelknappheit *f*; **~αρκής** 2 unzulänglich; knapp

ανέπαφος unangetastet; unbeschädigt

ανεπ|εξέργαστος [-γ-] unbearbeitet; **~ηρέαστος** unbeeinflußt; **~ίβλεπτος** unbeaufsichtigt; **~ίγραφος** [-'iγra-] ohne Aufschrift; **~ίδεκτος** (**-χτ-**) unempfänglich (*G*/für *A*); ***~ίδεκτος μαθήσεως*** ungelehrig; **~ίδοτος** *γράμμα*: unzustellbar

ανεπι|είκεια Unnachsichtigkeit *f*; **~εικής** 2 unnachsichtig; **~θύμητος** unerwünscht

ανεπ|ικύρωτος nicht ratifiziert; *νομ.* nicht beglaubigt; **~ίληπτος** tadellos; **~ίλυτος** ungelöst; unlösbar; **~ίπλωτος** unmöbliert; **~ίσημος** inoffiziell; *ρούχα*: gewöhnlich, Straßen-

ανεπι|στημονικός unwissenschaftlich; **~στρεπτί** *Adv* ohne Rückkehr

ανεπί|στρεπτος unwiederbringlich; **~τευκτος** [-tεfkt-] unerreicht, unerreichbar

ανεπι|τήδειος (*-α, -ο*) ungeschickt, linkisch; **~τηδειότητα** Ungeschicklichkeit *f*; **~τήδευτος** ungezwungen; **~τήρητος** unbewacht, unbeaufsichtigt; **~τυχής** [-ç-] 2 erfolglos; verfehlt; **~φύλακτος** (**-χτ-**) vorbehaltlos, rückhaltlos

αν|επούλωτος nicht verheilt, offen; **~εππυγμένος** [-ptiγ-] entwickelt, entfaltet; **~εργία** [-j-] Arbeitslosigkeit *f*; ***μαζική ~εργία*** Massenarbeitslosigkeit *f*; ***μακροπρόθεσμη ~εργία*** Dauerarbeitslosigkeit *f*; ***~εργία νέων*** Jugendarbeitslosigkeit *f*

άνεργος [-γ-] arbeitslos, erwerbslos

ανερμήνευτος [-nεft-] ungedeutet

ανέρχομαι [-'εrx-] *βλ. κ.* ***έρχομαι*** (empor)steigen, emporkommen; *μτφ.* gelangen (***σε***/zu *D*); *εμπ.* sich belaufen

άνεση (*-εις*) Bequemlichkeit *f*; Gemütlichkeit *f*; *pl* ***ανέσεις*** Komfort *m*

ανέτοιμος unfertig, nicht vorbereitet

άνετος bequem; komfortabel

αν|εύθυνος [-'nεfθ-] verantwortungslos; nicht verantwortlich (***για***/für *A*); **~εύρεση** (*-εις*) [-'εvr-] Auffindung *f*; Entdeckung *f*

αν|εύρυνση (*-εις*) [-'εv-] Erweiterung *f*; **~ευρύνω** erweitern

ανευχαρίστητος [-xa-] unzufrieden

αν|εφάρμοστος unanwendbar, undurchführbar; **~έφελος** wolkenlos; **~έφικτος** unerreichbar

ανεφοδ|ιάζω (*σ· στ*) verproviantieren; wieder versorgen (***με***/mit *D*); **~ιασμός** Verproviantierung *f*; Zuführung *f*, Versorgung *f*

ανέχεια [a'nεç-] Mittellosigkeit *f*, Not *f*

ανέχομαι [-'εx-] (*ανεχθ-, ανεχτ-*) dulden, zulassen; ertragen

ανεψι|ά Nichte *f*; **~ός** Neffe *m*

ανήθικος unsittlich, unmoralisch

άνηθο, ~ς Dill *m*

ανήκουστος ungehört; unerhört

ανήκω (*o. Aor.*) gehören (***σε***/*D*); angehören (***σε***/*D*); gehören (***σε***/zu *D*); *τιμή*: zukommen (***σε***/*D*)

ανήλιαγος [-lja-] ohne Sonne

αν|ήλικος minderjährig; **~ήμερα** *Adv* am selben Tage; **~ήμερος** wild

αν|ήμπορος unpäßlich; **~ήξερος** unwissend

ανησυχ|αστικός [-xa-], **~ητικός** [-çi-] beunruhigend; **~ία** Unruhe *f*, Ruhelosigkeit *f*

ανήσυχος [-six-] unruhig; beunruhigt, besorgt

ανησυχώ [-'xɔ] (*ησ*) *v/t* beunruhigen; stören; *v/i* beunruhigt sein; sich sorgen (***για***/um *A*)

ανηφορ|ιά [-'ja] Steigung *f*, Aufstieg

m; **~ίζω** (σ) ansteigen, emporsteigen, bergauf gehen; **~ικός** steil
ανήφορος Aufstieg m; Steigung f
ανθεκτικ|ός widerstandsfähig; **~ός** ***στον καιρό*** wetterfest; **~ότητα** Widerstandsfähigkeit f
ανθηρός blühend *κ. μτφ.*
άνθηση Blüte f; Blühen n
ανθίζω (*σ· σμ*) blühen
ανθ|όγαλα n (*o. Gen.*), **~όγαλο** [-ɣa-] Rahm m, Sahne f; **~οδέσμη** [-zmi] Blumenstrauß m; **~οδοχείο** [-ðɔç-] Blumenvase f; **~όκηπος** Blumengarten m; **~οκομία** Blumenzucht f; **~ολογία** [-lɔj-] Anthologie f; **~όνερο** Rosenwasser n; **~οπωλείο** Blumenladen m; **~οπώλης** Blumenhändler m; **~οπώλιδα** Blumenverkäuferin f
άνθος n Blume f; Blüte f; *μτφ.* Elite f
ανθ|ός *βλ. κ.* ***άνθος***; *das* Beste n; Blütezeit f; **~όσπαρτος** mit Blumen besät; *μτφ.* gesegnet; **~οστόλιστος** blumengeschmückt
ανθρακαποθήκη Kohlenbunker m
άνθρακας Kohle f; *χημ.* Kohlenstoff m
ανθρ|ακιά [-ak-] Glut f; **~ακικός** *χημ.* Kohlen-; ***~ακικό οξύ*** Kohlensäure f; **~ακίτης** Anthrazit m; **~ακούχος** [-'kux-] (***-α, -ο***) kohlenstoffhaltig; **~ακοφόρος** (***-α, -ο***) kohle(n)haltig; **~ακωρυχείο** [-riç-] Kohlenbergwerk n; **~ακωρύχος** [-'rix-] Bergmann m
ανθρωπ|άκι Männlein n, Zwerg m *κ. μτφ.*; **~εύω** (*εψ· ευτ*) v/i, v/p manierlich werden; *γεν.* annehmbar werden; v/t Manieren beibringen D; **~ιά** [-'ja] Menschlichkeit f; **~ινός** menschlich; anständig
ανθρώπινος menschlich, human
ανθρωπ|ισμός [-zm-] Bildung f; *ιστ.* Humanismus m; **~ιστής** Humanist m; **~ιστικός** human(istisch); **~οειδής** 2 menschenähnlich; *Su m/pl* Menschenaffen m/pl; **~οθάλασσα** Menschenmenge f; **~οκτονία** Mord m; *νομ.* Totschlag m; **~ολογία** [-lɔj-] Anthropologie f; **~ολόγος** [-'lɔɣ-] Anthropologe m; **~όμορφος** menschenähnlich
άνθρωπ|ος Mensch m; ***οι απλοί ~οι*** m/pl die kleinen Leute pl
ανθρωπ|ότητα Menschheit f; **~οφάγος** [-'faɣ-] Menschenfresser m
ανθ|υγιεινός [-ijin-] gesundheitsschädlich; unhygienisch; **~υπολοχαγός** [-xaɣ-] Leutnant m
ανία Langeweile f
ανιαρός langweilig; lästig
αν|ίατος unheilbar; **~ίδεος** unkundig
ανιδιο|τέλεια Uneigennützigkeit f; **~τελής** 2 uneigennützig
αν|ικανοποίητος unbefriedigt; unzufrieden; **~ίκανος** unfähig (***για***/zu D); *στρ.* untauglich; *ιατρ.* impotent; **~ικανότητα** Unfähigkeit f; Untauglichkeit f; Impotenz f; **~ίκητος** unbesiegt, unbesiegbar
ανισό|μετρος ungleichmäßig; **~πεδος** uneben
ανισ|οπέδωτος un(ein)geebnet; **~ορροπία** Labilität f, Gleichgewichtsstörung f; **~όρροπος** labil; (seelisch) unausgeglichen
άνισος ungleich; ungerecht
ανισότητα Ungleichheit f
αν|ιστόρητος geschichtsunkundig; **~ίσχυρος** [-sçi-] machtlos; außerstande; ungültig; **~ίχνευση** (*-εις*) [-ɛfsi] Ermittlung f; Nachforschung f
ανιχν|ευτής [-ɛft-] Kundschafter m, Aufklärer m; **~εύω** [-'ɛvɔ] (*σ· τ*) aufspüren; ermitteln; nachforschen
ανιψι|ά Nichte f; **~ός** Neffe m
ανοδικός aufsteigend; *ηλ.* Anoden-
άνοδος f Aufsteigen n, Aufstieg m; Aufgang m; *ηλ.* Anode f; ***~ στην εξουσία*** Machtübernahme f; ***~ της οικονομίας*** Wirtschaftsaufschwung m, Hochkonjunktur f, Hausse f; ***~ τιμών*** Preisanstieg m; Kursanstieg m
αν|οησία Unsinn m; Dummheit f; Unvernunft f; **~όητος** unvernünftig; unsinnig; **~όθευτος** rein, echt
άνοια Geistesschwäche f
άνοιγμα [-ɣma] n Öffnen n; Öffnung f
ανοιγοκλείνω [-ɣɔ-] auf- und zumachen; ***~ τα μάτια*** blinzeln
ανοίγω [-ɣɔ] (*ξ· χτ· γμ*) v/t öffnen; eröffnen; *όρεξη* anregen; *τρύπα* bohren; *ράδιο* anstellen; *φως* anmachen; v/i sich öffnen; *καιρός*: sich aufheitern; *βοτ.* erblühen; v/p *στη θάλασσα* hinausfahren, hinausschwimmen
ανοίκιαστος [-ka-] unvermietet
ανοικο|δόμηση (*-εις*) Wiederaufbau m; **~δομώ** (*ησ*) wiederaufbauen; **~κύρευτος** [-ɛft-] unordentlich; **~νόμητος** unordentlich; unausstehlich

ανοικτ- *βλ.* ***ανοιχτ-***
άνοιξη Frühling *m*, Frühjahr *n*
ανοι|ξιάτικος [-'ksja-] Frühjahrs-; Frühlings-; **~χτήρι** (Flaschen-)Öffner *m*; **~χτόκαρδος** [-'xtɔ-] offenherzig; **~χτομάτης** 3 aufgeweckt, gescheit; **~χτός** offen, geöffnet; *χρώμα*: hell; offen(herzig); **~χτοχέρης** [-xtɔ'çɛ-] 3 freigebig, spendabel
ανομβρία Regenmangel *m*
ανομία Gesetzlosigkeit *f*
ανομοιο|γενής [-jɛ-] 2 verschiedenartig, inhomogen; **~μορφία** Verschiedenartigkeit *f*, Uneinheitlichkeit *f*
αν|όμοιος (**-α, -ο**) unähnlich; ungleich; **~ομοιότητα** Ungleichheit *f*; **~ομολόγητος** [-ji-] uneingestanden
άνομος gesetzlos, ungesetzlich
ανοξ(ε)ίδωτος rostfrei; säurefest
ανόργανος [-ɣa-] unorganisch; *χημ.* anorganisch
ανοργάνωτος unorganisiert
αν|όργωτος [-ɣɔ-] unbestellt; **~όρεκτος** (**-χτ-**) appetitlos; unlustig; **~ορεξία** Appetitlosigkeit *f*; **~ορθογραφία** [-ɣra-] Rechtschreibfehler *m*; **~ορθόγραφος** unorthographisch
αν|ορθώνω (*σ· θ*) (wieder)aufrichten; aufbauen; **~όρθωση** Wiederaufrichtung *f*; Aufbau *m*
ανοσ|ία Immunität *f*; **~οποιώ** immunisieren
άνοστος, ανούσιος (**-α, -ο**) unschmackhaft, fade; geschmacklos
ανοχ|ή [-'çi] Duldung *f*; Duldsamkeit *f*; Toleranz *f*; ***οίκος ~ής*** Bordell *n*
ανοχύρωτος [-'çi-] unbefestigt
αντ|αγωνίζομαι [-ɣɔ-] (*στ*) *v/t* konkurrieren mit *D*; *v/i* wetteifern (***για***/um *A*); **~αγωνισμός** [-zm-] Gegensätzlichkeit *f*; *εμπ.* Wettbewerb *m*, Konkurrenz(kampf *m*) *f*; **~αγωνιστής** Wettbewerber *m*, Konkurrent *m*; Rivale *m*; **~αγωνιστικός** konkurrenzfähig; **~αλλαγή** [-'ji] *εμπ.* Tausch *m*, Austausch *m*; ***~αλλαγή μαθητών*** Schüleraustausch *m*; ***~αλλαγή χρήματος*** Geldumtausch *m*, Geldwechsel *m*; Wechsel *m*; **~άλλαγμα** [-laɣ-] *n* Gegenleistung *f*; **~αλλακτικά** *n/pl* Ersatzteile *n/pl*; **~αλλάσσω** (*ξ· λαγ, λαχτ· λαγμ*) austauschen; umtauschen; auswechseln
αντ|αμείβω (*ψ· φτ*) belohnen; entschädigen; vergelten *D*; **~αμοιβή** Honorar *n*; Belohnung *f*; Entschädigung *f*; **~αμώνω** (*σ· θ*) (sich) treffen; *v/p* sich treffen; **~άμωση:** ***καλή ~άμωση*** auf Wiedersehen!; **~ανάκλαση** (*-εις*) Widerspiegelung *f*; Reflexion *f*; **~ανακλαστικός** Reflex-; **~ανακλώ** (*άς· ασ· αστ*) widerspiegeln; reflektieren; **~άξιος** (**-α, -ο**) würdig (*G*/*G*); ebenbürtig
ανταπ|άντηση (*-εις*) Erwiderung *f*; **~αντώ** (*άς· ησ*) entgegnen; **~εδωσ-** *βλ.* ***ανταποδίδω***
ανταπεργία [-pɛrj-] Aussperrung *f*
ανταπ|όδειξη (*-εις*) Gegenbeweis *m*; **~οδίδω, ~οδίνω** (*δωσ· δοθ*) erwidern; vergelten; **~όδοση** (*-εις*) Erwiderung *f*; Vergeltung *f*; **~οκρίνομαι** (*θ*) entsprechen (***σε***/*D*); zutreffen (***σε***/auf *A*); **~όκριση** (*-εις*) Entsprechung *f*; Korrespondenz *f*; Reportage *f*; ***~όκριση εφημερίδας*** (auswärtiger) Bericht *m*; *σιδ. κλπ.* Anschluß *m*; **~οκριτής** Korrespondent *m*, Berichterstatter *m*; **~οκρίτρια** Korrespondentin *f*
αντ|άρα Krach *m*, Aufruhr *m*; Nebel *m*; **~αρσία** Aufstand *m*, Meuterei *f*; **~άρτης** Aufständische(r), Partisan *m*; **~αρτοπόλεμος** Partisanenkrieg *m*, Guerillakrieg *m*; **~ασφάλεια** Rückversicherung *f*; **~ασφαλίζω** (*σ*) rückversichern; **~αύγεια** [-'avjia] Widerschein *m*; Schimmer *m*
άντε ['adɛ] *βλ.* ***άιντε***
αντ|εκδίκηση (*-εις*) Revanche *f*; **~εκδικιέμαι** [-'jɛ-] (**-ούμαι**) es *j-m* heimzahlen
αντένα [a'ňt-] Antenne *f*; Rahe *f*
αντ|ένδειξη (*-εις*) *ιατρ.* Kontraindikation *f*; **~ενέργεια** [-jia] Reaktion *f*; Gegenwirkung *f*; **~ενεργώ** [-'ɣɔ] (*ησ*) reagieren
αντεπαν|άσταση (*-εις*) Gegenrevolution *f*; **~αστάτης** Gegenrevolutionär *m*
αντ|επεξέρχομαι *βλ. κ.* ***έρχομαι***; *σε έξοδα* decken können; **~επίθεση** (*-εις*) Gegenangriff *m*; **~επίσκεψη** (*-εις*) Gegenbesuch *m*; **~επιτίθεμαι** (*τεθ/ -επε-*) e-n Gegenangriff führen
αντ|έχω [-xɔ] (*ξ*) standhalten (***σε***/*D*); *μτφ. κ.* widerstehen (***σε***/*D*); *es* aushalten, ertragen; **~ηλιά** [-'lja] Abglanz *m*; Wärmeausstrahlung *f*; **~ήχηση** (*-εις*)

[-'iç-] Widerhall *m*; **~ηχώ** [-i'xɔ] (*ησ*) widerhallen

αντί *Präp K* (an)statt (*G/G*); *τιμές*: für; **~ *για*** (an)statt *G*; **~ *να*** *Ko* anstatt daß, anstatt zu *Inf*

αντι- gegen-; un-, ent-; anti-

αντι|αεροπορικός Flak-, Luftschutz-; **~αισθητικός** unästhetisch; geschmacklos; **~ασφυξιογόνος** [-ɔɣ-] Gasschutz-; **~βαίνω** widersprechen (***σε***/*D*); **~βιοτικά** *n/pl* Antibiotika *n/pl*; **~γνωμία** gegenteilige Meinung *f*; **~γραφή** Abschrift *f*; *μτφ.* Kopie *f*

αντίγραφο Abschrift *f*, Kopie *f*; Durchschlag *m*; *μτφ.* Ebenbild *n*

αντιγράφω (*ψ· αφτ· αμμ/αντέ-*) abschreiben; *μτφ.* kopieren

αντιδημο|κρατικός undemokratisch; **~τικός** unpopulär, unbeliebt; **~τικότητα** Unbeliebtheit *f*

αντιδιαστ|έλλω (*στειλ· σταλθ*) gegenüberstellen; **~ολή** Gegenüberstellung *f*; Unterschied *m*

αντ|ιδικία Rechtsstreit *m*; **~ίδικος** Prozeßgegner *m*; **~ιδικώ** (*ησ*) gegen *j-n* e-n Prozeß führen; streiten; **~ίδοτο** Gegengift *n*; **~ίδραση** (*-εις*) Reaktion *f*; Widerstand *m*; **~ιδραστήρας: *πυρηνικός ~ιδραστήρας*** Kernreaktor *m*; **~ιδραστικός** *πολ.* reaktionär, rückschrittlich; **~ιδρώ** (*άς· ασ/αντέ-*) sich widersetzen (***σε*** *A*, ***κατά*** *G/D*); reagieren (***σε***/auf *A*); **~ίδωρο** Gegengeschenk *n*, *θρ.* Hostie *f*; **~ιεμετικό** Mittel *n* gegen Brechreiz; **~ιζηλία** Rivalität *f*; **~ίζηλος** konkurrierend; *Su m* Rivale *m*; **~ίθεση** (*-εις*) Gegensatz *m*; Opposition *f*; **~ίθετος** entgegengesetzt; gegenteilig; *Adv* im Gegensatz

αντι|καθιστώ (*άς· καταστησ· καταστaθ*) ersetzen; vertreten; **~κανονικός** unregelmäßig, unvorschriftsmäßig; **~καταβολή** Nachnahme *f*; **~κατασκοπεία** Gegenspionage *f*; Abwehrdienst *m*; **~κατάσταση** Ersatz *m*; Vertretung *f*; ***~κατάσταση αδειούχου*** Urlaubsvertretung *f*; **~καταστάτης** Stellvertreter *m*; **~καταστάτρια** Stellvertreterin *f*

αντικατοπτρ|ίζω (*σ· στ*) (*v/p* sich) widerspiegeln; **~ισμός** [-zm-] Luftspiegelung *f*

αντίκειμαι dagegen sein; entgegenstehen (***σε***/*D*)

αντικειμενικ|ός objektiv, sachlich; **~ότητα** Objektivität *f*, Sachlichkeit *f*

αντικείμενο Objekt *n*, Gegenstand *m*

αντ|ικλείδι Dietrich *m*; **~ικοινωνικός** unsozial; ungesellig; **~ικρίζω** (*σ· στ*) *v/t* sehen; *j-m* begegnen; *έξοδα* decken; **~ικρινός** gegenüberliegend; **~ίκρισμα** *n* Begegnung *f*; *εμπ.* Deckung *f*; **~ίκρουση** (*-εις*) Zurückschlagen *n*; *μτφ.* Zurückweisen *n*; **~ικρούω** *επίθεση* abschlagen; *μτφ.* zurückweisen

αντ|ίκρυ *Adv* gegenüber; **~ίκτυπος** Widerhall *m*; Rückwirkung *f*; **~ικυβερνητικός** regierungsfeindlich; **~ίλαλος** Widerhall *m*, Echo *n*; **~ιλαμβάνομαι** (*ληφθ*) bemerken, spüren; begreifen; **~ιλέγω** [-ɣɔ] (*ξ, αντειπ· χθ*) widersprechen (***σε***/*D*); einwenden (***σε***/gegen *A*); **~ιληπτός** verständlich; **~ίληψη** (*-εις*) Auffassung *f*; Wahrnehmung *f*

αντιλογ|ία [-lɔj-] Widerspruch *m*; Streit *m*; **~ικός** unlogisch

αντιμάχομαι [-xɔ-] *v/t* bekämpfen

αντίμαχος Gegner *m*

αντι|μετωπίζω (*σ*) *v/t* gegenübertreten (***κπ***/j-m); entgegentreten *D*; *ανάγκες* decken, befriedigen; **~μετώπιση** (*-εις*) Bekämpfung *f*, Abwendung *f*; Inangriffnahme *f*; **~μέτωπος** gegenüberstehend, konfrontiert (***προς*** *A*/mit *D*); **~μιλώ** (*άς· ησ*) widersprechen; **~νομία** Widerspruch *m*

αντίξοος widrig, schwierig

αντίο [a'diɔ] auf Wiedersehen!

αντι|οικονομικός unwirtschaftlich; **~οξ(ε)ιδωτικό** Rostschutzmittel *n*; **~πάθεια** Abneigung *f* (***για***/gegen *A*); **~παθής** 2, **~παθητικός** unsympathisch; **~παθώ** (*ησ*) *v/t* e-e Abneigung haben gegen *A*

αντίπαλος Widersacher *m*; ***~ ραδιενέργειας*** Atomkraftgegner *m*

αντι|παραβάλλω (*βαλ/ -παρε-*) vergleichen; **~παραβολή** Vergleich *m*; **~παράθεση** (*-εις*), **~παράσταση** (*-εις*) Gegenüberstellung *f*; **~παρατάσσω** (*ξ/ -παρε-*) gegenüberstellen; **~παροχή** [-'çi] Gegenleistung *f*

αντιπερι|σπασμός Ablenkung *f*; **~σπώ** (*άς· ασ· αστ*) ablenken

αντιπηκτικό Blutverdünnungsmittel *n*; Frostschutzmittel *n*

αντ|ιπληθωρισμός [-zm-] Deflation *f*; **~ίποινα** *n/pl* Vergeltungsmaßnahmen *f/pl*; **~ιπολιτεύομαι** [-'tεv-] (*ευτ*) *v/t* opponieren gegen *A*; **~ιπολιτευόμενος** [-tε'vɔ-] Oppositionelle(r); Gegner *m*; **~ιπολίτευση** (*-εις*) [-tεfsi] Opposition *f*

αντιπρόεδρος stellvertretende(r) Vorsitzende(r), Vizepräsident *m*

αντιπροοδευτικός [-ðεft-] rückschrittlich

αντιπροσωπ|εία Delegation *f*, Abordnung *f*, Vertretung *f*; ***εμπορική ~εία*** Handelsvertretung *f*; ***~εία προσωπικού*** Personalvertretung *f*; **~ευτικός** [-εft-] *πολ.* parlamentarisch; typisch; **~εύω** [-'εvɔ] (*ευσ*) vertreten, repräsentieren

αντι|πρόσωπος Vertreter *m*, Abgeordnete(r); Repräsentant *m*; **~πρόταση** (*-εις*) Gegenvorschlag *m*

αντιπυρετικό Fiebermittel *n*

αντ|ίρρηση (*-εις*) Einwand *m*; **~ιρρησίας: *~ιρρησίας συνειδήσεως*** Wehrdienstverweigerer *m*, Kriegsdienstverweigerer *m*

αντι|σεισμικός [-zm-] erdbebensicher; **~σηπτικός** antiseptisch

αντίσκηνο Zelt *n*

αντι|σταθμίζω (*σ· στ*) ausbalancieren; aufwiegen; **~στάθμιση** (*-εις*) Ausgleich *m*; Ausbalancierung *f*

αντ|ίσταση (*-εις*) Widerstand *m κ. ηλ.*; **~ιστέκομαι** (*σταθ*) Widerstand leisten; **~ιστοιχία** [-iç-] Entsprechung *f*; ***νομισματική ~ιστοιχία*** Währungsschlange *f*; **~ίστοιχος** [-ix-] entsprechend; **~ιστοιχώ** (*ησ*) entsprechen, gleichwertig sein (***προς***/*D*); **~ιστοίχως** *Adv* beziehungsweise (bzw.); entsprechend; **~ιστρατιωτικός** unmilitärisch; antimilitaristisch; **~ιστρέφω** (*ψ· στραφ· αμμ*) umkehren; drehen, wenden; **~ιστροφή** Umkehrung *f*; Wenden *n*; **~ίστροφος** umgekehrt

αντισυλληπτικ|ός empfängnisverhütend; ***~ό χάπι*** Antibabypille *f*

αντισυνταγματικός verfassungswidrig

αντι|σώματα *n/pl* Antikörper *m/pl*; **~τάσσω** (*ξ· χτ*) entgegenstellen; *v/p* opponieren (***σε***/gegen *A*); **~τίθεμαι** sich widersetzen

αντ|ίτιμο Gegenwert *m*; ***~ίτιμο φιάλης*** Flaschenpfand *n*; **~ιτορπιλικό** Zerstörer *m*; **~ίτυπο** Exemplar *n*; **~ίφαση** (*-εις*) Widerspruch *m*; **~ιφασίστας** Antifaschist *m*; **~ιφάσκω** sich widersprechen; **~ιφατικός** widersprüchlich; **~φρονούντες** *m/pl* Andersdenkende(n) *pl*; **~ίχειρας** [-çi-] Daumen *m*; **~ίχτυπος** [-xti-] Gegenschlag *m*; *μτφ.* Echo *n*

αντλ|ία Pumpe *f*; **~ώ** (*ησ*) pumpen; schöpfen

αντοχή [-'çi] Widerstandsfähigkeit *f*; *τεχν.* Festigkeit *f*; *αθλ.* Langstrecken-

αντρ- *βλ. κ.* ***ανδρ-***

άντρας (Ehe-)Mann *m*

αντρίκιος (***-α, -ο***) männlich, tapfer

άντρο Höhle *f*, Grotte *f*

αντρ|ογυναίκα Mannweib *n*; **~όγυνο** Ehepaar *n*; **~ώνομαι** heranwachsen, Mann werden

αντωνυμία Fürwort *n*, Pronomen *n*

άνυδρος wasserarm

αν|υπακοή Ungehorsam *m*; **~υπάκουος** ungehorsam; **~ύπαντρος** unverheiratet; **~ύπαρκτος** (**-ρχτ-**) nicht bestehend, fiktiv; **~υπαρξία** Nichtexistenz *f*, Nichtvorhandensein *n*; **~υπεράσπιστος** unverteidigt, schutzlos; **~υπέρβλητος** unüberwindlich; **~υπόγραφος** [-γra-] nicht unterzeichnet; **~υπόληπτος** verrufen; mißachtet; **~υπολόγιστος** [-'lɔj-] unberechenbar; *ζημιά*: unermeßlich

ανυπ|ομονησία Ungeduld *f*; **~όμονος** ungeduldig; **~ομονώ** (*ησ*) ungeduldig sein

αν|ύποπτος unverdächtig; arglos; **~υπόστατος** grundlos; **~υπότακτος** (**-χτ-**) illoyal; ungehorsam; *στρ.* sich der Einberufung entziehend; **~υποταξία** Ungehorsam *m*; Wehrdienstverweigerung *f*

ανυπό|φερτος, ~φορος unerträglich, unausstehlich

ανυποψίαστος *βλ.* ***ανύποπτος***

αν|υψώνω (*σ· θ*) (hoch)heben; erhöhen; *σημαία* hissen; **~ύψωση** (*-εις*) Hochheben *n*; Hissen *n*

άνω *Adv* (nach) oben; ***~ κάτω*** drunter und drüber

ανώδυνος schmerzlos

αν|ωμαλία Regellosigkeit *f*, Anomalie *f*; *έδαφος*: Unebenheit *f*; *γραμμ.* Abweichung *f*, Unregelmäßigkeit *f*; **~ώμαλος** anomal; uneben; unregelmäßig; **~ωνυμία** Anonymität *f*; **~ώνυμος** namenlos, anonym; **~ώριμος** unreif; **~ώτατος** oberst-; höchst-; maximal; *υπάλληλος*: leitend; **~ώτερος** höher-; besser-; erhaben (*G*/über *A*), überlegen (*G*/*D*); **~ωτερότητα** Erhabenheit *f*, Überlegenheit *f*; **~ώφελος** unnütz; *Adv* vergebens

άξαφνος plötzlich, unerwartet

αξεδιά|λεχτος [-'ðjalεxt-] *φρούτα κλπ.* unausgesucht; **~λυτος** ungelöst

αξε|θύμαστος unbesänftigt; *χημ.* unverflüchtigt; **~καθάριστος** *εμπ.* unbeglichen

άξενος ungastlich

αξε|πέραστος unüberwindlich; unübertrefflich; **~σκέπαστος** unentlarvt, unentdeckt

άξεστος ungeschliffen; *Su* Hinterwäldler *m*

αξέχαστος [-xa-] unvergeßlich

αξεχώριστος [-'xɔ-] unzertrennlich; ungeteilt; ununterscheidbar

αξί|α Wert *m*; *εμπ.* Wertpapier *n* (*ιδ. pl*); ***ονομαστική ~α*** Nennwert *m*; ***~ες έκλυσης*** Emissionswerte *m*/*pl*

αξι|αγάπητος [-'γa-] liebenswert; **~έπαινος** lobenswert

αξίζ|ω (*o. Aor.*) wert sein; *άνθρ.*: fähig sein; ***~ει τον κόπο*** es lohnt sich

αξίνα Axt *f*

αξιο|γέλαστος [-'jε-] lächerlich; **~ζήλευτος** [-lεft-] beneidenswert; **~θαύμαστος** [-'θavm-] bewundernswert; **~θέατος** sehenswert; *Su n*/*pl* Sehenswürdigkeiten *f*/*pl*; **~θρήνητος** bejammernswert; **~κατάκριτος** tadelnswert; **~λάτρευτος** [-trεft-] verehrungswürdig

αξιόλογος [-lɔγ-] bedeutend, wichtig

αξιολύπητος bedauernswert

αξιο|μνημόνευτος [-nεft-] denkwürdig; **~παρατήρητος** bemerkenswert; **~πιστία** Glaubwürdigkeit *f*

αξιόπιστος glaubwürdig, zuverlässig

αξι|οποίηση Verwertung *f*, Nutzbarmachung *f*; **~οποιώ** (*ησ*) nutzbar machen, verwerten; auswerten; **~οπρέπεια** Würde *f*; Anstand *m*; **~οπρεπής** 2 würdig; anständig

άξιος (***-α, -ο***) fähig, tüchtig; würdig (*G*/*G*)

αξιο|σέβαστος verehrungswürdig; **~σημείωτος** bemerkenswert

αξιότιμος *σε γράμμα*: (sehr) geehrt

αξίωμα *n* Amt *n*, Würde *f*; *στρ.* Rang *m*, Dienstgrad *m*; *φιλοσ.* Axiom *n*

αξι|ωματικός maßgeblich; *Su* Offizier *m*; **~ώνω** (*σ· θ*) fordern; beanspruchen; *v*/*p* es ist mir vergönnt

αξίωση (*-εις*) Forderung *f*; Anspruch *m*

άξονας Achse *f*; Welle *f*; Angelpunkt *m*; ***~ καρντάν*** Kardanwelle *f*

αξύριστος unrasiert

αόμματος blind

άοπλος unbewaffnet

αόρατος unsichtbar

αοριστ|ία, ~ολογία [-lɔj-] Unbestimmtheit *f*

αόριστο|ς unbestimmt; ***επ' ~ν*** auf unbestimmte Zeit; **~ς** *Su* Aorist *m*

αορτή Aorta *f*

απ' *βλ.* ***από***

απαγγελία Deklamation *f*, Vortrag *m*, Rezitation *f*; *νομ.* ***~ κατηγορίας*** Verlesung *f* der Anklageschrift; ***~ αποφάσεως*** Urteilsverkündung *f*

απαγγέλλω (*ειλ· ελθ*) deklamieren, vortragen, *οικ.* aufsagen; rezitieren; *νομ.* verkünden

απαγκιστρώνω vom Haken lösen

απαγόρευση (*-εις*) [-'γɔrεfsi] Verbot *n*; ***~ προσπέρασης*** Überholverbot *n*; ***~ στάθμευσης*** Halteverbot *n*, Parkverbot *n*; ***~ συναλλαγών*** Embargo *n*

απαγορ|ευμένος [-εvm-] verboten; **~ευτικός** [-εft-] Verbots-; Schutz-; **~εύω** (*εψ· ευτ*) verbieten; ***~εύεται*** (es) ist verboten

απαγχονίζω [-xɔ-] (*σ· στ· σμ*) henken, (auf)hängen

απάγω [-γɔ] (*να απαγάγω· απηγαγ*) entführen

απαγωγ|έας [-γɔ'jε-] Entführer *m*; ***~έας αεροπλάνου*** Flugzeugentführer *m*; **~ή** Entführung *f*; ***~ή αεροπλάνου*** Flugzeugentführung *f*

απάθεια Gleichmut *m*; Apathie *f*

απαθής 2 gleichmütig; apathisch

απαισι|οδοξία Pessimismus *m*; **~όδοξος** pessimistisch; *Su m* Pessimist *m*, Schwarzseher *m*

απαίσιος (***-α, -ο***) scheußlich, abscheulich; entsetzlich

απαίτηση (*-εις*) Forderung *f*; Anspruch *m*; Beanspruchung *f*; **~ αποζημίωσης** Regreß *m*; **υπερβολική ~** Zumutung *f*
απαιτητικός anspruchsvoll
απαιτ|ούμενος nötig, erforderlich; **~ώ** (*ησ· ηθ*) verlangen, fordern
απαλλαγή [-'ji] Befreiung *f*; *νομ.* Freisprechung *f*; **φορολογική ~** Steuerbefreiung *f*
απαλλάσσω (*ξ· χτ· γμ*) entbinden (*G*, **από**/von *D*); *νομ.* freisprechen (*G*/von *D*); *v/p* loskommen
απαλλοτρ|ιώνω (*σ· θ*) enteignen; **~ίωση** (*-εις*) Enteignung *f*
απαλ|ός zart, weich; sanft; **~ότητα** Zartheit *f*, Weichheit *f*; **~ύνω** (II = I) *v/t* weich machen; *v/i* weich werden
απ|ανεμιά [-'mja] Windstille *f*; **~άνεμος** windstill; **~άνθισμα** *n* Anthologie *f*; **~ανθρωπιά** [-'pja] Unmenschlichkeit *f*; **~άνθρωπος** unmenschlich
άπαντα *n/pl* sämtliche Werke *n/pl*
απ|άντηση (*-εις*) Antwort *f* (**σε**/auf *A*); **αρνητική ~άντηση** Absage *f*; **~αντοχή** [-'çi] Erwartung *f*
απαντώ (*άς· ησ· ηθ*) *v/t* begegnen *D*; *v/i* antworten (**σε**/auf *A*)
απάνω *βλ.* **επάνω**
απαξίωση Geringschätzung *f*
απαρ|άβατος unverletzlich; **~αβίαστος** unantastbar; unangetastet; **~άβλητος** unvergleichlich; nicht verglichen; **~άγραπτος** [-ɣra-] unverjährbar; **~άδεκτος** (**-χτ-**) unannehmbar; **~αίτητος** unbedingt notwendig, unerläßlich
απαρ|άλλακτος (**-χτ-**) der (die, das) gleiche (**με**/wie); unverändert; **~άμιλλος** unübertroffen, unerreicht; **~ασάλευτος** [-lɛft-] unerschütterlich; **~ατήρητος** unbemerkt
απαρ|έμφατο Infinitiv *m*; **~ενόχλητος** [-'nɔx-] unbelästigt
απαρέσκεια Mißfallen *n*
απαρ|ηγόρητος [-'ɣɔ-] untröstlich; **~ίθμηση** (*-εις*) Aufzählung *f*; **~ιθμώ** (*ησ*) aufzählen
απάρνηση (*-εις*) Ableugnung *f*, Verleugnung *f*
απαρν|ιέμαι [-'njɛ-], **~ούμαι** (*είσαι· ηθ*) *πίστη* ableugnen; *πρόσωπο* verleugnen; *συνήθεια* ablegen
απαρτ|ία Quorum *n*, beschlußfähige Anzahl *f*; **~ίζω** (*σ· στ*) (vollständig) bereitstellen; auffüllen; *v/p* bereitstehen; bestehen (**από**/aus *D*)
απαρχ|αιωμένος [-çɛ-] veraltet; **~ή** Anfang *m*; Beginn *m*
απασχ|ολημένος beschäftigt; **~όληση** (*-εις*) [-'sxɔ-] Beschäftigung *f*; Ablenkung *f*; **πλήρης ~όληση** Vollbeschäftigung *f*; **~όληση μισού ωραρίου** Halbtagsbeschäftigung *f*; **~όληση περιορισμένου χρόνου** Zeitarbeit *f*; **~ολώ** (*σ· θ*) *v/t* beschäftigen; *j-n* aufhalten; *στρ.* ablenken; **~ολούμενος με μισό ωράριο** Halbtagskraft *f*
απατεώνας Betrüger *m*
απάτη Betrug *m*; Schwindel *m*
απατηλός (be)trügerisch
απάτητος unbetreten; unzugänglich
άπατος grundlos; sehr tief
απατώ (*άς· ησ· ηθ*) betrügen; *v/p* (*-ώμαι*) sich irren
άπαχος ['apax-] mager; fettarm
απεγνωσμένος [-ɣ-] verzweifelt
απειθ|άρχητος [-çi-] undiszipliniert; **~αρχία** Undiszipliniertheit *f*
απείθεια Ungehorsam *m*
απεικ|ονίζω (*σ*) abbilden, darstellen; **~όνιση** (*-εις*) Abbilden *n*; Darstellung *f*
απειλ|ή Drohung *f*; **~ητικός** drohend; Droh-(*Brief*); **~ώ** (*ησ· ηθ*) *v/t* bedrohen; drohen *D*
απείραχτος unberührt, unbelästigt
απειρία Unerfahrenheit *f*; Unendlichkeit *f*; Unzahl *f*
άπειρο Unendlichkeit *f*
άπειρος unerfahren (**σε**/in *D*); unkundig (*G*/*G*); unendlich; unzählig
απέλαση (*-εις*) Ausweisung *f*
απελαύνω [-'avnɔ] (*λασ· λαθ*) vertreiben; ausweisen
απελέκητος unbehauen; *μτφ.* grob
απελευ|θερώνω (*σ*) freilassen; befreien (**από**/von *D*); **~θέρωση** (*-εις*) Freilassung *f*; Befreiung *f*; **~θερωτής** Befreier *m*; **~θερωτικός** Befreiungs-
απελπίζω (*σ· στ*) *v/t* die Hoffnung nehmen *D*; zur Verzweiflung bringen; *v/p* verzweifeln; aufgeben
απελπισ|ία Verzweiflung *f*; Hoffnungslosigkeit *f*; **είναι ~ία** es ist zum Verzweifeln; **~μένος** [-zm-] verzweifelt; **~τικός** hoffnungslos

απέναντι *Adv* (*Präp* **~ σε**) gegenüber *D*
απεναντίας im Gegenteil
απ|ενταρία, -ιά [-'ja] Geldmangel *m*; **~ένταρος** *οικ.* abgebrannt
απέξω von draußen (her); auswendig; **~ *από*** außerhalb *G*
απέραντος unendlich; endlos
απέραστος *δρόμος*: unpassierbar
απεργ|ία [-'jia] Streik *m*, Ausstand *m*; ***προειδοποιητική ~ία*** Warnstreik *m*; ***~ία καθυστερήσεως*** Bummelstreik *m*; **~ιακός** Streik-; **~ός** [-'ɣɔs] Streikende(r); **~οσπάστης** Streikbrecher *m*; **~ώ** (*ησ*) streiken
απερ|ίγραπτος [-ɣra-] (**-φτ-**) unbeschreiblich; **~ιόριστος** unbeschränkt; unbegrenzt; **~ιποίητος** ungepflegt, vernachlässigt; **~ίσκεπτος** leichtsinnig, unüberlegt, unbesonnen; **~ισκεψία** Unbesonnenheit *f*, Leichtsinn *m*; **~ίσπαστος** nicht abgelenkt
απέριττος einfach, schlicht
απερίφρακτος (**-χτ-**) uneingezäunt
απε|σταγμένος [-ɣm-] destilliert; **~σταλμένος** abgesandt, delegiert; *Su* Korrespondent *m*; ***έκτακτος ~σταλμένος*** Sonderbotschafter *m*
απευθύνω [-'fθinɔ] (II = I · *υνθ*) *ταχ.* adressieren; *λέξη* richten (**σε**/an *A*); *v/p* sich wenden (**σε**/an *A*)
απ|εχθάνομαι [-ɛ'xθa-] *K* (*νθ*) verabscheuen; **~έχθεια** Abscheu *m*; **~έχω** (*απεσχ-*) sich fernhalten (***από***/von *D*), sich enthalten (***από***/*G*); *τόπος*: entfernt sein (***από***/von *D*)
απη- *βλ.* ***απα-; απαι-; απε-***
απηγαγ- *βλ.* ***απάγω***
απ|ήχηση (*-εις*) [-çi-] Widerhall *m*, Echo *n*; **~ηχώ** [-'xɔ] (*ησ*) widerhallen; *μτφ.* widerspiegeln; Widerhall finden
απίδι Birne *f*
απίθανος unwahrscheinlich
απίστευτος [-ɛft-] unglaublich
απιστία Unglaube *m*; Ungläubigkeit *f*; Treulosigkeit *f*; Untreue *f*
άπιστος ungläubig; treulos; untreu
απιστώ (*ησ*) mißtrauen (**σε**/*D*); untreu sein; nicht glauben
άπλα Raum *m*, Bewegungsfreiheit *f*
απλανής 2 unbeweglich; Fix-(*Stern*); *βλέμμα*: starr
άπλετος *φως*: verschwenderisch
απλ|ηροφόρητος unbenachrichtigt; **~ήρωτος** unbezahlt; *θέση*: vakant; **~ησίαστος** unnahbar; unzugänglich; **~ηστία** Habgier *f*
άπληστος unersättlich, habgierig
απλοϊκ|ός einfältig, naiv; schlicht; **~ότητα** Einfalt *f*, Naivität *f*
απλο|ποίηση (*-εις*) Vereinfachung *f*; *μαθ.* Kürzung *f*; **~ποιώ** (*ησ*) vereinfachen; *κλάσμα* kürzen
απλ|ός einfach; schlicht; treuherzig; **~ότητα** Einfachheit *f*; Treuherzigkeit *f*
απλ|ούστατα *Adv* ganz einfach; **~ούστευση** (*-εις*) [-ɛfsi] Vereinfachung *f*; **~ουστεύω** [-'ɛvɔ] (*ευσ, εψ· ευτ*) vereinfachen; **~οχέρης** [-'çɛ-] 3 freigebig; **~οχωριά** [-xɔ-] Geräumigkeit *f*; **~όχωρος** geräumig; bequem
άπλυτος ungewaschen; unreinlich; *Su n/pl* schmutzige Wäsche *f* (*κ. μτφ.*)
απλ|ώνω (*σ· θ*) ausbreiten; *χέρι* ausstrecken; *v/p* sich ausdehnen; **~ώς** *Adv* einfach; **~ώστρα** Wäschegestell *n*
άπνο|ια Windstille *f*; **~ος** atemlos
από (**απ', αφ'**) *Präp A* aus *D*; von *D*; *χρον.* seit *D*, vor *D*; *Adv* je; *Komp* als; ***~ την πόρτα*** durch die Tür; ***~ σίδερο*** aus Eisen; ***~ το χέρι*** an der Hand *fassen*; ***~ ευτυχία*** vor Glück; ***πεθαίνω ~*** sterben an *D*; ***~ ένα μήλο*** je ein(en) Apfel; ***ψηλότερος ~*** höher als; ***~ τότε που*** *Ko* seit, nachdem
απο- *συχνά*: ab-, aus-, weg-, ent-, ver-
απο|βάθρα Bahnsteig *m*; Landungsbrücke *f*; **~βάλλω** e-e Fehlgeburt haben; *συνήθεια* ablegen; *σχολ.* (*von der Schule*) weisen
από|βαρο Tara *f*; **~βαση** (*-εις*) Landung *f*; ***κάνω ~βαση*** landen
αποβατικός Landungs-, Lande-
απο|βιβάζω (*σ· στ*) *ναυτ.* *φόρτωμα* löschen; *πρόσωπο* ausschiffen; *στρ.* landen; **~βιβασμός** [-zm-] Löschung *f*; Ausschiffung *f*; Landung *f*; **~βλακώνω** (*σ· θ*) verdummen; *v/p* verblöden; **~βλέπω** (*ψ*) streben (**σε**/nach *D*), *etw.* im Auge haben; bezwecken
απόβλητος ausgeschlossen, ausgestoßen (***από***/aus *D*)
αποβολή Abwerfen *n*, Ablegen *n*; Ausweisung *f*; Fehlgeburt *f*
αποβουτυρωμένος entrahmt
απ|όβραδο Spätnachmittag *m*; **~όβρασμα** [-zma] *n* Abgekochte(s);

μτφ. Abschaum *m*; **~όβροχα** [-xa] *Adv* nach dem Regen; **~ογειώνομαι** (*ωθ*) abfliegen, starten, abheben; **~ογείωση** (*-εις*) [-'ji-] Abflug *m*, Start *m*; **~ογεμ-** *βλ.* ***απογευμ-***; **~ογεμίζω** [-jε-] (*σ· στ*) vollfüllen

απ|όγε(υ)μα [-jε(v)ma] *n* Nachmittag *m*; **~ογευματινός** Nachmittags-

απογίνομαι [-'ji-] (*γιν*) *unp.* werden; *άνθρ.*: herunterkommen; *άρρωστος*: hinfällig werden

απόγνωση (*-εις*) [-γnɔ-] Hoffnungslosigkeit *f*

απογο|ήτευση (*-εις*) [-γɔ'itεfsi] Enttäuschung *f*; **~ητευτικός** enttäuschend, **~ητεύω** [-'εvɔ] (*εψ· ευτ*) enttäuschen

απόγονος [-γɔ-] Nachkomme *m*

απογραφή Registrierung *f*; Bestandsaufnahme *f*, Inventur *f*; **~** ***πληθυσμού*** Volkszählung *f*

απο|γυμνώνω [-ji-] (*σ· θ*) völlig entkleiden; *κατάστημα* ausrauben; **~γύμνωση** (*-εις*) Entblößung *f*; Ausraubung *f*; **~δεικνύω** *βλ.* ***αποδείχνω***; **~δεικτικό** Beleg *m*; Bescheinigung *f*

απόδειξη (*-εις*) Beweis *m*; Quittung *f*; ***ταμειακή ~*** Kassenbon *m*; ***~ πληρωμής*** Einzahlungsbeleg *m*

απο|δείχνω [-xnɔ] (*ξ· χτ*) beweisen; belegen; *v/p* sich erweisen als; sich zeigen; **~δεκατίζω** (*σ· στ*) dezimieren; **~δέκτης** Empfänger *m*; ***~δέκτης πολιτικού ασύλου*** Asylant *m*; **~δεκτός** angenommen; annehmbar

απο|δεσμεύω [-zm-] (*ευσ*) entbinden (***κπ από***/j-n von *D*); **~δέχομαι** [-xɔ-] (*χτ*) annehmen, *ιδ. εμπ.* akzeptieren; **~δημητικός** Zug-(*Vogel*); Auswanderungs-; **~δίδω** (*δωσ· δοθ*) *σημασία* beimessen; zurückführen (***κτ σε***/ etw. auf *A*); *κέρδος* abwerfen; *εργάτης, μηχανή*: leisten; **~διοργάνωση** [-'γa-] Desorganisation *f*; **~διώχνω** [-'ðjɔxnɔ] (*ξ· χτ· γμ*) vertreiben, davonjagen; **~δοκιμάζω** (*σ· στ*) mißbilligen; *κπ* niederschreien; **~δοκιμαστικός** Mißtrauens-

απόδοση (*-εις*) Erwiderung *f*; Rückerstattung *f*; Wiedergabe *f* *νοήματος*; Leistung *f*; Ertrag *m*

απο|δοτικός leistungsfähig; ertragreich; rentabel; **~δοτικότητα** Ertragsfähigkeit *f*; Rentabilität *f*; Leistungsfähigkeit *f*; **~δοχή** [-'çi] Annahme *f*; *pl* Gehalt *n*, Bezüge *m/pl*; ***μηνιαίες ~δοχές*** *f/pl* Monatseinkommen *n*; Einnahmen *f/pl*

απόδραση (*-εις*) Flucht *f*

απο|δυναμώνω (*σ· θ*) entkräften; **~δυτήριο** Umkleideraum *m*

αποζημ|ιώνω (*σ· θ*) entschädigen; wiedergutmachen; **~ίωση** (*-εις*) Entschädigung *f*; Schadenersatz *m*; Reparationen *f/pl*; ***βουλευτική ~ίωση*** Diäten *pl*; ***~ίωση ψυχικής οδύνης*** Schmerzensgeld *n*

αποθανατίζω (*σ· στ*) verewigen (*συχνά ειρων.*)

απο|θάρρυνση (*-εις*) Entmutigung *f*; **~θαρρυντικός** entmutigend; **~θαρρύνω** (II = I· *υνθ*) *v/t* entmutigen, abschrecken; *v/p* den Mut verlieren

απόθεμα *n* Vorrat *m*, Reserve *f*

αποθεματικός Reserve-; Spar-; *Su n/pl* Spareinlagen *f/pl*

απο|θέτω (*σ· τεθ*) (nieder)legen; (hin-) setzen; *μτφ.* setzen (***σε***/auf *A*); *εμπ.* deponieren; zurücklegen; **~θεώνω** (*σ*) vergöttern; zujubeln *D*; **~θέωση** (*-εις*) Vergötterung *f*; Jubel *m*; **~θηκάριος** Lagerhalter *m*; **~θήκευση** (*-εις*) [-εfsi] Lagerung *f*; Lagerhaltung *f*; ***οριστική ~θήκευση*** Endlagerung *f*; **~θηκεύω** [-'εvɔ] (*εψ*) lagern; ***~θηκεύω οριστικά*** endlagern; **~θήκη** Lager(haus) *n*, Speicher *m*

αποθησαυρ|ίζω [-savr-] (*σ· στ*) sammeln; **~ισμός** Sammeln *n*

αποθρασύνω (II = I· *υνθ*) übermütig machen; *v/p* übermütig werden

απ|οικία Kolonie *f*; **~οικιακός** kolonial; **~οικίζω** (*σ· στ*) kolonisieren; **~οικιοκρατία** Kolonialismus *m*; **~οικισμός** [-zm-] Kolonisation *f*

άποικος Siedler *m*, Kolonist *m*

απο|καθίσταμαι *v/p v.* **~καθιστώ** *βλ.* ***αποκαταστaίνω***; **~καλυπτικός** enthüllend, aufdeckend; apokalyptisch; **~καλύπτω** (*ψ· φτ· υμμ*) *v/t* enthüllen; *μτφ.* aufdecken; *κπ* entlarven; *v/p* offenbar werden; **~κάλυψη** (*-εις*) Entlarvung *f*; Aufdeckung *f*; *θρ.* Apokalypse *f*; Offenbarung *f*; **~καλώ** (*εσ· κληθ*) nennen; **~κά(μ)νω** (*καμ*) erschöpft sein (***από***/von *D*); **~καμωμένος** erschöpft, abgespannt; **~καρδιωτικός** entmutigend; **~κατα-**

σταίνω (*ησα· άθηκα· στημένος*) wiederherstellen, rehabilitieren; *παιδιά* versorgen; **~κατάσταση** (*-εις*) Wiederherstellung *f*; Wiedergutmachung *f*; Rehabilitierung *f*; **~κάτω** *Adv* unten
απόκεντρος abgelegen, entlegen
απο|κεντρώνω (*σ*) dezentralisieren; **~κέντρωση** (*-εις*) Dezentralisierung *f*; **~κεντρωτικός** dezentral(istisch)
αποκεφαλίζω (*σ· στ· σμ*) köpfen
απο|κήρυξη (*-εις*) Verleugnung *f*; Ächtung *f*; *νομ.* Nichtanerkennung *f*; **~κηρύσσω** (*ξ· χτ· γμ*) verleugnen; ächten; nicht anerkennen
απόκλειση (*-εις*) Ausschluß *m*
αποκλεισ|μένος [-zm-] ausgeschlossen, isoliert; **~μός** Blockade *f*; Boykott *m*; Aussperrung *f*; Ausschluß *m*; Isolierung *f*; ***οικονομικός ~μός*** Embargo *n*; **~τικός** [-st-] ausschließlich, exklusiv; **~τικότητα** Exklusivität *f*
αποκλεί|ω (*σ· στ· σμ*) ausschließen; *στρ.* blockieren; isolieren; ***~εται*** es ist ausgeschlossen
απόκληρος enterbt; notleidend
απο|κληρώνω (*σ· θ*) enterben; **~κλήρωση** (*-εις*) Enterbung *f*; **~κλίνω** (II = I) *v/t* neigen
απόκλιση (*-εις*) Abweichung *f*; *αστρ.* Deklination *f*
απο|κόβω (*ψ· κοπ· κομμ*) abschneiden; *βρέφος* entwöhnen; *συνολική τιμή* (fest) abmachen; **~κοιμιέμαι** [-'jε-] (*ηθ· ισμ*) einschlafen; **~κοιμίζω** (*σ*) in den Schlaf wiegen; *μτφ.* einlullen; **~κοιμισμένος** [-zm-] abgestumpft; **~κομίζω** (*σ· στ*) mitnehmen; wegführen; *κέρδος* erzielen; *αχαριστία* ernten
απόκομμα *n* Ausschnitt *m*; Kupon *m*
απο|κομμένος *βλ.* ***αποκόβω***; **~κοπή** Abschneiden *n*; Amputation *f*; ***κατ' ~κοπή*** Akkord-; zu e-m Pauschalpreis; **~κορύφωμα** *n*, **~κορύφωση** (*-εις*) Höhepunkt *m*, Gipfel *m*; **~κούμπι** Stütze *f*; **~κουφαίνω** (*φαν· φαθ*) *v/t* taub machen, betäuben; *v/i* ganz taub werden
απόκρημνος steil, abschüssig
Αποκριά *συνήθ. pl* Karneval *m*
αποκρίνομαι (*θ*) antworten (***σε***/auf *A*)
από|κριση (*-εις*) Antwort *f*; **~κρουση** (*-εις*) Zurückweisung *f*; Abwehr *f*
απο|κρουστικός *μτφ.* abstoßend; **~κρούω** (*σ· στ*) *επίθεση* abwehren, zurückschlagen; *πρόταση* zurückweisen; *ιδέα* verwerfen; **~κρυπτογράφηση** (*-εις*) [-'γra-] Entzifferung *f*; **~κρυπτογραφώ** (*ησ*) entziffern, dechiffrieren; **~κρύπτω** *K* (*ψ· φθ, κρυβ*) verheimlichen; verschweigen
από|κρυφος verborgen, geheim; okkult; *θρ.* apokryph; **~κρυψη** (*-εις*) Verheimlichung *f*; Verschweigen *n*
απόκτημα *n* Errungenschaft *f*
απόκτηση (*-εις*) Erwerb *m*
απο|κτώ (**-χτ-**) (*άς· ησ*) erwerben; *παιδί* bekommen; **~κύημα** *n* Produkt *n*
απολαβ|αίνω (*λαβ*) *v/t* gewinnen, Nutzen ziehen (***από***/aus *D*); genießen *A*; **~ή** Ertrag *m*, Nutzen *m* (***από***/aus *D*); *pl* Gehalt *n*, Bezüge *m/pl*
απολαμβάνω *βλ.* ***απολαβαίνω***
απόλαυση (*-εις*) [-lafsi] Genuß *m*; Vergnügen *n*; Zerstreuung *f*
απο|λαυστικός [-lafs-] genußreich; vergnüglich; **~λαύω** [-'lavɔ] (*αυσ, αψ*) *v/t* genießen
απο|λεσθέντα *n/pl* Verlorene(s); Fundsachen *f/pl*; **~λίθωμα** *n* Versteinerung *f*, Fossil *n*; **~λιθώνω** (*σ· θ*) *μτφ.* starr machen; *v/p* versteinern; (*Aor.*) wie versteinert sein; **~λίθωση** (*-εις*) Versteinerung *f*
απολίτιστος unkultiviert
απολ(ν)ώ (*άς· υσ· υθ· υμ*) freilassen; schicken; *v/i* zu Ende sein
απολογ|ία *νομ.* Verteidigung(srede, -sschrift) *f*; **~ιέμαι** [-'jε-] (*ηθ*) sich verteidigen; antworten; **~ισμός** [-zm-] Abrechnung *f*; *πολ.* Rechenschaftsbericht *m*; *μτφ.* Fazit *n*; ***~ισμός κερδών και ζημιών*** Gewinn- und Verlustrechnung *f*; ***~ισμός παροχών*** Leistungsbilanz *f*
απο|λυμαίνω (*αν· ανθ*) desinfizieren; **~λύμανση** (*-εις*) Desinfektion *f*; **~λυμαντικός** Desinfektions-; *Su n* Desinfektionsmittel *n*
απόλυση (*-εις*) Freilassung *f*; Entlassung *f*; ***μαζική ~*** Massenentlassung *f*
απολυταρχ|ία [-'çia] Absolutismus *m*; **~ικός** absolutistisch
απολυτήρι|ος (**-α, -ο**) Abschluß-; ***~ες εξετάσεις*** Abschlußprüfung *f*; ***~ο*** *Su n* Abitur *n*; ***~ο δημοτικού*** Hauptschulabschluß *m*; ***~ο λυκείου*** Abitur *n*; ***~ο σχολείου*** Schulabschluß *m*

απόλυτος absolut, unbeschränkt; Kardinal-(*Zahl*)
απο|λυτρώνω (*σ· θ*) erlösen (***από***/ aus, von *D*); befreien (von *D*); **~λύτρωση** (*-εις*) Erlösung *f*; Befreiung *f*; **~λύτως** *Adv* absolut, unbedingt; **~λύω** (*σ· θ*) *v/t* freilassen; loslassen; *υπάλληλο* entlassen
απο|μακραίνω (*υν· υνθ*) *v/t* entfernen, wegnehmen; **~μάκρυνση** (*-εις*) Entfernung *f*; Verlassen *n*; **~μακρύνω** *βλ.* ***απομακραίνω;*** **~μακρυσμένος** [-zm-] entfernt; abgelegen
απομεινάρι Rest *m*; Überbleibsel *n*
απομένω (*μειν*) übrigbleiben; (allein) zurückbleiben; *οικ.* sprachlos sein
απόμερος abgelegen, entlegen
απο|μέσα *Adv ρούχα* darunter *tragen*; dadurch; **~μεσήμερο** Nachmittag *m*; **~μίμηση** (*-εις*) Nachahmung *f*, Imitation *f*; **~μιμούμαι** (*είσαι· ηθ*) *v/t* nachahmen, imitieren; **~μνημονεύματα** [-'nεvma-] *n/pl* Memoiren *pl*; **~μνημόνευση** (*-εις*) [-nεfsi] Auswendiglernen *n*; **~μνημονεύω** [-'εvɔ] (*ευσ*) *v/t* auswendig lernen
απομονώνω (*σ· θ*) isolieren *κ. ηλ.*; absondern; *v/p* vereinsamen
απομόνωση (*-εις*) Isolierung *f*; Absonderung *f*; Vereinsamung *f*
απομον|ωτήριο *γεν.* isolierte(r) Raum *m*; *νομ.* Einzelzelle *f*; **~ωτικός** Isolier-
απο|μωραίνω (*αν· αθ*) *v/t* verdummen; *v/p* verblöden; **~ναρκώνω** (*σ· θ*) narkotisieren, betäuben; *μτφ.* täuschen; **~νεκρώνω** (*σ· θ*) *v/t* abtöten; *v/p* absterben; **~νέκρωση** Abtöten *n*; Absterben *n*; **~νέμω** (*νειμ· νεμηθ*) *βραβείο, παράσημο* verleihen; *χάρη* gewähren; ***~νέμω δίπλωμα ευρεσιτεχνίας*** patentieren (***για***/*A*)
απόνερα *n/pl* Spülwasser *n*
α|πονήρευτος [-rεft-] arglos, treuherzig; **~πονιά** [-'ja] Herzlosigkeit *f*
απονομή Verleihung *f*, Erteilung *f*; ***~ δικαίου*** Rechtsprechung *f*
άπονος schmerzlos; herzlos
απο|νωρίς *Adv* früh, beizeiten; **~ξενώνω** (*σ· θ*) entfremden; **~ξένωση** (*-εις*) Entfremdung *f*
απο|ξεχνώ [-'xnɔ] (*άς· ασ· αστ*) völlig vergessen; *v/p* (*-ξεχνιέμαι*) zerstreut sein; **~ξηραίνω (-ξε-)** (*ραν· αθ· μ*) trocknen; *λίμνη* austrocknen, trockenlegen; **~ξηραντικός** Entwässerungs-
απόξυση (*-εις*) Abschabung *f*
αποπαίδι enterbtes *ή* vernachlässigtes Kind
απο|παίρνω (*-πήρα, να -πάρω*) anschnauzen; **~πάνω** *Adv* (von) oben; ***~πάνω από*** *Präp* über *A*/*D*; oberhalb
απόπατος Abort *m*; Plumpsklo *n*
αποπατώ (*ησ*) austreten
απόπειρα Versuch *m*; (*Mord-*)Anschlag *m*, Attentat *n*
αποπειρώμαι (*άσαι· αθ*) versuchen, e-n Versuch machen
αποπερ|ατώνω (*σ· θ*) völlig abschließen, vollenden; **~άτωση** (*-εις*) Abschluß *m*; Vollendung *f*
αποπηρ- *βλ.* ***αποπαίρνω***
αποπίσω *Adv* hinterher; von hinten
απο|πλάνηση (*-εις*) Verführung *f*; Irreführung *f*; **~πλανώ** (*ησ*) irreführen; verführen; **~πλέω** (*πλευσ*) absegeln, abfahren
αποπληξία Schlaganfall *m*
απόπλους (*-ου*) *ναυτ.* Abfahrt *f*
απο|πνέω (*πνευσ*) ausatmen; *μυρωδιά* verbreiten; **~πνικτικός (-χτ-)** erstickend, schwül
αποπροσανατολίζω (*σ· στ· σμ*) irreführen, desorientieren
αποπυρηνικοποιημένος kernwaffenfrei
απόρθητος uneinnehmbar
απορία Frage *f*; Zweifel *m*; Erstaunen *n*; Not *f*
άπορος unbemittelt; notleidend
απορρέω (*ρευσ*) *μτφ.* hervorgehen
απόρρη|το Geheimnis *n*; ***το ~το των επιστολών*** Briefgeheimnis *n*; **~τος** geheim; (streng) vertraulich
απόρριμμα *n* Müll *m*; Abfall *m*
απο|ρρίπτω (*ψ· φτ· μμ*) *v/t* wegwerfen, von sich werfen; *μτφ.* ablehnen; *v/p* (e-e Prüfung) nicht bestehen; **~ρρίχνω** [-'rixnɔ] (*ξ*) wegwerfen; e-e Frühgeburt haben
απόρριψη (*-εις*) Ablehnung *f*
απόρροια Folge *f*
απο|ρροφημένος vertieft; **~ρρόφηση** (*-εις*) Absorbierung *f*; Aufnahme *f*; *μτφ.* (geistige) Vertiefung *f*; **~ρροφητήρας** Dunstabzugshaube *f*; **~ρροφητικός** absorbierend; saugfähig; Lösch-(*Papier*); **~ρροφώ** (*άς· ησ*) ab-

sorbieren; aufsaugen; *μτφ.* *v/p* sich vertiefen
απορρυπαντικό Waschmittel *n*
απορώ (*ησ, εσ· ημ*) im Zweifel sein (**για**/über *A*); sich wundern (**με**/über *A*)
αποσαφηνίζω (*σ· στ· σμ*) klären
απόσβεση (*-εις*) [-zvεsi] Löschen *n*; Tilgung *f*; Abschreibung *f*
απο|σβήνω [-'zvi-] (*βησ· βηστ*) *φωτιά* löschen; *εμπ.* (*βεσ· βεστ*) tilgen; abschreiben; **~σβολώνω** (*σ· θ*) verblüffen; **~σιώπηση** (*-εις*) Verschweigung *f*; **~σιωπητικά** *n/pl* Gedankenpunkte *m/pl*; **~σιωπώ** (*άς· ησ*) verschweigen; **~σκευή** Gepäckstück *n*; ***~σκευές*** *f/pl* Gepäck *n*
απο|σκιρτώ (*άς· ησ*) abspringen; übergehen, überwechseln (**σε**/zu *D*); **~σκλήρυνση** (*-εις*) Verhärtung *f*; **~σκοπώ** abzielen (**σε**/auf *A*), bezwecken *A*; **~σμητικό** [-zmi-] Deodorant *n*; **~σοβώ** (*ησ· ηθ*) beseitigen; abwehren
απόσπασ|η (*-εις*) Abtrennung *f*; *πολ.* Abspaltung *f*; ***~η υπαλλήλου*** befristete Versetzung *f*; **~μα** [-zma] *n* Auszug *m*; Abschnitt *m*; ***~μα λογαριασμού*** Kontoauszug *m*; *στρ.* Abteilung *f*, Kommando *n*; ***εκτελεστικό ~μα*** Exekutionskommando *n*
αποσπώ (*άς· ασ· αστ· ασμ*) trennen, losreißen; *υπάλληλο* (befristet) versetzen; *φυσ.* abspalten
απόσταγμα [-stayma] *n* Destillat *n*; Essenz *f*
αποστάζω (*ξ· χτ· γμ*) destillieren
απόσ|σταξη (*-εις*) Destillation *f*; **~σταση** (*-εις*) Abstand *m*, Entfernung *f*; Zeitraum *m*; *μτφ.* Distanz *f*
απο|στασία Aufstand *m*; Abfall *m* (***από***/von *D*); **~στάτης** Rebell *m*; Abtrünnige(r), Überläufer *m*; **~στατώ** (*ησ*) rebellieren; abtrünnig werden; **~στειρωμένος** keimfrei; **~στειρώνω** (*σ· θ*) keimfrei machen, sterilisieren; **~στείρωση** (*-εις*) Sterilisierung *f*; **~στειρωτικός** Sterilisier-; **~στέλλω, ~στέλνω** (*ειλ· αλθ· αλμ*) *προϊόντα* versenden, (ab)senden; zusenden (*A* **σε κπ**/j-m *A*); *πρόσωπο* delegieren; (ent)senden; **~στέρηση** (*-εις*) Beraubung *f*; **~στερώ** (*ησ· ηθ*) berauben (***κπ από***/j-n – *G*); **~στεωμένος** verknöchert, abgemagert; **~στηθίζω** (*σ*) auswendig lernen; **~στήθιση** (*-εις*) Auswendiglernen *n*
απόστημα *n* Abszeß *m*
απο|στολέας Absender *m*; *εμπ.* Spediteur *m*; **~στολή** Absendung *f*, Versendung *f*; (Waren-)Sendung *f*; *μτφ.* Mission *f*, Aufgabe *f*
απόστολος Apostel *m*; Abgesandte(r)
απο|στομώνω (*σ· θ*) *μτφ.* zum Schweigen bringen; **~στράτευση** (*-εις*) [-tεfsi] *στρ.* Versetzung *f* in den Ruhestand; **~στρατεύω** (*ευσ· ευτ*) *στρ.* *κλάση* entlassen; *αξιωματικό* in den Ruhestand versetzen
αποστρατικοποίηση (*-εις*) Entmilitarisierung *f*
απόστρατος Offizier i. R. (= *im Ruhestand*); (Kriegs-)Veteran *m*
απο|στρέφω (*ψ· αφ· αμμ*) abwenden; *v/p* *μτφ.* verabscheuen; **~στροφή** Abscheu *m*, *f*, Aversion *f*, Abneigung *f*
απόστροφος *f* Apo'stroph *m*, Auslassungszeichen *n*
αποσυναρμολογώ (*ησ· ηθ*) abbauen; demontieren
απο|συνδέω (*σ· θ*) loslösen, trennen; **~συνεδεσ-** *βλ.* ***αποσυνδέω***; **~συνεθεσ-** *βλ.* ***αποσυνθέτω***; **~σύνθεση** (*-εις*) Zersetzung *f*; Auflösung *f*; **~συνθέτω** (*σ· τεθ· τεθεμ*) *χημ.* zersetzen; *μτφ.* *κ.* auflösen; **~σύρω** (II = I· *συρθ· συρμ*) abziehen; *χρήμ.* abheben; *αίτηση* zurückziehen; zurücknehmen; *v/p* *εμπ.*, *πολ.* zurücktreten (***από***/von *D*); **~σχίζω** [-'sçi-] (*σ· στ· σμ*) (ab)trennen; *v/p* ausscheiden (***από***/aus *D*); abtrünnig werden
αποταμ|ίευση (*-εις*) [-'iεfsi] Sparen *n*; *pl* Spareinlagen *f/pl*; **~ιευτικός** Spar-, Reserve-; **~ιεύω** [-'εvɔ] (*ευσ· ευτ*) sparen, zurücklegen
απο|τείνω (II = I· *ταθ*) richten (**σε**/an *A*); *v/p* sich wenden (**σε**/an *A*); **~τελειώνω** [-'ljɔ-] (*σ*) beenden; vollenden; *μτφ.* *οικ.* erledigen; **~τέλεσμα** *n* Ergebnis *n*, Erfolg *m*; Folge *f*; ***τελικό ~τέλεσμα*** Endergebnis *n*; ***~τέλεσμα εκλογών*** Wahlergebnis *n*; **~τελεσματικός** [-zma-] wirksam; effizient; **~τελεσματικότητα** Wirksamkeit *f*; Effizienz *f*; **~τελώ** (*εσ· εσ*) bilden; *v/p* (*-ούμαι*) bestehen (***από***/aus *D*); **~τεφρωτήρας: *~τεφρωτήρας απορριμμάτων*** Müllverbrennungsanlage

f; **~τίναξη** (*-εις*) Abschütteln *n*; **~τινάζω** (*ξ· χτ· γμ*) *v/t* (ab)schütteln
αποτολμώ (*άς· ησ· ηθ*) wagen, riskieren; sich erdreisten
απότομος *δρόμος*: steil; plötzlich, jäh; *άνθρωπος*: rüde, rauh
αποτοξίνωση (*-εις*) Entgiftung *f*; Entzug *m*
απο|τραβώ (*άς· ηξ· ηχτ· ηγμ*) (weg-)ziehen; *v/p* sich zurückziehen (***από***/von *D*); **~τρελαίνω** (*λαν· λαθ· αμ*) um den Verstand bringen; verrückt machen (***με***/mit *D*); **~τρεπτικός** abwendend; **~τρέπω** (*ψ· τραπ*) *v/t* *κίνδυνο* abwenden, verhüten; abraten (***κπ από***/j-m von *D*); **~τριχώνω** [-trix-] (*σ· θ*) enthaaren; **~τριχωτικό** Enthaarungsmittel *n*; **~τροπή** Verhütung *f*; Abraten *n*; **~τροπιασμός** Abscheu *m*; **~τροπιαστικός** abscheulich, widerwärtig; **~τρώ(γ)ω** [-(ɣ)ɔ] (*να φάω· φαγ· φαγωμ*) aufessen; die Mahlzeit beenden; **~τσίγαρο** [-ɣa-] Zigarettenstummel *m*
απο|τυγχάνω [-tiŋ'xa-] *βλ.* ***αποτυχαίνω***; **~τύπωμα** *n* Abdruck *m*; ***δακτυλικά ~τυπώματα*** *n/pl* Fingerabdrücke *m/pl*; **~τυπώνω** (*σ· θ*) abdrucken; einprägen; **~τύπωση** Abdrucken *n*; Einprägen *n*; **~τυχαίνω** [-'çɛ-] (*τυχ· τυχημ*) scheitern, versagen; *στο σκοπό* verfehlen *A*; mißlingen *unp.*; *στις εξετάσεις* durchfallen; **~τυχία** Mißerfolg *m*, Scheitern *n*
απούλητος unverkauft
απουσ|ία Abwesenheit *f*; Fehlen *n*; **~ιάζω** (*σ*) abwesend sein; fehlen
αποφάγια [-'faja] *n/pl* Speisereste *m/pl*
απόφαση (*-εις*) Entschluß *m*; *νομ.* Urteil *n*; Beschluß *m*; ***διαιτητική ~*** Schiedsspruch *m*
αποφασ|ίζω (*σ· στ· σμ*) sich entschließen (*A*/zu *D*); beschließen; **~ιστικός** entschlossen, resolut; entscheidend; **~ιστικότητα** Entschlossenheit *f*; Entschiedenheit *f*
απο|φέρω (II = I) *κέρδος* abwerfen, einbringen; **~φεύγω** [-'fɛvɣɔ] (*φυγ*) meiden (***κπ***/j-n); (ver)meiden (***κτ***/etw.); entgehen *D*
απόφθεγμα [-ɣma] *n* Spruch *m*
απ|όφοιτος Abiturient *m*; ehemalige(r) Schüler *m*; **~οφοιτώ** (*άς· ησ*) von der (Hoch-)Schule abgehen
αποφορά Gestank *m*
απο|φυγή [-'ji] Vermeidung *f*; **~φυλακίζω** (*σ· στ· σμ*) entlassen; **~φυλάκιση** (*-εις*) Entlassung *f*
αποχαιρετ|ίζω [-çɛ-] (*σ· στ*) *v/t* sich verabschieden von *D*; **~ισμός** [-zm-] Abschied *m*; **~ιστήριος** (**-α, -ο**) Abschieds-; **~ώ** (*άς· ησ· ηθ*) *βλ.* ***αποχαιρετίζω***
απο|χαλινώνω [-xa-] entfesseln; *v/p* sich ausleben; **~χαύνωση** Abstumpfung *f*; Schwächung *f*; **~χερσώνω** [-çɛrs-] (*σ· θ*) *γη* urbar machen; **~χέρσωση** (*-εις*) Erschließung *f*; **~χέτευση** (*-εις*) [-'çɛtɛfsi] Ableitung *f*; Kanalisation *f*; **~χετεύω** (*ευσ· ευτ*) *λύματα* ableiten; kanalisieren
απόχη [-çi] Netz *n*, Käscher *m*
αποχή [-'çi] Verzicht *m*, Enthaltung *f*
απόχρωση (*-εις*) [-xrɔsi] Nuance *f*
αποχυμωτής Entsafter *m*
απο|χώρηση (*-εις*) Rücktritt *m* (***από***/von *D*); Abzug *m*; **~χωρητήριο** [-xɔ-] Abort *m*; ***~χωρητήριο ανδρών*** Herrentoilette *f*; ***~χωρητήριο γυναικών*** Damentoilette *f*; **~χωρίζω** (*σ· στ· σμ*) trennen, absondern (***από***/von *D*); *v/p* (aus)scheiden; sich trennen; **~χωρισμός** [-zm-] Trennung *f*, Absonderung *f*; **~χωρώ** (*ησ*) zurücktreten (***από***/von *D*)
απόψε heute abend
άποψη (*-εις*) Ansicht *f*, *κ. μτφ.*; Meinung *f*; ***απ' αυτή την ~*** in dieser Hinsicht
αποψινός von heute abend
απόψυξη (*-εις*) Abtauen *n*, Auftauen *n*
αποψύχω [-xɔ] (*ξ· χτ· γμ*) auftauen, abtauen (lassen)
απραγμ|ατοποίητος [-ɣma-] unverwirklicht; unerfüllbar; undurchführbar; **~οσύνη** Zurückhaltung *f*
ά|πραγος [-ɣɔs] unerfahren, ungeübt; **~πρακτος** (**-χτ-**) unverrichteter Dinge; unausgeführt
απραξία Untätigkeit *f*; Flaute *f*
α|πρέπεια Ungebührlichkeit *f*; Unanständigkeit *f*; **~πρεπής** 2 ungebührlich; unanständig
Απρίλ|ης *κ.* **~ιος** April *m*
απριλιάτικος [-'lja-] April-
απρόβλεπτος (**-φτ-**) unvorhergesehen
απρο|ειδοποίητος ungemeldet; **~ετοίμαστος** unvorbereitet

απρόθεσμος [-zm-] nicht fristgemäß
απροθυμία Abgeneigtheit *f*
απρόθυμος widerwillig, abgeneigt
απροίκιστος unbegabt
απρο|κάλυπτος unbedeckt; *μτφ.* unverhohlen, offen; **~κατάληπτος** unvoreingenommen
απρό|κλητος unprovoziert; **~κοπος** faul; erfolglos; *Su* Faulpelz *m*; Pechvogel *m*
απρο|μελέτητος unabsichtlich, nicht vorsätzlich; unvorbereitet; **~νοησία** Unbedachtsamkeit *f*
απρόοπτος unvorhergesehen
απροσάρμοστος nicht angepaßt
απρόσβλητος immun; unangreifbar
απροσγείωτος [-'zji-] *αερ.* nicht gelandet; *μτφ.* verstiegen
απροσ|διόριστος [-zði-] unbestimmbar; unbestimmt; **~δόκητος** unerwartet, unverhofft
απρόσεκτος (**-χτ-**) unaufmerksam; unachtsam
απροσεξία Unaufmerksamkeit *f*; Unachtsamkeit *f*, Versehen *n*
απρόσιτος unzugänglich
απροσκάλεστος, απρόσκλητος ungeladen, ungebeten
απρόσκοπτος glatt, ungehindert; *μτφ.* reibungslos
απροσ|πέλαστος unzugänglich; **~πέραστος** unüberholt; unübertrefflich; **~ποίητος** ungekünstelt, natürlich; **~τάτευτος** [-tɛft-] schutzlos; ungeschützt
απρόσφορος ungeeignet, unpassend
απρόσωπος unpersönlich *κ. γραμμ.*
απρο|φύλακτος (**-χτ-**) unbeschützt; **~χώρητο** [-'xɔ-] Ausweglosigkeit *f*, Sackgasse *f*
άπταιστος tadellos, fehlerlos
απτόητος unerschrocken
απτός fühlbar; greifbar
απύθμενος bodenlos, abgrundtief
απύραυλος ohne Rakete(n)
απύρετος fieberfrei
απ|ώθηση (*-εις*) Zurückstoßen *n*; *μτφ.* Zurückweisung *f*; **~ωθητικός** abstoßend; **~ωθώ** (*ησ*) abstoßen; zurückstoßen; *μτφ.* von sich weisen
απώλεια Verlust *m*; Verderben *n*
απών (**-ούσα, -όν**) abwesend
αρ- *βλ. κ.* **αρρ-**
άρα *Ko* folglich, demnach
άρ|α: **~ες μάρες** dumme(s) Zeug *n*
άραγε *Fragew* ob ... (wohl)?
άραγμα ['araγma] *n* Ankern *n*
αράδα Reihe *f*; Linie *f*; *τυπ.* Zeile *f*; *Adv* ständig; **της ~ς** gewöhnlich, alltäglich
αραδιάζω [-'ðja-] (*σ*) aufreihen, in e-e Reihe stellen; ordnen; *μτφ.* aufzählen
αράδιασμα [-ðjazma] *n* Aufreihen *n*
αραδιαστός [-ðja-] der Reihe nach geordnet; aufgereiht
αράζω (*ξ· γμ*) *v/i* vor Anker gehen; *v/t* festmachen
αραι|οκατοικημένος dünnbesiedelt; **~ός** *κ.* (**-ά, -ό**) *υλικό*: dünn; spärlich; *δάσος*: licht; *χρόνος*: selten; **~ά και πού** hin und wieder; **~ώνω** (*σ· θ*) *v/t* verdünnen; *δάσος* lichten; *γεν.* (weiter) auseinanderstellen; *μτφ.* einschränken; *v/i* dünner werden
αραίωση (*-εις*) (*κ. -ωμα n*) Verdünnen *n*; Lichten *n*; Einschränkung *f*
αρακάς (*-άδες*) Erbse *f*
αραλίκι Spalt *m*; Faulheit *f*
αράντιστος *φρούτα*: ungespritzt
αραξοβόλι Ankerplatz *m*; *μτφ.* Zuflucht(stätte) *f*
αράπ|ης (*-ηδες, -άδες*) Neger *m*, Schwarze(r); Schwarze(r) Mann *m*; **~ισσα** Negerin *f*
αραποσίτι Mais *m*
άραφτος ungenäht
άραχλος (**-χν-**) [-x-] düster
αράχνη [-x-] Spinne *f*
αραχν|ιά [-'xnja] Spinnengewebe *n*; **~ιασμένος** [-zm-] mit Spinnengeweben bedeckt, verödet
αραχνοΰφαντος hauchdünn
αργά [ar'γa] *Adv* langsam; lange; spät; **~ και πού** ab und zu; **~ ή γρήγορα** früher oder später
αργαλειός [-'ljɔs] Webstuhl *m*
άργασμα [-zma] *n* Gerben *n*
άργητα ['arjita] Langsamkeit *f*
αργία [-'jia] arbeitsfreie(r) Tag *m*; *θρ.* Suspension *f*; *στρ.* Ruhestand *m*
άργιλος *f* Ton *m*, Tonerde *f*
αργιλ|όχωμα [-xɔ-] *n* Tonerde *f*; Lehm *m*; **~ώδης** 2 tonhaltig
αργο- [arγɔ-] *συνήθ.* langsam ...
αργο|κίνητος langsam, schwerfällig; **~μιλώ** (*άς· ησ*) langsam sprechen
αργόμισθος [arγ-] protegiert
αργοπορ|ία [-γɔ-] Langsamkeit *f*; Ver-

spätung *f*; **~ώ** (*ησ*) (dahin)schlendern; sich hinschleppen; sich verspäten
αργ|ός [arɣ-] langsam; *χωράφι*: brach (-liegend); *θρ.* suspendiert; **~οσβήνω** [-'zvi-] (*σ*) dahinsiechen; **~όσχολος** [-sxɔ-] Müßiggänger *m*; **~ότερα** *Adv* später
αργυραμοιβός [arji-] Geldwechsler *m*
άργυρος [-ji-] *K* Silber *n*
αργυρ|ός silbern; **~ούχος** [-'ux-] (**-α, -ο**) silberhaltig
αργώ [ar'ɣɔ] (*ησ*) *κατάστημα*: geschlossen bleiben; sich verspäten, lange ausbleiben, spät kommen; nicht arbeiten
άρδευση (*-εις*) [-ɛfsi] Bewässerung *f*
αρδ|ευτικός Bewässerungs-; **~εύω** [-'ɛvɔ] (*ευσ· ευτ*) bewässern
Άρειος Πάγος ['paɣ-] Areopag *m*, oberste(r) Kassationshof *m*
αρεοπαγίτης [-paj-] Kassationsgerichtsrat *m*
αρέσκεια Gefallen *n*; Geschmack *m*
αρέσ|ω (II = I) gefallen (**σε**/*D*); ***μου*** (*κ.* ***μ'***) ***~ει*** es gefällt mir; es schmeckt mir; *v/p* Gefallen finden an *D*
αρετή Tugend *f*; Vorzug *m*
αρθρ|ιτικός arthritisch; an Arthritis leidend; **~ίτιδα** Gelenkentzündung *f*, Arthritis *f*
άρθρο (Zeitungs-)Artikel *m*; *γραμμ.* Artikel *m*; (Vertrags-)Artikel *m*; *ανατ.* Gelenk *n*; Glied *n*; ***κύριο ~*** Leitartikel *m*; Titelgeschichte *f*
αρθρώνω (*σ· θ*) artikulieren
άρθρωση (*-εις*) Artikulation *f*; *ιατρ.* Gelenk *n*
αρίδ|α Bohrer *m*; ***ξαπλώνω τις ~ες μου*** *οικ.* die Beine ausstrecken
αρίθμηση (*-εις*) Zählen *n*; Numerierung *f*
αριθμη|τήρας Numeriermaschine *f*; **~τής** *μαθ.* Zähler *m*; **~τική** Rechnen *n*; Arithmetik *f*; **~τικός** arithmetisch; Rechen-; zahlenmäßig; *Su n γραμμ.* Zahlwort *n*
αριθμο|λαχείο Lotto *n*; **~μηχανή** [-xa-] Rechenmaschine *f*
αριθμός Zahl *f*; Ziffer *f*; Nummer *f*; *ρούχα*: Größe *f*; *γραμμ.* ***ενικός ~*** Einzahl *f*, Singular *m*; ***πληθυντικός ~*** Mehrzahl *f*, Plural *m*; ***κωδικός ~*** Postleitzahl *f*; ***θετικοί αριθμοί*** *m/pl* schwarze Zahlen *f/pl*; ***~ αυτόματης κλήσης*** Durchwahlnummer *f*, Vorwahlnummer *f*; ***~ τηλεφώνου*** Telefonnummer *f*
αριθμώ (*ησ· ηθ· ημ*) zählen; *σελίδες, θέσεις* numerieren; *v/p* sich belaufen (**σε**/auf *A*)
αριστερ|ά *Adv* links; *Su* Linke *f*; **~ός** link- *κ. πολ.*; linkshändig; **~όχειρας** [-çi-] Linkshänder *m*
αριστ|εύω [-'ɛvɔ] (*ευσ*) sich auszeichnen; **~οκράτης** Aristokrat *m*, Adelige(r); **~οκρατία** Aristokratie *f*, Adel *m*; **~οκρατικός** aristokratisch, ad(e)lig
άριστος ausgezeichnet, vorzüglich
αριστο|τέχνημα [-'tɛxn-] *n* Meisterwerk *n*; **~τέχνης** Meister *m*, Virtuose *m*; **~τεχνικός** meisterhaft
αριστ|ούργημα [-ji-] *n* Meisterwerk *n*; **~ούχος** [-x-] (**-α, -ο**) Erste(r), Beste(r)
αρκ|εί (es ist) genug, es genügt; **~ετά** *Adv* genug; ziemlich, recht; **~ετός** genug, genügend; ziemlich viel
αρκούδα Bär *m*
αρκουδίζω (*σ*) auf allen vieren gehen, krabbeln
αρκτικός arktisch; Anfangs-
άρκτος *f K* Bär *m*; ***Μεγάλη, Μικρή ~*** *αστρ.* Große(r), Kleine(r) Bär *m*
αρκώ (*εσ· εστ*) genügen; *v/p* (*-ούμαι*) sich begnügen (**σε**/mit *D*)
αρλούμπα Dummheit *f*; Quatsch *m*
αρμ- *βλ.* **αλμ-**
άρμα *n*: ***~ μάχης*** Panzer(wagen) *m*
άρματα *n/pl* Waffen *f/pl*; *βλ.* ***άρμα***
αρμάτωμα *n* Bewaffnung *f*; Ausrüstung *f*
αρματώνω (*σ· θ*) bewaffnen; *ναυτ.* ausrüsten (**με**/mit *D*)
άρμεγμα ['armɛɣma] *n* Melken *n*
αρμέγω (*ξ· χτ· γμ*) melken
άρμενα *n/pl ναυτ.* Takelwerk *n*
αρμενίζω (*σ*) *v/i* segeln, fahren; *μτφ.* weg sein, auf Reisen sein
άρμη Salzlake *f*
αρμίδι Angelschnur *f*; Seil *n*
αρμ|όδιος (**-α, -ο**) zuständig, befugt, kompetent (**για**/für *A*); **~οδιότητα** Zuständigkeit *f*, Befugnis *f*; **~όζω** (*σ· σμ*) *v/t* anbringen (**σε**/an *A*); *v/i* passen (**με**/zu *D*); *unp.* sich gehören; **~ονία** Harmonie *f κ. μουσ.*, Eintracht *f*; **~ονικός** harmonisch, einträchtig; **~όνιο** Harmonium *n*

αρμός Fuge *f*; Gelenk *n*
άρνηση (*-εις*) Ablehnung *f*; *νομ.* Verweigerung *f*; *γραμμ.* Negation *f*, Verneinung *f*; **~ διαταγής** Befehlsverweigerung *f*; **~ θητείας** Wehrdienstverweigerung *f*; **~ στρατιωτικής υπηρεσίας** Kriegsdienstverweigerung *f*
αρνητ|ικό *φωτογρ.* Negativ *n*; **~ικός** negativ; *γραμμ.* verneinend
αρν|ί Lamm *n*; **~ί ψητό** Lammbraten *m*; **~ίσιος (-α, -ο)** Lamm-
αρνούμαι *κ.* **αρνιέμαι** (*είσαι· ηθ*) *ερώτηση* verneinen; *πρόταση* ablehnen; *ενοχή* (ab)leugnen; verweigern; sich weigern zu
άρον άρον ohne zu fackeln
άροτρο Pflug *m*
αρουραίος Feldmaus *f*
αρπάγη [-ji] Haken *m*; Harpune *f*
αρπαγή [-'ji] Raub *m*, Entführung *f*
αρπάζω (*ξ· χτ· γμ*) *v/t* rauben; raffen; (er)greifen (***από***/an *D*); fangen; *v/i* *φαγητό*: anbrennen; *φωτιά* fangen; *v/p* sich festhalten (***από***/an *D*); sich in die Haare geraten (***για***/wegen *G*)
αρπακτικ|ός (-χτ-) raubgierig; Raub- (*Vogel*); **~ότητα** Raubgier *f*
αρπαχτά [-'xta] *Adv* hastig, flüchtig
αρρ- *βλ. κ.* ***αρ-***
αρραβώνας *m/pl* Verlobung *f*
αρραβωνιάζω [-'nja-] (*σ· στ· σμ*) *v/t* verloben; *v/p* sich verloben
αρραβων|ιασμένος [-njazm-] verlobt; **~ιαστικός** Verlobte(r)
αρρενωπός männlich
άρρηκτος unzerreißbar
αρρυθμία Störung *f*; Unregelmäßigkeit *f*; *ιατρ.* Arrhythmie *f*
άρρυθμος ungleichmäßig
αρρυτίδωτος ohne Falten, glatt
αρρωσταίνω, αρρωστώ (*άς· ησ· ημ*) *v/i* erkranken, krank werden; *v/t* krank machen
αρρ|ώστια [-ja] Krankheit *f*; **~ωστιάρης** [-'ja-] 3 kränklich
άρρωστος krank; erkrankt
αρσενικό *χημ.* Arsen(ik) *n*; Maskulinum *n*
αρσενικός männlich *κ. γραμμ.*, maskulin
άρση (*-εις*) *νομ.* Aufhebung *f*; *μετρ.*, *μουσ.* Arsis *f*, Hebung *f*
αρτηρ|ία Arterie *f*; Pulsader *f*; ***συγκοινωνιακή ~ία*** Verkehrsader *f*; **~ιακός** Arterien-; **~ιοσκλήρωση** Arterienverkalkung *f*
άρτιο|ς (-α, -ο) unversehrt, heil; gesund; *αριθμός*: gerade
αρτιότητα Unversehrtheit *f*; Vollständigkeit *f*
αρτο|ποιείο (Brot-)Bäckerei *f*; **~ποιός** Brotbäcker *m*; **~πωλείο** Bäkkerladen *m*
άρτος *K* Brot *n*; *εκκλ.* Hostie *f*
αρχάγγελος [ar'xaŋɟel-] Erzengel *m*
αρχαϊκός archaisch; altertümlich
αρχαι|ογνωσία [arçɛɔɣnɔ-] Altertumskunde *f*; **~οδίφης** Altertumsforscher *m*; **~οκαπηλία** Antiquitätenschmuggel *m*; **~ολογία** [-lɔj-] Archäologie *f*; **~ολογικός** archäologisch; **~ολόγος** [-'lɔɣ-] Archäologe *m*
αρχαί|ος [ar'çɛ-] **(-α, -ο)** alt; antik; ***~α*** *n/pl* Altertümer *pl*
αρχαι|οσυλλέκτης [-çɛ-] Sammler *m* von Altertümern; **~ότητα** Altertum *n*, Antike *f*; *υπηρεσία*: Dienstalter *n*; *pl* Altertümer *pl*
αρχαϊσ|μός [arxaiz-] Archaismus *m*; **~τικός** [-st-] archaistisch
αρχάριος [ar'xar-] Anfänger *m*, Berufsanfänger *m*; *Adj* **(-α, -ο)** unerfahren
αρχ|έγονος [-'çɛɣɔ-] ursprünglich; **~είο** Archiv *n*; **~ειοθήκη** Aktenschrank *m*; Ordner *m*; Ablage *f*; **~ειοφύλακας** Archivar *m*; **~έτυπο** Original *n*; Muster *n*
αρχ|ή [ar'çi] Anfang *m*; Grundsatz *m*, Prinzip *n*; *συνήθ. pl* Behörde *f*, Dienststelle *f*; ***σχολική ~ή*** Schulbehörde *f*; ***~ή ελέγχου των καρτέλ*** Kartellamt *n*; ***~ή ισότητας*** Gleichheitsgrundsatz *m*; ***κάνω ~ή*** beginnen; ***στην ~ή*** zu Beginn; ***από την ~ή*** von Anfang an; ***κατ' ~ήν*** im Prinzip; **~ηγείο** [-'jiɔ] *στρ.* Hauptquartier *n*; Stab *m*; Zentrale *f*; **~ηγία** Kommando *n*; Leitung *f*; **~ηγός** [-'ɣɔs] (An-)Führer *m*, Befehlshaber *m*
αρχίδι [-'çi-] *λαϊκό* Hoden *m*
αρχι|επισκοπή [-çiɛ-] Erzbistum *n*; **~επίσκοπος** Erzbischof *m*; **~εργάτης** [-'ɣa-] Vorarbeiter *m*; *οικοδομές*: Polier *m*; **~ερέας** Prälat *m*, hohe(r) Geistliche(r)
αρχίζω [ar'çizɔ] (*σ· στ*) (*nur mit St.* I) beginnen, anfangen (***από***/mit *D*)

αρχι|κός [-çi-] ursprünglich, anfänglich; Anfangs-; **~μάγειρος** [-ji-] Küchenchef *m*, Oberkoch *m*; **~μηχανικός** [-xa-] Chefingenieur *m*; **~μουσικός** Kapellmeister *m*; **~νώ** (*άς*) *βλ.* ***αρχίζω***; **~πέλαγος** [-γɔs] *n* Archipel *m*, Inselgruppe *f*; **~στράτηγος** [-γɔs] Oberbefehlshaber *m*; **~συντάκτης** Chefredakteur *m*; **~τέκτονας** Architekt *m*; **~τεκτονική** Architektur *f*, Baukunst *f*; **~τεκτονικός** architektonisch, Bau-; **~τεχνίτης** [-xn-] Werkmeister *m*

αρχομαν|ής [-xɔ-] 2 herrschsüchtig; **~ία** Herrschsucht *f*

άρχοντας [-xɔ-] vornehme(r) Herr *m*; Adlige(r); ***ανώτατος ~*** Staatsoberhaupt *n*

αρχοντ|ιά [-xɔ'ňdja] Vornehmheit *f*, Adel *m*; **~ικό** Herrenhaus *n*; **~ικός** vornehm; herrschaftlich

αρχόντισσα vornehme Dame *f*

αρχοντο|πιάνομαι [-'pja-] (*στ· σμ*) den großen Herrn spielen; **~χωριάτης** [-xɔ'rja-] Neureiche(r)

άρωμα *n* Parfum *n*; Duft *m*; Aroma *n*

αρωματ|ίζω parfümieren; **~ικός** wohlriechend; parfümiert; *n*/*pl* Essenzen *f*/*pl*; **~οπωλείο** Parfümerie *f*

αρώτητος ungefragt

ας *Aufforderungspartikel, mit Konj*: ***~ υποθέσουμε!*** nehmen wir an!; ***~ έρθει!*** soll er doch kommen!; ***~ είναι*** meinetwegen!

ασάλευτος [-lɛft-] unbewegt

ασανσέρ (*0*) *n* Fahrstuhl *m*

ασάφεια Unklarheit *f*

ασαφής 2 unklar

ασβεστάς (*-άδες*) Kalkbrenner *m*

ασβέστ|η, ~ης Kalk *m*; Tünche *f*; **~ιο** Kalzium *n*

ασβεστ|οκάμινο [azvɛ-] Kalkofen *m*; **~οκονίαμα** *n* Mörtel *m*

ασβεστούχος (**-α, -ο**) kalkhaltig

ασβέστωμα *n* Kalken *n*; Tünchen *n*

ασβεστώνω (*σ· θ*) kalken, tünchen

άσβηστος ['azv-] ungelöscht, ungestillt; unlöschbar

ασβός [a'zvɔs] Dachs *m*

άσε laß! (*Imp v.* ***αφήνω***)

α|σέβεια Respektlosigkeit *f*; Nichtachtung *f*; *θρ.* Frevel *m*; **~σεβής** 2 respektlos; pietätlos; gottlos

ασέλγεια [-jia] Unzucht *f*

ασελγώ [-'γɔ] (*ησ*) Unzucht treiben

άσεμνος unanständig, obszön

ασετυλίνη Azetylen *n*

ασήκωτος nicht zu heben(d)

ασήμαντος unbedeutend

ασημένιος (**-α, -ο**) silbern

ασήμι [a'simi] Silber *n*

ασημικά *n*/*pl* Silberwaren *f*/*pl*; Silbergeschirr *n*

άσημος unbedeutend, gewöhnlich

ασημώνω (*σ· θ*) versilbern

ασθ|ένεια Krankheit *f*; **~ενής** *Su* Patient *m*; **~ενικός** kränklich; schwächlich; **~ενοφόρο** Krankenwagen *m*, Notarztwagen *m*; **~ενώ** (*ησ*) krank sein, erkranken

άσθμα *n* Asthma *n*

ασθμ|αίνω keuchen; **~ατικός** asthmatisch

Ασιάτης (*-άτισσα*) Asiate (-tin *f*) *m*

ασιατικός asiatisch

α|σίγαστος, ~σίγητος [-ji-] nie verstummend; **~σιδέρωτος** ungebügelt

ασιτία Hungern *n*; Nahrungsverweigerung *f*; ***θάνατος από ~*** Hungertod *m*

άσκαφτος nicht (um)gegraben

ασκέπαστος, άσκεπος unbedeckt

ασκέρι Volksmenge *f*; Truppen *f*/*pl*; ***με τ' ~ του*** mit Kind und Kegel

άσκεφτος unüberlegt, leichtfertig

ασκημ- *βλ.* ***ασχημ-***

άσκηση (*-εις*) Übung *f*; *pl στρ.* Manöver *n*; *επαγγέλματος* Ausübung *f*; Training *n*; *θρ.* Askese *f*

ασκητ|ής Asket *m*; **~ικός** asketisch, **~ισμός** Askese *f*; Asketismus *m*

ασκόνιστος staubfrei

άσκοπος zwecklos, ziellos

ασκόρπιστος nicht zerstreut

ασκού|μενος Praktikant *m*; *νομ.* Referendar *m*; **~πιστος** *χέρια*: unabgetrocknet; *σπίτι*: ungefegt; **~ριαστος** [-ja-] nicht verrostet

ασκώ (*ησ· ημ*) üben; *εξουσία, επάγγελμα* ausüben; *v*/*p* sich üben (***σε***/in *D*); *αθλ.* trainieren

άσμα ['azma] *n* Lied *n*; Gesang *m*

ασόδιαστος [a'sɔðjast-] ungeerntet

άσος As *n*; Beste(r), Meister *m*

ασουλούπωτος unförmig

ασπάζομαι (*στ*) küssen; umarmen; *γνώμη* sich anschließen *D*

άσπαρτος ungesät

ασπασμός [-'zmɔs] Umarmung *f*; Kuß *m*; herzliche(r) Gruß *m*
ασπίδα Schild *m*; *ζωολ.* Viper *f*
ασπιρίνη Aspirin *n*
ασπίτωτος nicht untergebracht
ασπλαχνία Unbarmherzigkeit *f*
ά|σπλαχνος [-xn-] unbarmherzig; **~σπονδος** unversöhnlich; Erb- (*Feind*)
ασπόνδυλος wirbellos
ασπούδαστος unstudiert
ασπράδ|α Weiße *f*; **~ι** *das* Weiße *im Auge*; ***~ι του αβγού*** Eiweiß *n*
ασπριδερός weißlich
ασπρί|ζω (*σ· στ· σμ*) *v/t* bleichen; weißen, tünchen, kalken; *v/i* bleich werden; weiß schimmern; **~λα** Weiße *f*
άσπρισμα *n* Weißen *n*, Tünchen *n*
ασπρομάλλης 3 weißhaarig
ασπρόρουχα *n/pl* (Unter-)Wäsche *f*
άσπρος weiß
αστάθεια Unbeständigkeit *f*, Labilität *f*; *τιμές*: Schwanken *n*
ασταθής 2 schwankend, unbeständig, labil
αστάθμητος unberechenbar, vage
αστακός Languste *f*; Hummer *m*
ασταμάτητος unaufhaltsam
αστάρι Futter *n*; Grundanstrich *m*
άστατος *βλ.* ***ασταθής***
άστε! laßt! (*Imp v.* ***αφήνω***)
α|στέγαστος [-ɣa-] obdachlos; unbedeckt; **~στέγνωτος** [-ɣnɔ-] feucht
άστεγος obdachlos
αστ|ειεύομαι [-vɔmɛ] (*ευτ, ευθ*) Spaß machen, scherzen; **~είο** Witz *m*, Spaß *m*; ***στα ~εία*** im Scherz; **~είος** (***-α, -ο***) witzig, spaßig; *μτφ. ποσό*: kaum nennenswert; *Su* Spaßvogel *m*; **~ειότητα** Scherzhaftigkeit *f*
αστείρευτος [-rɛft-] unerschöpflich
αστένευτος [-nɛft-] nicht verengt
αστέρας Stern *m*; *μτφ.* Star *m*
αστέρι Stern *m*
αστερ|ίσκος Sternchen *n*; **~ισμός** [-zm-] Sternbild *n*; **~οειδής** 2 sternförmig; **~οσκοπείο** Sternwarte *f*
αστεφάνωτος *μτφ.* ungetraut
αστήρικτος (**-χτ-**) ungestützt; *μτφ.* unbegründet
αστιγματισμός Astigmatismus *m*
αστικ|οποίηση (*-εις*) Verbürgerlichung *f*; Urbanisierung *f*; **~ός** städtisch; bürgerlich; ***~ό δίκαιο*** Zivilrecht *n*
α|στοιχείωτος [-'çi-] völlig kenntnislos; **~στόλιστος** schmucklos, ungeschmückt; **~στοργία** [-stɔrj-] Lieblosigkeit *f*
άστοργος ['astɔrɣ-] lieblos
αστός Städter *m*; Bürger *m*; *πολ. κ.* Bourgeois *m*
αστ|οχασιά [-xa'sja] Unüberlegtheit *f*; Zerstreutheit *f*; **~όχαστος** unüberlegt; gedankenlos
άστοχος [-xɔs] erfolglos; *βολή*: verfehlt, danebengegangen
αστοχώ [-'xɔ] (*ησ*) *v/i* nicht treffen, danebengehen; fehlschlagen
αστράγαλος [-ɣa-] Knöchel *m*
αστράγγιστος nicht abgetropft
αστραπ|ή Blitz *m*; **~ιαίος** (***-α, -ο***) blitzschnell; **~όβροντο** Blitz und Donner *m*
α|στράτευτος [-tɛft-], **~στρατολόγητος** [-ji-] nicht eingezogen
αστραφτερός strahlend, glänzend
αστράφτ|ω (*ψ*) strahlen (***από***/vor *D*); *v/t* ***~ω ένα χαστούκι*** e-e Ohrfeige geben *D*; ***~ει*** es blitzt
άστρο Stern *m*; *μτφ.* Star *m*
αστρο|λογία [-lɔj-] Astrologie *f*; **~λογικός** astrologisch; **~λόγος** [-'lɔɣ-] Astrologe *m*; **~λούλουδο** *βοτ.* Aster *f*
αστροναύτης Astronaut *m*, Raumfahrer *m*
αστροναυτική (Welt-)Raumfahrt *f*
αστρο|νομία Astronomie *f*; **~νομικός** astronomisch; **~νόμος** Astronom *m*; **~πελέκι** Donner *m*; **~φεγγιά** [-'ŋ̆ga] Sternenlicht *n*
άστρωτος *κρεβάτι*: ungemacht; *τραπέζι*: ungedeckt; *δρόμος*: ungepflastert; *δουλειά*: ungeregelt; *παιδί*: undiszipliniert
αστυ|νομία Polizei *f*; ***~νομία σταθμού*** Bahnpolizei *f*; ***~νομία συνόρων*** Grenzpolizei *f*; **~νομικίνα** Polizistin *f*; Politesse *f*; **~νομικός** Polizei-, polizeilich; *Su m* Polizist *m*; ***μυστικός ~νομικός*** Geheimpolizist *m*; **~νόμος** höhere(r) Polizeibeamte(r); **~φιλία** Landflucht *f*; **~φύλακας** Polizist *m*, Schutzmann *m*
α|συγκέντρωτος unkonzentriert; **~συγκίνητος** ungerührt; **~συγκράτητος** unbeherrscht; haltlos; **~σύγκριτος** unvergleichlich; **~συγ-**

κρότητος nicht gebildet *ή* konstituiert; *μτφ.* ungeschult; **~συγύριστος** [-'ji-] unaufgeräumt; **~συγχρόνιστος** [-'ŋ̃xrɔ-] unzeitgemäß; nicht synchronisiert; **~συγχώρητος** [-'ŋ̃xɔ-] unverzeihlich
α|συδοσία Zügellosigkeit *f*; **~σύδοτος** zügellos
ασυζητητί *Adv* widerspruchslos
ασυλία Asylrecht *n*; *πολ.* Immunität *f*
ασυλλόγιστος unbesonnen
άσυλο Asyl *n*; *μτφ.* Zuflucht *f*; Heim *n*; **~ αστέγων** Obdachlosenasyl *n*; **~ γέρων** Altersheim *n*
ασυμβίβαστος unvereinbar; unnachgiebig; *Su n* Unvereinbarkeit *f*
ασυμ|μάζευτος [-zɛft-] nicht gesammelt; *μτφ.* unordentlich; **~μετρία** Asymmetrie *f*; Ungleichmäßigkeit *f*
ασύμμετρος unsymmetrisch; *αριθμός*: irrational
ασυμμόρφωτος uneinsichtig
ασυμπάθιστος unsympathisch
ασυμπλήρωτος unvollendet; *κενό, έντυπο*: unausgefüllt
ασύμφορος unvorteilhaft; unrentabel
ασυμ|φώνητος uneinig (**για**/über *A*); unvereinbart; **~φωνία** Uneinigkeit *f*
ασύμφωνος uneinig; unvereinbar
ασυν|αγώνιστος [-'ɣɔ-] konkurrenzlos; **~αίσθητος** unbewußt; unbedacht; **~αρτησία** Zusammenhanglosigkeit *f*; **~άρτητος** zusammenhanglos
ασύνδετος unverbunden
ασυν|ειδησία Gewissenlosigkeit *f*; **~είδητο** *ψυχ.* Unbewußte(s); **~είδητος** gewissenlos; unbewußt; **~εννοησία** Verständnislosigkeit *f*; **~εννόητος** verständnislos; ohne Absprache; **~έπεια** Inkonsequenz *f*; **~επής** 2 inkonsequent, unzuverlässig
ασύνετος unvernünftig
ασυνήθιστος außergewöhnlich; ungewohnt; nicht gewöhnt (**σε**/an *A*)
ασυννέφιαστος [-fja-] wolkenlos
ασυν|ταξία Unordnung *f*; Grammatikfehler *m*, falsche Syntax *f*; **~τήρητος** vernachlässigt
ασυρματιστής Funker *m*
ασύρματος drahtlos; *Su m* Funk *m*
ασυσκεύαστος [-'ɛv-] unverpackt
α|σύστατος unbegründet; schlecht fundiert; **~σύστολος** unverfroren; **~σύχναστος** [-xn-] *δρόμος*: einsam
άσφαιρ|ος ungeladen; **με ~α πυρά** *n/pl* mit Platzpatronen *f/pl*
ασφάλεια Sicherheit *f*; Versicherung *f*; Garantie *f*; Gewähr *f*; *όπλο κ. ηλ.* Sicherung *f*; ***μερική* ~** Teilkaskoversicherung *f*; **~ *ατυχημάτων*** Unfallversicherung *f*; **~ *αυτοκινήτων*** Kraftfahrzeugversicherung *f*; **~ *ζημιών τρίτων*** Haftpflichtversicherung *f*; **~ *ζωής*** Lebensversicherung *f*; **~ *κλοπής*** Diebstahlversicherung *f*; **~ *νομικής προστασίας*** Rechtsschutzversicherung *f*
ασφαλ|ής 2 sicher; **~ίζω** (*σ· στ· σμ*) sichern; versichern; garantieren
ασφάλιση (*-εις*) Sicherung *f*; Versicherung *f*; ***κοινωνική* ~** Sozialversicherung *f*; ***κοινωνική* ~ *υπαλλήλων*** Angestelltenversicherung *f*; ***πρόσθετη* ~** *αυτοκ.* Schutzbrief *m*; **~ *ανεργίας*** Arbeitslosenversicherung *f*; **~ *αποσκευών*** Reisegepäckversicherung *f*; **~ *επιβατών*** Insassenversicherung *f*; **~ *συντάξεως*** Rentenversicherung *f*; **~ *ταξιδιού*** Reiseversicherung *f*; **~ *υγείας*** Krankenversicherung *f*
ασφαλισ|μένος [-zm-] versichert; *Su* Versicherungsnehmer *m*; ***δημόσια* ~*μένος*** Kassenpatient *m*; **~τήριο** Versicherungspolice *f*; **~τής** Versicherer *m*; **~τικός** Versicherungs-
ασφάλιστρα *n/pl* Versicherungsprämie *f*
άσφαλτος *f* Asphalt *m*
ασφαλτοστρώνω (*σ· θ*) asphaltieren
ασφουγγάριστος nicht (ab)gewischt
ασφράγιστος [-j-] unversiegelt; unverschlossen; *δόντι*: nicht plombiert
ασφυκτ|ικός erstickend; *Adv* zum Ersticken; **~ιώ** (*άς· ασ*) *v/i* ersticken
ασφυξ|ία Ersticken *n*; *ιατρ.* Asphyxie *f*; **~ιογόνος** [-'ɣɔ-] (**-α, -ο**) Stick-
ασχεδίαστος [asçɛ-] nicht geplant, nicht vorgesehen; planlos
άσχετος [-çɛ-] beziehungslos
ασχημ|αίνω [asçi-] (*υν*) häßlich werden; unschön machen; **~άτιστος** ungestaltet; **~ία, ~ιά** Häßlichkeit *f*; *μτφ.* Unanständigkeit *f*; **~ίζω** (*σ*) *βλ.* ***ασχημαίνω***
άσχημος ['asçi-] häßlich, unschön; *συμπεριφορά*: schlecht

ασχολία [asxɔ-] Beschäftigung *f*
ασχολίαστος [asxɔ-] kommentarlos
ασχολούμαι (*ηθ*) sich beschäftigen
ασωτ|εύω (*εψ*) verschwenden; **~ία** Verschwendung(ssucht) *f*
άσωτος verschwenderisch; ausschweifend; ***ο ~ υιός*** der verlorene Sohn
αταίριαστος [-ja-] unpassend
ατακτοποίητος ungeordnet; unaufgeräumt; unerledigt
άτακτος ungeordnet; *σφυγμός*: unregelmäßig; *παιδί*: ungezogen; *στρ.* irregulär
ατακτώ (*ησ*) ungehorsam sein, ungezogen sein
αταξ|ία Unordnung *f*; Ungezogenheit *f*; **~ινόμητος** ungeordnet
α|ταραξία (**-χτ-**) Gelassenheit *f*; **~τάραχος** [-x-] still; *μτφ.* gelassen; ruhig; *Adv κ.* ohne Aufregung
ατασθαλία Unregelmäßigkeit *f*
άταφος unbegraben, unbeerdigt
ατεκνία Kinderlosigkeit *f*
άτεκνος kinderlos; unfruchtbar
α|τέλεια Unzulänglichkeit *f*, Mangel *m*; (Gebühren-)Freiheit *f*; **~τέλειωτος** [-ljɔ-], **~τελείωτος** unvollendet, unbeendet; unendlich; **~τελής** 2 unvollendet; unvollkommen; zollfrei, gebührenfrei
ατελιέ [-'ljɛ] (*0*) *n* Atelier *n*
ατελώνιστος zollfrei; unverzollt
ατενίζω (*σ*) anstarren, fixieren
ατερμάτιστος unvollendet
άτεχνος kunstlos; unbegabt
ατζαμ|ής (***-ήδισσα, -ήδικο***) stümperhaft; *Su m* Stümper *m*; **~οσύνη** Stümperhaftigkeit *f*
άτζιο Agio *n*, Aufgeld *n*
ατημέλητος ungepflegt, schlampig
ατίθασος widerspenstig, aufsässig
ατιμάζω (*σ· στ· σμ*) entehren, schänden
ατίμητος unschätzbar
ατιμία Ehrlosigkeit *f*; Schandtat *f*
άτιμος ehrlos; schändlich
ατι|μωρησία Straflosigkeit *f*; **~μώρητος** straflos
ατίμωση (*-εις*) Entehrung *f*, Schändung *f*
ατιμωτικός schändlich; entehrend
άτιτλος titellos; ohne Überschrift
άτλαντας *βλ.* ***άτλας***
άτλας (*pl -αντες*) *γεωγρ.* Atlas *m*
ατμάκατος Dampfboot *n*
ατμο|κινητήρας Dampfmaschine *f*; **~κίνητος** Dampf-, mit Dampfantrieb; **~λέβητας** Dampfkessel *m*
ατμ|όλουτρο Dampfbad *n*; **~ομηχανή** [-xa-] Dampfmaschine *f*; Lokomotive *f*; **~οπλοΐα** Dampfschiffahrt *f*; **~οπλοϊκός** Dampfschiffahrts-; **~όπλοιο** Dampfer *m*
ατμό|ς Dampf *m*; ***υπ' ~ν*** unter Dampf; *μτφ.* startbereit
ατμ|οστρόβιλος Dampfturbine *f*; **~όσφαιρα** Atmosphäre *f*; **~οσφαιρικός** atmosphärisch
άτοκος *εμπ.* zinslos, zinsfrei
ατολμία Zaghaftigkeit *f*
άτολμος zaghaft, unentschlossen
ατομι(κι)σ|μος [-zm-] Individualismus *m*; **~τής** Individualist *m*
ατομικός[1] persönlich; Individual-, Einzel-; Privat-
ατομικός[2] Atom-
ατομικότητα Inidvidualität *f*
άτομο Person *f*, Individuum *n*; Atom *n*
ατονία Mattigkeit *f*
άτονος matt, erschlafft; schlapp; *γραμμ.* akzentlos, unbetont
ατονώ (*ησ· ημ*) erschlaffen
ατοποθέτητος nicht angebracht; nicht eingestellt
άτοπος unangebracht, unpassend
ατού (*0*) *n* Trumpf *m*; Chance *f*
ατόφιος [-jɔs] (***-α, -ο***) echt; *μτφ.* ganz wie *N*, ganz (ähnlich) *D*
ατράνταχτος [-xt-] fest(gefügt); *επιχείρημα*: unerschütterlich
ατραυμάτιστος [-av-] unverwundet
άτριχος [-xɔs] unbehaart
ατρόμητος, άτρομος unerschrocken
ατροποποίητος unmodifiziert
ατροφ|ία Nahrungsmangel *m*; *ιατρ.* Atrophie *f*, Abmagerung *f*; **~ικός** atrophisch, abgemagert
α|τρύγητος [-ji-] ungeerntet; **~τρύπητος** undurchbohrt
άτρωτος unverwundet, unverwundbar
α|τσάκιστος unzerbrochen; **~τσαλάκωτος** unzerknittert; knitterfrei
ατσαλένιος [-njɔs] (***-α, -ο***) stählern
ατσάλι Stahl *m*; **~νος** stählern
άτσαλος schlampig; *μτφ.* gemein
ατσαλώνω (*σ· θ*) härten; stählen
ατσίδα(ς) Marder *m*; *μτφ. οικ.* ganz Durchtriebene(r)

ατύλιχτος [-xt-] uneingewickelt
άτυπος formlos
ατύπωτος ungedruckt
ατύχημα [-çi-] *n* Unfall *m*; Unglück *n*; ***αυτοκινητιστικό ~*** Verkehrsunfall *m*; ***εργατικό ~*** Arbeitsunfall *m*; ***~ προσκρούσεως*** Auffahrunfall *m*
ατυχία Unglück *n*; Pech *n*
άτυχος unglücklich; *ενέργεια*: verfehlt
ατυχώ [-'xɔ] (*ησ*) Unglück haben
αυγή [a'vji] Morgen *m*, Frühe *f*; *ποιητ.* Morgenröte *f*; *μτφ.* Beginn *m*
αυγό *βλ.* ***αβγό***
Αύγουστος August *m*
αυθ|άδεια [af-] Frechheit *f*; **~άδης** 2 frech; **~αδιάζω** (*σ*) frech sein *ή* werden; **~άδικος** frech
αυθ|αιρεσία Willkür *f*; **~αίρετος** eigenmächtig, willkürlich
αυθεντ|ία [af-] Autorität *f*, *μτφ. πρόσ.* Kapazität *f*; **~ικός** authentisch; rechtsgültig, echt; **~ικότητα** Echtheit *f*; Richtigkeit *f*
αυθημερόν [af-] am selben Tage
αυθ|όρμητος spontan, unwillkürlich; **~ύπαρκτος** eigenständig, selbständig; **~υπαρξία** Selbständigkeit *f*; **~υποβολή** Autosuggestion *f*
αυλαία [avl-] Vorhang *m*
αυλ|άκι [avl-] Rinne *f*; Furche *f*; **~ακίζω** (*σ· στ*), **~ακώνω** (*σ· θ*) furchen
αυλή *γεν.* Hof *m*
αυλ|όγυρος [a'vlɔji-] Hofmauer *f*; **~όθυρα, ~όπορτα** Hoftor *n*
αυλός [av-] Flöte *f*; *τεχν.* Rohr *n*
άυλος immateriell; substanzlos
αυνανισμός [av-] Onanie *f*
αυξάνω [af-] (*ησ· ηθ· ημ*) *v/t* erhöhen; *τιμές κ.* heraufsetzen, anheben; *v/i*, *v/p* wachsen, zunehmen
αύξηση (*-εις*) ['af-] Erhöhung *f*, Ansteigen *n*; Anwachsen *n*; *γραμμ.* Augment *n*; ***~ μισθών*** Lohnerhöhung *f*; ***~ της οικονομίας*** Wirtschaftswachstum *n*; ***~ τελών*** Gebührenerhöhung *f*; ***~ τιμολογίου*** Tariferhöhung *f*
αυξο|μειώνομαι [af-] (*ωθ*) schwanken, ab- und zunehmen; **~μείωση** (*-εις*) Schwankung *f*
αύξων ['af-] (***-ουσα, -ον***) zunehmend; *αριθμός*: laufend
αϋπνία Schlaflosigkeit *f*
άυπνος ['ai-] schlaflos; *πρόσ.* wach
αύρα ['avra] Brise *f*
αυριανός [av-] morgig
αύριο ['avriɔ] *Adv* morgen
αυστηρ|ός [af-] streng; drastisch; **~ότητα** Strenge *f*
αυτ|απάρνηση [af-] Selbstverleugnung *f*; Entsagung *f*; **~απάτη** Illusion *f*; **~άρεσκος** eingebildet; **~άρκεια** Autarkie *f*; Selbstversorgung *f*; **~άρκης** 2 autark, materiell unabhängig; *άνθρ.* genügsam; **~αρχικός** [-çi-] autoritär, selbstherrlich, despotisch
αυτασφάλιση [af-] (*-εις*) Kaskoversicherung *f*; ***πλήρης ~*** Vollkaskoversicherung *f*
αυτ|εξούσιος [af-] (***-α, -ο***) selbständig; frei; **~εξουσιότητα** Selbständigkeit *f*; **~επάγγελτος** amtlich verfügt
αυτ|ί *βλ.* ***αφτί***; **~ιστικός** [af-] autistisch
αυτο|άμυνα [af-] Selbstverteidigung *f*; Selbstschutz *m*; Notwehr *f*; **~βιογραφία** Autobiographie *f*; **~βιογραφικός** autobiographisch
αυτόγραφο [af-] Autogramm *n*; eigenhändige(s) Schriftstück *n*
αυτο|διάθεση [af-] Selbstbestimmung *f*; **~δίδακτος** Autodidakt *m*; **~δικαίως** *Adv* von Rechts wegen; ipso jure; **~δικία** Selbstjustiz *f*, Faustrecht *n*; **~δικώ** (*ησ*) zur Selbsthilfe greifen; **~διοίκηση** Selbstverwaltung *f*; **~εξυπηρέτηση** Selbstbedienung *f*
αυτο|θυσία [af-] Selbstaufopferung *f*; **~καλούμενος** selbsternannt; **~κινητάμαξα** Triebwagen *m*; **~κινητιστής** Autofahrer *m*; Rennfahrer *m*; **~κίνητο** Auto *n*, Wagen *m*, Kraftfahrzeug *n*; ***„καθαρό" ~κίνητο, ~κίνητο με καταλύτη*** Katalysatorauto *n*; ***μεταχειρισμένο ~κίνητο*** Gebrauchtwagen *m*; ***νοικιαζόμενο, νοικιασμένο ~κίνητο*** Leihwagen *m*; **~κινητοδρομία** Autorennen *n*; **~κινητόδρομος** Autostraße *f*; ***~κινητόδρομος προς εθνική*** Zubringerstraße *f*
αυτο|κράτειρα [af-] Kaiserin *f*; **~κράτορας** Kaiser *m*, Imperator *m*; **~κρατορία** Kaiserreich *n*, Imperium *n*; **~κρατορικός** kaiserlich
αυτο|κριτική [af-] Selbstkritik *f*; **~κτονία** Selbstmord *m*; **~κτονώ** (*ησ*) Selbstmord begehen; **~κυριαρχία**

Selbstverwaltung *f*; Selbstbeherrschung *f*; **~ματισμός** [-zm-] Automatismus *m*; *τεχν.* Automatisierung *f*; Automation *f*; ***~ματισμός εκκίνησης*** Startautomatik *f*
αυτ|όματο [af-] *στρ.* Maschinenpistole *f*; **~οματοποίηση** (*-εις*) *τεχν.* Automation *f*; **~όματος** automatisch, selbsttätig; *Adv κ.* von selbst; ***~όματος εισιτηρίων*** Fahrkartenautomat *m*; ***~όματος μετρητών*** Bankomat *m*, (Bar-)Geldautomat *m*; ***~όματος τσιγάρων*** Zigarettenautomat *m*
αυτο|μολώ [af-] (*ησ*) überlaufen; **~νόητος** selbstverständlich; ganz klar; **~νομία** Autonomie *f*, (weitreichende) Selbstverwaltung *f*
αυτόνομος [af-] autonom
αυτο|πεποίθηση Selbstvertrauen *n*; **~προσωπογραφία** [-ɣra-] Selbstporträt *n*; **~προσώπως** *Adv* (höchst-)persönlich
αυτόπτης [af-] Augenzeuge *m*
αυτός [a'ftɔs] er, sie, es; *τονισμένο*: der, die, das (da); dieser, diese, dieses
αυτο|σεβασμός [af-] Selbstachtung *f*; **~σκοπός** Selbstzweck *m*; **~συντήρηση** Selbsterhaltung *f*; Selbstversorgung *f*; ***ένστικτο της ~συντήρησης*** Selbsterhaltungstrieb *m*; **~συντήρητος** sich selbst erhaltend; **~συντηρούμαι** (*είσαι· ηθ*) sich selbst erhalten; **~σχεδιάζω** [-sçɛ-] (*σ· στ· σμ*) improvisieren, aus dem Stegreif schaffen; **~σχεδιασμός** [-zm-] Improvisation *f*; **~σχέδιος** (***-α, -ο***) improvisiert, unvorbereitet
αυτο|τέλεια [af-] Selbständigkeit *f*; **~τελής** 2 selbständig
αυτουργός [-'ɣɔs] Täter *m*, Urheber *m*; ***ηθικός ~*** Anstifter *m*
αυτούσιος [af-] (***-α, -ο***) unverändert
αυτ|όφωρος [af-] auf frischer Tat ertappt; ***επ' ~οφώρω*** *Adv* auf frischer Tat; **~όχειρας** [-çi-] Selbstmörder *m*; **~όχθονας** [-xθ-] *Su* Einheimische(r); **~οψία** *ιατρ.* Obduktion *f*; *νομ.* Augenschein *m*
αυχένας [af'çɛ-] Nacken *m*
αφ' *βλ.* ***από; ~ ενός ... ~ ετέρου*** einerseits ... and(e)rerseits
αφ|αίμαξη (*-εις*) Aderlaß *m*; **~αίρεση** (*-εις*) Abnahme *f*, Wegnahme *f*; Entfernung *f*; Entwendung *f*; *μαθ.* Subtraktion *f*; *φιλοσ.* Abstraktion *f*; **~αιρετέος** (***-α, -ο***) wegzunehmen(d); *φορολογία*: absetzbar; *Su m* Subtrahend *m*; **~αιρέτης** Minuend *m*; **~αιρώ** (*εσ· εθ· αιρεμ|ηρημ*) wegnehmen (***από κπ κτ***/j-m etw.); entwenden; ***από τους φόρους*** absetzen; *κτ* entfernen; *μαθ.* subtrahieren; *v/p* (*-ούμαι*) geistesabwesend *ή* in Gedanken sein
αφαλός Nabel *m*
αφάνεια Unsichtbarkeit *f*; Zurückgezogenheit *f*
αφανέρωτος verborgen
αφανής 2 unsichtbar; unscheinbar
αφαν|ίζω (*σ· στ· σμ*) vernichten, ruinieren; **~ισμός** [-zm-] Ruin *m*, Vernichtung *f*
αφάνταστος unvorstellbar
άφαντος verschwunden, verschollen; ***έγινε ~*** er verschwand
αφασία Aphasie *f*, Sprachstörung *f*
αφέγγαρος mondlos
αφεθ- *βλ.* ***αφήνω***
αφέλεια Naivität *f*, Treuherzigkeit *f*
αφελής 2 naiv, treuherzig
αφέντης (*κ. -άδες*) Herr *m*, Gebieter *m*; Chef *m*; Besitzer *m*
αφεντ|ιά Vornehmheit *f*; **~ικίνα** Chefin *f*; **~ικό** Chef *m*; *pl* Herrschaft *f*
αφέντισσα Herrin *f*
αφερ|έγγυος (***-α, -ο***) nicht kreditwürdig; **~εγγυότητα** Kreditunwürdigkeit *f*
άφεση Loslassen *n*; *θρ.* Vergebung *f*; *νομ.* (*Schulden-*)Erlaß *m*
αφετηρία Ausgangspunkt *m*; Beginn *m*; *αθλ.* Startlinie *f*
αφή Berühren *n*; Tastsinn *m*
αφήγημα [-ji-] *n* Erzählung *f*
αφηγηματικός [-ji-] erzählend
αφήγηση (*-εις*) [-jisi] Erzählung *f*, Schilderung *f*
αφηγητής [-ji-] Erzähler *m*
αφηγούμαι [-'ɣu-] (*είσαι· ηθ*) erzählen, schildern
αφην|ιάζω (*σ· σμ*) scheuen, durchgehen; wild werden, toben; **~ιασμός** Scheuwerden *n*; Toben *n*
αφήνω (*σ· αφεθ· αφημ*) (los)lassen; lassen (***να ...***/*Inf χωρίς zu*); *κπ* verlassen; hinterlassen (***κτ σε κπ***/j-m etw.); *κτ* übriglassen; überlassen; ***~ την ευκαιρία*** die Gelegenheit versäumen; ***~ στη μέση*** liegenlassen

αφηρημ|άδα Zerstreutheit *f*; **~ένος** zerstreut, in Gedanken; *φιλοσ., γραμμ.* abstrakt
αφησ- *βλ.* ***αφήνω***
ά|φθαρτος unzerstörbar, unvergänglich; **~φθαστος** unerreicht; unerreichbar
αφθονία Überfluß *m*
άφθονος reichlich, üppig, ... im Überfluß; reichhaltig
αφθονώ (*o. Aor.*) im Überfluß vorhanden sein
αφ|ιέρωμα *n* Weihgabe *f*; Opfergabe *f*; *μτφ.* Festschrift *f*; **~ιερωμένος** gewidmet; ergeben; **~ιερώνω** (*σ· θ*) widmen; *θρ.* weihen; *v/p* sich widmen (***σε***/*D*); **~ιέρωση** (*-εις*) Widmung *f*; Hingabe *f*
αφιλ|οδώρητος stolz, unbestechlich; **~οκερδής** 2 uneigennützig; **~όξενος** ungastlich; **~όστοργος** [-γɔs] lieblos; **~οτιμία** Mangel *m* an Ehrgefühl; **~ότιμος** *ειρων.* Tunichtgut *m*; **~οχρήματος** [-'xri-] großzügig, freigebig
άφιξη (*-εις*) Ankunft *f*, Eintreffen *n*; *εμπ.* Lieferung *f*
αφίσα Plakat *n*
άφλεκτος unentzündbar
αφοβία Furchtlosigkeit *f*
άφοβος furchtlos
αφοδράριστος ungefüttert
αφ|ομοιώνω (*σ· θ*) assimilieren; *v/p* aufgehen (***με***/in *A*); sich assimilieren; **~ομοίωση** (*-εις*) Assimilation *f*; **~ομοιωτικός** assimilierend
αφοπλ|ίζω (*σ· στ· σμ*) *κπ* entwaffnen; *v/i* abrüsten; **~ισμός** [-zm-] Entwaffnung *f*; Abrüstung *f*
αφόρ|ετος ungetragen; nicht tragbar; **~ητος** unerträglich
αφορία Mißernte *f*, Ertraglosigkeit *f*
αφορ|ίζω (*ισα*/*εσα· στ· σμ*) exkommunizieren; verbannen; **~ισμός** Exkommunikation *f*; Aphorismus *m*
αφορμή Anlaß *m* (***για***/zu *D*); Vorwand *m*; ***δίνω ~*** Anlaß geben
αφορολόγητος [-ji-] steuerfrei
άφορος unproduktiv; steril
αφόρτωτος unbeladen
αφορ|ώ (*άς· o. Aor.*) *v/t* betreffen; sich beziehen (***σε***/auf *A*); ***όσο(ν) ~ά (εμένα)*** was (mich) betrifft
αφοσ|ιωμένος hingegeben; **~ιώνομαι** (*θ*) sich widmen (***σε***/*D*); **~ίωση** Hingabe *f* (***σε***/an *A*)
αφότου *Ko* seit(dem)
αφού *Ko* nachdem; weil, da; *οικ.* wo ... doch
αφουγκράζομαι lauschen
άφρακτος (**-χτ-**) nicht eingezäunt
αφράτος *ψωμί*: locker, knusprig
αφρίζω (*σ· σμ*) schäumen (*κ. μτφ.*: ***από***/vor *D*); moussieren
άφρισμα [-zma] *n* Schäumen *n*
αφρόγαλα [-γa-] (*o. Gen.*) *n*, **αφρόγαλο** Sahne *f*, Rahm *m*; ***χτυπητό ~*** Schlagsahne *f*
αφροδισι|ακός aphrodisisch, Liebes-; *Su n* Aphrodisiakum *n*; **~ολόγος** Arzt *m* für Geschlechtskrankheiten
αφροδίσιος (***-α, -ο***) venerisch, Geschlechts-
αφρόλουτρο Schaumbad *n*
α|φροντισιά [-'sja] Sorglosigkeit *f*; **~φρόντιστος** *υπόθεση*: unerledigt
αφρός Schaum *m*; *μτφ.* Elite *f*
αφροσύνη Unvernunft *f*
αφρούρητος unbewacht
αφρώδης 2 schaumig, Schaum-
αφτ- *βλ. κ.* ***απτ-, αφθ-, αυτ-***
άφταστος unerreicht; unerreichbar
αφτ|ί Ohr *n*; Gehör *n*; ***βάζω ~ί*** gut zuhören; ***είμαι όλος ~ιά*** ganz Ohr sein; ***έχω καλό ~ί*** ein gutes Gehör haben; ***τεντώνω τ' ~ιά μου*** die Ohren spitzen
άφτιαστος ['aftja-] (**-χι-**) unfertig, nicht fertig; unaufgeräumt
αφυδ|ατώνω (*σ· θ*) austrocknen (*π.χ. δέρμα*); **~άτωση** Austrocknen *n* (der Haut)
αφύλακτος (**-χτ-**) unbewacht
αφ|υπνίζω (*σ· στ*) (auf)wecken; **~ύπνιση** (*-εις*) (Auf-)Wecken *n*
α|φύσικος unnatürlich, widernatürlich; **~φύτευτος** [-tɛft-] ungepflanzt
άφωνος stumm (***από***/vor *D*)
αφώτιστος unbeleuchtet
αχαΐρευτος [axa'irɛf-] erfolglos
αχάλαστος [-'xa-] unzerstört
αχαλίνωτος ohne Zügel; *μτφ.* unbeherrscht, zügellos
αχανής 2 grenzenlos
α|χαρακτήριστος [axa-] (**-χτ-**) empörend; **~χαράκωτος** unliniert
α|χαριστία [axa-] Undank(barkeit *f*) *m*; **~χάριστος** undankbar

άχαρος reizlos; unglücklich, unfroh
αχερ- *βλ.* ***αχυρ-***
αχθο|φορικά *n/pl* Trägerlohn *m*; **~φόρος** Lastträger *m*, Gepäckträger *m*
αχιβάδα [açi-] Muschel *f*; Nische *f*
αχινός [açi-] Seeigel *m*
αχλ|άδι [a'xlaði] Birne *f*; **~αδιά** [-'ðja] Birnbaum *m*
άχνα ['axna] *βλ.* ***άχνη***
αχνάρι [-xn-] Spur *f*; Schnittmuster *n*
άχνη Hauch *m*; (*Mehl-*)Staub *m*
αχνίζω (*σ· στ· σμ*) dampfen; *v/t μαγειρική*: dämpfen
αχν|ιστός [axn-] Dampf-; gedämpft; **~ός** Dampf *m*; Dunst *m*; Hauch *m*; *Adj* bleich, fahl
αχόρταγος [a'xɔrtaγ-] unersättlich
αχούρι [a'xu-] Stall *m*, Scheune *f*
αχρείαστος [a'xri-] unnütz
αχρ|είος [a'xri-] (**-α, -ο**) gemein, niedrig; **~ειότητα** Gemeinheit *f*
αχρέωτος [a'xrε-] schuldenfrei; *σπίτι*: unbelastet
αχρησ|ιμοποίητος [ax-] ungebraucht, ungenutzt; unbrauchbar; *κεφάλαιο*: tot; **~τεύω** (*εψ· ευτ*) unbrauchbar machen; außer Kraft setzen; **~τία** Unbrauchbarkeit *f*
άχρηστος ['ax-] unbrauchbar, nutzlos; untauglich
αχρονολόγητος [-ji-] undatiert
άχρονος ['axrɔ-] zeitlos
αχρωμ|άτιστος [ax-] farblos; ungefärbt; unangestrichen; *πολ.* parteilos; **~ατοψία** Farbenblindheit *f*
άχρωμος ['axrɔ-] farblos
αχτένιστος [a'xtε-] ungekämmt
άχτι ['axti] Groll *m*
αχτίδα [ax-] Strahl *m*
αχτύπητος [ax-] ungeschlagen; unverletzt; unschlagbar
αχυρένιος [-jɔs] (**-α, -ο**) Stroh-
άχυρο ['açi-] Stroh *n*
αχυρώνας [açi-] Scheune *f*
αχώνευτος [a'xɔnεf-] unverdaulich; unverdaut; *μτφ.* unausstehlich
αχώριστος [a'xɔ-] unzertrennbar; *γραμμ.* untrennbar; ungeschieden
αψάδα Schärfe *f*; *μτφ.* Jähzorn *m*
άψαχτος [-xt-] undurchsucht
άψε: *στο ~ σβήσε* im Nu
άψητος ungekocht; nicht gar; nicht (durch)gebraten; *μτφ.* unreif
αψ|ήφιστος ohne Stimmabgabe; ungewählt; *Adv* mit Geringschätzung; **~ηφώ** (*άς· ησ*) nicht für voll nehmen, geringschätzen
αψ|ίδα Bogen *m*; **~ιδωτός** bogenförmig; Bogen-
αψίθυμος aufbrausend
αψιμα|χία [-'çia] Scharmützel *n*; **~χώ** [-'xɔ] (*ησ*) scharmützeln
άψογος [-γ-] tadellos; einwandfrei
αψύς jähzornig; scharf, beißend
αψυχ|αγώγητος [-xa'γɔji-] angeödet, gelangweilt; **~ία** [-'çia] Zaghaftigkeit *f*; **~ολόγητος** [-xɔ'lɔji-] psychologisch falsch; *πρόσ.*: psychologisch unbegabt
άψυχος [-x-] entseelt, unbeseelt
άωτον: *άκρον ~ μτφ.* Gipfel *m*

B

βαγκον|λί (*0*) *n* Schlafwagen *m*; **~ρεστοράν** (*0*) *n* Speisewagen *m*
βαγόνι [-'γɔ-] Waggon *m*, Eisenbahnwagen *m*; ***~ εστιατόριο*** Speisewagen *m*; ***~ με κουκέτες*** Liegewagen *m*
βαδίζω (*σ*) (zu Fuß) gehen, marschieren
βάδισμα [-z-] *n* Gang *m*; Schritt *m*
βάζο Vase *f*; Gefäß *n*, Dose *f*
βάζω (*βαλ· βαλθ· βαλμ*) setzen, stellen, legen; mitberechnen; ***καπέλο*** aufsetzen; *ρούχα* anziehen; *χρήμ.* ***στην*** *τράπεζα auf die Bank* bringen; ***~ τα δυνατά μου*** sein Möglichstes tun; ***~ κατά μέρος*** *Geld* beiseitelegen, zurücklegen; ***~ τα κλάματα*** zu weinen anfangen; ***τα ~ με*** sich anlegen mit *D*; ***~ μέσα*** einsperren; ***~ μπρος*** in Gang bringen; *μηχανή* anstellen; ***~ στοίχημα*** wetten; ***~ τραπέζι*** den Tisch decken

B

βαθαίνω (*θυν*) *v/t* vertiefen; *v/i* tief(er) werden, sich vertiefen
βαθμηδόν *Adv* allmählich
βαθμιαίος (**-α, -ο**) allmählich
βαθ|μίδα Stufe *f κ. μτφ.*; Rang *m*, Grad *m*; ***μισθολογική ~μίδα*** Gehaltsgruppe *f*; **~μολογία** [-j-] *αθλ.* Punkttabelle *f*, Punktwertung *f*; *σχολ.* Zensur *f*; **~μολογώ** [-'ɣɔ] (*ησ· ηθ· ημ*) zensieren
βαθμός Grad *m*; Rang *m*; *σχολ.* Note *f*, Zensur *f*; *αθλ.* Punkt *m*
βαθμοφόρος höherer Dienstgrad
βάθος *n* Grund *m*; Tiefe *f*; Hintergrund *m*; ***κατά ~*** im Grunde; gründlich
βαθ|ουλός ausgehöhlt, vertieft; **~ούλωμα** *n* Vertiefung *f*, Mulde *f*; **~ουλώνω** (*σ· θ*) aushöhlen, vertiefen
βάθρ|ο Sockel *m*; Grundlage *f*; ***εκ ~ων*** von Grund auf
βαθυ- tief- (*π.χ. tiefblau*), sehr
βάθυνση Vertiefen *n*, Aushöhlen *n*
βαθύ|νω *βλ.* ***βαθαίνω***; **~πεδο** Tiefebene *f*; **~πλουτος** steinreich
βαθ|ύς tief *κ. μτφ.*; ***~ύ μυαλό*** große(r) Geist *m*; **~υστόχαστος** [-xa-] tiefsinnig, tiefgründig; **~ύτητα** Tiefe *f*; Gründlichkeit *f*; **~ύφωνος** Baß *m*; **~ύχρωμος** [-xrɔ-] dunkel
βάκιλος Bazillus *m*
βακτηρ|ίδιο Bakterie *f*; **~ιολόγος** [-ɣɔs] Bakteriologe *m*
βαλαν|ίδι Eichel *f*; **~ιδιά** Eiche *f*
βάλανος *f* Eichel *f κ. ανατ.*
βαλβίδα *αθλ.* Startband *n*; Wurfkreis *m*; *ανατ.* Klappe *f*; *τεχν.* Ventil *n*
βαλερι|άνα, ~ανή Baldrian *m*
βαλθ- *βλ.* ***βάζω***
βαλ|ίτσα Koffer *m*; ***~ιτσάκι καλλυντικών*** Kosmetikkoffer *m*
βάλλω *K* (*βαλ· βληθ*) schießen; vorgehen (***εναντίον*** *G*/gegen)
βαλμένος *βλ.* ***βάζω***; angestiftet
βαλς (*0*) *n* Walzer *m*
βάλσαμο Balsam *m*
βαλσαμώνω (*σ· θ*) einbalsamieren
βάλσιμο (*-ατος*) Setzen *n*, Stellen *n*, Legen *n*
βάλτος Sumpf *m*
βαλτός gestellt; *πρόσ.*: gedungen
βαλτώνω (*σ· θ*) *v/t* sumpfig machen; *v/i* versumpfen; *μτφ.* in e-e Sackgasse geraten

βαμβ|ακερός baumwollen; **~άκι** Baumwolle *f*; Watte *f*; **~ακιά** [-'ka] Baumwollpflanze *f*
βαμβακ|ουργία [-'jia] Baumwollindustrie *f*; **~οφυτεία** Baumwollpflanzung *f*
βαμμένος *βλ.* ***βάφω***
βάναυσος [-f-] grob, ungehobelt
βαναυσότητα [-fs-] Grobheit *f*
βανδαλισμός [-zm-] Vandalismus *m*
βάνδαλος Vandale *m κ. μτφ.*
βανίλια [-lja] Vanille *f*
βαπόρι Dampfer *m*
βαπτ- *βλ.* ***βαφτ-***
βάραθρο Abgrund *m*; *μτφ.* Ruin *m*
βαραίνω (*υν· βαρημ, βαρεμ*) *v/t* drükken, beschweren; *νομ.* belasten; schwerer machen; *v/i* schwer wiegen
βάρβαρος barbarisch; *Su m* Barbar *m*
βαρβαρότητα Barbarei *f*, Brutalität *f*
βαρβάτος zeugungsfähig; *μτφ.* stürmisch; tatkräftig, tüchtig
βαργεστ|ημένος [-jɛ-] gelangweilt; **~ίζω** (*σ· σμ*) satt haben; **~ιμάρα** Langeweile *f*; **~ώ** (*άς· ησ· ημ*) *βλ.* ***βαργεστίζω***
βάρδια [-ja] Wache *f*; Schicht(arbeit) *f*
βαρεθ- *βλ.* ***βαριέμαι***
βαρ|ελάς (*-άδες*) Böttcher *m*; **~έλι** Faß *n*; **~ελίσιος** [-sjɔs] (**-α, -ο**) Faß-
βαρεμ- *βλ.* ***βαραίνω***
βάρεμα *n* Schlag *m*, Stoß *m*
βαρε|μάρα Langeweile *f*; Trägheit *f*; **~τός** langweilig, lästig; träge
βαρηκοΐα Schwerhörigkeit *f*
βαρήκοος schwerhörig
βαριακούω [-ja-] (*σ*) schwerhörig sein
βαρίδι Senkblei *n*; Gewicht *n*
βαριέ|μαι [-'jɛ-] (*ρεθ*) satt haben, genug haben von *D*; ***~μαι να*** keine Lust haben zu; ***δε(ν) ~σαι!*** mach dir nichts d(a)raus!
βάρκα Boot *n*, Kahn *m*; ***λαστιχένια ~*** Schlauchboot *n*; ***~ με πανί*** Segelboot *n*
βαρκάρης (*-ηδες*) Mann, der mit eigenem Boot Transporte durchführt
βαρομετρικό: *υψηλό ~* Hoch(druckgebiet) *n*; **~ς** Barometer-
βαρόμετρο Barometer *n*
βάρ|ος *n* Gewicht *n*; *μτφ.* Schwere *f*; Last *f*; ***ατομικό ~ος*** Atomgewicht *n*; ***ειδικό ~ος*** spezifische(s) Gewicht *n*; ***λειψό ~ος*** Untergewicht *n*; ***πλεο-***

νάζον ~ος Übergewicht *n*; ***εις ~ος μου*** zu meinen Lasten
βαρούλκο Winde *f*
βαρυ- schwer, sehr
βαρύαυλος [-avl-] Fagott *n*
βαρυθυμία Schwermut *f*
βαρύθυμος schwermütig, verdrossen
βαρύνω *βλ.* ***βαραίνω***
βαρύς schwer *κ. μτφ.*; *στιλ*: plump, klobig; *πρόσ.*: ernst; unzugänglich; *καφές*: stark; *φωνή*: tief; *κλίμα*: ungesund
βαρυσήμαντος schwerwiegend
βαρυστομαχιάζω [-'ça-] (*σ· σμ*) e-n schweren Magen bekommen
βαρύτητα Schwere *f*; *φυσ.* Schwerkraft *f*; *μτφ.* Gewicht *n*; Ernst *m*
βαρύτονος Bariton *m*
βαρυφορτώνω (*σ*) überladen
βαρυχειμωνιά [-çi-] strenge(r) Winter *m*
βαρώ (*άς· εσ· εμ*) schlagen *κ. τύμπανο, καμπάνα*; prügeln; verletzen
βασανίζω (*σ· στ· σμ*) quälen; foltern; genau untersuchen, prüfen
βασανιστ|ήριο Folter(werkzeug *n*) *f*; *μτφ.* Plage *f*; **~ής** Folterknecht *m*; **~ικός** Folter-; quälend, qualvoll
βάσανο Folter *f*; Qual *f*, Plage *f*
βάσει *Präp* auf Grund (*G*/*G*)
βάση (*-εις*) Grundlage *f*, Basis *f*; *στρ.* Stützpunkt *m*; *χημ.* Base *f*; ***δίνω ~ σε*** Vertrauen schenken *D*
βασ|ίζω (*σ· στ· σμ*) gründen (***σε***/auf *A*); begründen; *ελπίδες* setzen (***πάνω σε***/auf *A*); *v/p* sich stützen, sich verlassen (***σε***/auf *A*); beruhen (***σε***/auf *D*); **~ικός** grundlegend; *χημ.* basisch
βασιλεία Königreich *n*
βασίλειο Königreich *n*; ***ζωικό ~, φυτικό ~*** Tier-, Pflanzenreich *n*
βασιλεύ|ω (*εψ*) herrschen über *A*; regieren; ***ζει και ~ει*** *περ.* blüht und gedeiht; *ήλιος*: untergehen
βασιλιάς [-'ljas] (*-άδες*) König *m*
βασιλι|κός königlich; *Su m* Royalist *m*; *Su* **~κός, ~κό** Basilikum *n*
βασίλισσα Königin *f κ. σκάκι*
βασιλόπιτα Neujahrskuchen *m*
βασιλοπούλα Prinzessin *f*
βασιλό|πουλο Königssohn *m*, Prinz *m*; **~φρονας** Royalist *m*
βάσιμος stichhaltig, (wohl)begründet
βασιμότητα Stichhaltigkeit *f*
βασκαίνω (*αν· αθ· αμ*) behexen; ***να μη βασκαθείς!*** unberufen!
βάσκαμα *n*, **βασκανία** Verhexung *f*, der böse Blick
βαστάζω (*ξ· χτ· γμ*) halten, tragen
βαστώ (*άς· αξ, ηξ· αχτ, ηχτ· αγμ, ηγμ*) *v/t* halten; *δάκρυα* zurückhalten; ***~ μαζί μου*** bei sich (*D*) haben; *v/i χρον.* dauern, anhalten; aushalten, ertragen; herstammen (***από***/von); *v/p* sich *gut* halten; sich festhalten (***από***/an *D*)
βατήρας Sprungbrett *n*
βατόμουρο Brombeere *f*
βάτος Brombeerstrauch *m*
βατός gangbar
βατραχοπέδιλο [-xɔ-] Tauchflosse *f*
βάτραχος [-xɔs] Frosch *m*
βαυκαλίζω (*σ*) in den Schlaf wiegen; *μτφ.* einlullen; *v/p* sich täuschen
βαφ|έας Färber *m*; **~είο** Färberei *f*; **~ή** Färben *n*; Farbe *f*
βαφτίζω (*σ· στ· σμ*) taufen; benennen; Spottnamen geben
βάφτιση (*-εις*), **βαφτίσια** *n/pl* Taufe *f*
βαφτισιμιός (***-ιά***) [-mj-] Patenkind *n*
βάφτισμα [-zma] *n* Taufe *f*; ***~ του πυρός*** Feuertaufe *f*
βαφτιστ|ής Täufer *m*; **~ικό** Taufname *m*; **~ικός** Tauf-; *Su* Patenkind *n*
βάφω färben, anstreichen; *v/p* sich schminken
βάψιμο (*-ατος*) *n* Färben *n*; Schminken *n*
βγάζω ['vγa-] (*αλ· αλθ· αλμ*) *v/t ρουχισμό* ausziehen; *δόντι* ziehen lassen; *καπέλο* abnehmen; *λεκέ* entfernen; *χέρι* verstauchen; *εργοστάσιο*: erzeugen; *ήχο, λέξη* hervorbringen; *το ψωμί μου* verdienen; *βιβλίο* herausbringen; *λόγο* halten; wählen zu (*π.χ. δήμαρχο zum Bürgermeister*); *spazieren* führen; nennen, auf e-n Namen taufen; ***τα ~ πέρα*** zurechtkommen; ***~ στον πλειστηριασμό*** versteigern; ***~ πύο(ν)*** eitern; ***~ στη φόρα*** an die Öffentlichkeit bringen; auspacken
βγαίνω ['vjε-] (*να βγω· βγήκα· βγαλμ*) *v/i* hinausgehen; sich erweisen als; folgen (***από***/aus *D*); *από το θέμα* abkommen; *λεκές*: abgehen; erscheinen (***σε***/*π.χ.* am *Fenster*); *ήλιος*: aufgehen; *εφημερίδα*: herauskommen; *χρώμα*: nicht halten, abgehen; *δρόμος*: führen zu *D*; nach; ***~ έξω*** ausgehen

B

βγαλ- [vɣal-] *βλ.* ***βγάζω***
βγαλμεν- [vɣ-] *βλ.* ***βγάζω, βγαίνω***
βγάλσιμο ['vɣal-] (*-ματος*) *δόντι*: Ziehen *n*; *ιατρ.* Verstauchung *f*
βγήκ- ['vjik-] *βλ.* ***βγαίνω***
βγω [vɣɔ] *βλ.* ***βγαίνω***
βδέλλα Blutegel *m*; *μτφ.* Blutsauger *m*
βδομάδα Woche *f*
βδομαδιάτικο [-'ja-] Wochenlohn *m*; **~ς** wöchentlich
βέβαιος sicher (***για***/*G*), gewiß
βεβαιότητα Sicherheit *f*, Gewißheit *f*
βεβαιώνω (*σ·* *θ*) *v/t* versichern (***κπ***/*j-m*); bestätigen; bescheinigen (***κτ***/*A*); *v/p* sich überzeugen (***για***/von *D*)
βεβαίωση (*-εις*) Versicherung *f*; Bestätigung *f*; Bescheinigung *f*; ***τελωνειακή*** **~** Zollbescheinigung *f*; **~** ***κάλυψης*** Deckungskarte *f*; **~*παραλαβής*** Empfangsbestätigung *f*
βεβαιωτικός bestätigend; bejahend
βεβηλώνω (*σ·* *θ*) entweihen, schänden
βεβήλωση (*-εις*) Entweihung *f*, Schändung *f*
βεβιασμένος [-zm-] gezwungen, gekünstelt; übereilt
βελάζω (*σ*) blöken
βέλασμα [-zma] (*-ατος*) *n* Blöken *n*
βελέντζα Wolldecke *f*
βεληνεκές *n* Aktionsradius *m*
βέλο Schleier *m*
βελό|να, ~νι Nähnadel *f*, Nadel *f*; **~*να πλεξίματος*** Stricknadel *f*; ***μαγνητική*** **~*να*** Magnetnadel *f*
βελονάκι Häkelnadel *f*
βελονι|ά [-'nja] Nadelstich *m*, Stich *m*; **~άζω** (*σ*) nähen; einfädeln
βελονότρυπα Nadelöhr *n*
βέλος *n* Pfeil *m*
βελουδένιος [-njɔs] (***-α, -ο***), **βελούδινος** samten *κ. μτφ.*
βελούδο Samt *m*
βελτιώνω (*σ·* *θ*) verbessern
βελτίωση (*-εις*) (Ver-)Besserung *f*
βενζινάδικο Tankstelle *f*
βενζιν|άκατος *f* Motorboot *n*; **~άροτρο** Motorpflug *m*
βενζίνη Benzin *n*; Kraftstoff *m*; ***αμόλυβδη*** **~** bleifreies Benzin; **~** ***σούπερ*** (*0*) Super(benzin) *n*; ***παίρνω*** **~** (auf)tanken
βενζιν|οκίνητος mit Motorantrieb; **~ομηχανή** [-xa-] Benzinmotor *m*
βεντούζα Schröpfkopf *m*
βέρα Verlobungsring *m*, Ehering *m*
βεράντα Veranda *f*
βέργα [-ɣa] Gerte *f*; Schiene *f*
βερεσέ *Adv* auf Kredit; *οικ.* auf Pump; *Su* (*0*) *n ή* **~ς** *m* Kredit *m*; **~δια** [-ja] *n/pl* Kredit *m*, Darlehen *n*
βερικοκιά [-'ka] Aprikosenbaum *m*
βερίκοκο Aprikose *f*
βερνίκι Lack *m*, Firnis *m κ. μτφ.*
βερνικώνω (*σ·* *θ*) lackieren
βέρος (***-α, -ο***) echt, richtig
βήμα *n* Schritt *m*; Podium *n*, Tribüne *f*; Gang *m*; ***άγιο*** **~** Altar *m*
βηματίζω (*σ*) schreiten, gehen
βηματισμός [-zm-] Gang *m*, Gangart *f*; Trott *m*
βήξιμο (*-ματος*) Husten *n*
βήχας ['vixas] Husten *m*
βήχω ['vixɔ] (*ξ*) husten
βία Gewalt *f*; *κ.* *βια* [vja] Eile *f*, Hast *f*; ***ανωτέρα*** **~** höhere Gewalt *f*
βιάζομαι ['vja-] (*στ*) sich beeilen; in Eile sein; **~ *υπερβολικά*** sich übereilen
βιάζω (*σ·* *στ·* [*βε*]*βιασμ*) zwingen; *γυναίκα* vergewaltigen; drängen
βιαιοπραγία [-'jia] Gewalttat *f*
βίαιος gewaltsam, Gewalt-(*Maßnahmen*); *πρόσ.*: gewalttätig
βιαιότητα Gewalttätigkeit *f*; Heftigkeit *f*
βιασμός [-zm-] Vergewaltigung *f*
βιαστής Vergewaltiger *m*
βιαστικός [vja-] eilig; ***είμαι*** **~** es eilig haben, in Eile sein
βιασύνη [vja-] Eile *f*, Hast *f*
βιβλιάριο Büchlein *n*; **~** ***εμβολιασμού*** Impfpaß *m*; **~** ***επιταγών*** Scheckheft *n*; **~** ***καταθέσεων*** Sparbuch *n*; **~** (***ταχυδρομικού***) ***ταμιευτηρίου*** (Post-)Sparbuch *n*
βιβλικός biblisch
βιβλίο Buch *n*; **~ *επισκεπτών*** Gästebuch *n*; ***λογιστικό*** **~** Geschäftsbuch *n*; ***σχολικό*** **~** Schulbuch *n*
βιβλιο|γραφία [-ɣra-] Bibliographie *f*; **~γραφικός** bibliographisch; **~δετείο** Buchbinderei *f*; **~δέτης** Buchbinder *m*; **~θηκάριος** Bibliothekar *m*; **~θήκη** Bibliothek *f*, Bücherei *f*; Bücherschrank *m*; ***δανειστική*** **~*θήκη*** Leihbücherei *f*; **~κρισία** Rezension *f*
βιβλιο|πωλείο Buchhandlung *f*; **~πώλης** Buchhändler *m*

βιβλιόφιλος Bücherfreund *m*
βιβλιοχαρτοπωλείο [-xar-] Buch- und Schreibwarenhandlung *f*
Βίβλος *f* Bibel *f*; *πολ.* ***μαύρη ~*** Schwarzbuch *n*; ***χρυσή ~*** Goldene(s) Buch
βίδα Schraube *f*; ***μοσχαρίσια ~*** Kalbshachse *f*; ***τού 'στριψε η ~*** er ist durchgedreht
βιδολόγος [-γ-] Schraubenzieher *m*
βιδώνω (*σ· θ*) einschrauben, anschrauben
βιδωτός verschraubt, Schraub-
βίζα Visum *n*; ***~ διερχομένων*** Transitvisum *n*; ***~ εισόδου*** Einreisevisum *n*; ***~ εξόδου*** Ausreisevisum *n*
βίντεο Videorecorder *m*; **~θήκη** Videothek *f*; **~κασέτα** Videokassette *f*
βίντσι Winde *f*; Kran *m*
βιογραφ|ία [-γra-] Biographie *f*; **~ικός** biographisch
βιογράφος [-'γra-] Biograph *m*
βιολέτα [vjɔ-] Veilchen *n*
βιολ|ί [vjɔ-] Geige *f*, Violine *f*; **~ιστής, ~ιτζής** (*-ήδες*) Geiger *m*
βιολ|ογία [-j-] Biologie *f*; **~ογικός** biologisch; **~όγος** [-γ-] Biologe *m*
βιομηχαν|ία [-xa-] Industrie *f*; ***βαριά ~ία*** Schwerindustrie *f*; ***εξορυκτική ~ία*** Montanindustrie *f*; ***νευραλγική ~ία*** Schlüsselindustrie *f*; ***πολεμική ~ία*** Rüstungsindustrie *f*; ***~ία ετοίμων ενδυμάτων*** Konfektionsindustrie *f*; ***~ία πετρελαίου*** Erdölindustrie *f*; **~ία πρώτων υλών** Zulieferindustrie *f*; **~ικός** industriell; **~οποίηση** (*-εις*) Industrialisierung *f*; **~οποιώ** (*ησ*) industrialisieren
βιομήχανος [-xa-] Industrielle(r)
βιο|παλαιστής hart Arbeitende(r); **~πάλη** Kampf *m* ums Dasein; **~ποριστικός** Erwerbs-
βίος Leben *n*
βιος [vjɔs] (*0*) *n* Vermögen *n*
βιο|τεχνία [-xn-] Gewerbe *n*; **~τεχνικός** gewerblich
βιότοπος Biotop *m*, *n*; ***υγρός ~*** Feuchtbiotop *m*, *n*
βιοχημεία [-çi-] Biochemie *f*
βιταμίνη Vitamin *n*
βιτρίνα Schaufenster *n*
βίτσα Gerte *f*
βιώσιμος lebensfähig
βλαβερ|ός schädlich, nachteilig; **~ότητα** Schädlichkeit *f*
βλάβη Schaden *m*; Defekt *m*; Schädigung *f*; ***~ αυτοκινήτου*** Autopanne *f*; ***~ λάστιχου*** Reifenpanne *f*; ***~ μηχανής*** Motorschaden *m*
βλάκας Dummkopf *m*
βλακ|εία Dummheit *f*, Blödsinn *m*; **~ώδης** 2 dumm, blöd
βλαμμένος schadhaft; *πρόσ.*: (geistes)gestört
βλάπτω *βλ.* ***βλάφτω***
βλαστ|αίνω, ~άνω (*στησ· στημ*) *v/i* sprießen; *δέντρα*: ausschlagen
βλαστάρι Sproß *m*, Trieb *m*
βλαστήμια [-ja] Gotteslästerung *f*; Verwünschung *f*
βλάστημος gotteslästerlich
βλαστημώ (*άς· ησ*) lästern; (ver)fluchen
βλάστηση (*-εις*) Sprießen *n*, Ausschlagen *n*; Vegetation *f*
βλάφτω (*ψ· φτ· μμ*) *v/t* beschädigen (***κτ****/A*); schaden (***κπ****/j-m*)
βλέννα Schleim *m*
βλεννογόνος [-'γɔ-] (***-α, -ο***) Schleim-
βλεννόρροια Blennorrhöe *f*; Tripper *m*
βλεννώδης 2 schleimig
βλέπω (*να δώ· είδα· να ιδωθώ· ειδώθηκα· ιδωμένος*) sehen, ansehen; *γιατρός*: untersuchen; aufpassen, zusehen; ein Auge haben auf *A*
βλεφαρίδα Wimper *f*
βλέφαρο (Augen-)Lid *n*
βλέψ|η: *pl* ***-εις*** Absichten *f/pl* auf *A*
βληθ- *βλ.* ***βάλλω***
βλήμα *n* Geschoß *n*
βλοσυρ|ός grimmig, unfreundlich; **~ότητα** Grimmigkeit *f*
βόας Boa *f*
βογγητό Ächzen *n*; Stöhnen *n*
βογγώ (*άς· ησ, ηξ*) ächzen, stöhnen
βόδι Rind *n*, Ochse *m*; *μτφ.* Dummkopf *m*, Depp *m*
βοδινός Ochsen-, Rind-(*Fleisch*)
βοή Getöse *n*, Lärm *m*; Summen *n*
βοήθει|α Hilfe *f*; ***αναπτυξιακή ~α*** Entwicklungshilfe *f*; ***οδική ~α*** Pannendienst *m*, Pannenhilfe *f*; ***σταθμός πρώτων βοηθειών*** Rettungsdienst *m*; ***παρέχω πρώτες ~ες*** erste Hilfe leisten; ***καλώ σε ~α*** zu Hilfe rufen
βοήθημα *n* Unterstützung *f*; *βιβλίο*:

Hilfsmittel *n*; **διδακτικό ~** Lehrmittel *n*

βοηθητικ|ός hilfreich; günstig (**σε**/für); Hilfs-; **~ό ρήμα** Hilfsverb *n*

βοηθός *m/f* Helfer(in *f*) *m*; Gehilfe *m*; Assistent(in *f*) *m*; **~ εργαστηρίου** Laborant(in *f*) *m*; **~ ιατρείου** Sprechstundenhilfe *f*; **~ τεχνίτη** *περ.* Geselle *m*

βοηθώ (*άς· ησ· ηθ· ημ*) *v/t* helfen *D* (*να/Inf*); beistehen *D*

βόθρος Graben *m*; Jauchegrube *f*

βολάν (*0*) *n* Lenkrad *n*; *ρούχα*: Volant *m*

βολβός Zwiebel *f*, Knolle *f*; **~ του ματιού** Augapfel *m*

βολετός bequem; durchführbar

βολεύ|ω (*ψ· ευτ· εμ*) *v/t* erledigen; unterbringen (**σε**/in *D*); *v/p* unterkommen **με ~ει** es paßt mir; **τα ~ω** gerade auskommen, es gerade schaffen

βολή Wurf *m*; Schuß *m*

βόλι *στρ.* Kugel *f*

βολίδα *στρ.* Kugel *f*; *ναυτ.* Lot *n*; *αστρ.* Meteor *m*

βολιδοσκοπώ (*ησ*) *μτφ.* sondieren

βολικός gelegen, bequem; *πρόσ.*: umgänglich

βόλτ|α Spaziergang *m*, Rundgang *m*; *τεχν.* Umdrehung *f*; **~α στην αγορά** Einkaufsbummel *m*; **κάνω ~α** spazierengehen; **κόβω ~ες** bummeln; **τα φέρνω ~α** es schaffen

βόμβα Bombe *f*; **ατομική ~** Atombombe *f*; **εκρηκτική ~** Sprengbombe *f*; **εμπρηστική ~** Brandbombe *f*; **~ υδρογόνου** Wasserstoffbombe *f*

βομβαρδ|ίζω (*σ· στ· σμ*) bombardieren *κ. μτφ.*; **~ισμός** [-zm-] Bombardierung *f*; **~ιστικό** Bomber *m*

βομβιστ|ής Terrorist *m*; **~ικός**: **~ική ενέργεια** Bombenanschlag *m*

βόμβος Brummen *n*, Summen *n*

βοξίτης Bauxit *m*

βορά Beute *f*; Fraß *m*

βορει|νός nördlich; **~οανατολικός** nordöstlich; **~οδυτικός** nordwestlich

βόρειος (**-α, -ο**) nördlich, Nord-

βοριάς [-'jas] Nordwind *m*

βορράς Norden *m*

βοσκή Weide *f*, Futter *n*

βοσκ|ήσιμος Weide-; **~ός** Hirt *m*

βόσκω (*κ. βοσκώ· άς*) (*ησ· ημ*) *v/i* weiden; *μτφ.* schweifen; *v/t* weiden

βοτάνι (Arznei-)Kraut *n*

βοταν|ική Botanik *f*, Pflanzenkunde *f*; **~ικός** botanisch

βότανο *βλ.* **βοτάνι**

βοτανο|λογία [-'jia] Botanik *f*; **~λόγος** [-ɣɔs] Botaniker *m*

βότσαλο Kiesel(stein) *m*

βουβαίνω (*βαν· βαθ*) *v/t* zum Schweigen bringen; *v/p* verstummen

βουβ|άλα Büffelkuh *f*; **~άλι** Büffel *m*

βούβαλος Büffel *m*

βουβαμάρα Sprachlosigkeit *f*; Schweigen *n*

βουβός stumm, sprachlos

βουβώνας *ανατ.* Leiste(ngegend) *f*

βουή *βλ.* **βοή**

βουΐζω (*σ, ξ*) brausen; rauschen; *αφτιά*: sausen

βούκα Bissen *m*, Happen *m*

βούκινο (Wald-)Horn *n*; *μτφ.* offene(s) Geheimnis *n*

βουκιά [-'ka] *βλ.* **βούκα, μπουκιά**

βουκολικός Hirten-

βούλα Tupfen *m*, Fleck *m*; Siegel *n*, Stempel *m*

βούλευμα [-lɛv-] *n* Beschluß *m*; Parlamentsbeschluß *m*

βουλευτ|ής Abgeordnete(r); **~ικός** Abgeordneten-, Parlaments-; **~ίνα** Abgeordnete *f*

βουλή[1] Wille *m*, Wunsch *m*

Βουλή[2] Parlament(sgebäude) *n*

βούληση (*-εις*) Wille *m*; *ψυχ.* Wollen *n*

βουλητικός Willens-; willensstark

βούλιαγμα [-ljaɣ-] *n* Versenken *n*; Einsturz *m*; Versinken *n*

βουλιάζω [-'lja-] (*ξ· γμ, σμ*) *v/t* versenken; zum Einsturz bringen; *v/i* sinken, untergehen; einstürzen

βουλιμία Heißhunger *m*

βούλωμα *n*: **~ δοντιού** Füllung *f*; *καπάκι*: Zustöpseln *n*

βουλώνω (*σ· θ*) *v/t* verschließen; stempeln, (ver)siegeln; *μπουκάλι* zustöpseln; *δόντι* plombieren, füllen; *μτφ.* stopfen; *v/i* verstopfen; **βούλωσέ το!** halt den Mund!

βουν|ίσιος [-jɔs] (**-α, -ο**) bergig, gebirgig; Gebirgs-; *μτφ.* grob; *Su m* Bergbewohner *m*; **~ό** Berg *m*; *μτφ.* *e-e* Menge *f*, *ein(en)* Berg; **~οκορφή** Berggipfel *m*; **~οπλαγιά** [-'ja] Bergabhang *m*; **~οσειρά** Gebirgskette *f*

βούρδουλας Peitsche *f*

βούρκος Schlamm *m*; *μτφ.* Sumpf *m*

βουρκώνω (*σ*) *ουρανός*: trübe werden; *μάτια*: sich mit Tränen füllen
βούρλο Binse *f*
βούρτσα Bürste *f*
βουρτσάκι Bürstchen *n*; **~ των νυχιών** Nagelbürste *f*
βουρτσίζω (*σ· στ· σμ*) (ab)bürsten
βουστάσιο Ochsenstall *m*, Kuhstall *m*
βούτη(γ)μα *n* (Ein-)Tauchen *n*; (Gebäck *n* zum) Stippen *n*; Stibitzen *n*
βουτηχτής [-xt-] Taucher *m*
βουτιά [-'tja] Kopfsprung *m*
βούτυρο Butter *f*
βουτυρόγαλ|α *n*, **~ο** Buttermilch *f*
βουτυρο|κομία Butterherstellung(sbetrieb *m*) *f*; **~μηχανή** [-xa-] Buttermaschine *f*
βουτυρώνω (*σ· θ*) mit Butter bestreichen
βουτώ (*άς· ησ, ηξ· χτ· [γ]μ*) *v/t* tauchen (**σε**/in *A*); *ψωμί* stippen; (= *κλέβω*) stibitzen; *v/i* tauchen; **~ με αναπνευστήρα** schnorcheln
βραβείο Preis *m*, Prämie *f*
βράβευση (*-εις*) [-ɛfsi] Preiszuteilung *f*, Präm(i)ierung *f*
βραβεύσιμος [-'ɛfs-] preiswürdig
βραβεύω [-'ɛvɔ] (*ευσ· ευτ*) *v/t* belohnen, präm(i)ieren, auszeichnen
βραγιά [vra'ja] Beet *n*
βραδάκι *συνήθ. Adv* am frühen Abend
βραδιά [-'ja] Abend *m*; Nacht *f*; **επίσημη ~** Galaabend *m*; **λαογραφική ~** Folkloreabend *m*
βραδιάζ|ω [-'ja-] (*σ· στ· σμ*) *v/p* von der Dunkelheit überrascht werden; **~ει** es wird Abend
βράδιασμα [-jazma] *n* Anbruch *m* der Dunkelheit
βραδ|ιάτικος [-'ja-], **~ινός** abendlich, Abend-; *Su n* (*~ινό*) Abendessen *n*
βράδυ *n* Abend *m*; *Adv* abends
βραδύγλωσσος [-ɣlɔ-] stotternd; *Su m* Stotterer *m*
βραδυκίνητος schwerfällig
βραδύνω (*υν*) *v/i* sich hinzögern; *v/t* verlangsamen; hinauszögern
βραδυπορ|ία langsame(r) Gang *m*; **~ώ** (*ησ*) langsam gehen, trödeln
βραδύς (**-εία, -ύ**) langsam
βραδύτητα Langsamkeit *f*
βράζω (*σ· στ· σμ*) *v/t*, *v/i* kochen (*μτφ.* **από**/vor *D*); *μπίρα*: gären
βράκα Pumphose *f*
βρακί Unterhose *f*
βράση Kochen *n*; Gären *n*; **παίρνω ~** anfangen zu kochen
βράσιμο (*-σίματος*) Kochen *n*
βρασ|μός [-zm-] Aufkochen *n*; Wallung *f κ. ψυχ.*; **~τός** gekocht
βραχιόλι [-'çɔ-] Armband *n*
βραχίονας [-'çi-] (Ober-)Arm *m*
βραχ|νάδα [-xn-] Heiserkeit *f*; **~νιάζω** [-'nja-] (*σ· σμ*) *v/i* heiser werden (**από**/von *D*); **~νός** heiser; rauh, belegt
βράχος (*pl κ. τα βράχια*) Felsen *m*
βραχυ- [vraçi-] kurz-
βραχ|ύβιος [-ç-] (**-α, -ο**) kurzlebig; **~υκύκλωμα** *n* Kurzschluß *m*
βραχ|ύνω [-ç-] (II = I· *υνθ*) (ver)kürzen; *βήμα* verlangsamen; **~υπρόθεσμος** kurzfristig; **~ύς** (**-εία, -ύ**) kurz; *ανάστημα*: klein; **~ύτητα** Kürze *f*
βραχώδης [-'xɔ-] 2 felsig
βρε *οικ. Vokativpartikel*: **έλα 'δώ, ~!** komm mal her, du!; **~, ~ τι ακούω** Donnerwetter, was hör' ich da!
βρε(γ)μένος naß, durchnäßt
βρεθ- *βλ.* **βρίσκω**
βρέξιμο (*-ματος*) Naßmachen *n*
βρες! *Imp v.* **βρίσκω**
βρεφ|ικός Säuglings-; **~οκομία** Säuglingspflege *f*; **~οκόμα, ~οκόμος** *f* Säuglingsschwester *f*
βρέφος *n* Säugling *m*, Baby *n*
βρέχ|ω [-xɔ] (*ξ· βραχ· [γ]μ*) *v/t* naßmachen, sprengen; *χείλη* befeuchten; *v/i* **~ει** [-çi] es regnet; *v/p* durchnäßt werden; *μωρό*: sich naßmachen
βρήκα *Ind Aor v.* **βρίσκω**
βρίζα Roggen *m*
βρίζω (*σ· στ· σμ*) (aus)schimpfen; beleidigen; anschnauzen
βρίθω wimmeln (*G*/von *D*)
βρισ|ιά [-'sja] Beleidigung *f*; Schimpfwort *n*; **~ίδι, βρίσιμο** (*-ματος*) Beschimpfung *f*
βρίσκω (*να βρω· βρήκα· βρεθ*) *v/t* finden; (an)treffen; *δυστυχία, βόλι*: treffen; *κτ νέο* erfinden; (= *μαντεύω*) herausfinden; *v/p* sich befinden
βρογχίτιδα [-'ŋçi-] Bronchitis *f*
βρόγχοι [-çi] *m/pl* Bronchien *pl*
βρόμα *n* Gestank *m*; Schmutz *m*; *μτφ. γυναίκα*: Weibsstück *n*
βρομ|άνθρωπος Schurke *m*; **~ερός** stinkend; schmutzig

Γ

βρόμη Hafer *m*
βρομιά Dreck *m*; *μτφ.* Schweinerei *f*
βρομ|ιάρης [-'ja-] schmutzig; *Su* Schmierfink *m*; Schlampe *f*; **~ίζω** (*σ· στ· σμ*) *v/t* schmutzig machen; *v/i* sich schmutzig machen, schmutzig werden
βρόμικος schmutzig, dreckig
βρόμιος [-mjɔs] (**-α, -ο**) schmutzig
βρομ|οδουλειά [-'lja] schmutzige Arbeit *f*; *μτφ.* schmutzige(s) Geschäft; **~όκαιρος** schlechtes Wetter *n*; **~όλογο** [-ɣɔ] Zote *f*; **~όπαιδο** dumme(s) Gör; **~όσκυλο** Köter *m*; *μτφ.* gemeine(r) Kerl *m*; **~ώ** (*άς· ησ· ισμ*) stinken, übel riechen
βροντ|ερός dröhnend; **~ή** Donner *m*
βρόντ|ημα *n*, **~ος** Krachen *n*, Getöse *n*; ***στο ~ο*** *οικ.* für die Katz
βροντ|οφωνάζω (*ξ*) schreien, ausrufen; **~ώ** (*άς· ησ, ηξ*) *v/i* dröhnen; *v/t* klopfen (an *A*); ***~άει*** es donnert
βροχερός [-ç-] regnerisch; Regen-
βροχή Regen *m*; ***όξινη ~*** saure(r) Regen
βρόχινος [-ç-] Regen-
βροχόνερο [-'xɔ-] Regenwasser *n*
βρόχος [-x-] (*pl -ια*) Schlinge *f*
βρυκ|όλακας Vampir *m*; **~ολακιάζω** [-'ḳa-] (*σ· σμ*) spuken
βρύση Quelle *f*; Brunnen *m*; (Wasser-)Hahn *m*; *adv* in Strömen
βρω *βλ.* ***βρίσκω***
βρωμ- *βλ.* ***βρομ-***
βυζ|αίνω (*αξ· αχτ· αγμ*) *v/t παιδί* stillen, die Brust geben *D*; *ζώο* säugen; *v/i παιδί*: trinken, saugen; *ζώο*: saugen; **~ανιάρικο** [-'nja-] Säugling *m*
βυζαντινός byzantinisch
Βυζάντιο Byzanz *n*; byzantinische(s) Reich *n*
βυζί Brust *f*; *ζώο*: Euter *n*
βυθίζω (*σ· στ· σμ*) *v/t πλοίο* versenken; tauchen (***σε***/in *A*); *μαχαίρι* stoßen (***σε***/in *A*); *v/p* (ver)sinken
βύθιση (*-εις*) Versenkung *f*; Tauchen *n*
βυθ|οκόρος Bagger *m*; **~ομετρικός** Tiefenmeß-; **~ομετρώ** (*άς· ησ*) *ναυτ.* ausloten; **~ός** Meeresboden *m*, Grund *m*; *ναυτ. κ.* Tiefe *f*
βυρσο|δεψείο Gerberei *f*; **~δέψης** Gerber *m*
βυσσι|νάδα Sauerkirschsaft *m*; **~νιά** [-'nja] Sauerkirschbaum *m*
βύσσινο Sauerkirsche *f*
βυτ|ίο Wasserfaß *n*; **~ιοφόρο** Wasserwagen *m*
βωβ- *βλ.* ***βουβ-***
βωλοδέρνω (*δειρ*) eggen; *μτφ.* sich abmühen, schuften
βώλος Erdklumpen *m*, Scholle *f*; Murmel *f*
βωμός *θρ.* Altar *m κ. μτφ.*
βώτριδα Motte *f*

Γ

γαβάθα [ɣa-] Napf *m*, Schüssel *f*
γαβγίζω [ɣav'ji-] (*σ*) bellen
γάβγισμα ['ɣavjizma] *n* Bellen *n*
γάγγλιο ['ɣa-] Nervenknoten *m*, Ganglion *n*
γάγγραινα ['ɣaŋgr-] Wundbrand *m*
γάζα ['ɣaza] Gaze *f*, Verbandstoff *m*
γαζί [ɣa-] (Stepp-)Stich *m*; Naht *f*; *μτφ.* ***ψιλό ~*** Spott *m*
γαζία [ɣa-] Akazie *f*
γαζώνω [ɣa-] (*σ· θ*) steppen; nähen
γαία ['jɛa] *K* Erde *f*, Boden *m*; *pl* Ländereien *f/pl*
γαιάνθρακας [jɛ-] Steinkohle *f*
γάιδαρος ['ɣai-] Esel *m*; *μτφ.* Rüpel *m*, freche(r) Mensch
γαϊδ|ούρα [ɣai-] Eselin *f*; **~ουράγκαθο** Distel *f*; **~ούρι** *βλ.* ***γάιδαρος***; **~ουριά** [-'ja] Frechheit *f*; Grobheit *f*; **~ουριάρης** [-'ja-] (*-ρηδες*) Eseltreiber *m*; **~ουρινός** Esel-; grob; **~ουρομούλαρο** Maulesel *m*
γαιοκτήμονας [jɛ-] Grundbesitzer *m*
γάλα ['ɣa-] (*-α[κ]τος*) *n* Milch *f*; ***αποβουτυρωμένο ~*** Magermilch *f*; ***συμπυκνωμένο ~*** Kondensmilch *f*; ***~ σκόνη*** Milchpulver *n*

γαλάζιος [γa'lazj-] (***-α, -ο***) blau
γαλακτ|ερά [γa-] *n/pl* Milchprodukte *n/pl*, Milchspeisen *f/pl*; **~ερός** milchreich; **~οκομείο** Molkerei *f*; **~οκομία** Milchproduktion *f*; **~οπωλείο** Milchladen *m*
γαλάκτωμα [γa-] *n* Emulsion *f*
γαλαν|όλευκη [γala'nɔlɛf-] die blau-weiße griechische Flagge *f*; **~όλευκος** blauweiß; **~ομάτης** 3 blauäugig; **~ός** (himmel)blau
γαλαξίας [γa-] Milchzahn *m*; ♀ Milchstraße *f*
γαλαρία Galerie *f κ. θέατρ.*; *τεχν.* Stollen *m*
γαλα|τάδικο Milchgeschäft *n*; **~τάς** (*-άδες*) Milchhändler *m*; **~τόπιτα** *περ.* Cremetorte *f*
γαλβανίζω [γa-] (*σ· στ· σμ*) galvanisieren; ***μτφ.*** begeistern
γαληνεύω [γa-] (*ψ· εμ*) (sich) beruhigen; besänftigen
γαλήνη [γa-] Windstille *f*; Seelenruhe *f*, Gelassenheit *f*
γαλήνιος [γ-] (***-α, -ο***) *θάλασσα*: ruhig, unbewegt; ***μτφ.*** gelassen; still
γαλίφης (*-ηδες*) Schmeichler *m*
γαλιφιά [-'ja] Schmeichelei *f*
γαλοπούλα [γa-] Truthenne *f*, Pute *f*
γάλος Truthahn *m*
γαμήλιος [γa-] Hochzeits-
γάμ|ος ['γa-] Heirat *f*, Hochzeit *f*; Ehe *f*; ***πολιτικός ~ος*** standesamtliche Trauung *f*; ***θρησκευτικός ~ος*** kirchliche Trauung *f*; ***αργυροί, χρυσοί, αδαμάντινοι ~οι*** *m/pl* silberne, goldene, diamantene Hochzeit *f*
γάμπα ['γamba] Wade *f*
γαμπρός [γa-] Bräutigam *m*; Schwiegersohn *m*; Schwager *m*
γαμψ|ός [γa-] krumm, gebogen; **~ότητα** Krümmung *f*
γαν|άδα [γa-] Grünspan *m*; *ιατρ.* Belag *m*; **~ιάζω** [-'nja-] (*σ· σμ*) eine belegte Zunge bekommen; ***μτφ.*** sich abmühen
γάντζος ['γandzɔs] Haken *m*
γαντζώνω (*σ· θ*) *v/t* haken, angeln, packen; *v/p* ***μτφ.*** sich anklammern
γάντι ['γandi] Handschuh *m*
γαργαλ|εύω [γarγa-] (*εψ· ευτ*), **~ίζω** (*σ· στ· σμ*) kitzeln; ***μτφ.*** reizen; **~ιστικός** kitzelnd; ***μτφ.*** verlockend, reizvoll; **~ώ** (*άς*) *βλ.* ***γαργαλεύω***
γαργάρα [γar'γara] Gurgeln *n*; Gurgelmittel *n*; ***κάνω ~*** gurgeln
γαργάρισμα [-zma] *n* Plätschern *n*
γάργαρος ['γarγ-] plätschernd; *γέλιο*: sprudelnd
γαρίδα [γa-] Krabbe *f*; Garnele *f*
γαρν|ίρω [γar-] (*ιρισ*) garnieren; **~ιτούρα** Garnitur *f*; Beilage *f*
γαρούφαλο [γa-], **γαρύφαλο** Nelke *f*
γαστρ|εντερίτιδα [γa-] Magen- und Darmentzündung *f*; **~ίτιδα** Gastritis *f*; **~ονομία** Gastronomie *f*
γάτα ['γata] Katze *f*
γάτος ['γa-] Kater *m*
γαυγι- [γavji-] *βλ.* ***γαβγι-***
γδαρθ- [γð-] *βλ.* ***γδέρνω***
γδάρ|σιμο [γð-] Abhäuten *n*; ***μτφ.*** Schröpfen *n*; **~της** Schinder *m*
γδέρνω [γð-] (*γδαρ· γδαρθ· γδαρμ*) abhäuten; ***μτφ.*** schröpfen
γδούπος [γð-] dumpfe(r) Schall *m*
γδύ|νω [γð-] (*σ· θ*) entkleiden; ***μτφ.*** ausrauben; *v/p* sich ausziehen; **~σιμο** Ausziehen *n*
γεγονός [jεγɔ-] (*-ότος*) *n* Ereignis *n*, Geschehnis *n*; Tatsache *f*
γεια [ja]: ***~ σου*** ['jasu], ***~ σας*** ['jasas] guten Tag!, hallo!; tschüß!; ***έχετε ~*** leben Sie wohl!; ***~ σου*** *στο φτάρνισμα*: Gesundheit!; ***~ στα χέρια σου*** bravo, gut gemacht!; ***με ~*** gratuliere!
γειτ|νιάζω [ji-] (*σ*) an(einander)grenzen; **~νίαση** (*-εις*) Benachbartsein *n*, Nachbarschaft *f*
γείτονας ['jitɔnas] Nachbar *m*
γειτο|νεύω [jitɔ'nεvɔ] (*ευσ*) *βλ.* ***γειτνιάζω***; benachbart sein (***με***/*D*); **~νιά** [-'nja] Nachbarschaft *f*; (*Stadt-*)Viertel *n*; **~νικός** benachbart
γειτόνισσα [ji-] Nachbarin *f*
γειώνω [ji-] (*σ· θ*) erden
γελασ- *βλ.* ***γελώ***
γέλασμα ['jɛlazma] *n* Täuschung *f*, Betrug *m*; Irrtum *m*
γελαστός [jε-] lachend; fröhlich
γελέκ|ι [jε-], **~ο** Weste *f*
γέλιο ['jɛljɔ] Lachen *n*; Gelächter *n*
γελοιο|γραφία [jεliɔγr-] Karikatur *f*; **~γράφος** Karikaturist *m*; **~ποιώ** (*ησ*) lächerlich machen
γελ|οίος [jε-] (***-α, -ο***) lächerlich; komisch; ***έγινε ~οίος*** er hat sich lächerlich gemacht; **~οιότητα** Lächerlichkeit *f*; **~ώ** (*άς· ασ· αστ· ασμ*)

Γ

lachen, anlachen; sich lustig machen (**με**/über *A*); betrügen; *v/p* sich täuschen
γελωτοποιός Spaßmacher *m*, Clown *m*; *ιστ.* Hofnarr *m*
γεμάτος [jɛ-] voll; voller; *όπλο*: geladen; *πρόσ.*: füllig
γεμίζω [jɛ-] (*σ· σμ*) *v/t* füllen (**με** *od. A*/mit *D*); *όπλο* laden; *v/i* sich füllen
γέμιση (*-εις*) ['jɛ-] Füllung *f κ. μαγειρ.*; *φεγγάρι*: Zunehmen *n*
γέμισμα [-zma] *n* Füllen *n*; Laden *n*
γεμιστός [jɛ-] gefüllt
Γενάρης [jɛ-] Januar *m*
γενεά [jɛnɛ'a] *βλ.* **γενιά**
γενεαλογ|ία [jɛnɛalɔj-] Stammbaum *m*, Genealogie *f*; **~ικός** genealogisch; **~ικό δένδρο** Stammbaum *m*
γενέθλια [jɛ-] *n/pl* Geburtstag *m*
γενειάδα [jɛ-] Vollbart *m*
γένεση (*-εις*) ['jɛ-] Erschaffung *f*, Genesis *f*; Genese *f*
γενέτειρα [jɛ-] Erzeugerin *f*; Heimatland *n*, Geburtsort *m*
γενετ|ή [jɛ-]: **εκ ~ής** von Geburt an; **~ήσιος** (**-α, -ο**) Geschlechts- (*π.χ. Trieb*); **~ική** Genetik *f*
γένι ['jɛ-], *mst. pl* **~α** Bart *m*
γενιά Generation *f*; Stamm *m*, Geschlecht *n*
γενίκευση (*-εις*) Verallgemeinerung *f*
γενικ|ευτικός [jɛnikʝɛf-] verallgemeinernd; **~εύω** [-'ɛvɔ] (*εψ· ευτ· ευμ*) verallgemeinern; **~ή** Genitiv *m*; **~ός** allgemein; überregional; Haupt-; General-; **~ότητα** Allgemeinheit *f*
γέννα ['jɛna] Entbindung *f*
γενναι|οδωρία [jɛ-] Freigebigkeit *f*; **~όδωρος** freigebig
γενναίος [jɛ-] (**-α, -ο**) mutig, tapfer
γενναιότητα [jɛ-] Mut *m*, Tapferkeit *f*
γέννημα ['jɛ-] *n* Kind *n*; *pl* Getreide *n*
γέννηση (*-εις*) ['jɛ-] Geburt *f*; Entstehung *f*
γεννητ|ικός Zeugungs-; **~ικά όργανα** *n/pl* Geschlechtsorgane *n/pl*
γενν|ήτορας Erzeuger *m*; **~ήτρια** *ηλ.* Generator *m*
γεννώ [jɛ-] (*άς· ησ· ηθ· ημ*) gebären; *ζώα*: werfen; *πουλιά*: (Eier) legen; *μτφ.* Anlaß geben zu; *v/p* geboren werden; entstehen
γενόμενος stattgefunden, erfolgt, geschehen; *Su n/pl* Ereignisse *n/pl*
γένος ['jɛ-] *n* Herkunft *f*, Abstammung *f*; *ζωολ.*, *γραμμ.* Geschlecht *n*; **η κυρία Κ., το ~ ...** Frau K., geborene ...
γερ- [jɛr-] *βλ. κ.* **γηρ-**
γεράκι [jɛ-] Falke *m*
γεράματα [jɛ-] *n/pl* Alter *n*
γερανός Kran *m*; *ζωολ.* Kranich *m*
γερατειά [jɛra'tja] *n/pl* Alter *n*
γέρικος ['jɛ-] alt
γερμαν|ικά [jɛ-] *n/pl* Deutsch *n*; **~ική** deutsche Sprache *f*; **κοινή ~ική** Hochdeutsch *n*; **~ικός** deutsch; **~ιστής** Germanist *m*
γέρνω ['jɛ-] (*γειρ, γερμ*) *v/t* neigen; *πόρτα* anlehnen; *v/i* sich neigen
γερνώ [jɛ-] (*ρασ· ρασμ*) *v/t* alt machen; *v/i* alt werden, altern
γεροκομείο [jɛ-] Altersheim *n*
γέροντας ['jɛ-] Alte(r), Greis *m*
γεροντικός [jɛ-] Alters-; senil
γερόντισσα alte Frau *f*, Greisin *f*
γεροντο|κόρη [jɛ-] Junggesellin *f*; alte Jungfer *f*; **~παλίκαρο** alte(r) Junggeselle *m*
γέρος ['jɛ-] Alte(r), Greis *m*
γερός [jɛ-] *πρόσ.* gesund; rüstig; *υλικά*: solide, dauerhaft; heil
γερου|σία [jɛ-] Senat *m*; **~σιαστής** Senator *m*
γερτός [jɛr-] geneigt; angelehnt
γεύμα ['jɛvma] *n* (Mittag-)Essen *n*; **κύριο ~** Hauptmahlzeit *f*
γευματίζω [jɛv-] (*σ*) zu Mittag essen
γεύομαι ['jɛv-] (*ευτ*) schmecken; kosten; *μτφ.* probieren
γεύση (*-εις*) ['jɛfsi] Geschmack(sinn) *m*; *μτφ.* Probe *f*; Erfahrung *f*
γευστικός [jɛfst-] Geschmack-; schmackhaft, köstlich
γέφυρα ['jɛ-] Brücke *f*; *ναυτ.* Kommandobrücke *f*; **κρεμαστή ~** Hängebrücke *f*
γεφύρωμα [jɛ-] *n* Überbrückung *f*
γεφυρώνω (*σ· θ*) überbrücken
γεωγραφ|ία [jɛɔɣra-] Geographie *f*, Erdkunde *f*; **~ικός** geographisch
γεωγράφος [jɛɔɣr-] Geograph *m*
γεω|λογία [jɛɔlɔj-] Geologie *f*; **~λόγος** [-ɣɔs] Geologe *m*; **~μετρία** Geometrie *f*; **~μετρικός** geometrisch
γεω|πονία [jɛɔ-] Agronomie *f*, Ackerbaukunde *f*; **~πόνος** Agronom *m*, Diplomlandwirt *m*

γεωργία [jɛɔrj-] Ackerbau *m*, Landwirtschaft *f*
γεωργικός [jɛɔrj-] landwirtschaftlich; Ackerbau-
γεωργός [jɛɔrɣ-] Bauer *m*, Landwirt *m*
γεώτρηση (*-εις*) [jɛ-] Erdbohrung *f*
γεωτρύπανο Sonde *f*
γη [ji] (*pl γαίες*) *αστρ.* Erde *f*; Land *n*, Boden *m*; ***καλλιεργήσιμη ~*** Ackerland *n*
γήινος ['jiinɔs] irdisch, Erd-
γήπεδο Sportplatz *m*; Gelände *n*
γηρ- [jir-] *βλ. κ.* ***γερ-***
γηραλέος [ji-] (***-α, -ο***) alt, bejahrt
γηροκομ|είο [ji-] Altersheim *n*; **~ία** Altenpflege *f*
για [ja] *Präp* (*A*) *αιτιολ.* wegen *G*; über *A*; (= *γιαχάρη*) für; (*σκοπός*) zu; *τοπ.* nach; *χρον.* auf *A ή μόνο A*; was ... (*A*) anbetrifft; (*λογαριάζομαι*) als; (*μόριο με Imp*) doch, mal; *Ko* **~ να** damit; um ... zu *με Inf*; ***~ πού*** wohin?
γιαγιά [ja'ja] (*-δες*) Großmutter *f*
γιακάς [ja-] (*-άδες*) Kragen *m*
γιαλ- [jal-] *βλ. κ.* ***γυαλ-***
γιαλός [ja-] Ufer *n*, Strand *m*
γιαούρτ|η [ja'urti], **~ι** Joghurt *m*, *n*
γιαπί [ja-] Bau *m*; Gerüst *n*
γιασεμί [ja-] Jasmin *m*
γιατί [ja-] warum, weshalb; weil, da
γιατρ|ειά [ja-] Heilung *f*; **~εύω** [-'ɛvɔ] (*εψ· ευτ· εμ*) heilen; **~ικό** Heilmittel *n*; **~ίνα** *οικ.* Ärztin *f*; **~ός** (*κ. f*) Arzt *m*, Ärztin *f*; ***ειδικευμένος, ειδικός ~ός*** Facharzt *m*; ***οικογενειακός ~ός*** Hausarzt *m*; ***ταμειακός ~ός*** Kassenarzt *m*; ***υπηρεσιακός ~ός*** Amtsarzt *m*; ***~ός γενικής ιατρικής*** praktischer Arzt *m*; ***~ός πρώτων βοηθειών*** Notarzt *m*
γίγα|ντας ['jiɣa-], **~ς** Riese *m*
γιγάντιος [ji'ɣa-] (***-α, -ο***) riesig
γίδ|α ['ji-] Ziege *f*; **~ι** Zicklein *n*
γιδίσιος [ji'ðisj-] (***-α, -ο***) Ziegen-
γιδο|βοσκός [ji-] Ziegenhirt *m*; **~πρόβατα** *n/pl* Schafe und Ziegen *pl*; **~τόμαρο** Ziegenfell *n*
γιλέκο [ji-] Weste *f*
γινάτι [j-] Eigensinn *m*, Trotz *m*; ***έχω κπ ~*** hassen (***για***/wegen)
γίνομαι ['ji-] (*να γίνω· έγινα, γίνηκα*) werden; *κόσμος*: geschaffen werden; entstehen; stattfinden; (*γεν. τι*; *κάτι*) geschehen, passieren; ***~ άνω-κάτω*** durcheinandergeraten; ***~ καλά*** gesund werden; ***~ φίλος με κπ*** sich mit j-m anfreunden; ***τι γίνεται εδώ;*** was ist hier los?; ***τι γίνεσαι;*** wie geht's dir?; ***δε γίνεται*** es geht nicht; ***μη γένοιτο*** Gott behüte!
γινόμενο *μαθ.* Produkt *n*
γινωμένος [ji-] reif
γιορτ- [jɔ-] *βλ. κ.* ***εορτ-***
γιορτ|άζω [jɔ-] (*σ· στ· σμ*) *v/t* feiern; *v/i* Namenstag *ή* Geburtstag *m* haben; **~άσιμος, ~αστικός** feierlich, festlich; **~ή** Feier *f*, Fest *n*; ***εθνική ~ή*** Nationalfeiertag *m*; (***ονομαστική***) ***~ή*** Namenstag *m*; **~ινός** feierlich
γιος [jɔs] Sohn *m*
γιοτ [jɔt] (*0*) *n* Jacht *f*
γιουβαρλάκια *n/pl* Klößchen *n/pl*
γιουχαΐζω [juxa-] (*σ· στ*) niederschreien
γιρλάντα [ji-] Girlande *f*
γκάζι (Leucht-)Gas *n*
γκαζιέρα [-'jɛ-] Spirituskocher *m*
γκαζόζα *περ.* Selterlimonade *f*
γκαμπαρντίνα Gabardinmantel *m*
γκαράζ (*0*) *n* Garage *f*; ***υπόγειο ~*** Tiefgarage *f*
γκαρίζω (*σ*) *γάιδαρος*: schreien
γκάρισμα [-z-] *n* Eselsgeschrei *n*
γκαρ|σόν(ι) Kellner *m*; **~σονιέρα** [-'njɛ-] Einzimmerwohnung *f*
γκαστρ|ωμένη *οικ.* Schwangere *f*; **~ώνω** (*σ· θ*) schwängern
γκάφα Schnitzer *m*, Fehler *m*
γκέμι Zügel *m*
γκίνια *μτφ.* Pech *n*
γκιόνης (*-ηδες*) Waldkauz *m*
γκλίτσα Hirtenstab *m*
γκρεμίζω (*σ· στ· σμ*) hinabschleudern; stürzen; *σπίτι* abreißen; *v/p* *οικ. κ.* sich wegscheren
γκρέμισμα [-zma] *n* Abreißen *n*; Hinabstürzen *n*; *n/pl* Trümmer *pl*
γκρεμ(ν)ός Abgrund *m*
γκριζάρω (*αρισ*) grau werden
γκρίζος (***-α, -ο***) grau
γκρίνια Nörgeln *n*; Meckerei *f*
γκρινιάζω [-nj-] (*σ, ξ*) nörgeln, meckern; *παιδί*: plärren
γκρινιάρης [-'nja-] mürrisch; *παιδί*: weinerlich; *Su* Meckerer *m*
γλάρος ['ɣla-] Möwe *f*
γλάσο ['ɣlasɔ] Zuckerguß *m*
γλάστρα [ɣl-] Blumentopf *m*

Γ

γλαύκωμα *n ιατρ.* grüne(r) Star *m*
γλειφιτζούρι Lutscher *m*, Lolli *m*
γλείφτης [ɣ-] Speichellecker *m*
γλείφω [ɣ-] (*ψ· φτ· μμ*) (ab)lecken; *μτφ.* schmeicheln
γλείψιμο [ɣ-] (*-ματος*) Lecken *n*; *μτφ.* Schmeichelei *f*
γλεντζές [ɣ-] (*-έδες*) Genießer *m*
γλέντι ['ɣlɛ-] Feier *f*; Spaß *m*
γλεντώ [ɣl-] (*άς· ησ*) *v/t* genießen; *v/i* (laut) feiern; sich unterhalten
γλην- [ɣliɣ-] *βλ.* ***γρηγ-***
γλίντζα, γλίτσα ['ɣli-] Schmiere *f*
γλιστερός [ɣl-] schlüpfrig, glatt
γλιστρώ [ɣli-] (*άς· ησ*) ausgleiten, (aus)rutschen; *μτφ.* entgleiten; ***~με το έλκηθρο*** rodeln
γλιτωμός [ɣl-] Rettung *f*
γλιτώνω (*σ*) *v/t* retten, befreien; *v/i* entkommen (***από***/*D*); loswerden
γλοιώδης 2 klebrig, schleimig
γλόμπος ['ɣlɔ(m̆)b-] Glühbirne *f*
γλουτός [ɣl-] Hinterbacke *f*
γλύκα ['ɣli-], **γλυκάδα** Süße *f*; *μτφ.* Milde *f*; Anmut *f*
γλυκαίνω (*αν· αθ· αμ*) *v/t* süßen; *πόνο* lindern, mildern; *v/i* süß werden; *καιρός*: milder werden; *v/p* Vergnügen daran finden
γλυκανάλατος [ɣl-] fade, schal
γλυκάνισο [ɣl-] Anis *m*
γλυκερίνη [ɣl-] Glyzerin *n*
γλυκερός [ɣl-] süß, süßlich
γλύκισμα *n* Süßigkeit *f*, Kuchen *m*
γλυκό [ɣl-] Süßigkeit *f*, Eingemachte(s); Kuchen *m*; ***~ κουταλιού*** „Löffelkonfitüre“ *f*
γλυκο|μίλητος zugänglich; **~μιλώ** (*άς· ησ*) zärtlich sprechen
γλυκό|ξινος [ɣli-] süßsauer; **~πικρος** bittersüß; **~ρριζα** Lakritze *f*
γλυκ|ός (***-ιά, -ό***) süß; *μτφ.* lieblich, reizend; *καιρός*: mild; **~οφιλώ** (*άς· ησ*) zärtlich küssen
γλυκύτητα Süße *f*; *μτφ.* Sanftheit *f*
γλύπτης ['ɣli-] Bildhauer *m*
γλυπτική [ɣl-] Bildhauerei *f*
γλυπτ|οθήκη Glyptothek *f*; **~ός** ausgemeißelt, geschnitzt; *Su n* Skulptur *f*
γλυτω- [ɣl-] *βλ.* ***γλιτω-***
γλυφ|άδα [ɣl-] schwach salzige(r) Geschmack; **~αίνω** (*αν*) *v/i* schwach salzig sein *ή* werden; **~ός** schwach salzig
γλώσσα [ɣl-] Zunge *f*; Sprache *f*; *ψάρι*: Seezunge *f*; ***γραφομένη ~*** Schriftsprache *f*; ***μητρική ~*** Muttersprache *f*; ***ομιλούμενη ~*** Umgangssprache *f*; ***παγκόσμια ~*** Weltsprache *f*; ***~ του τόπου*** Landessprache *f*
γλωσσ|άριο [ɣl-] Wörterverzeichnis *n*; **~άς** (***-ού, -άδικο***) geschwätzig; frech; *Su m* (*-άδες*) Schwätzer *m*
γλωσσ|ίδι [ɣl-] Zünglein *n*; Klöppel *m*; **~ικός** sprachlich, linguistisch; **~οδέτης** Zungenbrecher *m*; **~ολογία** [-'jia] Sprachwissenschaft *f*; **~ολόγος** [-ɣɔs] Sprachwissenschaftler *m*; **~ομαθής** 2 sprachkundig
γνέθω [ɣn-] (*σ· σμ*) spinnen
γνέ|φω [ɣn-] (*ψ*) zunicken, zuwinken; **~ψιμο** (*-ματος*) Zunicken *n*
γνήσιος ['ɣni-] (***-α, -ο***) echt; rein
γνησιότητα [ɣn-] Echtheit *f*
γνωμ|άτευση (*-εις*) [ɣnɔ'matɛf-] Gutachten *n*; Bericht *m*; **~ατεύω** [-'tɛvɔ] (*ευσ*) begutachten
γνώμη [ɣn-] Meinung *f*, Ansicht *f*; ***κοινή, δημόσια ~*** öffentliche Meinung *f*; ***είμαι της ~ς*** ich bin der Ansicht; ***κατά τη ~ μου*** meiner Ansicht nach, meines Erachtens
γνωμ|ικό [ɣn-] Sinnspruch *m*, Motto *n*; **~οδότης** Gutachter *m*; **~οδότηση** (*-εις*) Gutachten *n*; **~οδοτώ** (*ησ*) begutachten
γνώμονας [ɣn-] Winkelmaß *n*; *μτφ.* Richtschnur *f*, Norm *f*
γνωρ|ίζω [ɣn-] (*σ· στ· σμ*) *v/t* kennen; bekanntgeben, mitteilen; erkennen (***από***/an *D*); **~ιμία** Bekanntschaft *f*
γνώρ|ιμος bekannt, vertraut; **~ισμα** *n* Kennzeichen *n*, Merkmal *n*
γνώση [ɣn-] (*-εις*) Kenntnis *f*; Wissen *n*; ***λαμβάνω ~*** Kenntnis erhalten; ***βάζω ~*** zur Vernunft bringen (***σε κπ***/j-n); *v/i* zur Vernunft kommen
γνώστης (***-τρια***) Kenner(in *f*) *m*; *Adj* sachkundig
γνωστ|ικός [ɣn-] verständig; besonnen; **~οποίηση** (*-εις*) Bekanntmachung *f*; **~οποιώ** (*ησ*) bekanntgeben; **~ός** bekannt; *Su m* (***-ή*** *f*) Bekannte(r) *m*/*f*
γόβες ['ɣɔ-] *f*/*pl* Pumps *m*/*pl*
γόη|ς ['ɣɔis], **~τας** (***-σσα*** *f*) bezaubernde(r) Mensch
γοητ|εία [ɣɔi-] Charme *m*, Anmut *f*; Zauberei *f*; **~ευτικός** [-ɛft-] charmant,

bezaubernd, entzückend; **~εύω** [-'ɛvɔ] (*εψ· ευτ· ευμ*) bezaubern, entzücken
γόητρο ['ɣɔ-] Reiz *m*; Prestige *n*
γόμος ['ɣɔ-] Ladung *f*; Füllung *f*
γονατίζω [ɣɔ-] (*σ· σμ*) *v/t* niederknien lassen; *μτφ.* beugen, zähmen; *v/i* niederknien; *μτφ.* sich beugen
γονάτισμα [ɣɔ'natizma] *n* Niederknien *n*; Zusammenbruch *m*
γονατιστός auf Knien
γόνατο ['ɣɔ-] Knie *n*
γον|έας [ɣɔ-] *βλ.* ***γονιός; ~είς*** *m/pl* Eltern *pl*; **~ίδιο** Gen *n*; **~ικός** elterlich; ***~ικά*** *n/pl* Eltern *pl*; Familie *f*
γονιμο|ποίηση (*-εις*) [ɣɔ-] Befruchtung *f*; **~ποιώ** (*ησ*) befruchten
γόνιμος [ɣ-] fruchtbar, produktiv
γονιμότητα [ɣɔ-] Fruchtbarkeit *f*
γονιός [ɣɔ'njɔs] Vater *m*
γονόκοκκος [ɣɔ-] Gonokokkus *m*
γόνος Sprößling *m*, Nachkomme *m*
γόπα ['ɣɔ-] *ζωολ.* Gründling *m*; Zigarettenstummel *m*, Kippe *f*
γοργόνα [ɣɔrɣ-] Meerjungfrau *f*
γοργ|ός rasch; flink; **~ότητα** Flinkheit *f*, Behendigkeit *f*
γορίλας [ɣɔ-] Gorilla *m*
γοτθικός [ɣɔtθ-] gotisch
Γότθοι ['ɣɔtθi] *m/pl* Goten *m/pl*
γουδ|ί [ɣu-] Mörser *m*; **~οχέρι** [-'çɛ-], **~όχερο** [-çɛ-] Stößel *m*
γουλί Steckrübe *f*; *μτφ.* ratzekahl
γουλιά [ɣu'lja] Schluck *m*
γούνα ['ɣuna] Pelz *m*
γουν|αράδικο Pelzgeschäft *n*; **~αράς** (*-άδες*) Pelzhändler *m*, Kürschner *m*
γουναρικά [ɣ-] *n/pl* Pelzwaren *f/pl*
γουργουρ|ητό [ɣurɣ-] Knurren *n*; **~ίζω** (*σ*) knurren
γούρι Glück *n*, *οικ.* Schwein *n*
γουρλ|ής [ɣur-] (*-ήδες*) *m*, **~ίδισσα** Glückskind *n*; **~ίδικος** glückbringend
γουρλώνω (*σ· μ*) glotzen
γούρνα [ɣ-] Bassin *n*; Tränke *f*
γουρούνα [ɣu-] Sau *f*
γουρούνι [ɣu-] Schwein *n*; *μτφ.* Schweinehund *m*, Sau *f*
γουρουνίσιος [ɣu-] (**-*α*, -*ο***) Schweine-; *μτφ.* widerlich
γουρουνόπουλο [ɣu-] Ferkel *n*
γουρσ|ούζης [ɣu-] 3 Unglücksrabe *m*; **~ουζιά** [-'zja] Pech *n*

γουστάρω (*γούσταρα, -στάρισα*) *v/t* Appetit haben auf *A*; mögen
γούστο ['ɣu-] Geschmack *m*; ***κάνω ~*** Gefallen finden an *D*; Spaß haben an *D*
γουστόζ|ος (**-*α*, -*ικο***), **~ικος** amüsant
γοφός [ɣɔ-] Hüfte *f*
γραβάτα Krawatte *f*
γράμμα ['ɣr-] *n* Buchstabe *m*; Brief *m*; ***τα ~τα*** Bildung *f*; Wissenschaften und Künste *f/pl*; ***κατά ~*** buchstäblich; ***(κατ)επείγον ~*** Eilbrief *m*; ***κεφαλαίο (μεγάλο) ~*** Großbuchstabe *m*; ***μικρό ~*** Kleinbuchstabe *m*; ***συστημένο ~*** Einschreibbrief *m*
γραμμάριο [ɣr-] Gramm *n*
γραμματ|έας [ɣr-] *m*, *f* Sekretär(in *f*) *m*; ***γενικός ~έας*** Generalsekretär *m*; Staatssekretär *m*; ***~έας*** *f* ***προϊσταμένου*** Chefsekretärin *f*; ***~έας*** *m*, *f* ***εμπορικού οίκου*** Bürokauffrau *f*, Bürokaufmann *m*; **~εία** Sekretariat *n*; Literatur *f*; **~ική** Grammatik *f*; **~ικός** grammatisch; *Su m* Sekretär *m*
γραμμάτιο [ɣr-] Schuldschein *m*, Wechsel *m*; ***έντοκο ~*** Wertpapier *n*
γραμματ|ισμένος [ɣramatiz-] gebildet; **~οκιβώτιο** Briefkasten *m*; **~όσημο** Briefmarke *f*; ***αναμνηστικό ~όσημο*** Gedenk(brief)marke *f*
γραμμένο [ɣr-] Schicksal *n*; **~ς** geschrieben
γραμμ|ή [ɣr-] Linie *f*; Strecke *f*; Zeile *f*; *pl* Gesichtszüge *m/pl*; Umrisse *m/pl*; ***διαχωριστική ~ή*** Trennlinie *f*; ***κατευθυντήρια ~ή*** Richtlinie *f*; **~ικός** linear; **~ομόριο** Molekül *n*
γρανάζι [ɣr-], **~α** *n/pl* Getriebe *n*
γρανίτ|α [ɣr-] Fruchtsaftsorbet *n*, Halbgefrorene(s) *n*; **~ης** Granit *m*
γραπτός [ɣr-] schriftlich
γραπώνω (*σ· θ*) packen, schnappen
γρασίδι [ɣr-] Gras *n*
γράσο Getriebeöl *n*, Schmiermittel *n*
γρατσουν|ίζω [ɣr-] (*ισ· ιστ· ισμ*), **~ώ** (*άς· ησ*) kratzen, schrammen
γραφείο [ɣr-] Schreibtisch *m*; Büro *n*; ***κοινοτικό ~*** Gemeindeamt *n*; ***~ απολεσθέντων αντικειμένων*** Fundbüro *n*; ***~ ευρέσεως εργασίας*** Arbeitsamt *n*; Stellenvermittlung *f*; ***~ μεταφορών*** Spedition *f*; ***~ ναυτικής εταιρείας*** Schiffsagentur *f*; ***~ πληροφόρησης ναρκομανών*** Drogenberatungsstelle *f*; ***~ πληροφο-***

Γ

ριών Auskunftsbüro *n*; ~ *ταξιδίων* Reisebüro *n*; ~ *τουρισμού* Fremdenverkehrsbüro *n*; ~ *τύπου* Nachrichtenbüro *n*
γραφειο|κράτης [ɣr-] Bürokrat *m*; **~κρατία** Bürokratie *f*; **~κρατικός** bürokratisch
γραφ|ή [ɣr-] Schrift *f*; Lesart *f*; **~ικός** Schreib-; graphisch; malerisch; **~ομηχανή** [-xa-] Schreibmaschine *f*
γραφτό vergönnt; *Su* Schicksal *n*
γρά|φω [ɣr-] (*ψ· φτ· μμ*) (an)schreiben; verfassen; **~ψιμο** (*-ματος*) Schreiben *n*; Handschrift *f*
γρηγοράδα [ɣriɣɔ-] Schnelligkeit *f*
γρήγορος ['ɣriɣ-] schnell, rasch
γριά [ɣr-] alte Frau *f*, Greisin *f*
γρίπη [ɣr-] Grippe *f*
γρίφος ['ɣri-] (Bilder-)Rätsel *n*
γροθιά Faust *f*; Faustschlag *m*
γρουσ- [ɣr-] *βλ.* *γουρσ-*
γρύλος Grille *f*; Wagenheber *m*
γυάλα ['ja-] Karaffe *f*
γυαλάδα Glanz *m*, Schimmer *m*
γυαλ|άς [ja-] (*-άδες*) Glaser *m*; **~ί** Glas *n*; Scheibe *f*; *adv* spiegelglatt; **~ιά** [-'lja] *n/pl* Brille *f*; **~ίζω** (*σ· στ· σμ*) *v/t* polieren, putzen; *v/i* glänzen; *v/p* sich spiegeln; **~ικά** *n/pl* Glaswaren *f/pl*
γυάλι|νος ['ja-] gläsern, Glas-; **~σμα** [-zma] *n* Polieren *n*, Putzen *n*
γυαλ|ιστερός [ja-] poliert, glänzend; **~όχαρτο** [-x-] Sandpapier *n*
γυμνάζω [ji-] (*σ· στ· σμ*) *v/t* ausbilden, trainieren; *ζώο* dressieren; *v/p* (sich) üben, turnen; *στρ.* exerzieren
γυμνάσιο Gymnasium *n*; *pl* *στρ.* Manöver *n*, Übungen *f/pl*
γύμνασμα [-z-] *n* Aufgabe *f*, Übung *f*
γυμνασ|μένος [ji-] geübt; **~τήριο** Turnhalle *f*; **~τής** Turnlehrer *m*; **~τική** Turnen *n*; Gymnastik *f*
γύμνια ['jimnja] Nacktheit *f*
γυμνισμός [-zm-] Nacktkultur *f*
γυμν|ός [ji-] nackt; *βουνό*: kahl; **~ώνω** (*σ· θ*) entblößen, entkleiden
γυναίκα [ji'nɛka] Frau *f*
γυναικ|είος weiblich, Frauen-; **~οδουλειά** [-'lja] Frauengeschichte *f*; **~ολογία** [-'jia] Frauenheilkunde *f*; **~ολόγος** [-ɣɔs] Frauenarzt *m*; **~όπαιδα** *n/pl* Frauen u. Kinder *pl*; **~ούλα** einfache Frau *f*; Frauchen *n*
γύπας ['jipas] Geier *m*
γύρα ['jira] Spaziergang *m*
γυρεύω [ji'rɛvɔ] (*εψ*) *v/t* suchen; erbitten; streben nach *D*
γύρη ['ji-] Blütenstaub *m*, Pollen *m*
γυρίζω [ji-] (*σ· στ· σμ*) *v/t* drehen *κ. φιλμ*; zurückgeben; wenden; ~ *φιλμ* *A* verfilmen; *v/i* *ρόδα*: sich drehen; *καιρός*: umschlagen; sich wenden; zurückkehren, zurückgehen, zurückkommen zu; sich herumtreiben
γυρίνος [ji-] Kaulquappe *f*
γύρισμα ['jiriz-] *n* Drehen *n*; Dreharbeiten *f/pl*; Wenden *n*; Zurückgeben *n*
γυρισ|μός [ji-] Rückkehr *f*; **~τός** gebogen; gedreht, gewunden
γυρ|μένος [jir-] geneigt, abschüssig; **~νώ** (*άς*) *βλ.* *γυρίζω*; **~ολόγος** [-ɣɔs] Hausierer *m*
γύρος ['ji-] Spaziergang *m*; Rundgang *m*, Rundfahrt *f*, Rundflug *m*; Rand *m*; *φόρεμα*: Saum *m*; Umdrehung *f*; ~ *του κόσμου* Weltreise *f*; *μαγειρική*: Fleisch *n* vom Drehspieß
γύρω ['ji-] *Adv* ringsherum; *Präp* ~ *από, σε* um ... (herum)
γύφτ|ισσα ['ji-] Zigeunerin *f*; **~ος** Zigeuner *m*
γύψινος ['ji-] Gips-
γύψος ['jipsɔs] Gips *m*
γωνιά [ɣɔ'nja] Ecke *f*; Kamin *m*; *ψωμί*: Knust *m*, Stück *n*
γωνία Ecke *f*; *μαθ.* Winkel *m*
γωνι|ακός [ɣɔ-] Eck-; Winkel-; **~όμετρο** Winkelmesser *m*

Δ

δα doch; ja; genau; ***όχι ~*** nicht doch
δαγκα|ματιά [-'tja] Biß *m*; Bissen *m*, Happen *m*; **~νιάρης** [-'nja-] 3 bissig
δαγκάνω (*σ· αμ*) beißen; bissig sein
δάγκωμα *n*, **δαγκωματιά** *βλ.* ***δαγκαμ-***
δαγκώνω (*σ· θ*) *βλ.* ***δαγκάνω***; *v/p* sich auf die Zunge beißen
δαίμονας Dämon *m*; Teufel *m*
δαιμον|ίζω (*σ· στ· σμ*) *v/t* wütend machen; *v/p* sich totärgern (***με***/über *A*); **~ικός** dämonisch; teuflisch
δαιμόνι|ο böse(r) Geist; Genie *n*; Genius *m*; **~ος** (***-α, -ο***) genial
δαιμονισμένος [-zm-] toll, teuflisch
δάκρυ (*-ύου*) *n* Träne *f*
δακρυγόνα [-'ɣɔ-] *n/pl* Tränengas *n*
δακρύζω (*σ*) tränen; weinen
δακτ- *βλ. κ.* ***δαχτ-***
δακτύλιος *αστρ., τεχν.* Ring *m*; ***~ εμβόλου*** Kolbenring *m*
δακτυλο|γραφημένος [-ɣr-] maschinengeschrieben; **~γράφος** *m, f* Schreibkraft *f*; **~γραφώ** (*ησ· ημ*) maschineschreiben, *οικ.* tippen
δάκτυλος Finger *m κ. μτφ.*
δαμάζω (*σ· στ· σμ*) *ζώο* zähmen; *μτφ. πρόσ.* bändigen
δαμάλ|α große Kuh *f*, Rassekuh *f*; **~ι** junge(r) Stier
δαμαλ|ίζω (*σ· στ· σμ*) impfen; **~ισμός** [-zm-] Pockenschutzimpfung *f*
δαμασκηνιά [-'nja] Pflaumenbaum *m*
δαμάσκηνο Pflaume *f*
δάμασμα *n* Bändigung *f*, Zähmung *f*
δαμαστής Bändiger *m*; Dompteur *m*
δαν|ειακός Kredit-; Anleihe-; **~είζω** (*σ· στ· σμ*) leihen (***κτ σε κπ***/j-m *A*); borgen; *v/p* sich (*D*) leihen *A*; **~εικός** geliehen, Leih-; *Su n/pl* Schulden *f/pl*
δάνει|ο Kredit *m*, Darlehen *n*; Anleihe *f*; Entlehnung *f*; ***συνάπτω ~ο*** e-e Anleihe aufnehmen; **~οδοτώ** (*ησ*) kreditieren; **~ος** (***-α, -ο***) Fremd-
δανει|σμός [-zm-] Leihen *n*; Fremdfinanzierung *f*; **~στήριο** Leihhaus *n*; **~στής** (Pfand-)Leiher *m*
δαντέλα [-nd-] Spitze *f*
δαπάν|η Ausgabe *f*; Kosten *pl*; Aufwand *m* (*G*/an *D*); ***με δημόσια ~η*** auf Staatskosten *pl*; ***πρόσθετη ~η*** Mehrausgabe *f*, Mehraufwand *m*; ***~η χρόνου*** Zeitaufwand *m*
δαπαν|ηρός kostspielig; *πρόσ.*: verschwenderisch; **~ώ** (*άς· ησ· ηθ*) ausgeben (***σε***/ für *A*); verbrauchen
δάπεδο Fußboden *m*
δαρ(θ)- *βλ.* ***δέρνω***
δάρσιμο (*-ματος*) Prügeln *n*
δασ|αρχείο [-'çiɔ] Forstamt *n*; Forstrevier *n*; **~άρχης** Oberförster *m*, Forstmeister *m*; **~εία** *γραμμ.* Spiritus asper *m*; **~ικός** Forst-; Wald-
δασκ|άλα Lehrerin *f*; **~άλεμα** *n* Lehren *n*; Belehrung *f*; **~αλεύω** [-'ɛvɔ] (*εψ· ευτ· εμ*) belehren
δάσκαλος (Volksschul-)Lehrer *m*; ***~ γλωσσών*** Sprachlehrer *m*
δασμολ|όγηση (*-εις*) [ðazmɔ'lɔj-] Erhebung *f* von Zöllen; **~ογικός** Zoll-; **~ογώ** [-'ɣɔ] (*ησ· ηθ· ημ*) Zoll erheben
δασμός [-zm-] Zoll *m*, Abgabe *f*; ***εισαγωγικός ~*** Einfuhrzoll *m*
δασο|κομία Forstwirtschaft *f*; **~λογία** [-'jia] Forstwissenschaft *f*; **~λόγος** [-ɣɔs] Forstwissenschaftler *m*; **~νομείο** Forstamt *n*; **~νομία** Forstverwaltung *f*; **~νόμος** Förster *m*
δάσος *n* Wald *m*, Forst *m*; ***παρθένο ~*** Urwald *m*; ***τροπικό ~*** Regenwald *m*
δασοφύλακας Waldhüter *m*
δασόφυτος bewaldet
δασυ- dicht, voll
δασ|ύς (***-εία, -ύ***) behaart; dicht; **~ώδης** 2 waldreich
δαυλός [ðav-] Fackel *f*; *μτφ.* Flamme *f*
δάφνη Lorbeer(baum) *m*
δάφνινος Lorbeer-
δαχτυλ- *βλ. κ.* ***δακτυλ-***
δαχτυλ|ήθρα [-xt-] Fingerhut *m*; **~ιά** [-'lja] Fingerabdruck *m*; Fleck *m*; **~ιδένιος** [-njɔs] (***-α, -ο***) ringförmig; *μτφ.* Wespen-(*Taille*); **~ίδι** Ring *m*
δάχτυλ|ο Finger *m*; Zeh *m*; *μέτρο*: Zoll *m*; ***ένα ~ο*** etwas, ein wenig; ***μετριούνται στα ~α*** man kann sie an den Fingern abzählen; ***παίζω στα ~α*** in- und auswendig wissen, kennen
δε *βλ.* ***δεν***
δε|δομένο Gegebenheit *f*, Tatsache *f*;

Δ

Beleg *m*; **~δομένου ότι** angesichts der Tatsache, daß
δέηση (-*εις*) Gebet *n*; Bitte *f*
δείγμα ['ðiγ-] *n* Muster *n*; Zeichen *n*; Probe *f*; **ως ~** zur Ansicht
δειγματολόγιο [-γmatɔ'lɔj-] Musterbuch *n*, Kollektion *f*
δείκτης (*Uhr*-)Zeiger *m*; Zeigefinger *m*; Index *m*; *μαθ*. Wurzelexponent *m*; **~ βενζίνης** Benzinuhr *f*; **~ κέρδους** Handelsspanne *f*; **~ προστασίας** (**φωτός**) (Licht-)Schutzfaktor *m*
δεικτικός Zeige-; Meß-; *γραμμ*. demonstrativ
δειλ|ία Ängstlichkeit *f*; Feigheit *f*; **~ιάζω** (*σ· σμ*) ängstlich sein; feige sein; **~ινό** Vesper *f*; **~ός** ängstlich; feige
δείνα: ο, η, το ~ *m*, *f*, *n* der und der, die und die, das und das; *Herr* Soundso
δεινο|πάθημα *n* Leiden *n*; **~παθώ** (*ησ· ημ*) leiden
δειν|ός furchtbar; heftig; **~ά** *n*/*pl* Leid *n*, Not *f*; **~όσαυρος** [-avr-] Dinosaurier *m*
δειξ- *βλ*. **δείχνω**
δείξιμο (-*ματος*) Zeigen *n*
δείπνο Abendessen *n*; **~ς** *θρ*. Abendmahl *n*
δειπνώ (*είς, άς· ησ*) zu Abend essen
δειρ- *βλ*. **δέρνω**
δεισι|δαίμονας Abergläubische(r); **~δαιμονία** Aberglaube *m*
δείχνω [-xnɔ] (*ξ· χτ· γμ*) zeigen (**κτ σε κπ**/j-m etw.); weisen; *v*/*i* aussehen
δέκα zehn
δεκ|άγωνος [-γɔ-] zehneckig; **~άδα** Dekade *f*; Zehner *m*; **~αδικός** Dezimal-(*System*); **~άδραχμο** [-xmɔ] Zehndrachmenstück *n*; **~αεννέα, ~αεννιά** [-ɛ'nja] neunzehn; **~αέξι** sechzehn; **~αεπτά** siebzehn; **~αετία** Jahrzehnt *n*; **~αεφτά** siebzehn
δεκάζω (*σ· στ· σμ*) bestechen
δεκ|αήμερο zehn Tage *m*/*pl*; **~αήμερος** zehntägig; **~άλεπτο** zehn Minuten *f*/*pl*; **~άλεπτος** zehnminütig; **~άλογος** [-γɔs] *die* zehn Gebote *n*/*pl*; **~αμελής** 2 *μτφ*. zehnköpfig; **~άμηνος** zehnmonatig; **~ανέας** Gefreite(r); **~ανίκι** Krücke *f*; **~άξι** sechzehn
δεκα|οκτώ, ~οχτώ achtzehn; **~πενθήμερο** zwei Wochen *f*/*pl*; **~πενθήμερος** vierzehntägig, zweiwöchig; **~πέντε** fünfzehn; **~πλασιάζω** (*σ· στ· σμ*) verzehnfachen; **~πλάσιος** (**-α, -ο**) zehnfach
δεκάρ|α Zehnleptastück *n*; *μτφ*. **πράμα** *n* **της ~ας** wertlose(s) Zeug; **~ι** zehn (Stück); *σχολ*. Eins *f*
δεκαριά: καμιά ~ etwa zehn
δεκάρικο Zehndrachmenstück *n*
δεκατέσσερις *m*, *f* (*n* -*ρα*) vierzehn
δέκατο Zehntel *n*; **~ν** zehntens; **~ς** zehnte(r)
δεκατρείς *m*, *f* (*n* -*τρία*) dreizehn
Δεκ|έ(μ)βρης, ~έμβριος Dezember *m*
δέκτης Empfänger *m* *κ*. *τεχν*.
δεκτικός fähig (*G*/zu); empfänglich (*G*/für *A*)
δεκτός zulässig; angenommen; empfangen; **γίνομαι ~** empfangen werden
δελεάζω (*σ· στ· σμ*) ködern, (an)locken, verlocken
δελεασ|μός [-zm-] Verlockung *f*; **~τικός** verlockend
δέλτα (*0*) *n* Delta *n*
δελτ|ίο Karte *f*, Zettel *m*; (= *έκθεση*) Bericht *m*; (*Gepäck*-)Schein *m*; **μετεωρολογικό ~ίο, ~ίο καιρού** Wetterbericht *m*; **πληροφοριακό ~ίο** Merkblatt *n* **~ίο ασφάλειας εξωτερικού** Auslandskrankenschein *m*; **~ίο ταυτότητας** Personalausweis *m*; **~ιοθήκη** Karteikasten *m*
δελφίνι Delphin *m*; **ιπτάμενο ~** Luftkissenboot *n*, Tragflügelboot *n*
δέμα *n* Paket *n*; Bündel *n*
δεμ|άτι Bündel *n*; Garbe *f*; **~ατιάζω** [-'ja-] (*σ· στ· υμ*) bündeln
δε(ν) nicht
δενδρο- *βλ*. *κ*. **δεντρο-**
δέντρο Baum *m*; **χριστουγεννιάτικο ~** Weihnachtsbaum *m*
δεντρ|οκομία Obstbau *m*; Baumzucht *f*; **~ολίβανο** Rosmarin *m*; **~οσειρά, ~οστοιχία** [-'çia] Allee *f*; **~οφυτεία** Baumschule *f*; **~όφυτος** mit Bäumen bepflanzt
δένω (*σ· θ*) *v*/*t* binden (**σε**/an *A*); zubinden; *κορδόνια* schüren; **~ τη ζώνη ασφαλείας** sich anschnallen; *μτφ*. verpflichten; *v*/*i* dick, sämig werden
δεξαμενή Zisterne *f*; (*Benzin*-)Tank *m*; Becken *n*; Dock *n*
δεξαμενόπλοιο Tanker *m*
δεξιά *πολ*. Rechte *f*; *Adv* *κ*. [-'ja] (nach) rechts; *μτφ*. günstig

δεξι|ός *κ.* [-'jɔs] (*-ιά, -ιό/-ί*) recht- *κ. πολ.*; rechtshändig; **~οσύνη** Gewandtheit *f*; **~οτέχνης** [-xn-] Meister *m*, Virtuose *m*; **~όχειρας** [-çi-] Rechtshänder *m*; **~ώνομαι** (*θ*) empfangen
δεξίωση (*-εις*) offizielle(r) Empfang *m*
δέομαι (*δεηθ*) beten zu *D*
δέος *n* bange Ahnung *f*; Angst *f*
δέρμα *n* Haut *f*; *των ζώων*: Fell *n*; *επεξεργασμένο*: Leder *n*
δερμ|ατικός Haut-; **~άτινος** Leder-, ledern
δερματ|ίτιδα Hautentzündung *f*; **~ολογία** [-'jia] Dermatologie *f*; **~ολόγος** [-γɔs] Hautarzt *m*; **~οπάθεια** Hautkrankheit *f*
δέρνω (*δειρ· δαρθ· δαρμ*) *v/t* schlagen, prügeln; *v/p* sich raufen
δέσιμο (*-ματος*) Binden *n*; Verschnürung *f*; *τυπ.* Einband *m*; Einfassung *f*; *ιατρ.* Verbinden *n*
δεσμά [-'zma] *n/pl* Fesseln *f/pl*, Ketten *f/pl*; ***ισόβια ~*** lebenslängliche Freiheitsstrafe *f*
δέσμευση (*-εις*) [-zmɛf-] Verpflichtung *f*; Verbindlichkeit *f*; Fesselung *f*
δεσμ|ευτικός [-zmɛft-] verbindlich; zwingend; **~εύω** [-'ɛvɔ] (*ευσ· ευτ*) *v/t* binden; fesseln; *νομ.* verpflichten; *χρήμ.* fest anlegen; ***~ευμένος λογαριασμός*** Festkonto *n*
δέσμη [-zmi] Bündel *n*, Bund *m*
δεσμίδα [-zm-] Bündelchen *n*
δεσμ|ός [-zm-] Band *n*; Fessel *f*; (***ερωτικός***) **~ός** (Liebes-)Beziehung *f*; **~οφύλακας** Gefängniswärter *m*; **~ώτης** Gefangene(r) *κ. μτφ.*
δεσπόζω (*σ*) beherrschen (*G/A*)
δεσποιν|ίδα, ~ίς Fräulein *n*
δεσπ|οτεία Absolutismus *m*; **~ότης** Herr *m*; Herrscher *m*; Despot *m*; Bischof *m*; **~οτικός** despotisch; bischöflich
δετός gebunden; gefesselt
Δευτέρα [ðɛf-] Montag *m*; ***Καθαρά ~*** Rosenmontag *m*
δευτερ|εύων [ðɛftɛ'rɛvɔn] (***-ουσα, -ον***) *K* zweitrangig, untergeordnet; ***~εύουσα πρόταση*** *γραμμ.* Nebensatz *m*; **~οβάθμιος** (***-α, -ο***) ... der zweiten Instanz *f*; **~οετής** 2 im zweiten (Studien-)Jahr; **~όλεπτο** Sekunde *f*
δεύτερος [-ft-] zweite(r); zweitrangig
δεχθ- *βλ.* ***δέχομαι***
δέχομαι [-xɔ-] (*δεχτ*) annehmen; entgegennehmen; (in sich) aufnehmen; empfangen; *γιατρός*: zu sprechen sein; einverstanden sein mit *D*
δέων (***-ουσα, -ον***) *K* gebührend
δήθεν angeblich
δηκτικός beißend; *μτφ.* scharf
δηλαδή das heißt (= d. h.), nämlich
δηλητηρ|ιάζω (*σ· στ· σμ*) vergiften *κ. μτφ.*; **~ίαση** (*-εις*) Vergiftung *f*; ***τροφική ~ίαση*** Lebensmittelvergiftung *f*
δηλητ|ήριο Gift *n*; **~ηριώδης** 2 giftig, Gift-(*Gas*)
δηλώνω (*σ· θ*) erklären (***ότι***/daß); anmelden; angeben
δήλωση (*-εις*) Erklärung *f*; Anzeige *f*; ***περιουσιακή ~*** Vermögenserklärung *f*; ***υπεύθυνη ~*** eidesstattliche Erklärung *f*
δηλωτικός bezeichnend
δημαγωγ|ία [-γɔj-] Demagogie *f*; **~ικός** demagogisch; **~ός** [-'γɔs] Demagoge *m*; **~ώ** (*ησ*) das Volk aufwiegeln
δημαρχ|είο [-'çiɔ] Rathaus *n*; **~εύω** [-'çɛvɔ] (*ευσ*) Bürgermeister sein; **~ία** Magistrat *m*; **~ιακός** Magistrats-
δήμαρχος [-xɔs] Bürgermeister *m*
δήμευση (*-εις*) [-f-] Beschlagnahme *f*
δημεύω [-'ɛvɔ] (*ευσ· ευτ· ευμ*) beschlagnahmen
δημηγορία [-γɔ-] (Volks-)Rede *f*
δημητριακά *n/pl* Getreide *n*
δήμιος Henker *m*, Scharfrichter *m*
δημιούργημα [-ji-] *n* Geschöpf *n*
δημιουργ|ία [-'jia] Schöpfung *f*; Erschaffung *f*; **~ικός** schöpferisch, kreativ; **~ικότητα** Kreativität *f*; **~ός** [-'γɔs] Schöpfer *m*; Urheber *m*; ***~ός μόδας*** Modeschöpfer *m*; **~ώ** (*ησ*) (er)schaffen; *ζημιές* verursachen; ***~ημένος*** gemacht(*er Mann*)
δημοκράτης Demokrat *m*; Republikaner *m*
δημοκρατ|ία Demokratie *f*; Republik *f*; ***λαϊκή ~ία*** Volksrepublik *f*; ***ομοσπονδιακή ~ία*** Bundesrepublik *f*; **~ικός** demokratisch; republikanisch
δημοπρα|σία Auktion *f*; Versteigerung *f*; **~τήριο** Auktionslokal *n*
δήμος Stadtgemeinde *f*
δημοσ|ία *K Adv* öffentlich; **~ιά** [-'ja] Landstraße *f*; **~ίευμα** [-ɛvma] *n* Veröffentlichung *f*, Publikation *f*; **~ίευση**

(-εις) [-efsi] Veröffentlichung *f*; **~ιεύω** [-'ενɔ] (*ευσ, εψ· ευθ, ευτ· ευμ*) veröffentlichen, publizieren; **~ιεύω** ***αγγελία*** annoncieren
δημόσιο Fiskus *m*; Staat *m*
δημοσιο|γραφία [-γra-] Journalistik *f*; Pressewesen *n*; **~γραφικός** journalistisch; Presse-; **~γράφος** Journalist *m*
δημόσιος (**-α, -ο**) öffentlich; Staats-; **~** ***υπάλληλος*** Beamte(r)
δημοσ|ιότητα Öffentlichkeit *f*; **~κόπηση** (-εις) Umfrage *f*; **~κοπικός** demoskopisch
δημότης Bürger *m* (*e-r Gemeinde*)
δημοτικ|ή neugriech. Volkssprache *f*; **~ισμός** [-zm-] Demotizismus *m*; **~ιστής** [-st-] Anhänger *m* der Volkssprache; **~ό** (***σχολείο***) Volksschule *f*; **~ός** Gemeinde-(*Wahl*); Volks-(*Lied*); volkstümlich; **~ότητα** Beliebtheit *f*
δημοτολόγιο Einwohnerregister *n*
δημο|φιλής 2 populär, beliebt; **~ψήφισμα** [-zma] *n* Volksabstimmung *f*, Volksentscheid *m*
δημώδης 2 Volks-; volkstümlich
δια- [ðia-, ðja-] *Präfix*: durch-, über-; er-, ver-, ab-, auf-, aus-
διά *K Präp* durch (*G*/*A*); für (*A*/*A*)
διαβάζω [ðja-] (*σ· στ· σμ*) lesen, vorlesen; studieren, lernen
δια|βαθμίζω (*σ· στ· σμ*) abstufen, einstufen; staffeln; **~βάθμιση** (-εις) Abstufung *f*, Einstufung *f*; **~βαίνω** [ðja-] (*να διαβώ· βηκ*) *v*/*i* vorübergehen; *χρον.* vergehen; *v*/*t* überschreiten, passieren; **~βάλλω** (*βαλ*) verleumden
διάβαση (-εις) Überquerung *f*; Durchgang *m*, Passage *f*; ***ορεινή*** **~** Paßstraße *f*; ***συνοριακή*** **~** Grenzübergang *m*; ***υπόγεια*** **~** Unterführung *f*; **~** ***πεζών*** Fußgängerüberweg *m*
διάβασμα *n* Lektüre *f*, Lesen *n*
διαβασμένος belesen; bewandert
δια|βατήριο (Reise-)Paß *m*; **~βάτης** Passant *m*; **~βάτισσα** Passantin *f*
διαβε|βαιώνω (*σ· θ*) *v*/*t* versichern; bestätigen; **~βαίωση** (-εις) Versicherung *f*; Bestätigung *f*
διαβηκ- *Aor v.* ***διαβαίνω***
διάβημα *n* diplomatische(r) Schritt
δια|βήτης Zirkel *m*; Zuckerkrankheit *f*; **~βητικός** Zuckerkranke(r); **~βιβάζω** (*σ· στ· σμ*) 'übersetzen; weiterleiten (***σε***/an *A*); *χαιρετισμό* bestellen; **~βίβαση** (-εις) 'Übersetzen *n*; Weiterleitung *f*; **~βιώνω** (*ωσ*) (dahin)leben; **~βίωση** (-εις) Lebensweise *f*
δια|βλέπω (*βλεψ*) ahnen, voraussehen; **~βόητος** allbekannt, berüchtigt
διαβολεμένος verteufelt; teuflisch
διαβολ|ιά [ðjavɔ'lja] Unfug *m*; **~ικός** teuflisch, höllisch; **~όκαιρος** Hundewetter *n*
διάβολος ['ðja-] Teufel *m*; ***στο διά(β)ολο!*** zum Teufel!
διάβρωση (-εις) Erosion *f*
διαβρωτικός zerfressend, ätzend
διάγγελμα *n* Botschaft *f*
διάγνωση (-εις) [-γn-] Diagnose *f*
διαγνωστικός [-γn-] diagnostisch; Erkennungs-; *Su f* Diagnostik *f*
διάγραμμα [-γra-] *n* Entwurf *m*, Plan *m*; Diagramm *n*
δια|γραφή [-γra-] Streichung *f*; Zeichnung *f*; Darstellung *f*; **~γράφω** (*ψ· φτ· μμ*) (ein)zeichnen; *κύκλο* beschreiben; *γεγονός* schildern; *λέξη κλπ.* (durch)streichen; *v*/*p* sich abzeichnen
διαγωγή [-γɔj-] Betragen *n*, Führung *f*
διαγων|ίζομαι [-γɔ-] (*στ*) wetteifern (***σε***/in *D*); an e-m Wettbewerb teilnehmen; **~ιζόμενος** Wettbewerbsteilnehmer *m*
διαγώνιος [-'γɔ-] (**-α, -ο**) diagonal; *Su f* Diagonale *f*
δια|γώνισμα *n*, **~γωνισμός** [-γɔnizm-] Wettbewerb *m*; (Prüfungs-)Arbeit *f*; Test *m*
δια|δεδομένος verbreitet; **~δέχομαι** [-xɔ-] (*δεχτ*) nachfolgen *D*
δια|δηλώνω (*σ*) bekunden, kundtun; **~δήλωση** (-εις) Kundgebung *f*, Demonstration *f*; **~δηλωτής** Demonstrant *m*
διάδημα *n* Diadem *n*
διαδίδω (*δωσ· δοθ· δεδομ*) (*das Gerücht*) verbreiten
διαδικασία Verfahren *n*; Prozedur *f*; ***συνοριακή*** **~** Grenzformalitäten *f*/*pl*; **~** ***συμβιβασμού*** Vergleichsverfahren *n*
διά|δικος Prozeßpartei *f*; **~δοση** (-εις) Verbreitung *f*; Gerücht *n*
διαδοχ|ή [-'çi] (Nach-)Folge *f*; Reihe *f*; **~ικός** aufeinanderfolgend; *Adv* hintereinander

διάδοχος [-xɔs] Nachfolger *m*; Kronprinz *m*; *ιστ.* Diadoche *m*
διαδραματίζω (*σ· στ*) spielen; *v/p* sich abspielen
διαδρομή Strecke *f*; Fahrt *f*; ***έκτακτη ~*** Sonderfahrt *f*; ***ημερήσια ~*** Tagesfahrt *f*
διάδρομος Gang *m*, Korridor *m*, Diele *f*; *αερ.* Piste *f*; ***~ απογείωσης*** Startbahn *f*; ***~ προσγείωσης*** Landebahn *f*; ***~ συναρμολόγησης*** Fertigungsstraße *f*
διάζευξη (*-εις*) [-zɛf-] Trennung *f*
διαζύγιο [-jiɔ] (Ehe-)Scheidung *f*; ***παίρνω ~*** sich scheiden lassen
διάζωμα *n* Fries *m*; ***προστατευτικό ~*** Leitplanke *f*
διάθεσ|η (*-εις*) Verfügung *f*; Stimmung *f*; Lust *f* (***για***/zu *D*); ***θέτω στη ~η*** zur Verfügung stellen (*G/D*); ***έχω στη ~ή μου*** verfügen über *A*
δια|θέσιμος verfügbar; erhältlich; **~θεσιμότητα** Verfügbarkeit *f*; *στρ.* einstweilige(r) Ruhestand; **~θέτω** (*σ· τεθ· τεθειμ*) *v/t* *μέσα* einsetzen; *χρήμ.* bereitstellen; zur Verfügung stellen; *προϊόντα* anbieten; verfügen über *A*
διαθήκη Testament *n*; ***Παλαιά*** (***Καινή***) ~ Altes (Neues) Testament
διάθλαση (*-εις*) *φυσ.* Brechung *f*
διαθλώ (*άς· ασ· ασθ, αστ*) *φυσ.* brechen
διαίρεση (*-εις*) Teilung *f*; *μαθ.* Division *f*; *μτφ.* Zwietracht *f*
διαιρ|ετέος *μαθ.* Dividend *m*; **~έτης** Teiler *m*, Divisor *m*; **~ετός** teilbar; **~ετότητα** Teilbarkeit *f*; **~ώ** (*εσ· εθ*) teilen (***σε***/in *A*); unterteilen; verteilen; *μαθ.* dividieren
δι|αισθάνομαι (*ανθ*) spüren, ahnen; **~αίσθηση** (*-εις*) (Vor-)Ahnung *f*; Gespür *n*; Intuition *f*
δίαιτα Diät *f*; ***κάνω ~*** Diät halten
διαιτη|σία Schiedsverfahren *n*; **~τής** Schiedsrichter *m* *κ. αθλ.*; **~τικός** schiedsrichterlich; Diät-
διαι|ωνίζω (*σ· στ*) verewigen; hinauszögern; **~ώνιση** (*-εις*) Verewigung *f*
διακαν|ονίζω (*σ· στ· σμ*) regeln; **~ονισμός** Regelung *f*; ***~ονισμός ζημίας*** Schadensregulierung *f*
διακε|κομμένος unterbrochen; **~κριμένος** hervorragend; prominent
δια|κήρυξη (*-εις*) Aufruf *m*; **~κηρύσσω** (*ξ· χτ· γμ*) verkünden, proklamieren; **~κινδυνεύω** [-'ɛvɔ] (*ευσ, εψ· ευτ*) *v/t* aufs Spiel setzen; **~κίνηση** (*-εις*) Transport *m*, Umschlagen *n*; ***~κίνηση εμπορευμάτων*** Güterverkehr *m*; ***~κίνηση λογαριασμών όψεως*** Giroverkehr *m*; **~κλαδίζομαι** (*στ· σμ*) sich teilen, sich gabeln; sich verästeln; **~κλάδωση** (*-εις*) Abzweigung *f*
διακον|εύω [ðja-] (*ψ*) betteln; **~ία** [ði-] Dienst *m*; Diakonie *f*; **~ιάρης** [ðjakɔ'nja-] (*-ηδες*) Bettler *m*
διάκονος Diakon *m*
δια|κοπή Unterbrechung *f*; Pause *f*; Abbruch *m*; *ηλεκτρον.* Absturz *m*; ***~κοπή ρεύματος*** Stromausfall *m*; *pl* Ferien *pl*; ***θερινές ~κοπές*** Sommerferien *pl*, Sommerurlaub *m*; ***χειμερινές ~κοπές*** Winterurlaub *m*; ***~κοπές στη θάλασσα*** Badeurlaub *m*; ***~κοπές σχολείων*** Schulferien *pl*; **~κόπτης** *ηλ.* Schalter *m*; Unterbrecher *m*; ***~κόπτης ανάφλεξης*** Zündschloß *n*; **~κόπτω** (*ψ· οπ· μμ*) unterbrechen; *σχέσεις* abbrechen; *v/p* fortfallen; *ηλεκτρον.* abstürzen
διάκος ['ðja-] Diakon *m*
διακόσ(ι)οι [ðja-] 3 zweihundert
διακόσμηση (*-εις*) [-zm-] Verzierung *f*, Dekoration *f*; Schmücken *n*
διακοσμητ|ής [-zm-] Dekorateur *m*; Designer *m*; **~ικός** dekorativ; Zier-
διακοσμήτρια [-zm-] Dekorateurin *f*
διάκοσμος [-zm-] Ausstattung *f*
διακοσμώ [-'zmɔ] (*ησ· ηθ· ημ*) verzieren, (aus)schmücken; dekorieren
διακρατικός zwischenstaatlich
διακρίνω (II = I· *θ· κεκριμ*) *v/t* unterscheiden; erkennen (***από***/an *D*); *v/p* sich auszeichnen (***για***/ durch *A*)
διάκριση (*-εις*) Unterscheidung(svermögen *n*) *f*; Diskretion *f*; Auszeichnung *f*; (*αρνητικά*) Diskriminierung *f*
διακριτικ|ός unterscheidend; Erkennungs-; diskret; *Su n* Kennzeichen *n*; **~ότητα** Diskretion *f*, Taktgefühl *n*
δια|κυβέρνηση (*-εις*) Regieren *n*; **~κυβερνώ** (*άς· ησ· ημ*) regieren; verwalten; **~κυβεύω** [-'vɛvɔ] (*ευσ· ευτ*) aufs Spiel setzen; **~κύμανση** (*-εις*) Schwankung *f*
διακωμ|ώδηση (*-εις*) Verspottung *f*; **~ωδώ** (*ησ· ηθ· ημ*) verspotten

διαλαλώ (*ησ· ηθ· ημ*) verbreiten
διάλεγμα ['ðjaleɣma] *n* Auswahl *f*
δια|λεγμένος [ðjaleɣ-] ausgesucht; **~λέγω** (*ξ· χτ*) auswählen, aussuchen
διάλειμμα ['ðja-] *n* Pause *f*
διάλειψη (*-εις*) Aussetzen *n*, Stocken *n*; *ράδιο*: Fading *n*; Schwund *m*
διαλεκτικ|ή Dialektik *f*; **~ός** dialektisch; dialektal
διάλεκτος *f* Dialekt *m*, Mundart *f*
διάλεξη (*-εις*) Vortrag *m*
δια|λευκαίνω [-lɛf-] (*αν· ανθ· ασμ*) *μτφ.*, aufklären, aufhellen; **~λεύκανση** (*-εις*) Aufklärung *f*
διαλεχτός [ðjalɛx-] ausgezeichnet
διαλλα|γή [-'ji] Versöhnung *f*; **~κτικός** versöhnlich; **~κτικότητα** Versöhnlichkeit *f*
διαλογή [-'ji] Auswahl *f*; Sortierung *f*
διάλογος [-ɣɔs] Dialog *m*
διάλυ|μα *n* *χημ.* Lösung *f*; **~ση** (*-εις*) Lösung *f* *κ.χημ.*; *πολ.*, *εμπ.* Auflösung *f*; Liquidation *f*; Zerfall *m*; *τεχν.* Abbau *m*, Demontage *f*
διαλύτης Lösungsmittel *n*; **~ *περιθωρίου*** Randlöser *m*
διαλυτικός auflösend; zersetzend; *Su n/pl* Trema *n*, Trennpunkte *m/pl*
διαλύω (*σ· θ*) *v/t* lösen; *συγκέντρωση* auflösen; *τεχν.* auseinandernehmen, demontieren, abbauen; *παρεξήγηση* beilegen; *v/p* zerfallen; zerrinnen
δια|μαντένιος [ðjama'ɲdɛnj-] (**-α, -ο**) Diamant-; **~μάντι** Diamant *m*
διαμαρτύρηση (*-εις*) (Wechsel-)Protest *m*
διαμαρτ|υρία Protest *m*, Einspruch *m*; Beschwerde *f*; **~ύρομαι** (*ρηθ*) protestieren, Einspruch erheben; sich beschweren; **~υρόμενος** Protestant *m*
διαμάχη [-çi] Streit(igkeit *f*) *m*
διαμελ|ίζω (*σ· στ· σμ*) zerstückeln; teilen; zerlegen; **~ισμός** [-zm-] Zerstückelung *f*; Teilung *f*; Zerlegung *f*
διαμένω (*μειν*) sich aufhalten, leben
δια|μέρισμα [-zma] *n* Teil *m*; Fach *n*; *σιδ.* Abteil *n*; Bezirk *m*; (Etagen-)Wohnung *f*; ***ιδιόκτητο ~μέρισμα*** Eigentumswohnung *f*; **~μερισμός** Teilung *f*; Verteilung *f*; ***~μερισμός θέσης εργασίας*** Jobsharing *n*
διάμεσος Mittel-, Zwischen-
διαμετα|κομίζω (*σ· στ· σμ*) (durch-)leiten; **~κόμιση** Transit *m*, Durchfuhr *f*; **~κομιστικός** Transit-, Durchfuhr-
δια|μέτρημα *n* Kaliber *n*, lichte Weite *f*; **~μετρικός** diametral
διάμετρος *f* Durchmesser *m*; ***εκ διαμέτρου αντίθετος*** diametral entgegengesetzt
διαμοιρ|άζω (*σ· στ· σμ*) verteilen (***σε***/an *A*), aufteilen (***σε***/unter *A*); *v/p* unter sich aufteilen; **~ασμός** [-zm-] Verteilung *f*, Aufteilung *f*
διαμονή Aufenthalt *m*; Wohnsitz *m*
δια|μορφώνω (*σ· θ*) *v/t* formen, bilden; *v/p* sich herausbilden; **~μόρφωση** (*-εις*) (Heraus-)Bildung *f*; Formung *f*; ***~μόρφωση τυπογραφικής σελίδας*** Desktop publishing *n*
διανεμητής Verteiler *m*
διανέμω (*νειμ· νεμηθ· νεμημ*) verteilen; zuteilen; *ταχ.* austragen
διανόη|μα *n* Gedanke *m*; **~ση** (*-εις*) Denken *n*; Denkweise *f*
διανοητικός geistig; intellektuell
διάνοια Geist *m*; Intellekt *m*; ***έχω κατά ~*** im Sinn haben
διανοίγω [-ɣɔ] (*ξ· χτ· γμ*) öffnen; durch'brechen; *δρόμο* bahnen, bauen
διάνοιξη (*-εις*) Öffnung *f*; Erweiterung *f*
διανομ|έας Verteiler *m*; Austräger *m*; **~ή** Verteilung *f*; Zustellung *f*
διανο|ούμαι (*ηθ*) denken; **~ούμενος** Intellektuelle(r)
διανυκτ|έρευση (*-εις*) [-ɛfsi] Übernachtung *f*; **~ερεύω** [-'ɛvɔ] (*ευσ*) übernachten; Nachtdienst haben
διανύω (*σ*) *δρόμο* zurücklegen
διαξιφισμός Fechtkampf *m*; *μτφ.* Wortgefecht *n*
διαπαιδαγ|ώγηση (*-εις*) [-'ɣɔj-] Erziehung *f*; **~ωγώ** [-ɣɔ'ɣɔ] (*ησ· ηθ· ημ*) erziehen
διαπασών (*0*) *f* Oktave *f*; Stimmgabel *f*; ***στη ~*** in voll(st)er Lautstärke *f*
δια|περαιώνω (*σ· θ*) 'übersetzen, hinüberbringen; **~περαίωση** (*-εις*) 'Übersetzen *n*; **~περαστικός** durchdringend; scharf; **~περνώ** (*άς· ρασ· ραστ· σμ*) *v/t* durchdringen, durchstechen; durchqueren
διαπιστ|ευτήρια [-ɛft-] *pl* Beglaubigungsschreiben *n*; **~ώνω** (*σ· θ*) feststellen; nachweisen
διαπίστωση (*-εις*) Feststellung *f*

διαπλάθω (*σ· στ· σμ*) formen; heranbilden, erziehen
διάπλαση Formung *f*, Gestaltung *f*; Heranbildung *f*, Erziehung *f*
διάπλατος ['ðja-] weit offen
δια|πλάτυνση (*-εις*) Verbreiterung *f*, Erweiterung *f*; **~πλατύνω** (II = I· *υνθ· υμ*) verbreitern, erweitern
διαπληκτ|ίζομαι (*στ*) sich streiten, sich zanken; **~ισμός** Streit *m*
διάπλους (*-ου*) Überfahrt *f*
δια|πνέομαι beseelt sein; **~πομπεύω** [-'ɛvɔ] (*εψ· ευτ· εμ*) anprangern
διαποτίζω (*σ· στ· σμ*) durchnässen; *μτφ.* beeinflussen
διαπραγμ|ατεύομαι [-praɣma'tɛv-] (*ευτ*) behandeln; verhandeln (*A*/über *A*); **~άτευση** (*-εις*) [-ɛfsi] Verhandlung *f*; ***συλλογική ~άτευση*** Tarifverhandlung *f*
διάπραξη (*-εις*) Verübung *f*
διαπράττω (*ξ· χτ*) begehen, verüben
δια|πρεπής 2 prominent; hervorragend; **~πρέπω** (*ψ*) glänzen, sich hervortun; **~πύηση** (*-εις*) Vereiterung *f*
διαρθρώνω (*σ· θ*) *ύλη* gliedern; *γλώσσα* gut artikulieren
διάρθρωση (*-εις*) gute Artikulation *f*; Gliederung *f*
διάρκεια Dauer *f*; ***μέση ~ ζωής*** Lebenserwartung *f*
διαρκ|ής 2 (an)dauernd, ständig, permanent; **~ώ** (*εσ*) (an)dauern; **~ώς** *Adv* dauernd, ständig
διαρρ|έω (*ευσ*/*διέ-*) durchströmen; auslaufen (***από***/aus *D*); *μτφ.* durchsickern; **~ήκτης** Einbrecher *m*
διάρρηξη (*-εις*) Einbruch *m*
διαρρήχνω [-xnɔ] (*ρηξ· ρηχτ· ρηγμ*) aufbrechen; *σε σπίτι* einbrechen
διαρροή Durchströmen *n*; Auslaufen *n*; Leck *n*; *μτφ.* Auflösung *f*
διάρροια Durchfall *m*, Diarrhöe *f*
διαρρ|υθμίζω (*σ· στ· σμ*) einrichten; anordnen; gliedern; **~ύθμιση** (*-εις*) Einrichtung *f*; Anordnung *f*
δια|σάλευση (*-εις*) [-ɛfsi] Erschütterung *f*; **~σαλεύω** [-'ɛvɔ] (*ευσ, εψ· ευτ· εμ*) erschüttern
δια|σαφηνίζω (*σ· στ· σμ*) klären, aufklären; klarstellen; **~σάφηση** (*-εις*) Klärung *f*, Aufklärung *f*; Klarstellung *f*; **~σαφητικός** (auf)klärend
διάσειση (*-εις*) Erschütterung *f*; ***~ εγκεφάλου*** Gehirnerschütterung *f*
διάσημ|α *n*/*pl* Rangabzeichen *n*; **~ος** berühmt, prominent
διασημότητα Berühmtheit *f*
διασκεδάζω (*σ· στ· σμ*) *v*/*t υποψίες* auflösen, zerstreuen; *μτφ.* unterhalten, erheitern; *v*/*i* sich unterhalten
διασκέδαση (*-εις*) Zerstreuung *f*; Unterhaltung *f*; ***καλή ~!*** viel Vergnügen!
διασκεδαστικός unterhaltsam
διασκευ|άζω [-ɛv-] (*σ· στ· σμ*) bearbeiten; verändern; **~αστής** Bearbeiter *m*; **~ή** Bearbeitung *f*
διάσκεψη (*-εις*) Konferenz *f*, Tagung *f*, Beratung *f*; ***~ κορυφής*** Gipfelkonferenz *f*
δια|σκορπίζω (*σ· στ· σμ*) *χρήμ.* vergeuden; *ανθρώπους* auseinandertreiben, zerstreuen; **~σκορπισμός** [-zm-] Vergeudung *f*; Zerstreuung *f*
διασπαρ- *βλ.* ***διασπείρω***
διάσπαση (*-εις*) Zertrümmerung *f*; Spaltung *f*; ***~ του ατόμου, του πυρήνα*** Kernspaltung *f*
διασπαστικός Spaltungs-
δια|σπείρω (II = I· *σπαρθ· σπαρμ*) zerstreuen; verbreiten; **~σπορά** Zerstreuung *f*; Verbreitung *f*; Diaspora *f*; **~σπώ** (*άς· ασ· αστ· ασμ*) zertrümmern; spalten, aufsplittern
διασταλτ|ικός dehnbar; **~ικότητα** Ausdehnungsvermögen *n*
διάσταση (*-εις*) Trennung *f*; Dimension *f*; *αθλ.* Grätschstellung *f*
δια|σταυρώνω [-avr-] (*σ· θ*) kreuzen; mischen; **~σταύρωση** (*-εις*) Kreuzung *f κ. βιολ.*; ***~σταύρωση εθνικής οδού*** Autobahndreieck *n*
διαστέλλω (*ειλ· αλθ· αλμ*) unterscheiden; *φυσ.* ausdehnen
διάστημα *n* Abstand *m*, Entfernung *f*; Weltraum *m*; (Zwischen-)Raum *m*; ***χρονικό ~*** Zeitraum *m*
διαστημόπλοιο Raumschiff *n*
διαστολή Unterscheidung *f*; *φυσ.* Ausdehnung *f*; *μουσ.* Taktstrich *m*
δια|στρεβλώνω (*σ· θ*) *χέρι* verrenken, verstauchen; *μτφ.* verdrehen; **~στρέβλωση** (*-εις*) Verrenken *n*; *μτφ.* Verdrehung *f*
διαστρεμμένος verdorben, pervers
διαστρέφω (*ψ· αφ· μμ*) verdrehen; *χαρακτήρα* verderben
διαστροφή Perversion *f*

διασύνδεση (-*εις*) Querverbindung *f*
δια|συρμός Verleumdung *f*; **~σύρω** (II = I· *συρθ· συρμ*) in Verruf bringen
διασχίζω [-sç-] (*σ· στ· σμ*) durchqueren; überqueren, durch'fahren
Δ **διασώζω** (*σ· θ*) retten; bewahren
διάσωση (-*εις*) Rettung *f*; Bewahrung *f*
διαταγ|ή [-'ji] Befehl *m*, Order *f*; ***ημερήσια ~ή*** Tagesbefehl *m*; ***~ή πληρωμής*** Zahlungsbefehl *m*
διάταγμα *n* Verordnung *f*, Erlaß *m*
δια|τάζω (*ξ· χτ· γμ*) befehlen (***κπ να***/j-m zu); *γιατρός*: verordnen; **~τακτική** Bezugsschein *m*
διάταξη (-*εις*) Anordnung *f*; Befehl *m*; *νομ*. Bestimmung *f*; Vorschrift *f*
δια|τάραξη (-*εις*) Störung *f κ. ιατρ.*; Unruhe *f*; **~ταράσσω** (*ξ· χτ· γμ*) stören; **~ταραχή** [-'çi] Störung *f*; ***γλωσσική ~ταραχή*** Sprachstörung *f*; ***κυκλοφοριακή ~ταραχή*** Kreislaufstörung *f*
διατεθ- *βλ. κ.* ***διαθέτω***
δια|τεθειμένος geneigt; **~τείνομαι** behaupten
δια|τήρηση (-*εις*) Erhaltung *f*; Unterhalt *m*; Konservierung *f*; **~τηρητέος** (***-α, -ο***) zu erhalten(d), unter Denkmalschutz *m*; **~τηρώ** (*ησ· ηθ*) *v/t υγεία* erhalten; unterhalten; *μνήμη* bewahren; *v/p* (-*ούμαι*) erhalten sein
δια|τίμηση (-*εις*) Tarif *m*; Preisfestsetzung *f*; **~τιμώ** (*άς· ησ· ημ*) *v/t* den Preis festsetzen für *A*; **~τρανώνω** (*σ· θ*) bekunden, bekräftigen
δια|τρέφω (*θρεψ· τραφ*) unterhalten, ernähren; **~τρέχω** [-xɔ] (*ξ*) durch'laufen, durch'fahren *κ. μτφ.*; *κίνδυνο* Gefahr laufen; ***~τρέξαντα*** *n/pl* Vorgänge *m/pl*
διάτρηση (-*εις*) Durchbohrung *f*; Bohrung *f* nach *D*
διάτρητος durchbohrt, durchlöchert
διατριβή Abhandlung *f*, Aufsatz *m*; ***εναίσιμη ~*** Dissertation *f*
δια|τροφή Unterhalt(ung *f*) *m*; Ernährung *f*; *στρ.* Verpflegung *f*; ***πλήρης ~τροφή*** Vollpension *f*
διάττοντας Sternschnuppe *f*
δια|τυμπανίζω (*σ· στ· σμ*) ausposaunen; **~τυπώνω** (*σ· θ*) formulieren; abfassen; **~τύπωση** (-*εις*) Formulierung *f*; Abfassung *f*; (*Zoll*-)Formalität *f*; ***χωρίς ~τυπώσεις*** zwanglos
δι|αύγεια [-'avjia] Durchsichtigkeit *f*; Klarheit *f*; **~αυγής** [-a'vjis] 2 klar
δια|φαίνομαι (*φαν*) durchscheinen; *μτφ.* sichtbar werden; **~φάνεια** Durchsichtigkeit *f*; Dia(positiv) *n*; **~φανής** 2 durchsichtig, transparent
διάφανος *βλ.* ***διαφανής***
δια|φέρω (*o. Aor*) sich unterscheiden, abweichen von *D*; **~φεύγω** [-'fɛvɣɔ] (*φυγ*) *v/i* entkommen, entfliehen; *όνομα*: entfallen; *λεπτομέρεια*: entgehen; *v/t κίνδυνο* entgehen (*D*)
δια|φημίζω (*σ· στ· σμ*) *v/t* werben für *A*; (an)preisen; **~φήμιση** (-*εις*) Werbung *f*; Anzeige *f*; ***λανθάνουσα ~φήμιση*** Schleichwerbung *f*; ***φωτεινή ~φήμιση*** Leuchtreklame *f*; **~φθείρω** (II = I· *φθαρθ· φθαρμ*) verderben; verführen; bestechen; **~φθορά** Verdorbenheit *f*; Bestechung *f*, Korruption *f*
διαφιλο|νίκηση (-*εις*) Beanspruchung *f*; **~νικώ** (*ησ*) beanspruchen
διαφορ|ά Unterschied *m*; Streitigkeit *f*; *μαθ.* Differenz *f*; ***~ά χρόνου*** Zeitunterschied *m*; **~ετικά** *Adv* sonst; anders; anderenfalls; **~ετικός** verschieden, ander-; **~ικό** Differential(getriebe) *n*
διαφοροποιώ (*ησ· ηθ*) differenzieren
διάφορος verschieden; *Su n/pl* Vermischte(s)
διάφραγμα [-ɣma] *n* Zwischenwand *f*; *φωτογρ.* Blende *f*; *ανατ.* Zwerchfell *n*
δια|φυγή [-'ji] Entfliehen *n*, Entweichen *n κ. φυσ.*; **~φυλάγω** [-ɣɔ] (*ξ· χτ· γμ*) bewahren, erhalten; **~φύλαξη** (-*εις*) Bewahrung *f*, Erhaltung *f*; **~φωνία** Meinungsverschiedenheit *f*, Konflikt *m*; **~φωνώ** (*ησ*) nicht einverstanden sein (***με***/mit *D*); streiten; **~φωτίζω** (*σ· στ· σμ*) aufklären (***κπ για***/j-n über *A*); **~φώτιση, ~φωτισμός** [-zm-] *ιστ.* Aufklärung *f*
δια|χειρίζομαι [-çi-] (*στ*) verwalten; *επιχείρηση* managen, leiten; **~χείριση** (-*εις*) Verwaltung *f*; Leitung *f*, Management *n*; ***κακή ~χείριση*** Mißwirtschaft *f*; ***καταπιστευτική ~χείριση*** Treuhandverwaltung *f*; **~χειριστής** Verwalter *m*; Leiter *m*;

Geschäftsführer *m*; **καταπιστευτικός ~χειριστής** Treuhänder *m*; **~χειριστής κληρονομιάς** Nachlaßverwalter *m*; **~χειρίστρια** Verwalterin *f*; Geschäftsführerin *f*

διαχυτικ|ός [-çi-] überschwenglich; **~ότητα** Überschwenglichkeit *f*

διάχυτος [-çi-] zerstreut

δια|χωρίζω [-xɔ-] (*σ· στ· σμ*) teilen; trennen; **~χωρισμός** Trennung *f*; Teilung *f*

διαψεύδω [-'ɛvðɔ] (*ευσ· ευσθ· ευσμ*) dementieren; als falsch erweisen

διάψευση (*-εις*) [-ɛfsi] Dementi *n*

διγλωσσία [-ɣl-] Zweisprachigkeit *f*

δίγλωσσος [-ɣl-] zweisprachig

δίγνωμος [-ɣnɔ-] unschlüssig

δίδαγμα [-ɣma] *n* Lehre *f*; Moral *f*

διδακτ|ήριο Lehranstalt *f*; **~ικός** Lehr-; belehrend; *Su f* Didaktik *f*

διδάκτ|ορας Doktor *m*; **υποψήφιος ~ορας** Doktorand *m*; **~ορικός** Doktor-

δίδακτρα *n/pl* Schulgeld *n*

διδασκαλ|είο Lehrerbildungsanstalt *f*; **~ία** Unterricht *m*; Lehrtätigkeit *f* (an *D*); Lehre *f*; **~ία γλώσσας** Sprachunterricht *m*; **~ικός** Lehrer-

δι|δασκάλισσα *βλ.* **δασκάλα**; **~δάσκαλος** *βλ.* **δάσκαλος**

διδάσκω (*ξ· χτ· γμ*) *v/t* lehren, unterrichten; belehren; anleiten

δίδυμ|ος Zwillings-; *Su m* Zwilling *m* (*pl a. -α*); **♀οι** *αστρ.* die Zwillinge

διε- *βλ. κ.* **δια-**

διεγείρω [-'jirɔ] (II = I· *γερθ· γερμ*) erregen; *όρεξη* anregen

διέγερση (*-εις*) [-jɛ-] Erregung *f*; Anregung *f*; Aufwiegelung *f*

διεγερτικός [-j-] anregend, aufputschend; *Su n* Anregungsmittel *n*

διεθνής 2 international, Welt-; *Su f* Internationale *f*

διείσδυση (*-εις*) [-'iz-] Durchdringung *f*; Eindringen *n*

διεισ|δυτικός [-iz-] durchdringend; **~δύω** (*σ*) (durch)dringen, vordringen (**μέχρι, ως**/bis in *A*)

διεκ|δίκηση (*-εις*) Anspruch *m*, *πολ.* Forderung *f*; **~δικώ** (*ησ· ηθ*) beanspruchen, fordern; **~περαιώνω** (*σ· θ*) erledigen; abfertigen, absenden; **~περαίωση** (*-εις*) Erledigung *f*; Absendung *f*; Versandabteilung *f*; **μαζική ~περαίωση** Massenabfertigung *f*; **~περαίωση αποσκευών** Gepäckabfertigung *f*

διέλευση (*-εις*) [-ɛfsi] Durchzug *m*, Durchreise *f*

διένεξη (*-εις*) Streit *m*, Streitigkeit *f*

διεν|έργεια [-jia] Ausführung *f*, Durchführung *f*; **~εργώ** [-'ɣɔ] (*ησ*) durchführen; vornehmen

διεξ|άγω [-ɣɔ] (*αγαγ· αχθ, ηχθ*) durchführen; **~αγωγή** [-ɣɔ'ji] Durchführung *f*

διεξε- *βλ.* **διεκ-**

διεξοδικ|ός ausführlich; umständlich, weitläufig; **~ότητα** Ausführlichkeit *f*

διέξοδος *f* Ausweg *m*

διέπω *K* (*o. Aor.*) beherrschen

διερεύνηση (*-εις*) [-ɛvn-] Durchsuchung *f*; Erforschung *f*

διερευν|ητικός forschend; **~ώ** (*άς· ησ· ηθ· ημ*) durchforschen; erforschen

διερμηνέας Dolmetscher *m*; **ταυτόχρονος ~** Simultandolmetscher *m*

διερμηνεύω [-'ɛvɔ] (*ευσ· ευτ· ευμ*) dolmetschen; zum Ausdruck bringen

διέρχομαι [-xɔ-] (*ηλθ*) durchgehen, durch'fahren; *σύνορα* überschreiten

διερχόμενος [-'xɔ-] Transitreisende(r)

διερωτώμαι (*-άσαι· ηθ*) *K* sich fragen

διε|σπαρμένος *βλ.* **διασπείρω**; **~στραμμένος** *βλ.* **διαστρεμμένος**

διετία Zeit *f* von zwei Jahren

διευθ|έτηση (*-εις*) [ðiɛf-] Schlichtung *f*, Beilegung *f*; **~ετώ** (*ησ· ηθ· ημ*) schlichten, beilegen

διεύθυνση (*-εις*) [-'ɛf-] Direktion *f*, (Geschäfts-)Leitung *f*; *ταχ.* Adresse *f*, Anschrift *f*

διευθυντ|ής Direktor *m*, Leiter *m*; *μουσ.* Dirigent *m*; **γενικός ~ής** Generaldirektor *m*; **~ικός** Direktoren-

διευθύνω [-ɛf-] (II = I· *υνθ*) leiten; regieren; *όχημα* lenken; *βλέμμα* richten (**προς**/auf *A*); *γράμμα* adressieren, richten; *μουσ.* dirigieren

διευ|κόλυνση (*-εις*) [ðiɛf-] Erleichterung *f*, Hilfe *f*; **φορολογική ~κόλυνση** Steuervergünstigung *f*; **~κολύνω** (II = I· *υνθ*) *v/t* erleichtern; aushelfen *D*; **~κρινίζω** (*σ· στ· σμ*) klären; feststellen; **~κρίνιση** (*-εις*) Klärung *f*; Feststellung *f*

δι|εύρυνση (*-εις*) [-'ɛv-] Verbreiterung *f*; Erweiterung *f*; **~ευρύνω** (II = I·

Δ

υνθ· υμ) verbreitern; erweitern; **~εφθαρμένος** korrupt, verdorben
διήγημα [-ji-] *n* Erzählung *f*, Novelle *f*, Geschichte *f*
διηγηματ|ικός [-ji-] erzählend; erzählerisch; **~ογράφος** [-'ɣra-] Erzähler *m*, Novellist *m*
διήγηση (*-εις*) *βλ.* ***διήγημα***
διηγούμαι [-'ɣu-] (*είσαι· ηθ*) erzählen
διηλθ- *βλ.* ***διέρχομαι***
δι|ημερεύω (*ευσ*) *ιατρ.* Tagesdienst haben; **~ήμερος** zweitägig
διηπειρωτικός interkontinental
δικάζω (*σ· στ· σμ*) richten; verurteilen; *v/p* vor Gericht stehen
δίκαιο Recht *n*; ***διεθνές ~*** Völkerrecht *n*; ***εθιμικό ~*** Gewohnheitsrecht *n*
δικαιο|δοσία Gerichtsbarkeit *f*; Amtsbezirk *m*; **~λογημένα** [-ji-] *Adv* mit Recht, zu Recht; **~λόγηση** (*-εις*) Rechtfertigung *f*; Verteidigung *f*; **~λογητικό** Beleg *m*, Unterlage *f*; **~λογία** Rechtfertigung *f*; Vorwand *m*; **~λογώ** [-'ɣɔ] (*ησ· ηθ· ημ*) rechtfertigen, begründen
δίκαιος gerecht; rechtmäßig; *Adv* mit Recht
δικαι|οστάσιο Stundung *f*, Aufschub *m*; **~οσύνη** Gerechtigkeit *f*; Justiz *f*, Rechtswesen *n*; **~ούμαι** (*-ούσαι*) Anspruch haben (*A*/auf *A*); **~ούχος** [-xɔs] (***-α, -ο***) Berechtigte(r)
δικαίωμα *n* Recht *n*, Anrecht *n*, Anspruch *m* (***σε***/auf *A*); Berechtigung *f*; ***θεμελιώδες ~*** Grundrecht *n*; ***~ απεργίας*** Streikrecht *n*; ***~ καταγγελίας*** Kündigungsrecht *n*; ***~ προτεραιότητας*** Vorfahrtsrecht *n*; ***~ ψήφου*** Stimmrecht *n*
δικαι|ωματικώς, ~ωματικά von Rechts wegen; **~ώνω** (*σ· θ*) recht geben (*A*/*D*); *v/p* recht bekommen
δικαίωση (*-εις*) Rechtfertigung *f*
δικάσιμος *f* Verhandlungstag *m*
δικαστ|ήριο Gericht *n*; ***ακυρωτικό ~ήριο*** Kassationsgericht *n*; ***διαιτητικό ~ήριο*** Schiedsgericht *n*; ***ορκωτό ~ήριο*** Schwurgericht *n*; ***ποινικό ~ήριο*** Strafgericht *n*; **~ής** Richter *m*; **~ικός** gerichtlich; Gerichts-; *Su m* Justizbeamte(r), Richter *m*
δίκη Prozeß *m*
δικηγορ|ία [-ɣɔ-], **~ική** Anwaltschaft *f*; **~ικός** Anwalts-
δικηγ|όρος [-'ɣɔ-] Rechtsanwalt *m*; **~ορώ** (*ησ*) Rechtsanwalt sein
δίκιο [-kɔ] *βλ. κ.* ***δίκαιο; έχω ~*** recht haben; **~ς** (***-α, -ο***) *βλ.* ***δίκαιος***
δικλίδα Ventil *n*; *ανατ.* Klappe *f*; ***ασφαλιστική ~*** Sicherheitsventil *n*
δικογραφία [-ɣra-] Prozeßakten *f*/*pl*
δίκοπος zweischneidig
δικ|ός eigen; ***~ός μου, σου*** *κλπ.* mein, dein *usw.*; der meine, meinige *usw.*; ***οι ~οί μου*** meine Angehörigen *pl*
δικτάτορας Diktator *m*
δικτατορ|ία Diktatur *f*; **~ικός** diktatorisch
δίκτυο Netz *n κ. μτφ.*; ***οδικό ~*** Straßennetz *n*; ***σιδηροδρομικό ~*** Eisenbahnnetz *n*; ***~ εξυπηρέτησης*** Servicenetz *n*
δικτυωτός netzartig; *Su n* Gitter(werk) *n*; Drahtgeflecht *n*
δίλημμα *n* Zwiespalt *m*, Dilemma *n*
δι|μελής 2 zweiköpfig, zweigliedrig; **~μερής** 2 zweiteilig; bilateral; **~μηνία** zwei Monate *m*/*pl*
δίμηνος *διάρκεια*: zweimonatig
διμοιρία *στρ.* Zug *m*
δίνω (*δωσ· δοθ· δεδομ, δοσμ*) *v*/*t* geben (***κτ σε κπ***/j-m etw.); *πίστη* schenken; *άδεια, δίπλωμα* erteilen; *παράσημο* verleihen; *όρκο* leisten, ablegen; *εξετάσεις* machen, ablegen; *v*/*p* sich hingeben, sich widmen (***σε***/*D*); ***~ δρόμο*** den Laufpaß geben; ***~ προσοχή*** achtgeben (***σε***/auf *A*); ***~ ραντεβού*** sich verabreden
δι|ογκώνω (*σ· θ*) *v*/*t* aufblähen; *v*/*i* (an)schwellen; **~όγκωση** (*-εις*) Anschwellung *f*
διόδια *n*/*pl* Straßenbenutzungsgebühr *f*, Mautgebühr *f*
δίοδος *f* Durchgang *m*; Paß *m*
διοίκηση (*-εις*) Verwaltung *f* (*κ. το κτίριο*); Leitung *f*; *στρ.* Oberbefehl *m*
διοικ|ητής Verwalter *m*; Geschäftsführer *m*, Leiter *m*; *στρ.* Kommandant *m*; ***~ητής αστυνομικού τμήματος*** Reviervorsteher *m*; **~ητικός** Verwaltungs-, administrativ; **~ώ** (*ησ· ηθ*) verwalten; leiten; *στρ.* kommandieren, befehligen
διόλου *K* gar nicht, überhaupt nicht
διοξίδιο Dioxyd *n*, Dioxid *n*
διορατικ|ός weitsichtig, hellsichtig; **~ότητα** Schärfe *f*, Weitblick *m*

διορ|γανώνω [-γa-] (*σ· θ*) organisieren; *γιορτή* veranstalten; **~γάνωση** (*-εις*) Organisation *f*; **~γανωτής** Organisator *m*; Veranstalter *m*
διόρθωμα *n* Reparatur *f*; Ausbessern *n*; Inordnungbringen *n*
διορθώνω (*σ· θ*) in Ordnung bringen; *πράγμα* ausbessern, reparieren; *λάθος* verbessern, berichtigen, korrigieren
διόρθωση (*-εις*) Berichtigung *f*, Verbesserung *f*, Korrektur *f*
διορθωτής Korrektor *m*
διορ|ία Frist *f*; Laufzeit *f*; **~ίζω** (*σ· στ· σμ*) anstellen (***κπ σε***/j-n bei, in *D*), einstellen; *καθηγητή* ernennen, berufen; **~ισμός** [-zm-] Anstellung *f*, Einstellung *f*; Ernennung *f*, Berufung *f*
διότι *K* weil, da; denn
δι|οχέτευση (*-εις*) [-'çε-] Leiten *n*, Leitung *f*; Kanalisation *f*; **~οχετεύω** [-'εvɔ] (*ευσ· ευτ*) leiten; kanalisieren
δίπατος zweistöckig
δίπλα[1] Falte *f*
δίπλα[2] *Adv* nebenan, nahebei; *Präp* **~ σε** neben (*wo*? *D*; *wohin*? *A*), nahe an
διπλανός benachbart, ... nebenan
διπλαρώνω (*σ· θ*) *v/t* sich nähern *D*
διπλασι|άζω (*σ· στ· σμ*) verdoppeln; **~ασμός** [-zm-] Verdoppelung *f*
διπλάσιος (***-α, -ο***) doppelt, zweifach
δίπλευρος [-vr-] zweiseitig
διπλ|ογραφία [-γra-] doppelte Buchführung *f*; **~όγραφο** Duplikat *n*
διπλ|ός doppelt, zweifach, Doppel-; **~ότυπο** Quittung(sabschnitt *m*) *f*; Duplikat *n*
δίπλωμα *n* Diplom *n*; Zeugnis *n*; Einwickeln *n*; **~ *ανώτατης σχολής*** Hochschulabschluß *m*; **~ *ευρεσιτεχνίας*** Patent *n*; **~ *τεχνικής μαθητείας*** Gesellenbrief *m*
διπλωμάτης Diplomat *m*
διπλωματ|ία Diplomatie *f*; **~ικός** diplomatisch *κ. μτφ.*; **~ούχος** [-xɔs] (***-α, -ο***) Diplom-, diplomiert
διπλώνω (*σ· θ*) (zusammen)falten; einwickeln
δί|πορτος zweitürig; *Su n μτφ.* zwei Eisen im Feuer; **~πρακτος** zweiaktig
δι|προσωπία Doppelzüngigkeit *f*; **~πρόσωπος** doppelzüngig
δισ|έγγονος Urenkel *m*; **~εκατομμύριο** Milliarde *f*
δίσεκτος (**-χτ-**) Schalt-(*Jahr*)
δισέλιδος zwei Seiten lang, zweiseitig
δισκίο *ιατρ.* Tablette *f*
δισκο|βολία Diskuswerfen *n*; **~βόλος** Diskuswerfer *m*; **~θήκη** Plattenschrank *m*; Diskothek *f*
δίσκος Scheibe *f*; Tablett *n*; Schallplatte *f*; Diskus *m*; *ηλεκτρον.* Diskette *f*; ***μαγνητικός* ~** Magnetplatte *f*; **~ *επιλογής*** Wählscheibe *f*
δι|σταγμός [-γm-] Bedenken *n*, Zweifel *m*; **~στάζω** (*σ, ξ*) zögern, Bedenken haben; zurückschrecken
διστακτικ|ός (**-χτ-**) zögernd, unschlüssig; **~ότητα** Unschlüssigkeit *f*
δίστιχος [-xɔs] zweizeilig; *Su n* Zweizeiler *m*, Distichon *n*
δισύλλαβος zweisilbig
διτάξιος (***-α, -ο***) zweiklassig
δί|τομος zweibändig; **~τροχος** [-xɔs] zweirädrig
δι|υλίζω (*σ· στ· σμ*) filtrieren, filtern; raffinieren; *μτφ.* sichten, genau durchsehen; **~ύλιση** (*-εις*) Filtrieren *n*; Raffination *f*; *μτφ.* Sichtung *f*; **~υλιστήριο** Filter *m*; Raffinerie *f*; Kläranlage *f*
διφθερίτιδα Diphtherie *f*
δίφθογγος *f* Diphthong *m*
διφορούμενος zweideutig
διχάζω [-x-] (*σ· στ· σμ*) spalten, teilen
δι|χαλωτός [-xa-] gegabelt, gabelförmig; **~χασμένος** geteilt, gespalten; **~χασμός** Spaltung *f*, Teilung *f*
διχογνωμ|ία [-xɔγn-] Meinungsverschiedenheit *f*; **~ώ** (*ησ*) gegensätzlicher Meinung sein
διχ|όνοια [-'xɔ-] Hader *m*, Zwietracht *f*; **~οτόμηση** (*-εις*), **~οτομία** Halbierung *f*; Zweiteilung *f*; **~οτομώ** (*ησ*) halbieren; zweiteilen
δί|χρονος [-xrɔ-] Zweitakt-(*Motor*); zweijährig; **~χρωμος** zweifarbig
δίχτυ ['ðixti] *n* Netz *n*
δίχως [-xɔs] *Präp* ohne *A*; **~ *να*** *Ko* ohne zu + *Inf.*, ohne daß
δίψα Durst *m* (auf *A*; *μτφ.* nach *D*)
διψασμένος [-zm-] durstig
διψήφιος (***-α, -ο***) zweistellig
διψώ (*άς· ασ· ασμ*) Durst haben; *μτφ.* dürsten (***για***/nach *D*)
διω- *βλ.* ***διο-***
διωγμός [ðiɔγm-] Verfolgung *f*; Vertreibung *f*
διώκτης Verfolger *m*

Δ

δίωξη (*-εις*) Verfolgung *f*; Vertreibung *f*; *νομ.* Strafverfolgung *f*
δίωρος zweistündig
διώροφος zweistöckig
διώρυγα [-γa] Kanal *m*
διώχνω ['ðjɔxnɔ] (*ξ· χτ· γμ*) wegschicken; verjagen; *εχθρό* vertreiben
δόγμα ['ðɔγma] *n* Lehre *f*; Grundsatz *m*; *θρ.*, *φιλοσ.* Dogma *n*
δογματ|ική Dogmatik *f*, Glaubenslehre *f*; **~ικός** dogmatisch; verbohrt
δοθ- *βλ.* ***δίνω***
δοκάρι Balken *m*
δοκιμ|άζω (*σ· στ· σμ*) (aus)probieren; testen; *φαγητό* kosten; *ρουχισμό* anprobieren; *τύχη* versuchen; versuchen (***να***/zu); *v/p* durchmachen, leiden (***από***/unter *D*); betroffen werden; **~ασία** Prüfung *f κ. τεχν.*; Leid *n*; **~ασμένος** [-zm-] erprobt, bewährt; **~ή** Prüfung *f*; (Kost-)Probe *f*, Probieren *n*; *ρούχα*: Anprobe *f*; *τεχν.* Versuch *m*; ***κάνω ~ή*** e-n Versuch machen
δοκίμιο Korrektur(abzug *m*) *f*; *λογοτ.* Aufsatz *m*, Essay *m*
δόκιμος erfahren, bewährt, erprobt
δολερός, δόλιος¹ (***-α, -ο***) arglistig
δόλιος² [-ljɔs] arm, ärmst-
δολι|ότητα Hinterlist *f*; **~οφθορά** Sabotage(akt *m*) *f*
δολο|πλοκία Ränke *pl*; **~πλοκώ** (*ησ*) Ränke schmieden
δόλος List *f*; Arglist *f*, Betrug *m*
δολο|φονία Mord *m*, Ermordung *f*; **~φονικός** Mord-; mörderisch; **~φόνος** Mörder *m*; **~φονώ** (*ησ· ηθ· ημ*) ermorden
δόλωμα *n* Köder *m*
δολώνω (*σ· θ*) ködern *κ. μτφ.*
δομή Bau *m*; *μτφ.* Gefüge *n*, Struktur *f*; ***οργανωτική ~*** Organisationsstruktur *f*
δόνηση (*-εις*) Schwingung *f*, Vibration *f*; Erschütterung *f*
δόντι Zahn *m*
δονώ (*ησ*) *v/t* erschüttern *κ. μτφ.*; *v/p* schwingen; beben
δόξα Ruhm *m*; Berühmtheit *f*; ***~ σοι ο Θεός!*** Gott sei Dank!
δοξάζω (*σ· στ· σμ*) rühmen; preisen
δοξάρι Bogen *m*
δοξασ|ία Anschauung *f*, Ansicht *f*; **~μένος** [-zm-] ruhmreich, berühmt
δοξο|λογία [-'jia] Lobgesang *m*; Dankgottesdienst *m*; **~λογώ** [-'γɔ] (*ησ· ηθ*) lobpreisen
δορυφόρος *αστρ.* Satellit *m*
δόσ|η (*-εις*) Geben *n*; Gabe *f*; *ιατρ.* Dosis *f*; *εμπ.* Rate *f*; ***με ~εις*** in Raten, auf Abzahlung; ***μηνιαία ~η*** Monatsrate *f*
δοσίλογος [-γ-] Kollaborateur *m*
δόσιμο (*-ματος*) Geben *n*; Abgabe *f*
δοσμένος [ðɔzm-] gegeben
δοσο|ληψία Geschäft *n*; *pl* Beziehungen *f*/*pl*; **~λογία** [-'jia] Dosierung *f*
δότης: *ζων ~* lebender Spender *m*; ***πτωματικός ~*** toter Spender *m*; ***~ οργάνου*** Organspender *m*
δοτική Dativ *m*
δούλα Sklavin *f*; Dienerin *f*
δουλεία Sklaverei *f*, Knechtschaft *f*
δουλειά [-'lja] Arbeit *f*; Angelegenheit *f*, Sache *f*; Beruf *m*, Beschäftigung *f*; Geschäft *n*; ***γραφική ~*** Schreibarbeit *f*; ***ευκαιριακή ~*** Job *m*; ***~ του σπιτιού*** Hausarbeit *f*; ***έχω ~*** ich habe zu tun
δούλεμα *n* Bearbeitung *f*, Überarbeitung *f*; Pflege *f*; *ειρων.* Neckerei *f*
δουλέμπορος Sklavenhändler *m*
δουλευτής gute(r) Arbeiter
δουλεύω (*εψ· ευτ· εμ*) *v/i* arbeiten; *τεχν.* gehen, funktionieren; ***~ λαθραία*** schwarzarbeiten; ***~ σκληρά*** schuften; *v/t ειρων.* necken; bearbeiten
δούλεψη Dienst *m*; Lohn *m*
δουλικό Dienerin *f*, Magd *f*; **~ς** Sklaven-; sklavisch, unterwürfig; **~τητα** Unterwürfigkeit *f*
δουλο|πρέπεια Unterwürfigkeit *f*; **~πρεπής** 2 unterwürfig
δούλος Sklave *m κ. μτφ.*; Diener *m*
δούναι: *~ και λαβείν* *n* Soll und Haben *n*
δοχείο [-'çiɔ] Gefäß *n*, Behälter *m*; Vase *f*; ***εφεδρικό ~*** Reservetank *m*
δράκοντας Drache *m*; Menschenfresser *m*
δρακόντειος (***-α, -ο***) drakonisch
δράκος *βλ.* ***δράκοντας***
δράμα *n* Schauspiel *n*, Drama *n*
δραματ|ικός dramatisch; **~ολόγιο** [-jiɔ] *θεατρ.* Spielplan *m*; **~οποίηση** (*-εις*) Dramatisierung *f*; **~οποιώ** (*ησ· ηθ*) dramatisieren; **~ουργία** [-'jia] Dramaturgie *f*; **~ουργός** [-'γɔs] Dramatiker *m*; Dramaturg *m*

δράμι *ιστ.* Dram *n* (= 3,2 g); *μτφ.* Körnchen *n*
δραπ|έτευση (*-εις*) [-εfsi] Flucht *f*; **~ετεύω** [-'ενɔ] (*ευσ*) entfliehen; **~έτης** Entflohene(r)
δράση Tätigkeit *f*; *φάρμακο*: Wirkung *f*; *λογοτ.* Handlung *f*; Aktion *f*
δραστ|ήριος (*-α, -ο*) aktiv, rege, tatkräftig; **~ηριότητα** Aktivität *f*, Tatkraft *f*
δράστης Täter *m*; Urheber *m*
δραστικ|ός drastisch, wirksam; **~ότητα** Wirksamkeit *f*
δραχμή [-'xmi] Drachme *f*
δρεπάνι Sense *f*; Sichel *f*
δρέπω (*ψ*) *μτφ.* ernten
δριμύτητα Schärfe *f*, Herbheit *f*
δρομ|άκι Pfad *m*; ***~άκι οδοιπορίας*** Wanderweg *m*; **~έας** Läufer *m*; **~ολόγιο** [-jiɔ] Kursbuch *n*; Fahrplan *m*; Reiseroute *f*; ***θερινό ~ολόγιο*** Sommerfahrplan *m*; ***χειμερινό ~ολόγιο*** Winterfahrplan *m*; **~ολογούμαι** [-'γu-] (fahrplanmäßig) verkehren
δρόμο|ς Weg *m*; Straße *f*; *αυτοκ.* Fahrt *f*; *αθλ.* Lauf *m*; *άλογα*: Rennen *n*; *αστρ.* Bahn *f*; Fuhre *f*; ***περιφερειακός ~ς*** Ringstraße *f*; ***~ς προτεραιότητας*** Vorfahrtsstraße *f*; ***~ς μετ' εμποδίων*** Hürdenlauf *m*; ***~!*** weg hier!; ***στο ~*** unterwegs
δροσ|ερός frisch; (angenehm) kühl; **~ερότητα** Frische *f*; Kühle *f*; **~ιά** [-'ja] Tau *m*; Frische *f*; Kühle *f*; **~ίζω** (*σ· στ· σμ*) *v/t* kühlen, erfrischen; *v/i* (sich) abkühlen, kühl werden
δροσιστικός erfrischend; Erfrischungs-(*Getränk*)
δρύινος eichen, aus Eichenholz
δρυμός Eichenwald *m*; ***εθνικός ~*** Nationalpark *m*
δρυοκολάπτης Specht *m*
δρυς (*-υός*) *f K* Eiche *f*
δρω (*ας· ασ*) wirken; tätig sein
δυ|άδα Zweiheit *f*, Paar *n*; **~αδικός** Doppel-; Zweier-; **~αδισμός** [-zm-] Dualismus *m*; **~άρες** *f/pl* Pasch *m*; **~άρι** Zwei *f*; Zweizimmerwohnung *f*
δύναμ|η (*-εις*) Kraft *f*; *πολ., στρ.* Macht *f*; *μαθ.* Potenz *f*; ***μεγάλη ~η*** Großmacht *f*; ***προστάτιδα ~η*** Schutzmacht *f*; ***πυρηνική ~η*** Atommacht *f*; ***ένοπλες ~εις*** *f/pl* Streitkräfte *f/pl*
δυναμικ|ή Dynamik *f*; **~ός** dynamisch; kraftvoll; *Su n* Potential *n*; Kapazität *f*; **~ότητα** Kraft *f*; Leistungsfähigkeit *f*
δυναμίτιδα Dynamit *n*
δυναμό (*0*) *n* Dynamo *m*, *αυτοκ.* Lichtmaschine *f*
δυνάμωμα *n* Kräftigung *f*, Stärkung *f*
δυναμ|ώνω (*σ· ωθ· ωμ*) *v/t* kräftigen, stärken; kräftiger machen; *v/i* stärker werden; wieder zu Kräften kommen; **~ωτικός** stärkend; *Su n* Stärkungsmittel *n*
δυναστεία Dynastie *f*; Herrschaft *f*
δυν|άστης Gewaltherrscher *m*; **~αστικός** dynastisch; gewalttätig
δυνατ|ά *Adv* laut; kräftig, tüchtig; **~ό** Möglichkeit *f*; ***κατά το ~ό*** nach Möglichkeit; ***όσο το ~ό συντομότερα*** möglichst bald; **~ός** stark, kräftig; möglich; **~ότητα** Möglichkeit *f*
δύο, δυο [ðjɔ] zwei; *Su* (*0*) *n* Zwei *f*; ***δύο-δύο*** zu zweien
δυόσμος [-zm-] Minze *f*
δυσ- *Präfix*: schwer-, miß-, un-
δυσ|ανάβατος schwer besteigbar; **~ανάγνωστος** [-γnɔ-] schwer lesbar; **~αναλογία** [-'jia] Mißverhältnis *n*; **~ανάλογος** [-γɔs] unverhältnismäßig; **~αναπλήρωτος** unersetzlich; **~ανασχετώ** [-sçε-] (*ησ*) ungehalten sein, empört sein
δυσ|αρέσκεια Mißfallen *n*, Unzufriedenheit *f*; **~αρεστημένος** unzufrieden; **~άρεστος** unangenehm; unbehaglich; **~αρεστώ** (*ησ· ηθ· ημ*) *v/t* ärgern; *v/p* unzufrieden sein
δυσαρμον|ία Mißklang *m*; Unstimmigkeit *f*; **~ικός** disharmonisch
δυσβάσταχτος [-'zvastax-] unerträglich, drückend
δύσβατος [-zva-] unwegsam; unbefahrbar
δυσεκπλήρωτος schwer erfüllbar
δυσεντερία Ruhr *f*
δυσ|εξήγητος [-ji-] schwer erklärlich; **~ερμήνευτος** [-εft-] schwer deutbar; **~εύρετος** [-'εν-] schwer auffindbar; selten
δύση (*-εις*) Westen *m*; *αστρ.* Untergang *m*; *μτφ.* Niedergang *m*; Abendland *n*
δυσθυμία Niedergeschlagenheit *f*
δύσθυμος niedergeschlagen, mißgestimmt

δύσκαμπτος unbiegsam; steif
δυσκαμψία Unbiegsamkeit *f*; Steifheit *f*
δυσ|κινησία Schwerfälligkeit *f*; **~κίνητος** schwerfällig; **~κοίλιος** (**-α, -ο**) hartleibig; stopfend, schwer verdaulich; **~κοιλιότητα** Verstopfung *f*
δυσκολ|εύω [-'ενɔ] (*εψ· ευτ· εμ*) *v/t* erschweren; *v/p* Mühe *ή* Schwierigkeiten haben; **~ία** Schwierigkeit *f*
δυσκολο- schwer zu, schwer ...bar
δυσκολο|γιάτρευτος [-'jatrɛf-] schwer heilbar; **~πούλητος** schwer verkäuflich; **~πρόφερτος** schwer (aus)sprechbar
δύσκολος schwierig; schwer, mühsam
δυσκολοχώνευτος [-'xɔnɛf-] schwer verdaulich
δυσ|μένεια [-'zmɛ-] Ungunst *f*; Ungnade *f*; **~μενής** 2 ungünstig
δυσμορφία [-zm-] Unförmigkeit *f*
δύσμορφος [-zm-] unförmig
δυσνόητος [-zn-] unverständlich
δυσοσμία [-zm-] üble(r) Geruch
δύσοσμος ['ðisɔzm-] übelriechend
δύσπεπτος schwer verdaulich
δυσ|πεψία Verdauungsstörung *f*; **~πιστία** Mißtrauen *n*
δύσπιστος mißtrauisch; ungläubig
δυσπιστώ (*ησ*) mißtrauisch sein
δύσπνοια Atembeschwerden *f/pl*
δύστροπος eigensinnig, halsstarrig
δυστροπώ (*ησ*) halsstarrig sein
δυσ|τύχημα [-çi-] *n* Unglück(sfall *m*) *n*; (*Verkehrs-*)Unfall *m*; **~τυχία** Unglück *n*; Not *f*, Elend *n*; **~τυχισμένος** [-zm-] unglücklich
δύστυχος [-xɔs] unglücklich
δυστυχ|ώ [-'xɔ] (*είς, άς· ησ· ισμ*) unglücklich sein; Not leiden; **~ώς** *Adv* leider, unglücklicherweise
δυσ|φήμηση (*-εις*) Verleumdung *f*; **~φημιστικός** verleumderisch; **~φημώ** (*ησ· ηθ· ημ*) diffamieren; *v/p* in Verruf kommen
δυσ|φορία Unwille *m*; Verstimmung *f*, Unpäßlichkeit *f*; **~φορώ** (*ησ*) ungehalten sein, empört sein
δυσ|χεραίνω [-sçɛ-] (*αν*) *v/t* erschweren; *v/i* ernster werden; **~χέρεια** Schwierigkeit *f*; **~χερής** 2 schwierig
δυσωδία üble(r) Geruch
δύτης Taucher *m*
δυτικός westlich, West-
δύω (*σ*) untergehen; *μτφ.* erlöschen
δώδεκα zwölf
δωδέκατος zwölft-; *Su n* Zwölftel *n*
δωδεκάωρος zwölfstündig
δωμάτιο Zimmer *n*; ***δίκλινο*** ~ Zweibettzimmer *n*, Doppelzimmer *n*; ***μονόκλινο*** ~ Einbettzimmer *n*, Einzelzimmer *n*; ***τρίκλινο*** ~ Dreibettzimmer *n*
δωρεά Spende *f*; Schenkung *f*; Stiftung *f*; **~ν** *Adv* umsonst, gratis, unentgeltlich
δωρητήριο Schenkungsurkunde *f*
δωρ|ητής Spender *m*; Stifter *m*; **~ίζω** (*σ· στ· σμ*) schenken; stiften
δωρικός dorisch
δώρο Geschenk *n*; Zugabe *f*; Gabe *f*; ***διαφημιστικό*** ~ Werbegeschenk *n*
δωροδοκ|ία Bestechung *f*; **~ώ** (*ησ· ηθ*) bestechen; *v/p* bestechlich sein
δωροληψία Bestechlichkeit *f*
δωσ- *βλ.* ***δίνω***

Ε

έ-, ε- *Augment der Verben*; *s. unter dem folgenden Buchstaben*
εάν *Ko* wenn; *βλ.* ***αν***
εαυτό|ς [ɛaft-] (***μου, σου*** *κλπ.*) ich selbst, du selbst *usw.*; *Reflexivpronomen*: sich *usw.*; ***δεν αισθάνομαι τον ~μου καλά*** ich fühle mich nicht wohl
έβαλ- *βλ.* ***βάζω, βάλλω***
εβδομ|άδα Woche *f*; ***Μεγάλη ~άδα*** Karwoche *f*; **~αδιαίος** (**-α, -ο**) wöchentlich; **~ηκοστός** siebzigste(r); **~ήντα** siebzig; **~ηντάρης** 3 etwa siebzigjährig
έβδομος sieb(en)te(r)
έβενος *a. f* Ebenholz *n*
εβίβα! prosit!

έβλαψ- *βλ.* ***βλάφτω***
Εβρ|αία Hebräerin *f*, Jüdin *f*; **♀αϊκός** hebräisch; **~αίος** Hebräer *m*, Jude *m*
έγγαμος verheiratet
εγγαστρίμυθος Bauchredner *m*
εγγεγραμμένος [εŋʝεγr-] eingeschrieben, immatrikuliert
εγγειοβελτι|κός, ~ωτικός Bodenverbesserungs-, meliorativ
έγγειος (**-α, -ο**) Boden-; Grund-; **~** ***φόρος*** Grundsteuer *f*
εγγίζω *βλ.* ***αγγίζω***
εγγ|όνα, ~ονή Enkelin *f*; **~όνι** Enkelkind *n*; **~ονός, έγγονος** Enkel *m*
εγγράμματος [εŋγ-] gebildet
εγγραφή [εŋγr-] Eintragung *f*; *εμπ.* Buchung *f*; Immatrikulation *f*; Anmeldung *f*; *δίσκος*: Aufnahme *f*
έγγραφο ['εŋγr-] Schriftstück *n*; Urkunde *f*; ***διευκρινιστικό ~*** Begleitschreiben *n*; ***συνοδευτικό ~*** Begleitpapier *n*; **~ς** schriftlich (*Adv εγγράφως*)
εγγράφω [εŋγr-] (*ψ· αφ(τ)· γεγραμμ*) eintragen; *εμπ.* buchen; anmelden; immatrikulieren; *δίσκο* aufnehmen
εγγυημένος garantiert
εγγύηση (*-εις*) Garantie *f*; Kaution *f*
εγγυ|ητήριο Garantieschein *m*; **~ητής** Bürge *m*; **~ήτρια** Bürgin *f*; ***♀ήτρια Δύναμη*** Garantiemacht *f*
εγγυώμαι (*άσαι· ηθ· ημ*) garantieren; haften, bürgen (***για***/für *A*)
εγείρω [ε'ji-] (II = I· *γερθ*) errichten
έγερση Errichtung *f*; Aufstehen *n*
έγιν- *βλ.* ***γίνομαι***
εγκαθ|ίδρυση (*-εις*) Gründung *f*; Einsetzung *f*; **~ιδρύω** (*σ· θ*) errichten, gründen; **~ίσταμαι** *βλ.* ***~ιστώμαι***; **~ιστώ** (*άς· εγκαταστησ· εγκατασταθ· εγκαταστημ*) unterbringen; installieren; einbauen; einsetzen; *v/p* (*-ιστώμαι· άσαι*) sich niederlassen; sich etablieren; einziehen
εγκαίνια *n/pl* Einweihung *f*
εγκαινιάζω (*σ· στ· σμ*) einweihen; eröffnen; *μέθοδο* einführen
έγκαιρος rechtzeitig (*Adv εγκαίρως*)
εγκ|άρδιος (**-α, -ο**) herzlich; **~αρδιώνω** (*σ· θ*) ermutigen (***σε***/zu *D*)
εγκάρσι|ος (**-α, -ο**) quer; schräg
έγκατα *n/pl* Innere(s), Tiefste(s)
εγκατ|αλείπω (*ψ· λειφτ· λειμμ*) verlassen; *θέση* aufgeben; überlassen (***σε***/*D*); **~άλειψη** (*-εις*) Verlassen *n*; Preisgabe *f*; ***~άλειψη θύματος*** Unfallflucht *f*; **~α(λε)λειμμένος** verlassen; **~άσταση** (*-εις*) Anlage *f*, Installation *f*; Errichtung *f*, Gründung *f*; Werk *n*; ***λιμενικές ~αστάσεις*** *f/pl* Hafenanlagen *f/pl*; ***τουριστικές ~αστάσεις*** Ferienanlage *f*; ***~άσταση ανακύκλωσης*** Wiederaufbereitungsanlage *f*; ***~άσταση καθαρισμού λυμάτων*** Kläranlage *f*; ***~αστάσεις υγιεινής*** Sanitäranlagen *f/pl*; **~εστημένος** ansässig
έγκαυμα [-avma] *n* Verbrennung *f*, Brandwunde *f*, Sonnenbrand *m*
εγκεκριμένος genehmigt
εγκέφαλος Gehirn *n*; ***ηλεκτρονικός ~*** Elektronengehirn *n*, Computer *m*
έγκλειστος eingeschlossen
έγκλημα *n* Verbrechen *n*
εγκληματ|ίας Verbrecher *m*; **~ικός** verbrecherisch, kriminell; **~ικότητα** Kriminalität *f*; ***~ικότητα χειριστών υπολογιστών*** Computerkriminalität *f*; **~ώ** (*ησ*) ein Verbrechen begehen
εγκλιματίζομαι (*στ*) sich akklimatisieren; sich gewöhnen (***σε***/an *A*)
εγκλιματισμός Akklimatisation *f*
έγκλιση (*-εις*) *γραμμ.* Modus *m*
εγκοπή Einschnitt *m*, Kerbe *f*
εγκόσμιος [-zm-] (**-α, -ο**) weltlich
εγκρ|άτεια Enthaltsamkeit *f*; **~ατής** 2 enthaltsam
εγκρίνω (II = I· *θ· κεκριμ*) genehmigen, billigen
έγκρι|ση (*-εις*) Genehmigung *f*, Billigung *f*; **~τος** angesehen
εγκύκλι|ος (**-α, -ο**) Allgemein-; *Su f* (*~ος*) Rundschreiben *n*
εγκυκλοπαίδεια Enzyklopädie *f*
εγκυμο|νώ (*ησ*) schwanger sein; in sich bergen; **~σύνη** Schwangerschaft *f*
έγκυ|ος (*so auch f*) schwanger; *Su f* (*~ος*) Schwangere *f*
έγκυρος (rechts)gültig; maßgeblich
εγκωμι|άζω (*σ· στ· σμ*) (lob)preisen; besingen; **~αστής** Lobredner *m*
εγκώμιο [-miɔ] Lob *n*; Lobrede *f*
έγνοια ['εγnja] Sorge *f*
εγχαράττω [-xa-] (*ξ· χτ*) (ein)gravieren; *μτφ.* einprägen
εγχείρηση (*-εις*) [-'çi-] Operation *f*, Eingriff *m*; *νομ.* Übergabe *f*
εγχειρί|διο Handbuch *n*; **~ζω** (*σ· στ·*

σμ) aushändigen (**κτ σε κπ**/j-m etw.); operieren

έγχρωμος [-xr-] farbig, bunt

εγχώριος [-'xɔ-] (**-α, -ο**) einheimisch; *εμπ.* Binnen-, Inlands-

εγώ [ɛ'γɔ] ich

εγωισ|μός [εγɔiz-] Selbstsucht *f*; **~τής** [-st-] Egoist *m*; **~τικός** egoistisch

εγωπάθεια (krankhafte) Selbstsucht *f*

E

εδαφικός Boden-, Grund-; territorial

εδάφιο Absatz *m*; (Bibel-)Vers *m*

έδαφος *n* Boden *m*; Terrain *n*; **πρόσφορο ~** Nährboden *m*

έδει|ξ- *βλ.* **δείχνω**; **~ρ-** *βλ.* **δέρνω**

έδεσμα ['εδεzma] *n* Speise *f*

έδρα Sitz *m*; Verwaltungssitz *m*; Residenz *f*; Lehrstuhl *m*

εδρ|αίος (**-α, -ο**) solide; stabil; **~αιώνω** (*σ· θ*) befestigen; **~αίωση** (*-εις*) Befestigung *f*; Stabilisierung *f*

έδρανο Ruhebank *f*; *τεχν.* Lager *n*

εδρεύω [-vɔ] (*ευσ*) *στρ.* stationiert sein; *νομ.* seinen Sitz haben

εδώ hier; **απ' ~** von hier; **~ και** *Präp χρον.* seit, vor *D*

εδώδιμος eßbar; Nahrungs-; *Su n/pl* Lebensmittel *n/pl*

εδώλιο Bank *f*; **~ (του) κατηγορουμένου** Anklagebank *f*

έδωσ- *βλ.* **δίνω**

εθελο|θυσία Selbstaufopferung *f*; Entsagung *f*; **~ντής** Freiwillige(r); *εμπ.* Volontär *m*; **~ντικός** freiwillig

εθ|ίζω (*σ· στ· σμ*) gewöhnen (**σε**/an *A*); **~ιμικός** Gewohnheits-

έθιμο Sitte *f*, Brauch *m*

εθιμοτυπία Etikette *f*; Zeremoniell *n*

εθνεγερσία [-jε-] Volkserhebung *f*

εθνικ|ισμός [-zm-] Nationalismus *m*; **~ιστής** [-st-] Nationalist *m*; **~ιστικός** nationalistisch; **~οποίηση** (*-εις*) Verstaatlichung *f*; **~ός** national; Staats-; **~ή (οδός)** Autobahn *f*; **~ότητα** Nationalität *f*; *νομ.* Staatsangehörigkeit *f*; **~όφρονας** Nationalist *m*

εθνισμός [-zm-] Nationalbewußtsein *n*; Patriotismus *m*

εθνο|γραφία [-γr-] (beschreibende) Völkerkunde *f*; **~λογία** [-'jia] (vergleichende) Völkerkunde *f*; **~λόγος** [-γɔs] Völkerkundler *m*

έθνος *n* Nation *f*

εθνοσυνέλευση (*-εις*) [-εfsi] Nationalversammlung *f*

εθν|ότητα Nationalität *f*; **~οφρουρά**, **~οφυλακή** Nationalgarde *f*

έθρεψ- *βλ.* **τρέφω**

είδ- *Aor v.* **βλέπω**

ειδεμή andernfalls, sonst

ειδήμονας kundig, erfahren; *Su* Spezialist *m*, Experte *m*

ειδησεο|γραφία [-γra-] Berichterstattung *f*; **~γράφος** Reporter *m*

είδησ|η (*-εις*) Nachricht *f*, Meldung *f*; Idee *f*, Ahnung *f*; **αυτοκινητιστικές ~εις** Verkehrsfunk *m*; **λανθασμένη ~η** (Zeitungs-)Ente *f*

ειδ|ικευμένος [-εvm-] spezialisiert; *Su* Fachmann *m*; **~ίκευση** (*-εις*) [-εfsi] Spezialisierung *f*; Spezialausbildung *f*; **~ικεύω** [-'εvɔ] (*ευσ· ευτ· ευμ*) *v/t* ausbilden; *v/p* sich spezialisieren (**σε**/auf *A*); **~ική** Spezialistin *f*; Fachfrau *f*; **~ικός** Sonder-; spezifisch; *Su m* Spezialist *m*; Fachmann *m*; *Adv* besonders; speziell; **~ικότητα** Spezialität *f*; Fach(gebiet) *n*; **~οποίηση** (*-εις*) Mitteilung *f*, Benachrichtigung *f*; *νομ.*, *εμπ.* Anzeige *f*; **έγγραφη ~οποίηση** Mahnbescheid *m*; **~οποιώ** (*ησ· ηθ*) benachrichtigen

είδος *n* Art *f*; *εμπ.* Artikel *m*; *pl* Waren *f/pl*; **είδη γραφείου** Bürobedarf *m*; **τι ~** was für ein(e) (*G/N*)

ειδ|υλλιακός idyllisch; **~ύλλιο** Idyll *n*

ειδώθ- *βλ.* **βλέπω**

είδωλο Götterbild *n*; Idol *n*

ειδωλολάτρης Heide *m*

είθε wenn doch

εικ|άζω (*σ*) vermuten; **~ασία** Vermutung *f*; **~αστικός** bildend (*Künste*)

εικόνα Bild *n*; Abbildung *f*, Illustration *f*; Ikone *f*

εικον|ίζω (*σ· στ*) abbilden; darstellen; **~ικός** bildlich; Schein-; Proforma-

εικόνισμα [-zma] *n* Ikone *f*

εικονο|γραφημένος [-γra-] illustriert; **~γραφία** Illustration *f*; **~γράφος** Ikonenmaler *m*; **~γραφώ** (*ησ· ηθ*) illustrieren; **~στάσι** Ikonenwand *f*

εικοσ|άδα 20 Stück; **~αετία** 20 Jahre *n/pl*; **~αριά** [-'ja]: **καμιά ~αριά** ungefähr zwanzig; **~άρικο** Zwanzigdrachmenstück *n*; **~άχρονος** zwanzigjährig

είκοσι zwanzig

εικοσιτετράωρο 24 Stunden *f/pl*

εικοστός zwanzigste(r)

ειλικρ|ίνεια Aufrichtigkeit *f*; **~ινής** 2 aufrichtig (*Adv ~ινά*)
είμαι sein; sich befinden; sich fühlen; ***εγώ ~*** ich bin es; ***πώς είστε;*** wie geht es Ihnen?; ***ας είναι*** meinetwegen!
είναι (er, sie, es) ist; *Su* (*0*) *n* Sein *n*; Wesen *n*; ***το ~ μου*** mein ein und alles
ειπ- *βλ.* ***λέω***
ειρ|ήνευση (*-εις*) [-efsi] Befriedung *f*; **~ηνεύω** [-'evɔ] (*εψ· εμ*) befrieden; Frieden schließen; **~ήνη** Friede(n) *m*; **~ηνικός** friedlich; Friedens-; **~ηνισμός** [-zm-] Pazifismus *m*; **~ηνιστής** [-st-] Pazifist *m*, Kriegsgegner *m*
ειρηνο|δικείο *περ.* Amtsgericht *n*; **~ποιός** Friedensstifter *m*
ειρκτή Zuchthaus *n*
ειρμός Zusammenhang *m*
ειρων|εία Ironie *f*; **~ικός** ironisch
εις *K Präp A* in, an, auf
εισ- *συχνά* (hin)ein-, in-
εισαγγελέας Staatsanwalt *m*
εισάγω [-γɔ] (*ήγαγ· αχτ· αγμ*) einführen; importieren; vorstellen; aufnehmen; *ηλεκτρον.* eingeben
εισαγωγ|έας Importeur *m*; **~ή** Einführung *f*; Import *m*; Einleitung *f*; Ouvertüre *f*; Eingabe *f*; **~ικά** *n*/*pl* Anführungsstriche *m*/*pl*; **~ικός** Einführungs-; einleitend; Einfuhr-
εισ|βάλλω [iz-] (*βαλ/εισέ-*) einfallen, eindringen; münden (***σε***/in *A*); **~βολέας** Eindringling *m*; **~βολή** Invasion *f*; Mündung *f*; ***~βολή ψύχους*** Kälteeinbruch *m*; **~δοχή** [-'çi] Zulassung *f*; **~δύω** (*σ/εισέ-*) (ein)dringen; **~έρχομαι** [i'serxɔ-] eintreten; *γράμμα*: eingehen; **~ερχόμενος** einlaufend
εισ|έ- *βλ.* ***εισ-***; **~έρρ-** *βλ.* ***εισρ-***
εισηγαγ- *βλ.* ***εισάγω***
εισ|ήγηση (*-εις*) [-ji-] Bericht *m*, Referat *n*; Antrag *m*; **~ηγητής** Referent *m*; **~ηγούμαι** [-'γu-] (*ηθ*) berichten über *A*; beantragen
εισιτήρ|ιο Eintrittskarte *f*; Fahrkarte *f*; ***εβδομαδιαίο ~ιο*** Wochenkarte *f*; ***ημερήσιο ~ιο*** Tageskarte *f*; ***μειωμένο ~ιο νέων*** Interrail-Karte *f*; ***μηνιαίο ~ιο*** Monatskarte *f*; ***παιδικό ~ιο*** Kinderfahrkarte *f*; ***~ιο διαρκείας*** Dauerkarte *f*; ***~ιο ελευθέρας*** Freikarte *f*; ***~ιο επιστροφής*** Rückfahrkarte *f*; **~ιος** (**-α, -ο**) Antritts-; *εξετάσεις*: Aufnahme-
εισόδημα *n* Einkommen *n*; Rendite *f*; Ertrag *m*; ***ακαθάριστο ~*** Bruttoeinkommen *n*; ***καθαρό ~*** Nettoeinkommen *n*; ***μέσο ~*** Durchschnittseinkommen *n*; ***πραγματικό ~*** Realeinkommen *n*
εισοδηματίας von e-r Rendite Lebende(r)
είσοδος *f* Eingang *m*; Eintritt *m*; Einzug *m*; Zutritt *m*; *ηλ.* Anschluß(buchse *f*) *m*; ***κύρια ~*** Haupteingang *m*; ***~ εθνικής οδού*** Autobahnauffahrt *f*; ***~ οχημάτων*** Einfahrt *f*
εισ|όρμηση (*-εις*) Eindringen *n*, Überfall *m*; **~ορμώ** (*άς· ησ*) eindringen; überfallen *A*; **~οχή** [-'çi] Vertiefung *f*
εισ|πνέω (*πνευσ*) einatmen; **~πνοή** Einatmen *n*; *ιατρ.* Inhalation *f*; **~πράκτορας** Schaffner *m*
είσπραξη (*-εις*) Einnahme *f*; Einkassieren *n*; *pl κ.* Kassenbestand *m*
εισπράττω (*ξ· χτ· γμ*) einnehmen; *φόρους* einziehen; *επιταγή* einlösen
εισ|ρέω [-zr-] (*ρευσ/εισέρρ-*) hineinfließen, zufließen, (hinein)strömen (***σε***/in *A*); **~ροή** Hineinfließen *n*
εισ|φέρω (II = I) beitragen; **~φορά** Beitrag *m*; Einlage *f*; *pl* ***κοινωνικές ~φορές*** Sozialabgaben *f*/*pl*
είτε ... είτε entweder ... oder
έιτζ (*0*) *n* Aids (*0*) *n*; ***φορέας ~*** Aidsinfizierte(r) *m*; ***~ αρνητικό*** HIV-negativ; ***~ θετικό*** HIV-positiv
είχα ['ixa] ich hatte, *βλ.* ***έχω***
εκ *K* (*vor Vokal εξ*) *Präp* aus *D*, von *D*; seit *D*; ***~ των προτέρων*** im voraus
εκ- *Präfix*; *συχνά* aus-, ab-, er-
έκαμ-, έκαν- *βλ.* ***κάνω***
έκαστος *K* jeder
εκάστοτε *K* jedesmal
εκατ|όλιτρο Hektoliter *m*; **~ομμύριο** Million *f*; **~ομμυριούχος** (*f* **-α**) [-x-] Millionär(in *f*) *m*
εκατ|ό(ν) hundert; ***τοις ~ό*** Prozent *n*, %; **~οντάδα** (eine Gruppe von) hundert; **~οντάδραχμο** [-xm-] Hundertdrachmenschein *m*, -stück *n*; **~ονταετία** Jahrhundert *n*; **~οστόμετρο** Zentimeter *m*; **~οστός** hundertst-; *Su n* Prozent *n*, Hundertstel *n*; Zentimeter *m*
έκαψ- *βλ.* ***καίω***
εκ|βάθυνση (*-εις*) Vertiefen *n*; **~βαθύνω** (II = I) ausschachten; **~βάλλω** (*βαλ*) münden (***σε***/in *A*)

έκβαση (*-εις*) Ausgang *m*, Ergebnis *n*
εκ|βιάζω (*σ· στ· σμ*) erpressen; nötigen; **~βιασμός** [-zm-] Erpressung *f*; Nötigung *f*; **~βιαστής** [-st-] Erpresser *m*; **~βιαστικός** erpresserisch
εκβιομηχ|ανίζω [-xa-] (*σ· στ· σμ*) industrialisieren; **~ανοποιημένος** industrialisiert
εκβολή Mündung *f*; Entfernen *n*

E

έκβρασμα [-zma] *n* Strandgut *n*
εκ|γερμανίζω [-jεr-] (*σ· στ· σμ*) germanisieren; eindeutschen; **~γυμνάζω** [-ji-] trainieren; *ζώο* dressieren
έκδηλος ['εgð-] offenbar, klar
εκδηλώνω [εgð-] (*σ· θ*) offenbaren; *χαρά* bekunden, äußern; *v/p* sich zeigen
εκ|δήλωση (*-εις*) [εgð-] Bekundung *f*, Äußerung *f*; Veranstaltung *f*; **~δηλωτικός** bekundend; extrovertiert; **~δημοκρατισμός** [-zm-] Demokratisierung *f*
εκ|δίδω [εgð-] (*δωσ· δοθ*) herausgeben; *διαβατήριο* ausstellen; *κρατούμενο* ausliefern; *διαταγή* erlassen; **~δικάζω** (*σ· στ· σμ*) *νομ.* verhandeln
εκ|δίκαση (*-εις*) [εgð-] Verhandlung *f*; **~δίκηση** (*-εις*) Rache *f*; **~δικητής** Rächer *m*; **~δικητικός** rachsüchtig
εκ|δικιέμαι [εgði'kε-], **~δικούμαι** (*ηθ*) rächen; sich rächen an *D*; **~διώκω** (*ξ· χτ· γμ*) vertreiben
εκ|δίωξη (*-εις*) [εgð-] Vertreibung *f*; **~δοθ-** *βλ.* ***εκδίδω***; **~δορά** Hautabschürfung *f*
έκδοση (*-εις*) ['εgð-] Edition *f*; Auflage *f*; (Her-)Ausgabe *f*; *διαβατήριο*: Ausstellung *f*; Auslieferung *f*
εκδότης [εg'ðɔ-] Verleger *m*, Herausgeber *m*; Aussteller *m*
εκδοτικός [εgð-] verlegerisch
εκ|δούλευση (*-εις*) [εg'ðulεfsi] Gefälligkeit *f*; **~δοχή** Annahme *f*; Version *f*; **~δρομή** Ausflug *m*
εκεί dort; ***ακούς ~!*** na so was!
εκείνος jener, derjenige; er
εκεχειρία [-çi-] Waffenstillstand *m*
έκζεμα ['εgz-] *n* Ausschlag *m*, Ekzem *n*
έκθαμβος verzückt, erstaunt
εκθαμβωτικός strahlend, blendend
εκθειάζω (*σ· στ· σμ*) vergöttern
έκ|θεμα *n* Schaustück *n*, Exponat *n*; **~θεση** (*-εις*) Ausstellung *f*; *σχολ.* Aufsatz *m*; Bericht *m*; *παιδί*: Aussetzung *f*; (***κλαδική***) ***~θεση*** (Fach-)Messe *f*
εκθέτης Aussteller *m*; *μαθ.* Exponent *m*
έκθετος ausgestellt; ausgesetzt; *Su n* Findelkind *n*
εκθέτω (*σ· τεθηκ· τεθειμ*) *εμπ.* ausstellen; berichten, referieren; darlegen; bloßstellen; aussetzen (***σε***/*D*)
εκθρονίζω (*σ· στ· σμ*) entthronen
εκ|καθαρίζω (*σ· στ· σμ*) säubern; liquidieren; *λογαριασμό* begleichen; **~καθάριση** (*-εις*) Reinigung *f*; Liquidation *f*; Abrechnung *f*; ***φορολογική ~καθάριση*** Steuerjahresausgleich *m*; ***~καθάριση μισθού*** Gehaltsabrechnung *f*; **~καθαριστικός** Liquidations-; Säuberungs-
εκκεντρικός exzentrisch; überspannt
εκ|κενώνω (*σ· θ*) leeren; *αίθουσα* räumen; *ηλ.*, *όπλο* entladen; **~κένωση** (*-εις*) Leerung *f*; Räumung *f*; Evakuierung *f*; **~κίνηση** (*-εις*) Aufbruch *m*; *τεχν.* Anlassen *n*; *αθλ.* Start *m*; **~κινώ** (*ησ*) aufbrechen; sich in Bewegung setzen; abgehen; *αθλ.* starten
έκκληση (*-εις*) Aufruf *m*; Appell *m*
εκκλησ|ία Kirche *f*; **~ιασμός** Kirchgang *m*; **~ιαστικός** [-st-] kirchlich
εκκοκκίζω entkernen, entkörnen
εκκολάπτω (*ψ· φτ*) ausbrüten
εκκρεμ|ές (*-ούς*) *n* Pendel *n*; **~ής** 2 schwebend; unbeglichen; **~ότητα** Unerledigte(s); ***σε ~ότητα*** in der Schwebe; **~ώ** in der Schwebe, unerledigt sein
έκκριμα *n* Sekret *n*, Ausscheidung *f*
εκκρίνω (II = I· *κριθ*) ausscheiden
έκκριση (*-εις*) Ausscheidung *f*
εκκωφαντικός ohrenbetäubend
εκ|λαϊκευση (*-εις*) [-εfsi] Popularisierung *f*; **~λαϊκεύω** (*ευσ· ευτ· ευμ*) popularisieren
εκλάπ- *βλ.* ***κλέβω***
εκλέγ|ειν [-jin]: ***το δικαίωμα του ~ειν και του ~εσθαι*** das aktive und passive Wahlrecht; **~ω** [-γɔ] (*ξ· λεχτ· λεγμ/εξέ-*) (aus)wählen; aussuchen
εκλείπω (*ψ*) (ver)schwinden
έκλειψη (*-εις*) *αστρ.* Finsternis *f*; Verschwinden *n*; *μαθ.* Eklipse *f*
εκλεκτικ|ός wählerisch; selektiv; **~ότητα** Selektivität *f*
εκλεκτός auserwählt, ausgesucht
εκλο|γέας Wähler *m*; **~γή** [-'ji] Wahl *f*;

Auswahl *f*; ***αναλογική ~γή*** Verhältniswahl *f*; ***βουλευτικές ~γές*** *pl* Parlamentswahlen *f/pl*; ***δημοτικές ~γές, κοινοτικές ~γές*** *pl* Kommunalwahlen *f/pl*; ***~γή δι' αλληλογραφίας*** Briefwahl *f*; ***κατ' ~γήν*** nach Wahl
έκλυση (*-εις*) Lockerung *f*; Emission *f*
εκλύω (*σ· θ*) *τεχν.* ausscheiden
εκμαγείο [-'jiɔ] Gipsabguß *m*
εκμάθηση Erlernen *n*
εκμετ|αλλεύομαι [-'ɛvɔ-] (*ευτ· ευμ*) ausbeuten, abbauen; *μτφ.* ausnutzen; sich (*D*) zunutze machen; **~άλλευση** (*-εις*) [-ɛfsi] Ausbeutung *f*, Abbau *m*; Ausnutzung *f*; ***~άλλευση δυναμικού*** Kapazitätsauslastung *f*
εκμηδ|ενίζω (*σ· στ· σμ*) vernichten; zunichte machen; **~ένιση** (*-εις*), **~ενισμός** [-zm-] Vernichtung *f*
εκ|μισθώνω (*σ· θ*) verpachten; vermieten; **~μισθωτής** Verpächter *m*; Vermieter *m*
εκμυστ|ηρεύομαι [-'ɛvɔ-] (*ευτ*) anvertrauen, offenbaren; **~ήρευση** (*-εις*) [-ɛfsi] vertrauliche Mitteilung *f*
εκνευρ|ίζω [-ɛv-] (*σ· στ· σμ*) nervös machen; entnerven, auf die Nerven fallen *D*; **~ισμός** [-zm-] Nervosität *f*; **~ιστικός** nervenaufreibend
εκούσιος (*-α, -ο*) freiwillig
εκπαίδευση (*-εις*) [-ɛfsi] Erziehung *f*; Unterricht *m*; Ausbildung *f*
εκπαιδευτ|ήριο [-ðɛf-] Institut *n*; **~ικός** Erziehungs-; Unterrichts-; *Su m* Pädagoge *m*, Lehrer *m*
εκπαιδεύω (*ευσ· ευτ· ευμ*) erziehen; ausbilden, unterrichten, schulen
εκπατρ|ίζω (*σ· στ· σμ*) ausbürgern; *v/p* auswandern; **~ισμός** [-z-] Ausbürgerung *f*; Auswanderung *f*
εκπέμπω (*μψ· μφθ/εξέ-*) (aus)senden
εκπληκτικός erstaunlich
έκπλη|κτος überrascht, verblüfft; **~ξη** (*-εις*) Überraschung *f*, Verblüffung *f*
εκ|πληρώνω (*σ· θ*) erfüllen; ableisten; *υπηρεσία* ausüben; **~πλήρωση** (*-εις*) Erfüllung *f*; Ausübung *f*; **~πλήττω** (*ξ· πλαγ/εξέπλ-*) überraschen
εκ|πνέω (*ευσ/εξέπν-*) ausatmen; *προθεσμία*: ablaufen; **~πνοή** Ausatmung *f*; **~ποίηση** (*-εις*) Veräußerung *f*; Räumungsverkauf *m*; **~πολιτίζω** (*σ· στ· σμ*) zivilisieren; **~πολιτισμός** [-zm-] Zivilisierung *f*; **~πολιτιστικός** Kultur-, kulturell; **~πομπή** (*Radio-*) Sendung *f*, Übertragung *f*; *φυσ.* (Aus-)Strahlung *f*, Emission *f*
εκ|πόνηση (*-εις*) Ausarbeitung *f*; **~πονώ** (*ησ· ηθ*) ausarbeiten
εκπρόθεσμος [-zm-] überfällig
εκ|πρόσωπος Vertreter *m*; ***κυβερνητικός ~πρόσωπος*** Regierungssprecher *m*; **~προσωπώ** (*ησ· ηθ*) vertreten
έκπτωση (*-εις*) Rabatt *m*; Absetzung *f*; Degradierung *f*; *νομ.* Verlust *m*; ***εκπτώσεις*** *pl* Schlußverkauf *m*; ***καλοκαιρινές εκπτώσεις*** Sommerschlußverkauf *m*; ***χειμερινές εκπτώσεις*** Winterschlußverkauf *m*
εκπυρσο|κρότηση (*-εις*) Detonation *f*, Knall *m*; **~κροτώ** (*ησ*) detonieren
εκρήγνυμαι [-γni-] (*ραγ/εξερρ-*) *K* ausbrechen *κ. μτφ.*; explodieren
εκρηκτικός explosiv; Spreng-
έκρηξη (*-εις*) Explosion *f*; Ausbruch *m*
εκροή Ausfluß *m*
έκρυθμος abnorm; unruhig
εκ|σκαφέας Bagger *m*; **~σπερμάτωση** (*-εις*) Samenerguß *m*
έκσταση (*-εις*) Verzückung *f*, Ekstase *f*
εκ|στατικός verzückt, hingerissen; **~στρατεία** Feldzug *m*; **~στρατεύω** (*ευσ*) e-n Feldzug unternehmen; **~σφενδονίζω** (*σ· στ· σμ*) abfeuern
έκτακτος außerordentlich; vorzüglich
εκτάριο Hektar *m*, *n*
έκταση (*-εις*) Fläche *f*; Ausdehnung *f*
εκταφή Exhumierung *f*
εκτεθειμένος (*βλ.* ***εκθέτω***) ausgesetzt; bloßgestellt
εκτείνω (II = I· *ταθ· τεταμ/εξέτ-*) ausstrecken; *μτφ.* erweitern; *v/p* reichen
εκ|τέλεση (*-εις*) Ausführung *f*; Vollstreckung *f*; *θεατρ.* Darbietung *f*; *κατάδικος*: Hinrichtung *f*; ***αναγκαστική ~τέλεση*** Zwangsvollstreckung *f*; **~τελέσιμος** durchführbar
εκτελεστ|ής Vollstrecker *m*; **~ικός** vollstreckend, Exekutiv-
εκ|τελώ (*εσ· εστ· εσμ*) ausführen; durchführen; *απόφαση* vollstrecken; *μουσ.* darbieten; *υπηρεσία* ausüben; **~τελωνίζω** (*σ· στ· σμ*) verzollen
εκτεταμένος ausgedehnt; umfangreich
εκτίθεμαι bloßgestellt werden

εκ|τίμηση (-*εις*) Achtung *f*; (Ab-)Schätzung *f*; Bewertung *f*; (*Steuer-*)Veranlagung *f*; Beurteilung *f*; **~τιμώ** (*άς· ησ· ηθ*) achten, schätzen; *περιουσία* taxieren; *απόσταση* (ab)schätzen, berechnen; **~τίω** (*σ*) verbüßen; **~τομή** Kastration *f*; **~τόξευση** (-*εις*) [-εfsi] Abschuß *m*; **~τοξεύω** [-'εvɔ] (*ευσ· ευτ· ευμ*) abschießen; *μτφ*. ausstoßen; **~τοπίζω** (*σ· στ· σμ*) verbannen; **~τόπιση** (-*εις*) Deportation *f*; **~τόπισμα** [-zma] *n* Wasserverdrängung *f*

έκτο|ς sechste(r); *Su n* Sechstel *n*; **~ν** sechstens

εκτός: ~ *από* außer *D*, außerhalb *G*; **~ *κινδύνου*** außer Gefahr

έκτοτε *K* seitdem

εκ|τραχύνω [-'çi-] (II = I· *υνθ· υμ*) verschärfen; **~τρέπω** (*ψ· τραπ/εξέ-*) ablenken; *v/p* sich hinreißen lassen

εκτροπή Ablenkung *f*; Abweichung *f*

έκτροπος unangebracht; ungehörig; *Su n/pl* Ausschreitungen *f/pl*

εκτροχ|ιάζομαι [-çi'a-] (*στ· σμ*) entgleisen; ausarten (***σε***/in *A*); **~ιασμός** [-zm-] Entgleisung *f*

έκτρω|μα *n* Mißgeburt *f*; Monstrum *n*; **~ση** (-*εις*) Abtreibung *f*; Fehlgeburt *f*

εκτυλίσσω (*ξ· χτ· γμ*) abwickeln; ausbreiten; *v/p* sich entwickeln

εκτύπωμα *n* Abdruck *m*; **~ *υπολογιστή*** Computerausdruck *m*

εκ|τυπώνω (*σ· θ*) (ab)drucken; *νόμισμα* prägen; **~τύπωση** (-*εις*) Druck *m*; Prägen *n*; **~τυπωτής** *ηλεκτρον*. Drucker *m*; **~τυφλωτικός** blendend

εκ|φοβίζω (*σ· στ· σμ*) einschüchtern; **~φοβισμός** [-zm-] Einschüchterung *f*; **~φορά** Begräbnis *n*; **~φορτίζω** (*σ· στ· σμ*) *ηλ*. entladen; **~φορτώνω** *βλ*. ***ξεφορτώνω***; **~φόρτωση** (-*εις*) Entladung *f*, Löschung *f*; **~φράζω** (*σ· στ· σμ*) ausdrücken; äußern

έκφραση (-*εις*) Ausdruck *m*; Wendung *f*; Äußerung *f*

εκφραστικ|ός ausdrucksvoll; Ausdrucks-; **~ότητα** Ausdruckskraft *f*

εκφυλίζομαι (*στ· σμ*) entarten, degenerieren

έκφυλος pervers

εκ|φώνηση (-*εις*) Rede *f*; Verlesung *f*; **~φωνητής** Ansager *m*, Sprecher *m*; **~φωνήτρια** Ansagerin *f*, Sprecherin *f*; **~χερσώνω** [-çε-] (*σ· θ*) urbar machen; **~χέρσωση** (-*εις*) Urbarmachung *f*; **~χιονιστήρας** Schneepflug *m*; **~χριστιανίζω** [-xr-] (*σ· στ· σμ*) christianisieren; **~χυλίζω** [-çi-] (*σ· στ· σμ*) *χημ*. extrahieren; **~χύλισμα** [-zma] *n* Extrakt *m*

εκ|χωμάτωση (-*εις*) [-xɔ-] Ausschachtung *f*; **~χώρηση** (-*εις*) *νομ*. Abtretung *f*; **~χωρώ** [-xɔ-] (*ησ· ηθ*) abtreten

έλα komm!, los!, *βλ*. ***έρχομαι***; ***πάνε ~*** hin und zurück; Hin- und Rück-

έλαβ- *βλ*. ***λαμβάνω***

ελαία *K* Ölbaum *m*; Olive *f*

ελαι|ογραφία [-γra-] Ölgemälde *n*; **~όδενδρο** Ölbaum *m*

έλαιον *K* Öl *n*, *βλ*. ***λάδι***

ελαι|οτριβείο Ölpresse *f*; **~ουργία** Ölfabrikation *f*; **~οφυτεία** Ölbaumpflanzung *f*; **~όχρωμα** [-xrɔ-] *n* Ölfarbe *f*; **~ώδης** 2 ölig; Öl-; **~ώνας** Olivenhain *m*

έλασμα [-zma] *n* Metallplättchen *n*

ελαστικ|ό Gummi(reifen) *m*; **~ός** elastisch *κ. μτφ*.; **~ότητα** Dehnbarkeit *f*

ελάτε kommt!, los! *βλ*. ***έρχομαι***

ελατήριο *τεχν*. Feder *f*; (*Kolben-*)Ring *m*; *ψυχ*. Motiv *n*, Beweggrund *m*

έλατο Tanne *f*

ελάττωμα *n* Nachteil *m*; Mangel *m*

ελαττ|ωματικός mangelhaft; *μηχανή*: defekt; **~ώνω** (*σ· θ*) verringern; (ver)mindern; senken; *εμπ*. herabsetzen; *ιατρ*. lindern; *v/p* sinken; schwinden

ελάττωση (-*εις*) Herabsetzung *f*; Verringerung *f*; Senkung *f*; **~ *ωραρίου εργασίας*** Arbeitszeitverkürzung *f*

ελάφι Hirsch *m*

ελαφρ|όμυαλος [-mja-] leichtsinnig; **~όπετρα** Bimsstein *m*; **~ός** (*f a*. -[*ι*]*ά*) leicht; *καφές κλπ*.: schwach; **~ότητα** Leichtigkeit *f*; Leichtsinn *m*

ελάφρυνση (-*εις*) Erleichterung *f*

ελαφρυντικ|ό Milderungsgrund *m*; **~ός** erleichternd, Erleichterungs-; **~ά** *n/pl νομ*. mildernde Umstände *m/pl*

ελαφρ|ύς (**-*ιά*, -*ύ***) *βλ*. ***ελαφρός***; **~ώνω** erleichtern; *βάρος* verringern; *v/p* sich erleichtert fühlen

ελάχιστο|ς [-çi-] sehr klein *ή* gering; minimal; ***στο ~*** auf ein Mindestmaß

έλεγ- *βλ*. ***λέω***

ελεγκτής Kontrolleur *m*; *εμπ*. Buch-

prüfer *m*; ~ ***πτήσεων*** Fluglotse *m*; ~ ***τρένου*** Zugschaffner *m*
έλεγχος ['εleŋxɔs] Kontrolle *f*; Prüfung *f*; Schulzeugnis *n*; *εμπ.* Revision *f*; ***συνοριακός*** ~ Grenzkontrolle *f*; ***τελωνειακός*** ~ Zollkontrolle *f*; ~ ***αποσκευών*** Gepäckkontrolle *f*; ~ ***διαβατηρίων*** Paßkontrolle *f*; ~ ***εκλύσεως καυσαερίων*** Abgassonderuntersuchung *f*
ελέγχω [-xɔ] (*γξ· γχθ· γμ*) kontrollieren, prüfen; kritisieren, tadeln
ελεειν|ολογώ [-'γɔ] (*ησ*) bemitleiden; beschimpfen; **~ός** elend, jämmerlich
ελε|ήμονας barmherzig; **~ημοσύνη** Almosen *n*; Barmherzigkeit *f*
έλεος *n* Mitleid *n*; Barmherzigkeit *f*
ελευθ|ερία [εlεf-] Freiheit *f*; ***επαγγελματική ~ερία*** Gewerbefreiheit *f*; ***~ερία κινήσεως*** Freizügigkeit *f*
ελεύθερος [ε'lεf-] frei; ledig; Frei-
ελευθερ|οτυπία [-εf-] Pressefreiheit *f*; **~οφροσύνη** Freisinnigkeit *f*; Liberalismus *m*; **~ώνω** (*σ· θ*) befreien; freilassen; *v/p γυναίκα*: entbinden
ελευθερωτής [-εf-] Befreier *m*
έλευση (*-εις*) ['εlεfsi] Ankunft *f*
ελέφα(ντα)ς Elefant *m*
ελεφαντένιος (**-α, -ο**) elfenbeinern
ελεφαντ|όδοντο, ~οστό Elfenbein *n*
ελ|εώ (*ησ· ηθ*) Erbarmen haben mit; ***Κύριε ~έησον!*** Herr, erbarme dich!
έλθ- *βλ.* ***έρχομαι***
ελιά [ε'lja] Olive *f*; Ölbaum *m*; Muttermal *n*
ελιγμός [-γm-] Windung *f*; *στρ.* Manöver *n*; *μτφ.* Kunstgriff *m*
έλικα, ~ς Spirale *f*; Propeller *m*; (Schiffs-)Schraube *f*
ελικ|οειδής 2 spiralförmig; **~όπτερο** Hubschrauber *m*
ελίσσομαι (*χτ*) sich schlängeln
έλκηθρο Schlitten *m*
έλκος *n* Geschwür *n*
ελκ|τικός anziehend; **~υστήρας** Trecker *m*; **~υστικός** anziehend; reizend; **~υστικότητα** Anziehungskraft *f*; **~ύω, έλκω** (*κυσ, λξ· στ· σμ*) ziehen; *φυσ., μτφ.* anziehen; reizen
Ελλ|άδα, ~άς (*-άδος*) *f* Griechenland *n*
έλλειμμα *n* Fehlbetrag *m*; ~ ***εμπορικού ισοζυγίου*** Handelsbilanzdefizit *n*; ~ ***εξωτερικού εμπορίου*** Außenhandelsdefizit *n*; ~ ***ισοζυγίου πληρωμών*** Zahlungsbilanzdefizit *n*; ~ ***προϋπολογισμού*** Haushaltsdefizit *n*
ελλειπτικός elliptisch
έλλειψη (*-εις*) Mangel *m* (*G*/an *D*); Bildungslücke *f*; *μαθ.* Ellipse *f*;
ελλείψει *G* mangels *G*
ελλην|ικός griechisch; ***η ~ική, τα ~ικά*** Griechisch *n*; **~ικότητα** griechische(s) Gepräge *n*; **~ισμός** [-zm-] Griechentum *n*; Hellenismus *m*; **~ιστής** [-st-] Gräzist *m*; **~ιστικός** hellenistisch
ελλην|ο- griechisch-; **~ογερμανικός** [-jε-] griechisch-deutsch; **~ολάτρης** Griechenlandverehrer *m*; **~ομαθής** 2 griechischkundig; **~οπούλα** Griechenmädchen *n*; **~όπουλο** Griechenjunge *m*; **~όφωνος** griechischsprachig
ελλιμενίζομαι vor Anker gehen
ελλιπής 2 mangelhaft, ungenügend
έλξη (*-εις*) Anziehungskraft *f*; *φυσ.* Gravitation *f*, Schwerkraft *f*
ελονοσία Malaria *f*
έλος *n* Sumpf *m*, Moor *n*
ελπ|ίδα Hoffnung *f*; Erwartung *f*; Aussicht *f*; ***παρ' ~ίδα*** wider Erwarten; **~ίζω** (*σ*) erhoffen; hoffen (***σε***/auf *A*)
ελώδης 2 sumpfig; Sumpf-
εμαγιέ [-'jε] (*0*) emailliert
έμαθ- *βλ.* ***μαθαίνω***
εμάς uns; *βλ.* ***εμείς***
εμβ- *βλ. κ.* ***μπ-***
εμβαδό(ν) (Grund-)Fläche *f*
εμβάζω (*σ*) *εμπ.* überweisen
εμβαθύνω (II = I) eindringen
έμβασμα [-zma] *n* Überweisung *f*
εμβατήριο *μουσ.* Marsch *m*
εμβέλεια Reichweite *f*
έμβλημα *n* Wappenschild *n*, Emblem *n*; Abzeichen *n*; *εμπ.* Warenzeichen *n*
εμβολ|ή *ιατρ.* Embolie *f*; **~ιάζω** (*σ· στ· σμ*) impfen (***εναντίον*** *G*/gegen *A*); *βοτ.* pfropfen; **~ιασμός** [-zm-] Impfung *f*; Pfropfung *f*; ***προληπτικός ~ιασμός*** Schutzimpfung *f*
εμβόλιμος Schalt-; eingeschaltet
εμβόλιο Impfstoff *m*; Impfung *f*
έμβολο *τεχν.* Kolben *m*; Zapfen *m*
εμβρόντητος verdutzt, erstaunt
έμβρυο Embryo *m*, Fötus *m*
εμβρυώδης 2 embryonal
έμειν- *βλ.* ***μένω***
εμείς wir
εμετός Erbrechen *n*

εμμένω (*μειν*) bestehen (**σε**/auf *D*)
έμ|μεσος indirekt; **~μετρος** metrisch
έμ|μηνα *n/pl* Menstruation *f*; **~μισθος** besoldet; *Su m* Gehaltsempfänger *m*
εμμονή Beharrlichkeit *f*, Ausdauer *f*
έμμονος hartnäckig; *ιδέα*: fix
έμπα (*0*) *n* Eingang *m*; *a. Imp v.* ***μπαίνω***
εμπ|άθεια Leidenschaftlichkeit *f*; **~αθής** 2 boshaft; leidenschaftlich
εμπαιγμός [-ɣm-] Spott *m*, Hohn *m*
εμ|παίζω (*ξ· χτ· γμ|ενέ-*) verspotten; **~πασιά** [-'ja] Eingang *m*; Tor *n*
εμ|πεδώνω (*σ· θ*) festigen; **~πέδωση** (*-εις*) Festigung *f*, Konsolidierung *f*
εμπειρ|ία Erfahrung *f*; **~ικός** (nur) praktisch ausgebildet; empirisch; *ιατρ.* Haus-(*Mittel*); **~ογνώμονας** Sachverständige(r); Experte *m*; Gutachter *m*; **~οπόλεμος** kriegserfahren
έμπειρος erfahren (**σε**/in *D*)
εμπειροτέχνης [-x-] Sachkenner *m*
εμπεριστατωμένος gründlich
εμπίπτω (*πεσ|ενέ-*) (hinein)fallen
εμπιστ|εύομαι [-'ɛvɔ-] (*ευτ· εμ*) anvertrauen (**κτ σε κπ**/j-m etw.); sich verlassen (**σε**/auf *A*); **~ευτικός** [-ɛft-] vertraulich; Vertrauens-
έμπιστος zuverlässig, treu; zutraulich
εμπιστοσύνη Vertrauen *n* (**σε**/zu *D*)
έμπλαστρο *ιατρ.* Pflaster *n*
εμπλέκω (*ξ· χτ, πλακ*) *μτφ.* verwikkeln; *v/i κ. v/p* hineingeraten
εμπλοκή Verwicklung *f*; Verflechtung *f*; Versagen *n*; *στρ.* Gefecht *n*
εμπλουτίζω (*σ· στ*) anreichern
έμπνευση (*-εις*) [-ɛfsi] Inspiration *f*
εμ|πνέω (*ευσ· ευστ· ευσμ|ενέ-*) inspirieren, anregen; **~ποδίζω** (*σ· στ· σμ*) verhindern *A*; hindern; stören; **~πόδιο** Hindernis *n*
εμπόλεμος Kriegs-; im Kriege ...
έμπορας *βλ.* ***έμπορος***
εμπόρευμα [-ɛvma] *n* Ware *f*, Handelsartikel *m*; ***σπάνιο ~*** Mangelware *f*
εμπορ|εύομαι [-'ɛvɔ-] (*ευτ*) *v/t* handeln mit *D*; **~ευόμενος** Handeltreibende(r); **~εύσιμος** [-'ɛfs-] marktfähig; **~ικό** Kurzwarenladen *m*; **~ικός** Handels-; kaufmännisch
εμπόριο Handel *m*; Kommerz *m*; ***ανταλλακτικό ~*** Tauschhandel *m*; ***διεθνές ή παγκόσμιο ~*** Welthandel *m*; ***εξωτερικό ~*** Außenhandel *m*; ***εσωτερικό ~*** Binnenhandel *m*; ***λιανικό ~*** Einzelhandel *m*; ***~ ναρκωτικών*** Drogenhandel *m*
εμπόρισσα Kauffrau *f*
εμποροπ|ανήγυρη (*-εις*) [-ji-] Jahrmarkt *m*; **~πλοίαρχος** [-xɔs] Kapitän *m* der Handelsmarine; Schiffsherr *m*
έμπορος Kaufmann *m*, Händler *m*; ***ενδιάμεσος ~*** Zwischenhändler *m*; ***συμβεβλημένος ~*** Vertragshändler *m*; ***~ βιομηχανικής επιχείρησης*** Industriekaufmann *m*
εμποροϋπάλληλος kaufmännische(r) Angestellte(r); Verkäufer *m*
εμποτίζω (*σ· στ· σμ*) durchtränken; imprägnieren; *μτφ.* durchdringen
έμπρακτος tatkräftig; durch die Tat
εμπρησ|μός [-zm-] Brandstiftung *f*; **~τής** [-st-] Brandstifter *m*
εμπριμέ (*0*) *n* Druckstoff *m*
εμ|πρόθεσμος [-zm-] termingerecht; **~πρόθετος** präpositional
εμπρός *Adv* vorn; vorwärts; *Interj* vorwärts!; herein!; *στο τηλέφωνο*: hallo!; ***~ σε*** *Präp* vor *D*, *A*; im Vergleich zu *D*; in Gegenwart *G*
εμπροσθοφυλακή Vorhut *f*
έμπυο Eiter *m*
εμπύρετος fiebrig; Fieber-
εμ|φανής 2 deutlich sichtbar; **~φανίζω** (*σ· στ· σμ*) erscheinen lassen, präsentieren; zeigen; *φωτογρ.* entwikkeln; *v/p* hervortreten, erscheinen, auftreten; **~φάνιση** (*-εις*) Erscheinung *f*, Auftreten *n*; *νομ.* Erscheinen *n*; Entwicklung *f*; **~φανίσιμος** ansehnlich
έμφαση (*-εις*) Nachdruck *m*
εμφιαλ|ωμένος in Flaschen abgefüllt; **~ώνω** (*σ· θ*) in Flaschen abfüllen
εμφορούμαι (*ηθ*) durchdrungen sein
έμ|φραγμα [-ɣma] *n* Stöpsel *m*; *ιατρ.* Infarkt *m*; Plombe *f*; **~φραξη** (*-εις*) Verschließen *n*; Verschluß *m*; *ιατρ.* Embolie *f*; ***καρδιακή ~φραξη*** Herzinfarkt *m*
εμ|φύλιος (**-α, -ο**) Stammes-; *πόλεμος*: Bürger-; **~φυσώ** (*άς· ησ· ηθ*) (ein)blasen; *μτφ.* einflößen (**κτ σε κπ**/j-m etw.); **~φύτευση** (*-εις*) [-ɛf-] Pflanzung *f*; **~φυτεύω** [-'ɛvɔ] (*ευσ· ευτ*) (ein-)pflanzen
έμφυτος angeboren; instinktiv
εμφωλεύω (*ευσ*) (sich ein)nisten; *μτφ.* lauern

έμψυχος [-xɔs] beseelt; lebendig
εμ|ψυχώνω (*σ· θ*) *etw.* beleben; *j-n* ermuntern; **~ψύχωση** (*-εις*) [-xɔsi] Belebung *f*; Ermutigung *f*
εν *K Präp D* in *D*; **~ ανάγκη** nötigenfalls; **~ ονόματι** *G* im Namen *G*; **~ τω μεταξύ** inzwischen
ένα eins, *βλ.* **ένας**
εναγκαλισμός Umarmung *f*
εν|αγόμενος [-ˈɣɔ-] Beklagte(r); (**-η**) Beklagte *f*; **~άγω** (*αγαγ· αχθ· ενήγαγ-· ενηχθ-*) verklagen; **~αέριος** (**-α, -ο**) Luft-; *αγωγός*: oberirdisch; Schwebe-; **~αλλαγή** [-ˈji] Wechsel *m*; Abwechslung *f*; Austausch *m*; **~αλλακτικός** alternativ; *Su* Aussteiger(in *f*) *m*; **~αλλάξ** *Adv* abwechselnd, umschichtig; **~αλλασσόμενος** Wechsel-; **~αλλάσσω** (*ξ· χτ· γμ*) (ab)wechseln
ενάμισης (**μιάμιση, ενάμισι**) anderthalb
ενάντια *Adv* widrig; **~ σε** *Präp* gegen *A*
εναντιολο|γία [-ˈjia] Einwand *m*, Widerspruch *m*; **~γώ** [-ˈɣɔ] (*ησ*) widersprechen
εναντίον *Präp G* gegen *A*; entgegen *D*
ενάντιος (**-α, -ο**) widrig, ungünstig
εναντ|ιότητα Gegensatz *m*; Widrigkeit *f*; **~ιώνομαι** (*θ*) sich widersetzen (**σε**/*D*), sich gegen *j-n* stellen (**για**/wegen *G*); **~ίωση** (*-εις*) Widerstand *m*; Widerspruch *m*
εναπ|όθεση (*-εις*) Hinterlegung *f*; **~οθέτω** (*σ· εναποτεθ· εναποθεμ*) hinterlegen, deponieren; *μτφ.* setzen (**σε**/auf *A*); **~οθήκευση** (*-εις*) [-εfsi] Lagerung *f*; *ηλεκτρον.* Speicher(ung *f*) *m*; **~οθηκεύω** [-ˈεvɔ] (*ευσ· ευτ· ευμ*) lagern; *ενέργεια, ηλεκτρον.* speichern; **~ομένω** (*μειν*) übrigbleiben
εν|άργεια [-jia] Klarheit *f*, Deutlichkeit *f*; **~άρετος** tugendhaft
έναρθρος *λόγος*: artikuliert; *τεχν.* Gelenk-; *γραμμ.* mit Artikel
εναρκτήριος (**-α, -ο**) *ομιλία*: Antritts-, Eröffnungs-; erst-
εναρμ|ονίζω (*σ· στ· σμ*) harmonisieren; in Einklang bringen (**προς**/mit *D*); **~όνιση** (*-εις*) Harmonisierung *f*
έναρξη (*-εις*) Beginn *m*
ένας (**μία** *od.* **μια, ένα**) ein; **~-~** einer nach dem anderen, einzeln
έναστρος gestirnt, bestirnt
ενασχόληση (*-εις*) [-ˈsxɔ-] Beschäftigung *f* (**με**/mit *D*)
ένατος neunte(r)
έναυσμα [ˈεnavzma] *n* Zunder *m*; *μτφ.* Funke *m*
ενδεδειγμένος [-ɣm-] geeignet
ένδεια Not *f*; Mangel *m* (*G*/an *D*)
ενδείκνυται *K* es ist zweckmäßig, es ist angebracht; es empfiehlt sich
ενδεικτικ|ό Versetzungszeugnis *n*; **~ός** andeutend *A*
ένδειξη (*-εις*) Zeichen *n*; Anzeichen *n* (**για**/*G*); Hinweis *m*; *ιατρ.* Indikation *f*; Indiz *n*; **ψηφιακή ~** Digitalanzeige *f*; **~ ντεπόζιτου** Tankanzeige *f*
ένδεκα *K* elf
ενδέκατο|ς elfte(r); **~ν** elftens
εν|δέχεται es ist möglich, es kann sein; **~δεχόμενο** Möglichkeit *f*, Eventualität *f*, Fall *m*; **για κάθε ~δεχόμενο** für alle Fälle; **~δεχόμενος** möglich, eventuell; etwaig
ενδιάμεσος Zwischen-
ενδια|φερόμενος interessiert; *Su m* Interessent *m*; **~φέρον** (*-οντος*) Interesse *n* (**για**/für *A*); **~φέρω** (II = I· *φερθ*) interessieren, angehen; *v/p* sich interessieren (**για**/für *A*); **~φέρων** (**-ουσα, -ον**) interessant; **σε ~φέρουσα** in anderen Umständen
ένδικος gesetzlich; Rechts-
ενδο- inner-; *ιατρ.* endo-, intra-
ενδοεπιχειρησιακός innerbetrieblich
ενδοιασμός [-zm-] Bedenken *n/pl*; Skrupel *m*; Zweifel *m*
ενδο|κρινής 2 endokrin; **~κρινολογία** Endokrinologie *f*; **~μυϊκός** intramuskulär
ενδόμυχος [-xɔs] verborgen, geheim
ένδοξος ruhmvoll; *πρόσ.*: berühmt
ενδοτικός nachgiebig
ενδοφλέβιος (**-α, -ο**) intravenös
ενδοχώρα [-ˈxɔra] Hinterland *n*
ένδυμα *n* Kleidung *f*; Gewand *n*; **γυναικεία ~τα** *pl* Damenbekleidung *f*
ενδυμασία (Be-)Kleidung *f*; **εθνική ~** Nationaltracht *f*, Volkstracht *f*
ενδυν|αμώνω (*σ· θ*) (ver)stärken; Mut machen *D*; **~άμωση** (*-εις*) Verstärkung *f*; Ermutigung *f*
ενέ- *βλ.* **εν-, εγγ-, εγκ-, εγχ-, ελλ-, εμβ-, εμμ-, εμπ-, εμφ-, ερρ-**
ενέδρα Hinterhalt *m*, Falle *f* *κ. μτφ.*

E

ενεδρεύω [-'εvɔ] (*ευσ/ενέ-*) im Hinterhalt liegen
ενεν|ηκοστός neunzigste(r); **~ήντα** neunzig
ενέργεια [-jia] Energie *f*; Wirkung *f*; Tätigkeit *f*; *pl* Schritte *m/pl*; ***αιολική ~*** Windkraft *f*; ***ατομική ~*** Atomenergie *f*; ***εναλλακτική ~*** Alternativenergie *f*; ***πυρηνική ~*** Kernenergie *f*; ***προς ~*** zur Bearbeitung; ***βάζω*** *od.* ***θέτω σε ~*** in Betrieb nehmen, setzen
ενεργητι|κό [-ji-] *εμπ.* Aktivposten *m*, Aktiva *pl*, Guthaben *n*; *ιατρ.* Abführmittel *n*; **~κός** aktiv, energisch, tatkräftig; *ιατρ.* Abführ-; *γραμμ.* aktiv; **~κότητα** Tatkraft *f*, Aktivität *f*
ενεργ|ός [-'γɔs] aktiv, tätig; **~ώ** [-'γɔ] (*ησ· ηθ*) *v/t* durchführen, vornehmen; *έγγραφο* bearbeiten; *v/i* wirken; sich bemühen; *v/p* Stuhlgang haben; ***~ώ βεβιασμένα*** sich übereilen; ***~ώ δικαστικώς*** gerichtlich vorgehen
ένεση (*-εις*) Injektion *f*, Spritze *f*
ενεστώτας Gegenwart *f*; Präsens *n*
ενεχυρ|ιάζω [-çi-] (*σ· στ· σμ*) verpfänden, versetzen; **~ίαση** (*-εις*) Verpfändung *f*, Versetzen *n*; **~οδανειστήριο** Pfandleihe *f*, Leihhaus *n*
ενέχυρο Pfand *n*
ένζυμο Ferment *n*
ένζυμος Hefe-
ενηλικ|ιότητα Volljährigkeit *f*; **~ιώνομαι** (*ωθ*) volljährig werden; **~ίωση** (*-εις*) Erreichen *n* der Volljährigkeit
ενήλικος mündig, volljährig
ενήμερος auf dem laufenden; informiert (***για***/über *A*); *λογαριασμός*: den neuesten Stand zeigend
ενημερ|ότητα Vertrautheit *f*; Informiertheit *f*; **~ώνω** (*σ· θ*) *v/t* vertraut machen (***σε***/mit *D*); auf dem laufenden halten
ενημέρωση (*-εις*) Unterrichtung *f*; Aufklärung *f* (***πάνω σε***/über *A*)
ενθάρρυνση (*-εις*) Ermutigung *f*, Zuspruch *m*
ενθαρρ|υντικός ermutigend; **~ύνω** (II = I· *υνθ· υμ*) ermutigen
ενθουσι|άζω (*σ· στ· σμ*) *v/t* begeistern; *v/p* sich begeistern (***με***/für *A*); begeistert sein, schwärmen; **~ασμένος** [-zm-] begeistert (***με***/von *D*); **~ασμός** Begeisterung *f*; Engagement *n*; **~αστικός** [-st-] begeisternd, mitreißend; enthusiastisch; **~ώδης** 2 begeistert; *λόγος*: begeisternd, feurig
εν|θρονίζω (*σ· στ· σμ*) inthronisieren; **~θρόνιση** (*-εις*) Inthronisierung *f*
εν|θυμίζω (*σ*) erinnern (***κτ σε κπ***/j-n an *A*); **~θύμιο** Andenken *n*, Souvenir *n*
ενιαίος (***-α, -ο***) einheitlich
ενικός (αριθμός) Singular *m*, Einzahl *f*
εν|ίσχυση (*-εις*) [-çi-] Unterstützung *f*; Verstärkung *f*; *στρ.* Nachschub *m*; **~ισχυτής** Verstärker *m*; **~ισχύω** (*σ· θ*) verstärken; unterstützen
εννέα, εννιά [ε'nja] neun
εννιακόσ(ι)οι [εnja-] (***-ες, -α***) neunhundert
έννοια Begriff *m*, Idee *f*; Sinn *m*, Bedeutung *f*; ['εnja] Sorge *f*, Kummer *m*; ***~ σου, σας*** keine Sorge!; ***έχω την ~ σου*** ich denke an dich
εννοιολογικός [-ji-] begrifflich
εννο|ώ (*ησ· ηθ· ημ*) meinen; begreifen; darauf bestehen (***να***/daß); *λέξη*: bedeuten; ***~είται*** selbstverständlich
εν|οικιάζω (*σ· στ· σμ*) mieten; vermieten; ***~οικιάζεται δωμάτιο*** Zimmer zu vermieten; **~οικίαση** (*-εις*) Mieten *n*; Vermietung *f*; ***~οικίαση αυτοκινήτων*** Autovermietung *f*; ***~οικίαση βαρκών*** Bootsverleih *m*; **~οικιαστήριο** Anschlag *m* mit Vermietungsangebot; **~οικιαστής** Mieter *m*; **~οίκιο** Miete *f*
ένοικος Mieter *m*; Hausgast *m*
ένοπλος bewaffnet
ενο|ποίηση (*-εις*) Vereinigung *f*; *εμπ.* Zusammenlegung *f*, Fusion *f*; **~ποιώ** (*ησ· ηθ*) vereinigen; *εμπ.* zusammenlegen, fusionieren
εν|όραση (*-εις*) Intuition *f*; **~όργανος** [-γa-] organisch; *μουσ.* instrumental; *γυμν.* Geräte-; **~ορία** Pfarrgemeinde *f*
ένορκος vereidigt; *Su m* Schöffe *m*, Geschworene(r)
ενόσω *Ko* solange, während
ενότητα Einheit *f*
ενοχή [-'çi] Schuld *f*
εν|όχληση (*-εις*) [-xl-] Störung *f*, Belästigung *f*; *pl* Beschwerden *f/pl*; ***καρδιακές ~οχλήσεις*** Herzbeschwerden *f/pl*; **~οχλητικός** störend, auf-

dringlich, lästig; **~οχλητικότητα** Zudringlichkeit *f*; **~οχλώ** [-'xlɔ] (*ησ· ηθ· ημ*) stören, belästigen
ενοχο|ποίηση (*-εις*) [-xɔ-] Beschuldigung *f*, Belastung *f*; **~ποιητικός** belastend; **~ποιώ** (*ησ· ηθ· ημ*) belasten
ένοχος [-xɔs] schuldig (*G*/*G*)
εν|σαρκώνω (*σ· θ*) verkörpern; **~σάρκωση** (*-εις*) Verkörperung *f*
ένσημο Stempelmarke *f*
ε(ν)σταντανέ [-nt-] (*0*) *n* Schnappschuß *m*, Momentaufnahme *f*
ένσταση (*-εις*) Einspruch *m*, Einrede *f*
ενστερνίζομαι (*στ· σμ*) *μτφ*. sich (*D*) zu eigen machen
ένστικτο Instinkt *m*
εν|στικτώδης 2 instinktiv, unbewußt; **~συνείδητος** bewußt
εν|σωματώνω (*σ· θ*) einverleiben; eingliedern, integrieren (***σε***/in *A*); **~σωμάτωση** (*-εις*) Einverleibung *f*; Eingliederung *f*, Integration *f*
ένταλμα *n*: **~ *πληρωμής*** Zahlungsanweisung *f*; **~ *σύλληψης*** Haftbefehl *m*
εντάξει *Adv* in Ordnung
έν|ταξη (*-εις*) Einordnung *f* (***σε***/in *A*); Aufnahme *f*; **~ταση** (*-εις*) Spannung *f*; Steigerung *f*; *ηλ*. Stromstärke *f*; (Laut-)Stärke *f*; Verschärfung *f*
εντάσσω (*ξ· χτ· γμ*) einordnen, aufnehmen, eingliedern (***σε***/in *A*)
εντατικ|οποίηση (*-εις*) Intensivierung *f*; **~ός** intensiv; angespannt
εντaύθα *ταχ*. hier
ενταφι|άζω (*σ· στ· σμ*) begraben; **~ασμός** [-zm-] Begräbnis *n*
εντείνω (II = I· *ταθ· εντεταμ*) (an)spannen; *μτφ*. steigern; erheben
έντεκα elf
εν|τέλεια Vollendung *f*; **~τελώς** *Adv* völlig
εντερικός Darm-
έντερο Darm *m*; ***λεπτό* ~** Dünndarm *m*; ***παχύ* ~** Dickdarm *m*
εντεροκολίτιδα Darmentzündung *f*
εντεταλμένος beauftragt
έν|τεχνος [-xnɔs] kunstvoll; geschickt; **~τιμος** ehrbar, ehrlich; angesehen
εντιμότητα Ehrbarkeit *f*
εντοιχ|ίζω [-'çi-] (*σ· στ· σμ*) in die Wand einbauen; **~ισμένος** eingebaut
έντοκος verzinslich
εντολ|έας Auftraggeber *m*; **~ή** Auftrag *m*; Weisung *f*; Postanweisung *f*; *θρ*. Gebot *n*; *πολ*. Mandat *n*; ***κατ' ~ή*** im Auftrag; ***~ή αφύπνισης*** Weckauftrag *m*; ***~ή έρευνας*** Forschungsauftrag *m*; **~οδότης** Auftraggeber *m*; **~οδόχος** [-xɔs] Beauftragte(r)
έντομο Insekt *n*
εντομο|κτόνος insektentötend; *Su n* Insektenmittel *n*; **~λόγος** [-ɣɔs] Insektenkundige(r)
έντονος intensiv, stark; *φωνή*: kräftig; *πόνος*: heftig; nachdrücklich
εντοπίζω (*σ· στ· σμ*) lokalisieren
εντόπ|ιος (**-α, -ο**) einheimisch, inländisch; **~ιση** (*-εις*) Lokalisierung *f*
εντοπισμός [-zm-] *βλ*. ***εντόπιση***
εντός *Präp G* in *D*, innerhalb *G*; *χρον*. binnen *D* (*κ. G*); *Adv* im Innern, (dr)innen
εντόσθια *n*/*pl* Eingeweide *n*/*pl*
εντριβή Einreibung *f*
έντρομος erschrocken
έντυπ|ο Formular *n*; *ταχ*. Drucksache *f*; ***επίσημο* ~ο** Formblatt *n*; **~ο *αιτήσεων*** Antragsformular *n*; **~ο δηλώσεως** Anmeldeformular *n*; **~ο *εμβάσματος*** Überweisungsformular *n*; **~ο *παραγγελίας*** Bestellformular *n*; **~ος** gedruckt
εν|τυπώνω (*σ· θ*) *v*/*t* einprägen, eindrucken; **~τύπωση** (*-εις*) Eindruck *m*; Einprägung *f*; ***κάνω ~τύπωση*** Eindruck machen; **~τυπωσιάζω** (*σ· στ· σμ*) beeindrucken; **~τυπωσιακός** eindrucksvoll; aufsehenerregend
ενυδρείο Aquarium *n*
εν|υπάρχω (*πηρξ*) darin existieren; **~υπόγραφος** [-ɣra-] unterschrieben; **~υπόθηκος** belastet; Hypotheken-
ενώ *Ko* während, solange; obwohl
ενωμοτάρχης [-çis] Unteroffizier *m* der Polizei
ενώνω (*σ· θ*) vereinigen; *τεχν*. verbinden; zusammenbringen; *v*/*p* sich zusammentun; sich assoziieren
ενωρ|ίς *Adv* früh; ***~ίτερα*** früher; ***το ~ίτερο*** frühestens
ένωση (*-εις*) Vereinigung *f*; Verbindung *f*; Zusammenschluß *m*; Verband *m*; Union *f*; ***τελωνειακή* ~** Zollverein *m*
ενωτικός Vereinigungs-; *χημ*. Verbindungs-; *Su n* Bindestrich *m*
εξ *βλ*. **εκ**; **~ *αιτίας*** *βλ*. **εξαιτίας**

E

E

εξα- sechs- (*π.χ.* *-fach*)
εξ|αγγέλλω (*ειλ· ελθ· ελμ*) bekanntmachen; **~αγνίζω** [-γn-] (*σ· στ· σμ*) läutern; **~αγόμενο** [-'γɔ-] Schlußfolgerung *f*; Resultat *n*; **~αγορά** [-γɔ-] Ankauf *m*; Loskaufen *n*; **~αγοράζω** (*σ· στ· σμ*) *v/t* ankaufen, erwerben; sich loskaufen von *D*; erkaufen; **~αγριώνω** [-γr-] (*σ· θ*) wild (*μτφ.* rasend) machen; **~αγρίωση** (*-εις*) Zornausbruch *m*
εξάγω [-γɔ] (*να αγαγ/εξήγαγ- να αχτ/ εξήχτ-*) herausnehmen; *προϊόντα* ausführen, exportieren; schließen
εξαγωγ|έας Exporteur *m*; **~ή** Ausfuhr *f*, Export *m*; Ziehen *n*; Herausnahme *f*; **~ικός** Ausfuhr-, Export-
εξάγωνος [-γɔ-] sechseckig
εξ|αδέλφη Kusine *f*; **~άδελφος** Vetter *m*, Cousin *m*
εξ|αερίζω (*σ· στ· σμ*) (aus)lüften, durchlüften; **~αερισμός** [-zm-] Lüftung *f*, Ventilation *f*; **~αεριστήρας** [-st-] Lüfter *m*, Ventilator *m*; **~αερώνω** (*σ· θ*) *v/i* verdunsten; vergasen
εξαθλίωση (*-εις*) Verelendung *f*
εξαίρεση (*-εις*) Ausnahme *f*; Abweichung *f*; ***κατ' ~*** ausnahmsweise
εξ|αιρέσιμος auszunehmend; Feier (*-Tag*); **~αίρετα** *Adv* ausgezeichnet; **~αιρετικός, ~αίρετος** ausgezeichnet; hervorragend; **~αιρώ** (*εσ· εθ· εμ*) ausnehmen; entfernen; *v/p* ausgenommen sein; *γραμμ.* e-e Ausnahme machen
εξαίρω (*να εξάρ-/εξήρ-· να εξαρθ/ εξήρθ· εξηρμ-*) hervorheben, betonen
εξαίσιος (**-α, -ο**) außergewöhnlich; wunderschön, prachtvoll
εξαιτίας *Präp G* wegen *G*
εξακολ|ούθηση (*-εις*) Fortsetzung *f*; Andauern *n*; **~ουθώ** (*ησ*) *v/t* fortsetzen, weiterführen; *v/i* andauern
εξακόσ(ι)οι (**-ες, -α**) sechshundert
εξακρ|ιβώνω (*σ· θ*) feststellen; testen; nachprüfen; **~ίβωση** (*-εις*) Feststellung *f*; Nachprüfung *f*
εξαλείφω (*ψ· φτ· μμ*) zerstören; *ίχνη* auslöschen; *υποθήκη* löschen; vertilgen
εξάλειψη (*-εις*) Zerstörung *f*; Auslöschen *n*; Löschung *f*; Vertilgung *f*
έξαλλος außer sich (***από***/vor *D*)
εξάλλου *Adv* übrigens, darüberhinaus
εξάμβλωμα *n* Mißgeburt *f*
εξάμετρο Hexameter *m*
εξαμην|ία halbe(s) Jahr; **~ίτικος** Sechsmonats-
εξάμην|ο Halbjahr *n*; Semester *n*; **~ος** sechsmonatig; halbjährig, halbjährlich
εξαναγκ|άζω (*σ· στ· σμ*) zwingen; **~ασμός** [-zm-] Zwang *m*; **~αστικός** [-st-] Zwangs-
εξανεμίζω (*σ· στ· σμ*) *μτφ.* zerstreuen; vergeuden; *v/p* (ver)schwinden
εξ|άνθημα *n* (Haut-)Ausschlag *m*; **~ανθηματικός** *πυρετός*: Fleck-; mit Ausschlag; **~αντλημένος** erschöpft; *προϊόντα*: vergriffen; **~άντληση** Erschöpfung *f*; **~αντλητικός** anstrengend, aufreibend; **~αντλώ** (*ησ· ηθ*) *προμήθειες* aufbrauchen; *μτφ.* erschöpfen; **~άπαντος** *Adv* unbedingt; **~απάτηση** (*-εις*) Betrug *m*; Täuschung *f*; **~απατώ** (*άς· ησ· ηθ· ημ*) betrügen; täuschen; **~απλώνω** (*σ· θ*) (sich) ausbreiten; **~απολύω** (*σ· θ/ εξαπέλυσ*) loslassen; e-n Angriff führen; *τεχν.* abschießen; **~άπτω** (*ψ· φθ/ εξή-*) entfachen; aufreizen; *φαντασία* anregen; *v/p* sich aufregen
εξαργ|υρώνω [-ji-] (*σ· θ*) *τσεκ* einlösen; **~ύρωση** (*-εις*) Einlösung *f*
εξ|αρθρώνω (*σ· θ*) verrenken; *v/p* aus den Fugen geraten; **~άρθρωση** (*-εις*) Verrenkung *f*
έξαρση (*-εις*) Erhebung *f*; Hochstimmung *f*; Erregung *f*
εξ|άρτημα *n* Anhang *m*; *pl* Zubehör *n*, Ersatzteile *n/pl*; ***~αρτήματα προγραμματισμού*** *ηλεκτρον.* Anwendersoftware *f*; **~αρτημένος** abhängig; **~άρτηση** Abhängigkeit *f*
εξ|άρτυση (*-εις*) Ausrüstung *f*; **~αρτώ** (*άς· ησ· ημ*) *v/t* abhängig machen; *v/p* (*κ. -ώμαι*) abhängen; *υπηρεσία*: unterstehen; ***~αρτάται*** das kommt darauf an, je nachdem
εξασθ|ένηση (*-εις*) Schwächung *f*; Entkräftung *f*; **~ενίζω** (*σ· στ· σμ*) entkräften; schwächen; **~ενώ** (*ησ· ημ*) *v/i* schwächer werden, nachlassen
εξ|άσκηση (*-εις*) Ausübung *f*; Training *n*; **~ασκώ** (*ησ· ηθ· ημ*) schulen, ausbilden; üben; praktizieren; trainieren; *επάγγελμα* ausüben; **~ασφαλίζω** (*σ· στ· σμ*) sichern, sicherstellen; **~ασφάλιση** Sicher(stell)ung *f*

εξ|ατμίζω (*σ· στ· σμ*) *v/t* zum Verdunsten (*ή* Verdampfen) bringen; *v/p* verdunsten; *μτφ.* dahinschwinden; **~άτμιση** (*-εις*) Verdampfung *f*; Verdunstung *f*; *αυτοκ.* Auspuff *m*; **~αφανίζω** (*σ· στ· σμ*) tilgen, vernichten; *v/p* verschwinden, untertauchen; **~αφάνιση** (*-εις*), **~αφανισμός** [-zm-] Vernichtung *f*; Verschwinden *n*
έξαφνα *Adv* plötzlich
εξ|αχρειώνω (*σ· θ*) verderben, korrumpieren; **~αχρείωση** Verdorbenheit *f*
έξαψη (*-εις*) Aufwallung *f*; Erregung *f*
εξεγείρω [-'ji-] (II = I· *γερθ· γερμ*) *v/t* anstacheln, aufwiegeln; *v/p* aufstehen; *μτφ.* sich aufregen; sich erheben
εξέγερση (*-εις*) [-jɛ-] Aufwiegelung *f*; Revolte *f*, Erhebung *f*
εξέδ- *βλ.* ***εκδίδω***
εξέδρα Tribüne *f*; *αθλ.* Sprungturm *m*; Rang *m*; Landungsbrücke *f*
εξεζητημένος gesucht, manieriert; *πρόσ.*: affektiert
εξέθεσ- *βλ.* ***εκθέτω***
εξελεγκτικός Prüfungs-, Kontroll-
εξελιγμένος [-ɣm-] entwickelt
εξ|ελικτικός Entwicklungs-; **~έλιξη** (*-εις*) Entwicklung *f*; Prozeß *m*; ***σε ~έλιξη*** in vollem Gange; **~ελίσσω** (*ξ· χτ· γμ*) *v/t* abwickeln; *μτφ.* entwickeln; *v/p* sich entwickeln (***σε***/zu *D*); **~ελληνίζω** (*σ· στ· σμ*) gräzisieren
εξεπλαγ- *Aor Pass v.* ***εκπλήττω***
εξερεθίζω (*σ· στ· σμ*) (auf)reizen
εξε|ρεύνηση (*-εις*) [-'ɛvn-] Erforschung *f*; **~ρευνητής** Forscher *m*; Forschungsreisende(r), Entdecker *m*; **~ρευνητικός** Forschungs-; **~ρευνώ** [-'vnɔ] (*άς· ησ· ημ*) erforschen
εξερράγ- *βλ.* ***εκρήγνυμαι***
εξ|ετάζω (*σ· στ· σμ*) untersuchen; *μάρτυρα* verhören; *μαθητή* prüfen; *πρόβλημα* überdenken, durchdenken; erwägen; **~έταση** (*-εις*) Untersuchung *f*; *νομ.* Verhör *n*; ***ιερά ~έταση*** Inquisition *f*; ***υποχρεωτική ~έταση*** Reihenuntersuchung *f*; ***~έταση καταλληλότητας*** Eignungstest *m*; ***~ετάσεις*** *f/pl* Prüfung(en) *f* (*pl*); ***~ετάσεις τεχνικής μαθητείας*** Gesellenprüfung *f*; **~εταστής** Prüfer *m*; **~εταστικός** prüfend; Untersuchungs-; **~έταστρα** *n/pl* Prüfungsgebühr *f*
εξ|ευγενίζω [-ɛvjɛ-] (*σ· στ· σμ*) verfeinern; veredeln; **~ευμενίζω** [-ɛv-] (*σ· στ· σμ*) besänftigen, gnädig stimmen; **~εύρεση** (*-εις*) [-vr-] Ausfindigmachen *n*; Beschaffung *f*; **~ευρίσκω** (*ευρ· ευρεθ*) herausfinden; beschaffen; **~ευρωπαΐζω** (*σ· στ· σμ*) europäisieren; **~ευτελίζω** [-ɛft-] (*σ· στ· σμ*) erniedrigen, entwürdigen; herabsetzen; **~ευτελισμός** [-zm-] Erniedrigung *f*; Herabsetzung *f*; **~ευτελιστικός** [-st-] herabsetzend; *τιμή*: stark herabgesetzt
εξέχω [-xɔ] (*εξείχ*) hervorragen *κ. μτφ.*
έξη (*-εις*) Angewohnheit *f*
εξήγαγ- *βλ.* ***εξάγω***
εξ|ήγηση (*-εις*) [-ji-] Erklärung *f*, Erläuterung *f*; **~ηγώ** [-'ɣɔ] (*ησ· ηθ· ημ*) erklären (***κτ σε κπ***/j-m etw.); *όνειρο* deuten, interpretieren; *v/p* (*-ούμαι, -ιέμαι*) erklärlich sein; sich aussprechen
εξηκοστός sechzigst-
εξ|ηλεκτρίζω (*σ· στ· σμ*) elektrifizieren; **~ηλεκτρισμός** [-zm-] Elektrifizierung *f*; **~ημερώνω** (*σ· θ*) zähmen; zivilisieren; *μτφ.* besänftigen; **~ημέρωση** (*-εις*) Zähmung *f*
εξήντα sechzig
εξηντ|αβελόνης Geizhals *m*; **~άρης** (*-άρηδες· f -α*) etwa sechzigjährig
εξής *Adj*: ***ο, η, το ~*** der, die, das Folgende; ***ως ~*** wie folgt; ***στο ~*** künftig
εξήχθ- *βλ.* ***εξάγω***
έξι sechs
εξιδανίκευση (*-εις*) Idealisierung *f*
εξιδανικεύω [-'ɛvɔ] (*ευσ· ευτ· ευμ*) idealisieren
εξιλ|ασμός [-zm-] Sühne *f*; **~εώνω** (*σ· θ*) sühnen, (ab)büßen; gnädig stimmen; **~έωση** (*-εις*) Buße *f*
εξισλαμίζω (*σ· στ· σμ*) islamisieren
εξισλαμισμός [-zm-] Islamisierung *f*
εξισορρ|όπηση (*-εις*) Ausbalancierung *f*; **~οπώ** (*ησ· ηθ· ημ*) ausbalancieren
εξίσου gleichermaßen
εξιστ|όρηση (*-εις*) Beschreibung *f*, Schilderung *f*; **~ορώ** (*ησ*) beschreiben, schildern
εξ|ισώνω (*σ· θ*) ausgleichen; *κέρδη* angleichen (***προς***/an *A*); *μαθ.* e-e Gleichung aufstellen; **~ίσωση** (*-εις*) Ausgleich *m*; Angleichung *f*; *μαθ.* Gleichung *f*; ***ετήσια ~ίσωση φόρου μισθωτών υπηρεσιών***

Lohnsteuerjahresausgleich *m*; **~ιτήριο** Entlassungsschein *m*; **~ιχνιάζω** [-xn-] (*σ· στ· σμ*) aufspüren; enthüllen; **~ιχνίαση** (*-εις*) Aufspüren *n*; Enthüllung *f*

εξ|όγκωμα *n* Geschwulst *f*; Beule *f*, Schwellung *f*; **~ογκώνω** (*σ· θ*) anschwellen; *είδηση* aufbauschen; *κακό* übertreiben; **~όγκωση** (*-εις*) Anschwellen *n*; Übertreibung *f*

έξοδ|ο Ausgabe *f*; *pl* Ausgaben *f*/*pl*, (Un-)Kosten *pl*; ***δημόσια ~α*** *pl* Staatskosten *pl*; ***~α διατροφής*** Unterhaltskosten *pl*; ***~α διαχείρισης*** Verwaltungskosten *pl*; ***~α έργων υποδομής*** Erschließungskosten *pl*; ***~α συντηρήσεως*** Unterhaltskosten *pl*; ***~α του σπιτιού*** Haushaltsgeld *n*; ***μπαίνω στα ~α*** sich in Unkosten stürzen; **~ος** *f* Ausgang *m*; Exodus *m*, Auszug *m*; Austritt *m*; ***~ος εθνικής οδού*** Autobahnausfahrt *f*; ***~ος κινδύνου*** Notausgang *m*; ***~ος οχημάτων*** Ausfahrt *f*

εξοικ|ειώνω (*σ· θ*) *v*/*t* gewöhnen (***σε***/ an *A*); vertraut machen; *v*/*p* sich befreunden; sich einarbeiten; **~είωση** (*-εις*) Gewöhnung *f*; Vertrautheit *f*; Einarbeitung *f*; **~ονόμηση** (*-εις*) Einsparung *f*; Rationalisierung *f*; **~ονομώ** (*άς, είς· ησ*) *v*/*t χρήμ.* beschaffen; einsparen; rationalisieren

εξολόθρευση (*-εις*) [-ɛfsi] Vernichtung *f*; Ausrottung *f*

εξολοθρ|ευτής [-ɛft-] Vernichter *m*, Zerstörer *m*; **~ευτικός** Vernichtungs-, Ausrottungs-; **~εύω** [-ˈɛvɔ] (*ευσ· ευτ· ευμ*) vernichten, ausrotten

εξομ|άλυνση (*-εις*) Glätten *n*; Normalisierung *f*; **~αλύνω** (II = I· *υνθ· υμ*) glätten; beruhigen, normalisieren

εξ|ομοιώνω (*σ· θ*) angleichen, gleichstellen; **~ομοίωση** (*-εις*) Gleichstellung *f*; **~ομολόγηση** (*-εις*) [-ji-] Beichte *f*; **~ομολογητής** Beichtvater *m*; **~ομολογώ** [-ˈɣɔ] (*είς, άς· ησ· ηθ· ημ*) die Beichte abnehmen *D*; *v*/*p* beichten

εξόν: **~ *από*** *Präp* außer *D*; **~ *αν*** *Ko* außer wenn

εξοντ|ώνω (*σ· θ*) ausrotten, vernichten; **~ωτικός** Ausrottungs-

εξ|ονυχιστικός tiefschürfend; **~οπλίζω** (*σ· στ· σμ*) bewaffnen, (aus)rüsten; **~οπλισμός** [-zm-] Rüstung *f*; Bewaffnung *f*

εξ|οργίζω [-ˈji-] (*σ· στ· σμ*) ärgern, erbosen, erzürnen; **~ορία** Verbannung *f*; **~ορίζω** (*σ· στ· σμ*) verbannen; **~όριστος** verbannt; **~ορκίζω** (*σ· στ· σμ*) schwören lassen; *πνεύματα* austreiben; **~ορκισμός** [-zm-] (Geister-)Beschwörung *f*

εξ|όρμηση (*-εις*) Ansturm *m*; **~ορμώ** (*άς· ησ*) hervorstürmen; ausbrechen

εξουδετ|ερώνω (*σ· θ*) neutralisieren; *δυσκολίες* beheben; *απορρίμματα* entsorgen; **~έρωση** (*-εις*) Neutralisierung *f*; Behebung *f*; ***~έρωση απορριμμάτων*** (Müll-)Entsorgung *f*

εξουθ|ενίζω, ~ενώνω (*σ· θ*) zunichte machen; erniedrigen; **~ένωση** (*-εις*) Vernichtung *f*; Erniedrigung *f*

εξουσ|ία Macht *f*; *νομ.* Gewalt *f*; Herrschaft *f*; ***εκτελεστική ~ία*** Exekutive *f*; ***νομοθετική ~ία*** Legislative *f*, gesetzgebende Gewalt *f*; **~ιάζω** (*σ· στ· σμ*) *v*/*t* beherrschen; herrschen über *A*; *v*/*i* die Macht haben; **~ιαστής** Machthaber *m*; **~ιοδότηση** (*-εις*) Befugnis *f*, Vollmacht *f*; ***πάγια ~ιοδότηση*** Dauerauftrag *m*; **~ιοδοτώ** (*ησ· ηθ*) bevollmächtigen, ermächtigen

εξ|όφληση (*-εις*) Begleichung *f*; Einlösung *f*; Tilgung *f*; **~οφλώ** (*είς, άς· ησ· ηθ· ημ*) *v*/*t* begleichen; tilgen

εξοχή [-ˈçi] *αρχιτ.* Vorsprung *m*; Erhöhung *f*; *ύπαιθρος*: Land *n*; ***στην ~*** auf dem Land; ***κατ' ~ν*** vor allem

εξοχικός ländlich, Land-

έξοχος hervorragend, ausgezeichnet; ***εξοχότατε!*** Exzellenz!

έξτρα (*0*) *Adj* ausgezeichnet, ausgesucht; Neben-; *Adv* extra

εξτρεμισμός [-zm-] Extremismus *m*

εξτρεμιστής Extremist *m*

εξ|υβρίζω (*σ· στ· σμ*) beschimpfen, beleidigen; **~ύβριση** (*-εις*) Beschimpfung *f*; **~υγιαίνω** [-ji-] (*αν· ανθ· ασμ*) sanieren; *οικονομικά* ordnen; **~υγίανση** (*-εις*) Heilung *f*; Sanierung *f*; **~ύμνηση** (*-εις*) Verherrlichung *f*; **~υμνώ** (*ησ*) preisen, verherrlichen; **~υπακούομαι** selbstverständlich sein

εξυπηρέτηση (*-εις*) Dienst(leistung *f*) *m*; Service *m*; Gefälligkeit *f*; ***~ πελατών*** Kundendienst *m*

εξυπηρετ|ικός behilflich, gefällig; **~ι-**

κότητα Verbindlichkeit *f*; **~ώ** (*ησ· ηθ*) *v/t* nützen *D*, dienlich sein *D*; helfen *D*
εξυπνάδα Intelligenz *f*; Schläue *f*
έξυπνος aufgeweckt, intelligent
εξ|υψώνω (*σ· θ*) erhöhen, erheben; **~ύψωση** (*-εις*) Erhöhung *f*, Erhebung *f*
εξω- *Präfix*, *συχνά*: außer-
έξω *Adv* draußen; hinaus; *Interj* raus (mit ...)!; **~ *από*** *Präp* außerhalb *G*; draußen vor *D*; ***απ' ~*** auswendig; ***πέφτω ~*** sich irren
εξώγαμος [-γa-] außerehelich
εξωθώ (*ησ· ηθ*) reizen; treiben
εξω|κοινοβουλευτικός [-εft-] außerparlamentarisch; **~λέμβιος** (***-α, -ο***) Außenbord-(*Motor*)
εξ|ώπορτα Haustür *f*; **~ωπραγματικός** wirklichkeitsfremd; **~ωραΐζω** (*σ· στ· σμ*) verschönern; **~ωραϊσμός** [-zm-] Verschönerung *f*; Modernisierung *f*
έξωση (*-εις*) Vertreibung *f*; *νομ.* Zwangsräumung *f*
εξώστης Balkon *m*
εξωτερ|ίκευση (*-εις*) [-εfsi] Äußerung *f*; **~ικεύω** [-'evɔ] (*ευσ· ευτ· ευμ*) äußern; verraten; **~ικό** Ausland *n*; Äußere(s); **~ικός** außer-; auswärtig; Außen-(*Handel*); äußerlich
εξωτικός exotisch, fremdländisch
εξωφρενι|κός unsinnig; extravagant; **~σμός** [-zm-] Unsinnigkeit *f*; Extravaganz *f*
εξώφυλλο Umschlag *m*
εορτάζω *βλ.* ***γιορτάζω***
εορτ|άσιμος feierlich; Feier-(*Tag*); **~ασμός** [-zm-] Feier *f*, Begehen *n*; **~αστικός** feierlich, festlich; Festtags-; **~ή** *βλ.* ***γιορτή***
επαγγ|ελία *πολ.* Versprechung *f*; *θρ.* Verheißung *f*; **~έλλομαι** (*ελθ*) *v/t* versprechen; e-n Beruf ausüben
επάγγελμα *n* Beruf *m*; Gewerbe *n*; ***ακόρεστο ~*** Mangelberuf *m*; ***ελεύθερο ~*** freier Beruf *m*
επαγγελματ|ίας (*a. f*) Geschäftsmann *m*, Geschäftsfrau *f*; ***ελεύθερος ~ίας*** Freiberufler *m*; **~ικός** beruflich; geschäftlich; professionell
επαγρ|ύπνηση (*-εις*) [-'γri-] Wachsamkeit *f*; **~υπνώ** (*ησ*) wachen
έπαθ- *βλ.* ***παθαίνω, πάσχω***
έπαθλο Preis *m*, Prämie *f*
επαινετικός lobend, Lob-
έπαινος Lob *n*
επαινώ (*εσ· εθ· εμ*) loben, anerkennen; (an)preisen
επ|αιτεία Bettelei *f*; **~αίτης** Bettler *m*
επ|ακολούθημα *n* Folge *f*, Konsequenz *f*; **~ακόλουθος** folgend; *Su n* Folge *f*; **~ακολουθώ** (*ησ*) *v/t* folgen *D* (*κ.* auf *A*); *v/i* erfolgen
επακριβώς aufs genaueste
έπακρο: ***στο ~*** äußerst
επ|αλήθευση (*-εις*) [-εfsi] Bestätigung *f*, Verifikation *f*; Prüfung *f*; Erfüllung *f*; **~αληθεύω** [-'evɔ] (*ευσ· ευτ· ευμ*) *v/t* bestätigen, verifizieren; prüfen; *v/i* sich als richtig erweisen; sich erfüllen
έπαλξη (*-εις*) *κ. μτφ.* Bollwerk *n*
επαν(α)- *συχνά*: wieder-, zurück-
επαν|αζώ (*ησ*) wiederaufleben; **~ακτώ** (*άς· ησ/επανέ-*) wiedererlangen; **~αλαμβάνω** (*λαβ· ληφθ· ειλημμ*) wiederholen; **~αληπτικός** Wiederholungs-; Nach-; **~άληψη** (*-εις*) Wiederholung *f*; *νομ.* Wiederaufnahme *f*; **~απατρίζομαι** (*στ· σμ*) in die Heimat zurückkommen, heimkehren; **~απατρισμός** [-zm-] Rückkehr *f* in die Heimat; **~απαύομαι** [-vɔ-] (*αυτ· αυμ*) sich begnügen; sich verlassen (***σε***/auf *A*)
επαν|άσταση (*-εις*) Revolution *f*, Aufstand *m*; *μτφ.* Umwälzung *f*; **~αστάτης** Revolutionär *m*; **~αστατικός** revolutionär; *άποψη*: revolutionierend, umwälzend; **~αστατώ** (*ησ· ημ*) *v/i* sich erheben, sich empören, sich auflehnen; **~ασύνδεση** (*-εις*) Wiederanknüpfung *f*; **~αφέρω** (II = I· *φερθ· φερμ*) wiederbringen; *θέμα* wieder (zur Diskussion) stellen; *σε θέση* wiedereinsetzen; *τάξη* wiederherstellen; **~αφορά** Wiedereinsetzung *f*; Wiederherstellung *f*; Rückführung *f*
επανδρ|ωμένος bemannt; **~ώνω** (*σ· θ*) bemannen
επανέ- *βλ.* ***επανα-***
επανειλημμένος wiederholt
επαν|εκλέγω [-γɔ] (*ξ· εγ/-εξέλεξ-*) wiederwählen; **~έρχομαι** [-xɔ-] zurückkommen; wiederkommen
επάνοδος *f K* Rückkehr *f*
επαν|ορθώνω (*σ· θ*) wiederaufrichten; instandsetzen; *άδικο* wiedergutmachen; *λάθος* berichtigen; **~όρθωση** (*-εις*) Wiederaufrichtung *f*; Wieder-

E

E

gutmachung *f*; Schadenersatz *m*; *pl* *στρ.* Reparationen *f/pl*
επάνω (*κ. απάνω, πάνω*) *Adv* (nach) oben; *adj* (*0*) Ober-; ***από* ~** von oben; **~ *σε*** *Präp* auf *D*, *A*; *χρον.* gerade während *G*, bei *D*; **~ *από*** über *D*, *A*; **~ *που*** *Ko* gerade als; **~ *-κάτω*** ungefähr
επανω|τός (*mst. pl*) aufeinanderfolgend; **~φόρι** Mantel *m*
επάξιος (**-*α*, -*ο***) würdig (*G*/*G*)
επ|άργυρος [-ji-] versilbert; **~αργυρώνω** (*σ· θ*) versilbern; **~άρκεια** genügende(r) Vorrat (*G*/an *D*); **~αρκώ** (*εσ*) (hin)reichen, genügen
έπαρση (*-εις*) *σημαία*: Hissen *n*; Dünkel *m*, Überheblichkeit *f*
επαρχ|ία [-'çia] Provinz *f*; **~ιακός** Provinz-; provinziell; **~ιώτης** Provinzler *m κ. μτφ.*; **~ιωτισμός** [-zm-] Provinzialismus *m*
έπαυλη (*-εις*) Landhaus *n*, Villa *f*
επ|αυξάνω [-af-] (*ξησ· ξηθ· ξημ*) *v/t* vermehren; erhöhen, steigern; **~αύξηση** (*-εις*) Steigerung *f*; Zuschlag *m*
επαφή Berührung *f*, Kontakt *m*
επέ- *βλ.* ***επι-***
επειγόντως [-'ɣɔ-] *Adv* eilig, dringend
επείγ|ω [-ɣɔ] (*nur Präs*) eilen, dringend sein; **~ων** (*-ουσα, -ον*) dringend
επειδή *Ko* weil, da
επεισ|οδιακός episodisch; nebensächlich, Neben-; **~όδιο** Episode *f*; Zwischenfall *m*; Streit *m*
έπειτα *Adv* dann, darauf, nachher
επ|έκταση (*-εις*) Ausdehnung *f*; Erweiterung *f*; Expansion *f*; **~εκτατισμός** [-zm-] Expansionspolitik *f*; **~εκτείνω** (II = I· *ταθ*) erweitern; *v/p* sich ausdehnen (***σε***/auf *A*); expandieren
επεμβαίνω (*να επέμβω· επενέβηκα*) (***σε***) eingreifen in *A*; intervenieren in *D*; sich einmischen in *A*
επ|έμβαση (*-εις*) Eingreifen *n*, Intervention *f*; Einmischung *f*; **~ένδυση** (*-εις*) Verkleidung *f*; Investition *f*; **~ενδύω** (*σ· θ*) verkleiden; *εμπ.* investieren
επενέβ- *βλ.* ***επεμβαίνω***
επενέργεια [-jia] Einwirkung *f*
επεξέ- *βλ.* ***επεκ-***
επεξεργ|άζομαι [-'ɣa-] (*στ· σμ*) verarbeiten, bearbeiten; überarbeiten; **~ασία** Verarbeitung *f*; **~*ασία κειμένου*** Textverarbeitung *f*
επεξ|ήγηση (*-εις*) Erklärung *f*, Erläuterung *f*; **~ηγώ** (*σ· θ*) erklären, erläutern, verdeutlichen
επέρσι *Adv* voriges Jahr
επ|έρχομαι [-xɔ-] eintreten; **~ερώτηση** (*-εις*) Rückfrage *f*, Anfrage *f*
έπεσ- *βλ.* ***πέφτω***
επέστησ- *βλ.* ***εφιστώ***
επετέθ- *βλ.* ***επιτίθεμαι***
επ|έτειος *f* Jahrestag *m*; Jubiläum *n*; **~ετηρίδα** Jahrbuch *n*
επευ|φημία Beifall *m*, Applaus *m*; **~φημώ** (*ησ· ηθ*) Beifall spenden
επηρ|εάζω (*σ· στ· σμ*) beeinflussen; manipulieren; **~εασμός** [-zm-] Beeinflussung *f*; Manipulation *f*; **~*εασμός της αγοράς*** Marketing *n*
επί (**επ', εφ'**) *K Präp με G*: auf *D*; *γεωγρ.* an *D*; *χρον.* unter *D* (*π.χ. unter Otto*); *με A*: auf *A*; *χρον. drei Stunden* lang; *Adv μαθ.* mal; **~ *τόπου*** an Ort und Stelle; ***ως* ~ *το πλείστον*** meistens, größtenteils
επι- *Präfix*: auf-, be-, er-, ober-, zu-
επι|βάλλω (*βαλ· βληθ· βεβλημ*) auferlegen; zwingen (***κτ σε κπ***/j-n zu *D*); gebieten; *τάξη* schaffen; *ποινή* verhängen; *v/p* sich durchsetzen (***σε***/bei *D*); **~βάρυνση** (*-εις*) Belastung *f*; **~*βάρυνση περιβάλλοντος*** Umweltbelastung *f*; **~βαρυντικός** belastend; **~βαρύνω** (II = I· *υνθ· ημ*) belasten (***με; από***/mit *D*); **~βάτης** Passagier *m*; Fahrgast *m*; **~βατικός** Passagier-; Personen-
επιβε|βαιώνω (*σ· θ*) bestätigen; **~βαίωση** (*-εις*) Bestätigung *f*; **~*βαίωση εντολής*** Auftragsbestätigung *f*; **~*βαίωση κλεισίματος*** Buchungsbestätigung *f*; **~βλημένος** geboten
επι|βιβάζω (*σ· στ· σμ*) einsteigen lassen; *v/p* einsteigen; **~βίβαση** (*-εις*) Einsteigen *n*; **~βιώνω** (*σ*) überleben; **~βίωση** (*-εις*) Überleben *n*
επ|ιβλέπω (*ψ*) *v/t* beaufsichtigen; *v/i* die Aufsicht führen; **~ίβλεψη** (*-εις*) Beaufsichtigung *f*; **~ιβλητικός** imposant, eindrucksvoll; stattlich
επι|βολή Auferlegung *f*; Verhängung *f*; **~βουλεύομαι** [-'ɛvɔ-] (*ευτ· ευμ*) *τιμή* untergraben; **~βουλή** Anschlag *m* auf *A*
επι|βράβευση (*-εις*) [-ɛfsi] Belohnung

f; **~βραβεύω** [-'ενɔ] (*ευσ· ευτ· ευμ*) belohnen; **~βράδυνση** (-*εις*) Verlangsamung *f*; Verzögerung *f*; **~βραδύνω** (II = I· *υνθ· υμ*) verlangsamen; verzögern; **~γαμία** [-ɣa-] Mischehe *f*
επίγειος [-ji-] (**-α, -ο**) irdisch
επίγνωση [-ɣnɔ-] Bewußtsein *n*
επιγονατίδα [-ɣɔ-] Kniescheibe *f*
επίγραμμα [-ɣr-] *n* Epigramm *n*
επιγραφή Aufschrift *f*; (Kapitel-) Überschrift *f*; Inschrift *f*
επιγράφω [-ɣr-] (*ψ· φτ· μμ*) daraufschreiben; adressieren; betiteln
επι|δεικνύω *βλ.* **επιδείχνω**; **~δεικτικός** (**-χτ-**) ostentativ, demonstrativ; **~δεινώνω** (*σ· θ*) verschlechtern; *v/p* sich zuspitzen; **~δείνωση** (-*εις*) Verschlechterung *f*; Zuspitzung *f*
επίδειξη (-*εις*) Zurschaustellung *f*; Schau *f*; Vorführung *f*, Demonstration *f*; **~ μόδας** Modenschau *f*
επιδείχνω [-xnɔ] (*ξ· χτ*) zur Schau stellen; demonstrieren; *ενδιαφέρον* bekunden; *v/p* sich produzieren; protzen
επιδεκτικός empfänglich (*G*/für *A*)
επι|δένω (*σ· θ*) verbinden; **~δέξιος** (**-α, -ο**) geschickt; **~δεξιότητα** Geschicklichkeit *f*; **~δερμίδα** Oberhaut *f*
επίδεσμος [-zm-] Verband *m*
επιδέχομαι [-xɔ-] (*χτ*) zulassen
επιδημ|ία Seuche *f*, Epidemie *f*; **~ικός** epidemisch
επιδίδω (*δωσ· δοθ· δομ*) *v/t* aushändigen; zustellen; überreichen
επι|διορθώνω (*σ· θ*) reparieren, instandsetzen; **~διόρθωση** (-*εις*) Reparatur *f*, Instandsetzung *f*; **~διώκω** (*ξ· χτ*) streben nach *D*, sich bemühen um *A*; *σκοπό* verfolgen; **~δίωξη** (-*εις*) Ziel *n*; Streben *n*; **~δοκιμάζω** (*σ· στ· σμ*) billigen; **~δοκιμασία** Billigung *f*
επίδομα *n* Zulage *f*; Zuschuß *m*; Beihilfe *f*; **~ αδείας** Urlaubsgeld *n*; **~ ανεργίας** Arbeitslosenunterstützung *f*; **~ ασθενείας** Krankengeld *n*; **~ τέκνων** Kindergeld *n*; **~ υπερωριακής εργασίας** Überstundenzuschlag *m*; **~ Χριστουγέννων** Weihnachtsgeld *n*
επιδόρπιο Nachtisch *m*
επίδοση (-*εις*) Aushändigung *f*; Überreichung *f*; Leistung *f*; **λαμπρή ~** Glanzleistung *f*; Rekord *m*
επι|δότηση (-*εις*) Bezuschussung *f*; **~δοτώ** (*ησ*) bezuschussen
επίδραση (-*εις*) Einfluß *m*; Wirkung *f*; **~ περιβάλλοντος** Umwelteinfluß *m*
επιδρομ|έας Eindringling *m*; Angreifer *m*; **~ή** Invasion *f*; Überfall *m*
επιδρώ (*άς· ασ*) beeinflussen, wirken
επι|είκεια Nachsicht *f*, Milde *f*; **~εικής** 2 nachsichtig; milde, gnädig
επίζηλος beneidenswert; beneidet
επι|ζήμιος (**-α, -ο**) nachteilig, schädlich; **~ζητώ** (*ησ· ηθ*) *v/t* streben nach *D*; **~ζώ** (*ησ*) überleben; weiterleben
επίθεση (-*εις*) Angriff *m* (**κατά** *G*/auf *A*); Auflegen *n*
επιθετικ|ός Angriffs-; *γραμμ.* adjektivisch; *μτφ.* angriffslustig, aggressiv; **~ότητα** Angriffslust *f*; Streitsucht *f*
επίθετο Adjektiv *n*; Familienname *m*
επι|θεώρηση (-*εις*) Besichtigung *f*; *εμπ.* Prüfung *f*; *υπηρεσία*: Inspektion *f*; *θέατρ.* Revue *f*; **~θεωρητής** Inspektor *m*; Schulrat *m*; **~θεωρώ** (*ησ· ηθ· ημ*) beaufsichtigen; inspizieren; prüfen; **~θυμητός** erwünscht; *εμπ.* gefragt; **~θυμία** Wunsch *m*; Sehnsucht *f*; Lust *f*, Begierde *f*; **~θυμώ** (*ησ*) wünschen; verlangen nach *D*; Appetit haben auf *A*; sich sehnen nach *D*
επίκαιρος aktuell, zeitgemäß; *n/pl* Wochenschau *f*
επικαιρότητα Zeitgeschehen *n*, *αθλ.* Geschehen *n*; Aktualität *f*
επι|καλούμαι (*εστ*) *v/t* sich berufen auf *A*; *το θεό* anrufen; appellieren an *A*; **~καλούμενος** mit dem Beinamen; **~καρπία** Nutz(nieß)ung *f*; **~καταλλαγή** [-'ji] Agio *n*, Aufgeld *n*
επί|κειται (*o. Aor*) (es) steht bevor; liegt vor; **επικείμενος** bevorstehend; **~κεντρο** Epizentrum *n*; Mittelpunkt *m*
επι|κερδής 2 einträglich, lukrativ; **~κεφαλίδα** Überschrift *f*; **~κήρυξη** (-*εις*) Aussetzung *f* e-r Belohnung; **~κηρύσσω** (*ξ· χτ· γμ*) e-e Belohnung aussetzen auf *A*; **~κίνδυνος** gefährlich; *κατάσταση*: kritisch
επίκληση (-*εις*) Beiname *m*; Anrufung *f*; *πολ.* Aufruf *m*
επι|κλινής 2 schräg; **~κοινωνία** Kommunikation *f*; Verkehr *m*; Umgang *m*; Verbindung *f*; **~κοινωνώ** (*ησ*) verkehren, in Verbindung stehen; **~κολλώ** (*άς· ησ· ηθ· ημ*) aufkleben

E

E

επι|κράτεια Staat *m*; Hoheitsgebiet *n*; **~κρατέστερος** vorherrschend; überwiegend; **~κράτηση** (*-εις*) Vorherrschaft *f*; Durchsetzung *f*; Überwiegen *n*; **~κρατώ** (*ησ*) sich durchsetzen; *γνώμη*: (vor)herrschen; **~κρίνω** (II = I· *θ*) kritisieren, bemängeln
επίκριση (*-εις*) Kritik *f* (*G*/an *D*); Bemängelung *f*; Tadel *m*
επι|κριτής Kritiker *m*; Nörgler *m*; **~κροτώ** (*ησ*) begrüßen, gutheißen
επίκτητος erworben
επικυριαρχία [-'çia] Oberhoheit *f*
επι|κυρώνω (*σ· θ*) bestätigen; *έγγραφο* beglaubigen; *συμβόλαιο* ratifizieren; **~κύρωση** (*-εις*) Bestätigung *f*; Beglaubigung *f*; Ratifizierung *f*
επιλαχών [-'xɔn] (*-ούσα, -όν*) (bestanden, aber) nicht zugelassen
επιλέγω [-γɔ] (*ξ· χτ· γμ*) *τηλ.* (aus)wählen; *v/p* den Beinamen ... führen
επίλεκτο|ς (-χτ-) auserwählt, Elite-; **~σώμα** Elitetruppe *f*
επι|ληπτικός epileptisch; **~ληψία** Epilepsie *f*; **~λήψιμος** tadelnswert; **~λογή** [-'ji] Auswahl *f*; Auslese *f*; *βιολ.* Selektion *f*
επίλογος [-γɔs] Nachwort *n*, Epilog *m*
επίμαχος [-xɔs] strittig
επιμειξία Mischung *f*; Umgang *m*; *ζωολ.* Kreuzung *f*
επι|μέλεια Fleiß *m*; Sorgfalt *f*; **~μελής** 2 fleißig; sorgfältig; **~μελητήριο** *εμπ.* Kammer *f*; ***Εμπορικό και Βιομηχανικό ~μελητήριο*** Industrie- und Handelskammer *f*; **~μελητής** Assistent *m*; Verwalter *m*; **~μελούμαι** (*ηθ· ημ*) *v/t* sorgen für *A*, sich kümmern um *A*; ***~μελημένος*** gepflegt
επιμένω (*μειν*) bestehen, beharren (***σε***/auf *D*); dabei bleiben (***ότι***/daß)
επι|μήκης 2 länglich; **~μίσθιο** Gehaltszulage *f*; Zuschuß *m*; **~μνημόσυνος** Gedenk-; Toten-; **~μονή** Beharrlichkeit *f*; Starrköpfigkeit *f*
επίμονος beharrlich; zäh, starrköpfig
επιμόρφωση Weiterbildung *f*; *περ.* zweite(r) Bildungsweg *m*; ***λαϊκή ~*** *περ.* Volkshochschule *f*
επίνειο Hafen(platz, -ort) *m*
επι|νόηση (*-εις*) Erfindung *f*; Erfinden *n*; **~νοητικός** erfinderisch; **~νοώ** (*ησ· ηθ· ημ*) erfinden
επιορκία Eidbruch *m*, Meineid *m*
επίορκος eidbrüchig, meineidig
επιορκώ (*ησ*) meineidig werden
επίπεδ|ο Fläche *f*; Stufe *f*; *μτφ.* Niveau *n*; Standard *m*; ***ανώτατο ~ο*** Höchststand *m*; ***βιοτικό ~ο*** Lebensstandard *m*; ***χαμηλό ~ο*** Tiefstand *m*; ***~ο τιμών*** Preisniveau *n*; **~ος** flach; eben
επιπλέον *Adv* darüber hinaus
επιπλέω (*πλευσ*) schwimmen; *μτφ.* sich durchsetzen
επίπληξη (*-εις*) Verweis *m*, Tadel *m*
επιπλήττω (*ξ· χτ*) zurechtweisen; tadeln
έπιπλο Möbelstück *n*, *n/pl* Möbel *pl*
επιπλοκή Verwicklung *f*; *ιατρ.* Komplikation *f*
επιπλο|ποιείο Möbelfabrik *f*; **~ποιός** Möbeltischler *m*; **~πωλείο** Möbelgeschäft *n*
επι|πλωμένος möbliert; **~πλώνω** (*σ· θ*) möblieren, einrichten
επίπλωση (*-εις*) Möblierung *f*, Einrichtung *f*
επι|πόλαιος oberflächlich, flüchtig; **~πολαιότητα** Oberflächlichkeit *f*
επίπονος mühsam
επ|ίρρημα *n* Adverb *n*; **~ιρρηματικός** adverbial
επι|ρρίπτω (*ψ· φτ*) vorwerfen; schieben (***σε***/auf *A*); **~ρροή** Einfluß *m* (***σε***/auf *A*); Wirkung *f*; **~σημαίνω** (*αν· ανθ· ασμ*) kennzeichnen; hinweisen auf *A*; **~σήμανση** (*-εις*) Kennzeichnung *f*, Markierung *f*
επισημο|ποίηση (*-εις*) Legalisierung *f*; amtliche Beglaubigung *f*; **~ποιώ** (*ησ· ηθ· ημ*) legalisieren; amtlich beglaubigen (lassen)
επίσημος offiziell; amtlich; formell; feierlich; *Su m/pl* Honoratioren *pl*
επισημότητα Amtlichkeit *f*; Feierlichkeit *f*
επίσης *Adv* ebenfalls, gleichfalls
επισιτισμός Verproviantierung *f*
επι|σκεπτήριο Visitenkarte *f*; **~σκέπτης** Besucher *m*; Gast *m*; *pl* Besuch *m*; **~σκέπτομαι** (*φτ*) besuchen; *μουσείο* besichtigen; **~σκευάζω** [-εν-] (*σ· στ· σμ*) reparieren; **~σκευή** Reparatur *f*
επίσκεψη (*-εις*) Besuch *m*; Besichtigung *f*; *ιατρ.* Visite *f*
επι|σκιάζω (*σ· στ· σμ*) beschatten, verdunkeln; **~σκοπή** Bistum *n*; Bi-

schofssitz *m*; **~σκόπηση** (*-εις*) Aufsicht *f*; *τύπος*: Überblick *m*
επίσκοπος Bischof *m*
επισπεύδω [-vðɔ] (*ευσ· ευτ· ευσμ*) *K* beschleunigen
επίσπευση (*-εις*) [-ef-] Beschleunigung *f*
επι|στασία Beaufsichtigung *f*, Aufsicht *f* (über *A*); Aufsichtsbehörde *f*; **~στάτης** Aufseher *m*; Vorarbeiter *m*; Hausmeister *m*; **~στεγάζω** [-'ɣa-] (*σ· στ· σμ*) überdachen; *μτφ.* krönen; **~στέγασμα** [-zma] *n* Überdachung *f*; Krönung *f*
επι|στήμη Wissenschaft *f*; **~στήμονας** Wissenschaftler *m*; **~στημονικός** wissenschaftlich
επιστολ|ή Brief *m*; Schreiben *n*; ***συστατική ~ή*** Empfehlungsschreiben *n*; ***συστημένη ~ή*** Einschreib(e)brief *m*; **~ογραφία** [-ɣra-] *κ. εμπ.* Korrespondenz *f*; Briefwechsel *m*
επι|στράτευση (*-εις*) [-ɛfsi] Mobilmachung *f*; Aufbietung *f*; **~στρατεύω** [-'ɛvɔ] (*ευσ· ευτ· ευμ*) mobilisieren; *κλάση* einberufen
επιστρέφω (*ψ· αφ*) *v/t* zurückgeben; zurücksenden; zurückerstatten; *v/i* zurückkehren; zurückkommen
επιστροφ|ή Rückgabe *f*; Rücksendung *f*; Rückerstattung *f*; Rückkehr *f*; ***~ή δαπανών*** Kostenerstattung *f*; ***~ή φόρων*** Steuerrückvergütung *f*; ***~ή χρημάτων*** Rückzahlung *f*, Rückvergütung *f*; ***μετ' ~ής*** hin und zurück
επίστρωμα *n* Schicht *f*; Belag *m*; Pflaster *n*; Putz *m*
επισυνάπτω *K* (*ψ· φτ· ημμ*) beifügen
επι|σύρω (II = I) *v/t* auf sich ziehen; **~σφαλής** 2 unsicher; **~σφραγίζω** [-'ji-] (*σ· στ· σμ*) versiegeln; *μτφ.* bekräftigen
επισώρευση (*-εις*) [-ɛfsi] Anhäufung *f*; Aufstapelung *f*
επιταγή [-'ji] Befehl *m*, Anordnung *f*; *νομ.* Zahlungsbefehl *m*; ***δίγραμμη ~*** Verrechnungsscheck *m*; ***μη δίγραμμη ~*** Barscheck *m*; ***ταξιδιωτική ~*** Reisescheck *m*; ***ταχυδρομική ~*** Postanweisung *f*; ***τραπεζική ~*** Scheck *m*; ***~ εν λευκώ*** Blankoscheck *m*
επί|ταξη (*-εις*) Beschlagnahme *f*; **~ταση** Nachdruck *m*
επι|τατικός verstärkend; **~τάσσω** (*ξ· χτ· γμ*) beschlagnahmen; **~τάφιος** (**-α, -ο**) Grab-; *Su m* Grablegung *f* Christi, Karfreitagsprozession *f*
επι|τάχυνση (*-εις*) [-çi-] Beschleunigung *f*; **~ταχύνω** (II = I· *υνθ*) beschleunigen; **~τείνω** (II = I· *ταθ*) *v/t* verstärken; *v/p ιατρ.* heftiger werden; **~τελείο** Stab *m*; ***γενικό ~τελείο*** Generalstab *m*; ***~τελείο κρίσης*** Krisenstab *m*; ***~τελείο συνεργατών*** Mitarbeiterstab *m*; **~τετραμμένος** beauftragt; *Su m* Geschäftsträger *m*
επί|τευγμα [-ɛvɣ-] *n* Errungenschaft *f*; **~τευξη** (*-εις*) [-ɛf-] Erlangung *f*
επι|τήδειος (**-α, -ο**) geschickt; tüchtig; **~τηδειότητα** Geschicklichkeit *f*
επίτηδες *Adv* absichtlich, extra
επι|τήδευμα [-ɛv-] *n* Gewerbe *n*; Gewerbesteuer *f*; **~τηδευμένος** affektiert; **~τηδεύομαι** [-vɔ-] (*ευτ· ευμ*) geschickt sein (***σε***/in *D*); vortäuschen; **~τήδευση** (*-εις*) [-ɛfsi] Affektiertheit *f*; Vortäuschung *f*; **~τηρώ** (*ησ· ηθ· ημ*) überwachen, beaufsichtigen
επι|τίθεμαι (*τεθ*) angreifen (***κατά*** *G*/*A*); **~τιθέμενος** Angreifer *m*
επίτιμος Ehren-; Honorar-
επι|τιμώ (*άς· ησ*) tadeln, rügen; **~τόκιο** Zinsfuß *m*; Zinseszins *m*; **~τομή** Abriß *m*, Zusammenfassung *f*
επίτομος gekürzt, kurz
επιτόπιος (**-α, -ο**) örtlich, Lokal-
επιτραπέζιος (**-α, -ο**) Tisch-; Tafel-
επιτρέπ|ω (*ψ· απ*) erlauben, gestatten; ***~εται να*** dürfen
επιτροπ|εία Vormundschaft *f*; **~ή** Komitee *n*; Kommission *f*; ***εξεταστική ~ή*** Prüfungsausschuß *m*
επίτροπος Bevollmächtigte(r)
επι|τυγχάνω [-'xa-], **~τυχαίνω** [-'çɛ-] (*τυχ· τευχθ· τυχημ*/[*ε*]*πε-*) treffen; *σκοπό* erreichen; erzielen; es erreichen (***να***/daß); gut machen; *v/i* Erfolg haben (***σε***/in *D*); gelingen; **~τυχημένος** [-çi-] gelungen; gut gemacht; *πρόσ.*: erfolgreich; *απάντηση*: treffend; **~τυχία** Erfolg *m*; Gelingen *n*; Treffer *m*
επιφάνεια Oberfläche *f*; *μαθ.* Fläche *f*; ***φορτωτική ~*** Ladefläche *f*; ***βγήκε στην ~*** es kam ans Licht
Επιφάν(ε)ια *n/pl* Dreikönigsfest *n*
επιφαν|ειακός Oberflächen-; *μτφ.* oberflächlich; **~ής** 2 angesehen

E

επίφοβος furchtbar, furchterregend
επι|φορτίζω (*σ· στ· σμ*) beauftragen; **~φυλακή** Alarmbereitschaft *f*; **~φυλακτικός** (-**χτ**-) zurückhaltend; **~φύλαξη** (-*εις*) Zurückhaltung *f*; Vorbehalt *m*; **~φυλάσσω** (*ξ· χτ· γμ*) *μέλλον*: bringen, bescheren; *έκπληξη* bereiten; *v/p* sich (*D*) vorbehalten *A*; **~φυλλίδα** Feuilleton *n*; **~φώνημα** *n* Ausruf *m*; *γραμμ.* Interjektion *f*
επιχείρημα [-'çi-] *n* Argument *n*
επιχειρηματ|ίας [-çi-] *m* Unternehmer *m*; ***νεαρός ~ίας*** Jungunternehmer *m*; **~ικός** unternehmerisch; **~ικότητα** Unternehmungslust *f*; Diskussionsfreudigkeit *f*; **~ολογία** [-'jia] Beweisführung *f*, Argumentation *f*
επιχείρηση (-*εις*) Unternehmen *n*; Betrieb *m*; *στρ.* Operation *f*; ***βιώσιμη ~*** konkurrenzfähige(r) Betrieb; ***διαφημιστική ~*** Werbeagentur *f*; ***οικογενειακή ~*** Familienbetrieb *m*; ***προβληματική ~*** Zuschußbetrieb *m*; ***~ παροχής υπηρεσιών*** Dienstleistungsunternehmen *n*; ***~ πωλήσεων δι' αλληλογραφίας*** Versandhaus *n*
επι|χειρώ [-çi-] (*ησ· ηθ*) unternehmen; versuchen (***να***/zu *Inf*); **~χορήγηση** (-*εις*) Zuschuß *m*; **~χορηγώ** [-'ɣɔ] (*ησ· ηθ· ημ*) *v/t* subventionieren
επίχρισμα *n* Anstrich *m*, Tünche *f*
επιχρίω [-'xriɔ] (*σ· στ· σμ*) anstreichen
επίχρυσος [-xr-] vergoldet
επιχρυσώνω [-xr-] (*σ· θ*) vergolden
επιχωμ|ατώνω (*σ· θ*) zuschütten, aufschütten; **~άτωση** (-*εις*) Zuschütten *n*
επι|ψηφίζω (*σ· στ· σμ*) *v/t* stimmen für *A*; annehmen; **~ψήφιση** (-*εις*) Annahme *f*, Zustimmung *f*
έπλασ- *βλ.* ***πλάθω***
έπλευσ- [-ɛfs-] *βλ.* ***πλέω***
έπνευσ- [-ɛfs-] *βλ.* ***πνέω***
εποικίζω (*σ· στ· σμ*) ansiedeln
εποικοδ|όμημα *n* Überbau *m*; **~ομητικός** konstruktiv
έπομαι *K* (*o. Aor.*) folgen
επ|όμενος folgend; später; **~ομένως** *Adv* folglich
επ|ονείδιστος schimpflich, schändlich; **~ονομάζω** (*σ· στ· σμ*) *v/t* den Beinamen ... geben *D*; ***~ονομαζόμενος*** mit dem Beinamen ...
εποποιία Heldengedicht *n*; Heldentat *f*
επ|οπτεία Überwachung *f*; *μτφ.* Überblick *m*; **~οπτεύω** [-'ɛvɔ] (*ευσ*) überwachen; **~όπτης** Inspektor *m*
έπος *n* Epos *n*, Heldengedicht *n*; ***άμ' ~, άμ' έργον*** gesagt, getan
επ|ουλώνω (*σ· θ*) (ver)heilen *κ. μτφ.*; **~ούλωση** (-*εις*) Heilung *f*, Vernarbung *f*; **~ουράνιος** (**-α, -ο**) himmlisch; **~ουσιώδης** 2 unwesentlich
εποχ|ή [-'çi] Zeitalter *n*, Epoche *f*; Zeitabschnitt *m*; Jahreszeit *f*; Saison *f*; ***αφήνω ~ή*** Epoche machen; ***~ή βροχών*** Regenzeit *f*; ***~ή λουτρών*** Badesaison *f*; **~ιακός** saisonal
επτ- *βλ. κ.* ***εφτ-***
επτά sieben
επτ|άγωνος [-ɣɔ-] siebeneckig; **~αήμερος** siebentägig; **~ακοσιοστός** siebenhundertst-
επ|ώαση (-*εις*) Ausbrüten *n κ. μτφ.*; Brüten *n*; *ιατρ.* Inkubation(szeit) *f*; **~ωαστήρας** Brutapparat *m*; **~ωδός** *f* Kehrreim *m*, Refrain *m*; *μτφ.* alte Leier *f*; **~ώδυνος** schmerzhaft; **~ωμίδα** Achselklappe *f*; **~ωμίζομαι** (*στ· σμ*) auf sich nehmen; **~ωνυμία** Beiname *m*; Firmenname *m*; **~ώνυμο** Familienname *m*; **~ωφελής** 2 nutzbringend, nützlich; **~ωφελούμαι** (*ηθ· ημ*) Nutzen ziehen (*G*, ***από***/aus *D*); profitieren von *D*
έρανος Spende(nsammlung) *f*
ερασι|τέχνης [-xn-] Amateur *m*; Laie *m*; **~τεχνία** Steckenpferd *n*, Liebhaberei *f*; **~τεχνικός** Amateur-; Laien-
εραστής Liebhaber *m*; *μτφ.* Freund *m*
εργ|άζομαι [-'ɣa-] (*στ*) arbeiten, tätig sein; *μηχανή*: funktionieren, gehen; **~αζόμενος** berufstätig; *Su* Arbeitnehmer *m*; Werktätige(r); ***αλλοδαπός ~αζόμενος*** Gastarbeiter *m*; **~αλείο** Werkzeug *n*; Instrument *n*; *λαϊκό* Schwanz *m*; **~ασία** Arbeit *f*, Tätigkeit *f*; ***καταναγκαστική ~ασία*** Zwangsarbeit *f*; ***λαθραία ~ασία*** Schwarzarbeit *f*; ***οδικές ~ασίες*** *f/pl* Straßenarbeiten *f/pl*; ***οικοδομικές ~ασίες*** *pl* Bauarbeiten *f/pl*; **~άσιμος** Werk-; ***~άσιμες ώρες*** *f/pl* Geschäftsstunden *f/pl*; **~αστήρι(ο)** Werkstatt *f*; Atelier *n*; *χημ.* Labor(atorium) *n*
εργ|άτης [-'ɣa-] Arbeiter *m*; ***ανειδίκευτος ~άτης*** Hilfsarbeiter *m*; ***ειδικευμένος ~άτης*** Facharbeiter *m*;

~ατιά [-'ja] Arbeiterschaft *f*; **~ατικά** *n/pl* Arbeitslöhne *m/pl*; **~ατικός** Arbeiter-; arbeitsam, fleißig; **~ατικότητα** Fleiß *m*; **~άτρια** Arbeiterin *f*
εργένης [-'jɛ-] *m* (**-ισσα**) Junggeselle *m* (Junggesellin *f*)
έργο [-γɔ] Arbeit *f*; Werk *n*; *θεατρ.* Stück *n*; Film *m*; ***βασικό ~*** Standardwerk *n*
εργο|δηγός [-γɔðiγ-] Werkmeister *m*, Vorarbeiter *m*; **~δότης** Arbeitgeber *m*; **~λάβος** Unternehmer *m*; ***~λάβος οικοδομών*** Bauunternehmer *m*
εργο|στασιάρχης [-γɔstasi'arç-] Fabrikant *m*; Industrielle(r); **~στάσιο** Fabrik *f*, Werk *n*; ***πυρηνικό ~στάσιο*** Kernkraftwerk *n*; ***~στάσιο (παραγωγής) ρεύματος*** Elektrizitätswerk *n*; ***~στάσιο φωταερίου*** Gaswerk *n*
εργόχειρο [-çi-] Handarbeit *f*
ερεθίζω (*σ· στ· σμ*) reizen; aufregen
ερέθισμα *n ψυχ.* Reiz *m*; ***αγοραστικό ~*** Kaufanreiz *m*
ερεθ|ισμός Reizung *f*; *ιατρ.* Entzündung *f*; **~ιστικός** aufreizend; Reiz-; **~ιστικότητα** Reizbarkeit *f*
ερείπιο Ruine *f*, *pl* Trümmer *pl*
έρεισμα *n* Stütze *f κ. μτφ.*
έρευνα [-vna] Untersuchung *f*; Forschung *f*; ***δημοσκοπική ~*** Umfrage *f*; ***πυρηνική ~*** Kernforschung *f*; ***σωματική ~*** Leibesvisitation *f*; ***~ γονιδίων*** Genforschung *f*
ερευνητ|ής [-ɛvn-] Erforscher *m*; Forscher *m*; *φωτογρ.* Sucher *m*; **~ικός** Forschungs-; forschend
ερευνώ [-'vnɔ] (*άς· ησ· ηθ· ημ*) untersuchen, genau studieren; *σπίτι* durchsuchen; *γνώμη* erforschen; sondieren
ερήμην *Adv* in Abwesenheit
ερημ|ητήριο Einsiedelei *f*, Klause *f*; **~ιά** [-'ja] Einöde *f*; Wüste *f*; **~ικός** einsam, verlassen; **~ίτης** Einsiedler *m*; **~ονήσι** unbewohnte Insel *f*
έρημ|ος einsam; unbewohnt, öde; *μτφ.* elend; *Su f* (**~ος**) Wüste *f*
ερημώνω (*σ· θ*) verwüsten; entvölkern; plündern; *v/p* veröden
έρθ- *βλ.* ***έρχομαι***
έριδ|α Streit *m*; ***το μήλο(ν) της ~ος*** Zankapfel *m*
εριστικός streitsüchtig
έρμαιο Opfer *n*; Strandgut *n*
ερμαφρόδιτος Zwitter *m*; *Adj* zwittrig
ερμην|εία Auslegung *f*, Interpretation *f*; **~ευτικός** erläuternd; **~εύω** [-'ɛvɔ] (*ευσ· ευτ· ευμ*) auslegen, interpretieren
ερμητικός luftdicht, wasserdicht
έρμος einsam; arm, bedauernswert
ερπετό Reptil *n*, Kriechtier *n*
έρπη|ς, ~τας *ιατρ.* Flechte *f*; Herpes *m*
ερπύστρια Raupenkette *f*
έρπω kriechen *κ. μτφ.*
έρρ- *βλ.* ***ρ-***
έρρευσ- *βλ.* ***ρέω***
έρρινος näselnd; *γραμμ.* nasal
ερυθρ|ά Röteln *pl*; **~όδερμος** rothäutig; *Su m* Rothaut *f*; **~ός** (*f a.* **-ά**) *K* rot
έρχομαι [-xɔ-] (*να έλθω, έρθω, 'ρθω· ήλθα, ήρθα*) kommen; reichen (***ως, ίσαμε***/bis zu *D*); geraten; ***~ δεύτερος*** zweiter werden; ***~ στα σύγκαλά μου*** *ή* ***στον εαυτό μου*** zu sich kommen; ***~ στα χέρια*** handgemein werden; ***~ σε λόγια*** in Streit geraten; ***καλώς ήρθατε!*** willkommen!; ***μου έρχεται να*** ich möchte am liebsten
ερχ|όμενος [-x-] kommend, nächst-; **~ομός** Ankunft *f*
ερωμέν|η Geliebte *f*; **~ος** Geliebte(r)
έρωτας Liebe *f*; Leidenschaft *f*
ερωτ|ε(υ)μένος [-ɛ(v)m-] verliebt (***με***/in *A*); entzückt (von *D*); **~εύομαι** [-'ɛvɔ-] (*ευτ· ε(υ)μ*) sich verlieben
ερώτημα *n* Frage *f*; Anfrage *f*
ερωτηματ|ικός fragend; *γραμμ.* Frage-; *Su n* Fragezeichen *n*; **~ολόγιο** [-jiɔ] Fragebogen *m*
ερώτηση (*-εις*) Frage *f*; Anfrage *f*
ερωτ|ιάρης [-'ja] 3 sinnlich; **~ικός** Liebes-, erotisch; **~οτροπία** Flirt *m*; **~οτροπώ** (*ησ*) flirten, kokettieren
ερωτώ (*άς· ησ· ηθ*) fragen
εσάς euch
εσένα dich
εσκεμμέν|α *Adv* absichtlich, mit Vorbedacht; **~ος** überlegt; gewollt
έσοδο Einnahme *f*; *pl* Einkommen *n*; ***πρόσθετο ~*** Mehreinnahme *f*
εσοχή Vertiefung *f*; Höhlung *f*
εσπέρα *K* Abend *m*
εσπερ|ιδοειδή *n/pl* Zitrusfrüchte *f/pl*; **~ινός** Abend-; abendlich; *Su m* Abendandacht *f*
εσπευσμένος [-ɛvz-] beschleunigt; übereilt

εστία Herd *m*; Heimat *f*; Kamin *m*; *φυσ.* Brennpunkt *m*; Kochplatte *f*
εστ|ιατόριο Restaurant *n*, Gasthaus *n*; ***απλό ~ιατόριο*** Gaststätte *f*; ***~ιατόριο με ντόπια φαγητά ή με σπεσιαλιτέ*** Spezialitätenrestaurant *n*; ***~ιατόριο σελφ-σέρβις*** Selbstbedienungsrestaurant *n*; **~ιάτορας** Gastwirt *m*

E

έστω es mag sein, nun gut; **~ *και*** (***κι αν***) selbst wenn
εσύ du
εσφαλμένος falsch, unrichtig
εσχάρα Rost *m*, Grill *m*; *αυτοκ.* Gepäckträger *m*
εσχατιά [-xa'tja] äußerste(s) Ende
έσχατος [-xa-] letzt-; äußerst-
εσώκλειστος beigefügt
εσω|κλείω (*σ· στ· σμ*) beifügen; **~κομματικός** innerparteilich
εσώρουχα *n/pl* Unterwäsche *f*
έσωσ- *βλ.* ***σώζω*** *κ.* ***σώνω***
εσωτερικός inner-; Innen-; Binnen-; intern; *Su n* Inland *n*; Binnenland *n*
εσωφόρι Unterrock *m*
εταζέρα Etagere *f*; Konsole *f*
εταίρα *ιστ.* Hetäre *f*; Dirne *f*
εταιρεία Gesellschaft *f*; ***αεροπορική*** **~** Fluggesellschaft *f*; ***ανώνυμη*** **~** Aktiengesellschaft *f*; ***ασφαλιστική*** **~** Versicherungsgesellschaft *f*; ***διευθύνουσα*** **~** Dachgesellschaft *f*; ***ετερόρρυθμη*** **~** Kommanditgesellschaft *f*; ***θυγατρική*** **~** Tochtergesellschaft *f*; ***ομόρρυθμη*** **~** offene Handelsgesellschaft *f*; **~ *φτηνών πτήσεων*** Chartergesellschaft *f*
ετ|αιρικός Gesellschafts-; **~αίρος** *εμπ.* Gesellschafter *m*; ***ετερόρρυθμος ~αίρος*** stiller Teilhaber *m*
ετερ|ογενής [-jε-] 2 heterogen; **~όδοξος** konfessionsverschieden; **~οθαλής** 2 Stief-
ετερόφυλος anderen Geschlechts
ετήσιος (***-α, -ο***) jährlich, Jahres-
ετοιμ|άζω (*σ· στ· σμ*) fertig machen, (vor)bereiten; *v/p* sich vorbereiten (***για***/auf *A*); sich anschicken (***να***/zu); **~ασία** Vorbereitung *f*; **~όγεννη** [-jε-] hochschwanger(e Frau *f*); **~οθάνατος** im Sterben liegend; **~όλογος** [-γɔs] schlagfertig; **~οπόλεμος** kriegsbereit; **~όρροπος** baufällig
έτοιμος bereit (***για***/zu *D*); fertig
ετοιμότητα Bereitschaft *f*
έτος *n* Jahr *n*; ***σχολικό*** **~** Schuljahr *n*; ***δέκα ετών*** zehn Jahre alt
έτρεξ- *βλ.* ***τρέχω***
έτριξ- *βλ.* ***τρίζω***
έτσι so; umsonst *geben*; **~ *κι* ~** einigermaßen; sowieso, ohnehin
ετσιθελισμός Willkür *f*
ετυμ|ηγορία [-γɔ-] Urteilsspruch *m*; **~ολογία** [-'jia] Etymologie *f*
έτυχ- *βλ.* ***τυχαίνω***
ευ- *Präfix* wohl-, gut-, leicht-
ευαγγ|ελικός evangelisch; **~έλιο** Evangelium *n*; **Չελισμός** [-zm-] Mariä Verkündigung *f* (*25. März*)
ευ|άερος [εν-] luftig; **~αισθησία** Sensibilität *f*; Empfindlichkeit *f*; **~αίσθητος** sensibel, feinsinnig; empfindlich (***σε***/gegen *A*); ***~αίσθητος στον καιρό*** wetterfühlig; **~ανάγνωστος** [-γnɔ-] (leicht) lesbar, leserlich
ευαρέσ|κεια [εva-] Genugtuung *f*; Wohlgefallen *n*; **~τηση** (*-εις*) Befriedigung *f*; Vergnügen *n*
ευ|άρεστος angenehm; **~αρεστώ** (*ησ· ηθ· ημ*) *v/t* erfreuen; *v/p* (***-ούμαι***) die Güte haben (***να***/zu)
εύγε! ['εvjε] *K* bravo!
ευ|γένεια [ε'vjε-] Höflichkeit *f*; Freundlichkeit *f*; **~γενής** 2 adlig; höflich, zuvorkommend; edel; **~γενικός** höflich, liebenswürdig; *οικ.* nett
εύγευστος ['εvjεf-] *K* schmackhaft
εύγλωττος redegewandt; beredt
ευγνωμο|νώ [εvγn-] (*ησ*) *v/t* dankbar sein *D*; **~σύνη** Dankbarkeit *f*
ευγνώμων [εv'γnɔ-] 2 dankbar
ευγονική Eugenik *f*
ευδαιμονία [εv-] Glückseligkeit *f*; Wohlstand *m*
ευ|διάθετος gut gelaunt *ή* aufgelegt; **~διάκριτος** leicht erkennbar; **~δοκίμηση** (*-εις*) Erfolg *m*; Gedeihen *n*; **~δόκιμος** erfolgreich; **~δοκιμώ** (*ησ*) Erfolg haben; *βοτ.* gedeihen; **~έλικτος** wendig, beweglich, geschmeidig; **~ελιξία** Beweglichkeit *f*
εύελπις ['εv-] (*-ιδος*) Kadett *m*
ευ|ελπιστώ [εvε-] (*ησ*) zuversichtlich hoffen; **~έξαπτος** jähzornig, hitzig; **~εξία** Wohlbefinden *n*; **~εργεσία** [-jε-] Wohltätigkeit *f*; Wohltat *f*; **~εργέτημα** *n* gute(s) Werk; *νομ.* Rechtswohltat *f*; **~εργέτης** Wohltäter

m; **~εργετικός** wohltätig; **~εργετώ** (*ησ· ηθ· ημ*) *v/t* Wohltaten erweisen *D*; **~ερέθιστος** reizbar
εύζωνος ['εvz-] Evzone *m* (*griech. Soldat in Nationaltracht*)
ευ|ήλιος (**-α, -ο**) sonnig; **~ημερία** Wohlstand *m*; **~ημερώ** (*ησ*) im Wohlstand leben
ευθεία [εfθ-] Gerade *f*; ***κατ' ~*** geradeaus; direkt; ***απ' ~ς*** unmittelbar
εύθραυστος ['εfθraf-] zerbrechlich
ευθ|υγραμμίζω [εfθiγr-] (*σ· στ· σμ*) in gerader Linie aufstellen; begradigen; **~υγράμμιση** (*-εις*) Begradigung *f*; *μτφ*. Gleichschaltung *f*; **~ύγραμμος** gerade, geradlinig; **~υκρισία** gute(s) Urteilsvermögen
ευθυμία [εfθ-] Fröhlichkeit *f*
εύθυμος [-f-] fröhlich, heiter, lustig
ευθυμώ [εf-] (*ησ*) fröhlich sein
ευθύν|η [εf-] Verantwortung *f* (*G*/für *A*); *νομ*. Haftung *f*, Haftpflicht *f*; **~ομαι** (*υνθ*) haften (***για***/für *A*)
ευθ|ύς [εf-] (***-εία, -ύ***) gerade; direkt; *πρόσ*.: aufrecht, redlich; *εμπ*. korrekt, fair; *Adv* sofort, gleich; **~ύτητα** Geradheit *f*; Redlichkeit *f*
ευκαιρία [εf-] Gelegenheit *f*; Chance *f*
εύκαιρος ['εf-] günstig; frei; leer
ευ|καιρώ [εf-] (*ησ*) Zeit haben, frei sein; **~κάλυπτος** Eukalyptus *m*
εύκαμπτος ['εf-] biegsam; geschmeidig
ευ|καμψία [εf-] Biegsamkeit *f*; Geschmeidigkeit *f*; **~καρπία** Fruchtbarkeit *f*
ευκατ|άληπτος [εf-] leicht verständlich; **~άστατος** wohlhabend; **~αφρόνητος** unbedeutend
ευ|κινησία [εf-] Beweglichkeit *f*, Wendigkeit *f*; **~κίνητος** beweglich, wendig; **~κοίλιος** [εf-] (**-α, -ο**) leicht verdaulich; guten Stuhlgang aufweisend; verdauungsfördernd; **~κοιλιότητα** Durchfall *m*; **~κολία** Leichtigkeit *f*; *pl* Bequemlichkeiten *f/pl*; ***κάνω ~κολία*** e-e Gefälligkeit erweisen *D*
ευκολο- [εfkolo-] leicht; *βλ. κ.* ***ευ-***
ευκολ|οδιάβαστος [-'ðja-] leicht lesbar; **~οδούλευτος** [-lεft-] leicht zu bearbeiten(d); **~οξόδευτος** [-εft-] *εμπ*. gängig, leicht absetzbar; **~οπρόφερτος** leicht aussprechbar
εύκολος ['εfk-] leicht, einfach; *πρόσ*.: anspruchslos; fügsam

ευκολ|οχώνευτος [-'xonεft-] leicht verdaulich; **~ύνω** (II = I· *υ*[*ν*]*θ*) *v/t* erleichtern; aushelfen *D*
εύκρατος ['εf-] *κλίμα*: gemäßigt
ευ|κρίνεια [εf-] Klarheit *f*; **~κρινής** 2 klar, deutlich; **~κτική** *γραμμ*. Optativ *m*; **~λάβεια** [εv-] Ehrerbietung *f*; Frömmigkeit *f*; **~λαβικός** fromm
ευλογ|ημένος [εvloji-] gesegnet; *ειρων*. Tölpel *m*; ***~ημένε!*** mein Guter!; **~ία** Segen *m*; **~ιά** [-'ja] Pocken *pl*
εύλογος ['εvloγ-] verständlich, einleuchtend; angebracht
ευλογώ (*ησ· ηθ· ημ*) segnen
ευ|λυγισία [εvliji-] Biegsamkeit *f*; **~λύγιστος** biegsam, geschmeidig
ευ|μένεια Gunst *f*, Wohlwollen *n*; **~μενής** 2 wohlmeinend, freundlich
ευμετ|άβλητος [εv-], **~άβολος** veränderlich, unbeständig; **~άθετος, ~ακίνητος** beweglich, transportabel; umstellbar; **~άπειστος** leicht zu überreden(d); **~αχείριστος** handlich
ευνόητος verständlich, einleuchtend
εύνοια ['εv-] Gunst *f*, Wohlwollen *n*
ευ|νοϊκός [εv-] günstig; **~νομία** gute Ordnung *f*; **~νομούμενος** wohlgeordnet, gut regiert; **~νοούμενος** begünstigt, bevorzugt; *Su m* Günstling *m*
ευνουχ|ίζω [εvnuç-] (*σ· στ· σμ*) entmannen; **~ισμός** [-zm-] Kastration *f*
ευνούχος [ε'vnux-] Eunuch(e) *m*
ευνοώ [εv-] (*ησ· ηθ· ημ*) begünstigen
ευ|οδώνω [εv-] (*σ· θ*) gelingen lassen; *v/p* gelingen, gut verlaufen; **~οίωνος** glückverheißend
εύοσμος ['εvozm-] wohlriechend
ευ|πάθεια [εf-] Anfälligkeit *f*; **~παθής** 2 empfindlich; anfällig (***σε***/für *A*); **~παρουσίαστος** ansehnlich; präsentabel; **~πατρίδης** Adlige(r), Aristokrat *m*; **~πειθής** 2 gehorsam
εύπεπτος ['εf-] leicht verdaulich
ευπιστία [εf-] Leichtgläubigkeit *f*
εύ|πιστος ['εf-] leichtgläubig; **~πλαστος** (ver)formbar
ευπορία [εf-] Wohlstand *m*
εύπορος wohlhabend, gut situiert
ευ|πορώ [εf-] (*ησ*) wohlhabend sein; **~πρέπεια** Anstand *m*, Feinheit *f*; **~πρεπής** 2 gepflegt; anständig; **~πρεπίζω** (*σ· στ· σμ*) ordnen, herrichten; ansehnlich machen; **~πρόσβλητος** [-zvli-] leicht angreifbar; anfällig;

~πρόσδεκτος (**-χτ-**) [-zð-] willkommen; **~προσήγορος** [-γɔ-] leutselig, umgänglich; **~πρόσιτος** zugänglich
εύρεση (*-εις*) ['εv-] Erfindung *f*; Auffindung *f*, Entdeckung *f*
ευρε|σιτεχνία [-xn-] Erfindung(swesen *n*) *f*; **~τήριο** Register *n*; Index *m*
εύρημα ['εvr-] *n* Fund *m*; Pointe *f*
ευρίσκω *βλ.* ***βρίσκω***
εύρος *n* Breite *f*; Weite *f*
ευρυθμία Harmonie *f*; Eurythmie *f*
εύρυθμος ebenmäßig, harmonisch
ευρ|ύνω [εv-] (II = I· *υνθ*) erweitern, verbreitern; **~ύς** (***-εία, -ύ***) breit; weit; umfassend; **~ύτητα** Breite *f*; Weite *f*; **~υχωρία** [-xɔ-] Geräumigkeit *f*; Platz *m*; **~ύχωρος** geräumig
ευρω|- [εv-] Euro(pa)-; **~καταλύτης** Eurokat(alysator) *m*; **≗κοινοβούλιο** Europaparlament *n*
εύρωστος kräftig, robust; rüstig
ευρωτσέκ [εv-] (*0*) *n* Euroscheck *m*
ευ|σέβεια [εf'sεv-] Frömmigkeit *f*; **~σεβής** 2 fromm
ευσπλαχνία Barmherzigkeit *f*
ευ|στάθεια [εf-] Stabilität *f*; ***αυτοκ.*** gute Straßenlage *f*; **~σταθής** 2 fest; stabil; **~στοχία** [-'çia] Treffsicherheit *f*
εύστοχος (zu)treffend; treffsicher
ευ|στοχώ [εfstɔ'xɔ] (*ησ*) treffen, treffsicher sein; **~στροφία** Wendigkeit *f*
εύστροφος ['εf-] wendig, gewandt
ευσυν|ειδησία [εf-] Gewissenhaftigkeit *f*; **~είδητος** gewissenhaft
ευ|τέλεια [εf-] Billigkeit *f*; Schäbigkeit *f*; **~τελής** 2 billig; schäbig *κ. μτφ.*; niederträchtig; **~τράπελος** [εf-] witzig; **~τύχημα** [-çi-] *n* Glücksfall *m*; **~τυχής** 2 *K* glücklich; **~τυχία** Glück *n*; **~τυχισμένος** [-çizm-] glücklich; **~τυχώ** [-'xɔ] (*ησ· ισμ*) glücklich sein; Glück haben; **~τυχώς** *Adv* zum Glück, glücklicherweise
ευυπόληπτος [εvi-] hochgeschätzt
ευφάνταστος [εf(f)-] phantasievoll
ευφημισμός [εf(f)-] Euphemismus *m*
εύφλεκτος ['εfl-] feuergefährlich
ευφορία [εffɔ-] Fruchtbarkeit *f*
εύφορος ['εffɔ-] fruchtbar
ευφροσύνη Frohsinn *m*; Freude *f*
ευφυ|ής [εfi'is] 2 (hoch)begabt, genial; geistreich; **~ΐα** [εfi'ia] Begabung *f*; Genie *n*; Intelligenz *f*
ευχαρ|ιστημένος [εfxa-] zufrieden (***με, από***/mit *D*); **~ίστηση** (*-εις*) Vergnügen *n*; **~ιστία** Dank *m*, Anerkennung *f*
ευχάριστος [εf'xa-] angenehm; erfreulich; *πρόσ.*: freundlich
ευχαριστώ [εfxa-] (*ησ· ηθ· ημ*) *v/t* danken (***κπ για***/j-m für *A*); Freude machen *D*; zufriedenstellen; *v/p* (*-ούμαι, -ιέμαι*) sich begnügen (***σε, με***/mit *D*); erfreut sein (***από***/über *A*); **~** (***πολύ***) danke (sehr)!
ευχαρίστως [εfxa-] *Adv* gern
ευχέρεια [εf'çε-] Mühelosigkeit *f*, Leichtigkeit *f*
ευχή [εf'çi] Wunsch *m*; Segen *m*; ***κατ' ~***(***ν***) nach Wunsch
ευχηθ- [εfç-] *βλ.* ***εύχομαι***
εύχομαι ['εfxɔ-] (*χηθ*) wünschen
εύχρηστος ['εfxr-] handlich, praktisch; *λέξη*: gebräuchlich, üblich
ευωδ|ία Wohlgeruch *m*, Duft *m*; **~ιάζω** (*σ*) duften
εφ' *βλ.* ***επί***
έφαγ- *βλ.* ***τρώω***
εφάμιλλος ebenbürtig (*G*/*D*)
εφάπαξ *Adv* (auf) einmal, pauschal; *Su* (*0*) *n* Pauschale *f*; Abfindung *f*
εφ|άπτομαι (*o. Aor*) berühren; **~απτομένη** *μαθ.* Tangente *f*
εφαρμ|ογή [-'ji] Anwendung *f*; Durchführung *f*; Passen *n*; **~όζω** (*σ· στ· σμ*) *v/t* anwenden; anpassen; durchführen; **~οστής** Monteur *m*; Installateur *m*
εφεδρ|εία Reserve *f*; **~ικός** *στρ.*, *τεχν.* Reserve-, Ersatz-
έφεδρος Reservist *m*
έφεξ- *βλ.* ***φέγγω***
έφερ- *βλ.* ***φέρνω***
έφεση (*-εις*) *νομ.* Berufung *f*; Neigung *f* (***προς***/zu *D*); ***κάνω, υποβάλλω ~*** Berufung einlegen (***σε***/bei *D*)
εφ|ετείο Berufungsgericht *n*; **~έτης** Berufungsrichter *m*
εφ|ετινός diesjährig; **~έτος** *Adv* in diesem Jahr, heuer; **~εύρεση** (*-εις*) [-'εv-] Erfindung *f*; **~ευρέτης** Erfinder *m*; **~ευρετικός** erfinderisch; Erfindungs-; **~ευρίσκω** (*ευρ· ευρεθ· ευρεμ*) erfinden
εφηβ|εία Pubertät *f*; **~ικός** Jugend-
έφηβος Jugendliche(r)
εφημερ|ίδα Zeitung *f*, Blatt *n*; ***βραδινή ~ίδα*** Abendzeitung *f*; ***λαϊκή ~ίδα*** Boulevardblatt *n*; ***πρωινή***

~ίδα Morgenzeitung *f*; ***τοπική ~ίδα*** Lokalblatt *n*; ***~ίδα της Κυβερνήσεως*** Amtsblatt *n*, Staatsanzeiger *m*; **~ιδοπώλης** Zeitungshändler *m*
εφ|ιάλτης Alptraum *m*; **~ιαλτικός** bedrückend, quälend
εφικτός erreichbar, durchführbar
έφιππος beritten; *Su m* Reiter *m*
εφ|ιστώ (*άς· στησ· στηθ/επέ-*) *την προσοχή* lenken (***σε***/auf *A*); **~οδιάζω** (*σ· στ· σμ*) versehen, versorgen (***με***/mit *D*); beliefern; **~οδιασμός** [-zm-] Versorgung *f*, Belieferung *f*; ***~οδιασμός με ενέργεια*** Energieversorgung *f*; **~όδιο** Vorrat *m*; *mst pl* Vorräte *m/pl*, Proviant *m*; Hilfsmittel *n/pl*
έφοδος *f* Sturmangriff *m*; Razzia *f*
εφοπλιστής [-st-] Reeder *m*
εφορεία Überwachung *f*; Amt *n*, Behörde *f*; *εμπ.* Aufsichtsrat *m*; **(*οικονομική*)** ~ Finanzamt *n*
εφορ|ευτικός [-εft-] (Wahl-)Aufsichts-; **~εύω** [-'ενɔ] (*ευσ*) beaufsichtigen
εφ|όρμηση (*-εις*) Sturmangriff *m*; **~ορμώ** (*άς· ησ*) (be)stürmen; sich stürzen auf *A*
έφορος Direktor *m*
εφ'όσον *Ko* vorausgesetzt daß; solange wie
έφραξ- *βλ.* ***φράζω***
εφτ- *βλ. κ.* ***επτ-***
εφτά sieben
εφτακόσ(ι)οι 3 siebenhundert
εφταμηνίτικο Siebenmonatskind *n*
έφυγ- *βλ.* ***φεύγω***
εχέγγυο [ε'çε-] Bürgschaft *f*; *μτφ.* Gewähr *f*; **~ς** zuverlässig, kreditwürdig
έχει ['eçi] (*0*) *n* Vermögen *n*; **~ν** (*0*) *n* *εμπ.* Haben (*0*) *n*
εχ|εμύθεια [εçε-] Verschwiegenheit *f*, Diskretion *f*; **~έμυθος** verschwiegen, diskret
εχθές [εx-] gestern (*βλ.* ***χθες***)
έχθρα ['εx-] Feindschaft *f*, Haß *m*
εχθρ|εύομαι [εx'θrεv-] (*ευτ*) hassen, verabscheuen; **~ικός** feindlich; gegnerisch; **~οπραξία** Feindseligkeit *f*; **~ός** Feind *m*; Gegner *m*; **~ότητα** Feindschaft *f*
έχιδνα [-çi-] Kreuzotter *f*
έχ|ω ['εxɔ] (*είχα*) haben; kosten; haben (***να***/zu *Inf*), müssen; halten (***για***/für *A*); ***~ει*** es gibt; ***πόσες ~ει ο μήνας;*** den wievielten haben wir?; ***~ω δουλειά*** ich habe zu tun; ***~ω καιρό να*** (*St* II) seit langem habe ich nicht (*Part II*); ***~ω στο νου μου*** ich habe vor; ***~ω δικαίωμα*** es steht mir zu
έως *Präp A* bis zu *D*, bis *A*; **~ *όπου* (*να*) ...** *Ko* bis

Z

ζαβολ|ιά [-'lja] Betrug *m*, *οικ.* Mogelei *f*, Schummelei *f*; **~ιάρης** 3 betrügerisch; *Su m* Mogler *m*
ζακέτα Jackett *n*; Jacke *f*
ζαλ|άδα (*κ. ζάλη*) Schwindel(gefühl *n*) *m*; **~ίζω** (*σ· στ· σμ*) *v/t* schwindelig machen; *μτφ. οικ.* nerven; *v/p* schwindelig werden; ***~ισμένος*** schwindelig
ζάλισμα *n* Schwindel *m*, Verwirrung *f*
ζαμπόν(ι) *n* Schinken *m*
ζάντα (Rad-)Felge *f*
ζάπλουτος steinreich
ζάρα Falte *f*; Runzel *f*
ζάρι Würfel *m*
ζαριά [-'ja] Wurf *m* (des Würfels)
ζαρκάδι Reh *n*
ζάρωμα *n* Zerknittern *n*; Runzeln *n*
ζαρωματιά [-'tja] Falte *f*; Runzel *f*
ζαρώνω (*σ· θ*) *v/t* zerknittern; runzeln; *v/i* knittern; sich in Falten legen; (zusammen)schrumpfen; *μτφ.* sich dukken, sich verkriechen
ζαφ(ε)ίρι Saphir *m*
ζάφτι: *v/t* ***κάνω*** ~ im Zaum halten
ζαχαρ|άτος [-xa-] gezuckert, süß; **~ένιος** (***-α, -ο***) Zucker-; zuckersüß
ζάχαρη [-xa-] Zucker *m*; **~ *άχνη*** Puderzucker *m*

Z

ζαχαρ|ιέρα [-xar'jɛ-] Zuckerdose *f*; **~ίνη** Sa(c)charin *n*, Süßstoff *m*
ζάχαρο, ζαχαρο|διαβήτης [-xa-] Zuckerkrankheit *f*; **~κάλαμο** Zuckerrohr *n*; **~πλαστείο** Konditorei *f*; ***υπαίθριο ~πλαστείο*** Straßencafé *n*; **~πλάστης** Konditor *m*; **~πλαστική** Kuchenbäckerei *f*
ζαχαρότευτλο [-ɛf-] Zuckerrübe *f*
ζαχάρωμα [-'xa-] *n* Zuckern *n*; *μτφ.* Liebelei *f*
ζαχαρ|ώνω (*σ· θ*) *v/t* zuckern; *μτφ.* flirten mit *D*; *v/i* Zucker bilden; **~ωτό** Süßigkeit *f*, Bonbon *m*
ζέβρα Zebra *n*
ζελατίν|α, ~η Gelatine *f*
ζελέ (*0*) *n*, **~ς** (*-έδες*) Gelee *n*
ζεματίζω (*σ· στ· σμ*) *v/t* (ver)brühen; *μτφ.* empfindlich treffen
ζεμάτισμα [-zma] *n* (Ver-)Brühen *n*
ζεματ|ιστός abgebrüht; kochend heiß; **~ώ** (*άς· ησ*) *v/i* kochend heiß sein
ζενίθ (*0*) *n* Zenit *m κ. μτφ.*
ζερβ|ός (*κ.* ***-ής, -ιά, -ί***) link-; *Adv* **~ά** links; **~οχέρης** [-'çɛ-] 3 linkshändig
ζέρσεϊ (*0*) Jersey *m*
ζέσ|η (*-εις*) Sieden *n*; *μτφ.* Eifer *m*; ***σημείο ~εως*** Siedepunkt *m*
ζεστά *Adv* warm, behaglich; eifrig
ζεσταίνω (*αν· αθ· μ*) *v/t* (er)wärmen; *φαγητό* warm, heiß machen; *v/i*, *v/p* warm werden
ζέσταμα *n* (Auf-)Wärmen *n*
ζεστασιά [-'sja] behagliche Wärme *f*; Gemütlichkeit *f*; Nestwärme *f*
ζέστη Wärme *f*, Hitze *f*; ***κάνει ~*** es ist heiß
ζεστός heiß, warm; *μτφ.* feurig
ζευγάρι [zɛ'vɣari] Paar *n*; Gespann *n*; ***ερωτικό ~*** Liebespaar *n*
ζευγ|άρωμα [-vɣ-] *n* Paarung *f*; Pflügen *n*; **~αρώνω** (*σ· θ*) *v/t* paaren; pflügen; *v/i* sich paaren
ζεύγος [-vɣ-] *n* (Ehe-)Paar *n*
ζευκτό [zɛf'ktɔ] Dachstuhl *m*
ζεύξη (*-εις*) ['zɛf-] Überbrückung *f*; *τεχν.* Kupplung *f*; *ηλ.* Schaltung *f*
ζεύω ['zɛvɔ] (*εψ· ευτ· εμ*) anspannen; spannen (***σε***/vor *A*); *τεχν.* kuppeln
ζέφυρος Zephir *m*, Zephyr *m*
ζέχνω [-xnɔ] stinken
ζέψιμο Anspannen *n*; Kuppeln *n*
ζηλευτός [-ɛft-] beneidenswert
ζηλεύω [-'ɛvɔ] (*εψ· ευτ· εμ*) *v/t* eifersüchtig sein auf *A*; beneiden (***για***/um *A*)
ζήλια [-lja] Neid *m*; Eifersucht *f*
ζηλιάρης [-'lja-] 3 eifersüchtig; neidisch
ζήλος Eifer *m*; Interesse *n*
ζηλοτυπία Eifersucht *f*; Neid *m*
ζηλότυπος eifersüchtig; neidisch
ζηλ|οφθονία Mißgunst *f*; **~όφθονος** gehässig
ζημ|ία, ~ιά [-'ja] Schaden *m*; *εμπ.* Verlust *m*; ***ολοκληρωτική ~ιά*** Totalschaden *m*; ***υλική ~ιά*** Sachschaden *m*; ***~ιά λαμαρίνας*** Blechschaden *m*; ***~ιές*** *pl* ***περιβάλλοντος*** Umweltschäden *m/pl*; **~ιάρης** 3 tölpelhaft
ζημιώνω (*σ· θ*) *v/t* schaden *D*; (be)schädigen
ζην: *τα προς το ~* Lebensunterhalt *m*
ζήση Leben *n*
ζητείται *εμπ.* (wird) gesucht
ζή|τημα *n* Frage *f*, Problem *n*; ***δευτερεύον ~τημα*** Nebensache *f*; ***~τημα γούστου*** Geschmackssache *f*; **~τηση** Erforschung *f*; Nachfrage *f* (*G*/nach *D*); ***~τηση θέσης*** Stellengesuch *n*
ζητ|ιανεύω [-ja'nɛvɔ] (*ψ*) betteln; **~ιανιά** [-'nja] Bettelei *f*; **~ιάνος** (*f* ***-α***) Bettler(in *f*) *m*
ζήτω! es lebe!; *Su n* Hochruf *m*
ζητώ (*άς· ησ· ηθ· ημ*) suchen; *κπ* verlangen, fragen nach *D*; fordern; bitten (***κτ από κπ***/ j-n um etw.)
ζητωκραυ|γάζω [-avɣ-] (*σ*) Hoch rufen; **~γή** [-'ji] Hurra *n*, Hochruf *m*
ζιγγίβερη Ingwer *m*
ζιζάνιο Unkraut *n*; *μτφ.* Zwietracht *f*; unartige(s) Kind
ζόρι Gewalt *f*; Mühe *f*; ***με το ~*** mit Gewalt; **~κος** mühsam; *πρόσ.*: schwierig, launisch
ζορμπάς [-b-] (*-άδες*) *m* Gewaltmensch *m*; Rebell *m*
ζούγκλα Dschungel *m*
ζούδι Tierchen *n*; Gespenst *n*
ζουζ|ούνι Insekt *n*; **~ουνίζω** (*σ*) summen
ζούλη(γ)μα *n* (Aus-)Drücken *n*, Pressen *n*; Quetschen *n*, Quetschung *f*
ζουλίζω (*σ· στ· σμ*) (aus)pressen, (aus)drücken, (aus)quetschen
ζουλώ (*άς· ηξ· ηχτ· η[γ]μ*) *βλ.* ***ζουλίζω***
ζουμερός saftig; lohnend, rentabel

ζουμί Saft *m*; *μτφ.* Gewinn *m*
ζουμπούλι Hyazinthe *f*
ζουνάρι Gürtel *m*; Faßreifen *m*
ζουπ|άω, ~ίζω, ~ώ (*ηξ, ισ· ηχτ, ιστ· ηγμ, ισμ*) (aus)quetschen; zerdrücken
ζούρλα Verrücktheit *f*
ζουρλαίνω (*αν· αθ· αμ*) *v/t* verrückt machen; *v/p* verrückt werden; sich vernarren (***με***/in *A*)
ζουρλ|αμάρα Verrücktheit *f*; **~ομαντύας** Zwangsjacke *f*; **~ός** verrückt
ζουρνάς (*-άδες*) *Art* Klarinette *f*
ζοφερός (stock)finster; *μτφ.* düster
ζόφος Düsterheit *f*
ζοχάδ|α [zɔx-] Griesgram *m*; *pl* **~ες** Hämorrhoiden *pl*
ζοχαδιακός [-ja-] launisch, mürrisch
ζυγαριά [-ɣar'ja] Waage *f*
ζύγι ['ziji] Gewicht *n*; Quantum *n*
ζυγιάζω [-'ja-] (*σ· στ· σμ*) (ab)wiegen; aufwiegen; ausbalancieren; *v/p* sich im Gleichgewicht halten; *βλ. κ.* ***ζυγίζω***
ζύγιασμα [-jaz-] *n* (Ab-)Wiegen *n*
ζυγίζω [-j-] (*σ· στ· σμ*) (ab)wiegen; *μτφ.* abwägen, prüfen, überlegen
ζύγισμα *n* Abwiegen *n*; Abwägen *n*
ζυγός[1] Joch *n*; Waage *f*; *στρ.* Glied *n*; Gebirgskamm *m*; ♎ *αστρ.* Waage *f*
ζυγός[2] [-ɣ-] *αριθμ.* gerade
ζύγωμα *n* *ανατ.* Jochbogen *m*; *τεχν.* Kreuzkopf *m*; Herankommen *n*
ζυγώνω [-'ɣɔ-] (*σ*) *v/t* heranbringen, heranrücken; *v/i* sich nähern *D*
ζυθο|ποιείο Brauerei *f*; **~ποιός** Brauer *m*; **~πωλείο** Bierlokal *n*; **~πώλης** Wirt *m*
ζύθος *K* Bier *n*
ζυμ|άρι Teig *m*; Brei *m*; **~αρικά** *n/pl* Teigwaren *f/pl*, Nudeln *f/pl*
ζύμη Teig *m*, Sauerteig *m*; Hefe *f*
ζυμώνω (*σ· θ*) kneten; *v/p* *μτφ.* vorbereitet werden
ζύμωση (*-εις*) Gärung *f* *κ. μτφ.*; ***παθαίνω ~*** gären
ζω (*ζησ*) *v/i* leben (***με,*** *Part Präs*/von *D*); *v/t* unterhalten, ernähren; erleben
ζω|γραφιά [-ɣra'fja] Gemälde *n*, Bild *n*; **~γραφίζω** (*σ· στ*) malen; illustrieren; *μτφ.* schildern; **~γραφική** Malerei *f*; **~γραφιστός** gemalt; bildhübsch; **~γράφος** (*a. f*) Maler(in *f*) *m*
ζωδιακός: *~ κύκλος* Tierkreis *m*
ζωή Leben(sunterhalt *m*) *n*; ***εφ' όρου ζωής*** lebenslang
ζωηρ|εύω (*εψ*) *v/i* lebhaft werden; *v/t* Leben bringen in *A*; **~ός** lebhaft, lebendig; lebenslustig; flott; **~ότητα** Lebhaftigkeit *f*, Lebendigkeit *f*
ζωικ|ός Lebens-; tierisch, animalisch; ***~ό βασίλειο*** Tierreich *n*
ζωμός Saft *m*; Brühe *f*
ζωνάρι Gürtel *m*
ζώνη Gürtel *m*; *γεωγρ.* Zone *f*; ***αιγιαλίτιδα ~*** Festland(s)sockel *m*; ***~ ασφαλείας*** Sicherheitsgurt *m*; ***~ ελεύθερου εμπορίου*** Freihandelszone *f*; ***~ της ίδιας ώρας*** Zeitzone *f*; ***~ σύντομης στάθμευσης*** Kurzparkzone *f*; ***~ υψηλών πιέσεων*** Hochdruckgebiet *n*
ζωντ|άνεμα *n* (Wieder-)Belebung *f*; **~ανεύω** [-'ɛvɔ] (*εψ· εμ*) *v/t* wiederbeleben; *v/i* wiederaufleben; **~άνια** [-nja] Lebendigkeit *f*, Lebhaftigkeit *f*; **~ανός** lebendig; *Su* *n/pl* Vieh *n*; **~οχήρα** [-'çi-] geschiedene Frau *f*; **~οχήρος** geschiedene(r) Mann
ζώνω (*σ· στ· σμ*) *v/t*, *v/p* umgürten; *εχθρούς* umzingeln; um'stellen.
ζώο Tier *n*; ***~ αναπαραγωγής*** Zuchttier *n*; ***κατοικίδιο ~*** Haustier *n*
ζωο|γόνηση (*-εις*) [-'ɣɔ-] Belebung *f*; **~γόνος (*-α, -ο*)** Leben spendend; **~γονώ** (*ησ· ηθ*) *v/t* beleben
ζωοκλοπή Viehdiebstahl *m*
ζωο|λογία [-'jia] Zoologie *f*, Tierkunde *f*; **~λογικός** zoologisch; **~λόγος** [-ɣɔs] Zoologe *m*
ζωο|τροφή Viehfutter *n*; **~τρόφος** Viehzüchter *m*
ζωόφιλος tierlieb
ζω(ο)φόρος *f* Fries *m*
ζωτικ|ός vital; tatkräftig; *πράγμα*: lebenswichtig; **~ότητα** Vitalität *f*
ζωύφιο Insekt *n*; *pl* Ungeziefer *n*
ζωώδης 2 tierisch; viehisch, brutal

Z

H

η *Art f* die
ή oder; **ή ... ή** entweder ... oder
ήβη Pubertät *f*; Schamgegend *f*
ηγεμόνας [ijɛ-] Fürst *m*, Herrscher *m*
ηγεμον|εύω [ijɛmɔ'nɛvɔ] (*ευσ*) herrschen; **~ία** Herrschaft *f*; Hegemonie *f*; **~ικός** herrschaftlich, fürstlich
ηγεσία [ij-] Führung *f*, Leitung *f*
ηγέτης (An-)Führer *m*; Leiter *m*
ηγούμαι [i'ɣu-] (*ηθ*) (an)führen, leiten (*G*/*A*); *v*/*i* vorangehen
ηγουμένη Äbtissin *f*, Priorin *f*
ηγούμενος Abt *m*, Igumen *m*
ήδη schon, bereits
ηδον|ή Genuß *m*; Vergnügen *n*, Wonne *f*; **~ικός** genußreich; genießerisch; **~ισμός** [-zm-] Hedonismus *m*; Wollust *f*; **~ιστής** [-st-] Genußmensch *m*
ηδυ- sanft-, mild-, süß-
ηδυ|πάθεια Wollust *f*, Lüsternheit *f*; **~παθής** 2 wollüstig, sinnlich
ηδύποτο Likör *m*
ήθελ- *βλ.* ***θέλω***
ηθικ|ή Ethik *f*, Moral *f*; **~ολογία** [-'jia] Sittenlehre *f*; *ειρων.* Moralpredigt *f*; **~ολόγος** [-ɣɔs] Moralist *m*
ηθικό Sittlichkeit *f*; Moral *f*; Mut *m*
ηθικ|ός sittlich, Sitten-; moralisch; anständig; **~ότητα** Sittlichkeit *f*
ηθογραφία [-ɣra-] Sittenschilderung *f*
ηθολο|γία [-'jia] Sittenlehre *f*; Charakterkunde *f*; **~γικός** ethologisch
ηθο|ποιία Schauspielkunst *f*; **~ποιός** *m*, *f* Schauspieler(in *f*) *m*
ήθος *n* Charakter *m*, sittliche Veranlagung *f*; ***ήθη*** *n*/*pl* Sitten *f*/*pl*; ***ήθη και έθιμα*** Sitten und Gebräuche *pl*; ***τα χρηστά ήθη*** die guten Sitten *f*/*pl*
ηλεκτρ- elektro, Elektro-
ηλεκτρ|αγωγός [-ɣɔɣ-] elektrische(r) Leiter; **~άμαξα** Triebwagen *m*; **~ίζω** (*σ· στ· σμ*) elektrisieren, *μτφ.* anfeuern; **~ικός** elektrisch; *Su m* U-Bahn *f*; S-Bahn *f*; *Su n* elektrische(s) Licht
ηλεκτρισμός Elektrizität *f*
ήλεκτρο Bernstein *m*
ηλεκτρ|ογεννήτρια [-jɛ-] Generator *m*; **~όδιο** Elektrode *f*; **~οδυναμική** Elektrodynamik *f*; **~οκαρδιογράφημα** [-'ɣra-] *n* Elektrokardiogramm *n*; **~οκίνηση** Elektroantrieb *m*; **~οκίνητος** elektrisch betrieben; **~ολογία** [-'jia] Elektrizitätslehre *f*; **~ολόγος** [-ɣɔs] Elektriker *m*; **~όλυση** (-*εις*) Elektrolyse *f*; **~ομαγνήτης** [-'ɣni-] *m* Elektromagnet *m*; **~όμετρο** Elektrometer *n*; **~ομηχανή** [-xa-] Dynamo *m*; Elektromotor *m*
ηλεκτρ|ονική Elektronik *f*; **~ονικός** elektronisch, Elektronen-; **~όνιο** Elektron *n*
ηλεκτρονόμος Relais *n*
ηλεκτρο|παραγωγή [-ɣɔ'ji] Stromerzeugung *f*; **~πληξία** elektrische(r) Schlag; **~τεχνία** [-xn-] Elektrotechnik *f*; **~τεχνίτης** Elektrotechniker *m*; **~φωτίζω** (*σ· στ*) elektrisch beleuchten
ήλθ- *βλ.* ***έρχομαι***
ηλιάζω [il'ja-] (*σ· στ· σμ*) sonnen
ηλιακός Sonnen-
ηλίαση Sonnenstich *m*
ηλίθιος (**-α, -ο**) idiotisch; dumm
ηλιθιότητα Dummheit *f*; Idiotie *f*, Schwachsinn *m*
ηλικία (Lebens-)Alter *n*; ***σε ~*** *G* im Alter von
ηλικι|ώνομαι älter werden; mündig werden; ***~ωμένος*** alt, betagt
ήλιο Helium *n*
ηλι|οκαμένος [iljɔ-] sonnenverbrannt; **~όλουστος** sonnengebadet, Sonnen-; **~όλουτρο** Sonnenbad *n*
ήλιος ['iljɔs] Sonne *f*; Sonnenblume *f*
ηλιο|στάσιο Sonnenwende *f*; **~τρόπιο** *βοτ., γεωργ.* Heliotrop *n*; **~φώτιστος** [ilj-] sonnenbeschienen
ημεδαπ|ός inländisch; *Su m* Inländer *m*; **~ή** Inland *n*; Inländerin *f*
ημέρ|α, μέρα Tag *m*; ***από μέρα σε μέρα*** von Tag zu Tag; ***μέρα τη(ν η)μέρα*** Tag für Tag; ***μέρα νύχτα*** Tag und Nacht; ***εργάσιμη ~α*** Werktag *m*; ***~α αργίας*** Ruhetag *m*
ημερ|εύω (*ψ· εμ*) *v*/*t* zähmen; beruhigen; *v*/*i* zahm werden; sich beruhigen; **~ήσιος** (**-α, -ο**) täglich, Tages-; **~ίδα** Tag *m*; **~όβιος** (**-α, -ο**) Tage(s)-; **~οδείκτης** Abreißkalender *m*; **~ολόγιο** [-jiɔ] Kalender *m*; Tagebuch *n*; *ναυτ.* Logbuch *n*; Journal *n*; Alma-

nach *m*; **~ολόγιο εκδηλώσεων** Veranstaltungskalender *m*; **~ολόγιο συναντήσεων** Terminkalender *m*
ημερομηνία Datum *n*; **~ γεννήσεως** Geburtsdatum *n*; **~ λήξεως** Verfallsdatum *n*, Haltbarkeitsdatum *n*
ημερ|ομίσθιο Tagelohn *m*; **~ομίσθιος** (*f* **-α**) Tagelöhner(in *f*) *m*; **~ονύκτιο** ein Tag und eine Nacht
ήμερος zahm; zutraulich; *μτφ*. mild
ημέρωμα *n βλ.* ***ημέρωση***
ημερώνω veredeln; kultivieren.
ημέρωση Zähmung *f*; Beruhigung *f*; Kultivierung *f*
ημέτερος *K* unser
ημι-, ημί- Halb-, halb-
ημιδιατροφή Halbpension *f*
ημιεπίσημος halbamtlich
ημίθεος Halbgott *m*
ημι|κρανία Migräne *f*; **~κύκλιο** Halbkreis *m*
ημίμετρα *n*/*pl* halbe Maßnahmen *f*/*pl*
ημισέληνος *f K* Halbmond *m*
ήμισυ (*-εος*) *n K* Hälfte *f*
ημισφαίριο Hemisphäre *f*, Halbkugel *f*
ημιτόνιο *μουσ*. Halbton *m*
ημίτονο *μαθ*. Sinus *m*
ημιφορτηγό Kombi(wagen) *m*
ημίφως (*-τος*) *n* Dämmerlicht *n*
ημιχρόνιο Halbzeit *f*
ημίψηλο Zylinder(hut) *m*
ημίωρος halbstündig; *Su n* halbe Stunde *f*
ήμουν ich war (*Impf v.* ***είμαι***)
ηνία *n*/*pl* Zügel *m*/*pl* *κ. μτφ*.
ήξερ- *Impf v.* ***ξέρω***
ήπαρ (*ήπατος, pl ήπατα*) *n K* Leber *f*
ηπατικός Leber-; leberkrank
ηπατίτιδα Leberentzündung *f*
ήπειρος *f* Festland *n*; Kontinent *m*
ηπειρωτικός kontinental
ήπια ['ipja] ich trank, *Aor v.* ***πίνω***
ήπιος (**-α, -ο**) sanft, mild, gütig
ηπιότητα Milde *f*, Güte *f*
ηρέμηση (*-εις*) Beruhigung *f*
ηρεμ|ία Ruhe *f*, Stille *f*; Seelenruhe *f*; **~ίζω** (*σ*) *v*/*t* beruhigen
ήρεμος ruhig, still; seelenruhig
ηρεμώ (*ησ*) ruhig sein
ήρθ- *βλ.* ***έρχομαι***
ήρω(α)ς Held *m*; *μυθ*. Heros *m*
ηρω|ίδα Heldin *f*; **~ικός** heldenhaft, heroisch; **~ίνη** Heroin *n*; **~ισμός** [-zm-] Heldenmut *m*, Heroismus *m*
ηρώο (Krieger-)Ehrenmal *n*
ησκ- *βλ.* ***ισκ-***
ήσουν du warst, *Impf v.* ***είμαι***
ησυχ|άζω [-'xa-] (*σ· σμ*) *v*/*i* ruhig sein; sich beruhigen; *v*/*t* beruhigen; besänftigen; **~ία** [-'çia] Ruhe *f*; Stille *f*; Gelassenheit *f*; *εμπ*. Stillstand *m*; ***με την ~ία μου*** in aller Ruhe
ήσυχος [-xɔs] ruhig, still; gelassen
ήταν er, sie, es war; sie waren
ήττα Niederlage *f*
ηττώμαι (*άσαι· ηθ· ημ*) besiegt werden, unterliegen
ηυ- *βλ.* ***ευ-***
ηφαίστειο Vulkan *m*
ηφαιστειογενής [-jɛ-] 2 vulkanisch
ηχη|ρός [içi-] tönend, widerhallend; *γραμμ*. stimmhaft; **~τικός** Schall-
ηχο|βόλιση (*-εις*) [ixɔ-], **~βολισμός** [-zm-] Echolotung *f*; **~γράφηση** (*-εις*) Ton(band)aufnahme *f*; **~γραφώ** [-ɣr-] (*ησ· ηθ· ημ*) (auf Tonband) aufnehmen; **~ληψία** Tonaufnahme *f*; **~λογώ** [-'ɣɔ] (*άς· ησ*) tönen, widerhallen; **~προστασία** Lärmschutz *m*
ήχος [-x-] Ton *m*; Schall *m*; Klang *m*
ηχώ¹ [i'xɔ] *f* Echo *n*, Widerhall *m*
ηχώ² (*ησ*) (er)tönen, (er)klingen

Θ

θα *Partikel Fut, Kond*: ***~ γράψω, ~ γράφω*** ich werde schreiben; ***~ έγραφα*** ich würde schreiben; ***~ είχα γράψει*** ich hätte geschrieben
θάβω (*ψ· φτ, ταφ· μμ*) beerdigen
θαλαμηγός [-'ɣɔs] *f K* Jacht *f*
θάλαμος Saal *m*; Kabine *f*; *ναυτ*. Kajüte *f*; ***σκοτεινός ~*** Dunkelkam-

mer *f*; **τηλεφωνικός ~** Telefonzelle *f*
θάλασσα Meer *n*, See *f*; Seewasser *n*; Seegang *m*; **τα κάνω ~** alles durcheinanderbringen; **με πειράζει** (**πιάνει**) **η ~** seekrank werden
θαλασσ|ασφάλεια Seeversicherung *f*; **~ινός** Meeres-, maritim; *Su m* Seemann *m*; **~ινά** *n/pl* Meeresfrüchte *f/pl*
θαλάσσιος (**-α, -ο**) Meeres-, See-
θαλασσ|οδέρνω (*δειρ· δαρθ· δαρμ*) *v/i, v/p* gegen die See ankämpfen; **~οκρατ(ορ)ία** Seeherrschaft *f*; Seemacht *f*; **~όλυκος** Seebär *m*; **~όνερο** Seewasser *n*; **~οπνίγομαι** [-γɔ-] (*χτ, γ· γμ*) in Seenot sein; *μτφ.* sich abschuften; **~οπορία** Seefahrt *f*; **~οπόρος** Seefahrer *m*; **~οταραχή** [-'çi] Seegang *m*
θαλάσσωμα *n* Verwirrung *f*
θαλασσώνω (*σ· θ*): **τα ~** alles durcheinanderbringen
θαλερός blühend; *μτφ.* rüstig
θάλλω (*λ*) blühen, gedeihen *κ. μτφ.*
θαλπερός wärmend; wohltuend
θάλπω (*ψ*) wärmen; pflegen
θαλπωρή Wärme *f*; Behaglichkeit *f*
θαμ- *βλ.* **θαυμ-**
θαμβ- *βλ.* **θαμπ-**
θάμνος Strauch *m*, Busch *m*
θαμπάδα Trübung *f*; Glanzlosigkeit *f*
θαμπός matt, trübe; blind, undurchsichtig; undeutlich, blaß
θάμπωμα *n* Blendung *f*; Trübung *f*; *μτφ.* Bewunderung *f*
θαμπώνω (*σ· θ*) *v/t* blenden *κ. μτφ.*; (sich) trüben; *γυαλί*: anlaufen
θαμώνας Stammgast *m*
θανάσιμος tödlich; Tod(es)-
θανατ|άς: είναι του ~ά er liegt im Sterben; **~ηφόρος** (**-α, -ο**) tödlich; **~ικό** Pest *f*, Seuche *f*; **~ικός** Todes-
θάνατος Tod *m*; Sterben *n*
θανατώνω (*σ· θ*) töten, umbringen; *μτφ.* umbringen, schwer kränken
θανάτωση (*-εις*) Tötung *f*
θαρραλέος (**-α, -ο**) mutig, kühn
θάρρεμα *n* Ermutigung *f*
θαρρετός mutig, kühn; dreist
θάρρος *n* Mut *m*, Selbstvertrauen *n*; Vertraulichkeit *f*; Hoffnung *f*; **παίρνω το ~ να** ich erlaube mir, zu
θαρρ|ώ (*ησ*) glauben, meinen; **~είς και** als ob
θαύμα ['θav-] *n* Wunder *n*
θαυμ|άζω [θavm-] (*σ· στ*) *v/t* bewundern; *v/i, v/p* sich wundern (**για**/über *A*); **~άσιος** wunderbar; *οικ.* toll; **~ασμός** [-zm-] Bewunderung *f*; **~αστής** [-st-] Bewunderer *m*; Verehrer *m*; **~αστικό** Ausrufungszeichen *n*; **~αστός** bewundernswert; **~άστρια** Bewunderin *f*, Verehrerin *f*
θαυματ|οποιός Taschenspieler *m*; **~ούργημα** [-ji-] *n* Wunderwerk *n*; **~ουργός** [-'γɔs] wundertätig; *φάρμακο*: wunderwirkend; **~ουργώ** (*ησ*) Wunder tun; Ausgezeichnetes leisten
θάψιμο Begraben *n*, Beerdigung *f*
θέα Anblick *m*, Aussicht *f* (*G*/auf *A*); (An-)Sicht *f*
θεά Göttin *f*; *μτφ.* schöne Frau
θέαμα *n* Schauspiel *n*; Anblick *m*
θεαματικός eindrucksvoll, überwältigend, spektakulär
θεατής Zuschauer *m*
θεατρ|ικός Theater-; **~ίνα** *μειωτ.* Schauspielerin *f*; Heuchlerin *f*; **~ισμός** [-zm-] Heuchelei *f*; **~ίνος** *μειωτ.* Schauspieler *m*; Heuchler *m*
θέατρο Theater *n*; Schauplatz *m*; **γίνομαι ~** zum Gespött werden; **υπαίθριο ~** Freilichttheater *n*; **~ του πολέμου** Kriegsschauplatz *m*; **~ σκιών** Schattenspiel *n*
θεία, θεια [θja] Tante *f*
θειάφι ['θjafi] Schwefel *m*
θειαφίζω [θj-] (*σ· στ· σμ*) schwefeln
θειικό [θii-] Schwefel-
θεϊκός göttlich *κ. μτφ.*
θείο Schwefel *m*
θείος[1], **θειος** [θjɔs] Onkel *m*
θεί|ος[2] (**-α, -ο**) göttlich *κ. μτφ.*; heilig; **τα ~α** *n/pl* die heiligen Dinge *n/pl*
θειούχος (**-α, -ο**) schwefelhaltig
θέλγητρο [-ji-] Reiz *m*, Charme *m*
θέλγω [-γɔ] (*λξ· λχτ*) bezaubern
θέλημα *n* Wille *m*; Zustimmung *f*; Gefallen *m*
θεληματικός freiwillig; bewußt
θέληση (*-εις*) Wille *m*, Wunsch *m*, Absicht *f*; Willenskraft *f*
θελκτικός charmant, bezaubernd
θέλ|ω (*ησ· ημ· Impf ήθελα*) *v/t* wollen, verlangen; wünschen; nötig haben, brauchen; **~ω να** beabsichtigen zu; (**θα**) **ήθελα** ich möchte; **~εις δε ~εις, ~οντας και μη** wohl oder übel

θέμα *n* Thema *n*; (Gesprächs-)Stoff *m*; *γραμμ.* Stamm *m*
θεμελιακός grundlegend
θεμέλιο Fundament *n*; *μτφ.* Grundlage *f*; ***εκ θεμελίων*** von Grund auf
θεμέλιος (*-α, -ο*) Grund-
θεμελιώδης 2 grundlegend
θεμελιώνω [-'ljɔ-] (*σ· θ*) den Grundstein legen zu; begründen; stützen
θεμελ|ίωση (*-εις*) Begründung *f*, Grundlegung *f*; **~ιωτής** Begründer *m*
θεμιτός statthaft, zulässig
θεόγυμνος [-ji-] splitternackt
θεοκρατία Priesterherrschaft *f*
θεολογ|ία [-'jia] Theologie *f*; **~ικός** theologisch
θεολόγος [-ɣɔs] Theologe *m*
θεομηνία schwere(s) Unwetter; *μτφ.* Plage *f*, Gottesgeißel *f*
θεο|ποίηση (*-εις*) Vergöttlichung *f*; Vergötterung *f*; **~ποιώ** (*ησ· ηθ· ημ*) vergöttlichen; vergöttern
θεόρατος riesig, kolossal
Θεός, θεός Gott *m*; ***προς Θεού, για όνομα του Θεού*** um Gottes willen!; ***~ φυλάξοι, ο ~ να φυλάει*** Gott behüte!; ***ο ~ βοηθός, ο ~ μαζί σου*** Gott helfe dir!; ***ελέω Θεού*** von Gottes Gnaden; ***δόξα τω Θεώ*** Gott sei Dank!
θεο|σέβεια Gottesfurcht *f*; **~σεβής** 2 fromm; **~σκότεινος** stockfinster
θεόστραβος völlig blind *κ. μτφ.*
θεότητα Göttlichkeit *f*; Gottheit *f*
Θεοτόκος *f* Muttergottes *f*
Θεοφάν(ε)ια *n/pl* Dreikönigsfest *n*
θερα|πεία Behandlung *f*; Heilung *f*; Pflege *f*; Kur *f*; **~πεύσιμος** [-f-] heilbar; **~πευτήριο** Sanatorium *n*; **~πευτική** Therapeutik *f*; **~πευτικός** therapeutisch; **~πεύω** [-'ɛvɔ] (*ευσ· ευτ· ευμ*) *v/t* behandeln; heilen
θέρετρο Sommerfrische *f*
θεριακλής (*-ήδες, f* ***-ού, -ούδες***) große(r) Liebhaber(in *f*) *m*, Freund(in *f*) *m*
θεριεύω [-'jɛvɔ] (*ψ· εμ*) riesengroß werden; wuchern
θεριζοαλωνιστική Mähdrescher *m*
θερίζω (*σ· στ· σμ*) mähen; ernten
θερινός Sommer-
θεριό [-'jɔ] *βλ.* ***θηρίο***
θέρισμα [-zm-] *n*, **θερισμός** Mähen *n*; Ernten *n*; *μτφ.* Vernichtung *f*
θερ|ιστής Schnitter *m*, Mäher *m*; **♀ιστής** Juni *m*; **~ιστικός** Mäh-; **~ίστρ(ι)α** Schnitterin *f*, Mäherin *f*
θερμαίνω (*μαν· μανθ· σμ*) *v/t* heizen, erwärmen; *v/p* Fieber haben
θέρμανση (*-εις*) Erwärmung *f*; Heizung *f*; ***κεντρική ~*** Zentralheizung *f*
θερμαντικός heizend; Wärme-
θερ|μαστής Heizer *m*; **~μάστρα** Ofen *m*
θέρμη Fieber *n*; *μτφ.* Feuereifer *m*
θερμίδα Kalorie *f*
θερμόαιμος heißblütig, temperamentvoll; *ζωολ.* warmblütig
θερμο|καταστροφή: ***~καταστροφή απορριμμάτων*** Müllverbrennung *f*; **~κήπιο** Treibhaus *n*; **~κρασία** Temperatur *f*
θερμόλουτρο heiße(s) Bad
θερμόμετρο Thermometer *n*
θερμομετρώ (*ησ· ηθ· ημ*) die Temperatur messen
θερμοπληξία Hitzschlag *m*
θερμός[1] (*0*) *n* Thermosflasche *f*
θερμ|ός[2] heiß; warm; herzlich; feurig; inständig; **~οσίφωνας, ~οσίφωνο** Boiler *m*; **~οστάτης** Thermostat *m*; **~οσυσσωρευτής** *ηλ.* Speicherofen *m*; **~ότητα** Hitze *f*; Wärme *f*; **~οφόρα** Wärmflasche *f*
θέρος *n K* Sommer *m*; **~** *m* Ernte *f*
θέση (*-εις*) Sitz(platz) *m*; *γεν.* Platz *m*, Stelle *f*; *εισιτήριο*: Klasse *f*; Lage *f*, Situation *f*; Stellung *f*; ***εμπιστευτική ~*** Vertrauensstellung *f*; ***μόνιμη ~*** Lebensstellung *f*; ***νευραλγική ~*** Schlüsselstellung *f*; ***οικονομική ~*** Economyklasse *f*; ***τακτική ~*** Stammplatz *m*; ***~ σπουδών*** Studienplatz *m*; ***~ στο παράθυρο*** Fensterplatz *m*; ***~ εργασίας*** Arbeitsplatz *m*; ***είμαι σε ~*** imstande sein
θεσιθήρας Postenjäger *m*
θεσμός [-zm-] Institution *f*
θεσπέσιος (***-α, -ο***) wunderbar
θεσπίζω (*σ· στ· σμ*) anordnen, verfügen; festlegen
θέσπισμα *n* Verordnung *f*, Dekret *n*
θετικισμός [-zm-] Positivismus *m*
θετικός positiv *κ. ηλ.*; sicher, bestimmt; *πρόσ.*: zuverlässig; ***~ (βαθμός)*** *γραμμ.* Positiv *m*
θετός Adoptiv-
θέτω (*σ· τεθ· τεθειμ*) legen, stellen,

Θ

setzen; ~ ***νόμους*** Gesetze aufstellen; ~ ***υπό κηδεμονία*** entmündigen
θεώμαι (*άσαι· αθ*) *K* gesehen werden; ***για το θεαθήναι*** für die Leute; zum Schein
θεωρείο *θεατρ.* Loge *f*; Tribüne *f*
θεώρημα *n μαθ.* Lehrsatz *m*
θεώρηση (*-εις*) Visum *n*, Sichtvermerk *m*; Betrachtung *f*
θεωρητικός theoretisch; ansehnlich
θεωρ|ία Theorie *f*; Lehre *f*; Aussehen *n*, Äußere(s); Betrachtung *f*; **~ώ** (*ησ· ηθ· ημ*) sich (*D*) ansehen, betrachten; ***δια-βατήριο*** abstempeln (lassen); halten (***για***/für), betrachten (*A*/ als)
θήκη Kasten *m*, Kiste *f*; Gehäuse *n*; Etui *n*; Fach *n*; (Schwert-)Scheide *f*
θηλάζω (*σ· στ· σμ*) *v/i* saugen; *v/t* säugen, stillen
θηλασμός [-z-] Saugen *n*; Stillen *n*
θηλαστικό Säugetier *n*
θηλιά [-'lja] Schlinge *f*; Masche *f*
θηλυκός (*f a.* ***-ιά***) weiblich; *Su n γραμμ.* Femininum *n*; *ζώα*: Weibchen *n*
θηλυ|κώνω (*σ· θ*) zuknöpfen, zuschnallen; **~πρεπής** 2 weibisch
θημων|ιά [-'nja] Schober *m*; **~ιάζω** (*σ· στ*) aufhäufen, aufschichten
θήρα *K* Jagd *f*; Jagdbeute *f*
θήραμα *n* Jagdbeute *f*; Wild *n*
θηρίο wilde(s) Tier *n*; Bestie *f*
θηριοδαμαστής Dompteur *m*
θηριόμορφος tierähnlich
θηριοτροφείο Menagerie *f*
θηριώδης 2 wild; bestialisch
θηριωδία Bestialität *f*
θησαυρίζω [-avr-] (*σ· στ*) sammeln, anhäufen, hamstern; reich werden
θησαύρισμα [-zma] *n* Anhäufen *n*
θησαυρ|ός [-avr-] Schatz *m*; Thesaurus *m*; ***~έ μου*** mein Schatz!; **~οφυ-λάκιο** Tresor *m*; Schatzkammer *f*; **~οφύλακας** Schatzmeister *m*
θητεία Militärdienst *m*; Dienstzeit *f*, Amtszeit *f*; ***υποχρεωτική στρα-τιωτική*** ~ Wehrpflicht *f*
θιασάρχης [-çis] Impresario *m*
θίασος *θεατρ.* Ensemble *n*, Schauspielertruppe *f*
θιασ|ώτης, ~ώτιδα Anhänger(in *f*) *m*; Parteigänger(in *f*) *m*
θίγω [-γɔ] (*ξ· χτ· γμ*) *αντικείμενο* berühren; *θέμα* streifen; *μτφ.* kränken
θλάση (*-εις*) Aufbrechen *n*; Bruch *m*
θλιβερός trübselig; betrüblich, traurig, schmerzlich
θλίβω (*ψ· φτ, β· μμ*) pressen; *μτφ.* betrüben; (be)drücken
θλιμμένος betrübt; traurig
θλίψη (*-εις*) Kummer *m*, Trauer *f*
θνησι|γενής [-jε-] 2 totgeboren; *μτφ.* gefährdet; **~μότητα** Sterblichkeit *f*
θνητός sterblich
θολερός trüb, matt; dunkel
θόλος (*a. f*) Kuppel *f*, Gewölbe *n*
θολ|ός trüb, glanzlos; ***ψαρεύω σε ~ά νερά*** im Trüben fischen
θολώνω (*σ· θ*) (sich) trüben
θόλωση (*-εις*) Trübung *f*, Trübheit *f*
θολωτός gewölbt; überwölbt
θόριο *μέταλλο*: Thor(ium) *n*
θορύβηση (*-εις*) Beunruhigung *f*, Aufregung *f*
θορυβοποιός *m, f* Ruhestörer(in *f*) *m*; Unruhestifter(in *f*) *m*
θόρυβος Lärm *m*, Krach *m*; Aufsehen *n*, Skandal *m*
θορυβώ (*ησ· ηθ· ημ*) Lärm machen; Aufsehen erregen; beunruhigen
θορυβώδης 2 geräuschvoll
θράκα (Kohlen-)Glut *f*
θρανίο (Schul-)Bank *f*
θράσος *n* Frechheit *f*, Dreistigkeit *f*
θρασ|ύς (***-εία, -ύ***) dreist, frech; **~ύτητα** Frechheit *f*, Dreistigkeit *f*
θραύση (*-εις*) [-'af-] Zerbrechen *n*; Verwüstung *f*; Vorstoß *m*
θραύσμα [-'avz-] *n* Bruchstück *n*
θραύω [-'avɔ] (*αυσ· αυστ*) (zer)brechen
θραφ- *βλ.* ***τρέφω***
θρέμμα *n* Zuchttier *n*; ***γέννημα (και)*** ~ (wasch)echt; **~τα** *n/pl* Vieh *n*
θρεπτικός (**-φτ-**) nahrhaft; Nähr-
θρεφτάρια [-ja] *n/pl* Mastvieh *n*
θρέφω, θρεψ- *βλ.* ***τρέφω***
θρέψιμο (*-ματος*) Nähren *n*
θρηνητικός wehklagend; Klage-
θρήνος Klage *f*
θρηνώ (*ησ· ηθ· ημ*) *v/i* klagen, jammern; *v/t* beklagen, beweinen
θρησκ|εία Religion *f*, Glaube *m*; **~ειο-λογία** [-'jia] Religionswissenschaft *f*
θρήσκευμα [-εv-] *n* Konfession *f*
θρησκευτικ|ός [-εft-] religiös; Religions-; **~ότητα** Religiosität *f*
θρησκ|όληπτος bigott, fanatisch; **~οληψία** Bigotterie *f*, Fanatismus *m*
θρήσκος (**-α, -ο**) fromm, religiös

θριαμβευτ|ής [-ɛft-] Triumphator *m*; **~ικός** triumphal; triumphierend
θριαμβεύω [-'ɛvɔ] (*ευσ, εψ*) *v/i* triumphieren
θρίαμβος Triumph *m*
θριγκός Gesims *n*; Gebälk *n*
θροΐζω (*σ*) rascheln; rauschen
θρόισμα *n* Rascheln *n*; Rauschen *n*
θρόμβος Klümpchen *n*; **~ *αίματος*** Blutgerinnsel *n*, Thrombus *m*
θρόμβωση (*-εις*) Thrombose *f*
θρόνος Thron *m*; Bischofsstuhl *m*
θρύβω (*ψ· φτ· μμ*) (zer)brechen, zertrümmern; krümeln
θρυλικός sagenhaft; ruhmreich
θρύλος Legende *f*, Sage *f*
θρύμμα *n* Krümel *m*; (Bruch-)Stück *n*
θρυμματίζω (*σ· στ· σμ*) zerbröckeln; zerbrechen, zertrümmern
θυγατέρα [-ɣa-] Tochter *f*
θύελλα Sturm *m*; Unwetter *n*
θυελλώδης 2 stürmisch *κ. μτφ.*
θύμα *n* Opfer *n*
θυμάμαι (*άσαι· ηθ*) *v/t* sich erinnern an *A*; mir fällt ein
θυμάρι Thymian *m*
θύμηση Erinnerung *f*, Gedächtnis *n*
θυμητικό Gedächtnis *n*
θυμίαμα *n* Weihrauch *m*; Beräuchern *n*; *μτφ.* Beweihräucherung *f*
θυμίζω (*σ*) erinnern (***κτ σε κπ***/j-n an *A*)
θυμός Zorn *m*, Wut(anfall *m*) *f*
θυμούμαι *βλ.* ***θυμάμαι***
θυμώδης 2 aufbrausend, jähzornig
θυμωμένος zornig, wütend
θυμώνω (*σ· μ*) *v/t* aufbringen, ärgern; *v/i* aufgebracht *ή* wütend werden
θύρα *K* Tür *f*
θυρεοειδής (αδένας) Schilddrüse *f*
θυρεός (Wappen-)Schild *n*
θυρίδα Schalter *m*; *ναυτ.* Luke *f*; (*Schrank-*)Fach *n*; ***ασφαλιστική ~*** Schließfach *n*; ***ταχυδρομική ~*** Postfach *n*; ***τραπεζική ~*** (Bank-)Safe *m*; ***~ αποσκευών*** Gepäckschalter *m*; ***~ εισιτηρίων*** Fahrkartenschalter *m*; ***~ πληροφοριών*** Auskunftsschalter *m*
θυρόφυλλο Türflügel *m*
θυρωρ|είο Pförtnerloge *f*; **~ός** (*a. f*) Portier *m*; Hausmeister(in *f*) *m*
θυσανωτός büschelig
θυσία Opfer *n*, (Auf-)Opferung *f*; ***γίνομαι ~*** sich opfern
θυσιάζω (*σ· στ· σμ*) opfern, hingeben; *v/p* sich (auf)opfern
θωπεία Liebkosung *f*, Zärtlichkeit *f*
θωπευτικός [-ɛft-] liebkosend, schmeichelnd
θώρακας Brustkorb *m*; Panzer *m*
θωρακίζω (*σ· στ· σμ*) panzern; *μτφ.* *v/p* sich wappnen
θωράκ|ιο Brüstung *f*; Mastkorb *m*; **~ιση** (*-εις*) Panzerung *f*; Panzern *n*
θωρακισμένος Panzer-, gepanzert
θωριά [-'ja] Aussehen *n*, Äußere(s); (Gesichts-)Farbe *f*
θωρώ (*ησ*) sehen

Ι

ιαματικ|ός heilkräftig, Heil-; **~ότητα** Heilkraft *f*
Ιανουάριος Januar *m*
ίαση (*-εις*) Heilung *f*
ιατρ- *βλ. κ.* ***γιατρ-***
ιατρ|είο Arztpraxis *f*; Ambulanz *f*; **~ική** Medizin *f*, Heilkunde *f*; **~ικός** ärztlich; medizinisch; **~οδικαστική** Gerichtsmedizin *f*; **~οδικαστικός** gerichtsmedizinisch
ιατρός *K* Arzt *m*
ιγμορίτιδα Nasennebenhöhlenentzündung *f*
ιδανικ|ό Ideal *n*; **~ός** ideal; ideell; imaginär, **~ότητα** Ideale(s)
ιδέα Idee *f*; Meinung *f*, Ansicht *f*; Spur *f*, Schimmer *m*; ***έμμονη ~*** fixe Idee *f*; ***δεν έχω ~*** ich habe keine Ahnung
ιδεαλισ|μός Idealismus *m*; **~τής** Idealist *m*; **~τικός** idealistisch
ιδεατός erdacht, fiktiv
ιδεο|λογία [-'jia] Ideologie *f*, Weltan-

schauung *f*; **~λογικός** ideologisch; **~λόγος** [-ɣɔs] Ideologe *m*
ιδεώδες (*-δους*) *n* Ideal *n*
ιδεώδης 2 ideal
ιδιάζ|ω (*σ*) eigentümlich sein (***σε***/*D*); **~ων** (***-ουσα, -ον***) eigen(tümlich)
ιδιαίτερ|ος besonder-, speziell; Privat-; *Adv* ***~α*** überdurchschnittlich
ιδιαιτέρως besonders, vor allem; allein, unter vier Augen
ιδιόγραφος [-ɣra-] eigenhändig
ιδιο|κτησία Eigentum *n*; Privatbesitz *m*; Grundstück *n*; ***ατομική ~κτησία*** Privateigentum *n*; **~κτήτης** Eigentümer *m*; Grundbesitzer *m*; Eigner *m*, Inhaber *m*; ***~κτήτης οχήματος*** Fahrzeughalter *m*
ιδιό|κτητος im Privatbesitz; eigen; **~μορφος** eigenartig
ιδιο|ποίηση (*-εις*) (widerrechtliche) Aneignung *f*; **~ποιούμαι** sich (widerrechtlich) aneignen; **~ρρυθμία** Eigentümlichkeit *f*; Originalität *f*
ιδιόρρυθμος eigentümlich, originell
ίδι|ος ['iðjɔs] (***-α, -ο***) eigen; gleich; besonder-; ***ο ~ος, η ~α, το ~ο*** derselbe, dieselbe, dasselbe; ***θα έλθω ο ~ος*** ich werde selber kommen
ιδιο|συγκρασία Konstitution *f*; Temperament *n*; **~τέλεια** Eigennutz *m*; **~τελής** 2 eigennützig
ιδιότητα Eigenschaft *f*
ιδιοτροπία Eigenheit *f*; Wunderlichkeit *f*; Laune *f*; Sonderbarkeit *f*
ιδιό|τροπος, ~τυπος 2 merkwürdig, putzig, originell; eigenartig
ιδιο|φυής 2 begabt, talentiert; **~φυΐα** Talent *n*, Begabung *f*
ιδιόχειρος [-çi-] eigenhändig
ιδίωμα *n* Eigentümlichkeit *f*; Mundart *f*
ιδιωματ|ικός idiomatisch; mundartlich; **~ισμός** Dialektismus *m*; Redewendung *f*
ιδίως insbesondere, besonders
ιδιωτεύω [-'ɛvɔ] (*εψ*) als Privatmann leben
ιδιώτης Privatmann *m*
ιδιωτικοπ|οίηση (*-εις*) (Re-)Privatisierung *f*; **~οιώ** (*ησ· ηθ· ημ*) (re)privatisieren
ιδιωτι|κός privat; **~σμός** [-zm-] Redewendung *f*
ίδρυ|μα *n* Anstalt *f*; Einrichtung *f*; ***δημοσκοπικό ~μα*** Meinungsforschungsinstitut *n*; ***πιστωτικό ~μα*** Kreditinstitut *n*; ***~μα ραδιοφωνίας*** Rundfunkanstalt *f*; **~ση** (*-εις*) Errichtung *f*, Gründung *f*
ιδρ|υτής (Be-)Gründer *m*; **~ύτρια** (Be-)Gründerin *f*
ιδρύω (*σ· θ*) (er)bauen; gründen; *βραβείο* stiften; *εμπ.* etablieren
ίδρωμα *n* Schwitzen *n*, Transpiration *f*
ιδρώνω (*σ· μ*) *v*/*i* schwitzen *κ. μτφ.*
ιδρώτας Schweiß *m*; ***με τον ιδρώτα του προσώπου μου*** im Schweiße meines Angesichts
ιδρωτίλα Schweißgeruch *m*
ιεραπ|οστολή *θρ.* Mission *f*; **~όστολος** Missionar *m*
ιερ|άρχης [-çis] Prälat *m*; **~αρχία** Hierarchie *f*; Rangordnung *f*; **~αρχικός** hierarchisch; *Adv* auf dem Instanzen- *ή* Dienstweg
ιερατικός priesterlich; Priester-
ιερέας Priester *m*; Geistliche(r); Pfarrer *m*
ιέρεια Priesterin *f*
ιερό Allerheiligste(s); Heiligtum *n*
ιερογλυφικά *n*/*pl* Hieroglyphen *f*/*pl*
ιεροεξεταστής Inquisitor *m*
ιερο|κήρυκας Prediger *m*; **~μόναχος** Mönchspriester *m*
ιερ|ός heilig, geheiligt; sakral; ***~ά εξέταση*** Inquisition *f*
ιεροσυλία Sakrileg *n*; Entweihung *f*
ιερόσυλος Kirchenschänder *m*
ιεροσύνη Priesterwürde *f*; Klerus *m*
ιεροτελεστία Gottesdienst *m*
ιερότητα Heiligkeit *f*
ιερουργώ [-'ɣɔ] (*ησ*) den Gottesdienst abhalten
ιερωμένος Geistliche(r)
Ιησούς (*-ού, -ού*) Jesus *m*; ***~ Χριστός*** Jesus Christus *m*
ιθα|γένεια [-'jɛ-] Staatsangehörigkeit *f*; ***χωρίς ~γένεια*** staatenlos; **~γενής** 2 eingeboren
ιθύνοντες *m*/*pl* die herrschenden Kreise *m*/*pl*
ικανο|ποίηση (*-εις*) Befriedigung *f*; Zufriedenheit *f*; Genugtuung *f*; **~ποιητικός** zufriedenstellend; befriedigend; **~ποιώ** (*ησ· ηθ· ημ*) befriedigen; zufriedenstellen; *v*/*p* (***-ούμαι***) sich zufriedengeben; ***~ποιημένος*** zufrieden (***από***/mit)

ικαν|ός fähig (*για*/zu); *στρ.* tauglich; genügend; **~ός *για τεκνοποιία*** zeugungsfähig, potent; **~ός *καταλογισμού*** zurechnungsfähig; **~ότητα** Fähigkeit *f*; Potenz *f*; *στρ.* Tauglichkeit *f*; ***νομική ~ότητα*** Rechtsfähigkeit *f*
ικεσία Flehen *n*
ικετ|ευτικός [-εf-] flehentlich; **~εύω** [-'ενɔ] (*ευσ*) (an)flehen
ικέτης Bittsteller *m*; Flehende(r)
ικρίωμα *n* Gerüst *n*; Schafott *n*
ίκτερος Gelbsucht *f*
ιλαρ|ά Masern *f*/*pl*; **~ότητα** Heiterkeit *f*; **~οτραγωδία** [-γɔ-] Tragikomödie *f*
Ιλιάδα, Ιλιάς (*-άδος*) *f* Ilias *f*
ιλιγγι|ώ (*άς· ασ*) *μτφ.* mir schwindelt; **~ώδης** 2 schwindelerregend
ίλιγγος Schwindel(gefühl *n*) *m*
ιμάντας (Treib-)Riemen *m*
ιματισμός [-zm-] Kleidung *f*
ιμπεριαλισ|μός [-zm-] Imperialismus *m*; **~τής** [-st-] Imperialist *m*; **~τικός** imperialistisch
ιμπρεσιονισμός [-prεsjɔniz-] Impressionismus *m*
ίνα Faser *f*; Fiber *f*; ***οπτική ~*** Glasfaser *f*; ***τεχνητή ~*** Kunstfaser *f*
ίνδαλμα *n* Abbild *n*; Idol *n*
ινδιάνος Truthahn *m*; **Ձ** Indianer *m*
ινδικ|ό Indigo *m*, *n*; **~ός** indisch
Ινδοευρωπ|αίοι [-εvr-] *m*/*pl* Indogermanen *m*/*pl*; **Ձαϊκός** indogermanisch
ινίο Hinterkopf *m*
ινκόγνιτο inkognito; *Su* Inkognito *n*
ινστιτούτο Institut *n*; ***~ ξένων γλωσσών*** Fremdspracheninstitut *n*
ίντσα Zoll *m*, Inch *m*
ιόν (*-όντος, pl ιόντα*) Ion *n*
ιόνιο Ionium *n*
ιονισμός, ιόντωση Ionisation *f*
ιός Virus *n*; tierische(s) Gift
Ιούλιος Juli *m*
Ιούνιος Juni *m*
ιππασία Reiten *n*; Reitkunst *f*
ιππ|έας Reiter *m*; **~εύτρια** Reiterin *f*; **~εύω** [-'ενɔ] (*ευσ*) reiten; **~ικό** Reiterei *f*, Kavallerie *f*; **~ικός** Pferde-; **~οδρομία** Pferderennen *n*; **~οδρόμιο** Pferderennbahn *f*; *ιστ.* Hippodrom *n*, Zirkus *m*; **~οδύναμη** Pferdestärke *f* (PS); **~όκαμπος** Seepferdchen *n*; **~οκόμος** Stallknecht *m*; **~οπόταμος** Flußpferd *n*, Nilpferd *n*
ίππος Pferd *n* (*K*) *κ. αθλ.*; *τεχν.* Pferdestärke *f*
ιππ|οσκευή [-ε'vi] Geschirr *n*, Zaumzeug *n*; **~οστάσιο** Pferdestall *m*; **~ότης** *ιστ.* Ritter *m*; Kavalier *m*; **~οτικός** Ritter-; ritterlich; **~οτισμός** [-zm-] Rittertum *n*; Ritterlichkeit *f*; **~οτροφείο** Gestüt *n*; **~οτροφία** Pferdezucht *f*
ιπτάμενος fliegend
ίριδα Regenbogen *m*; *αναπ.* Iris *f*
ισάζω (*ξ*) *βλ.* ***σιάζω, ισιάζω***
ίσαμε *Adv* bis; ungefähr
ισάξιος (**-*α*, -*ο***) gleichwertig, äquivalent; *πρόσ.*: ebenbürtig
ισάριθμος an Zahl gleich
ισημερ|ία Tagundnachtgleiche *f*; **~ινός** Äquator-; *Su m* Äquator *m*
ισθμός Landenge *f*, Isthmus *m*
ίσια ['isja] *Adv* g(e)radewegs, direkt; zu gleichen Teilen; **~~** (immer) g(e)radeaus; (ganz) im Gegenteil; ***στα ~*** direkt
ισιάζω [i'sja-] (*ξ, σ· χτ*) (gerade)richten, ebnen; *μτφ.* in Ordnung bringen
ίσιος ['isjɔs] (**-*α*, -*ο***) gerade, geradlinig; ebenmäßig; ***μτφ. πρόσ.***: direkt
ίσιωμα ['isjɔ-] *n* ebene Fläche *f*
ισκιάζω [-'ḳa-] (*σ· στ*) Schatten geben; beschatten; *μτφ.* beschützen
ίσκιος [-ḳɔs] Schatten *m*
ισκιώνω [-'ḳɔ-] (*σ· θ*) *βλ.* ***ισκιάζω***
Ισλάμ (*0*) *n* Islam *m*
ισλαμικός islamisch
Ισλαμισμός [-zm-] Islam *m*
ισο- gleich-
ισοβάθμιος (**-*α*, -*ο***) gleichrangig
ισόβιος (**-*α*, -*ο***) lebenslänglich
ισόγειο [-jiɔ] Erdgeschoß *n*; **~ς** (**-*α*, -*ο***) Parterre-
ισο|γώνιος [-'γɔ-] (**-*α*, -*ο***) gleichwinklig; **~δυναμία** Äquivalenz *f*; Gleichwertigkeit *f*; **~δύναμος** gleichwertig; *μαθ.*, *χημ.* äquivalent; **~δυναμώ** (*ησ*) gleichkommen (***με***/*D*); **~ζυγίζω** [-'ji-] (*σ· σμ*) *v*/*t* ausbalancieren; ausgleichen; **~ζύγιο** Ausgleich *m*; Gleichgewicht *n*; Bilanz *f*; ***εμπορικό ~ζύγιο*** Handelsbilanz *f*; ***~ζύγιο πληρωμών*** Zahlungsbilanz *f*; **~λογισμός** [-zm-] Bilanz *f*; Abschluß *m*; ***ετήσιος ~λογισμός*** Jahresabschluß *m*; ***τελικός ~λογισμός*** Schlußbilanz *f*; **~μετρία** Proportion *f*, Ebenmaß *n*
ισόμετρος ebenmäßig

ίσον *μαθ.* gleich (=)
ισονομία Gleichberechtigung *f*
ισοπαλία *αθλ.* Unentschieden *n*
ισό|παλος gleichstark; *αγώνας*: unentschieden; **~πεδος** eben
ισο|πεδώνω (*σ· θ*) einebnen, nivellieren; *μτφ.* ausgleichen; **~πέδωση** (*-εις*) Einebnung *f*, Nivellierung *f*
ισόπλευρος [-plεvr-] gleichseitig
ισορροπ|ημένος ausgeglichen; **~ία** Gleichgewicht *n*; *μτφ.* Ausgeglichenheit *f*; **~ώ** (*ησ· ηθ· ημ*) sich im Gleichgewicht befinden; ausgleichen
ίσος gleich (**με**/*D*); *μτφ.* gleichwertig
ισοσκελ|ής 2 gleichschenklig; *προϋπολογισμός*: ausgeglichen; **~ίζω** (*σ· στ· σμ*) saldieren, ausgleichen
ισοσταθμίζω (*σ· στ· σμ*) *v/t* ausgleichen; *v/i* sich ausgleichen
ισότητα Gleichheit *f*; **~ προοπτικών** Chancengleichheit *f*
ισοτιμία Ebenbürtigkeit *f*; *εμπ.* Parität *f*
ισότιμο *εμπ.* Gegenwert *m*; **~ς** ebenbürtig; gleichwertig, gleichberechtigt
ισοφαρίζω (*σ· στ· σμ*) *v/t* wettmachen, ausgleichen
ισοψηφ|ία Stimmengleichheit *f*; **~ώ** (*ησ*) die gleiche Zahl Stimmen erhalten
ιστίο Segel *n*
ιστιοδρομ|ία (Wett-)Segeln *n*; Regatta *f*; **~ώ** (*ησ*) (wett)segeln
ιστιο|πλοΐα Segelschiffahrt *f*; **~πλοϊκός** Regatta-, Segel(schiff)-; **~φόρο** Segelschiff *n*
ιστορ|ία Geschichte *f*; *pl μτφ.* Unannehmlichkeiten *f/pl*; **~ία τέχνης** Kunstgeschichte *f*; **~ικό** Vorgeschichte *f*; *ιατρ.* Anamnese *f*; **~ικός** geschichtlich, historisch; *Su m* Historiker *m*; **~ιογραφία** [-γra-] Geschichtsschreibung *f*; **~ώ** (*ησ· ηθ· ημ*) schildern
ιστός *ναυτ.* Mast *m*; Webstuhl *m*; *ανατ.* Gewebe *n*
ισχιαλγία [isçialj-] Ischias *m, n*
ισχίο Hüfte *f*
ισχν|ός *K* mager *κ. μτφ.*; **~ότητα** Magerkeit *f*
ισχυρ|ίζομαι [isçi-] (*στ*) behaupten; **~ισμός** [-zm-] Behauptung *f*; **~ογνωμοσύνη** [-γnɔ-] Rechthaberei *f*; **~ογνώμων** 2 rechthaberisch; **~ός** stark, kräftig; mächtig; *νομ.* gültig
ισχύς [i'sçis] (*-ύος*) *f K* Stärke *f*, Kraft *f*; Macht *f*; *τεχν.*, *ηλ.* Leistung *f*; *νομ.* Gültigkeit *f*
ισχύω [i'sçiɔ] (*σ*) *v/i* gelten, gültig sein, in Kraft sein
ίσωμα *n* ebene Fläche *f*
ίσως vielleicht, möglicherweise
ιτιά [i'tja] *βοτ.* Weide *f*; **~ η κλαίουσα** Trauerweide *f*
ιχθυ|αγορά [ix-] Fischmarkt *m*; **~έλαιο** Tran *m*; **~ολογία** [-'jia] Fischkunde *f*, Ichthyologie *f*; **~οπωλείο** Fischgeschäft *n*; **~οπώλης** *K* Fischhändler *m*; **~οτροφία** Fischzucht *f*; **~οτρόφος** Fischzüchter *m*
ιχθύς [ix-] *K* Fisch *m*
ιχν|ογράφημα [-γr-] *n* Skizze *f*, Entwurf *m*; Zeichnung *f*; **~ογραφία** Zeichnen *n*, Zeichenkunst *f*; **~ογραφική** Zeichenkunst *f*; **~ογραφώ** (*ησ· ηθ· ημ*) zeichnen, skizzieren
ίχνος *n* Spur *f*; Fußstapfe *f*
ιώδιο Jod *n*
ιωδιούχος [-xɔs] (**-α, -ο**) jodhaltig, Jod-

K

κάβα Weinkeller *m*, Wein- und Spirituosenhandlung *f*; *χαρτοπ.* Einsatz *m*
καβ|άλα Reiten *n*; *Adv* zu Pferde; **τον έχω ~άλα** ich bin ihm überlegen; **~αλάρης** (*-άρηδες*) Reiter *m*; Dachfirst *m*; *μουσ.* Steg *m*; **~αλαρία** Reiterei *f*, Kavallerie *f*; **~αλέτο** Staffelei *f*; Dreifuß *m*; **~αλιέρος** [-'ljε-] Kavalier *m*; **~αλικεύω** [-'εvɔ] (*εψ· ευτ*) reiten; besteigen; *μτφ.* gängeln; **~αλίνα** Pferdeapfel *m*; **~άλο** Zwickel *m*; **~αλώ** (*άς· ησ· ηθ*) *βλ.* **καβαλικεύω**

καβγ|αδίζω (*σ*) zanken, sich streiten; **~άς** (*-άδες*) Zank *m*, Streit *m*; **~ατζής** (*f* **-ού**) zänkisch; *Su m* Streithammel *m*
κάβο|ς Kap *n*; Kabel *n*; Tau *n*; ***παίρνω ~*** *οικ.* kapieren
καβούκι Muschel *f*; Schneckenhaus *n*; Kalkschale *f*; *χελώνα*: Panzer *m*
κάβουρας (*pl. a. -οι*) (Fluß-)Krebs *m*
καβ|ουρδίζω (*σ· στ· σμ*) rösten; *ήλιος*: braunbrennen, *οικ.* braten; **~ούρδισμα** *n* Rösten *n*; **~ουρδιστός** geröstet; gebrannt
καβούρι (Fluß-)Krebs *m*
καβουρντ- [-rd-] *βλ.* ***καβουρδ-***
καγκελάριος Kanzler *m*
κάγκελο Gitter *n*; Zaun *m*
καγκελ|ώνω (*σ· θ*) vergittern; einzäunen; **~ωτός** vergittert; Gitter-
καγκουρώ (*0*) *f*, *n* Känguruh *n*
καγχ|άζω [-'xa-] (*σ*) hell auflachen; spotten; **~ασμός** [-zm-] Gelächter *n*
κάδος Eimer *m*; Bottich *m*
κάδρο Rahmen *m*; Bild *n*
καδρόνι Balken *m*
καζ|ανάκι Spülkasten *m*; **~άνι** Kessel *m*
καζίνο Kasino *n*
καζούρα *οικ.* Verhohnepipelung *f*
καη- *βλ. κ.* ***καίω***
καημ|ένος *μτφ.* arm, bedauernswert; **~ός** Kummer *m*, Sehnsucht *f*
καθαγιάζω [-ji-] weihen
καθ|αίρεση (*-εις*) Degradierung *f*; Absetzung *f*; **~αιρώ** (*εσ· εθ· εμ*) degradieren, absetzen
καθαρ|εύουσα [-'εv-] Katharevusa *f*, *περ.* Kanzleisprache *f*; **~ευουσιάνος** [-'sja-] Anhänger *m* der Katharevusa
καθαρίζω (*σ· στ· σμ*) reinigen, säubern; *λογαριασμό* begleichen; *πρόβλημα* klären; *λαϊκό* umlegen; *v/i καιρός*: sich aufklären
καθάριος (**-α, -ο**) *βλ.* ***καθαρός***
καθ|αριότητα Sauberkeit *f*, Reinlichkeit *f*; Rein(e)machen *n*; **~άρισμα** *n*, **~αρισμός** [-zm-] Reinigung *f*, Säuberung *f*; Rein(e)machen *n*; Klärung *f*; ***τελικός ~αρισμός*** Endlagerung *f*; **~αριστήριο** Reinigung *f*; **~αρίστρια** Reinmachefrau *f*, Putzfrau *f*
κάθαρμα *n* Lump *m*, Gauner *m*
καθαρ|μός Reinigung *f*; *μτφ.* Läuterung *f*; **~όαιμος** reinrassig, Vollblut-; **~ογράφω** [-γr-] (*ψ· φτ· μμ*) ins reine schreiben; **~ός** sauber, rein *κ. μτφ.*; *ουρανός*: klar; *εμπ.* beglichen; *Su n* Reinschrift *f*; **~ότητα** Reinheit *f*; Klarheit *f*
κάθαρση (*-εις*) Reinigung *f*; *ιατρ.* Entleerung *f*; Quarantäne *f*; *μτφ.* Läuterung *f*; *λογοτ.* Katharsis *f*
καθ|άρσιο Abführmittel *n*; **~αρτικός** Reinigungs-; *Su n βλ.* ***καθάρσιο***
καθαυτό [-a'ftɔ] *Adj* rein, echt
κάθε (*0*) jeder, jede, jedes; alle *drei Tage*; ***~ άλλο*** im Gegenteil, keineswegs; ***~ λογής*** allerlei; ***~ πότε;*** wie oft?; ***~ που*** *Ko* jedesmal wenn
καθ|έδρα Katheder *n*, Pult *n*; Sitz *m* e-s Bischofs; **~εδρικός** Bischofs-
καθέκαστα *n/pl* Einzelheiten *f/pl*
καθ|έλκυση (*-εις*) Stapellauf *m*; **~ελκύω** (*σ· στ· σμ*) vom Stapel lassen
καθένας (***καθεμιά, καθένα***) jeder, jede, jedes
καθεξής *Adv* reihum; ***και ούτω ~*** (***κ.ο.κ.***) und so weiter, und so fort
καθεστώς (*-ώτος*) *n* Regime *n*, System *n*; ***παρόν ~*** Status quo *m*
καθετή Angelschnur *f*
καθετήρας Sonde *f*
κάθετος senkrecht, vertikal
καθηγ|εσία [-jε-] Professur *f*; **~ητής** Professor *m*; Studienrat *m*; **~ήτρια** Professorin *f*; Studienrätin *f*
καθήκον (*-οντος*) Pflicht *f*
καθ|ήλωμα *n* Festnageln *n*; **~ηλώνω** (*σ· θ*) (an)nageln; binden
καθημ|ερινός täglich; Tages-; *Su f* Wochentag *m*; *Su n* tägliche(s) Brot; *Su n/pl* Alltagskleidung *f*; **~ερινότητα** Alltag *m*
καθησ- *βλ.* ***καθισ-***
καθ|ησυχάζω [-'xa-] (*σ· σμ*) (sich) beruhigen; **~ησυχαστικός** [-st-] beruhigend
κάθιδρος schweißtriefend
καθ|ιερωμένος üblich, gebräuchlich; **~ιερώνω** (*σ· θ*) (ein)weihen; einbürgern, einführen; **~ιέρωση** (*-εις*) (Ein-)Weihung *f*; Einführung *f*; **~ίζηση** (*-εις*) Senkung *f*; Bodensatz *m*
καθίζω (*σ· σμ*) *v/t* setzen
καθισιό [-'sjɔ] Müßiggang *m*
κάθισμα [-zma] *n* Stuhl *m*, Sitz *m*
καθ|ιστικός im Sitzen ...; **~ιστός** sitzend; **~ιστώ** (*άς· καταστησ· -σταθ·*

Κ

-*στημ*) *v/t* machen (**κπ κτ**/ j-n zu etw.); errichten; *νομ. κληρονόμο* einsetzen
καθ|οδήγηση (-*εις*) [-jisi] Belehrung *f*, Anleitung *f*; Direktive *f*; **~οδηγώ** [-'ɣɔ] (*ησ· ηθ· ημ*) belehren, anleiten
κάθοδος *f* Hinabsteigen *n*; Talfahrt *f*; Abstieg *m*; *λεωφορείο*: Ausstieg *m*
καθολικ|εύω [-'ɛvɔ] (*ευσ· ευτ· ευμ*) verallgemeinern; **~ός** allgemein; katholisch; *Su m* Katholik *m*; *Su n εμπ.* Hauptbuch *n*; **~ότητα** Universalität *f*
καθόλου *Adv* ganz und gar nicht; keineswegs; *ερωτ.* überhaupt
κάθομαι (*θισ, κατσ· ισμ*) sitzen; sich setzen, Platz nehmen; wohnen; arbeitslos sein; **~ *ανακούρκουδα*** hocken
καθ|ομιλουμένη Umgangssprache *f*; **~ορίζω** (*σ· στ· σμ*) bestimmen, festsetzen; bedingen; **~ορισμένος** [-zm-] bestimmt; **~ορισμός** Bestimmung *f*, Festsetzung *f*; **~όσο** *Adv* soviel; *Ko* da, weil; **~ότι** weil; **~ούμενος** sitzend; ***στα καλά ~ούμενα*** aus heiterem Himmel; mir nichts, dir nichts
καθρ|έφτης Spiegel *m*; ***~έφτης οδηγήσεως*** Rückspiegel *m*; **~εφτίζω** (*σ· στ· σμ*) widerspiegeln *κ. μτφ.*; *v/p* sich widerspiegeln
καθ|υστερημένος verspätet; *μτφ.* rückständig; *παιδί*: zurückgeblieben; **~υστέρηση** (-*εις*) Verspätung *f*; Verzögerung *f*; *εμπ.* Verzug *m*; **~υστερώ** (*ησ· ηθ· ημ*) *v/t* aufhalten; verzögern; in Verzug sein (*A*/mit *D*); *v/i* sich verspäten; zurückbleiben (***σε***/in *D*)
καθώς *Ko* wie; *χρον.* als; wenn; ***~ πρέπει*** wie es sich gehört; anständig
και und; auch; *οικ.* denn; daß; **~ ... ~** sowohl ... als auch; ***~ να θέλεις ~ να μη θέλεις*** ob du willst oder nicht
καίγομαι *βλ.* ***καίω***
καΐκι Fischerboot *n*
καΐλα Brennen *n*; *μτφ.* Verlangen *n*
καϊμάκι Sahne *f*, Rahm *m*
καινο|τομία Neuerung *f*; Innovation *f*; **~τόμος** Neuerer *m*; **~τομώ** (*ησ*) Neuerungen einführen
καινούρ(γ)ιος [-jɔs] (**-*α*, -*ο***) neu
καιρικός Witterungs-, Wetter-
καίριος gelegen, passend; tödlich
καιρ|ός Zeit *f*; Wetter *n*; ***βροχερός ~ός*** Regenwetter *n*; ***~ός διακοπών*** Urlaubszeit *f*; ***πριν ~ό*** vor geraumer Zeit; ***από ~ό σε ~ό*** von Zeit zu Zeit; ***τον κακό σου τον ~ό*** hol' dich der Teufel; ***πολύν ~ό*** lange; ***τον ~ό*** *G Präp* während *G*; **~οσκόπος** Opportunist *m*; **~οφυλακτώ** (*ησ*) e-e Gelegenheit abpassen; lauern
καισαρικ|ός: *~ή τομή* Kaiserschnitt *m*
καί|ω (*καψ· καη· καμ*) *v/t* verbrennen; *σπίτι* in Brand stecken; *ιατρ.* abätzen; *μτφ. συμφορά*: vernichten; *v/i* (ab-)brennen; *v/p* (*καίγομαι*) sich verbrennen; anbrennen, ansengen; ***καρφί δεν του ~γεται*** ihm ist alles gleich
κακά *n/pl* Kacke *f*; *οικ.* große(s) Geschäft; *Adv* schlecht, übel; falsch; ***~ και ψυχρά*** so schlecht wie möglich
κακάδι Schorf *m*
κακάο Kakao *m*
κακ|αρίζω (*σ*) *v/i* gackern; **~άρισμα** [-zma] *n* Gegacker *n*
κακαρώνω (*σ· μ*) ins Gras beißen
κακεντρέχεια [-çia] Bosheit *f*
κάκητα, κάκια [-ka] Groll *m*; ***μου κρατάει ~*** er (sie) grollt mir
κακ|ία Schlechtigkeit *f*, Bosheit *f*; **~ίζω** (*σ*) verurteilen, tadeln
κάκιωμα [-kɔ-] *n* Ärger *m*, Zwist *m*
κακι|ωμένος [-kɔ-] böse (aufeinander), zerstritten; **~ώνω** (*σ*) sich ärgern (***για***/über *A*), böse werden
κακο- *Präfix*: schlecht, miß-, un-
κακό Böse(s); Übel *n*; Unheil *n*; *οικ.* Krach *m*; ***έσκασε απ' το ~ του*** er platzte vor Wut; ***κάνω ~*** ein Leid antun *D*, e-n Schaden anrichten; ***κόσμος και ~*** Menschenauflauf *m*
κακ|οαναθρεμμένος schlecht erzogen; **~όγλωσσος** Lästermaul *n*
κακο|γράφος [-'ɣra-] schlecht schreibend; **~δαιμονία** Elend *n*, Misere *f*; **~διαθεσία** Unpäßlichkeit *f*; **~διάθετος** unpäßlich; mißvergnügt; **~διοίκηση** (-*εις*) Mißwirtschaft *f*; **~δουλευτής** [-ɛf-] Pfuscher *m*; **~δουλεύω** [-'ɛvɔ] (*ψ· μ*) pfuschen; **~ζώ** (*ησ*) sich durchhungern; **~ήθεια** Bösartigkeit *f*; Unziemlichkeit *f*; **~ήθης** 2 unmoralisch; bösartig *κ. ιατρ.*
κακόηχος [-xɔs] schlecht klingend
κακο|θελητής Bösewicht *m*; **~καιρία** schlechte(s) Wetter, Unwetter *n*; **~καμωμένος** mißgestaltet; *πράγμα*: schlecht gearbeitet; **~καρδίζω** (*σ· στ· σμ*) *v/t* Kummer machen *D*; **~κεφα-**

λιά [-'lja] Verschrobenheit *f*; **~κέφαλος** eigensinnig, verschroben; **~λογία** [-'jia] Klatsch *m*, Tratsch *m*; **~λογώ** [-'ɣɔ] (*άς· ησ· ηθ· ημ*) *v/t* klatschen, schlechtmachen; **~μαθαίνω** (*μαθ· θημ*) nur schlecht erlernen; *παιδί* verziehen; **~μαθημένος** verzogen; **~μεταχειρίζομαι** [-çi-] (*στ· σμ*) schlecht behandeln; mißhandeln; **~μοίρης** 3 *βλ.* ***κακόμοιρος***; **~μοιριά** [-'ja] Elend *n*, Jammer *m*

κακόμοιρος bedauernswert, ärmst-

κακο|ντυμένος [-ɔd-] schlecht angezogen; **~παθαίνω** (*παθ*) Strapazen erleiden; **~παθημένος** schwer geprüft; **~πέραση** Entbehrungen *f/pl*; **~περνώ** (*άς· ρασ*) es ergeht mir übel; geplagt sein; **~πέφτω** (*πεσ*) hereinfallen, schlecht dabei fahren; **~πιστία** Unzuverlässigkeit *f*

κακόπιστος vertrauensunwürdig

κακο|ποίηση (*-εις*) Mißhandlung *f*; Vergewaltigung *f*; **~ποιός** Übeltäter *m*; **~ποιώ** (*ησ· ηθ· ημ*) mißhandeln; vergewaltigen; **~ρίζικος** elend

κακ|ός (*f a.* ***-ιά***) schlecht; schlimm; übel; böse; ***της ~ιάς ώρας*** ganz schlecht; ***έχω τις ~ές μου*** seinen schlechten Tag haben

κακ|οσμία [-zm-] Gestank *m*; **~οστομαχιά** [-'ça] Magenverstimmung *f*; **~οστομαχιάζω** (*σ*) sich (*D*) den Magen mit etw. verderben; **~οσυνηθίζω** (*σ· σμ*) sich verwöhnen; **~ότεχνος** [-xn-] stümperhaft; (hin)gepfuscht; **~οτοπιά** [-'pja] *μτφ.* Unannehmlichkeit *f*; **~οτράχαλος** [-xa-] unwegsam; **~ότροπος** barsch; **~οτυχιά** [-'ça] Pech *n*, Unglück *n*; **~ότυχος** [-xɔs] unglückselig; *Su m* Pechvogel *m*

κάκου: ***του ~*** vergeblich, umsonst

κακ|ούργημα [-ji-] *n* Verbrechen *n*, Untat *f*; **~ουργιοδικείο** Schwurgericht *n*; **~ούργος** [-ɣɔs] Übeltäter *m*, Unhold *m*; *Adj* (***-α, -ο*** *od.* ***-ικο***) verbrecherisch; **~ουχία** [-'çia] Strapaze *f*; **~οφαίνεται** *unp.* (*φαν*) mißfallen; ***μου ~οφαίνεται*** es mißfällt mir; **~όφημος** verrufen, anrüchig; **~οφτιαγμένος** [-ftjaɣm-] (**-ασμ-**) schlecht gemacht; *πρόσ.*: schlecht gewachsen; **~όφωνος** mißklingend

κάκτος *f* Kaktus *m*

κακώς *Adv K βλ.* ***κακά, κακός***

κάκωση (*-εις*) Mißhandlung *f*

καλά *Adv* gut, wohl; ganz, richtig, ordentlich; ***είμαι ~*** es geht mir gut; ***γίνομαι ~*** gesund werden; ***τα έχω (πάω) ~ με*** ich stehe gut mit *D*; ***~ που*** glücklicherweise; (nur) gut, daß ...

καλάθι Korb *m*; ***~ αχρήστων*** Papierkorb *m*

καλαθοσφαίριση Basketball *m*

καλάϊ Zinn *n*

καλ|αισθησία Schönheitssinn *m*, Geschmack *m*; **~αίσθητος** geschmackvoll; *πρόσ.*: mit Geschmack

καλαμάκι Trinkhalm *m*

καλ|αμένιος [-njɔs] (***-α, -ο***) Rohr-; **~άμι** Rohr *n*, Schilf *n*; Strohhalm *m*; Angel *f*; *ανατ.* Schienbein *n*; **~αμιά** Stoppelfeld *n*; **~αμίδι** Angelrute *f*

καλαμπόκι Mais *m*

καλαμπ|ούρι [-ab-] Wortspiel *n*, Kalauer *m*; **~ουρίζω** (*σ*) Witze machen

κάλαντα *n/pl περ.* Weihnachtslieder *n/pl*

καλαπόδι (Schuster-)Leisten *m*

καλαφατίζω (*σ· στ· σμ*) kalfatern

καλέ mein Lieber!, meine Liebe!

κάλεσμα [-zma] *n* Einladung *f*

καλεσμένος eingeladen; Gast *m*

καλη|μέρα guten Tag!; **~μερίζω** (*σ· στ*) *v/t* guten Tag wünschen *D*; **~νύχτα** [-'nixta] gute Nacht!; **~νυχτίζω** (*σ· στ*) gute Nacht wünschen *D*; **~σπέρα** guten Abend!; **~σπερίζω** (*σ· στ*) guten Abend wünschen *D*

καλιακούδα [kalja-] Dohle *f*

καλικάντζαρος *Art* Kobold *m*

κάλλι|α, ~ο [-lj-] *Adv* besser

καλλ|ίγραμμος [-ɣra-] wohlgestaltet; **~ιγραφία** Schönschrift *f*; **~ιγραφικός** kalligraphisch

καλλι|έργεια [-jia] Kultivierung *f*; Bestellung *f*; Pflege *f*; *βιολ.* Kultur *f*, Züchtung *f*; **~εργημένος** [-ji-] kultiviert, gepflegt; *γη*: bestellt; **~εργητής** Landwirt *m*; Züchter *m*; **~εργώ** [-'ɣɔ] (*ησ· ηθ· ημ*) kultivieren; *χωράφι* bestellen; *μτφ.* pflegen; *φυτά* züchten

καλλιστεία *n/pl* Schönheitswettbewerb *m*, Mißwahlen *f/pl*

καλλιτ- *βλ. κ.* ***καλυτ-***

καλλι|τέχνημα [-xn-] *n* Kunstwerk *n*; Meisterwerk *n*; **~τέχνης** Künstler *m*; Meister *m*; **~τεχνία** Kunst *f*; Meister-

K

schaft *f*; **~τεχνικός** künstlerisch; Kunst-; kunstvoll
καλλ|ίφωνος stimmlich begabt; **~ονή** Schönheit *f* (*πρόσ.*)
κάλλος *n* (*a. pl*) Schönheit *f*
καλλυντικό Kosmetikum *n*, Körperpflegemittel *n*; **~ς** kosmetisch
καλλωπ|ίζω (*σ· στ· σμ*) verschönern; pflegen; **~ισμός** [-zm-] Schönheitspflege *f*, Kosmetik *f*; Verschönerung *f*
κάλμα Windstille *f*, Flaute *f*
καλμάρω (II = I *od. αρισ· ισμ*) *v/t* beruhigen; *v/i* sich beruhigen
καλντερίμι [-ld-] Pfad *m* mit Steinpflaster
καλο- gut, wohl
καλό Gute(s); *pl* Güter *n/pl*, Habe *f*; Wohl *n*; ***με το ~*** freundschaftlich; ***στο ~!*** guten Heimweg!, alles Gute!
καλοαναθρεμμένος wohlerzogen
καλο|βαλμένος gut angezogen, schick; **~βλέπω** (*καλοείδα, καλόειδα*) gut sehen (können); *προσ.* gern sehen
καλ|όβολος verträglich; gefällig; **~ογερεύω** [-jɛ'rɛvɔ] (*ψ*) Mönch werden *ή* sein; wie ein Mönch leben; **~όγερος** Mönch *m*; *ιατρ.* Furunkel *m*; Kleiderständer *m*; **~ογηρ-** *βλ.* ***καλογερ-***
καλ|ογραμμένος [-ɣra-] gut geschrieben; **~όγρια** [-ɣr-], **~ογριά** Nonne *f*; **~οδέχομαι** [-xɔ-] (*χτ*) gut aufnehmen
καλο|ζώ (*ησ*) *v/i* gut leben; **~ζωία** gute(s) Leben; **~ήθης** 2 *ιατρ.* gutartig; **~θελητής** Gönner *m*; *ειρων.* falsche(r) Freund; **~θρεμμένος** wohlgenährt; **~κάθομαι** (*θισ· θισμ*) es sich bequem machen; **~καίρι** Sommer *m*; **~καιριάζει** (*σ*) es wird Sommer *ή* schönes Wetter; **~καιρινός** Sommer-; **~καμωμένος** gut gemacht; wohlgestaltet; **~καρδίζω** (*σ· στ· σμ*) *v/t* aufheitern; *v/i* vergnügt werden
καλόκαρδος gutmütig, herzensgut
καλο|κοιτάζω (*ξ· χτ· γμ*) *v/t* aufmerksam *ή* wohlwollend betrachten; gut sorgen für *A*; **~μαθαίνω** (*μαθ· μαθημ*) verwöhnen; sich verwöhnen; **~μεταχειρίζομαι** [-çi-] (*στ· σμ*) gut behandeln, schonen; **~μίλητος** verbindlich, leutselig
καλο|παντρεύομαι [-'ɛvɔ-] (*ευτ· εμ*) e-e gute Partie machen; **~πέραση** Wohlleben *n*; **~περνώ** (*άς· ρασ*) angenehm leben; **~πιάνω** [-'pja-] (*σ· στ*) schmeicheln *D*; **~πιάσματα** [-'pjazm-] *n/pl* Schmeicheleien *f/pl*
καλόπιστος gutgläubig
καλο|πληρώνω (*σ· θ· μ*) gut bezahlen; gebührend belohnen; **~προαίρετος** gutgemeint; wohlmeinend
καλοριφέρ (*0*) *n* Heizkörper *m*; Zentralheizung *f*
κάλος Hühnerauge *n*
καλ|ός gut; gütig; barmherzig; ratsam; **~έ** hallo; du da, Sie da; ***ώρα ~ή*** alles Gute!; ***~ή αντάμωση*** auf Wiedersehen!; ***~ό και τούτο*** *ειρων.* das ist ja eine schöne Geschichte!
καλο|στεκούμενος rüstig; begütert, bemittelt; **~συνεύω** [-'ɛvɔ] (*εψ*) sich aufklären; sich besänftigen; **~σύνη** Güte *f*; Gefälligkeit *f*, Dienst *m*; schöne(s) Wetter; ***~σύνη σας!*** (sehr) nett von Ihnen!; **~τρώω** (*φαγ*) schlemmen
καλότυχος [-xɔs] selig, glücklich
καλούπι Schablone *f*; Gußform *f*
καλούτσικος recht gut, nicht übel
καλο|φαγάς [-'ɣas] (*-άδες*) Schlemmer *m*, Feinschmecker *m*; **~φαγία** [-'jia] Feinschmeckerei *f*; Schlemmerei *f*
καλόψυχος [-xɔs] gutherzig
καλπάζω (*σ*) galoppieren
καλπασμός [-zm-] Galopp *m*
κάλπη Wahlurne *f*
κάλπικος falsch, unecht
καλπον|όθευση (*-εις*) [-ɛfsi] Wahlfälschung *f*; **~οθεύω** [-'ɛvɔ] (*ευσ*) die Wahl fälschen
κάλτσα Strumpf *m*; Socke *f*
καλτσο|βελόνα Stricknadel *f*; **~δέτα** Strumpfband *n*; Sockenhalter *m*
καλύβ|α, ~ι Hütte *f*, Baracke *f*
κάλυκας Hülse *f*; Blütenkelch *m*
κάλυμμα *n* Decke *f*, Bedeckung *f*
καλύπ|τρα Schleier *m*; Kopftuch *n*; **~τω** (*ψ· φτ· μμ*) bedecken; *στρ., εμπ.* decken; *μτφ.* verschleiern, verbergen
καλυτ|έρευση (*-εις*) [-ɛf-] (Ver-)Besserung *f*; **~ερεύω** [-'ɛvɔ] (*ευσ, ψ*) *v/t* verbessern; *v/i* sich bessern, besser werden
καλύτερ|ος besser; ***τόσο το ~ο*** umso besser; *Adv* ***~α*** besser; lieber; eher
κάλυψη (*-εις*) Bedeckung *f*; *εμπ.* Dekkung *f*
κάλφας (*-άδες*) Geselle *m*
καλώ (*εσ· κληθ· καλεσμ*) rufen, einladen; *νομ.* (vor)laden; *στρ.* einberufen;

nennen; **~ κατευθείαν** durchwählen; **~ σε βοήθεια** zu Hilfe rufen
καλώδιο Kabel *n*
καλών (*-ούσα*) Anrufer(in *f*) *m*
καλώς *Adv* gut; *βλ. κ.* **καλά**; **~ τον** (**την, τους, τες**) willkommen!
καλωσορίζω (*σ*) willkommen heißen
κάμα Dolch *m*
καμ|άκι Harpune *f*; **κάνω ~άκι σε κπ** flirten mit *D*, *οικ.* anmachen *A*; **~ακίζω** (*σ· στ*), **~ακώνω** (*σ· θ*) harpunieren
κάμαρα Zimmer *n*, Stube *f*, Kammer *f*
καμάρα Bogen *m*, Arkade *f*
καμάρι Stolz *m*
καμαριέρ|α Zimmermädchen *n*; **~ης** (*-ηδες*) Hausdiener *m*
καμαρ|ίνι Umkleidekabine *f*; **~ότος** Steward *m*
καμαρ|ώνω (*σ*) *v/t* stolz sein auf *A*; *v/i* sich zieren; **~ωτός** gewölbt; stolz
κάματος Anstrengung *f*, Strapaze *f*
καμήλα Kamel *n*
καμηλ|ιέρης [-'jε-] (*-ηδες*) Kameltreiber *m*; **~οπάρδαλη** (*-εις*) Giraffe *f*
καμιά [-'mja] *βλ.* **κανένας**
καμιν|άδα Schornstein *m*, Kamin *m*; **~έτο** Spirituskocher *m*
καμίνι Schmelzofen *m*
καμιόνι [-'mjɔ-] Last(kraft)wagen *m*
κάμνω *βλ.* **κάνω**
καμουτσί(κι) Peitsche *f*
καμου|φλάρισμα [-zma] *n* Tarnung *f*; **~φλαρισμένος** getarnt; **~φλάρω** (*αρισ*) tarnen
καμπ|άνα Glocke *f*; *ειρων. στρ.* Strafe *f*; **~αναριό** [-'jɔ] Glockenturm *m*
καμπή Biegung *f*, Krümmung *f*, Kurve *f*; Wende *f*
κάμπια [-ja] *ζωολ.* Raupe *f*
καμπίνα [kab-] Kajüte *f*; Kabine *f*
καμπινέ(ς) [kab-] (*pl. a. -έδες*) Abort *m*
κάμπος Ebene *f*, flache(s) Land
κάμποσος ziemlich viel
καμπόσο|ς: (**μας**) **κάνει τον ~** er macht sich wichtig, er gibt an
καμπούρ|α Buckel *m*; Höcker *m*; **~ης** 3 bucklig
καμπουριάζω [-'ja-] (*σ· στ· σμ*) *v/i* bucklig werden
κάμπτω (*μψ· μφθ*) *v/t γόνατα* beugen; biegen; *v/i* sich wenden (**προς**/nach *D*), abbiegen; *v/p μτφ.* sich erweichen lassen; *στρ.* unterliegen
καμπ|ύλη krumme Linie *f*; Kurve *f*; **~ύλος** krumm, gekrümmt; **~υλώνω** (*σ· θ*) krümmen; **~υλωτός** krumm
κάμψη (*-εις*) Biegen *n*; Biegung *f*; Beugung *f*; *μτφ.* Rückgang *m*
κάμωμα *n* Fertigstellung *f*; *pl* Getue *n*
καμωμένος fertig; gemacht; *δουλειά*: erledigt; *φρούτο*: reif; geschaffen
καμώνομαι (*θ*) so tun (**πως**/als ob)
καν *nicht* einmal; **~ και ~** sehr viel(e)
κανακ|άρης (**-ισσα, -ικο**) verhätschelt; **~εύω** [-'εvɔ] (*εψ*) verhätscheln
κανάλι Kanal *m*
καναπές (*-έδες*) Sofa *n*
καναρίνι Kanarienvogel *m*
κανάτ|α Krug *m*, Kanne *f*; **~ι** Kanne *f*; Fensterladen *m*
κανείς (*-ενός*) man; niemand; *βλ.* **κανένας**
καν|έλα Zimt *m*, Kaneel *m*; **~ελής** (**-ιά, -ί**) zimtfarben; braun
κανένας (**καμιά, κανένα**) irgendein(e); *Su ερωτ.* jemand; *με αρν.* niemand, *Adj* kein(e)
καν|ιβαλισμός [-zm-] Kannibalismus *m*; **~ίβαλος** Kannibale *m*
καννάβι Hanf *m*; Hanfgarn *n*
κανναβ|όσπορος Hanfsame(n) *m*; **~ούρι** Hanf *m*
κάννη Rohr *n*; Gewehrlauf *m*
κανό (*0*) *n* Kanu *n*
κανόν|ας Regel *f*; Vorschrift *f*; *μουσ.* Kanon *m*; *νομ.* Rechtsnorm *f*; **κατά ~α** in der Regel; **~ας κυκλοφορίας** Verkehrsregel *f*
καν|όνι Kanone *f*, Geschütz *n*; **~ονιά** [-'nja] Kanonenschuß *m*; **~ονίδι** Geschützfeuer *n*; Schießerei *f*
κανον|ίζω (*σ· στ· σμ*) regeln; ordnen; *τεχν.* einstellen, regulieren; *διαφορές* beilegen; *οικ.* zur Vernunft bringen; *v/p* sich richten (**κατά** *A*/nach *D*); **~ικός** regelmäßig; normal; üblich; **~ικότητα** Regelmäßigkeit *f*
κανονιοβολισμός [-zm-] Kanonenschuß *m*; Beschießung *f*
κανονισμός [-zm-] Ordnen *n*; *τεχν.* Regulierung *f*; Einstellung *f*; Regelung *f*; *νομ.* Satzung *f*, Statut *n*, Ordnung *f*
κάνουλα Zapfhahn *m*
καντήλ|α, ~ι Öllämpchen *n*
καντίνα Kantine *f*; Imbißbude *f*
κάν|ω (*καν· καμωθ· καμωμ*) *v/t γεν.* machen, tun; *φυτό*: hervorbringen, ge-

K

ben; **~ω αίτηση** beantragen; **~ω διακρίσεις** diskriminieren; **~ω έκπτωση** skontieren; **~ω κτ εμπορεύσιμο** kommerzialisieren; **~ω έφεση** Berufung einlegen; **~ω θητεία** ableisten; **~ω κακό σε κπ** j-m Leid antun; **~ω καψώνια** schikanieren; **~ω λαθρεμπόριο** schmuggeln; **~ω μάθημα** Stunden nehmen *ή* geben; **~ω ντους** duschen; **~ω όρκο** e-n Eid leisten; **~ω περίπατο** spazierengehen; **~ω ποδήλατο** radfahren; **~ω πόλεμο** Krieg führen; **~ω ίσκιο** Schatten geben *ή* werfen; **~ω το χαζό** sich dumm stellen; *v/i* sich aufhalten; **~ει καλό** es tut gut; **~ει κακό** es bekommt schlecht; **~ω πίσω** sich zurückbewegen; **~ω για** taugen für; **~ω σαν** so tun wie; **~ει να καπνίσω;** darf ich rauchen?; **~ει κρύο, ζέστη** es ist kalt, heiß; **σας ~ει αυτό;** ist Ihnen das recht?; **τί ~ετε;** wie geht es Ihnen?; **πόσο ~ει;** was kostet es?; **πόσω χρονών τον ~ετε;** für wie alt halten Sie ihn?

καούρα Brennen *n*

καπάκι Deckel *m*

καπ|άρο Anzahlung *f*; **~αρώνω** (*σ· θ*) anzahlen

καπ|άτσος (**-α, -ο**) gewandt, pfiffig; **~ατσοσύνη** Gewandtheit *f*

καπ|ελάς (*-άδες*) Hutmacher *m*; **~έλο** Hut *m*; **~ελού** (*-δες*) *f* Modistin *f*; **~ελώνω** (*σ· θ*) *v/t* e-n Hut aufsetzen *D*; *μτφ.* übers Ohr hauen

καπετάνιος [-nj-] (*pl a. -έοι*) Anführer *m*; *ναυτ.* Kapitän *m*

καπηλεύομαι (*ευτ· ευμ*) (ver)schachern

κάπηλος (Schank-)Wirt *m*; *μτφ.* Schacherer *m*

καπ|ίστρι Zaum *m*, Halfter *m*; **~ιστρώνω** (*σ· θ*) zäumen

καπιταλισ|μός [-zm-] Kapitalismus *m*; **~τής** [-st-] Kapitalist *m*

καπλαμάς (*-άδες*) Furnier(holz) *n*

καπλαντίζω (*σ· στ· σμ*) furnieren; belegen; *βιβλίο* einschlagen

καπν|ά *n/pl* Tabak *m*; **~άς** (*-άδες*) Tabakerzeuger *m*; Tabak(fabrik)arbeiter *m*; **~έμπορος** Tabakhändler *m*; **~εργοστάσιο** [-ɣɔ-] Tabakfabrik *f*, Zigarettenfabrik *f*; **~ιά** [-'nja] Ruß *m*; **~ίζω** (*σ· στ· σμ*) rauchen; *αλλαντικά* räuchern; **~ίλα** Rauch(geruch) *m*

κάπνισμα *n* Rauchen *n*; Räuchern *n*

καπνιστ|ής Raucher *m*; **~ός** Räucher-; geräuchert; **~ών** (*G pl*) *n* Raucherabteil *n*

καπνο|βιομηχανία [-xa-] Tabakindustrie *f*; **~βιομήχανος** Tabakfabrikant *m*; **~δόχη** [-çi] (*a. -ος m, f*) Schornstein *m*; **~δοχοκαθαριστής** [-xɔ-] Schornsteinfeger *m*; **~καλλιέργεια** [-jia] Tabakbau *m*; **~παραγωγή** [-ɣɔ'ji] Tabakproduktion *f*; **~παραγωγός** [-'ɣɔs] tabakerzeugend; *Su m* Tabakerzeuger *m*; **~πωλείο** Tabakladen *m*; **~πώλης** Tabakhändler *m*

καπν|ός Rauch *m*, Qualm *m*; Tabak *m*; **~οφυτεία** Tabakpflanzung *f*

καπό (*0*) *n* Motorhaube *f*

κάποιος ['kapjɔs] (**-α, -ο**) jemand; (irgend)einer; ein gewisser; *pl* einige *pl*

καπότα Wettermantel *m*; *οικ.* Präser(vativ *n*) *m*

κά|ποτε einmal, irgendwann; ab und zu, bisweilen; **~που** irgendwo(hin); etwa, ungefähr; **~που αλλού** anderswo(hin); **~που ~που** ab und zu

καπούλια [-lja] *n/pl* Kruppe *f*

κάππαρη Kaper(nstrauch *m*) *f*

καπρίτσιο [-jɔ] Laune *f*; *μουσ.* Capriccio *n*

κάπρος Eber *m*

κάπως irgendwie; einigermaßen; etwas

καραβάνι Karawane *f*

καράβι Schiff *n*

καραβ|οκύρης (*-ηδες*) Schiffsherr *m*; Kapitän *m*; **~όπανο** Segeltuch *n*; **~όσκοινο** Schiffstau *n*; **~οτσακίζομαι** (*στ· σμ*) Schiffbruch erleiden *κ. μτφ.*; **~οτσακισμένος** [-zm-] schiffbrüchig; *μτφ.* erledigt, vernichtet

καραγκι|όζης Schattenspiel(figur *f* Karagöz *m*) *n*; *μτφ.* Kasper *m*; **~οζλίκι** Scherz *m*; Lächerlichkeit *f*; **~οζοπαίχτης** [-xt-] Schattenspieler *m*

καραδοκώ (*ησ*) lauern auf *A*

καρακάξα Krähe *f*; *μτφ.* alte(s) Weib

καραμέλα Bonbon *m*

καραμπίνα [-ab-] Karabiner *m*

καραμπόλα [-ab-] Karambolage *f*

καραντίνα Quarantäne *f*

καράφα Karaffe *f*

καρβέλι (Laib *m*) Brot *n*

καρβ|ουνιά [-'nja] Glut *f*; **~ουνιάζω** (*σ· στ· σμ*) *v/t*, *v/i* verkohlen;

~ουνιάρης (*-ηδες*) Kohlenhändler *m*
κάρβουν|ο Kohle *f*; ***κάθομαι στα ~α*** (wie) auf Kohlen sitzen
κάργα [-ɣa] *οικ. Adv* gepropft voll
καρδερίνα Stieglitz *m*, Distelfink *m*
καρδ|ιά [-'ðja] Herz *n*; *μτφ.* Zentrum *n*; Mut *m*; Lust *f*; ***στην ~ιά του καλοκαιριού*** im Hochsommer; **~ιακός** Herz-; herzkrank
καρδι|ογράφημα [-'ɣra-] *n* Kardiogramm *n*; **~ολογία** [-'jia] Kardiologie *f*; **~οπάθεια** Herzleiden *n*; **~οχτύπι** [-ðjɔx-] Herzklopfen *n*
καρέκλα Stuhl *m*; ***κυλιστή ~*** Rollstuhl *m*
καριέρα [-'jɛ-] Karriere *f*
καρικατούρα Karikatur *f*
καρικώνω (*σ· θ*) stopfen; flicken
καρίνα Kiel *m*
καρκινοβατώ (*ησ*) nicht vorankommen
καρκ|ίνος *ιατρ.* Krebs *m*; **~ίνωμα** *n* Krebsgeschwür *n*
καρμανιόλα [-'njɔla] Guillotine *f*
καρμπιρατέρ [-rb-] (*0*) *n* Vergaser *m*
καρμπόν [-rb-] (*0*) *n* Durchschlagpapier *n*, Kohlepapier *n*
καρναβάλι Karneval *m*
καρνέ (*0*) *n* Notizbuch *n*
κάρο (Esels-)Karren *m*
καρότο Mohrrübe *f*, Möhre *f*
καρ|ότσα Kutsche *f*, Karosse *f*; **~οτσάκι** Schubkarre *f*; Kinderwagen *m*; **~ότσι: *~ότσι αποσκευών*** Kofferkuli *m*; **~οτσιέρης** [-'jɛ-] (*-ηδες*) Kutscher *m*; **~ούλι** Rolle *f*; Winde *f*; Spule *f*; **~ουλιάζω** (*σ· στ· σμ*) aufspulen
καρπαζιά [-'zja] Ohrfeige *f*
καρπ|ερός fruchtbar; **~ίζω** (*σ· σμ*) Früchte tragen; **~ός** Frucht *f* *κ. μτφ.*; Handwurzel *f*
καρπούζι Wassermelone *f*
καρπ|οφορία Fruchtbarkeit *f*; **~οφόρος** (**-α, -ο**) fruchttragend, fruchtbringend; ergiebig; **~οφορώ** (*ησ*) Früchte tragen *κ. μτφ.*; **~ώνομαι** (*θ*) *v/t* profitieren von *D*
κάρπωση (*-εις*) Nutznießung *f*
καρτ: *α λα ~* nach der Karte *essen*
κάρτα Ansichtskarte *f*; Visitenkarte *f*; ***ασφαλιστική ~*** Deckungskarte *f*; ***πιστωτική ~*** Kreditkarte *f*; ***πράσινη ~*** grüne Versicherungskarte *f*; ***φορολογική ~*** (Lohn-)Steuerkarte *f*; ***~ επιβίβασης*** Bordkarte *f*; ***~ επιταγών*** Scheckkarte *f*; ***~ του ευρωτσέκ*** Euroscheckkarte *f*; ***~ με προπληρωμένη απάντηση*** Rückantwortkarte *f*; ***~ τηλεφώνου*** Telefonkarte *f*
καρτ|έλα Zettel *m*; Karteikarte *f*; **~ελοθήκη** Zettelkasten *m*, Kartei *f*
καρτέρι Hinterhalt *m*
καρτερ|ία Ergebung *f*; Geduld *f*; **~ικός** geduldig; **~ώ** (*ησ, εσ*) sich gedulden; warten; *v/t* warten auf *A*
καρτποστάλ (*0*) *f* Ansichtskarte *f*
καρυδένιος (**-α, -ο**) Nußbaum-
καρύδι Nuß *f*; Adamsapfel *m*; ***κάθε καρυδιάς ~*** Hinz und Kunz
καρυδ|ιά [-'ðja] Nußbaum *m*; **~όπιτα** Nußkuchen *m*; **~οσπάστης** Nußknacker *m*; **~ότσοφλο** Nußschale *f*
καρ|ύκευμα [-ɛvma] *n* Würzen *n*; Würze *f*; **~υκεύω** [-'ɛvɔ] (*ευσ· ευτ· ευμ*) würzen
καρφ|ί Nagel *m*; **~ίτσα** Stecknadel *f*; Krawattennadel *f*; Haarnadel *f*; **~ιτσώνω** (*σ· θ*) feststecken, anheften
κάρφωμα *n* Festnageln *n*, Annageln *n*
καρφωμένος (an)genagelt
καρφώνω (*σ· θ*) nageln (***σε***/in *A*); annageln; *μάτια* heften auf *A*
καρχαρίας [-xa-] Hai(fisch) *m*; *μτφ.* Raffer *m*, Kapitalist *m*
καρωτίδα Halsschlagader *f*
κάσα Kiste *f*; Sarg *m*
κασέρι gelber Käse
κασέτα Kassette *f*
κασετίνα Schatulle *f*; Federtasche *f*
κασετόφωνο Kassettenrekorder *m*
κασκέτο Mütze *f*
κασκόλ (*0*) *n* Schal *m*
κασμάς [-z-] (*-άδες*) Spitzhacke *f*
κασμίρι [-zm-] Kaschmir *m*
κασόνι Kiste *f*
κασσίτερος Zinn *n*
καστανιά [-'nja] Kastanienbaum *m*
κάστανο Kastanie *f*
καστανός (kastanien)braun
κάστορας Biber *m*
καστόρι Biberfell *n*; Wildleder *n*
κάστρο Burg *f*, Festung *f*, Kastell *n*
κατά *Präp A*: (*διάρκεια*) während *G*, bei *D*, in *D*; *χρον.* um, gegen; nach *D*, gemäß *D*, entsprechend *D*, laut *G*, *D*

zufolge; *τοπ.* nach *D*, in Richtung auf *A*; *Präp G*: gegen *A*; **~ *τη γνώμη μου*** meiner Meinung nach; **~ *τεμάχια*** stückweise; **~ *τόπους*** stellenweise; **~ *λάθος*** aus Versehen, versehentlich; **~ *λέξη*** wörtlich; **~ *μήκος*** der Länge nach; **~ *μέρος*** beiseite

κατά *Adv* dagegen

κατα- *Präfix* 1. ab-, nieder-, (her)unter-, herab-; 2. gegen-, wider-, miß-; 3. ver-, zer-, er-, be-, aus-; *μπροστά από Adj* ganz, völlig

κατάβαθα ganz tief in *D*

κατα|βάλλω (*βαλ· βληθ· (βε)βλημ*) *εχθρό* niederwerfen, niederschlagen; *κόπο, ποσό* aufwenden; einzahlen; ***~βάλλω προσπάθειες*** sich anstrengen; **~βαραθρώνω** (*σ· θ*) zugrunde richten, ruinieren

K

κατάβαση (*-εις*) Abstieg *m*

κατα|βεβλημένος zermürbt, erschöpft; **~βόθρα** Kloake *f*, Abzugskanal *m*; **~βολή** Einzahlung *f*; Grundlegung *f*; Kräfteverfall *m*; ***~βολή κερδών*** Gewinnausschüttung *f*

κατ|άβρεγμα [-ɣma] *n* Besprengen *n*, Begießen *n*; **~αβρεχτήρι** Gießkanne *f*; **~αβρέχω** [-'vrεxɔ] (*ξ· βραχ· βρεγμ*) besprengen, begießen

κατα|βροχθίζω [-xθ-] (*σ· στ· σμ*) verschlingen; **~βυθίζω** (*σ· στ· σμ*) versenken; *v/p* versinken

καταγγ|ελία Anzeige *f*; Kündigung *f*; **~έλλω** (*ειλ· ελθ· ελμ*) *νομ.* anzeigen; anklagen; *συμβόλαιο* kündigen

κατα|γέλαστος [-'jε-] lächerlich; **~γελώ** (*άς· ασ*) auslachen, verspotten

κατάγεμος [-jε-] überfüllt

κατα|γής [-'jis] auf der Erde; auf die Erde; **~γίνομαι** [-'ji-] (*κατάγινα*) sich beschäftigen

κάταγμα [-ɣma] *n* Knochenbruch *m*

κατ|άγομαι [-'aɣɔ-] *o. Aor* stammen (***από***/aus); abstammen; **~αγραφή** [-ɣra-] Registrierung *f*, Bestandsaufnahme *f*; ***~αγραφή υπαρχόντων*** Inventur *f*; **~αγράφω** (*ψ· αφ· γραμμ*) registrieren, den Bestand aufnehmen; **~αγωγή** [-ɣɔ'ji] Abstammung *f*, Herkunft *f*; **~αγώγι** Spelunke *f*

κατα|δεκτικός (-χτ-) leutselig; **~δέχομαι** [-xɔ-] (*χτ*) sich einlassen auf *A*

κατα|δίδω (*δωσ*) anzeigen; verraten; **~δικάζω** (*σ· στ· σμ*) verurteilen (***σε***/zu *D*); **~δίκη** Verurteilung *f*

κατάδικος *m*, *f* Verurteilte(r); Sträfling *m*

κατα|διωκτικός verfolgend; Jagd-; **~διώκω** (*ξ· χτ· γμ*) verfolgen; **~δίωξη** (*-εις*) Verfolgung *f*; Fahndung(sdienst *m*) *f*

κατάδοση (*-εις*) Denunzierung *f*

κατα|δότης Denunziant *m*; **~δρομικό** Kreuzer *m*; **~δυναστεύω** [-'εvɔ] (*ευσ, εψ· ευτ· ευμ*) unterdrücken

καταδύομαι (*θ*) (unter)tauchen

κατάδυση (*-εις*) (Unter-)Tauchen *n*

κατα|ζήτηση (*-εις*) Fahndung *f*; **~ζητώ** (*άς· ησ*) *v/t* fahnden nach *D*

κατάθεση (*-εις*) (*Grundstein-*)Legung *f*; Niederlegung *f*; *χρήμ.* Hinterlegung *f*; Einlage *f*; *νομ.* Aussage *f*

καταθέτης (***-τρια***) Sparer(in *f*) *m*

κατα|θέτω (*σ· τεθ· θεμ*) *στεφάνι* niederlegen; *εμπ.* hinterlegen, deponieren; *χρήμ.* einzahlen; *νομ.* aussagen; vorlegen; **~θλίβω** (*ψ· ιβ· μμ*) *μτφ.* sehr betrüben; **~θλιπτικός** bedrückend; **~θορυβώ** (*ησ· ηθ· ημ*) stark beunruhigen; **~θυμώνω** (*σ· μ*) ärgern, erbosen

καταιγίδα [-'ji-] Gewitter *n*

καταισχύνη [-'çi-] Schande *f*

κατα|κάθι Bodensatz *m*; **~καθίζω, ~κάθομαι** (*-θισα, -κατσ· θισμ*) sich (ab)setzen; sich senken; *μτφ.* sich legen; **~καίω** (*αψ· αηκ· αμ*) niederbrennen

κατάκαρδα: *το παίρνω ~* ich nehme es mir sehr zu Herzen

κατα|κεραυνώνω [-av-] niederdonnern; **~κέφαλα** auf den Kopf; **~κλείδα** Abschluß *m*; **~κλύζω** (*σ· στ· σμ*) überschwemmen; *μτφ.* überschütten; **~κλυσμός** [-zm-] Sintflut *f*; Überschwemmung *f*; *μτφ.* Flut *f*

κατακόβω (*ψ· οπ· ομμ*) *ξύλα* zerkleinern; *v/p* sich schneiden; erledigt sein

κατάκοιτος bettlägerig

κατακόμβη Katakombe *f*

κατάκοπος todmüde, zermürbt

κατα|κόρυφος lotrecht; *Su n* Zenit *m*; *μτφ.* Gipfel *m*, Höhepunkt *m*; **~κουράζω** (*σ· στ· σμ*) überanstrengen; **~κράτηση** (*-εις*) Einbehaltung *f*; Festnahme *f*; **~κρατώ** (*ησ· ηθ· ημ*) einbehalten; festhalten; **~κραυγή**

[-a'vji] Entrüstungsschrei *m*, Empörung *f*; **~κρίνω** (II = I) verurteilen, mißbilligen

κατά|κριση (*-εις*) Verurteilung *f*, Mißbilligung *f*; **~κτηση** (*-εις*) Eroberung *f*; *μτφ.* Errungenschaft *f*

κατα|κτητής Eroberer *m*; **~κτητικός** Eroberungs-; **~κτώ** (*άς· ησ· ηθ· ημ*) erobern; *μτφ.* erringen; **~κυρώνω** (*σ· θ*) zusprechen, zuerkennen

κατα|λαβαίνω (*λαβ*) verstehen; begreifen; **~λαμβάνω** (*λαβ· ληφθ· ειλημμ*) einnehmen, besetzen; ertappen; *v/p* beherrscht werden; **~λήγω** [-γɔ] (*ξ*) enden; *απρ.* darauf hinauslaufen, soweit kommen (***να***/daß)

κατάληξη (*-εις*) Ausgang *m*, Ende *n*; *γραμμ.* Endung *f*

κατάληψη (*-εις*) Einnahme *f*, Besetzung *f*; **~ *σπιτιού*** Hausbesetzung *f*

καταληψίας Hausbesetzer *m*

κατ|άλληλος geeignet (***για***/für *A*); passend; **~αλληλότητα** Eignung *f*; **~αλογίζω** [-j-] (*σ· στ· σμ*) anrechnen, zurechnen, verrechnen; **~αλογισμός** [-zm-] Anrechnung *f*; *νομ.* Zurechnungsfähigkeit *f*; ***προς ~αλογισμό*** zur Verrechnung

κατάλογος Liste *f*, Verzeichnis *n*; Katalog *m*; ***επαγγελματικός ~*** Branchenverzeichnis *n*; ***τηλεφωνικός ~*** Telefonbuch *n*; ***~ διευθύνσεων*** Anschriftenliste *f*; ***~ κρασιών*** Weinkarte *f*; ***~ ξενοδοχείων*** Hotelverzeichnis *n*; ***~ φαγητών*** Speisekarte *f*

κατ|άλοιπο Rest *m*; Restbestand *m*; *χημ.* Schlacke *f*; **~άλυμα** *n* Quartier *n*, Unterkunft *f*; **~άλυση** (*-εις*) Abschaffung *f*, Aufhebung *f*; *χημ.* Katalyse *f*; **~αλύτης** Katalysator *m*; **~αλύω** (*σ· θ*) auflösen, abschaffen; *στρ.* einquartieren

κατ|αμαρτυρώ (*άς· ησ· ηθ· ημ*) bezichtigen, beschuldigen; **~άματα** *Adv* unverwandt; **~αματωμένος** blutüberströmt; **~αμερισμός** [-zm-] Aufteilung *f*, Verteilung *f*; (*Arbeits-*)Teilung *f*; **~άμεστος** übervoll, prall gefüllt; **~αμέτρηση** (*-εις*) Vermessung *f*; Aufzählung *f*; **~αμόναχος** [-xɔs], **~άμονος** ganz allein; **~άμουτρα** *Adv* direkt ins Gesicht

καταναγκ|άζω (*σ· στ· σμ*) zwingen, nötigen; **~ασμός** [-zm-] Zwang *m*, Nötigung *f*; **~αστικός** zwingend; Zwangs-

κατ|αναλώνω (*σ· θ*) verbrauchen, konsumieren; **~ανάλωση** (*-εις*) Verbrauch *m*, Konsum *m*; Aufwand *m*; Absatz *m*; ***~ανάλωση ναρκωτικών*** Drogenkonsum *m*; **~αναλωτής** Verbraucher *m*, Konsument *m*; ***μέσος ~αναλωτής*** Normalverbraucher *m*; **~αναλωτικός** Verbraucher-, Konsum-; **~ανικώ** (*άς· ησ· ηθ· ημ*) überwältigen; überwinden; **~ανόηση** Einsicht *f*, Verständnis *n*; **~ανοητός** verständlich, begreiflich; **~ανομή** Verteilung *f*; Zuteilung *f*; ***~ανομή εργασίας*** Arbeitsteilung *f*; **~ανοώ** (*ησ*) einsehen, begreifen

κατ|άντημα *n*, **~άντια** [-ja] Bedrängnis *f*; schlechte Lage *f*; **~αντροπιάζω** [-adrɔpj-] (*σ· στ· σμ*) beschämen; **~αντώ** (*άς· ησ· ημ*) *v/i* geraten (***σε***/in *A*); herunterkommen

κατ|ανυκτικός ergreifend; **~άξερος** völlig ausgetrocknet; **~αξοδεύω** (*εψ· ευτ· εμ*) vergeuden; *προσ.* in Unkosten stürzen; *v/p* sich verausgaben

κατα|πακτή Falltür *f*; **~πάτηση** (*-εις*) Verletzung *f*; Usurpation *f*; **~πατώ** (*άς· ησ· ηθ· ημ*) *προσ.* niedertreten; *νόμο* verletzen, mit Füßen treten

κατ|άπαυση (*-εις*) [-afsi] Einstellung *f*; Beendigung *f*; **~απαύω** [-'avɔ] (*αυσ*) einstellen; ein Ende setzen *D*; **~απέφτω** (*σ· σμ*) (hinunter)fallen; *σπίτι*: einstürzen; *αερ.* abstürzen; *αέρας*: nachlassen; *πρόσ.*: hinfällig werden; **~απιάνομαι** [-'pja-] (*στ· σμ*) sich beschäftigen (***με***/mit *D*); sich daranmachen; **~απιέζω** (*σ· στ· σμ*) unterdrücken; **~απίεση** (*-εις*) Unterdrückung *f*; **~απίνω** hinunterschlukken, verschlucken; (ver)schlingen; *μτφ.* schlucken

κατ|απληκτικός erstaunlich; *οικ.* phänomenal; **~άπληκτος** erstaunt, bestürzt; **~άπληξη** (*-εις*) Erstaunen *n*, Bestürzung *f*; Verblüffung *f*; **~απλήσσω** (*ξ· πλαγ*) erstaunen, verblüffen; **~απνίγω** [-γɔ] (*ξ· ιγ*) erwürgen, ersticken; *μτφ.* unterdrücken; **~απολέμηση** Bekämpfung *f*; ***~απολέμηση ναρκωτικών*** Rauschgiftbekämpfung *f*; **~απολεμώ** (*άς· ησ· ηθ*) bekämpfen

K

καταποντισμός [-zm-] Untergang *m*
κατα|πράϋνση (-*εις*) Besänftigung *f*; Linderung *f*; **~πραΰνω** (II = I· *αΰνθ· υμ*) besänftigen; lindern
κατάπτωση (-*εις*) Einsturz *m*; Absturz *m*; Verfall *m*; Verminderung *f*
κατ|άρα Fluch *m*; **~αραμένος** verflucht; **~άργηση** (-*εις*) [-ji-] Abschaffung *f*; **~αργώ** [-'γɔ] (*ησ· ηθ· ημ*) abschaffen; einstellen; außer Kraft setzen; **~αριέμαι** [-'rjε-] (*αστ· αμ*) verfluchen, verwünschen; **~αρράκτης** (**-χτ-**) Wasserfall *m*; *ιατρ*. graue(r) Star; **~άρρευση** (-*εις*) [-εfsi] Zusammenbruch *m*; Einsturz *m*; **~αρρέω** (*ευυ*) einstürzen; *μτφ*. zusammenbrechen; **~αρρίπτω** (*ψ· φτ*) *ρεκόρ* brechen; *αερ*. abschießen; **~αρροή** Katarrh *m*
κατάρτι Mast *m*
κατ|αρτίζω (*σ· στ· σμ*) bilden, organisieren, einrichten; ausbilden; **~άρτιση** (-*εις*), **~αρτισμός** [-zm-] Einrichten *n*; Ausbildung *f*
κατ|άσβεση (-*εις*) [-zv-] Löschung *f*; **~ασβεστήρας** Feuerlöscher *m*; **~ασβήνω** [-zv-] (*εσ· εστ· εσμ*) löschen; niederschlagen; **~ασκευάζω** [-εv-] (*σ· στ· σμ*) herstellen, fabrizieren; *έπιπλα* anfertigen; konstruieren; *μτφ*. erfinden; **~ασκεύασμα** [-zma] *n* Fabrikat *n*, Erzeugnis *n*; *μτφ*. Erfindung *f*; **~ασκευαστής** [-st-] Fabrikant *m*, Hersteller *m*; **~ασκευή** Herstellung *f*, Konstruktion *f*; Anfertigung *f*; ***ελληνικής ~ασκευής*** made in Greece; ***υπόγειες ~ασκευές*** Tiefbau *m*; **~ασκηνώνω** (*σ*) campen, zelten; **~ασκήνωση** (-*εις*) Camping *n*, Zelten *n*; Campingplatz *m*, Zeltlager *n*; **~ασκηνωτής** Camper *m*
κατα|σκοπεία Spionage *f*; **~σκοπεύω** [-'εvɔ] (*ευσ· ευτ· ευμ*) spionieren; auskundschaften; *οικ*. schnüffeln
κατάσκοπος Spion *m*; Aufklärer *m*
κατα|σκορπίζω (*σ· στ· σμ*) verstreuen; *χρήμ*. vergeuden; **~σκότεινος** stockfinster; **~σκοτώνω** (*σ· θ*) durchprügeln; *v/p μτφ*. sich kaputtmachen; **~σπαράζω** (*ξ· χτ· γμ*) zerreißen, zerfleischen
κάτασπρος schneeweiß
κατα|σταλάζω (*ξ· γμ*) (herab)tröpfeln; *μτφ*. gelangen (***σε***/zu *D*); ***~σταλαγμένος*** *χημ*. gefiltert; *μτφ*. ausgereift; **~σταλτικός** hemmend; *ιατρ*. sedativ, beruhigend; *Su n* Sedativum *n*
κατ|άσταση (-*εις*) Lage *f*, Situation *f*; *ψυχ*., *φυσ*. Zustand *m*; *νομ*. Stand *m*; ***κρίσιμη ~άσταση*** Krisensituation *f*; ***~άσταση ανάγκης*** Notstand *m*; ***~άσταση κερδών*** Ertragslage *f*; ***~άσταση οικονομίας*** Konjunktur *f*; ***ορίστε ~άσταση!*** hören Sie mal!; **~αστατικός** Satzungs-, statutengemäß; *Su n* Satzung *f*; **~αστέλλω** (*ειλ· αλ· αλμ*) unterdrücken
κατάστημα *n* Laden *m*, Geschäft *n*; Geschäftsstelle *f*; Dienststelle *f*; ***ειδικό ~*** Spezialgeschäft *n*; ***~ αθλητικών ειδών*** Sportgeschäft *n*; ***~ αντικών*** Antiquitätengeschäft *n*; ***~ δανεισμού ποδηλάτων*** Fahrradverleih *m*; ***~ ειδών μόδας*** Modegeschäft *n*; ***~ ηλεκτρικών ειδών*** Elektrogeschäft *n*; ***~ καλλυντικών και ειδών υγιεινής*** Drogerie *f*; ***~ λιανικής πώλησης*** Einzelhandelsgeschäft *n*; ***~ σελφ-σέρβις*** Selbstbedienungsladen *m*; ***~ τροφίμων*** Lebensmittelgeschäft *n*
κατ|αστηματάρχης [-çis] Geschäftsinhaber *m*; **~αστησ-** *βλ*. ***καθιστώ***; **~άστικτος** gesprenkelt; **~άστιχο** [-xɔ] Geschäftsbuch *n*; Register *n*
κατα|στολή Unterdrückung *f*; **~στρεπτικός** (**-φτ-**) zerstörend, Zerstörungs-; Vernichtungs-; **~στρέφω** (*ψ· αφ· αμμ*/*a. κατέ-*) zerstören; *προσ*. zugrunde richten; zunichte machen; ruinieren; **~στροφή** Zerstörung *f*, Vernichtung *f*; *μτφ*. Ruin *m*; Katastrophe *f*; ***~στροφή των δασών*** Waldsterben *n*
κατ|άστρωμα *n* Deck *n*; **~αστρώνω** (*σ· θ*) entwerfen; **~ασφάζω** (*ξ· αχτ· αγμ*) niedermetzeln; **~άσχεση** (-*εις*) [-sçε-] Beschlagnahme *f*, Pfändung *f*; **~άσχω** [-sxɔ] (*σχεσ· σχεθ· σχεμ*) pfänden, beschlagnahmen; **~άταξη** (-*εις*) Einordnung *f*; Klassifizierung *f*; Eintritt *m* in das Heer
κατ|ατάσσω (*ξ· αχτ· γμ*) (ein)ordnen; klassifizieren; *v/p* in die Armee eintreten; **~ατομή** Schnitt *m*; Profil *n*; **~ατόπια** [-ja] *n/pl* alle Ecken und Winkel
κατα|τοπίζω (*σ· στ· σμ*) (***για***) vertraut machen mit *D*, orientieren über

K

A; **~τοπισμός** [-zm-] Orientierung *f*; **~τοπιστικός** ausführlich; **~τρεγμός** [-ɣm-] Verfolgung *f*; **~τρέχω** [-xɔ] (*ξ· γμ*) *v/t* verfolgen; **~τρίβω** (*ψ· φτ· μμ*) aufreiben; *v/p μτφ.* sich aufreiben

κατα|τρομάζω (*ξ· γμ*) *v/t* e-n Schreck einjagen *D*; *v/i* entsetzt sein; **~τροπώνω** (*σ· θ*) in die Flucht schlagen; **~τρόπωση** (*-εις*) Zerschlagung *f*; **~τρώω** (*φαγ*) aufessen; zernagen

καταυλισμός [-vlizm-] Feldlager *n*

καταφάνερος offenbar, klar

κατάφαση (*-εις*) Bejahung *f*

κατα|φέρνω (*φερ*) *προσ.* bereden, *οικ.* herumkriegen; schaffen; ***τα ~φέρνω*** es schaffen, zurechtkommen; **~φερτζής** (*-ήδες*) (***-ού*** *f*) *περ.* schlau, gerissen; **~φέρω** (II = I· *φερθ*) *χτύπημα* versetzen; *v/p* angreifen (***κατά*** *G/A*); **~φεύγω** [-ˈfɛvɣɔ] (*φυγ*) Zuflucht suchen; *μτφ.* seine Zuflucht nehmen (***σε***/zu *D*); **~φθάνω** (*σ*) *v/i* eintreffen

κατ|αφορά Feindseligkeit *f*, Groll *m*; **~άφορτος** überladen, überlastet; **~αφορτώνω** (*σ· θ*) überlasten, überladen; **~αφρόνηση** Verachtung *f*, Geringschätzung *f*; **~αφρονώ** (*ησ· ηθ· ημ*) verachten

κατ|αφυγή [-ˈji] Zuflucht(sort *m*) *f*; Hilfsquelle *f*; **~αφύγιο** Zuflucht(sort *m*) *f*; Berghütte *f*; **~άφυτος** bepflanzt; **~άφωτος** hell erleuchtet

κατ|αχαίρομαι [-ˈçɛ-] (*χαρ*) *v/t* genießen; *v/i* sich richtig freuen; **~άχαμα** [-xa-] auf dem (den) Boden; **~αχθόνιος** [-xθ-] (***-α, -ο***) hinterlistig

καταχνιά [-ˈxnja] Nebel *m*; Dunst *m*

κατ|αχραστής [-xr-] Veruntreuer *m*; **~αχρεωμένος** verschuldet; **~αχρεώνω** (*σ· θ*) (mit Schulden) belasten; **~άχρηση** (*-εις*) Mißbrauch *m*; *νομ.* Unterschlagung *f*, Veruntreuung *f*; **~αχρώμαι** (*άσαι· αστ*) mißbrauchen; unterschlagen

κατα|χωρίζω [-xɔ-] (*σ· στ· σμ*), **~χωρώ** (*ησ· ηθ*) (ver)buchen, eintragen, registrieren; **~χώριση** (*-εις*) Verbuchung *f*, Eintragung *f*, Registrierung *f*; Inserat *n*; **~ψηφίζω** (*σ· στ· σμ*) *v/t* stimmen gegen *A*; **~ψήφιση** (*-εις*) Verwerfung *f*, Zurückweisung *f*

καταψύκτης Tiefkühlschrank *m*

κατάψυξη (*-εις*) Tiefkühlung *f*, Einfrieren *n*

καταψύχω [-xɔ] (*ξ· χτ· γμ*) tiefkühlen

κατε-: *κατα* + *ε...*, *βλ.* ***κατα-***

κατεβάζ|ω (*σ· στ· σμ*) hinunterbringen; *τιμή* herabsetzen; ***το κεφάλι του ~ει*** er ist voller Ideen

κατεβαίνω (*να -βώ· -βηκ-· -βασμ*) hinabgehen; absteigen; *δρόμος*: hinabführen; aussteigen; sinken

κατε|δαφίζω (*σ· στ· σμ*) niederreißen, abreißen, demontieren; **~δάφιση** (*-εις*) Abriß *m*, Niederreißen *n*

κατ|ειλημμένος besetzt; **~επείγων** [-ɣɔn] (***-ουσα, -ον***) eilig

κατ|εργάρης 3 schlau, gerissen; *Su m* (*-ηδες*) Schelm *m*; **~εργαριά** [-ˈja] böse(r) Trick, Schlich *m*; **~εργασία** Bearbeitung *f*

κάτεργο [-ɣɔ] Galeere *f*; *pl* Zwangsarbeit *f*

κατ|εστημένο Establishment *n*; **~εστησ-** *βλ.* ***καθιστώ***; **~εστραμμένος** zerstört, ruiniert

κατ|εύθυνση (*-εις*) [-fθ-] Richtung *f*; *pl πολ.* Richtlinien *f/pl*; **~ευθυντήριος** (***-α, -ο***) leitend, Leit-; **~ευθύνω** (II = I· *υνθ*) leiten; richten (***προς***/auf *A*); lenken; *v/p* zugehen auf *A*; *μτφ.* zusteuern auf *A*; **~ευνάζω** [-ɛvn-] (*σ· στ· σμ*) mildern; *ιατρ.* lindern; **~ευνασμός** Linderung *f*; **~ευναστικός** [-st-] Linderungs-, Beruhigungs-

κατέφαγ- *βλ.* ***κατατρώω***

κατεχόμενος [-ˈxɔ-] *στρ.* besetzt

κατ|έχω [-xɔ] (*Impf -είχα*) besitzen; *αξίωμα* bekleiden; *γλώσσα* beherrschen; *v/p* durchdrungen, erfüllt sein; **~εψυγμένος** [-ɣm-] tiefgekühlt

κατ|ηγορηματικός [-ɣɔ-] entschieden, kategorisch; **~ηγορητήριο** Anklageschrift *f*; **~ηγορία** *νομ.* Anklage *f*; Beschuldigung *f*; *γεν.* Klage *f* (***για***/über *A*); Kategorie *f*, Klasse *f*; ***μισθολογική ~ηγορία*** Lohngruppe *f*; ***τουριστική ~ηγορία*** Touristenklasse *f*; **~ήγορος** Ankläger *m*; **~ηγορούμενος** Angeklagte(r); **~ηγορώ** (*είς, άς· ησ· ηθ*) *v/t* vorwerfen (***κπ για***/j-m etw. *A*); *νομ.* anklagen, beschuldigen

κατήφεια Niedergeschlagenheit *f*

κατ|ηφοριά [-ˈja] *βλ.* ***κατήφορος***; **~ηφορίζω** (*σ*) bergab gehen; *δρόμος*: bergab führen; **~ηφορικός** ab-

K

schüssig; *Adv* (-ά) bergab; **~ήφορος** Abhang *m*; abschüssige(r) Weg
κατ|ήχηση (-*εις*) [-çi-] Religionsunterricht *m*, Katechese *f*; **~ηχούμενος** *περ.* Konfirmand *m*
κάτι *Pron* etwas; *με pl*: einige; *Su*, *Adj* etwas Wichtiges, *οικ.* was, wer; toll; ***έλεγε ~ ανοησίες*** er redete Unsinn; ***~ τέτοιο*** so etwas
κατ|οίκηση (-*εις*) Wohnen *n*; **~οικήσιμος** bewohnbar
κατοικ|ία Wohnung *f*; Wohnsitz *m*; ***εργατική ~ία*** Sozialwohnung *f*; ***μόνιμη ~ία*** Hauptwohnsitz *m*; **~ίδιος** (**-*α*, -*ο***) Haus-
κάτοικος Einwohner *m*; Bewohner *m*; ***μόνιμος ~*** (fest) ansässig
κατοικ|ούμενος bewohnt; **~ώ** (*ησ· ηθ· ημ*) *v/t* bewohnen; *v/i* wohnen (***σε***/in *D*)
κατολίσθηση (-*εις*) Erdrutsch *m*
κατονομ|άζω (*σ· στ· σμ*) benennen; **~ασία** Benennung *f*
κατόπι(ν) *Adv τοπ.* dahinter; *χρον.* darauf, danach, nach
κατοπινός (nach)folgend
κατοπτεύω [-'ενɔ] (*ευσ*) überwachen, im Auge behalten
κατ|όρθωμα *n* Leistung *f*; Heldentat *f*; **~ορθώνω** (*σ· θ*) erreichen; zustande bringen, schaffen; *v/p* gelingen; **~ορθωτός** durchführbar, erreichbar
κατούρημα *n* Wasserlassen *n*
κάτουρο *mst. pl* Urin *m*, Harn *m*
κατουρώ (*άς· ησ· ηθ· ημ*) *v/i* Wasser lassen; *οικ.* pissen, pinkeln; *v/t* naß machen; *v/p* sich naß machen; auf die Toilette müssen
κατοχή [-'çi] Besitz *m*; *στρ.* Besetzung *f*; Besatzung *f*
κάτοχος [-xɔs] Besitzer *m*, Inhaber *m*; *Adj* kundig, mächtig (*G*/*G*); im Besitz *G*
κατο|χυρώνω [-çi-] (*σ· θ*) befestigen; *μτφ.* sichern (***από***/vor *D*); **~χύρωση** (-*εις*) Befestigung *f*; Sicherung *f*
κάτοψη (-*εις*) Grundriß *m*; Projektion *f*
κατρα|κύλισμα [-zma] *n* (Hinunter-) Purzeln *n*; **~κυλώ** (*άς· ησ*) *v/t* hinunterrollen; *v/i* (hinunter)purzeln
κατράμ|ι Teer *m*; **~ωμα** *n* Teeren *n*
κατραμώνω (*σ· θ*) teeren
κατραπακιά [-'ka] Ohrfeige *f*
κατσαβίδι Schraubenzieher *m*
κατσάβραχα [-xa] *n/pl* Steingeröll *n*, steinige(r) Boden
κατσ|άδα Schimpfen *n*, Rüffel *m*; **~αδιάζω** [-'ðja-] (*σ· στ· σμ*) ausschimpfen, herunterputzen
κατσαρίδα Kakerlak *m*
κατσαρόλα Schmortopf *m*
κατσαρ|ός lockig, gelockt, kraus; **~ώνω** (*σ· θ*) *v/t* kräuseln, wellen
κάτσε! *Imp v.* ***κάθομαι***: setz dich!
κατσ|ίκα Ziege *f*; **~ίκι** Zicklein *n*, Ziege *f*; **~ικίσιος** [-jɔs] (**-*α*, -*ο***) Ziegen-
κατσ|ούφης 3 grämlich, trübsinnig; **~ουφιά** [-'ja] Grämlichkeit *f*; **~ουφιάζω** (*σ· σμ*) schmollen
κάτω *Adv* (nach) unten; *Adj* untere, Unter-; *Präp* ***~ από*** unter *D*, *A*; ***πάρα ~*** weiter (hinten *ή* unten); ***άνω ~*** drunter und drüber; ***στο ~ ~*** letzten Endes; ***βάζω ~*** überwältigen
κατώ(γ)ι Kellergeschoß *n*
κατωσάγονο [-ɣɔ-] Unterkiefer *m*
κατώτατος unterst-; ***ο ~ όρος*** Minimum *n*, unterste Grenze *f*
κατώτερος unter-; gering; minderwertig
κατωτερότητα Minderwertigkeit *f*
κατωτέρω *Adv* weiter unten
κατώφλι Schwelle *f κ. μτφ.*
κάτωχρος [-xr-] (geister)bleich
καυγ- *βλ.* ***καβγ-***
καύκαλο ['kaf-] Schädel *m*; *ζωολ.* Panzer *m*
καύλα ['kavla] *λαϊκό* Geilheit *f*
καϋμ- *βλ.* ***καημ-***
καυσ- *βλ. κ.* ***καίω***
καυσαέρια *n/pl* Abgase *n/pl*; ***με λίγα ~*** abgasarm
καύσ|η (-*εις*) ['kaf-] Brennen *n*; *φυσ.* Verbrennung *f*; ***~η απορριμμάτων*** Müllverbrennung *f*; **~ιμος** brennbar, Brenn-; *Su n/pl* Treibstoff *m*
καυσ|όξυλα [kaf-] *n/pl* Brennholz *n*; **~τήρας** Brenner *m*; **~τικός** brennend heiß; *χημ.* ätzend, kaustisch; beißend
καύσωνας Hitzewelle *f*, Glut *f*
καυτ|ερός [kaf-] glühend; *μτφ.* beißend, ätzend; **~ηριάζω** (*σ· στ· σμ*) ausbrennen, kauterisieren; *μτφ.* brandmarken; **~ηριασμός** Ausbrennen *n*, Ätzen *n*; **~ός** (brennend) heiß; glühend
καύτρα ['kaf-] Schnuppe *f*; *τσιγάρο*: glühende(s) Ende
καύχημα ['kafç-] *n* Stolz *m*

καύχηση (*-εις*) [-fçi-] Prahlen *n*
καυχησιάρης [-fçi'sja-] 3 prahlerisch; *Su* Wichtigtuer(in *f*) *m*, Angeber(in *f*) *m*
καυχιέμαι [kaf'çε-] (*για*) angeben, prahlen mit *D*, sich wichtig tun mit *D*
καφάσι Käfig *m*; Gitterfenster *n*
καφεΐνη Koffein *n*; ***χωρίς ~*** koffeinfrei
καφε|νείο Café *n*, Kaffeehaus *n*; **~νόβιος** (**-α, -ο**) den ganzen Tag im Café sitzend; **~πότης** Kaffeetrinker *m*
καφ|ές (*-έδες*) Kaffee *m*; ***στιγμιαίος ~ές*** Pulverkaffee *m*; **~ετερία** Cafeteria *f*; Eiscafé *n*; **~ετζής** (*-ήδες*) Cafébesitzer *m*; **~ετής** (**-ιά, -ί**) (kaffee)braun; **~ετιέρα** [-'tjε-] Kaffeekanne *f*; Kaffeemaschine *f*; Kaffeedose *f*
καχ|εκτικός [-çε-] kränklich; **~εξία** Hinfälligkeit *f*, Kränklichkeit *f*
καχ|ύποπτος [-'çi-] argwöhnisch, mißtrauisch; **~υποψία** Argwohn *m*
κάψ- *βλ.* ***καίω***
κάψα große Hitze *f*, Glut *f*
καψ|αλίζω (*σ· στ· σμ*) (ab)sengen, ansengen; **~ερός** unglücklich, arm
κάψιμο (*-ματος*) Verbrennung *f*; Brennen *n*; Brandstelle *f*
κάψουλα *ιατρ.* Kapsel *f*
καψούλι Kapsel *f*; Zündhütchen *n*
καψώνι Schikane *f*
κέδρος (*α. f*) Zeder *f*
κείμενο Text *m*; ***~ οθόνης*** *ηλεκτρον.* Bildschirmtext *m*
κειμήλιο Kostbarkeit *f*; Kleinod *n*
κεκ- *βλ. κ.* ***κ-***
κεκτημένος (*νομ.* wohl)erworben
κελ|άηδημα *n*, **~άηδισμα** [-zma] *n* Singen *n*, Gezwitscher *n*; **~αηδώ** (*άς, είς· ησ*) singen, zwitschern; **~άρι** Keller *m*; Vorratskammer *f*; **~αρύζω** (*σ*) murmeln, plätschern; **~άρυσμα** [-zma] *n* Murmeln *n*, Plätschern *n*
κελεπούρι Glücksfall *m*; glückliche(r) Fund; billige(r) Kauf
κελί Zelle *f*
κενό Lücke *f*; Leere *f*; *φυσ.* Vakuum *n*; ***~ (αέρα)*** Luftloch *n*
κεν|οδοξία Eitelkeit *f*; **~όδοξος** eitel; **~ός** leer; *μτφ.* hohl; **~οτάφιο** Kenotaph *n*, Ehrengrabmal *n*; **~ότητα** Leere *f*; *μτφ. κ.* Hohlheit *f*
κέντημα *n* Sticken *n*; Stickerei *f*
κεντ|ημένος, ~ητός gestickt; **~ιά** [-'ja] Stich *m*; *μτφ.* Stichelei *f*
κεντρ|ί Stachel *m*; **~ίζω** (*σ· στ· σμ*) stechen; *μτφ.* anspornen
κεντρικός zentral (gelegen); Zentral-; Mittel-; Haupt-
κέντρο Zentrum *n*, Mittelpunkt *m*; (Annahme-)Stelle *f*; Zentrale *f*, Hauptgebäude *n*; Lokal *n*; ***εκλογικό ~*** Wahllokal *n*; ***εξοχικό ~*** Gartenlokal *n*; ***ερευνητικό ~*** Forschungszentrum *n*; ***χορευτικό ~*** Tanzlokal *n*; ***~ της πόλης*** Stadtzentrum *n*; ***~ σωματικής αγωγής*** Fitneßcenter *n*
κεντρώος (**-α, -ο**) zentral, Mittel-
κεντώ (*άς· ησ· ηθ· ημ*) stechen; anstacheln; *μτφ.* reizen, ärgern; sticken
κένωση (*-εις*) Leeren *n*, Räumen *n*; *ιατρ.* Stuhlgang *m*, Entleerung *f*
κεραία *ζωολ.* Fühler *m*; *τεχν.* Antenne *f*; *ναυτ.* Rah(e) *f*
κεραμ|έας Töpfer *m*; Ziegelbrenner *m*; **~ευτική** [-εft-] Keramik *f*; **~ίδα** Ziegelstein *m*; **~ιδάδικο, ~ιδαριό** [-'jɔ] Töpferei *f*; Ziegelei *f*; ***τα κάνω ~ιδαριό*** alles kurz und klein schlagen; **~ιδάς** (*-άδες*) Töpfer *m*; Ziegelbrenner *m*; Dachdecker *m*; **~ίδι** Dachziegel *m*; **~ικά** *n*/*pl* Keramik *f*, Steingut *n*
κεράσι Kirsche *f*
κερασιά [-'sja] Kirschbaum *m*
κέρασμα [-zma] *n* Spendieren *n*; Bewirten *n*
κερατ|άς (*-άδες*) Hahnrei *m*; Halunke *m*; **~ένιος** [-njɔs] (**-α, -ο**) gehörnt; *μτφ.* heikel; verteufelt
κέρατο Horn *n*; Geweih *n*
κερατ|οειδής 2 hornartig; ***~οειδής (χιτώνας)*** Hornhaut *f*; **~ώνω** (*σ· θ*) betrügen
κεραυν|οβόλος [-avn-] (**-α, -ο**) blitzschnell; Blitz-; **~οβολώ** (*ησ· ηθ· ημ*) *v*/*i* Blitze schleudern; *v*/*t* durch Blitz erschlagen; *μτφ.* niederschmettern; **~ός** Blitz *m*; **~ώνω** (*σ· θ*) *βλ.* ***κεραυνοβολώ***
κερδίζω (*σ· στ· σμ*) verdienen *κ. μτφ.*; *παιχνίδι* gewinnen; *προσ.* besiegen
κέρδος *n* Gewinn *m*; Vorteil *m*; Erlös *m*, Ertrag *m*; ***επιχειρησιακό ~*** Betriebsgewinn *m*
κερδο|σκοπία Spekulation *f*; **~σκόπος** Spekulant *m*; **~σκοπώ** (*ησ*) spekulieren
κερένιος [-njɔs] (**-α, -ο**) Wachs-
κερήθρα Bienenwabe *f*

κερί Wachs *n*; Kerze *f*
κέρινος wächsern, Wachs-
κερκίδα Sitzreihe *f*; *ανατ.* Speiche *f*
κέρμα *n* Münze *f*, Geldstück *n*; ***τηλεφωνικό ~*** Telefonmarke *f*
κερματοδέκτης Münzfernsprecher *m*
κερνώ (*άς· κερασ· κεραστ· κερασμ*) *v/t* einschenken; bewirten; spendieren
κεσάτι Flaute *f*
κεφάλα große(r) Kopf; *μτφ.* Wasserkopf *m*
κεφάλαιο Kapitel *n*; *οικον.* Kapital *n*; Fonds *m*; ***βασικό ~*** Stammkapital *n*; ***ιδρυτικό ~*** Grundkapital *n*; ***μονοπωλιακό ~*** Monopolkapital *n*; ***προσωπικό ~*** Eigenkapital *n*; ***χρεολυτικό ~*** Tilgungsfonds *m*; ***~ καταθέσεων*** Anlagekapital *n*
κεφαλαίο Großbuchstabe *m*
κεφαλαιο|κράτης Kapitalist *m*; **~κρατία** Kapitalismus *m*; **~κρατικός** kapitalistisch
κεφαλαι|ούχος [-xɔs] Kapitalist *m*; **~ώδης** 2 wesentlich, Haupt-
κεφ|άλας *μτφ.* Dickkopf *m*; **~αλή** Kopf *m κ. μτφ.*; Leiter *m*; ***επί ~αλής*** an der Spitze; **~άλι** Kopf *m*; ***με το ~άλι*** kopfüber; **~αλιά** [-'lja] Kopfball *m*; **~αλόπονος** Kopfschmerzen *m/pl*
κεφαλ|όσκαλο Treppenabsatz *m*; **~οχώρι** [-'xɔ-] Marktflecken *m*
κεφάτος gut gelaunt, ausgelassen
κέφι gute Stimmung *f*, gute Laune *f*, Schwung *m*; ***δεν έχω ~*** ich bin nicht aufgelegt (***για***/zu *D*)
κεφτές (*-έδες*) Fleischklößchen *n*
κεχριμπάρι Bernstein *m*
κηδεία Beerdigung *f*, Bestattung *f*
κηδεμόνας Vormund *m*, Pfleger *m*; Vermögensverwalter *m*
κηδεμόνευση [-ɛfsi] (*-εις*) Bevormundung *f*; Entmündigung *f*
κηδεμον|εύω [-'ɛvɔ] (*ευσ· ευτ· ευμ*) *προσ.* Vormund sein *G*; *περιουσία* verwalten; **~ία** Vormundschaft *f*
κηδεύω [-'ɛvɔ] (*εψ· ευτ*) bestatten
κήλη *ιατρ.* Bruch *m*
κηλίδα Fleck *m*; Muttermal *n*; *μτφ.* Schandfleck *m*, Makel *m*
κηλιδώνω (*σ· θ*) beflecken *κ. μτφ.*
κηπευτικός [-ɛft-] Garten-
κήπος Garten *m*; ***βοτανικός ~*** botanische(r) Garten; ***ζωολογικός ~*** Zoo *m*
κηπουρ|ική Gartenbau *m*; **~ικός** Garten-; **~ός** Gärtner *m*
κηροπήγιο [-jiɔ] Kerzenhalter *m*
κήρυ|γμα [-ɣma] *n* Predigt *f*; **~κας** Ausrufer *m*; Prediger *m*; **~ξη** (*-εις*) Verkündigung *f*; ***~ξη πολέμου*** Kriegserklärung *f*
κηρύσσω (*α. -ττω· ξ· χτ· γμ*) verkünden, erklären; *θρ.* predigen; *πόλεμο* erklären
κι *βλ.* ***και***
κιάλια ['ķalja] *n/pl* Fernglas *n*
κιβδηλοποιός Fälscher *m*
κίβδηλος falsch, gefälscht, unecht
κιβώτιο Kiste *f*, Kasten *m*; ***~ εμπορευμάτων*** Container *m*; ***~ ταχυτήτων*** Getriebe(kasten *m*) *n*
κιγκλ|ίδωμα *n* Gitter(werk) *n*; Geländer *n*; **~ιδωτός** gitterartig; Gitter-
κιθ|άρα Gitarre *f*; **~αριστής** Gitarrist *m*
κιλό Kilo *n*
κιλο|βάτ (*0*) *n* Kilowatt *n*; **~βατώρα** Kilowattstunde *f*
κιλότα (Damen-)Slip *m*; Reithose *f*
κιμάς (*-άδες*) Hack(fleisch) *n*
κιμωλία Kreide *f*
κινδυνεύω (*ευσ, εψ*) in Gefahr sein
κίνδυνος Gefahr *f*; Not *f*; Risiko *n*
κίνημα *n* Bewegung *f*; *μτφ.* Schritt *m*; *πολ.* Putsch *m*; ***γυναικείο ~*** Frauenbewegung *f*; ***ειρηνιστικό ~*** Friedensbewegung *f*
κινηματ|ίας Aufrührer *m*; Putschist *m*; **~ογραφικός** [-ɣra-] Film-, Kino-; **~ογράφος** Kino *n*; **~ογραφώ** (*ησ· ηθ· ημ*) filmen
κίνηση (*-εις*) Bewegung *f*; Betrieb *m*, Verkehr *m*; *μτφ.* Leben *n*; ***~ στο κενό*** Leerlauf *m*; ***θέτω σε ~*** in Betrieb setzen
κινητήρ|ας Motor *m κ. μτφ.*; Triebkraft *f*; ***δίχρονος ~ας*** Zweitaktmotor *m*; **~ιος** (**-α, -ο**) Antriebs-
κινητ|ικός kinetisch; Bewegungs-; *Su f* Kinetik *f*; **~οποίηση** (*-εις*) Mobilisierung *f*; Aufbietung *f*, Aufgebot *n*; **~οποιώ** (*ησ*) in Bewegung setzen; *δυνάμεις* mobilisieren, aufbieten; **~ός** beweglich; fahrbar; *Su n/pl* Mobilien *pl*
κίνητρο Triebfeder *f*, Motiv *n*; Anreiz *m*; ***~ πωλήσεων*** Verkaufsanreiz *m*
κινίνο Chinin *n*
κινώ (*ησ· ηθ· ημ*) *v/t* bewegen; *τεχν.*

treiben; *περιέργεια* erregen; anstiften (**κπ σε**/j-n zu *D*); *v/p* sich bewegen; *εμπ.* sich beleben
κιόλα(ς) ['kɔ-] *χρον.* schon, bereits; noch; *τροπικά* sogar, darüber hinaus
κιον|όκρανο Kapitell *n*; **~οστοιχία** [-'çia] Kolonnade *f*, Säulengang *m*
κιόσκι Kiosk *m*; Laube *f*; Pavillon *m*
κιρσός Krampfader *f*
κίσσα Elster *f*
κισσός Efeu *m*
κιτρ|ινάδα Blässe *f*; *ιατρ.* Gelbsucht *f*; **~ινάδι** Eigelb *n*; gelbe(r) Fleck; **~ινίζω** (*σ· σμ*) gelb färben; gelb *ή* blaß werden (**από**/vor *D*)
κίτρινος gelb; bleich
κίτρο Zitronatzitrone *f*
κλάδεμα *n* Kappen *n*, Beschneiden *n*
κλαδ|ευτήρι [-ɛf-] Gartenschere *f*; **~εύω** [-'ɛvɔ] (*εψ· ευτ· εμ*) kappen, beschneiden; **~ί** Zweig *m*
κλάδος Ast *m*, Zweig *m κ. μτφ.*; *επιστήμη*: Fach *n*; *εμπ.* Branche *f*; **~ παροχής υπηρεσιών** Dienstleistungsgewerbe *n*
κλαίω (*κλαψ· κλαφτ· κλαμ*) *v/i* weinen (**από**/vor *D*); *v/t* beweinen, beklagen; nachtrauern *D*; *v/p* jammern
κλάμα *n* Weinen *n*; ***βάζω τα ~τα, με παίρνουν τα ~τα*** in Tränen ausbrechen, anfangen zu weinen
κλάνω (*σ*) einen fahren lassen, pupen
κλαπ- *βλ.* ***κλέβω***
κλαρί (kleiner) Zweig *m*
κλαρ|ινέτο, ~ίνο Klarinette *f*
κλασέρ (*0*) *n* Aktenordner *m*
κλάση (*-εις*) Kategorie *f*; Klasse *f*; *στρ.* Jahrgang *m*; ***αυτοκίνητο μεσαίας ~ς*** Mittelklassewagen *m*
κλασικ|ισμός [-zm-] Klassizismus *m*; **~ός** klassisch; *Su m* Klassiker *m*
κλάσμα [-zma] *n* Bruchstück *n*; *μαθ.* Bruch *m*
κλασματικός [-zm-] Bruch- (*Zahl*)
κλάψα Weinen *n*; *pl* Gejammer *n*
κλαψιάρης [-'ja-] 3 quengelig
κλάψιμο (*-ματος*) Weinen *n*; Klagen *n*
κλαψ|ουρίζω (*σ*) quengeln; **~ούρισμα** [-zma] *n* Quengelei *f*
κλέβω (*ψ· απ, εφτ· εμμ*) stehlen; bestehlen; *σχολ., παιχνίδι* schummeln; entführen
κλειδαρ|άς (*-άδες*) Schlosser *m*; **~ιά** [-'ja] Schloß *n*; **~ότρυπα** Schlüsselloch *n*
κλειδί Schlüssel *m*; ***γαλλικό ~*** Schraubenschlüssel *m*; ***~ αυτοκινήτου*** Autoschlüssel *m*
κλειδο|κόκαλο *ανατ.* Schlüsselbein *n*; **~μανταλώνω** (*σ· θ*) verriegeln
κλείδωμα *n* (Zu-)Schließen *n*
κλειδώνω (*σ· θ*) (ab)schließen, verschließen; *προσ.* einsperren
κλείδωση (*-εις*) Gelenk *n*
κλείνω (*σ· στ· σμ*) *v/t* schließen, zumachen; *φως* ausmachen; *γκάζι* ausdrehen; *ράδιο* abstellen; *διακοπές* buchen, reservieren; *επιχείρηση* stillegen; (ein)schließen, einsperren; *λογιστ.* abschließen; *συζήτηση* beenden; *v/i* schließen; *πληγή*: sich schließen; ***~ έξω ή απόξω*** ausschließen
κλείσιμο (*-ματος*) *n* Schließen *n*; ***αυτοκόλλητο ~*** Klettverschluß *m*; ***βιδωτό ~*** Schraubverschluß *m*; ***~ των καταστημάτων*** Ladenschluß *m*
κλεισμένος [-zm-] verschlossen; gebucht, reserviert
κλεισ|ούρα Engpaß *m*; Eingeschlossensein *n*; Stubenluft *f*; ***μυρίζει ~ούρα*** es riecht muffig; **~τός** geschlossen; gesperrt
κλείστρο *τεχν.* Klappe *f*; *φωτογρ.* Verschluß *m*
κλειτορίδα Kitzler *m*
κλεμμένος gestohlen; bestohlen
κλεπταποδόχος [-xɔs] Hehler *m*
κλεφτά *Adv* verstohlen, heimlich
κλέφτης Dieb *m*; *ιστ.* Freischärler *m*
κλεφτ|οπόλεμος Partisanenkrieg *m*, Guerillakrieg *m*; **~οφάναρο** Taschenlampe *f*
κλέψ- *βλ.* ***κλέβω***
κλεψιά [-'ja] Diebstahl *m*
κλέψιμο (*-ματος*) *n* Stehlen *n*
κλεψιτυπία Plagiat *n*
κλεψύδρα Wasseruhr *f*
κλήμα *n* Weinrebe *f*
κληματ|αριά [-'ja] Weinlaube *f*; **~όφυλλο** Weinblatt *n*
κληρικός geistlich; *Su m* Geistliche(r)
κληρο|δότημα *n* Vermächtnis *n*; **~δοτώ** (*ησ· ηθ· ημ*) vererben; **~νομία, ~νομιά** [-'mja] Erbschaft *f*, Nachlaß *m*; *μτφ.* Erbe *n*; **~νομικός** Erb(schafts)-; *βιολ.* erblich; **~νομικότητα** Erblichkeit *f*, Vererbung *f*;

K

~νόμος *m, f* Erbe *m*, Erbin *f*; **~νομώ** (*ησ· ηθ· ημ*) (ver)erben
κλήρος Los *n κ. μτφ.*; Anteil *m*; Erbteil *m*; *θρ.* Klerus *m*, Geistlichkeit *f*
κληρώνω (*σ· θ*) (aus)losen; verlosen
κλήρωση (*-εις*) Auslosung *f*, Verlosung *f*, Ziehung *f*
κλήση (*-εις*) Ruf *m*, Aufruf *m*; *νομ.* Vorladung *f*; ***αυτόματη ~*** Durchwahl *f*; ***τηλεφωνική ~*** Anruf *m*; ***~ κινδύνου*** Notruf *m*
κλητήρας Amtsdiener *m*; ***δικαστικός ~*** Gerichtsvollzieher *m*
κλητική Vokativ *m*
κλιθ- *βλ.* ***κλίνω***
κλίκα Clique *f*, Klüngel *m*; Bande *f*
κλίμα *n* Klima *n*; ***μεσογειακό ~*** Mittelmeerklima *n*
κλίμακα Treppe *f*; Leiter *f*; *φυσ.* Skala *f*; *μουσ.* Tonleiter *f*; Maßstab *m*
κλιμάκιο Gruppe *f*; *στρ.* Staffel *f*
κλιμακ|τήριος *f* Wechseljahre *n/pl*; **~ώνω** (*σ· θ*) stufen; staffeln, einteilen
κλιματ|ικός klimatisch; **~ισμός** [-zm-] Klimaanlage *f*; Klimatisierung *f*
κλινάμαξα Schlafwagen *m*
κλιν|ική Klinik *f*; Abteilung *f e-s Krankenhauses*; **~ικός** klinisch
κλίνω (II = I· *θ*) *v/t* neigen; *γόνατα* beugen; *v/i* sich neigen (***προς***/nach *D*); ***~ ρήμα*** *γραμμ.* konjugieren; ***~ ουσιαστικό*** *γραμμ.* deklinieren
κλίριγκ (*0*) *n* Clearing *n*, Verrechnungsverkehr *m*
κλίση (*-εις*) Neigung *f*; Beugung *f*; *γραμμ.* Flektion *f*, Deklination *f*; *μτφ.* Neigung *f*, Hang *m* (***προς***/zu *D*)
κλοιός (Eisen-)Ring *m*; *μτφ.* Einkreisung *f*, Bedrängnis *f*
κλον|ίζω (*σ· στ· σμ*) erschüttern *κ. μτφ.*; schockieren; *v/p* (sch)wanken; **~ισμός** [-zm-] Erschütterung *f*
κλοπ|ή Diebstahl *m*; **~ιμαίος** (***-α, -ο***) gestohlen; *Su n/pl* Diebesgut *n*
κλοτσιά [-'ja] Fußtritt *m*
κλοτσώ (*άς· ησ· ηθ· ημ*) e-n Fußtritt geben; *v/i άλογο*: ausschlagen; *βρέφος*: strampeln
κλουβ|ί Käfig *m*; **~ιάζω** [-'vja-] (*σ· σμ*) faul werden, verderben; verblöden
κλούβιος [-jɔs] (***-α, -ο***) faul; hohl, dumm
κλυδων|ίζομαι (*στ· σμ*) schwanken, hin- und hergeschleudert werden; **~ισμός** [-zm-] Schwanken *n*
κλύσμα ['klizma] *n* Klistier *n*
κλωθο|γυρίζω [-ji-] (*σ· σμ*) *v/t* (herum)wickeln; v/i herumbummeln; ***τα ~γυρίζω*** sich herausreden
κλώθω (*σ· στ· σμ*) spinnen
κλων|άρι, ~ί Zweig *m*; Sprößling *m*
κλώσα Gluck(henn)e *f*, Bruthenne *f*
κλωσο|μηχανή [-xa-] Brutapparat *m*; **~πούλι** Küken *n*
κλωστ|ή Zwirn *m*; Faden *m*; **~ήριο** Spinnerei *f*
κλωστοϋφαντουργία [-'jia] Spinnerei und Weberei *f*
κλώστρ(ι)α Spinnerin *f*
κλωσώ (*άς· ησ· ημ*) (aus)brüten
κνήμη Wade *f*; Schienbein *n*
κνημίδα Gamasche *f*; Beinschiene *f*
κόβ|ω (*ψ· οπ· κομμ*) *v/t* (zer)schneiden; *φόρεμα* zuschneiden; *λουλούδια* pflücken; *μισθό* beschneiden; *νερό* (ab)sperren; *νομίσματα* prägen; *κάπνισμα* aufgeben; *v/i* schneiden; *αέρας*: nachlassen; *γάλα*: gerinnen; *χαρτοπ.* abheben; *v/p* sich schneiden; *μτφ.* sich sehr interessieren; ***~ω λάσπη*** abhauen, verduften
κόγχη [-çi] *K* Muschel *f*; (*Augen-*)Höhle *f*; (*Ohr-*)Muschel *f*; Nische *f*
κοδ- *βλ.* ***κωδ-***
κοιλ|άδα Tal *n*; Mulde *f*; **~αράς** (***-ού, -άδικο***) dickbäuchig, fettwanstig; **~ιά** [-'lja] Bauch *m*; **~ιακός** [-lia-] Bauch-, Unterleibs-; **~όπονος** Bauchschmerzen *m/pl*
κοίλος hohl, ausgehöhlt; *φυσ.* Hohl- (*Kugel*); konkav
κοιλότητα Vertiefung *f*, Höhlung *f*; *γεωγρ.* Mulde *f*; *ανατ.* Höhle *f*
κοίλωμα *n* Vertiefung *f*, Höhlung *f*
κοιμάμαι (*άσαι· ηθ*) schlafen; sich schlafen legen
κοίμηση Schlaf *m*; ***η ~ της Θεοτόκου*** Mariä Himmelfahrt *f*
κοιμ|ητήριο Friedhof *m*; **~ίζω** (*σ· σμ*) einschläfern; zu Bett bringen; *μτφ.* stillen, lindern; **~ισμένος** [-zm-] eingeschlafen; schläfrig; schlafmützig
κοιν|ή Koine *f*, Gemeinsprache *f*; **~ό** Publikum *n*; Öffentlichkeit *f*; *pl* Gemeinwesen *n*; **~οβουλευτικός** [-εft-] parlamentarisch; **~οβούλιο** Parlament *n*; **~οκτημοσύνη** Gütergemeinschaft *f*; **~ολόγηση** (*-εις*) [-ji-] Verbreitung *f*,

Verkündigung *f*; **~ολογώ** [-'γɔ] (*ησ· ηθ· ημ*) verbreiten, verkünden
κοιν|οποίηση (*-εις*) Mitteilung *f*, Bekanntmachung *f*; *νομ.* Zustellung *f*; **~οποιώ** (*ησ· ηθ· ημ*) mitteilen, bekanntgeben; zustellen; **~οπραξία** Genossenschaft *f*; **~ός** gemeinsam; gewöhnlich; öffentlich; ***από ~ού*** gemeinschaftlich; **~οτάρχης** [-çis] Gemeindevorsteher *m*; **~ότητα** *πολ.* Gemeinde *f*; Gemeinschaft *f*; Gemeinsamkeit *f*; **~οτικός** Gemeinde-, Kommunal-; **~οτοπία** Gemeinplatz *m*
κοινων|ία Gesellschaft *f*; Verkehr *m*, Beziehungen *f/pl*; *θρ.* Kommunion *f*, Abendmahl *n*; ***καταναλωτική ~ία*** Konsumgesellschaft *f*; ***~ία επίδοσης*** Leistungsgesellschaft *f*; ***~ία ευημερίας*** Wohlstandsgesellschaft *f*; **~ικοποίηση** (*-εις*) Sozialisierung *f*; **~ικοποιώ** (*ησ· ηθ· ημ*) vergesellschaften; **~ικός** gesellschaftlich; sozial, Sozial-; *πρόσ.*: gesellig, umgänglich; **~ικότητα** Geselligkeit *f*
κοινων|ιολογία [-'jia] Soziologie *f*; **~ιολογικός** soziologisch; **~ιολόγος** [-γɔs] Soziologe *m*; **~ός** teilhaftig (*G*/*G*); **~ώ** (*ησ*) teilnehmen an *D*; das Abendmahl nehmen
κοινώς *Adv* allgemein; gewöhnlich
κοινωφελής 2 gemeinnützig
κοίταγμα [-γma] *n* Betrachten *n*; Beachtung *f*; Pflege *f*
κοιτάζω (*ξ· χτ· γμ*) betrachten, (an-)schauen, sich (*D*) ansehen; sich kümmern um *A*, pflegen; *v/p* sich betrachten; sich untersuchen lassen
κοίτ|ασμα [-zma] *n* Schicht *f*; *pl* Vorkommen *n*, Lager *n*; **~η** Flußbett *n*
κοιτίδα Wiege *f κ. μτφ.*
κοίτομαι bettlägerig sein
κοιτώνας Schlafraum *m*
κοκαΐνη Kokain *n*
κοκ|εταρία Koketterie *f*; **~έτης** 3 kokett; **~ίτης** Keuchhusten *m*
κοκ(κ)αλ|ιάζω [-'lja-] (*σ· σμ*) verknöchern; erstarren; **~ιάρης** 3 knochig
κόκ(κ)αλο Knochen *m*; ***έμεινε ~*** er war ganz baff; ***έμεινε πετσί και ~*** er ist nur noch Haut und Knochen
κοκ(κ)αλώνω (*σ*) *βλ.* ***κοκ(κ)αλιάζω*** *ιδ. Aor* ganz baff sein
κοκκ|ινάδα Röte *f*; **~ινάδι** rote(r) Fleck; rote Schminke; **~ινέλι** Roséwein *m*; **~ινίζω** (*σ· σμ*) *v/t* röten, rot färben; *κρέας* anbraten; *v/i* sich röten; erröten, rot werden (***από***/vor *D*); **~ινίλα** Röte *f*; **~ινιστός** *περ.* in Tomatensoße geschmort; **~ινογούλι** [-'γuli] rote Rübe *f*; **~ινομάλλης** 3 rothaarig
κόκκινος rot *κ. πολ.*
κοκκινωπός rötlich
κόκκος Korn *n*; *μτφ.* Körnchen *n*
κοκκύτης *βλ.* ***κοκίτης***
κόκορας Hahn *m*, Gockel *m*
κοκορ|εύομαι [-'εvɔ-] (*ευτ*) sich brüsten; **~όμυαλος** [-mja-] dämlich, blöd
κολάζω (*σ· στ· σμ*) bestrafen; verführen; *v/p οικ.* sündigen
κόλακας Schmeichler *m*
κολακ|εία Schmeichelei *f*; **~ευτικός** [-εft-] schmeichlerisch; schmeichelhaft, lobend; **~εύω** [-'εvɔ] (*ευσ, εψ· ευτ· ευμ*) *v/t* schmeicheln *D κ. μτφ.*
κολάρο Kragen *m*; *τεχν.* Ring *m*
κόλαση Hölle *f*
κολάσιμος strafbar
κολασ|μένος [-zm-] verdammt; *Su* Sünder *m*; **~μός** Strafe *f*
κολατσ|ίζω (*σ*) e-n Imbiß nehmen; **~ιό** [-'jɔ] Imbiß *m*
κολέγιο [-jiɔ] College *n*; Kolleg *n*
κολιέ [-'ljε] (*0*) *n* Halskette *f*
κολικός Kolik *f*
κολιός [-'ljɔs] Makrele *f*
κολίτιδα Dickdarmentzündung *f*
κόλλα Klebstoff *m*, Leim *m*; Stärke *f*; *χαρτί*: Bogen *m*
κολλ|αρίζω (*σ· στ· σμ*) stärken; **~άρισμα** [-zma] *n* Stärken *n*; **~αριστός** [-st-] gestärkt
κόλλημα *n* Leimen *n*; Leimstelle *f*
κολλητ|ά *Adv* (dicht) nebeneinander; **~ήρι** Lötmaterial *n*; Lötkolben *m*; **~ικός** klebrig; klebend; *ιατρ.* ansteckend; **~ικότητα** Ansteckungsgefahr *f*; **~ός** geleimt; gelötet; unmittelbar benachbart (***με***/*D*); *Su οικ.* dicker Freund
κόλλυβα *n/pl θρ.* Speise *f* zum Andenken an e-n Verstorbenen
κολλύριο Augentropfen *m/pl*
κολλ|ώ (*άς· ησ· ηθ· ημ*) *v/t* kleben; *ξύλο* leimen; *μέταλλο* löten; *ιατρ.* anstecken; *v/i* kleben; klemmen; ansteckend sein; *ιδέα*: sich festsetzen; **~ώδης** 2 leimartig; klebrig
κολοβ|ός verstümmelt; gestutzt; **~ώνω** (*σ· θ*) verstümmeln; stutzen

κολοκύθ|α Flaschenkürbis *m*; **~άκια** *n/pl* Zucchini *m/pl*; **~ας** Quatschkopf *m*; **~ι** Kürbis *m*; *μτφ. n/pl* Quatsch *m*
κολόνα Säule *f*
κολόνια [-nja] Kölnisch Wasser *n*
κολοσσ|ιαίος (*-α, -ο*) kolossal, riesengroß; **~ός** Koloß *m*
κολοφώνας First *m*, Dachspitze *f*; *μτφ.* Gipfel *m*
κόλπο Trick *m*; Coup *m*, Streich *m*
κόλπος *μτφ.* Schoß *m*; Meerbusen *m*, Bucht *f*; *ανατ.* Vagina *f*, Scheide *f*
κολυμβήθρα Taufbecken *n*
κολυμβητ|ήριο Schwimmbad *n*; ***ανοιχτό ~ήριο*** Freibad *n*; **~ής** Schwimmer *m*; **~ικός** Schwimm-
κολυμβήτρια Schwimmerin *f*
κολύμπι Schwimmen *n*; ***πηγαίνω ~*** schwimmen gehen
κολυμπώ (*άς· ησ*) schwimmen
κομβ- *βλ. κ.* ***κομπ-, κουμπ-***
κόμβος Seemeile *f*, Knoten *m*
κόμη|ς (*-τος*), **~τας** Graf *m*
κομήτης Komet *m*
κόμιστρα *n/pl* Frachtkosten *pl*
κόμμα *n* Partei *f*; *γραμμ.* Komma *n*; ***λαϊκό ~*** Volkspartei *f*; ***~ αντιπολίτευσης*** Oppositionspartei *f*
κομματάρχης [-çis] Parteiführer *m*
κομμάτι Stück *n κ. μουσ.*; *adv* etwas, ein bißchen; ***γίνομαι ~α*** in Stücke gehen, kaputtgehen
κομμ|ατιάζω [-'tja-] (*σ· στ· σμ*) in Stücke schlagen, zertrümmern; schnitzeln; *v/p μτφ.* sich abhetzen; **~άτιασμα** [-zma] *n* Zertrümmern *n*; **~ατίζομαι** (*στ· σμ*) ein Parteigänger sein; **~ατικός** parteilich; Partei-
κομμένος geschnitten (*βλ.* ***κόβω***)
κομ(μ)ουνισ|μός [-zm-] Kommunismus *m*; **~τής** [-st-] Kommunist *m*; **~τικός** kommunistisch
κόμμωση (*-εις*) Frisur *f*
κομμωτ|ήριο Damenfrisiersalon *m*; **~ής** Damenfriseur *m*
κομμώτρια (Damen-)Friseurin *f*
κομοδίνο Nachttisch *m*
κομπάζω (*σ*) großtun, prahlen
κομπασμός [-zm-] Prahlerei *f*
κομπιάζω [-'ja-] (*σ· στ· σμ*) stocken
κόμπιασμα [-jazma] *n* Stocken *n*
κομπίνα Trick *m*, trickreiche(r) Plan
κομπινεζόν (*0*) *n*, *f* Unterkleid *n*
κομπιούτερ [-pj-] (*0*) *m*, *n* Computer *m*
κομπιουτεράκι Taschenrechner *m*
κομπλιμέντο [-pli'mɛnto] Kompliment *n*
κομπογιανίτης [-ja-] Quacksalber *m*
κομπ|όδεμα *n* Bündel *n*; Ersparnisse *f/pl*; **~οδένω** (*σ· θ*) knoten; *μτφ.* als abgemacht betrachten; **~ολό(γ)ι** Perlenschnur *f* zum Zeitvertreib
κόμπος Knoten *m*; *βοτ.* Knospe *f*; *μτφ.* Knotenpunkt *m*; Tropfen *m*; ***εδώ είν' ο ~*** hier ist der Haken
κομπόστα Kompott *n*
κομπρέσα Wickel *m*, Packung *f*
κομψ|ός elegant; schick, flott; **~οτέχνημα** [-xn-] *n* Nippfigur *f*; **~ότητα** Eleganz *f*; Schick *m*
κονδύλιο *οικον.* Etatposten *m*
κονιάκ [-'njak] (*0*) *n* Kognak *m*
κονίαμα *n* Mörtel *m*, Tünche *f*
κονιο|ποίηση (*-εις*) Pulverisierung *f*; **~ποιώ** (*ησ· ηθ· ημ*) pulverisieren
κονσέρβα Konserve *f*, Dose *f*
κονσερβανοίχτης Dosenöffner *m*
κονσερβοποιώ (*ησ· ηθ· ημ*) zu Konserven verarbeiten
κονσόρτιο Konsortium *n*
κοντά *Adv* nahe, in der Nähe; fast, beinahe; ***~ σε*** nahe an *D*, *A*; (nahe) bei *D*; (*σύγκριση*) im Vergleich zu *D*, verglichen mit *D*; ***~ σε άλλα*** unter anderem; ***από ~*** dicht dabei
κονταίνω (*υν*) *v/t* kürzen
κοντ|άκι Gewehrkolben *m*; **~ακιανός** [-ka-] untersetzt, klein; **~ανασαίνω** (*αν*) keuchen, schnaufen; **~άρι** Pfahl *m*; Lanze *f*, Spieß *m*; Gewehrkolben *m*
κοντεύω (*εψ*) nahen, heranrücken; ***κόντεψε να πέσει*** er wäre beinahe gefallen
κοντ|ινός nah; benachbart; kurz; *χρον.* nahe bevorstehend, baldig; **~ολογής** [-'jis] kurz (gesagt)
κοντός¹ klein(wüchsig); kurz
κοντ|ός² Stange *f*; Stab *m*; ***άλμα επί ~ώ*** Stabhochsprung *m*
κοντ|οστέκομαι, ~οστέκω (*σταθ*) kurz stehenbleiben; *μτφ.* stocken; **~ούλα** kleine Frau *f*; **~όφθαλμος** kurzsichtig; **~όχοντρος** [-xo-] untersetzt, gedrungen
κόντρα *Adv* zuwider, gegen den Strich (*rasieren*); ***~ σε*** *Präp* gegen
κοντραμπάντο [-trab-] Schmuggel *m*
κοντσέρτο Konzert *n*

Κ

κοντύλι *οικον.* Posten *m*
κοντύτερ|α *Adv* näher; **~ος** näher; kürzer, kleiner
κοπ- *βλ.* ***κόβω***
κοπ|άδι Rudel *n*; Herde *f*; Schar *f*; **~αδιαστός** [-ðja-] in Rudeln
κοπάζω (*σ*) abflauen, nachlassen
κοπ|άνα Waschtrog *m*; ***κάνω ~άνα*** sich drücken; **~ανατζής** (*-ήδες*) Drückeberger *m*; **~ανίζω** (*σ· στ· σμ*) stampfen; zermalmen; *μτφ.* prügeln; herunterputzen; **~άνισμα** [-zma] *n* Stampfen *n*; Zerstoßen *n*; Prügeln *n*; **~ανιστός** [-st-] gestampft; zerstoßen
κόπανος Stampfer *m*; Stößel *m*; Holzhammer *m*; *πρόσ.*: Klotz *m*
κοπανώ (*άς· ησ*) *βλ.* ***κοπανίζω***
κοπέλα junge(s) Mädchen; ***οικόσιτη ~*** Au-pair-Mädchen *n*
κοπή Schneiden *n*; *δέντρα*: Fällen *n*; *νομίσματα*: Prägen *n*
κοπιάζω (*σ*) sich anstrengen, sich abmühen (***σε***/bei *D*)
κοπιαστικός [-pja-, -pia-] anstrengend, ermüdend
κοπιράιτ (*0*) *n* Copyright *n*
κόπιτσα Schnalle *f*, Spange *f*
κόπο|ς Mühe *f*, Anstrengung *f*, ***δεν αξίζει τον ~*** es lohnt sich nicht
κόπρανα *n*/*pl* Exkremente *n*/*pl*
κοπρ|ιά Mist *m*, Dung *m*, Dünger *m*; **~ίζω** (*σ· στ· σμ*) *v*/*t* düngen
κοπρίτης Faulpelz *m*
κόπρος Dung *m*, Mist *m*, Kot *m*
κοπρόσκυλο Köter *m*; Faulpelz *m*
κοπτήρας *ανατ.* Schneidezahn *m*
κόπτης Zuschneider *m*
κόπτρια Zuschneiderin *f*
κόπωση (*-εις*) Ermüdung *f*
κόρα Brotrinde *f*, Kruste *f*
κόρακας Rabe *m*
κοράκι Rabe *m*; *τεχν.* Haken *m*
κορακίστικα *n*/*pl* verabredete Kindersprache *f*; Kauderwelsch *n*
κορ|αλ(λ)ένιος [-njɔs] (***-α, -ο***), **~άλ(λ)ι** Koralle *f*
κορβανάς (*-άδες*) Schatzkammer *f*; Kasse *f*
κόρδα Saite *f*
κορδ|έλα Band *n*; *τεχν.* Bandmaß *n*; ***~έλα (συναρμολογήσεως)*** Fließband *n*; **~όνι** Schnur *f*; Schnürsenkel *m*; *adv* glatt, reibungslos
κόρδωμα *n* Aufgeblasenheit *f*
κορδώνω (*σ· θ*) spannen; *v*/*p* sich aufblähen, stolzieren
κορεσμός [-zm-] Sättigung *f*
κόρη Tochter *f*; *ανατ.* Pupille *f*
κοριός [-'jɔs] Wanze *f*
κορίτσι Mädchen *n*; Jungfrau *f*
κορμ|ί Körper *m*; ***χαμένο ~ί*** Tagedieb *m*, Taugenichts *m*; **~ός** Stamm *m*; Rumpf *m*; **~οστασιά** [-'ja] Wuchs *m*, Gestalt *f*
κόρνα Hupe *f*
κορνάρω (*αρισ*) hupen
κόρνερ (*0*) *n* Eckball *m*
κορνέτ|α, ~ο Horn *n*, Kornett *n*
κορνίζα Rahmen *m*; Sims *m*, *n*
κορόιδεμα *n* Spott *m*, Hohn *m*
κοροϊδ|ευτικός [-ɛft-] spöttisch, höhnisch; **~εύω** [-'ɛvɔ] (*εψ· ευτ· εμ*) *v*/*t* verspotten, verhöhnen; betrügen; *οικ.* auf den Arm nehmen; **~ία** Spott *m*
κορόιδο *πρόσ.*: Gespött *n*; ***πιάνω ~*** überlisten
κορόνα Krone *f*
κόρος Sättigung *f κ. χημ.*; Überdruß *m*
κορσές (*-έδες*) Korsett *n*
κόρτε (*0*) *n* Flirt *m*
κορυδαλλός Lerche *f*
κορυφ|αίος (***-α, -ο***) höchst-, oberst-; **~ή** Gipfel *m*; Spitze *f κ. μτφ.*; *μτφ.* Koryphäe *f*
κορύφωμα *n* Höhepunkt *m*
κορυφώνω (*σ· θ*) steigern, zu e-m Höhepunkt bringen; *v*/*p κ.* kulminieren
κορφ|ή *βλ.* ***κορυφή***; **~οβούνι** Berggipfel *m*
κορώνω (*σ*) *v*/*t* entzünden; *μτφ.* erregen; *v*/*i* aufbrausen, kochen
κοσκ|ινίζω (*σ· στ· σμ*) sieben; *μτφ.* sichten; **~ίνισμα** [-zma] *n* Sieben *n*; Sichten *n*
κόσκινο Sieb *n*
κοσμάκης [-zm-] einfache Leute *pl*; ***κόσμος και ~*** Hinz und Kunz
κόσμημα [-zm-] *n* Verzierung *f*; Schmuck *m*; *pl* ***~τα*** Schmucksachen *f*/*pl*
κοσμητικός Verschönerungs-
κοσμήτορας [-zm-] Dekan *m*
κοσμικός [-zm-] weltlich; weltmännisch, mondän; Welt-; *αστρ.* kosmisch
κόσμιος (***-α, -ο***) gesittet, anständig
κοσμο|γραφία [-ɣra-] Weltraumkunde *f*; **~γυρισμένος** [-jirizm-] weitgereist; **~θεωρία** Weltanschauung *f*;

~ϊστορικός weltgeschichtlich; **~κρατορία** Weltherrschaft *f*; **~πλημμύρα** Menschenmenge *f*; **~πολίτης** Weltbürger *m*
κόσμ|ος [-zm-] Welt *f*; Weltall *n*; Leute *pl*; ***ο καλός ~ος*** die feinen Leute *pl*; ***ο πολύς ~ος*** die breite Öffentlichkeit *f*; ***φέρνω (έρχομαι) στον ~ο*** zur Welt bringen (kommen); **~οσυρροή** Menschenandrang *m*; **~οχαλασιά** [-'sja] *μτφ.* Weltuntergang *m*; Radau *m*; **~ώ** (*ησ· ηθ· ημ*) schmücken; *μτφ.* zieren
κοστ|ίζω (*σ*) kosten (*D*/*A*); *μτφ.* (schwer) (be)treffen (*D*/*A*); **~ολόγιο** [-jiɔ] Preisliste *f*; Kostenvoranschlag *m*; ***αστικό ~ολόγιο*** Ortstarif *m*
κόστος *n* Kosten *pl*; Selbstkostenpreis *m*; ***λειτουργικό ~*** Betriebskosten *pl*; ***~ ζωής*** Lebenshaltungskosten *pl*; ***~ παραγωγής*** Produktionskosten *pl*
κοστούμι Anzug *m*
κότα Henne *f*, Huhn *n*
κότερο Segelboot *n*; Jacht *f*
κοτ|έτσι Hühnerstall *m*; **~όπουλο** Hühnchen *n*, Hähnchen *n*
κοτρών|α, ~ι (großer) Stein *m*
κοτσανάτος gesund, robust
κοτσάνι Stengel *m*; Strunk *m*
κοτσάρω (II = I) etw. anhängen *D*
κότσι *ανατ.* Knöchel *m*; *pl* Knöchelspiel *n*; ***έχω ~α*** stark sein
κοτσίδα Zopf *m*
κότσος Haarknoten *m*
κότσυφας, κοτσύφι Amsel *f*
κουβάλημα *n* Heranbringen *n*, Herbeischaffen *n*; Umzug *m*
κουβαλώ (*άς· ησ· ηθ· ημ*) *v*/*t* (heran)bringen; transportieren; ins Haus bringen; *v*/*i* einziehen; *ειρων.* hereinschneien
κουβ|άρι Knäuel *n*, *m*; ***κάνω ~άρι*** zerknautschen; **~αριάζω** [-'ja-] (*σ· στ· σμ*) aufwickeln; *v*/*p* sich krümmen; **~αρίστρα** Spule *f*
κουβαρντ|αλίκι [-rd-] Gebefreudigkeit *f*; **~άς** (*-άδες*) *οικ.* spendable(r) Mensch
κουβάς (*-άδες*) Eimer *m*
κουβέντα Unterhaltung *f*, Gespräch *n*
κουβεντιάζω [-'ja-] (*σ· στ· σμ*) *v*/*i* sich unterhalten; plaudern; *v*/*t* besprechen; *προσ.* durchhecheln
κουβέρτα Bettdecke *f*; *ναυτ.* Deck *n*
κουδ|ούνι Glocke *f*, Klingel *f*; **~ουνίζω** (*σ*) läuten, klingeln; **~ούνισμα** [-zma] *n* Läuten *n*; Klingen *n*
κουζίνα Küche *f*; Herd *m*; Kochkunst *f*; ***ηλεκτρική ~*** elektrische(r) Herd; ***~ μικροκυμάτων*** Mikrowellenherd *m*
κουκ|ί Saubohne *f*; *μτφ.* Körnchen *n*; **~ίδα** Punkt *m*
κούκλα Puppe *f*
κουκλοθέατρο Puppentheater *n*
κούκος Kuckuck *m*; *μτφ. adv.* ganz allein
κουκουβάγια [-ja] Eule *f*
κουκούλ|α Kapuze *f*; Kappe *f*; **~ι** Seidenkokon *m*
κουκουλώνω (*σ· θ*) bedecken; zudecken; *μτφ.* verheimlichen; *προσ.* verkuppeln
κουκουν|άρα, ~άρι Tannenzapfen *m*; Fichtenzapfen *m*
κουκούτσι Kern *m*, Stein *m*
κουλ|αίνω (*αν· αθ· αμ*) verkrüppeln; **~ός** verkrüppelt; einarmig
κουλούρ|α, ~ι Kringel *m*, Brezel *f*; Ring *m*; Null *f*; Rettungsring *m*
κουλουριάζω [-'ja-] (*σ· στ· σμ*) *v*/*t* zusammenrollen, zusammendrehen
κουμαντάρω kommandieren
κουμάντο Verwaltung *f*
κουμάσι (Hühner-, Schweine-)Stall *m*; *μτφ.* Gauner *m*
κουμπάρα Patin *f*; Trauzeugin *f*
κουμπαράς (*-άδες*) Sparbüchse *f*
κουμπ|αριά [-'ja] Patenschaft *f*; **~άρος** Pate *m*; Trauzeuge *m*
κουμπ|ί Knopf *m*; **~ότρυπα** Knopfloch *n*
κουμπούρα Pistole *f*; *μτφ.* Hinterwäldler *m*
κουμπώνω (*σ· θ*) (zu)knöpfen
κουνά|βι, ~δι Marder *m*
κουνέλι Kaninchen *n*
κούνημα *n* Bewegen *n*, Wackeln *n*
κούνια ['kunja] Wiege *f*; Schaukel *f*
κουνιάδ|α [-'nja-] Schwägerin *f*; **~ος** Schwager *m*
κουνιστός wackelig; wackelnd
κουνούπι Mücke *f*; Moskito *m*
κουνουπίδι Blumenkohl *m*
κουνουπιέρα [-'pjɛ-] Moskitonetz *n*
κουνώ (*άς· ησ· ηθ· ημ*) *v*/*t* bewegen; schütteln; rütteln an *D*; schwenken; *πλοίο*: schaukeln; *v*/*p* sich bewegen; schaukeln; wackeln; schnell machen

κούπα Becher *m*; Schoppen *m*; Pokal *m*; *χαρτοπ.* Herz *n*
κουπαστή Reling *f*
κουπέ (*0*) *n* (Zug-)Abteil *n*; **~ *καπνιστών*** Raucherabteil *n*; **~ *μη καπνιστών*** Nichtraucherabteil *n*
κουπί Ruder *n*; ***τραβώ* ~** rudern
κουπόνι Kupon *m*; Abschnitt *m*; **~ *βενζίνης*** Benzingutschein *m*; **~ *φαγητού*** Essensmarke *f*
κούρα Kur *f*; Diät *f*; Visite *f*
κουράγιο [-jɔ] Mut *m*, Courage *f*
κουράζω (*σ· στ· σμ*) *v/t* ermüden, anstrengen; *v/p κ.* ermüden, müde werden
κουραμπιές [-a'bjɛs] süße(s) Buttergebäck; *ειρων.* Drückeberger *m*
κουράρω behandeln, kurieren
κούραση Ermüdung *f*; Anstrengung *f*; Müdigkeit *f*; Strapaze *f*
κουρασ|μένος [-azm-] müde; abgespannt; **~τικός** [-st-] anstrengend
κουρδίζω (*σ· στ· σμ*) *μουσ.* stimmen; aufziehen; *μτφ.* aufziehen, necken
κουρέας (Herren-)Friseur *m*
κουρείο Herren(frisier)salon *m*
κουρ|έλι Lumpen *m*, Lappen *m*, Fetzen *m*; **~ελιάζω** [-'lja-] (*σ· στ· σμ*) zerfetzen *κ. μτφ.*; **~ελιάρης** 3 zerlumpt; **~ελού** (*-δες*) *f* Flickenteppich *m*
κούρεμα *n* Haarschneiden *n*
κουρεύω [-'ɛvɔ] (*εψ· ευτ· εμ*) die Haare schneiden *D*
κούρκος Truthahn *m*, Puter *m*
κουρνιάζω [-'nja-] (*σ*) sich auf die Stange setzen; *μτφ.* Unterkunft finden
κουρντίζω [-rd-] *βλ.* ***κουρδίζω***
κουρο(υ)φέξαλα *n/pl* dumme(s) Zeug, Unsinn *m*
κούρσα (Luxus-)Wagen *m*; Fahrt *f*; Pferderennen *n*
κουρσ|άρος Pirat *m*, Seeräuber *m*; **~εύω** [-'ɛvɔ] (*εψ· ευτ· εμ*) überfallen und verwüsten
κουρτίνα Vorhang *m*
κουσούρι Fehler *m*, Mangel *m*
κουτάβι Welpe *m*; junge(r) Hund, Wolf *ή* Fuchs; *μτφ.* Tropf *m*
κουτ|άλα Schöpfkelle *f*; Kochlöffel *m*; **~αλάκι** Teelöffel *m*; **~άλι** Löffel *m*; **~αλιά** [-'lja] Löffelvoll *m*
κουταμάρα Albernheit *f*, Dummheit *f*
κούτελο Stirn *f*
κουτί Schachtel *f*, Dose *f*; ***μαύρο* ~** Flugschreiber *m*
κουτ|οπονηριά [-'ja] Bauernschläue *f*; **~οπόνηρος** bauernschlau; **~ός** dumm, doof; naiv
κουτουλιά [-'lja] (Kopf-)Stoß *m*
κουτουρ|άδα Unbesonnenheit *f*; **~ού** aufs Geratewohl
κουτρ|ουβάλα Purzelbaum *m*; **~ουβαλιάζω** [-'lja-], **~ουβαλώ** (*άς· ησ*) hinunterpurzeln
κούτσα: ~-~ hinkend
κουτσά: ~-*στραβά* so gerade eben, mit Ach und Krach
κουτσαίνω (*αν· αθ· αμ*) *v/t* lähmen; *v/i* hinken, humpeln
κουτσο- *Präfix* lahm, fehlerhaft
κουτσοδόντης 3 zahnlückig
κουτσο|μπόλα, ~μπόλης [-ɔb-] Klatschbase *f*; **~μπολεύω** [-'ɛvɔ] (*εψ· ευτ· εμ*) klatschen; **~μπολιό** [-lj-] Klatsch *m*, Tratsch *m*; **~περνώ** (*άς· περασ*) dahinvegetieren; **~πίνω** (*βλ.* ***πίνω***) nippen, langsam trinken
κουτσός lahm, hinkend
κουτσουλιά [-'lja] Vogelmist *m*
κουτσουλώ (*άς· ησ*) misten
κουτσουρεύω (*εψ· ευτ· εμ*) abschneiden; stutzen; beschneiden
κούτσουρο Stumpf *m*; Kloben *m*; *μτφ.* Schafskopf *m*
κουφαίνω (*αν· αθ· αμ*) *v/t* taub machen; *v/p* taub werden
κουφάλα Höhlung *f*
κουφαμάρα Taubheit *f*
κουφάρι Gerippe *n*
κουφέτο Bonbon *m*; Dragée *n*
κούφιος [-jɔs] (***-α, -ο***) hohl *κ. μτφ.*; *καρύδι*: taub
κουφόβραση Schwüle *f*
κουφ|ός taub; ***στα* ~ά** lautlos
κούφωμα *n* Fensterrahmen *m*; Türrahmen *m*; Höhlung *f*
κοφίνι Kiepe *f*, Korb *m*
κοφτ|ά: *ορθά*-~ά klar und deutlich; **~ερός** scharf; schneidend; **~ήριο** Nepplokal *n*; **~ός** (ein-)geschnitten
κόχη [-çi] Ecke *f*; Augenhöhle *f*
κοχλάζω [kɔxl-] kochen; brausen
κοχλίας [-xl-] Schnecke *f κ. τεχν.*
κοχύλι Muschel-, Schneckengehäuse *n*
κόψη Schneide *f*
κοψίδι Schnitzel *m*, Abschnitt *m*
κόψιμο (*-ματος*) Schneiden *n*; Scheren *n*; Schnitt *m*; Abgewöhnen *n des Rauchens*; Schnittwunde *f*; Kolik *f*

κραγιόν [-'jɔn] (0) *n* Lippenstift *m*
κραδ|αίνω (*αν*) schwingen; **~ασμός** [-zm-] Schwingung *f*, Vibration *f*
κράζω (*ξ*) schreien; *πουλί*: krächzen
κραιπάλη Rausch *m*, Ausschweifung *f*
κράμα *n* Gemisch *n*, Mischung *f*
κράμπα *ιατρ.* Krampf *m*
κρανίο Schädel *m*
κράνος Helm *m*
κράξιμο (*-ματος*) Schrei *m*
κράση (*-εις*) Körperbeschaffenheit *f*, Konstitution *f*; Veranlagung *f*
κρασί Wein *m*; ***επιτραπέζιο ~*** Tafelwein *m*; ***μαύρο ~*** Rotwein *m*
κρασ|οπατέρας Säufer *m*; **~οπότηρο** Weinglas *n*; **~οπωλείο** Weinhandlung *f*

K

κράσπεδο Rand *m*; Bordstein *m*
κρατήρας Krater *m*; Mischkrug *m*
κράτηση (*-εις*) Haft *f*, Inhaftierung *f*; ***~ δωματίου*** Vorbestellung *f*; *pl* Abzüge *m*/*pl*
κρατητήριο Arrestzelle *f*
κρατικ|οποίηση (*-εις*) Verstaatlichung *f*; **~οποιώ** (*ησ· ηθ· ημ*) verstaatlichen; **~ός** staatlich
κράτος *n* Staat *m*; ***αστυνομικό ~*** Polizeistaat *m*; ***βιομηχανικό ~*** Industriestaat *m*; ***πολυεθνικό ~*** Vielvölkerstaat *m*; ***~-μέλος*** Mitgliedsland *n*; ***κατά ~*** völlig, gänzlich
κρατώ (*είς, άς· ησ· ηθ· ημ*) *v*/*t* halten; *δωμάτιο* vorbestellen, reservieren; *έθιμα* bewahren; *από μισθό* einbehalten, abziehen; *προσ.* aufhalten; *γέλιο* unterdrücken; *v*/*i χρον.* dauern; halten; stammen (***από***/aus *D*); *v*/*p* (*-ιέμαι*) sich beherrschen; sich festhalten (***από***/an *D*); sich halten, rüstig bleiben
κραυγ|άζω [kravγ-] (*σ*) schreien; **~ή** [-'vji] Schrei *m*; Geschrei *n*
κραχ [krax] (0) *n* Börsenkrach *m*
κράχτης Schreier *m*; Lockvogel *m*
κρέας (*-ατος*) *n* Fleisch *n*
κρεατοελιά [-'lja] Warze *f*
κρεβ|άτι Bett *n*; ***διπλό ~άτι*** Doppelbett *n*; ***μονό ~άτι*** Einzelbett *n*; **~ατοκάμαρα** Schlafzimmer *n*; **~ατώνω** (*σ· θ*) ans Bett fesseln
κρέμα Sahne *f*, Rahm *m*; Creme *f κ. μτφ.*; ***~ ηλίου*** Sonnencreme *f*
κρεμάλα Galgen *m*
κρεμασ- *βλ.* ***κρεμώ***
κρεμασ|μένος [-zm-] (auf)gehängt; **~τάρι** [-st-] (Kleider-)Bügel *m*
κρεμάστρα (Kleider-)Bügel *m*; Garderobe *f*
κρεμιέμαι [-'mjε-] (*αστ· ασμ*) sich erhängen
κρεμμύδι Zwiebel *f*
κρέμομαι (*αστ· ασμ*) hängen, schweben; *μτφ.* abhängen von *D*
κρεμώ (*άς· ασ· αστ· ασμ*) *v*/*t* hängen (***σε***/an), aufhängen; henken, erhängen; ***~ τα μούτρα*** ein langes Gesicht machen
κρεο|πωλείο Fleischerei *f*, Schlachterei *f*; **~πώλης** Fleischer *m*, Schlachter *m*, Metzger *m*
κρε|οφαγία [-'jia] Fleischkost *f*; **~οφάγος** [-γɔs] fleischessend; *ζώα*: fleischfressend
κρέπ(ι) (0) *n* Krepp *m*
κρεπάρω (II = I, *αρισ· αρισμ*) *v*/*i* zerreißen, e-n Riß bekommen; *μτφ.* platzen (***από***/vor *D*)
κρησφύγετο [-jε-] Unterschlupf *m*
κριάρι Schafbock *m*, Widder *m*
κριθ- *βλ.* ***κρίνω***
κριθαρ|άκι Graupe *f*; *ιατρ.* Gerstenkorn *n*; **~ένιος** [-njɔs] (***-α, -ο***) Gersten-
κριθάρι Gerste *f*
κρίκος Ring *m*; (Binde-)Glied *n*; *τεχν.* Hebewinde *f*; *pl αθλ.* Ringe *m*/*pl*; ***~ κλειδιών*** Schlüsselbund *m*
κρίμα *n* Sünde *f*, Vergehen *n*; *adv* schade!; ***τι ~*** wie schade!
κρίνο, ~ς Lilie *f*
κρίνω (II = I· *θ· κριμ*) glauben, meinen; urteilen (***από***/nach *D*); halten für *A*; beurteilen; *θρ.* richten
κρίση (*-εις*) Meinung *f*, Urteil *n* (***για***/über *A*); Entscheidung *f*; Beurteilung *f*; Urteilsvermögen *n*; *πολ.*, Krise *f*; ***οικονομική ~*** Wirtschaftskrise *f*
κρίσιμος kritisch, bedenklich; entscheidend
κρισιμότητα kritische Lage *f*
κριτ|ήριο Kriterium *n*; **~ής** Richter *m*; Rezensent *m*, Kritiker *m*; **~ικάρω** (*αρ, αρισ· αρισμ*) kritisieren; **~ική** Kritik *f*; **~ικός** kritisch; *Su m* Kritiker *m*
κροκάδι Eigelb *n*
κροκόδειλος Krokodil *n*
κρόκος Krokus *m*, Safran *m*; Eigelb *n*
κρόσσι Franse *f*; *pl* Hahnenkamm *m*
κροσσωτός fransenbesetzt

κροταλ|ίας Klapperschlange *f*; **~ίζω** (*σ*) klappern
κρόταλο Kastagnette *f*
κρόταφος Schläfe *f*
κροτίδα Knallbonbon *m*
κρότος Krach *m*, Lärm *m*; Knall *m*; *μτφ*. Aufsehen *n*
κρουαζιέρα [-'zjεra] Kreuzfahrt *f*
κρουνηδόν *adv* in Strömen
κρούση (*-εις*) (Vor-)Stoß *m*; Stoßen *n*
κρούσμα [-zma] *n αρρώστια*: Fall *m*; Vorkommnis *n*
κρούστα Kruste *f*, Rinde *f*; *ιατρ*. Schorf *m*; *ζαχαρ*. Glasur *f*
κρουστά *n/pl* Schlaginstrumente *n/pl*
κρυάδα Kälte *f*; *pl* Schauer *m*; Schüttelfrost *m*
κρύβω (*ψ· φτ· μμ*) verstecken, verbergen; aufheben, aufbewahren
κρύο Kälte *f*; ***κάνει ~*** es ist kalt
κρυο|λόγημα [-ji-] *n* Erkältung *f*; **~λογώ** [-'γɔ] (*ησ· ημ*) sich erkälten; **~πάγημα** [-ji-] *n* Erfrierung *f*
κρύος (***-α, -ο***) kalt; *μτφ*. kühl; *αστείο*: abgeschmackt
κρύπτη Krypta *f*
κρυπτ|ογράφηση (*-εις*) Verschlüsseln *n*, Chiffrieren *n*; **~ογραφικός** verschlüsselt; **~ογραφώ** (*ησ· ηθ· ημ*) verschlüsseln, chiffrieren
κρυστ|αλλικός *χημ*. kristallin; Kristall-; **~άλλινος** kristallen; kristallklar
κρύσταλλο Kristall *n*; *adv μτφ*. kristallklar; **~ς** Kristall *m*; Eiszapfen *m*
κρυστ|αλλώδης 2 kristallartig; **~αλλώνω** kristallisieren
κρυφ|ά *adv* heimlich, insgeheim; **~ακούω** (*σ*) horchen; abhören
κρυφ(ο)- verstohlen, heimlich
κρυφό Geheimnis *n*
κρυφο|βλέπω, ~κοιτάζω (*ξ*) *v/t* verstohlen beobachten; *v/i* lugen; **~μιλώ** (*άς· ησ*) tuscheln, flüstern
κρυφός versteckt, heimlich
κρυφτούλι Versteckspiel *n*
κρύψιμο (*-ματος*) *n* Verstecken *n*, Verheimlichen *n*
κρυψώνα Versteck *n*, Schlupfwinkel *m*
κρύωμα *n* Erkältung *f*
κρυώνω (*σ· μ*) *v/i* kalt werden; mir ist kalt; sich erkälten; *v/t* abkühlen
κρώζω (*ξ*) krächzen
κτ- *βλ. κ.* ***χτ-***

κτήμα *n* Gut *n*, Landgut *n*
κτηματ|ίας Grundbesitzer *m*; **~ικός** Grund-, Grundkredit-; **~ολόγιο** [-ji-] Grundbuch *n*; **~ομεσίτης** Immobilienmakler *m*
κτην|ιατρική Veterinärmedizin *f*; **~ίατρος** Tierarzt *m*
κτήνος Tier *n*; *μτφ*. Vieh *n*, Bestie *f*
κτην|οτροφία Viehzucht *f*; **~οτρόφος** Viehzüchter *m*; **~ώδης** 2 tierisch; bestialisch, brutal; **~ωδία** Bestialität *f*
κτήση (*-εις*) Erwerb *m*; Besitzung *f*
κτητικός Besitz-; *γραμμ*. Possessiv-
κτίριο Gebäude *n*
κτίσ|η (*-εις*) Erbauen *n*, Gründung *f*; **~μα** [-zma] *n* Bauwerk *n*
κυβέρνηση (*-εις*) Regierung *f*; ***~ συνασπισμού*** Koalitionsregierung *f*
κυβερν|ήτης Gouverneur *m*; *ναυτ*., *αερ*. Kapitän *m*; Kommandant *m*; **~ητικός** Regierungs-; **~ώ** (*άς· ησ· ηθ· ημ*) regieren; *ναυτ*. steuern
κυβ|ικός Kubik-; kubisch; **~ισμός** [-zm-] Raummessung *f*; Kubismus *m*; **~όλιθος** Pflasterstein *m*
κύβος Würfel *m*; *μαθ*. Kubikzahl *f*
κυδ|ώνι Quitte *f*; **~ωνιά** [-'nja] Quittenbaum *m*
κύηση (*-εις*) Schwangerschaft *f*
κυκεώνας wüste(s) Durcheinander
κυκλάμινο Alpenveilchen *n*
κυκλικός kreisförmig, Kreis-; zyklisch
κύκλος Kreis *m*; Kreisbahn *f*; Zyklus *m*; Ring *m*; *μτφ*. Runde *f*; Gebiet *n*; ***φαύλος ~*** Teufelskreis *m*; ***~ εργασιών*** *εμπ*. Umsatz *m*; ***ετήσιος ~ εργασιών*** Jahresumsatz *m*; ***~ σπουδών*** Lehrgang *m*
κυκλο|φορία *χρήμ*.: Umlauf *m*; *βιβλία*: Vertrieb *m*; Verkehr *m*; ***οδική ~φορία*** Straßenverkehr *m*; ***~φορία του αίματος*** Blutkreislauf *m*; **~φοριακός** Kreislauf-; Umlaufs-; **~φορώ** (*ησ· ηθ· ημ*) *v/t* in Umlauf setzen; *βιβλίο* veröffentlichen; *v/i* umhergehen; sich bewegen; *μτφ*. zirkulieren; *αίμα*: kreisen
κύκλωμα *n ηλ*. Stromkreis *m*; *μτφ*. *pl* Beziehungen *f/pl*
κυκλώνας Zyklon *m*, Wirbelsturm *m*
κυκλώνω (*σ· θ*) umkreisen; einkreisen
κύκλωση (*-εις*) Umkreisung *f*; Einkreisung *f*, Umzingelung *f*
κύκνος Schwan *m*

κυλικείο Büfett *n*; Café *n*
κυλινδρικός zylindrisch
κύλινδρος Zylinder *m*; Walze *f*
κυλώ (*άς· ησ· ιστ· ισμ*) *v/t* rollen; wälzen; *v/i* rollen; verstreichen
κύμα *n* Welle *f*; ***βραχύ*** **~** Kurzwelle *f*; ***ηχητικό*** **~** Schallwelle *f*; ***μεσαίο*** **~** Mittelwelle *f*; **~ *ζέστης*** Hitzewelle *f*; **~ *ψύχους*** Kältewelle *f*
κυμ|αίνομαι (*ανθ*) wogen; schwanken *κ. μτφ.*; **~αινόμενος** schwankend
κυμ|ατίζω (*σ· στ· σμ*) *v/i* flattern, wehen; **~άτισμα** *n*, **~ατισμός** [-zm-] Flattern *n*, Wehen *n*; **~ατοθραύστης** [-'afs-] Wellenbrecher *m*, Mole *f*
κύμινο Kümmel *m*
κυνάγχη [-çi] Angina *f*
κυν|ηγετικός [-j-] Jagd-; **~ηγητό** Jagen *n*; ***παίζω ~ηγητό*** Kriegen spielen; **~ήγι** Jagd *f κ. μτφ.* (*G*/nach *D*); Wild *n*; **~ηγός** [-'ɣɔs] Jäger *m*; **~ηγώ** (*άς· ησ· ηθ· ημ*) jagen; verfolgen; *δουλειά* suchen; **~ικός** zynisch; *Su m* Zyniker *m*; **~ικότητα, ~ισμός** [-zm-] Zynismus *m*; **~όδοντας** Eckzahn *m*
κυοφορ|ία Schwangerschaft *f*; **~ώ** (*ησ*) schwanger sein; *μτφ.* in sich bergen; *σχέδιο* aushecken
κυπαρ|ισσένιος [-njɔs] (***-α, -ο***) Zypressenholz-; **~ίσσι** Zypresse *f*
κύπελλο Becher *m*; *αθλ.* Pokal *m*
κυπρίνος Karpfen *m*
κυρά *οικ.* Frau *f* (des Hauses)
κύρης *οικ.* Herr *m*; Vater *m*
κυρία Frau ...; Dame *f*
κυριακάτικος [-ja-] Sonntags-; *n/pl* Sonntagskleider *n/pl*
Κυριακή [-ja-] Sonntag *m*
κυρ|ιαρχία [-ç-] Oberherrschaft *f*, Souveränität *f*; **~ιαρχικός** Hoheits-; souverän; **~ιαρχώ** [-'xɔ] (*ησ· ηθ· ημ*) herrschen, souverän sein; Herr sein (*G*/*G*); **~ίευση** (*-εις*) [-ɛfsi] Eroberung *f*; **~ιεύω** [-'ɛvɔ] (*ευσ, εψ· ευτ· ευμ*) erobern, sich bemächtigen *G*
κυριο|λεκτικός eigentlich, wörtlich; *Adv* buchstäblich; **~λεξία** eigentliche(r) *ή* ursprüngliche(r) Sinn
κύρι|ος (***-α, -ο***) Haupt-, hauptsächlich, wesentlich; Grund-, eigentlich; Leit-; *Su m* Herr *m*; *εμπ.* Dienstherr *m*; *θρ.* Herrgott *m*; **~ε** mein Herr; ***κυρίες και ~οι!*** meine Damen und Herren!
κυρ|ιότερος hauptsächlich, Haupt-; *Su n* Hauptsache *f*; **~ιότητα** Eigentum *n*; **~ίως** *Adv* hauptsächlich
κύρος *n* Geltung *f*; Gültigkeit *f*; *νομ.* Rechtsgültigkeit *f*
κυρτ|ός krumm, gebogen; *φακός*: konvex; *τυπ.* kursiv; **~ώνω** (*σ· θ*) krümmen, beugen, wölben, biegen
κύρτωση (*-εις*) Krümmung *f*, Wölbung *f*; Beugen *n*; Buckeln *n*
κυρώνω (*σ· θ*) ratifizieren, bestätigen
κύρωση (*-εις*) Ratifizierung *f*, Bestätigung *f*; *pl* Sanktionen *f/pl*
κύστη (*-εις*) *ανατ.* Blase *f*; Zyste *f*
κυστίτιδα Zystitis *f*, Harnblasenentzündung *f*
κυτταρ|ικός Zell-, **~ίνη** Zellulose *f*
κύτταρο Zelle *f*
κυτταρολογία [-'jia] Zytologie *f*
κύφωση (*-εις*) Buckel *m*, Krümmung *f*
κυψ|έλη Bienenkorb *m κ. μτφ.*; **~ελίδα** *ανατ.* Alveole *f*; Ohrenschmalz *n*
κώδικας Gesetzbuch *n*; Code *m*; Kodex *m*; Schlüssel *m*; ***αστικός*** **~** Bürgerliche(s) Gesetzbuch *n*; ***ποινικός*** **~** Strafgesetzbuch *n*; **~ *οδικής κυκλοφορίας*** Straßenverkehrsordnung *f*
κωδικός Code-; **~ *τράπεζας*** Bankleitzahl *f*
κωδωνοκρουσία Glockengeläut *n*
κωθώνι Tolpatsch *m*, Tölpel *m*
κωλομέρι Hinterbacke *f*, Keule *f*
κώλος Gesäß *n*, Hintern *m*, Arsch *m*
κωλο|σέρνω (*συρ*) zerren, (hinter sich her-)schleppen; *v/p* sich dahinschleppen, dahinkriechen; **~φωτιά** [-'tja] Glühwürmchen *n*, Leuchtkäfer *m*
κώλυμα *n* Hindernis *n*
κωλυσιεργ|ία [-'jia] Obstruktion *f*, Verschleppungstaktik *f*; **~ώ** [-'ɣɔ] (*ησ*) die Arbeit behindern
κωλύω (*σ· θ*) hindern (**να**/daran, zu); *v/p* verhindert sein
κωλώνω (*σ· μ*) *v/i* zurückweichen
κώμα *n* Koma *n*
κωμικ|ός komisch, drollig; *Su m* Komiker *m*; *Su n* Komik *f*; **~οτραγικός** [-ji-] tragikomisch
κωμωδία Komödie *f*, Lustspiel *n*
κωνικός kegelförmig, konisch
κώνος Kegel *m*; *βοτ.* Zapfen *m*
κωπηλ|ασία Rudern *n*; **~άτης** Ruderer *m*; **~ατώ** (*ησ*) rudern
κωφάλαλος taubstumm, gehörlos
κώφωση Taubheit *f*; Ertauben *n*

Λ

λαβ- *βλ.* ***λαμβάνω***
λάβα Lava *f*
λαβαίνω (*λαβ*) bekommen
λαβ|είν: ***δούναι και ~είν*** *εμπ.* Soll und Haben *n*; **~ή** Griff *m*; Henkel *m*; ***δίνω ~ή*** (***για***) Anlaß geben (zu); **~ίδα** Zange *f*; Pinzette *f*
λάβρα Schwüle *f*, Hitze *f*
λαβράκι *φάρι*: Meerwolf *m*
λαβύρινθος Labyrinth *n κ. αναт.*
λαβωματιά [-'ja] Verwundung *f*
λαβώνω (*σ· θ*) verwunden
λαγάνα Fladenbrot *n*
λαγ|αρίζω (*σ· σμ*) klären; läutern; **~αρός** fein, klar, durchsichtig
λαγήν|α, ~ι [-'ji-] Krug *m*
λαγκάδι Schlucht *f*
λαγνεία [laɣ-] Wollust *f*
λάγνος [-ɣn-] wollüstig, sinnlich
λαγοκοιμάμαι (*ηθ*) schlummern
λαγός Hase *m*
λαγούμι [-'ɣu-] Kanal *m*; Stollen *m*
λα(γ)ούτο Laute *f*
λαγωνικό [-ɣɔ-] Jagdhund *m*
λαδ|έμπορος Ölhändler *m*; **~ερό** Ölkanne *f κ. τεχν.*; **~ερός** ölig; mit Öl
λάδι Öl *n*; **~ *ηλίου*** Sonnenöl *n*; ***~ μηχανής*** Motoröl *n*
λαδ|ιά Ölfleck *m*; Ölernte *f*; **~ομπογιά** [-ɔbɔ'ja] Ölfarbe *f*; **~όχαρτο** [-xar-] Pergamentpapier *n*
λάδωμα *n* Ölen *n*, Schmieren *n*
λαδώνω (*σ· θ*) ölen, schmieren
λαζάνια *n/pl* breite Nudeln *f/pl*
λαθ|αίνω sich irren; **~εμένος** falsch, fehlerhaft; **~εύω** [-'ɛvɔ] (*εψ· ευτ· εμ*) sich irren
λάθος *n* Irrtum *m*, Fehler *m*; ***δακτυλογραφικό ~*** Tippfehler *m*; ***τυπογραφικό ~*** Druckfehler *m*; ***κάνω ~*** sich irren; ***κατά ~*** aus Versehen
λαθρ|αίος (***-α, -ο***) erschlichen; Schmuggel-; *οικ.* schwarz; heimlich; **~εμπόριο** Schmuggel *m*; **~έμπορος** Schmuggler *m*; **~επιβάτης** blinde(r) Passagier; **~οθήρας** Wilddieb *m*
λαϊκ|ός volkstümlich; einfach; weltlich; *θρ.* Laien-; **~ότητα** Popularität *f*
λαιμά *n/pl* Kehle *f*; Hals *m*; *λαϊκό* Mandeln *f/pl*
λαιμαργία [-'jia] Gefräßigkeit *f*
λαίμαργος [-ɣɔs] gefräßig, unersättlich; *Su* Nimmersatt *m*
λαιμ|ητόμος *f* Guillotine *f*; **~ός** Hals *m*; Kehle *f*
λακίζω (*0*) davonlaufen
λακκάκι Grübchen *n*
λάκκος Grube *f*, Graben *m*
λακκούβα Schlagloch *n*
λαλιά [-'lja] Stimme *f*; Gezwitscher *n*
λαλώ (*ησ*) *πουλιά*: singen; *πετεινός*: krähen; *πρόσ.*: reden
λάμα Rasierklinge *f*; *ζωολ.* Lama *n*
λαμαρίνα Eisenblech *n*
λαμβάνω (*λαβ· ληφθ*) nehmen; *γράμμα* erhalten, bekommen; ***~ το λόγο*** das Wort ergreifen; ***~ μέρος*** teilnehmen (***σε***/an *D*); ***~ μέτρα*** Maßnahmen ergreifen; ***~ υπ' όψη*** berücksichtigen; ***~ χώρα*** stattfinden
λάμπα Lampe *f*; ***~ κομοδίνου*** Nachttischlampe *f*; ***~ φθορίου*** Halogenlampe *f*
λαμπ|άδα Fackel *f*; Wachskerze *f*; **~αδηφορία** Fackelzug *m*; **~ερός** leuchtend; **~ικάρω** (*αρισ· αρισμ*) destillieren; **~οκοπώ** (*άς· ησ*) glänzen
Λαμπρή Ostern *pl*, Osterfest *n*
λαμπρ|ιάτικος Oster-; **~ός** glänzend *κ. μτφ.*; **~ότητα** Glanz *m*; **~ύνω** (II = I) Glanz verleihen *D*
λαμπ|τήρας Glühbirne *f*; Lampe *f*; **~υρίζω** (*σ*) funkeln, schimmern
λάμπω (*ψ*) *ήλιος*: scheinen; strahlen (***από***/ vor *D*); leuchten, glänzen
λάμψη (*-εις*) Glanz *m*; Schein *m*
λανθασμένος [-zm-] falsch, fehlerhaft
λάντζα Abwaschbecken *n*
λαξ|ευτός [-ɛft-] gemeißelt, in Stein gehauen; geschnitzt; **~εύω** [-'ɛvɔ] (*σ· φτ· μ*) meißeln; *ξύλο* schnitzen
λαογραφία [-ɣra-] Volkskunde *f*
λαός Volk *n*; Volksmenge *f*
λαοφιλής 2 beliebt
λαπάς (*-άδες*) Reisbrei *m*
λαρδί Speck *m*
λάρυγγας, λαρύγγι Kehle *f*; Kehlkopf *m*; Gurgel *f*
λαρυγγ|ικός Kehlkopf-, Laryngal-; **~ίτιδα** Kehlkopfentzündung *f*

λασκάρω (II = I, *αρισ*) *v/t* loslassen; *v/i* nachlassen, locker werden
λάσπη Schlamm *m*, Schmutz *m*, *οικ.* Matsch *m*; ***το 'κοψε ~*** er hat sich aus dem Staub gemacht
λασπώ|δης 2 schlammig; **~νω** (*σ· θ*) *v/t* schmutzig machen; *v/p* schmutzig werden; verschlammen
λαστιχένιος [-'çenj-] (**-α, -ο**) Gummi-
λάστιχο [-xɔ] Gummi *m*; Reifen *m*
λατέρνα Drehorgel *f*, Leierkasten *m*
λατινικός lateinisch
λατομείο Steinbruch *m*
λάτρα Reinemachen *n*
λατρ|εία Verehrung *f*; **~ευτός** [-ɛft-] geliebt, verehrt; **~εύω** [-'ɛvɔ] (*εψ· ευτ· εμ*) verehren, anbeten; vergöttern
λάτρης Verehrer *m*; Anbeter *m*
λάφυρο Beute *f*; Siegeszeichen *n*
λαχαίνω [-'çɛ-] (*λαχ*) treffen; zufallen *D*; *unp.* ***αν λάχει ...*** wenn sich ... bietet
λαχαναγορά Gemüsemarkt *m*
λαχ|ανιάζω [-xanj-] (*σ· σμ*) keuchen; **~άνιασμα** [-zma] *n* Keuchen *n*
λαχανικό [-xa-] Gemüse *n*
λάχανο Kohl *m*; *pl* Gemüse *n*
λαχαν|οπωλείο [-xa-] Gemüseladen *m*; **~οπώλης** Gemüsehändler *m*
λαχ|είο [laç-] Lotterie *f* *κ. μτφ.*; Los *n*; **~ειοφόρος** (**-α, -ο**) Prämien-; **~νός** [-'xnɔs] Los *n*; ***βάζω ~νό*** auslosen
λαχτ|άρα [laxt-] Sehnsucht *f*; **~αριστός** begehrenswert; appetitlich; **~αρώ** (*άς· ησ*) *v/t* sich sehnen nach *D*
λέαινα Löwin *f*
λεβάντα Lavendel *m*
λεβάντες Ostwind *m*; Levante *f*
λεβεντιά [-ɛ'ňdja] Tapferkeit *f*
λέβητας Kessel *m*
λέγομαι heißen; *βλ.* ***λέω***
λεγόμενος [lɛɣ-] sogenannt
λεζάντα Bildunterschrift *f*
λεηλα|σία Plünderung *f*; **~τώ** (*ησ· ηθ· ημ*) plündern
λεία Beute *f*
λειαίνω (*αν· ανθ· ασμ*) glätten
λείος (**-α, -ο**) glatt, poliert
λείπω (*ψ*) fehlen, es fehlt an *D*; abwesend sein; ***λίγο έλειψε να*** beinahe
λειρί Hahnenkamm *m*
λειτούργημα [-ji-] *n* Amt *n*
λειτουργ|ία Funktion *f*; Tätigkeit *f*; Betrieb *m*; *θρ.* Messe *f*, Liturgie *f*; **~ός** [-'ɣɔs] Beamte(r); Priester *m*; **~ώ** (*ησ*) funktionieren; *πρόσ.*: fungieren; arbeiten; in Betrieb sein; *θρ.* (*a. ηθ· ημ*) Messe lesen
λειχήνα *βοτ., ιατρ.* Flechte *f*
λείψανο Leiche *f*; *pl* Reste *m/pl*; *θρ.* Reliquien *f/pl*
λειψ|ός unvollständig; *χρήμ.*: knapp; zu knapp gewogen; **~υδρία** Wassermangel *m*
λειω- *βλ.* ***λιω-***
λεκ|άνη Waschschüssel *f*; Toilettenbecken *n*; Becken *n*; **~ανοπέδιο** Tiefebene *f*; **~ές** (*-έδες*) Fleck *m*; **~ιάζω** [-'ka-] (*σ· στ· σμ*) *v/t* fleckig machen; *μτφ.* beflecken; *v/i* Flecke bekommen
λέλεκας, λελέκι Storch *m*
λεμβοδρομία Ruderregatta *f*
λέμβος *f K* Kahn *m*, Boot *n*; (***ναυαγο***)***σωστική ~*** Rettungsboot *n*
λεμ|ονάδα Limonade *f*; **~όνι** Zitrone *f*
λεμον|ιά Zitronenbaum *m*; **~όζουμο** Zitronensaft *m*; **~όκουπα, ~όφλουδα** Zitronenschale *f*
λέμφος *f* Lymphe *f*
λέξη (*-εις*) Wort *n*; ***κατά ~*** wörtlich
λεξικό Wörterbuch *n*; Lexikon *n*; ***ειδικό ~ όρων*** Fachwörterbuch *n*
λεξιλόγιο [-'lɔjiɔ] Wortschatz *m*
λεοντ|άρι Löwe *m*; **~ή** Löwenfell *n*
λεοπάρδαλη Leopard *m*
λέπι (Fisch-)Schuppe *f*
λεπίδ|α, ~ι Klinge *f*, Schneide *f*
λέπρα Aussatz *m*, Lepra *f*
λεπταίνω (*υν· υνθ*) *v/t* dünner machen; anspitzen; *v/i* schlanker werden
λεπτεπίλεπτος zimperlich
λεπτ|ό Minute *f*; **~οδείκτης** Minutenzeiger *m*; **~οκαμωμένος** schlank; zierlich; **~ολόγος** [-ɣɔs] peinlich genau; **~ομέρεια** Einzelheit *f*; **~ομερειακός, ~ομερής** 2 ausführlich
λεπτ|ός dünn, schlank; *φωνή*: hoch; fein; zartfühlend; **~ότητα** Schlankheit *f*; Feinheit *f*; Zartgefühl *n*
λέπτυνση Anspitzen *n*; Verfeinerung *f*
λεπτύνω (II = I · *υνθ*) *βλ.* ***λεπταίνω***
λέρα Schmutz *m*; *μτφ.* Schurke *m*
λερώνω (*σ· θ*) *v/t* schmutzig machen; beschmutzen; *v/i* schmutzig werden
λέσχη ['lɛsçi] Klub *m*, Kasino *n*
λέτσος Schmutzfink *m*
λεύκα ['lɛfka] Silberpappel *f*
λευκαίνω (*αν· ανθ· ασμ*) weißen, bleichen; *v/p* weiß werden

λευκοκύτταρα *n/pl* Leukozyten *pl*, weiße Blutkörperchen *n/pl*
λευκοπλάστης (Heft-)Pflaster *n*
λευκ|ός [lɛfk-] (strahlend) weiß; untadelig; **~οσίδηρος** Weißblech *n*; **~ότητα** Weiße *f*; **~όχρυσος** [-xr-] Platin *n*
λεύκωμα (*-ματος*) *n* Album *n*; *βιολ.* Eiweiß *n*
λευτεριά [-'ja] Freiheit *f*
λευχαιμία Leukämie *f*
λεχθ- *βλ.* ***λέω***
λέω (*να πω· είπα· ειπωθ, λεχθ· ειπωμ*) sagen; reden, sprechen; **~ *απέξω*** aufsagen; **~ *για*** meinen, glauben; **~ *να*** beabsichtigen; ***πώς σε λένε*** wie heißt du?; *v/p* (***λέγομαι***) heißen
λεωφ|ορείο Bus *m*; ***υπεραστικό ~ορείο*** Überlandbus *m*; **~όρος** *f* Boulevard *m*, Allee *f*
λήγουσα *γραμμ.* Endsilbe *f*
λήγω (*ξ*) enden; *συμβόλαιο*: ablaufen
λήθαργος [-γɔs] Lethargie *f*
λήθη Vergessenheit *f*
λημέρι Schlupfwinkel *m*
λήμμα *n* Stichwort *n*
λήξη (*-εις*) Ende *n*, Beendigung *f*; *εμπ.* Ablauf *m*; Verfalltag *m*; Fälligkeit *f*
ληξ|ιαρχείο [-'çiɔ] Standesamt *n*; **~ιαρχικός** standesamtlich; **~ίαρχος** [-'iarx-] Standesbeamte(r); **~ιπρόθεσμος** [-zm-] fällig; abgelaufen
λησμο|νιά [lizmɔ'nja] *βλ. κ.* ***λήθη***; Vergeßlichkeit *f*; **~νώ** (*άς, είς· ησ· ηθ· ημ*) vergessen
ληστεία Raub *m*; Räuberei *f*
ληστ|εύω [-'ɛvɔ] (*εψ· ευτ· εμ*) ausrauben; **~ής** Räuber *m*
ληφθ- *βλ.* ***λαμβάνω***
λήψη (*-εις*) Empfang *m*; *φωτογρ.* Aufnahme *f*; *ιατρ.* Einnahme *f*; **~ *αποφάσεως*** Beschlußfassung *f*
λιακάδα [lja-] Sonnenschein *m*
λιανά [lja-] *n/pl* Kleingeld *n*
λιανίζω [lja-] (*σ*) (zer)hacken
λιανικός [lja-] Einzel-; Einzelhandels-; *Adv* einzeln, im kleinen
λιανοπουλητής [lj-] Einzelhändler *m*
λιανός [lja-] dünn; schlank; mager; *Adv* ausführlich, genau
λιβάδι Wiese *f*
λιβ|άνι Weihrauch *m*; **~ανίζω** (*σ· στ· σμ*) mit Weihrauch beräuchern; *μτφ.* beweihräuchern
λίβας Südwestwind *m*, Schirokko *m*
λίβελος Pamphlet *n*
λιγάκι [-'γa-] ein bißchen, etwas
λίγδα [-γð-] Fett *n*; Fettfleck *m*
λιγδ|ερός [-γð-] fettig; schmierig; **~ιάζω** [-γ'ðja-] (*σ· στ· σμ*) *v/t* beschmieren; *v/i* schmierig werden; **~ιάρης** 3 schmierig
λιγνίτης [-γn-] Braunkohle *f*
λιγνός [-γn-] mager; dünn
λιγο|θυμιά [-'mja] Ohnmacht *f*; **~θυμώ** (*άς· ησ*) in Ohnmacht fallen
λιγόλογος [-'γɔlɔγ-] mundfaul
λίγ|ος [-γ-] (ein) wenig, etwas; ***σε ~ο*** bald; ***κάθε ~ο και λιγάκι*** alle naslang
λιγοστ|εύω [-γɔ'stɛvɔ] (*εψ*) *v/t* vermindern; *v/i* sich verringern, abnehmen; **~ός** gering; selten; knapp
λιγούρα [-γ-] Übelkeit *f*; Hunger *m*
λιγουρεύομαι [-'ɛvɔ-] (*ευτ*) *v/t* wild sein auf *A*; begehren
λιγόψυχος [-xɔs] ängstlich
λιγώνω [liγ-] (*σ· θ*) *v/t* Übelkeit verursachen; *v/p* platzen
λιθ|άνθρακας Steinkohle *f*; **~άρι** Stein *m*; **~ικός**: ***~ική εποχή*** Steinzeit *f*
λίθινος steinern, Stein-
λιθο|βόλημα (*-ματος*) *n* Steinigung *f*; **~βολώ** (*ησ· ηθ· ημ*) steinigen
λιθόκτιστος aus Stein gebaut
λίθος Stein *m*; ***θεμέλιος ~*** Grundstein *m*; ***πολύτιμος ~*** Edelstein *m*
λιθ|οστρώνω (*σ· θ*) pflastern; **~όστρωτο** Pflaster *n*; **~όστρωτος** gepflastert
λικέρ (0) *n* Likör *m*
λίκνο Wiege *f κ. μτφ.*
λιλά (0) lila(farben)
λίμα Feile *f*; **~ *νυχιών*** Nagelfeile *f*
λιμάζω (*ξ· σμ*) heißhungrig sein
λιμάνι Hafen *m*; ***αλιευτικό ~*** Fischereihafen *m*; **~ *καταχωρισμού*** Heimathafen *m*
λιμάρω (*αρισ*, II = I) feilen
λιμεν|αρχείο [-'çiɔ] Hafenamt *n*; **~άρχης** Hafenmeister *m*; **~εργάτης** [-'γa-] Hafenarbeiter *m*; **~ικός** Hafen-
λιμνάζω (*σ*) stagnieren *κ. μτφ.*
λίμνη See *m*
λιμνοθάλασσα Lagune *f*
λιμοκτον|ία Hungertod *m*; **~ώ** (*ησ*) (ver)hungern
λιμός Hungersnot *f*
λιμπίζομαι (*στ*) begehren
λιν|άρι Flachs *m*, Lein *m*; **~αρόσπο-**

Λ

ρος Leinsame(n) *m*; **~άτσα** Sacktuch *n*; **~ό** Leinen *n*; **~ός** leinen
λιντσάρω (*αρισ*) lynchen
λιοντάρι [ljɔ-] Löwe *m*
λιοπύρι [ljɔ-] Sonnenglut *f*
λιπαίνω (*αν· ανθ· ασμ*) düngen; *τεχν.* ölen
λίπανση (*-εις*) Düngung *f*; Ölung *f*
λιπαντικό *τεχν.* Schmiermittel *n*
λιπαρός fett(ig)
λίπασμα [-zma] *n* Dünger *m*
λιπ|οθυμία Ohnmacht *f*; **~όθυμος** ohnmächtig; **~οθυμώ** (*άς· ησ· ισμ*) ohnmächtig werden
λίπος *n* Fett *n*; *τεχν.* Schmieröl *n*
λιποτ|άκτης (**-*χτ*-**) Deserteur *m*; **~αξία** Fahnenflucht *f*
λίρα Pfund *n* (Sterling)
λίστα Liste *f*, Verzeichnis *n*
λιτανεία Prozession *f*; Litanei *f*
λιτοδίαιτος genügsam
λιτό|ς schlicht; einfach; **~τητα** Schlichtheit *f*; Einfachheit *f*
λίτρο Liter *m*
λιχ|ούδης Leckermaul *n*; Feinschmekker *m*; **~ουδιά** Leckerbissen *m*
λιώ|μα ['ljɔ-] *n*: ***κάνω ~μα*** zerquetschen, zu Brei machen; **~νω** (*σ· μ*) *v/t* schmelzen, auflösen; *βούτυρο* zerlassen; zerquetschen; *v/i* schmelzen; *ρούχα* sich abnutzen; *μτφ.* sich grämen; **~σιμο** (*-ματος*) Schmelzen *n*
λοβός Hülse *f*; Schote *f*
λογαριάζω [lɔɣarj-] (*σ· στ· σμ*) (be)rechnen; bedenken; *v/p* abrechnen
λογαριασμός [-z-] Rechnung *f*, Rechenschaft *f*; Kalkulation *f*; ***αλληλόχρεος ~*** Kontokorrent *n*; ***ανώνυμος ~*** Nummernkonto *n*; ***δεσμευμένος ~*** Sperrkonto *n*; ***δίνω λογαριασμό σε κπ*** j-m Rechenschaft ablegen; ***τραπεζικός ~*** Bankkonto *n*; ***~ δωρεών*** Spendenkonto *n*; ***~ όψεως*** Girokonto *n*; ***~ προθεσμίας*** Zeitkonto *n*; ***~ ταμιευτηρίου*** Sparkonto *n*
λογάς (*-άδες*) Schwätzer *m*
λόγγος Gehölz *n*, Wald *m*
λογ|ής [lɔ'jis]: ***τί ~ής;*** was für ein?; ***κάθε ~ής, ~ιών ~ιών*** allerlei (*με pl*); jede Art von, alle Arten von
λόγια [-ja] *n/pl* Worte *n/pl*; *βλ.* ***λόγος***
λογ|ιάζω [-'ja-] (*σ· στ*) denken, beabsichtigen; **~ίζομαι** (*στ· σμ*) sich betrachten als; gerechnet werden
λογικ|εύομαι [-ji'kʲevɔ-] (*ευτ*) vernünftig werden; **~ή** Logik *f*; **~ό** Vernunft *f*; **~ός** logisch; vernünftig
λόγιος (**-*α*, -*ο***) gelehrt; gebildet
λογισμός [-jizm-] Gedanke *m*; ***διαφορικός ~*** Differentialrechnung *f*
λογιστ|ήριο [-ji-] Buchhaltung *f*; **~ής** Buchhalter *m*; **~ική** Buchführung *f*; Logistik *f*; **~ικός** Rechnungs-, Buchhaltungs-
λογο|διάρροια Wortschwall *m*; **~δοτώ** (*ησ*) e-n Rechenschaftsbericht geben; **~κλοπία** Plagiat *n*; **~κρίνω** (II = I· *θ*) zensieren; **~κρισία** Zensur *f*; **~μαχία** [-'çia] Wortwechsel *m*; **~παίγνιο** [-ɣn-] Wortspiel *n*
λόγ|ος [-ɣɔs] Wort *n* (*pl ~ια n/pl*); Vernunft *f*; Vortrag *m*; Grund *m*; ***με άλλα ~ια*** mit anderen Worten; ***βγάζω ~ο*** e-e Rede halten; ***κρατώ ~ο*** Wort halten; ***παίρνω το ~ο*** das Wort ergreifen; ***~ος τιμής*** Ehrenwort *n*
λογοτ|έχνης [-ɣɔ'texn-] Literat *m*, Schriftsteller *m*; **~εχνία** Literatur *f*
λογοφέρνω (*φερ*) sich streiten
λόγχη [-çi] Lanze *f*; Bajonett *n*
λόγω ['lɔɣɔ] wegen (*G/G*)
λοιμ|οκαθαρτήριο Quarantäne(station) *f*; **~ός** Pest *f*; Seuche *f*; **~ώδης** ansteckend
λοίμωξη (*-εις*) Infektion *f*; Verseuchung *f*; Ansteckung *f*
λοιπ|όν also; nun; **~ός** übrig; ***και (τα) ~ά (κλπ.)*** und so weiter (usw.)
λοκάουτ (*0*) *n* Aussperrung *f*
λόξα Schrulle *f*; Laune *f*
λοξεύω [-'evɔ] (*εψ*) *v/t* verbiegen; *v/i* abbiegen, einbiegen
λόξιγκας Schluckauf *m*
λοξο|βλέπω schief ansehen; **~δρομώ** (*ησ*) vom Weg abweichen; lavieren
λοξός schräg, schief, krumm
λόρδ|α Heißhunger *m*; **~ος** Lord *m*
λοστός Hebel *m*
λοστρόμος Bootsmann *m*
λούζω (*σ· στ· σμ*) *v/t Haar* waschen; *v/p* sich (*D*) die Haare waschen
λουκάνικο Wurst *f*
λουκέτο Vorhängeschloß *n*
λουκουμάς (*-άδες*) *περ.* Krapfen *m*
λουλάκι Indigo *m*, *n*
λουλούδι Blume *f*
λουλουδ|ιάζω [-'ðja-], **~ίζω** (*σ· σμ*) blühen

λούπινο Lupine *f*
λουρί Riemen *m*; **~δα** Band *n*; Streifen *m*
λουσάτος elegant, prunkvoll
λούσιμο (*-ματος*) (Haar-)Waschen *n*
λούσο Luxus *m*
λουστρ|άρισμα [-zma] *n* Polieren *n*; **~άρω** (*αρισ, αρ· αρισμ*) polieren; *παπούτσια* putzen; **~ίνι** Lackschuh *m*
λούστρο Lack *m*; Politur *f*; Glanz *m*
λούστρος Schuhputzer *m*
λουτρ|ό Bad *n*; Badezimmer *n*; **~ά** *n/pl* Heilbad *n*; ***ιαματικά ~ά*** Kurbad *n*; ***έμεινε στα κρύα του ~ού*** er saß auf dem trockenen; **~οθεραπεία** Badekur *f*; **~όπολη** (*-εις*) Badeort *m*
λούτσα Pfütze *f*; pitschnaß
λούτσος Hecht *m*
λουφάζω (*ξ*) sprachlos sein
λόφος Hügel *m*
λοφώδης 2 hügelig
λοχαγός [lɔxaɣ-] Hauptmann *m*
λοχεία [-'çia] Wochenbett *n*
λοχίας [-'çi-] Feldwebel *m*
λόχος [-xɔs] Kompanie *f*
λυγερ|άδα [lijɛ-] Geschmeidigkeit *f*; **~ός** schlank; geschmeidig
λυγίζω [-j-] (*σ· στ· σμ*) *v/t* biegen; beugen, krümmen; *v/i* sich biegen
λυγμός [liɣm-] Schluchzen *n*
λύκειο Gymnasialoberstufe *f*
λύκος Wolf *m*
λυκόσκυλο Wolfshund *m*; deutsche(r) Schäferhund
λυκόφως *n* Abenddämmerung *f*; Zwielicht *n*
λυμαίνομαι (*ανθ*) *v/t* verwüsten; *μτφ.* zugrunde richten; *v/i* wüten
λύνω (*σ· θ*) lösen; losmachen; *μηχανή* demontieren; *διαφορά* beilegen
λύπη Kummer *m*; Trauer *f*; Mitleid *n* (***για***/mit *D*); Bedauern *n*; Schmerz *m*
λυπη|μένος traurig, betrübt; **~ρός** traurig; **~τερός** traurig; Klage-
λυπ|ώ (*ησ· ηθ· ημ*) *v/t* betrüben; *v/p* (*~άμαι, ~ούμαι*) betrübt sein (***για***/über *A*); bedauern; es tut mir leid
λύρα Leier *f*; Lyra *f*
λυρικός lyrisch
λύσ|η (*-εις*), **~ιμο** (*-ματος*) *n* (Auf-)Lösung *f*; Entscheidung *f*
λύσσα Wut *f*; *ιατρ.* Tollwut *f*
λυσσ|άζω (*ξ· ασμ*) tollwütig werden; *μτφ.* rasend werden (***για***/vor *D*); **~αλέος** (***-α, -ο***) rasend, tobend
λυτός gelöst, un(an)gebunden
λύτρα *n/pl* Lösegeld *n*
λυτρώνω (*σ· θ*) erlösen, befreien
λύτρωση (*-εις*) Erlösung *f*, Befreiung *f*
λυτρωτής Befreier *m*; Retter *m*
λυχν|άρι [-xn-] Laterne *f*, Lampion *m*; **~ία** Lampe *f*; *ράδιο*: Röhre *f*
λωλ|άδα Dummheit *f*; **~αίνω** (*αν· αθ· αμ*) *v/t* verrückt machen; **~αμάρα** *βλ.* ***λωλάδα***; **~ός** verrückt
λωποδύτης (Taschen-)Dieb *m*
λωρίδα Band *n*, Streifen *m*; *αυτοκ.* Spur *f*; ***άδενδρη ~*** (Wald-)Schneise *f*; ***αργή ~*** Kriechspur *f*; ***βοηθητική ~*** Seitenstreifen *m*, Standspur *f*; ***διαχωριστική ~*** Mittelstreifen *m*; ***~ ποδηλάτων*** Fahrradweg *m*; ***~ προσπέρασης*** Überholspur *f*

M

Μ

μ' *βλ.* ***με***
μα¹ aber; *σε ερώτηση*: denn
μα² *Interj*: ***~ την αλήθεια!*** Ehrenwort!; ***~ το Θεό!*** bei Gott!
μαβής (***-ιά, -ί***) dunkelblau
μαγαζ|άτορας [-ɣa-] Ladenbesitzer *m*; **~ί** Laden *m*, Geschäft *n*
μαγ|άρα [-'ɣa-] Schmutz *m*, Dreck *m*; **~αρίζω** (*σ· στ· σμ*) sein Bedürfnis verrichten; *v/p* sich beschmutzen, *οικ.* sich vollmachen
μαγγ- *βλ. κ.* ***μαγκ-***
μαγγανεία Hexerei *f*; Zauberei *f*
μαγγάνιο Mangan *n*
μαγεία [-'jia] Zauber(ei *f*) *m*, Magie *f*
μάγειρας [-ji-] Koch *m*

μαγ|ειρείο [-ji-] Küche *f*; Gastwirtschaft *f*; **~είρεμα** *n* Kochen *n*; **~ειρεύω** [-ˈενɔ] (*εψ· ευτ· εμ*) kochen; *μτφ.* aushecken; **~ειρική** Kochkunst *f*; **~ειρικός** Koch-; kulinarisch; **~είρισσα** Köchin *f*
μάγειρος [-ji-] Koch *m*
μάγεμα [-j-] *n* Zauberei *f*; Zauber *m*
μαγ|ευτικός [-jεft-] Zauber-, magisch; *μτφ.* zauberhaft; **~εύω** [-ˈενɔ] (*εψ· ευτ· εμ*) *v/t* verhexen; *μτφ.* bezaubern
μάγια [-ja] (*0*) *n/pl* Zauber(ei *f*) *m*
μαγιά [-ˈja] Hefe *f*; Sauerteig *m*
μαγιάτικος [-ˈja-] Mai-
μαγικός [-ji-] Zauber-, magisch
μαγιό [maˈjɔ] (*0*) *n* Badeanzug *m*; Badehose *f*
μαγιονέζα [-jɔ-] Mayonnaise *f*
μάγισσα [-j-] Zauberin *f*, Hexe *f*
μαγκάλι Kohlenbecken *n*
μαγκ|άνι Mangel *f*; Presse *f*; Ziehbrunnen *m*; **~ανίζω** (*σ· στ*) mangeln
μάγκανο *βλ.* ***μαγκάνι***
μαγκανοπήγαδο Ziehbrunnen *m*
μάγκας Straßenjunge *m*; Filou *m*
μαγκούρα Krummstab *m*; Knüppel *m*
μαγκούφης 3 alleinstehend, einsam
μαγκώνω (*σ· θ*) einklemmen, quetschen; andrücken
μαγν|ήσιο Magnesium *n*; **~ήτης** Magnet *m*; **~ητικός** magnetisch; Magnet-; **~ητοταινία** Magnetband *n*; **~ητόφωνο** Tonbandgerät *n*
μάγος Zauberer *m*, Magier *m*
μαγ|ούλα [-ˈɣu-] dicke Backe; (künstlicher) Hügel *m*; **~ουλάδα** Mumps *m*
μάγουλο Wange *f*, Backe *f*
μαδέρι Balken *m*
μαδώ (*άς· ησ· ηθ· ημ*) *v/t* rupfen; *v/i* ausgehen; abfallen
μα|εστρία Meisterschaft *f*; **~έστρος** Maestro *m*, Dirigent *m*
μάζα Masse *f κ. φυσ.*
μάζεμα *n* Einsammeln *n*
μαζεύω [-ˈενɔ] (*εψ· ευτ· εμ*) *v/t* sammeln; aufsammeln; *λουλούδια* pflükken; *σχοινί* anziehen; *πανιά* einziehen; *παιδί* zügeln; *γλώσσα* im Zaum halten; *v/i ύφασμα*: einlaufen; *v/p* sich zusammennehmen; sich hinhocken
μαζί *Adv* zusammen, beisammen; ***~ με*** *Präp* mit *D*; ***~ μου*** mit mir
μαζικός Massen-; serienmäßig
Μάης (*G a. Μαγιού*) Mai *m*
μαθαίνω (*μαθ· ευτ· ημ*) *v/t* lernen; lehren (***κτ σε κπ***/j-n etw. *A*); erfahren, hören (***για***/über *A*); sich daran gewöhnen (***να***/zu); *v/p* bekannt werden
μάθημα *n* Unterricht *m*, Stunde *f*; Lektion *f*; ***γλωσσικό ~*** Sprachkurs *m*; ***ιδιαίτερο ~*** Privatunterricht *m*; ***κάνω ~*** Unterricht geben *ή* nehmen
μαθηματικ|ά *n/pl* Mathematik *f*; **~ός** mathematisch; *Su* Mathematiker *m*
μαθημένος gelehrt; gewöhnt an *A*
μάθηση (*-εις*) Lernen *n*; Erfahrung *f*
μαθητ|εία Lehrzeit *f*; **~ευόμενος** [-εˈvɔ-] Lehrling *m*; Auszubildende(r); **~εύω** (*ευσ*) *v/i* Schüler sein; *εμπ.* lernen; **~ής** Schüler *m*; *θρ.* Jünger *m*; **~ικός** Schul-; Schüler-; **~ούδι** Abc-Schütze *m*; Anfänger *m*
μαθήτρια Schülerin *f*
μαία Hebamme *f*
μαιευτήρας Geburtshelfer *m*
μαιευτ|ήριο [-f-] Entbindungsheim *n*; **~ική** Geburtshilfe *f*; Mäeutik *f*
μαϊμ|ού (*-δες*) *f* Affe *m*; **~ουδίζω** (*σ*) *v/t* nachäffen
μαϊνάρω (*αρ[ισ]*) *v/t Segel* einholen
μαίνομαι wüten, rasen, toben
μαϊντανός [maida-] Petersilie *f*
Μάιος Mai *m*
μακάβριος (**-α, -ο**) makaber
μακάρι: *Ko* ***~ να*** *Impf* wenn doch *Konj II*; ***~ και να*** nicht (ein)mal wenn
μακ|αρίζω (*σ· στ· σμ*) glücklich preisen; **~άριος** (**-α, -ο**) (glück)selig; **~αριότητα** Seligkeit *f*; Gelassenheit *f*; **~αρίτης** selig, verstorben
μακαρόνια [-nja] *n/pl* Makkaroni *pl*, Spaghetti *pl*
μακελειό Schlächterei *f*, Metzelei *f*
μακέτα Modell *n*; Entwurf *m*
μακιγι|άζ (*0*) *n*, **~άρισμα** [-ˈjariz-] *n* Schminken *n*; **~άρω** (*ισ· ιστ· ισμ*) schminken
μακρ(ο)- lang, weit
μακραίνω (*υν· υνθ· υσμ*) *v/t* verlängern, länger machen; ausdehnen, in die Länge ziehen; *v/i* länger werden
μακρ|ιά *Adv* weit; weit entfernt; **~ινός** entfernt; *ταξίδι*: weit; **~όβιος** (**-α, -ο**) langlebig; **~οβιότητα** Langlebigkeit *f*; **~οβούτι** lange(s) Tauchen *n*; **~οζωΐα** Langlebigkeit *f*
μακρ|όκοσμος [-zm-] Makrokosmos *m*; **~ομάλλης** 3 langhaarig; **~ομύ-**

της 3 langnasig; **~οπόδαρος** langbeinig; **~οπρόθεσμος** [-zm-] langfristig
μάκρος *n* Länge *f*; Dauer *f*; *pl* Weiten *f*/*pl*; ***παίρνω ~*** lange dauern
μακρός *K* (*-ά, -ό*) *βλ.* ***μακρύς***
μακρ|οσκελής weitläufig; **~ότητα** Länge *f*; **~ουλός** länglich, oval; **~οχέρης** [-'çε-] 3 langarmig; **~οχρόνιος** (*-α, -ο*) langwierig; langlebig
μακρ|ύνω (*υν· υνθ*) *βλ.* ***μακραίνω***; **~ύς** (*-ιά, -ύ*) lang; ausgedehnt; weit; **~ύτερα** *Adv* länger, weiter
μαλ|άκας *χυδ.* Wichser *m*; Arschloch *n*; Schwachkopf *m*; **~ακία** Wichsen *n*; ***λέω, κάνω μαλακίες*** *μτφ.* Scheiße *ή* Mist reden, bauen; **~ακίζομαι** (*στ· σμ*) wichsen; onanieren
μαλ|άκιο Weichtier *n*, Molluske *f*; **~ακός** weich; *μτφ.* mild; sanft; **~ακότητα** Weichheit *f*; Milde *f*; **~ακτικός** lindernd; *Su n* Linderungsmittel *n*; **~άκυνση** (*-εις*) Gehirnerweichung *f*; **~άκωμα** *n* Erweichen *n*; *ιατρ.* Milderung *f*; **~ακώνω** (*σ· θ*) *v*/*t* weich machen, erweichen *κ.μτφ.*; *ιατρ.* mildern, lindern; *v*/*i* weich werden
μάλαμα *n* Gold *n*
μαλαματ|ένιος [-njɔs] (*-α, -ο*) golden, Gold-; **~οκαπνίζω** (*σ· στ· σμ*) vergolden
μάλαξη (*-εις*) Kneten *n*; Massage *f*
μαλθακ|ός weich, zart; *μτφ.* verweichlicht; **~ότητα** Verweichlichung *f*
μάλιστα ja, jawohl; vor allem; sogar
μαλλ|ί Wolle *f*; **~ιά** [-'lja] *n*/*pl* Haar *n*; **~ιάζω** (*σ*) Haare bekommen, sich behaaren; **~ιαρός** behaart, haarig
μάλλινος wollen, Woll-
μαλλιοτραβώ [-ljɔ-] (*άς· ηξ· ηχτ· ηγμ*) an den Haaren ziehen; *v*/*p* sich in die Haare geraten
μάλλον mehr; eher; vielmehr; vielleicht
μάλωμα *n* Zank *m*, Streit *m*
μαλ|ώνω (*σ*) *v*/*t* ausschelten, anschnauzen; *v*/*i* sich streiten *ή* zanken (***για***/über *A*, wegen *G*); **~ωμένος** böse (***με***/auf *A*, mit *D*), im Streit mit *D*
μαμά Mama *f*, Mutti *f*
μα(μ)μή Hebamme *f*
μαμμόθρεφτος Muttersöhnchen *n*
μαμ|ούδι, ~ούνι Insekt *n*, Tierchen *n*
μαμούθ (*0*) *n* Mammut *n*
μάνα Mutter *f*, Mama *f*
μαναβέλα Kurbel *f*; Knüppel *m*
μανάβ|ης (*-ηδες*) Gemüsehändler *m*; **~ικο** Gemüseladen *m*
μανδ- *βλ.* ***μαντ-***
μανεκέν (*0*) *n* Mannequin *n*
μανία Wahnsinn *m*; Wut(anfall *m*) *f*; Leidenschaft *f*, Sucht *f*; Manie *f*
μανιακός wahnsinnig; besessen
μανίζω (*σ· σμ*) sich zanken
μανικέτι Manschette *f*
μαν|ίκι Ärmel *m*; schwierige Aufgabe *f*; **~ικιούρ** [-'kur] (*0*) *n* Maniküre *f*
μανιτάρι Pilz *m*
μανιώδης 2 erpicht, versessen auf *A*
μανόμετρο Manometer *n*
μαν|ούβρα Manöver *n*; *σιδ.* Rangieren *n*; *μτφ.* Schliche *m*/*pl*; **~ουβράρω** (*ρισ*) manövrieren; rangieren
μανούρι *περ.* fette(r) Schafskäse
μανταλάκι Wäscheklammer *f*
μάνταλο(ς) Riegel *m*
μαντ|άλωμα *n* Verriegeln *n*; **~αλώνω** (*σ· θ*) zuriegeln, verriegeln
μανταρίνι Mandarine *f*
μαντ|άρισμα *n* Flicken *n*, Stopfen *n*; **~άρω** (*αρισ· στ*) flicken, stopfen
μαντάτο Neuigkeit *f*
μαντατοφόρος Bote *m*
μαντ|εία Weissagung *f*; Wahrsagekunst *f*; **~είο** Orakel *n*
μαντέμι [mad-] Gußeisen *n*; Erz *n*
μαντεύω [-'εvɔ] (*εψ· ευτ*) (er)raten; prophezeien, voraussagen
μαντζουράνα Majoran *m*
μάντης (***-ισσα***) Wahrsager(in *f*) *m*
μαντικ|ή Sehergabe *f*; **~ός** Wahrsage-, Seher-, prophetisch
μαντίλ|α Kopftuch *n*; **~ι** Taschentuch *n*; Kopftuch *n*
μάντρα Pferch *m*, Gehege *n*
μαντρ|ί *βλ.* ***μάντρα***; **~ίζω** (*σ· στ· σμ*) einpferchen, in ein Gehege sperren
μαντρόσκυλο Schäferhund *m*
μάντρωμα *n* Einfriedung *f*, Ummauerung *f*; *μτφ.* Einsperren *n*
μαντρώνω (*σ· θ*) einfrieden, ummauern; *μτφ.* einsperren
μαντύα(ς) (Soldaten-)Mantel *m*
μαξιλ|άρι Kissen *n*; **~αροθήκη** Kissenbezug *m*
μαόνι Mahagoni *n*
μαούνα Lastkahn *m*
μάπας Dummkopf *m*
μαραγκιάζω (*σ· σμ*) verwelken
μαραγκός Tischler *m*

μαρ|άζι Auszehrung *f*; *μτφ.* Trauer *f*; **~αζώνω** (*σ*) dahinsiechen
μάραθο Fenchel *m*
μαραθώνιος (*-α, -ο*) Marathon-; *Su* Marathonlauf *m*
μαραίνω (*αν· αθ· αμ*) *v/t* austrocknen; *μτφ.* erlahmen lassen; *v/p* (ver)welken
μαρασμός [-zm-] Verwelken *n*; *ιατρ.* Kräfteverfall *m*; *μτφ.* Rückgang *m*; ***γεροντικός ~*** Altersschwäche *f*
μαραφέτι Kunstgriff *m*, Trick *m*
μαργαρίνη [-γa-] Margarine *f*
μαργαρίτα Gänseblümchen *n*
μαργαρ|ιταρένιος [-nj-] Perlen-; **~ιτάρι** Perle *f*; Perlmutt *n*
μαργ|ιολιά [-jɔ'lja] Koketterie *f*; **~ιόλος** (*-α, -ικο*) schlau
μαρέγκα Baiser *m, n*
μαρίδα Marida *f*; *γεν.* kleine(r) Fisch; *μτφ.* Kinderschar *f*
μαριν|άρω (*αρισ· αρισμ*) marinieren; **~άτος** mariniert
μάρκα Zeichen *n*, Initialen *f/pl*; *εμπ.* Marke *f*; Spielmarke *f*; Automatenmünze *f*
μαρκάρω (*αρ, αρισ· στ· σμ*) (kenn)zeichnen, markieren; bemerken
μάρκετιγκ (*0*) *n* Marketing *n*
μάρκο Mark *f* (*Währung*)
μαρμ|αράς (*-άδες*) Marmorarbeiter *m*; **~αρένιος** [-nj-] (*-α, -ο*), **~άρινος** Marmor-, marmorn
μάρμαρο Marmor *m*
μαρμαρώνω (*σ· θ*) *v/t* versteinern; *v/i* wie versteinert sein
μαρμελάδα Marmelade *f*
μαρξισ|μός Marxismus *m*; **~τής** Marxist *m*; **~τικός** marxistisch
μαρούλι Kopfsalat *m*
Μάρτης (*G -η, -ιού*) März *m*
μαρτιάτικος [-'tja-] März-
Μάρτιος März *m*
μάρτυρας Zeuge *m*; Märtyrer *m*; ***αυτόπτης ~*** Augenzeuge *m*
μαρτυρ|ία Zeugnis *n*; Zeugenaussage *f*; **~ικός** Zeugen-; qualvoll
μαρτ|ύριο Martyrium *n*; *μτφ.* Qual *f*; Tortur *f*; **~υρώ** (*άς· ησ· ηθ· ημ*) *v/t* bezeugen; verraten; *παιδιά*: verpetzen; *μτφ.* leiden, viel erdulden
μασάζ (*0*) *n* Massage *f*; ***κάνω ~ σε κπ*** j-n massieren
μασέλα Kinnbacken *m*; Gebiß *n*; Zahnprothese *f*
μάσημα *n* Kauen *n*
μασημένος gekaut; *μτφ.* undeutlich
μασιά [-'sja] Feuerzange *f*
μάσκα Maske *f*; ***αντασφυξιογόνα ~*** Gasmaske *f*
μασκαρ|αλίκι Blamage *f*; **~άς** (*-άδες*) Maskierte(r); Strolch *m*; **~εύω** [-'εvɔ] (*εψ· ευτ· εμ*) *v/t* lächerlich machen, blamieren; *v/p* sich maskieren; sich blamieren
μασ|ονία, ~ονισμός [-zm-] Freimaurerei *f*; **~όνος** Freimaurer *m*
μασουλώ (*άς· ησ*) kauen
μασ|ούρι Spule *f*; Röhrchen *n*; **~ουρίζω** (*σ*) aufspulen
μαστάρι Euter *n*; Brust *f*
μάστιγα Peitsche *f*, *μτφ.* Geißel *f*
μαστ|ίγιο [-jiɔ] Reitgerte *f*; Peitsche *f*; **~ιγώνω** [-'γɔ-] (*σ· θ*) peitschen, geißeln; **~ίγωση** (*-εις*) Peitschen *n*
μαστίζω (*σ*) heimsuchen
μαστίχα [-xa] Mastix *m*; Mastixkonfekt *n*; Kaugummi *n*
μάστορας (*pl a. μαστόροι*) Meister *m* *κ. μτφ.*; Handwerker *m*
μαστορεύω [-'εvɔ] (*εψ*) ausbessern; *μτφ.* kunstvoll ausführen
μαστορ|ιά [-'ja] Meisterschaft *f*; Kunstfertigkeit *f*; **~ικός** meisterhaft
μαστός Brust *f*; Busen *m*; *ζωολ.* Euter *n*, Zitze *f*
μαστροπ|εία Kuppelei *f*; **~ός** *m, f* Kuppler(in *f*) *m*
μαστροχαλαστής [-xa-] Stümper *m*
μασχάλη [-'xali] Achsel(höhle) *f*
μασώ (*άς· ησ· ηθ· ημ*) kauen; ***τα ~*** *οικ.* herumdrucksen
μάταια *Adv* umsonst, vergeblich
μαται|οδοξία Eitelkeit *f*; **~όδοξος** eitel; **~ολογία** [-'jia] leere(s) Gerede; **~οπονία** vergebliche Mühe *f*; **~οπονώ** (*ησ*) sich vergeblich bemühen
μάταιος vergeblich; unnütz
μαται|ότητα Vergeblichkeit *f*; **~ώνω** (*σ· θ*) vereiteln, hintertreiben; absagen; *v/p* scheitern; ausfallen
ματαίωση (*-εις*) Scheitern *n*; Vereitelung *f*; Ausfall *m*
μάτι Auge *n*; *βοτ.* Knospe *f*, Auge *n*; ***ηλεκτρικό ~*** Kochplatte *f*; ***αβγά ~α*** Spiegeleier *n/pl*; ***με τα ~α μου*** mit eigenen Augen; ***τα ~α σου τέσσερα!*** paß auf!
ματιά [-'tja] Blick *m*; ***με μια ~*** im Nu;

~ζω (*σ· στ· σμ*) anstarren, ins Auge fassen; zielen auf *A*; behexen
μάτιασμα *n* Anstarren *n*; Behexen *n*
ματ|ογυάλια [-'jalja] *n/pl* Brille *f*; **~όκλαδο** Wimper *f*; **~οκυλώ** (*άς· ησ· ηθ*) mit Blut beflecken; **~οτσί-νουρο** Wimper *f*; **~όφρυδα** *n/pl* Augenbrauen *f/pl*
ματς (*0*) *n* Spiel *n*, (Wett-)Kampf *m*
μάτσο Bund *n*, Bündel *n*
ματσούκ|α, ~ι Knüppel *m*, Stock *m*
μάτωμα *n ιατρ.* Blutung *f*
ματώνω (*σ· θ*) *v/t* mit Blut beflecken; *v/i* bluten
μαυραγορίτης Schwarzhändler *m*
μαυρ|άδι schwarze(r) Punkt; Pupille *f*; **~ιδερός** schwärzlich
μαυρ|ίζω [mavr-] (*σ· στ· σμ*) *v/t* schwärzen; braun brennen; stimmen gegen *A*; *v/i* schwarz werden; braun werden; bräunen; **~ίλα** Schwärze *f*; schwarze(r) Punkt; Dunkelheit *f*
μαύρισμα [-zma] *n* Schwärzen *n*; Sonnenbräune *f*; Schwarzwerden *n*
μαυρο- [mavrɔ-] schwarz-
μαυρο|κίτρινος schwarzgelb; fahl; **~μάλλης** 3 (*a.* **-ούσα**) schwarzhaarig; **~πίνακας** Wandtafel *f*
μαύρος ['mavr-] schwarz; *μτφ.* düster, traurig, unglückselig; *Su m* Schwarze(r), Neger *m*
μαυρ|οφορεμένος, ~οφόρος (**-α, -ο**) schwarzgekleidet; **~οφορώ** (*άς· εσ· εθ· εμ*) *v/i* in Schwarz gehen, Trauer tragen
μαυσωλείο [maf-] Mausoleum *n*
μαφία Bande *f*; Mafia *f*
μαχ|αιράς [-çε-] (*-άδες*) Messerschmied *m*; **~αίρι** Messer *n*; Dolch *m*; ***είναι στα ~αίρια*** auf (dem) Kriegsfuß stehen; **~αιριά** Messerstich *m*; **~αιροβγάλτης** [-'γal-] Messerheld *m*; **~αιροπίρουνο** Besteck *n*
μαχ|αίρωμα [-'çε-] *n* Erstechen *n*; **~αιρώνω** (*σ· θ*) erstechen
μαχαλάς [-xa-] (*-άδες*) (Stadt-)Viertel *n*
μάχη [-çi] Schlacht *f*, Kampf *m*
μαχητ|ής [-çi-] Kämpfer *m*, Krieger *m*; **~ικός** kämpferisch, kühn; **~ικότητα** Kampffähigkeit *f*; Streitbarkeit *f*
μάχιμος [-çi-] kampffähig
μαχμουρλ|ής [max-] (**-ού, -ίδικο**) verschlafen, schläfrig; **~ίκι** Katzenjammer *m*; Verschlafenheit *f*
μάχομαι [-xɔ-] (*o. Aor*) kämpfen
με[1], **μ'** mit *D*; durch; bei *D*; über, um, wegen *κλπ. με ρήματα*; ***καφές ~ γάλα*** Milchkaffee *m*; ***πόρτα ~ πόρτα*** Tür an Tür; ***~ τη σειρά*** der Reihe nach; ***μέρα ~ τη μέρα*** mit jedem Tag; ***μ' όλα ταύτα*** trotz allem
με[2] mich
μεγαθήριο [-γa-] Riesenfaultier *n*; *μτφ.* Riesenwerk *n*, Ungetüm *n*
μεγαλ|είο [-γa-] Größe *f*, Erhabenheit *f*; *adv* prächtig!; **~ειότητα** Majestät *f*
μεγαλ|ειώδης [-γa-] 2 großartig, grandios; majestätisch; **~έμπορος** Großkaufmann *m*, Großhändler *m*; **~επή-βολος** großspurig; aufstrebend
μεγαλ|ιθικός [-γa-] megalithisch; **~οβιομήχανος** [-xa-] Großindustrielle(r); **~οδύναμος** allmächtig; **~οϊ-διοκτησία** Großgrundbesitz *m*; **~ό-καρδος** großherzig; **~οκτηματίας** Großgrundbesitzer *m*; **~όκυκλος** Megahertz *n*; **~ομανής** 2 größenwahnsinnig; **~ομανία** Größenwahn *m*
μεγαλ|οπιάνομαι [-γalɔ'pja-] (*στ· σμ*) wichtig tun; sich an große Dinge wagen; **~όπνευστος** [-εfst-] erleuchtet; beseelt; **~οποίηση** (*-εις*) Vergrößerung *f*; Übertreibung *f*; **~οποιώ** (*ησ· ηθ· ημ*) vergrößern; übertreiben; **~οπρέπεια** Pracht *f*, Großartigkeit *f*; **~οπρεπής** 2, **~όπρεπος** prächtig
μεγάλος [-'γa-] groß; *ηλικία* alt; groß; erwachsen; *γράμμα*: lang
μεγαλ|όσταυρος [-avr-] Großkreuz *n*; **~όστομος** großmäulig; **~όσωμος** massig; **~ούπολη** (*-εις*) Großstadt *f*; **~ούργημα** [-ji-] *n* Großtat *f*; **~ουργώ** [-'γɔ] (*ησ*) Großes leisten; **~ουσιάνος** [-'sja-] *ειρων.* große(r) Mann; **~ούτσικος** ziemlich groß
μεγαλ|οφυής 2 genial; **~οφυΐα** Genie *n*; Genialität *f*; **~οψυχία** [-'çia] Edelmut *m*; **~όψυχος** [-xɔs] edelmütig
μεγαλύτερος [-γ-] größer; länger; älter
μεγάλωμα *n* Vergrößerung *f*; Großziehen *n*, Aufzucht *f*; Wachstum *n*
μεγαλώνω (*σ· μ*) *v/t* vergrößern; *παιδί* großziehen; übertreiben; *v/i* größer werden, (heran)wachsen; länger werden
μέγαρο [-γa-] Palast *m*, Palais *n*, große(s) Gebäude
μέγας groß (*βλ.* ***μεγάλος***)
μεγάφωνο Lautsprecher *m*

μέγεθος [-jε-] *n* Größe *f*; Größenordnung *f*; Länge *f*; Umfang *m*
μεγ|έθυνση (*-εις*) [-'jε-] Vergrößerung *f*; **~εθυντικός** Vergrößerungs-; **~εθύνω** (II = I· *υνθ· υσμ*) vergrößern
μέγιστος größt-, höchst-; *Su n* Maximum *n*
μεδούλι Knochenmark *n*
μέδουσα Qualle *f*
μεζ|ές (*-έδες*) Imbiß *m*; Vorspeise *f*; **~ούρα** Meterband *n*; Maß *n*
μεθ' *K βλ.* ***μετά***
μεθάνιο Methan *n*
μεθ|αύριο übermorgen; **~εόρτια** *n/pl* Tag *m* nach dem Fest; **~ερμηνεύω** [-'εvɔ] (*ευσ· ευτ· ευμ*) interpretieren
μέθη Trunkenheit *f*, Rausch *m*
μεθοδ|ικός methodisch; planmäßig; **~ικότητα** Methodik *f*; Planmäßigkeit *f*; **~ολογία** [-'jia] Methodologie *f*
μέθοδος *f* Methode *f*; Verfahren *n*
μεθοκοπώ (*άς· ησ*) saufen
μεθ|οριακός Grenz-; **~όριο** Grenze *f*; **~όριος** (*-α, -ο*) Grenz-
μεθύσι *βλ.* ***μέθη***
μεθυσμένος [-zm-] betrunken
μέθυσος Trunkenbold *m*
μεθ|ύστακας Säufer *m*; **~υστικός** berauschend; **~ώ** (*άς· υσ*) *v/t* betrunken machen; *μτφ.* berauschen; *v/i* sich betrinken, *οικ.* sich besaufen
μείγμα *n* Mischung *f*, Gemisch *n*
μειδ|ίαμα *n* Lächeln *n*; **~ιώ** (*άς· ασ*) lächeln
μειν- *βλ.* ***μένω***
μειο|δοσία Unterbietung *f*; **~δότης** Mindestfordernde(r), Unterbietende(r); **~δοτώ** (*ησ*) unterbieten
μείον *Adv* weniger; *μαθ.* minus
μειον|έκτημα *n* Nachteil *m*; **~εκτικός** nachteilig; **~εκτώ** (*ησ*) im Nachteil sein; **~ότητα** Minderheit *f*, Minorität *f*; **~οψηφία** Stimmenminderheit *f*; **~οψηφώ** (*ησ*) in der Minorität sein
μειοψηφ- *βλ.* ***μειονοψηφ-***
μειχτός gemischt, vermischt
μειώνω (*σ· θ*) verringern, vermindern; *προσ.* demütigen; *εμπ.* zurückgehen
μείωση (*-εις*) Verringerung *f*; Senkung *f*; Abschwächung *f*; Demütigung *f*; *εμπ.* Rückgang *m*; **~ *προσωπικού*** Personalabbau *m*
μειωτ|έος zu verringern(d); *Su m μαθ.* Minuend *m*; **~ικός** *μτφ.* demütigend
μελαγχολ|ία [-xɔ-] Melancholie *f*, Schwermut *f*; **~ικός** melancholisch, schwermütig; *Su m* Melancholiker *m*; **~ώ** (*ησ*) melancholisch *ή* schwermütig sein
μελ|άνη, ~άνι Tinte *f*; **~ανιά** [-'nja] Tintenfleck *m*; *ιατρ.* blaue(r) Fleck; **~ανιάζω** (*σ· σμ*) blau machen; blau werden (***από***/vor *D*); **~άνιασμα** *n* Blauwerden *n*
μελαν|οδοχείο [-'çiɔ] Tintenfaß *n*; **~ός** schwarz, schwärzlich, blau
μελάνωμα *n* Schwärzen *n*; *τυπ.* Einfärbung *f*; *ιατρ.* Melanom *n*
μελάτος Honig-; honigsüß *κ. μτφ.*; *αβγό*: weichgekocht
μελα|χρ(ο)ινός [-xr-] schwarzhaarig; dunkelhäutig; **~ψός** dunkel
μέλει (*unp. A*) es geht *j-n* an, es kümmert *j-n*; sich kümmern (***για***/um *A*); ***τι σε ~;*** was geht's dich an?
μελένιος (*-α, -ο*) Honig-; honigsüß
μελέτη Studium *n*; Forschung *f*; Studie *f*, Untersuchung *f*; **~μα** *n βλ.* ***μελέτη***
μελετ|ημένος durchdacht; **~ηρός** lerneifrig; **~ητής** Erforscher *m*; **~ώ** (*άς· ησ· ηθ· ημ*) studieren; *πρόβλημα* untersuchen; überlegen; vorhaben, beabsichtigen (***να***/zu); nennen
μέλημα *n* Sorge *f*, Anliegen *n*
μέλι Honig *m*; *adj* honigsüß
μελίγγι Schläfe *f*
μέλισσα Biene *f*; *βοτ.* Melisse *f*
μελίσσι Bienenschwarm *m*; Bienenkorb *m*; *μτφ.* Schwarm *m*
μελισσ|οκομείο Bienenhaus *n*; **~οκομία** Bienenzucht *f*; **~οκόμος** Bienenzüchter *m*, Imker *m*; **~οτροφία** Bienenzucht *f*; **~οτρόφος** Imker *m*
μελιτζ|άνα Aubergine *f*; **~ανής** (*-ιά, -ί*) lila, violett
μελλοθάνατος im Sterben Liegende(r); Todeskandidat *m*
μέλλον (*-οντος*) *n* Zukunft *f*
μέλλοντας *γραμμ.* Futur *n*, Zukunft *f*
μελλ|οντικός (zu)künftig; **~όνυμφοι** *m/pl* Brautpaar *n*
μελόδραμα *n* Oper *f*; Melodram *n*
μελοδραματικός Opern-; melodramatisch; *μτφ.* hochtrabend
μελο|ποίηση (*-εις*) Vertonung *f*; **~ποιώ** (*ησ· ηθ· ημ*) vertonen
μέλος *n* Glied *n*; *συλλόγος*: Mitglied *n*

μελτέμι Passatwind *m*
μελωδ|ία Melodie *f*; **~ικός** melodisch
μεμβράν|α, ~η Membran *f*; Häutchen *n*; Pergament *n*
μεμονωμένος isoliert, abgesondert
μεμψ|ιμοιρία Murren *n*, Nörgelei *f*; **~ίμοιρος** mürrisch, nörglig; **~ιμοιρώ** (*ησ*) murren, klagen, nörgeln
μεν: ***ναι ~, αλλά*** *ή* ***όμως*** zwar, aber; ***ο ~, ο δε*** der eine, der andere
μένα mir, mich
μενεξ|εδένιος [-nj-] (***-α, -ο***) veilchenblau, violett; Veilchen-; **~εδής** (***-ιά, -ί***) veilchenblau; **~ές** (*-έδες*) Veilchen *n*
μενού (*0*) *n* Menü *n*; Speisekarte *f*
μέντα Pfefferminze *f*; Pfefferminzbonbon *m*
μένω (*μειν*) bleiben; übrigbleiben; wohnen; ***~ χήρα*** Witwe werden
μέρα Tag *m* (*βλ.* ***ημέρα***)
μεράκι sehnlichste(r) Wunsch; Kummer *m*; ***το 'χω ~*** ich möchte gar zu gern; ***με ~*** geschmackvoll
μερακ|λής (*-ήδες · f* ***-ού***) Liebhaber(in *f*) *m*; *Adj* passioniert; **~ίδικος** mit Liebe und Schick gemacht; **~ώνω** (*σ· θ*) *v/i* Appetit *ή* Lust bekommen
μεραρχία [-'çia] Division *f*
μερεμ|έτι Ausbesserung *f*; **~ετίζω** (*σ· στ· σμ*) (notdürftig) ausbessern
μερεύω *βλ.* ***ημερεύω***
μερ|ί Keule *f*, Oberschenkel *m*, Lende *f*; **~ιά** [-'ja] Seite *f*; Stelle *f*, Ort *m*; **~ίδα** Teil *m*; Portion *f*; *εμπ.* Konto *n*; Partei *f*; **~ίδιο** Anteil *m*; **~ίζω** (*σ· στ· σμ*) (auf)teilen; verteilen
μερικ|εύω [-'ενɔ] (*ευσ*) spezifizieren, einzeln aufführen; **~ός** Teil-, teilweise, partiell; besonder-; *pl* einige, manche
μέριμνα Sorge *f* (***για***/ um *A*)
μεριμνώ (*άς· ησ*) sich sorgen um *A*
μέρισμα *n* Anteil *m*; Dividende *f*
μερισ|μός [-z-] Teilung *f*, Verteilung *f*; **~τικός** [-s-] Teil-; Teilungs-
μερμηγκ- *βλ.* ***μυρμηγκ-***
μερο|δούλι Tagelohn *m*; **~καματιάρης** [-'tja-] (*-ηδες*) Tagelöhner *m*; **~κάματο** Tagelohn *m*
μερολη|πτικός parteiisch, voreingenommen; **~πτώ** (*ησ*) parteiisch *ή* voreingenommen sein; **~ψία** Voreingenommenheit *f*, Parteilichkeit *f*
μερόνυχτο [-xtɔ] Tag und Nacht (*χωρίς Art*), Tag *m* (von 24 Stunden)
μέρ|ος *n* Teil *m*; Anteil *m*; Platz *m*, Stelle *f*; Ort *m*, Gegend *f*; Toilette *f*; *εμπ.* Partei *f*; ***τουριστικό ~ος*** Touristenort *m*; ***εν ~ει*** zum Teil, teilweise; ***κατά ~ος*** beiseite; zur Seite; ***εκ ~ους*** von *D*, seitens *G*; ***είμαι με το ~ος του*** ich bin auf s-r Seite; ***~ος του λόγου*** *γραμμ.* Wortart *f*, Redeteil *m*
μεροφάγι [-ji] Tagesverpflegung *f*
μερτικό *βλ.* ***μερίδιο***
μερώνω *βλ.* ***εξημερώνω***
μες[1], **μέσ'** *βλ.* ***μέσα***
μες[2] (*0*) *n* Haarsträhnchen *n*
μέσα *Adv* innen, im Innern, drinnen; herein; hinein; ***~ από*** heraus; *Präp* durch; aus *D* ... heraus; ***~ σε*** *Präp* (mitten) in *D*; *χρον.* innerhalb *G*; genau um *A*, an *D*; ***περάστε ~!*** kommen Sie bitte herein!; ***βάζω κπ ~*** *j-n* einsperren
μεσάζοντας Mittelsmann *m*
μεσάζω (*σ*) vermitteln; eingreifen
μεσαίος (***-α, -ο***) mittlere, Mittel-
μεσαίωνας Mittelalter *n*
μεσαιωνικός mittelalterlich
μεσάνυχτα [-xta] *n/pl* Mitternacht *f*
μεσάτος tailliert; schlank
μεσ|εγγύηση (*-εις*) Zwangsverwaltung *f*; **~έγγυο** sequestrierte(s) Vermögen
μέση Mitte *f*; *ανατ.* Kreuz *n*; Taille *f*; ***στη ~*** *G* mitten in *D*; ***μπαίνω στη ~*** sich einmischen
μεσήλικος Person *f* mittleren Alters
μεσημβρία *K* Mittag *m*; Süden *m*; ***μετά ~ν*** (***μ.μ.***) nachmittags; ***προ ~ς*** (***π.μ.***) vormittags
μεσημβρινός südlich; *Su m* Meridian *m*
μεσημέρι Mittag(szeit *f*) *m*
μεσημερι|άζω (*σ· στ*) *περ.* sich bis Mittag verspäten; ***~άζει*** es geht auf Mittag zu; **~(α)νός, ~άτικος** [-'ja-] Mittags-; *Adv* (*-άτικα*) um die Mittagszeit
μεσιακά [-sja-] *Adv* je zur Hälfte
μεσίστιος (***-α, -ο***) auf Halbmast
μεσ|ιτεία Vermittlung(sgebühr) *f*; Maklervertrag *m*; Provision *f*; ***~ιτεία ευκαιριακών εργασιών*** Jobvermittlung *f*; **~ίτευση** (*-εις*) [-efsi] Vermittlung *f*; **~ιτεύω** [-'ενɔ] (*ευσ, εψ*) vermitteln; **~ίτης** Vermittler *m*; *εμπ.* Makler *m*; ***~ίτης ακινήτων*** Immobilienmakler *m*; ***~ίτης συναλλάγμα-***

τος Devisenmakler *m*; **~ίτης χρηματιστηρίου** Börsenmakler *m*; **~ιτικός** Vermittlungs-; Makler-; *Su n/pl* Maklergebühr *f*; **~ίτρ(ι)α** Vermittlerin *f*

μέσ|ο Mitte *f*; Mittel *n*; *pl χρον.* Mitte *f*; **έχει μεγάλα ~α** er hat gute Beziehungen; **δια ~ου** durch *A*, vermittels *G*; **ένδικο ~ο** Rechtsmittel *n*; **μαζικά ~α μεταφοράς** Massenverkehrsmittel *n/pl*; **χρηματικά ~α** (Geld-)Mittel *n/pl*; **~α μαζικής ενημέρωσης** Massenmedien *n/pl*

μεσ|ογειακός [-jĭ-] Mittelmeer-; **~όγειος** [-ji-] (**-α, -ο**) binnenländisch, Binnen-; im Binnenland gelegen; **~όκοπος** ... mittleren Alters

μεσο|λάβηση (*-εις*) Vermittlung *f*; Fürbitte *f*; **~λαβητής** Vermittler *m*, Schlichter *m*; **~λαβώ** (*ησ*) vermitteln; liegen, sich befinden (**μεταξύ** *G*/zwischen *D*); *χρον.* verfließen

μεσοπάτωμα *n* Zwischenstock *m*

μέσος mittler-, Mittel-; durchschnittlich, Durchschnitts-

μεσ|ότητα mittlere(r) Platz, mittlere Lage *f*; *μαθ.* Mittelwert *m*; **~ότοιχος** [-xɔs] Zwischenwand *f*, Trennwand *f*; **~ουράνημα** *n* Zenit *m*; *μτφ.* Höhepunkt *m* **~ουρανώ** (*ησ*) kulminieren; *μτφ.* auf dem Höhepunkt sein

μεσσίας Messias *m*, Heiland *m*

μεστ|ός prall (gefüllt); reif; **~ότητα** Fülle *f*; Reife *f*

μέστωμα *n* Reifen *n*; Reife *f*

μεστώνω (*σ· θ*) *v/t* zur Reife bringen; *v/i* reif werden; *μτφ.* heranreifen

μέσω *G* durch *A*, vermittels *G*

μετά *Präp A*: *χρον.* nach *D*; *τοπ.* nach, hinter *D*; *K Präp G*: mit *D*; *Adv* danach

μετα- *Präfix συχνά:* nach-; zwischen-; trans-, über-, (zu)rück-; *αλλαγή*: ver-, um-; *συμμετοχή*: mit-, teil-

μεταβάλλω (*βαλ· βληθ· βλημ*) ändern; verwandeln (**σε**/in *A*); *v/p* sich ändern; *καιρός*: umschlagen

μετ|άβαση (*-εις*) Gang *m*, Fahrt *f*; *μτφ.* Übergang *m*; **~αβατικός** vorübergehend; Übergangs-; *γραμμ.* transitiv; **~αβιβάζω** (*σ· στ· σμ*) befördern, transportieren; *νομ. δικαιώματα* übertragen; **~αβίβαση** (*-εις*) Beförderung *f*, Transport *m*; *νομ.* Übertragung *f*; **~αβλητός** veränderlich; **~αβολή** Änderung *f*; Umwandlung *f*; **~αβολισμός** [-zm-] Stoffwechsel *m*

μετ|αγγίζω (*σ· στ· σμ*) umgießen, umfüllen; *αίμα* übertragen; **~άγγιση** (*-εις*) Umgießen *n*, Umfüllen *n*; **~άγγιση αίματος** Blutübertragung *f*; **~αγενέστερος** [-jɛ-] später, nachfolgend; **~αγραφή** [-ɣr-] Umschreiben *n*; *γραμμ.* Transkription *f*; *νομ.* Überschreibung *f*; **~αγράφω** (*ψ· φτ· μμ*) umschreiben; *νομ.* überschreiben, übertragen

μετ|αγωγή [-ɣɔ'ji] Transport *m*; Überführen *n*; **~αγωγικός** Transport-

μετ|αδίδω (*δωσ· δοθ· δομεν*) übertragen; mitteilen, übermitteln; *ιατρ.* anstecken; **~άδοση** (*-εις*) Mitteilung *f*; Übertragung *f κ. ιατρ.*; Ansteckung *f*; **~αδοτικός** *ιατρ., μτφ.* ansteckend; **~αδοτικότητα** Übertragbarkeit *f*; Lehrbegabung *f*

μετ|άθεση (*-εις*) Umstellung *f*; *υπάλληλοι*: Versetzung *f*; **~αθέτω** (*σ· τεθ· θεμεν*) umstellen; *υπάλληλο* versetzen; *στρ.* abkommandieren

μεταίχμιο [-xm-] Grenze *f*

μετα|κάρπιο Handrücken *m*; **~κίνηση** (*-εις*) Umstellung *f*, Versetzen *n*; **~κινώ** (*ησ· ηθ· ημ*) umstellen, versetzen

μετ|άκληση (*-εις*) Herbeirufen *n*; Abberufung *f*; Kündigung *f* e-s Kredits; **~ακομιδή** Überführung *f*; **~ακομίζω** (*σ· στ· σμ*) *v/t* (ab)transportieren, wegschaffen; *v/i* umziehen; einziehen; ausziehen; **~ακόμιση** (*-εις*) Transport *m*, Beförderung *f*; Umzug *m*

μετ|αλαβαίνω (*λαβ*) *v/i* das Abendmahl nehmen; *v/t* das Abendmahl geben *D*; **~άληψη** (*-εις*) Abendmahl *n*, Kommunion *f*; **~αλλάζω** (*ξ· χτ· γμ*) *v/t* (ver)ändern; umschalten

μεταλλείο Bergwerk *n*; *μτφ.* Quelle *f*

μετάλλευμα [-ɛv-] *n* Erz *n*

μεταλλ|ευτικός [-ɛft-] Bergbau-, Bergwerks-; **~ικός** metallisch, Metall-; mineralisch; Mineral-

μετάλλ|ινος Metall-; **~ιο** Medaille *f*

μέταλλο Metall *n*; **πολύτιμο** *od.* **ευγενές ~** Edelmetall *n*

μεταλλουργ|είο [-'jiɔ] Hüttenwerk *n*, Hütte *f*; **~ία** Hüttenkunde *f*, Metallurgie *f*; **~ικός** metallurgisch

μεταλλ|ωρυχείο [-'çiɔ] Bergwerk *n*,

Erzgrube *f*; **~ωρύχος** [-xɔs] Bergmann *m*
μετα|μέλεια Reue *f*; **~μελούμαι** (*είσαι· ηθ· ημ*) es bereuen; **~μορφώνω** (*σ· θ*) *v/t* umgestalten, umformen; *v/p* sich wandeln; **~μόρφωση** (*-εις*) Umgestaltung *f*, Umformung *f*; *βιολ.* Metamorphose *f*; **~μορφωτής** Reformator *m*; **~μόσχευση** (*-εις*) [-çɛfsi] Transplantation *f*; **~μοσχεύω** [-'ɛvɔ] (*ευσ· ευτ· ευμ*) transplantieren
μετ|αμφιέζω (*σ· στ· σμ*) verkleiden; **~αμφίεση** (*-εις*) Verkleidung *f*, Maskierung *f*; **~ανάστευση** (*-εις*) Auswanderung *f*, Emigration *f*; Einwanderung *f*; **~αναστεύω** [-'ɛvɔ] (*ευσ*) wandern; einwandern; auswandern, emigrieren; **~ανάστης** Auswanderer *m*, Emigrant *m*; Einwanderer *m*; **~ανιώνω** (*σ· μ*) *v/i* bereuen (**για**/*A*); es bereuen; **~άνοια** Reue *f*, Buße *f*
μεταξ|άς (*-άδες*) Seidenfabrikant *m*; **~ένιος** [-nj-] (**-α, -ο**) seiden, Seiden-
μετάξι Seide *f*; ***τεχνητό ~*** Kunstseide *f*
μεταξο|βιομηχανία [-xa-] Seidenindustrie *f*; **~σκώληκας** Seidenraupe *f*
μεταξουργ|είο [-'jiɔ] Seidenfabrik *f*; **~ός** [-'ɣɔs] Seidenfabrikant *m*; Seidenarbeiter *m*
μεταξύ *Präp G* zwischen *D*, *A*; unter *D* *adj* Zwischen-; ***~ μας*** (***σας, τους***) unter uns (euch, ihnen); ***~ άλλων*** unter anderem (u. a.); ***στο ~*** inzwischen
μεταξωτός seiden, Seiden-; *Su n* Seidenstoff *m*
μετα|πείθω (*σ· στ· σμ*) umstimmen; **~πηδώ** (*άς· ησ*) *μτφ.* überwechseln
μετ|απλάθω (*σ· στ· σμ*) umgestalten, **~άπλαση** (*-εις*) Umgestaltung *f*
μετα|ποίηση (*-εις*) Umänderung *f*, Umarbeitung *f*; **~ποιώ** (*ησ· ηθ· ημ*) umändern, umarbeiten; **~πολεμικός** Nachkriegs-; **~πολίτευση** (*-εις*) [-ɛfsi] Regierungswechsel *m*; **~πουλώ** (*άς· ησ· ηθ· ημ*) wiederverkaufen
μετάπτωση (*-εις*) Umschlagen *n*; *ιατρ.* Rückschlag *m*; Umschwung *m*
μετα|ρρυθμίζω (*σ· στ· σμ*) umgestalten; erneuern; umbilden; **~ρρύθμιση** (*-εις*) Umgestaltung *f*; Reform *f*; ***νομισματική ~ρρύθμιση*** Währungsreform *f*; *θρ.* Reformation *f*; **~ρρυθμιστής** Reformator *m*
μετάσταση (*-εις*) *ιατρ.* Metastase *f*
μετα|στρέφω (*ψ· αφ· μμ*) *v/t* wenden, umkehren; **~στροφή** Wendung *f*, Umkehr *f*; **~σχ-** *βλ.* ***μετέχω***; **~σχηματίζω** [-sçi-] (*σ· στ· σμ*) umformen, umbilden; *ηλ.* transformieren; **~σχηματισμός** Umformung *f*, Umbildung *f*; *ηλ.* Transformation *f*; **~σχηματιστής** Transformator *m*
μετάταξη (*-εις*) Umstellung *f*; Versetzung *f*
μετα|τοπίζω (*σ· στ· σμ*) umstellen, verrücken; **~τόπιση** (*-εις*) Umstellung *f*, Verrücken *n*; **~τρέπω** (*ψ· απ*) (um)wenden; umwandeln; verwandeln; *μαθ.* umrechnen; *εμπ.* konvertieren; ***~τρέπω χρέος*** umschulden; **~τρέψιμος** konvertierbar; **~τρεψιμότητα** Konvertierbarkeit *f*; **~τροπή** Umwandlung *f*; Verwandlung *f*; Konvertierung *f*; ***~τροπή χρέους*** Umschuldung *f*; **~φέρω** (*φερ· φερθ· φερμ*) befördern, transportieren; ***φίρμα*** verlegen; *ηλ.* übertragen; ***~φέρω σε άλλο λογαριασμό*** umbuchen; **~φορά** Beförderung *f*, Transport *m*; Übertrag *m*; Umbuchung *f*; Transfer *m*; Metapher *f*; ***σιδηροδρομική ~φορά αυτοκινήτων*** Huckepackverkehr *m*; ***υπεραστικές ~φορές*** *pl* Fernverkehr *m*; ***~φορά τεχνολογίας*** Technologietransfer *m*; **~φορέας** Förderband *n*; Spediteur *m*, Transportunternehmer *m*; **~φορικός** Transport-; bildlich, übertragen; *Su n/pl* Transportkosten *pl*; **~φράζω** (*σ· στ· σμ*) übersetzen
μετάφραση (*-εις*) Übersetzung *f*
μετα|φραστής Übersetzer *m*, Dolmetscher *m*; **~φράστρια** Übersetzerin *f*, Dolmetscherin *f*
μετα|φυσικός metaphysisch; transzendent; übersinnlich; *Su f* Metaphysik *f*; **~φύτευση** (*-εις*) [-ɛfsi] Umpflanzung *f*; **~φυτεύω** (*εψ· ευτ· ευμ*) umpflanzen; **~χειρίζομαι** [-çi-] (*στ· ισμ*) *v/t* verwenden, gebrauchen, benutzen; *πρόσ.* behandeln, umgehen mit *D*; **~χείριση** (*-εις*) Verwendung *f*, Gebrauch *m*; Behandlung *f*; **~χειρισμένος** [-zm-] gebraucht
μετ|εκπαίδευση (*-εις*) [-ɛfsi] Weiterbildung *f*, Umschulung *f*; **~εκπαιδεύω** [-'ɛvɔ] (*ευσ· ευτ· ευμ*) weiterbilden; umschulen; **~εμψύχωση** (*-εις*)

M

[-xɔsi] Seelenwanderung *f*; **~εξεταστέος** Wiederholungsprüfling *m*
μετέπειτα darauf; nachher
μετέχω [-xɔ] (*να -άσχ· μετείχ*) teilnehmen (**σε**/an *D*)
μετεωρίτης Meteorit *m*
μετέωρο Meteor *m*, Sternschnuppe *f*
μετεωρ|ολογία [-'jia] Meteorologie *f*, Wetterkunde *f*; **~ολογικός** meteorologisch, Wetter-; **~ολόγος** [-ɣɔs] Meteorologe *m*
μετέωρος in der Luft (schwebend); *μτφ.* in der Schwebe
μετ|οίκηση (*-εις*) Übersiedelung *f*; **~οικίζω** (*σ*) *v/t* umsiedeln
μέτοικος Einwanderer *m*, Zugereiste(r), Umsiedler *m*
μετ|οικώ (*ησ*) *v/i* übersiedeln, umziehen; auswandern; **~ονομάζω** (*σ· στ· σμ*) umbenennen; **~ονομασία** Umbenennung *f*; **~ουσίωση** (*-εις*) Substanzumwandlung *f*
μετ|οχή [-'çi] Teilnahme *f*; *εμπ.* Aktie *f*; ***κοινή ~οχή*** Stammaktie *f*; *γραμμ.* Partizip *n*; **~όχι** Klostergut *n*; **~οχικός** Aktien-
μέτοχος [-xɔs] Teilnehmer *m*; Teilhaber *m*; Aktionär *m*; ***κοινός ~*** Stammaktionär *m*; ***κύριος ~*** Hauptaktionär *m*; *Adj* teilnehmend (*G*/an *D*)
μέτρημα *n* Zählung *f*; Messung *f*
μετρημένος gezählt; gemessen *κ. μτφ.*; *μτφ.* gemäßigt
μετρητ|ά *n/pl* Bargeld *n*; ***τοις ~οίς*** bar; *μτφ.* für bare Münze; **~ής** Messer *m*; Zähler *m*; Meßgerät *n*
μετρ|ιάζω (*σ· στ· σμ*) *v/t* mäßigen, dämpfen; *πόνο* lindern; einschränken; drosseln; *v/p* nachlassen; **~ιασμός** [-zm-] Mäßigung *f*, Einschränkung *f*; Linderung *f*; **~ική** Metrik *f*; **~ιοπάθεια** Mäßigung *f*, Zurückhaltung *f*; **~ιοπαθής** 2 maßvoll; gemäßigt
μέτριος (**-α, -ο**) mittler-; mittelmäßig
μετρι|ότητα Mittelmäßigkeit *f*; Mäßigung *f*; **~όφρονας** bescheiden; **~οφροσύνη** Bescheidenheit *f*
μετρό (*0*) *n* Untergrundbahn *f*
μέτρ|ο Maß *n*; Meter *m*, *n*; Metrum *n*; *μουσ.* Takt *m*, Tempo *n*; *pl* Maßnahmen *f/pl*; ***~α και σταθμά*** Maße und Gewichte *pl*
μετρώ (*άς· ησ· ηθ· ημ*) *v/t* (ab)messen; zählen; *v/p* sich messen
μέτωπο Stirn *f*; Fassade *f*, Vorderseite *f*; *στρ.* Front *f*
μέχρι [-xri], *vor Vokal K* **μέχρις** bis; *Adv* etwa; ***~ το φθινόπωρο*** bis zum Herbst; ***~ εδώ*** bis hier(her)
μή(ν) *σε ερώτηση*: vielleicht, etwa; *Ko* daß (nicht); ob nicht; ***μη μιλάς!*** sprich nicht!; ***για να ~*** damit nicht
μηδαμιν|ός nichtig, wertlos; **~ότητα** Nichtigkeit *f*, Wertlosigkeit *f*
μηδέ auch nicht, nicht einmal
μηδέν (*-δενός*) *n* Nichts *n*; Null *f*
μηδεν|ίζω (*σ· στ· σμ*) *v/t* annullieren, streichen; *σχολ.* eine Sechs geben; **~ικό** Null *f κ. μτφ.*
μηδ|ένιση (*-εις*) Annullierung *f*; **~ενισμός** [-z-] Nihilismus *m*; **~ενιστής** [-s-] Nihilist *m*
μήκος *n* Länge *f*; ***κατά ~*** *G* ... (*A*) entlang
μηκύνω (II = I· *υνθ*) verlängern
μηλιά [-'lja] Apfelbaum *m*
μηλίγγι *βλ.* ***μελίγγι***; *μτφ.* Verstand *m*
μηλίτης Apfelwein *m*
μήλο Apfel *m*; *pl* Backenknochen *m/pl*; ***~ της Έριδος*** Zankapfel *m*; ***~ του Αδάμ*** Adamsapfel *m*
μηλόπιτα Apfelkuchen *m*
μην *βλ.* ***μη***
μήνας Monat *m*; ***~ του μέλιτος*** Flitterwochen *pl*
μηνιαίος (**-α, -ο**) monatlich, Monats-; *Adv* (*-αίως*) monatlich
μηνιάτικο [-'nja-] Monatsgehalt *n*
μηνίγγι Schläfe *f*
μηνιγγίτιδα Hirnhautentzündung *f*
μηνίσκος Meniskus *m*
μήνυμα (*-ματος*) *n* Bescheid *m*; Botschaft *f*; Nachricht *f*
μηνυσ- *βλ.* ***μηνώ***
μήνυση (*-εις*) (Straf-)Anzeige *f*; ***υποβάλλω ~ εναντίον*** *G* Strafanzeige erstatten gegen *A*
μην|υτής Kläger *m*; **~ύω** (*σ· θ*) anzeigen; **~ώ** (*άς· υσ*) wissen lassen; bestellen; mitteilen (***κτ σε κπ***/j-m etw.)
μήπως *σε ερώτηση*: vielleicht; etwa, denn; *μετά από ρήματα του φόβου*: daß
μηρός Schenkel *m*, Oberschenkel *m*
μηρυκ|άζω (*σ*) wiederkäuen; *μτφ.* ständig wiederholen; **~αστικός** wiederkäuend; *Su n* Wiederkäuer *m*
μήτε nicht einmal; ***~ ~*** weder ... noch

μητέρα Mutter *f*
μήτρα Gebärmutter *f*, Uterus *m*; Matrize *f*, Form *f*
μητρ|ιά Stiefmutter *f*; **~ιαρχία** [-'çia] Matriarchat *n*; **~ικός** mütterlich; Mutter-; Gebärmutter-
μητρ|όπολη (*-εις*) Hauptstadt *f*, Metropole *f*; Kathedrale *f*; Erzbistum *n*; **~οπολίτης** Metropolit *m*, *περ*. Erzbischof *m*; **~οπολιτικός** Hauptstadt-; erzbischöflich; **~ότητα** Mutterschaft *f*
μητρώο Register *n*, Matrikel *f*; ***εμπορικό ~*** Handelsregister *n*; ***ποινικό ~*** Strafregister *n*; ***στρατολογικό ~*** Stammrolle *f*; ***~ του δήμου*** Melderegister *n*
μηχανεύομαι [-'ενɔ-] (*ευτ*) aushecken, sich (*D*) etw. (*A*) ausdenken
μηχανή [-xa-] Maschine *f*; Motor *m*; Maschinerie *f κ. μτφ.*; Apparat *m*; ***διατρητική ~*** Locher *m*; ***θεριστική ~*** Mähmaschine *f*; ***φωτογραφική ~*** Fotoapparat *m*; ***~ γραμματοσήμανσης*** Frankiermaschine *f*
μηχάνημα *n* Gerät *n*, Apparat *m*; Vorrichtung *f*; ***φωτοτυπικό ~*** Kopierer *m*; ***ψυκτικό ~*** Gefrieranlage *f*
μηχανικ|ή Mechanik *f*; **~ός** mechanisch, maschinell; *ψυχ*. motorisch; *Su* Ingenieur *m*; Mechaniker *m*; Maschinist *m*; ***~ός αυτοκινήτου*** Autoschlosser *m*
μηχαν|ισμός [-xa-] Mechanismus *m*, Triebwerk *n*; *μτφ*. Maschinerie *f*; ***~ισμός εξουσίας*** Machtapparat *m*; ***~ισμός χειρισμού*** *ηλεκτρον*. Laufwerk *n*; **~ογράφηση** (*-εις*) Datenverarbeitung *f*; ***ηλεκτρονική ~ογράφηση*** elektronische Datenverarbeitung (EDV) *f*; **~οδηγός** [-'ɣɔs] Maschinist *m*, Lokomotivführer *m*; **~οκίνητος** mechanisiert; ... mit Motorantrieb; **~ολόγος** [-ɣɔs] Maschinenbauingenieur *m*; **~οποίηση** (*-εις*) Mechanisierung *f*
μηχανο|ρραφία [-xa-] Intrige *f*; **~ρραφώ** (*ησ*) intrigieren; **~στάσιο** Maschinenraum *m*; *σιδ*. Schuppen *m*
μηχανότρατα [-xa-] Motortrawler *m*
μηχαν|ουργείο [-'jiɔ] Maschinenfabrik *f*; **~ουργός** [-'ɣɔs] Maschinenbauer *m*
μία, μια [mja] *f v.* ***ένας*** eine; ***μια που*** *Ko* wenn einmal, da einmal
μιαίνω (*αν· ανθ· ασμ*) *v/t* beflecken
μίανση (*-εις*) Befleckung *f*; Verseuchung *f*; Schändung *f*
μιαρός befleckt; gemein
μίασμα [-zma] *n* Bazillus *m κ. μτφ.*
μιγάδας (***-δα*** *f*) Mischling (*μόνο*:) *m*
μίγδην ['miɣðin]: ***φύρδην ~*** in e-m wüsten Durcheinander
μίζα *χαρτοπ*. Einsatz *m*; *αυτοκ*. Anlasser *m*; *μτφ*. Schmiergeld *n*
μιζαμπλί (*0*) *n* Wasserwelle *f*
μιζέρια [-ja] Elend *n*, Misere *f*
μίζερος armselig, *οικ*. mies; knauserig
μικραίνω (*υν· υνθ· υμ*) *v/t* verkleinern; verkürzen; *v/i* kleiner, kürzer werden, *μέρες*: abnehmen
μικρ|εμπόριο Einzelhandel *m*, Kleinhandel *m*; **~έμπορος** Einzelhändler *m*, Kleinhändler *m*; Krämer *m*
μικρ(ο)- mikro-, Mikro-; klein-
μικροαστός Kleinbürger *m*
μικρόβιο Mikrobe *f*, Bakterie *f*
μικρο|βιολογία [-'jia] Mikrobiologie *f*; **~γραφία** [ɣra-] Miniatur *f*; **~δουλειά** [-'lja] Kleinigkeit *f*; Job *m*; **~έξοδα** *n/pl* kleine Auslagen *f/pl*
μικρ|οκαμωμένος zierlich, klein; **~όκοσμος** [-zm-] Mikrokosmos *m*; **~οκύματα** *n/pl* Mikrowellen *f/pl*
μικρο|οργανισμός [-ɣa-] Kleinstlebewesen *n*; **~πλακίδιο** Mikrochip *m*; ***~πλακίδιο μικροφωτογραφιών*** Mikrofiche *m*, *n*; **~πρά(γ)ματα** *n/pl* Kleinkram *m*, Kleinigkeiten *f/pl*; **~πρέπεια** Niederträchtigkeit *f*; **~πρεπής** 2 niederträchtig; kleinlich
μικρός klein; *χρον*. kurz; *ηλικία κ.* jung; *Su m* Hilfskellner *m*
μικρο|σκοπικός mikroskopisch; **~σκόπιο** Mikroskop *n*
μικρ|όσωμος kleinwüchsig; **~ότητα** Kleinheit *f*; Kleinlichkeit *f*; Niedrigkeit *f*; **~ούλης** 3, **~ούτσικος** winzig
μικρ|όφωνο Mikrophon *n*; **~όψυχος** [-xɔs] kleinmütig, verzagt
μικρυν-, μικρύνω *βλ.* ***μικραίνω***
μίλημα *n* Sprechen *n*
μίλι Meile *f*; ***ναυτικό ~*** Seemeile *f*
μιλιά [-'lja] Sprechen *n*, Reden *n*; Stimme *f*; (***ούτε***) ***μιλιά!*** kein Wort!
μιλιταρισ|μός [-zm-] Militarismus *m*; **~τής** [-st-] Militarist *m*; **~τικός** militaristisch

μιλώ (*άς· ησ· ηθ· ημ*) sprechen (***για***/ über *A*), reden; sich unterhalten
μίμηση (*-εις*) Nachahmung *f*
μιμητής Nachahmer *m*
μιμικός mimisch; *Su f* Mimik *f*
μιμούμαι (*ηθ*) *v/t* nachahmen, nachmachen; *οικ.* nachäffen
μίνα Mine(nstollen *m*) *f*
μιξ- *βλ.* ***μειξ-***
μίξερ (*0*) *n* Mixer *m*, Küchenmaschine *f*
μισ(ο)- halb-
μισαλλ|οδοξία Unduldsamkeit *f*; **~όδοξος** unduldsam; intolerant
μισ|ανθρωπία Menschenhaß *m*; **~άνθρωπος** Menschenfeind *m*
μισ|ανοίγω [-γɔ] (*ξ· χτ· γμ*) halb öffnen; **~άνοιχτος** [-xt-] halboffen
μισέλληνας Griechenhasser *m*
μισεύω [-ˈɛvɔ] (*ψ· εμ*) auswandern
μισητός verhaßt
μισθο|δοσία Lohnzahlung *f*; **~δοτικός** Gehalts-, Lohn-; **~δοτώ** (*ησ· ηθ· ημ*) Gehalt *ή* Lohn zahlen
μισθός Lohn *m*; Gehalt *n*; *στρ.* Sold *m*; ***βασικός ~*** Ecklohn *m*; ***κατώτατος ~*** Mindestlohn *m*; ***συλλογικός ~*** Tariflohn *m*
μισθο|συντήρητος Gehaltsempfänger *m*; **~φόρος** Söldner *m*
μίσθωμα *n* Miete *f*, Pacht *f*
μισθώνω (*σ· θ*) mieten
μίσθωση (*-εις*) Mieten *n*, Pachten *n*
μισθωτ|ής Mieter *m*, Pächter *m*; **~ός** Gehaltsempfänger *m*, Arbeitnehmer *m*
μισό Hälfte *f*
μισ|ογεμίζω [-jɛ-] (*σ· μ*) halb füllen; **~ογκρεμισμένος** [-ɔgrɛmiz-] halbverfallen; **~όγυμνος** [-ji-] halbnackt
μισογύνης [-j-] Frauenfeind *m*
μισ|οκλείνω (*σ· στ· σμ*) halb öffnen; anlehnen; **~όκλειστος** halboffen; angelehnt; **~οκοιμάμαι** (*ηθ· ισμ*) im Halbschlaf liegen; schlummern
μισοπεθαμένος halbtot
μίσος *n* Haß *m*
μισ|ός halb; halbgetan; ***~ά*** zur Hälfte
μισ|οτιμής *Adv* zum halben Preis; **~οφέγγαρο** Halbmond *m*
μισώ (*ησ· ηθ· ημ*) hassen
μνεία Erwähnung *f*
μνήμα *n* Grabmal *n*; *pl* Friedhof *m*
μνημ|είο Denkmal *n*; Mahnmal *n*; **~ειώδης** 2 denkwürdig; gewaltig

μνήμη Gedächtnis *n*; *ηλεκτρον.* Speicher *m*
μνημ|όνευση (*-εις*) [-ɛfsi] Erwähnung *f*; Gedenken *n*; **~ονεύω** [-ˈɛvɔ] (*εψ· ευτ· ευμ*) erwähnen; gedenken *G*; **~ονικό** Gedächtnis *n*; Erinnerungsvermögen *n*; **~όσυνο** Gedenkfeier *f*; *θρ.* Seelenmesse *f*
μνησ|ικακία Gehässigkeit *f*; **~ίκακος** nachtragend; **~ικακώ** es nachtragen *D*
μνηστεία Verlobung *f*
μνηστ|ή Verlobte *f*, Braut *f*; **~ήρας** Verlobte(r), Bräutigam *m*
μόδα Mode *f*; ***ανδρική ~*** Herrenmode *f*; ***γυναικεία ~*** Damenmode *f*
μοδίστρα Schneiderin *f*
μόδιστρος Modeschöpfer *m*
μοιάζω [ˈmja-] (*σ*) ähnlich sehen, ähneln (***σε, με***/*D*); aussehen (***με***/wie *N*)
μοίρα Anteil *m*; Erbteil *n*, *m*; *μαθ.* Grad *m*; *ναυτ.* Geschwader *n*; *στρ.* Staffel *f*; Schicksal *n*, Los *n*
μοιράζω (*σ· στ· σμ*) teilen (***σε***/in *A*); verteilen (***σε***/an *A*); zuteilen
μοιραίος (***-α, -ο***) schicksalhaft; verhängnisvoll, fatal; Schicksals-
μοιρασιά, μοίρασμα *n* Teilung *f*; Verteilung *f*; *χαρτοπ.* Geben *n*
μοιρο|λατρεία Fatalismus *m*; **~λάτρης** Fatalist *m*; **~λατρικός** fatalistisch; **~λογώ** [-ˈγɔ] (*ησ· ηθ· ημ*) *v/t* beweinen; *v/i* klagen, Klagelieder singen; **~λόι** Klagelied *n*; *μτφ.* Gejammer *n*
μοιχεία [-ˈçia] Ehebruch *m*
μολαταύτα [-ˈtafta] trotz allem, trotzdem, dennoch
μόλις *Adv* kaum; *χρον.* soeben, gerade; *Ko* (*mit St II*) sobald, wenn
μολογώ [-ˈγɔ] (*είς, άς*) *βλ.* ***ομολογώ***
μολονότι *Ko* obwohl, obgleich
μόλος Mole *f*, Wellenbrecher *m*
μολόχ|α [-xa], **~η** [-çi] Malve *f*
μόλυβδο|ς Blei *n*; ***με ~*** verbleit
μολυβδούχος [-xɔs] (***-α, -ο***) bleihaltig
μολυβ|ένιος [-njɔs] (***-α, -ο***) Blei-, bleiern; **~ής** (***-ιά, -ί***) bleifarbig
μολύβι Blei *n*; Bleistift *m*
μόλυνση (*-εις*) Verunreinigung *f*, Verseuchung *f*; Ansteckung *f*, Infektion *f*; ***~ της ατμόσφαιρας*** Luftverschmutzung *f*; ***~ του περιβάλλοντος*** Umweltverschmutzung *f*
μολ|υντικός Infektions-; **~ύνω** (II =

I· *υνθ· υσμ*) verschmutzen, verunreinigen, verseuchen; infizieren
μολυσματικός [-liz-] Infektions-
μομφή Tadel *m*; Vorwurf *m*
μον|άδα Einheit *f*; *στρ.* Verband *m*; **~άδα τέλους** Gebühreneinheit *f*; **~αδικός** einzig, alleinig; einzigartig, außergewöhnlich; **~αδικότητα** Besonderheit *f*, Einzigartigkeit *f*; **~άκριβος** einzig; **~αξιά** [-'ja] Einsamkeit *f*
μον|άρχης [-çis] Monarch *m*; **~αρχία** Monarchie *f*; **~αστήρι** Kloster *n*; **~αστικός** Mönchs-, mönchisch
μον|άχα [mɔ'naxa], **~αχά** nur
μοναχ|ή [-'çi] Nonne *f*; **~ικός** einsam; Mönchs-, mönchisch; **~ογιός** [-xɔ'jɔs] einzige(r) Sohn; **~οκόρη** einzige Tochter *f*; **~οπαίδι** einzige(s) Kind
μονάχος allein; einsam
μοναχός *βλ.* ***μονάχος***; *Su* Mönch *m*
μονή *K* Kloster *n*
μονιμο|ποίηση (*-εις*) Stabilisierung *f*; Festanstellung *f*; Verbeamtung *f*; **~ποιώ** (*ησ· ηθ· ημ*) stabilisieren; *προσ.* fest anstellen; verbeamten
μόνιμος stabil; bleibend, dauerhaft; Dauer-, dauernd; *υπάλληλος*: fest angestellt; (ver)beamtet
μονιμότητα Stabilität *f*; Dauerhaftigkeit *f*
μόνο *Adv* nur; *Ko* allein, jedoch; ***~ που*** *Ko* nur daß; ***όχι ~ αλλά και*** nicht nur, sondern auch
μονο- ein-, allein-, Einzel-, mono-
μονο|γαμία [-γa-] Monogamie *f*, Einehe *f*; **~γαμικός** monogam
μον|όγραμμα [-γra-] *n* Monogramm *n*; **~ογραφή** Initial *n*; *γραφείο*: Zeichen *n*; **~ογραφία** Monographie *f*; **~ογραφώ** (*ησ· ηθ· ημ*) abzeichnen; **~όδρομος** Einbahnstraße *f*; **~όζυγο** [-γɔ] Reck *n*; **~οήμερος** eintägig; **~οθεϊσμός** [-zm-] Monotheismus *m*; **~οθέσιος** (***-α, -ο***) einsitzig
μονοι|άζω [-'nja-] (*σ· σμ*) sich vertragen (***με***/ mit *D*), in Frieden leben; *v/t* versöhnen; ***~ασμένος*** [-zm-] einig
μονοκατοικία Einfamilienhaus *n*
μονόκλινο Einbettzimmer *n*
μονο|κομματικός Einparteien-; **~κόμματος** einteilig; ganz; steif
μονο|κύτταρος einzellig; **~λεκτικός** aus e-m Wort bestehend
μον|όλεπτος einminütig; **~όλογος** [-γ-] Monolog *m*; **~ολογώ** (*ησ*) ein Selbstgespräch führen; **~ομανία** Monomanie *f*; Wahnidee *f*; **~ομαχία** [-'çia] Zweikampf *m*, Duell *n*; **~ομερής** 2 einseitig; **~ομιάς** [-'mjas] sofort
μον|οπάτι Pfad *m*, Fußweg *m*; **~όπλευρος** [-εvr-] einseitig *κ. μτφ.*; **~όπρακτο** Einakter *m*; **~οπώλιο** Monopol *n*; **~οπωλώ** (*ησ*) monopolisieren; **~ορούφι** in einem Zug
μόνος allein; einzig, alleinig; ***~ μου*** ich selbst; ***από ~ μου*** von selbst
μονός *μαθ.* ungerade; einfach
μον|οσύλλαβος einsilbig; **~οτονία** Eintönigkeit *f*; **~ότονος** monoton, langweilig; **~όφθαλμος** einäugig; **~όχρωμος** [-xr-] einfarbig; **~οψήφιος** (***-α, -ο***) einstellig
μοντ|αδόρος Monteur *m*; **~άρισμα** [-zma] *n* Montage *f*; **~άρω** (*ρισ· ιστ· ισμ*) montieren
μοντέλο [mɔ'dεlɔ] Modell *n*
μοντέρνος [mɔd-] modern
μον|ωδία Solo *n*; **~ώνω** (*σ· θ*) isolieren; **~ώροφος** einstöckig
μόνωση (*-εις*) Isolierung *f*
μονωτικός Isolier-, isolierend
μοριακός Molekular-
μόριο Teilchen *n*; *γραμμ.* Partikel *f*; *φυσ.* Molekül *n*; Geschlechtsorgan *n*
μόρτης Strolch *m*, Rowdy *m*
μορφάζω (*σ*) das Gesicht verziehen; Grimassen schneiden
μορφασμός Grimasse *f*
μορφή Form *f*; Gestalt *f*, Figur *f*
μορφ|ίνη Morphium *n*; **~ινομανής** 2 morphiumsüchtig
μορφολογία [-'jia] Morphologie *f*, *γραμμ. κ.* Formenlehre *f*
μορφ|ωμένος gebildet; **~ώνω** (*σ· θ*) gestalten; (aus)bilden
μόρφωση (Aus-)Bildung *f*; ***επαγγελματική ~*** Berufsbildung *f*; ***σχολική ~*** Schulbildung *f*
μορφωτικός bildend, Bildungs-
μόστρα *εμπ.* Muster *n*; Schaufenster *n*
μοσχάρι [-'sxa-] Kalb *n*; *μτφ. οικ.* Rindvieh *n*; ***~ ψητό*** Kalbsbraten *m*
μοσχαρίσιος [-sxa-] (***-α, -ο***) Kalb-
μοσχάτος Muskat-
μόσχευμα [-çεv-] *n* Ableger *m*, Absenker *m*; *ιατρ.* Transplantat *n*
μοσχο|βολιά [-xɔvɔ'lja] Duft *m*; **~**

βολώ (*άς· ησ*) duften; **~μυρίζω** (*σ*) duften; **~πουλώ** (*άς· ησ· ηθ· ημ*) günstig verkaufen
μοτίβο Motiv *n*; Beweggrund *m*; ***επαναλαμβανόμενο ~*** Leitmotiv *n*
μοτο|ποδήλατο, ~σακό Mofa *n*, Moped *n*; **~σικλέτα** Motorrad *n*; **~σικλετιστής** Motorradfahrer *m*
μου [mu] mir; mein, meine; ***ο θείος ~*** mein Onkel; ***η θεία ~*** meine Tante
μουγκ|αίνω (*αν· αθ· αμ*) zum Schweigen bringen; *v/p* verstummen; **~ός** stumm
μουγκρ|ητό Brüllen *n*; Brausen *n*; **~ίζω** brüllen; brausen
μούγκρισμα *n βλ.* ***μουγκρητό***
μουδιάζω [-'ðja-] (*σ· σμ*) einschlafen; taub werden; *μτφ.* erstarren
μούδιασμα [-ðjaz-] *n* Einschlafen *n*; Erstarren *n*
μουλ|αράς (*-άδες*) Maultiertreiber *m*; **~άρι** Maulesel *m*; *μτφ.* Dickkopf *m*
μουλιάζω [-'lja-] (*σ· σμ*) einweichen
μουλωχτός [-xt-] heimtückisch
μούμια [-ja] Mumie *f*
μουνί *χυδ.* Fotze *f*
μουνουχίζω [-'çi-] (*σ· στ*) kastrieren
μού(ν)τζα beleidigende Handbewegung *f*
μου(ν)τζ|ούρα Schmutzfleck *m*; **~ουρώνω** (*σ· θ*) *v/t* schmutzig machen, beklecksen
μου(ν)τζώνω (*σ*) *περ.* e-n Vogel zeigen *D*
μουντός matt, trübe
μουράγιο [-jɔ] Hafendamm *m*
μούρη Schnauze *f*
μουριά [-'ja] Maulbeerbaum *m*
μουρλαίνω (*αν· αθ· αμ*) verrückt machen
μούρλια *adv* toll, ganz groß
μουρλός verrückt
μουρμ|ούρα Gemurmel *n*; *μτφ.* Mekkerei *f*; **~ούρης** 3 nörgelig; **~ουρητό** Murmeln *n*; Meckern *n*; **~ουρίζω** (*σ*) murmeln; *μτφ.* tuscheln; meckern
μουρντ|άρεμα [-rd-] *n* Beschmutzung *f*; **~αρεύω** [-'ενɔ] (*εψ*) beschmutzen; *μτφ.* ausschweifen; **~άρης** 3 schmutzig; liederlich; *Su* Schmutzfink *m*
μούρο Maulbeere *f*
μουρουνόλαδο Lebertran *m*
μούσα Muse *f*
μουσακάς (*Gericht n aus Hackfleisch u. Auberginen*) Moussaka *m*
μουσαμάς (*-άδες*) Wachstuch *n*; Linoleum *n*
μουσείο Museum *n*
μουσικ|ή Musik *f*; **~ός** musikalisch; Musik-; *Su* Musiker *m*; **~οσυνθέτης** Komponist *m*
μούσκεμα *n* Befeuchten *n*, Naßmachen *n*; *adv* durchnäßt; ***είμαι ~*** triefen
μουσκ|εύω [-'ενɔ] (*ψ· ευτ· εμ*) *v/t* befeuchten, naß machen; ***τα μούσκεψες*** du hast alles verpfuscht; **~εμένος** durchnäßt; **~ίδι** klitschnaß
μουσούδι Schnauze *f*
μουσουλ|μανικός moslemisch; **~μάνος** Moslem *m*
μουσουργός [-'γɔs] Komponist *m*
μουστάκι Schnurrbart *m*
μουστάρδα Senf *m*
μούστος Most *m*
μουτζ- *βλ.* ***μουντζ-***
μούτρ|ο Gesicht *n*, *οικ.* Visage *f*; *μτφ.* Stirn *f*, Mut *m*; ***κάνω ~α*** böse sein
μούτσος Schiffsjunge *m*
μουτσούνα Maske *f*; Schnauze *f*
μούχλα ['muxla] Schimmel *m*
μουχλιάζω [-lj-] (*σ· σμ*) schimmeln; *μτφ.* untätig sein
μούχρωμα [-xr-] *n* Dämmerung *f*
μοχθηρ|ία [mɔx-] Boshaftigkeit *f*; **~ός** boshaft; **~ότητα** *βλ.* ***μοχθηρία***
μόχθος [-x-] Anstrengung *f*, Mühe *f*
μοχθώ [-'xθɔ] (*ησ*) sich abarbeiten
μοχλός [-xl-] Hebel *m*; *μτφ.* Anstifter *m*; ***~ αλλαγής ταχύτητας*** Schalthebel *m*
μπ- [b-] *βλ. κ.* ***μπαίνω***
μπαγιατεύω [-ja'tενɔ] (*εψ*) schal *ή* altbacken werden; *μτφ.* veralten
μπαγιάτικος [-'ja-] schal; altbacken; *μτφ.* veraltet
μπάγκος Bank *f*; Theke *f*; Werktisch *m*
μπάζα Gewinn *m*; *n/pl* Bauschutt *m*
μπάζω (*σ*) *v/t* einführen, (hin)einstekken, hineintun; *v/i* einlaufen
μπαινοβγαίνω [-'vjε-] ein- und ausgehen
μπαίνω (*να μπω· μπήκα· μπασμ*) eintreten, hineingehen; einsteigen; einreisen; ***μπήκα*** ich hab's kapiert
μπακάλης (*-ηδες*) Krämer *m*
μπακαλιάρος [-'lja-] Stockfisch *m*
μπακάλικο Lebensmittelgeschäft *n*

μπακιρένιος [-nj-] (*-α, -ο*) kupfern
μπακλαβάς Blätterteigkuchen *m* mit Sirup
μπάλα Ball *m*; *στρ.* Kugel *f*; Murmel *f*; *εμπ.* Ballen *m*
μπαλάκι *γραφομηχανή*: Kugelkopf *m*
μπαλέτο Ballett *n*
μπαλκόνι Balkon *m*
μπαλόνι Ballon *m*
μπαλτάς (*-άδες*) Axt *f*
μπάλωμα *n* Flicken *n*; Flicken *m*
μπαλ|ωματής (*-ήδες*) Flickschuster *m*; **~ώνω** (*σ· θ*) flicken; *v/p μτφ.* bedacht werden (***από***/mit *D*); ***τα ~ώνω*** sich herausreden
μπαμπ- *βλ. κ.* ***βαμβ-***
μπαμπάκι Baumwolle *f*
μπαμπάς [ba'bas] (*-άδες*) Papa *m*
μπαμπεσιά [-'sja] Gemeinheit *f*
μπανιέρα [-nj-] Badewanne *f*
μπανιερά [-nj-] *n/pl* Badesachen *f/pl*
μπάνιο ['banjɔ] Bad *n*; Badezimmer *n*; ***κάνω ~*** baden
μπάντα Seite *f*; Wandbehang *m*; *μουσ.* Kapelle *f*, Band *f*
μπαξές (*-έδες*) Gemüsegarten *m*
μπαούλο Truhe *f*
μπαρκ|άρισμα [-zma] *n* Einschiffung *f*; **~άρω** (*αρ, αρισ*) einschiffen
μπάρμπας ['barbas] Onkel *m*
μπαρμπούνι [-rb-] Barbe *f*
μπαρούτι (Schieß-)Pulver *n*
μπας: *~ και* vielleicht; ob
μπασμένος [-zm-] (*βλ.* ***μπάζω***) eingeweiht, informiert; erfahren
μπασταρδεύω [-'ɛvɔ] (*εψ· ευτ· εμ*) *v/t* (ver)fälschen; *v/i* entarten
μπάσταρδος unehelich
μπαστ|ούνι Stock *m*; *χαρτοπ.* Pik *n*; **~ουνιά** [-'nja] Stockhieb *m*
μπαταρία Batterie *f*
μπάτης *m* Meeresbrise *f*
μπατσίζω (*σ*) ohrfeigen
μπάτσος Ohrfeige *f*; *λαϊκό* Bulle *m*
μπαχαρικό [baxa-] Gewürz *n*
μπεζ (*0*) beige
μπεκιάρης [-kj-] (***-ισσα***) alleinstehend; *Su* Junggeselle *m* (Junggesellin *f*)
μπεκρής (*-ήδες*) Trinker *m*, Säufer *m*
μπελαλίδικος lästig, umständlich
μπελάς (*-άδες*) Unannehmlichkeit *f*, Schererei *f*; Ärger *m*
μπέμπα, μπεμπέκα [bɛb-] weibliche(s) Baby
μπέμπης ['bɛb-] (*-ηδες*) männliche(s) Baby
μπέρδεμα *n* Verwirrung *f*; Verwechslung *f*
μπερδ|εύω [-'ɛvɔ] (*εψ· ευτ· εμ*) verwirren; durcheinanderbringen; verwechseln; hineinziehen (***με***/in *A*); **~εψοδουλειά** [-'lja] verwickelte Sache *f*
μπερεκέτι Überfluß *m*
μπερές (*-έδες*) Baskenmütze *f*
μπέσα Zuverlässigkeit *f*
μπετόν (*0*) *n* Beton *m*; ***~ αρμέ*** Eisenbeton *m*
μπήγω (*ξ*) (hinein)stecken; hineinstoßen; ***~ τις φωνές*** schreien
μπηκ- *βλ.* ***μπαίνω***
μπιζέλι Erbse *f*
μπικουτί Lockenwickler *m*
μπιλιάρδο [-'ljarðɔ] Billard *n*
μπιμπερό [bib-] Saugflasche *f*
μπιμπίκι [bib-] Pickel *m*
μπίρα Bier *n*
μπιραρία Bierlokal *n*
μπισκότο Keks *m*; Biskuit *m*
μπιφτέκι Hacksteak *n*
μπλάστρι Pflaster *n*
μπλε (*0*) blau
μπλέκω (*ξ· χτ· γμ*) *v/t* verwickeln; *v/i* sich verwickeln; ein Verhältnis anfangen
μπλέξιμο (*-ματος*) Verwicklung *f*, Verstrickung *f*
μπλοκάρω (*αρ, αρισ· στ· σμ*) blockieren; umstellen
μπλόκο Blockade *f*
μπογι|ά [-'ja] Farb(mass)e *f*; **~ατζής** (*-ήδες*) Anstreicher *m*; **~ατίζω** [-ja-] (*σ· στ· σμ*) anstreichen
μπόγος [-ɣ-] Ballen *m*
μπόι (*μπογιού*) Wuchs *m*, Größe *f*
μποϊκοτά|ζ (*0*) *n* Boykott *m*; **~ρω** (*αρισ*) boykottieren
μπολιάζω [bɔlj-] (*σ· στ*) impfen; pfropfen
μπόλιασμα *n* Impfung *f*; Pfropfen *n*
μπόλικος reichlich
μπον-φιλέ (*0*) *n* Rumpsteak *n*
μποξ (*0*) *n* Boxkampf *m*; Boxen *n*
μπόρα Regenguß *m*; Gewitter *n*
μπορ|ετός möglich; **~ώ** (*εσ*) können; ***δεν ~ώ*** unpäßlich sein; ***~εί*** es kann sein; möglicherweise
μπόσικος locker, lose
μποστάνι Gemüsegarten *m*

M

μπότα Stiefel *m*
μποτ|ίλια [-lja] Flasche *f*; **~ιλιάρισμα** [-zma] *n* Stau *m*; **~ιλιάρω** (*αρισ· σμ*) auf Flaschen ziehen
μπουγ|άδα [-'γa-] Wäsche *f*; **~αδιάζω** [-'ðja-] (*σ*) (Wäsche) waschen
μπούζι Eis *n*; *adj* (*0*) eiskalt
μπουζί Zündkerze *f*
μπούκα Mündung *f*
μπουκάλ|ι Flasche *f*; ***άδεια ~ια*** *n*/*pl* Leergut *n*; ***~ι επιστροφής*** Pfandflasche *f*; ***~ι μιας χρήσης*** Wegwerfflasche *f*; ***αφήνω ~α*** im Stich lassen
μπουκέτο Blumenstrauß *m*
μπουκιά Bissen *m*, Happen *m*
μπούκλα Haarlocke *f*
μπουκώνω (*σ·μ*) *v*/*t* etw. in den Mund stopfen *D*; *μτφ.* bestechen
μπουλούκι Schar *f*, Haufen *m*
μπουμπούκι [bub-] Knospe *f*
μπουμπουν|ητό [bub-] Donner *m*, Donnern *n*; **~ίζει** es donnert
μπουνιά [-'nja] Faustschlag *m*
μπουνταλάς (*-άδες*) Tolpatsch *m*
μπουντρούμι [bud-] Kerker *m*
μπούρδα Flunkerei *f*; ***μπούρδες!*** Quatsch!
μπουρέκι Pastete *f*
μπουρί Ofenrohr *n*
μπουρίνι Sturm(wind) *m*
μπουρνούζι Bademantel *m*
μπούσουλας Kompaß *m*
μπουσουλ|ίζω (*σ*), **~ώ** (*άς· ησ*) auf allen vieren gehen
μπούστος Büste *f*; Korsett *n*
μπούτι Keule *f*, Schenkel *m*
μπουφάν (*0*) *n* Anorak *m*; Jacke *f*
μπουφές (*-έδες*) Büfett *n*; ***πρωινός ~*** Frühstücksbüfett *n*
μπούφος Uhu *m*; *μτφ.* Trottel *m*
μπουχτίζω [-xt-] (*σ· σμ*) *v*/*i* sich übersättigen; *μτφ.* es satt haben; *v*/*t* überfüttern
μπόχα ['bɔxa] Gestank *m*
μπράβο bravo
μπράτσο Arm *m*
μπριζόλα Kotelett *n*
μπρίκι Metallkännchen *n*
μπρόκολο Brokkoli *pl*
μπρος! vorwärts! (*βλ.* ***εμπρός***)
μπροσούρα Broschüre *f*
μπροστά vorn, vorne; ***~ από*** *Präp* vor *συνήθ. D*; ***~ σε*** vor *A*, *D*
μπροστάρης (*-ηδες*) Führer *m*
μπροστινός vordere, Vorder-
μπρούμυτα auf die Nase; bäuchlings
μπρούντζος Bronze *f*
μπρούσ(ι)κος *κρασί*: herb
μπύρα Bier *n*, *βλ. μπίρα*
μυαλγία [-'jia] Muskelschmerz *m*
μυαλ|ό [mja-] Gehirn *n*; ***κοινό ~ό*** gesunde(r) Menschenverstand; ***βασανίζω το ~ό μου*** sich den Kopf zerbrechen; **~ωμένος** vernünftig
μύγα ['miγa] Fliege *f*
μύγδαλο [-γð-] Mandel *f*
μυγι|άγγιχτος [-'jaŋ̆gix-] reizbar, überempfindlich; **~άζομαι** (*στ*) *v*/*i* Wind bekommen von *D*
μύδι Miesmuschel *f*
μυελός (Knochen-)Mark *n*
μυζήθρα Quark *m*
μύηση (*-εις*) Einweihung *f*
μυθικός mythisch; *μτφ.* sagenhaft
μυθιστόρημα *n* Roman *m*; ***αισθηματικό ~*** Liebesroman *m*; ***αστυνομικό ~*** Kriminalroman *m*
μυθιστορ|ηματικός romanhaft; **~ιογράφος** Romancier *m*
μυθο|γράφος [-'γra-] Fabeldichter *m*; **~λογία** [-'jia] Mythologie *f*
μύθος Mythos *m*; Sage *f*; Fabel *f*; Märchen *n*, Lüge *f*
μύκητας Pilz *m*
μύλος Mühle *f*
μυλων|άς (*-άδες*) Müller *m*; **~ού** (*-δες*) *f* Müllerin *f*
μύξα Nasenschleim *m*, *οικ.* Rotz *m*
μυοκάρδιο Herzmuskel *m*
μυρίζω (*σ· στ· σμ*) *v*/*t* riechen (*κ.* an *D*); *σκυλί*: schnüffeln, schnuppern; *v*/*i* riechen; duften; *v*/*p πρόσ.* in Verdacht haben; ahnen (*daß*)
μύριοι, -ες, -α unzählige
μυριοστός zehntausendste(r); *Su n* Zehntausendstel *n*
μυριστικός wohlriechend
μύρμηγκας, μυρμήγκι Ameise *f*
μυρμηγκιάζω [-'ŋ̆ga-] (*σ*) wimmeln; kribbeln, prickeln
μυρμηγκ|ότρυπα, ~οφωλιά [-'lja] Ameisenhaufen *m*
μύρο Essenz *f*; Salböl *n*
μυροβόλος (*-α, -ο*) wohlriechend
μυρ|σίνη *K*, **~τιά** [-'tja] Myrte *f*
μύρτο Myrte(nbeere) *f*
μυρωδ|άτος wohlriechend, duftend; **~ιά** [-'ðja] Geruch *m*; Wohlgeruch *m*;

Essenz *f*; ***τον πήρα ~ιά*** ich durchschaute ihn; **~ικό** Würze *f*; Essenz *f*; Aromastoff *m*
μυρώνω (*σ· θ*) salben
μυς (*μυός, μυ· μυς, μυών, μυς*) Muskel *m*; *K κ.* Maus *f*
μυσταγωγία [-ɣɔj-] Einweihung *f*; Geheimlehre *f*; ***θεία ~*** *θρ.* Abendmahl *n*
μυστήρι|ο Mysterium *n*; *θρ.* Sakrament *n*; **~ος** (***-α, -ο***) sonderbar
μυστηριώδης 2 geheimnisvoll, mysteriös
μύστης Eingeweihte(r); Sachkenner *m*
μυστικισ|μός [-zm-] Mystizismus *m*; **~τής** [-st-] Mystiker *m*
μυστικ|ό Geheimnis *n*; **~ός** geheim, Geheim-; geheimtuerisch; *Su* Geheimpolizist *m*; **~οσύμβουλος** Geheimrat *m*; **~ότητα** Verschwiegenheit *f*; Geheimtuerei *f*
μυστρί (Maurer-)Kelle *f*
μυτερός spitz
μύτη Nase *f*; *πουλιά*: Schnabel *m*; *ζώα*: Schnauze *f*; *αντικείμενα*: Spitze *f*
μύχιος [-çiɔs] (***-α, -ο***) *K* innerst-
μυχός [-ˈxɔs] Innerste(s); tiefste(r) Teil
μυώ (*ησ· ηθ· ημ*) einweihen (***σε***/in *A*)
μυώδης 2 muskulös
μυωπ|ία Kurzsichtigkeit *f*; **~ικός** kurzsichtig
μωαμεθαν|ικός mohammedanisch; **~ός** Mohammedaner *m*
μώλωπας Quetschung *f*
μωλωπ|ίζω (*σ· στ· σμ*) quetschen; **~ισμός** [-zm-] Quetschung *f*
μωρέ! he!, du ..., ihr ...
μωρ|ία Dummheit *f*; **~ό** Baby *n*, kleine(s) Kind
μωρο|λογία [-ˈjia] Geschwätz *n*, Gequatsche *n*; **~λογώ** [-ˈɣɔ] (*ησ*) faseln
μωρ|οπιστία Leichtgläubigkeit *f*; **~όπιστος** leichtgläubig; **~ός** *K* dumm
μωρουδιακά [-ðja-] *n*/*pl* Babyausstattung *f*
μωσαϊκό Mosaik *n*

N

να¹ *Ko με Konj*: daß; damit, (um ...) zu *με Inf*, *βλ. κ.* ***για ~***; *Inf χωρίς zu*; *Imp*; *με Impf*: wenn nur (*ή* doch) ...!; ***μπορείτε ~ μου πείτε;*** können Sie mir sagen?; ***πόσο πρέπει ~ πληρώσω;*** wieviel muß ich zahlen?; ***τι ~ σας πω;*** was soll ich Ihnen sagen?; ***~ σας δείξω;*** darf ich Ihnen (mal) zeigen?; ***~ λες πάντα την αλήθεια!*** sag immer die Wahrheit!
να² *δεικτικό*: hier ist ..., da ist ...; sieh ...!; ***~ τος ή τον!*** da ist er (ja)!
νάζι Ziererei *f*, Getue *n*; ***κάνω ~α*** sich anstellen
ναζί (*0*) *m* Nazi *m*
ναζιάρης [-zj-] 3 geziert, albern
ναζιστής Nazi *m*
ναι ja; *μετά από αρνητική ερώτηση*: doch; ***~ μεν, αλλά*** zwar, aber
νάιλον (*0*) *n* Nylon *n*
νάνος Zwerg *m*
να|νουρίζω (*σ· στ· σμ*) in den Schlaf wiegen; **~νούρισμα** [-zma] *n* Wiegenlied *n*
ναός Tempel *m*; *K* Kirche *f*
ναργιλές [-ji-] (*-έδες*) Wasserpfeife *f*
νάρθηκας Vorhalle *f*, Vorraum *m*; *ιατρ.* Schiene *f*
ναρκαλιευτικό [-f-] Minenräumboot *n*
νάρκη Betäubung *f*; *ζωολ.* (*Winter-*)Schlaf *m*; *στρ.* Mine *f*
νάρκισσος Narzisse *f*
ναρκο|μανής 2 (drogen-, rauschgift)süchtig; **~πέδιο** Minenfeld *n*
ναρκώνω (*σ· θ*) betäuben, narkotisieren; einschläfern
νάρκωση Betäubung *f*, Narkose *f*
ναρκωτικ|ό Betäubungsmittel *n*; Droge *f*, Rauschgift *n*; **~ός** narkotisch
νάτριο Natrium *n*
ναυάγιο [-ˈvajiɔ] Wrack *n*; Schiffbruch *m*; *μτφ.* Scheitern *n*; Ruin *m*
ναυαγ|ός [-ɣ-] Schiffbrüchige(r); **~οσωστικό** Bergungsboot *n*; **~ώ** (*ησ·*

ισμ) Schiffbruch erleiden; scheitern
ναυαρχ|είο [navarç-] Admiralität *f*; **~ία** Admiralswürde *f*; **~ίδα** Admiralsschiff *n*, Flaggschiff *n*
ναύαρχος ['navarx-] Admiral *m*
ναύλ|α ['navl-] *n/pl* Fahrgeld *n*; **~ος** Fracht(geld *n*) *f*; ***αεροπορικός ~ος*** Luftfracht *f*
ναυλώνω (*σ· θ*) *ναυλωτής*: chartern; befrachten; *εφοπλιστής*: vermieten
ναύλωση (*-εις*) Charterung *f*, Befrachtung *f*; Schiffsvermietung *f*
ναυλωτ|ήριο [navl-] Frachtvertrag *m*; **~ής** Charterer *m*
ναυμαχία [-'çia] Seeschlacht *f*
ναυ|πηγείο [nafpij-] Schiffswerft *f*; **~πηγία, ~πηγική** Schiffbau *m*
ναυσιπλοΐα [naf-] Schiffahrt *f*
ναύτης Matrose *m*, Seemann *m*
ναυτ|ία, ~ίαση (*-εις*) [naft-] Seekrankheit *f*; Übelkeit *f*; **~ική** Schiffahrtskunde *f*; **~ικό** Marine *f*; **~ικός** See-; *Su* Seemann *m*; **~ιλία** Schiffahrt *f*; Marine *f*; **~ιλιακός** Schiffahrts-
ναυτο|δικείο Seegericht *n*; **~λόγιο** [-jiɔ] Schiffsrolle *f*; **~λογώ** [-'ɣɔ] (*ησ· ηθ· ημ*) anheuern, anmustern
ναυτόπουλο [naf-] Schiffsjunge *m*
νάφθα Rohöl *n*
νέα *n/pl* Neuigkeiten *f/pl*; Nachrichten *f/pl*; ***τι ~;*** was gibt's Neues?
νεανικ|ός jugendlich; **~ότητα** Jugendlichkeit *f*
νεαρός jung; jugendlich
νέγρος [-ɣr-] Neger *m*
νέκρα Totenstille *f*; *μτφ.* Flaute *f*
νεκρο|θάφτης Totengräber *m*; **~κεφαλή** Totenkopf *m*; **~κρέβατο** Totenbett *n*; **~λογία** [-'jia] Grabrede *f*
νεκρόπολη (*-εις*) Totenstadt *f*
νεκρός tot, gestorben; *Su* Tote(r)
νεκρο|συλία Leichenschändung *f*; **~ταφείο** Friedhof *m*
νεκρότητα Leblosigkeit *f*; *εμπ.* Geschäftsstille *f*
νεκρο|τομείο Anatomie *f*; **~φάνεια** Scheintod *m*; **~φόρα** Leichenwagen *m*; **~ψία** Obduktion *f*
νεκρώνω (*σ· θ*) *v/t* töten; *μτφ.* lahmlegen; betäuben; *v/i εμπ.* stocken
νέκρωση Tötung *f*; Lahmlegung *f*; Betäubung *f*, Abtötung *f*; Stockung *f*
νεκρώσιμος Toten-, Trauer-
νέμομαι (*νεμηθ*) *v/i* das Nutzungsrecht haben an *D*
νεο|γέννητος [-'jɛ-] neugeboren; **~γνό** [-'ɣnɔ] Neugeborene(s)
νεοελληνικ|ά *n/pl* (das) Neugriechisch(e); **~ός** neugriechisch
νεόκτιστος (**-χτ-**) neuerbaut
νεο|λαία Jugend *f*; **~λογισμός** [-jiz-] Neubildung *f*, Neologismus *m*
νέον (*0*) *n* Neon *n*
νεό|νυμφος neuvermählt; **~πλουτος** Neureiche(r), Emporkömmling *m*
νέ|ος (**-α, -ο**) jung; neu; *Su m* junge(r) Mann; *Su f* junge Frau *f*; *Su n* Neuigkeit *f*; Nachricht *f*; ***εκ ~ου*** von neuem
νεο|σσός Küken *n*, Junge(s); **~σύλλεκτος** Rekrut *m*; **~σύστατος** neuerrichtet
νεοτερ|ίζω (*σ*) Neuerungen folgen; **~ισμός** [-zm-] Neuerung *f*, Innovation *f*; **~ιστής** [-st-] Neuerer *m*; **~ιστικός** Neuerungs-, modern(istisch)
νεότητα Jugend *f*
νεοφερμένος neuangekommen
νεποτισμός [-z-] Vetternwirtschaft *f*
νεράιδα Nixe *f*; Elfe *f*, Fee *f*
νεράντζι Pomeranze *f*
νερ|ό Wasser *n*; Regen *m*; ***θαλασσινό ~ό*** Meerwasser *n*; ***πόσιμο ~ό*** Trinkwasser *n*; (***σαν***) ***~ό ή ~άκι*** wie am Schnürchen; ***του γλυκού ~ού*** unerfahren; ***κάνω ~ά*** ein Leck haben
νερόβραστος in Wasser gekocht
νερο|δεσιά [-'sja] Damm *m*, Deich *m*; **~κανάτα** Wasserkrug *m*; **~μάνα** Hauptquelle *f*; **~μπογιά** [-ɔbɔ'ja] Wasserfarbe *f*
νερόμυλος Wassermühle *f*
νερο|ποντή Regenguß *m*; **~πότηρο** Wasserglas *n*
νερ|οσυρμή Rinnstein *m*, Gosse *f*; **~ουλάς** (*-άδες*) Wasserträger *m*; **~ουλιάζω** [-'lja-] (*σ· σμ*) wässerig werden; **~ουλός** wässerig; schlaff; **~όφιδο** Wasserschlange *f*; **~οχύτης** [-'çi-] Ausguß *m*, Abwaschbecken *n*
νερώνω (*σ· θ*) verwässern, verdünnen
νέτ|ος netto; fertig, erledigt; ***~α-σκέτα*** geradeheraus
νεύμα ['nɛvma] *n* Wink *m*; Nicken *n*
νευρασθένεια Nervenschwäche *f*
νευρ|ιάζω [nɛvr-] (*σ· στ· σμ*) *v/t* nervös machen, aufregen; *v/i* nervös werden (***με***/bei *D*); sich aufregen;

N

~ικός nervös; **~ικότητα** Nervosität *f*
νεύρ|ο [-vr-] Nerv *m*; *μτφ.* Kraft *f*, Energie *f*; ***μου χτυπάει στα ~α*** geht mir auf die Nerven
νευρο|καβαλίκεμα *n* Muskelkrampf *m*; **~λογία** [-j-] Neurologie *f*; **~λογικός** neurologisch; Nervenheil-; **~λόγος** [-γ-] Nervenarzt *m*; **~πάθεια** Nervenleiden *n*; **~παθής** 2 nervenleidend
νευρόσπαστο [nεv-] Marionette *f*
νευροφυτικός vegetativ
νευρώδης 2 sehnig, kraftvoll
νεύρωση (*-εις*) [-vrɔsi] Neurose *f*
νευρωτικός Neurotiker *m*
νεύω (*εψ*) nicken; winken
νεφελώδης 2 wolkig; nebelhaft
νέφος *n* Wolke *f*; Smog *m*
νεφρ|ίτιδα Nierenentzündung *f*; **~όλιθος** Nierenstein *m*; **~ό, ~ός** Niere *f*
νέφτι Terpentinöl *n*
νέφωση (*-εις*) Bewölkung *f*
νεωκόρος Küster *m*
νεωτερ- *βλ.* ***νεοτερ-***
νήμα *n* Garn *n*, Faden *m* *κ. μτφ.*
νηματουργείο [-'jiɔ] Garnfabrik *f*
νηο|λόγιο [-jiɔ] Schiffsregister *n*; **~πομπή** Geleitzug *m*
νηπιαγω|γείο [-γɔj-] Kindergarten *m*; **~γός** [-'γɔs] *f* Kindergärtnerin *f*
νήπιο Kleinkind *n*
νησ|ί Insel *f*; **~ιώτης** [-'sjɔ-] Inselbewohner *m*; **~ιώτικος** Insel-; **~ιώτισσα** Inselbewohnerin *f*
νήσος *f K* Insel *f*
νηστ|εία Fasten *n*, Fastenzeit *f*; Hungern *n*; **~εύω** [-'εvɔ] (*εψ*) fasten; **~ήσιμος** Fasten-; **~ικός** nüchtern; hungrig
νηφ|άλιος (**-α, -ο**) nüchtern; ausgeglichen; **~αλιότητα** Nüchternheit *f*
νιαουρίζω [njau-] (*σ*) miauen
νιάτα ['njata] *n/pl* Jugend *f*
νίβω (*ψ· φτ· μμ*) *v/t* waschen
νίκελ (*0*) *n* Nickel *n*
νικέλι|νος Nickel-; **~ο** Nickel *n*
νικελώνω (*σ*) vernickeln
νίκη Sieg *m*
νικητήριος (**-α, -ο**) Sieges-
νικητής Sieger *m*
νικήτρια Siegerin *f*
νικηφόρος (**-α, -ο**) siegreich
νικώ (*άς· ησ· ηθ· ημ*) (be)siegen; *αθλ.* schlagen

νιόπαντρος [nj-] jungverheiratet
νιότη [nj-] Jugend *f*
νιπτήρας Waschbecken *n*
νισάφι Gnade *f*, Erbarmen *n*
νίτρο Salpeter *m*
νιτρογλυκερίνη [-γ-] Nitroglyzerin *n*
νιφάδα (Schnee-)Flocke *f*
νίψιμο (*-ματος*) *n* Waschen *n*
νιώθω [nj-] (*σ*) begreifen; merken, spüren; *λάθος* einsehen; (sich) fühlen
Νοέμβρ|ης, ~ιος November *m*
νοερός geistig, im Geiste
νόημα *n* Sinn *m*, Bedeutung *f*; Zeichen *n*; Verstand *m*
νοημοσύνη Intelligenz *f*
νόηση Auffassungsvermögen *n*; Verstand *m*, Vernunft *f*
νοητ|ικός Denk-; mit Vernunft begabt; **~ός** begreiflich; (rein) geistig
νοθεία Fälschung *f*
νόθευση [-εfsi] (Ver-)Fälschung *f*
νοθεύω [-'εvɔ] (*εψ· ευτ· εμ*) verfälschen; *κρασί* panschen
νόθος (*κ.* ***-α***) unehelich; unecht, falsch
νοιάζ|ει [nj-] (*σ, ξ*): ***με ~ει*** mir liegt daran, es interessiert mich; **~ομαι** (*στ*) *v/i* sich kümmern um *A*
νοιασμένος [njaz-] besorgt
νοικ|άρης (*-ηδες· f* ***-άρισσα***), **~άτορας** (*f* ***-ατόρισσα***) Mieter(in *f*) *m*
νοίκι Miete *f*
νοικιάζω [-'ḳa-] (*σ· στ· σμ*) (ver)mieten
νοικο|κυρά Hausfrau *f*; (Zimmer-)Wirtin *f*; **~κυρεύω** (*εψ· ευτ· εμ*) *v/t* in Ordnung halten; **~κύρης** (*-ηδες, -κυραίοι*) Hausherr *m*; *μτφ.* Wohlhabende(r); **~κυριό** [-'jɔ] Haushalt *m*
νομαδικός nomadisch
νομ|αρχείο [-ç-] Präfektur *f*; **~άρχης** Präfekt *m*; **~αρχία** Präfektur *f*; **~αρχιακός** Präfektur-
νομάτοι *m/pl* Personen *f/pl*
νομή Weide *f*; Benutzung *f*
νομίζω (*σ· στ*) glauben, meinen, finden; halten (*A–A*/j-n für *A*); *v/p* gelten als *N*, gehalten werden für *A*
νομικ|ά *n/pl*, **~ή** Jura *χωρίς Art*, Rechtswissenschaft *f*; **~ός** juristisch; Rechts-; gerichtlich; *Su* Jurist *m*
νομιμο|ποίηση (*-εις*) Legalisierung *f*; **~ποιώ** (*ησ· ηθ· ημ*) legalisieren
νόμιμος gesetzlich, rechtmäßig, legal; rechtlich; *παιδί*: ehelich

νομιμότητα Rechtmäßigkeit *f*, Gesetzmäßigkeit *f*
νόμισμα [-z-] *n* Münze *f*; Währung *f*; ***επικρατούν ~*** Leitwährung *f*; ***η άλλη πλευρά του νομίσματος*** die Kehrseite der Medaille
νομισματ|ική [-zm-] Münzkunde *f*; **~ικός** Münz-; Währungs-; **~οκοπείο** Münzanstalt *f*
νομο|θεσία Gesetzgebung *f*; ***~θεσία ωραρίων*** Ladenschlußgesetz *n*; **~θέτης** Gesetzgeber *m*; **~θετικός** gesetzgebend; **~θετώ** (*ησ· ηθ· ημ*) Gesetze erlassen
νόμος Gesetz *n*; Recht *n*; Regel *f*
νομός Departement *n*, Bezirk *m*
νομο|σχέδιο [-'sçɛ-] Gesetzentwurf *m*, Gesetzesvorlage *f*; **~ταγής** [-j-] 2 gesetzestreu
νον|ά Patin *f*; **~ός** Pate *m*
νοοτροπία Mentalität *f*, Denkweise *f*
νοούμαι (*ηθ*) *K* sich verstehen
νόρμα Norm *f*; ***ευρωπαϊκή ~*** Euronorm *f*
νοσηλ|εία Behandlung *f*, Krankenpflege *f*; **~εύω** [-'ɛvɔ] (*εψ· ευτ· εμ*) behandeln; *v/p* sich behandeln lassen
νοσηρός krankhaft
νοσο|κόμα Krankenschwester *f*; **~κομειακός** Krankenhaus-, Kranken-; **~κομείο** Krankenhaus *n*; **~κόμος** Krankenpfleger *m*
νόσος *f K* Krankheit *f*, Leiden *n*
νοσταλγ|ία [-'jia] Heimweh *n*; Sehnsucht *f*; Nostalgie *f*; **~ικός** sehnsuchtsvoll; nostalgisch; **~ώ** [-'ɣɔ] (*ησ*) Heimweh haben; *v/t* sich sehnen nach *D*
νοστιμ|άδα Schmackhaftigkeit *f*, Wohlgeschmack *m*; **~εύω** [-'ɛvɔ] (*εψ· ευτ*) *v/t* würzen; *μτφ.* zieren, schmükken; *v/i* schmackhaft(er) werden; *μτφ.* hübsch(er) werden; *v/p* großen Appetit haben auf *A*
νόστιμος schmackhaft; nett, hübsch
νοστιμούλα hübsche(s) Mädchen
νοσώ (*ησ*) krank sein
νότα Note *f*
νοτιά(ς) [-j-] Südwind *m*; Süden *m*
νότιος (***-α, -ο***) *Adv κ. νοτίως* südlich, Süd-; südländisch; *Su* Südländer *m*
νότος Süden *m*; Südwind *m*
νουβέλα Novelle *f*
νου|θεσία Ermahnung *f*, Belehrung *f*; **~θετώ** (*ησ· ηθ*) ermahnen, belehren
νούμερο Nummer *f*
νου|ς (*νου· νου*) Verstand *m*; Geist *m*; Ratio *f*, Vernunft *f*; ***κοινός ~ς*** gesunde(r) Menschenverstand; ***το ~ σου!*** paß auf!; ***χάνω το ~ μου*** den Kopf verlieren
νούφαρο Seerose *f*, Wasserlilie *f*
ντ- [d-] *βλ. κ.* ***δ-; τ-***
ντα(β)ούλι Trommel *f*
νταής (*-ήδες*) Raufbold *m*
νταλίκα Last(kraft)wagen *m*, Laster *m*
ντάμα *χαρτοπ., σκάκι* Dame *f*; Damespiel *n*; ***~ πίκα*** Pik *n* Dame
νταμάρι Steinbruch *m*
νταμλάς Schlaganfall *m*
νταντ|ά [da'da] Kindermädchen *n*; **~εύω** [-'ɛvɔ] (*εψ*) *Kind* pflegen; *μτφ.* (ver)hätscheln
ντελικάτος empfindlich; fein
ντεμοντέ [-mɔ'dɛ] (*0*) altmodisch
ντεμπραγιάζ [dɛbra'jaz] (*0*) *n* Kupplung *f*
ντεπιές [dɛ'pjɛs] (*0*) *n* Jackenkleid *n*
ντεπόζιτο Behälter *m*; Reservetank *m*
ντέρτι Kummer *m*
ντέφι Tamburin *n*
ντιβάνι Couch *f*, Diwan *m*
ντίζελ (*0*) *n* Diesel *m*
ντιπ nichts, *οικ.* nicht die Bohne
ντισκέτα *ηλεκτρον.* Diskette *f*
ντοκ (*0*) *n* Dock *n*
ντοκουμέντο [-ntɔ] Dokument *n*
ντολμάς (*-άδες*) Kohlroulade *f*
ντομάτα Tomate *f*
ντοματοπελτές Tomatenmark *n*
ντόμινο Domino(spiel) *n*
ντόμπρος ['dɔb-] (***-α, -ο***) offen, gerade
ντόπιος [-pj-] (***-α, -ο***) einheimisch
ντόρος Krach *m*, Lärm *m*; *μτφ.* Aufsehen *n*
ντοσιέ [-'jɛ] (*0*) *n* Aktenordner *m*
ντουβάρι Wand *f*; *μτφ. Adv* schwer von Begriff
ντουζίνα Dutzend *n*
ντουλάπ|α, ~ι Schrank *m*
ντουμπλάρω [dub-] (*ρισ*) synchronisieren; nachmachen
ντούρος (***-α, -ο***) steif
ντους (*0*) *n* Dusche *f*; ***κάνω ~*** duschen
ντουφέκι Flinte *f*
ντρέπομαι (*ντραπ*) sich schämen
ντροπ|αλός schüchtern; **~ή** Scham *f*; Schande *f*; **~ιάζω** [-j-] (*σ· στ· σμ*) *v/t*

N

beschämen; blamieren; *v/p* sich schämen; **~ιασμένος** [-jaz-] beschämt
ντύνω (*σ· θ*) anziehen, kleiden
νυκτ- *βλ. κ.* ***νυχτ-***
νυκτ|ερινός (**-χτ-**) Nacht-, nächtlich; Abend-; **~όβιος** (***-α, -ο***) Nacht-; *Su* Nachtschwärmer *m*
νυμφεύω (*ευσ· ευθ*) *K v/t* verheiraten; *v/p* heiraten
νύμφη Nymphe *f*; *ζωολ.* Larve *f*
νύξη (*-εις*) Stich *m*; Stechen *n*; *μτφ.* Andeutung *f*
νύστα Müdigkeit *f*
νυσταγμένος [-ɣm-] schläfrig
νυστάζω (*ξ· γμ*) müde, schläfrig sein
νυστέρι Skalpell *n*; Seziermesser *n*
νύφη Braut *f*; Schwiegertochter *f*; Schwägerin *f*
νυφικός Braut-, hochzeitlich; *Su n* Braut- *ή* Hochzeitskleid *n*
νυχθημερόν [-x-] Tag und Nacht
νύχι ['niçi] Fingernagel *m*; Kralle *f*
νυχ|ιά [-'ça] Schramme *f*; *μτφ.* e-e Messerspitze (voll); **~ιάζω** (*σ*) kratzen
νύχτα ['nixta] Nacht *f*
νυχτ|έρι [-xt-] Nachtarbeit *f*; **~ερίδα** Fledermaus *f*; **~ερινός** Nacht-, Abend-; **~ικό** Nachthemd *n*; **~οπούλι** Nachtvogel *m*; **~οφύλακας** Nachtwächter *m*; **~ώνει** (*σ*) es wird Nacht
νωθρός träge; faul
νωματάρχης [-ç-] *βλ.* ***ενωμοτάρχης***
νωπός frisch; halb naß
νωρ|ίς *Adv* früh; **~ίτερα** früher; ***το ~ίτερο*** frühestens
νώτα *n/pl* Rücken *m*
νωτιαίος (***-α, -ο***) Rücken-
νωχ|έλεια [-'çɛ-] Lässigkeit *f*; **~ελικός** lässig, *οικ.* pomadig

Ξ

ξ(α)- *βλ. κ.* ***εξ(α)-***
ξαγκιστρώνω (*σ*) loshaken
ξάγναντο [-ɣn-] Aussichtspunkt *m*
ξαγρυπνώ [-ɣr-] (*άς· ησ· ημ, ισμ*) wachen, nicht schlafen können
ξαδέλφη (*κ. -έρ-*) Kusine *f*
ξάδελφος (*κ. -ερ-*) Vetter *m*
ξακουσ|μένος [-z-], **~τός** [-s-] (weit-) bekannt, berühmt
ξαλαφρώνω (*σ· θ*) erleichtern
ξανα- wieder-; zurück-; nach-
ξανά *Adv* wieder
ξαναβλέπω (*να -δώ· -είδα*) wiedersehen
ξανα|γεννιέμαι [-jɛ'njɛ-] (*ηθ· ημ*) wiedergeboren werden; wieder aufleben; **~γράφω** [-ɣr-] (*ψ· φτ· μμ*) umschreiben; **~γυρίζω** [-ji-] (*σ*) *v/t* zurückgeben; *v/i* zurückkehren; **~δίνω** [-'ðinɔ] (*δωσ*) zurückgeben; **~κάνω** wiedertun, wiedermachen; **~κυριεύω** (*εψ· ευτ· ευμ*) wiedererobern; **~λέω** (*να -πώ· -είπα*) wiederholen; **~λογαριάζω** [-ɣarj-] (*σ· στ*) nochmals berechnen, überprüfen; **~μετρώ** (*άς· ησ*) nachmessen; nochmals zählen; **~μμένος** aufgeregt
ξαν|άνιωμα [-njɔ-] *n* Verjüngung *f*; **~ανιώνω** (*σ· μ*) sich verjüngen, jünger werden; **~αρχίζω** [-ç-] von neuem beginnen; **~άρχομαι** [-xɔ-] (*να -άρθω· -αήρθα*) wiederkommen; zurückkehren; **~αρωτώ** (*άς· ησ*) erneut fragen; **~ασαίνω** (*αν*) sich erholen; **~ασμίγω** [-zm-] (*ξ*) wieder zusammenkommen; **~αστέλνω** (*στειλ· σταλμ*) wiederschicken, nachschicken; **~αφέρνω** (*φερ*) wiederbringen; wieder einführen
ξανθ|οκόκκινος rotblond; **~ομάλλης** (***-ούσα, -ικο***) blond(haarig); **~ός** (*f -ιά*) blond; *Su f* Blondine *f*
ξανοίγω [-ɣɔ] (*ξ· χτ· γμ*) *v/t* weit öffnen; entfalten; *v/i καιρός*: sich aufklären; *v/p* offen reden; sich verausgaben
ξάπλα Liegen *n*; *μτφ.* Nichtstun *n*
ξαπλώνω (*σ· θ*) *v/t* ausbreiten; *v/i κ. v/p* sich (hin)legen
ξαπλωτούρα Liegestuhl *m*
ξαπολνώ (*άς· ησ*) loslassen; lockern

ξαπο|στάζω, ~σταίνω (*σ· σμ*) ausspannen, sich ausruhen; **~στέλνω** (*στειλ*) wegschicken
ξαρμυρίζω (*σ· στ· σμ*) entsalzen
ξαρρωστώ (*άς· ησ*) gesund werden
ξασπρίζω (*σ· σμ*) ausbleichen
ξάστερα *Adv* klar, offen, rundheraus; ***καθαρά και ~*** klipp und klar
ξαστεριά [-'ja] Sternenhimmel *m*
ξάστερος sternenklar
ξαστερώνω (*σ*) sich aufklären
ξαφν|ιάζω [-'nja-] (*σ· στ· σμ*), **~ίζω** (*σ*) überraschen; **~ικό** unerwartete(s) Ereignis; **~ικός** plötzlich
ξάφνι(α)σμα [-z-] *n* Überraschung *f*
ξάφνου plötzlich
ξε- *συχνά*: ab-, ent-, aus-, er-, ver-
ξε|βάφω (*ψ· φτ· μμ*) ausbleichen; **~βγάζω** [-'vγa-] (*αλ· αλμ*) (aus)spülen
ξέβγαλμα [-vγa-] *n* Spülen *n*
ξε|βιδώνω (*σ· θ*) abschrauben; **~βοτανίζω** (*σ· στ· σμ*) (aus)jäten; **~βουλώνω** (*σ· θ*) entsiegeln; entkorken; **~βρακώνω** (*σ· θ*) die Hose ausziehen *D*; **~βράκωτος** ohne Hose; *μτφ.* arm; **~βρομίζω** (*σ· στ· σμ*) *v/t* säubern; lüften
ξέγδαρμα ['ksεγðar-] *n* Hautabschürfung *f*
ξε|γδέρνω [-γð-] (*δαρ· δαρθ· δαρμ*) sich (*D*) die Haut abschürfen; **~γελώ** [-jε-] (*άς· ασ· αστ· ασμ*) täuschen, betrügen; **~γεννώ** [-jε-] (*άς· ησ*) entbinden; niederkommen; **~γλιστρώ** [-γli-] (*άς· ησ*) ausgleiten; *μτφ.* entschlüpfen; **~(γ)νοιάζω** (*σ· στ· σμ*) *ιδ. Aor* die Sorgen los sein; **~(γ)νοιασιά** [-'sja] Sorglosigkeit *f*
ξέγνοιαστος [-γnja-] sorglos, sorgenfrei, unbekümmert
ξε|γράφω [-γr-] (*ψ· φτ· μμ*) ausstreichen; *πρόσ.* abschreiben; **~γυμνώνω** [-ji-] (*σ*) entblößen; *σπίτι* ausplündern; **~γυρισμένος** stattlich
ξε|δηλώνω (*σ· θ*) abmelden; **~διάλεγμα** [-'ðjalεγma] *n* Aussuchen *n*; **~διαλέγω** aussuchen; **~διαλύνω** (*υν· υθ· υμ*) entwirren, klären; **~διπλώνω** (*σ· θ*) ausbreiten; **~διψαστικός** durstlöschend; **~διψώ** (*άς· ασ· ασμ*) den Durst stillen; **~δοντιάζω** [-'ja-] (*σ· στ· σμ*) die Zähne ausschlagen *D*; *v/p* die Zähne verlieren; **~δοντιάρης** 3 zahnlos; **~ζεύω** [-'εvɔ] (*εψ*) ausspannen; **~ζουμίζω** (*σ· στ· σμ*) entsaften
ξε|θάβω (*ψ· φτ· μμ*) ausgraben; **~θαρρεύω** (*εψ· ευτ· εμ*) *κ. v/p* Mut fassen; *v/p* frech werden
ξε|θεμελιώνω [-'ljɔ-] (*σ· θ*) zugrunde richten; **~θεώνω** (*σ· θ*) hart zusetzen *D*; erschöpfen; **~θυμαίνω** (*αν· ασμ*) verfliegen; *μτφ.* seine Wut auslassen (***σε***/an *D*); sich (*D*) Luft machen; **~θωριάζω** [-'ja-] (*σ· σμ*) ausbleichen
ξε|καθαρίζω (*σ· στ· σμ*) *v/t* begleichen, ins reine bringen; *v/i κ. v/p* sich klären; *καιρός*: sich aufklären; **~καθάρισμα** [-zma] *n* Begleichung *f*; Aufklärung *f*; **~κάλτσωτος** barfuß; **~κάνω** (II = I) verkaufen; *μτφ.* erledigen, umbringen; **~καρδίζομαι** (*στ· σμ*) sich totlachen; **~κάρφωτος** *μτφ.* unzusammenhängend; **~κινώ** (*άς· ησ*) aufbrechen, losgehen, losfahren; starten
ξε|κλειδώνω (*σ· θ*) aufschließen; **~κληρίζω** (*σ· στ· σμ*) *v/t* dahinraffen, ausrotten; *v/i κ. v/p* aussterben
ξε|κόβω (*ψ· μμ*) *v/t* abbringen (***από***/von *D*); *v/i* sich losmachen; **~κοιλιάζω** [-'lja-] (*σ· σμ*) den Bauch aufschlitzen *D*; **~κοκαλίζω** (*σ· σμ*) die Knochen entfernen *ή* abnagen; **~κολλώ** (*άς· ησ· ημ*) *v/t* ablösen; *v/i* abgehen; sich losreißen
ξεκομμέν|ος *τιμή*: fest, endgültig; ***~α*** *Adv* rundheraus
ξε|κουμπίζομαι (*στ*) sich wegscheren, abhauen; **~κουμπώνω** (*σ*) aufknöpfen; **~κουράζοηαι** (*στ*) *v/p* ausspannen, sich erholen, sich ausruhen; **~κούραση** Entspannung *f*, Erholung *f*; **~κούραστος** ausgeruht; bequem; **~κουρντίζω** [-rd-] (*σ· στ· σμ*) verstimmen; **~κούρντιστος** verstimmt; **~κουτιαίνω** [-tj-] (*ιαν· ιασμ*) *v/i* verblöden; **~κουτιάρης** 3 blöd
ξε|κουφαίνω (*αν*) taub machen; *οικ.* die Ohren vollschreien *D*; **~κρεμώ** (*άς· ασ*) abhängen; **~κωλώνω** (*σ· θ*) *v/t* erschöpfen, erledigen
ξε|λαιμιάζομαι [-'mja-] (*στ*) sich den Hals verrenken; **~λαρυγγίζομαι** (*στ*) sich heiser schreien; **~λέω** ableugnen; **~λιγώνω** (*σ· θ*) hungern lassen; **~λογιάζω** [-'ja-] (*σ· στ· σμ*) den Kopf verdrehen *D*, verführen; *v/p* ganz när-

risch sein (*με*/auf *A*); **~μαθαίνω** (*μαθ· μαθημ*) verlernen

ξε|μακραίνω (*υν*) *v/t* entfernen, ausschließen; *v/i* sich zurückziehen; **~μαλλιάζω** [-'lja-] (*σ· στ· σμ*) Haare ausreißen *D*; *v/p* sich raufen; **~μαλλιάρης** 3 zerzaust; **~μανταλώνω** (*σ· θ*) aufriegeln; **~μέθυστος** ernüchtert; **~μεθώ** (*άς· υσ*) nüchtern werden; **~μοναχιάζω** [-'ça-] (*σ· στ· σμ*) absondern; beiseite nehmen; **~μουχλιάζω** [-'lja-] (*σ· στ· σμ*) *v/t* den Schimmel entfernen; *v/i μτφ.* Luft schnappen

ξε|μπαρκάρω [ksεb-] (*αρισ*) *v/t* ausschiffen; *v/i* an Land gehen; **~μπερδεύω** [-bεr'ðενɔ] (*εψ· ευτ· εμ*) *v/t* entwirren; *μτφ.* regeln, in Ordnung bringen; *πρόσ.* umbringen; *v/i* Schluß machen; **~μπλέκω** [ksεb-] (*ξ· χτ· γμ*) *v/t* entwirren; *μτφ.* wieder in Ordnung bringen; *v/i* sich herauswinden; **~μπουκάρω** (*αρισ*) hervortreten; **~μπρατσώνομαι** (*θ*) die Ärmel aufkrempeln

ξε|μυαλίζω [-mja-] (*σ· στ· σμ*) verrückt machen; *v/p* verrückt sein (*με*/auf *A*); **~μυξίζομαι** (*στ*) sich schneuzen; **~μυστηρεύομαι** [-'ενɔ-] (*ευτ*) gestehen; **~μυτίζω** (*σ*) sich vorwagen; zum Vorschein kommen; **~μωραίνομαι** (*αθ· αμ*) kindisch werden

ξένα *n/pl* Fremde *f*

ξεν|αγός [-γ-] Fremdenführer *m*; **~ικός** fremdartig; **~ισμός** Fremdennachäfferei *f*; **~ιτεμένος** in der Fremde lebend; **~ιτεύομαι** [-'ενɔ-] (*ευτ*) ins Ausland gehen; **~ιτιά** [-'ja] Fremde *f*; Aufenthalt *m* in der Fremde

ξεν|όγλωσσος [-γl-] fremdsprachig; **~οδουλεύω** [-'ενɔ] (*ψ*) als Arbeiter (Angestellter) arbeiten; **~οδοχείο** [-'çiɔ] Hotel *n*; Gasthaus *n*; **~οδόχος** [-x-] Hotelier *m*; Gastwirt *m*; **~οια-** *βλ.* ***ξεγνοια-;*** **~οικιάζω** [-'ķa-] (*σ· στ*) den Mietvertrag kündigen; **~οίκιαστος** unvermietet, leerstehend; **~οκρατία** Fremdherrschaft *f*; **~ομανία** übertriebene Fremdenfreundlichkeit *f*

ξένος fremd; ausländisch; nicht vertraut; *Su* Fremde(r); Ausländer(in *f*) *m*

ξε|ντροπιάζω [ksεdrɔpj-] (*σ*) die Ehre wiederherstellen *G*; **~ντύνω** [-εd-] (*σ· θ*) entkleiden; **~νυστάζω** (*ξ*) wach werden; **~νύχτης** [-xt-] (*f -ισσα*) Nachtschwärmer(in *f*) *m*; **~νύχτι** schlaflose Nacht *f*; Nachtschwärmerei *f*; **~νυχτώ** (*άς· ησ*) *v/i* die Nacht wach verbringen; **~νώνας** Fremdenzimmer *n*; Gästehaus *n*; ***~νώνας νεότητας*** Jugendherberge *f*

ξε|παγιάζω [-'ja-] (*σ· ασμ*) *v/i* durchfrieren; **~παγώνω** [-'γɔ-] (*σ*) *v/t κ. v/i* auftauen; **~παρθενεύω** [-'ενɔ] (*εψ*) entjungfern; **~παστρεύω** [-'ενɔ] (*εψ· ευτ· εμ*) reinigen; *μτφ.* aus dem Weg räumen; **~πατώνω** (*σ· θ*) den Boden ausschlagen; *μτφ.* strapazieren; **~περασμένος** [-zm-] überholt; überlebt; **~περνώ** (*άς· ρασ· ραστ· ρασμ*) überholen; übertreffen; überstehen

ξεπεσμ|ένος [-zm-] verfallen; verkommen; verwahrlost; **~ός** Verfall *m*

ξε|πετώ (*άς· αξ· αχτ· αγμ*) großziehen; *v/p* davonfliegen; plötzlich auftauchen; **~πέφτω** (*πεσ· πεσμ*) verfallen; verwahrlosen; **~πίτηδες** *Adv* absichtlich

ξε|πλένω (*υν· υμ*) (aus)spülen; **~πληρώνω** (*σ· θ*) abzahlen

ξέπλυμα *n* Ausspülen *n*; Spülwasser *n*

ξε|πλυμένος ausgespült; verwaschen; **~ποδαριάζω** [-'ja-] (*σ· στ· σμ*) die Beine ermüden; *v/p* sich (*D*) die Beine ablaufen; **~πορτίζω** (*σ*) ausgehen, sich davonmachen; **~πούλημα** *n* Ausverkauf *m*; **~πουλώ** (*άς· ησ*) restlos verkaufen; **~πουπουλιάζω** [-'lja-] (*σ· στ*) rupfen *κ. μτφ.*; **~προβοδώ** (*άς· ησ*) (hinaus)begleiten

ξέρα Dürre *f*; Klippe *f*

ξερ|άδι Reisig *n*; *οικ. αναπ.* Arm *m*, Bein *n*; **~αΐλα** Dürre *f*; **~αίνω** (*αν· αθ· αμ*) trocknen; *v/p* austrocknen; **~ακιανός** [-ķa-] 3 mager, dürr

ξερασ- *βλ. κ.* ***ξερνώ***

ξέρασμα *n*, **ξερατό** Erbrechen *n*

ξεριζώνω (*σ· θ*) entwurzeln

ξερνώ (*άς· ρασ*) kotzen, sich erbrechen; *μτφ* ausplaudern

ξερ|όβηχας [-xas] trockene(r) Husten; **~οβήχω** [-xɔ] (*ξ*) sich räuspern; **~οκαταπίνω** (*να -πιώ· -άπια*) den Speichel schlucken; *μτφ.* verlegen sein; **~οκέφαλος** starrköpfig; **~οκόμματο** Stück *n* trockenes Brot; *pl* Brosamen *pl*; **~ονήσι** öde Insel *f*; **~οπόταμο** ausgetrocknete(r) Fluß

ξερός trocken; öde; *μτφ.* wie gelähmt; tot; ***έμεινα ~*** ich war ganz baff
ξεροσταλιάζω [-lj-] (*σ*) stundenlang warten
ξεροσφύρι auf leeren Magen
ξερο|τηγανίζω [-γa-] (*σ· στ· σμ*) knusprig braten; **~ψημένος** knusprig; **~ψήνω** (*σ· θ*) braun backen
ξέρω (*χωρίς Aor, Impf ήξερ-*) wissen; verstehen; *κπ, κτ* kennen; *κολύμπι* können; **~ *καλά*** Bescheid wissen
ξε|σήκωμα *n* Durchpausen *n*; Aufregung *f*; **~σηκώνω** (*σ· θ*) drängen (***να***/zu); aufregen; durchpausen
ξε|σκάζω (*σ*) aufatmen, sich erholen; **~σκαλίζω** (*σ*) (auf)wühlen; **~σκάλισμα** [-zma] *n* Aufwühlen *n*; Ermitteln *n*; **~σκαλώνω** (*σ· θ*) loshaken
ξε|σκεπάζω (*σ· στ· σμ*) abdecken; *μτφ.* aufdecken, enthüllen; **~σκέπασμα** [-zma] *n* Abdecken *n*; Enthüllung *f*; **~σκέπαστος** abgedeckt, nicht zugedeckt
ξε|σκίζω *βλ.* ***ξεσχίζω***; **~σκλαβώνω** (*σ· θ*) befreien; **~σκονίζω** (*σ· στ*) (Staub) wischen; **~σκόνισμα** [-zma] *n* Abstauben *n*; **~σκονιστήρι** Staubwedel *m*; **~σκονόπανο** Staubtuch *n*; **~σκουριάζω** (*σ· στ*) entrosten
ξέσπασμα [-zma] *n* Ausbruch *m*
ξε|σπιτώνω (*σ· θ*) aus dem Hause jagen; **~σποριάζω** [-'ja-] (*σ· σμ*) *v/t* entkernen; **~σπώ** (*άς· ασ*) ausbrechen; s-e Wut auslassen (***σε κπ***/an j-m); **~στομίζω** (*σ· στ*) aussprechen, über die Lippen bringen
ξεστουπώνω (*σ· θ*) entkorken
ξε|στραβώνω (*σ*) gerade machen, richten; die Augen öffnen *D*; **~στρώνω** (*σ· θ*) abdecken
ξέστρωτος abgedeckt; aufgerissen
ξεσυνηθίζω (*σ*) *v/t* sich (*D*) *etw.* abgewöhnen; *j-m etw.* abgewöhnen
ξε|σφίγγω (*ξ· χτ· γμ*) aufschnüren; lockern; **~σχίζω** [-sç-] (*σ· στ· σμ*) zerreißen; ***~σχισμένος*** zerrissen
ξεσχολ|ίζω [-sxɔ-] (*σ*) auslernen; die Schule verlassen; **~ισμένος** (lebens-) erfahren
ξε|τεντώνω (*σ· θ*) lockern, entspannen; **~τινάζω** (*ξ· χτ· γμ*) schütteln; rütteln; *μτφ.* schröpfen; **~τρελαίνω** (*αν· αθ· αμ*) verrückt machen; *v/p* verrückt sein (***με***/auf *A*); **~τρυπώνω** (*σ· θ*) *v/t* aufstöbern; *v/i* auftauchen
ξε|τσιπώνομαι (*θ*) alle Scham verlieren; **~τσίπωτος** schamlos; **~τύλιγμα** [-γma] *n* Auswickeln *n*; *μτφ.* Entfaltung *f*; **~τυλίγω** [-γɔ] (*ξ· χτ· γμ*) auswickeln; auseinanderrollen
ξε|φάντωμα *n* Vergnügen *n*; Schmaus *m*; **~φαντώνω** (*σ*) sich amüsieren, laut feiern; **~φεύγω** [-'fɛvγɔ] *v/t* entrinnen *D*; entschlüpfen *D*
ξε|φλουδίζω (*σ· στ· σμ*) abschälen; *v/p δέρμα*: abpellen; **~φόρτωμα** *n* Entladung *f*; **~φορτώνω** (*σ· θ*) *v/t* entladen; abladen; *ναυτ.* löschen; *v/p* loswerden; **~φουρνίζω** (*σ*) aus dem Ofen nehmen; *μτφ.* auftischen; **~φουσκώνω** (*σ*) Luft verlieren
ξέφραγος [-γɔs] uneingezäunt
ξεφρενιασμένος [-njaz-] rasend
ξέφρενος wild, rasend
ξεφτέρι Turmfalke *m*; *μφτ.* fähig
ξέφτι Franse *f*
ξεφτίζω (*σ*) *v/i* ausfransen
ξεφτίλα Erniedrigung *f*, Blamage *f*
ξε|φυλλίζω (*σ· στ*) entblättern; *βιβλίο* durchblättern; **~φύλλισμα** [-zma] *n* Durchblättern *n*; **~φυσώ** (*άς· ησ, ηξ*) schnaufen; **~φυτρώνω** (*σ*) keimen, sprießen; *μτφ.* unversehens erscheinen; **~φωνητό** Aufschrei *m*; **~φωνίζω** (*σ*) laut schreien
ξεχαρβαλ|ώνω [-xa-] (*σ· θ*) kaputtmachen; ***~ωμένος*** kaputt
ξεχασ- *βλ. κ.* ***ξεχνώ***
ξεχασιάρης [-xasj-] 3 vergeßlich
ξεχασμένος [-xaz-] vergessen
ξεχειλίζω [-çi-] *v/i* überlaufen; über die Ufer treten; *v/t* zu voll füllen
ξέχειλος übervoll
ξεχειμωνιάζω [-nj-] (*σ*) überwintern
ξεχερσώνω [-çɛ-] urbar machen
ξεχνώ [-x-] (*άς· χασ· χαστ*) vergessen
ξε|χορταριάζω [-xɔrtarj-] (*σ· στ· σμ*) jäten; **~χρεώνω** [-xr-] (*σ· θ*) *v/t* schuldenfrei machen; tilgen; *v/p* die Schulden bezahlen; **~χύνω** [-'çi-] (*σ· θ*) ausgießen; *v/p* losstürmen; **~χωρίζω** [-xɔ-] (*σ· στ*) *v/t* beiseite legen; *παιδί* bevorzugen (***από***/vor *D*); sortieren; unterscheiden; erkennen; *v/i* sich unterscheiden; **~χωριστά** *Adv* einzeln, getrennt; **~χωριστός** getrennt, Einzel-; ausgezeichnet
ξέχωρος *βλ.* ***ξεχωριστός***

ξε|ψαχνίζω [-xn-] (*σ· στ· σμ*) nur das Fleisch essen; *μτφ.* durchschnüffeln; **~ψειριάζω** [-'ja-] (*σ· στ· σμ*) entlausen; **~ψυχώ** [-'xɔ] (*άς· ησ· ισμ*) *v/i* sein Leben aushauchen
ξηγιέμαι [-'jɛ-] (*ηθ· ημ*) *οικ.* sich klar äußern; zahlen, blechen
ξηλώνω (*σ· θ*) auseinandernehmen; *ρούχα* auftrennen
ξημεροβραδιάζομαι [-'ðja-] den ganzen Tag verbringen
ξημέρωμα *n* Tagesanbruch *m*
ξημερ|ώνει (*σ*) es dämmert; **~ώνομαι** (*θ*) den Tagesanbruch erleben
ξηρά Festland *n*
ξήρανση Trocknen *n*
ξηρ|ασία Trockenheit *f*, Dürre *f*; **~ός** *βλ.* ***ξερός***
ξίγκι Schmalz *n*, Fett *n*
ξιδάτος mit Essig zubereitet
ξίδι Essig *m*
ξινάδα Säure *f*, Magensäure *f*
ξιν|ίζω (*σ*) *v/t* säuern; *v/i* sauer werden; **~ίλα** *βλ.* ***ξινάδα***; saure(s) Aufstoßen
ξιν|ό Zitronensäure *f*; **~όγαλο** [-ɣa-] saure Milch *f*; **~όγλυκος** [-ɣl-] süßsauer; **~ός** sauer; herb
ξιπ|άζω (*σ· στ· σμ*) *v/t* aufscheuchen, erschrecken; in Erstaunen versetzen; *v/p* wichtig tun; scheuen, erschrecken; staunen; **~ασιά** [-'sja] Wichtigtuerei *f*
ξιπασμένος [-zm-] eingebildet
ξιφ|ασκία Fechten *n*; **~ίας** Schwertfisch *m*; **~ολόγχη** [-çi] Bajonett *n*; **~ομαχία** [-'çia] Fechten *n*; **~ομάχος** [-x-] Fechter *m*; **~ομαχώ** (*ησ*) fechten
ξίφος *n* Schwert *n*
ξόανο Götzenbild *n*; *μτφ.* Ölgötze *m*
ξοδεύω [-'ɛvɔ] (*ψ*) ausgeben; *v/p* sich verausgaben; sich in Unkosten stürzen
ξόδι Begräbnis *n*
ξόρκι Beschwörung(sformel) *f*
ξουρ- *βλ.* ***ξυρ-***
ξυλ|άδικο Holzlager *n*; **~άνθρακας** Holzkohle *f*; **~αποθήκη** Holzlager *n*; **~εία** (*Bau-*, *Brenn-*)Holz *n*; **~έμπορος** Holzhändler *m*; **~ιά** [-'lja] Stockhieb *m*; **~ιάζω** (*σ· σμ*) steif werden
ξύλινος hölzern, Holz-
ξύλο Holz *n*; Knüppel *m*; Prügel *pl*
ξυλο|γλύπτης [-ɣl-] Holzschnitzer *m*; **~γλυπτική** Schnitzerei *f*; **~δαρμός** Prügel *pl*
ξυλ|όδεμα *n* Baugerüst *n*; **~οκάρβουνο** Holzkohle *f*; **~οκόπημα** *n* Stockschläge *m/pl*; **~οκόπος** Holzfäller *m*; **~οκοπώ** (*ησ· ηθ*) prügeln; **~οκρέβατο** Pritsche *f*; Sarg *m*
ξυλ|οπόδαρο Stelze *f*; Holzbein *n*; **~όσπιτο** Holzhaus *n*
ξυλουργ|είο [-j-] Tischlerei *f*; **~ική** Tischlerei *f*, Tischlerhandwerk *n*; **~ός** [-'ɣɔs] Tischler *m*, Schreiner *m*
ξυλοφορτώνω (*σ· θ*) durchprügeln
ξυλόφωνο Xylophon *n*
ξυν- *βλ. κ.* ***ξιν-***
ξύνω (*σ· θ, στ·* [*σ*]*μ*) kratzen; (ab-) schaben; *μολύβι* (an)spitzen
ξύπνημα *n* Aufwachen *n*; Wecken *n*
ξυπνητ|ήρι Wecker *m*; **~ός** wach
ξύπνο|ς: *στον ~ μου* im Wachen
ξυπν|ός wach; **~ώ** (*άς· ησ· ημ*) *v/t* (auf)wecken; *v/i* aufwachen
ξυπόλυτος barfuß
ξυρ|άφι Rasiermesser *n*; Rasierklinge *f*; **~ίζω** (*σ· στ· σμ*) rasieren
ξύρισμα [-zma] *n* Rasieren *n*
ξύσ|ιμο (*-ματος*) Kratzen *n*; Abschaben *n*; Anspitzen *n*; **~μα** [-z-] *n* Späne *m/pl*; Streusel *m*, *n*
ξυστ|ά *Adv* oberflächlich, leicht; ganz nahe; **~ήρα** (Bleistift-)Anspitzer *m*
ξύστρα *βλ.* ***ξυστήρα***
ξυστρ|ί Striegel *m*; **~ίζω** (*σ*) striegeln
ξω- *βλ. κ.* ***εξω-***
ξώπετσα *Adv* oberflächlich
ξωτικό Gespenst *n*, Spuk *m*
ξώφυλλο Umschlag *m*; Fensterladen *m*

Ο

ο *m Art* der (*f*: *η*; *n*: *το*)
όαση (*-εις*) Oase *f*
οβελίας am Spieß gebratene(s) Lamm
οβίδα Granate *f*
ογδ|οηκοστός [ɔɣð-] achtzigste(r); **~όντα** achtzig; **~οντάρης** (*f -α*) achtzigjährig; **~ονταριά** [-'ja]: ***καμιά ~ονταριά*** etwa achtzig
όγδοος ['ɔɣð-] achte(r); *Su n* Achtel *n*
όγκος Umfang *m*; *μαθ.* Rauminhalt *m*, Volumen *n*; Masse *f*; Menge *f*; *ιατρ.* Tumor *m*, Geschwulst *f*; Geschwür *n*
ογκώδης 2 umfangreich, mächtig
ογκώνω (*σ· θ*) vergrößern; zunehmen
οδ|ήγηση (*-εις*) [-ji-] Führung *f*; (Auto-)Fahren *n*; ***δοκιμαστική ~ήγηση*** Probefahrt *f*; **~ηγία** Führung *f*; Anleitung *f*; *συνήθ. pl* Anweisungen *f/pl*; Empfehlung *f*; ***~ηγίες** pl* ***χειρισμού*** Bedienungsanleitung *f*; ***~ηγίες χρήσεως*** Gebrauchsanweisung *f*; **~ηγός** [-ɣ-] Führer *m κ. βιβλίο*; Reiseleiter *m*; Fahrer *m*; *νομ.* Anführer *m*; **~ηγώ** (*είς, άς· ησ· ηθ· ημ*) führen; anleiten; *αυτοκίνητο* fahren; lenken; **~ικός** Straßen-, Weg-; **~ογέφυρα** [-'jɛ-] Überführung *f*
οδοι|πορία Reise *f*, Wanderung *f*, Marsch *m*; **~πορικό** Reisebeschreibung *f*; **~πορικός** Reise-; Fuß-; *Su n/pl* Reisespesen *pl*; **~πόρος** Wanderer *m*; **~πορώ** (*ησ*) wandern
οδοκαθαριστής Straßenfeger *m*
οδοντ|ιατρείο Zahnarztpraxis *f*; **~ιατρική** Zahnmedizin *f*; **~ιατρικός** zahnärztlich; **~ίατρος** Zahnarzt *m*; **~ικός** Zahn-; **~όβουρτσα** Zahnbürste *f*; **~ογλυφίδα** [-ɣl-] Zahnstocher *m*
οδοντ|ογιατρός [-ja-] Zahnarzt *m*; **~όκρεμα** Zahncreme *f*; **~όπαστα** Zahnpasta *f*; **~όπονος** Zahnschmerzen *m/pl*; **~οστοιχία** [-'çia] Zahnreihe *f*; Zahnprothese *f*; **~οτεχνίτης** [-x-] Zahntechniker *m*; **~οφυΐα** Zahnen *n*
οδόντωση (*-εις*) Verzahnung *f*
οδοντωτός gezahnt; Zahn-; Zahnrad-(*Bahn*); ***~ τροχός*** Zahnrad *n*
οδοποιία Straßenbau *m*
οδ|ός *f* Straße *f*; Weg *m κ. μτφ.*; ***καθ' ~όν*** unterwegs; ***δικαστική ~ός*** Rechtsweg *m*; ***εθνική ~ός*** Autobahn *f*; ***υπηρεσιακή ~ός*** Dienstweg *m*; ***~ός προσπελάσεως*** Zufahrtsstraße *f*; **~όστρωμα** *n* Straßendecke *f*, Pflaster *n*
οδόφραγμα [-ɣma] *n* Straßensperre *f*
οδ|ύνη Schmerz *m*, Leid *n*; **~υνηρός** schmerzhaft; schmerzlich
οδ|υρμός Klage *f*; **~ύρομαι** *K* wehklagen
όζον (*-τος*) Ozon *n*
οθόνη Leinwand *f*; Bildschirm *m*; ***~ τηλεοράσεως*** Monitor *m*
οι *Art pl m, f* die
οίδημα *n* Schwellung *f*; Ödem *n*
οικειο|θελής 2 *K* freiwillig; **~ποίηση** (*-εις*) Aneignung *f*; **~ποιούμαι** (*ηθ*) sich (*D*) aneignen
οικείος (**-α, -ο**) häuslich; vertraut
οικειότητα Vertrautheit *f*; (*συνήθ. pl*) Vertraulichkeit *f*, Intimität *f*
οίκημα *n* Gebäude *n*
οικ|ία *K* Haus *n*; Wohnung *f*; **~ιακός** Haus-; häuslich; Haushalts-; **~ισμός** [-zm-] (An-)Siedlung *f*; **~ογένεια** [-'jɛ-] Familie *f*; Geschlecht *n*, Sippe *f*
οικογενει|ακός [-jɛ-] Familien-; familiär; **~άρχης** [-ç-] Familienoberhaupt *n*
οικο|δέσποινα Gastgeberin *f*, Dame *f* des Hauses; **~δεσπότης** Gastgeber *m*, Hausherr *m*; **~διδάσκαλος** Hauslehrer *m*; **~δομή** Bau *m*; **~δόμημα** *n* Gebäude *n*; **~δομήσιμος** bebauungsfähig; **~δομική** Baukunst *f*; **~δομικός** Bau-(*Plan*); **~δόμος** Maurer *m*; Bauingenieur *m*; **~δομώ** (*ησ· ηθ*) bauen, errichten
οικο|λογία [-j-] Ökologie *f*; **~λόγος** [-ɣɔs] Ökologe *m*; Naturschützer *m*
οικονομ|ία Wirtschaft *f*; Sparsamkeit *f*; Aufbau *m*; ***εθνική ~ία*** Nationalökonomie *f*; ***ιδιωτική ~ία*** Privatwirtschaft *f*; ***πολιτική ~ία*** Volkswirtschaft(slehre) *f*; ***~ία της αγοράς*** Marktwirtschaft *f*; **~ίες** Ersparnisse *pl*; **~ικά** *n/pl* Finanzen *f/pl*; Wirtschaftskunde *f*; **~ικός** Wirtschafts-, wirtschaftlich; Finanz- (*Jahr*); finanziell; rentabel; **~ικότητα** Wirtschaftlichkeit *f*; **~ολογία** [-j-] Wirtschaftswissen-

schaft *f*; Finanzwissenschaft *f*; **~ολογικός** volkswirtschaftlich, wirtschaftswissenschaftlich; **~ολόγος** [-γɔs] Volkswirt(schaftler) *m*; Wirtschaftswissenschaftler *m*

οικο|νόμος (*-α*) sparsam (***σε***/in *D*); *Su* Verwalter *m*; **~νομώ** (*είς, άς· ησ· ηθ· ημ*) *v/t* (er)sparen; besorgen, beschaffen (***κτ σε κπ***/j-m etw.)

οικ|όπεδο Grundstück *n*; **~οπεδούχος** (*-α*) Grundstückseigentümer(in *f*) *m*; **~οπεδοφάγος** Grundstücksspekulant *m*

οίκος *K* Haus *n κ. μτφ.*; *εμπ.* Firma *f*; ***εκδοτικός ~*** Verlag *m*

οικόσημο Wappen *n*

οικ|όσιτος *K* Haus- (*Tier*); Dauerpensionär *m*; **~οτροφείο** Internat *n*; **~ότροφος** Internatsschüler *m*

οικουμ|ένη Ökumene *f*; **~ενικός** allgemein; *πολ.* Koalitions-

οικτ(ε)ίρω (II = I) *K* bemitleiden

οίκτος Mitleid *n*, Erbarmen *n*

οικτρός bedauernswert

οιν|έμπορος Weinhändler *m*; **~ολογία** [-j-] Weinkunde *f*; **~οπαραγωγός** [-γɔγ-] (*κ. f*) weinproduzierend; *Su* Weinbauer *m*; **~όπνευμα** [-εvma] *n* Alkohol *m*

οινοπνευματ|οποιείο [-εv-] Branntweinbrennerei *f*; **~ώδης** 2 alkoholisch; ***~ώδη*** (***ποτά***) *n/pl* Spirituosen *pl*

οινο|ποσία Weintrinken *n*; **~πότης** Weintrinker *m*; Trunkenbold *m*; **~πωλείο** Weinlokal *n*; Weinhandlung *f*; **~πώλης** Wirt *m*; Weinhändler *m*

οίνος *K* Wein *m*

οισοφάγος [-γɔs] Speiseröhre *f*

οίστρος *ζωολ.* Bremse *f*, Stechfliege *f*; *μτφ.* Raserei *f*; Schwung *m*

οιωνός Vorzeichen *n*

οκά (*-δες*) Okka *f* (= 1280 Gramm)

οκλαδόν in Hockstellung

οκν|(ηρ)εύω [-'ενɔ] (*ψ*) faulenzen; **~ηρία** Faulheit *f*; Müßiggang *m*; **~(ηρ)ός** faul, träge

οκτ- *βλ. κ.* ***οχτ-***

οκτ|άβα Strophe *f* von acht Versen; *μουσ.* Oktave *f*; **~άγωνος** [-γɔ-] achteckig; **~άωρο** Achtstundentag *m*; **~άωρος** achtstündig

οκτώ acht

Οκτώβριος Oktober *m*

ολ|άκερος ganz; **~άνοιχτος** [-xt-] ganz geöffnet

ολέθριος (*-α, -ο*) verheerend, unheilvoll

όλεθρος Verderben *n*, Untergang *m*

ολημερίς den ganzen Tag

ολιγ- *βλ. κ.* ***λιγ-***

ολιγ|άριθμος wenig zahlreich; **~άρκεια** Genügsamkeit *f*; **~αρκής** 2 genügsam; **~αρχία** [-'çia] Oligarchie *f*

ολιγο|δάπανος [-γɔ-], **~έξοδος** sparsam; preiswert, billig

ολιγ|όζωος [-'γɔ-] kurzlebig; **~οήμερος** ... von wenigen Tagen; **~όκαρδος** kleinmütig; ängstlich; **~όλογος** [-γɔs] wortkarg; bündig, kurz; **~όπιστος** [-γ-] mißtrauisch; **~ορυπαντικός** schadstoffarm

ολίγ|ος [-γ-] wenig; klein; *βλ. κ.* ***λίγος***; ***εντός ~ου*** in Kürze, binnen kurzem; ***προ ~ου*** vor kurzem; vorhin

ολιγ|οφάγος [-γ] (*-α, -ο*) mäßig (im Essen); **~οχρόνιος** [-xr-] (*-α, -ο*) von kurzer Dauer; **~όψυχος** [-x-] verzagt

ολικός völlig; Total-; gesamt; Gesamt-

ολισθαίνω (*θησ*) *K* ausgleiten; hinunterrollen

ολίσθημα *n* Ausgleiten *n*; *μτφ.* Verfehlung *f*, Fehltritt *m*

ολισθηρός glatt, schlüpfrig

ολκή Ziehen *n*; Schleppen *n*; Last *f*; *μτφ.* Gewicht *n*

ολμοβόλο, όλμος Minenwerfer *m*

όλο *Adv* dauernd, immer; *Su* Ganze(s)

ολο- ganz, ganz-, voll-

ολό|γερος [-jε-] kerngesund; **~γραφος** [-γr-] ausgeschrieben; in Worten; **~γυμνος** [-ji-] splitternackt; **~γυρα** [-j-] rund herum; ***~γυρα σε*** rund um *A*

ολοένα unaufhörlich, in einem fort; ***~ και περισσότερο*** immer mehr

ολοζώντανος quicklebendig

ολό|ιδιος [-jɔs] ganz derselbe; ganz (*π.χ. die Mutter*); **~ισιος** (*-α, -ο*) ganz gerade

ολο|κάθαρος ganz sauber; **~καίνουργος** [-γɔs] ganz neu, nagelneu; **~καύτωμα** [-'kaft-] *n* Brandkatastrophe *f*; Holocaust *m*

ολ|όκληρος ganz; vollständig; ***εξ ~οκλήρου*** völlig, ganz und gar

ολο|κληρώνω (*σ· θ*) vollenden, abschließen; *μαθ.* integrieren; **~κλήρωση** (*-εις*) Vollendung *f*; **~κληρω-**

Ο

τικός gänzlich, völlig, total; totalitär; Integral- (*Rechnung*); **~κληρωτισμός** Totalitarismus *m*
ολό|λευκος [-lɛfk-] schneeweiß; **~μαλλος** reinwollen; **~μαυρος** [-mavr-] tiefschwarz
ολο|μέλεια Vollversammlung *f*; **~μέταξος** reinseiden; **~μόναχος** [-xɔs] mutterseelenallein; **~νύκτιος** (**-α, -ο**) die ganze Nacht dauernd
ολόρθος kerzengerade
όλ|ος ganz; **~α** alles; **~οι, ~ες** alle; ***~οι μας*** (***σας, τους***) wir (ihr, sie) alle; ***~ος ο δρόμος*** der ganze Weg; ***~α κι ~α*** alles in allem, insgesamt; schön und gut
ολο|στρόγγυλος kugelrund; **~σχερής** [-sçɛ-] 2 *K* völlig
ολοταχώς [-'xɔs] mit Volldampf
ολό|τελα ganz und gar; **~τητα** Gesamtheit *f*, Ganzheit *f*
ολοφάνερος offenkundig
ολ|όφωτος hell erleuchtet; lichtvoll; **~οχρονίς** [-xr-] das ganze Jahr hindurch; **~όχρυσος** [-xr-] reingolden; **~όψυχος** [-x-] innigst-; *Adv* von ganzem Herzen
Ολυμπιάδα Olympiade *f*
ολυμπιακός olympisch (*Spiele*)
ολυμπιονίκης Olympiasieger *m*
ολύμπιος (**-α, -ο**) olympisch (*Götter*)
ολωσδιόλου [-zð-] *Adv* ganz und gar, durch und durch
ομάδα Gruppe *f*; *αθλ.* Mannschaft *f*; ***εθνική ~*** Nationalmannschaft *f*; ***κοινοβουλευτική ~*** Fraktion *f*; ***ταξιδιωτική ~*** Reisegesellschaft *f*; ***ενιαία ~ ψηφίων*** *ηλεκτρον.* Byte *n*; ***~ αίματος*** Blutgruppe *f*; ***~ μετακίνησης*** Fahrgemeinschaft *f*
ομαδ|άρχης [-çis] Gruppenführer *m*; **~ικός** Gruppen-; gemeinschaftlich
ομαλ|ός glatt; eben(mäßig); gleichmäßig; *μτφ.* normal; *γραμμ.* regelmäßig; **~ότητα** Glätte *f*; Normalität *f*; Regelmäßigkeit *f*
ομελέτα Omelett *n*; Rühreier *n*/*pl*
ομήγυρη (*-εις*) [-j-] Versammlung *f*
ομηρικός homerisch
όμηρος Geisel *f*
ομιλ|ητής Redner *m*, Referent *m*; Sprecher *m*; **~ητικός** gesprächig; **~ήτρια** Rednerin *f*; **~ία** Rede *f*; Gespräch *n*; Sprechen *n*; *θρ.* Predigt *f*
όμιλος Verein *m*, Gesellschaft *f*; ***αθλητικός ~*** Sportverein *m*; ***αυτοκινητιστικός ~*** Automobilklub *m*
ομιλώ *K βλ.* ***μιλώ***
ομ|ίχλη [-xl-] Nebel *m*; **~ιχλώδης** 2 neblig
ομο- gleich-, derselbe
ομο|γένεια [-'jɛ-] gleiche Abstammung *f*; Auslandsgriechentum *n*; **~γενής** 2 (von) gleicher Abstammung; *Su* Auslandsgrieche *m*, Auslandsgriechin *f*
ομό|γνωμος [-ɣn-] Gleichgesinnte(r); **~δοξος** derselben Konfession angehörig
ομο|εθνής 2 Landsmann *m*; Landsmännin *f*; **~ειδής** 2 gleichartig
ομόθρησκος Glaubensgenosse *m*
ομόθυμος einmütig
όμοια *Adv* gleich, ähnlich
ομοϊδεάτης Gesinnungsgenosse *m*
ομοιο- ähnlich, gleich, derselbe
ομοιο|γένεια [-j-] Gleichartigkeit *f*, Homogenität *f*; **~γενής** 2 gleichartig, homogen; **~καταληξία** Reim *m*
ομοιόμορφος gleichförmig, einförmig
ομοιοπαθής 2 vom gleichen Leiden betroffen; *Su* Leidensgefährte *m*, Leidensgefährtin *f*
ομοιοπαθητική Homöopathie *f*
όμοιος (**-α, -ο**) gleich, ähnlich (***με***/*D*)
ομοιότητα Ähnlichkeit *f*
ομοίωμα *n* Abbild *n*; Ebenbild *n*
ομοίωση (*-εις*) Angleichung *f*; Ebenbild *n*
ομόκεντρος konzentrisch
ομολογία [-'jia] Eingeständnis *n*, Geständnis *n*; *εμπ.* Obligation *f*; ***~ πίστεως*** Glaubensbekenntnis *n*
ομολογιούχος [-ji'ux-] (***-α*** *f*) Pfandbriefbesitzer *m*
ομόλογο [-ɣɔ] Schuldschein *m*
ομολογ|ουμένως [-ɣu-] *Adv* eingestandenermaßen; **~ώ** [-'ɣɔ] (*ησ· ηθ· ημ*) (ein)gestehen, zugeben
ομ|όνοια Einigkeit *f*, Eintracht *f*; **~οούσιος** (**-α, -ο**) wesensgleich; **~όρρυθμος** ähnlich, analog; *εμπ.* offen
ομορφ|αίνω (*φυν*) *v*/*t* verschönern; *v*/*i* schöner werden; **~ιά** [-'fja] Schönheit *f*
όμορφος schön, hübsch
ομοσπονδ|ία Föderation *f*, Bund *m*; *Ελβετία*: Eidgenossenschaft *f*; **~ιακός, ομόσπονδος** föderativ, Bundes-

ομοταξία Klasse *f*
ομό|τεχνος [-xn-] Fachgenosse *m*; **~τιμος** gleichrangig; emeritiert
ομού *Adv* zusammen, zugleich
ομοφυλόφιλος homosexuell
ομ|οφωνία Einmütigkeit *f*, Einstimmigkeit *f*; Gleichklang *m*; **~όφωνος** einstimmig, einmütig; **~οφωνώ** (*ησ*) sich (völlig) einig sein
ομπρέλα (Regen-)Schirm *m*; **~ *ηλίου*** Sonnenschirm *m*
ομφ|αλικός, ~άλιος (**-α, -ο**) Nabel-
ομφαλός Nabel *m κ. μτφ.*; **~ *τροχού*** Radnabe *f*
ομ|ωνυμία Gleichnamigkeit *f*; *γραμμ.* Homonymie *f*; **~ώνυμος** homonym
όμως *Ko* jedoch, aber, dennoch
ον (*όντος*) *n* Wesen *n*, Geschöpf *n*
ονειδισμός [-zm-] Beleidigung *f*; Schmähung *f*; Verhöhnung *f*
όνειδος *n* Schmach *f*; Schande *f*
ονειρ|εύομαι [-'ενɔ-] (*ευτ· εμ*) *v/t κ. v/i* träumen (von *D*); **~ικός** Traum-
όνειρο (*pl κ. -είρατα*) Traum *m κ. μτφ.*; ***βλέπω*** **~** e-n Traum haben
ονειρο|πόλημα *n* Träumen *n*; **~πόληση** (*-εις*) Träumerei *f*; Wachtraum *m*; **~πόλος** Träumer *m*, Phantast *m*; **~πολώ** (*ησ*) träumen, *οικ.* spinnen
ονειρώδης 2 traumhaft (schön)
όνομα *n* (Vor-)Name *m*; Ruf *m*; *γραμμ.* Nomen *n*; ***κύριο*** **~** Eigenname *m*; ***χαϊδευτικό*** **~** Kosename *m*; ***εν ονόματι*** *G* im Namen *G*; ***κατ'*** **~** dem Namen nach; ***επ' ονόματι*** *G* auf den Namen *G*
ονομ|άζω (*σ· στ· σμ*) (be)nennen; bezeichnen (***κπ κτ***/j-n als etw.); *v/p* heißen; **~ασία** Benennung *f*, Bezeichnung *f*; **~αστική** Nominativ *m*; **~αστικός** Namens-; namentlich; nominell; **~αστός** angesehen, bekannt
ονοματ|επώνυμο Vor- und Nachname *m*; **~οθεσία** Namengebung *f*; **~οθετώ** (*ησ· ηθ*) e-n Namen geben *D*, benennen; **~ολογία** [-j-] Terminologie *f*; **~ολόγιο** [-jiɔ] Fachwörterbuch *n*
οντάς [ɔ'das] (*-άδες*) Zimmer *n*
οντότητα Sein *n*, Existenz *f*
όντως *Adv* in der Tat
οξ|εία Akut *m*, Akzent *m*; **~ιά** [-'ja] Buche *f*; **~ίδιο** Oxid *n*; **~ιδώνω** (*σ· θ*) oxidieren; *v/p* rosten
οξικός Essig-, essigsauer
όξος *n K* Essig *m*
οξύ (*-έος*) *n* Säure *f*; ***θειικό*** **~** Schwefelsäure *f*; ***ουρικό*** **~** Harnsäure *f*
οξυ|γόνο [-γ-] Sauerstoff *m*; **~γώνιος** [-γ-] (**-α, -ο**) spitzwinklig
οξυ|δέρκεια Scharfsichtigkeit *f*; Scharfsinn *m*; **~δερκής** 2 scharfsichtig; scharfsinnig; **~ζενέ** (*0*) *n* Wasserstoffsuperoxid *n*
οξ|ύθυμος jähzornig; **~ύνω** (*υν· υνθ· υμ*) (an)spitzen; *v/p* sich zuspitzen
οξ|ύς *K* (**-εία, -ύ**) scharf; *γωνία*: spitz; *ιατρ.* akut; *τόνος*: schrill; sauer; **~ύτητα** Schärfe *f*; Heftigkeit *f*; **~ύφωνος** mit hoher Stimme; *Su* Tenor *m*
όξω *βλ.* ***έξω***
οπαδός Anhänger *m*; Parteigänger *m*
όπερα Oper(nhaus *n*) *f*
οπερέτα Operette *f*
οπή Loch *n*, Öffnung *f*; *τεχν.* Nut *f*
όπιο Opium *n*
οπιομανής 2 opiumsüchtig
όπισθεν *Adv K* hinten; *Su* (*0*) *f* Rückwärtsgang *m*
οπίσθ|ιος (**-α, -ο**) hinter-, Hinter-, Rück-; **~ια** *n/pl* Hintern *m*
οπισθο|γράφηση (*-εις*) [-γr-] Indossament *n*; **~γράφος** Indossant *m*; **~γραφώ** (*ησ· ηθ*) indossieren; **~δρόμηση** (*-εις*) Rückzug *m*; *μτφ.* Rückschritt *m*; **~δρομικός** rückständig, *πολ.* reaktionär; **~δρομώ** (*ησ*) zurückweichen, zurückgehen; **~φυλακή** Nachhut *f*; **~χώρηση** (*-εις*) [-'xɔ-] Rückzug *m*; Rückgang *m*; **~χωρώ** (*ησ*) sich zurückziehen; zurückgehen
οπίσω *K* hinten; *βλ.* ***πίσω***
οπλ|αρχηγός [-çiγ-] Partisanenführer *m*; **~ή** Huf *m*; **~ίζω** (*σ· στ*) bewaffnen; *μτφ.* wappnen; **~ισμός** [-zm-] Bewaffnung *f*; *τεχν.* Ausrüstung *f*; **~ίτης** gemeine(r) Soldat; Infanterist *m*
όπλ|ο Waffe *f*; Gewehr *n*; Truppengattung *f*; ***στα ~α!*** an die Gewehre!
οπλο|θήκη Waffendepot *n*; **~ποιείο** Rüstungsfabrik *f*; **~πολυβόλο** Maschinengewehr *n*; **~στάσιο** Waffenkammer *f*; **~φορώ** (*εσ*) Waffen tragen
όποιος ['ɔpjɔs] (**-α, -ο**) wer; der(jenige), der; welcher; **~ *κι αν*** wer auch immer
οποί|ος (**-α, -ο**) *Relativpron.*: ***ο ~ος, η ~α, το ~ο*** der, die, das; welcher, welche, welches

οποιοσδήποτε [ɔpjɔz-] (***οποια-, οποιο-***) jeder beliebige; wer (*ή* welcher) auch immer
οπότ|αν, ~ε wann; (immer) wenn; als
όποτε *βλ.* ***οπότε***
όπου *Adv* wo; wohin
οπουδήποτε wo(hin) auch immer, an jede(r) beliebige(n) Stelle
οπτασία Trugbild *n*, Vision *f*
οπτικ|ή Optik *f*; **~ός** *νεύρο*: Seh-; optisch; *Su* Optiker *m*
οπωρ|ικό Frucht *f*; **~οπωλείο** Obstgeschäft *n*; **~οπώλης** Obsthändler *m*; **~οφόρος** (***-α, -ο***) Obst-
όπως *Adv* wie; **~-~** irgendwie; ***~ κι αν*** wie auch immer
οπωσδήποτε [ɔpɔz-] auf jeden Fall, unbedingt; sowieso, ohnehin
οραγκουτάγκος Orang-Utan *m*
όραμα *n* Vision *f*; Traum *m*
οραματ|ίζομαι (*στ*) *v/t* eine Vision *G* haben; **~ισμός** [-zm-] *βλ.* ***όραμα***
όραση (*-εις*) Sehvermögen *n*; Sehen *n*
ορατό|ς sichtbar; **~τητα** Sicht *f*
οργαν|ικός organisch; **~ισμός** [-zm-] *βιολ.* Organismus *m*; Organisation *f*
όργανο [-ɣa-] *μουσ.* Orgel *f*; Instrument *n*; *μτφ.* Werkzeug *n*
οργαν|οπαίχτης [-xt-] Instrumentalist *m*; **~ώνω** (*σ· θ*) organisieren; einrichten; ***~ώνω ορθολογιστικά*** rationalisieren; *v/p* sich zusammenschließen (***σε***/zu *D*)
οργάνωση (*-εις*) Organisation *f*; ***ορθολογιστική ~*** Rationalisierung *f*
οργανωτ|ής Organisator *m*; **~ικός** organisatorisch; Organisations-
οργασμός [-zm-] Orgasmus *m*; *ζώα*: Brunst *f*; *μτφ.* Betriebsamkeit *f*
οργή [ɔr'ji] Zorn *m*, Wut *f*
οργ|ιάζω [-ji-] (*σ*) Orgien feiern; *φύση*: in voller Blüte stehen; **~ίζω** (*σ· στ· σμ*) *v/t* erzürnen, aufbringen
όργιο [-jiɔ] Orgie *f*
όργωμα *n* Pflügen *n*
οργώνω (*σ· θ*) pflügen, ackern
ορδή Horde *f*
ορέγομαι [-ɣɔ-] (*χτ*) *v/t* begehren
ορει|βασία Bergsteigen *n*; **~βάτης** Bergsteiger *m*; **~βατικός** Bergsteiger-; **~νός** Gebirgs-; *χώρα*: gebirgig
ορείχαλκος [-xa-] Messing *n*; Bronze *f*
ορεκτικ|ό Aperitif *m*; Vorspeise *f*; **~ός** appetitanregend; appetitlich
όρεξη (*-εις*) Appetit *m*; Lust *f* (***για***/zu *D*); ***καλή ~!*** guten Appetit!
ορθ|ά *Adv* richtig; ***~ά-κοφτά*** geradezu, offen heraus; **~άνοιχτος** [-xt-] (sperrangel)weit offen
όρθιος (***-α, -ο***) stehend, aufrecht
ορθό *das* Richtige
ορθογραφ|ία [-ɣr-] Rechtschreibung *f*, Orthographie *f*; **~ικός** orthographisch, Rechtschreib(e)-
ορθογών|ιο [-'ɣɔ-] Rechteck *n*; **~ιος** (***-α, -ο***) rechtwinklig
ορθ|οδοξία Orthodoxie *f*, Rechtgläubigkeit *f*; **~όδοξος** orthodox
ορθολογισ|μός [-jizm-] Rationalismus *m*; **~τής** [-st-] Rationalist *m*; **~τικός** rational; rationalistisch
ορθο|πεδική Orthopädie *f*; **~πεδικός** orthopädisch; *Su* Orthopäde *m*; **~ποδώ** (*ησ*) Fuß fassen
ορθός gerade, aufrecht; *γωνία*: recht-; richtig, korrekt
ορθ|οστασία Stehen *n*; **~ότητα** Richtigkeit *f*, Korrektheit *f*
ορθώνω (*σ· θ*) aufrichten
ορίζοντας Horizont *m* ***κ. μτφ.***
οριζ|όντιος (***-α, -ο***) horizontal, waagerecht; **~οντιώνω** (*σ· θ*) (flach) hinlegen; aufbahren
ορί|ζω (*σ· στ· σμ*) festsetzen, bestimmen, definieren; Herr sein über *A*; ***~στε!*** bitte!; ***~στε;*** (wie) bitte?; ***~στε μας*** das fehlte uns noch!
όριο Grenze *f* *κ. μτφ.*; ***κατώτατο ~ διαβίωσης*** Existenzminimum *n*; ***~ ηλικίας*** Altersgrenze *f*; ***~ ισχύος εισιτηρίου*** Zahlgrenze *f*; ***~ ταχύτητας*** Geschwindigkeitsbegrenzung *f*; ***~ φορτίου*** Ladegewicht *n*
ορισμός Festsetzung *f*; Definition *f*
οριστικ|ή Indikativ *m*; **~ός** endgültig
ορκίζω (*σ· στ· σμ*) vereidigen; *v/p* schwören
όρκο|ς Eid *m*, Schwur *m*; ***κάνω ~ σε*** schwören bei *D*; ***παίρνω ψεύτικο ~*** e-n Meineid leisten
ορκω|μοσία Eidesleistung *f*; Vereidigung *f*; **~τός** vereidigt
ορμέμφυτο Instinkt *m*; Trieb *m*
ορμή Ansturm *m*; Schwung *m*, Elan *m*; *βιολ.* Trieb *m*
ορμ|ηνεύω [-'ɛvɔ] (*εψ· ευτ· εμ*) *v/t* ermahnen; **~ήνια** [-nja] Ermahnung *f*
ορμητ|ήριο Stützpunkt *m*; Triebfeder

f; **~ικός** stürmisch; Sturm-; **~ικότητα** Heftigkeit *f*, Ungestüm *n*, Wucht *f*
ορμόνη Hormon *n*
όρμος Ankerplatz *m*, Reede *f*
ορμώ (*άς· ησ· ηθ*) vorstürmen; sich stürzen (auf *A*); *v/p* (*-ώμαι*) veranlaßt werden; ausgehen (von *D*)
όρνιθα Henne *f*; Huhn *n*
ορνιθο|λογία [-'jia] Vogelkunde *f*; **~λόγος** [-ɣɔs] Ornithologe *m*
ορνιθ|οσκαλίσματα [-zm-] *n/pl* Gekritzel *n*; **~οτροφείο** Geflügelfarm *f*
όρνιο [-njɔ] Raubvogel *m*; *μτφ*. Dummkopf *m*
ορο|θεσία Grenzfestsetzung *f*; Abgrenzung *f*, Demarkation *f*; **~θετώ** (*ησ· ηθ· ημ*) die Grenzen festsetzen; **~λογία** [-'jia] Terminologie *f*
οροπέδιο Hochebene *f*
όρος *n K* Berg *m*
όρ|ος Bedingung *f*; Klausel *f*; Kondition *f*; Fachausdruck *m*, Terminus (technicus) *m*; ***ανώτατος ~ος*** Maximum *n*; ***κατώτατος ~ος*** Minimum *n*; ***μέσος ~ος*** Durchschnitt *m*; ***κατά μέσον ~ο*** im Durchschnitt; ***άνευ ~ων*** bedingungslos; ***εφ' ~ου ζωής*** lebenslänglich, auf Lebenszeit; ***~οι*** *pl* ***διαβίωσης*** Lebensbedingungen *f/pl*
ορός Molke *f*; *ιατρ*. Serum *n*; ***~ εμβολίου*** Impfstoff *m*
οροσειρά Gebirgskette *f*
ορόσημο Grenzstein *m*, Grenzpfahl *m*; *μτφ*. Meilenstein *m*
οροφή Zimmerdecke *f*; Dach *n*
οροφοκτησία Stockwerkeigentum *n*
όροφος Stockwerk *n*, Etage *f*
ορτανσία Hortensie *f*
ορτύκι Wachtel *f*
ορυζώνας Reisfeld *n*
ορυκτ|έλαιο Mineralöl *n*; **~ό** Mineral *n*; **~ολογία** [-'jia] Mineralogie *f*; **~ολόγος** [-ɣɔs] Mineraloge *m*; **~ός** mineralisch, Mineral-
ορυχείο [-ç-] Bergwerk *n*, Grube *f*
ορφαν|εύω (*εψ· εμ*) verwaisen *κ. μτφ*.; **~ός** verwaist, elternlos; *Su n* Waisenkind *n*; **~οτροφείο** Waisenhaus *n*
όρχης (*-εις*) Hoden *m*
ορχήστρα Orchester *n*; Tanzkapelle *f*
όσα-όσα zu Schleuderpreisen
όσιος (***-α, -ο***) heilig
οσμή [ɔ'zmi] Geruch *m*
όσο *Adv* so sehr, so gut; wie sehr; *Ko* solange; ***~ κι αν*** so sehr ... auch; ***~ να*** bis; bevor; ***~ ... (άλλο) τόσο*** je ... desto
όσ|ος soviel ... wie; ***~οι*** (***~ες***) *m, f/pl* alle, die; ***~α*** *n/pl* alles, was; ***~ος (-οι) κι αν*** wieviel ... auch immer
οσοσδήποτε [ɔsɔz-] (***οση-, οσο-***) soviel ... auch immer
όσπριο Hülsenfrucht *f*
οστεοφυ|ΐα Knochenbildung *f*; **~λάκιο** Beinhaus *n*
οστό Knochen *m*; *pl* Gebeine *n/pl*
οστρακιά [-'ka] Scharlach *m, n*
όστρακο Schale *f*; Muschel *f*
οστρακόδερμο Schaltier *n*
οσφραίνομαι (*ανθ*) riechen; *σκύλος*: wittern; schnuppern; *μτφ*. ahnen
όσφρηση Geruch(ssinn) *m*; *μτφ*. Spürsinn *m*
οσφυαλγία [-'jia] Hexenschuß *m*, Kreuzschmerzen *m/pl*
όταν *Ko χρον*. wenn; als
ότι *Ko* daß; *Adv* gerade, eben
ό, τι (das), was; ***από ~ μετά από*** *Komp* als; ***~ κι αν*** was ... auch immer
οτο|μοτρίς (*0*) *f, n* (Diesel-) Triebwagen *m*; **~στόπ** (*0*) *n*: ***κάνω ~στόπ*** per Anhalter fahren
όπου: *αφ' ~* seit, seitdem; ***μέχρις (ή έως) ~*** (solange), bis
ούγια ['uja] Saum *m*, Kante *f*, Rand *m*
ουδέ *βλ*. ***ούτε***
ουδ|είς (***-εμία, -έν***) *K* kein(er), niemand; **~έποτε** *K* niemals; **~ετερόνιο** Neutron *n*; **~έτερος** neutral *κ. γραμμ*.; *Su n* Neutrum *n*; **~ετερότητα** Neutralität *f*; **~ετερώνω** (*σ· θ*) neutralisieren
ούζο Ouzo *m*
ούλα *n/pl* Zahnfleisch *n*
ουλαμός Zug *m*; *ναυτ*. Verband *m*
ουλή Narbe *f*
ουλίτιδα Zahnfleischentzündung *f*
ούλ|ος *βλ*. ***όλος; με τα ~α του*** mit allem Drum und Dran
ουρά Schwanz *m*; *αστρ., ποιητ*. Schweif *m*; *στρ*. Nachhut *f*; *μτφ*. Schlange *f*; ***κάνω ~*** sich anstellen
ουραιμία Harnvergiftung *f*
ουρανής (***-ιά, -ί***) himmelblau
ουρανικός Gaumen-, palatal
ουράνιο Uran *n*

ουράνιος (**-α, -ο**) Himmels-; *μτφ.* himmlisch, göttlich
ουρανίσκος Gaumen *m*
ουραν|οκατέβατος wie vom Himmel gefallen, ganz unerwartet; **~οξύστης** Wolkenkratzer *m*; **~ός** Himmel *m*; Baldachin *m*; *αστρ.* Uranus *m*
ουρήθρα Harnröhre *f*
ούρηση Urinieren *n*, Wasserlassen *n*
ουρ|ία Harnstoff *m*; **~ικός** Harn-
ούριος (**-α, -ο**) günstig
ουρλιάζω [-'lja-] (*σ*) heulen; brüllen
ούρλιασμα [-ljazma] *n*, **ουρλιαχτό** [-'xtɔ] Heulen *n*; Brüllen *n*
ούρο *συνηθ. pl* Harn *m*, Urin *m*
ουρο|δοχείο [-'çiɔ] Nachttopf *m*; **~δόχος** [-xɔs] *f* Harnblase *f*
ουρώ (*ησ*) urinieren
ουσί|α Stoff *m*, Substanz *f*; Wesen *n*; ***ρυπαντικές ~ες*** *pl* Schadstoffe *m*/*pl*
ουσιαστικ|ό Substantiv *n*, Hauptwort *n*; **~ός** wesentlich
ουσιώδης 2 wesentlich, bedeutsam
ούτε nicht einmal; nicht *ein*(*e*) einzig-; auch nicht; **~ ... ~** weder ... noch; **~ *ένας*** kein einziger
ουτοπία Utopie *f*
ούτω(ς) *K* so, auf diese Weise; ***~ ή άλλως*** so oder so
οφειλ|έτης Schuldner *m*, Debitor *m*; **~ή** Schuld *f*
οφείλ|ω (*χωρίς Aor*) schulden; verdanken (***κτ σε κπ***/j-m etw.); gezwungen *ή* verpflichtet sein (***να***/zu); sollen, müssen (***να***/*Inf χωρίς* zu); ***αυτό ~εται σε*** das ist auf ... (*A*) zurückzuführen
όφελος *n* Nutzen *m*, Vorteil *m*; ***προς ~*** *G* zu Gunsten von *D*

οφθαλμ|ιατρείο Augenarztpraxis *f*; **~ίατρος** Augenarzt *m*; **~ός** *K* Auge *n*
οφσάιντ (*0*) *n* Abseits *n*; abseits
όφσετ (*0*) *n* Offsetdruck *m*
οχετός [ɔçɛ-] (Abzugs-)Kanal *m*
όχημα [-çi-] *n* Waggon *m*, Wagen *m*
όχθη ['ɔxθi] Ufer *n*
όχι ['ɔçi] nein; nicht
οχιά [ɔ'ça] Kreuzotter *f*
οχλαγωγ|ία [ɔxlaɣɔj-] Aufruhr *m*, Radau *m*; **~ικός** aufrührerisch; wüst
οχληρ|ός [ɔxl-] lästig, zudringlich; **~ότητα** Zudringlichkeit *f*
όχληση (*-εις*) [-xl-] Belästigung *f*; *νομ.* Mahnung *f*
οχλο|βοή [ɔxl-] Radau *m*, Lärm *m*; **~κρατία** Pöbelherrschaft *f*
όχλος [-xl-] Pöbel *m*, Volksmenge *f*
οχλώ [ɔ'xlɔ] (*ησ· ηθ· ημ*) stören
οχτ- [ɔxt-] *βλ. κ.* ***οκτ-***
οχτ|αήμερος achttägig; **~ακόσιοι** [-sji] 3 achthundert; **~απλάσιος** (**-α, -ο**) achtfach; **~απόδι** Krake *m*, Polyp *m*; **~άρι** Acht *f*; **~άωρο** Achtstundentag *m*; **~άωρος** achtstündig
οχτώ acht
Οχτώβρης [ɔxt-] Oktober *m*
οχυρός [ɔçi-] befestigt; *Su n* Festung *f*
οχύρωμα [ɔ'çi-] *n* Befestigung *f*
οχυρ|ωματικός [ɔçi-] Befestigungs-; **~ώνω** (*σ· θ*) befestigen; *v*/*p* sich verschanzen (***σε***/hinter *D*)
οχύρωση (*-εις*) [-'çi-] Befestigung *f*
όψ|η (*-εις*) Blick *m*; *αρχιτ.* Ansicht *f*; *προσ.*: Aussehen *n*; *πρόβλημα*: Seite *f*, Aspekt *m*; Gesicht *n*; ***εκ πρώτης ~εως*** auf den ersten Blick; ***έχω υπ' ~η*** wissen; berücksichtigen
όψιμος spät, Spät-; nachträglich

Π

παγερός [-jɛ-] eisig *κ. μτφ.*
παγετ|ός Frost *m*; **~ώνας** Gletscher *m*
παγ|ίδα [-'ji-] Falle *f*; **~ιδεύω** [-'ɛvɔ] (*ευσ· ευτ· ε*[*υ*]*μ*) fangen; e-e Falle stellen *D*; *v*/*p* eingeschlossen werden

πάγιος (**-α, -ο**) fest; dauerhaft
παγ|ιώνω [-ji-] (*σ· θ*) festigen, konsolidieren; **~ίωση** Festigung *f*
πάγκος Bank *f*; Schanktisch *m*; Werktisch *m*
παγκόσμιος (**-α, -ο**) Welt-

πάγκρεας (*-ατος*) *n* Bauchspeicheldrüse *f*
παγόβουνο [-'γɔ-] Eisberg *m*
παγο|δρομία [-γɔ-] Schlittschuhlaufen *n*; **~δρόμος** Schlittschuhläufer *m*; **~θραυστικό** [-afs-] Eisbrecher *m*
παγόνι [-'γɔ-] Pfau *m*
παγοπέδιλο [-γɔ-] Schlittschuh *m*
πάγος [-γɔs] Eis *n*; Frost *m*; ***γλιστερός ~*** Glatteis *n*
παγούρι [-'γuri] Feldflasche *f*
πάγωμα [-γɔ-] *n* Gefrieren *n*; Vereisen *n*; **~ μισθών** Lohnstopp *m*
παγωμένος eiskalt; gefroren; Eis-; *μτφ.* eisig
παγων|ιά [-nj-] Frost *m*; Reif *m*; **~ιέρα** Eisschrank *m*
παγώνω (*σ· θ*) *v/t* zum Gefrieren bringen; *v/i* vereisen; *λίμνη*: zufrieren; *νερό*: gefrieren; frieren, mich friert; *μτφ.* starr werden (***από***/vor *D*)
παγωτατζίδικο Eisdiele *f*
παγωτό [-γɔ-] (Speise-)Eis *n*
παζ|άρεμα *n* Feilschen *n*; **~αρεύω** [-'εvɔ] feilschen um *A*; **~άρι** Markt *m*; Handeln *n*; ***κάνω ~άρια*** handeln
παθαίνω (*παθ*) *v/t* durchmachen, erleiden; ***τι έπαθες;*** was ist mit dir los?; ***την έπαθε*** er hat Pech gehabt; ***καλά να (τα) πάθει*** das geschieht ihm recht
πάθημα *n* Unglück *n*, Pech *n*
πάθηση (*-εις*) Leiden *n*
παθητικ|ό *εμπ.* Passiva *n/pl*, Verbindlichkeiten *f/pl*; **~ός** ergreifend, rührend; passiv, abwartend; **~ότητα** Passivität *f*, Untätigkeit *f*
παθ|ιάζω (*σ· στ· σμ*) leidend sein; **~ιασμένος** [-zm-] fanatisch, leidenschaftlich; **~ολογία** [-j-] Pathologie *f*; **~ολογικός** pathologisch; **~ολόγος** [-γ-] Pathologe *m*; praktische(r) Arzt
πάθος *n* Leiden *n*, Krankheit *f*; Qual *f*; Leidenschaft *f*; Sucht *f*; Pathos *n*; ***με ~*** leidenschaftlich
παθός: ~ *μαθός* gebranntes Kind scheut das Feuer
παθών (***-ούσα, -όν***) Betroffene(r)
παίγνιο *μτφ.* Spielball *m*, Gespött *n*
παιδαγωγ|ική Pädagogik *f*; **~ικός** pädagogisch, erzieherisch; **~ός** [-'γɔs] Erzieher *m*; Pädagoge *m*; **~ώ** (*ησ· ηθ· ημ*) erziehen
παϊδάκι Rippchen *n*
παιδ|άκι kleine(s) Kind, Kindchen *n*; **~αριώδης** 2 kindisch; **~εία** Erziehung(swesen *n*) *f*; Unterrichtswesen *n*; Bildung *f*; **~εμός** Quälerei *f*; **~εραστής** Päderast *m*
παίδευση [-εfsi] Erziehung *f*
παιδ|εύω [-'εvɔ] (*εψ· ευτ· εμ*) quälen; **~ί** Kind *n*; Junge *m*; *γραφείο*: Laufbursche *m*; ***~ί-θαύμα*** Wunderkind *n*; **~ιακίσιος** [-ðja-] (***-α, -ο***) kindisch; **~ιαρίζω** (*σ*) kindisch sein; **~ιάστικος** kindlich, Kinder-; **~ιατρική** [-ðia-] Kinderheilkunde *f*; **~ίατρος** Kinderarzt *m*; **~ικός** kindlich, Kinder-
παιδο|κτονία Kindesmord *m*; **~κτόνος** *m*, *f* Kindesmörder(in *f*) *m*
παίζω (*ξ· χτ· γμ*) *v/i* spielen; *καιρός*: unbeständig sein; *μάτι*: umherschweifen; *v/t* spielen
παίκτης (*f* ***-τρια***) Spieler(in *f*) *m*
παιν|εσιάρης [-'sja-] 3 ruhmredig, wichtigtuerisch; **~εύω** [-'εvɔ] (*εψ· ευτ· εμ*) loben; *v/p* sich brüsten
παίξιμο (*-ματος*) *n* Spielen *n*
παίρνω (*να πάρω· πήρα· παρθ· παρμ*) nehmen; wegnehmen, entwenden; *πόλη* einnehmen; *γράμμα, δίπλωμα* erhalten; *φάρμακο* (ein)nehmen; *μισθό* bekommen; *νούμερο* wählen; kaufen; heiraten; halten (***κπ για***/j-n für *A*); *χώρος*: fassen; ***~ από αστεία*** Spaß verstehen; ***~ αέρα*** Luft schöpfen; *μτφ.* frech werden; ***το ~ απάνω μου*** sich aufs hohe Roß setzen; ***~ διαζύγιο*** sich scheiden lassen; ***~ είδηση (χαμπάρι, κάβο)*** dahinterkommen, begreifen; ***~ κτ κατάκαρδα*** sich etw. zu Herzen nehmen; ***~ κουράγιο*** Mut fassen; ***~ το μέρος του*** seine Partei ergreifen; ***~ πόδι*** sich davonmachen; ***~ στ' αστεία*** scherzhaft auffassen; ***~ στα σοβαρά*** ernst nehmen; ***~ (στο) τηλέφωνο*** anrufen; ***~ φωτιά*** in Brand geraten; *μτφ.* sich aufregen; ***~ σβάρνα*** abklappern; ***με παίρνει ο ύπνος*** einschlafen
παιχν|ίδι [pεxn-] Spiel(zeug) *n κ. μτφ.*; *μτφ.* (*εύκολο*) Kinderspiel *n*; ***επιτραπέζιο ~ίδι*** Gesellschaftsspiel *n*; ***τυχερό ~ίδι*** Glücksspiel *n*; **~ιδιάρης** [-ðj-] 3 spielerisch, verspielt
παίχτης [-xt-] (***-τρια***) Spieler(in *f*) *m*
πακ|ετάρω (*αρ, αρισ· αριστ· αρισμ*) einpacken, verpacken; **~έτο** Paket *n*; Päckchen *n Zigaretten*

Π

παλαβός verrückt
παλαβ|ωμάρα Verrücktheit *f*; **~ώνω** (*σ· θ*) *v/t* verrückt machen; *v/i, v/p* verrückt werden
παλ|αιικός altmodisch; **~αίμαχος** [-xɔs] altgedient; *Su* Veteran *m*
παλαιο- *βλ. κ.* ***παλιο-***
παλαιο|βιβλιοπώλης Antiquar *m*; **~γραφία** [-ɣr-] Paläographie *f*; **~λιθικός** altsteinzeitlich; **~ντολογία** [-'jia] Paläontologie *f*; **~πωλείο** Altwarenhandlung *f*; **~πώλης** Altwarenhändler *m*
παλ|αιστής (Ring-)Kämpfer *m*; **~αίστρα** Palästra *f*; *μτφ.* Arena *f*
παλαμάκια [-ka] *n/pl* Beifall(klatschen *n*) *m*
παλαμάρι Tau *n*
παλάμη Handteller *m*, flache Hand *f*
παλαμίδα Thunfisch *m*
παλάτι Palast *m*; Schloß *n*
πάλεμα *n* Ringen *n*
παλεύω [-'ɛvɔ] (*εψ*) ringen; kämpfen *κ. μτφ.*; sich bemühen um *A*
πάλη Ringkampf *m*; *μτφ., πολ.* Kampf *m*; ***~ των τάξεων*** Klassenkampf *m*
πάλι wieder; zurück-; wiederum, dagegen
παλι|ανθρωπιά [-ljañθrɔ'pja] Gemeinheit *f*; **~άνθρωπος** Schurke *m*, Schuft *m*; **~ατζής** (*-ήδες*) Trödler *m*; **~ατζίδικο** Trödlerladen *m*
παλιάτσος [-'ljats-] Bajazzo *m*; Clown *m*; lächerliche Person *f*
παλικ|αράς (*-άδες*) Kraftmeier *m*; **~άρι** junge(r) Mann; Tapfere(r); **~αριά** [-'ja] Tapferkeit *f*, Mut *m*; **~αρίσιος** [-jɔs] (**-α, -ο**) tapfer, mutig
παλιν|δρόμηση (*-εις*) Rücklauf *m*, Hin- und Herbewegung *f*; **~δρομικός** rückläufig; **~νόστηση** (*-εις*) Heimkehr *f*; **~νοστώ** (*ησ*) heimkehren; **~ορθώνω** (*σ· θ*) wiederherstellen
παλιο- [paljɔ-] alt, gebraucht; schlecht (*βλ. κ.* ***παλαιο-***)
παλι|όγερος [-lj-] (*f* ***-γρια***) böse(r) Alte(r); **~ογυναίκα** [-ji-] niederträchtige Frau, Dirne *f*; **~όκαιρος** Hundewetter *n*, Sauwetter *n*; **~οκόριτσο** Göre *f*; **~όμουτρο** Schurke *m*, Halunke *m*; **~όπαιδο** Lümmel *m*; Gör *n*; **~όρουχο** [-xɔ] alte Kleidung *f*; **~ός** (***-ά, -ό***) alt; veraltet; altmodisch; abgetragen; *μτφ.* Schuft *m*; **~όσκυλο** Köter *m*; **~όσπιτο** Bruchbude *f*; **~οτόμαρο** Taugenichts *m*
παλιούρα [-'lju-] Gerümpel *n*
παλιόχαρτο [-'ljɔxa-] schlechte(s) Papier; Fetzen *m* Papier *κ. μτφ.*
παλίρροια Gezeiten *pl*; Flut *f*
παλιώνω [-'ljɔ-] (*σ*) *v/t* alt machen, abtragen, abnutzen; *v/i* alt werden
παλλαϊκός allgemein; Volks-
πάλλω (*παλ*) *v/i* schwingen, vibrieren; pulsieren; *καρδιά*: klopfen
παλμ|ικός schwingend, vibrierend; **~ός** Pulsschlag *m*; Schwingung *f*
παλ|ούκι Pfahl *m*, Pflock *m*; *μτφ.* harte Nuß *f*; **~ούκωμα** *n* Pfählen *n*; **~ουκώνω** (*σ· θ*) pfählen
παλτό Mantel *m*, Überzieher *m*
παμπάλαιος uralt
πάμπλουτος steinreich
παμπόνηρος durchtrieben
πάμπτωχος [-ptɔxɔs] (**-φτ-**) bettelarm
παμφάγος [-ɣɔs] (**-α, -ο**) alles essend
παμψηφεί einstimmig
παν (*παντός, τα πάντα*) *n* alles; Hauptsache *f*
παν- all-, sehr, völlig, ganz
πάνα Windel *f*; Tuch *n*
Παν|αγία [-'jia] heilige Jungfrau *f*; Madonna *f*; **≗άγιος** (**-α, -ο**) heilig
πανάδα Sommersprosse *f*
πανάθλιος (**-α, -ο**) ganz jämmerlich
παν|άκεια Allheilmittel *n κ. μτφ.*; **~άκριβος** sehr teuer; **~άρχαιος** uralt; **~δαιμόνιο** Höllenlärm *m*
πάνδεινα *n/pl* Furchtbare(s)
πανδοχείο [-'çiɔ] Herberge *f*
Πανελλ|ήνιο ganz Griechenland *n*; **≗ήνιος** (**-α, -ο**) (gesamt)griechisch
πανέμορφος wunderschön
πανέξυπνος sehr klug, schlau
πανεπιστ|ημιακός universitär; **~ήμιο** Universität *f*; ***λαϊκό ~ήμιο*** Volkshochschule *f*; **~ημιούπολη** (*-εις*) Campus *m*; Universitätsstadt *f*
παν|έρι Korb *m*; **~εριά** Korbvoll *m*
παν|ήγυρη (*-εις*) [-j-], **~ηγύρι** Kirchweih *f*, Volksfest *n*; *εμπ.* Jahrmarkt *m*; Trubel *m*; Auftritt *m*, Skandal *m*; **~ηγυρίζω** (*σ*) feiern, festlich begehen; **~ηγυρικός** festlich; feierlich; *Su* Festrede *f*; **~ηγυρισμός** [-zm-] Feiern *n*; Feier *f*; Verherrlichung *f*
πάνθεο Pantheon *n*
πάνθηρας Panther *m*

παν|ί Leinen *n*; Kattun *m*; Lappen *m*, Tuch *n*; Windel *f*; *ναυτ.* Segel *n*; ***κάνω ~ιά*** abfahren, aufbrechen; **~ιάζω** [-'ja-] (*σ· σμ*) bleich werden; **~ικά** *n/pl* Baumwollsachen *f/pl*

παν|ικοβάλλω (*βαλ· βληθ· βλημ*) in Panik versetzen; **~ικός** Panik *f*; **~ίσχυρος** allmächtig; **~όμοιος** (***-α, -ο***) ganz ähnlich; **~ομοιότυπο** Faksimile *n*; *μτφ.* Ebenbild *n*

πάνοπλος voll bewaffnet; *μτφ.* gut gerüstet

παν|όραμα *n* Panorama *n*; **~ούκλα** Pest *f*; **~ουργία** [-'jia] List *f*; Tücke *f*; **~ούργος** [-ɣɔs] listig; tückisch

πανσέληνος *f* Vollmond *m*

πανσές (*-έδες*) Stiefmütterchen *n*

πανσιόν (*0*) *f* Pension *f*

πάνσοφος allwissend

πάντα immer; auf jeden Fall; ***μια για ~*** ein für allemal; *βλ. κ.* ***παν***

πανταλόνι (**-ντε-**) Hose *f*

παντέρημος ganz verlassen, mutterseelenallein

παντεσπάνι Rührkuchen *m*

παντζάρι rote Rübe *ή* Bete *f*

παντζούρι Fensterladen *m*

παντιέρα [-'djɛra] Flagge *f*, Fahne *f*

παντο|γνώστης [-'ɣnɔ-] Allwissende(r); **~δύναμος** allmächtig

παντο|κράτορας Weltbeherrscher *m*; Christusbild *n*; **~μίμα** Pantomime *f*; **~πωλείο** Lebensmittelgeschäft *n*; **~πώλης** Lebensmittelhändler *m*

πάντοτε immer, stets

παντοτινός ewig, dauernd

παντού überall(hin)

παντ|ούφλα, ~όφλα Pantoffel *m*

παντρ|ειά Heirat *f*; Verheiratung *f*; **~εμένος** verheiratet; **~εύω** [-'ɛvɔ] (*εψ· ευτ· εμ*) *v/t* verheiraten; *θρ.* trauen; *v/p* heiraten; **~ολογώ** [-'ɣɔ] (*άς· ησ*) verkuppeln

πάντων: *τέλος ~* endlich; schließlich

πάντως jedenfalls, immerhin

πάνω oben; ***~ σε*** auf *D*, *A*; ***~ από*** über *D*, *A*; ***~ απ' όλα*** vor allem, überaus

πανωλεθρία völlige Zerstörung *f*

πανωσέντονο Oberbett *n*

παξιμάδι Zwieback *m*; *τεχν.* Schraubenmutter *f*

παπαγ|αλίζω [-ɣa-] (*σ*) nachplappern; herunterleiern; **~αλιστί** *Adv* papageienhaft; **~άλος** Papagei *m*

παπαδιά [-'ðja] Pfarrfrau *f*

παπαρούνα Mohn *m*

πάπας Papst *m*

παπάς (*-άδες*) Pfarrer *m*, Priester *m*, Pope *m*; *χαρτοπ.* Bube *m*

παπί (junge) Ente *f*; *οικ.* Moped *n*; ***γίνομαι ~*** pitschnaß werden

πάπ|ια [-pj-] Ente *f*; ***κάνει την ~ια*** sich dumm stellen; **~ιος** Enterich *m*

πάπλωμα *n* Steppdecke *f*

παπουτσ|άδικο Schuhgeschäft *n*, Schusterladen *m*; **~ής** (*-ήδες*) Schuhmacher *m*, Schuster *m*

παπούτσι Schuh *m*

παππ|ούλης (*-ηδες*), **~ούς** (*-ούδες*) Großvater *m*

πάπυρος Papyrus *m*

πάρ- *βλ.* ***παίρνω***

παρά *Präp A* trotz *G*; gegen *A*; *ώρα*: vor; ***δεν ... ~*** nur; *μετά από Komp*: als; sondern, aber; *Ko* ***~ να*** als daß, nur; ***~ τρίχα*** um ein Haar; ***μία ~ τέταρτο*** ein Viertel vor eins

παρα- *Präfix*, *αντίθεση*: un-, -widrig, ver-, über-, um-; *υπερβολή*: über-, zu (*με Adj*, *Adv*); (*κοντά*) an-, bei-, dabei-, nebeneinander-

πάρα: *~ πολύς* (***-λλή, -λύ***) sehr viel; zuviel; zu groß; vielmals

παρα|βαίνω (*-βώ· παρέβ-*) *νόμο* verletzen; *λόγο* brechen; **~βάλλω** (*βαλ· βληθ*) vergleichen

παραβάν (*0*) *n* Wandschirm *m*

παρα|βαραίνω (*υν*), **~βαρύνω** (II = I) *v/t* zuviel aufladen auf *A*; *μτφ.* belästigen; *v/i* schwerfällig werden

παράβαση (*-εις*) Verletzung *f*; Vergehen *n*; *υπόσχεση*: Bruch *m*

παρα|βάτης Übertreter *m*, Zuwiderhandelnde(r); **~βγάζω** [-'vɣa-] (*βγαλ*) mehr als genug erzeugen; *προσ.* begleiten; **~βγαίνω** [-'vjɛ-] (*-βγώ, -βγήκα*) gleichtun (***με κπ***/es j-m); wetteifern

παρα|βιάζω (*σ· στ· σμ*) *πόρτα* aufbrechen; *ειρήνη* stören; *νομ.* verletzen; **~βίαση** (*-εις*) Aufbrechen *n*; *νομ.* Verletzung *f*; **~βλέπω** (*ψ*) *v/t* übersehen; *v/i* nachgeben, ein Auge zudrükken

παραβολ|ή Vergleich *m*; Gleichnis *n*; *μαθ.* Parabel *f*; **~ικός** gleichnishaft; Parabol-

παραβρίσκομαι (*βρεθ*) dabeisein (***σε***/bei *D*), teilnehmen (an *D*)

Π

παραγάγ- [-'γa-] *βλ.* ***παράγω***
παραγάδι [-'γa-] Schleppnetz *n*
παραγγελ|ία *εμπ.* Auftrag *m*, Bestellung *f*; **~ιοδότης** Auftraggeber *m*; **~ιοδόχος** [-xɔs] Kommissionär *m*
παραγγέλλω *βλ.* ***παραγγέλνω***
παράγγελμα *n* Befehl *m*, Kommando *n*; Gebot *n*
παραγγέλνω (*ειλ· ελθ· ελμ*) bestellen, wissen lassen (*j-n etw.*); befehlen; *εμπ.* bestellen, in Auftrag geben
παρα|γεμιστός gefüllt; **~γίνομαι** [-'ji-] (*παράγινα· γινωμ*) überhandnehmen; **~γιός** [-'jɔs] Lehrling *m*
παράγκα Baracke *f*
παραγκων|ίζω (*σ· στ· σμ*) verdrängen; **~ισμός** [-zm-] Verdrängung *f*
παραγνωρίζω [-γnɔ-] (*σ· στ· σμ*) verkennen; falsch einschätzen; verwechseln; *v/p* zu familiär werden
παράγοντας [-γɔ-] Faktor *m*, Komponente *f*; *μτφ.* führende Persönlichkeit *f*
παρ|αγραφή [-γr-] Verjährung *f*; **~άγραφος** *f* (*κ. m*) Paragraph *m*; Abschnitt *m*; **~αγράφω** (*ψ· αφ, φτ· μμ*) zu viel schreiben; *v/p* verjähren
παρ|άγω [-γɔ] (*να γάγ· ήγαγ· ήχθ*) erzeugen, produzieren; hervorbringen; *γραμμ.* ableiten; **~αγωγή** [-γɔ'ji] Erzeugung *f*, Produktion *f*; Ableitung *f*; ***μαζική ~αγωγή*** Massenproduktion *f*; ***πλεονασματική ~αγωγή*** Überschußproduktion *f*; ***~αγωγή όπλων*** Rüstungsproduktion *f*; **~αγωγικός** Produktions-; produktiv; **~αγωγικότητα** Produktivität *f*; **~αγωγός** Produzent *m*, Erzeuger *m*
παραδάκια *n/pl* Moneten *pl*, Geld *n*
παράδειγμα [-γma] *n* Beispiel *n*; Exempel *n*; Muster *n*; ***παραδείγματος χάριν*** (***π. χ.***) zum Beispiel (z. B.)
παραδειγματ|ίζω (*σ· στ· σμ*) ein Beispiel geben; ein Exempel statuieren; *v/p* sich *j-n* zum Vorbild nehmen; sich belehren lassen; **~ικός** beispielhaft; exemplarisch; vorbildlich; **~ισμός** [-zm-] exemplarische Bestrafung *f*
παρ|αδεισιακός paradiesisch; **~άδεισος** Paradies *n*
παρα|δεκτός (**-χτ-**) annehmbar; **~δέρνω** (*δειρ· δαρθ· δαρμ*) *v/i* hin- und herschaukeln; *μτφ.* sich abrakkern; **~δέχομαι** [-xɔ-] (*χτ· γμ*) annehmen, akzeptieren; *etw. als wahr* anerkennen; *λάθος* zugeben; **~δίδω, ~δίνω** (*δωσ· δοθ· δομ*) *v/t* überreichen; liefern; *σπίτι, χρήμ.* übergeben; *το πνεύμα* aufgeben; *μάθημα* lehren, unterrichten; *τα όπλα* strecken; *v/p* sich ergeben
παραδοδουλειά [-'lja] Geldangelegenheit *f*
παράδοξο Paradox *n*
παραδοξολογία [-j-] Merkwürdigkeit *f*, Seltsamkeit *f*
παράδοξος merkwürdig, sonderbar
παραδόπιστος geldgierig
παράδοση (*-εις*) Übergabe *f*; Überreichung *f*; Lieferung *f*; *στρ.* Kapitulation *f*; *πανεπιστήμιο*: Vorlesung *f*; Überlieferung *f*, Tradition *f*
παραδουλ|εύτρα [-'ɛft-] Putzfrau *f*, Raumpflegerin *f*; **~εύω** [-'ɛvɔ] (*ψ· ευτ· εμ*) sich überarbeiten
παρα|δοχή [-'çi] Annahme *f*; Zulassung *f*; **~δρομή** Versehen *n*; **~έξω** weiter draußen; **~ζάλη** Aufregung *f*, Wirrwarr *m*; **~ζαλίζω** (*σ· στ· σμ*) belästigen; durcheinanderbringen; **~θαλάσσιος** (**-α, -ο**) Küsten-, Ufer-; **~θερίζω** (*σ*) den Sommer verbringen; **~θεριστής** Urlauber *m*
παράθεση (*-εις*) Nebeneinanderstellen *n κ. μτφ.*; Vergleich *m*; Zitat *n*
παρα|θετικά *n/pl* Steigerungsstufen *f/pl*; **~θέτω** (*σ· τεθ· θεμ*) danebensetzen (*ή* -stellen); *μτφ.* vergleichen
παρ|αθυράκι Fensterchen *n*; *μτφ.* Hintertürchen *n*; **~άθυρο** Fenster *n*; ***πίσω ~άθυρο*** *αυτοκ.* Heckfenster *n*; **~αθυρόφυλλο** Fensterladen *m*
παρ|αίνεση (*-εις*) Ermahnung *f*; **~αινετικός** ermahnend; **~αινώ** *v/t* ermahnen, zureden *D*; **~αίσθηση** (*-εις*) Halluzination *f*, Sinnestäuschung *f*; Illusion *f*; **~αιτηθ-** *βλ.* ***παραιτούμαι***; **~αίτηση** (*-εις*) Rücktritt *m*; Verzicht *m* (*G*/auf *A*); **~αιτούμαι** (*ηθ· ημ*) verzichten (***από***/auf *A*); aufgeben; *κυβέρνηση*: zurücktreten
παρακάθομαι (*θισ*) dabeisitzen
παράκαιρος unzeitig; zu spät
παρα|κάλια [-lja] *n/pl* Bitten *f/pl*; **~καλώ** (*είς, άς· εσ· κληθ*) *v/t* bitten; ***σας*** (***σε***) ***~καλώ*** bitte
παρα|κά(μ)νω (*καν, καμ*) übertreiben; **~καμπτήριος** [-pt-] *f* Umgehungsstraße *f*; Umleitung *f*; **~κάμπτω** (*μψ·*

Π

μφθ) umgehen *κ. μτφ.*; biegen um *A*; umfahren; **~καταθήκη** Depositum *n*; Einlage *f*; Reserve *f*; Vorrat *m* an *D*; **~κατιανός** [-tja-] minderwertig; **~κάτω** weiter (unten); *Adj* nachstehend; weniger; **~κείμενος** danebenliegend; *Su* Perfekt *n*; **~κέντηση** (*-εις*) Punktion *f*; **~κεντώ** (*άς· ησ*) punktieren

παρα|κινδυνευμένος [-εv-] riskant, gewagt; **~κίνηση** (*-εις*) Anregung *f*; Ermunterung *f*; **~κινώ** (*είς, άς· ησ· ηθ· ημ*) anregen; ermuntern; **~κλάδι** Zweig *m κ. μτφ.*

παρ|άκληση (*-εις*) (Für-)Bitte *f*; Ersuchen *n*; **~ακμάζω** (*σ· σμ*) verfallen, untergehen; **~ακμή** Verfall *m*, Untergang *m*, Dekadenz *f*; **~ακοή** Ungehorsam *m*; **~ακολούθηση** (*-εις*) Verfolgen *n*; Beobachtung *f*; *τεχν.* Wartung *f*; **~ακολουθώ** (*είς, άς· ησ*) *v/t* folgen *D κ. μτφ.*; verfolgen, beobachten; *τεχν.* warten; *αστυνομία*: beschatten; *μαθήματα* teilnehmen an *D*

παρακόρη Dienstmädchen *n*

παρ|άκουος ungehorsam; **~ακούω** (*σ*) *v/t* nicht richtig hören; *v/i* sich verhören; nicht gehorchen *D*.

παρα|κράτηση (*-εις*) Einbehaltung *f*; **~κρατώ** (*άς· ησ· ηθ· ημ*) *v/t* zurück(be)halten; *v/i* (lange) andauern

παρ|άκρουση (*-εις*) Wahnvorstellung *f*; **~άκτιος** (*-α, -ο*) Küsten-

παρα|κώλυση (*-εις*) Verhinderung *f*; **~κωλύω** (*σ· θ*) (be)hindern; verhindern; **~λαβή** Entgegennahme *f*, Annahme *f*, Abnahme *f*; ***~λαβή αποσκευών*** Gepäckannahme *f*; **~λαμβάνω** (*λαβ· ληφθ*) abnehmen, entgegennehmen; *προσ.* abholen; **~λείπω** (*ψ· φτ*) auslassen, weglassen; unterlassen, versäumen (**να**/zu)

παράλειψη (*-εις*) Auslassung *f*; Unterlassung *f*, Versäumnis *n*

παραλέω (*να -πώ· -είπα*) übertreiben

παρα|λήπτης Abnehmer *m*; Empfänger *m*; **~λήρημα** *n* Phantasieren *n*; *ιατρ.* Delirium *n*; **~ληρώ** (*ησ*) phantasieren

παραλής (*-ήδες*) Geldmann *m*

παρ|αλία Strand *m*, Strandpromenade *f*, Uferpromenade *f*; **~αλιακός, ~άλιος** (*-α, -ο*) Ufer-, Küsten-; **~αλλαγή** [-'ji] Variante *f*, Abart *f*; Abweichung *f*; *μουσ.* Variation *f*; **~αλλάζω** (*ξ· χτ· γμ*) *v/i* variieren; abweichen

παραλληλ|ία Parallelität *f*; **~ίζω** (*σ· στ· σμ*) gegenüberstellen, vergleichen; **~ισμός** [-zm-] Gegenüberstellung *f*, Vergleich *m*; Parallelismus *m*; **~όγραμμο** [-γr-] Parallelogramm *n*

παράλληλος parallel; gleichzeitig; ähnlich; *Su f* (*-ος*) Parallele *f*

παρα|λογίζομαι [-'ji-] (*στ· σμ*) Unsinn denken *ή* reden, *οικ.* quatschen; **~λογισμός** [-zm-] Trugschluß *m*, Fehlschluß *m*; Irrationalität *f*

παράλογος [-γɔs] unvernünftig, absurd, irrational, unlogisch

παραλυμένος liederlich, zügellos

παράλυση (*-εις*) Lockerung *f*; Lähmung *f*, Paralyse *f*

παρα|λυσία Liederlichkeit *f*; **~λυτικός** gelähmt

παράλυτος gelähmt

παραλύω (*σ· θ*) *v/t* lähmen, paralysieren; *μτφ.* lahmlegen; lockern; *v/i εμπ.*, *συγκοινωνία*: zusammenbrechen

παρα|μαγούλα [-'γula] Mumps *m*; **~μάνα** Pflegemutter *f*; Amme *f*; Sicherheitsnadel *f*; **~μάσκαλα** unter dem/den Arm

παρα|μεθόριος (**-α, -ο**) Grenz-; **~μέληση** (*-εις*) Vernachlässigung *f*; **~μελώ** (*ησ· ηθ· ημ*) vernachlässigen; **~μένω** (*μειν*) bleiben; sich aufhalten

παρα|μερίζω (*σ· στ· σμ*) *v/t* wegrükken, zur Seite schieben; verdrängen; *v/i* zur Seite gehen, ausweichen; **~μερισμός** [-zm-] Verdrängen *n*

παράμερος abgelegen, einsam

παρα|μικρός geringst-, kleinst-; ***με το ~μικρό*** aus dem geringsten Anlaß; **~μιλητό** Delirium *n*; Phantasieren *n*; **~μιλώ** (*άς· ησ*) schnattern; phantasieren; **~μονεύω** (*ψ*) *v/t* auflauern *D*; *v/i* lauern, auf der Lauer liegen; spähen; **~μονή** Aufenthalt *m*; Vorabend *m*; ***προσωρινή ~μονή*** Zwischenaufenthalt *m*; ***~μονή πρωτοχρονιάς*** Silvester(abend *m*) *n*; ***~μονή Χριστουγέννων*** Heiligabend *m*; **~μορφώνω** (*σ· θ*) entstellen, verunstalten; *λόγια* verdrehen; **~μόρφωση** (*-εις*) Entstellung *f*; Mißbildung *f*; Verformung *f*; Verdrehung *f*

παρα|μυθάς (*f* **-ού**) Märchenerzäh-

Π

ler(in *f*) *m*; **~μυθένιος** (**-α, -ο**) märchenhaft; **~μύθι** Märchen *n*

παρανόηση (*-εις*) Mißverständnis *n*

παρ|ανομία Gesetzwidrigkeit *f*; Ungesetzlichkeit *f*; **~άνομος** illegal, gesetzwidrig, ungesetzlich; illegitim; **~ανομώ** (*ησ*) gesetzwidrig handeln; **~ανοώ** (*ησ· ηθ*) mißverstehen

παρα|νυχίδα [-ç-] Niednagel *m*; **~ξενεύομαι** [-'εv-] (*ευτ· εμ*) staunen, sich wundern; **~ξενεύω** [-'εvɔ] (*ψ*) *v/t* erstaunen, wundern; *v/i* sonderbar werden; **~ξενιά** [-'nja] Wunderlichkeit *f*; Seltsamkeit *f*; Laune *f*

παράξενος merkwürdig, sonderbar, seltsam; *προσ. κ.*: wunderlich

παρα|ξηλώνω (*σ· θ*) übertreiben, zu weit treiben; **~παίρνω** (*να -πάρω· πήρ*) zuviel nehmen; anschnauzen

παρα|πανίσιος (**-α, -ο**) mehr; überflüssig; **~πάνω** *Adv* mehr (***από***/als), über (***από***/*A*); *Adj* höher-; weiter-; ***με το ~πάνω*** mehr als genug; **~πάτημα** *n* Fehltritt *m*; Fehler *m*; **~πατώ** (*άς· ησ*) ausgleiten, ausrutschen; schwanken; **~πειστικός** verführend

παρα|πέμπω (*μψ· μφθ*) weiterleiten, verweisen (***σε***/an, auf *A*); **~πέρα** weiter (drüben, hinten); **~πέτασμα** [-zma] *n* Vorhang *m*; **~πέτο** Brüstung *f*; **~πετώ** (*άς· αξ· αχτ· α(γ)μ*) *v/t* wegschmeißen, wegwerfen; *μτφ.* vernachlässigen; **~πέφτω** (*πεσ· πεσμ*) danebenfallen; verlorengehen

Π

παράπηγμα [-γma] *n* Baracke *f*

παρα|πλάνηση (*-εις*) Irreführung *f*; **~πλανητικός** irreführend; trügerisch; **~πλανώ** (*άς· ησ· ηθ· ημ*) *v/t* irreführen; *v/p* irregehen

παρα|πλέω (*ευσ*) *v/t* vorbeifahren an *D*; **~πληρωματικός** Ergänzungs-; ergänzend; *μαθ.* Komplement-; **~πλήσιος** (**-α, -ο**) ähnlich

παρα|ποίηση (*-εις*) Fälschung *f*; Verdrehung *f*; **~ποιητικός** (sinn)entstellend; **~ποιώ** (*ησ· ηθ· ημ*) fälschen; verdrehen; **~πολύ** *βλ.* ***πάρα πολύς***

παρα|πομπή (***σε***) Weiterleitung *f* (an *A*); Verweis *m* (auf *A*); Hinweis *m* (auf *A*); Fußnote *f*; **~πονιάρης** [-'nja-] 3 quengelig; jammernd; **~πονιάρικος** klagend; kläglich; **~πονιέμαι** [-'njε-] (*εθ· εμ*) sich beklagen, sich beschweren; ***~πονεμένος*** klagend, traurig

παράπονο Klage *f*, Beschwerde *f*

παρα|πόταμος Nebenfluß *m*; **~προϊόν** (*-όντος*) Nebenprodukt *n*

παρ|άπτωμα *n* Vergehen *n*, Verstoß *m*; **~άρτημα** *n* Anhang *m*; Beilage *f*; Nebengebäude *n*, Dependance *f*; Zweigstelle *f*, Filiale *f*; Extrablatt *n*

παράς (*-άδες*) Heller *m*; *pl* Geld *n*

παρασέρνω (*συρ· συρθ· συρμ*) *v/t* fortreißen, mit sich reißen, *αυτοκ.*: mitschleifen; schleppen; *μτφ.* verleiten

παράσημο Orden *m*

παρασημοφορ|ία Ordensverleihung *f*, Auszeichnung *f*; **~ώ** (*ησ· ηθ· ημ*) *v/t* auszeichnen, e-n Orden verleihen *D*

παράσιτα *n/pl* Nebengeräusche *n/pl*, Störungen *f/pl*

παράσιτο(ς) Schädling *m*, Parasit *m*, Schmarotzer *m*

παρα|σιώπηση (*-εις*) Verschweigen *n*; **~σιωπώ** (*άς· ησ· ηθ*) verschweigen; **~σκευάζω** [-εv-] (*σ· στ· σμ*) *v/t* (zu)bereiten; vorbereiten; **~σκεύασμα** [-zma] *n* Präparat *n*; **~σκευαστής** [-st-] (***-άστρια*** *f*) Präparator(in *f*) *m*, Laborant(in *f*) *m*; **~σκευή** Zubereitung *f*; Vorbereitung *f*

Παρασκευή [-'vi] Freitag *m*; ***Μεγάλη ~*** Karfreitag *m*

παρα|σκήνια *n/pl* Kulissen *f/pl*; **~σκηνιακός** heimlich

παρασταίνω (*στησ· σταθ*) *βλ.* ***παριστάνω***

παράσταση (*-εις*) Darstellung *f*; (äußere) Erscheinung *f*; *νομ.* Anwesenheit *f*; *θεατρ.* Vorstellung *f*, Aufführung *f*; *ψυχ.* Vorstellung *f*

παρα|στατικός ausdrucksvoll, lebhaft; beschreibend, deskriptiv; **~στατικότητα** Ausdrucksfähigkeit *f*; **~στέκομαι, ~στέκω** (*σταθ*) beistehen (***σε κπ***/j-m); neben *j-m* stehen

παράστημα *n* Statur *f*, Gestalt *f*

παρα|στράτημα *n* Abirren *n*; *μτφ.* Entgleisung *f*; **~στρατίζω** (*σ· σμ*), **~στρατώ** (*άς· ησ*) vom Wege abweichen; *μτφ.* auf Abwege geraten, entgleisen; **~σύρω** *βλ.* ***παρασέρνω***

παράτα: ***~ με!*** laß mich in Ruhe! (*Imp v.* ***παρατώ***)

παραταθ- *βλ.* ***παρατείνω***

παρά|ταξη (*-εις*) Aufstellung *f*, Ordnung *f*; Antreten *n*; *πολ.* Flügel *m*; **~ταση** (*-εις*) Verlängerung *f*

παρα|τάσσω (*ξ· χτ· γμ*) aufstellen, *στρ.* antreten lassen; **~τατικός** Imperfekt *n*; **~τείνω** (II = I· *ταθ*) verlängern; *v/p* andauern, sich hinziehen; **~τεταμένος** langandauernd

παρατήρηση (*-εις*) Beobachtung *f*; Bemerkung *f*; Einwand *m*; Hinweis *m*; Vorhaltung *f*, Vorwurf *m*

παρατηρ|ητήριο Beobachtungsstand *m*, Wachtturm *m*; **~ητής** Beobachter *m*; **~ητικότητα** Beobachtungsgabe *f*; **~ώ** (*είς, άς· ησ· ηθ· ημ*) *v/t* beobachten, betrachten; bemerken; e-n Verweis erteilen *D*; *v/p* zu verzeichnen sein

παρατιμονιά [-'nja] falsches Lenken *n*

παράτολμος tollkühn

παρα|τραβώ (*άς· ηξ· ηχτ· ηγμ*) *v/t* überspannen; *κουβέντα* zu sehr ausdehnen; *v/i* sich zu lange hinziehen; **~τράγουδο** [-ɣu-] Ungebührlichkeit *f*, Skandalszene *f*; **~τρώω** (*φαγ*) sich überessen; **~τσούκλι** Spitzname *m*; **~τυπία** Regelwidrigkeit *f*, Verstoß *m*

παράτυπος regelwidrig, abnorm

παράτυφος Paratyphus *m*

παρατώ (*άς· ησ· ηθ· ημ*) (ver)lassen; aufgeben; *οικ.* an den Nagel hängen

πάραυτα [-fta] sofort, auf der Stelle

παρα|φέρ(ν)ομαι (*φερθ*) sich (vom Zorn) hinreißen lassen; **~φθορά** Verschlechterung *f*; **~φίνη** Paraffin *n*; **~φορά** Leidenschaft(lichkeit) *f*, (Freuden-)Taumel *m*, (Zornes-)Anfall *m*

παράφορος aufbrausend; leidenschaftlich

παραφορτώνω (*σ· θ*) überlasten; *v/p* zusetzen *D*, bedrängen

παρ|αφράζω (*σ· στ· σμ*) frei übersetzen, wiedergeben; umschreiben; **~άφραση** (*-εις*) Paraphrase *f*

παραφροσύνη Wahnsinn *m*

παραφυάδα Nebenschößling *m*

παρα|φυλά(γ)ω (*ξ· χτ· γμ*) heimlich beobachten; *v/i* auf der Lauer liegen, lauern; **~φωνία** Mißklang *m κ. μτφ.*

παρ|άφωνος disharmonisch, *τόνος*: falsch; **~αφωνώ** (*ησ*) falsch singen

παρα|χαϊδεύω [-xai'ðενɔ] (*εψ· ευτ· εμ*) verwöhnen; **~χαράζω** (*ξ· χτ· ημ*) *Geld* fälschen; verfälschen; **~χαράκτης** Falschmünzer *m*; **~χάραξη** (*-εις*) Falschmünzerei *f*; Verfälschung *f*

παραχώνω (*σ· θ*) eingraben

παρα|χώρηση (*-εις*) [-'xɔ-] Abtretung *f*; Konzession *f*, Zugeständnis *n*; **~χωρητήριο** Abtretungsurkunde *f*; **~χωρώ** (*ησ*) abtreten, überlassen; gewähren

παρδαλός bunt, (bunt)scheckig

παρε- *aus παρα- mit Augment -ε-, βλ.* ***παρα-***

παρέα Gesellschaft *f*, Runde *f*; Gruppe *f*; Umgang *m*; ***κάνω ~*** verkehren (***με***/mit *D*); Gesellschaft leisten (***σε κπ***/j-m)

παρεγκεφαλίδα Kleinhirn *n*

πάρεδρος Beisitzer *m*; Assessor *m*

πάρε-δώσε (*0*) *n* Beziehungen *f/pl*

παρ|είσακτος eingeschmuggelt; *Su* Eindringling *m*; **~έκβαση** (*-εις*) Abschweifung *f*

παρ|έκει, ~εικεί weiter; ***ως εδώ και μη ~έκει!*** bis hierher und nicht weiter!

παρεκκλήσι Kapelle *f*, Kirchlein *n*

παρ|εκκλίνω (II = I/*παρεξέκλ-*) abweichen (***από***, *G*/von *D*); **~έκκλιση** (*-εις*) Abweichung *f*; **~εκτρέπομαι** (*τραπ*) abweichen; *μτφ.* auf Abwege geraten; **~εκτροπή** Abweichung *f*; Ausschweifung *f*; Ausschreitung *f*

παρ|έλαση (*-εις*) Parade *f*; **~ελαύνω** [-'av-] (*λασ/παρή-*) vorbeimarschieren; **~έλευση** (*-εις*) [-εfsi] Ablauf *m*; **~εληφθ-** *βλ.* ***παραλαμβάνω***; **~ελθόν** (*-όντος*) Vergangenheit *f*

παρ|εμβαίνω (*να -έμβω· -ενέβηκα*) sich einmischen (***σε***/in *A*); intervenieren, einschreiten; **~εμβάλλω** (*βαλ· βληθ*) einfügen, einschalten; *ηλ.* (zwischen-)schalten; *μαθ.* interpolieren; *δυσκολίες* bereiten; **~έμβαση** (*-εις*) Eingreifen *n*, Intervention *f*; **~εμβολή** Einfügung *f*, Einschaltung *f*; Interpolation *f*; **~εμποδίζω** (*σ· στ· σμ*) verhindern; **~εμπόδιση** (*-εις*) Verhinderung *f*; Sperre *f*; **~εμπρός** weiter vorn; **~εμφερής** 2 ähnlich

παρενέργεια [-jia] Nebenwirkung *f*

παρ|ένθεση (*-εις*) Einschaltung *f*; (runde) Klammer *f*; **~ενθετικός** in Klammern (gesetzt); **~ενόχληση** (*-εις*) [-xl-] Störung *f*; **~ενοχλώ** (*ησ· ηθ· ημ*) stören; belästigen

πάρεξ *A* außer *D*

παρεξε- *βλ.* ***παρεκ-***

παρεξ|ήγηση (*-εις*) [-jisi] Mißdeutung *f*; Mißverständnis *n*; **~ηγώ** [-'ɣɔ] (*ησ· ηθ· ημ*) mißdeuten; mißverstehen; übelnehmen; *v/p* in Streit geraten

Π

παρεπόμενο Folge *f*
πάρεργο [-ɣɔ] Nebenbeschäftigung *f*
παρ|ερμηνεία falsche Auslegung *f*; Mißverständnis *n*; **~ερμηνεύω** [-'ɛvɔ] (*εψ· ευτ· ευμ*) falsch auslegen; mißverstehen; **~έρχομαι** [-xɔ-] (*να -έλθ· -ήλθα*) vorübergehen, vorbei sein
παρεστ- *βλ.* ***παρίσταμαι, παριστάνω***
παρεσχ(εθ)- *βλ.* ***παρέχω***
πάρ(ε)τε! nehmt!, *βλ.* ***παίρνω***
παρευρ|ίσκομαι [-ɛv-] (*ευρεθ*) dasein; ***οι ~ισκόμενοι*** die Umstehenden
παρέχω [-xɔ] *K* (*να -άσχ· έσχ· εσχεθ*) gewähren, geben, verschaffen
παρηγ- *Impf v.* ***παράγω***
παρηγαγ- *Aor v.* ***παράγω***
παρηγορ|ητής [-ɣɔ-] Tröster *m*; **~ητικός** tröstlich, tröstend; **~ιά** Trost *m*
παρήγορος [-ɣɔ-] tröstlich
παρηγορώ [-ɣɔ-] (*ησ· ηθ· ημ*) trösten
παρήλθ- *βλ.* ***παρέρχομαι***
παρθ|ένα Jungfrau *f*; **~ενία, ~ενιά** [-'nja] Jungfräulichkeit *f*, Unberührtheit *f κ. μτφ.*; **~ενικός** jungfräulich, unberührt; Jungfern-; **~ένος** (*-α, -ο*) rein, keusch; Ur- (*Wald*)
παρθ(ηκ)- *βλ.* ***παίρνω***
παρ|ίσταμαι *K* (*παρέστην*) anwesend sein; erscheinen; **~ιστάμενος** Anwesende(r); **~ιστάνω, ~ιστώ** (*στησ· σταθ/παρε-*) darstellen, spielen
παρκέ (*0*) *n*, **παρκέτο** Parkett(fußboden *m*) *n*
πάρκο Park *m*, Grünanlage *f*; ***εθνικό ~*** Nationalpark *m*; ***~ αναψυχής*** Vergnügungspark *m*; ***~ φυσιοπροστασίας*** Naturschutzgebiet *n*
παρκόμετρο Parkuhr *f*
παρμπρίζ [par'briz] (*0*) *n* Windschutzscheibe *f*
παροδικός vorübergehend
πάροδος *f* Gasse *f*, Nebenstraße *f*; Lauf *m der Jahre*
παροικία Kolonie *f*
παροιμ|ία Sprichwort *n*; **~ιακός, ~ιώδης** 2 sprichwörtlich
παρ|ομοιάζω (*σ*) vergleichen; ähneln *D*; **~όμοιος** (*-α, -ο*) ähnlich (***με***/*D*); derartig; **~ομοίως** *Adv* gleichfalls; **~ομοίωση** (*-εις*) Vergleich *m*
παρόν (*-όντος*) *n* Gegenwart *f*; ***προς το ~*** zur Zeit, vorläufig
παρόνομα *n* Beiname *m*
παρονομαστής Nenner *m*
παρ|όξυνση (*-εις*) Aufreizung *f*; Verschärfung *f*; **~οξύνω** (II = I· *υνθ· υμ*) *v/t* (auf)reizen; verschärfen; **~οξυσμός** [-zm-] *ιατρ.* Anfall *m*
παρ|όραμα *n* (Druck-)Fehler *m*; **~όρμηση** (*-εις*) Antreiben *n*; Ansporn *m*; *ψυχ.* (An-)Trieb *m*
παρ|ότρυνση (*-εις*) Anregung *f*, Ansporn *m*; **~οτρύνω** (II = I· *υνθ*) anregen, anspornen; **~ούσα** *βλ.* ***παρών***
παρουσ|ία Gegenwart *f*, Anwesenheit *f*; Erscheinen *n*; **~ιάζω** (*σ· στ· σμ*) *v/t* vorlegen; *μάρτυρες* stellen; vorstellen (***κπ, κτ σε κπ***/j-m j-n, etw.); *όπλο* präsentieren; *v/p* erscheinen, sich darstellen; sich melden; **~ίαση** (*-εις*) Präsentation *f*, Vorlage *f*; Vorstellung *f*; **~ιάσιμος** ansehnlich; **~ιαστικό** Äußere(s), Erscheinung *f*
παροχ|έτευση (*-εις*) [-'çɛtɛfsi] Ableitung *f*, Kanalisation *f*; **~ετεύω** [-'ɛvɔ] (*εψ· ευτ*) kanalisieren; zuleiten
παροχή [-'çi] Gewährung *f*; Versorgung *f* (*G*/mit *D*), Zuführung *f*; Leistung *f*; ***~ ασφάλειας*** Sicherheitsleistung *f*; ***~ υπηρεσιών*** Dienstleistung *f*
πάρσιμο (*-ματος*) Nehmen *n*; Einnahme *f*, Eroberung *f*
παρτέρι Beet *n*
πάρτι (*0*) *n* Party *f*, Gesellschaft *f*
παρτίδ|α *εμπ.* Posten *m*; Partie *f*; ***έχω ~ες*** Beziehungen haben
παρτιζάνος Partisan *m*
παρωδία Parodie *f*
παρών (***-ούσα, -όν***) *K* anwesend; *bei Aufruf des Namens*: hier!
παρ|ωνυμία Beiname *m*; Spitzname *m*; **~ωπίδα** Scheuklappe *f κ. μτφ.*
παρωτίτιδα Mumps *m*
πας (*G παντός·* ***πάσα, παν***) *K με Art* ganz; *pl* (*πάντες*) alle; ***το παν*** die Hauptsache; alles; ***εν πάση περιπτώσει*** auf jeden Fall
πάσα *αθλ.* Paß *m*, Abgabe *f*
πασ|αλείβω (*ψ· φτ· μμ*) beschmieren, einschmieren; **~άλειμμα** *n* Überstreichen *n*; Beschmieren *n*; **~αλείφω** *βλ.* ***πασαλείβω***
πασάς (*-άδες*) Pascha *m*
πασατέμπο(ς) Kürbiskerne *m/pl*, Sonnenblumenkerne *m/pl*
πασίγνωστος [-ɣn-] allbekannt
πασιέντσα [pa'sjeñtsa] Patience *f*

Π

πάσο Schritt *m*; Schülerausweis *m*; ***με το ~ του*** in aller Ruhe
πασ|ούμι, ~ουμάκι hochhackige(r) Hausschuh
πασπαλίζω (*σ· στ· σμ*) (be)streuen
πασ|πάτεμα *n* Umhertasten *n*; Anfassen *n*; **~πατευτά** [-ɛ'fta] *Adv* umhertastend; **~πατεύω** [-'ɛvɔ] (*εψ· ευτ· εμ*) *v/i* umhertasten; (umher)tappen; *v/t* anfassen, berühren
πάσσαλος Pflock *m*, Pfahl *m*
πάστα Kuchen *m*; Paste *f*; *μτφ.* Stoff *m*
παστεριώνω (*σ· θ*) pasteurisieren
πάστορας Pastor *m*
παστός (ein)gesalzen, gepökelt
παστουρμάς (*-άδες*) Pökelfleisch *n vom Rind od. Kamel*
πάστρα Sauberkeit *f*
πάστρεμα *n* Säuberung *f*
παστρ|εύω [-'ɛvɔ] (*ψ· ευτ· εμ*) säubern *κ. μτφ.*, putzen; **~ικιά** [-'ka] Schlampe *f*; **~ικός** (*f κ.* ***-ιά***) sauber; *μτφ.* redlich; *Adv κ.* unumwunden, deutlich
παστώνω (*σ· θ*) (ein)pökeln
Πάσχα ['pasxa] (*0*) *n* Ostern *n* (*συνήθ. χωρίς Art*) *ή pl*, Osterfest *n*; ***Κυριακή του ~*** Ostersonntag *m*
πασχαλ|ιά [-xa'lja] Osterzeit *f*; *βοτ.* Flieder *m*; **~ιάτικος, ~ινός** Oster-; **~ίτσα** Maikäfer *m*
πασχίζω [-'çi-] (*σ*) sich bemühen
πάσχω [-xɔ] (*παθ*) leiden (***από***/an *D*)
πάταγος [-γɔs] Krach *m*, Getöse *n*
παταγώδης [-'γɔ-] 2 lärmend
πατάσσω (*ξ· χτ*) schlagen, züchtigen
πατάτ|α Kartoffel *f*; ***τηγανητές ~ες*** *pl* Pommes frites *pl*
πατέντα Patent *n*
πάτερ! Vater!; ***Ω ημών*** *n* Vaterunser *n*
πατέρας (*κ. -άδες*) Vater *m*
πατερίτσα Bischofsstab *m*, Krückstock *m*
πάτημα *n* Treten *n*, Keltern *n*; Spur *f*; Schritt *m*; *μτφ.* Vorwand *m*
πατημασιά [-'sja] Fußspur *f*, Fußstapfe *f*
πατηρήρι Weinpresse *f*, Kelter *f*
πατικώνω (*σ· θ· μ*) pressen, (hinein-)stopfen
πατίνι Rollschuh *m*, Schlittschuh *m*
πατιρντί [-r'di] Krach *m*, Skandal *m*
πατόκορφα von Kopf bis Fuß
πάτος Boden *m*; Sohle *f*; Gesäß *n*
πατούσα Fußsohle *f*
πατρι|αρχείο [-'çiɔ] Patriarchat *n*; **~άρχης** Patriarch *m*; Stammvater *m*, Ahn(e) *m*; **~αρχία** Patriarchat *n*
πατρίδα Vaterland *n*; Heimat *f*
πατρ|ιδογνωσία [-γn-] Heimatkunde *f*; **~ικός** väterlich; **~ιός** Stiefvater *m*; **~ιώτης** Patriot *m*; Landsmann *m*; **~ιωτικός** patriotisch; vaterländisch; **~ιωτισμός** Patriotismus *m*; **~ογονικός** [-γɔ-] väterlich; (alt) ererbt; **~οπαράδοτος** überliefert, herkömmlich; **~ότητα** Vaterschaft *f*; Urheberschaft *f*
πατρώνυμο Vatersname *m*
πατσαβούρα Wischlappen *m*
πατσάς *περ.* Kuttelsuppe *f* mit Schweinsfüßen
πατ|ώ (*άς· ησ· ηθ· ημ*) *v/t* treten auf *A*; betreten *A*; (aus)pressen, keltern; *όρκο* brechen; *αυτοκ.*: überfahren; ***~είς με ~ώ σε*** (es war) ein Gedränge
πάτωμα *n* Fußboden *m*; Etage *f*, Stockwerk *n*
πατ|ώνω (*σ· θ*) *v/i* (im Wasser) noch stehen können; **~ωσιά** [-'sja] Schicht *f*
παύλα ['pavla] Bindestrich *m*, Gedankenstrich *m*; *μουσ.* Pause *f*
παύση (*-εις*) ['paf-] Pause *f*; Einstellung *f*; *pl* Ferien *pl*
παυσίπονο Schmerzmittel *n*
παύω ['pavɔ] (*αψ· αυτ· αμ*) *v/t* aufhören mit *D*, beenden, einstellen; *προσ.* entlassen; ***~ προσωρινά*** suspendieren; *v/i* aufhören; schweigen
παφλάζω (*σ*) brausen, wallen
παχαίνω [-'çɛ-] (*υν*) *v/t* mästen; dick machen; *v/i* dick werden, zunehmen
πάχη(τα) [-çi(ta)] *n/pl* Fett *n*, Körperfülle *f*
πάχνη ['paxni] (Rauh-)Reif *m*
παχνί [-'xni] (Futter-)Krippe *f*
πάχος [-xɔs] *n* Dicke *f*, Stärke *f*; Körperfülle *f*; Fett *n*, Speck *m*
παχουλός [-xu-] pummelig, rundlich
παχύδερμος [-'çi-] dickhäutig
παχ|ύς [pa'çis] dick, (wohl)beleibt, korpulent; *φαγητό*: fett; dickflüssig, sämig; *λόγια*: leer; **~υσαρκία** Fettleibigkeit *f*, Korpulenz *f*
πάψ- *βλ.* ***παύω***
πάω *βλ.* ***πηγαίνω***
πεδιάδα Ebene *f*, Flachland *n*
πέδιλο Sandale *f*
πεδ|ινός flach, Flachland-, Feld-; **~ίο** Ebene *f*; Feld *n*; *μτφ.* Gebiet *n*, Bereich

m; **~ίο έκθεσης** Ausstellungsgelände n; **~ίο έρευνας** Forschungsgebiet n; **~ίο μάχης** Schlachtfeld n; **~ίο υψηλού βαρομετρικού** Hochdruckgebiet n

πεζ|ή zu Fuß; **~ικό** Infanterie f

πεζο|γραφία [-ɣr-] Prosa f; **~γραφικός** Prosa-; prosaisch; **~γράφος** Prosaschriftsteller m; **~δρόμιο** Bürgersteig m, Gehsteig m

πεζόδρομος Fußgängerzone f

πεζο|ναύτης [-'naft-] Marineinfanterist m; **~πορία** Wanderung f, Fußtour f; *στρ.* Marsch m; **~πόρος** Fußgänger m

πεζ|ός Fuß-; Prosa-; prosaisch *κ. μτφ.*; banal; nüchtern; *Su* Fußgänger(in f) m; Infanterist m; **~ότητα** Poesielosigkeit f, Plattheit f

πεθαίνω (*θαν· θαμ*) v/t umbringen, töten; v/i sterben; *μτφ.* schwärmen; umkommen (**από**/vor)

πεθερ|ά Schwiegermutter f; **~ικά** n/pl Schwiegereltern pl; **~ός** Schwiegervater m

πειθαρχ|είο [-'çiɔ] Haftlokal n; **~ία** Disziplin f; Gehorsam m; ***κομματική ~ία*** Fraktionsdisziplin f; **~ικός** Disziplinar-, disziplinarisch; diszipliniert; **~ώ** [-'xɔ] (*ησ· ημ*) gehorchen

πειθήνιος (**-α, -ο**) folgsam; gefügig

πείθω (*σ· στ· [πε]πεισ-*) überzeugen (**για**/von D); überreden

πειθώ f Überzeugungskraft f

πείνα Hunger m; Hungersnot f

πειν|αλέος (**-α, -ο**), **~ασμένος** hungrig; **~ώ** (*άς· ασ· ασμ*) hungrig sein, Hunger haben; hungern

πείρα Erfahrung f (G/in D), Praxis f

πείραγμα [-ɣma] n Necken n, Neckerei f, Streich m

πειρ|άζω (*ξ· χτ· γμ*) ärgern; necken; schaden D; stören; anfassen, berühren; ***~άζει;*** macht es etwas aus?; ***δεν ~άζει*** es schadet (*ή* macht) nichts

πείραμα n Versuch m, Experiment n

πειραματ|ίζομαι (*στ*) Versuche machen; **~ικός** experimentell; **~ισμός** [-zm-] Experimentieren n; **~όζωο** Versuchstier n

πειρασμός [-zm-] Versuchung f

πειρατ|εία Seeräuberei f; **~ής** Seeräuber m, Pirat m; **~ικός** Seeräuber-, Piraten- *κ. ραδιοφωνία*

πειραχτ|ήρι [-xt-] Schalk m; **~ικός** neckisch, scherzhaft; kränkend

πείσμα ['pizma] n Trotz m

πεισματ|άρης [-zm-] 3 trotzig, eigensinnig; **~ικός** trotzig

πεισμ|άτωμα [-zm-] n Trotz m; **~ατώνω** (*σ· θ*) reizen; v/i trotzig sein; sich versteifen

πειστ|ήριο Beweis(stück n) m; **~ικός** überzeugend; triftig; **~ικότητα** Überzeugungskraft f

πελαγοδρομώ (*ησ*) *μτφ.* schwanken

πέλαγος n (offenes) Meer n

πελαγώνω (*σ*) das Meer befahren; *μτφ.* nicht ein und aus wissen

πελαργός [-'ɣɔs] Storch m

πελ|ατεία Kundschaft f; **~άτης** Kunde m; Gast m; *δικηγόρου*: Klient m; *γιατρού*: Patient m; ***ιδιωτικός ~άτης*** Privatpatient m; ***τακτικός ~άτης*** Stammgast m; **~άτισσα** Kundin f; Klientin f; Patientin f

πελεκάνος Pelikan m

πελεκητός behauen

πελέκι Beil n, Axt f

πελεκούδι Span m; Splitter m

πελεκώ (*άς· ησ*) behauen, bearbeiten

πέλμα n Sohle f; *τεχν.* Unterfuß m

πελτές Mus n; Gelee n

πελώριος (**-α, -ο**) riesig, kolossal

Πέμπτ|η ['pɛm̃pti] Donnerstag m; **ϩος** fünft-

πεμπτουσία Quintessenz f

πένα (Schreib-)Feder f

πέναλτι (*0*) n Strafstoß m

πενήντα fünfzig

πενηντ|άρης etwa Fünfzigjährige(r); **~άρι(κο)** 50-Drachmen-Schein m *ή* -Münze f; **~αριά** [-'ja]: ***καμιά ~αριά*** etwa fünfzig

πενθήμερος fünftägig

πένθιμος Trauer-; betrübt

πένθος n Trauer f; Trauerbinde f

πενθώ (*ησ*) v/t betrauern, beweinen; v/i trauern

πενία Armut f, Not f

πενιά [-'nja] (Feder-)Strich m

πενικιλίνη Penizillin n

πενιχρ|ός [-xr-] kärglich, dürftig; **~ότητα** Kärglichkeit f, Dürftigkeit f

πεντ|άγραμμο [-ɣr-] Notensystem n; **~άγωνο** [-ɣɔ-] Fünfeck n, Pentagon n; **~άδραχμο** [-xmɔ] Fünf-Drachmen-

Münze *f*; **~αετία** Zeitraum *m* von fünf Jahren
πεντ|ακάθαρος blitzsauber; **~ακοσάρι(κο)** 500-Drachmen-Schein *m*; **~ακόσιοι** [-sji] 3 fünfhundert; **~άλεπτο** (Zeit *f* von) fünf Minuten
πεντάλ(ι) [pɛd-] *n* Pedal *n*; **~ *φρένων*** Bremspedal *n*
πεντ|αμελής 2 fünfköpfig; **~άμηνος** fünfmonatig; **~άμορφος** bildhübsch; **~απλάσιος** (*-α, -ο*) fünffach; **~άρα** Heller *m*; ***δε δίνει ~άρα τσακιστή*** er schert sich nicht darum; **~άρι** Fünf *f*; Fünfer *m*; **~άρφανος** völlig verwaist; **~άχρονος** [-xr-] fünfjährig; **~άωρος** fünfstündig
πέντε (*0*) fünf; *Su n* Fünf *f*
πεντηκονταετία halbe(s) Jahrhundert
Πεντηκοστ|ή Pfingsten *n ή pl*; **≈ός** fünfzigst-
πεντοχίλιαρο [-'çilj-] 5000-Drachmen-Schein *m*
πέος *n* Penis *m*
πεπ- *βλ. κ.* ***π-***
πε|πειραμένος *K* erfahren; **~πεισμένος** [-zm-] *K* überzeugt; **~πιεσμένος** gepreßt; ***~πιεσμένος αέρας*** Preßluft *f*
πέπλος Schleier *m*
πεποίθηση (*-εις*) Überzeugung *f*, Einstellung *f*, Anschauung *f*
πεπόνι Honigmelone *f*
πεπρωμένος *K* vorherbestimmt; *Su n* (Vorher-)Bestimmung *f*, Schicksal *n*
πεπτικός Verdauungs- (*Apparat*)
πέρα *Adv* drüben, weiter; ***~ από*** über ... (*A*) hinaus; ***εδώ ~*** gleich hier; ***εκεί ~*** da hinten; ***~ για ~*** durch und durch; ***τα βγάζω ~*** es schaffen, durchkommen
περαιτέρω *Adv* weiter
πέραμα *n* Furt *f*; Fähre *f*
πέραν *K Präp* jenseits (*G*/*G*); über *A*; ***~ τούτου*** darüber hinaus; ***~ του δέοντος*** mehr als nötig
περασ- *βλ.* ***περνώ***
πέρας (*-ατος*) *n* Ende *n*; ***φέρω σε ~*** zu Ende führen
πέραση Geltung *f*; ***έχω ~*** etwas gelten; gefragt sein
πέρασμα [-zma] *n* Überquerung *f*; Durchgang *m*, Passage *f*
περασμέν|ος [-zm-] vergangen; ***~α*** *n*/*pl* Vergangenheit *f*
περαστικ|ός vorübergehend; Durchgangs- (*Straße*); *Su* Passant *m*; ***~ά σας!*** gute Besserung!
περ|ατώνω (*σ· θ*) zu Ende führen, beenden; **~άτωση** (*-εις*) Beendigung *f*, Vollendung *f*
περβάζι Rahmen *m*; Fensterbrett *n*
περγαμηνή [-γa-] Pergament *n*; *μτφ.* Titel *m*, Rang *m*
πέρδικα, περδίκι Rebhuhn *n*
περδικλώνω (*σ· θ*) ein Bein stellen *D*, zu Fall bringen; *v*/*p* stolpern
περεχύνω [-ç-] (*σ· θ*) übergießen
περ|ηφανεύομαι [-'ɛvɔ-] (*ευτ*) stolz sein; eingebildet sein (***για***/auf *A*); **~ηφάνια** [-nja] Stolz *m*; **~ήφανος** stolz; selbstbewußt; eingebildet
περί *Präp K με G*: über *A*; *με A*: um ... (*A*) (herum); gegen *A*
περι- *Präfix*, *συχνά*: um-, herum-; *ενίσχυση*: über-, be-, ver-
περιαυτο|λογία [-aftɔlɔj-] Eigenlob *n*; **~λογώ** (*ησ*) sich selbst loben
περι|βάλλον (*-οντος*) *n* Milieu *n*, Umwelt *f*, Umgebung *f*; **~βαλλοντικός** Umwelt-; **~βαλλοντογενής** [-jɛ-] 2 umweltbedingt; **~βαλλοντολόγος** [-γɔs] Umweltschützer *m*; **~βάλλω** (*βαλ· βληθ· βλημ*) umgeben, umschließen, umfassen
περ|ίβλεπτος angesehen, bedeutend; sichtbar; **~ίβλημα** *n* Hülle *f*; *τεχν.* Mantel *m*, Verkleidung *f*
περι|βόητος berühmt; berüchtigt; **~βολάρης** (*-ηδες*) Gärtner *m*; **~βολάρισσα** Gärtnerin *f*; **~βολή** Kleidung *f*; Uniform *f*; **~βόλι** Gemüsegarten *m*
περίβολος Zaun *m*, Einfriedung *f*
περιγελαστικός spöttisch
περ|ιγέλιο [-'jɛljɔ], **~ίγελος** Gespött *n*
περιγελώ [-jɛ-] (*άς· ασ*) verspotten, auslachen; *οικ.* beschwindeln
περιγιάλι [-'jali] Ufer *n*; Strand *m*
περίγραμμα [-γr-] *n* Umriß(linie *f*) *m*
περι|γραφή [-γr-] Beschreibung *f*, Schilderung *f*; ***~γραφή καταζητουμένου*** Steckbrief *m*; **~γραφικός** beschreibend, darstellend; **~γράφω** (*ψ· φ(τ)· μμ*) beschreiben, darstellen, schildern; *μαθ.* um'schreiben
περίγυρ|α [-ji-] ringsherum; **~ος** Umwelt *f*; Umkreis *m*; Milieu *n*
περι|δέραιο Halskette *f*; **~διαβάζω**

Π

[-ðja-] umherschlendern, bummeln; **~διάβαση** (-*εις*) Spaziergang *m*, Rundgang *m*; **~δρομιάζω** [-'mja-] (*σ*) sich überessen
περίδρομο|ς: *έφαγε τον ~* er hat sich vollgefressen
περιε- *βλ. κ.* ***περι-***
περιείχ- *βλ.* ***περιέχω***
περιεκτικ|ός inhaltsreich; **~ότητα** Fassungsvermögen *n*, Umfang *m*; Gehalt *m* (***σε***/an *D*)
περι|εργάζομαι [-'γa-] (*στ· σμ*) prüfen, mustern; sich (*D*) *etw.* anschauen; **~έργεια** [-jia] Neugier(de) *f*; Wißbegierde *f*
περίεργος [-γɔs] neugierig; schaulustig; wißbegierig; merkwürdig, sonderbar
περι|εχόμενο [-x-] Inhalt *m*; **~έχω** (*ειχ*) enthalten
περιζήτητος gefragt, begehrt
περιζώνω (*σ· στ, θ·* [*σ*]*μ*) umgürten; umzingeln, einkreisen
περι|ήγηση (-*εις*) [-ji-] (Rund-)Reise *f*; Umherführen *n*; **~ηγητής** *K* Reisende(r), Tourist *m*; **~ηγούμαι** [-'γu-] (*ηθ*) *K v/t* bereisen
περ|ιθάλπω (*ψ*) pflegen, betreuen; **~ίθαλψη** (-*εις*) Pflege *f*, Betreuung *f*
περι|θώριο Rand *m*; *μτφ.* Spielraum *m*; *εμπ.* Gewinnspanne *f*, Preisspanne *f*, Marge *f κ. τυπ.*; **~κάλυμμα** *n* Hülle *f*; Decke *f*; **~καλύπτω** (*ψ· φτ· μμ*) einhüllen, bedecken; **~κεφαλαία** Helm *m*; **~κλεί(ν)ω** (*να -σω· περιέκλεισα· στ· σμ*) umschließen; enthalten
περι|κοπή Beschneidung *f*, Kürzung *f*; Auszug *m*; Abschnitt *m*; **~κόπτω** (*ψ· π· μμ*) beschneiden, kappen, stutzen; *μτφ.* beschneiden, kürzen; **~κυκλώνω** (*σ· θ*) einschließen, einkesseln, einkreisen, umkreisen; **~κύκλωση** (-*εις*) Einkreisung *f*
περι|λαίμιο Kragen *m*; Halskette *f*; **~λάλητος** berühmt, vielgenannt
περιλαμβάνω (*λαβ· ληφθ*) *v/t* (umfassen; *βιβλίο*: enthalten; mit *in e-e Liste* aufnehmen; *v/p* inbegriffen sein
περίλαμπρος glänzend, hervorragend
περ|ιληπτικός umfassend; zusammenfassend, gedrängt; Sammel-; **~ίληψη** (-*εις*) Zusammenfassung *f*, Übersicht *f*; Resümee *n*; ***εν ~ιλήψει*** in Kürze; **~ίλυπος** tiefbetrübt
περιμαζ|εύω [-'ɛvɔ] (*εψ· ευτ· εμ*), **~ώνω** einsammeln; *μτφ.* zügeln
περιμένω (*χωρίς Aor*) warten (*A*/auf *A*), erwarten
περίμετρος *f* Umkreis *m*; Umfang *m*
πέριξ *K* ringsherum; ***τα ~*** Umgebung *f*
περιοδ|εία Rundreise *f*; Tournee *f*; **~εύω** [-'ɛvɔ] (*ευσ, εψ*) *v/t* bereisen; *v/i* e-e Rundreise machen; **~ικός** periodisch; *Su n* Zeitschrift *f*; ***~ικό μόδας*** Modezeitschrift *f*
περίοδος *f* Periode *f κ. ιατρ.*; Zeitabschnitt *m*; Zeitraum *m*; *γραμμ.* Satzgefüge *n*, Periode *f*; ***βουλευτική ~*** Legislaturperiode *f*; ***δοκιμαστική ~*** Probezeit *f*; ***προτουριστική ~*** Vorsaison *f*; ***~ κακοκαιρίας*** Schlechtwetterperiode *f*; ***~ καλοκαιρίας*** Schönwetterperiode *f*
περίοικος umwohnend
περιορ|ίζω (*σ· στ· σμ*) begrenzen; beschränken; *έξοδα* einschränken; einsperren; *μτφ.* zügeln; **~ισμένος** [-zm-] begrenzt; beschränkt, borniert
περιορισμ|ός [-zm-] Begrenzung *f*; Beschränkung *f*, Einschränkung *f*; *στρ.* Arrest *m*; ***~ός εξόδων*** Kostendämpfung *f*; ***~ός κοινωνικών παροχών*** Sozialabbau *m*; ***~ός ταχύτητας*** Tempolimit *n*; ***~οί εισαγωγών*** *pl* Einfuhrbeschränkungen *f/pl*, Importbeschränkungen *f/pl*; ***τελωνειακοί ~οί*** *pl* Zollschranken *f/pl*
περιοριστικός [-st-] einschränkend
περιουσ|ία Vermögen *n*; Habe *f*; ***ακίνητη ~ία*** Grundbesitz *m*, Immobilienbesitz *m*; **~ιακός** Vermögens-
περιοχή [-'çi] Gebiet *n κ. μτφ.*, Bezirk *m*, Gegend *f*; ***αμπελουργική ~*** Weinbaugebiet *n*; ***βιομηχανική ~*** Industriegebiet *n*; ***ορεινή ~*** Hochland *n*; ***~ έκτακτης ανάγκης*** Notstandsgebiet *n*; ***~ ραδιοφωνικής ή τηλεοπτικής εμβέλειας*** Sendegebiet *n*
περι|παιχτικός spöttisch; **~πατητής** Spaziergänger *m*
περίπατο|ς Spaziergang *m*, Spazierfahrt *f*; ***κάνω ~*** spazierengehen
περι|πέτεια Abenteuer *n*, Erlebnis *n*; **~πετειώδης** 2 abenteuerlich; **~πλάνηση** (-*εις*) Umherirren *n*; **~πλανώ** (*άς· ησ· ηθ· ημ*) in die Irre führen; *v/p* umherirren; sich verirren, sich verlau-

fen; **~πλέκω** (*ξ· χτ· γμ*) (um)wickeln; *μτφ.* komplizieren, verzwickt *ή* verwickelt machen; *v/p* sich verwickeln; **~πλέω** (*ευσ*) umschiffen
περιπλοκάδα Schlingpflanze *f*
περιπλοκή Verwicklung *f*, Komplizierung *f*; Komplikation *f κ. μτφ.*
περ|ίπλοκος verwickelt, kompliziert; **~ίπλους** Umschiffung *f*
περι|πνευμονία [-εv-] Lungenentzündung *f*; **~πόθητος** sehr begehrt; **~ποίηση** (*-εις*) Pflege *f*; Betreuung *f*; *pl* Entgegenkommen *n*; **~ποιητικός** entgegenkommend; **~ποιούμαι** (*ηθ· ημ*) pflegen; gut behandeln; **~πολία** Streife *f*; Streifendienst *m*
περ|ίπολος *f* Streife *f*, Patrouille *f*; **~ιπολώ** (*χωρίς Aor*) patrouillieren
περίπου etwa, ungefähr
περίπτερο Kiosk *m*; Pavillon *m*
περίπτωση (*-εις*) Fall *m*; ***σε ~ (που)*** im Fall(e) (daß); ***σε καμιά ~*** auf keinen Fall; ***σε κάθε ~*** auf jeden Fall
περίσκεψη Vorsicht *f*, Umsicht *f*
περι|σκόπιο Periskop *n*; **~σπασμός** [-zm-] Ablenkung *f*, Abhaltung *f*; **~σπωμένη** *γραμμ.* Zirkumflex *m*
περ|ίσσε(υ)μα *n* Überschuß *m*; **~ισσευούμενος** [-εv-] übrig; überflüssig; **~ισσεύω** (*εψ*) (übrig)bleiben; überflüssig sein; mehr, größer, länger werden; **~ίσσιος** [-sjɔs] (***-α, -ο***), **~ισσός** reich, üppig; überflüssig; **~ισσότερο** *Adv* mehr; *χρον.* länger; **~ισσότερος** mehr; länger; ***οι ~ισσότεροι*** die meisten
περίσταση (*-εις*) Umstand *m*, Gelegenheit *f*; Fall *m*; *pl* Verhältnisse *n/pl*
περιστατικ|ό Vorfall *m*, Ereignis *n*; ***ελαφρυντικά ~ά*** *pl* mildernde Umstände *m/pl*
περιστέλλω (*ειλ· αλθ· σταλμ/περιέ-*) beschränken, einschränken, dämmen
περιστ|έρα, ~έρι Taube *f*; **~ερ(ι)ώνας** [-j-] Taubenschlag *m*
περι|στοιχίζω [-ç-] (*σ· στ· σμ*) umgeben, umringen; **~στολή** Einschränkung *f*; ***~στολή εξόδων*** Kostendämpfung *f*; **~στρέφω** (*ψ· αφ· αμμ*) *v/t* drehen, umdrehen, herumdrehen; *βλέμμα* schweifen lassen; **~στροφή** (Um-)Drehung *f*; Umlauf *m*; *μτφ. pl* Umschweife *pl*; **~στροφικός** Dreh-
περίστροφο Revolver *m*
περιστύλιο Säulengang *m*, Peristyl *n*
περι|συλλέγω [-γɔ] (*ξ· χτ· γμ/-συνέλε-*) aufsammeln, zusammensuchen; **~συλλογή** [-'ji] Aufsammeln *n*; *μτφ.* Konzentration *f*; **~σφίγγω** ([*γ*]*ξ· χτ· γμ*) einschnüren
περι|σώζω (*σ· θ*) retten, bewahren (***από***/vor *D*); **~τείχισμα** [-zma] *n* Ummauerung *f*; Ringmauer *f*; **~τομή** Beschneidung *f*
περιτριγυρίζω [-ji-] (*σ· στ· σμ*) *v/t* einzäunen; *μτφ.* (herum)scharwenzeln
περίτρομος angsterfüllt, zitternd
περιτροπ|ή: *εκ ~ής* abwechselnd
περιττεύω [-'εvɔ] (*ευσ*) sich erübrigen
περιττο|λογία [-'jia] Geschwätz *n*; **~λογώ** [-'γɔ] (*ησ*) schwatzen
περιττός überflüssig; unnötig, unnütz; *μαθ.* ungerade
περίττωμα *n* Stuhlgang *m*, *pl* Exkremente *n/pl*
περι|τύλιγμα [-γma] *n* Einwickeln *n*; Verpackung *f*; **~τυλίγω** (*ξ· χτ· γμ*) einwickeln; verpacken
περι|φέρεια Umfang *m*; *μαθ.* Kreislinie *f*; Peripherie *f*; Gebiet *n*, Region *f*; ***εκλογική ~φέρεια*** Wahlbezirk *m*, Wahlkreis *m*; **~φερειακός** Bezirks-, regional; ***~φερειακός (δρόμος)*** Ringstraße *f*; **~φερικός** Kreis-, Rund-, kreisförmig; **~φέρω** (II = I) umhertragen, umherführen; *v/p αστρ.* kreisen; sich herumtreiben
περίφημος berühmt; *πράγμα*: vortrefflich, prächtig; *Adv* wunderschön
περιφορά Umhertragen *n*; *θρ.* (Grablegungs-)Prozession *f*; *αστρ.* Umlauf *m*
περ|ιφράζω (*ξ· χτ· γμ*) umzäunen; **~ίφρακτος** (**-χτ-**) eingezäunt; **~ίφραξη** (*-εις*) Einzäunen *n*; Umzäunung *f*; **~ίφραση** (*-εις*) Umschreibung *f*, Periphrase *f*; **~ιφραστικός** umschreibend; *γραμμ.* zusammengesetzt
περιφρόνηση Mißachtung *f*; Verachtung *f*
περιφρονητικός verächtlich
περιφρονώ (*άς, είς· ησ· ηθ· ημ*) verachten; *νόμο* mißachten
περι|φρούρηση Beschützung *f*; **~φρουρώ** (*ησ· ηθ· ημ*) beschützen, wachen über *A*
περ|ιχύνω [-'çi-] (*σ· θ*) übergießen; **~ίχωρα** [-xɔ-] *n/pl* Umgebung *f*
περμανάντ [-t] (*0*) *f*, *n* Dauerwelle *f*

περνώ (*άς· ρασ· ραστ· ρασμ*) *v/t* *ποτάμι* überqueren, gehen über *A*; *σφαίρα*: durchbohren; durchfahren; hinüberbringen; führen (***από***/aus, von *D*); übertreffen (***κπ σε***/j-n in *D*, an *Größe κλπ.*); *εξετάσεις* bestehen; *διακοπές, χρόνο, ώρα* verbringen; *v/i* vorübergehen; durchkommen, durchfahren; vorbeikommen; *λεωφορείο*: verkehren; *χρόνος*: vergehen; *γνώμη*: Geltung haben; ~ ***για*** *N* gelten als; ***πώς τα περνάτε;*** wie geht es Ihnen?; ***ορίστε, περάστε!*** bitte treten Sie näher!; ~ ***καλά*** es gut haben; gut versorgt sein; sich amüsieren

περονιάζω (*σ· στ· σμ*) durchstechen; *μτφ.* durch Mark und Bein gehen

περούκα Perücke *f*

περπάτημα *n* Gehen *n*; Gang *m*

περπατ|ημένος *ειρων.* clever, gewieft; **~ώ** (*άς· ησ· ηθ· ημ*) (zu Fuß) gehen; spazieren(gehen); wandern

πέρ(υ)σι voriges Jahr

περ(υ)σινός vorjährig

περφορατέρ (*0*) *n* Locher *m*

πεσ- *βλ.* ***πέφτω***

πεσιμι|σμός [-zm-] Pessimismus *m*; **~στής** [-st-] (*f* ***-ίστρια***) Pessimist(in *f*) *m*; **~στικός** pessimistisch

πέσιμο (*-ματος*) Fallen *n*, Sturz *m*

πεσόντες *m/pl* Gefallene(n) *pl*

πέστροφα Forelle *f*

πέτα(γ)μα *n* Werfen *n*; Flug *m*; ***είναι για*** ~ es ist zum Wegwerfen

Π

πετάλι Pedal *n*

πέταλο Hufeisen *n*; Blumenblatt *n*

πεταλούδα Schmetterling *m*

πετ|αλώνω (*σ· θ*) beschlagen; **~αλωτής** Hufschmied *m*

πεταμένος weggeschmissen

πεταξ- *βλ.* ***πετώ***

πεταχτ|ός [-xt-] hervorstehend; flink; lustig; ***στα ~ά*** im Fluge, blitzschnell; **~ούλης** flinke(r) Junge

πετειν|άρι Hähnchen *n*; **~ός** Hahn *m* *κ. στο όπλο*

πετιέμαι [-'jε-] *βλ.* ***πετώ*** *v/p*

πετ(ι)μέζι gekochte(r) Most

πέτο Revers *n*, Jackenaufschlag *m*

πετονιά [-'nja] Angelschnur *f*

πέτρα Stein *m*

πετράδι Edelstein *m*

πετραχήλι *θρ.* Stola *f*; ***τάζω λαγούς με ~α*** goldene Berge versprechen

πετρελαιαγωγός [-γɔγ-] Pipeline *f*

πετρέλαιο Erdöl *n*; Petroleum *n*; ***ακάθαρτο, αργό*** ~ Rohöl *n*

πετρελαιο|κηλίδα Ölteppich *m*; **~κινητήρας** Dieselmotor *m*; **~μηχανή** [-xa-] Dieselmotor *m*; **~παραγωγή** [-γɔ'ji] Erdölgewinnung *f*; **~πηγή** [-'ji] Ölquelle *f*; **~ρύπανση** Ölpest *f*; **~φόρο** Tanker *m*; **~φόρος** erdölhaltig; Öl-

πετριά Steinwurf *m*; *μτφ.* Andeutung *f*

πέτρινος steinern, Stein-

πετρο|βόλημα *n* Steinigung *f*; **~βολώ** (*άς· ησ· ηθ· ημ*) mit Steinen bewerfen, steinigen; **~κάρβουνο** Steinkohle *f*

πετρώδης 2 steinig

πέτρωμα *n* Gestein *n*; Versteinerung *f*

πετρώνω (*σ· θ*) versteinern

πέτσα Haut *f*; (Brot-)Kruste *f*

πετσέτα Handtuch *n*; Serviette *f*

πετσί Leder *n*; Haut *f*; ~ ***και κόκαλο*** Haut und Knochen

πέτσινος ledern, Leder-

πετσοκόβω (*ψ· π, φτ· μμ*) zerstükkeln, zerhacken; niedermachen

πετυχ|αίνω [-ç-] (*πετυχ*) treffen, *βλ.* ***επιτυχαίνω***; **~ημένος** gelungen; erfolgreich; *Su* Macher *m*

πετ|ώ (*άς· αξ· αχτ· α[γ]μ*) *v/t* werfen, *οικ.* schmeißen; *παλιά πράγματα* wegwerfen; *αετό* steigen lassen; *v/i* fliegen; *σημαία*: flattern; *v/p* (*κ. -άγομαι*) eilen; laufen; dazwischenreden; ***~ιέμαι απάνω*** hochfahren, aufspringen

πεύκο(ς) ['pεf-] Fichte *f*; Pinie *f*

πέφτω (*πεσ· πεσμ*) (hin)fallen, stürzen; *μαλλιά*: ausfallen; *τοίχος*: einstürzen; *κουμπί*: abgehen; *κεραυνός*: einschlagen; *λαχείο*: zufallen; *αέρας*: abnehmen, nachlassen; *στον πόλεμο* fallen; ~ ***άρρωστος*** krank werden; ~ ***να κοιμηθώ*** sich schlafen legen

πέψη Verdauung *f*

πήγ- *βλ.* ***πηγαίνω***

πηγ|άδι Brunnen *m*; **~αδίσιος** (***-α, -ο***) Brunnen-; **~άζω** (*σ*) entspringen

πηγαιν|έλα [-jε-] (*0*) *n* Kommen und Gehen *n*, Hin- und Hergehen *n*; **~οέρχομαι** [-xɔ-] kommen und gehen

πηγαίνω [-'jε-] (*να πάω· πήγ· πηγεμέν*) *v/i* (weg)gehen, wegfahren; *χρήματα*: draufgehen (***σε, για***/für *A*); *υγεία*: sich entwickeln; *v/t* (hin)bringen; *j-n* führen; *ρούχα*: passen (***με***/zu

D); stehen (**σε**/*D*); **~ να βρω** aufsuchen; **πάω να** ich bin nahe daran, zu; **πάει** ist hin; ist vorbei; **πάνε τρία χρόνια που** es ist drei Jahre her, daß; **πάει η ώρα εφτά** es ist gleich sieben; **~ βόλτα** spazierengehen; **~ βόλτα με το αυτοκίνητο** spazierenfahren

πηγαίος [-'jε-] (**-α, -ο**) Quell-; *μτφ.* spontan

πηγεμός [pijε-] (Weg-)Gehen *n*

πηγή [pi'ji] Quelle *f κ. μτφ.*; **ιαματική ~** Heilquelle *f*

πηδάλιο Steuer(rad) *n*

πηδαλιούχος [-x-] Steuermann *m*

πήδημα *n* Springen *n*; Sprung *m*

πηδώ (*άς· ησ, ηξ· ηθ, ηχτ· ημ*) *v/i* springen (*κ. μτφ.* **από – σε**/von *D* – auf *A*); *v/t* überspringen; *σελίδα* überschlagen; *χυδ.* ficken

πήζω (*ξ· γμ*) *v/i* gerinnen; hart (fest) werden; *μτφ.* reifen

πηλήκιο (Uniform-)Mütze *f*

πηλίκο Quotient *m*

πήλινος irden, Ton-

πηλοπλαστική Töpferei *f*

πηλός Ton(erde *f*) *m*, Lehm *m*; Mörtel *m*

πήξ- *βλ.* **πήζω**

πήξη Gerinnen *n*; Gefrieren *n*

πήξιμο (*-ματος*) Hartwerden *n*; Gefrieren *n*

πήρ- *βλ.* **παίρνω**

πήχη ['piçi] Elle *f κ.* *μέτρο*; Latte *f*

πηχτ|ή [-xt-] Sülze *f*; Gelee *n*; **~ός** geronnen, dickflüssig; dicht

πήχτρα [-xt-] dicke Masse *f*; *adv* dick; dicht; **κόσμος ~** Gedränge *n*

πια [pja] *nicht* mehr; schon; endlich; *ενισχυτικά*: geradezu, direkt

πιανίστ|ας [pj-] Pianist *m*; **~ρια** Pianistin *f*

πιάνο [pj-] Klavier *n*; Piano *n*

πιάνω [pj-] (*σ· στ· σμ*) *v/t* fassen (**από**/an, bei *D*), packen, (er)greifen; anfassen; *οικ.* erwischen; *κλέφτη* ergreifen; festnehmen; *δωμάτιο* mieten; *θέση* besetzen; *αίσθημα*: überkommen; *κεφάλι*: wehtun *D*; *v/i* halten, haften; *πλοίο*: anlegen; sich durchsetzen; *σπόρος*: aufgehen; Wurzel fassen; *φαγητό*: anbrennen; *βροχή*: einsetzen; *v/p* sich (fest)halten (**από**/an *D*); in Streit geraten, sich anlegen (**με**/mit *D*); Muskelkater bekommen; steif werden; **~ φωτιά** Feuer fangen, in Brand geraten; **με πιάνει η θάλασσα** seekrank werden; **τι σ' έπιασε;** was ist in dich gefahren?

πιάσιμο [pj-] (*-ματος*) Fassen *n*, Ergreifen *n*; Griff *m*; Anfassen *n*; **~ των μυών** Muskelkater *m*

πιασμένος [pjazm-] besetzt; steif

πιατέλα [pj-] flache(r) Teller, Platte *f*

πιατικά [pj-] *n/pl* Geschirr *n*

πιάτο Teller *m*; Gericht *n*, Gang *m*

πιάτσα ['pjatsa] Marktplatz *m*; Börse *f*; **της ~ς** Volks-, Gauner- (*Sprache*); **~ για ταξί** Taxistand *m*

πιγκουίνος Pinguin *m*

πιγκ-πόγκ Tischtennis *n*

πιγούνι [-'γu-] Kinn *n*

πίδακας Springbrunnen *m*

πιέζω (*σ· στ· σμ*) drücken; (zusammen)pressen; *μτφ.* (be)drängen

πιες! [pjεs] trink! (*βλ.* **πίνω**)

πίεση (*-εις*) Druck *m*; Drücken *n*; **ατμοσφαιρική ~** Luftdruck *m*; **αρτηριακή ~** Blutdruck *m*; **υψηλή ~** Hochdruck *m*; **χαμηλή ~** Tiefdruck *m*; **~ στα λάστιχα** Reifendruck *m*

πιεστήριο Druckerpresse *f*; Kelter *f*

πιεστικός Druck-; eindringlich

πιέτα [pj-] Falte *f*

πιθαμή Spanne *f*

πιθανολογώ [-'γɔ] (*ησ· ηθ*) mutmaßen; *v/p unp.* es wird für wahrscheinlich gehalten

πιθαν|ός wahrscheinlich; **~ότητα** Wahrscheinlichkeit *f*, Möglichkeit *f*

πιθάρι Tongefäß *n*, Krug *m*

πίθηκος Affe *m*; **ανθρωποειδής ~** Menschenaffe *m*

πικάπ (*0*) *n* Plattenspieler *m*

πικ|άρισμα [-zma] *n* Ärgern *n*; **~άρω** (*αρισ*) ärgern; anstacheln

πίκρα Bitterkeit *f*; Trübsal *f*

πικρ|άδα *βλ.* **πίκρα**; **~αίνω** (*αν· αθ· αμ*) betrüben, traurig machen; *v/p* sich betrüben; verbittern; **~ία** *βλ.* **πίκρα**; **~ίζω** (*σ*) bitter werden *ή* schmecken

πικροδάφνη Oleander *m*

πικρ|ός bitter; **~ότητα** Bitterkeit *f*; **~ούτσικος** leicht bitter

πιλάφι Pilaw *m*, gekochte(r) Reis

πιλ|οτάρω (*αρισ*) steuern, fliegen; lotsen; **~οτίνα** Pilotin *f*; **~ότος** Pilot *m*; *ναυτ.* Lotse *m*; **δεύτερος ~ότος** Kopilot *m*

Π

πίνακας (Wand-)Tafel *f*; Gemälde *n*, Bild *n*; **~ ανακοινώσεων** schwarze(s) Brett; **~ περιεχομένων** Inhaltsverzeichnis *n*; **~ τιμών χρηματιστηρίου** (Börsen-)Notierungen *f/pl*
πινακίδα Schild *n*; **απαγορευτική ~ στάθμευσης** Halteverbotsschild *n*; **~ παρακαμπτηρίου** Umleitungsschild *n*; **~ σημάνσεως** Verkehrsschild *n*; **~ υποχρεωτικής στάσης** Stoppschild *n*
πινακοθήκη Gemäldesammlung *f*, Pinakothek *f*
πινέζα Heftzwecke *f*, Reißzwecke *f*
πιν|ελιά [-'lja] Pinselstrich *m*; **~έλο** Pinsel *m*
πίνω (*να πιω· ήπια· πιωθ· πιωμ*) *v/t* trinken; aufsaugen, einsaugen; **~ τσιγάρο** rauchen; *v/i* ein Trinker sein
πιο [pjɔ] *Adv* mehr; *Komp*: **~ ψηλός** höher; *Sup*: **ο ~ ψηλός** der höchste
πιόνι [pj-] Schachfigur *f*; *μτφ*. willenlos
πιοτό [pj-] Getränk *n*; Trinken *n*
πίπα Pfeife *f*
πιπ|εράτος gepfeffert *κ. μτφ.*; **~έρι** Pfeffer *m*
πιπερ|ιά [-'ja] Paprika *m*; **~ιέρα** [-'jɛ-] Pfefferstreuer *m*
πιπ|ίλα Schnuller *m*; **~ιλίζω** (*σ*) lutschen (*am Daumen*); auf die Nerven gehen *D*; **~ίλισμα** [-zma] *n* Lutschen *n*
πιρούνι Gabel *f*
πισίνα Schwimmbecken *n*
πισινός hinter-, Hinter-; *Su m* Hintern *m*; *Su f* (*-ή*) Hintertür *f*
πίσσα Teer *m*, Pech *n*; *adv* pechschwarz; stockfinster
πισσώνω (*σ*) teeren
πίστα Piste *f*; Tanzfläche *f*
πιστ|ευτός [-ɛ'ftɔs] glaubhaft; **~εύω** [-'ɛvɔ] (*εψ*) *v/t* glauben *D*; *v/i* glauben (**σε**/an *A*); *Su* (*0*) *n* Kredo *n*
πίστη (*-εις*) Glaube *m κ. θρ.*; *εμπ*. Kredit *m*; (**συζυγική**) **~** Treue *f*; **δίνω ~** Glauben schenken (**σε**/*D*)
πιστόλι Pistole *f*; **~ολιά** Pistolenschuß *m*
πιστο|ποίηση (*-εις*) Bescheinigung *f*; **~ποιητικό** Bescheinigung *f*, Schein *m*, Zeugnis *n*; **~ποιητικό βάφτισης** Taufschein *m*; **~ποιητικό γεννήσεως** Geburtsurkunde *f*; **~ποιητικό υγείας** Gesundheitszeugnis *n*; **~ποιώ** (*ησ· ηθ· ημ*) bescheinigen
πιστ|ός treu (**σε**/*D*); *θρ.* gläubig; *αντίγραφο*: richtig, genau; **~ώνω** (*σ· θ*) auf Kredit liefern; gutschreiben
πίστωση (*-εις*) Kredit *m*; Guthaben *n*; Gutschrift *f auf ein Konto*; **επί πιστώσει** auf Kredit
πιστωτ|ής Gläubiger *m*, Kreditor *m*; **~ικός** Kredit-
πίσω *Adv* (nach) hinten; zurück; wieder; *Adv* hinter-, Hinter-; *Präp* **~ από** hinter *A*, *D*; **δίνω ~** zurückgeben; **γυρίζω ~** zurückkehren; zurückgeben; **παίρνω ~** zurücknehmen; **πάει ~** *ρολόι*: geht nach
πισώπλατα in den Rücken
πίτα Blätterteigpastete *f* mit Käse (Fleisch, Gemüse); Fladenbrot *n*
πιτζάμ|α, ~ες *f/pl* Pyjama *m*
πίτουρο Kleie *f*
πιτσ|ιλιά [-'lja] Spritzer *m*; **~ιλίζω** (*σ· στ· σμ*) bespritzen; **~ίλισμα** [-zma] *n* Bespritzen *n*
πιτσιρίκος Steppke *m*, Knirps *m*
πιτυρίδα (Kopf-)Schuppen *f/pl*
πιω, πιωθ- [pj-] *βλ.* **πίνω**
πιωμένος [pj-] betrunken
πλά(γ)ι [-(j)i] Seite *f*; Hüfte *f*
πλάγια ['plaja] *Adv* seitlich; seitwärts; *μτφ*. [-jia] hinten herum, unlauter
πλαγιά [pla'ja] Abhang *m*
πλαγιάζω [-'ja-] (*σ· σμ*) *v/i* sich hinlegen, zu Bett gehen; *v/t* hinlegen
πλαγιαστός [-ja-] schräg
πλαγίαυλος [-'jiavl-] Querflöte *f*
πλα(γ)ινός Neben-
πλάγιος [-ji-] (**-α, -ο**) quer(laufend), schräg, schief; *δρόμος*: Neben-, Quer-; *πόρτα*: Seiten-; *μτφ*. unlauter
πλαγίως *βλ.* **πλάγια**
πλαδαρ|ός schlaff; **~ότητα** Schlaffheit *f*; Schwäche *f*
πλαζ (*0*) *f* Strand *m*
πλάθω (*σ· στ· σμ*) kneten, formen; bilden; erfinden, sich ausdenken
πλάι: *Präp* **~ σε** neben *A*, *D*
πλαίσιο Rahmen *m*; Fahrgestell *n*; **δανειοδοτικό ~** Kreditrahmen *m*
πλαισιώνω (*σ· θ*) (ein)rahmen
πλάκα Platte *f*; (Grab-)Stein *m*; **έχω ~** lustig sein; **κάνω ~ σε κπ** j-n aufziehen, necken
πλακάκι Fliese *f*; Kachel *f*; **τα κάνω ~α** etw. vertuschen
πλακίδιο *ηλεκτρον.* Chip *m*

πλακ|οστρώνω (*σ· θ*) pflastern; mit Fliesen auslegen; **~όστρωτος** gepflastert; mit Fliesen ausgelegt
πλακούντας Mutterkuchen *m*
πλάκωμα *n* Beklemmung *f*
πλακώνω drücken, pressen; beschweren; *οικ.* verdecken
πλαν|ερός betrügerisch; verführerisch; **~εύω** [-'evɔ] (*εψ· ευτ· εμ*) täuschen, betrügen; verführen
πλάνη[1] Irrtum *m*
πλάνη[2] (*εργαλείο*) Hobel *m*
πλανήτης Planet *m*
πλανίζω (*σ*) glatthobeln
πλανόδιος (**-α, -ο**) umherziehend, Straßen-
πλάνος (**-α, -ο**) verführerisch
πλάνταγμα [-ɣma] *n* Platzen *n*
πλαντάζω (*ξ· γμ*) *οικ.* platzen (***από***/vor *D*)
πλανώ (*άς· ησ· ηθ·ημ*) *v/t* irreführen; *v/p* (umher)schweifen; sich irren (***σε***/in *D*)
πλάσ- *βλ.* ***πλάθω***
πλασάρω (*αρ, αρισ*) an den Mann bringen, placieren
πλάση Schöpfung *f*; Schaffen *n*
πλασιέ [-'sjɛ] (*0*) *m* Vertreter *m*
πλάσιμο (*-ματος*) Schaffen *n*; Kneten *n*; Formung *f*, Gestaltung *f*
πλάσμα [-zma] *n* Geschöpf *n*, *βιολ.* Lebewesen *n*; *ιατρ.* Plasma *n*
πλασματικός phantastisch, fiktiv
πλάστης Schöpfer *m*; Teigrolle *f*
πλάστιγγα Waage *f*
πλαστικ|ή Bildhauerei *f*; **~ό** Kunststoff *m*, Plastik *n*; **~ός** Plastik-; plastisch; bildhaft; *σώμα*: wohlgeformt; **~ότητα** Plastizität *f*; schöne Form *f*
πλαστο|γραφία [-ɣr-] Fälschung *f*; **~γράφος** Fälscher *m*; **~γραφώ** (*ησ· ηθ· ημ*) (ver)fälschen
πλαστ|ός gefälscht, unecht; erdichtet; **~ότητα** Falschheit *f*, Unechtheit *f*; **~ουργός** [-'ɣɔs] Schöpfer *m*
πλατ|αγίζω [-'jiz-] (*σ*) *χείλια*: schmatzen; **~άγισμα** *n* Schmatzen *n*
πλαταίνω (*υν· υνθ· υμ*) *v/t* verbreitern; erweitern; *v/i* breiter werden
πλατάνι, πλάτανος Platane *f*
πλατεία Platz *m*; *θεατρ.* Parkett *n*
πλάτ|η Rücken *m*; Schulter(blatt *n*) *f*; ***κάνω ~ες σε κπ*** j-n decken
πλάτος *n* Breite *f* *κ. γεωγρ.*, Weite *f*
πλάτυνση (*-εις*) Erweiterung *f*
πλατυποδία Plattfüße *m/pl*
πλατ|ύς (**-ιά, -ύ**) breit; weit; *μτφ.* eingehend; **~ύσκαλο** Treppenabsatz *m*
πλατωνικός platonisch
πλέγμα [-ɣma] *n* Geflecht *n*; Netz *n*; *μτφ.* Komplex *m*
πλειο|δοσία Meistgebot *n*, Überbieten *n*; **~δότης** Meistbietende(r), Überbieter *m*; **~δοτώ** (*ησ*) (die anderen) überbieten
πλειο|νότητα Mehrheit *f*, Mehrzahl *f*; **~(νο)ψηφία** Majorität *f*, Stimmenmehrheit *f*; **~(νο)ψηφώ** (*ησ*) die Majorität haben *ή* erhalten
πλειστηριασμός [-zm-] Versteigerung *f*; ***αναγκαστικός ~*** Zwangsversteigerung *f*
πλείστ|ος: *ως επί το ~ον* meist(ens)
πλεκτ- *βλ. κ. πλεχτ-*
πλεκτάνη Schlinge *f*; Intrige *f*
πλεκτήριο Strickwarenwerkstatt *f*
πλέκω (*ξ· χτ· γμ*) flechten; stricken; *νταντέλα* häkeln, klöppeln; *χέρια* falten; *σχέδια* schmieden
πλεμόνι Lunge *f*
πλένω (*υν· υθ· υμ*) waschen; *πιάτα* abwaschen; *δόντια* putzen
πλέξιμο (*-ματος*) Flechten *n*; Stricken *n*; Strickzeug *n*
πλεξούδα Zopf *m*
πλέον: *επί ~* darüber hinaus, dazu noch
πλεονάζω (*σ*) reichlich vorhanden sein; überwiegen; überschüssig sein
πλεόνασμα [-zma] *n* Überschuß *m*; ***~ εμπορικού ισοζυγίου*** Handelsbilanzüberschuß *m*; ***~ εξαγωγών*** Exportüberschuß *m*; ***~ εξωτερικού εμπορίου*** Außenhandelsüberschuß *m*; ***~ ισοζυγίου πληρωμών*** Zahlungsbilanzüberschuß *m*
πλεονασμός [-zm-] Überfülle *f*; Überfluß *m*; *γραμμ.* Pleonasmus *m*
πλεονέκτ|ημα *n* Vorteil *m*; Vorzug *m*, Gabe *f*; **~ης** Habgierige(r)
πλεονεκτ|ικός vorteilhaft, habgierig; **~ώ** (*ησ*) im Vorteil sein, übertreffen
πλεονεξία Habgier *f*
πλεονεχτ- *βλ.* ***πλεονεκτ-***
πλεούμενο Wasserfahrzeug *n*
πλερ- *βλ.* ***πληρ-***
πλέριος (**-α, -ο**) vollständig
πλευρ|ά [-'vra] Seite *f*; Flanke *f*; *ανατ.* Rippe *f*; Abhang *m*; **~ικός** Seiten-

πλεύρισμα [-vriz-] *n* Annäherung *f*
πλευρ|ίτιδα Rippenfellentzündung *f*; **~ιτώνω** (*σ· θ*) *v/t* e-e starke Erkältung verursachen; *v/i*, *v/p* sich gehörig erkälten; **~ό** *βλ.* ***πλευρά***
πλεύσ- *βλ.* ***πλέω***
πλεχτ- *βλ.* ***πλέκω***
πλέχτης [-x-] (*f -τρα*) Stricker(in *f*) *m*
πλεχτ|ό [-'xtɔ] Gestrickte(s), *pl* Strickwaren *f/pl*; **~ός** gestrickt
πλέω (*ευσ*) *v/i* fahren, segeln; schwimmen (***σε***/auf *D*)
πληγ|ή [-'ji] Wunde *f*; *μτφ.* Plage *f*; **~ιάζω** (*σ· στ· σμ*) wund werden; sich wund reiben an *D*
πλήγμα [-ɣma] *n* Schlag *m*
πληγ|ωμένος [-ɣɔ-] verletzt; **~ώνω** (*σ· θ*) verwunden, verletzen *κ. μτφ.*
πληθαίνω (*υν*) (sich) vermehren
πλήθος *n* Menge *f*; Masse *f*
πληθυντικό|ς Plural *m*; ***μιλώ στον ~*** siezen (***σε***/*A*)
πληθυσμός [-zm-] Bevölkerung *f*; ***άμαχος ~*** Zivilbevölkerung *f*
πληθ|ώρα Überfülle *f*, Unzahl *f*; **~ωρικός** reichlich; überflüssig; *πρόσ.*: dick; **~ωρισμός** [-zm-] Inflation *f*; **~ωριστικός** Inflations-, inflationär
πληκτικός langweilig, eintönig
πλήκτρο Taste *f*; ***~ διαστήματος*** Leertaste *f*
πληκτρολόγιο [-jiɔ] Tastatur *f*
πλημμελειοδικείο *περ.* Amtsgericht *n*
πλημμέλημα *n* Vergehen *n*
πλημμ|ύρα Überschwemmung *f*; *μτφ.* Flut *f*; Fülle *f*; **~υρίζω** (*σ· στ· σμ*) *v/i* überschwemmt werden; *v/t* überschwemmen
πλην minus; ***~ τούτου*** *K* außerdem
πλήξη Langeweile *f*, Überdruß *m*
πληρεξ|ούσιο Vollmacht *f*; **~ουσιοδοτώ** (*ησ· ηθ· ημ*) bevollmächtigen; **~ούσιος** (**-α, -ο**) bevollmächtigt; *Su* Bevollmächtigte(r); Prokurist *m*; **~ουσιότητα** Bevollmächtigung *f*, Vollmacht *f*
πλήρης 2 voll (*G*/von *D*), voller *συνήθ.* *χωρίς Art* (*G*/*G*); vollständig
πληρότητα Vollständigkeit *f*
πληροφορ|ητής Informant *m*; **~ία** Nachricht *f*; Auskunft *f*; Information *f*; **~ική** Informatik *f*; **~ιοδότης** Informant *m*, Spitzel *m*; **~ώ** (*ησ· ηθ· ημ*) *v/t* benachrichtigen; informieren (***για***/über *A*); *j-m* mitteilen (***ότι***/daß); *v/p* erfahren; sich erkundigen (***για***/nach *D*)
πλήρωμα *n* Erfüllung *f*; *ναυτ.*, *αερ.* Mannschaft *f*, Besatzung *f*
πληρ|ωμή (Ein-)Zahlung *f*; Bezahlung *f*; Honorar *n*, Vergütung *f*; ***~ωμή με δόσεις*** Ratenzahlung *f*, Teilzahlung *f*; ***~ωμή τοις μετρητοίς*** Barzahlung *f*; **~ώνω** (*σ· θ*) (be)zahlen; einzahlen; ***~ωμένος*** bezahlt; bestochen
πλήρωση (*-εις*) Erfüllung *f*
πληρωτ|έος (**-α, -ο**) zu zahlen(d); **~ής** (*f* ***-ώτρια***) Zahler(in *f*) *m*
πλησ|ιάζω (*σ· στ*) *v/t* sich *j-m* nähern; mit *j-m* verkehren; *v/i* zusammenrücken; näher kommen, sich nähern; **~ίασμα** [-zma] *n* Nähern *n*; Annäherung *f*; **~ιέστερος** näher; der nächste
πλήττω (*ξ· ηγ· ηγμ*) sich langweilen
πληχτ- *βλ.* ***πληκτ-***
πλιάτσικο ['plja-] Beute *f*; Plünderung *f*
πλιατσικολογώ [-'ɣɔ] (*ησ*) plündern
πλιθάρι, πλίθος Ziegel(stein) *m*
πλι(ν)θ|όκτιστος aus Ziegeln gebaut; **~οποιία** Ziegelei *f*
πλιο [pljɔ] *βλ.* ***πιο***
πλισέ (*0*) *n*, **~ς** Plissee *n*
πλοηγός [-'ɣɔs] *K* Lotse *m*
πλοίαρχος [-xɔs] Kapitän *m*
πλοίο Schiff *n*; ***εμπορικό ~*** Handelsschiff *n*; ***πολεμικό ~*** Kriegsschiff *n*; ***φορτηγό ~*** Containerschiff *n*; ***~ γραμμής*** Linienschiff *n*
πλοιοκτήτης Schiffseigner *m*
πλοκάμι, πλόκαμος Haarflechte *f*; *χταπόδι*: Fangarm *m*
πλοκή Verflechtung *f*; *μτφ.* Aufbau *m*; Handlung *f*
πλους Fahrt *f* (*auf See*)
πλουσιοπάροχος [-xɔs] reichlich
πλούσιος (**-α, -ο**) reich (***σε***/an *D*); reichlich; wohlhabend; vermögend
πλουταίνω (*υν*) *βλ.* ***πλουτίζω***
πλούτη *n/pl* Reichtum *m*
πλουτίζω (*σ*) *v/t* reich machen; bereichern *συνήθ. μτφ.*; *v/i* reich werden
πλουτισμός Bereicherung *f*
πλούτος Reichtum *m*; Vermögen *n*; ***δασικός ~*** Waldbestand *m*; ***ορυκτός ~*** Bodenschätze *m/pl*
πλουτοφόρος (**-α, -ο**) einträglich; Einnahme-(*Quelle*)

πλυθ-, πλύν- *βλ.* ***πλένω***
πλυντήριο Waschmaschine *f*; *pl* Wäscherei *f*; ~ ***αυτοεξυπηρέτησης*** *συνήθ. pl* Waschsalon *m*; ~ ***αυτοκινήτων*** (Auto-)Waschanlage *f*; ~ ***πιάτων*** Geschirrspüler *m*
πλύση (*-εις*) Wäsche *f*
πλύσιμο (*-ματος*) (Ab-)Waschen *n*
πλυσταριό [-'jɔ] Waschküche *f*
πλύστρα Waschfrau *f*, Wäscherin *f*
πλώρη Bug *m*; ***βάζω*** ~ *οικ.* zusteuern
πλωτός *ποτάμι*: schiffbar; Schwimm-
πνεύμα ['pnεv-] *n* Geist *m*; Sinn *m*; Stimmung *f*; *γραμμ.* Spiritus *m*; ***επιχειρηματικό*** ~ Unternehmungsgeist *m*; ~ ***της εποχής*** Zeitgeist *m*
πνευματ|ικός [pnεv-] geistig; *Su* Beichtvater *m*; **~ιστικός** spiritistisch; **~ώδης** 2 geistreich
πνεύμονας [-'εv-] *συνήθ. pl* Lunge *f*
πνευμον|ία [pnεv-] Lungenentzündung *f*; **~ικός** Lungen-
πνεύσ- *βλ.* ***πνέω***
πνευστός *μουσ.* Blas-
πνέω (*ευσ*) wehen, blasen; ~ ***τα λοίσθια*** in den letzten Zügen liegen
πνιγ|ερός, ~ηρός [-j-] drückend, erstickend, schwül
πνιγμός Ersticken *n*; Ertrinken *n*; Erwürgen *n*; Ertränken *n*
πνίγ|ω [-γɔ] (*ξ· γ· γμ*) *v/t* erwürgen; ertränken; ersticken; *v/p* ersticken; ertrinken; ***~ομαι στα χρέη*** tief in Schulden stecken
πνικτικός (**-χτ-**) *βλ.* ***πνιγερός***
πνίξιμο (*-ματος*) *βλ.* ***πνιγμός***
πνοή Hauch *m*, Luftzug *m*; Atem(zug) *m*; *μτφ.* Inspiration *f*
ποδ|άρι Fuß *m*; Bein *n*; **~αρικό** Fuß *m*; *μτφ.* ***καλό ~αρικό*** *περ.* Glück *n*; **~αρίλα** Fußgeruch *m*
ποδηλάτης (*f* ***-τισσα***) Radfahrer(in *f*) *m*
ποδηλατ|ικός Radfahr-, Rad-; **~ιστής** *βλ.* ***ποδηλάτης***
ποδήλατο Fahrrad *n*, Rad *n*
ποδηλατοδρομία Radrennen *n*
πόδι Fuß *m*; Bein *n*; ***με τα ~α*** zu Fuß; ***στο*** ~ auf den Beinen; im Stehen; ***το βάζω στα ~α*** davonrennen
ποδιά [-j-] Schürze *f*; Rockschoß *m*
ποδοβολητό Getrampel *n*
ποδόγυρος [-ji-] Saum *m*; *μτφ. die* holde Weiblichkeit
ποδοκίνητος mit Fußantrieb, Tret-
ποδόλουτρο Fußbad *n*
ποδοπατώ (*άς· ησ· ηθ· ημ*) treten; zertrampeln; (auf)stampfen
ποδοσφαιρι|κός Fußball-; **~στής** Fußball(spiel)er *m*
ποδόσφαιρο Fußball *m*
ποδόφρενο (Fuß-)Bremse *f*
πόζα Pose *f*
ποζάρω (*ρισ*) Modell stehen; sich wichtig machen
ποθητός begehrt; wünschenswert
πόθος Sehnsucht *f*; Verlangen *n*
ποθώ (*ησ*) ersehnen, sehnlich wünschen, begehren
ποίη|μα *n* Gedicht *n*; **~ση** (*-εις*) Dichtung *f*, Dichtkunst *f*, Poesie *f*
ποιητ|ής Dichter *m*, Poet *m*; *θρ.* Schöpfer *m*; **~ική** Dichtkunst *f*; **~ικός** dichterisch, poetisch
-ποιία -fabrikation *f*, -herstellung *f*
ποικ|ιλία Mannigfaltigkeit *f*; *εμπ.* Auswahl *f*; Abart *f*, Sorte *f*; Abwechslung *f*; **~ίλλω** (*ιλ· ιλθ· ιλμ*) *v/t* abwechseln; *v/i* schwanken, variieren
ποικιλόμορφος verschiedenartig
ποικίλος verschiedenartig; bunt
ποικιλόχρωμος mehrfarbig, bunt
ποίμνιο Herde *f*; *θρ.* Gemeinde *f*
ποιν|ή Strafe *f*; ***θανατική ~ή*** Todesstrafe *f*; **~ικολόγος** [-γɔs] Strafrechtler *m*; **~ικός** strafrechtlich, Straf-, Kriminal-
ποιόν *K* Beschaffenheit *f*; Moral *f*
ποιος [pjɔs] (**-α, -ο**) wer; *adj* welcher, welche, welches
-ποιός -hersteller *m*, -macher *m*
ποιότητα Qualität *f*, Güte *f*
ποιοτικός qualitativ
πολεμικ|ή Kriegskunst *f*; Polemik *f*; **~ός** Kriegs-; kriegerisch; polemisch
πολεμιστής Krieger *m*, Kämpfer *m*
πολεμίστρ|α Schießscharte *f*; **~ια** Kämpferin *f*
πόλεμος Krieg *m*; Kampf *m*
πολεμο|φόδια *n/pl* Kriegsmaterial *n*; Munition *f*; **~χαρής** [-xa-] 2 kriegslustig
πολεμώ (*άς· ησ*) *v/t* bekämpfen, kämpfen gegen *A*; *v/i* kämpfen; *μτφ.* sich bemühen (**να**/zu)
πολεοδομία Städtebau *m*
πόλη (*-εις*) Stadt *f*; ♀ Konstantinopel *n*
πολικός Polar-

πολιομυελίτιδα Kinderlähmung *f*
πολιορκητ|ής Belagerer *m*; **~ικός** Belagerungs-
πολιορκ|ία Belagerung *f*; ***κατάσταση ~ίας*** Belagerungszustand *m*; **~ώ** (*ησ*) belagern
πολιούχος [-xɔs] Schutzheilige(r)
πόλις (*-εις*) *f K βλ.* ***πόλη***
πολιτεία Staat *m*; Staatsverfassung *f*; Stadt *f*; Lebensführung *f*
πολίτευμα [-εv-] *n* Regierungsform *f*; Verfassung *f*, Grundgesetz *n*
πολιτ|εύομαι [-'εvɔ-] (*ευτ*) sich politisch betätigen; **~ευόμενος** [-ε'vɔ-], **~ευτής** [-εft-] Politiker *m*
πολίτης (Staats-)Bürger *m*; Zivilist *m*
πολιτικάντης (*-ηδες*) Biertischpolitiker *m*
πολιτική Politik *f*; ***αναπτυξιακή ~*** Entwicklungspolitik *f*; ***γεωργική ~*** Agrarpolitik *f*; ***εξωτερική ~*** Außenpolitik *f*; ***κοινωνική ~*** Gesellschaftspolitik *f*; **μεταρρυθμιστική ~** Reformpolitik *f*; ***οικονομική ~*** Wirtschaftspolitik *f*; ***υγειονομική ~*** Gesundheitspolitik *f*; **~ ειρήνης** Friedenspolitik *f*; ***~ σταθερότητας*** Stabilitätspolitik *f*
πολιτικ|ολογία [-j-] Biertischpolitik *f*; **~ολογώ** [-'ɣɔ] (*ησ*) politisieren; **~ός** politisch; zivil(rechtlich), Zivil-; *Su* Politiker *m*
πολιτισμ|ένος [-zm-] kultiviert, zivilisiert; **~ός** Kultur *f*, Zivilisation *f*
πολίτισσα (Staats-)Bürgerin *f*
πολιτιστικός kulturell
πολιτο|γράφηση (*-εις*) [-ɣr-] Einbürgerung *f*; **~γραφώ** (*ησ· ηθ· ημ*) einbürgern; *v/p* eingebürgert werden; sich etablieren; **~φυλακή** Miliz *f*
πολίχνη [-xni] Städtchen *n*
πολλ- *βλ.* ***πολύς***
πολλαπλασ|ιάζω (*σ· στ· σμ*) vervielfachen; *μαθ.* multiplizieren; **~ιασμός** [-zm-] Multiplikation *f*
πολλα|πλάσιος (***-α, -ο***) vielfach; *Su n* Vielfache(s); **~πλός** mehrfach
πολλοστημόριο Bruchteil *m*
πόλος Pol *m*; ***βόρειος ~*** Nordpol *m*; ***νότιος ~*** Südpol *m*
πολτ|οποιώ (*ησ· ηθ· ημ*) zerquetschen; *τυπ.* einstampfen; **~ός** Brei *m*
πολύ sehr; viel; *χρον.* lange; ***πάρα ~*** sehr, vielmals; (all)zu; ***το ~ (- ~)*** höchstens; ***για ~*** (auf) lange (Zeit hinaus); ***πάει ~*** das geht zu weit; ***~ περισσότερο*** viel mehr
πολυ|άνθρωπος volkreich, stark bevölkert; belebt; **~άριθμος** zahlreich; **~άσχολος** [-sxɔ-] vielbeschäftigt
πολυβόλο Maschinengewehr *n*
πολυγαμία [-ɣa-] Vielweiberei *f*
πολύγλωσσος [-ɣl-] vielsprachig
πολ|υγράφηση (*-εις*) [-ɣr-] Vervielfältigung *f*; **~υγράφος** Vielschreiber *m*; **~ύγραφος** Vervielfältigungsapparat *m*; **~υγραφώ** [-ɣr-] (*ησ· ηθ· ημ*) vervielfältigen, hektographieren
πολ|υδάπανος verschwenderisch; kostspielig; **~ύεδρο** Polyeder *n*; **~υεθνικός** multinational; **~υεκατομμυριούχος** [-xɔs] Multimillionär *m*; **~υέλαιος** Lüster *m*, Kronleuchter *m*; **~υέξοδος** *βλ.* ***πολυδάπανος***
πολ|ύζυγο [-ɣɔ] Sprossenwand *f*; **~υθεΐα** Polytheismus *m*; **~υθόρυβος** laut, lärmend
πολυθρόνα Sessel *m*
πολυ|θρύλητος sagenhaft; vielgerühmt; **~καιρία** Alter *n*
πολυ|κατάστημα *n* Kaufhaus *n*, Warenhaus *n*; **~κατοικία** Etagenhaus *n*, Mehrfamilienhaus *n*; **~κλινική** Poliklinik *f*; **~κομματικός** Mehrparteien-
πολ|υκοσμία [-zm-] Menschenandrang *m*; **~ύκροτος** aufsehenerregend, sensationell; **~υκύμαντος** sehr bewegt *κ. μτφ.*; **~υκύτταρος** mehrzellig; **~υλογάς** [-'ɣas] (***-ού, -άδικο***) geschwätzig, schwatzhaft; **~υλογία** [-'jia] Geschwätzigkeit *f*; **~υλογώ** [-'ɣɔ] (*ησ*) (*συνήθ.* ***τα ~υλογώ***) weitschweifig werden, sich weiter auslassen
πολυ|μάθεια Gelehrsamkeit *f*; **~μαθής** 2 gelehrt; belesen; **~μελής** 2 vielköpfig; **~μέρεια** Vielseitigkeit *f*; **~μερής** 2 vielseitig; multilateral; *χημ.* polymer; **~μήχανος** [-xa-] erfinderisch; **~μορφία** Vielgestaltigkeit *f*
πολύ|μορφος vielgestaltig, vielförmig; **~ξερος** vielwissend; erfahren; **~παθος** schwergeprüft, leidgeprüft
πολ|ύπειρος sehr erfahren; **~ύπλευρος** [-εv-] vielseitig; *μτφ.* vielschichtig; **~ύπλοκος** verwickelt, kompliziert; **~ύποδας** *ζωολ., ιατρ.* Polyp *m*
πολυ|πραγμοσύνη Geschäftigkeit *f*; **~ρυπαντικός** schadstoffreich

πολ|ύς (*-λού, -ύ· f -λή, -λής, -λή· n -ύ, -λού, -ύ· pl -λοί, -λές, -λά*) viel; *χρον.*, *δρόμος*: lang; *απόσταση*: groß; *πυρετός*: hoch; ***οι ~λοί*** die Menge, die Masse; ***προ ~λού*** seit langem
πολ|υσέλιδος *βιβλίο*: dick; **~υσήμαντος** vieldeutig; höchst bedeutend; **~ύστηλος** mehrspaltig; **~υσύλλαβος** mehrsilbig; **~υσύνθετος** mehrfach zusammengesetzt; kompliziert
πολυτάραχος [-xɔs] sehr bewegt
πολύτεκνος kinderreich
πολυ|τέλεια Luxus *m*; Pracht *f*; **~τελής** 2 luxuriös; prachtvoll, Pracht-; **~τεχνείο** [-xn-] technische Hochschule *f*; **~τεχνικός** polytechnisch; **~τεχνίτης** Allerweltskünstler *m*
πολύ|τιμος kostbar, Edel- (*Stein*); unschätzbar; **~τομος** mehrbändig
πολυ|φαγία [-'jia] Gefräßigkeit *f*; **~φασικός** *ηλ.* Mehrphasen-
πολ|υφωνία Vielstimmigkeit *f*; Mehrstimmigkeit *f*; **~ύφωνος** vielstimmig; **~ύφωτο** Kronleuchter *m*
πολυχρονίζω (*σ*) *v/t* ein langes Leben wünschen *D*
πολ|ύχρονος langjährig; langlebig; **~υχρωμία** [-xr-] Vielfarbigkeit *f*; **~ύχρωμος** bunt, vielfarbig
πολυ|ψήφιος (***-α, -ο***) mehrstellig, vielstellig; **~ώνυμος** mit vielen Namen; *Su n μαθ.* Polynom *n*
πολύωρος mehrstündig, lang
πολυώροφος mehrstöckig
πόλωση (*-εις*) *φυσ.* Polarisation *f*; *μτφ.* Polarisierung *f*
πόμολο Türklinke *f*, Drücker *m*
πομπή Prozession *f*, (Triumph-)Zug *m*; Schande *f*, Schandfleck *m*
πομπός Sender *m*
πομπώδης pompös, prunkvoll
πονεμένος leidend; niedergeschlagen
πονεσ- *βλ.* ***πονώ***
πονετικός mitleidsvoll
πονηρ|εύω [-'εvɔ] (*εψ· ευτ· εμ*) *v/t* schlau machen; argwöhnisch machen; *v/p* Verdacht schöpfen; **~ιά** [-'ja] Schlauheit *f*, List *f*, Pfiffigkeit *f*; **~όμουτρο** Schlauberger *m*; **~ός** schlau, listig, pfiffig, raffiniert
πονόδοντος Zahnschmerzen *m/pl*
πονο|κεφαλιάζω [-'lja-] (*σ*) sich (*D*) den Kopf zerbrechen; **~κέφαλος** Kopfschmerzen *m/pl*
πονόλαιμος Halsschmerzen *m/pl*, Schluckbeschwerden *f/pl*
πόνος Schmerz *m*; Leid *n*; Mitgefühl *n*
πονόψυχος [-xɔs] mitfühlend
ποντίκι Maus *f κ. ηλεκτρον.*; Muskel *m*
ποντικοπαγίδα [-'ji-] Mausefalle *f*
ποντικ|ός Ratte *f*; **~ότρυπα** Mauseloch *n*; **~οφαγωμένος** [-γɔ-] von Mäusen *ή* Ratten zerfressen; **~οφάρμακο** Rattengift *n*
πόντος Zentimeter *m*; *αθλ.* Punkt *m*; (Lauf-)Masche *f*
πονώ (*άς· εσ· εμ*) *v/t* weh tun *D*, schmerzen *A κ. μτφ.*; Mitleid haben mit *D*; *v/i* Schmerzen haben, leiden
πορδή Blähung *f*, *οικ.* Furz *m*
πορ|εία (Fuß-)Marsch *m*; Verlauf *m der Krankheit*; Gang *m*; *αστρ.* Lauf *m*; Kurs *m*; ***υποχρεωτική κυκλική ~εία*** Kreisverkehr *m*; **~εύομαι** [-'εvɔ-] (*ευτ*) marschieren, gehen, wandern
πορθητής Eroberer *m*
πορθμ|είο Furt *f*; Fähre *f*; *pl* Fährgeld *n*; **~ός** Meerenge *f*, Sund *m*
πορίζω (*σ· στ*) *v/t j-m zu etw.* verhelfen; *v/p* sich durchschlagen
πόρισμα [-zma] *n* Schlußfolgerung *f*; Ergebnis *n*; Folgesatz *m*
πορν|εία Prostitution *f*; **~είο** Bordell *n*
πόρνη Prostituierte *f*, Dirne *f*
πορνο|γραφία [-γr-] Pornographie *f*; **~γραφικός** pornographisch
πόρος Furt *f*; Passage *f*; *βιολ.* Pore *f*; *συνήθ. pl* Mittel *n/pl*
πορσελάνη Porzellan *n*
πόρτα Tür *f*; Pforte *f*
πορτατίφ (*0*) *n* Leselampe *f*
πορτιέρης [-'jε-] (*-ηδες*) Pförtner *m*
πορτ-μπαγκάζ [-ag-] (*0*) *n* Kofferraum *m*
πορτο|καλάδα Orangenlimonade *f*; ***φυσική ~καλάδα*** Orangensaft *m*; **~καλής** (***-ιά, -ί***) orange (*Farbe*); **~κάλι** Apfelsine *f*, Orange *f*; **~καλιά** [-'lja] Apfelsinen- *ή* Orangenbaum *m*
πορτο|φολάς (*-άδες*) Taschendieb *m*; **~φόλι** Brieftasche *f*; Portemonnaie *n*
πορτρέτο Portrait *n*
πορφ|ύρα Purpur *m*; Purpurschnecke *f*; **~υρός** purpurrot
πορώδης 2 porös
πόσθη Vorhaut *f*
πόσιμος trinkbar; Trink-

ποσό Menge *f*; Betrag *m*; ***ασφαλισθέν ~*** Versicherungssumme *f*; ***αφορολόγητο ~*** Steuerfreibetrag *m*; ***αφορολόγητο ~ τέκνων*** Kinderfreibetrag *m*; ***κατώτατο ~ φορολογίας*** Eingangssteuersatz *m*; ***~ δανεισμού*** Darlehenssumme *f*

πόσ|ος wieviel; wie groß; wie hoch; wie weit; **~ο** wie (sehr) *με ρήμα*; **~ο;** wie teuer?; ***κάθε ~ο*** wie oft

ποσοστό Prozentsatz *m*; Gewinnbeteiligung *f*, Tantieme *f*; ***~ ακρίβειας*** Teuerungsrate *f*; ***~ πληθωρισμού*** Inflationsrate *f*; *pl* (-*ά*) Prozente *n*/*pl*

ποσ|ότητα Quantität *f*; Menge *f*; **~οτικός** Mengen-, quantitativ *κ. χημ.*

πόστ|α *ιστ.* Post *f*; Bummelzug *m*; ***βάζω ~α*** die Leviten lesen *D*; **~ο** Posten *m*, Stelle *f*

ποστρεστάν(τ) [(-t)] postlagernd

ποτάμι Fluß *m*; *adv* in Strömen

ποταμ|όπλοιο Flußdampfer *m*; **~ός** Fluß *m*, Strom *m*

ποτάσα Pottasche *f*

πότε wann; ***από ~*** seit wann; ***κάθε ~*** wie oft; ***ως ~*** bis wann; **~ - ~** dann und wann, ab und zu

ποτέ(ς) je(mals)?; nie(mals)

ποτ|ήρι Glas *n*; **~ίζω** (*σ· στ· σμ*) *v*/*t* tränken, zu trinken geben *D*; *λουλούδια* begießen; *v*/*i* naß werden

πότισμα *n* Tränken *n*; Begießen *n*

ποτιστ|ήρι Gießkanne *f*; **~ικός** Bewässerungs-

Π

ποτ|ίστρα Tränke *f*; **~ό** Getränk *n*; Drink *m*; ***στιγμιαίο ~ό*** Instantgetränk *n*

που *Relativ-Pron* der, die, das; welche(r), welches; wo; *Ko* daß; weil; wie ...!; ***έτσι ~*** so daß

πού wo?; wohin?; ***από ~*** woher; ***για ~*** wohin; ***~ και ~*** hin und wieder; ***από ~ κι ως ~*** wieso denn, inwiefern

πουγκί Geldbeutel *m*

πούδρα Puder *m* (*βλ. κ.* ***πουντρ-***)

πουθενά nirgends, nirgendwo(hin); irgendwo(hin)?

που|καμίσα Nachthemd *n*; Bluse *f*; **~κάμισο** Hemd *n*

πουλ|άδα Poularde *f*; **~άκι** Küken *n*, Vögelchen *n*; **~άρι** Fohlen *n*; **~ερικό** *συνήθ. pl* Geflügel *n*, Federvieh *n*

πούλη|μα *n*, **~ση** (*-εις*) Verkauf *m*

πουλητής Verkäufer *m*

πούλι Spielstein *m*; Flitter *m*

πουλί Vogel *m*; Hühnchen *n*

πούλμαν (*0*) *n* Reisebus *m*

πουλόβερ (*0*) *n* Pullover *m*

πουλώ (*άς· ησ· ηθ· ημ*) verkaufen

πούντα Brustfellentzündung *f*

πουντιάζω [-'ja-] (*σ· σμ*) sich erkälten; Brustfellentzündung bekommen

πούντρα ['pudra] Puder *m*

πουντράρω pudern; *v*/*p* sich pudern

πουπουλένιος [-njɔs] (**-α, -ο**) flaumig; Daunen- (*Decke*)

πούπουλο Daune *f*, Flaumfeder *f*

πουράκι Zigarillo *m*

πουρές Püree *n*

πουρί Sinter *m*; Kalkstein *m*; Zahnstein *m*; Kesselstein *m*

πουρμπουάρ [-rb-] (*0*) *n* Trinkgeld *n*

πουρνάρι Stecheiche *f*, Ilex *m*

πούρο Zigarre *f*

πούστ|ης passive(r) Schwule(r), Schwuchtel *f*; **~ικος** schwul

πουτάνα Hure *f*, Nutte *f*

πουτίγκα Pudding *m*

πούτσος *χυδ.* Schwanz *m*

πρά(γ)μα [-(ɣ)ma] *n* Sache *f*, Ding *n*; Angelegenheit *f*; Ware *f*, Stoff *m*; *pl* Lage *f*, Zustand *m*; *pl* Gepäck *n*

πραγματεία [-ɣma-] Abhandlung *f*

πραγματεύομαι [-ɣma'tɛvɔ-] (*ευτ*) behandeln, sich befassen mit

πράγματι [-ɣ-] tatsächlich, in der Tat

πραγματικ|ός [-ɣm-] wirklich, real, tatsächlich; wahr; **~ότητα** Wirklichkeit *f*, Realität *f*

πραγματισ|μός [-zm-] Realismus *m*; **~τής** [-st-] Realist *m*

πραγματο|γνώμονας [-ɣn-] Sachverständige(r); **~ποίηση** (*-εις*) Realisierung *f*, Verwirklichung *f*; Erfüllung *f*; **~ποιήσιμος** durchführbar; erfüllbar; **~ποιώ** (*ησ· ηθ· ημ*) realisieren, verwirklichen, durchführen; *υπόσχεση* erfüllen

πραγματώνω *βλ.* ***πραγματοποιώ***

πρακτ|ική Praxis *f*; Übung *f*; **~ικό** Protokoll *n*; *pl* Protokoll *n*, Bericht *m*; **~ικά** *pl* ***συνεδρίασης*** Sitzungsprotokoll *n*; **~ικός** praktisch; zweckdienlich; *Su* Heilpraktiker *m*

πράκτορας Vertreter *m*; Agent *m*; ***ασφαλιστικός ~*** Versicherungsagent *m*

πρακτορείο Agentur *f*; Vertretung *f*;

Vermittlung *f*; Büro *n*; **~ *ταξιδιών*** Reisebüro *n*
πραμ(μ)- *βλ.* ***πραγμ-***
πράξη (*-εις*) Handlung *f*, Tat *f*; *εμπ.* Abschluß *m*, Geschäft *n*; Praxis *f*; *γεν.*, *θεατρ.* Akt *m*; *μαθ.* Rechnungsart *f*; **αξιόποινη ~** Straftat *f*
πραξικ|όπημα *n* Staatsstreich *m*, Putsch *m*; **~οπηματίας** Putschist *m*; **~οπηματικός** Putsch-
πράος (*κ. f*) sanft, mild
πραότητα Sanftheit *f*, Milde *f*
πρασ|ιά [-'sja] Beet *n*; unbebaute(r) Gebäudezwischenraum; **~ινάδα** Grün *n*; Rasen *m*; **~ινίζω** (*σ· σμ*) grün färben; *v/i* grün werden
πράσινος grün; unreif; *Su n* Grün *n*
πρασινωπός grünlich
πράσο Porree *m*
πρατ|ήριο Verkaufsstelle *f*; ***~ήριο βενζίνης*** Tankstelle *f*; **~ηριούχος** [-xɔs] Tankwart *m*
πράττω (*ξ· χτ· γμ*) tun; handeln
πραχτ- *βλ.* ***πρακτ-***
πρέζα Prise *f*; *λαϊκό* Koks *m*; Heroin *n*
πρεζάκιας [-ķas] Süchtige(r), *λαϊκό* Junkie *m*
πρεμιέρα [-'mjɛ-] Premiere *f*, Uraufführung *f*
πρέπει es ist nötig, müssen; sollen; sich schicken; **~ *να φύγω*** ich muß gehen; **~ *να έφτασε*** er muß angekommen sein; ***καθώς* ~** wie es sich gehört
πρέσα (Hochdruck-)Presse *f*
πρεσάρω (*αρ, αρισ*) pressen
πρεσβ|εία [-zv-] Botschaft *f*; Gesandtschaft *f*; Abordnung *f*, Delegation *f*; **~ευτής** [-ɛft-] Botschafter *m*; Gesandte(r); **~εύω** [-'ɛvɔ] (*ευσ*) *v/t* sich bekennen zu *D*; glauben
πρέσβυς (*-εως*) *βλ.* ***πρεσβευτής***
πρεσβ|ύτερος älter-; *Su* verheiratete(r) Pfarrer; ***~υτέρα*** *Su* Pfarrfrau *f*
πρεσβυωπ|ία [-zv-] Weitsichtigkeit *f*; **~ικός** weitsichtig
πρέφα Preference *f*; ***παίρνω* ~ *κτ*** *οικ.* von etw. Wind bekommen
πρήζω (*ξ· στ· σμ*) ärgern; langweilen; *v/p* (an)schwellen
πρήξιμο (*-ματος*) Schwellung *f*
πρησμένος [prizm-] geschwollen
πρίγκιπας Prinz *m*; Fürst *m*
πριγκιπικός fürstlich
πριγκίπισσα Prinzessin *f*; Fürstin *f*
πρίζα Steckdose *f*, Steckkontakt *m*
πριμ (*0*) *n* Bonus *m*, Prämie *f*
πριμοδοτώ (*σ· θ*) mit einer Prämie belohnen
πρίμος günstig(er Wind *m*)
πριν *Adv* vorher, zuvor; **~ *από*** vor *D*; *Ko* **~ (*να*)** *με St II* bevor, ehe; ***από τα* ~** von vornherein; im voraus
πριόνι Säge *f*
πριον|ίδια [-ðja] *n/pl* Sägespäne *m/pl*; **~ίζω** (*σ· στ· σμ*) (zer)sägen
πριόνισμα [-zma] *n* Sägen *n*
πριονιστήριο Sägewerk *n*
πριονωτός gezahnt, gezackt
προ *K Präp G* vor *D*; **~ *ολίγου*** vor kurzem; **~ *πολλού*** vor langer Zeit, seit langem; **~ *Χριστού*** vor Christus
προ- *Präfix*, *συχνά*: vor-, voran-, voraus-, vorher-, vorwärts-
προ|αγγελία Voranmeldung *f*, (Vor-)Ankündigung *f*; **~άγγελος** Vorbote *m*
προ|άγω [-ɣɔ] (*γαγ· χθ· ηγμ/προή-*) vorantreiben; *υπάλληλο* befördern; *μαθητή* versetzen; **~αγωγή** [-ɣɔ'ji] Förderung *f*; Beförderung *f*; Versetzung *f*; **~αγωγός** [-ɣɔɣ-] Kuppler *m*
προ|αίρεση (*-εις*) Belieben *n*, Gutdünken *n*; Vorsatz *m*; **~αιρετικός** freiwillig; **~αισθάνομαι** (*ανθ*) (voraus)ahnen; **~αίσθημα** *n*, **~αίσθηση** (*-εις*) Vorgefühl *n*, Ahnung *f*; **~αιώνιος (*-α*, *-ο*)** ewig, uralt; **~ακτέος (*-α*, *-ο*)** zu befördern(d)
προάλλες: ***τις* ~** neulich
προαναγγ|ελία Vorankündigung *f*, Voranzeige *f*; **~έλλω** (*είλ· ελθ· ελμ*) vorankündigen
προαν|ακρίνω (II = I· *θ*) e-e Voruntersuchung einleiten; **~άκριση** (*-εις*) Voruntersuchung *f*; **~άκρουσμα** [-kruz-] *n* Ouvertüre *f*, Vorspiel *n*
προαποφασίζω (*σ· στ· σμ*) (vorher) beschließen; vorherbestimmen
προ|ασπίζω (*σ· στ· σμ*) verteidigen; **~άστιο** Vorort *m*
προαύλιο [-'avl-] Vorhof *m*; (Schul-)Hof *m*
πρόβα Probe *f*; *ρούχα*: Anprobe *f*; Versuch *m*
προ|βάδισμα [-zma] *n* Vorrang *m*; ***έχω το ~βάδισμα*** führend sein; **~βαίνω** (*να -βώ· έβ*) übergehen (***σε***/zu *D*); **~βάλλω** (*βαλ· βληθ*) *v/t* vorschieben; *φιλμ* vorführen; *αντιρρή-*

Π

σεις vorbringen; *v/i* erscheinen, sich zeigen
προβάρω (*αρ, αρισ*) anprobieren
πρόβατο Schaf *n*
προβατοτροφία Schafzucht *f*
πρόβειος [-vjɔs] (**-*α*, -*ο***) Schaf-
προβιά [-'vja] Schaffell *n*
προβιβ|άζω (*σ· στ· σμ*) befördern; *μαθητή* versetzen; **~ασμός** [-zm-] Beförderung *f*; Versetzung *f*
προβλεπτικ|ός (**-φτ-**) umsichtig, vorausschauend; **~ότητα** Vorsorglichkeit *f*
προ|βλέπω (*ψ, κ. -είδα· φτ*) vorhersehen; *e-n Fall* vorsehen; Vorsorge treffen (für); ***~βλεπόμενος*** vorgesehen
πρόβλεψη (*-εις*) Voraussicht *f*; Vorsorge *f*; ~ ***καιρού*** Wettervorhersage *f*
πρόβλημα *n* Problem *n*, Frage *f*; Aufgabe *f*; ~ ***ναρκωτικών*** Drogenproblem *n*
προβληματικός fraglich, problematisch; *παιδί*: schwererziehbar
προβολ|έας Scheinwerfer *m*; Projektor *m*; ***~έας ομίχλης*** Nebelscheinwerfer *m*; **~ή** Projektion *f*; (Film-)Vorführung *f*
προβοσκίδα Rüssel *m*
προ|γαμιαίος [-γa-] (**-*α*, -*ο***) vorehelich; **~γενέστερος** [-jɛ-] früher, vorangegangen
πρόγευμα [-jɛv-] *n* Frühstück *n*
προγευματίζω [-jɛv-] (*σ*) frühstücken
πρόγκα Hänselei *f*
προγκίζω (*ξ*) *v/t* antreiben; hänseln
πρόγνωση (*-εις*) [-γnɔsi] Prognose *f*, Vorhersage *f*
προγνωστικά [-γn-] *n/pl*: ~ ***ποδοσφαίρου*** Fußballtoto *n*
προ|γονή [-γɔ-] Stieftochter *f*; **~γόνι** Stiefkind *n*; **~γονικός** altererbt, angestammt; **~γονός** Stiefsohn *m*
πρόγονος [-γɔ-] Vorfahr(e) *m*, Ahn(e) *m*
πρόγραμμα [-γr-] *n* Programm *n*; Grundsatz *m*; ***μορφωτικό*** ~ Kulturprogramm *n*; ~ ***διδασκαλίας*** Lehrplan *m*; ~ ***επενδύσεων*** Investitionsprogramm *n*; ~ ***μαθημάτων*** Stundenplan *m*
προγραμματίζω (*σ· στ· σμ*) programmieren
προ|γραμματικός [-γ-] richtungweisend, programmatisch; **~γραμματιστής** (*f* ***-τίστρια***) Planer(in *f*) *m*; Programmierer(in *f*) *m*; **~γραφή** Verfolgung *f*, *ιστ.* Proskription *f*; **~γυμνάζω** [-ji-] (*σ· στ· σμ*) auf e-e Prüfung vorbereiten; privat unterrichten; **~γύμναση** (*-εις*) Repetitorium *n*; Nachhilfeunterricht *m*; **~γυμναστής** Repetitor *m*; Privatlehrer *m*
προ|διαγραφή [-γr-] Norm *f*, Vorschrift *f*; **~διαγράφω** (*ψ· φτ· μμ*) genau festlegen, entwerfen; **~διάθεση** (*-εις*) Veranlagung *f*, Anlage *f*; **~διαθέτω** (*σ· τεθ*) gewinnen (***για***/für *A*); *j-n* ... stimmen; **~διατεθειμένος** (vor)eingenommen; empfänglich
προ|δίδω (*δωσ· δοθ· δομ*) verraten; offenbaren; **~δικάζω** (*σ· στ· σμ*) *v/t* vorher (*ή* vorschnell) urteilen über *A*
προδοσία Verrat *m*; ***έσχατη*** ~ Hochverrat *m*
προ|δότης (*f* ***-τρα*** *κ.* ***-τισσα***) Verräter(in *f*) *m*; **~δοτικός** verräterisch
πρόδρομος Vorläufer *m*
προέβ- *βλ.* ***προβαίνω***
προ|εδρείο Vorstand *m*, Präsidium *n*; **~εδρεύω** [-'ɛvɔ] (*ευσ*) (*G*) den Vorsitz (*G*) haben; **~εδρία** Vorsitz *m*, Präsidium *n*; **~εδρικός** Präsidial-
πρόεδρος Präsident *m*, Vorsitzende(r); ~ ***της κυβερνήσεως*** Ministerpräsident *m*
προειδο|ποίηση (*-εις*) Warnung *f*; **~ποιώ** (*ησ· ηθ· ημ*) vorher benachrichtigen (***για***/von *D*); warnen
προείπ- *βλ.* ***προλέγω***
προ|εκλογικός [-ji-] (Vor-)Wahl-; **~έκταση** (*-εις*) Verlängerung *f*; Ansatzstück *n*; **~εκτείνω** (II = I· *ταθ· τεταμ*/*προεξέτ-*) verlängern; **~εκτίμηση** (*-εις*) Voranschlag *m*; **~έλαση** (*-εις*) Vormarsch *m*; **~ελαύνω** [-'av-] (*λασ*) vorrücken; **~έλευση** (*-εις*) [-ɛfsi] Herkunft *f*; Ursprung *m*
προ|εξέχω [-xɔ] (*χωρίς Aor*) vorspringen, hervorragen; **~εξόφληση** (*-εις*) Diskont *m*; Vorauszahlung *f*; **~εξοφλώ** (*ησ· ηθ· ημ*) *μισθό* bevorschussen; vorfristig zahlen; *επιταγή* diskontieren; *μτφ.* vorwegnehmen; **~εξοχή** [-'çi] Vorsprung *m*; Erker *m*
προ|εόρτια *n/pl* Vorfeier *f*, Vorabend *m*; **~εργασία** [-γa-] Vorarbeit *f*; **~έρχομαι** [-xɔ-] (*να -έλθω· -ήλθα*)

herkommen, abstammen, herrühren; **~εστός** Gemeindevorsteher *m*; **~ετοιμάζω** (*σ· στ· σμ*) vorbereiten; **~ετοιμασία** Vorbereitung *f*; **~έχω** [-xɔ] hervortreten, hervorstehen; den Vorrang haben
πρόζα Prosa *f*
προζύμι Hefe *f*; Sauerteig *m*
προηγ(αγ)- *βλ.* ***προάγω***
προηγμένος [-ɣm-] fortgeschritten
προηγ|ούμαι [-'ɣu-] (*ηθ· ηγμ*) vorgehen, vorangehen (*G*/*D*); **~ούμενος** vorig; vorangehend, vorhergehend; *Su n* Präzedenzfall *m*; *n*/*pl* Zwistigkeit *f*; **~ουμένως** *Adv* vorher, zuvor
προηχθ- *βλ.* ***προάγω***
προθάλαμος Vorzimmer *n*, Wartezimmer *n*
πρό|θεμα *n* Präfix *n*, Vorsilbe *f*; **~θεση** (*-εις*) Absicht *f*; Vorhaben *n*; *γραμμ.* Präposition *f*
προθεσμία [-zm-] Termin *m*; Frist *f*; **~ *καταγγελίας*** Kündigungsfrist *f*; **~ *παραγραφής*** Verjährungsfrist *f*; **~ *παραδόσεως*** Lieferfrist *f*
προ|θήκη Schaufenster *n*; **~θυμία** Bereitwilligkeit *f*; **~θυμοποιούμαι** (*ηθ*) sich erbieten, (eifrig) bestrebt sein
πρόθυμος bereit(willig)
πρόθυρο Haustür *f*; Vorplatz *m*
προίκα Mitgift *f*, Aussteuer *f*
προϊόν (*-όντος*) Erzeugnis *n*, Produkt *n*; Erlös *m*; *μτφ.* Frucht *f*; ***ακαθάριστο εθνικό* ~** Bruttosozialprodukt *n*; ***εθνικό* ~** Sozialprodukt *n*; ***ημικατεργασμένο* ~** Halbfabrikat *n*; ***τελικό* ~** Endprodukt *n*; **~ *ποιότητας*** Markenerzeugnis *n*
προϊσταμένη Vorgesetzte *f*, Chefin *f*
προϊστάμενος Chef *m*, Leiter *m*, Vorgesetzte(r); **~ *εξωτερικών υπηρεσιών*** Außendienstleiter *m*; **~ *ηχοληψίας*** Aufnahmeleiter *m*; **~ *πωλήσεων*** Verkaufsleiter *m*; **~ *υποκαταστήματος*** Zweigstellenleiter *m*
προ|ϊστορία Vorgeschichte *f*; **~ϊστορικός** prähistorisch, vorgeschichtlich
πρόκα Nagel *m*, Zwecke *f*
προκαλώ (*εσ· κληθ*) herausfordern (***σε***/zu *D*); hervorrufen, provozieren
προκατα|βάλλω (*βαλ· βληθ*) im voraus bezahlen; **~βολή** Vorschuß *m*; Vorausbezahlung *f*; ***~βολή φόρου*** Steuervorauszahlung *f*; **~βολικός** Voraus-, im voraus erfolgt; *Adv* im voraus; **~κλυσμιαίος** [-zm-] (***-α, -ο***) vorsintflutlich; **~λαμβάνω** (*λαβ· ληφθ*) *v*/*t* vorwegnehmen
προκατ|άληψη (*-εις*) Vorurteil *n*; **~αρκτικός** Elementar-; vorbereitend, Vor-; *Su n*/*pl* Präliminarien *pl*
προκατέ- *βλ.* ***προκατα-***
προκατειλημμένος voreingenommen
προ|κάτοχος [-xɔs] (*κ. f*) Vorgänger(in *f*) *m*; **~κείμενος** vorliegend
πρόκειται (*Impf επρόκειτο*) es geht, es handelt sich (***για***/um *A*); werden, sollen, in Aussicht stehen (***να***/daß)
προ|κήρυξη (*-εις*) Aufruf *m*; Proklamation *f*; Ausschreibung *f*; **~κηρύσσω** (*κ. -ττω· ξ· χτ· γμ*) ausrufen, öffentlich bekanntmachen; *θέση* ausschreiben
προκληθ- *βλ.* ***προκαλώ***
πρόκληση (*-εις*) Herausforderung *f*; Provokation *f*; Verursachung *f*
προ|κλητικός provokativ; **~κόβω** (*ψ· μμ*) vorankommen, Fortschritte machen; *φυτό*: gedeihen; **~κοίλι** Bauch *m*, Wanst *m*; **~κομμένος** arbeitsam; geschickt; *ειρων. Su* Nichtsnutz *m*; **~κοπή** Vorankommen *n*, Gedeihen *n*
προκριματικός Ausscheidungs-
πρόκριση (*-εις*) *αθλ.* Ausscheidung *f*, Qualifikation *f*
προκυμαία Kai *m*, Mole *f*
προκύπτω (*ψ*/*προέ-*) *unp.* sich ergeben, resultieren
προ|λαβαίνω (*λαβ*) *v*/*t* einholen; *τρένο* erreichen; es schaffen, dazu kommen (***να***/zu); **~λεγόμενα** [-'ɣɔ-] *n*/*pl* Einleitung *f*, Vorwort *n*; **~λέγω** [-ɣɔ] (*ειπ· λεχθ*) *v*/*t* voraussagen
προλετ|αριάτο Proletariat *n*; **~άριος** Proletarier *m*
προληπτικός vorbeugend, Vorsorge-; abergläubisch; *Adv* vorsorglich
πρόληψη (*-εις*) Verhütung *f*, Vorbeugung *f*; Aberglaube *m*; **~ *ατυχημάτων*** Unfallverhütung *f*
πρόλογος [-ɣɔs] Vorwort *n*
προμάμμη Urgroßmutter *f*
προμαντεύω [-'ɛvɔ] (*εψ*) voraussagen
πρόμαχος Vorkämpfer *m*
προμαχώνας [-'xɔ-] Bollwerk *n*
προμελ|έτη Entwurf *m*; Planung *f*; *νομ.* Vorsatz *m*; ***εκ ~έτης*** vorsätzlich;

Π

~ετώ (*άς· ησ· ηθ· ημ*) vorher überlegen, planen; ***~ετημένος*** geplant

προμετωπίδα Titelseite *f*, Titelblatt *n*

προμήθεια Beschaffung *f*; Vorrat *m*, Provision *f*, Vermittlungsgebühr *f*

προμηθ|ευτής [-ɛft-] Lieferant *m*; **~εύω** [-'ɛvɔ] (*εψ· ευτ*) beschaffen, besorgen; *εμπ.* liefern

προ|μήνυμα *n* Vorzeichen *n*, Vorbote *m*; Vorahnung *f*; **~μηνύω** deuten auf *A*, versprechen; ankündigen

προνοητικ|ός vorsorglich; **~ότητα** Vorsorglichkeit *f*

πρόνοια Fürsorge *f*; Vorsorge *f*; Umsicht *f*; ***κοινωνική ~*** Sozialfürsorge *f*

προ|νομιακός privilegiert; **~νόμιο** Vorrecht *n*, Privileg *n*; **~νομιούχος** [-xɔs] (***-α, -ο***) privilegiert, bevorzugt

προνοώ (*ησ*) sorgen (***για***/für *A*)

προξεν|είο Konsulat *n*; **~εύω** [-'ɛvɔ] (*εψ· ευτ· εμ*) vermitteln, beschaffen; **~ητής** (Ehe-)Vermittler *m*; **~ήτρ(ι)α** (Ehe-)Vermittlerin *f*; **~ιά** [-'nja] (Ehe-)Vermittlung *f*; **~ικός** Konsular-

πρόξενος Konsul *m*; Urheber *m*

προξενώ (*ησ· ηθ*) verursachen; *ζημιά* zufügen; *έκπληξη* bereiten

προοδευτικ|ός [-ɛft-] fortschrittlich, progressiv; **~ότητα** Fortschrittlichkeit *f*

προοδεύω [-'ɛvɔ] (*εψ· ευμ*) Fortschritte machen, gedeihen

πρόοδος *f* Fortschritt *m*; Prosperität *f*

προοίμιο Einleitung *f*; Vorbote *m*

προοπτικ|ή Perspektive *f*; Zukunftsaussicht *f*, Chance *f*; **~ός** perspektivisch

προορ|ίζω (*σ· στ· σμ*) bestimmen, ausersehen; **~ισμός** [-zm-] Bestimmung *f*; Reiseziel *n*; Berufung *f*, Los *n*

προπαγ|άνδα [-'ɣa-] Propaganda *f*, Werbung *f*; **~ανδίζω** (*σ*) *v/t* propagieren, werben für *A*; **~ανδιστικός** Propaganda-, Werbe-

προπαίδεια Einmaleins *n*

προ|παντός, ~πάντων vor allem; **~πάππος** Urgroßvater *m*; Urahn *m*

προπαρα|λήγουσα [-ɣu-] drittletzte Silbe *f*; **~σκευάζω** [-'va-] (*σ· στ· σμ*) vorbereiten; **~σκευαστικός** Vorbereitungs-, Einführungs-; **~σκευή** [-'vi] Vorbereitung *f*; Einführung *f*

προ|πάτορας Vorvater *m*, Ahn(e) *m*; **~πατορικός** Ahnen-, Erb-

προπέλα Propeller *m*; Schiffsschraube *f*

προπερασμένος [-zm-] vorletzt-

πρόπερσι, προπέρυσι vorletztes Jahr

προ|πέτασμα [-zma] *n μτφ.* Vorhang *m*; **~πίνω** e-n Trinkspruch *auf j-n* ausbringen

πρόπλασμα [-zma] *n* Modell *n*

προ|πληρωμή Vorauszahlung *f*; Vorkasse *f*; **~πληρώνω** (*σ· θ*) vorauszahlen

προπό (*0*) (Fußball-)Toto *n*

πρόποδες *m/pl* Fuß *m e-s Berges*

προπολεμικός Vorkriegs-

προπομπός Vortrupp *m*; Spitze *f*

προ|πόνηση (*-εις*) Training *n*; **~πονητής** Trainer *m*; **~πονώ** (*άς, είς· ησ· ηθ· ημ*) trainieren; **~πορεύομαι** [-'ɛvɔ-] (*ευτ*) (als Spitze) vorangehen, vorausmarschieren

πρόποση (*-εις*) Trinkspruch *m*

προ|πύλαια *n/pl* Propyläen *pl*; **~πύργιο** [-jiɔ] Bollwerk *n*; **~πώληση** (*-εις*) Vorverkauf *m*; ***~πώληση εισιτηρίων*** Kartenvorverkauf *m*; **~πωλώ** (*ησ· ηθ· ημ*) vorher verkaufen

προς *Präp A*: zu *D*, nach *D*, in Richtung auf *A*; zum Preis von *D*; gegen *A*; an *A*; für *A*; ***~ βορρά(ν)*** nach Norden; ***~ τα δεξιά μου*** rechts von mir; ***~ τον κύριο ...*** (an) Herrn ...; ***~ 30 δρχ. το μέτρο*** zu(m Preis von) 30 Drachmen der Meter; ***~ το παρόν*** zur Zeit; ***~ το βράδυ*** gegen Abend; ***βήμα ~ βήμα*** Schritt für Schritt; *Präp G*: ***~ Θεού!*** bei Gott; ***ως ~*** *A* was ... (*A*) anbetrifft

προσ- *Präfix, συχνά*: an-, (hin)zu-, nach-

προσαγ|όρευση (*-εις*) [-'ɣɔrɛfsi] Begrüßung *f*; Ansprache *f*; Anrede *f*; **~ορεύω** [-'ɛvɔ] (*ευσ*) begrüßen

προσ|άγω [-ɣɔ] (*γαγ/ήγαγ-· αχθ/ήχθ-*) vorlegen; liefern; *μάρτυρες* stellen; vorführen; **~αγωγή** [-ɣɔ'ji] Vorlage *f*; Stellung *f von Zeugen*; Vorführung *f*; **~άναμμα** *n* Anbrennholz *n*

προσανατολ|ίζω (*σ· στ· σμ*) orientieren; **~ισμός** [-zm-] Orientierung *f*; ***επαγγελματικός ~ισμός*** Berufsorientierung *f*

προσ|αρμογή [-'ji] Anbringung *f*; Anpassung *f* (***σε***/an *A*); *βιολ., ιατρ.* Adaptation *f*; **~αρμόζω** (*σ· στ· σμ*) anbringen (**σε**/an, auf *D*); anpassen; *v/p* sich anpassen; sich abfinden (**με**/mit *D*); **~αρμοστικός** anpassungsfähig; **~αρμοστικότητα** Anpassungsfähigkeit *f*; **~άρτηση** (*-εις*) Anfügung *f*; Annexion *f*, Einverleibung *f*; Anschluß *m* (**σε**/an *A*); **~αρτώ** (*άς· ησ· ηθ· ημ*) anfügen, beifügen; *χώρα* annektieren, einverleiben

προσ|αυξάνω [-af-] (*ξησ· ξηθ· ξημ*) erhöhen; **~αύξηση** (*-εις*) [-'af-] Erhöhung *f*; Zulage *f*; **~βάλλω** [-'zvalɔ] (*βαλ· βληθ· βλημ*) angreifen *κ. ιατρ.*; beleidigen; *νομ.* anfechten; *v/p* betroffen werden; befallen werden

πρόσβαση (*-εις*) ['prɔz-] Zugang *m*

προσβεβλημένος [prɔz-] beleidigt

προσ|βλητικός beleidigend; **~βολή** Angriff *m*; *ιατρ.* Anfall *m*; Zumutung *f*; Beleidigung *f*; *νομ.* Anfechtung *f*

προσ|γειώνω [-zji-] (*σ· θ*) *v/t*, *v/p* landen; *μτφ.* die Wirklichkeit sehen; **~γείωση** (*-εις*) [-'ji-] Landung *f*; ***αναγκαστική ~γείωση*** Notlandung *f*; ***ενδιάμεση ~γείωση*** Zwischenlandung *f*; **~δένω** [-z'ðɛ-] (*σ· θ*) anbinden; *ζώνη* anschnallen; **~δίδω** [-z'ði-] (*δω· σ· δοθ*) verleihen, geben

προσδιορ|ίζω [-zðiɔr-] (*σ· στ· σμ*) bestimmen; festsetzen; **~ισμός** [-zm-] Bestimmung *f*; Festsetzung *f*; Determination *f*; **~ιστικός** bestimmend

προσδοκία [-zð-] Erwartung *f*

προσδοκώ [-zð-] (*άς· χωρίς Aor*) erwarten, hoffen auf *A*

προσ|εγγίζω (*σ*) *v/t* näherbringen; nahekommen *D*; *v/i* sich nähern; **~έγγιση** (*-εις*) Näherbringen *n*; Nahen *n*; Zufahrt *f*; Annäherung *f*; ***κατά ~έγγιση*** annähernd; **~εκτικός** aufmerksam, umsichtig; vorsichtig; behutsam, sorgfältig; **~έλευση** (*-εις*) [-ɛfsi] Ankunft *f*; **~ελκύω** (*υσ· υστ*) *etw.* auf sich ziehen; anziehen; heranziehen

προσ|έρχομαι [-xɔ-] (*να -έλθω· -ήλθα*) (**σε**) kommen (zu *D*); erscheinen (vor *D*); **~εταιρίζομαι** (*στ*) *προσ.* heranziehen, für sich gewinnen

προσ|ευχή [-ɛf'çi] Gebet *n*; **~εύχομαι** [-'ɛfxɔ-] (*χηθ*) beten; **~εχής** [-'çis] 2 kommend, nächst-; **~έχω** [-xɔ] (*ξ*) achten (*A*/auf *A*), beachten; *παιδιά* hüten, aufpassen auf *A*; *v/i* aufpassen, sich vorsehen; aufmerksam sein; sich schonen; **~εχώς** [-'xɔs] demnächst

προσήγ(αγ)- *βλ.* ***προσάγω***

προσηλυτ|ίζω (*σ· στ· σμ*) bekehren; **~ισμός** Bekehrung *f*

προσηλ|ωμένος ergeben (**σε**/*D*); vertieft; **~ώνω** (*σ· θ*) fest richten auf *A*, konzentrieren, anspannen

προσήλωση angespannte Aufmerksamkeit *f*; Hingabe *f* (an *A*)

προσήχθ- *βλ.* ***προσάγω***

προσθαλ|ασσώνομαι (*ηθ*) wassern; **~άσσωση** (*-εις*) Wasserlandung *f*

προσθαφαίρεση (*-εις*) Addition und Subtraktion *f*

πρόσθεση (*-εις*) Hinzusetzen *n*, Hinzufügung *f*; Addition *f*

προσθετέος (**-α, -ο**) hinzuzufügen(d); *Su* Summand *m*

πρόσθετος zusätzlich, Mehr-

προσ|θέτω (*σ· τεθ· θεμ, K τεθειμ*) hinzufügen, hinzusetzen (**σε**/zu *D*); addieren; zusammenzählen; *v/p* (*-τίθεμαι*) hinzukommen (**σε**/zu *D*); **~θήκη** Zusatz *m*; Anhang *m*; Beilage *f*

πρόσθιος (**-α, -ο**) Vorder-

προσιτός zugänglich *κ. μτφ.*; *τιμή*: erschwinglich

πρόσκαιρος vorläufig, zeitweilig

προσ|καλεσμένος [-zm-] (ein)geladen; **~καλώ** (*εσ· κληθ· εσμ*) (ein)laden; **~κεκλημένος** *K* (ein)geladen; **~κεφάλι, ~κέφαλο** Kopfkissen *n*

προσκήνιο Vordergrund *m*; *θεατρ.* Vorbühne *f*

πρόσκληση (*-εις*) Aufforderung *f*; Einladung *f*; Freikarte *f*; *στρ.* Einberufung *f*

προσ|κλητήριο Einladung(sschreiben *n*) *f*; *στρ.* Appell *m*; **~κόλληση** (*-εις*) Anleimen *n*; Anschluß *m*; **~κολλώ** (*άς· ησ· ηθ· ημ*) anleimen, ankleben; abkommandieren (zu *D*); *v/p* sich *j-m* aufdrängen; **~κομίζω** (*σ· στ· σμ*) vorlegen, beibringen

πρόσκομμα *n* Hindernis *n*

πρόσκοπος Pfadfinder *m*

προσκόπτω (*ψ*) stoßen (**σε**/auf *A*)

πρόσκρουση (*-εις*) Aufprall *m*

προσ|κρούω (*σ· στ/προσέ-*) stoßen (**σε**/an *A*, *μτφ.* auf *A*); prallen (gegen *A*); **~κύνημα** *n* Anbetung *f*; Wallfahrtsort *m*; **~κύνηση** (*-εις*) Anbetung *f*, Verehrung *f*; **~κυνητής** Pilger *m*; **~κυνώ** (*άς· ησ· ημ*) *v/t* anbeten;

Π

μτφ. sich unterwerfen *D*; **~κυρώνω** (*σ· θ*) bestätigen; *νομ*. zuerkennen
προσλαμβάνω [-zl-] (*λαβ· ληφθ/ προσέ-*) *προσ*. einstellen, engagieren; annehmen
πρόσληψη (*-εις*) [-zl-] Einstellung *f*, Anstellung *f*; Annahme *f*
πρόσμειξη (*-εις*) [-zm-] Beimischung *f*, Zusatz *m*
προσμένω [-zm-] (*μειν*) abwarten; erwarten
πρόσοδος *f* Ertrag *m*; Einkommen *n*; Einnahme *f*
προσοδοφόρος (**-α, -ο**) einträglich
προσόν (*-όντος*) Gabe *f*; *pl* Fähigkeiten *f/pl*, Qualifikation *f*
προσοχή [-'çi] Aufmerksamkeit *f*; Achtung *f*; Vorsicht *f*; Rücksicht *f*; ***με* ~** vorsichtig
πρόσοψη (*-εις*) Fassade *f*
προσόψι Handtuch *n*
προσπ|άθεια Bemühung *f*, Anstrengung *f*; **~αθώ** (*ησ*) sich bemühen, sich anstrengen
προσ|πέλαση (*-εις*) Annäherung *f*; Zufahrt *f*; *μτφ*. Zugang *m*; **~περνώ** (*άς· ρασ*) überholen; *μτφ*. überflügeln; **~ποίηση** Verstellung *f*, Heuchelei *f*; Schein *m*; **~ποιητός** geheuchelt; verstellt; **~ποιούμαι** (*ηθ*) spielen, simulieren; so tun (***ότι***/als ob)
προσταγή [-'ji] Verordnung *f*; Befehl *m*; Kommando *n*
πρόσταγμα [-ɣma] *n βλ*. ***προσταγή***
προστ|άζω (*ξ*) anordnen; befehlen; **~ακτική** *γραμμ*. Imperativ *m*; **~ακτικός** gebieterisch, Befehls-
προστασία Schutz *m*; Protektion *f*; Schirmherrschaft *f*; ***νομική* ~** Rechtsschutz *m*; **~ *από εκλύσεις*** Immissionsschutz *m*; **~ *καταγγελίας*** Kündigungsschutz *m*; **~ *καταναλωτών*** Verbraucherschutz *m*; **~ *μνημείων*** Denkmalschutz *m*; **~ *περιβάλλοντος*** Umweltschutz *m*; **~ *στοιχείων*** Datenschutz *m*; **~ *υδάτων*** Gewässerschutz *m*; **~ *της φύσης*** Naturschutz *m*
προστα|τευόμενος [-ɛ'vɔ-] Schützling *m*, Günstling *m*; **~τευτικός** [-ɛft-] Schutz-; **~τεύω** [-'ɛvɔ] (*εψ· ευτ· ε[υ]μ*) (be)schützen (***από***/vor *D*); begünstigen, fördern
προστάτης Beschützer *m*; Schirmherr *m*; Gönner *m*; *ανατ*. Prostata *f*
προστέγασμα *n* Schutzdach *n*
προστεθ- *βλ*. ***προσθέτω***
προστίθεμαι *βλ*. ***προσθέτω***
πρόστιμο Geldstrafe *f*, Geldbuße *f*
προσ|τρέχω [-xɔ] (*ξ*) *μτφ*. appellieren (***σε***/an *A*); **~τριβή** Reibung *f*
προστυχ|αίνω [-'çɛ-] (*υν*), **~εύω** [-'ɛvɔ] (*εψ*) *v/t* verschlechtern; *v/i* abgleiten; ordinär werden; **~ιά** [-'ça] Gemeinheit *f*; Obszönität *f*; **~οδουλειά** [-xɔðu'lja] Pfuscherei *f*
πρόστυχος [-xɔs] gemein; vulgär, ordinär, obszön; *υλικά*: minderwertig
προσύμφωνο Vorvertrag *m*
προσυπο|γραφή [-ɣr-] Gegenzeichnung *f*; **~γράφω** (*ψ*) gegenzeichnen
προσφά(γ)ι Aufschnitt *m*, Zubrot *n*
πρόσφατος frisch; neuest-, jüngst-
προσ|φέρω (II = I· *φερθ*) (an)bieten; *v/p κ*. sich erbieten; sich eignen (***σε***/zu *D*); **~φεύγω** [-'fɛvɣɔ] (*φυγ*) (***σε***) um Unterstützung bitten, sich wenden an *A*; **~φιλής** 2 lieb, teuer
προσφορά (Waren-)Angebot *n*; Geschenk *n*; Gabe *f*, Spende *f*; ***ειδική* ~** Sonderangebot *n*; ***εναρκτήρια* ~** Einführungsangebot *n*; ***πολιτιστική* ~** Kulturangebot *n*; **~ *θέσεων*** Stellenangebot *n*
πρόσφορ|ο Hostie *f*, Opfergabe *f*; **~ος** geeignet
πρόσφυγας Flüchtling *m*
προσφυγ|ή [-'ji] Zuflucht *f* (***σε***/zu *D*); Anrufung *f*; **~ικός** Flüchtlings-
πρόσφυση (*-εις*) Verwachsung *f*
προσ|φώνηση (*-εις*) Ansprache *f*; **~φωνώ** (*ησ*) begrüßen
πρόσχαρος [-xa-] heiter, freudig
προ|σχεδιάζω [-çɛ-] (*σ· στ· σμ*) vorher planen, überlegen, entwerfen; **~σχεδιασμένος** [-zm-] (vor)geplant; **~σχέδιο** Vorentwurf *m*
πρόσχημα [-sçi-] *n* Vorwand *m*
προσ|χώρηση (*-εις*) [-x-] Beitritt *m*; **~χωρώ** (*ησ*) beitreten (***σε***/*D*)
πρόσχωση (*-εις*) [-xɔ-] Ablagerung *f*
προσωπ|άρχης [-çis] Personalchef *m*; **~είο, ~ίδα** Maske *f*; **~ικός** persönlich; Personal-; *Su n* Personal *n*; Belegschaft *f*; **~*ικό εδάφους*** Bodenpersonal *n*; **~ικότητα** Persönlichkeit *f*
πρόσωπο Gesicht *n*; Person *f κ. νομ*.
προσωπ|ογραφία [-ɣr-] Porträt *n*;

~οκράτηση (*-εις*) (Polizei-)Gewahrsam *m*; **~ολατρία** Personenkult *m*
προσωποποίηση (*-εις*) Personifizierung *f*
προσωρινός zeitweilig, vorläufig; *νομ*. einstweilig; *Adv κ*. vorübergehend
πρόταση (*-εις*) Vorschlag *m*; *γραμμ*. Satz *m*; ***κύρια ~*** Hauptsatz *m*; ***δευτερεύουσα ~*** Nebensatz *m*
προ|τάσσω (*ξ· χτ*) voranstellen; vorschieben, vorstrecken; *αντίσταση* entgegensetzen; **~τείνω** [-'tinɔ] (II = I· *ταθ*) *χέρι* ausstrecken; vorschlagen
προ|τελευταίος [-ɛft-] (***-α, -ο***) vorletzt-; **~τεραιότητα** Vorrang *m*, Priorität *f*
προτέρημα *n* Vorzug *m*, Gabe *f*
πρότερος: *εκ των προτέρων* im voraus
προτεστ|άντης Protestant *m*; **~αντικός** protestantisch
προ|τίμηση (*-εις*) Vorliebe *f*; Bevorzugung *f*; ***κατά ~τίμηση*** vorzugsweise; **~τιμότερος** besser; **~τιμώ** (*άς· ησ· ηθ*) vorziehen (*κτ* ***από***/*A*, *D*), lieber mögen; **~τομή** Büste *f*
προτού *Ko* (*St II*, ***να*** + *St II*) bevor
προ|τρεπτικός ermunternd; **~τρέπω** (*ψ*) ermuntern; **~τρέχω** [-xɔ] (*ξ*) vor(an)laufen (*G*/*D*); **~τροπή** Ermunterung *f*
πρότυπο Vorbild *n*; Muster *n*; Standard *m*; Modell *n*; *τεχν*. Form *f*
πρότυπος Muster-; vorbildlich
προϋπ|άντηση (*-εις*) Entgegengehen *n*; **~αντώ** (*άς· ησ*) *v/t* entgegengehen *D*; **~άρχω** (*ϋπήρξ*) vorher bestehen
προϋπ|όθεση (*-εις*) Voraussetzung *f*; Vorbedingung *f*; **~οθέτω** (*σ*) voraussetzen; **~ολογίζω** [-j-] (*σ· σμ*) veranschlagen (***σε***/auf *A*), schätzen; **~ολογισμός** [-zm-] Voranschlag *m*; Haushaltsplan *m*, Budget *n*; ***κρατικός ~ολογισμός*** Staatshaushalt *m*
προύχοντας [-xɔ-] Standesperson *f*
προφανής 2 offensichtlich
πρόφαση (*-εις*) Vorwand *m*; Ausrede *f*
προ|φασίζομαι (*στ*) vorgeben, vorschützen; **~φέρω** aussprechen; **~φητεία** Prophezeiung *f*, Weissagung *f*; **~φητεύω** [-'ɛvɔ] (*εψ*) prophezeien, weissagen; **~φήτης** Prophet *m*; **~φητικός** prophetisch; **~φίλ** (*0*) *n* Profil *n*; **~φορά** Aussprache *f*; **~φορικός** mündlich; *Su n*/*pl* mündliche Prüfung *f*; **~φταίνω** (*ασ*, *αξ*) einholen; *τρένο* erreichen; es schaffen (***να***/zu)
προφυλά(γ)ω [-(ɣ)ɔ] (*ξ· χτ· γμ*) *v*/*t* schützen, bewahren (***από***/vor *D*); *v*/*p* sich in acht nehmen, sich vorsehen
προφυλ|ακή Vorposten *m*; **~ακίζω** (*σ· στ· σμ*) in Untersuchungshaft nehmen; **~άκιση** (*-εις*) Untersuchungshaft *f*; **~ακτικός** vorbeugend, prophylaktisch; Vorsichts-; *Su n* Vorbeugungsmittel *n*; Kondom *n*, Präservativ *n*
προ|φύλαξη (*-εις*) Vorsicht(smaßnahme) *f*; Rücksichtnahme *f*, Schonung *f*; **~φυλαχτήρας** [-xt-] Stoßstange *f*
προχειρολογ|ία [-çirɔlɔ'jia] Stegreifäußerung *f*; **~ώ** [-'ɣɔ] (*ησ*) aus dem Stegreif (*ή* unvorbereitet) sprechen
πρόχειρος [-çi-] griffbereit; improvisiert; provisorisch; *Su n* Kladde *f*
προ|χθές [-xθ-] vorgestern; **~χθεσινός** vorgestrig; **~χρονολογώ** [-xrɔnɔlɔ'ɣɔ] (*ησ*) (zu)rückdatieren; **~χτές** [-xt-] vorgestern
πρόχωμα *n* Damm *m*, Erdwall *m*
προ|χωρημένος [-xɔ-] *χρον*. vorgerückt; fortgeschritten; **~χωρώ** (*άς, είς· ησ· ημ*) vorrücken, vorankommen, weitergehen; *στρ*. vormarschieren; *μτφ*. fortschreiten, Fortschritte machen
προωθημένος vorgeschoben
προ|ώθηση (*-εις*) Förderung *f*, Vorantreiben *n*; Antrieb *m*; ***~ώθηση πωλήσεων*** Absatzförderung *f*; **~ωθώ** (*ησ· ηθ· ημ*) vorantreiben, fördern
πρόωρος vorzeitig, verfrüht
πρύμ(ν)η Heck *n*
πρυταν|εία Rektorat *n*; **~είο** Rektorat(sbüro) *n*; **~εύω** [-'ɛvɔ] (*ευσ*) Rektor sein; *μτφ*. herrschen, gelten
πρύταν|ης, ~ις (*κ. -εως*) Rektor *m*
πρώην ehemalig, früher-, Ex-
πρωθυπουργ|ία [-'jia] Ministerpräsidentschaft *f*; **~ός** [-'ɣɔs] Ministerpräsident *m*; Premierminister *m*
πρωί *Adv* früh, morgens; vormittags; *Su n* (*μόνο A*; *G πρωινού, pl πρωινά*) Morgen *m*; Vormittag *m*; ***το ~*** morgens; vormittags; ***~ - ~*** sehr früh
πρώιμος frühreif; Früh-; frühzeitig
πρωι|μότητα Frühreife *f*; Frühzeitigkeit *f*; **~νό** Morgen *m*; Frühstück *n*; **~νός** früh, Morgen-
πρωκτός *K* After *m*

Π

πρώτα zuerst, zunächst; früher, vorher; zuallererst, in erster Linie
πρωταγων|ιστής [-ɣɔ-] *θεατρ.* Hauptdarsteller *m*; Hauptperson *f*; **~ίστρια** Hauptdarstellerin *f*; **~ιστώ** (*ησ*) die Hauptrolle spielen *κ. μτφ.*
πρωτ|άθλημα *n* Meisterschaft *f*; **~αθλητής** Meister *m*, Sieger *m*; **~αίτιος** (*-α, -ο*) hauptschuldig; *Su* Anstifter *m*, Urheber *m*; **~άκουστος** unerhört; **~απριλιά** [-'lja] erste(r) April; Aprilscherz *m*; **~άρης** 3 unerfahren; *Su* Anfänger *m*
πρωταρχ|ίζω [-ç-] (*σ*) zum ersten Mal versuchen, beginnen; **~ικός** Anfangs-
πρωτ|εία *n/pl* Vorrang *m*, erste(r) Platz; **~εΐνη** Eiweiß *n*; Protein *n*; **~εργάτης** [-'ɣa-] Wegbereiter *m*, Urheber *m*
πρωτ|εύουσα [-'ɛvu-] Hauptstadt *f*; **~ευουσιάνος** [-'sja-] Hauptstädter *m*; **~εύω** [-'ɛvɔ] (*ευσ*) der Erste sein; übertreffen; **~εύων** (*-ουσα, -ον*) *K* Haupt-, primär
πρώτιστος allererst-, hauptsächlich
πρωτ|οβάθμιος (*-α, -ο*) erster Instanz; **~όβγαλτος** [-ɣa-] ungeschult, unerfahren; **~οβουλία** Initiative *f*; Anregung *f* (*G*/zu *D*), Anstoß *m*; **~οβουλία πολιτών** Bürgerinitiative *f*; **~οβρόχια** [-ça] *n/pl* erste Regenfälle *m/pl*
πρωτ|όγονος [-ɣɔ-] Ur-; primitiv; *Su* Primitive(r), Ureinwohner *m*; **~όγραφο** [-ɣr-] Original *n*, Erstschrift *f*
πρωτο|δικείο Landgericht *n*; **~δίκης** Landrichter *m*
πρωτ|οκαθεδρία Vorsitz *m*; **~οκόλληση** (*-εις*) Protokollierung *f*; Registrierung *f*; **~οκολλητής** Protokollführer *m*; **~όκολλο** Protokoll *n*; Etikette *f*; **~οκολλώ** (*άς· ησ· ηθ· ημ*) zu Protokoll nehmen; registrieren
Πρωτομαγ|ιά [-'ja] *der* erste Mai; Maifeier *f*; **2ιάτικος** Mai-
πρωτο|μάστορας Vorarbeiter *m*; **~μηνιά** [-'nja] Monatserste(r)
πρωτόνιο Proton *n*
πρωτοπαλίκαρο Tapferste(r)
πρωτ|όπειρος unerfahren; *Su* Neuling *m*; **~όπλαστος** zuerst geschaffen; *Su* erste(r) Mensch; **~οπορία** *στρ.* Vorhut *f*; Avantgarde *f*; **~οπόρος** Vorkämpfer *m*
πρώτος erst-; nächst-; hervorragendst-; *Su* (Klassen-)Beste(r)
πρωτοστατώ (*ησ*) an der Spitze stehen
πρωτ|ότοκος erstgeboren; **~οτυπία** Originalität *f*; **~ότυπο** Original *n*; Urschrift *f*; **~ότυπος** originell; Original-; **~οτυπώ** (*ησ*) etw. wagen, originell sein; **~οφανής** 2, **~όφαντος** noch nicht dagewesen; unerhört
πρωτοχρον|ιά [-xrɔ'nja] Neujahr *n*; **~ιάτικος** Neujahrs-
πρωτύτερ|α *Adv* früher; **~ος** vorig, früher, vorherig
πτ- *βλ. κ.* **φτ-**
πταίσμα [-zma] *n* Schuld *f*; Fehler *m*; *νομ.* Übertretung *f*
πταισματο|δικείο [-zm-] Amtsgericht *n*; **~δίκης** Amtsrichter *m*
πτερύγιο *ψάρι*: Flosse *f*; *μύτη*: Flügel *m*; *αυτί*: Läppchen *n*
πτην|ό Vogel *m*; **~οτροφείο** Geflügelfarm *f*; **~οτροφία** Geflügelzucht *f*; **~οτρόφος** Geflügelzüchter *m*
πτήση (*-εις*) Flug *m*; Fliegen *n*; ***κατευθείαν ~*** Direktflug *m*; ***νυχτερινή ~*** Nachtflug *m*; ***φτηνή ~*** Billigflug *m*; ***~ επιστροφής*** Rückflug *m*; ***~ εξωτερικού*** Auslandsflug *m*; ***~ εσωτερικού*** Inlandsflug *m*; ***~ τσάρτερ*** Charterflug *m*
πτοώ (*ησ· ηθ· ημ*) einschüchtern
πτυσσόμενος zusammenklappbar
πτυχ|ή [-'çi] Falte *f*; **~ίο** Diplom *n*; Staatsexamen(szeugnis) *n*; **~ιούχος** [-çi'ux-] (*-α, -ο*) diplomiert, Diplom-; *Su* Graduierte *m, f*
πτώμα *n* Leiche *f*; Kadaver *m*; *adv* erledigt
πτώση (*-εις*) Fall *m*; Sturz *m*; *μαλλιά*: Ausfall *m*; *αερ.* Absturz *m*; Einsturz *m*; *πυρετός*: Sinken *n*; *τιμές*: Kursabfall *m*; *γραμμ.* Fall *m*, Kasus *m*
πτώχευση (*-εις*) [-çɛfsi] Verarmung *f*; Bankrott *m*, Konkurs *m*
πτωχεύω [-'çɛvɔ] (*ευσ*) Bankrott machen
πυγμ|αχία [-ç-] Boxkampf *m*; **~άχος** [-x-] Boxer *m*; **~αχώ** (*ησ*) boxen; **~ή** Faust *f*; Durchsetzungsvermögen *n*
πυγολαμπίδα [-ɣɔ-] Glühwürmchen *n*, Leuchtkäfer *m*
πυθμένας Grund *m*, Boden *m*
πυκν|ογραμμένος [-ɣr-] eng geschrieben; **~οκατοικημένος** dicht besie-

Π

delt; **~όρρευστος** dickflüssig; **~ός** dicht; kompakt; *μτφ.* schnell aufeinanderfolgend; häufig; **~ότητα** Dichte *f*; Prägnanz *f*; **~όφυλλος** dicht belaubt
πυκνώνω (*σ*) *v/t* verdichten, dichter machen; *επισκέψεις* häufiger machen; *v/i* dichter werden; dickflüssiger werden; häufiger werden
πύκνωση (*-εις*) Verdichtung *f*; Kondensation *f*; Vermehrung *f*
πύλη Tor *n*; Pforte *f*
πυλώνας Portal *n*
πυξίδα Kompaß *m*; Büchse *f*
πύο(ν) Eiter *m*
πυόρροια Eiterfluß *m*, Eitern *n*
πυρ (*-ός, pl -ά*) *n K στρ.* Feuer *n*
πύρα Hitze *f*
πυρά Scheiterhaufen *m*
πυρ|άδα *βλ.* ***πύρα***; **~ακτώνω** (*σ· θ*) glühend machen; **~άκτωση** (*-εις*) Glühen *n*
πυραμίδα Pyramide *f*
πυρ|ασφάλεια Feuerversicherung *f*; **~αυλοκίνητος** raketengetrieben
πύραυλος [-avl-] Rakete *f*
πύργος Turm *m*; Burg *f*, Schloß *n*
πυρ|ετικός fieberhaft; fiebrig; **~ετός** Fieber *n*; ***κίτρινος ~ετός*** Gelbfieber *n*; ***ταξιδιωτικός ~ετός*** Reisefieber *n*; **~ετώδης** 2 fieberhaft; fiebererregend
πυρήνας Kern *m κ. μτφ.*; Zellkern *m*; *πολ.* Zelle *f*
πυρηνικός Kern-; Atom-
πυρίμαχος [-xɔs] feuerfest
πύρινος feurig; heiß
πυρίτιδα (Schieß-)Pulver *n*
πυριτιδαποθήκη Pulvermagazin *n*
πυρ|καγιά [-'ja] Brand *m*; ***~καγιά δάσους*** Waldbrand *m*; **~οβολαρχία** [-'çia] Batterie *f*; Kompanie *f*
πυροβολικό Artillerie *f*; ***αντιαεροπορικό ~*** Flak *f*; ***αντιαρματικό ~*** Panzerabwehr *f*; ***βαρύ ~*** schwere Artillerie *f*; ***ελαφρύ ~*** leichte Artillerie *f*
πυρο|βολισμός [-zm-] Schießen *n*, Feuern *n*; Schuß *m*; *pl* Schießerei *f*; **~βόλο** Geschütz *n*; *adj* Feuer-
πυρο|βολώ (*άς, είς· ησ· ηθ· ημ*) *v/i* schießen, feuern; *v/t* schießen auf *j-n*; **~δοτώ** (*ησ· ηθ*) entzünden
πυρ|όλιθος Feuerstein *m*; **~ομανής** 2 Pyromane *m*, Pyromanin *f*; **~ομαχικά** [-çi-] *n/pl* Munition *f*; **~οσβεστήρας** [-zv-] Feuerlöscher *m*; **~οσβέστης** Feuerwehrmann *m*; **~οσβεστικός** Feuerwehr-
πυροτέχνημα [-xn-] *n* Feuerwerk *n*
πυρ|πόληση (*-εις*) Niederbrennen *n*; **~πολικό** *ναυτ.* Brander *m*; **~πολώ** (*ησ· ηθ· ημ*) in Brand setzen
πυρσός Fackel *f*; Leuchtsignal *n*
πύρωμα *n* Erhitzen *n*; Wärmen *n*
πυρ|ωμένος glühend; **~ώνω** (*σ· θ*) *v/t* wärmen; *τεχν.* zum Glühen bringen; *v/i* sich erhitzen; (er)glühen
πυώδης 2 eitrig, eiternd
πώληση (*-εις*) Verkauf *m*; Absatz *m*
πωλητ|ήριο Verkaufsvertrag *m*; **~ής** Verkäufer *m*; Anbieter *m*; ***αυτόματος ~ής ποτών*** Getränkeautomat *m*
πωλήτρια Verkäuferin *f*
πωλώ (*ησ· ηθ· ημ*) *βλ.* ***πουλώ***
πώμα *n* Stöpsel *m*, Pfropfen *m*; Verschluß *m*; *τεχν.* Stutzen *m*
πωρόλιθος Tuff(stein) *m*
πωρωμένος gewissenlos, skrupellos
πώρωση (*-εις*) Gewissenlosigkeit *f*
πώς *Frageadv* wie; wieso; **~;** sicher!, doch!; **~ *όχι*;** wieso nicht?
πως *Ko* daß; ***ξέρω ~*** ich weiß, daß; ***κατά ~ έμαθα*** wie ich hörte

Ρ

ραβασάκι Liebesbrief *m*
ραβδ|ί Stock *m*; Stäbchen *n*; **~ίζω** (*σ· στ· σμ*) prügeln; abschlagen
ραβδισμός [-z-] Stockschläge *m/pl*
ράβδος *f K* Stock *m*; (*Hirten-*) Stab *m*; ***~ χρυσού*** Goldbarren *m*
ράβδωση (*-εις*) Streifen *m*; Rille *f*
ραβδωτός gestreift; kanneliert

ράβω (*ψ· φτ· μμ*) nähen; schneidern; sich *ein Kleid* machen lassen
ραγδαίος (**-α, -ο**) heftig, stürmisch
ραγιάς [-'jas] (*-άδες*) *ιστ.* nicht mohammedanische(r) Untertan der Türkei; Sklave *m*
ραγίζω [-'ji-] (*σ· στ· σμ*) *v/i* springen, Sprünge bekommen; **~ *την καρδιά κάποιου*** j-m das Herz brechen
ράγισμα *n* Sprung *m*, Riß *m*
ραδιεν|έργεια [-jia] Radioaktivität *f*; **~εργός** [-'ɣɔs] radioaktiv
ραδίκι Zichorie *f*
ράδιο *χημ.* Radium *n*; Radio(gerät) *n*; **~ *αυτοκινήτου*** Autoradio *n*
ραδιο|γωνιομετρία [-ɣɔ-] Funkpeilung *f*; **~γωνιόμετρο** Funkpeilgerät *n*; **~λόγος** [-ɣɔs] Strahlenforscher *m*
ραδιοπομπός *τεχν.* Rundfunksender *m*
ραδιοπρόγραμμα [-ɣr-] *n* Rundfunkprogramm *n*
ραδιο|σταθμός Rundfunksender *m*; **~τηλεγράφημα** [-ɣr-] *n* Funktelegramm *n*, Funkspruch *m*; **~τηλεγραφία** drahtlose Telegraphie *f*
ραδι|ουργία [-'jia] Intrige *f*, Ränke *pl*; **~ούργος** [-ɣɔs] (**-α, -ο**) intrigant; **~ουργώ** [-'ɣɔ] (*ησ*) intrigieren
ραδιο|φωνία Rundfunk(wesen *n*) *m*; **~φωνικός** Rundfunk-
ραδιόφωνο Radio(apparat *m*) *n*, Rundfunkgerät *n*
ρακένδυτος zerlumpt
ρακέτα (Tennis-)Schläger *m*
ρακ|ή, ~ί Raki *m* (*Schnaps aus Rosinen und Anis*)
ράκος *n* Lumpen *m*; ***μτφ.*** Wrack *n*
ράμμα *n* Faden *m* ***κ. ιατρ,*** Nähgarn *n*
ραμφίζω (*σ*) aufpicken
ράμφος *n* Schnabel *m*
ρανίδα Tropfen *m*
ραντάρ [ra'dar] (*0*) *n* Radar *n*
ραντεβού (*0*) *n* Verabredung *f*; Rendezvous *n*; Termin *m*
ραντίζω (*σ· στ· σμ*) besprengen
ράντισμα [-zma] *n* Besprengen *n*
ραπ|ανάκι Radieschen *n*; **~άνι** Rettich *m*
ράπισμα [-zma] *n* Ohrfeige *f*
ραπτ- *K βλ. κ.* ***ραφτ-***
ραπτική Schneidern *n*
ραπτομηχανή [-xa-] Nähmaschine *f*
ράπτρια *βλ.* ***ράφτρα***
ράσο Kutte *f*, Priestergewand *n*
ράτσα Geschlecht *n*, Rasse *f*
ρατσισ|μός Rassismus *m*; **~τής** Rassist *m*; **~τικός** rassistisch
ραφ|είο Schneiderwerkstatt *f*, Schneiderei *f*; **~ή** Naht *f*
ράφι Regal *n*; Fach *n*
ραφινάρω (*ρισ· ριστ· ρισμ*) raffinieren; *j-m* Schliff beibringen
ραφτάδικο Schneiderei *f*
ράφτης Schneider *m*
ράφτρα Schneiderin *f*
ραχάτι [-'xati] Ruhe *f*, Gemütlichkeit *f*; Faulheit *f*
ράχη [-çi] Rücken *m*; Gebirgskamm *m*
ραχ|ίτιδα Rachitis *f*; **~ιτικός** rachitisch
ραχο|κοκαλιά [-xɔkɔka'lja], **~κόκαλο** Wirbelsäule *f*
ράψιμο (*-ματος*) *n* Nähen *n*, Näherei *f*
ρεαλισ|μός Realismus *m*; **~τής** Realist *m*; **~τικός** realistisch
ρεβεγιόν [-'jɔn] (*0*) *n* Feier *f* am Weihnachtsabend
ρεβέρ (*0*) *n* Revers *n*
ρεβίθι Kichererbse *f*
ρέβω (*ψ*) herunterkommen
ρέγκα Hering *m*
ρέγουλα [-ɣu-] Ordnung *f*; Maß *n*; ***με* ~** in Maßen, maßvoll
ρεγουλάρω [-ɣu-] (*αρισ· ιστ· ισμ*) regulieren, einstellen
ρεζέρβα Reserve(rad *n*) *f*; Ersatzreifen *m*; *adv* in Reserve
ρεζερβουάρ (*0*) *n* Benzinbehälter *m*; Reservoir *n*
ρεζές (*-έδες*) (Tür-)Angel *f*
ρεζ|ιλεύω (*εψ· ευτ· εμ*) blamieren, lächerlich machen; **~ίλι, ~ιλίκι** Blamage *f*; ***γίνομαι ~ίλι*** sich lächerlich machen, sich blamieren
ρεκλ|άμα Reklame *f*, Werbung *f*; **~αμάρω** (*αρισ*) *v/t* anpreisen
ρεκόρ (*0*) *n* Rekord *m*
ρεματιά [-'tja] Schlucht *f*
ρεμβ|άζω (*σ*) träumen; **~ασμός** [-zm-] Träumerei *f*
ρεμπελ|εύω [rɛb-] (herum)faulenzen; **~ιό** [-'ljɔ] Bummelleben *n*
ρέμπελος bummelig, schlampig
ρεμπέτικο [rɛb-] *Liedgattung* (*der städtischen Unterschichten*)
ρεπερτόριο Spielplan *m*; Repertoire *n*
ρεπό (*0*) *n* (Arbeits-)Pause *f*; freie(r) Tag

ρεπορτάζ *(0) n* Reportage *f*
ρεπόρτερ *(0) m* Reporter *m*
ρέπω (*χωρίς Aor*) neigen (**σε, προς**/zu *D*)
ρέστος übrig; *n/pl* Wechselgeld *n*
ρετάλι Stoffrest *m*
ρετιρέ *(0) n oberstes Stockwerk e-s Wohnhauses*
ρετσ|ίνα Retsina *m*; **~ινάτος** geharzt; **~ίνι** Harz *n*; **~ινόλαδο** Rizinusöl *n*
ρεύμα ['rɛvma] *n* Strom *m κ. ηλ.*; Strömung *f κ. μτφ.*; Lauf *m*; Luftzug *m*; ***αντίθετο*** **~** Gegenverkehr *m*; ***εναλλασσόμενο*** **~** Wechselstrom *m*; **♀ *του Κόλπου*** Golfstrom *m*; **~ *υψηλής τάσεως*** Starkstrom *m*; **~ *χαμηλής τάσεως*** Schwachstrom *m*
ρευματ|ικός rheumatisch; **~ισμός** [-zm-] Rheumatismus *m*; **~οδότης** Steckdose *f*; **~ολήτης** Stecker *m*
ρεύομαι ['rɛv-] (*ευτ*) aufstoßen, *οικ.* rülpsen
ρευστ|ό [rɛf-] Flüssigkeit *f*; Fluidum *n*; *εμπ. pl* flüssige Gelder *n/pl*; **~οποίηση** (*-εις*) Verflüssigung *f*; Schmelzen *n*; *εμπ.* Kapitalisierung *f*; **~οποιώ** (*ησ· ηθ· ημ*) verflüssigen; *μέταλλο* schmelzen; *εμπ.* kapitalisieren, flüssig machen; **~ός** flüssig; *μτφ.* im Fluß, unbeständig; **~ότητα** Flüssigkeit *f*; Unbeständigkeit *f*
ρεφεν|ές (*-έδες*) Beitrag *m*; **~έ** auf gemeinsame Kosten
ρέψιμο (*-ματος*) *n* Aufstoßen *n*
ρέω (*ευσ*) fließen, strömen
ρήγας *χαρτοπ., ιστ.* König *m*
ρήγμα ['riɣ-] *n* Bruch *m*, Riß *m*
ρήμα *n* Verb *n*; *ιστ.* Wort *n*
ρημαγμένος verwüstet; ruiniert
ρημ|άδι Ruine *f*; **~άζω** (*ξ· χτ· γμ*) *v/t* verwüsten, ruinieren; *v/i* verfallen
ρήξη (*-εις*) Bruch *m*; Aufbrechen *n*
ρητό Denkspruch *m*, Sentenz *f*
ρήτορας Redner *m*
ρητορ|εία Redekunst *f*; **~εύω** [-'ɛvɔ] (*ευσ*) e-e Rede halten; **~ική** Rhetorik *f*, Redekunst *f*; **~ικός** rhetorisch
ρητός ausdrücklich, deutlich
ρήτρα Klausel *f*; ***ποινική*** **~** Konventionalstrafe *f*; **~ *του μάλλον ευνοουμένου κράτους*** Meistbegünstigungsklausel *f*
ρηχ|ά [-x-] *n/pl* Untiefe *f*, seichte Stelle *f*; **~ός** flach, seicht

ρίγα ['riɣa] Lineal *n*; Streifen *m*
ρίγανη Oregano *m*
ρίγος [-ɣɔs] *n* Schüttelfrost *m*, Schauder *m κ. μτφ.*
ριγώ [ri'ɣɔ] (*άς· ησ*) schaudern
ριγ|ώνω (*σ*) linieren; **~ωτός** liniert; gestreift
ρίζα Wurzel *f κ. γραμμ., μαθ.*; Fuß *m des Berges*; ***κυβική*** **~** Kubikwurzel *f*; ***τετραγωνική*** **~** Quadratwurzel *f*
ριζικ|ό Schicksal *n*; Glück *n*; **~ός** Wurzel-; Grund-, grundlegend; radikal
ριζο|βολώ (*άς· ησ*) Wurzel fassen *κ. μτφ.*; **~σπάστης** Radikale(r); **~σπαστικός** radikal; **~σπαστισμός** [-zm-] Radikalismus *m*
ρίζωμα *n* Verwurzelung *f*
ριζώνω (*σ· θ*) *v/i*, *v/p* Wurzeln schlagen *κ. μτφ.*
ρίμα Reim *m*
ριμάρω (II = I *ή αρισ*) reimen
ρίνα, ριν|ί Feile *f*; **~ίζω** (*σ*) feilen
ρινικός Nasen-, nasal
ρινόκερος Nashorn *n*, Rhinozeros *n*
ριξιά [-'ja] Wurf *m*; Schuß *m*
ρίξιμο (*-ματος*) Werfen *n*, Wurf *m*; Schuß *m*
ριπή *βλ.* ***ρίξιμο***; *στρ.* Salve *f*; (Wind-)Stoß *m*
ρίχνω [-xnɔ] (*ξ· χτ· γμ*) *v/t* werfen; zuwerfen (***κτ σε κπ***/j-m etw.); stürzen (***κπ σε***/j-n in *A*); *νερό* (ein)gießen; schütten; *κυβέρνηση* stürzen; *αλάτι* streuen, schütten; *χαρτιά* legen; *τουφεκιά* abgeben; *v/i* schießen; *v/p* sich stürzen (***σε***/in *etw.*, auf *j-n*); ***το*** **~ *έξω*** *μτφ.* sich amüsieren; **~ *κτ πάνω μου*** etw. überwerfen
ριψο|κινδυνεύω (*εψ*) *v/t* aufs Spiel setzen; *v/i* sich in Gefahr begeben; **~κίνδυνος** tollkühn, waghalsig
ρόγχος Schnarchen *n*; Röcheln *n*
ρόδα Rad *n*; ***εφεδρική*** **~** Reserverad *n*; **~ *στοιχείων*** Typenrad *n*
ροδ|ακινιά [-'nja] Pfirsichbaum *m*; **~άκινο** Pfirsich *m*
ροδαλός rosig, rosa
ροδάνι Spinnrad *n*
ρόδι Granatapfel *m*
ροδιά [-'ðja] Granatapfelbaum *m*
ροδίζω (*σ*) sich rosig färben
ρόδινος Rosen-; rosig *κ. μτφ.*
ρόδο Rose *f*

P

ροδ|οδάφνη Oleander *m*; **~όδενδρο** Rhododendron *m*
ροζιά|ζω [-'zja-] (*σ*) Schwielen bekommen; **~ρικος** schwielig
ρόζος Schwiele *f*; Knorren *m*
ροή Fluß *m*, Lauf *m*
ροκάνι Hobel *m*
ροκαν|ίδι Hobelspan *m*; **~ίζω** (*σ· στ· σμ*) (ab)hobeln; *κόκαλα* abnagen; nagen an *D*; *μτφ.* aufzehren
ροκάνισμα [-zma] *n* Abhobeln *n*; Abnagen *n*; Nagen *n*; Aufzehren *n*
ρολό Rolladen *m*, Rollo *n*
ρολ|ογάς [-'ɣas] (*-άδες*) Uhrmacher *m*; **~ό(γ)ι** Uhr *f*; ***ψηφιακό ~όι*** Digitaluhr *f*
ρόλος Rolle *f*
ρομάντζο (-τσο) Liebesgeschichte *f*
ρομαντι|κός romantisch; *Su* Romantiker *m*; **~κότητα** Romantik *f*; **~σμός** [-zm-] (*ρυθμός*) Romantik *f*
ρόμβος Rhombus *m*, Raute *f*
ρόμπα ['rɔba] Hauskleid *n*; Morgenrock *m*
ρομπότ [rɔ'bɔt] (*0*) *n* Roboter *m*
ρόπαλο Keule *f*
ροπή Neigung *f* (***προς, σε***/zu *D*)
ρουθ|ούνι Nasenloch *n*; **~ουνίζω** (*σ*) schnauben; **~ούνισμα** [-zma] *n* Schnauben *n*
ρουκέτα (Feuerwerks-)Rakete *f*
ρουλεμάν (*0*) *n* Kugellager *n*
ρούμι Rum *m*
ρουμπίνι [ru'bini] Rubin *m*
ρουσφέτι Schmiergeld *n*; (illegale) Gunsterweisung *f*
ρουτ|ίνα Routine *f*; **~ινιέρικος** [-'njɛ-] routiniert
ρουφηξιά [-'ksja] Schluck *m*
ρουφιάνος [-'fja-] Kuppler *m*; Spitzel *m*; *γεν.* Schuft *m*
ρουφώ (*άς· ηξ· ηχτ· ηγμ*) schlürfen; *αέρα* einatmen, schlucken; aufsaugen
ρούχ|ο ['ruxɔ] Kleidungsstück *n*; *pl* Kleidung *f*; *ιατρ. pl* Regel *f*; ***έτοιμα ~α*** *pl* Konfektion *f*
ροχ|άλα [-'xa-] Auswurf *m*, Qualster *m*; **~αλητό** Schnarchen *n*; **~αλίζω** (*σ*) schnarchen
ρυάκι Bach *m*
ρύγχος *n* Schnauze *f*, Maul *n*
ρύζι Reis *m*
ρυζόγαλο [-ɣalɔ] Milchreis *m*
ρυθμ|ίζω (*σ· στ· σμ*) regeln, regulieren; **~ικός** rhythmisch
ρύθμιση (*-εις*) Regelung *f*, Regulierung *f*; **~ *ήχου*** Klangregelung *f*
ρυθμιστής Regler *m*, Regulator *m*
ρυθμός Rhythmus *m*; Gleichmaß *n*; Takt *m*; Tempo *n*; *τέχνη*: Stil *m*; ***~ αυξήσεως*** Wachstumsrate *f*
ρυμοτομία Stadtplanung *f*
ρυμούλκ|α Anhänger *m*; **~ηση** (*-εις*) Abschleppen *n*; Ziehen *n*, Schleppen *n*
ρυμουλκ|ό Schlepper *m*; **~ώ** (*ησ· ηθ· ημ*) schleppen, ziehen; *αυτοκ.* abschleppen
ρυπαίνω (*αν· ανθ*) beschmutzen, verschmutzen
ρύπανση (*-εις*) Beschmutzung *f*, Verschmutzung *f*; ***~ της ατμόσφαιρας*** Luftverschmutzung *f*; ***~ του περιβάλλοντος*** Umweltverschmutzung *f*
ρυπ|αρός unsauber, schmutzig; **~αρότητα** Unsauberkeit *f*
ρύπος Schmutz *m*; Schadstoff *m*
ρυτ|ίδα Runzel *f*, Falte *f*; **~ιδώνω** (*σ· θ*) *v/t* runz(e)lig machen, furchen
ρώγα [-ɣa] Beere *f*; *ανατ.* Brustwarze *f*
ρωγμή Riß *m*, Spalte *f*; Scharte *f*
ρωμαίικ|α *n*/*pl* *ειρων.* volkstümliche(s) Neugriechisch; **~ο** *ειρων.* das moderne Griechenland
ρωμαλ|έος (***-α, -ο***) kräftig, rüstig; **~εότητα** Rüstigkeit *f*, (Voll-)Kraft *f*
ρώμη Kraft *f*, Stärke *f*
Ρωμι|ά [-mj-] *οικ.* Griechin *f*; **~ός** Grieche *m*; **2οσύνη** Griechentum *n*
ρώτημα *n* Frage *f*; Fragen *n*
ρωτώ (*άς· ησ*) fragen (***κπ κτ*** *ή* ***για***/j-n *etw.* *ή* nach *D*); nachfragen

Σ

σ' = ***σε*[1], *σε*[2]**
σα *βλ.* ***σαν***
σάβανο Leichentuch *n*
σαββατιάτικος [-'tja-] Sonnabend-, sonnabendlich; *Adv* sonnabends
Σάββατο Sonnabend *m*, Samstag *m*
σαββατ|όβραδο Samstagabend *m*; **~οκύριακο** [-ja-] Wochenende *n*
σαβούρα Ballast *m*; *μτφ.* Plunder *m*
σαγανάκι [-ɣa-] in Öl gebratene(r) Schafskäse
σαγην|ευτικός [-jinɛft-] bezaubernd; **~εύω** [-'ɛvɔ] (*εψ· ευτ*) bezaubern
σαγήνη [-'ji-] Zauber *m*; Reiz *m*
σαγιτ- *βλ.* ***σαϊτ-***
σαγόνι [-'ɣɔ-] Kinn *n*, Kinnlade *f*
σαδισ|μός [-zm-] Sadismus *m*; **~τής** [-st-] Sadist *m*; **~τικός** sadistisch
σαθρ|ός morsch, baufällig; *μτφ.* fadenscheinig; **~ότητα** Morschheit *f*
σαιζ- *βλ.* ***σεζ-***
σαΐνι *περ.* Falke *m*; *μτφ.* Fuchs *m*
σαΐτα Pfeil *m*; Weberschiffchen *n*
σάκα Ranzen *m*, Schulmappe *f*
σακάκι Jackett *n*; Sakko *m*, *n*
σακαρ|άκα Klapperkasten *m*; **~άκας** *ειρων.* alte(r) Haudegen
σακ|άτεμα *n* Verstümmelung *f*; **~ατεύω** [-'ɛvɔ] (*εψ· ευτ*) verstümmeln, verkrüppeln; *μτφ.* erschöpfen, mitnehmen; **~άτης** Krüppel *m*; **~άτικος** verstümmelt; verkrüppelt
σακ|ί Sack *m*; **~ίδιο** Rucksack *m*
σάκος Sack *m*
σακούλα Tüte *f*; ***νάυλον*** (*0*) **~, *πλαστική*** **~** Plastiktüte *f*
σακουλάκι Säckchen *n*, Beutel *m*; **~ *τσαγιού*** Teebeutel *m*
σακουλιάζω [-'lja-] (*σ· σμ*) *v/t* eintüten; *v/i* sich bauschen
σάκχαρο [-xa-] Zucker *m* *κ. ιατρ.*
σάλα Wohnzimmer *n*, Salon *m*; Saal *m*
σαλαμάν|δρα *K*, **~τρα** Salamander *m*
σαλάμι Salami *f*
σαλαμούρα Salzlake *f*
σαλάτα Salat *m* *κ. μτφ.*
σαλατικά *n/pl* Gemüse *n*
σαλβάρι Pumphose *f*
σαλέπι Knabenkraut *n*; Salep *m*
σαλεύω [-'ɛvɔ] (*εψ· ευτ· εμ*) *v/t* rütteln; *v/i* (sch)wanken *κ. μτφ.*; sich rühren
σάλι Schal *m*; Floß *n*
σαλι|άζω [-lj-] (*σ*) sabbern; **~άρα** Sabberlätzchen *n*; **~άρης** 3 sabbernd; *μτφ.* lächerlich; **~αρίζω** quasseln, schwatzen; **~άρισμα** *n* Quasselei *f*
σαλ|ιγκάρι, ~ίγκαρος Schnecke *f*
σάλιο [-ljɔ] Speichel *m*, Spucke *f*
σαλιώνω [-'ljɔ-] (*σ· θ*) (mit Speichel) befeuchten
σαλόνι Salon *m*, Empfangszimmer *n*; **~ *αισθητικής*** Kosmetiksalon *m*
σάλος Wogen *n*, Toben *n des Meeres*; Schaukeln *n*; *μτφ.* Unruhe *f*
σαλπάρω (*αρισ*) den Anker lichten
σάλπιγγα Trompete *f*; *ανατ.* Eileiter *m*; ***ευσταχιανή*** **~** eustachische Röhre *f*
σαλπιγκτής [-ŋkt-] Trompeter *m*
σαλπίζω (*σ, γξ*) *v/t* trompeten; *στρ.* blasen zu *D*
σάλπισμα [-zma] *n* Trompetensignal *n*
σαλτ|άρω (*αρισ*) (auf)springen; **~ιμπάγκος** [-i'baŋg-] Gaukler *m*
σάλτο(ς) Salto *m*, Sprung *m*
σάλτσα Soße *f*, Tunke *f*
σαλτσιέρα [-'jɛ-] Soßenschüssel *f*
σαμ|αράς (*-άδες*) Sattler *m*; **~άρι** (Pack-)Sattel *m*; **~αρώνω** (*σ*) satteln
σαματάς Radau *m*, Geschrei *n*
σάματι(ς) als ob; mir scheint
σαμιαμίδι [-j-] grüne Eidechse *f*
σαμπάνια [sa'mpanja] Champagner *m*, Sekt *m*
σαμποτ|άζ [sab-] (*0*) *n* Sabotage *f*; **~αριστής** Saboteur *m*; **~άρω** (*αρισ*) sabotieren
σαμπουάν (*0*) *n* Haarwaschmittel *n*, Shampoo *n*
σαμπρέλα *αυτοκ.* Schlauch *m*
σάμπως *Ko* als ob; *Adv* wohl
σαν *Adv* wie, als; *Ko* wenn, als; da (ja); **~ *να*** als ob; ***μαύρος ~ τον κόρακα*** rabenschwarz
σανατόριο Sanatorium *n*, Heilanstalt *f*
σανίδα Brett *n*; Latte *f*; **~ *σέρφιγκ*** Surfbrett *n*
σαν|ιδένιος [-njɔs] (***-α, -ο***) Bretter-; **~ίδι** *βλ.* ***σανίδα***; **~ιδώνω** (*σ· θ*) die-

len; täfeln; **~ίδωση** (*-εις*) Täfelung *f*
σανό(ς) Heu *n*
σαντάλι, σάνταλο Sandale *f*
σαντιγύ (*0*) *f* Schlagsahne *f* mit Eiweiß
σάντουιτς (*0*) *n* Sandwich *n*
σαντούρι *περ.* Hackbrett *n* (*Musikinstrument*)
σαπ|ίζω (*σ· σμ*) *v/t* zersetzen; ***~ίζω στο ξύλο*** windelweich schlagen; *v/i* verfaulen; verrotten; **~ίλα** Fäulnis *f*, Moder *m*; *μτφ.* Verderbnis *f*
σάπιος [-pjɔs] (**-α, -ο**) faul, verfault
σάπισμα [-zma] *n* (Ver-)Faulen *n*
σαπ|ουνάδα Seifenwasser *n*; Seifenschaum *m*; **~ούνι** Seife *f*; **~ουνίζω** (*σ· στ· σμ*) einseifen; **~ούνισμα** [-zma] *n* Einseifen *n*; **~ουνόνερο** Seifenwasser *n*; **~ουνόφουσκα** Seifenblase *f κ. μτφ.*
σαπωνοποιείο Seifenfabrik *f*
σάρα: ***η ~ και η μάρα*** Gesindel *n*; Hinz und Kunz
σαρ|αβαλιάζω [-'lja-] (*σ· στ· σμ*) *v/t* ramponieren, kaputtmachen; *v/i* klapprig werden; **~άβαλο** Bruchbude *f*; *αυτοκ.* Klapperkasten *m*
σαράκι Holzwurm *m*; *μτφ.* Kummer *m*
σαρακοστ|ή Fastenzeit *f*; **~ιανός** [-tja-] Fasten-(*Speise*)
σαρακοφαγωμένος [-γɔ-] wurmstichig
σαράντα vierzig
σαραντάμερο (40 tägige) Adventszeit *f*
σαραντ|αποδαρούσα Tausendfüßler *m*; **~άρης** (*f* **-α**) etwa vierzigjährig; **~αρίζω** (*σ*) vierzig Jahre werden
σαράφης (*-ηδες*) Geldwechsler *m*
σαρδέλα Sardelle *f*, Sardine *f*
σαρίκι Turban *m*
σάρκα (*menschliches*) Fleisch *n*
σαρκ|άζω (*σ*) verhöhnen; **~ασμός** (bitterer) Spott *m*, Sarkasmus *m*; **~αστικός** höhnisch, sarkastisch
σαρκικός fleischlich
σαρκ|ίο Körper *m*; *μτφ. das* schwache Fleisch; **~οβόρος** (**-α, -ο**) fleischfressend; **~οφάγος** [-γɔs] *Adj* (**-α, -ο**) fleischfressend; *Su f* (*-ος*) Sarkophag *m*
σαρκωμένος fleischig
σαρμάς (*-άδες*) Kohlroulade *f*
σάρπα Schärpe *f*
σαρώνω (*σ· θ*) (aus)fegen, (aus)kehren; *μτφ.* überrennen; (hin)wegfegen

Σ

σας *Possessivpron enklitisch* euer, Ihr
σας *Personalpron D, A* euch; *D* Ihnen, *A* Sie
σασί (*0*) *n* Chassis *n*
σαστίζω (*σ· σμ*) *v/t* aus der Fassung bringen, verwirren; *v/i* aus der Fassung geraten
σάστισμα [-zma] *n* Bestürzung *f*, Verwirrung *f*
σαταν|άς Satan *m*; **~ικός** teuflisch
σατέν (*0*) *n* Satin *m*
σάτιρα Satire *f*
σατιρ|ίζω (*σ· στ· σμ*) lächerlich machen; **~ικός** satirisch
σαύρα ['savra] Eidechse *f*; Saurier *m*
σαφ|ήνεια Klarheit *f*, Deutlichkeit *f*; **~ής** 2 klar, deutlich
σάχλα ['saxla] Schalheit *f*, Fadheit *f*; *μτφ.* alberne(s) Zeug
σαχλ|αίνω [-xl-] albern werden; **~αμάρα** Albernheit *f*; **~αμάρας** Schafskopf *m*; **~αμαρίζω** (*σ*) faseln, quatschen; **~ός** fade, schal; *μτφ.* albern
σβάρνα [zv-] Egge *f*
σβαρνίζω [zv-] (*σ· στ· σμ*) eggen
σβελτάδα [zv-] Flinkheit *f*
σβέλτος [zv-] gewandt, rasch, flink
σβελτοσύνη [zv-] *βλ.* ***σβελτάδα***
σβέρκος [zv-] Nacken *m*
σβήνω ['zvinɔ] (*σ· στ· σμ*) *v/t* löschen; *φως* ausmachen; *δίψα* stillen; (aus)radieren; streichen; *v/i* erlöschen *κ. μτφ.*, ausgehen; das Bewußtsein verlieren; dahingehen, sterben
σβήσιμο (*-ματος*) Löschen *n*; Erlöschen *n*; Ausmachen *n*; Stillen *n*; Ausradieren *n*; Streichen *n*
σβηστήρ|α, ~ι Radiergummi *m*
σβηστός erloschen, ausgelöscht
σβολιάζω [zvɔ'lja-] (*σ· σμ*) *v/t* Klöße machen; *v/i* klumpig werden
σβόλος Klumpen *m*; Kloß *m*
σβουνιά [zvu'nja] getrocknete(r) Kuhfladen
σβούρα [zv-] Kreisel *m*
σγάρα ['zγara] Kropf *m*
σγουρ|αίνω [zγu-] (*αν*) *v/t* kräuseln; *v/i* sich kräuseln; **~ό** Locke *f*; **~ομάλλης** 3 kraushaarig; **~ός** kraus
σε¹, σ'¹ *Personalpron* dich
σε², σ'² *Präp A* in, an, auf; *στάση*: *D* im *Zimmer*, am *Strand*, auf *der Post*; *κίνηση*: *A* in *das* (*ins*) *Zimmer*, an *den Strand*, auf *die Post*; zu *D*; *χρον.* in *D*,

an *D*, um *A*; *indirektes Objekt*: ***στο(ν), στη(ν), στο*** dem, der, dem; ***στους, στις, στα*** den *pl*
σέβας (*μόνο N κ. A*) *n* Achtung *f*, Respekt *m* (***προς, σε***/vor *D*)
σεβάσμιος (***-α, -ο***) ehrwürdig
σεβασμ|ιότατος höchst ehrwürdig; ***~ιότατε!*** Eure Eminenz!; Herr Bischof!; **~ός** Achtung *f*, Respekt *m*
σεβαστός verehrt; respektiert
σέβομαι (*βαστ*) respektieren; verehren; *νόμο* achten
σεζλόγκ (*0*) *f* Liegestuhl *m*
σεζόν (*0*) *f* Saison *f*; ***δευτερεύουσα ~*** Nachsaison *f*; ***κύρια ~*** Hauptsaison *f*, Hochsaison *f*
σειρά Reihe *f* *κ. μαθ.*; Reihenfolge *f*; Zeile *f*; Serie *f*; Schicht *f*, Klasse *f*; ***τηλεοπτική ~*** Fernsehserie *f*; ***με τη ~*** der Reihe nach
σειρήνα Sirene *f*; *αυτοκ.* Hupe *f*; ***~ κινδύνου*** Alarmglocke *f*
σεισμ|ικός [-zm-] Erdbeben-, seismisch; **~ογράφος** [-ɣr-] Seismograph *m*; **~όπληκτος** von e-m Erdbeben betroffen; *Su* Erdbebenopfer *n*; **~ός** Erdbeben *n*
σείω (*σ· στ*) *v/t* schütteln, rütteln; wakkeln an *D*; *v/p* beben
σεκλέτι Schwermut *f*
σέλα Sattel *m*
σελήνη *K* Mond *m*; ***νέα ~*** Neumond *m*
σεληνι|άζομαι (*στ*) mondsüchtig sein; **~ασμός** [-zm-] Mondsucht *f*
σεληνόφως (*-ωτος*) *n K* Mondlicht *n*
σελίδα Seite *f*
σελιδο|δείκτης Lesezeichen *n*; **~ποίηση** (*-εις*) *τυπ.* Umbruch *m*; **~ποιώ** (*ησ· ηθ· ημ*) umbrechen
σελίνι Schilling *m*; Shilling *m*
σέλινο Sellerie *m*, *f*
σελοφάν (*0*) *n* Zellophan *n*
σελώνω (*σ· θ*) satteln
σεμν|ός bescheiden, zurückhaltend; anständig; **~ότητα** Bescheidenheit *f*, Zurückhaltung *f*; Anständigkeit *f*; **~οτυφία** Prüderie *f*; **~ότυφος** prüde
σένα *Pron* dir, dich
σενάριο Drehbuch *n*
σεντόνι Bettlaken *n*
σεντούκι Truhe *f*
σεξουαλικός sexuell, Sexual-, Geschlechts-
σεπτ|εμβριανός September-; **Σέμβριος** September *m*
σερβιέτα [-'vjɛ-]: ***~ (υγείας)*** Damenbinde *f*
σερβ|ίρω (*ρισ· στ· σμ*) servieren; **~ιτόρος** Kellner *m*; Servierer *m*; **~ίτσιο** [-tsjɔ] Service *n*; Gedeck *n*
σεργ|ιάνι [-'ja-] Spaziergang *m*; Stadtbummel *m*; **~ιανίζω** (*σ· σμ*) *v/i* spazierengehen; *v/t* spazierenführen
σέρνω (*υρ· υρθ· υρμ*) *v/t* ziehen; schleppen; *χορό* anführen; *v/p κ.* kriechen; *μτφ.* um sich greifen
σέρφ, ~ιγκ (*0*) *n* (Wind-)Surfen *n*; ***κάνω ~*** (wind)surfen
σεσημασμένος [-zm-] (als verdächtig) in der Kartei geführt
σεσουάρ (*0*) *n* Haartrockner *m*
σήκωμα *n* (An-)Heben *n*; *χρήμ.*: Abheben *n*; Wecken *n*; Aufstehen *n*
σηκών|ω (*σ· θ*) *v/t* heben; *τοίχο* höher machen; *άγκυρα* einziehen; *χρήμ.* abheben; *j-n* wecken; *μανίκια* aufkrempeln; *κλίμα*: bekommen *D*; **~ω ψηλά** emporheben; *v/p* aufstehen, sich erheben; *οικ.* ***δε ~ει*** es geht nicht
σηκωτό|ς getragen; gehoben; ***παίρνω κπ ~*** j-n (weg)tragen
σήμα *n* Zeichen *n*; Marke *f*; Abzeichen *n*; Signal *n*; Wappen *n*; ***απαγορευτικό ~*** Verbotsschild *n*; ***εμπορικό ~*** Handelsmarke *f*; ***~ κατατεθέν*** Markenzeichen *n*, Warenzeichen *n*; ***~ κατειλημμένου*** Besetztzeichen *n*; ***~ κινδύνου*** Notsignal *n*; ***~ προτεραιότητας*** Vorfahrtszeichen *n*
σημάδεμα *n* Kennzeichnung *f*, Markierung *f*
σημ|αδεμένος gekennzeichnet; gezeichnet; **~αδεύω** [-'ɛvɔ] (*εψ· ευτ· εμ*) *v/t* kennzeichnen, markieren; zielen auf *A*; **~άδι** Zeichen *n*; Zielscheibe *f*; Merkmal *n*; Vorzeichen *n*; **~αδιακός** [-ðja-] schicksalhaft; **~αδούρα** Boje *f*
σημ|αία Fahne *f*, Flagge *f*; **~αίνω** (*αν· ανθ· [σε]σημασμ*) *v/t* bedeuten; *ρολόι*: läuten, schlagen
σημαιο|στολίζω (*σ· στ· σμ*) beflaggen; **~στόλιστος** beflaggt; **~φόρος** Fahnenträger *m*
σήμανση (*-εις*) Abstempelung *f*; Kennzeichnung *f*; Aufnahme *f* in die (Verbrecher-)Kartei
σημαντικ|ή Bedeutungslehre *f*; Se-

Σ

mantik *f*; **\~ός** bedeutend, bedeutsam, wichtig; **\~ότητα** Bedeutung *f*, Bedeutsamkeit *f*, Wichtigkeit *f*
σημασ|ία Bedeutung *f*, Sinn *m*; Wichtigkeit *f*; **\~ιολογία** [-'jia] Semiotik *f*
σηματοδότης Blinker *m*; (Verkehrs-) Ampel *f*
σημείο Punkt *m*; Zeichen *n κ. μαθ.*; Note *f*; ***νεκρό \~*** tote(r) Punkt; ***\~ του ορίζοντα*** Himmelsrichtung *f*
σημείωμα *n* Notiz *f*; Merkblatt *n*; *πολ.* Note *f*; ***βιογραφικό \~*** Lebenslauf *m*
σημει|ωματάριο Notizbuch *n*; **\~ώνω** (*σ· θ*) anmerken; *λάθη* anstreichen; aufzeichnen; notieren; bemerken; *ρεκόρ* verzeichnen, *επιτυχία* erzielen
σημείωση (*-εις*) Aufzeichnung *f*, Notiz *f*; Vermerk *m*; Aufzeichnen *n*
σημειωτ|έος (***-α, -ο***) bemerkenswert; **\~ός: *κάνω βήμα \~όν*** auf der Stelle treten
σήμερα heute; *Su* (*0*) *n* Heute *n*
σημερινός heutig
σημύδα Birke *f*
σήραγγα Tunnel *m*; Kanal *m*
σηρ|οτροφία Seidenzucht *f*; **\~οτρόφος** Seidenzüchter *m*
σήτα Mehlsieb *n*
σηψαιμία Blutvergiftung *f*
σήψη (*-εις*) Fäulnis *f*, Verwesung *f*
σθεναρ|ός stark, kraftvoll; **\~ότητα** Stärke *f*; Tatkraft *f*
σθένος *n* Kraft *f*, Stärke *f*
σιαγόνα [-'ɣɔ-] Kiefer *m*, Kinnbacken *m*; Kinn *n*; ***άνω \~*** Oberkiefer *m*; ***κάτω \~*** Unterkiefer *m*
σιά|ζω ['sja-] (*ξ· χτ· γμ*) *v/t* machen; *etw.* erledigen; in Ordnung bringen; *v/i* in Ordnung gehen, sich erledigen; ***τα \~ξανε*** sie haben sich vertragen
σιαλογόνος [-'ɣɔ-] (***-α, -ο***) Speichel-
σιάξιμο ['sja-] (*-ματος*) Machen *n*; Ordnen *n*; Instandsetzung *f*
σιάχνω *βλ.* ***σιάζω***
σιγά [si'ɣa] *Adv* leise; langsam; **\~ - \~** (immer) langsam, sachte
σιγαλ|ιά [-ɣa'lja] Stille *f*, Ruhe *f*; **\~ός** leise, ruhig, still
σιγανός leise, still; langsam
σιγαρ- *βλ.* ***τσιγαρ-***
σιγή [si'ji] Stille *f*; Schweigen *n*
σιγο|βράζω [-ɣɔ-] (*σ· στ· σμ*) *v/t κ. v/i* schmoren, auf kleiner Flamme kochen; *μτφ.* schwelen; **\~καίω** schwelen; **\~μουρμουρίζω** (*σ*) leise murmeln
σιγουρεύω [-ɣu'rɛvɔ] (*εψ· ευτ· εμ*) in Sicherheit bringen; *v/p* sich vergewissern
σιγουριά [-ɣur'ja] Sicherheit *f*
σίγουρο|ς [-ɣu-] sicher; ***\~ς για τον εαυτό του*** selbstsicher
σιγώ [-'ɣɔ] *K* (*ησ*) schweigen
σιδερ|άδικο Eisenwarenhandlung *f*; **\~άς** (*-άδες*) Eisenwarenhändler *m*; **\~ένιος** (***-α, -ο***) eisern; **\~ικά** *n/pl* Eisenwaren *f/pl*
σίδερο Eisen *n*; Bügeleisen *n*; *pl* Kette *f*, Eisenteile *n/pl*; *ναυτ.* Anker *m*
σιδεροκέφαλος kerngesund; *σαν ευχή περ.*: ich beglückwünsche Sie *zur Verlobung κλπ.*
σιδέρωμα *n* Bügeln *n*, Plätten *n*
σιδερ|ώνω (*σ· θ*) bügeln, plätten; **\~ωτήριο** Plätterei *f*; Bügelautomat *m*; **\~ωτής** Plätter *m*, Bügler *m*; **\~ώτρια** Plätterin *f*, Büglerin *f*
σιδηρ|οβιομηχανία Eisenindustrie *f*; **\~οδρομικός** Eisenbahn-; *Su* Eisenbahner *m*; *Adv* mit der Eisenbahn; **\~όδρομος** Eisenbahn *f*; ***εναέριος \~όδρομος*** Seilbahn *f*; ***υπόγειος \~όδρομος*** U-Bahn *f*, Metro *f*
σίδηρος *K* Eisen *n*; ***εποχή του σιδήρου*** Eisenzeit *f*
σιδηρουργ|είο [-'jiɔ] Schmiede *f*; Eisenwerk *n*; **\~ός** [-'ɣɔs] Schmied *m*
σιδηρούχος [-xɔs] (***-α, -ο***) eisenhaltig
σικ (*0*) *n* Schick *m*; *adj* schick
σίκαλη Roggen *m*
σιλανσιέ [-'sjɛ] (*0*) *n* Schalldämpfer *m*
σιλό (*0*) *n* Silo *m*, *n*
σιλουέτα Silhouette *f*; *die* schlanke Linie *f*
σιμιγδ|άλι [-ɣð-] Grieß *m*; **\~αλένιος** [-njɔs] (***-α, -ο***) Grieß-
σιμώνω (*σ*) *v/t* sich nähern *D*
σινεμά (*0*) *n* Kino *n*
σινιάλο [si'njalɔ] Signal *n*, Zeichen *n*
σιντριβάνι Springbrunnen *m*
σιρίτι Litze *f*, Schnur *f*
σιρόπι Sirup *m*
σιτ|αγορά [-ɣɔ-] Getreidemarkt *m*; **\~αποθήκη** Getreidespeicher *m*; **\~αρένιος** [-njɔs] (***-α, -ο***) Weizen-; **\~άρι** Getreide *n*; Weizen *m*; **\~εμπορία** Getreidehandel *m*; **\~έμπορος** Getreidehändler *m*
σιτ|ευτός [-ɛft-] gemästet, Mast-;

~εύω [-'ɛvɔ] (*εψ· εμ*) mästen; *κρέας*: abhängen
σιτηρά *n/pl* Getreide *n*
σιτο|βολώνας Scheune *f*; Getreidekammer *f*; **~δεία** Mißernte *f*; **~παραγωγή** [-ɣɔ'ji] Getreideerzeugung *f*
σίτος *K* Weizen *m*; Getreide *n*
σιφόνι Pipette *f*; Klosettbecken *n*
σιφονιέρα [-'njɛra] Kommode *f*
σίφουνας Windhose *f*, Wirbelwind *m*
σιχαίνομαι [-'çɛ-] (*αθ· αμ*) *v/t* verabscheuen, *v/i κ. v/t* sich ekeln vor *D*
σίχαμα [-xa-] *n* Abscheu *m*, Ekel *m*
σιχαμ|ένος [-xa-], **~ερός** widerwärtig, ekelhaft; scheußlich
σιχασ|ιά [-xa'sja] Abscheu *m*, Ekel *m*; **~ιάρης** 3 zimperlich, wählerisch
σιωπ|ή Stille *f*; Schweigen *n*, Stillschweigen *n*; ***~ή!*** Ruhe!; **~ηλός** still, ungesprächig, schweigsam; **~ηρός** schweigsam; stillschweigend; **~ητήριο** Zapfenstreich *m*; **~ώ** (*άς· ησ*) schweigen
σκάβω (*ψ· φτ· μμ*) graben; ausgraben; umgraben
σκάγι ['skaji] *συνήθ. pl* Schrot *n*, *m*
σκάζω (*σ· σμ*) *v/t* zum Platzen bringen *κ. μτφ.*; *χιλιάρικο* herausrücken; *v/i* bersten, zerspringen; *βόμβα*: platzen; *μτφ.* platzen (***από***/vor *D*), umkommen *vor*; *οικ.* ***σκάσε!*** halt's Maul!; ***το ~*** entwischen; ***το ~ από το σχολείο*** (die Schule) schwänzen; ***~ στα γέλια*** in Lachen ausbrechen
σκαθάρι Mistkäfer *m*
σκάκι Schach(spiel) *n*
σκακ|ιέρα [-'kʲɛra] Schachbrett *n*; **~ιστής** Schachspieler *m*
σκάλα Treppe *f*; Leiter *f*; *μουσ.* Tonleiter *f*; *ναυτ.* Anlegeplatz *m*
σκαλί Stufe *f*
σκαλίζω (*σ· στ· σμ*) (um)graben, die Erde lockern, hacken; ziselieren; *μτφ.* durchwühlen; *v/i* herumwühlen; *φωτιά* schüren; ***~ σε ξύλο*** schnitzen
σκάλισμα [-zma] *n* Umgraben *n*; Hacken *n*; Schnitzen *n*; Ziselieren *n*
σκαλιστ|ήρι Hacke *f*; **~ός** ziseliert, graviert; geschnitzt
σκαλοπάτι Stufe *f*; Sprosse *f*
σκαλ|ώνω (*σ· θ*) klettern (***σε***/auf *A*); *μτφ.* stocken; **~ωσιά** [-'sja] Gerüst *n*
σκάμμα *n αθλ.* Sprunggrube *f*
σκαμνί Schemel *m*, Hocker *m*
σκαμπάζω (*σ*) kapieren, verstehen
σκαμπαν|εβάζω *πλοίο*: stampfen; **~έβασμα** [-zma] *n* Stampfen *n*
σκαμπίλι Ohrfeige *f*
σκανδάλη Drücker *m am Gewehr*
σκανδαλ|ίζω (*σ· στ· σμ*) *v/t* Anstoß erregen, schockieren; *v/p* sich beunruhigen; **~ιστικός** anstößig; skandalös
σκάνδαλο Skandal *m*; Ärgernis *n*; ***πέτρα του σκανδάλου*** Stein *m* des Anstoßes
σκανδαλ|οθηρικός skandalsüchtig; **~ώδης** 2 skandalös, unerhört
σκανταλ|ιά [-'lja] Unartigkeit *f*; **~ιάρης** 3 ungezogen
σκαντζόχοιρος [-çi-] Igel *m*
σκάνω (*σ*) *βλ.* ***σκάζω***
σκαπουλάρω (II = I, *αρισ*) entkommen; *μτφ.* davonkommen
σκάρα Rost *m*, Grill *m*; ***της ~ς*** vom Rost, gegrillt
σκαρί Stapel *m κ. μτφ.*, Helling *f*; *μτφ.* Figur *f*; Veranlagung *f*, Art *f*
σκαρλατίνα Scharlach *m*
σκαρμός (Ruder-)Dolle *f*
σκαρπέλο Skalpell *n*; Meißel *m*
σκαρπίνι Halbschuh *m*
σκάρτος nutzlos; schadhaft; *μτφ.* unzuverlässig; unehrlich
σκαρφαλώνω (*σ· μ*) klettern
σκαρφίζομαι (*στ*) sich (*D*) *etw.* ausdenken
σκαρώνω (*σ· μ*) auf Stapel legen; sich (*D*) *etw.* ausdenken, planen; ***~ μια δουλειά σε κπ*** j-n reinlegen
σκασίλα Ärger *m*, Verdruß *m*
σκάσιμο (*-ματος*) Platzen *n*; Explosion *f*; Riß *m*; Ärger *m*; Schwänzen *n*
σκασμός [skazm-] Erstickungstod *m*, Ersticken *n*; ***~!*** halt's Maul!
σκαστός klatschend, schmatzend
σκατ|ό Kot *m*, Mist *m*; ***~ά!*** Mist!, *οικ.* Scheiße!
σκατώνω (*σ· θ*): *mit Kot* beschmutzen; ***τα σκάτωσε*** er hat Scheiße (*ή* Mist) gebaut
σκάφανδρο Taucheranzug *m*
σκάφη Trog *m*; Mulde *f*
σκάφος *n* Schiff *n κ. μτφ.*
σκαφτιάς [-'tjas] (*-άδες*) Gräber *m*; Feldarbeiter *m*
σκάφτω *βλ.* ***σκάβω***
σκάψιμο (*-ματος*) (Um-)Graben *n*
σκάω (*ας· ασ· ασμ*) *βλ.* ***σκάζω***

σκεβρώνω (*σ· μ*) *v/t* krümmen; *v/i* sich verziehen, krumm werden
σκέλεθρο *βλ.* ***σκελετός***
σκελετ|ός Skelett *n κ. μτφ.*; Gerüst *n*; Rahmen *m*; Gestell *n*; (*Brillen-*)Fassung *f*; **~ώδης** 2 skelettartig
σκελίδα (*Knoblauch-*)Zehe *f*
σκέλος *n* Schenkel *m κ. μαθ.*; Bein *n*; Seite *f e-r Bilanz*
σκεπάζω (*σ· στ· σμ*) *v/t* (be)decken; *μτφ.* vertuschen; *v/p* sich zudecken
σκεπάρνι Axt *f*
σκεπαρνιά [-'nja] Axthieb *m*
σκέπασμα [-z-] *n* Decke *f*; Deckel *m*
σκεπαστός bedeckt; überdacht
σκέπη Obdach *n*; *μτφ.* Schutz *m*
σκεπή Dach *n*
σκεπτικισ|μός [-zm-] Skeptizismus *m*; **~τής** [-st-] Skeptiker *m*
σκεπτικός nachdenklich; *Su n νομ.* Entscheidungsgründe *m/pl*
σκέπτομαι (*φτ· εσκεμμ-*) *v/t* denken an *A*; überlegen; erwägen; *v/i* nachdenken (***πάνω σε, για***/über *A*); gedenken, vorhaben (***να***/zu)
σκέρτσο *συνήθ. pl* Anmut *f*; Getue *n*
σκερτσόζος (**-α, -ο**) anziehend; lustig; sich zierend
σκέτος rein; einfach; *καφές*: ungezukkert; *ψωμί*: trocken
σκετς (*0*) *n* Hörspiel *n*; Sketch *m*
σκεύ|ος *n* Gerät *n*; ***επιτραπέζια ~η*** Eßgeschirr *n*; ***μαγειρικά ~η*** Kochgeschirr *n*; ***πυρίμαχα ~η*** feuerfeste(s) Geschirr
σκευοφόρος [sķεvɔ-] *f* Güterwagen *m*
σκευωρία [-εvɔ-] Intrige *f*
σκέψη (*-εις*) Überlegung *f*; Gedanke *m*; Grübeln *n*; Nachdenken *n*
σκηνή Zelt *n*; Bühne *f*; Bühnenbild *n*; *μτφ.* Szene *f*, Auftritt *m*
σκην|ικός Bühnen-, Theater-; *Su n/pl* Szenerie *f*, Bühnenbild *n*; **~ογραφία** [-γr-] Bühnenbild *n*, Dekoration *f*; **~ογράφος** Bühnenbildner *m*
σκηνο|θεσία Regie *f*; Inszenierung *f*; **~θέτης** Regisseur *m*; **~θετώ** (*ησ· ηθ· ημ*) inszenieren *κ. μτφ.*; Regie führen
σκήπτρο Zepter *n*
σκι (*0*) *n* Ski *m*; Skilaufen *n*, Skifahren *n*; ***κάνω ~*** Ski laufen *ή* fahren; ***θαλάσσιο ~*** Wasserski(fahren *n*) *m*
σκιά Schatten *m κ. μτφ.*; Geist *m*, Gespenst *n*
σκια|γράφημα [-γr-] *n* Skizze *f*; **~γραφώ** (*ησ*) skizzieren; entwerfen
σκιάζω (*σ· στ· σμ*) verdunkeln
σκιάχτρο ['sķaxtrɔ] Schreckgespenst *n*; Vogelscheuche *f*
σκιερός schattenspendend; schattig; dunkel
σκιζ- *βλ.* ***σχιζ-***
σκίουρος Eichhörnchen *n*
σκίρτημα *n* Freudensprung *m*
σκιρτώ (*άς· ησ*) aufspringen
σκίτσο Skizze *f*
σκλάβα Sklavin *f*; Gefangene *f*
σκλαβιά Sklaverei *f*, Knechtschaft *f*
σκλάβος Sklave *m*; Gefangene(r)
σκλαβώνω (*σ· θ*) versklaven, unterjochen; *μτφ.* zu Dank verpflichten
σκλερ- *βλ.* ***σκληρ-***
σκληραγωγ|ία [-γɔj-] Abhärtung *f*; **~ώ** [-'γɔ] (*ησ· ηθ· ημ*) abhärten
σκληρ|άδα Härte *f*; **~αίνω** (*υν· υνθ*) hart machen, härten; *v/i* sich verhärten; unempfindlich werden; **~όκαρδος** hartherzig; **~οκέφαλος** dickköpfig; **~όπετσος** dickhäutig; **~ός** hart; rauh; grausam; **~ότητα** Härte *f*; Grausamkeit *f*
σκληρ|οτράχηλος [-çi-] hartnäckig, widerspenstig; **~όψυχος** hartherzig
σκλήρυνση (*-εις*) (Ver-)Härtung *f*
σκληρύνω *βλ.* ***σκληραίνω***
σκλήρωση (*-εις*) Sklerose *f*
σκνίπα (kleine) Mücke *f*; ***έγινε ~*** er ist sinnlos betrunken
σκοιν- *βλ.* ***σχοιν-***
σκολ- *βλ. κ.* ***σχολ-***
σκόλη Feiertag *m*
σκολιανά [-lj-] *n/pl* Pöbeleien *f/pl*
σκονάκι *ιατρ.* Pulver *n*
σκόνη Staub *m*; Pulver *n*
σκον|ίζω (*σ· στ· σμ*) bestäuben; *v/p* staubig werden, einstauben; **~ισμένος** staubig, verstaubt
σκοντάφτω (*ψ*) stolpern (***σε***/über *A*); *μτφ.* auf Schwierigkeiten stoßen
σκόντο Skonto *m*, Rabatt *m*
σκόπελος Klippe *f κ. μτφ.*
σκοπευτ|ήριο [-pεf-] Schießstand *m*; Schießbude *f*; **~ής** Schütze *m*
σκόπευτρο [-εf-] *φωτογρ.* Sucher *m*
σκοπεύω [-'εvɔ] (*ευσ*) zielen; zielen auf *A*, anvisieren; (*χωρίς Aor*) beabsichtigen
σκοπιά Wache *f*; Wachtturm *m*; Aussichtspunkt *m*; Standpunkt *m*

Σ

σκόπιμος zweckmäßig, nützlich; beabsichtigt, vorsätzlich; zielstrebig
σκοπιμότητα Zweckmäßigkeit *f*; Vorsätzlichkeit *f*
σκοποβολή Schießübung *f*
σκοπ|ός Ziel *n*; Zweck *m*; *στρ.* Wache *f*; Melodie *f*; Vorsatz *m*, Plan *m*; ***με ~ό*** *A* zwecks *G*; ***από ~ού*** vorsätzlich, absichtlich; ***έχω ~ό*** beabsichtigen, vorhaben
σκορδίλα Knoblauchgeruch *m*
σκορδαλιά [-'lja] Knoblauchsoße *f*
σκόρδο Knoblauch *m*
σκόρος Motte *f*
σκορπίζω (*σ· στ· σμ*) *v/t* (zer)streuen; verbreiten; *μτφ.* vergeuden, verschwenden; *v/p* sich zerstreuen
σκόρπιος (**-α, -ο**) zerstreut
σκορπιός [-'pjɔs] Skorpion *m*
σκόρπισμα [-zma] *n* Zerstreuung *f*; Verschwendung *f*
σκορπώ (*άς*) *βλ.* ***σκορπίζω***
σκοτάδι Dunkelheit *f*, Finsternis *f*; ***~ πίσσα*** stockdunkel
σκοταδιστής *περ.* reaktionär
σκοτειν|ιά [-'nja] Dunkelheit *f*, Finsternis *f*; **~ιάζω** (*σ· σμ*) dunkel werden; *μτφ.* sich verfinstern
σκοτ|εινός dunkel *κ. μτφ.*, finster, düster; unklar; ***στα ~εινά*** im Dunkeln
σκοτ|ίζω (*σ· στ· σμ*) *v/t* stören, ärgern, quälen; *v/p* sich Sorgen machen (***για***/ um *A*); ***~ίστηκα!*** das ist mir egal!
σκοτοδίνη Schwindel(anfall) *m*
σκοτούρα Sorge *f*; Schwindel *m*
σκοτ|ωμός Töten *n*, Morden *n*; *μτφ.* Geschubse *n*, Drängelei *f*; **~ώνω** (*σ· θ*) *v/t* töten, umbringen *κ. μτφ.*; ***~ώνω την ώρα*** *die Zeit* totschlagen; *v/p* umkommen; sich umbringen (***σε***/vor *D*); drängeln, sich schubsen
σκούζω (*ξ*) kreischen; heulen
σκουλαρίκι Ohrring *m*
σκουλ|ήκι Wurm *m*, Made *f*; **~ηκιάζω** [-'ķa-] wurmstichig *ή* madig werden; **~ηκιάρης** 3, **~ηκοφαγωμένος** wurmstichig, madig
σκουμπρί Makrele *f*
σκουντιά Stoß *m*, Schubs *m*
σκουντ|ούφλης (*-ηδες*) Griesgram *m*; **~ουφλώ** (*άς· ησ*) stolpern; **~ώ** (*άς· ησ, ηξ· ηθ*) stoßen, schubsen
σκούπα Besen *m*; ***ηλεκτρική ~*** Staubsauger *m*
σκουπ|ιδαριό [-'rjɔ] Müllhaufen *m*; **~ίδι** Müll *m*, Kehricht *m*; ***κάνω κπ ~ίδι*** j-n zur Schnecke machen; **~ιδιάρης** [-'ðjar-] (*-ηδες*) Straßenfeger *m*; Müllkutscher *m*; **~ιδιάρικο** Müllwagen *m*; **~ίζω** (*σ· στ· σμ*) fegen, kehren; abwischen; *σώμα* abtrocknen; *μύτη* putzen
σκούπισμα [-zma] *n* Fegen *n*, Kehren *n*; Abwischen *n*; Abtrocknen *n*
σκουπόξυλο Besenstiel *m*
σκουραίνω (*αν*) *v/t* dunkler machen; *v/i* dunkel werden; sich verschlimmern
σκουρ|ιά [-'rja] Rost *m*; **~ιάζω** (*σ· σμ*) *v/i* rosten, rostig werden; *μτφ.* veralten; **~ιασμένος** verrostet; *μτφ.* unmodern, veraltet, überholt
σκούρ|ος (**-α, -ο**) dunkel *κ. μτφ.*; *μτφ.* schwer, schwierig; ***τα βρίσκω ~α*** auf Schwierigkeiten stoßen
σκούτερ (*0*) *n* Motorroller *m*
σκούφια Mütze *f*, Haube *f*, Kappe *f*
σκούφος Kappe *f*; *ζωολ.* Haube *f*
σκύβω (*ψ· μμ*) *v/t* beugen; neigen; *v/i* sich beugen, sich bücken
σκυθρωπ|άζω (*σ*) finster blicken; **~ός** finster, düster, mürrisch
σκύλα Hündin *f*
σκυλ|ί Hund *m*; **~ιάζω** [-lj-] (*σ*) *v/t* in Wut bringen; *v/i* wütend werden; **~ίσιος** [-sjɔs] (**-α, -ο**) Hunde-
σκυλ|οβρίζω (*σ· στ*) anpöbeln; **~όδοντο** Eckzahn *m*; **~ολό(γ)ι** Gesindel *n*; **~οπνίχτης** [-xt-] alte(r) Kahn
σκύλος Hund *m*
σκυλόψαρο Hai(fisch) *m*
σκυρόδεμα *n K* Beton *m*
σκυταλοδρομία Staffellauf *m*
σκυφτός gebeugt, gebückt
σκύψιμο (*-ματος*) Beugen *n*, Bücken *n*
σκωληκοειδίτιδα Blinddarmentzündung *f*
σκώρος *βλ.* ***σκόρος***
σλαβικός slawisch
σλάβος Slawe *m*
σλάιτζ, σλάιτς (*0*) *n* Dia(positiv) *n*
σλαυ- *βλ.* ***σλαβ-***
σλιπ (*0*) *n*, **σλιπάκι** Slip *m*
σμάλτ|ο ['zma-] Emaille *f*; *ανατ.* Zahnschmelz *m*; **~ωμα** *n* Emaillieren *n*
σμαλτώνω [zma-] (*σ· θ*) emaillieren
σμαράγδι [-'aγði] Smaragd *m*
σμάρι ['zmari] Schwarm *m*
σμηναγός [zminaγ-] Hauptmann *m*

der Luftwaffe; **~αρχία** [-arç-] Staffel *f*
σμήνος ['zmin-] *n* Schwarm *m*; Bienenstock *m*; *στρ.* Fliegerstaffel *f*
σμίγω ['zmiɣɔ] (*ξ· χτ· γμ*) *v/i* sich verbinden; sich treffen
σμίκρυνση (*-εις*) ['zmi-] Verkleinerung *f*, Verringerung *f*
σμικρύνω [zm-] (*υν· υνθ· υμ*) verkleinern, verringern
σμίλη Meißel *m*
σμίξιμο [zm-] (*-ματος*) Verbindung *f*; Begegnung *f*
σμόκιν [zm-] (*0*) *n* Smoking *m*
σμπαρ|άλια [zba'ralja] *n/pl* Trümmer *pl*; **~αλιάζω** (*σ· στ· σμ*) *v/t* zerbrechen, zertrümmern
σμπάρο [zb-] Schuß *m*; ***μ'ένα ~ δυο τρυγόνια*** zwei Fliegen mit einer Klappe
σμύρνα [zm-] Myrrhe *f*; *ιχθ.* Muräne *f*
σνάκ-μπαρ (*0*) *n* Schnellgaststätte *f*
σοβαρ|εύω [-'rɛvɔ] (*εψ· ευτ· εμ*) *v/i*, *v/p* ernst werden; im Ernst sprechen; **~ός** ernst; ernsthaft, seriös; *υπόθεση*: wichtig; gefährlich; *πρόσ.*: zuverlässig; *Adv* im Ernst; ernstlich, schwer *krank*; **~ότητα** Ernst *m*, Ernsthaftigkeit *f*; **~οφανής** 2 wichtigtuerisch
σοβάς *βλ.* ***σουβάς***
σοβα|τζής (*-ήδες*) Putzer *m*; **~τίζω** (*σ· στ· σμ*) verputzen; tünchen
σοβάτισμα [-zma] *n* Verputzen *n*
σοβ|ιέτ [-'vjɛt] (*0*) *n* Sowjet *m*; **~ιετικός** sowjetisch
σόγια [-ja] Sojabohne *f*
σόδα Soda *n*, *f*
σοδειά [-'ja] Ernte *f*
σόι (*σογιού*) Familie *f*; Geschlecht *n*; Sippe *f*; Stamm *m*; ***τι ~*** was für (ein)
σοκ (*0*) *n* Schock *m*
σοκάκι Gasse *f*
σοκάρω (II = I, *αρισ· στ· σμ*) schokkieren, erschüttern
σόκιν (*0*) empörend, unanständig
σοκολ|άτα Schokolade *f*; **~ατένιος** (***-α, -ο***) Schokoladen-
σόλα Sohle *f*
σολιάζω [sɔlj-] (*σ· στ· σμ*) besohlen
σολομός Lachs *m*
σόμπα ['sɔba] Ofen *m*
σορός *f* Sarg *m*; Leichnam *m*
σορτς (*0*) *n* Shorts *pl*, kurze Hose *f*
σοσιαλδημοκρ|άτης Sozialdemokrat *m*; **~ατικός** sozialdemokratisch
σοσιαλισ|μός Sozialismus *m*; **~τής** Sozialist *m*; **~τικός** sozialistisch
σουβάς (*-άδες*) Putz(mörtel) *m*
σουβενίρ (*0*) *n* Andenken *n*
σούβλα Bratspieß *m*; ***της ~ς*** vom Spieß
σουβλ|άκι kleine(r) Spieß *m*; Souvlaki *m*; **~ατζίδικο** Schnellgaststätte *f*; **~ερός** spitz; **~ί** Ahle *f*, Pfriem *m*; Spieß *m*; **~ιά** Stich *m*, stechende(r) Schmerz; **~ίζω** (*σ· στ· σμ*) aufspießen; durchbohren; *πόνος*: durchzucken
σούβλισμα [-zma] *n* Aufspießen *n*; Stechen *n*; stechende(r) Schmerz
σουβλιστός am Spieß gebraten
σουγιάς [-'jas] (*-άδες*) Taschenmesser *n*
σούζα *adv* demütig; ***στέκομαι ~*** Männchen machen, strammstehen
σουλατσ|αδόρος Herumlungerer *m*; **~άρω** (*ρισ*) herumlungern
σουλάτσο Herumlungern *n*
σουλτ|ανίνα Sultanine *f*; **~άνος** Sultan *m*
σούμα Endbetrag *m*, Summe *f*
σούπα Suppe *f*
σούπερ-μάρκετ (*0*) *n* Supermarkt *m*
σουπιά Tintenfisch *m*; *μτφ.* Spitzel *m*
σουπιέρα [-'pjɛ-] Suppenschüssel *f*
σούρα Falte *f*; *οικ.* Besäufnis *n*
σουρλουλού (*-ούδες*) *f* Schlampe *f*
σούρουπο Abenddämmerung *f*
σουρ|ούπωμα *n* *βλ.* ***σούρουπο***; **~ουπώνει** es dämmert
σούρσιμο (*-ματος*) Kriechen *n*
σουρ|ώνω (*σ· θ*) *v/t* sieben; filtern; plissieren; *v/i* kraftlos (*ή* ermattet) sein; *οικ.* saufen; **~ωμένος** angetrunken
σουρωτήρι Sieb *n*; Filter *m*
σουσ|άμι Sesam *m*; **~αμόλαδο** Sesamöl *n*
σούσουρο Flüstern *n*, Gemurmel *n*; *μτφ.* Gerede *n*, Klatsch *m*
σούστα (Sprung-)Feder *f*; (zweirädriger) Karren *m*
σουτ (*0*) *n* *ποδόσφ.* Schuß *m*
σουτάρω (*αρισ*) ein Tor schießen
σουτζουκάκι Hackfleischklößchen *n*
σουτιέν [-'tjɛn] (*0*) *n* Büstenhalter *m*
σουφρώνω (*σ· θ*) in Falten legen; knittern; stehlen, *οικ.* klauen
σοφ|άρω (*ρισ*) chauffieren; **~έρ** (*0*) *m* Chauffeur *m*, Fahrer *m*
σοφία Weisheit *f*

σοφίζομαι (*στ*) ersinnen; sich (*D*) *etw.* ausdenken
σόφισμα [-zma] *n* Spitzfindigkeit *f*; Trugschluß *m*
σοφιστ|εία Spitzfindigkeit *f*; **~ής** Sophist *m*; Wortverdreher *m*; **~ική** Sophistik *f*; **~ικός** spitzfindig
σοφίτα Dachgeschoß *n*; Mansarde *f*
σοφός weise; gelehrt; vernünftig
σπαγέτο [-'jɛtɔ] Spaghetti *pl*
σπαγκοραμμένος knauserig
σπάγκος Bindfaden *m*, Schnur *f*; *μτφ.* Geizkragen *m*
σπαζοκεφαλιά [-'lja] Rätsel *n*
σπάζω (*σ· σμ*) *v/t* zerbrechen, zerschlagen, zertrümmern; sich (*D*) *den Fuß* brechen; sich (*D*) *den Kopf* zerbrechen; *ρεκόρ* brechen; *v/i* kaputtgehen; zerbrechen; zerreißen; **~ *κπ στο ξύλο*** j-n durchprügeln
σπαθάτος schlank und rank
σπαθί Schwert *n*; Degen *m*; *χαρτοπ.* Treff *n*, Kreuz *n*; *οικ. Adv* ehrlich
σπάλα Schulterblatt *n*
σπαν|άκι Spinat *m*; **~ακόπιτα** *περ.*: Spinatpastete *f*
σπανίζω (*σ*) selten sein; knapp sein
σπάνιος (**-*α*, -*ο***) selten, rar; knapp
σπανιότητα Seltenheit *f*; Rarität *f*
σπάνω *βλ.* ***σπάζω***
σπαράγγι Spargel *m*
σπαρ|αγμός [-ɣm-] Jammer *m*; Zwistigkeit *f*; **~άζω** (*ξ· χτ· γμ*) *v/t* zerreißen *κ. μτφ.*; *v/i* zucken; *ψάρι*: zappeln; *καρδιά*: brechen; **~ακτικός** (**-χτ-**) herzzerreißend
σπάραχνο [-xnɔ] Kieme *f*
σπάργαν|ο [-ɣa-] Windel *f*; ***στα ~α*** noch in den Kinderschuhen
σπαρθ- *βλ.* ***σπέρνω***
σπαρμένος (aus)gesät
σπαρτ|άρισμα [-zma] *n* Zappeln *n*; Zucken *n*; **~αριστός** [-st-] zappelnd; *μτφ.* erregend; *γέλιο*: schallend; **~αρώ** (*άς· ησ*) zappeln; zucken; *καρδιά*: flattern; sich *vor Lachen* schütteln
σπάρτο Ginster *m*
σπαρτ|ό *συνήθ. pl* Saat *f*; **~ός** gesät
σπασίκλας Streber *m*
σπάσιμο (*-ματος*) Zerbrechen *n*; Zerspringen *n*; Brechen *n*; Bruch *m*
σπασμ|ένος [-zm-] zerbrochen; *ιατρ.* gebrochen; *μτφ.* schlapp; **~ός** Krampf *m*, Zuckung *f*; **~ωδικός** krampfhaft
σπατάλη Verschwendung *f*, Vergeudung *f*
σπάταλος verschwenderisch
σπαταλώ (*άς· ησ· ηθ· ημ*) verschwenden, vergeuden
σπάτουλα Spachtel *m*
σπάω (*ας*) *βλ.* ***σπάζω***
σπείρα Spirale *f*; Schnecke *f*; Bande *f*
σπειροειδής 2 spiralförmig
σπεκουλάρω (*αρισ*) spekulieren
σπέρμα *n* Same *m*; Sperma *n*; Keim *m*
σπερματ|οζωάριο Samenzelle *f*, Spermium *n*; **~όρροια** Samenfluß *m*
σπέρνω (*σπειρ· σπαρθ· σπαρμ*) säen; *χωράφι* besäen; *μτφ.* ausstreuen, verbreiten; **~ *διχόνοια*** Zwietracht stiften
σπεσιαλιτέ [-sja-] (*0*) *n*, *f* Spezialität *f*
σπεύδω ['spɛvðɔ] (*ευσ*) *K* eilen, sich beeilen (***να***/zu)
σπήλαιο, σπηλιά Höhle *f*, Grotte *f*
σπίθα Funke(n) *m*
σπιθίζω (*σ*) funkeln
σπινθήρας Funke(n) *m*
σπινθ|ηρίζω (*σ*) *βλ.* funkeln; **~ηρισμός** Funkeln *n*
σπίνος Fink *m*
σπιουν|άρω (*αρισ*) spionieren; intrigieren; **~ιά** [-'nja] Spionieren *n*
σπιούνος Spion *m*, Spitzel *m*
σπιρ|ούνια *n/pl* Sporen *m/pl*; **~ουνίζω** (*σ*) die Sporen geben *D*; *μτφ.* anspornen
σπιρτάδα Spiritusgeruch *m*; Schärfe *f*; *μτφ.* Witz *m*
σπίρτο Streichholz *n*; Alkohol *m*
σπίτι Haus *n*; *adv* nach Hause *gehen*
σπιτ|ικό Zuhause *n*, Heim *n*; **~ικός, ~ίσιος** (**-*α*, -*ο***) häuslich, Haus-; hausgemacht, selbstgebacken
σπιτονοικο|κυρά Hauswirtin *f*, Vermieterin *f*; **~κύρης** (*-ηδες*) Hauswirt *m*
σπιτώνω (*σ· θ*) bei sich (*D*) aufnehmen
σπλαχν|ίζομαι [-xn-] (*στ*) sich erbarmen *G*; **~ικός** barmherzig
σπλάχνο [-xnɔ] *συνηθ. pl* Eingeweide *pl*; *μτφ.* Brust *f*; Schoß *m der Erde*
σπλήνα Milz *f*
σπογγαλιεία Schwammfischerei *f*
σπόγγος *K* Schwamm *m*
σπονδυλικός Wirbel-
σπόνδυλος Wirbel(knochen) *m*
σπονδυλωτό Wirbeltier *n*

σπορ (*0*) *n* Sport *m*
σπορ|ά Saat *f*, Aussaat *f*; **~αδικός** vereinzelt (auftretend), sporadisch
σπορέλαιο Pflanzenöl *n*
σπόρια [-rja] *n/pl* (Sonnenblumen-) Kerne *m/pl*
σποριάζω [-'ja-] (*σ*) keimen
σπόρος Same *m*; Kern *m*
σπουδάζω (*σ, ξ· σμ, γμ*) studieren; *παιδί* studieren lassen
σπουδ|αίος (**-α, -ο**) wichtig; ernst; tüchtig; ***κάνει το ~αίο*** er macht sich wichtig; **~αιότητα** Wichtigkeit *f*; Ernsthaftigkeit *f*; **~ασμένος** [-azm-] studiert; **~αστήριο** Arbeitszimmer *n*; Lesesaal *m*; **~αστής** Student *m*
σπουδή Eile *f*; Studium *n*; Studie *f*
σπουργίτ|ης [-'jit-], **~ι** Spatz *m*
σπρωξιά [-'ksja] Stoß *m*, Schubs *m*
σπρώξιμο (*-ματος*) Stoßen *n*, Schubsen *n*, (An-)Schieben *n*
σπρώχνω [-xnɔ] (*ξ· χτ· γμ*) stoßen; drängeln; zuschieben; *οικ.* schubsen; *μτφ.* *j-n* antreiben, *etw.* zu weit treiben
σπυρ|άκι Körnchen *n*; *ιατρ.* Pustel *f*; **~ί** Korn *n*; *ιατρ.* Pickel *m*; **~ιάζω** [-'ja-] (*σ· σμ*) Pickel bekommen; **~ιάρης** 3 pickelig
στα (*σε + τα*) *D n/pl* den; in den; in die
στάβλος Stall *m*
σταγόνα [-'ɣɔ-] Tropfen *m*
σταγονόμετρο [-ɣɔ-] Pipette *f*
σταδιακός allmählich; *Adv* stufenweise, schrittweise
στάδιο Stadion *n*; Stadium *n*, Stufe *f*
σταδιοδρομ|ία Laufbahn *f*, Karriere *f*; **~ώ** (*ησ*) Karriere machen
στάζω (*ξ*) *v/i*, *v/t* tröpfeln
σταθ- *βλ.* ***στέκομαι***
σταθερ|οποίηση (*-εις*) Stabilisierung *f*, Festigung *f*; **~οποιώ** (*ησ· ηθ· ημ*) stabilisieren, festigen; **~ός** beständig; standhaft; fest, stabil; **~ότητα** Beständigkeit *f*; Stabilität *f*; Standhaftigkeit *f*
σταθμ|ά *n/pl* Gewichte *n/pl*; **~άρχης** [-çis] Bahnhofsvorsteher *m*
στάθμευση (*-εις*) [-ɛfsi] Halten *n*; Parken *n*; *στρ.* Stationierung *f*
σταθμεύω (*ευσ· ευμ*) halten; parken
στάθμη Senkblei *n*; Wasserwaage *f*; (Wasser-)Stand *m*
σταθμίζω (*σ· στ· σμ*) wiegen; ausloten; *μτφ.* bedenken, abwägen
σταθμός *σιδ.* Bahnhof *m*, Station *f*; *μτφ.* Markstein *m*; Stadium *n*; ***αστυνομικός ~*** Polizeirevier *n*; ***εμπορικός ~*** Güterbahnhof *m*; ***ιδιωτικός ~ τηλεόρασης*** privater Fernsehsender *m*; ***παιδικός ~*** Kinderhort *m*; ***ραδιοφωνικός ~*** Rundfunksender *m*; ***~ ηλεκτρικού*** S-Bahnhof *m*, U-Bahnhof *m*; ***~ λεωφορείων*** Busbahnhof *m*; ***~ πρώτων βοηθειών*** Unfallstation *f*
σταλ- *βλ.* ***στέλνω***
στάλα Tropfen *m*; ein bißchen
σταλα(γ)ματιά [-(ɣ)ma'tja] Tropfen *m*
σταλάζω (*ξ*) *βλ.* ***στάζω***
σταλακτίτης Stalaktit *m*
σταλιά [-'lja] *βλ.* ***στάλα***
σταμάτημα *n* Stehenbleiben *n*; Aufhören *n*; Anhalten *n*, Abstellen *n*
σταματώ (*άς· ησ· ημ*) *v/i* stehenbleiben; aufhören; ***δε ~*** durchfahren; zum Stillstand kommen; *v/t* aufhalten; *αίμα* stillen; *τεχν.* abstellen, anhalten, stoppen
στάμνα (Wasser-)Krug *m*
στάμπα Stempel *m*; Stanze *f*
σταμπ|αρισμένος [-zm-] gestempelt, registriert; **~άρω** (II = I, *αρισ· ισμ*) stempeln; stanzen
στάνη Schafstall *m*; Sennhütte *f*
σταν|ικός unfreiwillig; **~ιό** Gewalt *f*
στάνταρ(τ) (*0*) *n* Norm *f*
σταρ (*0*) *m, f* (Film-)Star *m*
στάση (*-εις*) Aufenthalt *m*, Halt *m*; Ruhe(stellung) *f*; *εμπ.* Stillstand *m*, Stagnation *f*; Körperhaltung *f*; *μτφ.* Haltung *f*; Aufstand *m*, Rebellion *f*; ***ενδιάμεση ~*** Zwischenaufenthalt *m*; ***~ λεωφορείου*** Bushaltestelle *f*; ***~ ταξί*** Taxistand *m*
στασ|ιάζω (*σ*) putschen, meutern; **~ιαστής** Meuterer *m*, Rebell *m*
στασίδι Chorstuhl *m*, Kirchenstuhl *m*
στάσιμος (still)stehend; *νερά*: stehend; *μαθητής*: sitzengeblieben; nicht befördert; *Su* Wiederholer *m*
στασιμότητα Stillstand *m*; Ruhe *f*; *εμπ.* Flaute *f*, Stagnation *f*
στατικ|ή Statik *f*; **~ός** statisch
στατιστικ|ή Statistik *f*; **~ός** statistisch; *Su* Statistiker *m*
σταυραετός [stav-] Königsadler *m*
σταυρο|δρόμι Kreuzung *f*; **~ειδής** 2 kreuzförmig; **~κοπιέμαι** [-'pjɛ-] (*ηθ*) sich bekreuzigen

σταυρ|όλεξο [stav-] Kreuzworträtsel *n*; **~οπόδι** im Türkensitz; **~ός** Kreuz *n*; *τεχν*. Kreuzkopf *m*; *ζωολ*. Seestern *m*; ***Ερυθρός*** **Sός** Rote(s) Kreuz; ***κάνω το ~ό μου*** sich bekreuzigen; **~οφορία** Kreuzzug *m*; **~οφόρος** Kreuzfahrer *m*

σταυρώνω [-av-] (*σ· θ*) kreuzen; *πόδια* übereinanderschlagen; *προσ*. kreuzigen; *μτφ*. quälen

σταύρωση Kreuzigung *f*

σταυρωτ|ής [-av-] (*-ήδες*) Quälgeist *m*; Folterer *m*; **~ός** gekreuzt; kreuzweise; schräg, quer

σταφίδα Rosine *f*

σταφιδιάζω [-'ðja-] (*σ*) eintrocknen; (zusammen)schrumpfen

σταφυλή Zäpfchen *n*

σταφύλι Weintraube *f*

στάχτη [-xti] Asche *f*; ***ρίχνω ~ στα μάτια*** Sand in die Augen streuen

σταχτής [-xt-] (***-ιά, -ί***) aschfarben

σταχτοδοχείο [-xtɔðɔç-] Aschenbecher *m*

στάχυ [-çi] (*-ιού*) *n* Ähre *f*

σταχυο|λογία [-çĭɔlɔj-] Ährenlese *f*; *μτφ*. Sammlung *f*; **~λογώ** [-'ɣɔ] (*ησ· ηθ· ημ*) Ähren lesen; sammeln

στεγάζω [-'ɣa-] (*σ· στ· σμ*) unter Dach bringen, bedachen; unterbringen

στεγαν|οποίηση (*-εις*) [-ɣa-] Dichtung *f*; **~οποιώ** (*ησ· ηθ· ημ*) (ab)dichten; **~ός** dicht, undurchlässig; **~ότητα** Undurchlässigkeit *f*

στέγα|ση (*-εις*) [-ɣasi] Bedachung *f*; Unterbringung *f*; **~σμα** *n* Dach *n*

στεγαστικός [-ɣa-] Dach-; Wohnungs-, Bauspar-

στέγη [-ji] Dach *n*; Obdach *n*; Wohnung *f*, Wohnraum *m*

στεγνός trocken *κ. μτφ*.; dürr

στέγνωμα ['stɛɣn-] *n* Trocknen *n*

στεγνώνω (*σ· μ*) *v/t* (ab)trocknen; *v/i* austrocknen, trocken werden

στεγνωτήριο [-ɣn-] Trockner *m*

στειλ- *βλ*. ***στέλνω***

στειλιάρι [-'lja-] Stiel *m*; Griff *m*

στειρεύω (*εψ*) *βλ*. ***στερεύω***

στείρος (***-α, -ο***) unfruchtbar, steril; *μτφ*. fruchtlos

στειρότητα Unfruchtbarkeit *f*, Sterilität *f*

στειρώνω (*σ· θ*) sterilisieren, unfruchtbar machen

στείρωση (*-εις*) Sterilisation *f*, Unfruchtbarmachung *f*

στέκα Billardstock *m*; Skistock *m*

στεκάμενος stehend (*Gewässer*)

στέκι Stammplatz *m*, Stammkneipe *f*

στέκ|ομαι, ~ω (*σταθ*) stehen; stehenbleiben; sich stellen; sich erweisen als

στέλεχος [-xɔs] *n* Stiel *m*, Griff *m*; *βοτ*. Stengel *m*; *στρ*., *πολ*. Kader *m*; ***ανώτατο ~*** leitende(r) Angestellte(r)

στέλνω (*ειλ· αλθ· αλμ*) (zu)schicken, (zu)senden

στέμμα *n* Krone *f*; *αστρ*. Hof *m*

στεναγμός [-ɣm-] Stöhnen *n*; Seufzer *m*

στενάζω (*ξ*) seufzen; stöhnen

στεναχ- *βλ*. ***στενοχ-***

στενεύω [-'ɛvɔ] (*εψ· ευτ· εμ*) *v/t* enger machen; *φόρεμα*: zu eng sein *D*; *παπούτσια*: drücken; *v/i* sich verenge(r)n; *μτφ*. sich verschlechtern

στενό Engpaß *m*; Meerenge *f*; (enge) Seitenstraße *f*

στενο|γραφία [-ɣra-] Kurzschrift *f*, Stenographie *f*; **~γραφικός** stenographisch; **~γράφος** *m*, *f* Stenograph(in *f*) *m*; **~γραφώ** (*ησ· ηθ· ημ*) stenographieren; **~δακτυλογράφος** *m*, *f* Stenotypist(in *f*) *m*

στεν|όκαρδος kleinmütig, furchtsam; **~οκεφαλιά** [-'lja] Engstirnigkeit *f*; **~οκέφαλος** engstirnig, borniert; **~όμακρος** länglich, oval

στεν|ός eng *κ. μτφ*., schmal; *συγγενής*: nah; **~οσόκακο** enge Gasse *f*; **~ότητα** Enge *f*; (*Geld-*)Knappheit *f*; Beschränktheit *f*; Vertrautheit *f*

στεν|οχωρημένος [-xɔ-] bedrückt, niedergedrückt; **~οχώρια** [-rja] *μτφ*. Bedrängnis *f*, Verlegenheit *f*; Kummer *m*; *ιατρ*. Unbehagen *n*; **~όχωρος** beengt, eng; *μτφ*. bedrückt; niederdrückend; **~οχωρώ** [-xɔ-] (*ησ· ηθ· ημ*) *v/t* Sorgen machen *D*; in Verlegenheit bringen, bedrängen; bekümmern; *v/p* sich ängstigen, sich Sorgen machen (***για***/über, um *A*)

στένωση (*-εις*) *ιατρ*. Stenose *f*

στέπα Steppe *f*

στέργω [-ɣɔ] (*ξ*) *v/t* gutheißen, hinnehmen; *v/i* eingehen auf *A*

στερεά Festland *n*

στερεο|μετρία Stereometrie *f*; **~ποίηση** (*-εις*) Festigung *f*, Härtung *f*;

Σ

~ποιώ (*ησ· ηθ· ημ*) härten, festigen
στερεός fest, hart; *υλικά*: haltbar, dauerhaft, unverwüstlich
στερε|ότητα Festigkeit *f*, Härte *f*; Haltbarkeit *f*; **~οτυπία** Stereotypie *f*; **~ότυπος** stereotyp; abgeschmackt; **~οφωνικός** stereo(phonisch), Raum- (*Ton*); *Su n* Stereoanlage *f*
στερεύω [-'evɔ] (*εψ· εμ*) austrocknen, *πηγή*: versiegen
στερ|έωμα *n* Stütze *f*; Firmament *n*; **~εώνω** (*σ· θ*) *v/t* (be)festigen, festmachen; *v/i* fest werden; **~έωση** (*-εις*) Festigung *f*; Befestigung *f*
στερημένος karg, kümmerlich; bar (*από*/*G*)
στέρηση (*-εις*) Entziehung *f*; Beraubung *f*; Aberkennung *f von Rechten*; Entbehrung *f*, *pl* Not *f*
στερητικός aberkennend, ausschließend; *γραμμ.* Verneinungs-
στεριά [-'ja] Festland *n*
στεριανός Land-; *Su* Landratte *f*
στεριώνω (*σ*) *βλ.* ***στερεώνω***
στερλίνα Pfund *n* Sterling
στέρνα Zisterne *f*, Reservoir *n*
στέρνο Brustbein *n*
στερνοπαίδι Nachkömmling *m*
στερνός später-; letzt-
στερώ (*ησ· ηθ· ημ*) berauben, entziehen (***κπ*** *G*/j-m *A*); *v/p* entbehren (*G*/*A*); Mangel leiden (*G*/an *D*), nicht haben *A*
στεφάνι Kranz *m*; Einfassung *f*
στέφαν|ο Brautkranz *m*; **~ος** *K* Kranz *m*; ***ακάνθινος ~ος*** Dornenkrone *f*
στεφάνωμα *n* Bekränzung *f*; Trauung *f*; *μτφ.* Auszeichnung *f*
στεφανώνω (*σ· θ*) bekränzen; *kirchlich* trauen; *νικητή* auszeichnen
στέφω (*ψ· φθ*) krönen
στέψη (*-εις*) Krönung *f*
στη(ν) (*σε* + *την*) *D f* der; in der; in die
στηθηκ- *βλ.* ***στήνω***
στήθος *n* Brust *f*
στηθοσκόπιο Stethoskop *n*
στήλη Säule *f*; Spalte *f*; ***~ του έχειν*** Habenseite *f*; ***~ χρεώσεων*** Sollseite *f*
στηλιτεύω [-'evɔ] (*ευσ*) anprangern
στην *βλ.* ***στη***
στήνω (*σ· θ*) errichten, aufstellen; *τεχν.* montieren; *παγίδα* stellen; *καβγά* anfangen, vom Zaun brechen
στήριγμα [-ɣma] *n* Stütze *f*, Halt *m*
στηρίζω (*ξ· χτ· γμ*) *v/t* stützen; unterstützen; *v/p* sich stützen; basieren
στήριξη (*-εις*) Stützung *f*, Abstützen *n*
στήσιμο (*-ματος*) Aufstellung *f*, Errichtung *f*
στιβαρός kräftig, stark
στίβος Arena *f*; Leichtathletik *f*
στίβω *βλ.* ***στύβω***
στίγμα [-ɣma] *n* Mal *n*; Punkt *m*; Tupfen *m*; *μτφ.* Schandfleck *m*
στιγματίζω [-ɣm-] (*σ· στ· σμ*) brandmarken
στιγμή [-'ɣmi] Augenblick *m*, Moment *m*; **στη ~** im Nu
στιγμ|ιαίος [-ɣm-] (***-α, -ο***) augenblicklich, momentan; Instant- (*Kaffee*); **~ιότυπο** Momentaufnahme *f*
στίλβωμα *n* Polieren *n*; Glätten *n*
στιλβώνω (*σ· θ*) polieren; glätten; *παπούτσια* putzen
στιλβωτής Schuhputzer *m*; Polierer *m*
στιλέτο Stilett *n*
στιλό Kugelschreiber *m*, *οικ.* Kuli *m*; Füll(federhalt)er *m*
στιλπν|ός glänzend, blank; poliert; **~ότητα** Glanz *m*; Politur *f*
στίξη Zeichensetzung *f*
στις (*σε* + *τις*) *D f/pl* den; in den; in die
στιφάδο Rindfleisch *n* mit Zwiebeln
στίφος *n* Horde *f*, Haufen *m*
στιχογράφος [-ɣr-] Versemacher *m*
στίχος Vers *m*; Zeile *f*
στιχ|ούργημα [-'xurj-] *n* Dichtung *f*; **~ουργία** Verskunst *f*; **~ουργός** [-'ɣɔs] *βλ.* ***στιχογράφος***; ***~ουργός διαφημίσεων*** Werbetexter *m*; **~ουργώ** [-'ɣɔ] (*ησ*) *v/i* Verse machen
στο (*σε* + *το*), **στο(ν)** (*σε* + *τον*) *D n*, *m* dem; in dem; in das, in den
στοά Säulenhalle *f*, Kolonnade *f*
στοίβα Haufen *m*, Stoß *m*, Stapel *m*
στοίβαγμα [-ɣma] *n* Stapeln *n*
στοιβάζω (*ξ· χτ· γμ*) (auf)stapeln, (auf)schichten; verstauen
στοιχεί|ο [-'çiɔ] Element *n κ. χημ.*, *μτφ.*; Urstoff *m*; Bestandteil *m*; Buchstabe *m*; Letter *f*, (Schrift-)Type *f*; *pl* Angaben *f/pl*; Unterlagen *f/pl*; ***βασικά ~α*** *pl* Eckdaten *pl*; ***τραπεζικά ~α*** *pl* Bankverbindung *f*
στοιχειό [-'çjɔ] Gespenst *n*, Geist *m*
στοιχειο|θεσία [-çiɔ-] *τυπ.* Satz *m*; **~θέτης** Setzer *m*; **~θετώ** (*ησ· ηθ· ημ*) setzen; **~θήκη** *τυπ.* Setzkasten *m*; Datei *f*

Σ

στοιχειώδης [-çi-] 2 Elementar-, Grund-, Anfangs-; elementar
στοιχειώνω [-'çjɔnɔ] (*σ· μ*) als Gespenst umgehen; von Gespenstern heimgesucht werden
στοίχημα *n* Wette *f*; Einsatz *m*
στοιχηματίζω [-çi-] (*σ*) wetten
στοιχίζω [-'çi-] (*σ*) kosten (***κτ σε κπ***/j-n etw.); reihen
στοκ (*0*) *n* Warenbestand *m*, Vorrat *m*
στοκάρω (*ρισ· ριστ· ρισμ*) verkitten
στόκος Kitt *m*; Stuck *m*
στολ|ή Uniform *f*; Dienstkleidung *f*; ***εθνική ~ή*** Nationaltracht *f*; **~ίδι** Schmuck *m*; **~ίζω** (*σ· στ· σμ*) schmükken; *μτφ.* den Kopf waschen *D*; **~ίσκος** Flottille *f*; *αερ.* Geschwader *n*
στόλισμα [-zm-] *n*, **στολισμός** Schmuck *m*; Schmücken *n*
στόλος Flotte *f*
στόμα *n* Mund *m*; Schneide *f*
στομ|άχι [-çi] Magen *m*; ***με άδειο ~άχι*** auf nüchternen Magen; **~αχιάζω** [-'ça-] (*σ*) sich (*D*) den Magen verderben; **~αχόπονος** [-'xɔ-] Magenschmerzen *m/pl*
στόμιο Öffnung *f*; *ποταμός*: Mündung *f*; *ανατ.* (*Magen-*) Mund *m*
στόμφος hochtrabende(r) Ton
στομ|ωμένος stumpf; **~ώνω** (*σ· θ*) *v/t σίδερο* härten; *v/i* stumpf werden
στοπ (*0*) *n τηλεγράφημα*: Punkt *m*, Ende *n*; stop!
στοργή [-'ji] Zärtlichkeit *f*; Liebe *f*
στοργικός zärtlich, liebevoll
στόρι Store *m*; Fensterrollo *n*
στουμπώνω (*σ· θ*) *v/t* vollstopfen; überfüttern; *v/i* übersättigt sein
στουπ|ί Werg *n*; ***~ί στο μεθύσι*** völlig besoffen; **~όχαρτο** Löschpapier *n*
στουπώνω (*σ· θ*) zustopfen
στουρνάρι Feuerstein *m*; *μτφ.* Dussel *m*
στους (*σε + τους*) *D m/pl* den; in den; in die
στόφα Stoff *m*; Brokat *m*
στοχάζομαι [-'xa-] (*στ*) bedenken, sich (*D*) *etw.* überlegen; *v/i* nachdenken
στοχασ|μός [-zm-] Gedanke *m*, Gedankengang *m*; **~τής** Denker *m*; **~τικός** bedächtig, klug
στόχαστρο [-xa-] Korn *n*, Visier *n*
στόχος Ziel *n*; Zielscheibe *f*
στραβά *Adv* schief; verkehrt; ***~ - κουτσά*** so recht und schlecht
στραβ|ίζω (*χωρίς Aor*) schielen; **~ισμός** Schielen *n*
στραβο|κάνης 3 krummbeinig; **~κέφαλος** dickköpfig; **~κοιτάζω** (*ξ*) schief *ή* feindselig ansehen; **~λαιμιάζομαι** [-'mja-] (*στ· σμ*) sich (*D*) den Hals ausrenken; **~μάρα** Blindheit *f*, Verblendung *f*; **~μούρης** 3 häßlich; **~μουτσουνιάζω** (*σ*) das Gesicht verziehen; die Nase rümpfen
στραβόξυλο Krummholz *n*; *μτφ.* Querkopf *m*
στραβο|πάτημα *n μτφ.* Fehltritt *m*; **~πατώ** (*άς· ησ· ημ*) *v/i* ausgleiten
στραβ|ός schief, krumm; blind (***από***/ auf *D*); verkehrt, falsch; ***παίρνω το ~ό δρόμο*** auf Abwege geraten
στραβώνω (*σ· θ*) *v/t* (ver)biegen; verdrehen; *προσ.* blind machen, blenden; *v/i* sich krümmen, sich biegen; *v/p* erblinden; *μτφ.* verblendet sein
στραγάλια [-'ɣalja] *n/pl* geröstete Kichererbsen *f/pl*
στραγγ|αλίζω (*σ*) erwürgen, erdrosseln; *αλήθεια* verdrehen; **~άλισμα** [-zm-] *n*, **~αλισμός** Erwürgen *n*, Erdrosselung *f*; *μτφ.* Verdrehung *f*
στραγγίζω (*σ· ξ· στ· σμ*) *v/t ρούχα* auswringen; abtropfen lassen; durchsieben; *v/i* abtropfen
στραγγιστήρι Sieb *n*
στραμπ|ούλιγμα [-ɣma] (**-σμα**) *n* Verrenkung *f*, Verstauchung *f*; **~ουλίζω** (*σ, ξ· στ· σμ, γμ*) ausrenken, verrenken
στραπ|ατσάρω (*ρισ· ριστ· ρισμ*) *v/t* strapazieren; **~άτσο** Strapaze *f*
στρατάρχης [-çis] Feldmarschall *m*
στράτευμα [-ɛv-] *n* Heer *n*, Armee *f*
στρατ|ευμένος [-ɛv-] engagiert; **~εύομαι** (*ευτ· ευμ*) den Wehrdienst leisten, eingezogen werden; *μτφ.* sich engagieren
στράτευση [-fsi] Wehrdienst *m*
στρατεύσιμος [-'tɛf-] wehrfähig; wehrpflichtig
στρατ|ηγείο [-tij-] Hauptquartier *n*; **~ηγία** Generalsrang *m*; Heeresleitung *f*; **~ηγική** Strategie *f*; **~ηγικός** strategisch; **~ηγός** [-'ɣɔs] General *m*
στρατ|ιά [-'tja] Armee *f*; **~ιώτης** Sol-

Σ

dat *m*; **~ιωτικοποίηση** (*-εις*) Militarisierung *f*
στρατιωτικός militärisch; Militär-; *Su* Militärperson *f*
στρατο|δικείο Militärgericht *n*; **~κρατία** Militärherrschaft *f*; Militarismus *m*; **~κρατικός** militaristisch; **~κρατούμαι** (*ηθ· ημ*) vom Militär beherrscht sein; **~λογία** [-'jia] Einberufung *f*; Rekrutierung *f*; **~λογώ** [-'ɣɔ] (*ησ· ηθ· ημ*) einberufen; rekrutieren
στρατο|πέδευση (*-εις*) [-εfsi] Lagern *n*; **~πεδεύω** [-'εvɔ] (*ευσ*) lagern
στρατ|όπεδο Lager *n*; ***~όπεδο γυμνιστών*** FKK-Camp *n*; ***~όπεδο συγκεντρώσεως*** Konzentrationslager *n*; **~ός** Armee *f*, Heer *n*
στρατσόχαρτο [-xa-] Packpapier *n*
στρατώνας Kaserne *f*
στρατωνίζω (*σ· στ· σμ*) kasernieren, einquartieren
στραφ- *βλ.* ***στρέφω***
στρεβλ|ός krumm, gebogen; *μτφ.* verschroben; **~ώνω** (*σ· θ*) krümmen, (ver)biegen; *μτφ.* verdrehen; foltern
στρέβλωση (*-εις*) Krümmen *n*
στρείδι Auster *f*
στρέμμα *n* Dekar *n* (= 10 Ar)
στρέφω (*ψ· αφ· αμ*) *v/t* drehen; wenden; *v/p* sich drehen; sich zuwenden (***προς*** *A/D*)
στρεψοδικία Rechtsverdrehung *f*
στρίβ|ω (*ψ· φτ· μμ*) *v/t* drehen; *νήμα* zwirnen; aufspulen; zwirbeln; *v/i* abbiegen; ***το ~ω*** verschwinden, abhauen; ***μου ~ει*** ich werde verrückt
στρίγ(κ)λα [-ɣla, -igla] Hexe *f*
στριγκλ|ιά [-'glja] Kreischen *n*; **~ίζω** (*σ*) kreischen
στρίγκλος [-'igl-] Ungeheuer *n*
στριμμένος verschroben, verdreht
στρίμωγμα [-ɣma] *n* Zusammendrängen *n*, Gedränge *n*
στριμωξιά [-'ksja] Gedränge *n*
στριμώχνω [-xnɔ] (*ξ· χτ· γμ*) (zusammen)pressen, -drängen; *μτφ.* bedrängen
στριφογυρίζω [-ji-] (*σ*) *v/t* herumdrehen; *v/i* sich drehen, herumwirbeln; ***τα ~*** Ausflüchte machen
στρίφωμα *n* Säumen *n*; Saum *m*
στριφώνω (*σ· θ*) säumen
στρίψιμο (*-ματος*) Drehen *n*; Drehung *f*; Zwirnen *n*; Zwirbeln *n*
στροβιλ|ίζω (*σ· στ· σμ*) *v/t* drehen, kreisen lassen; *v/i* sich drehen, walzen; **~ισμός** Drehen *n*; Walzen *n*
στρόβιλος Turbine *f*; Kreisel *m*; Wirbel *m*; ***~ νερού*** Strudel *m*
στρογγυλαίνω (*υν*) rund werden
στρογγύλεμα *n* Abrundung *f*, Runden *n*; Rundwerden *n*
στρογγυλ|εύω [-'εvɔ] (*εψ· ευτ· εμ*) *v/t* (ab)runden, rund machen; *v/i* rund werden, dick werden; **~οκάθομαι** (*-κάθισα*) es sich (*D*) bequem machen
στρογγ|υλός rund; **~υλότητα** Rundung *f*; **~υλούτσικος** rundlich
στρουθοκάμηλος *f* Strauß *m* (*Vogel*)
στρουμπουλός pummelig
στροφή Wende *f*; Drehung *f*; *τεχν.* Umdrehung *f*; Kurve *f*, (*Weg-*)Biegung *f*; Strophe *f*
στρόφιγγα Scharnier *n*, Angel *f*, Zapfen *m*; *τεχν.* Hahn *m*
στρυφν|ός scharf, herb; unwirsch, barsch; *στιλ*: schwerverständlich; **~ότητα** Schärfe *f*; Barschheit *f*; Unverständlichkeit *f*
στρώμα *n* Schicht *f*, Lage *f*; Matratze *f*; ***κοινωνικό ~*** Gesellschaftsschicht *f*; ***~ όζοντος*** Ozonschicht *f*
στρωματσάδα Lager *n auf dem Fußboden*
στρώνω (*σ· θ*) *v/t* ausbreiten; *πάτωμα* auslegen; *κρεβάτι* machen; *τραπέζι* decken; *δρόμο* pflastern; *μτφ.* zwingen (***σε***/zu *D*); *v/i* *φόρεμα*: glatt sitzen, fallen; *δουλειά*: glattgehen; *ζώο*: sich fügen; *v/p* sich hinlegen, sich hinstrecken; *μτφ.* sich machen (***σε***/an *A*)
στρώση (*-εις*) Schicht *f*; (*Bett-*)Bezug *m*
στρωσίδι Bettzeug *n*; Bezug *m*
στρώσιμο (*-ματος*) Ausbreitung *f*; Auslegung *f*; Bestreuung *f*; Decken *n*; Pflasterung *f*
στρωτός eben, glatt; gleichmäßig
στύβω (*ψ· φτ· μμ*) (aus)wringen; auspressen; ausquetschen
στυγερ|ός [-jε-] abscheulich, entsetzlich; **~ότητα** Abscheulichkeit *f*
στυγνός [stiɣn-] mürrisch, finster
στυλό *βλ.* ***στιλό***
στυλοβάτης Sockel *m*; Stütze *f*
στύλος Säule *f*; Pfeiler *m*; (*Telegraphen-*)Stange *f*

στυλώνω (*σ· θ*) (ab)stützen; *προσ.* stärken; **~ *τα μάτια*** starren
στυπόχαρτο *βλ.* ***στουπόχαρτο***
στυπτικ|ός adstringierend; stopfend; **~ότητα** stopfende Wirkung *f*
στύση (*-εις*) Erektion *f*
στυφ|άδα Herbheit *f*, Säuerlichkeit *f*; **~ίζω** (*σ*) *v/i* herb sein; **~ός** herb
στύψιμο (*-ματος*) Ausquetschen *n*, Auspressen *n*; Auswringen *n*
στωϊκ|ός stoisch; *Su* Stoiker *m*; **~ότητα** Stoizismus *m*; Geduld *f*
συ du
σύγαμπρος [-γa-] Schwager *m*
συγγένεια Verwandtschaft *f*
συγγεν|εύω [-'ɛvɔ] (*εψ*) verwandt sein; **~ής** 2 verwandt; *Su* Verwandte(r); **~ικός** verwandtschaftlich; **~ολό(γ)ι** *die* ganze Verwandtschaft
συ(γ)γνώμη *βλ.* ***συγνώμη***
σύγγραμμα *n* Buch *n*, Werk *n*
συγγραφ|έας Schriftsteller *m*; Verfasser *m*, Autor *m*; **~ή** Abfassung *f*, Verfassen *n*; **~ικός** schriftstellerisch; Autoren-, Urheber-
συγγράφω (*ψ· φ/συνέ-*) *v/t* verfassen, schreiben
συγκαίομαι (*να -καώ· καηκ· καμ*) sich (*D*) wundreiben
συγκαλύπτω (*ψ· φτ· μμ*) verdecken; *μτφ.* vertuschen, verschleiern
συγκάλυψη (*-εις*) Verdeckung *f*; Vertuschung *f*, Verschleierung *f*
συγκαλώ (*εσ· κληθ· κεκλημ*) einberufen
συγκαμένος wundgerieben
συγκατ|άβαση (*-εις*) Nachgiebigkeit *f*; Verständnis *n*; **~αβατικός** nachgiebig; entgegenkommend; **~αβατικότητα** Nachgiebigkeit *f*; **~άθεση** (*-εις*) Zustimmung *f*, Einwilligung *f*
συγκατ|αλέγω [-γɔ] (*λεξ· λεχτ· λεγμ*) *v/t* zählen, rechnen (***μεταξύ*** *G*/zu *D*); *v/p κ.* vertreten sein; **~ανεύω** [-'ɛvɔ] (*ευσ*) zustimmen (***για, σε***/*D*)
συγκατοίκηση (*-εις*) Zusammenwohnen *n*
συγκάτοικος Mitbewohner *m*
συγκατοικώ (*ησ*) zusammenwohnen
συγκάτοχος [-tɔx-] Mitbesitzer *m*
συγκε|κριμενοποίηση (*-εις*) Konkretisierung *f*; **~κριμένος** konkret
συγκεντρώνω (*σ· θ*) *v/t* versammeln; zentralisieren; zusammenfassen, zusammenstellen; konzentrieren; *v/p* sich versammeln; sich konzentrieren
συγκέντρωση (*-εις*) Versammlung *f*; Konzentrierung *f*; Zentralisierung *f*; Konzentration *f*
συγκεντρωτ|ικός zentralistisch; Zentral-; **~ισμός** Zentralismus *m*
συγκεφαλ|αιώνω (*σ· θ*) zusammenfassen; **~αίωση** (*-εις*) Zusammenfassung *f*; **~αιωτικός** zusammenfassend
συγκεχυμένος [-çim-] verworren, unklar; verwirrt
συγ|κινημένος ergriffen, gerührt; **~κίνηση** (*-εις*) Rührung *f*; Aufregung *f*; Ergriffenheit *f*; **~κινητικός** bewegend, rührend, ergreifend
συγκινώ (*ησ· ηθ· ημ*) rühren, ergreifen, bewegen
σύγκληση (*-εις*) Einberufung *f*
συγκλητικός Senator *m*
σύγκλητος *f* Senat *m* (*Universität*)
συγκλον|ίζω (*σ· στ· σμ*) erschüttern; **~ιστικός** erschütternd
συγκοινων|ία Verbindung *f*, Verkehr *m*; Kommunikation *f*; ***σιδηροδρομική ~ία*** Schienenverkehr *m*; **~ιακός** Verkehrs-; **~ώ** (*ησ*) verbunden sein
συγ|κόλληση (*-εις*) Zusammenleimen *n*; Schweißung *f*; Lötung *f*; **~κολλητής** Schweißer *m*; **~κολλώ** (*άς· ησ· ηθ· ημ*) zusammenleimen; schweißen
συγκομιδή Ernte *f*; *μτφ.* Ertrag *m*
συγκομίζω (*σ· στ· σμ*) ernten; *μτφ.* einheimsen; zusammentragen
συγκοπή *ιατρ.* Kollaps *m*
σύγκορμος am ganzen Körper
συγκρατημένος zurückhaltend, reserviert
συγκρατώ (*ησ· ηθ· ημ*) *v/t* zurückhalten; zusammenhalten; *λέξεις* behalten; *v/p* sich beherrschen, sich zusammennehmen
συγκρίνω (II = I· *θ*) vergleichen
σύγκριση (*-εις*) Vergleich *m*
συγκριτικός vergleichend; *Adv* vergleichsweise; *Su* Komparativ *m*
συγκρότη|μα *n* Gruppe *f*; *πολ., τεχν.* Block *m*; Belegschaft *f*; *εμπ.* Konzern *m*; ***τουριστικό ~μα*** Feriendorf *n*; **~ση** (*-εις*) Bildung *f*, Aufstellung *f*
συγκροτώ (*ησ· ηθ· ημ*) bilden, gründen, errichten; *επιτροπή* einberufen
σύγκρουση (*-εις*) Zusammenstoß *m*; ***μαζική ~*** Massenkarambolage *f*

συγκρούω (*σ· στ*) *v/p* zusammenstoßen, *ιδ. μτφ.* aufeinanderprallen
σύγκρυο Schauder *m*; Schüttelfrost *m*
συ|γυρίζω [-jir-] (*σ· στ· σμ*) aufräumen; *μτφ.* zurechtweisen; **~γύρισμα** *n* Aufräumen *n*; Zurechtweisung *f*
συγχαίρω [-'çerɔ] (*-χάρηκα*) *v/t* beglückwünschen, *j-m* gratulieren (***για***/zu *D*)
συγχαρητήρι|ος [-xa-] (***-α, -ο***) Glückwunsch-; ***τα ~ά μου!*** meinen Glückwunsch!, ich gratuliere!
συγχέω [-'çeɔ] (*χυσ· συγκεχυμ-*) durcheinanderbringen
συγ|χορδία [-xɔrð-] Akkord *m*; **~χρονίζω** [-xrɔn-] (*σ· στ· σμ*) modernisieren; synchronisieren, gleichschalten; **~χρονισμός** Synchronisierung *f*; Modernisierung *f*
σύγχρονος [-xrɔn-] gleichzeitig; zeitgenössisch; modern; *Su* Zeitgenosse *m*
συγχρόνως *Adv* gleichzeitig
συγ|χύζω [-'çi-] (*σ· στ· σμ*) verwirren; ärgern, aufregen; ***~χυσμένος*** aufgeregt, verärgert
σύγχυση (*-εις*) [-çisi] Verwirrung *f*; Aufregung *f*, Ärger *m*
συγχώνευση (*-εις*) [-'xɔnef-] Verschmelzung *f*; *μτφ., εμπ.* Zusammenlegung *f*, Fusion *f*
συγχωνεύω [-xɔ'nevɔ] (*ευσ· ευτ· ευμ*) zusammenlegen
συγχώρηση (*-εις*) (**-ρε-**) [-'xɔ-] Vergebung *f*; Verzeihung *f*; Erlaß *m*
συγχωριανός [-xɔrj-] Landsmann *m*
συγχωρ|ώ [-xɔ-] (*ησ, εσ· ηθ· εθ· ημ, εμ*) verzeihen *D*, entschuldigen; *αμαρτίες* vergeben; ***με ~είτε!*** verzeihen Sie!; ***~εμένος*** selig, verstorben
συζήτηση (*-εις*) Erörterung *f*, Diskussion *f*, Besprechung *f*; Unterhaltung *f*; Debatte *f*; *νομ.* Verhandlung *f*
συζητ|ήσιμος erwägenswert; fragwürdig, strittig; **~ητής** Diskussionsteilnehmer *m*; gute(r) Redner
συζητώ (*άς· ησ· ηθ· ημ*) *v/t* besprechen, diskutieren, erörtern; *νομ.* verhandeln; *v/i* debattieren; sich unterhalten (***για***/über *A*)
συζυγ|ία [-'jia] *γραμμ.* Konjugation *f*; **~ικός** ehelich, Ehe-
σύζυγος [-γɔs] (Ehe-)Mann *m*, Gatte *m*; *f* (Ehe-)Frau *f*, Gattin *f*
συζώ (*ζησ/συνέ-*) zusammenleben
συθέμελα von Grund auf
συκιά [-'ka] Feigenbaum *m*
σύκο Feige *f*
συκοφάντης Verleumder *m*
συκοφαντ|ία Verleumdung *f*; **~ικός** verleumderisch; **~ώ** (*ησ· ηθ· ημ*) verleumden (***σε***/bei *D*)
συκώτι Leber *f*
συλλαβ|ή Silbe *f*; **~ίζω** (*σ*) buchstabieren; **~ικός** silbisch
συλλαβισμός Buchstabieren *n*
συλλαλητήριο Kundgebung *f*
συλ|λαμβάνω (*λαβ· ληφθ/συνέλ-*) *v/t* verhaften, festnehmen; begreifen; *v/i* schwanger werden; **~λέγω** [-γɔ] (*ξ· χτ· γμ/συνέλ-*) sammeln; **~λέκτης** Sammler *m*; *ηλ.* Kollektor *m*
σύλληψη (*-εις*) Ergreifung *f*; Festnahme *f*, Verhaftung *f*; *βιολ.* Empfängnis *f*
συλλογ|ή [-'ji] Sammeln *n*; Sammlung *f*; Nachdenken *n*; Sortiment *n*; **~ίζομαι** (*στ·σμ*; *κ.* **~ιέμαι**) *v/t* denken an *A*; bedenken, erwägen; **~ικός** kollektiv, gemeinsam; **~ισμένος** nachdenklich, sorgenvoll; **~ισμός** Denken *n*, Überlegung *f*
σύλλογος [-γ-] Verband *m*, Verein *m*, ***αθλητικός ~*** Sportverein *m*
συλλυπητήρια *n/pl* Beileid *n*
συλλυπούμαι (*ηθ*) kondolieren
συμ|βαδίζω (*σ*) zusammengehen; **~βαίνει** (*να -βεί· συνέβηκε*) geschehen; zustoßen; **~βάλλω** (*βαλ· βληθ· βεβλημ/συνέβ-*) *v/i* beitragen (***σε***/zu *D*); ***~βαλλόμενος*** Vertragschließende(r); Tarifpartner *m*; **~βάν** (*-άντος*) *n* Ereignis *n*, Zwischenfall *m*
σύμβαση (*-εις*) Vertrag *m*; Abkommen *n*, Konvention *f*; ***γενική συλλογική ~*** Manteltarifvertrag *m*; ***οικονομική ~*** Wirtschaftsabkommen *n*
συμ|βατικός konventionell; **~βατικότητα** Konvention *f*; **~βεβλημένος** Vertrags-; *γιατρός*: Kassenarzt *m*
συμ|βιβάζω (*σ· στ· σμ*) *v/t* versöhnen, aussöhnen; *διαφορές* beilegen; *v/p* entsprechen (***με***/*D*); sich abfinden können; e-n Kompromiß schließen; **~βιβάσιμος** kompatibel; **~βιβασμός** Vergleich *m*, Kompromiß *m*
συμβιβαστ|ικός versöhnlich, kompromißbereit; **~ικότητα** Versöhnlichkeit *f*, Kompromißbereitschaft *f*
συμβ|ιώνω (*ωσ*) zusammenleben;

Σ

~ίωση (*-εις*) Zusammenleben *n*; *βιολ.* Symbiose *f*; ***ελεύθερη ~ίωση*** eheähnliche Beziehung *f*
συμβόλαιο Vertrag *m*; Notariatsurkunde *f*; ~ ***αγοράς*** Kaufvertrag *m*; ~ ***γενεών*** Generationenvertrag *m*
συμβολαιο|γραφείο [-γr-] Notariat *n*; **~γράφος** Notar *m*
συμβολ|ή Beitrag *m*, Anteil *m*; Zusammenfluß *m*; **~ίζω** symbolisieren; **~ικός** symbolisch; **~ισμός** Symbolismus *m*; **~ιστής** Symbolist *m*
σύμβολο Symbol *n*; Sinnbild *n*; ***φωτεινό*** ~ *ηλεκτρον.* (Maus-)Cursor *m*; ~ ***πίστεως*** Glaubensbekenntnis *n*
συμβουλ|άτορας *ειρων.* Ratgeber *m*; **~ευτικός** [-εft-] beratend
συμβουλ|εύω (*εψ· ευτ*) *v/t* raten *D*; beraten; *v/p* um Rat fragen; **~ή** Rat(schlag) *m*; ***οικονομική ~ή*** Vermögensberatung *f*; ***~ή επαγγελματικού προσανατολισμού*** Berufsberatung *f*
συμβούλιο Rat *m*; Konferenz *f*; ***Ευρωπαϊκό*** ♀ Europarat *m*; ♀ ***Ασφαλείας*** Sicherheitsrat *m*; ~ ***εργαζομένων*** Betriebsrat *m*
σύμβουλος Rat *m*; Ratgeber *m*; ***δημοτικός*** ~ Stadtrat *m*; ***νομικός*** ~ Rechtsberater *m*; ~ ***επιχειρήσεων*** Unternehmensberater *m*; ~ ***καταθέσεων*** Anlageberater *m*
συμμάζεμα *n* Einsammeln *n*; Aufräumen *n*; Bändigung *f*
συμμαζ|εμένος aufgeräumt; gekürzt; **~εύω** [-'ενɔ] (*εψ· ευτ· εμ*) einsammeln; aufräumen; *μτφ.* im Zaum halten; *v/p* sich zusammennehmen
συμμαθητής Mitschüler *m*
συμμαχ|ία [-'çia] Bündnis *n*, Allianz *f*, Bund *m*; Pakt *m*; **~ικός** alliiert
σύμμαχος verbündet, alliiert; *Su* Alliierte(r)
συμμαχώ [-'xɔ] (*ησ*) sich verbünden
συμ|μερίζομαι (*στ*) teilen; **~μετέχω** [-xɔ] (*να -τάσχω*) (***σε***) teilnehmen (an *D*); beteiligt sein (an *D*); **~μετοχή** [-'çi] Teilnahme *f* (***σε***/an *D*); Beteiligung *f*; ***~μετοχή εργαζομένων στη διοίκηση επιχειρήσεων*** betriebliche Mitbestimmung *f*; ***~μετοχή στα κέρδη*** Gewinnbeteiligung *f*; **~μέτοχος** [-tɔx-] Teilhaber *m*
συμμετρ|ία Ebenmaß *n*; Symmetrie *f*; **~ικός** ebenmäßig; symmetrisch
συμμορ|ία Bande *f*; **~ίτης** Bandit *m*
συμμορφώνω (*σ· θ*) *v/t* *προσ.* zur Vernunft bringen; *v/p* sich richten (***με***/nach *D*); sich fügen (*D*); Vernunft annehmen
συμμόρφωση (*-εις*) Anpassung *f*
συμ|παγής [-'jis] 2 kompakt, dicht; **~πάθεια** (*D*, ***για***) Sympathie *f* (für *A*), Zuneigung *f* (zu *D*); **~παθητικός** sympathisch; **~παθώ** (*ησ*) *v/t* sympathisch finden; sympathisieren mit *D*
συμπαίκτης Mitspieler *m*
σύμπαν (*-αντος*) *n* Weltall *n*
συμπαρ|άσταση Beistand *m*, Unterstützung *f*; **~ασύρω** (II = I· *συρθ*) mit sich ziehen, mitreißen
συμπάσχω (*χωρίς Aor*) mit *j-m* leiden; Mitleid haben mit *D*
συμ|πατριώτης Landsmann *m*; **~πεθέρα** Mutter *f* des Schwiegersohns *ή* der Schwiegertochter; **~πεθεριά (-ριό)** [-j-] Verschwägerung *f*; **~πεθεριάζω** (*σ*) sich verschwägern; **~πέθερος** Vater *m* des Schwiegersohns *ή* der Schwiegertochter
συμπεπυκνωμένος kondensiert
συμ|περαίνω (*αν*) schließen, folgern; **~πέρασμα** [-zm-] *n* Schluß(folgerung *f*) *m*; **~περασματικός** folgernd
συμπεριλαμβ|άνω (*λαβ· ληφθ*/ *-περιέλ-*) *v/t* aufnehmen (***σε***/in *A*); mit einbegreifen; *v/p* mit einbegriffen sein; ***~ανομένου (-ης, -ων)*** einschließlich *G*, inklusive
συμπερι|φέρομαι (*φερθ*) sich benehmen; **~φορά** Benehmen *n*, Betragen *n*
συμ|πιέζω (*σ· στ· σμ*) (zusammen-)pressen, komprimieren; **~πιεσμένος αέρας** Preßluft *f*; **~πίεση** Verdichtung *f*, Kompression *f*; **~πίπτω** (*πεσ*/ *συνέ-*) zusammenfallen; *μαθ.* sich schneiden; gleichzeitig eintreten
σύμπλεγμα [-γma] *n* Verflechtung *f*; Komplex *m*; ~ ***κατωτερότητας*** Minderwertigkeitskomplex *m*
συμ|πλέκτης Kupplung *f*; **~πλέκω** (*ξ· χτ· γμ*) ineinander verflechten, verschlingen; *v/p* handgemein werden; **~πλήρωμα** *n* Ergänzung *f*; Nachtrag *m*; Zusatz *m*; **~πληρωματικός** Ergänzungs-; nachträglich; Zusatz-; *μαθ.* Komplement-; **~πληρώνω** (*σ· θ*) ergänzen; vollenden; nachholen; **~πλή-**

ρωση Ergänzung *f*; Vollendung *f*; **~πλοκή** Handgemenge *n*
σύμπνοια Einvernehmen *n*
συμπολεμιστής Kriegskamerad *m*
συμπολιτεία Staatenbund *m*, Konföderation *f*
συμπολ|ίτευση [-εfsi] Regierungskoalition *f*; **~ίτης** Mitbürger *m*
συμ|πονετικός mitleidig; **~πόνια** [-nja] Mitleid *n*; **~πονώ** (*άς· εσ*) bemitleiden
συμπόσιο Fest *n*, Trinkgelage *n*
σύμπραξη (*-εις*) Mitwirkung *f*
συμπράττω (*ξ/συνέπρ-*) mitwirken
σύμπτυξη (*-εις*) [-pt-] Zusammenfaltung *f*; Verkürzung *f*; Zurückweichen *n*
συμπτύσσω [-pt-] (*ξ· χτ*) *v/t* zusammenfalten; verkürzen
σύμπτωμα [-pt-] *n* Symptom *n*
συμπτωματικός symptomatisch
σύμπτωση (*-εις*) [-pt-] Zufall *m*; Zusammentreffen *n*; ***κατά ~*** zufällig
συμ|πυκνώνω (*σ· θ*) verdichten; kondensieren; **~πύκνωση** (*-εις*) Verdichtung *f*, Kondensierung *f*
συμφέρει (*συνέφερε*) es ist vorteilhaft *ή* günstig, es lohnt sich; ***με ~*** es ist in meinem Interesse
συμφέρον (*-τος*) Interesse *n*; Nutzen *m*, Vorteil *m*
συμφεροντο|λογικός [-ji-] aus selbstsüchtigen Motiven; **~λόγος** [-γɔs] (***-α, -ο***) eigennützig
συμφέρων (***-ουσα, -ον***) *K* vorteilhaft, nützlich, lohnend
συμφιλ|ώνω (*σ· θ*) *v/t* aussöhnen; **~ίωση** (*-εις*) Aussöhnung *f*
συμφοιτ|ητής Kommilitone *m*, Studienkamerad *m*; **~ήτρια** Kommilitonin *f*
συμφορά Unglück *n*, Unheil *n*
συμφόρηση (*-εις*) Stauung *f*; *ιατρ.* Blutstauung *f*; Schlaganfall *m*; ***κυκλοφοριακή ~*** (Verkehrs-) Stau *m*
σύμφυ|ση (*-εις*) Verwachsung *f*; **~τος** verwachsen, zusammengewachsen
σύμφωνα: ***~με*** laut *G* (*D*), gemäß *D*, auf Grund *G*, im Einklang mit *D*
συμφων|ητικό Vertrag *m*; **~ία** Übereinstimmung *f*; Übereinkommen *n*, Vereinbarung *f*; *μουσ.* Symphonie *f*; ***εμπορική ~ία*** Handelsabkommen *n*; ***με τη(ν) ~ία ότι*** unter der Bedingung, daß; **~ικός** symphonisch, Symphonie-
σύμφωνο Pakt *m*, Vertrag *m*; *γραμμ.* Konsonant *m*; ***πολιτιστικό ~*** Kulturabkommen *n*
σύμφων|ος übereinstimmend; einverstanden; ***~οι!*** einverstanden!
συμφωνώ (*ησ· ηθ· ημ*) sich einig sein; einverstanden sein; übereinkommen, sich einigen; zustimmen
συμψηφ|ίζω (*σ· στ· σμ*) anrechnen; verrechnen; ausgleichen; **~ισμός** Verrechnung *f*; Anrechnung *f*
συν *K* (*D*) mit *D*; *μαθ.* plus (+)
συν- *Präfix*: mit-, zusammen-, ver-
συναγερμός [-jεr-] Alarm *m*; ***~ νέφους*** Smogalarm *m*
συναγρίδα [-γr-] Meerbrassen *m*
συν|άγω [-γɔ] (*γαγ/συνήγ-· αχθ· αγμ*) *v/t* (ver)sammeln; zusammenziehen; *v/p* sich ergeben (***από***/aus *D*); **~αγωγή** Versammlung *f*; Synagoge *f*
συναγων|ίζομαι [-γɔ-] (*στ*) *v/t* mitkämpfen; konkurrieren mit *D*; wetteifern (***σε***/um *A*, in *D*); **~ισμός** Konkurrenz *f*; **~ιστής** Mitkämpfer *m*; Konkurrent *m*
συν|αδελφικός Kollegen-, kollegial; **~αδελφικότητα** Kollegialität *f*; **~άδελφος** Kollege *m*
συν|άζω (*ξ· χτ· γμ*) versammeln; *v/p κ.* sich ansammeln; **~αθροίζω** (*σ· στ· σμ*) sammeln; zusammenziehen; **~άθροιση** (*-εις*) Versammlung *f*
συν|αίνεση (*-εις*) Einwilligung *f*; **~αινώ** (*εσ*) einwilligen; **~αίρεση** (*-εις*) *γραμμ.* Zusammenziehung *f*, Kontraktion *f*
συν|αισθάνομαι (*ανθ*) fühlen; empfinden; einsehen; sich bewußt sein *G*; **~αίσθημα** *n* Empfindung *f*; Gefühl *n*; **~αισθηματικός** Gefühls-; sentimental; empfindsam; **~αίσθηση** (*-εις*) Bewußtsein *n*; **~αλλαγή** [-'ji] Tausch (-handel) *m*; Handel(sverkehr) *m*; Geschäft *n*; Transaktion *f*; **~άλλαγμα** [-γma] *n* Devisen *f/pl*
συναλλαγματική [-γm-] Wechsel *m*
συναλλάσσω (*ξ· αχτ*) *v/t* (um)tauschen; abwechselnd tragen
συνάμα zusammen; gleichzeitig
συναναστρ|έφομαι (*αφ*) verkehren (*A*, ***με***/mit *D*); **~οφή** Umgang *m*, Verkehr *m*; Gesellschaft *f*
συν|άντηση (*-εις*) Treffen *n*; Verabredung *f*; Termin *m*; **~αντώ** (*άς· ησ· ηθ*)

Σ

v/t treffen; *μτφ.* stoßen auf *A*; *v/p* sich treffen, zusammentreffen
σύναξη (*-εις*) Versammlung *f*
συναπάντημα *n βλ.* ***συνάντηση***
συνάπτω (*ψ· φθ· ημμ/συνη-*) zusammenbinden; beifügen; *γάμο* schließen; *συμβόλαιο* (ab)schließen; anknüpfen
συν|αριθμώ (*ησ· ηθ· ημ*) mitzählen; mitrechnen; **~αρμογή** [-'ji] Zusammenfügung *f*; Montage *f*
συναρμολ|όγηση (*-εις*) Zusammenfügung *f*, Zusammenbau *m*, Montage *f*; **~ογώ** [-'ɣɔ] (*ησ· ηθ· ημ*) zusammenfügen, zusammensetzen, montieren
συν|αρπάζω (*σ· στ*) *v/t* hinreißen; *v/p* sich hinreißen lassen; **~αρπαστικός** hinreißend; packend, spannend; **~άρτηση** (*-εις*) Zusammenhang *m*
συνασπ|ίζομαι (*στ· σμ*) sich verbünden, zusammengehen; **~ισμός** [-zm-] Koalition *f*, Wahlbündnis *n*
συναυλία [-'vlia] Konzert *n*
συν|άφεια Kontakt *m*; Zusammenhang *m*; **~αφής** 2 zusammenhängend
συνάχι [-çi] Schnupfen *m*; ***αλλεργικό ~*** Heuschnupfen *m*
συναχώνομαι [-'xɔ-] (*θ*) sich e-n Schnupfen holen
σύναψη (*-εις*) Abschluß *m*; Aufnahme *f*; ***~ ειρήνης*** Friedensschluß *m*
συνδεδεμένος verbunden
σύνδεση (*-εις*) Anknüpfung *f*, Verbindung *f*; *ηλ.* Schaltung *f*; Anschluß *m*; ***ηλεκτρική ~*** Netzanschluß *m*, Stromanschluß *m*; ***καλωδιακή ~*** Kabelanschluß *m*; ***σιδηροδρομική ~*** Bahnanschluß *m*; ***συγκοινωνιακή ~*** Verkehrsverbindung *f*; ***τηλεφωνική ~*** Telefonanschluß *m*
σύνδεσμος [-zm-] Verbindung *f*; *μτφ.* Bund *m*; Verbund *m*; Verband *m*; *γραμμ.* Konjunktion *f*
συνδετήρας (Heft-)Klammer *f*
συνδέω (*σ· θ/συνέδ-*) *v/t* verbinden, verknüpfen; *ηλ.* (ein)schalten; ***~ με καλώδιο*** verkabeln; *v/p κ.* sich nahestehen
συνδιάλεξη (*-εις*) Telefongespräch *n*; ***αστική ~*** Ortsgespräch *n*; ***προπληρωμένη ~*** R-Gespräch *n*; ***~ εξωτερικού*** Auslandsgespräch *n*; ***~ εσωτερικού*** Inlandsgespräch *n*
συνδιαλλ|αγή [-'ji] Versöhnung *f*; **~ακτικός** versöhnlich
συνδιάσκεψη (*-εις*) Konferenz *f*
συνδικαλισ|μός [-zm-] Gewerkschaftsbewegung *f*; **~τής** [-st-] Gewerkschaft(l)er *m*
συνδικάτο Gewerkschaft *f*
σύνδικος Syndikus *m*; Konkursverwalter *m*
συνδιοίκηση (*-εις*) Mitbestimmung *f*
συνδρομ|ή Unterstützung *f*; Beitrag *m*; Abonnement *n*; **~ητής** Abonnent *m*
συν|δυάζω (*σ· στ· σμ*) verbinden, kombinieren; **~δυασμός** Verbindung *f*, Kombination *f*; Wahlbündnis *n*
συνέβ- *βλ.* ***συμβαίνει, συμβάλλω***
συν|εδριάζω (*σ*) tagen; beraten; **~εδρίαση** (*-εις*) Tagung *f*, Sitzung *f*; Beratung *f*; **~έδριο** Kongreß *m*, Konferenz *f*; ***ελεγκτικό ~έδριο*** Rechnungskammer *f*
σύνεδρος Kongreßmitglied *n*, Tagungsmitglied *n*; Berufsrichter *m*
συνείδηση (*-εις*) Bewußtsein *n*; Gewissen *n*; ***~ περιβαλλοντικών προβλημάτων*** Umweltbewußtsein *n*
συνειδητ|οποιώ (*ησ· ηθ· ημ*) sich (*D*) *etw.* vergegenwärtigen; **~ός** bewußt; gewissenhaft
συνειρμός Zusammenhang *m*; *ψυχ.* Assoziation *f*
συνεισ|φέρω (II = I/*συνεισέφερ-*) spenden; beitragen; **~φορά** Spende *f*; Beitrag *m*
συνεκπαίδευση [-εfsi] Koedukation *f*
συνέκριν- *βλ.* ***συγκρίνω***
συνεκτικός zusammenhaltend
συνέλαβ- *βλ.* ***συλλαμβάνω***
συνέλευση (*-εις*) [-εfsi] Versammlung *f*; ***γενική ~*** Hauptversammlung *f*
συνενν|οημένος verabredet; **~όηση** (*-εις*) Verständigung *f*; Einverständnis *n*; **~οούμαι** (*ηθ· ημ*) sich verständigen
συν|ενοχή [-'çi] Mitschuld *f*; **~ένοχος** [-xɔs] Mitschuldige(r)
συνέντευξη (*-εις*) [-εf-] Verabredung *f*; Interview *n*; ***παίρνω ~*** interviewen; ***~ τύπου*** Pressekonferenz *f*
συν|ενώνω (*σ· θ*) vereinigen; miteinander verknüpfen; **~ένωση** (*-εις*) Vereinigung *f*; Verknüpfung *f*; **~επαίρνω** (*να παρ· πηρ· παρμ*) hinreißen
συν|έπεια Folge *f*, Konsequenz *f*; Wirkung *f*; **~επής** 2 konsequent, folgerichtig; **~επιβάτης** Mitreisende(r)

Σ

συνεπώς *Adv* folglich, infolgedessen
συν|εργάζομαι [-'γa-] (*στ*) mitarbeiten, mitwirken (**σε**/an *D*); kooperieren; **~εργασία** Mitarbeit *f*; Zusammenarbeit *f*; **~εργάτης** Mitarbeiter *m*; **~εργείο** Werkstatt *f*; ***~εργείο επισκευών*** Reparaturwerkstatt *f*
σύνεργο [-γɔ] Werkzeug *n*
συνεργ|ός [-'γɔs] Helfershelfer *m*; **~ώ** (*ησ*) mithelfen
συνερίζομαι (*στ*) aufeinander neidisch sein
συνέρχομαι [-xɔ-] (*να -έλθω· -ήλθα*) zusammenkommen; wieder zu sich kommen; sich erholen
σύνεση Einsicht *f*, Verstand *m*
συνεσταλμένος schüchtern
συνέστησ- *βλ.* ***συνιστώ***
συνεταιρ|ίζομαι (*στ*) sich zusammenschließen; **~ικός** genossenschaftlich; gemeinsam; **~ισμός** Genossenschaft *f*
συνέταιρος Teilhaber *m*, Gesellschafter *m*; ***νεότερος ~*** Juniorpartner *m*
συν|ετίζω (*σ· στ· σμ*) *v/t* zur Einsicht bringen; *v/p* es einsehen; **~ετός** einsichtig, vernünftig
συνεφέρνω (II = I) *v/t* wieder zu sich bringen; *v/i* wieder zu sich kommen
συνέχεια [-çĭa] Fortsetzung *f*; Folge *f*; Kontinuität *f*; ***στη συνέχεια*** im Anschluß an *A*
συνεχ|ής [-εç-] 2 fortwährend, ununterbrochen, kontinuierlich; **~ίζω** (*σ· στ*) fortsetzen, weiterführen; **~ώς** [-'xɔs] dauernd, fortwährend
συνήγαγ- *βλ.* ***συνάγω***
συν|ηγορία [-γɔr-] Plädoyer *n*; **~ήγορος** Verteidiger *m*; Rechtsanwalt *m*; **~ηγορώ** (*ησ*) *j-n* verteidigen, plädieren für *A*; sprechen (***υπέρ*** *G*/für *A*)
συν|ήθεια Gewohnheit *f*; Angewohnheit *f*; Brauch *m*; **~ηθίζω** (*σ· στ· σμ*) *v/t κ. v/i j-n* gewöhnen an *A*; sich gewöhnen (*A*, **σε**/an *A*); *v/p* in Mode sein; vorkommen, üblich sein; **~ηθισμένος** gewöhnt; gewöhnlich, üblich; **~ήθως** *Adv* gewöhnlich, meistens
συνημμένος beigefügt; *Su n* Anlage *f*
σύνθεση (*-εις*) Zusammensetzung *f*; *μουσ.* Komposition *f*; *χημ.* Synthese *f*
συν|θέτης Schriftsetzer *m*; Komponist *m*; **~θετικός** synthetisch, Kunst-
σύνθετος zusammengesetzt
συνθέτω (*σ· τεθ/συνέ-*) zusammensetzen, zusammenstellen; *μουσ.* komponieren; *τυπ.* setzen
συνθήκ|η Pakt *m*, Vertrag *m*; *pl* Verhältnisse *n/pl*, Umstände *m/pl*, Bedingungen *f/pl*; ***~η μη επιθέσεως*** Nichtangriffspakt *m*; ***καιρικές ~ες*** *pl* Wetterlage *f*; ***~ες εργασίας*** *pl* Arbeitsbedingungen *f/pl*; ***~ες πλαισίου*** *pl* Rahmenbedingungen *f/pl*
συνθηκο|λόγηση (*-εις*) [-ji-] Vertragsabschluß *m*; Kapitulation *f*; **~λογώ** [-'γɔ] (*ησ*) e-n Vertrag abschließen; kapitulieren
σύνθημα *n* Signal *n*, Zeichen *n*; *πολ.* Slogan *m*, Losung *f*; ***διαφημιστικό ~*** Werbeslogan *m*
συνθηματικός Zeichen-, chiffriert
συνθλίβω (*ψ· φτ· μμ/συνέ-*) zerdrücken, zerquetschen
συνιδιοκτήτης Miteigentümer *m*
συνιστώ (*άς· να συστήσ-· συστηθ-/συνέστησ-*) bilden; vorstellen (***κπ σε κπ***/j-m j-n); empfehlen
συννεφ|ιά [-'fja] Bewölkung *f*; **~ιάζω** (*σ· σμ*) sich bewölken; **~ιασμένος** [-zm-] bewölkt, wolkig, trübe
σύννεφο Wolke *f*
συννεφόκαμα *n* Schwüle *f*
συννυφάδα Schwägerin *f*
συνοδ|εία Begleitung *f κ. μουσ.*; Gefolge *n*; **~εύω** [-'εvɔ] (*ευσ, εψ· ευτ· ευμ*) begleiten; **~ηγός** [-'γɔs] Beifahrer *m*; **~οιπόρος** *μτφ.* Lebensgefährte *m*; Mitläufer *m*; **~ός** Begleiter *m*; *f* Stewardeß *f*; ***~ός τρένου*** Zugbegleiter *m*
σύνοδος *f* Sitzung *f*; *θρ.* Synode *f*
συνοικέσιο Heiratsvermittlung *f*
συνοίκηση (*-εις*) Zusammenwohnen *n*
συνοικ|ία Stadtteil *m*, Nachbarschaft *f*; ***~ία διασκεδάσεων*** Vergnügungsviertel *n*; ***~ία λιμανιού*** Hafenviertel *n*; **~ισμός** Stadtteil *m*, Bezirk *m*
συνολικός ganz, gesamt, Gesamt-
σύνολο Gesamtheit *f*, Gesamtmenge *f*; ***στο σύνολο*** insgesamt
συνομήλικος gleichaltrig
συνομιλ|ητής Gesprächspartner *m*; **~ία** Gespräch *n*, Unterhaltung *f*; ***~ία γνωριμίας*** Vorstellungsgespräch *n*; **~ώ** (*ησ*) sich unterhalten
συνομολόγηση (*-εις*) [-ji-] Abschluß *m*; Vereinbarung *f*
συν|ομοσπονδία Konföderation *f*; Zentralverband *m*; ***συνδικαλιστική***

Σ

~ομοσπονδία Gewerkschaftsbund *m*; **~ομοταξία** *ζωολ.* Stamm *m*; **~ονόματος** gleichnamig; **~οπτικός** gedrängt, kurzgefaßt, Übersichts-; *νομ.* summarisch
συν|ορεύω [-'εvɔ] (*ευσ*) grenzen (*με*/ an *A*); **~οριακός** Grenz-
σύνορο *συνήθ. pl* Grenze *f*
συνουσία Beischlaf *m*
συνοχή Zusammenhang *m*; Zusammenhalt *m*; *φυσ.* Kohäsion *f*
σύνοψη (*-εις*) Übersicht *f*; Grundriß *m*, Abriß *m*; *θρ.* Gesangbuch *n*
συνοψίζω (*σ*) kurz zusammenfassen
συνταγή [-'ji] Rezept *n*; ***με ~ γιατρού*** verschreibungspflichtig, rezeptpflichtig; ***χωρίς ~ γιατρού*** rezeptfrei
σύνταγμα [-ɣma] *n* Verfassung *f*, Grundgesetz *n*; *στρ.* Regiment *n*
συνταγματ|άρχης [-çis] Oberst *m*; **~ικός** verfassungsmäßig, konstitutionell; Verfassungs-
συν|τάκτης Redakteur *m*; Autor *m*, Verfasser *m*; **~τακτικός** redaktionell, Redaktions-; syntaktisch; *Su n* Syntax *f*
σύνταξη (*-εις*) Redaktion *f*; Rente *f*; Pension *f*; Syntax *f*, Satzbau *m*
συν|ταξιδιώτης [-'ðjɔ-] Mitreisende(r); **~τάξιμος** (renten)anrechnungsfähig; **~ταξιοδότηση** (*-εις*) Altersversorgung *f*; Ruhestand *m*; ***πρόωρη ~ταξιοδότηση*** Vorruhestand *m*; **~ταξιοδοτούμαι** (*ηθ· ημ*) in den Ruhestand treten; **~ταξιούχος** [-xɔs] (*f* ***-χα***) Rentner(in *f*) *m*, Pensionierte(r)
συνταρ|άζω (*ξ· χτ· γμ*) erschüttern; **~ακτικός** erschütternd
συντάσσω (*ξ· χτ· γμ*) verfassen
συντέλεια Ende *n*
συντελεστής Faktor *m*
συντελώ (*εσ· εστ· εσμ*) (***σε***) bewirken (*A*); beitragen (zu *D*); fördern (*A*); *v/p* durchgeführt werden, geschehen
συντεχνία [-xn-] Zunft *f*
συντήρηση (*-εις*) Erhaltung *f*; Unterhalt *m*, Ernährung *f*
συντηρητικ|ός konservativ; vorsichtig; *Su n* Konservierungsmittel *n*; **~ότητα** Konservativismus *m*
συντηρώ (*ησ*) erhalten, bewahren; *οικογένεια* unterhalten, ernähren
σύν|τμηση (*-εις*) Verkürzung *f*, Abkürzung *f*; **~τομα** bald, in Kürze
συντόμευση (*-εις*) [-εfsi] Abkürzung *f*
συντομ|εύω [-'εvɔ] (*ευσ· ευτ· ευμ*) abkürzen; **~ία** Kürze *f*; **~ογραφία** [-ɣr-] Abkürzung *f*
σύντομος kurz; bündig, gedrängt
συντον|ίζω (*σ· στ· σμ*) (aufeinander) abstimmen, koordinieren; **~ισμένος** [-zm-] abgestimmt, koordiniert, konzertiert; **~ισμός** Abstimmung *f*, Koordination *f*; **~ιστής** Koordinator *m*
συν|τρέχω [-xɔ] (*ξ/συνέ-*) *v/t j-m* beistehen; **~τριβή** Zertrümmerung *f*; Katastrophe *f*; Zerknirschung *f*; **~τρίβω** (*ψ· φτ· μμ/συνέ-*) *v/t* zertrümmern, zerschmettern; *μτφ.* überwältigen
σύντριμμα *n*, **συντρίμμι** Scherbe *f*, Trümmer *pl*; Ruine *f κ. μτφ.*
συντριπτικός überwältigend
συντροφ|εύω [-'εvɔ] (*εψ· ε[υ]μ*) *v/t* Gesellschaft leisten *D*; begleiten; **~ιά** [-'fja] Gesellschaft *f*; *εμπ.* Kompanie *f* (= Co.); ***κρατώ ~ιά σε κπ*** j-m Gesellschaft leisten; **~ικός** gemeinschaftlich; kameradschaftlich; **~ικότητα** Kameradschaft *f*
συντρόφισσα Gefährtin *f*
σύντροφος Kamerad *m*, Gefährte *m*; Genosse *m*; *εμπ.* Kompagnon *m*
συν|υπαίτιος (*f -α*) Mitschuldige(r); **~ύπαρξη** Koexistenz *f*; **~υπάρχω** [-xɔ] ([*ή*]*ρξ*) nebeneinander bestehen, koexistieren; **~υπεύθυνος** [-'εf-] mitverantwortlich; **~υπολογίζω** (*σ· στ· σμ*) zusammenrechnen; **~υφαίνω** (*φαν· φασμ*) verflechten; anzetteln
συνωμ|οσία Verschwörung *f*; **~ότης** Verschwörer *m*; **~οτικός** konspirativ; **~οτώ** (*ησ*) sich verschwören
συν|ώνυμο Synonym *n*; **~ώνυμος** synonym
συνωστ|ίζομαι (*στ· σμ*) sich drängen; **~ισμός** Gedränge *n*
σύξυλος verblüfft, baff
συρθ- *βλ.* ***σέρνω***
σύριγγα Spritze *f*
σύρμα *n* Draht *m*; ***αγκαθωτό ~*** Stacheldraht *m*
συρμ|άτινος Draht-; **~ατόπλεγμα** [-ɣma] *n* Drahtverhau *m*; Drahtnetz *n*; ***αγκαθωτό ~ατόπλεγμα*** Stacheldrahtverhau *m*; **~ατόσχοινο** [-çin-] Drahtseil *n*; **~ός** Zug *m*; ***~ός μεταφοράς αυτοκινήτων*** Autoreisezug *m*
σύρραξη (*-εις*) Zusammenstoß *m*

συρρέω (*ευσ/συνέ-*) zusammenfließen; *μτφ.* zusammenströmen
σύρριζα bis zur Wurzel; radikal
συρροή Zusammenfluß *m*; Zusammenströmen *n*; Andrang *m*
συρτάρι Schublade *f*
σύρτης Riegel *m*, Schieber *m*
συρτός schleppend, geschleppt; *Su* Sirtos *m* (*Art Rundtanz*)
συρφετός Gesindel *n*, Pöbel *m*
συσκέπτομαι (*φθ*) beraten
συσκευ|άζω [-εv-] (*σ· στ· σμ*) verpacken; **~ασία** Verpackung *f*; Verpacken *n*; **~αστής** Packer *m*; **~ή** Gerät *n*, Apparat *m*; ***περιφερειακή ~ή** ηλεκτρον*. Peripheriegerät *n*; ***~ή βίντεο*** Videorekorder *m*; ***~ή εισαγωγής** ηλεκτρον*. Eingabegerät *n*; ***~ή χειρισμού δίσκου*** Diskettenlaufwerk *n*
σύσκεψη (*-εις*) Konferenz *f*; Beratung *f*
συσκ|οτίζω (*σ· στ· σμ*) verdunkeln; *μτφ.* verschleiern; **~ότιση** (*-εις*) Verdunk(e)lung *f*; Verschleierung *f*
σύσπαση (*-εις*) Krampf *m*, Zuckung *f*
συσπ|ειρώνω (*σ· θ*) *μτφ.* konzentrieren, sammeln; *v/p* sich scharen; **~είρωση** Konzentration *f*
συσπώ (*άς· ασ· αστ· ασμ*) zusammenziehen; *v/p* zucken
συσσίτι|ο Verpflegung *f*; Essen *n*
σύσσωμος vereint; gesamt
συσσώρευση (*-εις*) [-εfsi] Anhäufung *f*, Aufhäufung *f*; Stauung *f*
συσσωρ|ευτής [-εf-] Akkumulator *m*; **~εύω** [-'evɔ] (*ευσ· ευτ· ευμ*) anhäufen, aufhäufen; stauen
συσταίνω *βλ.* ***συνιστώ***
σύσταση (*-εις*) Zusammensetzung *f*; Errichtung *f*; Empfehlung *f*; Adresse *f*
συστατικός Empfehlungs-; Bestand-; *Su n* Bestandteil *m*; Empfehlung *f*
συστέλλω (*ειλ· αλ[θ]· αλμ/συνέ-*) zusammenziehen; *v/p κ.* sich genieren
σύστημα *n* System *n*; Anlage *f*; Methode *f*; Ordnung *f*; ***αναλογικό εκλογικό ~*** Verhältniswahlrecht *n*; ***κοινωνικό ~*** Gesellschaftsordnung *f*; ***λειτουργικό ~** ηλεκτρον*. Betriebssystem *n*; ***οικολογικό ~*** Öko-System *n*; ***ομοσπονδιακό ~*** Föderalismus *m*; ***πλειοψηφικό εκλογικό ~*** Mehrheitswahlrecht *n*; ***~ επεξεργασίας κειμένων*** Textverarbeitungssystem *n*; ***~ μεταφορών*** Transportwesen *n*; ***~ ταχυτήτων*** Gangschaltung *f*
συστηματ|ικός systematisch; *Su f* Systematik *f*; **~οποίηση** (*-εις*) Systematisierung *f*; **~οποιώ** (*ησ· ηθ· ημ*) systematisieren
συστημένο Einschreiben *n*
συστήνω (*σ· θ*) *βλ.* ***συνιστώ***
συστολή Zusammenziehung *f*; Schrumpfung *f*; Scheu *f*
συσφίγγω (*ξ· χτ*) straffen; festigen
σύσφι(γ)ξη Straffung *f*; Festigung *f*
συσχετ|ίζω [-çε-] (*σ· στ· σμ*) in Zusammenhang bringen; **~ισμός** [-zm-] Gegenüberstellung *f*; Wechselbeziehung *f*
σύφιλη Syphilis *f*
συχαρίκια [-xa'rika] *n/pl* Glückwünsche *m/pl*, Botenlohn *m*
συχνά [-'xna] oft, häufig
συχν|άζω [sixn-] (*σ*) verkehren, sich aufhalten, Stammgast sein; **~ός** häufig; **~ότητα** Häufigkeit *f*; Frequenz *f*
συχωρεμένος [-x-] selig, verstorben
σφαγ|είο [-'jiɔ] Schlachthaus *n*; Gemetzel *n*; **~ή** Schlachten *n*; Metzelei *f*, Blutbad *n*; **~ιάζω** (*σ· στ· σμ*) schlachten; *μτφ.* vernichten; **~ιασμός** [-zm-] Schlachten *n*; Vernichtung *f*
σφαδ|άζω (*σ*) zucken, zappeln; **~ασμός** Zucken *n*, Zappeln *n*
σφάζω (*ξ· χτ· γμ*) schlachten
σφαίρα Kugel *f*; *μτφ.* Sphäre *f*, Bereich *m*
σφαιρ|ικός kugelförmig, rund; **~ιστήριο** Billardhalle *f*; **~οβολία** Kugelstoßen *n*; **~οειδής** 2 kugelförmig
σφαλερός irrig
σφαλιάρα [-'ljara] Ohrfeige *f*
σφαλίζω (*σ, ξ· στ, χτ· σμ, γμ*) (zu-) schließen, verschließen
σφαλιστός geschlossen
σφάλλω *K* (*αλ· εσφαλμ-*) *v/i* sich irren
σφάλμα *n* Irrtum *m*; Fehler *m*
σφαλ(ν)ώ *βλ.* ***σφαλίζω***
σφάξιμο (*-ματος*) Schlachten *n*; *μτφ.* stechende(r) Schmerz
σφαχτ|άρι, ~ό Schlachttier *n*
σφάχτης [-xt-] Schlächter *m*; Mörder *m*; *πόνος*: Stich *m*
σφεντόνα Schleuder *f*
σφετερίζομαι (*στ· σμ*) an sich reißen, usurpieren
σφή|γκα, ~κα Wespe *f*

Σ

σφήνα Keil *m*; *μτφ.* Werbespot *m*
σφηνοειδής 2 keilförmig; Keil-
σφηνώνω (*σ· θ*) einzwängen; einkeilen
σφίγγα Sphinx *f*; *adv* rätselhaft
σφίγγω (*ξ· χτ· γμ*) *v/t* drücken, pressen; fest zuschnüren; *παπούτσια*: drücken; *βίδα* (fest) anziehen; *γροθιά* ballen; *v/i μτφ. τα πράγματα*: sich verschärfen; *v/p* sich einschnüren; *καρδιά*: sich zusammenkrampfen; zusammenrücken
σφίξ|η Bedrängnis *f*; (*Geld-*)Sorgen *f/pl*; *βιολ.* Stuhldrang *m*; **~ιμο** (*-ματος*) Anziehen *n*; Druck *m*
σφιχτ|αγκαλιάζω [-xtaŋgalj-] (*σ· στ· σμ*) fest umarmen; **~οδεμένος** fest verschnürt; fest verbunden; **~ός** fest; stramm; *αβγό*: hart; **~οχέρης** [-'çε-] 3 knickerig; *Su* Geizhals *m*
σφοδρ|ός heftig, stark; **~ότητα** Heftigkeit *f*, Stärke *f*
σφουγγ|αράς (*-άδες*) Schwammfischer *m*; **~άρι** Schwamm *m*; **~αρίζω** (*σ· στ· σμ*) abwischen; scheuern, schrubben; **~αρίστρα** Schrubber *m*; **~αρόπανο** Wischlappen *m*, Scheuerlappen *m*; **~ίζω** (*σ· στ· σμ*) (ab)wischen; abtrocknen
σφραγ|ίδα [-'ji-] Stempel *m*; Siegel *n*; ***~ίδα εισόδου*** Eingangsstempel *m*; ***~ίδα ημερομηνίας*** Datumsstempel *m*; **~ίζω** (*σ· στ· σμ*) stempeln; *γράμμα* versiegeln; gut verschließen; *δόντι* füllen
σφράγισμα [-jiz-] *n* Stempeln *n*; Versiegeln *n*; Füllung *f*, Plombe *f*
σφριγηλός [-ji-] kräftig, rüstig
σφρίγος [-γɔs] Kraftfülle *f*; Elan *m*
σφυγμ|ομέτρηση (*-εις*) [-γm-] Pulszählung *f*; Sondierung *f*; ***~ομέτρηση κοινής γνώμης*** Meinungsumfrage *f*; **~ομετρώ** (*ησ· ηθ· ημ*) den Puls zählen; *μτφ.* sondieren; **~ός** Puls(schlag) *m*; *μτφ.* schwache(r) Punkt
σφύζω (*χωρίς Aor*) pochen; pulsieren
σφυρ|ηλάτηση (*-εις*) Schmieden *n*; **~ηλατώ** (*ησ· ηθ· ημ*) schmieden; **~ί** Hammer *m*
σφύριγμα [-γma] *n* Pfeifen *n*
σφυρ|ίζω (*ξ*) pfeifen; zischen; *j-m etw.* zuflüstern; *αφτιά*: klingen; **~ίχτρα** [-xtra] Pfeife *f*
σφυρο|δρέπανο Hammer und Sichel; **~κόπημα** *n* Gehämmer *n*; Trommelfeuer *n*; **~κοπώ** [-kɔ'pɔ] (*άς· ησ· ηθ· ημ*) hämmern; schmieden
σχάρα *βλ.* ***σκάρα***; *αυτοκ.* Dachgepäckträger *m*
σχεδία Floß *n*
σχεδ|ιάγραμμα [sçεði'aγr-] *n* Plan *m*, Grundriß *m*; **~ιάζω** (*σ· στ· σμ*) skizzieren, zeichnen, entwerfen; vorhaben; **~ίασμα** *n* Skizze *f*; **~ιαστής** (*f -άστρια*) Zeichner(in *f*) *m*
σχέδιο ['sçεð-] Plan *m*, Grundriß *m*; Entwurf *m*, Konzept *n*; Muster *n auf Stoff*, Design *n*; Projekt *n*, Vorhaben *n*
σχεδόν [sçε-] fast, beinahe; ziemlich
σχέ|ση (*-εις*) ['sçεsi] Beziehung *f*; Bezug *m*; Zusammenhang *m*; Relation *f*; ***δημόσιες ~σεις*** *pl* Öffentlichkeitsarbeit *f*; ***εμπορικές ~σεις*** *pl* Handelsbeziehungen *f/pl*; ***οικονομικές ~σεις*** *pl* Wirtschaftsbeziehungen *f/pl*
σχετίζω (*σ· στ· σμ*) in Beziehung bringen; *v/p* in Beziehung stehen
σχετικ|ός [sçε-] betreffend (***με***/*A*), bezüglich (*G*); relativ; angemessen, entsprechend; **~ότητα** Relativität *f*
σχήμα ['sçi-] *n* Form *f*, Gestalt *f*; Schema *n*; *ρητ., μαθ.* Figur *f*; *θρ.* Ornat *m*, geistliche Würde *f*; Format *n*
σχηματ|ίζω [sçi-] (*σ· στ· σμ*) bilden; gestalten, formen; ***~ίζω συνασπισμό*** koalieren; **~ικός** schematisch; **~ισμένος** [-zm-] geformt; **~ισμός** Bildung *f*; Gestaltung *f*; *στρ.* Formation *f*
σχιζοφρεν|ής [sçi-] 2 schizophren; **~ία** Schizophrenie *f*; **~ικός** schizophren
σχίζω ['sçizɔ] (*σ· στ· σμ*) *v/t* spalten; zerreißen; aufreißen; *v/p* (zer)reißen; sich gabeln; *μτφ.* sich einsetzen
σχίσιμο (*-ματος*) Spalten *n*; Spaltung *f*; Aufreißen *n*; Riß *m*
σχίσμα *n* Riß *m*; *θρ.* Schisma *n*
σχισμ|άδα, ~ή [sçiz-] Riß *m*; Spalt *m*
σχιστόλιθος [sçi-] Schiefer *m*
σχοιν|άκι [sçi-] Seil *n springen*; **~ένιος** (***-α, -ο***) Binsen-; **~ί** Seil *n*, Tau *n*; Leine *f*; **~οβάτης** Seiltänzer *m*
σχοίνος ['sçi-] Binse *f*
σχολά(ζ)ω [sxɔ-] (*σ*) *βλ.* ***σχολνώ***
σχόλασμα [-zma] *n* Feierabend *m*; Schulschluß *m*; Entlassung *f*
σχολαστ|ικός [sxɔ-] scholastisch; pedantisch, *οικ.* pingelig; *Su* Scholastiker *m*; Pedant *m*; **~ικότητα** Pedanterie *f*

Σ

σχολείο [sxɔ-] Schule *f*; ***δημοτικό ~*** Volksschule *f*; ***ολοήμερο ~*** Ganztagsschule *f*; ***~ πολλών κατευθύνσεων*** Gesamtschule *f*
σχόλη Feiertag *m*
σχολή Schule *f*; Institut *n*; Fakultät *f*; ***επαγγελματική ~*** Berufsschule *f*; ***~ ξένων γλωσσών*** Sprachenschule *f*; ***~ οδηγών*** Fahrschule *f*; ***~ χορού*** Tanzschule *f*
σχολ|ιάζω [sxɔl-] (*σ· στ· σμ*) *v/t* kommentieren; erläutern; **~ιαστής** Kommentator *m*; **~ίατρος** Schularzt *m*; **~ικός** Schul-; **~ιό** *βλ.* ***σχολείο***
σχόλιο ['sxɔ-] Kommentar *m*
σχολνώ [sxɔ-] (*άς· ασ· ασμ*) *v/t* freigeben; entlassen; *v/i* Schul- *ή* Arbeitsschluß haben
σώβρακο Unterhose *f*
σώζω (*σ· θ· σμ*) *v/t* retten (***από***/vor *D*); erlösen; bewahren, erhalten; *v/p* erhalten sein
σωθ- *βλ.* ***σώζω, σώνω***
σωθικά *n/pl* Eingeweide *pl*
σωλήνα, ~ς Rohr *n*; Rippe *f des Heizkörpers*; Schlauch *m*; Röhre *f*; ***δοκιμαστικός ~ς*** Reagenzglas *n*; ***ελαστικός ~ς*** Gummischlauch *m*; ***~ς εξαγωγής*** Auspuffrohr *n*
σωληνάριο Tube *f*; Röhrchen *n*
σώμα *n* Körper *m*; Körperschaft *f*; Heizkörper *m*; Exemplar *n*; ***διπλωματικό ~*** diplomatische(s) Korps; ***λιμενικό ~*** Hafenpolizei *f*
σωματ|είο Verband *m*; **~εμπορία** Menschenhandel *m*; **~έμπορος** Menschenhändler *m*; **~ικός** körperlich
σωματο|φύλακας Leibwächter *m*; **~φυλακή** Leibwache *f*; Garde *f*
σωματώδης 2 korpulent, beleibt
σών|ω (*σ· θ*) reichen, langen; *v/p* zur Neige gehen, *Aor* alle sein; ***~ει*** es reicht; ***~ει και καλά*** um jeden Preis
σώος (**-*α*, -*ο***) heil, wohlbehalten
σώπα! schweig!, still!
σωπαίνω (*πασ*) *v/t* zum Schweigen bringen, beruhigen; *v/i* schweigen
σωρ|εύω [-'ɛvɔ] (*ευσ· ευτ· ευμ*) (anhäufen; **~ηδόν** haufenweise; **~ιάζομαι** [-'ja-] (*στ· σμ*) zusamenbrechen; hinsinken; **~ός** Haufen *m*, Menge *f*
σωσ- *βλ.* ***σώζω, σώνω***
σωσίας Doppelgänger *m*
σωσίβιο Rettungsring *m*; Schwimmweste *f*
σωστ|ά *Adv* richtig, genau; **~ικός** Rettungs-; **~ός** richtig; vollständig; *πρόσ.*: rechtschaffen; korrekt; ernst
σωτήρας Retter *m*; *θρ.* Erlöser *m*
σωτ|ηρία Rettung *f*, Errettung *f*; Erlösung *f*; **~ήριος** (**-*α*, -*ο***) rettend
σωφ|άρω, ~έρ *βλ.* ***σοφ-***
σωφρ|ονίζω (*σ· στ· σμ*) zur Vernunft bringen; **~ονισμός** Züchtigung *f*
σωφροσύνη Besonnenheit *f*, Enthaltsamkeit *f*; Bescheidenheit *f*

T

τα *pl v.* **το,** die
ταβάνι (Zimmer-)Decke *f*
ταβ|έρνα Taverne *f*, (Wein-)Lokal *n*; **~ερνιάρης** [-nj-] (*-ηδες*) Wirt *m*
τάβλα Tafel *f*
τάβλι *περ.* Backgammon *n*
ταγάρι wollene Umhängetasche *f*
ταγέρ [ta'jɛr] (*0*) *n* Kostüm *n*
ταγή [-'ji] Futter *n*; Hafer *m*
ταγκ|ιάζω [-'ga-], **~ίζω** (*σ· σμ*) ranzig werden; **~ό** (*0*) *n* Tango *m*; **~ός** ranzig
τάγμα [-ɣma] *n* Bataillon *n*; Orden *m*
ταγματάρχης [-çis] Major *m*
τάδε: ο ~(ς) der und der; ***ο κύριος ~*** Herr Soundso
τάζω (*ξ· χτ*) versprechen; geloben
ταθ- *βλ.* ***τείνω***
ταΐζω (*σ· στ· σμ*) füttern
ταινία Band *n*; Streifen *m*, Banderole *f*; Film *m*; *ιατρ.* Bandwurm *m*; ***βουβή ~*** Stummfilm *m*; ***~ γραφομηχανής*** Farbband *n*; ***κυλιόμενη ~*** Fließband *n*; ***ομιλούσα ~*** Tonfilm *m*; ***~ οχτώ χιλιοστών*** Schmalfilm *m*

ταίρι Gegenstück *n*; Gefährte *m*
ταιρι|άζω [-'ja-] (*σ, ξ· σμ*) *v/t* anpassen; *v/i* passen (***με***/zu *D*); **~άζει** es gehört sich (***σε***/für *A*)
ταίριασμα [-jazma] *n* Zusammenpassen *n*, Übereinstimmung *f*
ταιριαστός [-ja-] gut zusammenpassend, übereinstimmend
τάισμα ['taizma] *n* Füttern *n*
τάκος Dübel *m*; Klotz *m*
τακούνι (Schuh-)Absatz *m*
τακτ (*0*) *n φέρσιμο*: Takt *m*
τακτικ|ή Taktik *f*; Ordnung *f*; **~ός** regelmäßig *κ. γραμμ.*; ordentlich; pünktlich; *στρ.* regulär; Ordnungs-; **~ότητα** Regelmäßigkeit *f*; Pünktlichkeit *f*
τακτο|ποίηση (*-εις*) Ordnen *n*; Anordnung *f*; Regelung *f*; **~ποιώ** (*ησ· ηθ· ημ*) (an)ordnen; regeln, erledigen
τακτός bestimmt, festgesetzt
ταλ|αιπωρία Strapaze *f*; Quälerei *f*, Plage *f*; **~αίπωρος** schwergeprüft, elend; **~αιπωρώ** (*ησ· ηθ· ημ*) quälen
ταλαντεύομαι [-'ενɔ-] (*ευτ*) schwingen; pendeln; *μτφ.* schwanken
τάλαντο Talent *n*, Begabung *f*
ταλαντούχος [-xɔs] (**-α, -ο**) begabt
ταλέντο *βλ.* ***τάλαντο***
τάλιρο Fünfdrachmenstück *n*
ταλκ (*0*) *n* Talk *m*, Puder *m*, *n*
τάμα *n* Gelübde *n*; Weihgabe *f*
ταμείο Kasse *f*; Kassenbuch *n*; ***ασφαλιστικό ~*** Krankenkasse *f*; ***βραδινό ~*** Abendkasse *f*; ***~ υγείας*** Krankenkasse *f*
ταμ|ιακός Kassen-; fiskalisch; **~ίας** Kassierer *m*; Kassenwart *m*
ταμιευτ|ήριο [-εf-] Sparkasse *f*; **~ικός** Spar-; fiskalisch
ταμπάκος [tab-] Schnupftabak *m*
ταμπέλα [tab-] Hinweisschild *n*
ταμπλό [ta'blɔ] (*0*) *n* Bild *n*; *αυτοκ.* Armaturenbrett *n*
ταμπόν (*0*) *n*, **~ι** Stempelkissen *n*; *ιατρ.* Tampon *m*
ταμπούρι [tab-] Bollwerk *n*; Lager *n*
ταμπούρλο Trommel *f*
ταμπουρώνομαι [tabu-] (*θ*) sich verschanzen
τανάλια [-lja] Kneifzange *f*
τανκ, τανξ (*0*) *n* Panzer(wagen) *m*
τανύζω (*σ· στ· σμ*) *v/t* spannen; ausbreiten; *v/p ιατρ.* sich ausrecken
ταξ- *βλ.* ***τάζω***
τάξ|η (*-εις*) Ordnung *f*; *σχολείο, κοινωνική*: Klasse *f*; Stand *m*; Rang *m*; ***μεσαία ~η*** Mittelklasse *f*, Mittelstand *m*; ***πρώτης ~εως*** erstklassig
ταξί (*0*) Taxi *n*, Taxe *f*
ταξιαρχία Brigade *f*
ταξ|ιδεύω [-'ενɔ] (*εψ*) reisen; **~ιδεμένος** weitgereist
ταξίδι Reise *f*; ***αεροπορικό ~*** Flugreise *f*; ***επαγγελματικό ~*** Dienstreise *f*; ***θαλασσινό ~*** Seereise *f*; ***ομαδικό ~*** Gruppenreise *f*; ***προπληρωμένο ~*** Pauschalreise *f*; ***~ αναψυχής*** Erholungsreise *f*; ***~ διακοπών*** Urlaubsreise *f*
ταξ|ιδιάρης 3, **~ιδιάρικος** reiselustig; oft reisend; Zug- (*Vogel*); **~ιδιώτης** [-'ðjɔ-] (*f* ***-τισσα***) Reisende(r); **~ιθέτρια** Platzanweiserin *f*; **~ικός** Klassen-; **~ίμετρο** Taxameter *n*
ταξι|νόμηση (*-εις*) Klassifizierung *f*; Einteilung *f*; **~νομώ** (*ησ· ηθ· ημ*) (ein)ordnen; klassifizieren
ταξιτζής (*-ήδες*) Taxifahrer *m*
τάπα Pfropfen *m*, Stöpsel *m*
ταπειν|ός bescheiden; demütig; niedrig, gemein; **~οσύνη** Bescheidenheit *f*; Demut *f*; **~ότητα** Bescheidenheit *f*; Niedrigkeit *f*; **~οφροσύνη** *βλ.* ***ταπεινοσύνη***; **~ώνω** (*σ· θ*) demütigen
ταπ|είνωση (*-εις*) Erniedrigung *f*; **~εινωτικός** demütigend
ταπέτο Vorleger *m*, Läufer *m*
ταπετσ|αρία Tapete *f*; Tapezierung *f*; **~ιέρης** [-j-] Tapezierer *m*
τάπ|ης *K*, **~ητας** Teppich *m*
ταπητουργ|είο [-'ji-], **~ία** Teppichweberei *f*; **~ός** [-'ɣɔs] Teppichweber *m*
ταπώνω (*σ*) zustöpseln, zupfropfen
ταραγμένος [-ɣm-] bewegt; aufgeregt
ταράζω (*ξ· χτ· γμ*) *v/t* schütteln; aufwühlen; erschüttern; beunruhigen; *ησυχία* stören; *v/p κ.* sich aufregen
ταραμάς rote(r) Kaviar
ταραμοσαλάτα Fischrogencreme *f*
ταραξίας Unruhestifter *m*
ταράτσα Terrasse *f*
ταραχ|ή [-'çi] Bewegung *f*; *μτφ.* Unruhe *f*, Aufruhr *m*; Aufregung *f*; Störung *f*; *pl* Unruhen *f/pl*; **~οποιός** [-xɔ-] Unruhestifter *m*, Störenfried *m*
τάρταρα *n/pl* Hölle *f*, Unterwelt *f*
τασάκι Aschenbecher *m*; Untertasse *f*

τάση (*-εις*) Ausdehnung *f*; *ηλ.* Spannung *f*; *μτφ.* Hang *m*; Tendenz *f*
τάσι Aschenbecher *m*; Waagschale *f*
τάσσω (*ξ· χθ, χτ*) *K v/t* hinstellen; festsetzen; *v/p* (***με***) sich auf *j-s* Seite stellen
τατουάζ (*0*) *n* Tätowierung *f*
ταυρο|μαχία [tavrɔmaç-] Stierkampf *m*; **~μάχος** [-xɔs] Stierkämpfer *m*
ταύρος ['tavr-] Stier *m*
ταυτ|ίζω [taft-] (*σ· στ· σμ*) identifizieren; *v/p* sich decken; sich identifizieren; **~ισμός** [-zm-] Identifizierung *f*; **~ολογώ** [-'γɔ] (*ησ*) sich wiederholen; **~όσημος** gleichbedeutend; gleichlautend, identisch; **~ότητα** völlige Übereinstimmung *f*; Identität *f*; Personalausweis *m*; ***φοιτητική ~ότητα*** Studentenausweis *m*; **~όχρονος** [-xr-] gleichzeitig; Simultan-
ταφή Beerdigung *f*, Bestattung *f*
τάφος Grab *n*; Gruft *f*
τάφρος *f* Graben *m*
τάχα ['taxa], **τάχατε(ς)** *Adv* angeblich; denn, etwa *nicht*, vielleicht; *σε ερωτηματικές προτάσεις*: wohl, denn
ταχεία Eilzug *m*
ταχθ- *βλ.* ***τάσσω***
τάχιστα [-çi-] schnellstens
ταχυδακτυλουργ|ία [taçiðaktilurj-] Taschenspielerei *f*; **~ός** [-'γɔs] Taschenspieler *m*
ταχυ|δρομείο [taçi-] Post *f*; ***κεντρικό ~δρομείο*** Hauptpostamt *n*; **~δρομικός** Post-; Brief-; *Su* Postbeamter *m*; *Su n/pl* Porto *n*; *Adv* per *ή* mit der Post; **~δρόμος** Zusteller *m*; **~δρομώ** (*ησ· ηθ*) mit der Post schicken
ταχύμετρο [-'çi-] Tachometer *m*
ταχύνω (II = I· *υνθ*) beschleunigen
ταχ|ύς [-'çis] (***-εία, -ύ***) *K* schnell, beschleunigt; **~ύτερος** schneller; ***το ~ύτερο*** möglichst bald; **~ύτητα** Schnelligkeit *f*; *αυτοκ.* Gang *m*; ***~ύτητα ήχου*** Schallgeschwindigkeit *f*
ταψί (Kuchen-)Blech *n*
τέζα (*0*) straff; ***έμεινε ~*** er ist tot
τεζάκι Ladentisch *m*
τεζ|αριστός gespannt; straff; **~άρω** (*ρισ· ριστ· ρισμ*) spannen, straffen
τεθ- *βλ.* ***θέτω***
τεθωρακισμένος [-zm-] gepanzert; *Su n* Panzer(wagen) *m*
τείνω (II = I· *ταθ· τεταμ*) *v/t* spannen, straffen; ausstrecken; *v/i* (***προς***) tendieren (zu *D*); abzielen (auf *A*)
τέιον *K* Tee *m*
τειχίζω [-'çi-] (*σ· στ· σμ*) ummauern
τείχιση (*-εις*) [-çi-] Ummauerung *f*; Befestigung *f*
τείχος [-xɔs] *n* (Stadt-)Mauer *f*; ***~ ηχοπροστασίας*** Lärmschutzwall *m*
τεκμ|ήριο Beweis *m*, Beleg *m*; **~ηριώνω** (*σ· θ*) beweisen, belegen
τέκνο Kind *n*
τέκτονας Freimaurer *m*; Maurer *m*
τελάλη|ς (*-ηδες*) öffentlicher Ausrufer; ***βάζω ~*** *περ.* überall herumerzählen
τελάρο Rahmen *m*; Stickrahmen *m*
τελεία Punkt *m*; ***άνω ~*** Hochpunkt *m*
τελειο|ποίηση (*-εις*) Vervollkommnung *f*; **~ποιώ** (*ησ· ηθ· ημ*) vervollkommnen
τέλειος (***-α, -ο***) vollkommen, perfekt
τελειότητα Vollkommenheit *f*, Perfektion *f*; Vollendung *f*
τέλειωμα *n*, **τελείωμα** *n βλ.* ***τελειωμός***
τελει|ωμός [tεlj-] Beendigung *f*; Ende *n*; **~ώνω** (*σ· μ*) *v/t* beend(ig)en; abschließen; vollenden; erledigen; *etw.* aufbrauchen; *v/i* zu Ende gehen
τελείως *Adv* vollkommen, völlig
τελειωτικός endgültig; End-
τέλεση (*-εις*) Begehung *f*
τελεσ(θ)- *βλ.* ***τελώ***
τελεσ|ίγραφο [-γr-] Ultimatum *n*; **~ίδικος** rechtskräftig; **~φορώ** (*ησ*) Erfolg haben
τελετ|άρχης [-çis] Festleiter *m*; **~ή** Zeremonie *f*; Feier(lichkeit) *f*; **~ουργία** [-'jia] Gottesdienst *m*; Feier *f*
τελευταίος (***-α, -ο***) letzt-; *Adv* neulich, kürzlich
τελεφερίκ (*0*) *n* (Draht-)Seilbahn *f*; Sessellift *m*
τέλι Draht *m*; Saite *f*
τελικός End-; *γραμμ.* final
τέλμα *n* Sumpf *m*
τέλ|ος *n* Ende *n*, Schluß *m*; (*κ. pl* **~η**) Gebühr *f*; Zoll *m*; ***εξαγωγικά ~η*** *pl* Ausfuhrzoll *m*; ***τραπεζικό ~ος*** Kontoführungsgebühr *f*; ***~ος ακύρωσης*** Stornogebühr *f*; ***~η*** *pl* ***επεξεργασίας*** Bearbeitungsgebühr *f*; ***~ος επιταγής*** Scheckgebühr *f*; ***~η*** *pl* ***κυκλοφορίας αυτοκινήτου*** Kraftfahrzeugsteuer *f*; ***~ος πάντων*** endlich; schließlich

T

τελώ (*εσ· εστ· εσμ*) *v/t* durchführen, ausführen; vollenden; *v/p* erfolgen
τελων|ειακός Zoll-; *Su* Zollbeamte(r); **~είο** Zollamt *n*
τελ|ώνης Zöllner *m*; **~ωνίζω** (*σ· στ· σμ*) verzollen; **~ώνιο** böse(r) Geist; **~ωνισμός** [-zm-] Verzollung *f*
τεμαχίζω (*σ· στ· σμ*) (zer)stückeln
τεμάχιο [-çiɔ] Stück *n*
τεμαχισμός [-çiz-] Zerstückelung *f*
τεμενάς (*-άδες*) Verbeugung *f*
τέμενος *n* Heiligtum *n*; Moschee *f*
τεμπ|έλης 3 faul; **~ελιά** [-'lja] Faulheit *f*; **~ελιάζω** (*σ*) faulenzen
τέμπλο Altarwand *f*
τενεκ|εδένιος (**-α, -ο**) Blech-, blechern; **~ές** (*-έδες*) Blech *n*; Blechdose *f*; *μτφ.* Taugenichts *m*; **~ετζής** (*-ήδες*) Klempner *m*
τένοντας Sehne *f*
τέντα Zelt(plane *f*) *n*; Markise *f*; große(r) Sonnenschirm; *Adv* sperrangelweit offen
τέντζερες (*-έδες*) Kochtopf *m*
τέντωμα *n* Spannen *n*; Ausstrecken *n*
τεντώνω (*σ· θ*) *v/t* spannen; (aus-) strecken; recken; **αφτιά** spitzen; *v/p* sich recken; *μτφ.* sich brüsten
τέρας (*-ατος*) *n* Ungeheuer *n*, Monster *n*, Unmensch *m*; Wunder *n*
τεράστιος (**-α, -ο**) riesig, ungeheuer
τερατολογία [-'jia] Lügenmärchen *n*
τερατ|όμορφος abscheulich, gräßlich; **~ώδης** 2 monströs, scheußlich; **~ωδία** Ungeheuerlichkeit *f*
τερ|ετίζω (*σ*) zwitschern; trillern; **~έτισμα** [-zma] *n* Zwitschern *n*
τερηδόνα Holzwurm *m*; *ιατρ.* Karies *f*
τέρμα *n* Ende *n*; Ziel *n*; Endhaltestelle *f*; *αθλ.* Tor *n*
τερματ|ίζω (*σ· στ*) beenden; ein Ende setzen *D*; **~οφύλακας** Torwart *m*
τερπν|ός angenehm, erfreulich; **~ότητα** Annehmlichkeit *f*
τέρπω (*ρψ*) erfreuen
τερτίπι Kniff *m*, Schlich *m*
τέρψη (*-εις*) Vergnügen *n*, Genuß *m*
τεσσαρακοστός vierzigst-
τεσσάρι Vier *f*
τέσσερ|α *n*, **~ις** *m, f* vier
τεσσερ|άμισι *n*, **~ισήμισι** *m, f* viereinhalb
τεστ (*0*) *n* Test *m*
τεταμένος gespannt; straff
τέτανος (Wund-)Starrkrampf *m*
Τετάρτη Mittwoch *m*
τέταρτ|ο Viertel *n*; Viertelstunde *f*; **~ον** *Adv* viertens; **~ος** viert-
τετελεσμένος [-zm-] vollendet
τέτοιος [-tjɔs] (**-α, -ο**) *ein* solcher, *eine* solche, *ein* solches; derartig
τετοιώνω [-tj-] (*σ*) *Verb o. Sinn, περ.*: machen; *v/t* vergewaltigen
τετρα- vier-; sehr, ungemein
τετραγωνικός viereckig; Quadrat-; *μτφ.* klar; bestechend
τετράγων|ο [-γ-] Viereck *n*; Quadrat *n*; Häuserblock *m*; **~ος** viereckig; klar
τετράδιο Heft *n*
τετρακ|όσ(ι)οι [-s(j)i] 3 vierhundert; **~οσιοστός** vierhundertst-
τετριμμένος trivial, banal
τεύτλο ['tɛft-] rote Rübe *f*
τεύχος ['tɛfx-] *n* Heft *n*, Broschüre *f*
τέφρα *K* Asche *f*
τεφροδόχη [-çi] Urne *f*
τεφτέρι Kontobuch *n*; Register *n*
τέχνασμα [-xnaz-] *n* Kniff *m*, Trick *m*
τέχν|η ['tɛxni] Kunst *f*; Geschick(lichkeit *f*) *n*; Handwerk *n*, Gewerbe *n*; ***γραφικές ~ες*** *pl* Grafik *f*
τεχν|ηέντως [-xni-] geschickt, meisterhaft; **~ητός** künstlich; **~ική** Technik *f*; ***πυρηνική ~ική*** Kerntechnik *f*; ***~ική ψύχους*** Kältetechnik *f*; **~ικός** *σχολή*: Fach-; technisch; praktisch; künstlerisch, kunstvoll; Gewerbe-; *Su* Techniker *m*; **~ίτης** Handwerker *m*; Meister *m*; **~οκρατία** Technokratie *f*; **~οκρίτης** (Kunst-)Kritiker *m*
τεχνολογία [tɛxnɔlɔj-] Technologie *f*
τεχνοτροπία Stil *m*, Manier *f*
τέως (*0*) *adj* ehemalig; Ex-
τζαζ (*0*) *f* Jazz *m*
τζάκι Kamin *m*; Herd *m*; Heim *n*
τζαμαρία Wintergarten *m*
τζάμι (Fenster-)Scheibe *f*; ***μπροστινό ~*** Windschutzscheibe *f*; ***πίσω ~*** Heckscheibe *f*
τζαμί Moschee *f*
τζαμόπορτα Glastür *f*
τζάμπα ['dzaba] umsonst; kostenlos, gratis; vergebens
τζαμτζής (*-ήδες*) Glaser *m*
τζαναμπέτ|ης [-ab-] (***-ισσα, -ικο***), **~ικος** verdrossen, mürrisch
τζάνερο Mirabelle *f*
τζελατίνα Gelatine *f*

τζετ *(0) n* Düsenflugzeug *n*
τζι(γ)έρι [-'(j)ε-] Leber *f*; *n/pl* Eingeweide *pl*
τζιπ *(0) n* Jeep *m*, Geländefahrzeug *n*
τζίρος Umsatz *m*
τζίτζικας, τζιτζίκι Zikade *f*
τζίφος Fehlschlag *m*
τζίφρα Monogramm *n*; Kritzelei *f*
τζόκεϊ *(0) m* Jockei *m*
τηγ|ανητός [-γa-] gebraten; **~ανητές πατάτες** *f/pl* Bratkartoffeln *pl*; Pommes frites *pl*; **~άνι** (Brat-)Pfanne *f*; **~ανίζω** *(σ· στ· σμ)* braten; **~άνισμα** *n* Braten *n*; **~ανίτα** Eierkuchen *m*, Pfannkuchen *m*
τηλεβόας Sprachrohr *n*
τηλε|γραφείο [-γra-] Telegrafenamt *n*; **~γράφημα** *n* Telegramm *n*, Fernschreiben *n*
τηλεγραφ|ητής [-γra-] Telegrafist *m*; **~ία** Telegrafie *f*; **~ικός** telegrafisch
τηλέγραφος Telegraf *m*
τηλε|γραφώ [-γra-] *(ησ· ηθ)* telegrafieren; **~κατευθυνόμενος** [-tεf-] ferngelenkt
τηλε|θεατής (Fernseh-)Zuschauer *m*; **~οπτικός** Fernseh-; **~όραση** *(-εις)* Fernsehen *n*; **βλέπω ~όραση** fernsehen; **δορυφορική ~όραση** Satellitenfernsehen *n*; **καλωδιακή ~όραση** Kabelfernsehen *n*; **συσκευή ~οράσεως** Fernsehgerät *n*, Fernseher *m*; **~πάθεια** Telepathie *f*; **~πικοινωνία** Fernmeldewesen *n*, Telekommunikation *f*; **~σκόπιο** Teleskop *n*
τηλεφακός Teleobjektiv *n*
τηλεφώνημα *n* (Telefon-)Anruf *m*; **υπεραστικό ~** Ferngespräch *n*
τηλεφων|ητής Telefonist *m*; **αυτόματος ~ητής** Anrufbeantworter *m*; **~ήτρια** Telefonistin *f*; **~ικός** telefonisch; Telefon-
τηλέφωνο Telefon *n*, Fernsprecher *m*; **πληκτρολογιακό ~** Tastentelefon *n*; **~ ανάγκης** Notrufsäule *f*; **παίρνω κπ (στο) ~** j-n anrufen
τηλεφωνώ *(άς, είς·ησ· ηθ)* telefonieren (**σε**/mit *D*), anrufen (*A*)
τηλεχειρισμός Fernsteuerung *f*
τήξη Schmelzen *n*; Verschmelzung *f*; **πυρηνική ~** Kernfusion *f*
τήρηση *(-εις)* Bewahrung *f*, Erhaltung *f*; Einhaltung *f*; *βιβλία*: Führung *f*
τηρώ *(ησ· ηθ· ημ)* bewahren, erhalten; *τάξη* aufrechterhalten; *νόμο* einhalten; *υπόσχεση* halten; *βιβλία* führen
της *G v.* **η** der
της ihr; **το βιβλίο ~** ihr Buch
τι; was?; was für ein(e), *pl* was für; wie *schön*!
τίγρ|η *(-εις)*, **~ης** *(-εις)* ['tiγr-] Tiger(in *f*) *m*
τιθάσευση *(-εις)* Bändigung *f*
τιθασ|ευτής [-εft-] Bändiger *m*; **~εύω** [-'εvɔ] *(εψ· ευτ· εμ)* bändigen, zähmen
τιμάριθμος (Preis-)Index *m*
τιμή Preis *m*; Wert *m*; Kurs *m*; *pl* Ehrenbezeigungen *f/pl*; **ειδική ~** Sonderpreis *m*; **εναρκτήρια ~** Einführungspreis *m*; **λιανική ~** Ladenpreis *m*; **συνολική ~** Inklusivpreis *m*; **~ κάτω του κόστους** Dumpingpreis *m*; **~ κόστους** Einkaufspreis *m*; **~ μετοχών** Aktienkurs *m*; **~ νομίσματος** (Währungs-)Kurs *m*; **~ παραγωγού** Erzeugerpreis *m*; **~ συναλλάγματος** Wechselkurs *m*, Umtauschkurs *m*; **~ τοις μετρητοίς** Barzahlungspreis *m*; **με ~** hochachtungsvoll
τίμημα *n* (Gegen-)Wert *m*; Preis *m*
τιμητικός ehrenvoll, Ehren-
τίμιος (**-α, -ο**) ehrlich, rechtschaffen; anständig; unbescholten
τιμιότητα Ehrlichkeit *f*
τιμο|κατάλογος [-γɔs] Preisliste *f*; **~λόγιο** [-jiɔ] Tarif *m*; Warenrechnung *f*; **~λογώ** [-'γɔ] *(ησ· ηθ· ημ)* den Preis festlegen; den Preis aufschreiben
τιμόνι Steuer *n*; Ruder *n*; Lenkrad *n*
τιμονιέρης *(-ηδες)* Steuermann *m*
τιμώ *(άς· ησ· ηθ· ημ)* ehren; beehren; schätzen; *v/p* kosten
τιμωρ|ία Strafe *f*, Bestrafung *f*; **~ός** Strafende(r); **~ώ** *(ησ· ηθ· ημ)* bestrafen
τίναγμα [-γma] *n* Schütteln *n*, Ruck *m*
τινάζω *(ξ· χτ· γμ) v/t* schütteln, rütteln; *χαλί* ausklopfen; **~ στον αέρα** in die Luft sprengen; *v/p* emporschießen; aufspringen; **τα τίναξε** er ist krepiert
τίνος, τίνων ...; wessen ...?
τίποτ|α, ~ε etwas; *αρνητικά*: nichts; *σαν απάντηση*: keine Ursache!; **~' άλλο** etwas anderes; sonst nichts
τιποτένιος (**-α, -ο**) bedeutungslos; nichtig; nichtswürdig
τιράντες *f/pl* Hosenträger *m/pl*

Τ

τιρμπουσόν [tirbu-] *(0) n* Korkenzieher *m*
τίτλος Titel *m*; Überschrift *f*; Zertifikat *n*; Wertpapier *n*
τιτλοφορώ *(ησ· ηθ· ημ) v/t* e-n Titel verleihen (***κπ***/j-m); betiteln
τμήμα *n* Teil *m*; Abschnitt *m*; Polizeirevier *n*; (*Wahl-*)Bezirk *m*; Abteilung *f*; *μαθ.* Sektor *m*, Segment *n*, Ausschnitt *m*; ***~ διαφημίσεων*** Werbeabteilung *f*, Mediaabteilung *f*; ***~ ερευνών αγοράς*** Marketingabteilung *f*; ***~ νοσοκομείου*** Station *f*; ***~ προσωπικού*** Personalabteilung *f*; ***~ πωλήσεων*** Verkaufsabteilung *f*, Vertriebsabteilung *f*; ***~ τροφίμων*** Lebensmittelabteilung *f*
τμηματ|άρχης [-çis] Abteilungsleiter *m*; **~ικός** Abteilungs-; Teil-; *Adv* abschnittsweise
το *Art n* das; ***~ και ~*** dies und das
τοιούτος *οικ.* Schwule(r)
τοιχο|γραφία [-xoγr-] Fresko *n*, Wandmalerei *f*; **~δομή** Mauerwerk *n*
τοιχο|κόλληση *(-εις)* Plakat *n*; Anschlagen *n*, Ankleben *n*; **~κολλώ** *(άς· ησ· ηθ· ημ)* anschlagen, ankleben
τοίχος [-x-] Wand *f*, (Haus-)Mauer *f*
τοίχωμα *n* Mauer *f*; Wand(ung) *f*
τοκετός Entbindung *f*, Niederkunft *f*; Geburt *f*
τοκίζω *(σ· στ· σμ)* Geld auf Zinsen ausleihen; verzinsen
τοκισμός [-zm-] Verzinsung *f*
τοκο|γλυφία [-γl-] Wucher *m*; **~γλύφος** Kredithai *m*, Wucherer *m*; **~μερίδιο** Dividende *f*
τόκ|ος Zins *m*, *συνήθ.* *pl* Zinsen; ***αποταμιευτικός ~ος*** Sparzins *m*; ***πιστωτικός ~ος*** Sollzins *m*; ***~ος εθνικής τράπεζας*** Leitzins *m*; ***~οι του λαβείν*** *pl* Habenzinsen *pl*; ***~οι υποθηκών*** *pl* Hypothekenzinsen *pl*; ***με σταθερό ~ο*** festverzinslich
τοκοχρεολύσιο [-xr-] Tilgungsrate *f*
τόλμη Kühnheit *f*, Wagemut *m*
τόλμημα *n* Wagnis *n*; Dreistigkeit *f*
τολμ|ηρός kühn, wagemutig; dreist; **~ώ** *(άς· ησ)* wagen
τομάρι Leder *n*; Fell *n*; *μτφ.* Leben *n*; *βρισιά*: Lump *m*, Schuft *m*
τομ|έας Ausschnitt *m*, Sektor *m*; Abschnitt *m*; *μτφ.* Gebiet *n*; **~ή** Schnitt *m*; Schnittpunkt *m*; *λογοτ.* Zäsur *f*; ***καισαρική ~ή*** Kaiserschnitt *m*
τόμος Band *m*
τον *A v.* **ο**: den
τον|ίζω *(σ· στ· σμ)* betonen; hervorheben; **~ισμός** [-zm-] Betonung *f*
τόνος¹ Tonne *f*; *ζωολ.* Thunfisch *m*
τόνος² Ton *m*; *γραμμ.* Akzent *m*
τονώνω *(σ·θ)* stärken, kräftigen
τόνωση *(-εις)* Stärkung *f*, Kräftigung *f*
τονωτικός stärkend, Stärkungs-; *Su n* Stärkungsmittel *n*
τοξικ|ολογία [-'jia] Toxikologie *f*; **~ός** giftig; Vergiftungs-
τοξίνη Toxin *n*
τόξο Bogen *m*; ***ουράνιο ~*** Regenbogen *m*
τοπάρχης [-çis] Bezirksvorsteher *m*
τόπι Ball *m*; Kugel *f*; *ύφασμα*: Ballen *m*
τοπίο Landschaft *f*
τοπ|ικισμός Lokalpatriotismus *m*; **~ικός** örtlich, Lokal-; regional
τοπο|γραφία [-γr-] Topographie *f*; **~γραφικός** topographisch; **~γράφος** Topograph *m*
τοπο|θεσία Lage *f*; Gegend *f*; **~θετημένος** (an)gestellt; angelegt; **~θέτηση** *(-εις)* Aufstellen *n*; Anstellung *f*, Unterbringung *f*; ***~θέτηση κεφαλαίου*** Kapitalanlage *f*; ***~θέτηση χρημάτων*** Geldanlage *f*; **~θετώ** *(ησ· ηθ· ημ)* (hin)stellen; *πρόσ.* anstellen, unterbringen; *χρήμ.* anlegen
τόπ|ος Ort *m*, Platz *m*; Stelle *f*; Raum *m*; ***επί ~ου*** an Ort und Stelle
τοποτηρητής Stellvertreter *m*
τοπων|υμία, ~ύμιο Ortsname *m*
τορναδόρος Dreher *m*; Drechsler *m*
τορνευτός [-nɛft-] gedreht; gedrechselt; *μτφ.* schön geformt
τορνεύω *(εψ· ευτ· εμ)* drehen; *ξύλο* drechseln; *στιλ* (aus)feilen
τόρνος Drehbank *f*
τορπ|ίλα Torpedo *m*; Mine *f*; **~ιλάκατος** Torpedoboot *n*; **~ιλίζω** *(σ· στ· σμ)* torpedieren
τόσο so; so sehr; ***~ όσο*** so wie; ***~ που*** (*ή* ***ώστε***) so daß; ***όχι και ~*** einigermaßen: ***~ το καλύτερο*** umso besser
τόσος so viel, *pl* so viele; so groß, so hoch
τοστιέρα [-'jɛ-] Toaster *m*
τότε(ς) dann; damals; nun, sodann; ***από ~*** seitdem; ***ως ~*** bis dann
του *G v.* **ο** *u.* ***το,*** des
του sein; ***το βιβλίο ~*** sein Buch

τουαλέτα Toilette *f*, *οικ.* Klo *n*
τούβλο Ziegelstein *m*; *μτφ.* Rindvieh *n*
τουλάχιστο(ν) [-çi-] wenigstens, mindestens
τούλι Tüll *m*
τουλίπα Tulpe *f*
τουλ|ούμι Schlauch *m*; **~ουμοτύρι** Ziegenkäse *m* aus Schläuchen
τουλούμπα Pumpe *f*
τούμπα Purzelbaum *m*; Hügel *m*
τουμπαν- *βλ.* ***τυμπαν-***
τουμπάρω (*αρισ, αρ· αριστ· αρισμ*) umwerfen; *οικ.* herumkriegen
τουναντίον im Gegenteil
τούνελ (*0*) *n*, **τουνέλι** Tunnel *m*
τουπέ (*0*) *n* Dünkel *m*; Frechheit *f*
τουρ|ισμός [-zm-] Tourismus *m*, Fremdenverkehr *m*; **~ίστας** Tourist *m*; **~ιστικός** Touristen-, Fremdenverkehrs-; **~ίστρια** Touristin *f*
τουρκοκρατία Türkenherrschaft *f*
τουρλού (*0*) *n* Gemüseeintopf *m*
τουρλ|ώνω (*σ· θ*) wölben, ausbauchen; **~ωτός** gewölbt, rund
τουρμπίνα [-rb-] Turbine *f*
τουρσί eingesalzene(s) Gemüse *n*; Sauer-(*Kraut*)
τούρτα Torte *f*
τουρτουρίζω (*σ*) vor Kälte zittern
τους *A pl v.* ***οι,*** die
τους ihr *pl*; ***το βιβλίο ~*** ihr Buch
τούτος dieser; ***εκτός τούτου*** außerdem; ***εν τούτοις*** jedoch
τούφα Büschel *m*, *n*
τουφ|έκι Flinte *f*, Gewehr *n*; **~εκιά** [-'ķa] Gewehrschuß *m*; **~εκίζω** (*σ· στ· σμ*) *v/t* erschießen; **~εκισμός** [-zm-] Erschießung *f*
τράβαλα *n/pl* Scherereien *f/pl*
τραβέρσα Schwelle *f*; Querbalken *m*
τράβηγμα [-γma] *n* Ziehen *n*; Schleppen *n*; Schöpfen *n*; *pl* Scherereien *f/pl*
τραβ|ηγμένος [-γm-]: ***~ηγμένο από τα μαλλιά*** an den Haaren herbeigezogen; **~ηξιά** Zug *m*
τραβώ (*άς· ηξ· χτ· γμ*) *v/t* ziehen (***από***/ an *D*); anziehen; schleppen; *μαγνήτης*: anziehen; *χαστούκι* geben; *ενδιαφέρον* erregen; verlangen nach *D*; *λεφτά* abheben; abziehen; *βάσανα* (er)leiden, ausstehen; *φωτογραφίες* knipsen; *v/i* attraktiv sein; gehen (***σε***/an *die Arbeit*); *σόμπα*: ziehen; *v/p* sich zurückziehen; *εμπ.* Absatz haben; ***~ τα μαλλιά μου*** sich die Haare raufen
τραγ|ανίζω [-γa-] (*σ*) knabbern; **~ανιστός, ~ανός** knusprig
τραγικ|οκωμικός [-ji-] tragikomisch; **~ός** tragisch; *Su* Tragiker *m*; **~ότητα** Tragik *f*
τραγισμός [-jiz-] Stimmbruch *m*
τράγος [-γɔs] (Ziegen-)Bock *m*
τραγούδι [-'γu-] Lied *n*; Gesang *m*; ***δημοτικό ή λαϊκό ~*** Volkslied *n*; ***ελαφρό ~*** Schlager *m*
τραγουδ|ιστής [-γu-] Sänger *m*; **~ιστός** Sing-; melodiös; singend; **~ίστρια** Sängerin *f*; **~ώ** (*άς, είς· ησ· ηθ, ιστ· ημ, ισμ*) singen; *etw.* besingen
τραγωδ|ία [-γɔ-] Trauerspiel *n*, Tragödie *f*; **~ός** Tragiker *m*
τραίνο *βλ.* ***τρένο***
τρακ (*0*) *n* Lampenfieber *n*
τράκα Knall *m*; Schnorren *n*; Schwärmer *m*
τρακαδόρος Schnorrer *m*
τρακ|άρισμα [-zma] *n* Zusammenstoß *m*; **~άρω** (*αρ, αρισ· ιστ· ισμ*) *v/t* stoßen; *v/p* zusammenstoßen
τρακόσ(ι)οι 3 *βλ.* ***τριακόσ(ι)οι***
τρακτέρ (*0*) *n* Traktor *m*, Trecker *m*
τραμ (*0*) *n* Straßenbahn *f*
τραμπάλα Wippe *f*
τραμπούκος [trab-] Schläger *m*
τρανεύω [-'εvɔ] (*εψ*) heranwachsen
τράνζιτο Transit(verkehr) *m*; *Adv* im Transit
τρανός eindeutig; mächtig, groß
τράνταγμα [-γma] *n* Erschütterung *f*
τραντάζω (*ξ· χτ· γμ*) erschüttern, durchschütteln, durchrütteln
τραπ- *βλ.* ***τρέπω***
τράπεζα Bank *f*, Geldinstitut *n*; ***αγία ~*** Altar *m*; ***διεθνής ~*** Weltbank *f*; ***εθνική ~*** Zentralbank *f*, Staatsbank *f*; ***~ οργάνων*** Organbank *f*; ***~ στοιχείων*** Datenbank *f*; ***~ συνεταιρισμών*** Genossenschaftsbank *f*
τραπ|εζαρία Eßzimmer *n*; Speisesaal *m*; **~έζι** Tisch *m*; ***κάνω ~έζι σε κπ*** j-n zum Essen einladen; **~εζικός** Bank-; *Su* Bankbeamter *m*; **~έζιο** Trapez *n*
τραπεζ|ίτης Bankier *m*; *ανατ.* Backenzahn *m*; **~ιτικός** Bank-; **~ογραμμάτιο** [-γra-] Banknote *f*; **~ομάντιλο** Tischtuch *n*; **~ώνω** (*σ· θ*) bewirten
τράπουλα Spiel *n* Karten

τραστ (*0*) *n* Trust *m*
τράτα Schleppnetz *n*; Fischerboot *n*
τραυλίζω [travl-] (*σ*) stottern; lispeln; *μτφ.* stammeln
τραύλισμα *n*, Stottern *n*; Lispeln *n*
τραυλός [travl-] stotternd; stammelnd; *Su* Stotterer *m*
τραύμα ['trav-] *n* Wunde *f*, Verletzung *f*; *ψυχ.* Trauma *n*
τραυματ|ίας [trav-] Verwundete(r), Verletzte(r); **~ίζω** (*σ· στ· σμ*) verwunden, verletzen *κ. μτφ.*; **~ικός** Wund-; traumatisch; **~ιοφόρος** Sanitäter *m*; **~ισμός** [-zm-] Verwundung *f*
τραφ- *βλ.* ***τρέφω***
τραχανά|ς [-xa-] Grießsuppe *f*; ***απλώνω ~*** mir ist es völlig wurscht
τραχεία [-'çia] Luftröhre *f*
τράχηλος [-çil-] Nacken *m*, Hals *m*
τραχ|ύς rauh; *μτφ.* barsch; schroff; **~ύτητα** Rauheit *f*; Barschheit *f*
τράχωμα ['trax-] *n* Trachom *n*
τρεις *m*, *f* (*n*: ***τρία***) drei
τρεκλ- *βλ.* ***τρικλ-***
τρέλα Verrücktheit *f*, Wahnsinn *m*; Blödsinn *m*, Dummheit *f*; *adj οικ.* toll
τρελ|αίνω (*αν· αθ· αμ*) *v/t* verrückt, wahnsinnig machen; *v/p* verrückt, wahnsinnig werden; *μτφ.* schwärmen (***για***/für *A*); **~αμάρα** *βλ.* ***τρέλα***; **~οκομείο** Irrenhaus *n*; **~ός** verrückt
τρεμο|λάμπω (*μψ*) flimmern, blinken; **~σβήνω** [-'zvi-] (*σ*) flackern
τρεμ|ούλα Zittern *n*; Ängstlichkeit *f*; **~ουλιάζω** (*σ· σμ*) zittern, (er)schaudern; **~ουλιαστός** zitternd
τρέμω (*χωρίς Aor*) zittern
τρενάρω (*αρ, αρισ· αριστ· αρισμ*) verzögern
τρένο Zug *m*, Eisenbahn *f*; ***~ τοπικής συγκοινωνίας*** Nahverkehrszug *m*; ***~ φάντασμα*** Geisterbahn *f*
τρεξ- *βλ.* ***τρέχω***
τρέξιμο (*-ματος*) Laufen *n*; Lauf *m*; Fließen *n*; *pl* Laufereien *f/pl*
τρέπω (*ψ· απ*) *v/t* drehen, wenden; umwandeln; ***~ σε φυγή*** *v/t* in die Flucht schlagen; *v/p* die Flucht ergreifen
τρέφω (*κ.* ***θρέφω***) (*θρεψ· τραφ, θραφ· θρεμμ*) *v/t* (er)nähren; ***ζώα*** mästen; *μτφ.* ***ελπίδες*** hegen
τρεχ|άλα [-'xa-] *βλ.* ***τρέξιμο***; *Adv* rasch; **~άματα** *n/pl* Lauferei *f*, Geschäftigkeit *f*; **~αντήρι** Schnellsegler *m*; **~άτος** laufend, (an)gelaufen; **~ούμενος** laufend; fließend
τρέχ|ω ['trɛxɔ] (*ξ*) *v/i* laufen; rennen; hasten; umherlaufen; ***νερό***: fließen; ***βρύση***: laufen, tropfen, undicht sein; ***τι ~ει;*** was ist los?; ***~ουσα τιμή*** Marktpreis *m*
τρία *n v.* ***τρεις***: drei
τριάδα Dreiergruppe *f*; *θρ.* ***αγία ~*** Dreieinigkeit *f*; Dreifaltigkeit *f*
τρίαινα Dreizack *m*
τριακονταετία Zeitraum von 30 Jahren
τρια|κοσαριά [-'rja]: ***καμιά ~κοσαριά*** etwa dreihundert; **~κόσιοι** [-sji] *pl* 3 dreihundert; **~κοστός** dreißigst-
τριάντα dreißig
τριαντ|αμία *das* Kartenspiel 31; **~άρης** (*f -α*) Dreißigjährige(r)
τριαντ|αφυλλιά Rosenstock *m*; **~άφυλλο** Rose *f*
τριάρ|α Drei *f*; **~ι** Drei *f*; Dreizimmerwohnung *f*
τριβ|έλλι Bohrer *m*; Nervensäge *f*; **~ελλίζω** (*σ*) auf die Nerven gehen *D*
τριβή Reibung *f*; Abnutzung *f*, Verschleiß *m*; *μτφ.* Routine *f*, Übung *f*
τρίβω (*ψ· φτ· μμ*) *v/t* reiben; *ιατρ.* einreiben; frottieren; (ab)scheuern; *v/p* sich einreiben; zerbröckeln; sich abnutzen; *μτφ.* Praxis bekommen
τριγμός [triɣm-] Knirschen *n*
τρι|γυρίζω [-jir-] (*σ· στ· σμ*) *v/t* umzäunen; um *j-n* herumschleichen; *v/i* herumspazieren; sich herumtreiben; **~γύρισμα** *n* Herumspazieren *n*; **~γυρνώ** (*άς*) *βλ.* ***τριγυρίζω***
τριγων|ικός [-ɣɔn-] dreieckig; **~ομετρία** Trigonometrie *f*
τρίγωνο|ς [-ɣɔ-] dreieckig, dreikantig; *Su n* Dreieck *n*; ***~ κινδύνου*** Warndreieck *n*
τριετία Zeitraum von 3 Jahren
τριζόνι Grille *f*
τρίζω (*ξ*) knarren; knirschen
τριήμερος dreitägig
τρι|κλίζω (*σ*) torkeln, taumeln; **~κλοποδιά** [-'ðja]: ***βάζω ~κλοποδιά σε κπ*** j-m ein Bein stellen *κ. μτφ.*
τρικούβερτος Riesen-(*Spaß*)
τρίκυκλο Dreirad *n*
τρικυμ|ία Sturm *m*, Unwetter *n*; **~ιώδης** 2 stürmisch
τρι|λογία [-lɔj-] Trilogie *f*; **~μελής** 2

dreigliedrig; dreiköpfig; **~μηνία** Trimester *n*, Vierteljahr *n*
τρίμηνος vierteljährlich
τρίμμα *n* Krume *f*, Krümel *m*
τριμμένος gerieben; abgetragen; *μτφ.* geübt
τρίξιμο (*-ατος*) Knarren *n*
τρίπατος dreistöckig
τρι|πλασιάζω (*σ· στ· σμ*) verdreifachen; **~πλάσιος** (**-α, -ο**) dreifach
τρίπλευρος [-εvr-] dreiseitig
τριπλός dreifach
τρίποδο Dreifuß *m*; Stativ *n*
τρισ|άγιο [-'sajɔ] Dreiheiligkeitshymne *f*; Totengebet *n*; **~άθλιος** (**-α, -ο**) höchst erbärmlich; **~διάστατος** [triz-] dreidimensional; **~εκατομμύριο** Billion *f*; **~κατάρατος** dreimal verflucht; *Su* Satan *m*
τρί|στιχος [-stix-] dreizeilig; **~στρατο** Straßenkreuzung *f*
τρισύλλαβος dreisilbig
τριτάξιος (**-α, -ο**) dreiklassig
Τρίτη Dienstag *m*; ♀ Terz *f*
τριτο|βάθμιος (**-α, -ο**) dritten Grades; **~ετής** 2 im dritten Jahr
τρίτομος dreibändig
τρίτ|ος dritt-; *Su n* Drittel *n*; **~ον** *Adv* drittens
τριτώνω (*σ*) zum drittenmal geschehen
τριφασικός Dreh-(*Strom*)
τριφύλλι Klee *m*
τρίφυλλος dreiblättrig; dreiteilig
τρίχ|α [-xa] Haar *n*; ***παρά ~α*** um ein Haar; **~ες** *pl οικ.* dumme(s) Zeug
τριχιά [-'ça] Strick *m*, Strang *m*
τρίχινος [-çin-] Haar-
τριχ|οειδής [-xɔ-] 2 Kapillar-; **~όπτωση** Haarausfall *m*; **~οφυΐα** Haarwuchs *m*
τρίχρονος [-xrɔ-] dreijährig
τρίχω|μα *n*, **~ση** (*-εις*) Behaarung *f*, Haarkleid *n*; Haarwuchs *m*
τριχωτός [trixɔt-] behaart
τριψήφιος (**-α, -ο**) dreistellig
τρίψιμο (*-ματος*) Reiben *n*; Reibung *f*; Einreibung *f*; Abnutzung *f*
τρίωρος dreistündig
τριώροφος dreistöckig
τρόλεϊ (*0*) *n* O(berleitungs)bus *m*
τρομ|αγμένος erschrocken, entsetzt; **~άζω** (*ξ· γμ*) *v/t* erschrecken; *v/i* erschrecken (***με***/vor *D*), e-n Schreck bekommen; zusammenfahren; Mühe haben (***να***/zu); **~ακτικός** (**-χτ-**) schrecklich, entsetzlich; **~άρα** Schreck *m*; ***~άρα σου*** zum Teufel; **~ερός** schrecklich, entsetzlich; *μτφ.* gewaltig; **~οκράτης** Terrorist *m*
τρομοκρατ|ία Schreckensherrschaft *f*, Terror *m*; Terrorismus *m*; **~ικός** Terror-; terroristisch; **~ώ** (*ησ· ηθ· ημ*) terrorisieren; in Angst versetzen
τρόμος Schreck *m*, Entsetzen *n*
τρόμπα Pumpe *f*
τρομπ|άρω (*αρισ· αριστ· αρισμ*) (auf)pumpen; **~έτα** Trompete *f*
τρόπαιο Trophäe *f*
τροπαιούχος [-'ux-] (**-α, -ο**) siegreich
τροπάρι(ο) Troparium *n*; Motette *f*; *μτφ.* alte Leier *f*
τροπή Wendung *f*; Umwandlung *f*
τροπ|ικός tropisch, Tropen-; *αστρ.* Sonnenwend-; *Su* Wendekreis *m*; **~ολογία** [-ɔlɔj-] Abänderung *f*; **~οποίηση** (*-εις*) Abänderung *f*; Umgestaltung *f*; **~οποιώ** (*ησ· ηθ· ημ*) verändern, abändern; umgestalten
τρόπ|ος Art und Weise *f*; Verfahren *n*; Art *f*, *pl* Manieren *f/pl*, Benehmen *n*; Mittel *n/pl*; ***~ος του λέγειν*** Ausdrucksweise *f*, wie man so sagt; ***με ~ο*** schonend; ***με κάθε ~ο*** um jeden Preis; ***με κανένα ~ο*** auf keinen Fall
τρούλος Kuppel *f*
τρούφα Trüffel *f*
τροφαντός frühreif; drall, dick
τροφ|ή Nahrung *f*; Kost *f*, Essen *n*; Verpflegung *f*; ***ωμή ή φυτική ~ή*** Rohkost *f*; **~ικός** Ernährungs-
τρόφιμ|α *n/pl* Lebensmittel *n/pl*; ***βασικά ~α*** Grundnahrungsmittel *n/pl*; **~ος** Pflegekind *n*; Pensionär *m*
τροφο|δοσία Verproviantierung *f*; *τεχν.* Speisung *f*; **~δότης** Lieferant *m*; **~δότηση** (*-εις*) *βλ.* ***τροφοδοσία***; **~δοτώ** (*ησ· ηθ· ημ*) verproviantieren, verpflegen; *τεχν.* speisen; nähren
τροφός *f* Amme *f*
τροχάδην [-'xa-] im Laufen
τροχ|αία [-'çε-] Verkehrspolizei *f*; **~αίος** (**-α, -ο**) rollend; Verkehrs-; **~αλία** [-xal-] Flaschenzug *m*
τροχ|ιά [-'ça] Radspur *f*; Gleis *n*; *αστρ.* Bahn *f*; Flugbahn *f*; **~ίζω** (*σ· στ· σμ*) schleifen, schärfen
τροχοπέδ|η [-xɔ-] Bremse *f κ. μτφ.*; **~ιλο** Rollschuh *m*

τροχ|ός [trɔx-] Rad *n*; ***οδοντωτός ~ός*** Zahnrad *n*; **~όσπιτο** Campingbus *m*; Wohnmobil *n*, Wohnwagen *m*; **~οφόρο** Fahrzeug *n*
τρυγητής [-jit-] Winzer *m*
τρυγόν|α [-'γɔna], **~ι** Turteltaube *f*
τρύγος Weinlese *f*
τρυγώ [-'γɔ] (*άς· ησ· ηθ*) Weinlese halten; den Honig ausnehmen; ernten
τρύπα Loch *n*; *οικ.* Bude *f*; ***~ όζοντος*** Ozonloch *n*
τρυπάνι Bohrer *m*
τρύπημα *n* Lochung *f*; Durchbohrung *f*
τρυπητ|ήρι Pfriem *m*; Locher *m*; **~ός** durchlöchert; *Su n* Sieb *n*
τρύπιος (*-α, -ο*) durchlöchert, zerrissen, löchrig
τρυπιοχέρης [-pjɔ'çɛr-] 3 freigebig, verschwenderisch
τρυπώ (*άς· ησ· ηθ· ημ*) *v/t* (durch-)bohren; lochen; stechen in *A*; *v/i* Löcher bekommen
τρύπωμα *n* Verstecken *n*; Heften *n*
τρυπώνω (*σ· θ*) *v/t* verstecken; heften; *v/i* sich verstecken, sich verkriechen
τρυφερ|αίνω (*αν*) *v/t* weich machen; *v/i* weich, zart werden; **~ός** zart; zärtlich; **~ότητα** Zartheit *f*; Zärtlichkeit *f*
τρώγλη [-γli] Höhle *f*; *μτφ.* Loch *n*
τρωγλοδύτης [-γlɔ-] Höhlenbewohner *m*; *ζωολ.* Zaunkönig *m*
τρώ(γ)ω ['trɔ(γ)ɔ] (*να φάω· φαγ· φαγωθ· φαγωμ*) essen; *ζώο*: fressen; *λεφτά* verschleudern; *καημός*: verzehren; zerfressen; *τιμωρία* bekommen; *unp.* es juckt mich in *D*; *v/p* eßbar, genießbar sein; *πρόσ.*: erträglich sein, *στην άρνηση*: unausstehlich sein; sich zanken; ***~ στο ύπαιθρο*** picknicken
τρωκτικό Nagetier *n*
τρωτός verwundbar; *μτφ.* anfechtbar; *Su n* Fehler *m*, Lücke *f*
τρώω *βλ.* ***τρώ(γ)ω***
τσαγιέρα [tsa'jɛra] Teekanne *f*
τσαγκ|αράδικο Schusterladen *m*; **~άρης** (*-ηδες*) Schuster *m*
τσάι (*τσαγιού*) *n* Tee *m*; ***~ του βουνού*** *περ.*: Kräutertee *m*
τσακάλι Schakal *m*
τσακίζω (*σ· στ· σμ*) *v/t* zerbrechen; zerdrücken; *χαρτί* falten; *αρρώστια*: schwer mitnehmen, angreifen; *v/p* zerbrechen, zerschellen; sich wegscheren; sich umbringen (***να***/um ... zu)
τσακίρ-κέφι Schwips *m*
τσάκιση (Bügel-)Falte *f*
τσακμ|άκι Feuerzeug *n*; Zünder *m*; **~ακόπετρα** Feuerstein *m*
τσάκωμα *n*, **τσακωμός** Zank *m*
τσακ|ώνω (*σ· θ*) *v/t* fangen; ertappen, erwischen; *v/p* sich zanken, sich streiten; ***~ωμένος*** verzankt, zerstritten
τσαλαβουτώ (*άς· ησ· ηθ· ημ*) (herum)patschen; pfuschen
τσαλ|ακώνω (*σ· θ*) *v/t* zerknittern; **~απατώ** (*άς· ησ· ηθ· ημ*) zertreten
τσαλαπετεινός Wiedehopf *m*
τσαμπί Traube *f*
τσαμπ|ουνίζω (*σ*) *μτφ.* quasseln; **~ουνώ** (*άς*) *βλ.* ***τσαμπουνίζω***
τσαν|άκι Teller *m*; *μτφ.* Strolch *m*; **~ακογλείφτης** Speichellecker *m*
τσάντα (Schul-, Hand-)Tasche *f*
τσαντάκι: *~ υγιεινής* Kulturbeutel *m*
τσαντίρι Zelt *n*
τσάπα Hacke *f*
τσαπατσ|ούλης 3 schlud(e)rig, schlampig; **~ουλιά** Schlamperei *f*
τσαπίζω (*σ*) (auf)hacken
τσαρδάκι Schutzdach *n*; Baracke *f*
τσαρλατάνος Scharlatan *m*
τσαρούχι [-çi] Schnabelschuh *m*
τσατσάρα Kamm *m*
τσαχπίνης [-'xpin-] (*-ηδες*) Schürzenjäger *m*; Taugenichts *m*
τσεβδ|ίζω (*σ*) lispeln; stottern; **~ός** Stotterer *m*
τσεκ (*0*) *n* Scheck *m*
τσεκάρω (*αρισ· αριστ· αρισμ*) abzeichnen; abhaken; einchecken
τσεκ|ούρι Axt *f*, Beil *n*; **~ουριά** Axthieb *m*; **~ουρώνω** (*σ*) *v/t* abhauen; behauen; *μτφ.* durchfallen lassen
τσέλιγκας (*-άδες*) Oberhirt *m*, Besitzer *m* e-r (Schaf-)Herde
τσεμπέρι Kopftuch *n*
τσέπη Tasche *f*
τσεπώνω (*σ· θ*) in die Tasche stecken
τσευδ- *βλ.* ***τσεβδ-***
τσιγαρ|ίζω [-γar-] (*σ· στ· σμ*) anbräunen; *v/p μτφ.* sich abquälen; **~ιστός** angebräunt
τσιγ|άρο [-'γa-] Zigarette *f*; **~αροθήκη** Zigarettenetui *n*; **~αρόχαρτο** Zigarettenpapier *n*

T

τσιγγ|άνα Zigeunerin *f*; **~άνος** Zigeuner *m*
τσιγκέλι Haken *m*
τσιγκ|ουνεύομαι [-'εν-] (*ευτ*) geizen; **~ούνης** 3 geizig; **~ουνιά** Geiz *m*
τσίγκος Zink *n*
τσικν|ίζω (*σ· στ· σμ*) *v/t* anbrennen lassen; **~ισμένος** angebrannt
τσίλια [-lja] Schmiere *f stehen*
τσιμέντο Zement *m*
τσιμουδιά [-'ðja] Mucks *m*, Sterbenswörtchen *n*; **~!** kein Wort!
τσίμπημα *n* Stechen *n*; Kneifen *n*; Aufpicken *n*; *έντομο*: Insektenstich *m*
τσιμπ|ηματιά Stich *m*; Kniff(stelle *f*) *m*; **~ίδα** (Feuer-, Kneif-)Zange *f*; **~ίδι** Pinzette *f*
τσιμπλ|ιάζω [-'lja-] (*σ· στ· σμ*) triefende Augen haben *ή* bekommen; **~ιάρικος** [-'lja-] triefäugig
τσιμπολογώ [-'γɔ] (*άς· ησ*) picken; e-n Imbiß nehmen; *μτφ.* abknöpfen
τσιμπούκι Tabakspfeife *f*
τσιμ(π)ούρι Zecke *f*; Quälgeist *m*
τσιμπώ (*άς· ησ· ηθ*) stechen; kneifen; *πουλί*: picken; *ψάρι*: anbeißen; e-n Imbiß nehmen; *μτφ. j-n* schnappen
τσίνουρο (Augen-)Wimper *f*
τσιπ (*0*) *n ηλεκτρον.* Chip *m*
τσίπα Haut *f der Milch*; Häutchen *n*; *μτφ.* Schamgefühl *n*
τσιπούρα Meerbrasse *f*
τσίπουρο Schnaps *m aus Weintreber*
τσιράκι Lehrling *m*; Bursche *m*
τσιρίζω (*ξ*) schreien, kreischen
τσιριμόνιες [-nj-] *f/pl* Umstände *m/pl*
τσιριχτός [-rixt-] schrill
τσίρκο Zirkus *m*
τσίρλα Durchfall *m*
τσίρος getrocknete Makrele *f*; *μτφ. πρόσ.*: Hering *m*
τσίσια [-sja] *n/pl οικ.* Pipi *n*
τσίτσιδος splitternackt
τσιτώνω (*σ· θ*) (über)spannen
τσιφλίκι Landgut *n*
τσιφούτης 3 geizig; *Su* Geizhals *m*
τσίφτης (*-ισσα, -ικο*) flott, patent
τσίχλα [-xla] Drossel *f*; Kaugummi *m, n*
τσόκαρο Holzschuh *m*; Klatschweib *n*
τσολιάς [-'ljas] (*-άδες*) Evzone *m*
τσο(μ)π|άνης (*-ηδες*) Schäfer *m*; Hirt *m*; **~ανόπαιδο** Hirtenjunge *m*; **~ανόσκυλο** Schäferhund *m*
τσουβ|άλι Sack *m*; **~αλιάζω** [-lj-] (*σ· στ*) einsacken; *μτφ.* reinlegen
τσουγκρ|άνα Harke *f*; **~ανιά** Kratzer *m*; **~ανίζω** (*σ· στ*) kratzen; **~ίζω** (*σ· στ*) *v/t* anstoßen (mit *D*)
τσούζω (*ξ*) *v/t* brennen; beißen; *μτφ.* verletzen, treffen; **το ~** saufen
τσουκάλι Kochtopf *m*; Nachttopf *m*
τσουκνίδα Brennessel *f*
τσούλα Dirne *f*, Nutte *f*
τσουλήθρα Rutsche *f*
τσουλούφι Haarbüschel *n*, Strähne *f*
τσούξιμο (*-ματος*) Brennen *n*
τσουράπι grobe(r) Strumpf *m*
τσουρέκι *περ.*: Stollen *m*
τσούρμο Schar *f*; Schiffsbesatzung *f*
τσουρουφλίζω (*σ· στ*) ansengen
τσουχτερός [-xtε-] beißend, schneidend, scharf
τσούχτρα [-xtra] Feuerqualle *f*
τσόφλι Schale *f*, Hülse *f*
τσόχ|α [-xa] Tuch *n*; **~ινος** Tuch-
τύλιγμα [-γma] *n* Einwickeln *n*, Einpacken *n*; *μτφ.* Verwicklung *f*
τυλίγω [-γɔ] (*ξ· χτ· γμ*) einwickeln, einpacken; *κλωστή* aufwickeln; schlingen (um *A*); *μτφ.* verwickeln (**σε**/in *A*)
τυλώνω (*σ· θ*) *v/t* vollstopfen
τύμπανο Trommel *f*; Pauke *f*; *ανατ.* Trommelfell *n*; *αρχιτ.* Giebelfeld *n*
τυπικ|ό *γραμμ.* Formenlehre *f*; Ritual *n*; **~ός** formell, förmlich; äußerlich; typisch; pedantisch; **~ότητα** Formalität *f*; Förmlichkeit *f*; Pedanterie *f*
τυπογραφ|είο [-γraf-] Druckerei *f*; **~ία** Buchdruck *m*; Buchdruckerkunst *f*; **~ικός** Druck-, typographisch
τυπο|γράφος [-'γra-] (Buch-)Drucker *m*; **~λάτρης** Formalist *m*; **~λογία** [-lɔj-] Typologie *f*; **~ποίηση** (*-εις*) Normung *f*; Standardisierung *f*; **~ποιώ** (*ησ· ηθ· ημ*) normen, standardisieren
τύπος Presse *f*; Art *f*, Typ *m*; Abdruck *m*; Gepräge *n*; Muster *n*; *pl* Formen *f/pl*; Formalitäten *f/pl*; *μαθ., χημ.* Formel *f*; *μτφ.* Type *f*, komische(r) Kauz
τύπωμα *n* Druck *m*
τυπώνω (*σ· θ*) drucken; drucken lassen; prägen; sich (*D*) *etw.* einprägen
τύπωση (*-εις*) Druck *m*; Prägen *n*
τυραννία Tyrannei *f*; *μτφ.* Qual *f*; **~ικός** tyrannisch; *μτφ.* qualvoll
τύραννος Tyrann *m*
τυραννώ (*ησ· ηθ, ιστ· ημ, ισμ*) tyrannisieren; quälen, plagen

T

τυρί Käse *m*
τυρόγαλα [-'rɔɣala] Molke *f*
τυρόπιτα Blätterteigpastete *f* mit Käse
τύρφη Torf *m*
τυφεκ- *βλ.* ***τουφεκ-***
τύφλα, τυφλαμάρα Blindheit *f*; *μτφ.* Verblendung *f*
τυφλ|όμυγα Blindekuh *f*; **~οπόντικας** Maulwurf *m*
τυφλ|ός blind; ***στα ~ά*** blindlings
τυφλοσύρτης *μτφ.* Spickzettel *m*
τυφλώνω (*σ· θ*) *v/t* ***φως***: blenden; *μτφ.* verblenden; *v/p* erblinden
τύφλωση (*-εις*) Erblindung *f*; *μτφ.* Verblendung *f*
τύφος Typhus *m*
τυφώνας Taifun *m*, Orkan *m*
τυχαίνω [-'çɛ-] (*τυχ*) *v/t* treffen; *v/i* zufällig sein; *j-m* zustoßen, betroffen werden *von D*; *unp.* es trifft sich
τυχ|αίος [tiç-] (***-α, -ο***) zufällig; (der, die) erste beste; **~αίως** [-'çɛɔs] zufällig, durch Zufall; **~άρπαστος** [-'xa-] Emporkömmling *m*; **~ερός** glücklich; glückbringend; Glücks-
τύχη ['tiçi] Schicksal *n*, Los *n*; Glück *n*; Zufall *m*; ***κατά ~*** zufällig; ***στην ~*** auf gut Glück, aufs Geratewohl
τυχο|διώκτης [tixɔ-] Abenteurer *m*; **~διωκτικός** abenteuerlich
τυχόν [ti'xɔn] zufällig, etwa
τυχών [ti'xɔn] (***-ούσα, -όν***) (jeder, jede, jedes) beliebig(e), x-beliebig(e)
των *G pl v.* ***ο, η, το***: der
τωόντι tatsächlich
τώρα jetzt, nun; jetzt gleich; ***από ~*** von jetzt an; ***ως ~*** bis jetzt
τωρινός gegenwärtig, jetzig

Υ

ύαινα Hyäne *f*
υάκινθος *K* Hyazinthe *f*
υαλ- *βλ.* ***γυαλ-***
υαλο|βάμβακας Glaswolle *f*; **~γραφία** Glasmalerei *f*; **~πίνακας** Glasscheibe *f*
υαλοποιός Glasmacher *m*
υαλ|ουργείο Glashütte *f*; **~ώδης** Glas-; glasig
υβρεολόγιο [-'lɔjiɔ] Schimpferei *f*
ύβρη (*-εις*) Beschimpfung *f*; Lästerung *f*; Hybris *f*; Schimpfwort *n*
υβρίζω (*σ· στ*) *βλ.* ***βρίζω***
υβριστ|ής Lästerer *m*; **~ικός** Schimpf-, Schmäh-; beleidigend
υγεία [i'jia] Gesundheit *f*, *βλ.* ***γεια***; ***στην υγειά σας!*** auf Ihr Wohl!
υγειονομ|ία Gesundheitsamt *n*; **~ικός** Gesundheits-; sanitär
υγ|ιαίνω [iji-] (*χωρίς Aor*) gesund sein; ***~ιαίνετε*** leben Sie wohl!
υγιειν|ή [ijii-] Hygiene *f*, Gesundheitspflege *f*; **~ός** gesund; hygienisch
υγιής [iji'is] 2 *K* gesund *κ. μτφ.*
υγραέριο Flaschengas *n*
υγραίνω [iɣr-] (*αν· ανθ· μ*) *v/t* befeuchten; *v/p κ.* feucht werden
υγρ|ασία [iɣra-] Feuchtigkeit *f*, Nässe *f*; **~ό** Flüssigkeit *f*; flüssige(r) Körper
υγρο|ποίηση (*-εις*) [iɣr-] Verflüssigung *f*; **~ποιώ** (*ησ· ηθ*) verflüssigen
υγρ|ός [iɣr-] feucht, naß; flüssig; **~ότητα** Feuchtigkeit *f*
ύδατα *n/pl* Gewässer *n/pl*
υδατ|αγωγός [-ɣɔɣ-] Aquädukt *m*; **~άνθρακας** Kohlenwasserstoff *m*
υδάτινος Wasser-
υδατογραφία [-ɣraf-] Aquarell *n*
υδατ|όσφαιρα Wasserball *m*; **~όφραγμα** [-aɣ-] *n* Staudamm *m*
ύδρα Hydra *f*, Wasserschlange *f*
υδραγωγείο [-ɣɔj-] Wasserleitung *f*; Wasserwerk *n*
υδρ|άργυρος Quecksilber *n*; **~ατμός** Wasserdampf *m*
υδραυλικ|ή [-av-] Hydraulik *f*; **~ός** hydraulisch; *Su* Installateur *m*
υδρεύομαι [-'ɛvɔ-] (*ευτ*) mit Wasser versorgt werden
ύδρευση [-f-] Wasserversorgung *f*
υδρό|βιος (***-α, -ο***) im Wasser lebend; **~γειος** [-ji-] *f* Erdkugel *f*, Globus *m*

υδρογ|όνο Wasserstoff *m*; **~ονοβόμβα** [-γɔ-] Wasserstoffbombe *f*
υδρο|δείκτης Wasserstandsanzeiger *m*; **~δυναμική** Hydrodynamik *f*
υδροηλεκτρικός hydroelektrisch; **~ σταθμός** Wasserkraftwerk *n*
υδρόθειο Schwefelwasserstoff *m*
υδροθεραπεία Wasserheilverfahren *n*
υδροκέφαλος Wasserkopf *m*
υδροκυάνιο Blausäure *f*
υδρόμετρο Wasseruhr *f*
υδρο|πλάνο Wasserflugzeug *n*; **~ρρόη** Dachrinne *f*; **~στάθμη** Wasserwaage *f*; Wasserstand *m*; **~στατική** Hydrostatik *f*; **~σωλήνας** Wasserrohr *n*; **~τροχός** [-trɔx-] Wasserrad *n*
υδρ|όφιλος wasseraufnehmend; **~οφοβία** Wasserscheu *f*; Tollwut *f*; **~οφράκτης** Schleuse *f*; Staudamm *m*
υδρο|χλώριο [-'xlɔ-] Chlorwasserstoff *m*; **♒χόος** [-'xɔɔs] Wassermann *m*
υδρ|όχρωμα [-xrɔ-] *n* Wasserfarbe *f*; **~ωπικία** Wassersucht *f*
υιο|θεσία, ~θέτηση (*-εις*) Adoption *f*; **~θετημένος** Adoptivkind *n*; **~θετώ** (*ησ· ηθ· ημ*) adoptieren; *μτφ.* annehmen
ύλη Stoff *m*, Materie *f*; Material *n*; *μτφ.* Inhalt *m*; ***γραφική ~*** Schreibmaterial *n*; ***πρώτη ~*** Rohstoff *m*; ***συνθετικές ύλες*** *pl* synthetische Stoffe *m/pl*; ***τεχνητή ~*** Kunststoff *m*
υλικό Material *n*
υλικ|ός materiell; stofflich; körperlich; **~ότητα** Stofflichkeit *f*
υλισ|μός [ilizm-] Materialismus *m*; **~τής** Materialist *m*
υλο|ποίηση (*-εις*) Materialisierung *f*; **~ποιώ** (*ησ· ηθ· ημ*) materialisieren; **~τομία** Holzfällen *n*; Abholzung *f*
υμένας Membrane *f*, Häutchen *n*; Jungfernhäutchen *n*
ύμνηση (*-εις*) Lobpreisung *f*
υμνητής Lobredner *m*
υμνο|γράφος [-'γraf-] Hymnendichter *m*; **~λογώ** [-'γɔ] (*ησ· ηθ· ημ*) Hymnen, Loblieder singen
ύμνος (Lob-)Gesang *m*, Hymne *f*; ***εθνικός ~*** Nationalhymne *f*
υμνώ (*ησ· ηθ*) (lob)preisen; besingen
υνί Pflugschar *f*
υπ' *βλ.* ***υπό***
υπαγ|όρευση (*-εις*) [-'γɔrɛf-] Diktat *n*; **~ορεύω** [-'ɛvɔ] (*ευσ· ευτ*) diktieren
υπ|άγω [-γɔ] (*γαγ· χθ· γμ|υπήγ-*) *v/t* unterstellen; unterordnen; *v/p* (***σε***) fallen (unter *A*), gehören (zu *D*); **~αγωγή** [-'ji] Einordnung *f*; Unterordnung *f*
υπαίθριος (***-α, -ο***) Freilicht-, Freiluft-
ύπαιθρο, ~ς *f* freie Luft *f*; Land *n*
υπαιν|ιγμός [-iγm-] Anspielung *f*, Andeutung *f*; **~ίσσομαι** (*χτ*) andeuten
υπ|αίτιος (***-α, -ο***) (*G*) schuldig (an *D*), verantwortlich (für *A*); *Su* Schuldige(r); **~ακοή** Gehorsam *m*; **~άκουος** gehorsam; **~ακούω** (*σ*) gehorchen *D*
υπαλληλ|ία Beamtenstellung *f*; Beamtenschaft *f*; **~ικός** Beamten-; **~ίσκος** kleine(r) Beamte(r)
υπάλληλος Beamte(r); Angestellte(r); ***μόνιμος ~*** Beamte(r); ***τραπεζικός ~*** Bankbeamte(r)
υπανάπτυκτος unterentwickelt
υπανα|χώρηση (*-εις*) [-'xɔ-] Widerruf *m*; *νομ.* Rücktritt *m*; **~χωρώ** [-xɔ-] (*ησ*) *etw.* widerrufen; zurücktreten
υπαξιωματικός Unteroffizier *m*
υπαρκτός existierend, vorhanden
ύπαρξη (*-εις*) Existenz *f*, Dasein *n*; Vorhandensein *n*
υπαρξιακός existentiell
υπαρξισ|μός Existentialismus *m*; **~τικός** existentialistisch
υπάρχοντα [-xɔ-] *n/pl* Hab und Gut *n*
υπάρχω [-xɔ] (*Impf υπήρχ-· να υπάρξ-· υπήρξ-*) existieren; *unp.* es gibt *A*
υπασπιστής Adjutant *m*
υπε- *βλ.* ***υπο-***
υπέδαφος *n* Untergrund *m*
υπεισέρχομαι sich einschleichen
υπεκ|μισθώνω (*σ· θ*) untervermieten; **~φυγή** [-'ji] Ausflucht *f*, Ausrede *f*
υπεν|θυμίζω (*σ*) in Erinnerung bringen (*G*/j-m), erinnern (***κτ σε κπ***/j-n an *A*); **~θύμιση** (*-εις*) Mahnung *f*
υπενοικ|ιάζω (*σ*) untervermieten; **~ίαση** (*-εις*) Untervermietung *f*; **~ιαστής** Untermieter *m*
υπεξ|αίρεση (*-εις*) Unterschlagung *f*; **~αιρώ** (*εσ· εθ*) unterschlagen
υπέρ *Präp K G*: für *A*, zugunsten *G*; *Präp A*: über, mehr als; ***~ πατρίδος*** für das Vaterland; ***τα ~ και τα κατά*** das Für und Wider
υπερ- *Präfix*: über-, hyper-, super-; *σε ρήματα*: übermäßig, überaus
υπερ|άνθρωπος Übermensch *m*;

~αξία Mehrwert *m*; **~άριθμος** überzählig; zahlreich
υπερ|ασπίζω (*σ· στ· σμ*) verteidigen; **~άσπιση** (*-εις*) Verteidigung *f*; **~ασπιστής** Verteidiger *m*
υπερ|αστικός Fern-; *Su n* Überlandbus *m*; **~ατλαντικός** transatlantisch
υπερ|βαίνω (*να -βώ· υπερέβηκα*) überschreiten; übertreffen; **~βάλλον** (*-τος*) *n* Überschuß *m*; **~βάλλω** (*βαλ/ υπερέ-*) übertreffen; übertreiben
υπέρβαση (*-εις*) Überschreitung *f*; *εμπ.* Überziehung *f*
υπερβολ|ή Übertreibung *f*; *μαθ.* Hyperbel *f*; **~ικός** übermäßig; übertrieben; *πρόσ.*: ***είναι ~ικός*** er übertreibt
υπερβραχύς [-'çis] Ultrakurz-
υπέρ|γειος [-ji-] (**-α, -ο**) überirdisch; **~γηρος** [-jir-] steinalt
υπεργολάβος [-ɣɔ-] Subunternehmer *m*
υπερδιέγερση (*-εις*) [-'ɛjɛ-] Überreizung *f*
υπερεκθειάζω (*σ*) vergöttern
υπερ|ένδοξος hochberühmt; **~ένταση** Überanstrengung *f*
υπερ|εργασία [-ɣas-] Mehrarbeit *f*; **~ευαισθησία** [-ɛvɛ-] Überempfindlichkeit *f*; **~ευαίσθητος** [-ɛ'vɛ-] überempfindlich; **~ευτυχής** [-ɛftiç-] 2 überglücklich
υπερέχω [-'ɛxɔ] (*χωρίς Aor*) überragen (*G κατά*, ***σε****/A* um *A*, an *D*)
υπερήλικος bejahrt, sehr alt
υπερήμερος überfällig
υπερηφαν- *βλ.* ***περηφαν-***
υπερηχητικός [-çit-] Überschall-
υπερθεμ|ατίζω (*σ*) überbieten; übertreffen; **~ατισμός** Überbietung *f*; **~ατιστής** Meistbietende(r)
υπερ|θερμαίνω (*αν· ανθ· ασμ*) überhitzen; **~θέρμανση** Überhitzung *f*
υπερθετικ|ό, ~ός Superlativ *m*
υπέρθυρο (Tür-)Sturz *m*
υπερ|ίσχυση [-çi-] Überwindung *f*; Übergewicht *n*; **~ισχύω** [-'çiɔ] (*σ*) überwinden (*G/A*); den Ausschlag geben
υπεριώδης 2 ultraviolett
υπερκαλύπτω (*ψ· φτ· μμ*) *εμπ.* überzeichnen; decken
υπερ|κομματικός überparteilich; **~κόπωση** (*-εις*) Übermüdung *f*; **~κορεσμός** [-zm-] Übersättigung *f*; **~κόσμιος** [-'kɔzm-] (**-α, -ο**) überirdisch; **~κρατικός** überstaatlich
υπέρμαχος [-xɔs] Verteidiger *m*, Verfechter *m*
υπερ|μαχώ [-'xɔ] (*ησ*) (***για***) kämpfen (für *A*), verfechten (*A*); **~μεγέθης** [-'jɛθ-] 2 übergroß, riesig
υπέρμετρος übermäßig, enorm
υπερμετρωπία Übersichtigkeit *f*
υπερ|νίκηση Überwindung *f*; **~νικώ** (*άς· ησ· ηθ· ημ*) überwinden
υπερ|όπτης Protz *m*, Großtuer *m*; **~οπτικός** hochmütig, arrogant; **~οχή** [-'çi] Überlegenheit *f*; Vorrang *m*
υπέροχος [-rɔx-] unübertroffen
υπερ|οψία Hochmut *m*, Anmaßung *f*; **~παραγωγή** [-ɣɔ'ji] Überproduktion *f*; **~πέραν** (*0*) *n* Jenseits *n*; **~πήδηση** (*-εις*) Überspringen *n*; **~πηδώ** (*άς· ησ*) überspringen; überwinden
υπερ|πληθυσμός [-θizm-] Übervölkerung *f*; **~πλήρης** 2 übervoll; **~συντέλικος** Plusquamperfekt *n*
υπέρ|ταση (*-εις*) Überdruck *m*; *ιατρ.* Bluthochdruck *m*; **~τατος** höchst-
υπέρτερος überlegen (***σε****/an D*)
υπερτερώ (*ησ*) (*G*) überlegen sein (*D*), übertreffen (*A*)
υπερ|τίμημα *n* Mehrwert *m*; **~τίμηση** (*-εις*) Preiserhöhung *f*; *μτφ.* Überschätzung *f*; **~τιμώ** [-ti'mɔ] (*άς· ησ· ηθ· ημ*) *v/t* verteuern; überschätzen; *v/p* teurer werden; *ενοίκιο:* steigen
υπερτροφία Hypertrophie *f*
υπέρυθρος infrarot, ultrarot
υπερ|φίαλος anmaßend; **~φορτώνω** (*σ· θ*) überladen, überlasten; **~φυσικός** übernatürlich; wunderbar; **~φωτίζω** (*σ· στ· σμ*) überbelichten
υπερ|χειλίζω (*σ*) überlaufen; übertreten; *μτφ.* überschäumen; **~ωκεάνιος** (**-α, -ο**) Übersee-; Ozean-; **~ώο** Mansarde *f*, Dachgeschoß *n*; *θεατρ.* Galerie *f*; **~ωρία** Überstunde *f*
υπεσ- *βλ.* ***υφίσταμαι***
υπεύθυνος [-ɛf-] verantwortlich
υπ|ήκοος Staatsangehörige(r); *ιστ.* Untertan *m*; **~ηκοότητα** Staatsangehörigkeit *f*
υπηρεσία Dienst *m*; Dienststelle *f*, Amt *n*; Hausangestellte *f*; ***~ διασώσεως*** Rettungsdienst *m*; ***~ πληροφοριών*** Nachrichtendienst *m*
υπηρ|εσιακός dienstlich, amtlich;

Dienst-; **~έτης** Diener *m*; **~έτηση** (*-εις*) *στρ.* Bedienung *f*; **~ετικός** Dienst-; **~έτρια** Hausangestellte *f*; **~ετώ** (*είς· ησ*) *v/i* beschäftigt sein; *στρ.* dienen; *v/t* dienen *D*; bedienen
υπήρξα, υπήρχα *βλ.* ***υπάρχω***
υπηχθ- *βλ.* ***υπάγω***
υπν|άκος Nickerchen *n*; **~αλέος** (***-α, -ο***) schläfrig, schlaftrunken; **~αράς** (***-ού, -άδικο***) verschlafen; *Su* Schlafmütze *f*; **~ηλία** Schläfrigkeit *f*
υπνο|βάτης Schlafwandler *m*; **~δωμάτιο** Schlafzimmer *n*
ύπνος Schlaf *m*; ***ελαφρύς*** **~** Schlummer *m*; ***με παίρνει ο*** **~** einschlafen
υπνόσακος Schlafsack *m*
ύπνωση (*-εις*) Hypnose *f*
υπνωτ|ίζω (*σ· στ· σμ*) hypnotisieren; **~ικός** Schlaf-; *Su n* Schlafmittel *n*; **~ιστής** Hypnotiseur *m*
υπό *Präp K A* unter (wo? *D*; wohin? *A*; *μτφ. D*); **~** ***το μηδέν*** unter Null; **~** ***τους Τούρκους*** unter den Türken
υπο- *Präfix*: unter-; wenig, heimlich
υπόβαθρο Fundament *n*; Sockel *m*
υποβάλλω (*βαλ· βληθ*) vorlegen; unterbreiten; *έκθεση* erstatten; *αίτηση* einreichen; unterziehen; suggerieren; **~** ***υποψηφιότητα*** kandidieren
υπο|βαστάζω (*ξ· χτ· γμ*) stützen; **~βιβάζω** (*σ· στ*) *τιμή* herabsetzen; zurücksetzen; zurückstufen; degradieren; **~βιβασμός** Herabsetzung *f*; Rückstufung *f*; Degradierung *f*; **~βλέπω** (*ψ*) beargwöhnen; trachten nach *D*; **~βλητικός** suggestiv, anregend; **~βοηθώ** (*άς· ησ*) *v/t* beitragen zu *D*
υποβολ|έας Souffleur *m*; **~ή** Einreichung *f*; *ψυχ.* Suggestion *f*; **~ιμαίος** (***-α, -ο***) untergeschoben
υπο|βρύχιο [-ˈvriç-] Unterseeboot *n*; **~βρύχιος** (***-α, -ο***) Unterwasser-
υπο|γάστριο [-ˈγa-] Unterleib *m*; **~(γε)γραμμένος** [-(jɛ)γram-] unterschrieben, unterzeichnet
υπόγειος [-ji-] (***-α, -ο***) unterirdisch; Tiefbau-; **~** ***σιδηρόδρομος*** Untergrundbahn *f*; *Su n* Keller *m*
υπογεννητικό|ς geburtenschwach; **~τητα** Geburtenrückgang *m*
υπόγλυκος süßlich, leicht süß
υπογραμμ|ίζω [-γr-] (*σ· στ· σμ*) unterstreichen; **~ός** Muster *n*, Beispiel *n*
υπογραφή [-γr-] Unterschrift *f*; Unterzeichnung *f*
υπογράφω [-ˈγra-] (*ψ· αφ, αφτ· μμ*) unterschreiben; unterzeichnen
υπο|δαυλίζω [-ðavl-] (*σ· στ· σμ*) schüren, entflammen; **~δεέστερος** unterlegen (*G*/*D*); untergeben
υπόδειγμα [-γ-] *n* Muster *n*, Vorbild *n*
υπο|δειγματικός vorbildlich, musterhaft; **~δεικνύω** *βλ.* ***υποδείχνω***
υπόδειξη (*-εις*) Hinweis *m*
υποδείχνω [-xnɔ] (*ξ· χτ· γμ*) hinweisen (***κτ σε κπ***/j-n auf *A*); empfehlen
υποδεκανέας Gefreite(r)
υπο|δέχομαι [-xɔ-] (*χτ*) empfangen; aufnehmen; **~δηλώνω** (*σ· θ*) andeuten; **~δήλωση** (*-εις*) Andeutung *f*
υπόδημα *n K* Schuh *m*; Stiefel *m*
υποδηματ|οποιείο Schuhmacherei *f*; **~οποιία** Schuhfabrikation *f*; Schuhanfertigung *f*; **~οποιός** Schuhmacher *m*; **~οπωλείο** Schuhgeschäft *n*
υπο|διαίρεση (*-εις*) Unterteilung *f*; Teilung *f*; Unterabteilung *f*; **~διαιρώ** (*εσ· εθ· εμ*) (unter)teilen; gliedern; **~διαστολή** Komma *n*; **~διευθυντής** [-ɛf-] stellvertretende(r) Direktor
υπόδικος Untersuchungsgefangene(r); Angeklagte(r)
υποδιοικητής Unterbefehlshaber *m*
υποδομή Unterbau *m*, Fundament *n*; Infrastruktur *f*
υπόδουλος unterworfen, versklavt
υπο|δουλώνω (*σ· θ*) unterwerfen; **~δούλωση** (*-εις*) Unterwerfung *f*
υποδοχή Empfang *m*; Aufnahme *f*
υποδύομαι (*θ*) e-e Rolle spielen
υπο|επιτροπή Unterausschuß *m*; **~επιχειρηματίας** Subunternehmer *m*; **~ζύγιο** [-ˈzij-] Zugtier *n*, Lasttier *n*; **~θαλάσσιος** (***-α, -ο***) Untersee-; **~θάλπω** (*ψ*) unterstützen; schüren
υπόθαλψη (*-εις*) Schüren *n*
υποθερμία Untertemperatur *f*
υπόθεση (*-εις*) Annahme *f*, Vermutung *f*; Hypothese *f*; Angelegenheit *f*, Sache *f κ. νομ.*; Affäre *f*; *λογοτ.* Stoff *m*
υποθετικός hypothetisch, angenommen; mutmaßlich; Konditional-
υπόθετο Zäpfchen *n*
υποθέτω (*σ*) annehmen, vermuten
υπο|θηκεύω (*εψ· ευτ· ευμ*) mit e-r Hypothek belasten; **~θήκη** Hypothek *f*

Y

υποκαθιστώ (*άς· καταστήσ|κατέστησ· κατασταθ*) ersetzen (**με**/durch *A*); *j-n* vertreten
υποκάμισο(ν) *K* Hemd *n*
υποκατάστ|αση (*-εις*) Ersetzung *f*; Vertretung *f*; **~ατο** Ersatz(stoff) *m*; **~ημα** *n* Zweigstelle *f*, Filiale *f*
υπόκειμαι (*χωρίς Aor*) unterliegen, unterworfen sein (**σε**/*D*)
υποκειμεν|ικός subjektiv; **~ικότητα** Subjektivität *f*
υποκείμεν|ο Subjekt *n*; Person *f*; **~ος** unterworfen, ausgesetzt; ***~ος σε έγκριση*** genehmigungspflichtig; ***~ος σε τέλη*** gebührenpflichtig
υποκίνηση (*-εις*) Anstiftung *f*
υποκιν|ητής Anstifter *m*; **~ώ** (*ησ· ηθ· ημ*) anstiften; erregen
υποκλίνομαι (*θ*) sich verneigen, sich verbeugen (**σε**/vor *D*)
υπόκλιση (*-εις*) Verneigung *f*, Diener *m*; *γυναίκας*: Knicks *m*
υπο|κλυσμός [-klizm-] Spülung *f*; **~κόπανος** (*Gewehr-*)Kolben *m*; **~κοριστικός** Verkleinerungs-; *Su n* Diminutiv *n*
υπόκοσμος [-kɔzm-] Unterwelt *f*
υποκρίνομαι (*θ*) *v/t θεατρ.* darstellen, spielen; sich ... stellen; so tun (**ότι**/als ob); *v/i* heucheln
υποκρι|σία Heuchelei *f*, Scheinheiligkeit *f*; **~τής** Heuchler *m*; Simulant *m*; *θεατρ.* Darsteller *m*; **~τικός** heuchlerisch, scheinheilig
υποκρίτρια Heuchlerin *f*
υπόκρουση (*-εις*) Begleitung *f*
υπόκρυψη (*-εις*) Verschleierung *f*
υποκύπτω (*ψ*) sich fügen, sich beugen (**σε**/*D*); sterben (an *D*)
υπόκωφος hohl(klingend)
υπόλειμμα *n* Rest *m*, Überbleibsel *n*; ***ραδιενεργά υπολείμματα*** *pl* radioaktiver Abfall *m*
υπο|λείπομαι (*λειφθ*) übrig sein, übrigbleiben; verbleiben; **~λειπόμενος** verbleibend, restlich
υπόληψη Ansehen *n*; Ruf *m*
υπολογ|ίζω [-'ji-] (*σ· στ· σμ*) *v/t* berechnen, veranschlagen (**σε**/auf *A*); *μτφ.* rechnen mit *D*; **~ισμός** Berechnung *f*; Schätzung *f*; **~ιστής** Rechner *m*; ***διευθυνόμενος από ~ιστή*** computergesteuert; ***ηλεκτρονικός ~ιστής*** Computer *m*; ***ψηφιακός ~ιστής*** Digitalrechner *m*; ***~ιστής τσέπης*** Taschenrechner *m*
υπό|λογος [-lɔγ-] verantwortlich; rechnungspflichtig; **~λοιπος** übrig, restlich; *Su n* Rest *m*; *εμπ.* Überschuß *m*, Saldo *m*; ***~λοιπο του έχειν*** Habensaldo *m*; ***~λοιπο αδείας*** Resturlaub *m*
υπολοχαγός [-xaγ-] Oberleutnant *m*
υπομένω (*μειν*) (es) aushalten, ertragen
υπο|μισθώνω (*σ· θ*) untervermieten; **~μισθωτής** Untermieter *m*
υπόμνημα *n* Denkschrift *f*, Memorandum *n*; *χάρτης*: Legende *f*; Kommentar *m* (**σε**/zu *D*)
υπόμνηση (*-εις*) Erinnerung *f*, Mahnung *f*
υπομον|ετικός geduldig; **~ή** Geduld *f*; ***κάνω ~ή*** Geduld haben; **~ητικός** geduldig
υποναύαρχος [-'navarx-] Vizeadmiral *m*
υπόνοια Verdacht *m*, Argwohn *m*
υπο|νόμευση (*-εις*) [-εfsi] Untergrabung *f*; **~νομεύω** (*ευσ· ευτ· ευμ*) untergraben, unterminieren
υπόνομος Abzugskanal *m*, Kloake *f*; Siel *n*; Mine *f κ. στρ.*
υπονο|ούμενο Andeutung *f*; **~ώ** (*ησ· ηθ· ημ*) meinen, denken; anspielen auf *A*; **~είται** (es) ist selbstverständlich
υποπίεση Unterdruck *m*
υπο|πίπτω (*πεσ*) geraten (in *A*); fallen; gelangen; **~προϊόν** (*-όντος*) Nebenprodukt *n*; **~πρόξενος** Vizekonsul *m*
υποπτεύομαι [-'εvɔ-] (*ευτ*) *j-n* verdächtigen; den Verdacht haben (**ότι**/daß); argwöhnisch sein
ύποπτος verdächtig (*G*/*G*); zwielichtig
υποση|μειώνω Anmerkungen machen zu *D*; *γράμμα*: zeichnen; **~μείωση** (*-εις*) Anmerkung *f*, Fußnote *f*
υπο|σκάπτω (*ψ· φτ· μμ*) untergraben, unterhöhlen; **~σκελίζω** (*σ· στ· σμ*) verdrängen; **~σκελισμός** Verdrängung *f*
υποστάθμη Bodensatz *m*; Qualität *f*
υπόσταση (*-εις*) Bestand *m*, Existenz *f*; Grundlage *f*; *ιατρ.* Hypostase *f*
υποστατικό Gut *n*, Gehöft *n*
υπόστεγ|ο [-stεγɔ] Schuppen *m*; Flugzeughalle *f*; **~ος** überdacht
υπο|στέλλω (*ειλ· αλθ· αλμ*) *σημαία* einziehen; **~στήριγμα** [-γma] *n* Stütze

Y

f, Träger *m*; **~στηρίζω** (*ξ· χτ· γμ*) stützen; *μτφ.* unterstützen; behaupten; sponsern; **~στηρικτής (-χτής)** Förderer *m*; Sponsor *m*; **~στήριξη** (*-εις*) Unterstützung *f*; Rückhalt *m*; **~στράτηγος** [-tiɣ-] Generalmajor *m*
υπόστρωμα *n* Unterschicht *f*; Unterlage *f*; Substrat *n*
υποστώ *βλ.* ***υφίσταμαι***
υποσυνείδητ|ο Unterbewußtsein *n*; **~ος** unterbewußt
υποσχεθ- *βλ.* ***υπόσχομαι***
υπ|όσχεση (*-εις*) [-çesi] Versprechen *n*; **~όσχομαι** [-xɔ-] (*σχεθ· σχεμ*) versprechen
υπο|ταγή [-'ji] Unterordnung *f* (***σε***/unter *A*); Unterwerfung *f*; Ergebung *f*; **~τακτικός** untergeordnet, untergeben; unterwürfig; *Su f* Konjunktiv *m*
υπό|ταξη *γραμμ.* Unterordnung *f*; **~ταση** niedrige(r) Blutdruck
υπο|τάσσω (*ξ· χτ· γμ*) unterwerfen, unterjochen; *μτφ.* bändigen; **~τείνουσα** Hypotenuse *f*; **~τέλεια** Abhängigkeit *f*; **~τελής** 2 abhängig
υπο|τίθεμαι (*τεθ/υπετεθ-*): ***~τίθεται*** (es) wird vermutet, man vermutet; **~τιθέμενος** vermutlich, mutmaßlich
υπο|τίμηση (*-εις*) Unterschätzung *f*; Senkung *f*; Entwertung *f*; ***~τίμηση νομίσματος*** Abwertung *f*; ***~τίμηση αξιών*** Baisse *f*; **~τιμώ** (*άς· ησ· ηθ· ημ*) unterschätzen; billiger machen; abwerten
υπότιτλος Untertitel *m*
υπο|τροπή Rückfall *m*; **~τροφία** Stipendium *n*
υπότροφος *m, f* Stipendiat(in *f*) *m*
υπο|τυπώδης 2 unvollkommen; verkümmert; **~τύπωση** (*-εις*) Skizze *f*
ύπουλος tückisch, hinterlistig
υπουλότητα Hinterlist *f*, Tücke *f*
υπουργείο [-'jiɔ] Ministerium *n*; Kabinett *n*
υπούργημα [-ji-] *n* (Staats-)Amt *n*
υπουργ|ία [-'jia] Ministeramt *n*; Amtszeit *f* e-s Ministers; **~ικός** ministeriell; Minister-; **~ός** [-'ɣɔs] Minister *m*; ***~ός εξωτερικών*** Außenminister *m*; ***~ός εσωτερικών*** Innenminister *m*
υποφαινόμενος Unterzeichnete(r); *ειρων.* meine Wenigkeit
υπο|φερτός erträglich; passabel; **~φέρω** (II = I) *v/t* ertragen; vertragen; ausstehen; *v/i* Strapazen durchmachen; leiden (***από***/an *D*, *μτφ.* unter *D*); *v/p* erträglich sein
υποχθόνιος [-'xθɔn-] (**-α, -ο**) unterirdisch; *μτφ.* tückisch
υποχονδρία [-xɔ-] Hypochondrie *f*
υποχόνδριος (**-α, -ο**) hypochondrisch; trübsinnig
υπόχρεος [-xr-] verpflichtet; dankbar; ***~ εξ αναγωγής*** regreßpflichtig
υποχρε|ωμένος [-xrε-] gezwungen; verpflichtet; verbunden, dankbar; **~ώνω** (*σ· θ*) *v/t* zwingen (***σε***/zu *D*); verpflichten; *j-n* zu Dank verpflichten
υπο|χρέωση (*-εις*) [-'xrε-] Verpflichtung *f*; Zwang *m*; *εμπ.* Verbindlichkeit *f*; ***~χρέωση πρόσδεσης*** Anschnallpflicht *f*; **~χρεωτικός** obligatorisch, Pflicht-; zuvorkommend; **~χρεωτικότητα** Zuvorkommenheit *f*
υπο|χώρηση (*-εις*) [-'xɔr-] Rückzug *m*; Nachgeben *n*; *μτφ.* Zugeständnis *n*; **~χωρητικός** nachgiebig; **~χωρώ** [-xɔ-] (*ησ*) sich zurückziehen, zurückweichen; nachgeben ***κ.*** *μτφ.*; nachlassen
υπόψη: *έχω ~* wissen; berücksichtigen
υποψήφιος (**-α, -ο**) kandidierend; *Su* Kandidat *m*, Bewerber *m*
υποψηφιότητα Kandidatur *f*, Bewerbung *f*; ***υποβάλλω ~*** kandidieren
υπο|ψία Verdacht *m*; Argwohn *m*; **~ψιάζομαι** (*στ· σμ*) *j-n* verdächtigen, in Verdacht haben; argwöhnen
ύστατος letzt-
ύστερα *Adv* dann, danach, später; außerdem; *Präp* ***~ από*** nach *D*
υστέρημα *n* Fehlbetrag *m*
υστερ|ία Hysterie *f*; **~ικός** hysterisch; **~ισμός** Hysterie *f*
ύστερο Mutterkuchen *m*
υστερ|οβουλία Hintergedanke *m*; **~όβουλος** hinterhältig; **~όγραφο** [-ɣra-] Postskriptum *n*
ύστερος folgend, später; ***εκ των υστέρων*** nachträglich, nachher
υστερ|όχρονος später; **~ώ** (*ησ· ηθ· ημ*) zurückbleiben; unterlegen sein (*G*, ***από***/j-m), zurückstehen (hinter *D*); es fehlt mir (***κατά*** *A*/an *D*)
υφαίνω (*αν· ανθ· ασμ*) weben
υφάλμυρος schwach salzig
υφαλοκρηπίδα Festlandssockel *m*
ύφαλος *f* Riff *n*, Klippe *f*

Υ

ύφανση (-*εις*) Weben *n*; Webart *f*
υφαντ|ήριο Weberei *f*; **~ής** Weber *m*; **~ική** Weberei *f*; **~ός** gewebt
υφαντουργ|είο [-'jiɔ] Textilfabrik *f*; **~ία, ~ική** Textilindustrie *f*; **~ός** Textilfabrikant *m*; Textilarbeiter *m*
υφάντρ(ι)α Weberin *f*
ύφασμα [-zma] *n* Stoff *m*, Gewebe *n*; Tuch *n*; *pl* Textilien *pl*
υφασμένος gewebt, *βλ.* ***υφαίνω***
ύφεση (-*εις*) Abnahme *f*, Verminderung *f*; Nachlassen *n*, Sinken *n*; *πολ.* Entspannung *f*; *μουσ.* Erniedrigungszeichen *n*; ***βαρομετρική ~*** barometrische Depression *f*
υφή Gewerbe *n*; Struktur *f*, Bau *m*
υφηγ|εσία [-jεs-] Dozentur *f*; **~ητής** (Privat-)Dozent *m*
υφήλιος *f* Welt *f*, Erde *f*
υφ|ίσταμαι (*να υποστώ· υπέστ-*) *v/t* aushalten, ertragen; *συνέπειες* tragen; sich unterziehen *D*; *v/i* bestehen, existieren; **~ιστάμενος** untergeben, untergeordnet
ύφος *n* Stil *m*, Ausdrucksweise *f*; Miene *f*, Gesichtsausdruck *m*; Haltung *f*
υφυπουργός [-urɣ-] Staatssekretär *m*
υψηλ|ός hoch; groß; *μτφ.* erhaben; Hoch-; ***αφ' ~ού*** von oben herab
υψικάμινος *f* Hochofen *m*, Schmelzofen *m*
υψίπεδο Hochebene *f*
ύψιστος höchst-
υψ|ίφωνος mit hoher Stimme; *Su* Tenor *m*; *Su f* (-*ος*) Sopran *m*; **~ομέτρηση** (-*εις*) Höhenmessung *f*; **~όμετρο** Höhenangabe *f*
ύψος *n* Höhe *f*; *μτφ. κ.* Erhabenheit *f*; Stand *m*; ***~ τόκου*** Zinssatz *m*
ύψωμα *n* Anhöhe *f*, Höhe *f*
υψώνω (*σ· θ*) *v/t* (er)heben; *σημαία* hissen; höher machen; *τιμή* erhöhen, anheben; *μαθ.* potenzieren; *v/p* sich erheben; steigen *κ. μτφ.*
ύψωση (-*εις*) Heben *n*; Hissen *n*; Aufstieg *m*; Ansteigen *n*; Preiserhöhung *f*; *μτφ.* Erhöhung *f*

Φ

φα- *βλ.* ***τρώω***
φα (*0*) *n μουσ.* f *n*; ***~ ύφεση*** Fis *n*
φαβορ|ί (*0*) *n* Günstling *m*; *αθλ.* Favorit *m*; **~ίτες** *f/pl* Backenbart *m*
φαγάδικο (Imbiß-)Restaurant *n*
φαγ|άνα [-'ɣa-] Bagger *m*; *μτφ.* Faß *n* ohne Boden; **~άς (*-ού, -άδικο*)** gefräßig; *Su* Vielfraß *m*, Nimmersatt *m*
φά(γ)ε! ['fa(j)ε] iß!; *Imp v.* ***τρώγω***
φαγητό [-ji-] Essen *n*; Gericht *n*; Speise *f*; ***έτοιμο ~*** Fertiggericht *n*; ***βραδινό ~*** Abendessen *n*; ***μεσημεριανό ~*** Mittagessen *n*; ***πρόχειρο ~*** Schnellgericht *n*; ***~ της ημέρας*** Tagesgericht *n*
φαγί [fa'ji] Essen *n*
φαγούρα [fa'ɣura] Jucken *n*
φαγωθ- *St II Pass v.* ***τρώω***
φαγωμ|άρα [-ɣɔ-] Jucken *n*; Streiterei *f*; **~ένος** satt; zerfressen; verschlissen; **~ός** Zank *m*, Streit *m*
φαγ|ώνομαι [-'ɣ-] (*θ*) verschleißen; zerfressen werden; sich streiten; **~ώσιμος** eßbar; *Su n/pl* Eßwaren *f/pl*
φαΐ *n* Essen *n*, Speise *f*
φαιδρ|ός froh, heiter; lächerlich; **~ότητα** Fröhlichkeit *f*; Lächerlichkeit *f*
φαινέλαιο, φαινόλη Phenol *n*
φαίν|ομαι (*φαν*) sichtbar sein; erscheinen; scheinen, zu sein scheinen; ***~εται*** es scheint (***ότι***/daß); ***πώς σας ~εται;*** was sagen Sie dazu?
φαινομεν|ικός scheinbar, Schein-; **~ικότητα** Schein *m*, Anschein *m*
φαινόμεν|ο Erscheinung *f*, Phänomen *n*; *μτφ.* Wunder *n*, Genie *n*; ***κατά τα ~α*** dem Anschein nach
φάκα Falle *f κ. μτφ.*
φάκελος Umschlag *m*, Kuvert *n*; Akte *f*, Ordner *m*
φακελώνω (*σ· θ*) in e-n Umschlag stecken, verschließen; verpacken; *πρόσ.* über *j-n* eine Akte führen

φακή Linse *f*
φακίδα Sommersprosse *f*
φακίρης (*-ηδες*) Fakir *m*
φακ|ός *φυσ.* Linse *f*; *φωτογρ.* Objektiv *n*; Taschenlampe *f*; ***~οί επαφής** pl* Haftgläser *n/pl*
φάλαγγα Kolonne *f*, Reihe *f*; Waagebalken *m*; *ανατ.* Fingerknochen *m*
φάλαινα Wal(fisch) *m*
φαλαινο|θήρας Walfänger *m*; **~θηρικό** Walfänger *m* (*Boot*)
φαλάκρα Kahlköpfigkeit *f*, Glatze *f*
φαλακ|αίνω (*υν*) kahl werden; **~ός** kahl(köpfig); kahl
φαλ|ιμέντο Konkurs *m*; **~ιρίζω, ~ίρω** (*σ· σμ*) Konkurs machen
φάλτσο Mißton *m*; Fehler *m*; **~ς** mißtönend; falsch singend
φάμπρικα Fabrik *f*
φαν- *βλ.* ***φαίνομαι***
φανάρι Laterne *f*; Ampel *f*; **~ *πεζών*** Fußgängerampel *f*
φανατ|ίζω (*σ· στ· σμ*) fanatisieren; **~ικός** fanatisch; *Su* Fanatiker *m*; **~ισμός** Fanatismus *m*
φαν|έλα Flanell *m*; **~ελένιος** (***-α, -ο***) Flanell-
φανερ|ός klar, offensichtlich; ***φως ~ό*** sonnenklar
φαν|έρωμα *n* Enthüllung *f*; **~ερώνω** (*σ· θ*) *v/t* offenbaren, verraten; äußern; enthüllen; *v/p* erscheinen, auftauchen; **~έρωση** (*-εις*) Offenbarung *f*
φανηκ- *βλ.* ***φαίνομαι***
φανός Laterne *f*; Leuchtturm *m*
φαντ|άζομαι (*στ· σμ*) sich (*D*) *etw.* einbilden; sich (*D*) *etw.* denken, sich (*D*) *etw.* vorstellen; glauben, denken; **~άζω** (*ξ*) wirken, gut aussehen
φαντ|αρία Infanterie *f*; Soldatengruppe *f*; **~άρος** Infanterist *m*
φαντασία Phantasie *f*; Einbildungskraft *f*; Einbildung *f*; Illusion *f*
φαντασι|όπληκτος wirklichkeitsfremd; *Su* Phantast *m*; Träumer *m*; **~οπληξία** Illusion *f*; Schrulle *f*; **~ίωση** (*-εις*) Wahnvorstellung *f*
φάντασμα *n* Gespenst *n*, Geist *m*
φαντασμ|αγορία [-zmaγɔ-] Traumspiel *n*; **~ένος** eingebildet
φαντ|αστικός imaginär; fiktiv; phantastisch, unwirklich; traumhaft; **~αχτερός** [-xtε-] auffällig
φάντης *χαρτοπ.* Bube *m*
φανφ|άρα Fanfare *f*; Blasorchester *n*; **~αρόνος** Großmaul *n*
φάπα Ohrfeige *f*
φάρα Stamm *m*, Geschlecht *n*
φαράγγι Schlucht *f*
φαράσι Müllschaufel *f*
φαρδαίνω (*υν*) verbreitern; erweitern; *v/i* breiter, weiter werden
φάρδεμα *n* Verbreiterung *f*
φάρδος *n* Breite *f*; Weite *f*
φαρδ|ύνω *βλ.* ***φαρδαίνω***; **~ύς** breit, weit; *Adv* ***~ιά***: ***~ιά-πλατιά*** lang und breit
φαρμακ|είο Apotheke *f*; ***φορητό ~είο*** Verbandskasten *m*; **~ερός** giftig *κ. μτφ.*; *κρύο*: schneidend
φαρμακευτ|ική Pharmazie *f*, Pharmazeutik *f*; **~ικός** Arznei-; pharmazeutisch
φαρμάκι Gift *n*; schneidende Kälte *f*; *μτφ.* Kummer *m*; *adj* gallebitter
φάρμακο Medizin *f*; Medikament *n*; Heilmittel *n*
φαρμακοποιός *m*, *f* Apotheker(in *f*) *m*
φαρμακώνω (*σ· θ*) vergiften; *μτφ.* verbittern, kränken
φάρος Leuchtturm *m*
φάρσα Farce *f*; Streich *m*
φαρσί ausgezeichnet, perfekt
φάρυγγας Rachen *m*
φαρυγγίτιδα Rachenentzündung *f*
φασαρία Trubel *m*, Krach *m*; *pl* Umstände *m/pl*; Scherereien *f/pl*
φάση (*-εις*) Phase *f κ. ηλ.*
φασιανός [-sja-] Fasan *m*
φασισμός [-zm-] Faschismus *m*
φασίσ|τας, ~τής Faschist *m*; **~τικός** faschistisch
φασκελώνω (*σ*) e-n Vogel zeigen *D*
φασκιά Windel *f*
φασκιώνω (*σ*) *ein Kind* wickeln
φάσμα ['fazma] *n* Spektrum *n*
φασματ|ικός Spektral-; **~οσκόπιο** Spektroskop *n*
φασ|ολάδα Bohnensuppe *f*; **~ολάκια** *n/pl* Brechbohnen *f/pl*; **~όλι** Bohne *f*
φάτνη Krippe *f*
φατρία Gruppe *f*; *πολ.* Fraktion *f*
φάτσα Fassade *f*; Gesicht *n*
φαύλος ['favl-] verdorben; **~ *κύκλος*** Teufelskreis *m*
φαφλατάς (*-άδες· f* ***-ού***) geschwätzig; *Su* Schwätzer *m*

φαφούτης 3 zahnlos
Φεβρουάριος Februar *m*
φεγγ|αράδα Mondschein *m*; **~άρι** Mond *m*; Mondmonat *m*; **~αρόλουστος** Mond-, mondbeschienen; **~ίτης** *m* Luke *f*, Dachfenster *n*; **~οβολώ** (*ησ*) strahlen, leuchten
φέγγος *n* Glanz *m*, Schein *m*
φεγγίζω (*σ*) durchscheinend sein
φέγγω (*ξ*) *v/i* leuchten; scheinen; *unp.* hell werden
φεϊγβολάν [fɛiɣ-] (*0*) *n* Flugblatt *n*
φειδ|ώ *f* Sparsamkeit *f*; Schonung *f*; **~ωλός** sparsam; ***~ωλός στη χρήση ενέργειας*** energiebewußt
φελί Scheibe *f*; Stück *n*
φελλός Korken *m*, Pfropfen *m*
φεμινισμός Feminismus *m*; Frauenbewegung *f*
φεμινίστρια Feministin *f*
φέξη: ***στη χάση και στη ~*** alle Jubeljahre mal
φεουδαλ|ικός feudal; **~ισμός** Feudalherrschaft *f*; Lehnswesen *n*
φεουδαρχία Feudalismus *m*
φέουδο Lehen *n*
φερ- *βλ.* ***φέρνω***
φερ|έγγυος (**-α, -ο**) kreditwürdig, solvent; **~εγγυότητα** Solvenz *f*
φερετζές (*-έδες*) Schleier *m*
φέρετρο Sarg *m*; Bahre *f*
φεριμπότ [-ib-] (*0*) *n* Fähre *f*
φερμουάρ (*0*) *n* Reißverschluß *m*
φέρνω (*φερ· φερθ· φερμ*) tragen; bringen (***κτ σε κπ***/j-m etw.); einführen (***σε***/in *A*); *δίψα* erzeugen; führen; *v/p* sich benehmen
φέρσιμο (*-ματος*) Benehmen *n*
φέρω *βλ.* ***φέρνω;*** tragen; *v/p* sich benehmen; gelten als
φέσι Fes *m*; *adv* beschwipst; ***βάζω ~ σε κπ*** j-n prellen
φεστιβάλ (*0*) *n* Festspiel(e) *n*(*pl*); Festival *n*
φεσώνω (*σ· θ*) bei *j-m* Schulden machen
φέτα Schnitte *f*, Scheibe *f*
φετινός diesjährig
φέτος in diesem Jahr, dieses Jahr
φευγ|άλα [-'vɣa-] Weglaufen *n*, Flucht *f*; **~αλέος** (**-α, -ο**) flüchtig; **~ατίζω** (*σ*) *v/t j-m* bei der Flucht helfen; **~άτος** geflohen, flüchtig; **~ιό** [fɛ'vjɔ] *βλ.* ***φευγάλα***
φεύγω ['fɛvɣɔ] (*φυγ*) *v/i* (weg)gehen; abfahren; abreisen; reisen (***για***/nach *D*); fliehen, entkommen; ***όπου φύγει, φύγει!*** rette sich, wer kann!
φήμη (*schlechter, guter*) Ruf *m*; Gerücht *n*; Image *n*; Ansehen *n*
φημ|ίζω (*σ· στ· σμ*) *v/t* berühmt machen; *v/p* bekannt (*ή* berühmt) sein; **~ισμένος** berühmt, bekannt
φθάνω *βλ.* ***φτάνω***
φθαρ- *βλ.* ***φθείρω***
φθαρτός verderblich; vergänglich
φθείρω (II = I· *φθαρ(θ)· φθαρμ*) abtragen, verschleißen; *υγεία* zerrütten; *ήθη* verderben; *v/p κ.* sich schädigen
φθην- *βλ.* ***φτην-***
φθιν|οπωρινός herbstlich, Herbst-; **~όπωρο** Herbst *m*
φθίση Tuberkulose *f*
φθισικός schwindsüchtig
φθογγολογ|ία [-lɔj-] Lautlehre *f*; **~ικός** phonetisch
φθόγγος Laut *m*
φθονερός neidisch, mißgünstig
φθόνος Neid *m*
φθονώ (*ησ*) beneiden; neidisch sein auf *A*
φθορά Verschleiß *m*, Abnutzung *f*
φθόριο Fluor *n*
φιάλη Flasche *f*
φιαλίδιο Fläschchen *n*
φιάσκο ['fja-] Fiasko *n*, Mißerfolg *m*
φιγ|ούρα [-'ɣu-] Bild *n*; Figur *f*; Effekt *m*; **~ουράρω** (*αρισ*) Eindruck machen; **~ουρίνι** Modejournal *n*
φιδές *m* Fadennudeln *f/pl*
φίδι Schlange *f*; ***φαρμακερό ~*** Giftschlange *f*
φιδίσιος (**-α, -ο**) Schlangen-; *μτφ.* schlank, biegsam
φίκος Gummibaum *m*
φίλαθλος sportliebend; *Su* Sportfreund *m*
φιλαλήθ|εια Wahrheitsliebe *f*; **~ης** 2 wahrheitsliebend
φιλανθρωπ|ία Wohltätigkeit *f*; **~ικός** menschenfreundlich; wohltätig
φιλ|άνθρωπος Menschenfreund *m*; Wohltäter *m*; **~αράκος** *ειρων.* Freundchen *n*; **~αργυρία** [-ji-] Geldgier *f*, Habsucht *f*; **~άργυρος** [-ji-] geldgierig, habsüchtig; **~αρέσκεια** Koketterie *f*; **~άρεσκος** kokett

φιλαρμονικ|ή Philharmonie *f*; **~ός** philharmonisch
φίλαρχος ['filarx-] herrschsüchtig
φιλ|άσθενος kränklich; **~αυτία** [-aft-] Selbstsucht *f*, Eigenliebe *f*
φιλειρηνι|κός friedliebend; Friedens-; **~σμός** Friedensliebe *f*
φιλ|ελευθερία [-εf-] Freiheitsliebe *f*; **~ελευθερισμός** Liberalismus *m*; **~ελευθεροποίηση** (*-εις*) Liberalisierung *f*; **~ελεύθερος** freiheitsliebend; liberal; **~έλληνας** Philhellene *m*; **~ελληνικός** griechenfreundlich
φίλεμα *n* Bewirtung *f*
φιλενάδα Freundin *f*
φιλές (*-έδες*) Haarnetz *n*; *αθλ.* Netz *n*
φιλέτο Filet *n*
φιλ|εύσπλαχνος [-'lεfsplaxn-] barmherzig; **~εύω** [-'εvɔ] (*εψ· ευτ· εμ*) *v/t j-n* bewirten mit *D*
φίλη Freundin *f*
φιλ|ηδονία Genußsucht *f*; Wollust *f*; **~ήδονος** wollüstig; sinnlich
φίλημα *n* Kuß *m*
φιλ|ήσυχος ruheliebend, friedlich; **~ί** Kuß *m*; **~ία** Freundschaft *f*
φιλικός freundschaftlich, Freundschafts-; freundlich, gütlich
φιλ|ιώνω [-'ljɔnɔ] (*σ· θ*) *v/t* versöhnen; *v/i* sich vertragen; **~ιωτικός** Versöhnungs-; versöhnlich
φιλμ (*0*) *n* Film *m*; ***σύντομο διαφημιστικό ~*** Werbespot *m*
φίλντισι Elfenbein *n*
φιλ|οβασιλικός königstreu, royalistisch; **~οδοξία** Ehrgeiz *m*; Zielstrebigkeit *f*; **~όδοξος** ehrgeizig; zielstrebig; **~οδοξώ** (*ησ*) *v/i* ehrgeizig sein; bestrebt sein (***να***/ zu); *v/t* trachten (*ή* streben) nach *D*; **~οδώρημα** *n* Trinkgeld *n*; **~οδωρώ** (*ησ*) beschenken; Trinkgeld geben *D*
φιλολογ|ία [-lɔj-] Philologie *f*; Literatur *f*; Sprachwissenschaft *f*, Literaturwissenschaft *f*; Faselei *f*; **~ικός** philologisch; literarisch, Literatur-
φιλόλογος [-lɔγ-] Philologe *m*; Literaturwissenschaftler *m*
φιλ|ομάθεια Wißbegierde *f*, Lerneifer *m*; **~ομαθής** 2 wißbegierig, lerneifrig; **~όμουσος** kunstbeflissen; **~ονικία** Streit *m*; **~όνικος** streitsüchtig; **~ονικώ** (*ησ*) (sich) streiten, (sich) zanken
φιλ|οξενία Gastfreundschaft *f*; **~όξενος** gastfreundlich; gastlich; **~οξενούμενος** Gast *m*; **~οξενώ** (*ησ*) zu Gast haben, gastfreundlich aufnehmen
φιλ|οπατρία Vaterlandsliebe *f*; **~όπατρης** (**-ις**) Patriot *m*; **~οπερίεργος** [-εrγ-] neugierig, klatschsüchtig; **~οπόλεμος** kriegerisch, kriegshetzerisch; **~οπονία** Arbeitslust *f*; **~οπρόοδος** fortschrittlich
φίλος Freund *m*; ***~ αλληλογραφίας*** Brieffreund *m*; *Adj* lieb; befreundet
φιλοσοφ|ία Philosophie *f*; **~ικός** philosophisch; **~ικότητα** Gleichmut *m*
φιλ|όσοφος Philosoph *m*; **~οσοφώ** (*ησ· ημ*) philosophieren
φιλ|οστοργία [-ɔrj-] Zärtlichkeit *f*; **~όστοργος** [-γɔs] zärtlich, liebevoll
φιλ|οτελισμός Briefmarkenkunde *f*; Briefmarkensammeln *n*; **~οτελιστής** Briefmarkensammler *m*, Philatelist *m*; **~ότεχνος** kunstliebend; kunstverständig; **~οτεχνώ** [-'xnɔ] (*ησ· ηθ· ημ*) kunstvoll bearbeiten; **~οτιμία, ~ότιμο** Ehrgefühl *n*, Würde *f*; **~ότιμος** ehrliebend; ehrgeizig; großzügig; **~οτιμώ** (*άς· ησ· ηθ*) *j-s* Ehrgefühl anregen; *v/p* den Ehrgeiz haben; **~οτομαριστής** selbstsüchtig
φιλο|φρόνημα *n*, **~φρόνηση** (*-εις*) Kompliment *n*; **~φρονητικός** liebenswürdig, zuvorkommend; **~φροσύνη** Liebenswürdigkeit *f*
φιλοχρήματος [-'xri-] geldgierig
φίλτατος liebst-, teuerst-
φιλτζάνι Tasse *f*
φιλτρ|άρισμα *n* Filtrieren *n*; **~άρω** (*αρισ· αριστ· αρισμ*) filtrieren; filtern
φίλτρο Filter *m*; Liebestrank *m*; *mütterliche* Liebe *f*, Zärtlichkeit *f*
φιλύποπτος mißtrauisch
φιλώ (*άς· ησ· ηθ· ημ*) küssen
φιμώνω (*σ· θ*) *v/t* e-n Maulkorb anlegen *D*; *κ. μτφ.* zum Schweigen bringen
φίμωση (*-εις*) Anlegen *n* e-s Maulkorbs; Knebelung *f*; *ιατρ.* Phimose *f*
φίμωτρο Maulkorb *m*
φινάλε (*0*) *n* Finale *n*; Ergebnis *n*
φινέτσα Finesse *f*, Feinheit *f*
φινιστρίνι Bullauge *n*
φίνος fein; tadellos
φιντ|ανάκι, ~άνι Schößling *m*; *μτφ.* junge(r) Mensch
φιξ (*0*) fest (*Preis*)
φιξ|άρισμα *n* Fixierung *f*, Fixieren *n*;

~άρω (*αρισ· αριστ· αρισμ*) fixieren
φιόγκος Schleife *f*
φίρμα Firma *f*
φίσκα überfüllt; zu voll
φιστίκι Pistazie *f*
φιτίλι Docht *m*; Zündschnur *f*; ***βάζω ~α*** Zwietracht säen
φλαμουριά [-'rja] Linde *f*
φλάουτο Flöte *f*
φλας (*0*) *n φωτογρ.* Blitzlicht *n*; *αυτοκ.* Blinker *m*; ***βάζω ~*** blinken
φλέβα Vene *f*, Ader *f κ. νερού*; *μτφ.* Begabung *f*, Talent *n*
Φλεβάρης Februar *m*
φλεβίτιδα Venenentzündung *f*
φλέγμα Phlegma *n*; Gleichgültigkeit *f*
φλεγματικός phlegmatisch
φλεγμονή [-ɣmɔ-] Entzündung *f*
φλέγομαι (*χωρίς Aor*) in Flammen stehen; brennen (*κ. μτφ.* ***από***/vor *D*)
φλέμα *n* Schleim *m*, Auswurf *m*
φλεμόνι Lunge *f*; Tierlunge *f*
φλερτ (*0*) *n* Flirt *m*
φλερτάρω (*αρισ*) flirten, kokettieren
φλιπεράκι Flipper *m*; **~α** *pl* Spielhalle *f*
φλιτζάνι Tasse *f*
φλόγα ['flɔɣa] Flamme *f*
φλογ|έρα [-'jɛra] Hirtenflöte *f*; **~ερός** brennend; *μτφ.* glühend; **~ίζω** (*σ· στ· σμ*) *v/p* in Flammen stehen
φλόγωση (*-εις*) [-ɣɔsi] *ιατρ.* Entzündung *f*; Temperatur *f*
φλοιός Rinde *f*; Schale *f*; Kruste *f*
φλοισβίζω [flizv-] (*σ*) plätschern
φλοίσβος ['flizv-] Plätschern *n*
φλοκάτη Hirtendecke *f*; Flokati *m*
φλοτέρ (*0*) *n* Schwimmer *m*, Ponton *m*
φλούδα, φλούδι *βλ.* ***φλοιός***
φλυαρία Geschwätz *n*, Faselei *f*
φλύαρος geschwätzig; *Su* Schwätzer *m*
φλυαρώ (*ησ*) schwatzen, plaudern; plappern, faseln
φοβάμαι (*ηθ· ισμ*) *v/t* Angst haben vor *D*, sich fürchten vor *D*; (be)fürchten; *v/i* Angst haben, sich fürchten
φοβ|έρα Drohung *f*, Einschüchterung *f*; **~ερίζω** (*σ*) *v/t* drohen *D*, einschüchtern; **~ερός** schrecklich, fürchterlich; gewaltig; tüchtig
φόβητρο Schreckgespenst *n*
φοβ|ίζω (*σ· σμ*) erschrecken, besorgt machen; **~ιτσιάρης** [-'tsjar-] 3 furchtsam, ängstlich; *Su* Feigling *m*
φόβος Furcht *f*, Angst *f*
φοβούμαι *βλ.* ***φοβάμαι***
φόδρα Futter *n*
φοδράρω (*αρισ· αριστ· αρισμ*) füttern; *τεχν.* auskleiden, beschlagen
φοιν|ίκι Dattel *f*; **~ικιά** Dattelpalme *f*
φοίτηση Studium *n* (an *D*); Besuch *m*; ***υποχρεωτική ~*** Schulpflicht *f*
φοιτητ|ής Student *m*; **~ικός** Studenten-, studentisch; Studien-
φοιτ|ήτρια Studentin *f*; **~ώ** (*άς· ησ*): ***~ώ σε*** studieren an *D*; *Schule* besuchen (*A*); verkehren (in *D*)
φον|ιάς (*-άδες*) Mörder *m*; **~ικό** Mord *m*, Totschlag *m*; **~ικός** Mord-; mörderisch
φόνισσα Mörderin *f*
φόνος Mord *m*
φόντο Hintergrund *m*; Bildung *f*; *pl* Kapital *n*
φόρα Anlauf *m*; Schwung *m*
φορ|ά Mal *n*; Schwung *m*; Gang *m*, Lauf *m*; ***μια ~ά*** einmal; ***πολλές ~ές*** häufig, oft
φοράδα Stute *f*
φορέας Träger *m κ. ιατρ.*; ***~ στοιχείων*** Datenträger *m*
φορείο Tragbahre *f*
φόρεμα *n* Kleid *n*; Kleidungsstück *n*
φορεμένος getragen; abgetragen
φορεσ- *βλ.* ***φορώ***
φορ|εσιά [-'sja] Kostüm *n*; Anzug *m*; Tracht *f*; **~ητός** tragbar
φόρμα Form *f*; Trainingsanzug *m*
φόρμουλα Formel *f*
φοροδιαφυγή [-'ji] Steuerhinterziehung *f*
φορολογ|ήσιμος [-'jis-] steuerpflichtig; **~ία** Besteuerung *f*; Steuer *f*; ***διπλή ~ία*** Doppelbesteuerung *f*; **~ικός** Steuer-; **~ούμενος** Steuerzahler *m*; **~ώ** [-'ɣɔ] (*ησ· ηθ· ημ*) besteuern
φόρος Steuer *f*, Gebühr *f*; ***~ δωρεάς*** Schenkungssteuer *f*; ***~ εισοδήματος*** Einkommensteuer *f*; ***~ κληρονομίας*** Erbschaftssteuer *f*; ***~ καταθέσεων*** Kapitalertragsteuer *f*; ***~ κύκλου εργασιών*** Umsatzsteuer *f*; ***~ νομικών προσώπων*** Körperschaftssteuer *f*; ***~ μισθωτών υπηρεσιών*** Lohnsteuer *f*; ***~ περιουσίας*** Vermögenssteuer *f*; ***~ πετρελαιοειδών*** Mineralölsteuer *f*; ***~ προστιθέμενης αξίας*** Mehrwertsteuer *f*; ***~ υποτέλειας*** Tribut *m*

φόρτε (0) *n* Kraft *f*; Stärke *f κ. μτφ.*
φορτηγ|άκι [-'γa-] Lieferwagen *m*; **~ό** [-'γɔ] Lastkraftwagen *m*, Laster *m*; *ναυτ.* Fracht(dampf)er *m*
φορτ|ίζω (*σ· στ· σμ*) *ηλ.* laden; **~ικός** lästig, aufdringlich; **~ικότητα** Aufdringlichkeit *f*; **~ίο** Ladung *f*; Last *f κ. μτφ.*, Fracht *f*; ***αεροπορικό ~ίο*** Luftfracht *f*; ***ωφέλιμο ~ίο*** Nutzlast *f*
φόρτιση (-*εις*) Ladung *f*
φορτοεκφορτωτής Hafenarbeiter *m*
φόρτος Ladung *f*; Last *f*, Bürde *f*
φόρτωμα *n* Beladung *f*; Ladung *f*; *μτφ.* ***γίνομαι ~*** zur Last, lästig werden
φορτώνω (*σ· θ*) *v/t* beladen; aufbürden; *v/i* laden, Ladung einnehmen; *v/p μτφ.* lästig werden, drängen *A*
φόρτωση (-*εις*) Beladung *f*; Laden *n*
φορτωτ|ής Befrachter *m*; Ladearbeiter *m*; **~ικός** Lade-; *Su f* Frachtbrief *m*
φορώ (*άς· εσ· εθ· εμ*) tragen; anziehen; *καπέλο* aufsetzen
φουγάρο [-'γarɔ] Schornstein *m*
φουκαράς (-*άδες*) arme(r) Schlucker *m*
φούμαρα *n/pl μτφ.* große Rosinen im Kopf; Fimmel *m*
φουμάρω (*αρ*[*ισ*]) rauchen
φούντα Troddel *f*, Quaste *f*
φουντάρω (*αρ*[*ισ*]) *v/t* versenken; *v/i* Anker werfen; untergehen
φουντούκι Haselnuß *f*
φούντωμα *n* Intensivierung *f*
φουντ|ωμένος dicht belaubt; *μτφ.* aufbrausend; **~ώνω** (*σ*) wuchern; sich dicht belauben; *φωτιά*: wüten; *μτφ.* aufbrausen; **~ωτός** üppig
φούρια [-rja] Ungestüm *n*; Eile *f*
φουριόζος [-'rjɔz-] (***-α, -ο***) ungestüm, heftig; eilig, hastig
φούρκα Galgen *m*; Wut *f*, Ärger *m*
φουρκέτα Haarnadel *f*
φουρκίζω (*σ· στ· σμ*) *v/t μτφ.* in Wut bringen; *v/p* in Wut geraten
φούρναρης (-*ηδες*) Bäcker *m*
φουρν|έλο Sprengung *f*; **~ιά** [-'nja] Schub *m*; **~ίζω** (*σ· στ*) in den Backofen schieben
φούρνος Backofen *m*; Bäckerei *f*
φουρτ|ούνα Sturm *m*, Unwetter *n*; *μτφ.* Unheil *n*; **~ουνιασμένος** [-njazm-] stürmisch; *μτφ.* wütend
φουσάτο Horde *f*
φούσκα Blase *f*; Luftballon *m*
φουσκάλα Blase *f*, Bläschen *n*
φουσκοθαλασσιά [-'sja] hohe See *f*, stürmische(s) Meer
φούσκωμα *n* Aufblähen *n*; Anschwellen *n*; Schwellung *f*; *ιατρ.* Blähung *f*
φουσκώνω (*σ· μ*) *v/t* aufblasen; aufblähen; *πανιά* blähen; *v/i* sich aufblähen; (an)schwellen; aufquellen; *γάλα*: überkochen; *ζυμάρι*: aufgehen
φουσκωτός aufgeblasen; (an)geschwollen; bauschig, Puff-
φούστα Rock *m*
φουσταν|έλα Männerrock *m* (*griech. Nationaltracht*); **~ελάς** (-*άδες*) Fustanellaträger *m*
φουστάνι Kleid *n*
φουφού (-*ούδες*) *f* Kohlenbecken *n*
φουχτ- *βλ.* ***χουφτ-***
φράγκικος abendländisch; katholisch
φράγκο Franc *m*; Frank(en) *m*
φραγκοστάφυλο Johannisbeere *f*
φράγμα [-γma] *n* Sperre *f*; Zaun *m*; Staudamm *m*; ***~ του ήχου*** Schallmauer *f*
φραγμός *βλ.* ***φράγμα***; Damm *m*; *μτφ.* Schranke *f*, Barriere *f*
φράζω (*ξ· χτ· γμ*) *v/t* einzäunen; versperren; *τρύπα* verstopfen; *v/i* verstopft werden (*ή* sein)
φρακάρω (*αρ*[*ισ*]*· αριστ· αρισμ*) *v/t* verstopfen; *v/i* verstopft sein
φραντζ|όλα Stange *f* Weißbrot; **~ολάκι** Brötchen *n*, Wecke *f*
φράξιμο (-*ματος*) Einzäunen *n*; Versperren *n*; Verstopfung *f*; Stau *m*
φράουλα Erdbeere *f*
φραπέ (0) *n* eisgekühlte(r) Kaffee
φρασεολογία [-j-] Ausdrucksweise *f*
φράση (-*εις*) Satz *m*; Ausdruck *m*; Wendung *f*, Phrase *f*
φραστικός Ausdrucks-; Stil-
φράχτης ['fraxt-] Zaun *m*; Hecke *f*; *τεχν.* Schleuse *f*
φρεάτιο Schacht *m*; Sinkkasten *m*
φρεγά|δα [frεγ-], **~τα** Fregatte *f*
φρέζα Fräse *f*, Fräsmaschine *f*
φρένα *n/pl* Verstand *m*; ***έξω φρενών*** wütend, rasend
φρενάρω (*αρισ*) bremsen
φρενιάζω [-'nja-] (*σ· σμ*) *v/t* wütend machen; *v/i* toben, wüten, rasen
φρένιασμα [-zma] *n* Rasen *n*, Wüten *n*
φρένο Bremse *f*; ***~ κόντρα*** Rücktrittbremse *f*; ***~ κινδύνου*** Notbremse *f*

φρενο|βλάβεια geistige Umnachtung *f*; **~βλαβής** 2 irr(sinnig); **~κομείο** Irrenanstalt *f*; **~παθής** 2 geisteskrank
φρεσκ|άδα Frische *f*; **~άρισμα** *n* Erfrischen *n*; **~άρω** (*αρισ· αριστ*) *v/t* erfrischen; *v/i* frisch werden
φρέσκο Fresko *n*; *οικ.* Kittchen *n*
φρέσκος (*-ια, -ο*) frisch
φρικαλ|έος (*-α, -ο*) grauenvoll, greulich; **~εότητα** Greueltat *f*
φρίκη Grauen *n*, Entsetzen *n*
φρικ|ίαση Schaudern *n*; **~ιαστικός** grauenerregend; abscheulich; **~ιώ** (*άς· ασ*) schaudern; sich entsetzen
φρίττω (*ξ*) schaudern; es graut mir
φριχτός [frixt-] entsetzlich, schrecklich, fürchterlich; grausam
φρόκαλο Besen *m*; *pl* Kehricht *m*
φρόνημα *n* Ansicht *f*; Moral *f*
φρόνηση Vernunft *f*, Besonnenheit *f*
φρονιμ|άδα Artigkeit *f*, *βλ. κ.* ***φρόνηση***; **~εύω** [-'ενɔ] (*εψ*) *v/t* zur Vernunft bringen; *v/i* vernünftig *ή* artig werden; **~ίτης** Weisheitszahn *m*
φρόνιμος vernünftig, klug; artig
φροντ|ίδα Sorge *f*; Pflege *f*; **~ίζω** (*σ· σμ*) sorgen (*A*, ***για***/für *A*); sich kümmern (***για***/um *A*); betreuen; **~ισμένος** sorgfältig; **~ιστήριο** Seminar *n*; Vorbereitungsschule *f*, Nachhilfeschule *f*
φρονώ (*χωρίς Aor*) der Meinung sein
φρουρ|ά Wache *f*; Garde *f*; Garnison *f*; ***~ά απεργών*** Streikposten *m*; **~αρχείο** [-arç-] Kommandantur *f*
φρούρ|αρχος [-arx-] Kommandant *m*; **~ηση** (*-εις*) Bewachung *f*
φρούριο Festung *f*; Burg *f*
φρουρ|ός Wächter *m*; Hüter *m*; **~ώ** (*ησ· ηθ· ημ*) *v/t* bewachen; *μτφ.* wachen über *A*; *v/i* Wache stehen
φρουτιέρα [-'tjεra] Obstschale *f*
φρούτο Frucht *f*; *pl* Obst *n*
φρύγανα *n/pl* Reisig *n*
φρυγαν|ιά [-γa'nja] Toast *m*, Röstbrot *n*; Zwieback *m*; **~ιέρα** [-'njε-] Toaster *m*; **~ίζω** (*σ*) *Brot* rösten, toasten
φρύδι Augenbraue *f*
φρύνος Kröte *f*
φταί|ξιμο (*-ματος*) Schuld *f*, Fehler *m*; **~χτης** ['ftεxt-] Schuldige(r)
φταίω (*ξ*) Schuld haben
φτάν|ω (*σ· σμ*) *v/i* ankommen, eintreffen; (aus)reichen, langen; *v/t* erreichen, einholen; ***~ει πια!*** es reicht jetzt!
φτασμένος gemachte(r) Mann
φτελιά [-'lja] Ulme *f*
φτενός dünn, fein; knapp
φτέρη Farnkraut *n*
φτέρνα Ferse *f*
φτερνίζομαι (*στ*) niesen
φτερ|ό Flügel *m*; Wedel *m*; Feder *f*; ***~ό αυτοκινήτου*** Kotflügel *m*; Schutzblech *n*; **~ούγα** [-'uγa] Flügel *m*
φτερ|ώνω (*σ· μ*) *v/i* Flügel bekommen; *v/t* beflügeln; **~ωτή** Radschaufel *f*; **~ωτός** geflügelt, beflügelt
φτηναίνω (*υν*) *v/t* verbilligen, billiger machen; *v/i* billiger werden
φτήνια [-nja] niedrige Preise *m/pl*
φτηνός billig, kostengünstig
φτιά(χ)ν|ω ['ftja(x)-] (*ξ, σ· χτ, στ· γμ, σμ*) *v/t* machen, anfertigen; bauen; ordnen; *v/i* besser werden, sich bessern; *v/p* sich schminken; ***τα ~ω*** sich vertragen; ***τι ~εις;*** wie geht's?
φτιασ|ίδι Schminke *f*; **~ίδωμα** *n* Schminken *n*; **~ιδώνω** schminken
φτιάσιμο (**-ξιμο**) (*-ματος*) Anfertigung *f*; Verbesserung *f*; Reparatur *f*
φτουρώ (*άς· ησ*) lange reichen
φτυ|άρι ['ftjari] Schaufel *f*, Schippe *f*; Spaten *m*; **~αρίζω** (*σ*) (weg)schaufeln
φτύμα *n* Speichel *m*, Spucke *f*
φτύνω (*σ· στ· σμ*) spucken
φτύσιμο (*-ματος*) Ausspucken *n*
φτυστός ganz ähnlich (*N/D*)
φτωχαίνω [ftɔç-] (*υν*) verarmen
φτώχεια [-ça] Armut *f*
φτωχ|ικός [-çi-] ärmlich, dürftig; *Su n* bescheidene(s) Haus; **~οκομείο** Armenhaus *n*, Asyl *n*; **~ολογιά** [-xɔlɔj-] arme Leute *pl*; **~ός** arm (***σε***/ an *D*); *Su* arme(r) Schlucker; **~ούτσικος** [-'xuts-] ärmlich
φυγ- *βλ.* ***φεύγω***
φυγ|άδας [-'γa-] Flüchtling *m*; **~αδεύω** [-'ενɔ] (*εψ· ευτ· ευμ*) zur Flucht verhelfen *D*; **~ή** [-'ji] Flucht *f*; ***~ή κεφαλαίου*** Kapitalflucht *f*; **~όκεντρος** Zentrifugal-, Flieh-
φυγ|όπονος [-'γɔ-] arbeitsscheu; **~οπονώ** (*ησ*) sich drücken; **~όστρατος** Wehrdienstverweigerer *m*
φύκι Alge *f*, *pl* Seetang *m*
φυλά(γ)ω [-(γ)ɔ] (*ξ· χτ· γμ*) *v/t* bewachen; hüten; beschützen, bewahren (***από***/vor *D*); *λεφτά* sparen; *ρούχα* schonen; *v/p* sich in acht nehmen

φύλακας Wächter *m*, Hüter *m*; Wärter *m*; **~άγγελος** Schutzengel *m*
φυλακ|ή Gefängnis *n*; **~ίζω** (*σ· στ*) ins Gefängnis werfen, inhaftieren
φυλ|άκιση (*-εις*) Inhaftierung *f*; Haft *f*, Gefängnisstrafe *f*; **~ακισμένος** Gefangene(r), Inhaftierte(r)
φύλαξη Bewachung *f*; Hüten *n*; Bewahrung *f*, Schutz *m*; Aufbewahrung *f*
φυλαχτό Talisman *m*, Amulett *n*
φυλετι|κός rassisch, Rassen-; **~σμός** [-zm-] Rassenlehre *f*, Rassenhaß *m*
φυλή Stamm *m*; Rasse *f*; Volk *n*
φυλλάδ|α Broschüre *f*; **~ιο** Heft *n*
φύλλο Blatt *n κ. μτφ.*; Blatt *n Papier*, Bogen *m*; Spielkarte *f*; Folie *f*; *στρ.* **~ αδείας** Urlaubsschein *m*; *πόρτα*: Flügel *m*; *μαγειρική*: Blätterteig *m*
φυλλο|βόλος (**-α, -ο**) sommergrün; **~κάρδια** [-ðja] *n/pl*: ***μέσ' απ' τα ~κάρδια*** aus tiefstem Herzen; **~μετρώ** (*άς· ησ· ηθ*) durchblättern
φυλλ|οξήρα Reblaus *f*; **~ορροώ** (*ησ*) sich entlauben; **~οφόρος** (**-α, -ο**) Blätter tragend; *Su n* Laubbaum *m*
φύλλωμα *n*, **φυλλωσιά** Laub *n*
φύλο Geschlecht *n*; Stamm *m*
φυμ|ατικός tuberkulös; **~ατίωση** Tuberkulose *f* (*Tbc*)
φυντάνι Sprößling *m*, Schößling *m*
φύρα Schwund *m*, Gewichtsverlust *m*
φυραίνω (*αν*) e-n Schwund erleiden, (ein)schrumpfen
φύραμα *n* Teig *m*; *μτφ.* Schlag *m*
φύρδην: ~ *μίγδην* durcheinander
φυσαλίδα (*Wasser-*)Blase *f*
φυσαρμόνικα (Mund-)Harmonika *f*
φυσερό Blasebalg *m*
φύση Natur *f*; Wesen *n*; ***νεκρή ~*** Stilleben *n*; ***παρά ~*** widernatürlich
φύσημα *n* Blasen *n*; Wehen *n*; Luftzug *m*; *ιατρ.* Geräusch *n*
φυσητήρι Blasebalg *m*
φυσίγγι Patrone *f*
φυσικ|ά *Adv* natürlich, selbstverständlich; **~ή** Physik *f*; ***πυρηνική ~ή*** Kernphysik *f*; **~ό** Anlage *f*; Angewohnheit *f*; **~οθεραπεία** Naturheilkunde *f*; **~ομαθηματικός** mathematisch-naturwissenschaftlich; **~ός** natürlich; Natur-; physisch; physikalisch; *μτφ.* ungezwungen, unbefangen; *Su* Physiker *m*; Naturwissenschaftler *m*; **~ότητα** Natürlichkeit *f*
φυσιογνωμία [-ɣnɔ-] Physiognomie *f*, (äußere) Erscheinung *f*
φυσιο|δίφης Naturforscher *m*; **~θεραπεία** Krankengymnastik *f*; **~θεραπευτής** [-ɛf-] Physiotherapeut *m*; Heilpraktiker *m*; **~λατρ(ε)ία** Liebe *f* zur Natur; **~λάτρης** Naturfreund *m*; **~λογία** [-lɔj-] Physiologie *f*; **~λογικός** physiologisch; normal; **~προστασία** Naturschutz *m*
φυσούνα Blasebalg *m*; *αερ.* (fahrbarer) Passagiertunnel *m*
φυσώ (*άς· ησ, ηξ*) *v/t* (an)blasen; sich (*D*) *die Nase* putzen; *v/i* blasen, wehen
φυτεία Pflanzung *f*, Plantage *f*
φύτεμα *n* Anpflanzung *f*, Pflanzen *n*
φυτ|εύω [-'ɛvɔ] (*εψ· ευτ· εμ*) (an-)pflanzen; *σφαίρα* jagen, schießen; **~ικός** Pflanzen-; vegetativ
φυτό Pflanze *f*, Gewächs *n*
φυτο|ζωώ (*ησ*) vegetieren; stagnieren; **~λόγος** [-'lɔɣ-] Botaniker *m*
φυτο|φαγία [-faj-] Vegetarismus *m*; Pflanzenkost *f*; **~φάγος** [-'faɣ-] (**-α, -ο**) pflanzenfressend; Vegetarier *m*
φύτρ|α, ~ο Keim *m*, Trieb *m*; *μτφ.* Geschlecht *n*, Stamm *m*
φυτρώνω (*σ· μ*) (hervor)sprießen, keimen, wachsen; *μτφ.* auftauchen
φυτώριο Baumschule *f*
φώκια [-ka] Seehund *m*
φωλ|ιά [-'lja] Nest *n*; Höhle *f*; Bau *m*; **~ιάζω** (*σ· σμ*) nisten
φων|άζω (*ξ*) *v/t* rufen; *v/i* schreien, rufen; **~ακλάς** (*-άδες· f* ***-ακλού***) Schreihals *m*
φων|άρα Donnerstimme *f*; **~ασκία** Schreierei *f*; **~ασκώ** (*χωρίς Aor*) schreien; **~αχτός** [-axt-] laut(stark)
φων|ή Stimme *f*; Schrei *m*, Ruf *m*; *μουσ.* Ton *m*; ***βάζω τις ~ές*** schreien; **~ήεν** (*-εντος*) *n* Vokal *m*; **~ητική** Phonetik *f*; **~ητικός** phonetisch; *ανατ.* Stimm-; **~ογράφηση** (*-εις*) Tonaufnahme *f*; **~οληψία** Tonaufnahme *f*
φως (*φωτός*) *n* Licht *n*; Augenlicht *n*; Schein *m*; Helligkeit *f*; ***διακριτικά φώτα*** *pl* Positionslichter *n/pl*; ***πίσθιο ~*** Rücklicht *n*; ***οπίσθιο ~ ομίχλης*** Nebelschlußleuchte *f*; ***~ αποστάσεως*** Fernlicht *n*; ***~ πορείας*** Abblendlicht *n*; ***~ στάθμευσης*** Standlicht *n*; ***~ φανερό*** sonnenklar

φωστήρας Leuchte *f κ. μτφ.*
φώτα *n/pl* Kultur *f*, Bildung *f*, Kenntnisse *f/pl*; ♀ Epiphaniasfest *n*
φωτ|αγωγός Luke *f*; Lichtschacht *m*; **~αγωγώ** [-aγɔ'γɔ] (*ησ· ηθ· ημ*) festlich beleuchten, illuminieren; **~αέριο** (Leucht-)Gas *n*; ***φυσικό ~αέριο*** Erdgas *n*; **~αψία** festliche Beleuchtung *f*
φωτ|εινός hell; Leucht-; licht; **~εινότητα** Lichtstärke *f*
φωτιά [fɔ'tja] Feuer *n*; Brand *m*; ***βάζω ~*** Feuer legen; *μτφ.* hetzen
φωτίζ|ω (*σ· στ*) *v/t* beleuchten, erhellen; *μτφ.* aufklären; *φωτογρ.* belichten; *θρ.* erleuchten; *v/i* ***~ει*** es wird Tag
φώτιση Erleuchtung *f*
φωτισ|μός Beleuchtung *f*; *φωτογρ.* Belichtung *f*; **~τικός** Beleuchtungs-
φωτο|αντίγραφο [-γrafɔ] Fotokopie *f*; **~βολία** Leuchten *n*, Strahlung *f*; **~βολίδα** Leuchtkugel *f*
φωτο|γενής [-j-] 2 fotogen; **~γραφείο** [-γr-] Fotoatelier *n*; **~γράφηση** Fotografieren *n*; **~γραφία** Fotografie *f*, Aufnahme *f*; **~γραφίζω** (*σ· στ*) fotografieren; **~γραφικός** fotografisch; **~γράφος** Fotograf *m*
φωτ|όμετρο Belichtungsmesser *m*; **~οσκίαση** (*-εις*) Retuschieren *n*; Abtönung *f*; **~οστέφανο(ς)** Heiligenschein *m*
φωτοτυπία Fotokopie *f*; Phototypie *f*

Χ

χαβάς (*-άδες*) Weise *f*, Melodie *f*
χαβιάρι Kaviar *m*
χάδι ['xa-] *συνήθ. pl* Zärtlichkeit *f*, Liebkosung *f*; Schmuserei *f*
χαδιάρης 3 zärtlichkeitsbedürftig; *Su* Schmuser(in *f*) *m*
χαζεύω (*εψ*) gaffen; herumbummeln
χάζι ['xazi] Vergnügen *n*
χαζ|ογελώ [xazɔj-] (*άς· ασ*) dumm lachen; **~οκουβέντα** dumme(s) Geschwätz; **~ολογώ** (*άς· ησ*) (herum-) albern; quatschen; **~ομάρα** Albernheit *f*, Dummheit *f*; **~ός** albern, dumm
χαθ- *βλ.* ***χάνω***
χαϊβάνι Tier *n*; *μτφ.* Hornochse *m*
χάιδεμα *n βλ.* ***χάδι***
χαϊδ|εμένος verwöhnt, *οικ.* verpimpelt; **~ευτικός** [-eft-] zärtlich
χαϊδεύω [xai'ðevɔ] (*εψ· ευτ· εμ*) streicheln; verwöhnen; *v/p* schmusen
χαϊμαλί Talisman *m*, Amulett *n*
χαιρ|εκακία [çɛ-] Schadenfreude *f*; **~έκακος** schadenfroh; **~ετίζω** (*σ· στ· σμ*) *βλ.* ***χαιρετώ***; **~έτισμα** *n* Gruß *m*; ***πολλά ~ετίσματα σε*** viele Grüße an; **~ετισμός** Gruß *m*; Begrüßung *f*; *στρ.* Salutieren *n*; **~ετώ** (*άς· ησ· ηθ*) grüßen; begrüßen; salutieren
χαΐρι [xa'iri] Erfolg *m*, Glück *n*
χαίρ|ομαι ['çɛ-] (*χαρ*) *v/t* genießen, sich freuen an *D*; *v/i* sich freuen (***για, με***/über *A*); ***~ω πολύ*** sehr angenehm
χαίτη Mähne *f*
χακί [xa-] Khaki *n*
χαλάζι [xa'lazi] Hagel *m*; ***πέφτει*** (*ή* ***ρίχνει***) ***~*** es hagelt
χαλαζίας [xa-] Quarz *m*
χαλάλι: ~ *σου!* sei es dir gegönnt!
χαλαλίζω [xa-] (*σ*) gönnen
χαλαρ|ός [xalar-] lose, locker; flau; **~ότητα** Lockerheit *f*; Flauheit *f*
χαλάρωμα [xa-] *n* Lockerung *f*
χαλαρώνω [xa-] (*σ· θ*) *v/t* lockern, entspannen; auflockern; *v/i* sich lockern, locker werden; *v/p* nachlassen
χαλάρωση (*-εις*) [xa-] Lockerung *f*; Entspannung *f*; Erschlaffung *f*
χαλασ- *βλ.* ***χαλνώ***
χάλασμα *n* Zerstörung *f*; Ruine *f*, *pl* Trümmer *pl*
χαλασ|μένος [xalazm-] kaputt; zerstört; verdorben; **~μός** Zerstörung *f*; Katastrophe *f*; ***~μός κόσμου*** Tohuwabohu *n*; Freudentaumel *m*; **~τής** Zerstörer *m*, Vernichter *m*
χαλάστρα: *μου (τα) έκανες ~* du hast mir alles verdorben

χάλι ['xali] *συνήθ. pl* Klemme *f*; ***είμαι ~α*** krank sein; sich schlecht fühlen
χαλί [xa-] Teppich *m*
χαλίκι [xa-] Kieselstein *m*
χαλινα|γώγηση (*-εις*) [xalina'ɣɔj-] Zügelung *f*; **~γωγώ** [-ɣɔ'ɣɔ] (*ησ· ηθ· ημ*) zügeln *κ. μτφ.*
χαλιν|άρι [xalin-], **~ός** Zügel *m*, Zaum *m*; *μτφ.* Beschränkung *f*; **~ώνω** (*σ· θ*) (auf)zäumen; *μτφ.* zügeln
χαλκάς [xa-] (*-άδες*) Metallring *m*
χαλκιάς (*-ιάδες*) Kupferschmied *m*
χάλκινος ['xa-] Kupfer-, kupfern
χαλκο|γραφία [xalkɔɣraf-] Kupferstich *m*; **~μανία** Abziehbild *n*
χαλκός [xalk-] Kupfer *n*
χαλ|νώ [xa-] (*άς· λασ· λαστ· λασμ*) zerstören; *οικ.* kaputtmachen; *κέφι* verderben; *παιδί* verwöhnen; zerreißen; abreißen; *λεφτά* wechseln, kleinmachen; ausgeben (***σε***/für *A*); *v/i* kaputtgehen; verderben; ***τα ~άσαμε*** wir haben uns verkracht
χάλυβας ['xa-] Stahl *m*
χαλύβδινος [xa-] Stahl-, stählern
χαλυβ|οβιομηχανία [xa-] Stahlindustrie *f*; **~ώνω** (*σ*) Stahl *aus Eisen* herstellen; stählen
χαλώ (*άς*) *βλ.* ***χαλνώ***
χαμαιλέοντας [xa-] Chamäleon *n*
χαμ|άλης [xa-] (*-ηδες*) (Last-)Träger *m*; **~αλίκι** Schwerarbeit *f*, Schufterei *f*; **~άμι** türkische(s) Bad, Schwitzbad *n*
χαμέν|ος [xa-] verloren; weg; erledigt, ruiniert; *Su* Nichtsnutz *m*; ***~ο κορμί*** Taugenichts *m*; ***τα 'χει ~α*** er ist verrückt geworden; ***στα ~α*** vergeblich
χαμηλ|ός [xa-] niedrig; tief; *φωνή*: leise; **~όφωνος** leise
χαμήλωμα [xa-] *n* Senken *n*; Herunterlassen *n*; Nachlassen *n*
χαμηλώνω [xa-] (*σ· μ*) *v/t* niedriger machen; senken; herunterlassen; *v/i* nachlassen, weniger werden
χαμίνι [xa-] Straßenjunge *m*
χαμ|όγελο [xa'mɔjɛlɔ] Lächeln *n*; **~ογελώ** (*άς· ασ*) lächeln; **~όδεντρο** Busch *m*; **~όκλαδα** *n/pl* Gesträuch *n*; **~ομήλι, ~όμηλο** Kamille *f*
χαμός [xa-] Verlust *m*, Tod *m*
χαμπάρι Nachricht *f*; ***τι ~α;*** was gibt's Neues?; ***δεν έχω ~*** ich hab' keine Ahnung; ***το παίρνω ~*** ich merke es
χαμπαρίζω [xa-] (*σ*) e-e Ahnung haben (***από***/von *D*)
χάμω ['xa-] unten, auf dem Boden
χανδ- *βλ.* ***χαντ-***
χανούμισσα [xa-] Haremsfrau *f*
χαντ|άκι [xa-] Graben *m*; **~ακώνω** (*σ· θ*) *v/t* zugrunde richten, ruinieren; *v/p* zugrunde gehen
χάντρα ['xaṅdra] (Glas-)Perle *f*
χά|νω ['xanɔ] (*σ· θ*) *v/t* verlieren; *ευκαιρία* versäumen, verpassen; *v/i* im Wert sinken; *v/p* sich verirren, sich verlaufen; verschwinden; wegfallen; ***τα ~νω*** die Fassung verlieren; ***~σου! ή να χαθείς!*** scher dich weg!, verdufte!
χάος ['xaɔs] *n* Chaos *n*, Wirrwarr *m*
χάπι ['xapi] Pille *f*; Tablette *f*
χαρ|ά [xa'ra] Freude *f*; ***παιδική ~ά*** Kinderspielplatz *m*; ***μια ~ά*** sehr gut; ***μετά ~άς*** mit Vergnügen; ***~ά στο πράμα!*** *ειρων.* Wichtigkeit!; wertlos
χαράδρα [xa-] Schlucht *f*, Kluft *f*
χαρ|άζω [xar-] (*ξ· χτ· γμ*) (ein)kerben, (ein)gravieren; abstecken, zeichnen; ***~άζει*** der Tag bricht an
χάρακας ['xa-] *m* Lineal *n*; Pfahl *m*
χαρ|άκι [xa-] Lineal *n*; **~ακιά** Schramme *f*; (gerade) Linie *f*; Strich *m*
χαρακτήρας [xa-] Charakter *m*; Merkmal *n*; *τυπ.* Letter *f*; ***αδύνατος ~*** Schwächling *m*
χαρακτηρ|ίζω [xa-] (*σ· στ· σμ*) kennzeichnen, charakterisieren; **~ισμός** Charakterisierung *f*, Kennzeichnung *f*; **~ιστικός** bezeichnend, charakteristisch; *Su n* Merkmal *n*, Kennzeichen *n*; *n/pl* Gesichtszüge *m/pl*
χαράκτης [xa-] Graveur *m*
χαρακώνω [xa-] (*σ· θ*) liniieren; kerben; *v/p* sich verschanzen
χάραμα ['xa-] *n* Tagesanbruch *m*
χαραμάδα (*Tür-*)Spalt *m*, Ritze *f*
χαραματιά [-'tja] Einschnitt *m*, Kerbe *f*; Spalt *m*
χαράμι [xa-] unverdientermaßen; umsonst, nutzlos; ***~ να σου γίνει!*** möge es dir kein Glück bringen!
χαραμ|ίζω [xa-] (*σ· στ· σμ*) verschwenden, verplempern; **~οφάγος** [-'faɣ-] Schmarotzer *m*, Parasit *m*; **~τζής** (*-ήδες*) Spielverderber *m*
χάραξη (*-εις*) ['xa-] Gravieren *n*; Liniieren *n*; Abstecken *n*
χαραυγή [xara'vji] Tagesanbruch *m*

χαρέμι [xa-] Harem *m*
χάρη ['xari] Anmut *f*; Charme *m*; *pl* Vorzüge *m/pl*; Gefallen *m*; *θρ.*, *νομ.* Gnade *f*, Begnadigung *f*; ***παραδείγματος*** ~ zum Beispiel; ***χρωστώ*** ~ Dank schulden (*σε/D*); ***κάνε μου τη*** ~ tu mir den Gefallen
χαρηκ- *βλ.* ***χαίρομαι***
χαριεντ|ίζομαι [xa-] (*στ*) schäkern, flirten; **~ισμός** Schäkerei *f*, Flirt *m*
χαρίζω (*σ· στ· σμ*) schenken; spendieren; *ποινή* erlassen; *v/p* gefällig sein, e-n Gefallen tun (*G*/j-m)
χάρισμα *n* Geschenk *n*, Gabe *f*; Talent *n*; *adv* gratis, umsonst
χαριστικός parteiisch; Gnaden-
χαριτ|ολογία [-ɔlɔj-] nette Plauderei *f*; **~ολόγος** [-'lɔɣ-] (***-α, -ο***) geistreich, witzig; **~ωμένος** hübsch, anmutig
χάρμα ['xarma] *n* Freude *f*; ~ ***οφθαλμών*** Augenweide *f*
χαρμάνι Mischung *f*; Gemisch *n*
χαρμόσυνος [xa-] freudig, Freuden-
χαροκαμένος [xa-] (durch den Tod) des liebsten Menschen beraubt
χαρο|κόπι [xa-] Vergnügen *n*, Fest *n*; **~κόπος** Lebemann *m*
χάροντας *βλ.* ***χάρος***
χαροπαλεύω [xarɔpa'lɛvɔ] (*εψ*) mit dem Tode ringen; kämpfen
χαροποιώ [xa-] (*ησ*) erfreuen
χάρος (*κ.* ♎) Charon *m*, Tod *m*
χαρούμενος [xa-] fröhlich, froh
χαρτ|αετός [xa-] Drache *m*; **~άκι** Zettel *m*, Blatt *n* Papier
χάρτης ['xa-] Landkarte *f*; ***καταστατικός*** ~ Charta *f*; ***οδικός*** ~ Straßenkarte *f*; ***οδοιπορικός*** ~ Wanderkarte *f*; ***συνοπτικός*** ~ Übersichtskarte *f*; ~ ***πόλης*** Stadtplan *m*
χαρτί [xar'ti] Papier *n*; Dokument *n*, Urkunde *f*; *pl* Papiere *n/pl*; Spielkarte *f*, *pl* Karten *f/pl*, Kartenspiel *n*; ~ ***αντιγράφων*** Durchschlagpapier *n*; ***χαρτιά αυτοκινήτου*** Wagenpapiere *n/pl*; ~ ***τουαλέτας*** Toilettenpapier *n*
χάρτινος ['xa-] Papier-
χαρτο|βασίλειο [xa-] heilige(r) Bürokratius *m*, Amtsschimmel *m*; **~γραφία** [-ɣraf-] Kartographie *f*; **~γράφος** Kartograph *m*
χαρτ|όδετος [xar-] broschiert; kartoniert; **~οθήκη** Kartei *f*; Aktentasche *f*, Mappe *f*; **~οκόφτης** Brieföffner *m*; **~ομάντιλο** Papiertaschentuch *n*
χαρτ|ονένιος [xa-] (***-α, -ο***) Papp-, Karton-; **~όνι** Pappe *f*, Karton *m*
χαρτο|νόμισμα [xa-] *n* Banknote *f*, Geldschein *m*; Papiergeld *n*; ***πλαστό ~νόμισμα*** Falschgeld *n*; **~παίζω** (*ξ*) Karten spielen; **~παιξία** Kartenspielen *n*; **~παίχτης** (*f* ***-χτρα***) Kartenspieler(in *f*) *m*
χαρτο|ποιία [xa-] Papierfabrikation *f*; **~πωλείο** Papierwarenhandlung *f*; **~πώλης** Schreibwarenhändler *m*; **~ρίχτρα** [-xtra] Kartenlegerin *f*; **~σακούλα** (Papier-)Tüte *f*; **~σημαίνω** (*αν· ανθ· ασμ*) mit e-r Stempelmarke versehen
χαρτόσημο [xa-] Stempelmarke *f*
χαρτοφύλακας [xa-] Mappe *f*, Aktenmappe *f*; Brieftasche *f*
χαρωπός [xa-] fröhlich, lustig
χασάπ|ης [xa-] (*-ηδες*) Fleischer *m*, Schlachter *m*, Metzger *m*; **~ικο** Fleischerei *f*, Schlachterei *f*
χασές [xa-] (*Gewebe-*) Perkal *m*
χάση Abnahme *f des Mondes*; ***στη ~ και στη φέξη*** alle Jubeljahre einmal
χασικλής [xa-] (*-ήδες*) Haschischraucher *m*
χάσιμο (*-ματος*) Verlust *m*, Einbuße *f*
χασίσ(ι) [xa-] (*0*) *n* Haschisch *n*
χάσκω ['xa-] (*χωρίς Aor*) gaffen; klaffen
χάσμα ['xazma] *n* Abgrund *m*; Spalte *f*; *μτφ.* Lücke *f*
χασμουρ|ητό [xaz-] Gähnen *n*; **~ιέμαι** [-'jɛ-] (*ηθ*) gähnen
χασο|μέρης [xa-] Nichtstuer *m*; **~μέρι** Nichtstun *n*; Zeitverlust *m*; **~μερώ** (*άς· ησ*) *v/i* nichts tun, herumbummeln; *v/t j-n* aufhalten
χασούρα [xa-] Verlust *m*
χαστ|ούκι [xa-] Ohrfeige *f*; **~ουκίζω** (*σ· στ· σμ*) ohrfeigen
χατίρι Gefallen *m*, Gefälligkeit *f*; ***για το ~ σου*** dir zuliebe
χατιρικός parteiisch, Gunst-
χαυλιόδοντας Stoßzahn *m*
χαύνωση (*-εις*) ['xav-] Erschlaffung *f*, Entkräftung *f*; Erlahmung *f*
χαφ|ιεδισμός [xafjɛð-] Denunziantentum *n*; Bespitzelung *f*; **~ιές** [-'jɛs] (*-ιέδες*) Denunziant *m*; Spitzel *m*
χάφτω ['xaftɔ] (*ψ*) *φαγητό* verschlingen; *μτφ.* glauben

X

χάχανα ['xaxana] *n/pl* schallende(s) Gelächter *n*
χαχανητό [xaxa-] Gekicher *n*
χαχανίζω (*σ*) schallend lachen
χάχας ['xax-] Ölgötze *m*
χαψιά Bissen *m*, Happen *m*
χάψιμο (*-ματος*) Verschlingen *n*
χαώδης [xa-] 2 chaotisch
χέζω ['çezɔ] (*σ· στ· σμ*) *v/i* scheißen, kacken; *v/t οικ. die Hosen* vollmachen; *μτφ.* j-n anscheißen; *v/p* sich vollmachen; in die Hosen machen
χείλι ['çili] Lippe *f*
χείλος *n βλ.* ***χείλι***; Rand *m*; Bord *n*
χειμαδιό [çima'ðjɔ] Winterquartier *n*
χείμαρρος ['çimar-] reißende(r) Strom *m*, Gießbach *m*
χειμερινός [çi-] winterlich; Winter-
χειμώνας [çi-] Winter *m*
χειμωνιάζ|ω [çimɔ'nja-] (*σ*) winterlich werden; ***~ει*** es wird Winter
χειμωνιάτικος *βλ.* ***χειμερινός***
χειραποσκευή Handgepäck *n*
χειρ|αφετημένος [çi-] emanzipiert; **~αφέτηση** (*-εις*) Emanzipation *f*; **~αφετώ** (*ησ· ηθ· ημ*) emanzipieren
χειραψία [çi-] Händeschütteln *n*, Händedruck *m*; Handschlag *m*
χειρ|ίζομαι [çi-] (*στ*) handhaben; betätigen; *θέμα* behandeln; **~ισμός** Handhabung *f*; Betätigung *f*; Behandlung *f*; **~ιστήριο** Taster *m*; *ηλεκτρον.* Maus *f*; **~ιστής** Maschinist *m*; Telegraphist *m*; *ηλεκτρον.* Datentypist *m*
χείριστος schlechtest-; schlimmst-
χειρίστρια [çi-] Telegraphistin *f*; Datentypistin *f*
χειρ|οβομβίδα [çi-] Handgranate *f*; **~όγραφο** [-ɣra-] Manuskript *n*; Handschrift *f*; **~όγραφος** handgeschrieben; **~οδικία** Faustrecht *n*; **~οκρότημα** *n* Applaus *m*, Beifall(klatschen *n*) *m*; **~οκροτώ** (*ησ· ηθ*) (Beifall) klatschen, applaudieren
χειρολαβή [çi-] Griff *m*
χειρονομ|ία [çi-] Gebärde *f*, Geste *f*; **~ώ** (*ησ*) gestikulieren
χειρο|πέδη [çi-] Handschelle *f*; **~πιαστός** [-pja-] fühlbar, tastbar; *μτφ.* offenkundig; **~πόδαρα** *Adv* an Händen und Füßen; **~ποίητος** handgemacht, Hand-; **~σφαίριση** Handball *m*
χειροτ|έρευση (*-εις*) [-ɛf-] Verschlechterung *f*; **~ερεύω** [-'ɛvɔ] (*εψ*) *v/t* verschlechtern; *v/i* sich verschlechtern
χειρότερο|ς [çi-] schlechter, schlimmer; ***τόσο το ~*** umso schlimmer
χειρο|τέχνημα [çirɔ'tɛx-] *n* Handarbeit *f*; **~τέχνης** Handwerker *m*; **~τεχνία** Handwerk *n*; Kunsthandwerk *n*
χειροτον|ία Ordination *f*; **~ώ** (*ησ· ηθ· ημ*) ordinieren; *οικ.* verdreschen
χειρουργ|είο [çirurj-] Operationssaal *m*; **~ική** Chirurgie *f*; ***πλαστική ~ική*** Schönheitschirurgie *f*; **~ικός** chirurgisch
χειρ|ούργος [çi'rurɣ-] Chirurg *m*; **~ουργώ** [-'ɣɔ] (*ησ· ηθ· ημ*) operieren
χειρ|οφίλημα [çi-] *n* Handkuß *m*; **~όφρενο** Handbremse *f*
χειρωνακτικός [çi-] körperlich
χέλι ['çeli] Aal *m*
χελιδόνι [çɛ-] Schwalbe *f*
χελώνα [çɛ-] Schildkröte *f*
χέρι ['çeri] Hand *f*; Arm *m*; Henkel *m*; Griff *m*; ***~ με ~*** Zug um Zug; ***~ - ~*** Hand in Hand; ***βάζω ~*** anfassen, berühren; ***δίνω ~*** helfen
χεριά [çɛ'rja] Handvoll *f*
χερικό [çɛ-]: ***καλό ~*** glückliche Hand *f*; ***κάνω ~*** den Anfang machen
χερ|ούκλα [çɛ-] plumpe Hand *f*; **~ούλι** Griff *m*; Henkel *m*; Stiel *m*
χερσ|αίος [çɛ-] (***-α, -ο***) Land-; Kontinental-; **~όνησος** *f* Halbinsel *f*
χέρσος ['çɛ-] (***-α, -ο***) brachliegend
χέσιμο ['çɛ-] (*-ματος*) Scheißen *n*; Scheiße *f*; *μτφ.* Anschiß *m*
χέστης ['çɛ-] Scheißer *m*
χημ|εία [çim-] Chemie *f*; **~είο** Laboratorium *n*; chemische(s) Institut *n*; **~ικός** chemisch; *Su* Chemiker *m*
χήνα Gans *f*
χήρα ['çira] Witwe *f*
χηρ|εία [çi-] Witwenstand *m*, Witwenschaft *f*; **~ευάμενος** [-ɛ'vam-] im Witwenstand lebend; verwitwet; **~εύω** [-'ɛvɔ] (*εψ· εμ*) Witwe *ή* Witwer sein; *θέση*: unbesetzt, vakant sein
χήρος ['çir-] Witwer *m*
χθες [xθɛs] gestern
χθεσινός gestrig; kürzlich passiert
χιλιάδ|α [çilj-] Tausend *n*; tausend; ***δύο ~ες*** *κλπ.* zweitausend *κλπ.*
χιλιά|ζω [çilj-] (*σ*) tausend werden; ***να τα ~σεις*** *περ.*: ein langes Leben sei dir vergönnt!; **~ρικο** Tausenddrachmenschein *m*

χιλι|ετηρίδα, ~ετία Jahrtausend *n*
χιλιόγραμμο [çi'ljɔγramɔ] Kilo (-gramm) *n*
χίλιοι ['çilji] 3 tausend
χιλιόμετρο Kilometer *m*
χιλιοστό|γραμμο [çiljɔ'stɔγramɔ] Milligramm *n*; **~μετρο** Millimeter *m*; **~ς** tausendst-; ***ένα ~*** ein Tausendstel *n*
χιλιοχρονίτικος [çiljɔxr-] tausendjährig
χίμαιρα ['çi-] Hirngespinst *n*
χιμαιρικός phantastisch, schimärisch
χιμπαντζής [çi-] (*-ήδες*) Schimpanse *m*
χιμώ (*άς· ηξ*) sich stürzen (auf *A*)
χιονάνθρωπος [çɔ-] Schneemann *m*
χιονάτος [çɔ-] schneeweiß
χιόνι ['çɔni] Schnee *m*; *adv* eiskalt; schneeweiß
χιονι|ά Schneeball *m*; *pl* Schneeballwerfen *n*; **~άς** Schneewetter *n*
χιονίζει [çɔn-] (*σ*) es schneit
χιον|ισμένος [çɔ-] verschneit, überschneit; **~ίστρα** Frostbeule *f*
χιον|όβροχο [çɔ-] Schneeregen *m*; **~οδρομία** Skiwettkampf *m*; **~οδρόμος** Skiläufer *m*; **~οθύελλα** Schneesturm *m*; **~όλευκος** [-εfk-] schneeweiß; **~όμπαλα** Schneeball *m*; **~όνερο** *βλ.* ***χιονόβροχο***; **~οστιβάδα** Lawine *f*; **~οστρόβιλος** Schneegestöber *n*
χιούμορ ['çumɔr] (*0*) *n* Humor *m*
χιουμοριστικός humoristisch
χιτώνας [çi-] Tunika *f*; ***κερατοειδής ~*** Hornhaut *f*
χλευάζω [xlε-] (*σ· στ*) verhöhnen, verspotten, auslachen
χλευασμός [xlεv-] Verhöhnung *f*, Verspottung *f*; Hohn *m*, Spott *m*
χλευαστικός höhnisch
χλιαίνω [xli'εnɔ] (*αν· ανθ*) *v/t* anwärmen; *v/p* sich etwas erwärmen
χλιαρ|ός [xli-] lauwarm; *μτφ.* lau; **~ότητα** leichte Wärme *f*, Lauheit *f*
χλιμ|ιντρίζω [xli-] (*σ*) wiehern; **~ίντρισμα** [-izma] *n* Wiehern *n*
χλοερός [xlɔ-] grün, grünend
χλόη ['xlɔi] Grün *n*; Rasen *m*
χλωμ|άδα [xlɔm-] Blässe *f*, Bleichheit *f*; **~ιάζω** (*σ*) blaß *ή* bleich werden, erblassen; **~ός** blaß, bleich
χλωρίδα Pflanzenwelt *f*, Flora *f*
χλώριο ['xlɔ-] Chlor *n*
χλωρός [xlɔ-] grün; frisch
χλωρο|φορμίζω [xlɔ-] (*σ*) chloroformieren; **~φόρμιο** Chloroform *n*; **~φύλλη** Chlorophyll *n*, Blattgrün *n*
χνάρι ['xnari] Spur *f*; Schnittmuster *n*; Schablone *f*; ***ακολουθώ τα ~α*** in die Fußstapfen *j-s* treten
χνουδάτος (*-άτη*) [xnu-] flaumig
χνούδι ['xnuði] Flaum *m*; Milchbart *m*
χνουδιάζω [xnu-] (*σ· σμ*) e-n Flaum *ή* e-n Milchbart bekommen; ausfransen
χνουδωτός [xnuðɔt-] flaumig
χνώτο ['xnɔtɔ] Atem *m*, Mundgeruch *m*
χοάνη Schmelztiegel *m*; Trichter *m*
χόβολη ['xɔ-] glühende Asche *f*
χοιρ|ίδιο [çi-] Ferkel *n*; **~ινό** Schweinefleisch *n*; **~ινός** Schweine-, Schweins-; **~ομέρι** Schinken *m*
χοίρος ['çir-] Schwein *n*
χοιρο|στάσιο [çir-] Schweinestall *m*; **~τροφία** Schweinezucht *f*
χολ [xɔl] (*0*) *n* Diele *f*, Vorraum *m*; ***~ ξενοδοχείου*** Hotelhalle *f*
χολ|έρα [xɔl-] Cholera *f*; **~ερικός** cholerisch; *Su μτφ.* Choleriker *m*
χολ|ή [xɔ-] Galle *f κ. μτφ.*; **~ηστερίνη** Cholesterin *n*; **~ιάζω** (*σ· σμ*) *v/t* wütend machen; *v/i* wütend werden
χολ|όλιθος [xɔ-] Gallenstein *m*; **~οσκάνω** (*σ· σμ*) *v/t* totärgern; *v/i* sich totärgern, die Platze kriegen; **~όσκαση** Ärger *m*, Erbostheit *f*
χόμπι (*0*) *n* Hobby *n*, Steckenpferd *n*
χονδρ- *βλ.* ***χοντρ-***
χόνδρος ['xɔ-] *ανατ.* Knorpel *m*
χοντράδι [xɔ-] Klumpen *m*
χοντραίνω [xɔ-] (*υν*) *v/t* dick(er) machen; *v/i* dick(er) werden, zunehmen
χοντρ|άνθρωπος [xɔ-] Grobian *m*, Flegel *m*; **~ικός** Engros-; Großhandels-; *Adv* en gros, im großen
χοντρο|δουλειά [xɔ-] grobe Arbeit *f*; **~ειδής** 2 grob, plump, derb; **~καμωμένος** grob gemacht; **~κεφαλιά** [-'lja] Dickköpfigkeit *f*; **~κέφαλος** dickköpfig; **~κοπιά** Grobheit *f*
χοντρ|ός [xɔ-] dick, stark; *φωνή*: tief; *αστείο*: grob; ***έχει ~ό πετσί*** er hat ein dickes Fell; **~όφλουδος** dickschalig
χοντρυν- *βλ.* ***χοντραίνω***
χορδή [xɔ-] Saite *f*; Sehne *f des Bogens*; ***φωνητική ~*** Stimmband *n*
χορευτ|ής [xɔrεft-] Tänzer *m*; **~ικός** Tanz-; tänzerisch

χορ|εύτρια [xɔ'rɛf-] Tänzerin *f*; **~εύω** [-'ɛvɔ] (*εψ*) tanzen
χορήγη|μα [xɔ'rij-] *n* Zuschuß *m*, Unterstützung(sgelder *n/pl*) *f*; **~ση** (-*εις*) Erteilung *f*, Gewährung *f*
χορηγ|ητής [xɔrijit-] Zuteiler *m*; (Geld-)Geber *m*; Lieferant *m*; **~ία** Zuwendung *f*; **~ός** [-ɣ-] Spender *m*; **~ώ** [-'ɣɔ] (*ησ· ηθ· ημ*) erteilen, gewähren, zuteilen; zuerkennen; ausstellen
χορο|διδασκαλείο [xɔ-] Tanzschule *f*; **~διδάσκαλος** Tanzlehrer *m*
χορ|όδραμα [xɔ-] *n* Ballett *n*; **~οεσπερίδα** Tanzabend *m*; **~οπήδημα** *n* Luftsprung *m*; **~οπηδώ** (*άς· ησ*) tanzen und springen
χορός [xɔr-] Tanz *m*; Ball *m*; Chor *m*; **~ *μεταμφιεσμένων*** Maskenball *m*
χορταίνω [xɔ-] (*ασ· ασμ*) *v/t* sättigen, satt machen; *v/i* satt werden, sich satt essen; *μτφ.* genug haben von *D*; **~ *ύπνο*** sich ausschlafen
χορτ|άρι Gras *n*; Heu *n*; Unkraut *n*; **~αρικό** *συνήθ. pl* Gemüse *n*
χορτασ- *βλ.* ***χορταίνω***
χορτ|ασμός [xɔ-] Sättigung *f*; Übersättigung *f*; Überdruß *m*; **~αστικός** sättigend; **~άτος** satt, gesättigt
χόρτο ['xɔrtɔ] Gras *n*; Heu *n*; *pl* Gemüse *n*
χορτ|όσουπα [xɔ-] Gemüsesuppe *f*; **~οφαγία** [-faj-] Pflanzenkost *f*; **~οφάγος** [-'faɣ-] pflanzenfressend; vegetarisch; *Su* Vegetarier *m*
χορωδ|ία [xɔ-] Chorgesang *m*; Choral *m*; Chor *m*; **~ός** Chorsänger *m*
χουζ|ουρεύω (*εψ*) es sich bequem machen; **~ούρι** Bequemlichkeit *f*
χούι ['xui] (*pl χούγια*) Veranlagung *f*; Angewohnheit *f*; *οικ.* Dreh *m*
χουνί [xu-] Trichter *m*; Tüte *f*
χουρμ|αδιά [xurma'ðja] Dattelpalme *f*; **~άς** (-*άδες*) Dattel *f*
χούφτα ['xufta] Handteller *m*; Handvoll *f*; **~λο** Mummelgreis *m*
χουφτ|ιά [xu-] Handvoll *f*; **~ιάζω, ~ώνω** (*σ*) greifen, packen
χουχουλίζω [xuxul-] (*σ*) anhauchen
χοχλακίζω [-xlak̡-] (*σ*) (auf)wallen
χρεία ['xria] Notwendigkeit *f*; Not *f*
χρει|άζομαι [xri-] (*στ*) *v/t* brauchen, nötig haben, benötigen; ***~άζεται να*** es ist nötig, erforderlich, daß

X

χρειαζούμενος [xri-] nötig, erforderlich; *Su n/pl* Nötige(s)
χρεόγραφο [xrɛ'ɔɣra-] Wertpapier *n*
χρεο|κοπημένος bankrott, pleite; **~κοπία** [xrɛ-] Bankrott *m*, Pleite *f*; *μτφ.* Scheitern *n*; **~κοπώ** (*ησ· ημ*) bankrott machen, pleite gehen; **~λυσία** Schuldentilgung *f*, Amortisation *f*
χρέος ['xrɛ-] *n* Schuld *f* (*Geld*); Pflicht *f*
χρεώνω (*σ· θ*) belasten; *v/p* belastet werden; Schulden machen
χρέωση (-*εις*) ['xrɛɔsi] Debet *n*, Soll *n*; Verschuldung *f*; Belastung *f*
χρεώστης [xrɛ-] Schuldner *m*
χρήμα ['xrima] *n*, *pl* **χρήματα** Geld *n*
χρηματ|αγορά [xrimataɣɔ'ra] Geldmarkt *m*; Börse *f*; **~ίζω** (*σ· στ*) (*μόνο Aor*) er hatte den Posten e-s ... inne; *v/p* sich bereichern
χρηματ|ικός Geld-; pekuniär; **~ιστήριο** Börse *f*; **~ιστής** Börsenmakler *m*; **~ιστικός** Finanz-; Börsen-
χρηματο|δότης [xri-] Geldgeber *m*, Finanzier *m*; Sponsor *m*; **~δότηση** (-*εις*) Finanzierung *f*; ***ιδιωτική ~δότηση*** Eigenfinanzierung *f*; **~δοτώ** (*ησ· ηθ· ημ*) finanzieren; **~θυρίδα: *αυτόματη ~θυρίδα*** Geldautomat *m*; **~κιβώτιο** Geldschrank *m*, (Bank-)Safe *m*; **~μεσίτης** Börsenmakler *m*; Geldvermittler *m*
χρήση (-*εις*) ['xrisi] Gebrauch *m*, Benutzung *f*; Geschäftsjahr *n*
χρησιμ|εύω [xrisi'mɛvɔ] (*εψ*) dienen; nützlich sein; **~οποίηση** (-*εις*) Gebrauch *m*, Verwendung *f*; **~οποιήσιμος** verwendbar; **~οποιώ** (*ησ· ηθ· ημ*) gebrauchen, verwenden
χρήσιμος ['xri-] nützlich, dienlich
χρησιμότητα [xri-] Nützlichkeit *f*
χρησμός [xrizm-] Orakel *n*
χρήστης ['xri-] Benutzer *m*
χρηστ|ός [xri-] ehrbar; tugendhaft; **~ότητα** Ehrbarkeit *f*
χριστιαν|ικός [xristja-] christlich; **~ισμός** [-zm-] Christentum *n*; **~ός** Christ *m*; **~οσύνη** Christenheit *f*
Χριστ|ός Christus *m*; ***μετά ~όν*** nach Christus; ***προ ~ού*** vor Christus
Χριστούγεννα [xri'stujɛna] *n/pl* Weihnachten *n*; ***καλά ~!*** Frohe Weihnachten!
χριστουγεννιάτικος Weihnachts-
χριστόψωμο Weihnachtsstollen *m*

χρίω ['xriɔ] (*σ· στ*) salben
χροιά [xri'a] (Gesichts-)Farbe *f*, Teint *m*; *μτφ.* Anflug *m*
χρόνια ['xrɔnja] *n/pl* Jahre *n/pl*; **~ πολλά!** ein langes Leben!; herzlichen Glückwunsch!
χρον|ιά [xrɔ'nja] Jahr *n*; Jahrgang *m*; **~ιάζω** (*σ*) ein Jahr alt werden; **~ιάρικος** einjährig; **~ίζω** (*σ*) sich hinziehen
χρονικός Zeit-, zeitlich, temporal; *Su n* Chronik *f*
χρόνιος ['xrɔ-] (**-α, -ο**) lang andauernd, langwierig; *ιατρ.* chronisch
χρονο|γράφημα [xrɔnɔ'ɣraf-] *n* Feuilleton *n*; **~γράφος** Chronist *m*; Feuilletonist *m*; **~λόγηση** (*-εις*) Datierung *f*; **~λογία** [-lɔj-] Zeitrechnung *f*; Datum *n*; **~λογικός** chronologisch; **~λογώ** [-'ɣɔ] (*ησ· ηθ· ημ*) datieren; **~μέτρηση** (*-εις*) Zeitmessung *f*
χρον|όμετρο [xrɔ-] Chronometer *n*; Stoppuhr *f*; **~ομετρώ** (*ησ· ηθ· ημ*) die Zeit messen, (ab)stoppen
χρόνος ['xrɔn-] Zeit *f*; Jahr *n* (*pl συνήθ. χρόνια· χρονών*); *μουσ.* Takt *m*, Tempo *n*; *γραμμ.* Tempus *n*; ***πόσων χρονών είναι***; wie alt ist er?
χρονοτριβ|ή [xrɔ-] Zeitverlust *m*; Verzögerung *f*; **~ώ** (*ησ*) Zeit verlieren
χρυσαλλίδα [xri-] Schmetterling *m*
χρυσ|άνθεμο [xri-] Chrysantheme *f*; **~αφένιος** (**-α, -ο**) goldglänzend; **~άφι** Gold *n*; **~αφικό** *συνήθ. pl* Goldschmuck *m*
χρυσίζω [xris-] (*σ*) *v/t* vergolden; *v/i* golden schimmern
χρυσ|ομάλλης [xri-] 3 (*f κ.* ***-ομαλλούσα***), **~όμαλλος** goldhaarig
χρυσός [xris-] Gold *n*; *Adj* golden, Gold-; *μτφ.* goldig
χρυσο|στολίζω [xri-] (*σ· στ*) mit Gold verzieren; **~φόρος** (**-α, -ο**) goldhaltig; **~χέρης** [-'çer-] 3 geschickt; **~χοείο** [-ɔxɔ-] Goldschmiede *f*; Juweliergeschäft *n*; **~χόος** Goldschmied *m*
χρυσόψαρο Goldfisch *m*
χρύσωμα ['xri-] *n* Vergoldung *f*
χρυσώνω [xri-] (*σ· θ*) vergolden
χρώμα ['xrɔ-] *n* Farbe *f*; Schminke *f*
χρωματ|ίζω [xrɔ-] (*σ· στ· σμ*) färben, kolorieren; **~ικός** farbig; Farben-
χρωμ|άτισμα [xrɔ-] *n*, **~ατισμός** Färbung *f*; *μουσ., μτφ.* Farbgebung *f*, Kolorit *n*; **~ατιστός** farbig, bunt
χρώμιο ['xrɔm-] Chrom *n*
χρωστήρας [xrɔ-] Pinsel *m*
χρωστώ [xrɔ-] (*άς*) (*χωρίς Aor*) schulden, schuldig sein; *μτφ.* verdanken
χτ- *βλ. κ.* ***κτ-***
χταπόδι [xta-] Krake *f*
χτένα, χτένι ['xtɛ-] Kamm *m*
χτενίζω [xtɛ-] (*σ· στ· σμ*) kämmen
χτε|ς *Adv* gestern; **~σινός** gestrig
χτίζω ['xti-] (*σ· στ*) bauen; mauern
χτικιό Schwindsucht *f*
χτίστης Bauarbeiter *m*, Maurer *m*
χτυπ- *βλ. κ.* ***κτυπ-***
χτύπημα ['xti-] *n* Schlag *m κ. μτφ.*; Hieb *m*; Schlagen *n*; blaue(r) Fleck
χτυπητ|ήρι [xti-] Rührstab *m*; **~ός** geschlagen; *ρούχα*: auffällig
χτυποκάρδι [xti-] Herzklopfen *n*
χτύπος ['xti-] Schlag *m*, Klopfen *n*
χτυπ|ώ [xti-] (*άς· ησ· ηθ· ημ*) *v/t* schlagen; *πόρτα* klopfen; *παλαμάκια* klatschen; treffen; *μτφ.* geißeln; *v/i* läuten, schellen; sich verletzen; klappern; *v/p* sich prügeln
χυδαιο|λογία [çiðɛɔlɔj-] ordinäre(r) Ausdruck; **~λόγος** [-'lɔɣ-] ordinäre(r) Mensch
χυδαίος [çið-] (**-α, -ο**) ordinär, vulgär
χυλόπιτα [çi-] *Art* Nudeln *f/pl*
χυλός [çi-] Brei *m*, Mus *n*
χύμα ['çima] *Adv adj εμπ.* lose
χυμ|ός [çi-] Saft *m*; ***~ός λεμονιού*** Zitronensaft *m*; ***~ός φρούτων*** Fruchtsaft *m*; **~ώδης** 2 saftig
χύνω ['çinɔ] (*σ· θ*) *υγρά* (ein)gießen; ausgießen; *στερεά* (ein)schütten; ausschütten; verschütten; *μολύβι* gießen; *v/p* ablaufen; *ποτάμι*: sich ergießen, fließen (***σε***/in *A*); *μτφ.* sich stürzen
χύσιμο ['çi-] (*-ματος*) Eingießen *n*; Ausgießen *n*; Einschütten *n*; Ausschütten *n*; Verschütten *n*; Gießen *n*
χυτήριο [çi-] Gießerei *f*
χύτρα ['çitra] Kochtopf *m*, Kasserolle *f*; ***~ ταχύτητας*** Schnellkochtopf *m*
χωλ|αίνω [xɔ-] (*αν*) *v/i* hinken *κ. μτφ.*; nicht vorankommen; **~ός** lahm, hinkend
χώμα ['xɔma] *n* Erde *f*; Erdboden *m*; Staub *m*; ***όλο χώματα*** ganz staubig
χωματ|ένιος [xɔ-] (**-α, -ο**) irden, Ton-; **~ερή** Müllkippe *f*; **~ίλα** Erdgeruch *m*
χωνευτ|ήριο [xɔnɛf-] Gießerei *f*; **~ικός** verdauungsfördernd; leichtver-

daulich; Gieß-; **~ός** gegossen, geschmolzen; *σωλήνες*: unter Putz
χωνεύω [-'ενɔ] (*εψ· ευτ· εμ*) *v/t* verdauen; *etw.* verarbeiten; *μέταλλα* gießen; schmelzen; *v/i* sich verbrauchen; ***δεν τον ~*** ich kann ihn nicht leiden
χώνεψη Verdauung *f*; Schmelzen *n*
χώνω ['xɔnɔ] (*σ· θ*) *v/t* stecken, hineinstecken; eintreiben; *λεφτά* vergraben; verscharren; *v/p* sich (hinein)drängen; sich (ein)schleichen; sich einmischen
χώρα ['xɔra] Land *n*; Gebiet *n*; Stadt *f*; Gegend *f*; ***~-μέλος*** Mitgliedstaat *m*; ***μεσογειακή ~*** Mittelmeerland *n*; ***ομόσπονδη ~*** Bundesland *n*; ***χαμηλόμισθη ~*** Billiglohnland *n*; ***~ υπό ανάπτυξη*** Entwicklungsland *n*
χωρατ|ατζής (*-ήδες*) Spaßvogel *m*; **~εύω** [-'ενɔ] (*εψ*) scherzen; **~ό** Spaß *m*
χωράφι [xɔ-] Acker *m*, Feld *n*
χωρητικότητα Fassungsvermögen *n*; Rauminhalt *m*, Tonnage *f*, Kapazität *f*
χώρια [-ja] einzeln, getrennt; außer
χωρ|ιανός [xɔrjan-] Landsmann *m*; **~ιάτης** Bauer *m* *κ. μτφ.*; **~ιατιά** Flegelei *f*; **~ιάτικος** Bauern-, Land-; rustikal; grob; **~ιάτισσα** Bäuerin *f*
χωριατ|όπαιδο [xɔrja-] Bauernjunge *m*; **~οπούλα** Bauernmädchen *n*
χωρίζω [xɔr-] (*σ· στ· σμ*) *v/t* trennen; teilen; *v/i κ.* sich scheiden lassen
χωρ|ικός [xɔ-] Territorial-; *Su* Dorfbewohner *m*, Bauer *m*; **~ιό** [-'rjɔ] Dorf *n*; ***τουριστικό ~ιό*** Feriendorf *n*; ***ψαράδικο ~ιό*** Fischerdorf *n*; **~ίο** Stelle *f* (*Buch*)
χωρίς [xɔ-] *Präp* ohne *A*; ***~ να*** *Ko* ohne daß, ohne zu; ***~ άλλο*** unbedingt
χώρισμα *n* Trennwand *f*; Fach *n*
χωρισ|μός [xɔriz-] Trennung *f*; Aussonderung *f*; Teilung *f*; (Ehe-)Scheidung *f*; **~τός** getrennt, separat, Einzel-
χωρίστρα [xɔ-] Scheitel *m*
χωρο|μέτρηση [xɔ-] Landvermessung *f*; **~μετρώ** (*ησ· ηθ*) vermessen
χώρος ['xɔr-] Platz *m*, Raum *m*; ***αποθηκευτικός ~*** Lagerraum *m*; ***~ στάθμευσης*** Parkplatz *m*
χωρο|φύλακας [xɔ-] Gendarm *m*; **~φυλακή** Gendarmerie *f*
χωρ|ώ [xɔ'rɔ] (*είς, άς· εσ*) *v/t* fassen; *v/i* Platz finden; ***δε ~άει*** es ist kein Platz für *A*
χωσιά [xɔ'sja] Hinterhalt *m*

Ψ

ψάθα Stroh *n*; Strohhut *m*; Strohmatte *f*; ***πέθανε στην ~*** er verreckte
ψάθινος Binsen-; Stroh-
ψαλ|ίδα große Schere *f*; **~ίδι** Schere *f*; **~ιδίζω** (*σ· στ· σμ*) (ab)schneiden; beschneiden; **~ίδισμα** *n* Abschneiden *n*
ψάλλω (*ψαλ· ψαλθ*) *θρ.* singen
ψαλμός Psalm *m*
ψάξιμο (*-ματος*) Durchsuchen *n*
ψαράδι|κο Fischerboot *n*; Fischgeschäft *n*; **~κος** Fischer-
ψαράς (*-άδες*) Fischer *m*; Fischhändler *m*; Fischesser *m*
ψάρεμα *n* Fischen *n*; Fischfang *m*
ψαρεύω [-'ενɔ] (*ψ· ευτ· εμ*) *v/t* fischen; *μτφ.* aushorchen
ψάρι Fisch *m*
ψαρ|ική Fischfang *m*; **~ίλα** Fischgeruch *m*
ψαρόβαρκα Fischerboot *n*
ψαρο|κάικο (*Segel-*)Fischerboot *n*; **~κόκαλο** Fischgräte *f*
ψαροπούλα kleine(s) Fischerboot *n*
ψαρός grau(haarig)
ψαρόσουπα Fischsuppe *f*
ψαχνό [-'xnɔ] schiere(s) Fleisch *n*
ψάχνω [-xnɔ] (*ξ· χτ· γμ*) *v/t* durchsuchen; *v/i* suchen (***για***/nach *D*)
ψαχουλεύω [-'ενɔ] (*εψ*) herumsuchen
ψεγ|άδι [-'γa-] Fehler *m*; Tadel *m*; **~αδιάζω** [-'ðja-] (*σ· στ*) tadeln
ψείρα Laus *f*
ψειρ|ιάζω [-'rja-] (*σ· ασμ*) Läuse bekommen; **~ιάρης** 3 verlaust; **~ίζω** (*σ· στ*) (ent)lausen; *v/p* sich lausen

ψεκ|άζω (*σ· στ· σμ*) (be)sprühen; **~αστήρας** Zerstäuber *m*; Düse *f*
ψελλίζω (*σ*) stottern
ψέλνω (*αλ· αλθ*) singen
ψέμα *n* Lüge *f*, Unwahrheit *f*
ψες gestern abend
ψευδάργυρος [psεv'ðarji-] Zink *n*
ψευδής 2 falsch, unwahr; künstlich
ψεύδομαι ['psεv-] (*ευσθ*) lügen
ψευδομαρτυρία [psεv-] falsche(s) Zeugnis *n*
ψευδορκία [psεv-] Meineid *m*
ψεύδος ['psεvðɔs] *n* Lüge *f*
ψευδώνυμο [psεv-] Pseudonym *n*
ψεύτης ['psεf-] Lügner *m*
ψευτ|ιά [psε'ftja] Lüge *f*; Trick *m*, Betrug *m*; **~ίζω** (*σ*) (ver)fälschen
ψεύτικος falsch, unecht; künstlich
ψευτο|γιατρός Quacksalber *m*; **~δουλειά** Kleinigkeit *f*, Nichtigkeit *f*
ψεύτρα ['psεf-] Lügnerin *f*
ψηλάφηση (*-εις*) (Ab-)Tasten *n*
ψηλαφητός fühlbar, greifbar
ψηλα|φίζω (*σ*), **~φώ** (*άς· ησ· ηθ· ημ*) betasten, (ab)tasten
ψηλομύτης 3 hochnäsig
ψηλ|ός hoch; *πρόσ.*: groß; ***~ά τα χέρια!*** Hände hoch!
ψήλωμα *n* Steigen *n*; Erhöhung *f*
ψηλώνω (*σ*) *v/t* erhöhen; *v/i* wachsen
ψήνω (*σ· θ*) *v/t* braten; *καφέ* kochen; *v/p μτφ.* brennen, glühen
ψήσιμο (*-ματος*) Braten *n*
ψησταριά Grillrestaurant *n*
ψηστιέρα Grill *m*
ψητ|ό Braten *m*; *μτφ.* Wesentliche(s); **~ός** gebraten
ψηφιακός digital
ψηφιδωτό Mosaik *n*; **~ς** Mosaik-
ψηφίζω (*σ· στ· σμ*) *v/i* wählen; *v/t* stimmen für; ***νόμο*** annehmen
ψηφίο Ziffer *f*; Buchstabe *m*; Type *f*
ψήφισ|η Abstimmung *f*, Wahl *f*; Annahme *f*; **~μα** [-z-] *n* Beschluß *m*
ψηφο|δέλτιο Stimmzettel *m*; **~θηρία** Stimmenfang *m*
ψήφος *f* Stimme *f*; ***~ αποδοκιμασίας*** Mißtrauensvotum *n*; ***~ εμπιστοσύνης*** Vertrauensvotum *n*
ψηφο|φορία Wahl *f*, Abstimmung *f*; **~φόρος** *m, f* Wähler(in *f*) *m*; Stimmberechtigte(r) *m, f*
ψηφώ (*άς· ησ*) achten, rechnen; Rücksicht nehmen auf *A*
ψιθυρίζω (*σ*) (zu)flüstern, murmeln
ψίθυρος Flüstern *n*
ψιλά *n/pl* Kleingeld *n*
ψιλικ|ά *n/pl* Kurzwaren *f/pl*; **~ατζής** (*-ήδες*) Kurzwarenhändler *m*
ψιλο|δουλεύω [-'εvɔ] (*ψ· ευτ· εμ*) fein ausarbeiten; **~κομμένος** fein geschnitten; **~λόγημα** [-'lɔj-] *n* Spitzfindigkeit *f*; Genauigkeit *f*; **~λογώ** [-lɔ'γɔ] (*ησ*) zergliedern, zerreden; **~ρωτώ** (*άς· ησ*) ausfragen
ψιλ|ός dünn; fein; *φωνή*: hoch; **~όφλουδος** dünnschalig
ψίχα ['psixa] Krume *f*, der weiche Teil *des Brotes*; *βοτ.* Mark *n*; etwas
ψιχάλα [-x-] Tropfen *m*; Sprühregen *m*
ψιχαλίζει *unp.* (*σ*) es nieselt; es sprüht
ψιχάλισμα [-'xa-] *n* Nieselregen *m*
ψίχουλο Krümel *m*, Krümchen *n*
ψοφίμι Kadaver *m*; *μτφ.* Wrack *n*
ψόφιος (**-α, -ο**) verendet, krepiert; *μτφ.* halbtot (***από***/vor)
ψοφώ (*άς· ησ*) krepieren, verrecken; *μτφ.* ganz wild sein (***για***/auf *A*)
ψυγειάκι: ***φορητό ~*** Kühltasche *f*
ψυγείο [psij-] Kühlschrank *m*; *αυτοκ.* Kühler *m*
ψυκτικός Kühl-
ψύλλος Floh *m*
ψύξη (*-εις*) Kühlung *f*; Erfrieren *n*
ψυχαγωγ|ία [-xaγɔj-] Unterhaltung *f*, Vergnügen *n*; **~ικός** unterhaltsam, heiter, amüsant; **~ώ** [-'γɔ] (*ησ· ηθ· ημ*) *v/t* unterhalten, belustigen
ψυχανάλυση [-x-] Psychoanalyse *f*
ψυχ|ή [psi'çi] Seele *f*; *μτφ.* Mut *m*, Herz *n*; **~ιατρείο** psychiatrische Klinik *f*; **~ίατρος** Psychiater *m*, Nervenarzt *m*; **~ικό** milde Gabe *f*; **~ικός** seelisch; **~ογιός** [-'jɔs] Pflegesohn *m*; **~οκόρη** Pflegetochter *f*; **~ολογία** [-j-] Psychologie *f*; **~ολογικός** psychologisch
ψυχολόγος [-xɔ'lɔγ-] Psychologe *m*
ψυχο|λογώ [-xɔ-] (*ησ· ηθ· ημ*) ergründen; auf den Zahn fühlen *D*; **~μαχητό** [-maçi-] Todeskampf *m*; **~πάθεια** Psychopathie *f*; **~πονώ** (*άς· εσ*) *v/t* Mitleid haben mit *D*
ψυχορραγώ [-xɔra'γɔ] (*ησ*) mit dem Tode ringen
ψύχος *n* Kälte *f*; ***κάνει ~*** es ist kalt
ψυχοτεχνική [-tεx-] Kältetechnik *f*
ψύχρα ['psixra] kühle(s) Wetter *n*
ψυχραιμία [-xrε-] Kaltblütigkeit *f*

ψύχραιμος kaltblütig; gelassen
ψυχρ|αίνω [-xr-] (*αν· αθ, ανθ· αμ*) *v/t* kühlen; *μτφ.* abkühlen; *v/i* kühl werden; **~όαιμο** Kaltblüter *m*; **~ολουσία** kalte Dusche *f κ. μτφ.*; Rüffel *m*; **~ός** kühl; gefühlskalt
ψύχω ['psixɔ] (*ξ· χτ· γμ*) *v/t* kühlen
ψύχωση (*-εις*) [-xɔ-] Psychose *f*
ψωλή *χυδ.* Schwanz *m*
ψωμ|άκι Brötchen *n*; **~ί** Brot *n*; ***ανάμεικτο ~ί*** Mischbrot *n*; ***άσπρο ~ί*** Weißbrot *n*; ***μαύρο ~ί*** Schwarzbrot *n*; ***σικαλίσιο ~ί*** Roggenbrot *n*
ψώνια *n/pl* Einkäufe *m/pl*
ψωνίζω (*σ· στ· σμ*) (ein)kaufen; *v/p* sich verkaufen; ***την ~*** verrückt werden
ψώνιο *μτφ.* Verrückte(r); übergeschnappt
ψώρα Krätze *f*, Räude *f*
ψωραλέος (***-α, -ο***) räudig, krätzig
ψωριά|ζω [-'rja-] (*σ· σμ*) *v/i* die Krätze bekommen; **~ρης** 3 krätzig
ψωρ|ίαση Schuppenflechte *f*; **~οπερηφάνια** Aufgeblasenheit *f*; **~οπερήφανος** aufgeblasen

Ω

ωάριο *ανατ.* Ovum *n*, Ei *n*
ωδείο Odeum *n*; Konservatorium *n*
ωδ|ή Lied *n*; Ode *f*; **~ική** Gesangslehre *f*; Gesangskunst *f*; **~ικός** Gesangs-
ωδίνες *f/pl* (Geburts-)Wehen *pl*
ώθηση (*-εις*) Stoß *m*; Schub *m*; Vorantreiben *n*; Drängen *n*; Antrieb *m*
ωθώ (*ησ· ηθ*) schieben; drücken
ωκεανός Ozean *m*
ωλένη *ανατ.* Elle *f*
ωμοπλάτη Schulterblatt *n*
ώμος Schulter *f*; ***υψώνω τους ώμους*** die Achsel zucken
ωμ|ός roh; unreif; *μτφ.* grausam, roh; *απάντηση*: schroff; **~ότητα** Roheit *f*; Grausamkeit *f*
ωό Ei *n*
ωο|ειδής 2 oval; **~θήκη** Eierstock *m*; **~κύτταρο** Eizelle *f*
ώρ|α Stunde *f*; Zeit *f*; Tageszeit *f*; ***θερινή ~α*** Sommerzeit *f*; ***~α αιχμής*** Stoßzeit *f*, Hauptverkehrszeit *f*; ***~α αναχωρήσεως*** Abfahrtszeit *f*; ***~α απογείωσης*** Abflugszeit *f*; ***~α άφιξης*** Ankunftszeit *f*; ***~ες γραφείου*** *pl* Bürostunden *f/pl*; ***~ες επισκέψεων*** *pl* Besuchszeit *f*; Sprechstunde *f*; ***~ες λειτουργίας*** *pl* Geschäftszeit *f*; ***~α φαγητού*** Essenszeit *f*; ***~α καλή!*** *περ.*: kommt gut nach Hause!; ***της ~ας*** à la carte; ***με την ~α*** rechtzeitig; ***απάνω στην ~α*** in dem Moment
ωρ|αίος (***-α, -ο***) schön; hübsch; **~αιότητα** Schönheit *f*
ωράριο Stundenplan *m*; ***εβδομαδιαίο ~*** Wochenarbeitszeit *f*; ***ελαστικό ~*** gleitende Arbeitszeit *f*; ***~ εργασίας*** Arbeitszeit *f*; Öffnungszeiten *f/pl*
ωριαίος (***-α, -ο***) Stunden-, stündlich
ωριμάζω (*σ· σμ*) *v/i* reifen
ώριμος reif *κ. μτφ.*; reiflich
ωρο|λογάς [-'ɣas] (*-άδες*) Uhrmacher *m*; **~λόι** (*-γιού*) Uhr *f*; **~σκόπιο** Horoskop *n*
ως *Präp* bis (*με Adv*), bis zu *D*; *Adv* etwa; ***~ προς*** was anbetrifft
ωσάν *βλ.* ***σαν***
ώσπου, ~ να *Ko* + *St II* bis
ώστε also; *Ko* (*so*) ... daß
ωστόσο dennoch, doch
ωταλγία Ohrenschmerzen *m/pl*
ωτορινολαρυγγολόγος Hals-, Nasen-, Ohrenarzt *m*
ωφέλ|εια, ~ημα *n* Nutzen *m*
ωφέλιμος nützlich (***σε***/*D*, für *A*)
ωφελιμότητα Nützlichkeit *f*
ωφελώ (*ησ· ηθ· ημ*) *v/t* nützen *D*, von Nutzen sein *D*; *v/p* Nutzen ziehen (***από***/aus); verdienen (an *D*)
ώχρα Ocker *m*, Ockergelb *n*
ωχρ|αίνω (*αν· ανθ*) *v/i* erbleichen, erblassen, blaß werden (***από***/vor); **~ιώ** (*άσ· ασ*) *v/i* verblassen; **~ός** blaß, bleich; **~ότητα** Blässe *f*, Fahlheit *f*

Wörterverzeichnis Deutsch-Griechisch

A

à: ... *à 50 Pfennig* ... των 50 πφένιχ; ***à la carte*** της ώρας
Aal (-*¢s*; -*e*) *m* χέλι
Aas (-*es*; -*e*) *n* ψοφίμι; κανάγιας
ab *Präp D* από *A*; ***von heute ~*** από σήμερα; ***~ und zu*** πότε - πότε, κάπου κάπου; *Preis*: ***~ Werk*** (τιμή) εργοστασίου; *Hdl.* (*minus*) μείον
ab- *oft* απο-, εκ-, κατα-, ξε-
ab·änder|n *allg.* αλλάζω; *Gesetz* τροποποιώ; **2ung** *f* αλλαγή; τροποποίηση (-*εις*)
ab·arbeiten ξεπληρώνω δουλεύοντας; ***sich ~*** μοχθώ
Abbau (-*¢s*; *0*) *m Tech.* διάλυση (-*εις*); *Bodenschätze*: εκμετάλλευση (-*εις*); *von Personal*: περιορισμός
abbauen (*demontieren*) διαλύω, αποσυναρμολογώ; *Bodenschätze* εκμεταλλεύομαι; *fig. Schranken* μειώνω
abbeißen* κόβω με τα δόντια; ***etw. ~ von D*** δαγκάνω, δαγκώνω *A*
abbekommen* (*erhalten*) παίρνω (ένα μέρος); ξεκολλώ (-*άς*); τρώω
abberuf|en* ανακαλώ; **2ung** *f* ανάκληση (-*εις*)
abbestellen *v/t* ακυρώνω
abbezahlen ξεπληρώνω
abbiegen* (*sn*) *v/i* στρίβω
Abbild *n* ομοίωμα *n*
abbild|en (απ)εικονίζω; **2en** *n* απεικόνιση (-*εις*); **2ung** *f* εικόνα; *Tech.* πίνακας
abblend|en χαμηλώνω τα φώτα; **2licht** *n* χαμηλωμένο *od.* αντιθαμπωτικό φως *n*
abbrechen* κόβω; *Haus* γκρεμίζω; *Beziehungen* διακόπτω
abbremsen φρενάρω
abbrennen* *v/t*, *v/i* (*sn*) (κατα-) καίω; ***abgebrannt*** καμένος
abbringen* ξεκόβω (***von*** *D*/από)
abbröckeln (*sn*) θρυμματίζω
Abbruch *m e-s Hauses* γκρέμισμα *n*, κατεδάφιση; *fig.* διακοπή
abbrühen ζεματίζω
abbuch|en χρεώνω (***etw. von e-m Konto*** / λ-σμό με); **2ung** *f* χρέωση (-*εις*) (***vom Konto***/*G*)
abbürsten βουρτσίζω
Abc (-; -) *n* αλφαβήτα, αλφάβητο
abdank|en παραιτούμαι; **2ung** *f* παραίτηση (-*εις*)
abdecken *Haus* ξεσκεπάζω; *Tisch, Bett* ξεστρώνω
abdicht|en στεγανοποιώ; **2ung** *f* στεγανοποίηση (-*εις*)
abdrängen απωθώ (***nach*** *D*, ***in*** *A*/σε)
abdrehen *Wasser*, *Radio usw.* κλείνω
Abdruck *m* (*Spur*) αποτύπωμα *n*
abdrucken εκτυπώνω
abdrücken (*schießen*) πυροβολώ
Abend (-*s*; -*e*) *m* βράδυ *n*, βραδιά; ***es wird ~*** βραδιάζει; ***zu ~ essen*** τρώω βραδινό; ***guten ~!*** καλησπέρα!
Abend- βραδινός, εσπερινός
Abend|andacht *f* εσπερινός; **~brot** (-*¢s*; *0*) *n s.* ***Abendessen***; **~dämmerung** *f* σούρουπο; **~essen** *n* βραδινό, δείπνο; **~kasse** *f* βραδινό ταμείο; **~kleid** *n* βραδινό φόρεμα *n*; **~kurs** *m* βραδινός κύκλος μαθημάτων; **~mahl** *n* μετάληψη; κοινωνία
abends το βράδυ
Abenteu|er *n* περιπέτεια; **~er-**, **2erlich** περιπετειώδης 2; **~rer** *m* τυχοδιώκτης
aber αλλά, μα, (και *od.* αλλ') όμως
Aber|glaube *m* πρόληψη (-*εις*); δεισιδαιμονία; **2gläubisch** προληπτικός; δεισιδαίμων 2
ab·erkennen* στερώ, αφαιρώ
abfahren* (*sn*) φεύγω, αναχωρώ (για)
Abfahrt *f* αναχώρηση (-*εις*); **~s·zeit** *f* ώρα αναχωρήσεως
Abfall *m* απορρίμματα *n/pl*; ***radioaktiver ~*** ραδιενεργά υπολείμματα *n/pl*
Abfälle *m/pl* (*Küchen2*) σκουπίδια *n/pl*; (*Industrie2*) απόβλητα *n/pl*
Abfall·eimer *m* κουβάς σκουπιδιών, σκουπιδοτενεκές (-*έδες*)
abfallen* (*sn*) πέφτω; *fig.* αποστατώ
abfällig δυσμενής 2
Abfallprodukt *n* υποπροϊόν

abfangen* *j-n* πιάνω
abfärben βγάζω χρώμα
abfass|en συντάσσω; **Ձung** *f* σύνταξη (-*εις*); *Werk*: συγγραφή
abfertig|en (*absenden*) διεκπεραιώνω; *Gepäck am Zoll* εκτελωνίζω; **Ձung** *f* διεκπεραίωση (-*εις*); εκτελωνισμός
abfeuern πυροβολώ
abfind|en* *v/t* αποζημιώνω; ***sich damit ~en*** το παίρνω απόφαση; **Ձung** *f* αποζημίωση (-*εις*), εφάπαξ (*0*) *n*
abflauen (*sn*) κοπάζω; ελαττώνομαι
abfliegen* (*sn*) απογειώνομαι
Abflug *m* απογείωση (-*εις*); **~halle** *f* αίθουσα αναχωρήσεων; **~s·zeit** *f* ώρα απογείωσης
Abfluß *m* αποχέτευση (-*εις*); **~rohr** *n* αποχετευτικός σωλήνας
abfragen ρωτώ; εξετάζω
Abfuhr *f* μεταφορά; *fig.* απόκρουση (-*εις*)
abführen μεταφέρω; *Med.* ενεργώ
Abführmittel *n* καθαρτικό
abfüllen *in Flaschen* εμφιαλώνω
Abgabe *f Zoll*: δασμός; *Steuer*: φόρος; *Sp.* πάσα
Abgang *m Zug*: αναχώρηση (-*εις*); *e-r Person* παραίτηση (-*εις*)
Abgangszeugnis *n* απολυτήριο
Abgas|e *n/pl* καυσαέρια *n/pl*; **~katalysator** *m* καταλύτης καυσαερίων; **~sonderuntersuchung** *f* έλεγχος εκλύσεως καυσαερίων
abgeben* παραδίνω; δίνω μέρος; ***s-e Stimme ~*** ψηφίζω
ab|gebrannt καμένος; F απένταρος; **~gehärtet** σκληραγωγημένος
abgehen* (*sn*) αναχωρώ; *von der Schule* αποφοιτώ (-*άς*); παραιτούμαι
ab|gekämpft κατακουρασμένος; **~gekürzt** *Wort usw.*: συντετμημένος; **~gelaufen** *Paß*, *Wechsel*: ληξιπρόθεσμος; **~gelegen** απόκεντρος; **~geleitet** παράγωγος
ab|gemacht σύμφωνοι!; **~gemagert** αδυνατισμένος
ab|geneigt απρόθυμος; **~genutzt** φθαρμένος, τριμμένος
Abgeordnet|e(r) βουλευτής, -ίνα; **~enhaus** *n* βουλή
abgerundet αποστρογγυλεμένος
Abgesandte(r) απεσταλμένος
ab|geschieden απόμερος; **Ձgeschiedenheit** *f* μοναξιά; **~geschlossen** κλειστός; **~geschmackt** σαχλός
abgesehen εκτός (**von** *D/G*); ***~ davon*** εκτός τούτου; ***es ~ haben*** αποβλέπω (**auf** *A*/σε)
ab|gesetzt *König*: έκπτωτος; **~gespannt** αποκαμωμένος; **~gestimmt** συντονισμένος; **~gestorben** *Glied*: μουδιασμένος; **~gestumpft** *fig.* αναίσθητος; *Kegel usw.*: κολοβός
ab|getragen πολυφορεμένος, τριμμένος; **~geurteilt** καταδικασμένος
abgewöhnen: *sich etw. ~* ξεσυνηθίζω κτ; *Rauchen*, *Trinken* κόβω
Abglanz *m* αντιφεγγιά, ανταύγεια
abgleiten* (*sn*) *v/i* ξεγλιστρώ (-*άς*)
abgrenz|en *a. fig.* οροθετώ; **Ձung** *f* καθορισμός, οροθέτηση (-*εις*)
Abgrund *m* γκρεμός, άβυσσος *f*
abgucken αντιγράφω
abhacken αποκόβω
abhaken απαγκιστρώνω; *fig. in e-r Liste* τσεκάρω
abhalten* *fig.* εμποδίζω; (*entfernt halten*) απομακρύνω; ***abgehalten werden*** γίνομαι, λαμβάνω χώρα
ab'handen: *~ kommen* παραπέφτω
Abhandlung *f* διατριβή
Abhang *m* κατήφορος, πλαγιά
abhäng|en* *v/t* ξεκρεμώ; *v/i fig.* εξαρτώμαι; **~ig** εξαρτημένος; ***~ig machen*** εξαρτώ; *fig.* ***~ig sein*** εξαρτώμαι; **Ձigkeit** *f* εξάρτηση (-*εις*)
abhärt|en σκληραγωγώ; **Ձung** *f* σκληραγωγία
abhauen* *v/t* (απο)κόβω; *v/i* (*sn*) F το στρίβω, ξεκουμπίζομαι; ***hau ab!*** άι χάσου!, κόψε λάσπη!
abheb|en* σηκώνω; *Geld* αποσύρω; *Flugw.* απογειώνομαι; *Karten* κόβω; **Ձung** *f* ανάληψη (-*εις*)
abhelfen* βολεύω; ***dem ist nicht abzuhelfen*** δε διορθώνεται
abhetzen *v/t Tier* κυνηγώ (-*άς*); *fig.* ***sich ~*** κομματιάζομαι
Abhilfe (*0*) *f* βοήθεια; βόλεμα *n*; ***~ schaffen*** αντιμετωπίζω την κατάσταση
abholen έρχομαι (*od.* πηγαίνω) να πάρω; παραλαμβάνω
abholz|en υλοτομώ, αποδασώνω; **Ձung** *f* αποδάσωση (-*εις*)
abhören κρυφακούω; **Ձ** *n Tel.* υποκλοπή; ακρόαση (-*εις*)

ab·irren (*sn*) παραστρατίζω
Abi'tur (*-s*; *-e*) *n* απολυτήριες εξετάσεις *f/pl*; **~i'ent** (*-en*) *m* απόφοιτος λυκείου
Abkehr (*0*) *f* απομάκρυνση (*-εις*)
abklingen* (*sn*) υποχωρώ
abklopfen *Kleidung* τινάζω
abkommandier|en αποσπώ (*-άς*), μεταθέτω; **2ung** *f* απόσπαση (*-εις*)
Abkomme (*-n*) *m* απόγονος
abkommen* (*sn*) ξεφεύγω
Abkommen *n* συμφωνία
ab|kratzen *v/t* ξύνω; **~kriegen** (*entfernen*) βγάζω; F αρπάζω
abkühlen *v/t* κρυώνω; *v/i* (*sn*) *u.* ***sich ~*** δροσίζομαι; *fig.* ψυχραίνομαι
abkürz|en (*-t*) συντομεύω; **2ung** *f* συντομογραφία
abladen* ξεφορτώνω
Ablage *f* (*Archiv*) αρχειοθήκη
ablassen* αφήνω να τρέξει (από)
Ablauf *m* (*Start*) εκκίνηση (*-εις*); *Frist, Paß*: λήξη (*-εις*)
ablaufen* (*sn*) *Wasser*: φεύγω; *Frist, Wechsel*: λήγω; (*geschehen*) γίνομαι
ablauschen κρυφακούω
ablecken γλείφω
ablegen *v/t* βγάζω; *Akten* ταξινομώ; *Gewohnheit* απαρνιέμαι; *Eid, Prüfung* δίνω; ***Rechenschaft ~*** δίνω λόγο
Ableger *m Bot.* καταβολάδα
ablehn|en *allg.* απορρίπτω; *Vorschlag* αρνιέμαι; **~end** αρνητικός; **2ung** *f* απόρριψη (*-εις*), άρνηση (*-εις*)
ableisten: ***Militärdienst ~*** υπηρετώ τη στρατιωτική μου θητεία
ableit|en *Wasser usw.* αποχετεύω; *Gr.* παράγω; **2ung** *f* αποχέτευση (*-εις*); *Gr.* παράγωγο
ablenk|en *mil.* αντιπερισπώ; *fig.* απασχολώ; **2ung** *f* αντιπερισπασμός; **2ungs-** αντιπερισπαστικός
ableugnen αρνιέμαι; απαρνιέμαι
ablicht|en φωτοαντιγράφω; **2ung** *f* φωτοαντίγραφο
abliefer|n παραδίνω; **2ung** *f* παράδοση (*-εις*)
ablös|en ξεκολλώ (*-άς*); βγάζω; *j-n* αντικαθιστώ; *Wache* αλλάζω; ***sich ~en*** ξεκολλώ; **2ung** *f* αλλαγή; (*Ersatz*) αντικατάσταση (*-εις*)
abmach|en (*lösen*) βγάζω; (*regeln*) κανονίζω; *Pauschale, Festpreis* συμφωνώ; ***abgemacht!*** σύμφωνοι!; **2ung** *f* συμφωνία; ***e-e 2ung treffen*** κλείνω συμφωνία
abmager|n* (*sn*) αδυνατίζω; **2ung** *f* αδυνάτισμα *n*; **2ungs·kur** *f* κούρα αδυνατίσματος
Abmarsch *m* αναχώρηση (*-εις*); **2ieren** (*sn*) αναχωρώ
abmeld|en ξεδηλώνω; ακυρώνω; **2ung** *f* ακύρωση (*-εις*); δήλωση (*-εις*) αναχωρήσεως
abmess|en* μετρώ; **2ungen** *f/pl* διαστάσεις *f/pl*
abmontieren αποσυναρμολογώ
abmühen: ***sich ~*** κοπιάζω
Abnahme *f Ware*: παραλαβή; αφαίρεση (*-εις*); ελάττωση (*-εις*); πτώση (*-εις*); ***bei ~ von*** άμα τη παραλαβή *G*
abnehm|en* *v/t* παίρνω; *Hut usw.* βγάζω; *Waren* παραλαμβάνω; *v/i an Gewicht* αδυνατίζω; (*sinken*) πέφτω; λιγοστεύω; **2er** *m* παραλήπτης
Abneigung *f* αποστροφή, αντιπάθεια; ***~ haben gegen*** *A* αντιπαθώ *A*
abnutz|en (*a.* **-nützen**) φθείρω; **2ung** *f* φθορά
Abonn|ement [abɔn(ə)'mã:] (*-s*; *-s*) *n* συνδρομή; **~ent** (*-en*) *m* συνδρομητής; **2ieren** εγγράφομαι συνδρομητής σε
ab·ordn|en αποστέλλω; **2ung** *f* αποστολή
abpacken πακετάρω
abpflücken κόβω, συλλέγω
abquälen: ***sich ~*** τυραννιέμαι
abrackern: F ***sich ~*** παραδέρνω
abraten* αποτρέπω (***j-m von*** *D*/κπ να)
abräumen *v/t* βγάζω; ξεστρώνω
abrechn|en τακτοποιώ λογαριασμό; **2ung** *f* απολογισμός
abreiben* τρίβω
Abreise *f* αναχώρηση (*-εις*); **~tag** *m* ημέρα αναχώρησης
abreisen (*sn*) αναχωρώ, φεύγω
abreißen* *v/t* αποσπώ (*-άς*); σχίζω; *Haus* γκρεμίζω, κατεδαφίζω
abriegeln μανταλώνω
Abriß *m* κατεδάφιση (*-εις*); επιτομή, σκίτσο; **2reif** για γκρέμισμα
abrollen ξετυλίγω
abrücken *v/t* (*umstellen*) μετακινώ
abrund|en στρογγυλεύω; **2ung** *f* στρογγύλεμα *n*
abrüst|en αφοπλίζω; **2ung** *f* αφοπλισμός

abrutschen (*sn*) γλιστρώ (-*άς*)
Absage *f* αρνητική απάντηση (-*εις*)
absagen ματαιώνω
absägen πριονίζω; κόβω
Absatz *m* παράγραφος *f*; (*Schuh*≈) τακούνι; *v. Waren* πώληση (-*εις*); **~gebiet** *n* αγορά
abschaff|en καταργώ; **≈ung** *f* κατάργηση (-*εις*)
abschälen ξεφλουδίζω
abschalten *v/t* διακόπτω; αποσυνδέω
abschätz|en υπολογίζω, εκτιμώ; **≈ung** *f* υπολογισμός, εκτίμηση (-*εις*)
Abschaum (-*ℯs*; *0*) *m* αφρός; *fig.* απόβρασμα *n*, καθάρματα *n/pl*
Abscheu (-*ℯs*; *0*) *m* βδελυγμία, αποτροπιασμός; αηδία
abscheuern τρίβω, καθαρίζω
ab'scheulich βδελυρός
abschicken αποστέλλω; στέλνω
abschieben* απομακρύνω; (*ausweisen*) απελαύνω
Abschied (-*ℯs*; -*e*) *m* αποχαιρετισμός; **~ nehmen** αποχαιρετώ (**von j-m**/κπ); **~s-** αποχαιρετιστήριος
abschießen* εκσφενδονίζω, εκτοξεύω; πυροβολώ; καταρρίπτω
abschirmen προστατεύω
abschlachten (κατα)σφάζω
Abschlag *m* δόση (-*εις*); έκπτωση (-*εις*)
abschlagen* (απο)κόβω; *Angriff* αποκρούω; *Bitte* αρνιέμαι, απορρίπτω
Abschlags·zahlung *f* πληρωμή με δόσεις; (πρώτη) δόση (-*εις*)
Abschleppdienst *m* συνεργείο ρυμουλκήσεως
abschleppen *Auto* ρυμουλκώ
Abschlepp|seil *n* σχοινί ρυμουλκήσεως; **~wagen** *m* ρυμουλκό
abschließen* *Tür* κλειδώνω; (*beenden*) τελειώνω; κλείνω; *Vertrag* συνάπτω; ολοκληρώνω
Abschluß *m* (*Ende*) τέλος *n*; αποπεράτωση (-*εις*); *Hdl.* κλείσιμο (-*ατος*); *Konto*: ισολογισμός; *Vertrag*: σύναψη (-*εις*); **zum ~ bringen** ολοκληρώνω; **~prüfung** *f* απολυτήριες εξετάσεις *f/pl*
abschneiden* (απο)κόβω; *Schere*: ψαλιδίζω; *Weg* συντομεύω; **gut ~** πετυχαίνω; **schlecht ~** αποτυχαίνω
Abschnitt *m allg.* τμήμα *n*; απόσπασμα *n*; απόκομμα *n*, κουπόνι
abschrauben ξεβιδώνω
abschreck|en *v/t* αποθαρρύνω; εκφοβίζω; **~end** εκφοβιστικός; αποθαρρυντικός; **≈ung** *f* εκφοβισμός
abschreib|en* αντιγράφω; *Schuld* αποσβένω; **≈en** *n* αντιγραφή; **≈ung** *f* απόσβεση (-*εις*)
Abschrift *f* αντίγραφο
abschuften: sich ~ κοψομεσιάζομαι
abschürfen ξεγδέρνω
Abschuß *m* εκτόξευση (-*εις*); *Flugzeug*: κατάρριψη (-*εις*)
abschüssig κατηφορικός; **~er Weg** κατήφορος
Abschußrampe *f* εκτοξευτής
abschütteln *a. fig.* ξετινάζω
abschwäch|en *z. B. Eindruck* μειώνω; **sich ~en** εξασθενώ; **≈ung** *f* μείωση (-*εις*); εξασθένηση
abschweif|en (*sn*) παρεκκλίνω; **≈ung** *f* παρέκκλιση (-*εις*)
abschwellen* (*sn*) ξεπρήζομαι
absegeln (*sn*) αποπλέω, κάνω πανιά
absehbar: in ~er Zeit σύντομα
absehen* αφήνω κατά μέρος
abseits *liegen, sitzen usw.* παράμερα
Abseits (*0*) *n* οφσάιντ (*0*) *n*
absend|en* αποστέλλω, διεκπεραιώνω; **≈er** *m* αποστολέας; **≈ung** *f* αποστολή
absetzbar *Ware*: **leicht ~** ευκολοπούλητος; **schwer ~** δυσκολοπούλητος; *Betrag*: αφαιρετέος
absetzen *v/t allg.* αποθέτω, αφήνω (κάτω); *Minister* καθαιρώ; *Waren* πουλώ (-*άς*); **etw. wird steuerlich abgesetzt** κτ αφαιρείται *od.* εκπίπτει από τους φόρους; **sich ~en** (*sinken*) κατακάθομαι
absicher|n ασφαλίζω; **≈ung** *f* ασφάλεια
Absicht *f* πρόθεση (-*εις*), σκοπός; **≈lich** εσκεμμένος; *Adv* επίτηδες
absinken* (*sn*) κατεβαίνω, πέφτω
absitzen* *Strafe* εκτίω ποινή
abso'lut απόλυτος
Absolu'tis|mus (*0*) *m* απολυταρχία; **≈tisch** απολυταρχικός
Absol'vent (-*en*) *m* τελειόφοιτος
ab'sonderlich παράξενος
absonder|n (ξε)χωρίζω; απομονώνω; *Med.* εκκρίνω; *Tech.* εκλύω; **≈ung** *f* απομόνωση (-*εις*); *Med.* έκκριση (-*εις*); *Tech.* έκλυση (-*εις*)

absor'bier|en απορροφώ (-άς); **~end** απορροφητικός; υδρόφιλος
abspalt|en αποσχίζω; **≗ung** *f a. pol.* απόσχιση (-εις)
absperr|en *Tür* κλειδώνω; *Tech.* φράζω; *Straße* κλείνω; *Gas, Wasser* κόβω; **≗ung** *f* περίφραξη (-εις)
abspielen *Hymne usw.* ανακρούω; παίζω; ***sich ~*** διαδραματίζομαι
Absprache *f* συμφωνία
absprechen* αμφισβητώ (***j-m etw.***/κτ κάποιου); (*vereinbaren*) συμφωνώ
abspringen* (*sn*) *a. fig.* αποσκιρτώ (-άς), πηδώ (-άς)
abspülen ξεπλένω
abstamm|en κατάγομαι; **≗ung** *f* καταγωγή; γένος *n*
Abstand *m* απόσταση (-εις); διάστημα *n*; (*Unterschied*) διαφορά
abstauben ξεσκονίζω; ≗ *n* ξεσκόνισμα *n*
abstechen* *v/i* ξεχωρίζω
abstecken οροθετώ; καρφιτσώνω
abstehen* εξέχω
absteigen* (*sn*) κατεβαίνω; ξεπεζεύω; *im Hotel* μένω
abstell|en ακουμπώ; *Tech.* σταματώ (-άς); *Radio usw.* κλείνω; *Auto* παρκάρω; **≗en** *n* σταμάτημα *n*; κλείσιμο (-ατος); **≗raum** *m* αποθήκη
abstempeln σφραγίζω; *Paß usw. u.* ***~ lassen*** θεωρώ
absterben* (*sn*) απονεκρώνομαι; *Glied*: μουδιάζω; ≗ *n* μούδιασμα *n*
Abstieg (*-ϵs; -e*) *m* κατάβαση (-εις), κάθοδος *f*; *fig.* κατάπτωση (-εις)
abstimm|en *v/i Wahl*: ψηφίζω; συντονίζω; ***aufeinander ~en*** ταιριάζω, εναρμονίζω; **≗ung** *f* ψήφιση (-εις); συντονισμός; ταίριασμα *n*
absti'nent αντιαλκοολικός
abstoppen σταματώ (-άς); *Zeit* χρονομετρώ
abstoß|en* *v/t* απωθώ, αποκρούω; *Ware* ξεπουλώ (-άς); *Phys.* ***sich ~en*** απωθούμαι; *fig.* ***das stößt mich ab*** με αηδιάζει; **~end** αποκρουστικός
ab'strakt αφηρημένος
abstreiten* αρνιέμαι, -ούμαι
Abstrich *m*: ***~e machen*** υποχωρώ
abstuf|en διαβαθμίζω; **≗ung** *f* διαβάθμιση (-εις)
abstumpf|en αμβλύνω; **≗ung** *f* άμβλυνση (-εις)
Absturz *m* πτώση (-εις); *EDV* διακοπή
abstürzen (*sn*) πέφτω, γκρεμίζομαι; *EDV* διακόπτω
abstützen στηρίζω
absuchen ψάχνω, ερευνώ
ab'surd παράλογος
Ab'szeß (*-sses; -sse*) *m* απόστημα *n*
Abt (*-ϵs; ⸚e*) *m* ηγούμενος; αββάς
abtasten ψηλαφώ
ab·tauen λιώνω; κάνω απόψυξη (-εις); αποψύχω; ≗ *n* απόψυξη (-εις)
Ab'teil *n* διαμέρισμα *n*, κουπέ (*0*) *n*
Ab'teilung *f* τμήμα *n*; *e-s Krankenhauses* κλινική; *mil.* απόσπασμα *n*; **~s·leiter** *m* τμηματάρχης
Äb'tissin *f* ηγουμένη, ηγουμένισσα
abtragen* σηκώνω; *Kleider* φθείρω; *Haus* γκρεμίζω; *Schulden* εξοφλώ
abtreiben* κάνω έκτρωση
Abtreibung *f* έκτρωση (-εις), άμβλωση (-εις)
abtrenn|en αποσπώ (-άς); *Landesteil* διαχωρίζω, ξηλώνω; **≗ung** *f* απόσπαση (-εις); διαχωρισμός
abtret|en* καταστρέφω; παραχωρώ (**an** *A*/σε), εκχωρώ (***j-m etw.***/κτ σε κπ); **≗ung** *f* παραχώρηση (-εις), εκχώρηση (-εις)
abtrocknen *v/t* στεγνώνω; σκουπίζω; *v/i* (*sn*) (*trocken werden*) ξεραίνομαι
ab|tropfen, ~tröpfeln (*sn*) *v/i* στάζω; ***~tropfen lassen*** στραγγίζω
abtrünnig: *~ werden* αποστατώ; **≗e(r)** αποστάτης, αποστάτρια
ab·urteilen καταδικάζω
abwägen σταθμίζω
abwarten περιμένω; ***die Zeit nicht ~ können*** δε βλέπω την ώρα να + *St I*
abwärts (προς τα) κάτω
Abwasch (*-ϵs; 0*) *m* άπλυτα *n/pl*; πλύσιμο (-ατος); **~becken** *n* νεροχύτης
abwasch|en* *Geschirr* πλένω; **≗en** *n* πλύσιμο (-ατος)
Abwässer *pl* ακάθαρτα νερά *n/pl*, λύματα *n/pl*, απόνερα *n/pl*
abwechseln *v/t* αλλάζω; ***sich ~*** εναλλάσσομαι (***in*** *D*/σε)
abwechselnd *Adv* εναλλάξ, εκ περιτροπής; ***~ tragen*** συναλλάζω
Abwechslung *f* (*Vielfalt*) ποικιλία; αλλαγή; **≗s·reich** ποικίλος
Abweg *m* παραστράτημα *n*; ***auf ~e geraten, bringen*** παραστρατίζω

Abwehr *(0) f* άμυνα, απόκρουση
Abwehr|- αμυντικός; **~dienst** *m* αντικατασκοπεία
abwehren *Angriff* αποκρούω
abweich|en* *(sn) v/i* διαφέρω; *a. fig.* αποκλίνω, παρεκκλίνω; ***vom Weg ~en*** λοξοδρομώ; **²ung** *f* παρέκκλιση *(-εις)*
abweisen* *Antrag, j-n* απορρίπτω; αποκρούω; **~d** ακατάδεκτος
abwend|en *Gefahr, Übel* αποτρέπω; αποστρέφω; **²ung** *f* αποτροπή
abwerfen* ρίχνω; *Gewinn* αποδίδω
abwert|en *Hdl.* υποτιμώ *(-άς)*; **²ung** *f* υποτίμηση *(-εις)* (του) νομίσματος
abwesend απών *(-ούσα, -όν)*; *fig.* αφηρημένος; ***~ sein*** λείπω, απουσιάζω; *fig.* (απο)ξεχνιέμαι
Abwesenheit *(0) f* απουσία
abwick|eln ξετυλίγω; *Geschäfte* διεκπεραιώνω; **²lung** *f* διεκπεραίωση *(-εις)*; εκτέλεση *(-εις)*
abwiegen* ζυγίζω
abwischen σκουπίζω
abzahlen *Schulden* ξεπληρώνω; πληρώνω με δόσεις
abzählen μετρώ *(-άς)*
Abzahlung *f* πληρωμή με δόσεις
abzapfen αντλώ
Abzeichen *n a. mil.* σήμα *n*, έμβλημα *n*; παράσημο
abzeichnen αντιγράφω (σχέδια); *(prüfen u. ~)* θεωρώ; μονογραφώ
Abziehbild *n* χαλκομανία
abziehen* *v/t allg.* τραβώ, αποσύρω, βγάζω; *Math.* αφαιρώ; *Fell* γδέρνω; *Truppen* αποσύρω (**aus** *D*/από); *vom Preis* κάνω έκπτωση; *vom Gehalt* (παρα)κρατώ; *v/i (sn) Truppen*: οπισθοχωρώ, υποχωρώ; *Rauch*: βγαίνω; F ***zieh ab!*** ξεκουμπίσου!
abzielen αποσκοπώ (**auf** *A*/σε)
Abzug *m Math., der Unkosten* αφαίρεση *(-εις)*; *vom Gehalt* κράτηση *(-εις)*; *vom Preis* έκπτωση *(-εις)*; *(Foto)* αντίτυπο; *Gewehr*: σκανδάλη
abzüglich *G* μείον *N*
abzweig|en διακλαδίζω; **²ung** *f des Weges* διακλάδωση *(-εις)*
Achse *f* άξονας
Achsel|(**höhle**) *f* μασχάλη; ***die ~n zucken*** σηκώνω τους ώμους
acht[1] *(8,* η′) οχτώ, οκτώ; **²** *f* οχτάρι
acht[2]: ***sich in ~ nehmen*** (προ)φυλάγομαι (***vor*** *D*/από); ***außer ~ lassen*** αγνοώ *A*
achtbar αξιότιμος, αξιοσέβαστος
achte(r) όγδοος
Achteck *(-ęs; -e) n* οκτάγωνο *n*; **²ig** οκτάγωνος, οχταγωνικός
Achtel *n* όγδοο
achten *v/t* εκτιμώ *(-άς)*; *Gesetz* σέβομαι; *v/i* προσέχω (**auf** *A*/*A*)
achtens όγδοον
Achterdeck *n* πρύμνη, πρύμη
achtfach οκταπλάσιος
achtgeben* προσέχω (**auf** *A*/*A*)
achthundert οχτακόσιοι 3
achtlos απρόσεχτος; **²igkeit** *f* απροσεξία
achtsam προσεκτικός
Achtung *(0) f* προσοχή; *(Respekt)* υπόληψη, σεβασμός (**vor** *D*/προς)
achtzehn δεκαοχτώ; **~te(r)** δέκατος όγδοος
achtzig ογδόντα
ächzen βογγώ *(-άς)*; **²** *n* βογγητό
Acker *(-s; ¨) m* χωράφι, αγρός; **~bau** *(-ęs; 0) m* γεωργία; **~bau-** γεωργικός; **~bauer** *m* αγρότης, γεωργός; **~baukunde** *(0) f* γεωπονία; **~land** *(-ęs; 0) n* καλλιεργήσιμη γη
ackern οργώνω; *fig.* μοχθώ
ad'dier|en αθροίζω, προσθέτω; **²maschine** *f* αθροιστική μηχανή
Addi'tion *f* πρόσθεση *(-εις)*
Adel *(-s; 0) m* αριστοκρατία; **²ig** αριστοκρατικός; **~ige(r)** αριστοκράτης
Ader *(-; -n) f* φλέβα; **~laß** *(-sses; ¨sse) m* φλεβοτομία, αφαίμαξη *(-εις)*
Adjektiv *(-s; -e) n Gr.* επίθετο; **²isch** επιθετικός
Adler *m* αϊτός, αετός
Admi'ral *(-s; -e) m* ναύαρχος
adop'tieren υιοθετώ
Adop'tion *f* υιοθεσία
Adop'tiv|- θετός; **~kind** *n* υιοθετημένο παιδί
Adre'ssat *(-en) m* παραλήπτης
A'dreßbuch *n* κατάλογος των διευθύνσεων
A'dress|e *f* διεύθυνση *(-εις)*; **²'ieren** απευθύνω; **~'iermaschine** *f* αυτόματος τυπωτής διευθύνσεων
adstrin'gierend *Med.* στυπτικός
Ad'vent *(-ęs; -e) m* διάστημα *n* τεσσάρων βδομάδων πριν τα Χριστούγεννα

Ad'verb (*-s*; *-ien*) *n* επίρρημα *n*; **≈i'al** επιρρηματικός
Advo'kat (*-en*) *m* δικηγόρος
Aerody'nam|ik *f* αεροδυναμική; **≈isch** αεροδυναμικός
Aero'statik *f* αεροστατική
A'ffäre *f* υπόθεση (*-εις*)
Affe (*-n*) *m* μαϊμού (*-δες*) *f*, πίθηκος
After *m* πρωκτός
A'gent (*-en*) *m a. pol.* πράκτορας; **~ur** [-'tu:ʀ] *f* πρακτορείο
Aggre'gat (*-ęs*; *-e*) *n* συγκρότημα *n*
Aggress|i'on *f* επιθετικότητα; επίθεση (*-εις*); **≈'iv** επιθετικός
Agio *n* ['a:dʒo·] (*-s*; *0*) άτζιο, επικαταλλαγή
Ago'nie *f* αγωνία
A'grar|- αγροτικός; **~land** *n* καλλιεργήσιμη γη; **~markt** *m* γεωργική αγορά; **~politik** *f* γεωργική πολιτική; **~staat** *m* αγροτική χώρα
Agro'nom (*-en*) *m* γεωπόνος
Agrono'mie (*0*) *f* γεωπονία
Ahle *f* τρυπητήρι, σουβλί
Ahn(e) (*-en*) *m* πρόγονος
ahnd|en τιμωρώ; **≈ung** *f* τιμωρία
ähneln μοιάζω (*D*/*A od.* σε *od.* με)
ahnen προαισθάνομαι
ähnlich όμοιος, παρόμοιος (*D*/με); **~ *sehen*** μοιάζω (*D*/με); **≈keit** *f* ομοιότητα
Ahnung *f* προαίσθηση (*-εις*); υποψία; ***ich habe keine ~*** δεν έχω ιδέα; **≈s·los** ανίδεος
Ähre *f* στάχυ *n*
Aids (*0*) έιτζ (*0*) *n*; **~test** *m* τεστ (*0*) *n* του έιτζ
Airbus *m* αιρ-μπαζ (*0*) *n*, αερολεωφορείο
Akade'mie *f* ακαδημία
Aka'dem|iker *m* επιστήμονας; **≈isch** ακαδημαϊκός
Akazie [a'ka:tsĭə] *f* γαζία, ακακία
akklimati'sier|en: *sich ~en* εγκλιματίζομαι; **≈ung** *f* εγκλιματισμός
A'kkord (*-ęs*; *-e*) *m* συγχορδία; **~arbeit** εργασία κατ' αποκοπή; **~lohn** *m* αμοιβή κατ' αποκοπή
Akkumu|la'tion *f des Kapitals* συσσώρευση (*-εις*); **~'lator** (*-s*; *-'toren*) *m* συσσωρευτής
Akkusativ (*-s*; *-e*) *m Gr.* αιτιατική
Akne (*0*) *f* ακμή
A'kropolis (*-*; *-len*) *f* ακρόπολη (*-εις*)
Akt (*-ęs*; *-e*) *m Thea., Med.* πράξη (*-εις*); *Malerei* γυμνό
Akte *f* φάκελος; ***zu den ~n legen*** βάζω στο αρχείο
Akten|mappe *f* χαρτοφύλακας; **~notiz** *f* σημείωση (*-εις*); **~ordner** *m* φάκελος, ντοσιέ *n*; **~schrank** *m* αρχειοθήκη; **~zeichen** *n* αριθμός πρωτοκόλλου
Aktie ['aktsĭə] *f* μετοχή
Aktien|gesellschaft *f* ανώνυμη εταιρία (Α.Ε.); **~kurse** *m*/*pl* τιμές *f*/*pl* μετοχών; **~markt** *m* αγορά μετοχών
Ak'tion *f* δράση (*-εις*); ενέργεια
Aktio'när (*-s*; *-e*) *m* μέτοχος
Ak'tionsradius *m* ακτίνα ενεργείας; *Funk*: εμβέλεια
ak'tiv ενεργητικός, δραστήριος; *Dienst*: ενεργός
akti'v|ieren δραστηριοποιώ; **≈ierung** *f* δραστηριοποίηση (*-εις*)
Aktivi'tät *f* ενεργητικότητα, δραστηριότητα; **~en** *f*/*pl* δράση
Aktu|ali'tät *f* επικαιρότητα; **≈'ell** επίκαιρος
Akupunk'tur *f* βελονισμός
A'kust|ik (*0*) *f* ακουστική; **≈isch** ακουστικός
a'kut *Med.* οξύς, κρίσιμος
Ak'zent (*-ęs*; *-e*) *m Gr.* τόνος; **≈los** άτονος
akzep'tieren *allg.* παραδέχομαι; *Hdl.* αποδέχομαι
Ala'baster *m* αλάβαστρο (*a.* -ος)
A'larm (*-ęs*; *-e*) *m* συναγερμός; ***~ schlagen*** σημαίνω συναγερμό; **~bereitschaft** *f* επιφυλακή; **~glocke** *f* σειρήνα κινδύνου
alar'mieren *Polizei usw.* θέτω σε συναγερμό; *fig.* καταθορυβώ
albern ανόητος; **≈heit** *f* σαχλαμάρα
Album (*-s*; *-ben*) *n* λεύκωμα *n*
Alge *f* φύκι
Algebra (*0*) *f* άλγεβρα; **≈isch** [-'bʀa:ɪʃ] αλγεβρικός
Alibi (*-s*; *-s*) *n* άλλοθι (*0*)
Al'kali (*-s*; *-en*) *n* αλκάλιο
Alkohol (*-s*; *-e*) *m* οινόπνευμα *n*, αλκοόλ (*0*) *n*; **≈frei** *mst.* [-'ho:l-] μη οινοπνευματώδης 2; **≈haltig** οινοπνευματώδης 2, αλκοολούχος; **~test** *m* αλκοτέστ (*0*) *n*
Alko'hol|iker *m* αλκοολικός; **~'ismus** (*0*) *m* αλκοολισμός

All (*-s; 0*) *n* σύμπαν (-τος) *n*
all: ***vor ~em*** προπαντός, προπάντων; ***in ~er Frühe*** πρωί - πρωί
alle[1] *pl* όλοι (*-ες, -α*); *vor Zahlen*: κάθε
alle[2] (*verbraucht*): ***ist ~*** τελείωσε
Al'lee *f* λεωφόρος *f*, αλέα
Allego'r|ie *f* αλληγορία; **Ձisch** [-'go:ʀɪʃ] αλληγορικός
al'lein μονάχος, μόνος; *Ko* (*aber*) μόνο(ν), όμως
al'lein|ig μόνος, μοναδικός; **~stehend** μπεκιάρης (*-ισσα*)
allemal: ***ein für ~*** μια για πάντα
allenfalls το πολύ-πολύ
aller|-: *z. B.* ***der ~beste*** ο καλύτερος απ'όλους; **~'dings** (*dennoch*) μολαταύτα; πάντως; ***~dings!*** μάλιστα, βεβαίως
Aller'gie *f* αλλεργία
a'llergisch αλλεργικός
aller|hand, ~lei λογής-λογής
alles όλο, όλα *n/pl*, (το) παν (*παντός*) *n*; ***~ andere*** όλα τ'άλλα; κάθε άλλο; ***~ zusammen*** όλα μαζί
Allesfresser *m* ζώο παμφάγο
allgemein γενικός, καθολικός; *Adv* γενικά, γενικώς; ***im ~en*** εν γένει
Allge'mein|befinden *n* κατάσταση υγείας; **~bildung** *f* εγκύκλια μόρφωση; **~heit** *f* πλατύ κοινό
All'heilmittel *n a. fig.* πανάκεια
Alli'anz *f* συμμαχία
alli'iert, Ձe(r) σύμμαχος
all|'mächtig παντοδύναμος; **~'mählich** βαθμιαίος
allseitig γενικός, καθολικός
Alltag *m* καθημερινή ζωή
alltäglich καθημερινός
All|tagszeug *n* (*Anzug*) καθημερινά *n/pl*; **Ձwissend** πάνσοφος, παντογνώστης; **Ձzu** παραπολύ; **Ձzuoft** συχνότατα; **Ձzuviel** υπερβολικός; *Adv* παραπολύ
Almosen *n* ελεημοσύνη, ψυχικό
Alpenveilchen *n* κυκλάμινο
Alpha'bet (*-ḗs; -e*) *n* αλφάβητο; **Ձisch** αλφαβητικός
Alptraum *m a. fig.* εφιάλτης
als *Ko zeitl.* όταν, σαν, καθώς; *nach Vergleichen*: από; παρά: (*in der Eigenschaft*) ***du ~ Verwandter*** εσύ σαν συγγενής; *gelten* **~** για (*mit N*); ***~ ob*** (*mit Konj II*) σα(ν) να + *St I*; ***~ ob er wollte*** σαν να ήθελε
als|'bald αμέσως; **~'dann** έπειτα
also λοιπόν
alt *Pers.* ηλικιωμένος, γέρος (*γριά*); *Baum*: γέρικος; *S.* παλιός; *hist.* αρχαίος; ***wie ~ ist er?*** πόσων χρονών (*od.* ετών) είναι; ***~ werden*** γερνώ (*-άς*); *S.* παλιώνω
Al'tar (*-ḗs; ⸗e*) *m christlich*: αγία τράπεζα; *allg., fig.* βωμός
altbacken μπαγιάτικος
Alte (*-n*) *f* γριά
Altenpflege *f* γηροκομία
Alte(r) γέρος, γέροντας
Alter *n* ηλικία; παλαιότητα; γεράματα *n/pl*, γερατειά *n/pl*; ***im ~ von*** σε ηλικία *G*; ***mittleren ~s*** μεσόκοπος
ältere(r) μεγαλύτερος, γεροντότερος; αρχαιότερος
altern (*-re; sn*) γερνώ (*-άς*)
alterna'tiv εναλλακτικός; **Ձenergie** *f* εναλλακτική ενέργεια; **Ձe** *f*, **Ձlösung** *f* εναλλακτική λύση (*-εις*)
Alters|erscheinung *f* γεροντικό σύμπτωμα *n*; **~grenze** *f* όριο ηλικίας; **~heim** *n* γηροκομείο; **~rente** *f* σύνταξη (*-εις*) γήρατος; **~versorgung** *f* συνταξιοδότηση (*-εις*)
Alter|tum (*-s; 0*) *n* αρχαιότητα; **~tümer** *pl* αρχαία *n/pl*, αρχαιότητες *f/pl*; **Ձtümlich** αρχαϊκός
Altertumsforscher *m* αρχαιοδίφης
Altmetall *n* μεταχειρισμένα μέταλλα *n/pl*
altmodisch ντεμοντέ (*0*)
Altpapier *n* μεταχειρισμένα χαρτιά *n/pl*
Altphilologe *m* κλασικός φιλόλογος
Altstadt *f* παλιό κέντρο (της) πόλης; **~sanierung** *f* αναπαλαίωση
Altwaren|händler *m* παλαιοπώλης; **~handlung** *f* παλαιοπωλείο
am = ***an dem***; *s.* ***an***
Amal'gam (*-s; -e*) *n* αμάλγαμα *n*
Ama'teur (*-s; -e*) *m* ερασιτέχνης; **~-** ερασιτεχνικός
Ambi'tion *f* φιλοδοξία
Amboß (*-sses; -sse*) *m* αμόνι
ambu'lan|t *Händler*: πλανόδιος; *Med.* ***in ~ter Behandlung*** εξωτερικός ασθενής; **Ձz** *f s.* ***Krankenwagen***
Ameise *f* μυρμήγκι
Amen (*-s; -*) *n* αμήν *n*
Amme *f* παραμάνα, τροφός *f*
Ammo'niak (*-s; 0*) *n* αμμωνία

Amne'sie *f* αμνησία
Amne'stie *f* αμνηστεία; **2ren** αμνηστεύω
Amorti|sa'tion *f* χρεολυσία, απόσβεση (*-εις*); **2'sieren** εξοφλώ
Ampel *f* (*Verkehrs2*) φανάρι τροχαίας
Amphibie [am'fi:bĭə] *f* αμφίβιο
Am'phitheater *n* αμφιθέατρο
Ampu|ta'tion *f* ακρωτηριασμός; **2'tieren** ακρωτηριάζω
Amsel *f* κότσυφας, κοτσύφι
Amt (*-ęs; ⸚er*) *n* αξίωμα *n*, λειτούργημα *n*; θέση (*-εις*); (*Behörde*) υπηρεσία; ***von ~s wegen*** αυτεπαγγέλτως
am'tieren εκτελώ καθήκοντα
amtlich επίσημος; υπηρεσιακός
Amts|antritt *m* ανάληψη (*-εις*) υπηρεσίας; **~arzt** *m* υπηρεσιακός γιατρός; **~blatt** *n* εφημερίδα της Κυβερνήσεως; **~gericht** *n* πταισματοδικείο, ειρηνοδικείο; **~richter** *m* πταισματοδίκης, ειρηνοδίκης; **~schimmel** *m* χαρτοβασίλειο
Amu'lett (*-ęs; -e*) *n* φυλαχτό
amü's|ant διασκεδαστικός, γουστόζικος; **~ieren** *v/t* ψυχαγωγώ; ***sich ~ieren*** διασκεδάζω
an *D*, *A allg.* σε *A*; προς *A*; ***Tür ~ Tür*** πόρτα με πόρτα; ***am Montag*** τη Δευτέρα; ***am 25. Dezember*** στις 25 Δεκεμβρίου; ***~ Herrn ...*** προς τον κύριο ...; *s. Verben u. Adjektive, z. B. sterben ~* από; ***~ (und für) sich*** καθ' εαυτό
Anachro'nismus (*-; -men*) *m* αναχρονισμός
ana'log ανάλογος; **2ie** *f* αναλογία
An·alphabet (*-en*) *m* αναλφάβητος
Ana'lys|e *f* ανάλυση (*-εις*); *Gr.* τεχνολογία; **2ieren** [-'zi:-] αναλύω
ana'lytisch αναλυτικός
Anä'mie *f* αναιμία
Anar'chie *f* αναρχία, ακυβερνησία
Anar'chist *m*, **2isch** αναρχικός
Anästhe'sie *f* αναισθησία, νάρκωση
Ana'tom (*-en*) *m* ανατόμος; **~ie** [-'mi:] *f* ανατομία
anbahnen: ***sich ~*** προμηνύομαι
Anbau (*-ęs; 0*) *m* (*z. B. Weizen2*) καλλιέργεια; (*-ęs; -ten*) παράρτημα *n*
anbau|en καλλιεργώ; επεκτείνω; **2fläche** *f* καλλιεργήσιμη γη *f*; **2pause** *f* αγρανάπαυση
anbehalten* κρατώ (*-άς*)
an'bei *Hdl.* συνημμένως
anbeißen* *v/t* δαγκάνω; *Fisch*: τσιμπώ (*-άς*); *fig.* τα χάβω
anberaumen *v/t* ορίζω, συγκαλώ
anbet|en λατρεύω *a. fig.*, προσκυνώ; **2ung** *f* λατρεία
Anbetracht: ***in ~*** *G* εξ αφορμής *G*; ***in ~ dessen, daß*** δεδομένου ότι
anbiete|n* προσφέρω; **2r** *m* πωλητής
anbinden* προσδένω, δένω
Anblick *m* θέα, θέαμα *n*
anbrechen* *Packung usw.* ανοίγω; (*sn*) *Tag*: ξημερώνει (*3. Pers. sg*)
anbrennen* *v/t* ανάβω; *v/i* (*sn*) *Essen*: πιάνω, αρπάζω
anbringen* τοποθετώ (**an, auf** *D*/σε)
Anbruch (*-ęs; 0*) *m* έναρξη (*-εις*)
anbrüllen *fig.* αποπαίρνω
An|dacht *f* κατάνυξη; (*Gottesdienst*) λειτουργία; **2dächtig** κατανυκτικός
andauern *v/i* διαρκώ, εξακολουθώ; **~d** διαρκής 2; *Adv* διαρκώς
Andenken *n* ανάμνηση (*-εις*) (**an** *A*/*G*); (*Sache*) ενθύμιο, (*Reise2*) σουβενίρ (*0*) *n*; (*Familien2 usw.*) κειμήλιο
ander|-: ***ein ~er, eine ~e, ein ~es*** άλλος; ***der ~e, die ~e, das ~e***; *pl* ***die ~en*** ο άλλος *usw.*; ***unter ~em*** μεταξύ άλλων; ***und ~es*** και τα όμοια
anderenfalls αλλιώς; διαφορετικά
andererseits εξάλλου, αφ' ετέρου
ändern *Namen usw.* αλλάζω; *Meinung* μεταβάλλω; τροποποιώ
anders *Adv* αλλιώς, αλλιώτικα; διαφορετικά
Anders|denkende(n) *pl* αντιφρονούντες *m/pl*; **2wo, 2wohin** (κάπου) αλλού
anderthalb ενάμισης, μιάμιση, ενάμισι
Änderung *f* αλλαγή; μεταβολή
anderweitig άλλος; *Adv* αλλιώτικα
andeut|en *v/t* υποδηλώνω, υπαινίσσομαι; **2ung** υπαινιγμός
Andrang (*-ęs; 0*) *m* συρροή, συνωστισμός
andrehen *Gas usw.* ανοίγω; *Licht* ανάβω; F *betrügerisch*: πασάρω
androh|en απειλώ; **2ung** *f* απειλή
an·eign|en: ***sich*** (*D*) ***~en*** ιδιοποιούμαι; **2ung** *f* απόκτηση (*-εις*); ιδιοποίηση (*-εις*)
anein'ander ο ένας κοντά στον άλλο

anein'andergeraten* πιάνομαι
Anek'dote *f* ανέκδοτο
an·ekeln *v/t* αηδιάζω
anerkannt αναγνωρισμένος
anerkennen* αναγνωρίζω; επαινώ; *als wahr*: παραδέχομαι
Anerkennung *f* αναγνώριση (*-εις*); έπαινος; παραδοχή
anfahr|en* *v/t Auto*: χτυπώ (*-άς*); F (*anschnauzen*) αποπαίρνω; *v/i* (*sn*) (*losfahren*) ξεκινώ (*-άς*); **2t** *f* (*Ankunft*) άφιξη (*-εις*); διαδρομή
Anfall *m Med.* προσβολή; *Psych.* παροξυσμός; (*Wut2*) παραφορά
anfällig ευπρόσβλητος (**für** *A*/σε)
Anfang (*-es*; *-e*) *m* αρχή; **am ~** στην αρχή; **von ~ an** από την αρχή
anfangen* *v/t u. v/i* αρχίζω
Anfänger *m* αρχάριος, πρωτάρης
anfangs στην αρχή
Anfangs|- αρχικός; στοιχειώδης 2; **~buchstabe** *m* αρχικό γράμμα; **~zeit** *f* ώρα ενάρξεως
anfassen πιάνω, (*berühren*) αγγίζω; **2** *n* πιάσιμο (*-ατος*)
anfecht|en* *v/t jur.* αμφισβητώ; προσβάλλω; **2ung** *f* προσβολή
anfertig|en *allg.* κατασκευάζω, φτιάχνω; **2ung** *f* κατασκευή
anfeuern *nur fig. j-n* εμψυχώνω
anflehen *v/t* εκλιπαρώ, ικετεύω
anfliegen* *Flugw.* προσεγγίζω; (*landen*) προσγειώνομαι (*A*/σε)
Anflug *m* προσέγγιση (*-εις*)
anforder|n ζητώ (*-άς*); **2ung** *f* απαίτηση (*-εις*)
Anfrage *f* ερώτηση (*-εις*); *pol.* επερώτηση (*-εις*)
anfragen επερωτώ; ρωτώ (*-άς*)
anfreunden: sich ~ κάνω φιλία, γίνομαι φίλος (**mit j-n**/με κπ)
anführ|en (*befehligen*) οδηγώ *A*, ηγούμαι (*A*/*G*); *Tanz* σέρνω; **2er** *m* αρχηγός; οδηγός; **2ungs·zeichen** *n/pl* εισαγωγικά *n/pl*
Angaben *f/pl* στοιχεία *n/pl*; **amtliche ~** επίσημα στοιχεία
angeb|en* *v/t* δηλώνω; *v/i* (*wichtig tun*) κάνω τον καμπόσο, καυχιέμαι; **2er** *m* καυχησιάρης 3
angeblich *Adv* τάχα; δήθεν *a. Adj*
angeboren έμφυτος, συμφυής 2
Angebot (*-es*; *-e*) *n a. Hdl.* προσφορά (**an** *D*/*G*); **~ und Nachfrage** ζήτηση και προσφορά
angebracht (*passend*) ταιριαστός
angebrannt καμένος
angegriffen κουρασμένος
angeheitert εύθυμος
angehen* (*sn*): **ein Problem ~** αντιμετωπίζω; (*betreffen*) αφορώ; **was geht's dich an?** τι σε μέλει; **was ... angeht** όσο για ...; **~ gegen** *A* καταπολεμώ (*-άς*) *A*; **~d** μελλοντικός
angehör|en ανήκω (*D*/σε); **2ige(r)** *e-s Staates* υπήκοος; **meine 2igen** οι δικοί μου; **die 2igen** οι οικείοι
Angeklagte(r) κατηγορούμενος (*f* -ουμένη)
Angel (*-*; *-n*) *f* πετονιά, καλάμι; (*Tür2*) ρεζές (*-έδες*); στρόφιγγα
angelangen (*sn*) φτάνω
Angelegenheit *f* υπόθεση (*-εις*); ζήτημα *n*
angelernt: ~er Arbeiter *m* στοιχειωδώς εκπαιδευμένος εργάτης
Angelhaken *m* αγκίστρι
angeln ψαρεύω; γαντζώνω
Angelschnur *f* πετονιά, καθετή
angemessen κατάλληλος; ανάλογος; μετρημένος; *Preis*: λογικός
angenehm ευχάριστος; **sehr ~** *bei Vorstellung*: χαίρω πολύ
angenommen δεκτός; *Kind*: θετός; **~, daß ...** ας υποθέσουμε ότι ...
angepaßt προσαρμοσμένος; **nicht ~** απροσάρμοστος
angeregt ζωηρός
angeschwollen πρησμένος
angesehen επιφανής 2
Angesicht *n* όψη (*-εις*); **2s** *G* ενώπιον *G*, μπροστά σε
angespannt τεταμένος; εντατικός
angestellt *im Büro*: τοποθετημένος; **fest ~** μόνιμος; **2en·versicherung** *f* κοινωνική ασφάλιση υπαλλήλων; **2e(r)** (ιδιωτικός) υπάλληλος; **kaufmännische(r) 2e(r)** εμπορουπάλληλος; **leitender 2e(r)** διευθυντικό στέλεχος *n*
angetan: ~ sein είμαι εντυπωσιασμένος
angetrunken μισομεθυσμένος
angewandt εφαρμοσμένος
angewidert αηδιασμένος
angewiesen: ~ sein auf *A* (*Hilfe usw.*) έχω ανάγκη από

angewöhnen συνηθίζω (**j-m etw.**/κπ σε κτ); **sich ~** συνηθίζω (*A*/σε *od. A*); **sich ~ zu** αποκτώ τη συνήθεια να
Angewohnheit *f* συνήθεια
angleichen* εξομοιώνω (*D*/με); εξισώνω (**an** *A*/προς)
Angler *m* ψαράς (*-άδες*)
anglieder|n προσαρτώ (*-άς*) (**an** *A*/σε); **2ung** *f* προσάρτηση (*-εις*)
angreifen* επιτίθεμαι (*A*/κατά *G*); προσβάλλω; *Krankheit*: εξασθενίζω
angrenzen συνορεύω (**an** *A*/με); **~d** γειτονικός
Angriff *m* επίθεση (*-εις*); προσβολή; *etw.* **in ~ nehmen** επιχειρώ; **~s-** επιθετικός; **~s·lust** *(0) f* επιθετικότητα; **2s·lustig** επιθετικός
Angst (-; *⸚e*) *f* φόβος (**vor** *D*/*G od.* για); **~ haben** φοβάμαι (**vor** *D*/*A*); **~ einjagen** φοβίζω (**j-m**/κπ); **2erfüllt** έντρομος; **~hase** *m* F κιοτής
ängst|igen *v/t* φοβίζω; αγριεύω; **sich ~igen** δειλιάζω; **~lich** δειλός, φοβιτσιάρης 3; **~lich sein** δειλιάζω; **2lichkeit** *(0) f* δειλία
angucken F κοιτάζω
anhaben* φορώ (*-άς*)
anhalten* *v/t Tech.* σταματώ (*-άς*), ακινητώ; (*ermahnen*) προτρέπω; *v/i* (*stehenbleiben*) σταματώ (*-άς*); (*andauern*) βαστώ (*-άς*); παρατείνομαι
anhalt|end (*andauernd*) εξακολουθητικός; παρατεινόμενος; **2er(in)** *m (f)* ταξιδιώτης (-ισσα) με οτοστόπ; **per 2er reisen** ταξιδεύω με οτοστόπ; **2s·punkt** *m* στήριγμα *n*
Anhang (*-ẹs*; *⸚e*) *m* εξάρτημα *n*, παράρτημα *n*; προσθήκη
anhängen* προσκολλώ (*-άς*); προσάπτω; είμαι οπαδός *G*
Anhänger *m Auto*: ρυμούλκα; (*Partei2*) οπαδός
anhänglich αφοσιωμένος
anhäuf|en θησαυρίζω, συσσωρεύω; **2ung** *f* συσσώρευση (*-εις*)
anheb|en* (ανα)σηκώνω; *Preise* υψώνω, αυξάνω; **2ung** *f* ύψωση (*-εις*)
anheften καρφιτσώνω
anheuern ναυτολογώ
Anhieb: auf ~ με το πρώτο
Anhöhe *f* ύψωμα *n*
anhör|en *v/t* ακούω; **2ung** *f* ακρόαση (*-εις*)
ani'malisch ζωικός, κτηνώδης 2
A'nis (-; *-e*) *m* γλυκάνισο
Ankauf *m* αγορά (*G*/*G*); **2en** αγοράζω; **~s·preis** *m* τιμή αγοράς
Anker *m mar.* άγκυρα; **vor ~ gehen** αγκυροβολώ, αράζω; **~ lichten** σαλπάρω; **~boje** *f* σημαδούρα
ankern *v/i* αγκυροβολώ
Ankerplatz *m* όρμος, αγκυροβόλι
anketten αλυσοδένω
Anklage *f* κατηγορία, καταγγελία; **~ erheben** υποβάλλω μήνυση, *jur.* απαγγέλλω κατηγορία (**gegen j-n**/εναντίον του); **~bank** *f* εδώλιο κατηγορουμένου
anklagen κατηγορώ; καταγγέλλω
Ankläger *m* κατήγορος, μηνυτής
Anklageschrift *f* κατηγορητήριο
Anklang *m*: **~ finden** βρίσκω απήχηση
ankleben (προσ)κολλώ (*-άς*); *Plakate* τοιχοκολλώ (*-άς*)
ankleiden *v/t* ντύνω
anklopfen χτυπώ (*-άς*) (την πόρτα)
anknipsen *Licht* ανάβω, ανοίγω
anknüpf|en συνδέω; *Beziehungen* συνάπτω; πιάνω; **2ung** *f* σύνδεση (*-εις*); **2ungs·punkt** *m fig.* αφετηρία
ankommen* (*sn*) φτάνω (**in** *D*/σε); **das kommt darauf an** εξαρτάται
ankreuzen σημειώνω με σταυρό
ankündig|en *allg.* αναγγέλλω; **2ung** *f* αναγγελία
Ankunft (-; *⸚e*) *f* άφιξη (*-εις*), ερχομός; **~s·tag** *m* ημέρα άφιξης
ankuppeln *Esb.* συνδέω
ankurbel|n *fig. Wirtschaft* δίνω ώθηση σε; **2ung** *f* ώθηση (*-εις*)
Anlage *f Tech.* εγκατάσταση (*-εις*); (*Fabrik*) εργοστάσιο, συγκρότημα *n* (*a. Stereo2*); (*Geld2*) τοποθέτηση (*-εις*); (*Fähigkeit*) προδιάθεση; *zum Brief*: συνημμένο; **~berater** *m* σύμβουλος καταθέσεων; **~kapital** *n* κεφάλαιο καταθέσεων
Anlaß (*-sses*; *⸚sse*) *m* αφορμή; **~ geben zu** *D* δίνω αφορμή *od.* λαβή για; **aus ~** *G* επ' ευκαιρία *G*
anlassen* *Motor* βάζω μπρος; *Mantel* δε(ν) βγάζω; (*brennen lassen*) αφήνω (συνέχεια) αναμμένο
Anlasser *m Auto*: μίζα
anlasten καταλογίζω
Anlauf *m* φόρα, ορμή
anlaufen* *Schiff*: πιάνω λιμάνι; *Metall, Glas*: θαμπώνω; αρχίζω

Anlaut *m Gr.* αρχικός φθόγγος
anlegen εγκαθιστώ (-άς); *Weg* διανοίγω; χαράζω; *Sammlung* καταρτίζω; *Kleider* φορώ (-άς); *Geld* τοποθετώ (**in** *D*/σε); (*fest* ~) ακινητοποιώ; *Schiff*: αράζω; **sich** ~ (*sich streiten*) πιάνομαι, τα βάζω (**mit** *D*/με)
Anlege|platz *m*, **~stelle** *f* σκάλα, όρμος, αποβάθρα
anlehnen ακουμπώ (-άς) (**an** *A*/σε); *Tür* μισοκλείνω; **sich** ~ ακουμπώ
Anleihe *f* δάνειο
anleimen κολλώ (-άς) (**an** *A*/σε)
anleit|en καθοδηγώ; διδάσκω; **2ung** *f* καθοδήγηση, οδηγίες *f/pl*
anlernen *v/t* μαθαίνω τέχνη σε
Anlieg|en *n* παράκληση, επιθυμία; (*Ziel, Absicht*) σκοπός; **~er** *m* γείτονας, περίοικος
anlocken δελεάζω
anlügen* λέω ψέματα (**j-n**/σε κπ)
anmachen (*befestigen*) στερεώνω; *Licht usw.* ανοίγω; *Feuer* ανάβω
anmalen μπογιατίζω, χρωματίζω
anmaß|en: sich ~en zu + *Inf* έχω την αξίωση να; **2ung** αυθάδεια
Anmeldeformular *n* έντυπο δηλώσεως
anmeld|en δηλώνω; *Schüler* εγγράφω; *Vorbehalte* εκφράζω; **2ung** *f* δήλωση (-εις)
anmerk|en σημειώνω; παρατηρώ; **2ung** *f* (υπο)σημείωση (-εις)
Anmut (*0*) *f* χάρη, γοητεία; **2ig** χαριτωμένος
annageln καρφώνω, καθηλώνω
annähen *Ärmel usw.* ράβω
annäher|n: sich ~n πλησιάζω (*D*/προς *A*); **~nd** παραπλήσιος; *Adv* κατά προσέγγιση; **2ung** *f a. Math.* προσέγγιση (-εις)
Annahme *f* (*Empfang*) παραλαβή; αποδοχή, παραδοχή; *Gesetz*: ψήφιση (-εις); (*Mutmaßung*) υπόθεση (-εις); **~stelle** *f* γραφείο παραλαβής
annehmen* (*akzeptieren*) παραδέχομαι; *Wechsel* αποδέχομαι; (*vermuten*) υποθέτω; *Geschenk* δέχομαι; παίρνω; *pol. Entwurf* ψηφίζω; *Kind, Meinung* υιοθετώ
annek'tieren προσαρτώ (-άς)
Annexi'on *f* προσάρτηση (-εις)
Annon|ce [a'nõːsə, a'nɔŋsə] *f* αγγελία; **2cieren** [-'siːʀən] δημοσιεύω αγγελία
annul'lier|en ακυρώνω; **2ung** *f* ακύρωση (-εις)
A'node *f El.* άνοδος *f*; **~n-** ανοδικός
an·öden ζαλίζω; πλήττω
anomal ανώμαλος
ano'nym ανώνυμος; **2i'tät** (*0*) *f* ανωνυμία
Anorak (*-s; -s*) *m* μπουφάν (*0*) *n*
an·ordn|en τακτοποιώ; (*anweisen*) ορίζω, διατάζω; **2ung** *f* τακτοποίηση; εντολή
anorganisch *Chem.* ανόργανος
anpacken *Problem* αντιμετωπίζω
anpass|en προσαρμόζω; ταιριάζω *A*; **2ung** *f* προσαρμογή; **~ungs·fähig** προσαρμοστικός; **2ungs·fähigkeit** (*0*) *f* προσαρμοστικότητα
anpeilen *Flugw.* επισημαίνω
anpfeifen* *Spiel* σφυρίζω την έναρξη
anpflanz|en φυτεύω; **2ung** *f* φύτεμα *n*
anprangern καταγγέλλω
Anprob|e *f* πρόβα, δοκιμή; **2ieren** προβάρω, δοκιμάζω
anrechn|en *a. fig.* καταλογίζω (**j-m etw.**/σε κπ κτ); συμψηφίζω; **2ung** *f* καταλογισμός, συμψηφισμός
Anrede *f* προσφώνηση (-εις); **2n** προσφωνώ; **mit du 2n** μιλώ στον ενικό (**j-n**/σε κπ); **mit Sie 2n** μιλώ στον πληθυντικό
anreg|en παρακινώ; εμπνέω (**j-n zu** *D*/κπ σε); *Appetit* ανοίγω, διεγείρω; *Phantasie* εξάπτω; **~end** διεγερτικός; **2ung** *f* παρακίνηση (-εις), πρωτοβουλία; **2ungs·mittel** *n* διεγερτικό
anreicher|n εμπλουτίζω; **2ung** *f* εμπλουτισμός
Anreiz *m* κίνητρο; παρότρυνση (-εις); **2en** παροτρύνω
Anrichte *f* μπουφές (-έδες)
anrichten *Speisen* ετοιμάζω; *Schaden* προξενώ
anrüchig κακόφημος; ύποπτος
anrücken (*sn*) πλησιάζω
Anruf *m* (*Telefon2*) τηλεφώνημα *n*; *allg.* κλήση (-εις); **~beantworter** *m* αυτόματος τηλεφωνητής; **2en*** τηλεφωνώ (**j-n**/σε κπ), παίρνω (στο) τηλέφωνο (**j-n**/κπ); **~er** *m Tel.* καλών *m* (*-ούσα f*)
anrühren ανακατεύω; αγγίζω
Ansage *f* αγγελία, εκφώνηση (-εις)

ansag|en εκφωνώ; **≗er** *m Rdf.* εκφωνητής; **≗erin** *f* εκφωνήτρια
ansammeln συναθροίζω, μαζεύω
Ansammlung *f* συγκέντρωση (-*εις*)
ansässig εγκατεστημένος
Ansatz *m Tech.* προέκταση (-*εις*); (*Anlauf*) φόρα; (*Beginn*) αφετηρία; (*Versuch a. lit.*) δοκιμή, απόπειρα
anschaffen *v/t* προμηθεύω; **sich** (*D*) **etw. ~** προμηθεύομαι, αγοράζω κτ
anschauen: sich (*D*) **etw. ~** κοιτάζω κτ; (*genau ~*) περιεργάζομαι
anschaulich παραστατικός
Anschauung *f pol.* φρόνημα *n*; αντίληψη (-*εις*) (**über** *A*/για)
Anschein (-*es*; *0*) *m* φαινόμενο, εμφάνιση; **dem ~ nach** κατά τα φαινόμενα
anschicken: sich ~ ετοιμάζομαι
Anschlag *m* (*Plakat*) τοιχοκόλληση (-*εις*); (*Attentat*) απόπειρα; **~brett** *n*, **~tafel** *f* πίνακας ανακοινώσεων
anschlag|en* *v/t Plakat* τοιχοκολλώ (-*άς*); (*befestigen*) στερεώνω; *v/i* (*sn*) πιάνω; **≗säule** *f* στήλη διαφημίσεων
anschließ|en* *v/t* συνάπτω, *a. El.* συνδέω (**an** *A*/με); **sich ~en** *D* ακολουθώ *A*; *e-r Meinung* (*D*) ασπάζομαι *A*; προσχωρώ (*D*/σε); **~end** επόμενος, ακόλουθος; *Adv* ύστερα, μετά
Anschluß *m* προσάρτηση (-*εις*) (**an** *A*/σε); σύνδεση (-*εις*); *El.* είσοδος *f*; (*~flug*, *~zug*) ανταπόκριση (-*εις*); **~ finden** κάνω γνωριμία
anschmiegen: sich ~ χαϊδεύομαι
anschmieren F (*täuschen*) γελώ (-*άς*)
anschnall|en στερεώνω; *Flugw.* **sich ~en** δένω τη ζώνη ασφαλείας; **≗gurt** *m* ζώνη ασφαλείας; **≗pflicht** *f* υποχρέωση πρόσδεσης
anschnauzen (-*t*) *v/t* F κατσαδιάζω
anschreien* *v/t* μαλώνω φωνάζοντας
Anschrift *f* διεύθυνση (-*εις*); **~en·liste** *f* κατάλογος διευθύνσεων
Anschuldigung *f* κατηγορία
anschüren *Feuer* σκαλίζω; *fig.* αναμοχλεύω
anschweißen συγκολλώ (-*άς*)
anschwell|en* (*sn*) πρήζομαι, φουσκώνω; *Fluß*: πλημμυρίζω; **≗ung** *f* διόγκωση, πρήξιμο (-ατος)
anschwemm|en προσχώνω; **≗ung** *f* πρόσχωμα *n*, πρόσχωση (-*εις*)
anschwindeln F ξεγελώ (-*άς*)
ansehen* *v/t* βλέπω, κοιτάζω; **sich** (*D*) **~** κοιτάζω; **≗** *n* υπόληψη, κύρος *n*; όψη
ansehnlich (*gut aussehend*) ευπαρουσίαστος; *Vermögen usw*: αξιόλογος
anseilen δένω με σχοινί
ansetzen *v/t* (*anstücken*) προσθέτω; *Leiter usw.* βάζω; κολλώ (-*άς*), ράβω σε; *v/i* **zum Sprung ~** παίρνω φόρα
Ansicht *f* όψη (-*εις*), θέα; (*Meinung*) άποψη (-*εις*), γνώμη; **zur ~** ως δείγμα *n*; **meiner ~ nach** κατά τη γνώμη μου; **~s·karte** *f* καρτ-ποστάλ *f*; **~s·sache** *f* ζήτημα *n* αντιλήψεως
ansiedel|n *v/t* εγκαθιστώ; **≗ung** *f* οικισμός; εποίκιση (-*εις*)
anspann|en *Pferde* ζεύω; *Kräfte* εντείνω; *Seil* τεντώνω; **≗ung** *f* ένταση
anspiel|en *fig.* υπαινίσσομαι (**auf** *A*/*A*); **≗ung** *f* υπαινιγμός
anspitz|en ξύνω; **≗er** *m* ξυστήρα
Ansporn (-*es*; *0*) *m* κίνητρο, παρότρυνση (-*εις*); **≗en** *fig.* παρακινώ
Ansprache *f* προσφώνηση (-*εις*); **e-e ~ halten** προσφωνώ
ansprech|bar ευπροσήγορος; **~en*** απευθύνω το λόγο (**j-n**/σε κπ); (*erwähnen*) αναφέρω; **~end** ελκυστικός
anspringen* (*sn*) παίρνω μπρος
anspritzen πιτσιλίζω
Anspruch *m* αξίωση (-*εις*) (**auf** *A*/επί *G*), δικαίωμα *n* (**auf** *A*/σε); **~ haben** δικαιούμαι (-*σαι*) (**auf** *A*/*A*); **in ~ nehmen** απαιτώ; απασχολώ (**j-n**/κπ); **Ansprüche stellen** προβάλλω απαιτήσεις; **≗s·los** ολιγαρκής 2; **~s·losigkeit** (*0*) *f* ολιγάρκεια; **≗s·voll** απαιτητικός
anstacheln τσιμπώ (-*άς*); *fig.* παρακινώ (**zu** *D*/σε)
Anstalt *f* ίδρυμα *n*; **~en** *f/pl* (*Vorkehrungen*) προετοιμασίες *f/pl*
Anstand (-*es*; *0*) *m* αξιοπρέπεια
anständig τίμιος, αξιοπρεπής 2, ... καθώς πρέπει; *Benehmen*: σεμνός; **≗keit** (*0*) *f* αξιοπρέπεια, τιμιότητα
anstarren κοιτάζω με γουρλωμένα μάτια
anstatt *Präp G* αντί για; *K*: αντί *G*; *Ko* **~ daß, ~ zu** + *Inf* αντί να
anstecken καρφιτσώνω; (*anzünden*) ανάβω; *Med.* κολλώ (-*άς*); **~d** *Med.* κολλητικός, *a. fig.* μεταδοτικός

Ansteckung *f* μετάδοση (-εις); **~s·gefahr** *f* κίνδυνος μεταδόσεως
anstehen* (*Schlange stehen*) στέκομαι στην ουρά; **~d** *allg.*, *Problem* άλυτος
ansteigen* (*sn*) *Weg*: ανηφορίζω; *Fluß*: φουσκώνω; *Fieber*: ανεβαίνω; *Bevölkerung*: αυξάνομαι; υψώνομαι
anstellen *v/t* τοποθετώ; *bsd. Beamte* διορίζω; *j-n* **fest ~** μονιμοποιώ; *Radio usw.* ανοίγω; βάζω μπρος; ***sich ~*** μπαίνω στην ουρά; (*sich zieren*) κάνω νάζια; ***sich ~ als ob*** προσποιούμαι ότι; ***sich dumm ~*** κάνω τον κουτό
Anstellung *f* τοποθέτηση (-εις); διορισμός
ansteuern κατευθύνομαι σε
Anstieg (-*ẹs*; -*e*) *m* άνοδος *f*; *Preise*: αύξηση (-εις)
anstift|en υποκινώ; **≗er** *m* υποκινητής; **≗ung** *f* υποκίνηση (-εις)
Anstoß *m* ώθηση (-εις); *fig.* πρωτοβουλία (**zu** *D*/*G*); (*Ärgernis*) σκάνδαλο; ***~ erregen*** προκαλώ σκάνδαλο
anstoßen* *v/t* σπρώχνω; *v/i beim Trinken*: τσουγκρίζω (**mit** *D*/με); *v/i* (*sn*) προσκρούω (***an*** *D*/σε); (*angrenzen*) συνορεύω (***an*** *A*/προς)
anstreben φιλοδοξώ (*A*/*A*)
anstreich|en* μπογιατίζω; **≗er** *m* μπογιατζής (-*ήδες*)
anstreng|en *v/t* κουράζω, καταπονώ; ***sich ~en*** προσπαθώ (**zu**/να); **~end** κοπιαστικός, κουραστικός; **≗ung** *f* προσπάθεια, κόπος, κούραση
Anstrich *m* βάψιμο (-*ατος*)
Ansturm *m* εφόρμηση (-εις), έφοδος *f*
antasten *Ehre* θίγω
Anteil *m* μέρος *n* (**an** *D*/από); *am Erbe*: μοίρα, μερίδιο; (*Beitrag*) συμβολή
An'tenne *f* αντένα, κεραία
Anthropo|'loge (-*n*) *m* ανθρωπολόγος; **~lo'gie** *f* ανθρωπολογία
Anti'babypille *f* αντισυλληπτικό χάπι
Antibi'otika *n/pl* αντιβιοτικά *n/pl*
Antifa'schist (-*en*) *m* αντιφασίστας
an'tik αρχαίος, παλαιός
An'tike (*0*) *f* αρχαιότητα
Antikörper *m/pl* αντισώματα *n/pl*
Antipa'thie *f* αντιπάθεια
Antiquari'at (-*ẹs*; -*e*) *n* παλαιοβιβλιοπωλείο
Antiqui'tät *f* αντίκα; ***~en*** *pl* αρχαιότητες *f/pl*
Antiqui'täten|geschäft *n* κατάστημα *n* αντικών; **~schmuggel** *m* αρχαιοκαπηλία
Anti'sept|ikum (-*s*; -*ka*) *n* αντισηπτικό; **≗isch** αντισηπτικός
Antrag (-*ẹs*; *⸚e*) *m* αίτηση (-εις) (**auf** *A*/*G*; **an** *A*/προς); *bsd. pol., jur.* προσφυγή (**an** *A*/σε); (*Gesetzes≗*) πρόταση (-εις); εισήγηση (-εις); **~s·formular** *n* έντυπο αιτήσεων; **~steller(in** *f*) *m* αιτών *m* (-ούσα *f*)
antreffen* βρίσκω, συναντώ
antreiben* (παρα)κινώ, σπρώχνω
antreten* *v/t allg.* αρχίζω; ***Reise ~*** πάω ταξίδι; *Erbschaft* αποδέχομαι; ***Dienst ~*** αναλαμβάνω υπηρεσία; *v/i* (*sn*) *mil.* παρατάσσομαι
Antrieb *m* κινητήρια δύναμη; (*Vorrichtung*) κινητήρας; (*Stoß*) ώθηση (-εις); *Psych.* παρόρμηση
Antritt *m allg.* έναρξη; *e-s Amtes*: ανάληψη
antun* *ein Leid usw.* κάνω; *Gewalt, Zwang D* βιάζω *A*
Antwort *f* απάντηση (-εις), απόκριση (-εις) (**auf** *A*/σε); **≗en** απαντώ (-άς) (**j-m, auf** *A*/σε), αποκρίνομαι
anvertrauen εμπιστεύομαι
anwachsen* (*sn*) (*mehr werden*) αυξάνομαι; **≗** *n* αύξηση
Anwalt (-*ẹs*; *⸚e*) *m allg.* δικηγόρος; **~schaft** *f* δικηγορία, δικηγορική
Anwalts|gebühren *f/pl* δικηγορικά *n/pl*; **~kammer** *f* Δικηγορικός Σύλλογος
anwärmen ζεσταίνω, χλιαίνω; *Ofen* προθερμαίνω
Anwärter *m* υποψήφιος (**auf** *A*/για); (*Offiziers≗*) δόκιμος
anweis|en* (*befehlen*) διατάζω; δίνω εντολή; ***j-m den Platz ~en*** οδηγώ κπ στη θέση; **≗ung** *f* οδηγία; (*Zahlungs-*) ένταλμα *n*
anwend|en εφαρμόζω; **≗er·software** *f EDV* εξαρτήματα *n/pl* προγραμματισμού; **≗ung** *f* εφαρμογή
anwerfen* *Motor* βάζω μπρος
anwesend παρών (-ούσα, -όν); ***~ sein*** παρίσταμαι
Anwesenheit (*0*) *f* παρουσία
anwidern αηδιάζω
Anwohner *m* περίοικος
Anzahl (*0*) *f* αριθμός; ***beschlußfähige ~*** απαρτία

anzahl|en καπαρώνω; **≈ung** *f* καπάρο, προκαταβολή
anzapfen *Faß* ανοίγω; διατρυπώ
Anzeichen *n* ένδειξη (-*εις*); (*Merkmal*) σύμπτωμα *n*; προγνωστικό
Anzeige *f* (*Inserat*) αγγελία; (*Werbe≈*) διαφήμιση (-*εις*); δήλωση (-*εις*); καταγγελία, μήνυση (-*εις*); **~ *erstatten*** υποβάλλω μήνυση
anzeigen *Zeit usw.* δείχνω, επιδεικνύω; *jur.* καταγγέλλω, μηνύω; (*denunzieren*) καταδίδω (***j-n* bei**/κπ σε); **≈teil** *m* μικρές αγγελίες *f*/*pl*
anziehen* *v*/*t* ντύνω; *Schuhe* βάζω, φορώ; (*spannen*) τεντώνω; *Schraube, Knoten* σφίγγω; *El. Magnet* (*a. fig. attraktiv sein*): (προσ)ελκύω, τραβώ (-*άς*); **~d** ελκυστικός *a. fig.*
Anziehung *f* (*Reiz*) ελκυστικότητα; **~s·kraft** *f El.* έλξη (-*εις*)
Anzug *m* κο(υ)στούμι; ενδυμασία
anzünden ανάβω; βάζω φωτιά σε
anzweifeln αμφισβητώ
Ao'rist (-*s*; -*e*) *m* αόριστος
A'partment (-*s*; -*s*) *n* διαμέρισμα *n*
Apa'thie *f* απάθεια
Aperi'tif (-*s*; -*s*) *m* ορεκτικό
Apfel (-*s*; ⸚*e*) *m* μήλο; **~baum** *m* μηλιά; **~kuchen** *m* μηλόπι(τ)τα; **~mus** *n* πολτός μήλο(υ); **~saft** *m* μηλάδα
Apfel'sine *f* πορτοκάλι; **~n·baum** *m* πορτοκαλιά; **~n·saft** *m* φυσική πορτοκαλάδα
Apfeltorte *f* τάρτα μήλο
Apoka'lyp|se *f Rel.* αποκάλυψη (-*εις*); **≈tisch** αποκαλυπτικός
A'postel *m* απόστολος
Apo'stroph (-*s*; -*e*) *m* απόστροφος
Apo'theke *f* φαρμακείο; **~r(in** *f*) *m* φαρμακοποιός (*a. f*)
Appa'rat (-*ɇs*; -*e*) *m allg.* μηχανή; μηχάνημα *n*; συσκευή
Ap'pell (-*s*; -*e*) *m* προσκλητήριο; *allg.* έκκληση (-*εις*)
appel'lieren επικαλούμαι (***an*** *A*/*A*), απευθύνομαι (***an*** *A*/σε)
Appe'tit (-*ɇs*; -*e*) *m* όρεξη (-*εις*) (***auf*** *A*/για); ***guten* ~!** καλή όρεξη!; **≈anregend** ορεκτικός; **≈lich** ορεκτικός; *fig.* λαχταριστός
applau'dieren χειροκροτώ (*D*/*A*)
Ap'plaus (-*es*; *0*) *m* χειροκρότημα *n*
Apri'kose *f* βερίκοκο, καϊσί; **~n·baum** *m* βερικοκιά
A'pril (-*s*; -*e*) *m* Απρίλιος; **~scherz** *m* πρωταπριλιάτικη φάρσα
Aquä'dukt (-*ɇs*; -*e*) *m* υδραγωγείο
Aqua'rell (-*s*; -*e*) *n* υδατογραφία
A'quarium (-*s*; -*rien*) *n* ενυδρείο
Ä'quator (-*s*; *0*) *m* ισημερινός
äquiva'lent ισάξιος; ισότιμος
Ära (-; -*ren*) *f* εποχή
Arbeit *f* δουλειά, εργασία; *wissenschaftliche* μελέτη; έργο; (*Schul≈*) διαγώνισμα *n*
arbeiten δουλεύω, εργάζομαι (***an*** *D*/σε); *Herz usw.*: λειτουργώ
Arbeiter *m* εργάτης; (*Werktätiger*) εργαζόμενος; **~in** *f* εργάτρια; **~klasse** (*0*) *f* εργατική τάξη; **~schaft** (*0*) *f* εργατιά
Arbeitgeber *m* εργοδότης; **~anteil** *m* εργοδοτική εισφορά; **~verband** *m* οργάνωση (-*εις*) εργοδοτών
Arbeitnehmer *m* εργαζόμενος
arbeitsam εργατικός
Arbeits|amt *n* κρατικό γραφείο ευρέσεως εργασίας; Ταμείο Ανεργείας; **~bedingungen** *f*/*pl* συνθήκες εργασίας; **~beschaffungsmaßnahmen** *f*/*pl* μέτρα αύξησης της προσφοράς εργασίας; **~erlaubnis** *f* άδεια εργασίας; **≈fähig** ικανός προς εργασία; **~kampf** *m* εργατικός αγώνας; **~kräfte** *f*/*pl* εργατικό δυναμικό; εργαζόμενοι *m*/*pl*; **~lager** *n* στρατόπεδο καταναγκαστικής εργασίας; **~lohn** *m* μισθός; **≈los, ~lose(r)** άνεργος
Arbeits·losen|fürsorge (*0*) *f*, **~hilfe** *f* βοήθημα *n* ανεργίας; **~geld** *n* επίδομα *n* ανεργίας; **~versicherung** *f* ασφάλιση ανεργίας
Arbeits|losigkeit (*0*) *f* ανεργία; **~markt** *m* αγορά εργασίας; **~ministerium** *n* υπουργείο εργασίας; **~platz** *m* τόπος *od.* θέση εργασίας; **~recht** *n* εργατικό δίκαιο; **≈scheu** τεμπέλης 3, φυγόπονος; **~tag** *m* εργάσιμη ημέρα; **~tisch** *m* πάγκος εργασίας
arbeits·un|fähig ανίκανος προς εργασία; **≈fall** *m* εργατικό ατύχημα *n*
Arbeits|verhältnis *n* σχέση (-*εις*) εργασίας; **~vertrag** *m* συμβόλαιο εργασίας; **~zeit** *f täglich*: ωράριο (*od.* χρόνος) εργασίας; ***gleitende* ~zeit** ελαστικό ωράριο; **~zeitverkürzung** *f* ελάττωση ωραρίου εργασίας

archa|isch [ˀaʀ'ça:ɪʃ] αρχαϊκός; **ꞈ'ismus** (-; *-men*) *m* αρχαϊσμός
Archäolog|e [ˀaʀçɛ:oˑ'lo:gə] (*-n*) *m* αρχαιολόγος; **~ie** [-'gi:] (*0*) *f* αρχαιολογία; **ꞈisch** αρχαιολογικός
Archi'tekt (*-en*) *m* αρχιτέκτονας; **~en-, ꞈonisch** [-'to:-] αρχιτεκτονικός; **~ur** [-'tu:ʀ] *f* αρχιτεκτονική
Ar'chiv [aʀ'çi:f] (*-s*; *-e*) *n* αρχείο
Are'al (*-s*; *-e*) *n* εμβαδόν
A'rena (-; *-nen*) *f* στίβος; παλαίστρα
arg (*ᵘer*; *ᵘst*) κακός; δεινός
Ärger (*-s*; *0*) *m* αγανάκτηση (**über** *A*/ για); μπελάς; (*Wut*) οργή, θυμός; **ꞈlich** δυσάρεστος; εκνευριστικός; *Pers.*: θυμωμένος (με)
ärgern *v/t* εξοργίζω, θυμώνω, δυσαρεστώ; ***sich ~*** αγανακτώ (**über** *A*/με)
Ärgernis (*-ses*; *-se*) *n* σκάνδαλο
arglos άκακος, αθώος; άδολος; **ꞈigkeit** *f* αθωότητα
Argu'ment (*-s*; *-e*) *n* επιχείρημα *n*; **~a'tion** *f* επιχειρηματολογία; **ꞈieren** [-'ti:-] επιχειρηματολογώ
Arg|wohn (*-s*; *0*) *m* υποψία, καχυποψία; **ꞈwöhnisch** καχύποπτος
Aristo'krat (*-en*) *m* αριστοκράτης, ευπατρίδης; **~ie** [-'ti:] *f* αριστοκρατία; **ꞈisch** αριστοκρατικός
Arith'met|ik (*0*) *f* αριθμητική; **ꞈisch** αριθμητικός
Ar'kade *f* καμάρα, αψίδα
Arm (*-ęs*; *-e*) *m* μπράτσο, χέρι; *a. Tech.* βραχίονας; ***unter dem ~*** παραμάσκαλα; ***~ in ~*** χέρι με χέρι
arm φτωχός; (*bedauernswert*) καημένος; ***~e Leute*** φτωχολογιά
Arma'turenbrett *n Auto*: ταμπλό (*0*); *Flugw.* πίνακας οργάνων πτήσεως
Armband *n* βραχιόλι; **~uhr** *f* ρολόι του χεριού
Ar'mee *f* στρατός; στρατιά
Ärmel *m* μανίκι; ***etwas aus dem ~ schütteln*** παίζω κάτι στα δάχτυλα
Armenviertel *n* φτωχογειτονιά
ärmlich φτωχικός
armselig μίζερος; **ꞈkeit** *f* μιζέρια
Armut (*0*) *f* φτώχεια, πενία (*K*)
Armvoll (-; *0*) *m* αγκαλιά
A'roma (*-s*; *-men*) *n* άρωμα *n*; **~stoff** *m* μυρωδικό; **ꞈtisch** αρωματικός
Ar'rest (*-ęs*; *-e*) *m mil.* περιορισμός
arro'gan|t αλαζονικός, υπεροπτικός; **ꞈz** (*0*) *f* αλαζονεία, υπεροψία
Arsch (*-ęs*; *ᵘe*) *m* V κώλος; **~backe** *f* κωλομέρι
Arse'nal (*-s*; *-e*) *n* οπλοστάσιο
Art *f* είδος *a. Biol.*; **~** (***und Weise***) τρόπος; (*Typ*) τύπος; ***jede ~ von*** κάθε λογής *N*; ***auf diese ~ und Weise*** μ' αυτόν τον τρόπο
Ar'terie [-rĭə] *f* αρτηρία; **~n·verkalkung** *f* αρτηριοσκλήρωση
Ar'thritis (*0*) *f* αρθρίτιδα
artig *Kind*: φρόνιμος
Ar'tikel *m* (*Ware*) είδος *n*; *Gr.*, *Zeitungsꞈ*, *Vertragsꞈ* άρθρο
Artikul|a'tion *f* άρθρωση; **ꞈieren** αρθρώνω
Artille'rie *f* πυροβολικό
Arti'schocke *f* αγκινάρα
Ar'tist (*-en*) *m* ακροβάτης; **ꞈisch** ακροβατικός
Arz'nei *f* φάρμακο, γιατρικό; **~-** φαρμακευτικός; **~kunde** (*0*) *f* φαρμακευτική; **~pflanze** *f* βοτάνι, βότανο
Arzt (*-es*; *ᵘe*) *m* γιατρός, *K* ιατρός; ***praktischer ~, ~ für Allgemeinmedizin*** παθολόγος
Ärzt|in *f* γιατρός *f*; γιατρίνα, γιατρέσσα; **ꞈlich** ιατρικός
As'best (*-ęs*; *-e*) *m* αμίαντο(ς)
Asche *f* στάχτη; *K* τέφρα
Aschenbecher *m* σταχτοδοχείο
As'ke|se *f* άσκηση (*-εις*); **~t** (*-en*) *m* ασκητής; **ꞈtisch** ασκητικός
As'pekt (*-s*; *-e*) *m* άποψη (*-εις*)
As'phalt (*-s*; *-e*) *m* άσφαλτος *f*; **ꞈieren** [-'ti:-] ασφαλτοστρώνω; **ꞈiert** ασφαλτοστρωμένος
Aspi'rin (*-s*; *0*) *n* ασπιρίνη
aß *s.* ***essen***
Assimi|la'tion *f* αφομοίωση (*-εις*); **ꞈ'lieren** αφομοιώνω
Assi'sten|t (*-en*) *m* βοηθός, επιμελητής; **~z·arzt** *m* βοηθός ιατρός
Assozia'tion *f Psych.* συνειρμός
Ast (*-ęs*; *ᵘe*) *m* κλαδί, κλαρί
Ästhet|ik [ˀɛ'ste:tɪk] (*0*) *f* αισθητική; **ꞈisch** αισθητικός; καλαίσθητος
Asth|ma (*-s*; *0*) *n* άσθμα *n*; **ꞈ'matisch** ασθματικός
Astro'log|e (*-n*) *m* αστρολόγος; **~ie** [-'gi:] (*0*) *f* αστρολογία
Astro|'naut (*-en*) *m* αστροναύτης; **~'nom** (*-en*) *m* αστρονόμος; **~no'mie** (*0*) *f* αστρονομία; **ꞈ'nomisch** αστρονομικός

A'syl (*-s; -e*) *n* άσυλο; **~antrag** *m* αίτηση πολιτικού ασύλου; **~bewerber** *m* αιτών (*-ούντος*) άσυλο; **~recht** (*-ęs; 0*) *n* ασυλία
Atelier [atə'lĭe:] (*-s; -s*) *n* εργαστήριο
Atem (*-s; 0*) *m* ανάσα, (ανα)πνοή; (*Mundgeruch*) χνότο; **~ *holen*** *od.* ***schöpfen*** παίρνω ανάσα; ***außer ~ sein*** λαχανιάζω; **~beschwerden** *f/pl*, δύσπνοια
Atheis|mus [ˀate'ɪsmʊs] (*0*) *m* αθεΐα; αθεϊσμός; **~t** (*-en*) *m* αθεϊστής
Ath'let (*-en*) *m* αθλητής; **~in** *f* αθλήτρια; **⁓isch** αθλητικός
atmen αναπνέω, ανασαίνω
Atmo'sphär|e *f a. Maßeinheit u. fig.* ατμόσφαιρα; **⁓isch** ατμοσφαιρικός
Atmung *f* αναπνοή; **~s·organe** *n/pl* αναπνευστικά όργανα *n/pl*
A'tom (*-s; -e*) *n* άτομο; **~-** ατομικός, πυρηνικός
ato'mar ατομικός, πυρηνικός
A'tom|bombe *f* ατομική βόμβα; **~energie** (*0*) *f* ατομική ενέργεια; **~kraftgegner** *m* αντίπαλος πυρηνικής ενέργειας; **~kraftwerk** *n* πυρηνικό εργοστάσιο; **~krieg** *m* πυρηνικός πόλεμος; **~reaktor** *m* πυρηνικός αντιδραστήρας; **~streitmacht** *f* πυρηνική δύναμη (*-εις*); **~versuch** *m* πυρηνική δοκιμή; **~zertrümmerung** *f* διάσπαση του ατόμου
Attaché [-'ʃe:] (*-s; -s*) *m* ακόλουθος
Attentat (*-ęs; -e*) *n* (δολοφονική) απόπειρα (***auf*** *A*/κατά *G*)
A'ttest (*-ęs; -e*) *n* πιστοποιητικό
Attrak|'tion *f* ατραξιόν (*0*) *f*; **⁓'tiv** ελκυστικός
ätz|en καυτηριάζω; **⁓en** *n* καυτηριασμός; **~end** *Chem.* καυστικός
Aubergine [o·bɛr'ʒi:nə] *f* μελιτζάνα
auch και, επίσης; **~ *nicht*** ούτε
Audienz [-'dĭɛnts] *f* ακρόαση (*-εις*)
audiovisu'ell οπτικοακουστικός
Audi'torium (*-s; -rien*) *n* ακροατήριο
auf¹ *Präp mit Dativ u. Akkusativ*: σε, εις (*K*); (*oben auf*) (ε)πάνω σε, επί *G* (*K*); **~ ...** (*A*) ***zu*** κατεπάνω σε, κατά *A*; ***~ der Stelle*** παράυτα (*K*); ***~ immer*** για πάντα; ***~ alle Fälle*** για κάθε ενδεχόμενο; ***~ diese Art*** μ'αυτό τον τρόπο; ***~ einmal*** μεμιάς; ***~ deutsch*** γερμανικά; ***~ und ab gehen*** πηγαινοέρχομαι; κόβω βόλτες; *Treppe* ανεβοκατεβαίνω; ***sich ~ und davon machen*** το σκάζω
auf² *Adv* (*offen*) ανοιχτός
auf³ *Interj* εμπρός!, άιντε!
auf⁴- *als Präfix oft* ανα-
auf·atmen *a. fig.* ανασαίνω; ***erleichtert ~*** ξαλαφρώνω
Aufbau (*-ęs; 0*) *m* ανέγερση (*-εις*), χτίσιμο (*-ατος*); (*Wieder⁓*) ανοικοδόμηση (*-εις*); *fig.* διοργάνωση (*-εις*); δομή; **⁓en** ανεγείρω, χτίζω; ανορθώνω; διοργανώνω
aufbauschen εξογκώνω, παραλέω
aufbereit|en παρασκευάζω; **⁓ung** *f Chem.* κατεργασία; παρασκευή
aufbesser|n διορθώνω; βελτιώνω; **⁓ung** *f* διόρθωση (*-εις*); βελτίωση (*-εις*)
aufbewahren φυλά(γ)ω
aufbieten* κινητοποιώ, επιστρατεύω
aufblähen *a. fig.* φουσκώνω; διογκώνω; *fig.* μεγαλοποιώ; ***sich ~*** *fig.* κορδώνομαι
aufblasen* φουσκώνω
aufbleiben* (*sn*) μένω άγρυπνος; *Tür*: μένω ανοιχτός
aufblicken κοιτάζω προς τα πάνω
aufblitzen αναλάμπω
aufblühen (*sn*) *v/i* ανθίζω; *fig.* προκόβω; **⁓** *n* άνθιση; *fig.* προκοπή
aufbrauchen *v/t Vorrat, Brot usw.* τελειώνω, εξαντλώ, καταναλώνω
aufbrausen (*sn*) *a. fig.* αναβράζω; *fig.* φουντώνω, κορώνω
aufbrechen* *v/t Tür, Schrank usw.* διαρρηγνύω, παραβιάζω; *v/i* (*sn*) (*weggehen*) ξεκινώ, αναχωρώ
aufbringen* *v/t* λανσάρω, καθιερώνω; ανοίγω; (*ärgern*) εξοργίζω
Aufbruch *m* ξεκίνημα *n*; αναχώρηση (*-εις*); έξοδος *f*
aufbrühen ζεματίζω; περιχύνω με καυτό νερό
aufbürden φορτώνω (***j-m etw.***/κπ με κτ)
aufdeck|en ξεσκεπάζω; *fig.* αποκαλύπτω; **⁓ung** *f fig.* αποκάλυψη (*-εις*)
aufdrängen επιβάλλω (***j-m etw.***/κτ σε κπ); ***sich ~*** προσκολλώμαι
aufdrehen *Hahn* ανοίγω
aufdringlich φορτικός, ενοχλητικός; **⁓keit** *f* φορτικότητα
aufein'ander *zeitl.*: ο ένας μετά τον άλλο(ν); *Ort*: ο ένας (ε)πάνω στον

άλλο(ν); **≗folge** *f* διαδοχή; **~folgen** (*sn*) (αλληλο)διαδέχομαι
Aufenthalt (*-ęs; -e*) *m* παραμονή, διαμονή; *Esb.* στάση (*-εις*); **~s•genehmigung** *f* άδεια παραμονής; **~s•ort** *m* τόπος διαμονής
auf•erlegen επιβάλλω
auf•ersteh|en* (*sn*) *Rel.* ανασταίνομαι; *Ostergruß*: ***Christus ist auferstanden*** Χριστός ανέστη; **≗ung** (*0*) *f* ανάσταση
auf•essen* *το* τρώω όλο
auffahren* *v/i* (*sn*) *Auto usw.*: πέφτω (**auf** *A*/πάνω σε), προσκρούω (**auf** *A*/σε); (*aufspringen*) πηδώ (*-άς*)
Auffahr|t *f als Ort*: είσοδος *f*; **~unfall** *m* ατύχημα *n* προσκρούσεως, F καραμπόλα
auffallen* (*sn*) χτυπώ (*-άς*) στα μάτια; **~d** χτυπητός; φανταχτερός
auffangen* πιάνω, συλλαμβάνω
auffass|en αντιλαμβάνομαι; (***falsch***) εκλαμβάνω (κακώς); **≗ung** *f* αντίληψη (*-εις*), εκδοχή
Auffassungs|sache (*0*) *f* ζήτημα *n* αντιλήψεως; **~vermögen** (*-s; 0*) *n* νοημοσύνη
auffind|bar: *nicht ~bar* ανεύρετος; **~en*** βρίσκω; **≗ung** *f* (αν)εύρεση
aufflackern (*sn*) αναλάμπω
aufforder|n *allg.* προσκαλώ (**zu** *D*/σε); **≗ung** *f* πρόσκληση (*-εις*); *a. jur.* πρόκληση (*-εις*)
aufforst|en αναδασώνω; **≗ung** *f* αναδάσωση (*-εις*)
auffressen* καταβροχθίζω
aufführen *Thea.* ανεβάζω; *Hdl.* αναφέρω; ***sich ~*** συμπεριφέρομαι
Aufführung *f Thea.* παράσταση (*-εις*)
auffüllen γεμίζω, συμπληρώνω
Aufgabe *f* (*Schul≗*) μάθημα *n*; (*Lösungs≗*) πρόβλημα *n*; (*Pflicht*) καθήκον (*-οντος*); (*Preisgabe*) εγκατάλειψη, παραίτηση (*-εις*); *Hdl.* (*Auflösung*) διάλυση (*-εις*)
Aufgang *m* άνοδος *f*; *Gestirn*: ανατολή
aufgeben* *v/t Anzeige* παραδίδω; *Brief* ταχυδρομώ; *Rätsel* βάζω; (*beauftragen*) αναθέτω (***j-m etw.***/κτ σε κπ); *Unternehmen* εγκαταλείπω; *Plan, Gewohnheit* παρατώ (*-άς*); παραιτούμαι από; *Rauchen* κόβω; *das Spielen* αφήνω; (*resignieren*) απελπίζομαι
aufgebläht φουσκωτός, πρησμένος
aufgeblasen φουσκωμένος; *fig.* ψωροπερήφανος; **≗heit** (*0*) *f* ψωροπερηφάνεια
Aufgebot *n amtlich*: προαγγελία; κινητοποίηση (*-εις*) *G*
aufgebracht οργισμένος
aufge|braucht εξαντλημένος; **~gessen** φαγωμένος; **~hängt** κρεμασμένος
aufgehen* (*sn*) *allg.* ανοίγω; *Gestirn*: ανατέλλω, βγαίνω; *Same*: πιάνω; *Teig, Kuchen*: φουσκώνω, ανεβαίνω; *Math. Gleichung*: επαληθεύω; *Rechnung*: βγαίνω σωστός; (*sich völlig angleichen*) αφομοιώνομαι
aufgeklärt (*weise*) φωτισμένος
aufge|legt: *gut ~legt* κεφάτος, ευδιάθετος; ***schlecht ~legt*** αδιάθετος, άκεφος; **~regt** ταραγμένος; **~reiht** αραδιασμένος; **~stapelt** στοιβαγμένος
aufgeweckt έξυπνος; **≗heit** (*0*) *f* εξυπνάδα
aufgreifen* πιάνω, συλλαμβάνω; *Idee usw.* εγκολπώνομαι
auf'grund *Präp G* εξαιτίας *G*, βάσει *G*
aufhaben* *v/t Hut* φορώ (*-άς*); (*geöffnet sein*) έχω ανοιχτό
aufhalten* *v/t* (*stoppen*) σταματώ (*-άς*), αναστέλλω; *j-n* (*zurückhalten*) κρατώ (*-άς*), καθυστερώ; (*geöffnet halten*) κρατώ ανοιχτό; ***sich ~*** μένω; (*Zeit vergeuden*) χασομερώ (*-άς*)
aufhängen* κρεμώ (*-άς*); *Wäsche* απλώνω; ***sich ~*** κρεμιέμαι; **≗** *n* κρέμασμα *n*; ανάρτηση (*-εις*)
aufhäuf|en συσσωρεύω; **≗ung** *f* συσσώρευση (*-εις*)
aufheb|en* *etw. vom Boden* μαζεύω; *etw. Umgefallenes* σηκώνω; *Blockade* λύνω; (*widerrufen*) ακυρώνω, καταργώ; *Geld usw.* φυλώ (*-άς*); **≗en** *n* φύλαξη; **≗ung** *f fig.* ακύρωση (*-εις*); διάλυση (*-εις*)
aufheiter|n διασκεδάζω (***j-n***/κπ); **≗ung** *f* διασκέδαση (*-εις*)
aufhellen *fig.* διαλευκαίνω; *Farbe, Wetter* (*sn*) ανοίγω
aufhetzen ερεθίζω
aufholen κερδίζω έδαφος, ισοφαρίζω
aufhorchen τεντώνω τ' αφτιά μου
aufhören *v/i* σταματώ (*-άς*), παύω; ***hör auf!*** πάψε!, σταμάτα!

aufkaufen αγοράζω (όλα τα διαθέσιμα)
aufklär|en *v/t fig.* διαφωτίζω; (*klarstellen*) διασαφηνίζω, διαλευκαίνω; *Wetter*: **sich ~en** καλοσυνεύω; *a. fig.* ξαστερώνω; **&ung** *f* διαλεύκανση (*-εις*); (*Auskunft*) ενημέρωση (*-εις*); *Phil., hist.* διαφωτισμός; *mil.* ανίχνευση (*-εις*), αναγνώριση (*-εις*); **&ungsdienst** *m* κατασκοπεία
aufkleben κολλώ (*-άς*) πάνω
aufknöpfen ξεκουμπώνω
aufkochen (ανα)βράζω
aufkommen* (*sn*) *allg.* (*sich zeigen*) εμφανίζομαι; *Neues*: γίνομαι της μόδας; *für die Kosten* εγγυώμαι (*-άσαι*); ***für den Schaden ~*** πληρώνω τα σπασμένα
aufkratzen *Wunde* ξύνω
aufkrempeln *Ärmel* ανασκουμπώνω
aufkreuzen (*sn*) F *fig.* κάνω την εμφάνισή μου
aufladen* *v/t* φορτώνω; *Batterie* φορτίζω
Auflage *f Buch*: έκδοση (*-εις*); επίστρωμα *n*; (*Bedingung*) όρος; **~n·höhe** *f* αριθμός αντιτύπων
auflass|en* *Tür usw.* αφήνω ανοιχτό; *jur.* μεταβιβάζω, εκχωρώ; **&ung** *f* εκχώρηση (*-εις*), μεταβίβαση (*-εις*)
auflauern παραμονεύω (*D/A*)
Auflauf *m* (*Menschen&*) συρροή; *Speise*: φαγητό φούρνου με κρέμα
aufleben (*sn*) ξαναζωντανεύω
auflecken γλείφω
auflegen βάζω πάνω; ακουμπώ (*-άς*); *Anleihe, Buch* εκδίδω
auflehnen: *sich ~* ακουμπώ (*-άς*), στηρίζομαι (***auf*** *A*/σε); *fig.* απειθώ
auf|leuchten *a. fig.* λάμπω; **~lockern** χαλαρώνω
auflösen διαλύω; λύνω; *Chem.* αναλύω; *Lager* καταργώ
Auflösung *f pol., Hdl.* διάλυση (*-εις*); ανάλυση (*-εις*); λύση (*-εις*)
aufmach|en *v/t* ανοίγω; (*lösen*) λύνω; ***auf- und zumachen*** ανοιγοκλείνω; ***sich ~en*** (*weggehen*) ξεκινώ (*-άς*); **&ung** *f* εμφάνιση (*-εις*); διάκοσμος
Aufmarsch *m allg., mil.* παράταξη (*-εις*); παρέλαση (*-εις*); **&ieren** (*sn*) παρατάσσομαι
aufmerk|sam προσεκτικός; (*zuvorkommend*) ευγενικός; ***j-n ~sam machen auf*** *A* εφιστώ την προσοχή κάποιου σε
Aufmerksamkeit *f* προσοχή; (*Freundlichkeit*) φιλοφροσύνη; (*kleines Geschenk*) μικρό δώρο; ***~ erregen*** προκαλώ την προσοχή
Aufnahme *f* υποδοχή; δέξιμο (*-ατος*); *e-s Mitgliedes* αποδοχή; ανάληψη; ηχοληψία; *e-s Fotos* φωτογραφία; *e-s Kredits* σύναψη; *e-s Films* γύρισμα *n*; *e-s Protokolls* σύνταξη (*-εις*); **~fähigkeit** *f* αντιληπτικότητα; **~prüfung** *f* εισιτήριες εξετάσεις *f/pl*
aufnehmen (*empfangen*) δέχομαι, υποδέχομαι; *in e-e Liste* συμπεριλαμβάνω (σε); *Krankenhaus*: εισάγω; *Mitarbeiter* προσλαμβάνω; *Ton* ηχογραφώ; *Arbeit* παίρνω, πιάνω; *Kredit* συνάπτω; *Protokoll* συντάσσω; *Verhandlungen* αρχίζω; ***j-n gastfreundlich ~*** φιλοξενώ κπ
aufopfern: *sich ~* θυσιάζομαι
aufpass|en προσέχω (***auf*** *A/A*); ***paß auf!*** πρόσεξε!, τα μάτια σου τέσσερα!; **&er** *m* φύλακας
aufpicken τσιμπώ (*-άς*); ραμφίζω
aufplatzen (*sn*) σκάνω
Aufprall (*-es; 0*) *m* πρόσκρουση (*-εις*); **&en** (*sn*) προσκρούω (***auf*** *A*/σε)
aufpumpen φουσκώνω, τρομπάρω
aufputsch|en *a. fig.* διεγείρω; **&mittel** *n* διεγερτικό (φάρμακο)
aufraffen μαζεύω; ***sich ~ zu*** *D* κάνω κουράγιο για
aufragen προεξέχω
aufräumen *Haus* τακτοποιώ, συγυρίζω; **&** *n* συγύρισμα *n*
aufrecht όρθιος, ορθός; *Pers.*: ευθύς (*-εία, -ύ*); ***~ stehen*** στέκομαι όρθιος
aufrechterhalt|en* (δια)τηρώ; περιφρουρώ; **&ung** (*0*) *f* διατήρηση; περιφρούρηση
aufreg|en *v/t* ερεθίζω, εξάπτω; ***sich ~en*** νευριάζω (***über*** *A*, ***bei*** *D*/με); **~end** διεγερτικός; **&ung** *f* έξαψη (*-εις*), ερεθισμός; ταραχή; εκνευρισμός; (*allg. Aufruhr*) σάλος
aufreibend εξαντλητικός
aufreihen *allg.* αραδιάζω
aufreißen σχίζω; ανοίγω; *Naht* ξηλώνω; ***aufgerissen*** σχισμένος
aufreiz|en *v/t* εξερεθίζω, προκαλώ; **~end** ερεθιστικός
aufrichten ανορθώνω; (***wieder***) **~** εμ-

ψυχώνω; **sich ~** *im Bett* ανακαθίζω
aufrichtig ειλικρινής 2; **⁓keit** *(0) f* ειλικρίνεια
Aufriß *m* σχεδιάγραμμα *n*
aufrücken *(sn)* προάγομαι; *(weitergehen)* προχωρώ *(-άς, -είς)*
Aufruf *m pol.* κλήση *(-εις)*, έκκληση *(-εις)*; *von Namen usw.* εκφώνηση *(-εις)*; ανακήρυξη *(-εις)*
aufrufen (προσ)καλώ; εκφωνώ
Aufruhr *(-ęs; -e) m* ταραχή, αναστάτωση *(-εις)*; επανάσταση *(-εις)*
aufrühren αναταράζω; *Vergangenheit* ξεσκαλίζω; *Sache* ανακινώ
Aufrührer *m* στασιαστής; **⁓isch** στασιαστικός
aufrunden στρογγυλεύω
aufrüst|en εξοπλίζω; **⁓ung** *f* εξοπλισμός
aufsagen λέω, απαγγέλλω
aufsammeln μαζεύω, περισυλλέγω
aufsässig ανυπότακτος
Aufsatz *m Gegenstand*: επίθεμα *n*; *Schule*: έκθεση *(-εις)*; *lit.* δοκίμιο; *Zeitung*: άρθρο
aufsaugen απορροφώ; απομυζώ *(-άς)*
auf|schauen βλέπω προς τα πάνω; **~schäumen** αφρίζω; **~scheuchen** τρομάζω; **~schichten** στοιβάζω
aufschieb|en* αναβάλλω; *jur.* αναστέλλω; **⁓ung** *f* αναβολή
Aufschlag *m (Aufprall)* πρόσκρουση *(-εις)*; *auf den Preis* ανατίμηση *(-εις)*; F καπέλο; *am Sakko* ρεβέρ *(0) n*; **⁓en*** *v/t Buch* ανοίγω; *Zelt* στήνω; *Hdl.* ανατιμώ *(-άς)*; *v/i (sn) (auftreffen)* προσκρούω, χτυπώ *(-άς)*
aufschließen* ξεκλειδώνω
Aufschluß *m* ενημέρωση *(-εις)*; διασάφηση *(-εις)*; **~ geben** ενημερώνω
aufschlüsseln *(einordnen)* ταξινομώ
aufschlußreich αποκαλυπτικός
auf|schmieren αλείφω; **~schnappen** *e-e Redensart* ακούω τυχαία
aufschneiden* σχίζω; κόβω
Aufschnitt *m* κρύα ψητά *n/pl*, σαλαμικά *n/pl*; **~platte** *f* κρύος μπουφές
aufschrecken τρομάζω
aufschreiben* σημειώνω; γράφω
aufschreien* ξεφωνίζω
Aufschrift *f* επιγραφή
Aufschub *m* αναβολή
aufschütten επιχωματώνω; συσσωρεύω; *(nachfüllen)* ξαναγεμίζω
Aufschwung *m* άνοδος *f*, πρόοδος *f*
aufsehen* βλέπω (**zu** *D*/σε)
Aufsehen *(-s; 0) n* θόρυβος, κρότος; **⁓erregend** πολύκροτος
Aufseher *m* φύλακας, επιτηρητής, επιστάτης, επόπτης
aufsein* *(nicht schlafen)* είμαι ξύπνιος; *Geschäft*: είμαι ανοιχτός
aufsetzen βάζω; *Brille* φορώ *(-άς)*; συντάσσω; *Essen* βάζω στη φωτιά
Aufsicht *f* επίβλεψη, εποπτεία
Aufsichts|behörde *f* επιστασία; **~rat** *m Hdl.* εποπτικό συμβούλιο
auf|spannen ανοίγω; τεντώνω; **~sperren** ανοίγω διάπλατα
aufspielen *mst. v/i Mus.* παίζω
auf|spießen σουβλίζω; **~splittern** *v/t* διασπώ *(-άς)*
aufspringen* *(sn) vom Sitz* τινάζομαι, αναπηδώ *(-άς)*, πετιέμαι απάνω
aufspür|en *a. fig.* ανιχνεύω; εξιχνιάζω; **⁓en** *n* ανίχνευση *(-εις)*
Aufstand *m* ανταρσία, στάση *(-εις)*
aufständisch επαναστατικός; **⁓e(r)** αντάρτης; **⁓en-** αντάρτικος
aufstapeln στοιβάζω
auf|stechen* τρυπώ *(-άς)*; **~stecken** βάζω, προσαρμόζω
aufstehen* *(sn)* σηκώνομαι; *(offen sein)* είμαι ανοιχτός
aufsteigen* *(sn)* ανυψώνομαι; ανεβαίνω, ανέρχομαι
aufstell|en στήνω, τοποθετώ; *Ware* εκθέτω; *Theorie* διατυπώνω; *Liste* συντάσσω, καταρτίζω; *Kandidaten* παρουσιάζω; *Truppen* συγκροτώ; **⁓ung** *f* τοποθέτηση *(-εις)*; παράταξη *(-εις)*
Aufstieg *(-ęs; -e) m* ανήφορος, ανάβαση *(-εις)*; ύψωση; άνοδος *f*
aufstöbern ξετρυπώνω
aufstoßen* *Tür* σπρώχνω; *nach dem Essen* ρεύομαι; **⁓** *n* ώθηση *(-εις)*; ρέψιμο *(-ατος)*
auf|stützen *Ellbogen* στηρίζω (**auf** *A*/σε); **~suchen** *j-n* αναζητώ *(-άς)*
auftanken παίρνω βενζίνη, γεμίζω το ρεζερβουάρ
auftauchen *(sn) a. fig.* αναδύομαι; *fig. (erscheinen)* κάνω την εμφάνισή μου; αναφύομαι; **⁓** *n* ανάδυση *(-εις)*
auftauen *(sn)* ξεπαγώνω; λιώνω
aufteil|en μοιράζω (**unter** *A*/σε); κατανέμω; **⁓ung** *f* κατανομή

auftischen σερβίρω
Auftrag (-*¢s*; *⁼e*) *m* εντολή; *Hdl.* παραγγελία (**auf** *A*/για)
auftragen* *Speisen* σερβίρω; *Farbe* αλείφω; (*übertreiben*) μεγαλοποιώ
Auftrag|geber *m* εντολοδότης; **~s·bestätigung** *f* επιβεβαίωση εντολής
auftreiben* *Geld usw.* βρίσκω
auftrennen ξηλώνω
auftreten* (*sn*) πατώ (-*άς*); εμφανίζομαι; *Epidemie*: ενσκήπτω; παρουσιάζομαι; (*sich benehmen*) φέρομαι
Auftrieb *m* αναπτέρωση, ώθηση (-*εις*); παρόρμηση (-*εις*)
Auftritt *m* εμφάνιση (-*εις*); σκηνή
auf|türmen συσσωρεύω; **~wachen** (*sn*) ξυπνώ (-*άς*); **~wachsen*** (*sn*) μεγαλώνω
Aufwand (-*¢s*; *0*) *m* δαπάνη, σπατάλη; (*Luxus*) πολυτέλεια
aufwärmen ξαναζεσταίνω
aufwärts προς τα επάνω, τα άνω; **≗bewegung** *f* ανοδική πορεία; **~gehen*** (*sn*) προκόβω
aufwaschen* ξεπλένω
aufwecken *v/t* ξυπνώ (-*άς*)
aufweichen *v/t* μουσκεύω
aufweisen* παρουσιάζω
aufwend|en* δαπανώ (-*άς*); καταβάλλω; **~ig** δαπανηρός; **≗ung** *f* δαπάνη
auf|werfen* σηκώνω; *Frage* προβάλλω; *Problem* θέτω; **~werten** ανατιμώ (-*άς*); **≗wertung** *f* ανατίμηση (-*εις*)
aufwickeln τυλίγω
aufwiegen* ζυγίζω, αντισταθμίζω
aufwirbeln *v/t Staub* σηκώνω; *fig.* **Staub ~** κάνω ντόρο
auf|wischen σφουγγίζω; **~wühlen** αναταράζω; *Vergangenes* ξεσκαλίζω
aufzähl|en απαριθμώ, αραδιάζω; **≗ung** *f* απαρίθμηση (-*εις*)
aufzehr|en κατατρώγω; *Kräfte* εξαντλώ; **≗ung** *f fig.* εξάντληση
aufzeichn|en σημειώνω; σχεδιάζω; **≗ung** *f* σημείωση (-*εις*); σχέδιο
aufzeigen *v/t* φανερώνω
aufziehen* (*hochziehen*) ανασύρω; *Flagge* υψώνω; *Uhr* κουρντίζω; *Kind* ανατρέφω; (*necken*) κουρντίζω, F κάνω πλάκα σε; *Gewitter*: πλησιάζω; **≗** *n* ύψωση (-*εις*); κούρντισμα *n*
Aufzucht *f* εκτροφή, μεγάλωμα *n*
Aufzug *m* παράταξη (-*εις*); (*Umzug*) πομπή; *Thea.* πράξη (-*εις*); *Tech.* γερανός; ανελκυστήρας; (*Personen***≗**) ασανσέρ (*0*) *n*
aufzwingen* επιβάλλω
Augapfel *m* κόρη του οφθαλμού
Auge (-*s*; -*n*) *n* μάτι, *K* οφθαλμός; ***mit bloßem ~*** με γυμνό μάτι; ***unter vier ~n*** ιδιαιτέρως; ***ein ~ haben auf*** *A* (*erstreben*) αποβλέπω σε, εποφθαλμιώ (-*άς*) *A*; ***j-n im ~ behalten*** έχω κπ στο μάτι; ***ins ~ fallen*** χτυπώ (-*άς*) στο μάτι; ***j-m schöne ~n machen*** κάνω σε κπ τα γλυκά μάτια; ***j-m Sand in die ~n streuen*** ρίχνω στάχτη στα μάτια κάποιου; ***ein ~ zudrücken*** κάνω στραβά μάτια; ***kein ~ zutun*** δεν κλείνω μάτι
Augen|arzt *m* οφθαλμίατρος; **~blick** *m* στιγμή; ***alle ~blicke*** κάθε τόσο; **≗blicklich** στιγμιαίος, ακαριαίος; **~braue** *f* φρύδι; **~heilkunde** *f* οφθαλμιατρική; **~klinik** *f* οφθαλμολογική κλινική; **~leiden** *n* οφθαλμοπάθεια; **~licht** (-*¢s*; *0*) *n* φως *n*; **~lid** *n* βλέφαρο, ματόφυλλο; **~nerv** *m* οπτικό νεύρο; **~tropfen** *m/pl* κολλύριο; **~zeuge** *m* αυτόπτης μάρτυρας
Au'gust (-*s*; -*e*) *m* Αύγουστος
Auk'tion *f* δημοπρασία
Aula (-; -*len*) *f* αίθουσα (τελετών)
Aupair-Mädchen *n* οικόσιτη κοπέλα
aus[1] *Präp D* από (απ') *A*; *K* εκ, εξ *G*; **~ ...** (*D*) **heraus** (απο)μέσα από; ***~ ... Gründen*** για λόγους ...
aus-[2] *Präfix oft*: απο-, εκ-; προ-
aus[3] *Sp.* άουτ; **≗** (*0*) *n* άουτ (*0*) *n*
aus·arbeit|en επεξεργάζομαι; *Plan* εκπονώ, καταρτίζω; **≗ung** *f* επεξεργασία, εκπόνηση (-*εις*)
aus·arten (*sn*) εκφυλίζομαι
aus·atm|en εκπνέω, ξεφυσώ (-*άς*); **≗ung** *f* εκπνοή
ausbalancier|en εξισορροπώ; **≗ung** *f* εξισορρόπηση
Ausbau *m* τελειοποίηση (-*εις*); επέκταση (-*εις*); ενίσχυση (-*εις*)
ausbauen τελειοποιώ; επεκτείνω
ausbesser|n επιδιορθώνω, επισκευάζω; **≗ung** *f* επιδιόρθωση (-*εις*)
Ausbeut|e *f* απολαβή; **≗en** εκμεταλλεύομαι *a. Pers.*; **~er** *m* εκμεταλλευτής; **~ung** *f* εκμετάλλευση
ausbild|en εκπαιδεύω, εξασκώ (**in** *D*/σε), καταρτίζω (**in** *D*/σε); (*spezialisieren*) ειδικεύω (**in** *D*/σε); **≗ung** *f*

(*Berufs- usw.*) εκπαίδευση, μόρφωση; ≈**ungs-** εκπαιδευτικός
aus|blasen* σβήνω; ~**bleiben*** (*sn*) δεν έρχομαι; ***lange ~bleiben*** αργώ; ~**bleichen*** (*sn*) ξεθωριάζω
Ausblick *m* θέα; *fig.* προοπτική
ausbrech|en* *v/t* (*wegnehmen*) βγάζω; σπάζω; *v/i* (*sn*) *Gefangener*: δραπετεύω; *Krieg, Feuer, a. fig.*: ξεσπώ (-*άς*), εκρήγνυμαι; ≈**er** *m* δραπέτης
ausbreit|en *v/t* (εξ)απλώνω; στρώνω; *Gefaltetes* ξεδιπλώνω; ***sich ~en*** διαδίδομαι; ≈**ung** *f* διάδοση (-*εις*)
ausbrennen* *v/t* καυτηριάζω; κατακαίω; *v/i* (*sn*) *Haus usw.*: καίομαι
Ausbruch *m* έκρηξη (-*εις*); ξέσπασμα *n*; (*Flucht*) δραπέτευση (-*εις*)
ausbrüten κλωσσώ (-*άς*)
ausbürgern αφαιρώ την υπηκοότητα
ausbürsten βουρτσίζω
Ausdauer *f* εμμονή, καρτερία; ≈**nd** καρτερικός; επίμονος
ausdehnen επεκτείνω; προεκτείνω; *Phys.* διαστέλλω; *Gespräch* μακραίνω, (*zu sehr* ~) παρατραβώ (-*άς*)
Ausdehnung *f* έκταση (-*εις*), επέκταση (-*εις*); *Phys.* διαστολή
ausdenken*: *sich* (*D*) *etw.* ~ επινοώ
ausdrehen *Gas usw.* κλείνω
Ausdruck *m* έκφραση (-*εις*); (*Fach*≈) όρος; ***zum ~ bringen*** εκφράζω
ausdrück|en στίβω, πιέζω; *fig.* εκφράζω; ~**lich** ρητός; κατηγορηματικός
Ausdrucks|- φραστικός; ~**kraft** (*0*) *f* εκφραστικότητα; ≈**los** ανέκφραστος; ≈**voll** εκφραστικός
ausdünst|en εξατμίζω; ≈**ung** *f* εξάτμιση (-*εις*)
ausein'ander|brechen* (*sn*) *v/i* σπάζω; ~**bringen*** (δια)χωρίζω; ~**fallen*** (*sn*) διαλύομαι; ~**gehen*** (*sn*) χωρίζομαι; χωρίζω; *Menge*: σκορπίζω; ~**laufen*** (*sn*) *Menge*: διασκορπίζομαι; ~**nehmen*** ξηλώνω; διαλύω; ~**setzen: *sich mit j-m, etw. ~setzen*** αντιμετωπίζω *A*; ≈**setzung** *f* λογομαχία; αντιμετώπιση; *Sp.* αναμέτρηση (-*εις*); ~**treiben*** διασκορπίζω
aus|erkoren, ~**erlesen** εκλεκτός
ausersehen* προορίζω (***zu*** *D*/για)
auserwähl|en εκλέγω; ~**t** εκλεκτός
ausfahren* *v/i* βγαίνω (με το αμάξι); *Schiff*: αποπλέω
Ausfahrt *f* έξοδος *f* οχημάτων; (*Spazierfahrt*) περίπατος με το αμάξι
Ausfall *m* ζημία; *e-r Veranstaltung* ματαίωση (-*εις*); (*Defizit*) έλλειμμα *n*; (*Strom*≈ *usw.*) διακοπή, διάλειψη (-*εις*)
ausfallen* (*sn*) *Haare*: πέφτω; *Vortrag usw.*: ματαιώνομαι; χάνομαι; *Bus*: δεν κυκλοφορώ; *Maschine*: σταματώ (-*άς*)
ausfeilen λιμάρω; *fig.* επεξεργάζομαι
ausfertig|en *Paß usw.* εκδίδω; ≈**ung** *f* έκδοση (-*εις*)
ausfliegen* (*sn*) πετώ (-*άς*) (από ...)
ausfließen* (*sn*) εκρέω, χύνομαι
Ausflucht (-; ⸚*e*) *f* υπεκφυγή
Ausflug *m* εκδρομή
Ausflugslokal *n* εξοχικό κέντρο
ausfragen ψιλορωτώ (-*άς*)
Ausfuhr *f* εξαγωγή; ~- εξαγωγικός
ausführbar κατορθωτός
ausführen *Waren* εξάγω; *Arbeit, Befehl* εκτελώ; *Auftrag* διεκπεραιώνω
ausführlich λεπτομερής 2; ≈**keit** (*0*) *f* διεξοδικότητα
Ausführung *f* εκτέλεση (-*εις*)
Ausfuhr|genehmigung *f* άδεια εξαγωγής; ~**zoll** *m* εξαγωγικά τέλη *n/pl*
ausfüllen γεμίζω; *Amt* κατέχω; *Formular* συμπληρώνω
Ausgabe *f* έξοδο, δαπάνη; *Buch*: έκδοση (-*εις*); ~**n** *f/pl* έξοδα *n/pl*
Ausgang *m* έξοδος *f*; *Wahlen* έκβαση
Ausgangs|- αρχικός; ~**punkt** *m* αφετηρία; ~**stellung** *f* *Turnen*: θέση (-*εις*) εκκινήσεως
ausgeben* *Geld* ξοδεύω, δαπανώ (-*άς*); διανέμω
ausgebildet εκπαιδευμένος
ausge|dehnt εκτεταμένος; ~**glichen** *Pers.*: ισορροπημένος; ≈**glichenheit** (*0*) *f* ισορροπία
ausgehen* (*sn*) βγαίνω (έξω); *Haar*: πέφτω; *Licht*: σβήνω; *Vorräte*: τελειώνω; *fig.* ***~ von*** *D* ξεκινώ (-*άς*) από, προϋποθέτω *A* (***davon, daß***/ ότι)
ausge|lassen κεφάτος; ~**liefert** εκτεθειμένος; ~**löscht,** ~**macht** *Licht*: σβησμένος; ~**nommen** εκτός από; ***~nommen sein*** εξαιρούμαι; ~**prägt** έντονος; ~**rechnet** ίσα-ίσα; ~**ruht** ξεκούραστος; ~**schlossen** αποκλει-

σμένος; **das ist ~schlossen** αποκλείεται; **~setzt** εκτεθειμένος; **~sprochen** (*ganz, sehr*) πολύ
ausge|storben *Biol. Art*: εξαφανισμένος; *Straße*: **wie ~storben** έρημος, ασύχναστος; **~sucht** *Früchte*: διαλεχτός; εκλεχτός; **~trocknet** ξεραμένος; **~wachsen** αναπτυγμένος; **~wogen** ισορροπημένος; **~zeichnet** έξοχος, εξαίρετος
ausgiebig μπόλικος, άφθονος
ausgießen* (δια)χύνω, ξεχύνω
Ausgleich (-*es*; -*e*) *m allg.* αντιστάθμισμα *n*, εξίσωση (-*εις*); ισοζύγιο; (*Kompromiß*) συμβιβασμός
ausgleichen* αντισταθμίζω; εξισώνω; *Bilanz* ισοσκελίζω; συμβιβάζω
ausgleiten* (*sn*) ξεγλιστρώ (-*άς*); παραπατώ (-*άς*)
ausgrab|en* σκάβω; *a. fig.* ξεθάβω; **≗ungen** *f/pl* ανασκαφές *f/pl*
Ausguß *m* νεροχύτης
aushalten* *v/t* βαστώ (-*άς*), υποφέρω, υπομένω; αντέχω σε; **es ist nicht zum ≗** δεν υποφέρεται
aushandeln διαπραγματεύομαι
aushändig|en επιδίδω; παραδίνω; **≗ung** *f* επίδοση (-*εις*); παράδοση (-*εις*)
aushängen* *Plakat* κολλώ (-*άς*); *Tür* ξεκρεμώ (-*άς*)
Aushängeschild *n* πινακίδα
aushauchen εκπνέω; **sein Leben ~** ξεψυχώ (-*άς*)
ausheben* βγάζω; *Graben* σκάβω
ausheilen (*sn*) *v/i* θεραπεύομαι
aushelfen* βοηθώ (-*άς*) (*D/A*)
Aushilf|e προσωρινός βοηθός; **~spersonal** *n* βοηθητικό προσωπικό
ausholen: zum Schlag ~ σηκώνω το χέρι για χτύπημα; *fig.* **weit ~** μακρηγορώ
aushorchen βολιδοσκοπώ
aushungern *v/t* ξελιγώνω
auskennen*: sich ~ in *D* είμαι ξεφτέρι σε; *Ort*: ξέρω τα κατατόπια
ausklammern *fig.* αποκλείω
Ausklang *m* πέρας *n*; *Mus.* φινάλε *n*
Auskleid|ekabine *f* αποδυτήρια *n/pl*; **≗en** γδύνω; επενδύω; φοδράρω
ausklingen* *fig.* τελειώνω
ausklopfen *Teppich usw.* τινάζω
auskommen* (*sn*) τα βολεύω, βολεύομαι; **~ mit** τα βγάζω πέρα με; **≗** *n* οι πόροι *m/pl*; **sein ≗ haben** βγάζω το ψωμί μου
auskratzen *v/t* ξύνω; **j-m die Augen ~** βγάζω τα μάτια κάποιου
auskühlen καταψύχω; δροσίζω
auskundschaften κατασκοπεύω
Auskunft (-; *~e*) *f* πληροφορία; **~sschalter** *m* θυρίδα πληροφοριών
auslachen *v/t* κοροϊδεύω
ausladen* ξεφορτώνω
Auslage *f* (*Geld*) *mst.* **~n** *pl* έξοδα *n/pl*; (*Ware*) εκθέματα *n/pl*
Ausland (-*es*; *0*) *n* εξωτερικό
Ausländer *m* ξένος, αλλοδαπός; **~in** *f* ξένη, αλλοδαπή
Ausländerpolizei *f* τμήμα *n* αλλοδαπών
ausländisch ξένος, ξενικός
Auslands|auftrag *m* παραγγελία εξωτερικού; **~gespräch** *n* συνδιάλεξη (-*εις*) εξωτερικού; **~krankenschein** *m* δελτίο ασφάλειας εξωτερικού; **~markt** *m* διεθνής αγορά, αγορά εξωτερικού
auslass|en* *v/t* παραλείπω; *Fett* λιώνω; **≗ung** *f* παράλειψη (-*εις*)
Auslauf *m* διαρροή; (*Bewegungsfreiheit*) ελευθερία κινήσεως
auslaufen* (*sn*) διαρρέω (**aus** *D*/από); *Schiff*: αποπλέω; (*enden*) καταλήγω
ausleer|en εκκενώνω; **≗ung** *f* εκκένωση (-*εις*)
ausleg|en εκθέτω; *Boden* στρώνω; *Geld* προκαταβάλλω; (*deuten*) ερμηνεύω; **≗ung** *f* στρώσιμο (-*ατος*); ερμηνεία
ausleihen* *allg.* δανείζω
auslernen τελειώνω τη μαθητεία
Auslese *f* επιλογή *a. Biol.*; άνθος *n*
auslesen* διαλέγω, επιλέγω
ausliefer|n παραδίνω; *Gefangene* εκδίδω; **≗ung** *f* παράδοση (-*εις*); έκδοση (-*εις*)
auslöschen σβήνω, εξαλείφω
auslosen κληρώνω
auslös|en *Tech.* αφήνω, βάζω μπρος; προκαλώ; **≗er** *m* αιτιος; *Fot.* κουμπί
Auslosung *f* κλήρωση (-*εις*)
auslüften *v/t* (εξ)αερίζω
ausmachen *Licht, Feuer* σβήνω; *El.* κλείνω; (*vereinbaren*) συμφωνώ; (*sein*) αποτελώ; **das macht nichts aus** *D* δεν πειράζει *A*
ausmalen ζωγραφίζω; *fig.* περιγρά-

φω; ***sich*** (*D*) ***etw.*** ~ φαντάζομαι *A*
Ausmaß *n* διάσταση (*-εις*), μέγεθος *n*; *fig.* (*Bedeutung*) έκταση
ausmerzen εξοντώνω
ausmess|en* (κατα)μετρώ; **2ung** *f* (κατα)μέτρηση (*-εις*)
ausmisten βγάζω την κοπριά; *fig.* πετώ (*-άς*) τα άχρηστα
ausmustern βγάζω (τα άχρηστα); *mil.* απολύω
Ausnahme *f* εξαίρεση (*-εις*); *v/i* ***e-e ~ machen*** *od.* ***bilden*** αποτελώ εξαίρεση; **~fall** *m* εξαιρετική περίπτωση (*-εις*); **~zustand** *m* κατάσταση ανάγκης
ausnahms|los ανεξαίρετος; **~weise** κατ' εξαίρεση
ausnehmen* εξαιρώ; **~d** εκτάκτως
ausnutz|en εκμεταλλεύομαι; **2ung** *f* εκμετάλλευση
auspacken *Koffer* αδειάζω; (*Skandal enthüllen*) τα βγάζω στη φόρα
auspeitschen μαστιγώνω
auspfeifen* γιουχαΐζω
ausplünder|n *a. fig.* ληστεύω, λεηλατώ (*A*/*A*); **2ung** *f* καταλήστευση
auspressen στίβω; πιέζω
ausprobieren δοκιμάζω
Auspuff *m* εξάτμιση; **~rohr** *n* σωλήνας εξάτμισης
auspumpen αντλώ; αδειάζω
ausradieren σβήνω; εξαλείφω
ausrangieren [-ʀaŋʒiːʀən] (ξε)χωρίζω, πετώ (*-άς*)
ausrasten *Tech.* ξεγαντζώνομαι
ausrauben ληστεύω
ausräumen αδειάζω; **2** *n* άδειασμα *n*
ausrechnen λογαριάζω, υπολογίζω
Ausrede *f* υπεκφυγή, πρόφαση (*-εις*)
ausreden τελειώνω (το λόγο); ***j-m etw.*** ~ αποτρέπω κπ από κτ
ausreichen επαρκώ (***für***/σε); **~d** επαρκής 2
ausreifen (*sn*) ωριμάζω
Ausreise *f* έξοδος *f* (***aus*** *D*/από *A*); **~erlaubnis** *f* άδεια εξόδου; **2n** φεύγω στο εξωτερικό; **~visum** *n* (*-s*; *-a*, *-en*) βίζα εξόδου
ausreißen *v/t* αποσπώ (*-άς*), ξεριζώνω; *v/i* (*sn*) (*weglaufen*) δραπετεύω
ausrenken στραμπουλίζω
ausrichten ευθυγραμμίζω; (*bestellen*) μεταβιβάζω; *fig.* συντονίζω
ausrollen (*sn*) ξετυλίγω
ausrott|en εξολοθρεύω, εξοντώνω; **2ung** *f* εξολόθρευση, εξόντωση
Ausruf *m* κραυγή; ξεφωνητό; *Gr.* επιφώνημα *n*
ausruf|en* *v/t* αναφωνώ; ανακηρύσσω; **2ung** *f* ανακήρυξη (*-εις*)
Ausrufungs·zeichen *n* θαυμαστικό
ausruhen *v/t z. B. Füße* αναπαύω; ***sich*** ~ αναπαύομαι, ξεκουράζομαι
ausrüst|en εξοπλίζω; **2ung** *f* εξοπλισμός
ausrutschen (*sn*) γλιστρώ (*-άς*)
Aussaat *f* σπορά, σπάρσιμο (*-ατος*)
aussäen σπέρνω
Aussage *f jur.* κατάθεση (*-εις*)
aussagen μαρτυρώ (*-άς*), καταθέτω; *fig. Bild usw.*: εκφράζω
Aussatz (*-es*; *0*) *m* λέπρα, λώβα
aussätzig λεπρός
aussaugen απομυζώ (*-άς*); *fig.* ρουφώ
ausschacht|en εκβαθύνω; **2maschine** *f* εκσκαφέας
ausschalten *El.*, *Motor* διακόπτω, σβήνω; *fig.* εξουδετερώνω
ausscheid|en* *v/t Schweiß* εκκρίνω; *Tech.* εκλύω; *v/i* (*sn*) (*sich trennen*) αποσχίζομαι; *Sp.* αποχωρώ; **2ung** *f* έκκριση (*-εις*); έκλυση (*-εις*)
ausschimpfen *j-n* κατσαδιάζω, βρίζω, μαλώνω
ausschlafen* χορταίνω ύπνο
Ausschlag *m* εξάνθημα *n*, έκζεμα *n*; *fig.* ***den ~ geben*** υπερισχύω
ausschlagen* *v/t* (*ablehnen*) αποκρούω
ausschlag·gebend αποφασιστικός
ausschließ|en* *fig.* αποκλείω; *Sp.* αποβάλλω; κλείνω έξω; **~lich** αποκλειστικός
Ausschluß *m* αποβολή, αποκλεισμός
ausschmück|en διακοσμώ; στολίζω; **2ung** *f* διακόσμηση (*-εις*)
ausschneiden* κόβω
Ausschnitt *m Zeitung*: απόκομμα *n*; *Kleid*: ντεκολτέ *n*
ausschöpfen εξαντλώ
ausschreib|en* *Stellung* προκηρύσσω; *Rechnung* συντάσσω, εκδίδω; **2ung** *f* προκήρυξη (*-εις*)
ausschreit|en* (*sn*) ανοίγω βήμα; παρεκτρέπομαι; **2ung** *f* παρεκτροπή
Ausschuß *m* επιτροπή
ausschütteln τινάζω

ausschütten χύνω; *Dividende* διανέμω; ***sich ~ vor Lachen*** ξεκαρδίζομαι
ausschweif|end ακόλαστος; **≈ung** *f* ακολασία, κατάχρηση (*-εις*)
aus•sehen* έχω όψη, φαίνομαι *N* (***wie***/σαν); δείχνω (***als ob***/σαν να); (*ähneln*) μοιάζω (***wie***/με)
Aus•sehen *n* όψη (*-εις*); εμφάνιση
aus•sein* τελειώνω (*mst.* τέλειωσε)
außen έξω; ***nach ~*** προς τα έξω
Außenbordmotor *m* εξωλέμβιος *f*
Außen|dienst *m* εξωτερική υπηρεσία; **~handel** *m* εξωτερικό εμπόριο; **~handels•defizit** *n* έλλειμμα *n* εξωτερικού εμπορίου; **~handels•überschuß** *m* πλεόνασμα *n* εξωτερικού εμπορίου
aus•senden *j-n* αποστέλλω
Außen|minister *m* υπουργός εξωτερικών; **~politik** *f* εξωτερική πολιτική; **~seiter** *m* αμύητος; **~stehende(r)** *fig.* άσχετος
außer[1] *Präp D* έξω από; εκτός από *od. G*; ***~ daß*** *Ko* εκτός του ότι; ***~ wenn*** *Ko* εκτός εάν; ***~ sich*** έξαλλος
außer-[2] *Präfix* εξω-
außer|dem εκτός τούτου, ύστερα; **~dienstlich** εξωυπηρεσιακός
äußere εξωτερικός; **(das) ≈** (*Aussehen*) παρουσιατικό
außer|ehelich εξώγαμος; **~gerichtlich** εξώδικος; **~gewöhnlich** έκτακτος; **~halb** *Präp G* έξω από
äußerlich (*förmlich*) τυπικός; *fig.* εξωτερικός
äußern *etw.* φανερώνω; *Gefühle* εξωτερικεύω, εκδηλώνω
außer|ordentlich έκτακτος, εξαιρετικός; **~planmäßig** εκτός σχεδίου; απρόβλεπτος
äußerst *Adv* εξαιρετικά, άκρως
äußerst- έσχατος; *Fleiß*: άκρος
außerstande: *~ sein* αδυνατώ
Äußerung *f* εξωτερίκευση (*-εις*), φανέρωση, παρατήρηση (*-εις*)
aus•setzen *v/t* εκθέτω; *jur.* αναστέλλω; *Preis, Belohnung* ορίζω; *v/i* (*stocken*) διακόπτομαι; ***sich ~*** *e-r Gefahr usw.* (*D*) εκτίθεμαι σε; **≈ung** *f* έκθεση (*-εις*); αναστολή; διάλειψη (*-εις*)
Aus•sicht *f* θέα (***auf*** *A*/*G*); *fig. auf Gewinn* προσδοκία *G*; πιθανότητα
aus•sichts|los μάταιος, απελπιστικός; **≈punkt** *m* σκοπιά, ξάγναντο; **~reich** *Kandidat*: επικρατέστερος
Aus•siedler *m* μετανάστης
aus•söhnen συμβιβάζω, συμφιλιώνω
Aus•söhnung *f* συμφιλίωση
aus•sondern ξεχωρίζω, ξεδιαλέγω
ausspann|en *v/i* ξεκουράζομαι, χαλαρώνω; **≈ung** *f* ξεκούραση
aussperr|en κλείνω έξω; *Arbeiter* αποκλείω; **≈ung** *f* αποκλεισμός, ανταπεργία, λοκάουτ (*0*) *n*
ausspielen *v/t* παίζω; τελειώνω
ausspionieren κατασκοπεύω
Aussprache *f e-s Wortes* προφορά; (*Dialog*) συζήτηση (*-εις*)
aussprechen* προφέρω, αρθρώνω; *Vertrauen* εκφράζω; ***sich ~*** εξηγούμαι (***mit***/με)
Ausspruch *m* ρητό
ausspucken φτύνω
ausspülen ξεβγάζω, ξεπλένω
Ausstand (*-ẹs, ⁻̈e*) *m* απεργία
ausstatt|en εφοδιάζω; εξοπλίζω; επιπλώνω; *bsd. fig.* προικίζω; **≈ung** *f* εφοδιασμός; εξοπλισμός, εμφάνιση (*-εις*); σκηνικά *n/pl*
ausstehen* *v/t* (*erleiden*) υπομένω, βαστώ (*-άς*); *v/i Zahlung*: καθυστερώ
aussteig|en* (*sn*) κατεβαίνω; **≈er(in** *f*) *m* εναλλακτικός (*-ή*)
ausstell|en *Waren* εκθέτω; *Paß, Scheck* εκδίδω; *Bescheinigung* βγάζω, χορηγώ; **≈er** *m* εκθέτης, εκδότης; **≈ung** *f* έκθεση (*-εις*); έκδοση (*-εις*); **≈ungs•raum** *m* αίθουσα έκθεσης; **≈ungs•stück** *n* έκθεμα *n*
aussterben* (*sn*) ξεκληρίζομαι, εκλείπω, εξαφανίζομαι
Aussteuer (*-; -n*) *f* προίκα
Ausstieg (*-ẹs; -e*) *m Bus*: κάθοδος *f*
ausstopfen γεμίζω, βουλώνω
Ausstoß *m* (*Produktion*) παραγωγή; απώθηση (*-εις*)
ausstoßen* απωθώ; *Schrei* βγάζω; *aus der Armee* αποβάλλω
ausstrahl|en ακτινοβολώ, εκπέμπω; **≈ung** *f Phys.* ακτινοβολία, *a. Radio*: εκπομπή
ausstrecken εκτείνω; *Hand* απλώνω; *Zunge* βγάζω; ***sich ~*** τεντώνομαι
ausströmen *v/i* (*sn*) *Gas*: διαφεύγω
aus•suchen (απο)διαλέγω, ξεδιαλέγω, εκλέγω; **≈** *n* ξεδιάλεγμα *n*

Austausch (-~~e~~s; 0) *m* ανταλλαγή
austauschen ανταλλάσσω
austeil|en διανέμω, μοιράζω (**an** *A*/σε); **²ung** *f* διανομή
Auster (-; -*n*) στρείδι
austoben: ***sich*** ~ μαίνομαι *a. Wetter*; ξεθυμαίνω; *Kinder*: θορυβώ
austragen* *Post* διανέμω
austreiben* εκδιώκω
austreten* *v/t Schuhe* ανοίγω; *v/i* (*sn*) αποσύρομαι, αποχωρώ; αποπατώ
austrinken* το πίνω όλο
Austritt *m* έξοδος *f*
austrock|nen *v/t* ξεραίνω; *See* αποξηραίνω; *v/i* στεγνώνω; **²nen** *n*, **²nung** *f* αποξήρανση (-*εις*)
ausüb|en *Amt* εκτελώ; εξασκώ; ασκώ; **²ung** *f* (εξ)άσκηση (-*εις*)
Ausverkauf *m* ξεπούλημα *n*, εκποίηση (-*εις*); **²en** ξεπουλώ (-*άς*), εκποιώ; **²t** εξαντλημένος
Auswahl *f* εκλογή; *von Werken* επιλογή; *Hdl.* ποικιλία
auswählen εκλέγω, διαλέγω, επιλέγω
auswander|n (*sn*) ξενιτεύομαι, μεταναστεύω; **²er** *m* μετανάστης; **²ung** *f* μετανάστευση (-*εις*), αποδημία
auswärtig εξωτερικός; **²es *Amt*** Υπουργείο Εξωτερικών
auswärts έξω; στο εξωτερικό
auswechsel|bar *Tech.* εναλλάξιμος; **~n** αλλάζω, ανταλλάσσω
Ausweg *m fast nur fig.* διέξοδος *f*; **²los** αδιέξοδος; **~losigkeit** *f* αδιέξοδο
ausweichen* (*sn*) παραμερίζω (*D*/*A*); *fig.* αποφεύγω (*D*/*A*)
Ausweis (-*es*; -*e*) *m* (*Personal²*) ταυτότητα; **²en*** *j-n* απελαύνω; ***sich* ²en** αποδείχνω την ταυτότητά μου
Ausweisung *f* απέλαση (-*εις*)
ausweit|en διευρύνω; *Hdl.* αναπτύσσω; επεκτείνω; **²ung** *f Hdl.* ανάπτυξη; επέκταση (-*εις*)
auswendig απέξω, από στήθους; **~ *lernen*** αποστηθίζω
auswert|en αξιοποιώ; **²ung** *f* αξιοποίηση (-*εις*)
auswirk|en: ***sich* ~en** έχω επίπτωση; **²ung** *f* αντίκτυπος, επίπτωση (-*εις*)
auswischen σφουγγίζω
auswringen* στραγγίζω, στίβω
Auswuchs (-*es*; *⸚e*) *m* παραφυάδα
Auswurf *m* φλέματα *n*/*pl*; *fig.* απόρριμμα *n*; **²fördernd** αποχρεμπτικός
auszahl|en (ξε)πληρώνω; **²ung** *f* πληρωμή
auszähl|en *bsd. Stimmen* καταμετρώ (-*άς*); **²ung** *f* καταμέτρηση (-*εις*)
auszehren *v/t* εξαντλώ
auszeichn|en *v/t Waren* βάζω τιμές σε; σημαδεύω; (*ehren*) τιμώ (-*άς*); ***sich* ~en** αριστεύω, διακρίνομαι; **²ung** *f* ανάδειξη; διάκριση (-*εις*)
ausziehen *v/t* βγάζω; *j-n* γδύνω; *Tisch* επεκτείνω; *v/i* (*sn*) *aus e-m Haus* μετακομίζω; ***sich*** ~ γδύνομαι
Auszubildende(r) μαθητευόμενος
Auszug *m* αποδημία; *hist.* Έξοδος *f*; *Konto*: απόσπασμα *n*; περικοπή
au'thentisch αυθεντικός
Auto (-*s*; -*s*) *n* αυτοκίνητο
Autobahn *f* εθνική οδός *f*; **~auffahrt** *f* είσοδος *f*; **~ausfahrt** *f* έξοδος *f*; **~dreieck** *n* διασταύρωση (-*εις*); **~gebühr** *f* διόδια *n*/*pl*; **~zubringer** *m* αμαξιτός προς εθνική
Auto|bus *m* λεωφορείο; **~diebstahl** *m* κλοπή αυτοκινήτου
Auto|fähre *f* φεριμπότ (*0*) *n*; **~fahren** *n* οδήγηση; **~fahrer(in** *f*) *m* αυτοκινητιστής (-ίστρια)
Auto|händler *m* έμπορος αυτοκινήτων; **~industrie** *f* αυτοκινητοβιομηχανία; **~kennzeichen** *n* αριθμός κυκλοφορίας αυτοκινήτου
Auto'mat *m* αυτόματος; **~en·münze** *f* κέρμα *n*; **~ik** *f* αυτοματισμός
Automa|'tion (*0*) *f Tech.* αυτοματοποίηση; αυτοματισμός; **²tisch** αυτόματος; **²ti'sieren** αυτοματοποιώ; **~ti'sierung** *f s.* ***Automation***
Auto|mo'bil (-*s*; -*e*) *n* αυτοκίνητο; **~mobilklub** *m* αυτοκινητιστικός όμιλος; **²'nom** αυτόνομος; **~no'mie** *f* αυτονομία
Autor (-*s*; -'*oren*) *m* συγγραφέας
Autoradio *n* ράδιο αυτοκινήτου
Autoreisezug *m* συρμός μεταφοράς αυτοκινήτων
Auto|reifen *m* λάστιχο; **~rennen** *n* αυτοκινητοδρομία
Autorepara'turwerkstatt *f* συνεργείο αυτοκινήτων
Au'torin *f* συγγραφέας *f*
autori|'tär αυταρχικός; **²'tät** *f* αυθεντία
Auto|schlange *f* φάλαγγα αυτο-

κινήτων; **~schlosser** *m* μηχανικός αυτοκινήτου; **~schlüssel** *m* κλειδί αυτοκινήτου; **~unfall** *m* αυτοκινητιστικό δυστύχημα *n*; **~vermietung** *f* ενοικίαση αυτοκινήτων; **~waschanlage** *f* σύστημα αυτόματου πλυσίματος

Axt (-; ⁻*e*) *f* τσεκούρι, αξίνα

B

Baby ['beːbiˑ] (-*s*; -*s*) *n* μωρό, *K* βρέφος *n*; **~ausstattung** *f* μωρουδιακά *n*/*pl*

Babysitter *m* μπεμπυσίτερ *f*, *m*

Bach (-*e̸s*; ⁻*e*) *m* ρυάκι

Backblech *n* ταψί

Backbord (-*s*; -*e*) *n* αριστερή πλευρά

Backe *f* μάγουλο, *K* παρειά

backen* ψήνω; 𝟐 *n* ψήσιμο (-*ατος*)

Backen|bart *m* φαβορίτες *f*/*pl*; **~zahn** *m* τραπεζίτης

Bäcker *m* φούρναρης (-*ηδες*); αρτοποιός; **~ei** [-'ʀaɪ] *f* φούρνος; αρτοποιείο

Back|ofen *m* φούρνος, *K* κλίβανος; **~pulver** *n* μπέικιν πάουντερ; **~waren** *f*/*pl* γλυκίσματα *n*/*pl*

Bad (-*e̸s*; ⁻*er*) *n* μπάνιο, λουτρό

Bade|anstalt *f* λουτρά *n*/*pl*; **~anzug** *m*, **~hose** *f* μαγιό (*0*); **~kappe** *f* σκουφάκι (μπάνιου); **~kur** *f* λουτροθεραπεία; **~mantel** *m* μπουρνούζι; **~meister** *m* επόπτης λουτρών

baden (*e. Bad nehmen*) κάνω μπάνιο; κολυμπώ (-*άς*); *v*/*t j-n* πλένω; 𝟐 *n* μπάνιο; πλύσιμο (-*ατος*)

Bade|ort (-*e̸s*; -*e*) *m* λουτρόπολη (-*εις*); **~tuch** *n* λουτροπετσέτα; **~urlaub** *m* διακοπές *f*/*pl* στη θάλασσα; **~wanne** *f* μπανιέρα; **~zimmer** *n* μπάνιο, λουτρό

Bagger *m* φαγάνα, εκσκαφέας

Bahn *f* δρόμος; *Esb.* σιδηρόδρομος; *Astr.* τροχιά; *Sp.* πίστα, στίβος; **~anschluß** *m* σιδηροδρομική συγκοινωνία *od.* σύνδεση

Bahn|beamte(r) σιδηροδρομικός (υπάλληλος); **𝟐brechend** πρωτοποριακός; **~damm** *m* πρόχωμα *n*

bahnen *v*/*t Weg* ανοίγω

Bahn|fahrt *f* σιδηροδρομικό ταξίδι; **~hof** *m* σταθμός; **~hofs·vorsteher** *m* σταθμάρχης; **~linie** *f* σιδηροδρομική γραμμή; **~polizei** *f* αστυνομία σταθμού; **~steig** (-*e̸s*; -*e*) *m* αποβάθρα; **~übergang** *m* διάβαση (-*εις*)

Baisse ['bɛːsə] *f Hdl.* υποτίμηση (-*εις*) αξιών

Bak'terie [-rĭə] *f* βακτηρίδιο, μικρόβιο; **~n-** μικροβιακός

Balanc|e [baˑ'laŋsə] *f* ισορροπία; **𝟐'ieren** *v*/*i*, *v*/*t* ισορροπώ

bald σε λίγο; ***möglichst* ~** το ταχύτερο; **~ ... ~** άλλοτε ... άλλοτε; πότε ... πότε; **~ig** προσεχής 2, κοντινός

Baldrian (-*s*; -*e*) *m* βαλεριάνα

Balken *m* δοκάρι, τράβα

Balkon [-'kɔŋ] (-*s*; -*e*, -*s*) *m* μπαλκόνι, εξώστης

Ball (-*e̸s*; ⁻*e*) *m* τόπι, μπάλα; (*Tanz*) μπάλος, χοροεσπερίδα

Ballast (-*e̸s*; *0*) *m* σαβούρα

Ballen *m Hdl.* μπάλα; *Stoff*: τόπι

ballen *Faust* σφίγγω; ***sich* ~** συγκεντρώνομαι

Ba'llett (-*s*; -*e*) *n* μπαλέτο

Ba'llettänzerin *f* μπαλερίνα

Ballon [baˑ'lɔŋ] (-*s*; -*s*, -*e*) *m* μπαλόνι, αερόστατο

Ballung *f* συγκέντρωση (-*εις*); **~s·zentrum** *n* κέντρο συμφόρησης

Balsam (-*s*; -*e*) *m* βάλσαμο

ba'nal πεζός; **𝟐i'tät** *f* πεζότητα

Ba'nane *f* μπανάνα

Band¹ (-*e̸s*; ⁻*e*) *m* (*Buch*) τόμος

Band² (-*e̸s*; ⁻*er*) *n* δεσμός; (*Schnur*) κορδέλα; ταινία, λουρίδα; *fig.* ***am laufenden* ~** χωρίς διακοπή

Band³ [bɛnt] (-; -*s*) *f*

band *s.* ***binden***

Bandaufnahme *f* μαγνητοσκόπηση

Bande *f* σπείρα, συμμορία

bändig|en *a. Menschen*, *fig.* δαμάζω,

fig. υποτάσσω, τιθασεύω; **≈er** *m* δαμαστής *m*; **≈ung** *f* δαμασμός
Ban'dit (*-en*) *m* ληστής
Band|maß *n* μεζούρα, μετροταινία; **~säge** *f* κορδέλα; **~scheiben·schaden** *m* δισκοπάθεια; **~wurm** *m* ταινία
bangen φοβάμαι, στενοχωριέμαι (***um*** *A*/για)
Bank[1] (-; *⸚e*) *f* (*Sitz≈*) μπάγκος; (*Schul≈*) θρανίο; (*Anklage≈*) εδώλιο
Bank[2] (-; *-en*) *f Hdl.* τράπεζα; **~-** τραπεζικός; **~beamte(r)** τραπεζιτικός; **~direktor** διευθυντής τράπεζας
Ban'kett (*-s*; *-e*) *n* επίσημο συμπόσιο
Bank|filiale υποκατάστημα *n* τράπεζας; **~geschäft** *n* τραπεζική εργασία; *s. a.* ***Bank***
Bankier [baŋ'kjeː] (*-s*; *-s*) *m* τραπεζίτης
Bank|konto *n* τραπεζιτικός λογαριασμός; **~leitzahl** *f* κωδικός τράπεζας; **~note** *f* χαρτονόμισμα *n*; **~o'mat** αυτόματος μετρητών
Ban'krott (*-s*; *-e*) *m a. fig.* χρεωκοπία, πτώχευση (*-εις*); **≈** *Adj* χρεωκοπημένος; **≈** ***machen*** χρεωκοπώ *a. fig.*
Bann (*-ȩs*; *-e*) *m* αφορισμός; γοητεία
bannen *Gefahr usw.* προλαβαίνω; αντιμετωπίζω; ***gebannt*** μαγεμένος
bar *Hdl.* τοις μετρητοίς; (*ohne*) γυμνός (*G*/από), στερημένος
Bar (-; *-s*) *f* μπαρ (*0*) *n*, κυλικείο
Bär (*-en*) *m* αρκούδα; *Astr.* ***Große(r)*** **~** Μεγάλη Άρκτος *f*
Ba'racke *f* παράγκα, παράπηγμα *n*
Bar'bar (*-en*) *m* βάρβαρος
bar'barisch βαρβαρικός, βάρβαρος
Barbe *f Zool.* μπαρμπούνι
barfuß (**-füßig**) ξυπόλυτος
Bargeld (*-ȩs*; *0*) *n* μετρητά *n/pl*; **~automat** *m* αυτόματος μετρητών; **≈los** δι' επιταγής
Bariton (*-s*; *-e*) *m* βαρύτονος
Bar'kasse *f* μπενζίνα, *K* άκατος *f*
barm'herzig σπλαχνικός, (φιλ)εύσπλαχνος; **≈keit** (*0*) *f* ευσπλαχνία
Baro'meter *n* βαρόμετρο; **~stand** *m* βαρομετρικό ύψος *n*
Barren *m* (*Gold≈ usw.*) ράβδος *f*; στήλη; *Sp.* δίζυγο
Barriere [bari'eːʀə] *f* φραγμός
Barri'kade *f* οδόφραγμα *n*
barsch (*-er*; *-est*) στρυφνός, τραχύς
Barscheck *m* μη δίγραμμη επιταγή
Bart (*-ȩs*; *⸚e*) *m* γένια *n/pl*
bärtig γενάτος, γενειοφόρος
Barzahlung *f* πληρωμή τοις μετρητοίς; **~s·preis** *m* τιμή τοις μετρητοίς
Ba'sar (*-s*; *-e*) *m* παζάρι
ba'sieren βασίζομαι (***auf*** *D*/σε)
Ba'silika (-; *-ken*) *f* βασιλική
Ba'silikum *n* βασιλικός
Basis (-; *-sen*) *f* βάση (*-εις*)
Basketball (*-ȩs*; *0*) *m* καλαθοσφαίριση, μπάσκετ(-μπόλ) *n*
Baß [a] (*-sses*; *⸚sse*) *m* βαθύφωνος; **~geige** *f* κοντραμπάσο
Bassin [ba'sɛ̃ː, -'sɛŋ] (*-s*; *-s*) *n* δεξαμενή, γούρνα
basta φτάνει; ***und damit*** **~** τελείωσε
Bastard (*-s*; *-e*) *m Biol.* μιγάδας; *Kind*: μπάσταρδος; νόθος (*-a*)
bast|eln μαστορεύω; καταγίνομαι με; **≈ler** *m* (*Amateur-*) ερασιτέχνης
bat *s.* ***bitten***
Bataillon [-a'lioːn] (*-s*; *-e*) *n* τάγμα *n*
Batterie [-'riː] *f* μπαταρία, στήλη
Bau (*-ȩs*; *0*) *m* χτίσιμο (*-ατος*), οικοδόμηση (*-εις*); (*-ȩs*; *-ten*) (*Gebäude*) κτίριο, οικοδομή, οικοδόμημα *n*; (*Struktur*) υφή; (*-ȩs*; *-e*) *des Tieres* φωλιά
Bau|arbeiten *f/pl* οικοδομικές εργασίες *f/pl*; **~arbeiter** *m* χτίστης; **~aufsicht** (*0*) *f* επιστασία οικοδομών
Bauch (*-ȩs*; *⸚e*) *m* κοιλιά; **~fell·entzündung** *f* περιτονίτιδα; **~redner** *m* εγγαστρίμυθος; **~schmerzen** *m/pl* κοιλόπονος; **~speicheldrüse** *f* πάγκρεας (*-ατος*) *n*
Baudenkmal *n* (κτιριακό) μνημείο
bauen *v/t* χτίζω, οικοδομώ; *Weg* διανοίγω; *Schiff* ναυπηγώ; *v/i* βασίζομαι (***auf*** *A*/σε); **≈** *n* χτίσιμο (*-ατος*), οικοδόμηση (*-εις*)
Bauer (*-n*) *m* χωριάτης *a. fig.*; αγρότης *m*, χωρικός, γεωργός
Bauer (*-s*; -) *n* κλουβί
Bäuer|in *f* χωριάτισσα, χωρική; **≈lich** αγροτικός, χωριάτικος
Bauern|haus *n* χωριατόσπιτο; **~hof** *m* αγρόκτημα *n*; **~junge** *m* χωριατόπαιδο; **~mädchen** *n* χωριατοπούλα
Bau|fach *n* οικοδομική; **≈fällig** ετοιμόρροπος; **~genehmigung** *f* άδεια ανοικοδόμησης; **~genossenschaft** οικοδομικός συνεταιρισμός; **~gerüst** *n* σκελετός οικοδομής

Bau|grundstück *n* οικόπεδο; **~herr** *m* ιδιοκτήτης; **~kosten** *pl* οικοδομικά έξοδα *n/pl*; **~land** (*-ẹs*; *0*) *n* οικόπεδο
Baum (*-ẹs*; *ˆe*) *m* δέντρο, δένδρο
Baum|garten *m* περιβόλι; **2los** άδεντρος; **2reich** δενδρώδης 2, πολύδενδρος; **~schule** *f* δεντροφυτεία, φυτώριο; **~stamm** *m* κορμός
Baumwoll|e *f* βαμβάκι; **2en** βαμβακερός; **~pflanzung** *f* βαμβακοφυτεία
Bau|plan *m* οικοδομικό σχέδιο; **~platz** *m* οικόπεδο; **~schutt** *m* μπάζα *n/pl*; **~sparkasse** *f* στεγαστικό ταμιευτήριο; **~sparvertrag** *m* συμβόλαιο στεγαστικού ταμιευτηρίου; **~stein** *m allg.* στοιχείο; **~stelle** *f* εργοτάξιο; **~unternehmer** *m* εργολάβος (οικοδομών); **~wesen** (*-s*; *0*) *n* οικοδομικός τομέας
Bau'xit (*-s*; *-e*) *m* βοξίτης *m*
Ba'zillus (*-*; *-llen*) βάκιλλος
be'absichtigen σκοπεύω, λέω (**zu**/να)
be'acht|en προσέχω; παρατηρώ; **~ens·wert, ~lich** αξιοσημείωτος; **2ung** *f* προσοχή
Be'amt|e(r) δημόσιος υπάλληλος (*a. f*); **~en-** υπαλληλικός
be'anspruch|en διεκδικώ; (*j-n beschäftigen*) απασχολώ; *Raum, Zeit* απαιτώ; **2ung** *f* διεκδίκηση (*-εις*); *a. Psych.* καταπόνηση
be'anstanden παραπονιέμαι (*A*/για)
be'antrag|en *v/t* κάνω αίτηση (*-εις*), *jur.* προτείνω, εισηγούμαι; **2ung** *f* αίτηση (*-εις*); εισήγηση (*-εις*)
be'antwort|en απαντώ, αποκρίνομαι (*A*/σε); **2ung** *f* απάντηση (*-εις*)
be'arbeit|en *etw.* επεξεργάζομαι; *Feld* καλλιεργώ; *Akten im Büro* ενεργώ; *Text lit.* διασκευάζω; **2ung** *f* επεξεργασία; διασκευή; **2ungs·gebühr** *f* τέλη *n/pl* επεξεργασίας
be'argwöhnen υποψιάζομαι
be'aufsichtig|en επιβλέπω, επιτηρώ; **2ung** *f* επίβλεψη (*-εις*)
be'auftrag|en αναθέτω (***j-n* mit** *D*/κτ σε κπ), επιφορτίζω (***j-n* mit** *D*/κπ με κτ *od.* να); **~t** εντεταλμένος (**mit** *D*/ με); επιφορτισμένος (**mit** *D*/με); **2te(r)** *s. Part*; **2ung** *f* ανάθεση (*-εις*)
be'bau|en *Feld* καλλιεργώ; *Grundstück* χτίζω σε; **~t** χτισμένος; **2ung** *f* χτίσιμο (*-ατος*) (*G*/σε)
beben τρέμω; σείομαι
Becher *m* κούπα; **2n** μεθοκοπώ (*-άς*)
Becken *n* λεκάνη; *Anat. a.* πύελος *f*; (*Behälter*) δεξαμενή
be'dächtig συνετός
be'danken: *sich* ~ ευχαριστώ (***bei j-m für etw.***/κπ για κτ)
Be'darf (*-ẹs*; *0*) *m* ανάγκη; χρειαζούμενα *n/pl*; **~s·artikel** *m/pl* πράγματα *n/pl* της πρώτης ανάγκης; **~s·fall: *im ~s·fall*** σε περίπτωση ανάγκης
be'dauer|lich λυπηρός; **~n** λυπάμαι (*a.* -ούμαι); **2n** *n* λύπη; **~ns·wert** κακόμοιρος, αξιολύπητος
be'decken σκεπάζω; καλύπτω
be'denken* *v/t* στοχάζομαι, συλλογίζομαι, σταθμίζω; **2** *n* (*Zweifel*) ενδοιασμός; (*Zögern*) δισταγμός
be'denklich κρίσιμος, αμφίβολος
Be'denkzeit *f* προθεσμία αποφάσεως
be'deut|en *allg.* σημαίνω; *Wort*: εννοώ; **~end** σημαντικός
Be'deutung *f* (*Sinn*) σημασία, νόημα
be'deutungs|los ασήμαντος, τιποτένιος; **~voll** αξιόλογος
be'dien|en *v/t am Tisch* σερβίρω; *j-n* (εξ)υπηρετώ; *Maschine* χειρίζομαι; ***sich* ~en** *e-s Mittels, e-r Methode* μεταχειρίζομαι *A*; **2stete(r)** υπάλληλος; **2ung** *f* υπηρεσία, εξυπηρέτηση (*-εις*); *Tech.* χειρισμός; **2ungsanleitung** *f* οδηγίες *f/pl* χειρισμού
be'ding|en (καθ)ορίζω, προϋποθέτω; **~t** περιορισμένος; εξαρτημένος
Be'dingung *f* όρος, προϋπόθεση (*-εις*); *pl a.* συνθήκες *f/pl*; ***unter der ~, daß* ...** υπό τον όρο ότι (θα) ...
Be'dingungs|- (*-Satz*) υποθετικός, δυνητικός; **2los** άνευ όρων
be'dräng|en *j-n* στριμώχνω, πιέζω; στενοχωρώ; **2nis** (*-*; *-sse*) *f* ανάγκη
be'droh|en απειλώ (***j-n***/κπ); **~lich** απειλητικός, επικίνδυνος; **2ung** *f* απειλή
be'drück|en (*tyrannisieren*) καταπιέζω; *Psych.* στενοχωρώ, θλίβω; **~end** θλιβερός; **~t** στενοχωρημένος, θλιμμένος; **2ung** *f* καταπίεση (*-εις*)
be'dürfen* χρειάζομαι (*G*/*A*), έχω ανάγκη από, απαιτώ (*G*/*A*)
Be'dürfnis (*-ses*; *-se*) *n* ανάγκη; **~anstalt** *f* δημόσιο αποχωρητήριο
be'dürftig, 2e(r) φτωχός (*-ιά, -ό*)
Beefsteak ['bi:fste:k] (*-s*; *-s*) *n* στέικ *n*, μπιφτέκι

B

be'eilen: ***sich* ~** βιάζομαι, σπεύδω
be'eindrucken εντυπωσιάζω
be'einfluss|en επηρεάζω, επιδρώ (-άς) (*A*/σε); **≈ung** *f* επηρεασμός
be'einträchtig|en επηρεάζω; *Wert* μειώνω; **≈ung** *f* μείωση
be'enden (απο)τελειώνω; κλείνω
Be'endigung *f* τελείωμα *n*
be'eng|en στενεύω; *fig.* περιορίζω; **~t** στενόχωρος
be'erdig|en θάβω, κηδεύω; **≈ung** *f* ταφή, κηδεία; **≈ungs·institut** *n* γραφείο κηδειών
Beere *f* ρόγα
Beet (-*e*s; -*e*) *n* πρασιά, παρτέρι
be'fähig|en κάνω ικανό; **≈ung** *f* ικανότητα
be'fahr|bar αμαξιτός; **~en*** διανύω με όχημα; ***stark ~ene Straße*** πολυσύχναστος δρόμος
be'fallen* προσβάλλω; πιάνω (***j-n***/κπ)
be'fangen (*scheu*) ντροπαλός; προκατειλημμένος, *jur.* μεροληπτικός
be'fassen: ***sich* ~** καταγίνομαι
Be'fehl (-*e*s; -*e*) *m* διαταγή; προσταγή; **≈en*** διατάζω (***j-m etw.*** *od.* ***zu***/κπ να), προστάζω
Be'fehls|- προστακτικός, επιτακτικός; **~form** *f* προστακτική; **~haber** *m* διοικητής; **~verweigerung** *f* άρνηση (-*εις*) εκτέλεσης διαταγής
be'feinden εχθρεύομαι
be'festig|en στερεώνω (***an*** *D*/σε); *mil.* οχυρώνω; **~t** οχυρός; **≈ung** *f* στερέωση (-*εις*); οχύρωμα *n*
be'feuchten υγραίνω; *Lippen* βρέχω
be'find|en* κρίνω, βρίσκω; ***sich ~en*** είμαι, βρίσκομαι; **≈en** *n* κατάσταση (-*εις*) υγείας
be'flagg|en σημαιοστολίζω; **≈ung** *f* σημαιοστολισμός
be'flecken *a. fig.* λεκιάζω, κηλιδώνω
be'fohlen *s.* ***befehlen***
be'folg|en *Rat usw.* ακολουθώ; *Gesetz* τηρώ; **≈ung** *f* τήρηση (-*εις*)
be'förder|n μεταφέρω, μεταβιβάζω; *Beamte usw.* προβιβάζω, προάγω (***zu*** *D*/σε); **≈ung** *f* μεταφορά; προβιβασμός, προαγωγή
be'frachten ναυλώνω, φορτώνω
be'frag|en επερωτώ (-άς); εξετάζω; **≈ung** *f* εξέταση (-*εις*)
be'frei|en (***von*** *D*) (απ)ελευθερώνω (από); *v. Pflichten, Dienst usw.* απαλλάσσω (*G od.* από); **≈er** *m* λυτρωτής, ελευθερωτής; **~t** απαλλαγμένος; **≈ung** *f* απελευθέρωση (-*εις*); απαλλαγή
be'fremd|en εκπλήττω; ξενίζω, ξαφνιάζω; **≈en** *n* έκπληξη (-*εις*)
be'freunde|n: ***sich ~n mit*** *D* γίνομαι φίλος με; **~t** φίλος
be'friedig|en ικανοποιώ; **~end** ικανοποιητικός; **≈ung** (*0*) *f* ικαναποίηση (-*εις*)
be'frucht|en γονιμοποιώ; **≈ung** *f* γονιμοποίηση (-*εις*)
Be'fug|nis (-; -*se*) *f* αρμοδιότητα; εξουσιοδότηση (-*εις*); **≈t** αρμόδιος; εξουσιοδοτημένος
Be'fund (-*e*s; -*e*) *m* αποτέλεσμα *n*; *Med.* διάγνωση (-*εις*)
be'fürcht|en φοβάμαι (*a.* -ούμαι); αγωνιώ (-άς); **~ung** *f* φόβος
be'fürwort|en συνηγορώ (*A*/υπέρ *G*), υποστηρίζω; συνιστώ (-άς); **≈er** *m* συνήγορος, υποστηρικτής
be'gabt ευφυής 2, προικισμένος
Be'gabung *f* ευφυΐα, προικισμός
be'gann *s.* ***beginnen***
be'geben*: ***sich* ~** μεταβαίνω; **≈heit** *f* συμβάν (-*τος*) *n*, γεγονός (-*ότος*) *n*
be'gegn|en συναντώ (-άς) (*D*/*A*); **≈ung** *f* συνάντηση (-*εις*); *Sp.* αναμέτρηση (-*εις*)
be'gehen* *Fest* γιορτάζω; *Verbrechen* διαπράττω; *Unrecht* κάνω
be'gehren ποθώ, επιθυμώ; **≈** *n* πόθος, επιθυμία; **~s·wert** επιθυμητός
be'gehrt περιζήτητος; περιπόθητος
be'geister|n ενθουσιάζω; **~t** ενθουσιασμένος (***von*** *D*/με)
Be'geisterung (*0*) *f* ενθουσιασμός
Be'gierde *f* πόθος, επιθυμία
be'gießen* ποτίζω, καταβρέχω
Be'ginn (-*s*; *0*) *m* αρχή, έναρξη (-*εις*); **≈en*** αρχίζω (*A*/*A*); κάνω αρχή
be'glaubig|en πιστοποιώ; *Urkunde* επικυρώνω; **≈ung** *f* επικύρωση (-*εις*); **≈ungs·schreiben** *n* διαπιστευτήρια *n/pl*
be'gleich|en* (εκ)καθαρίζω, εξοφλώ; **≈ung** *f* εξόφληση (-*εις*)
be'gleit|en *v/t* συνοδεύω; παραβγάζω; *Mus.* ακομπανιάρω, υποκρούω; **≈er** *m* συνοδός; **≈erscheinung** *f* σύμπτωμα *n*; **≈schreiben** *n* διευκρινιστικό έγγραφο; **≈ung** *f* συνοδεία

be'glücken κάνω ευτυχισμένο
be'glückwünschen συγχαίρω
be'gnadig|en αμνηστεύω, δίνω χάρη σε; **2ung** *f* αμνηστεία
be'gnügen: ***sich ~ mit*** αρκούμαι με
be'gonnen *s.* ***beginnen***
be'graben* θάβω, ενταφιάζω
Be'gräbnis [-ɛː-[(*-ses; -se*) *n* κηδεία, ενταφιασμός
be'gradigen ευθυγραμμίζω
be'greifen* *v/t* καταλαβαίνω, εννοώ
be'greiflich ευνόητος, κατανοητός
be'grenz|en *Gebiet* ορίζω, οροθετώ; *fig.* περιορίζω; **~t** περιορισμένος; **2ung** *f* όριο; περιορισμός
Be'griff *m* έννοια, ιδέα
be'griff *s.* ***begreifen***
be'gründ|en *Handlung* δικαιολογώ; θεμελιώνω, ιδρύω; **2er** *m* ιδρυτής; **2erin** *f* ιδρύτρια; **~et** βάσιμος; **2ung** *f* αιτιολογία; θεμελίωση (*-εις*)
be'grüß|en χαιρετίζω (*a.* -τώ) (*a. fig. billigen*); *amtlich* προσφωνώ; **~enswert** ευπρόσδεκτος
Be'grüßung *f* χαιρετισμός
be'günstigen ευνοώ; προστατεύω
be'günstigt ευνοούμενος
Be'günstigung *f* εύνοια
be'gutacht|en γνωμοδοτώ; **2er** *m* γνωμοδότης; **2ung** *f* γνωμοδότηση
be'hag|en: ***es ~t mir*** μου αρέσει; **2en** *n* ευχαρίστηση (*-εις*); **~lich** ευχάριστος; **2lichkeit** *f* θαλπωρή
be'halten* φυλά(γ)ω; συγκρατώ; ***recht ~*** υπερισχύει γνώμη μου
Be'hälter *m* δοχείο, ντεπόζιτο
be'hand|eln *Med.* νοσηλεύω; θεραπεύω; *Person* μεταχειρίζομαι; *Thema* πραγματεύομαι; ***~elnder Arzt*** θεράπων ιατρός; **2lung** *f* νοσηλεία; θεραπεία; μεταχείριση
be'harr|en επιμένω (***auf*** *D*/σε); **~lich** επίμονος; **2lichkeit** (*0*) *f* επιμονή
be'hauen *v/t* πελεκώ (*-άς*), πελεκίζω; τσεκουρώνω; *Adj.* πελεκητός
be'haupt|en ισχυρίζομαι, υποστηρίζω; επιμένω σε; **2ung** *f* ισχυρισμός
Be'helf (*-ɇs; -e*) *m* προσωρινή βοήθεια
be'helligen ενοχλώ, κουράζω
be'herbergen φιλοξενώ; στεγάζω
be'herrschen *v/t* εξουσιάζω, κυβερνώ (*-άς*); *Sprache* κατέχω; ***sich ~*** (***können***) συγκρατιέμαι
Be'herrsch|er *m* κυρίαρχος; **2t** συγκρατημένος; **~ung** *f* (αυτο)κυριαρχία
be'herz|igen ενστερνίζομαι; **~t** γενναίος
be'hexen ματιάζω; *a. fig.* μαγεύω
be'hilflich εξυπηρετικός
be'hinder|n εμποδίζω, δυσχεραίνω; **2te(r)** ανάπηρος; **~ten·gerecht** κατάλληλος για ανάπηρους; **2ung** *f* δυσχέρεια; *Med.* αναπηρία
Be'hörde *mst. pl* αρχές *f/pl*; υπηρεσία
be'hüten προστατεύω (***vor*** *D*/από), φυλά(γ)ω
be'hutsam προσεκτικός
bei *Präp D Ort*: σε *A*, (*nahe*) κοντά σε *A*; *K* παρά *D*; με *A*; (*bei e-m Unfall*) κατά *A*, σε *A*; ***~ Regen*** με τη βροχή; ***~ Rot*** (***Grün***) με κόκκινο (πράσινο) φως; ***~ Gott!*** προς Θεού!; ***~ Tag, ~ Nacht*** τη(ν) (η)μέρα, τη νύχτα; ***~ sich haben*** έχω μαζί μου; ***nicht ganz ~ sich*** (*D*) ***sein*** δεν είμαι στα συγκαλά μου
beibehalten* κρατώ (*-άς*), διατηρώ
Beiblatt *n* παράρτημα *n*
beibringen* *Belege* προσκομίζω; (*lehren*) μαθαίνω (***j-m etw.***/κτ σε κπ)
Beichte *f* εξομολόγηση (*-εις*); **2n** *j-m* εξομολογούμαι; εκμυστηρεύομαι
beide αμφότεροι, και οι δύο; ***alle ~*** και οι δυο τους; ***keins von ~n*** ούτε το ένα ούτε το άλλο; ***~s*** και τα δύο
beider|lei δύο ειδών; **~seitig** από τα δύο μέρη; αμοιβαίος, **~seits** *Adv* αμοιβαία
Beifahrer *m* συνοδηγός; **~in** *f* συνοδηγήτρια
Beifall (*-s; 0*) *m* επιδοκιμασία; ***~ klatschen*** χειροκροτώ (*-άς*)
beifügen επισυνάπτω, εσωκλείω
beige [beːʒ] (*0*) μπεζ
beigeben* προσθέτω; F ***klein ~*** υποχωρώ
beigefügt εσώκλειστος
Beigeschmack (*-ɇs; 0*) *m* ιδιάζουσα γεύση (*-εις*); *fig.* χροιά
Beihilfe *f* (οικονομικό) βοήθημα *n*
Beil (*-ɇs; -e*) *n* τσεκούρι, πελέκι
Beilage *f* παράρτημα *n*; προσθήκη; (*Speise*) προσφά(γ)ι
beiläufig *Adv* παρεμπιπτόντως
beileg|en προσθέτω, εσωκλείω (*D*/σε); *Streit* διευθετώ, εξομαλύνω; **2ung** *f* διευθέτηση (*-εις*)

B

Beileid (*-ẹs; 0*) *n* συλλυπητήρια *n/pl*
beimessen* *Bedeutung* αποδίδω
Bein (*-ẹs; -e*) *n* σκέλος *n*; *mst.* πόδι; κόκαλο, *K* οστούν *n*; ***j-m ein ~ stellen*** *a. fig.* πεδικλώνω κπ; ***sich auf die ~e machen*** παίρνω δρόμο
beinahe σχεδόν, παραλίγο
Beiname *m* επωνυμία, παρατσούκλι
Beinbruch *m* σπάσιμο του ποδιού; *fig.* ***das ist kein ~*** δε χάλασε ο κόσμος
be'inhalten περιλαμβάνω
bei'sammen μαζί; **≈sein** *n*: ***gemütliches ≈sein*** γλέντι
Beischlaf (*-ẹs; 0*) *m* συνουσία
bei'seite κατά μέρος, παράμερα; ***~legen*** *allg.* ξεχωρίζω; *Geld* βάζω κατά μέρος; ***~ nehmen*** ξεμοναχιάζω
beisetz|en κηδεύω; **≈ung** *f* κηδεία
Beisitzer *m* πάρεδρος
Beispiel *n* παράδειγμα *n*; ***zum ~*** (**z. B.**) παραδείγματος χάριν (π. χ.), λόγου χάριν (λ. χ.); ***sich ein ~ nehmen*** παραδειγματίζομαι (***an*** *D*/από); **≈haft** παραδειγματικός; **≈los** ανήκουστος
beißen *v/t* δαγκάνω; *v/i* τσούζω; **~d** *fig.* καυστικός, τσουχτερός
Beistand *m* συμπαράσταση (*-εις*)
beistehen βοηθώ (*-άς*) (***j-m***/κπ), παραστέκομαι (***j-m***/σε κπ)
beistimmen συμφωνώ (***j-m***/με κπ)
Beitrag (*-ẹs; ¨e*) *m* συνδρομή, (συν)εισφορά; *Zeitung*: άρθρο
beitragen* (**zu**) συντείνω (σε), συμβάλλω (σε), (συν)εισφέρω (σε)
beitreten* (*sn*) *e-r Partei usw.* προσχωρώ (*D*/σε), γίνομαι μέλος *G*
Beitritt *m* προσχώρηση (*-εις*); *Staat*: ένταξη (*-εις*) (**zu** *D*/σε)
beiwohnen παρευρίσκομαι
bei'zeiten από νωρίς, εγκαίρως
be'jahen απαντώ (*-άς*) καταφατικά σε
Be'jahung *f* κατάφαση (*-εις*)
be'kämpf|en *a. fig.* καταπολεμώ; **≈ung** *f* καταπολέμιση (*-εις*)
be'kannt γνωστός; ξακουστός
Be'kannt|gabe *f* γνωστοποίηση (*-εις*); **≈geben*** αναγγέλλω; **≈lich** ως γνωστό(ν); **≈machen** γνωστοποιώ, ανακοινώνω; **~machung** *f* γνωστοποίηση (*-εις*), ανακοίνωση (*-εις*); **~schaft** *f* (*a. Pers.*) γνωριμία
be'kehr|en προσηλυτίζω; **≈ung** *f* προσηλυτισμός
be'kennen* *v/t* ομολογώ; ***sich ~ zu*** *D* πρεσβεύω *A*
Be'kenntnis (*-ses; -se*) *n* ομολογία; (*Konfession*) θρήσκευμα *n*
be'klagen *v/t* θρηνώ; *Schicksal* κλαίω; ***sich ~*** παραπονιέμαι
Be'klagte(r) εναγόμενος, *f*: εναγομένη
be'kleid|en ντύνω (***j-n***/κπ); *Amt* κατέχω; **≈ung** *f* ντύσιμο (*-ατος*); (*Kleid*) ενδυμασία; **≈ungs·industrie** *f* βιομηχανία ετοίμων ενδυμάτων
be'klemm|en στενοχωρώ; **≈ung** *f* στενοχώρια, πλάκωμα *n*
be'kommen* *v/t allg.* παίρνω, λαμβάνω; *Fieber* ανεβάζω; *ein Kind* αποκτώ (*-άς*), F *a.* κάνω; δέχομαι; *Schläge* τρώ(γ)ω
be'kömmlich εύπεπτος, ωφέλιμος
be'kräftig|en επιβεβαιώνω; **≈ung** *f* επιβεβαίωση (*-εις*)
be'kränzen στεφανώνω
be'kreuzig|en: ***sich ~en*** σταυροκοπιέμαι; **≈ung** *f* σταυροκόπημα *n*
be'kümmert λυπημένος
be'kund|en εκδηλώνω; **≈ung** *f* εκδήλωση (*-εις*); επίδειξη (*-εις*)
be'lächeln *v/t* ειρωνεύομαι
be'lad|en* φορτώνω; επιβαρύνω; **≈ung** *f* φόρτωση (*-εις*)
Be'lag (*-ẹs; ¨e*) *m* επίστρωμα *n*; γανάδα; (*Straßen≈*) οδόστρωμα *n*
Be'lager|er *m* πολιορκητής; **≈n** πολιορκώ; **~ung** *f* πολιορκία
Be'lang *m*: ***von ~*** σημαντικός; **~e** *m/pl* συμφέροντα *n/pl*; **≈los** ασήμαντος
be'lassen* αφήνω όπως είναι
be'lasten φορτώνω; *a. mit Steuern* επιβαρύνω; *Hdl.* χρεώνω; ***mit e-r Hypothek ~*** υποθηκεύω; ***Konto ~*** χρεώνω λογαριασμό; **~d** ενοχοποιητικός
be'lästig|en ενοχλώ; **≈ung** *f* ενόχληση (*-εις*)
Be'lastung *f* φόρτωση (*-εις*); επιβάρυνση (*-εις*); χρέωση (*-εις*); **~s-zeuge** *m* μάρτυρας κατηγορίας
be'leb|en *a. fig.* ζωογονώ; ***sich ~en*** ζωηρεύω; **≈ung** *f* ζωογόνηση (*-εις*)
Be'leg (*-ẹs; -e*) *m* τεκμήριο, αποδεικτικό στοιχείο; δικαιολογητικό; **≈en** *Fußboden* στρώνω; (*beweisen*) αποδεικνύω; *Platz* πιάνω
Be'legschaft *f* προσωπικό

B

be'legt *s.* ***belegen***; *Stimme*: βραχνός; **~es Brötchen** *n* σάντουιτς (*0*) *n*
be'lehr|en *v/t* νουθετώ, καθοδηγώ; **2ung** *f* νουθεσία, καθοδήγηση (*-εις*)
be'leidig|en προσβάλλω, βρίζω; **~end** προσβλητικός; **~t** προσβεβλημένος; **2ung** *f* προσβολή, βρισιά
be'lesen διαβασμένος
be'leucht|en φωτίζω; **2ung** *f* φωτισμός; **2ungs-** φωτιστικός
be'licht|en φωτίζω; **2ung** *f* φωτισμός; **2ungs·messer** *m* φωτόμετρο
be'liebig οποιοσδήποτε
be'liebt δημοφιλής 2; αγαπητός (***bei*** *D*/σε); **2heit** (*0*) *f* δημοτικότητα
be'liefer|n εφοδιάζω; *mit Nachrichten* τροφοδοτώ (***mit*** *D*/με); **2ung** (*0*) *f* εφοδιασμός; τροφοδότηση (*-εις*)
bellen γαβγίζω; **2** *n* γάβγισμα *n*
Belle'tristik (*0*) *f* λογοτεχνία
be'lohn|en αμείβω; (επι)βραβεύω; **2ung** *f* αμοιβή; επιβράβευση (*-εις*); ***e-e 2ung aussetzen*** επικηρύττω
Be'lüftung *f Tech.* εξαερισμός
be'lügen* λέω ψέματα (***j-n***/σε κπ)
be'lustig|en: *sich ~en* διασκεδάζω; **2ung** *f* διασκέδαση (*-εις*)
be'mächtigen: *sich* *e-r S.* (*G*) **~** κυριεύω *A*, κατακτώ (*-άς*) *A*
be'malen (επι)χρωματίζω
be'mängel|n επικρίνω; **2ung** *f* επίκριση (*-εις*)
be'mannen επανδρώνω
be'merk|bar αισθητός; **~en** παρατηρώ; προσέχω; αντιλαμβάνομαι; **~ens·wert** αξιοπαρατήρητος; **2ung** *f* παρατήρηση (*-εις*)
be'mess|en* καταμετρώ (*-άς*); υπολογίζω; **2ung** *f* υπολογισμός
be'mitleiden συμπονώ (*-είς, -άς*)
be'mittelt εύπορος
be'mühen ενοχλώ (***j-n***/κπ); ***sich ~ um*** *A* προσπαθώ, ενεργώ, πασχίζω να; ***sich vergeblich ~*** ματαιοπονώ
Be'mühung *f* προσπάθεια
be'muttern καλοκοιτάζω
be'nachbart γειτονικός; διπλανός
be'nachrichtig|en ειδοποιώ, πληροφορώ; **2ung** *f* ειδοποίηση (*-εις*)
be'nachteilig|en *v/t* αδικώ, ζημιώνω; **~t** αδικημένος; **2ung** *f* αδικία
be'nehmen*: *sich ~* (συμπερι)φέρομαι; **2** *n* συμπεριροφά, τρόποι *m/pl*
be'neiden ζηλεύω (***j-n um*** *A*/κπ για), φθονώ; **~s·wert** αξιοζήλευτος
be'nenn|en* (κατ)ονομάζω (***j-n***/κπ); **2ung** *f* ονομασία
Bengel *m* μάγκας, παλιόπαιδο
be'nommen ζαλισμένος; **2heit** (*0*) *f* ζάλη
be'not|en βαθμολογώ; **2ung** *f* βαθμολόγηση (*-εις*)
be'nötigen *v/t* χρειάζομαι
be'nutz|en χρησιμοποιώ; μεταχειρίζομαι; *Dampfer usw.* παίρνω; *Gelegenheit* επωφελούμαι (*A*/*G*); **2er** *m* χρήστης; **2ung** *f* χρήση (*-εις*)
Ben'zin (*-s; -e*) *n* βενζίνη; **~behälter** *m* ρεζερβουάρ *n*; **~gutschein** *m* κουπόνι βενζίνης; **~motor** *m* βενζινομηχανή; **~uhr** *f* δείκτης βενζίνης
be'obacht|en παρατηρώ; *Krankheit* παρακολουθώ; **2er** *m* παρατηρητής; **2ung** *f* παρατήρηση (*-εις*)
be'pflanzen φυτεύω
be'quem άνετος, αναπαυτικός; *Haus*: βολικός; (*träge*) νωθρός; **2lichkeit** *f* άνεση (*-εις*); ευκολία; νωθρότητα
be'raten* *v/t* συμβουλεύω; *v/i* συζητώ (*-άς*), συσκέπτομαι; **~d** συμβουλευτικός
Be'rat|er *m* σύμβουλος; **2schlagen** συσκέπτομαι (***über*** *A*/για); **~ung** *f* διάσκεψη (-εις), σύσκεψη (*-εις*)
be'raub|en στερώ; ***j-n ~en*** (*ausrauben*) ληστεύω κπ; **2ung** *f* στέρηση (*-εις*)
be'rausch|en μεθώ (*-άς*) *a. fig.*; **~end** μεθυστικός *a. fig.*; **~t** μεθυσμένος
be'rechn|en υπολογίζω, λογαριάζω; εκτιμώ (*-άς*); **2ung** *f* υπολογισμός
be'rechtig|en εξουσιοδοτώ; δίνω το δικαίωμα σε; **2te(r)** δικαιούχος; **2ung** *f* δικαίωμα *n*
be'redsam εύγλωττος; **2keit** (*0*) *f* ευγλωττία, ευφράδεια
Be'reich (*-ẹs; -e*) *m* περιοχή; πεδίο; *fig.* σφαίρα, κύκλος
be'reicher|n (εμ)πλουτίζω; ***sich ~n*** πλουτίζω; **2ung** *f* (εμ)πλουτισμός
be'reinig|en *v/t* ξεκαθαρίζω; **2ung** *f* ξεκαθάρισμα *n*
be'reisen *v/t* περιοδεύω
be'reit έτοιμος (***zu*** *D*/για), πρόθυμος (***zu***/να); **~en** ετοιμάζω; *Schwierigkeiten* προξενώ
be'reithalten* έχω έτοιμο
be'reits ήδη, κιόλα(ς)

B

Be'reitschaft *f* ετοιμότητα; **~s·dienst** *m Tag*: εφημερία; *Nacht*: διανυκτέρευση; **~s·polizei** *f* Άμεση Δράση
be'reit|stellen διαθέτω; **&stellung** *f* διάθεση (*-εις*); **~willig** πρόθυμος
be'reuen μετανιώνω, μετανοώ
Berg (*-ęs; -e*) *m* βουνό; όρος *n*; ***über den ~ sein*** ξεπερνώ τις δυσκολίες
berg'ab κατηφορικά; *Weg*: ***~ führen, ~ gehen*** κατηφορίζω
berg|'an, ~'auf ανηφορικά; ***~'auf gehen*** ανηφορίζω
Berg|arbeiter *m s.* ***Bergmann***; **~bauindustrie** *f* εξορυκτική βιομηχανία; **~bewohner** *m* βουνίσιος
bergen* (δια)σώζω; ανασύρω (από); *Gefahr usw.* ***in sich ~*** εγκυμονώ
Berg|führer *m* οδηγός ορειβασίας; **~gipfel** *m* κορφοβούνι, κορφή
bergig βουνίσιος, ορεινός
Berg|kamm *m* κορυφογραμμή; **~kette** *f* οροσειρά; **~mann** (*-ęs; -leute*) *m* μεταλλωρύχος, ανθρακωρύχος; **~rutsch** *m* κατολίσθηση (*-εις*); **~steigen** *n* ορειβασία; **~steiger** *m* ορειβάτης (*-ισσα*)
Bergung *f* διάσωση (*-εις*)
Bergwerk *n* μεταλλείο, ορυχείο
Be'richt (*-ęs; -e*) *m* (*Wetter&*) δελτίο; *schriftlich* έκθεση (*-εις*); ***~ erstatten*** υποβάλλω έκθεση (*D*/σε); **&en** εκθέτω; αναφέρω (***j-m über*** *A*/σε κπ για)
Be'richterstatt|er *m* ανταποκριτής; **~ung** *f* ανταπόκριση (*-εις*), ειδησεογραφία
be'richtig|en διορθώνω, επανορθώνω; **&ung** *f* διόρθωση (*-εις*)
Bernstein *m* κεχριμπάρι, ήλεκτρο
be'rüchtigt διαβόητος
be'rücksichtig|en έχω *od.* παίρνω υπ' όψη, λαμβάνω υπ' όψιν, συνυπολογίζω; **&ung** *f* συνυπολογισμός
Be'ruf (*-ęs; -e*) *m* επάγγελμα *n*, F δουλειά; **&en*** διορίζω (***j-n zu*** *D*/κπ *A*); *als Zeugen* καλώ (ως); ***sich &en auf*** *A* επικαλούμαι *A*, αναφέρομαι σε
Be'rufs|- επαγγελματικός; **~anfänger** *m* αρχάριος; **~ausbildung** *f* επαγγελματική εκπαίδευση; **~beratung** *f* επαγγελματικός προσανατολισμός; **~erfahrung** *f* προϋπηρεσία; **~genossenschaft** *f* συντεχνία; **~schule** *f* επαγγελματική σχολή; **&tätig: *&tätig sein*** εργάζομαι; **~tätige(r)** εργαζόμενος, απασχολούμενος; **~umschulung** *f* επαγγελματική μετεκπαίδευση (*-εις*); **~wahl** (*0*) *f* εκλογή επαγγέλματος
Be'rufung *f* έφεση *a. jur.*; διορισμός; προορισμός; ***~ einlegen gegen*** *A* υποβάλλω έφεση κατά *G*
Be'rufungsgericht *n* εφετείο
be'ruhen βασίζομαι (***auf*** *D*/σε)
be'ruhigen ηρεμίζω; καθησυχάζω; **~d** καθησυχαστικός; ηρεμιστικός
Be'ruhigung *f* καθησύχαση
Be'ruhigungs|- ηρεμιστικός; **~mittel** *n* ηρεμιστικό (φάρμακο)
be'rühmt φημισμένος (***wegen*** *G*/για), ξακουσμένος, περίφημος; **&heit** *f* φήμη; *a. Pers.* διασημότητα
be'rühr|en *a. fig.* αγγίζω; *Frage* θίγω; **&ung** *f* επαφή
be'sagen σημαίνω
be'sänftigen *z. B. Zorn* καταπραΰνω; κατευνάζω; **~d** καταπραϋντικός
Be'sänftigung *f* καταπράυνση
Be'satzung *f mar.* πλήρωμα *n*; *mil.* κατοχή; φρουρά
be'saufen*: ***sich ~*** F (τα) σουρώνω
be'schädig|en ζημιώνω, φθείρω, βλάφτω; **&ung** *f* φθορά, ζημιά
be'schaffen προμηθεύω (***j-m etw.***/ κπ με κτ); *bsd. Geld* βρίσκω; *Adj* ***so ~*** τέτοιος (*-α, -ο*); **&heit** *f* κατασκευή
Be'schaffung *f* προμήθεια
be'schäftigen απασχολώ; ***sich ~*** (απ)ασχολούμαι, καταγίνομαι
be'schäftig|t απασχολημένος; ***~t sein*** απασχολούμαι; **&ung** *f* απασχόληση (*-εις*), ασχολία
be'schämen *v/t* (κατα)ντροπιάζω
be'schatten (επι)σκιάζω; *fig. Polizei*: παρακολουθώ (***j-n***/κπ)
Be'scheid (*-ęs; -e*) *m* μήνυμα *n*, ειδοποίηση (*-εις*); ***~ geben*** ειδοποιώ (***j-m***/κπ); ***~ wissen*** ξέρω καλά
be'scheiden[1]*: ***sich ~ mit*** *D* αρκούμαι με *od.* σε
be'scheiden[2] *Adj* μετριόφρων 2, ταπεινός; *Essen, Einkommen*: φτωχικός; **&heit** (*0*) *f* μετριοφροσύνη
be'scheinig|en πιστοποιώ, βεβαιώνω; **&ung** *f* πιστοποιητικό, βεβαίωση (*-εις*)
be'schenken κάνω δώρο (***j-n***/σε κπ)

be'scher|en μοιράζω δώρα; επιφυλάσσω; **&ung** *f* μοίρασμα *n* δώρων
be'schießen* κανονιοβολώ
be'schimpf|en βρίζω; **&ung** *f* βρίσιμο (*-ατος*); εξύβριση (*-εις*)
Be'schlag *m* επίστρωμα *n*; μεταλλικό έλασμα *n*
be'schlagen* *v/t Pferd* πεταλώνω; *v/i* (*sn*) *Glas*: θαμπώνω, θολώνω
Be'schlagnahme *f* κατάσχεση (*-εις*); *staatlich*: δήμευση (*-εις*); **&n** κατάσχω; δημεύω
be'schleunig|en επιταχύνω, επισπεύδω; **&er** *m Tech.* επιταχυντήρας; **~t** εσπευσμένος; **&ung** *f* επιτάχυνση *a. Phys.*, επίσπευση (*-εις*)
be'schließen *etw.* αποφασίζω; (*beenden*) τερματίζω
Be'schluß *m* απόφαση (*-εις*); ψήφισμα *n*; **~fähigkeit** (*0*) *f* απαρτία
be'schmieren λιγδιάζω, πασαλείβω
be'schmutz|en *a. fig.* λερώνω; βρομίζω; **&ung** *f* ρύπανση
be'schneid|en κόβω; *Baum* κλαδεύω; *Rel.* περιτέμνω; **&en** *n* κλάδεμα *n*
be'schnüffeln, be'schnuppern μυρίζω, οσφραίνομαι
be'schönig|en *Fehler* ομορφαίνω; F μπαλώνω; **&ung** *f* μπάλωμα *n*
be'schränk|en (***auf*** *A*) περιορίζω (σε), περιστέλλω (σε); **~t** περιορισμένος; στενοκέφαλος; **&t·heit** (*0*) *f* (*Enge*) στενότητα; στενοκεφαλιά; **&ung** *f* περιορισμός
be'schreib|en* περιγράφω; εξιστορώ; **&ung** *f* περιγραφή; εξιστόρηση (*-εις*)
be'schuldig|en κατηγορώ; **&ung** *f* κατηγορία
be'schütz|en προστατεύω, φυλά(γ)ω (***vor*** *D*/από); **&er** *m* προστάτης
Be'schwerde *f* παράπονο; διαμαρτυρία; *jur.* κατηγορία; (*Leiden*) πόνος, **~n** *pl* ενοχλήσεις *f/pl*
be'schweren (επι)βαρύνω; ***sich ~*** διαμαρτύρομαι, παραπονιέμαι για
be'schwerlich επίπονος
be'schwichtigen καταπραΰνω
be'schwindeln F περιγελώ (*-άς*)
be'schwipst στο κέφι
be'schwör|en (*behaupten*) ορκίζομαι (*A*/για); *Geister* εξορκίζω; **&ung** *f* ορκωμοσία; εξορκισμός
be'seitig|en παραμερίζω; *Spuren* εξαφανίζω; **&ung** *f* παραμερισμός; εξουδετέρωση (*-εις*)
Besen (*-s*; *-*) *m* σκούπα; **~stiel** *m* σκουπόξυλο
be'sessen μανιακός; δαιμονισμένος
be'setz|en *Platz* πιάνω; *Land* καταλαμβάνω; *Stellung, Amt* κατέχω; **~t** κατειλημμένος; πιασμένος; **&t·zeichen** *n* σήμα *n* κατειλημμένου; **&ung** *f* κατάληψη (*-εις*); *mil.* κατοχή
be'sichtig|en *Museum usw.* επισκέπτομαι; **&ung** *f* επίσκεψη (*-εις*)
be'sied|elt: *dicht ~elt* πυκνοκατοικημένος; **&lung** *f* εποικισμός
be'siegeln (επι)σφραγίζω
be'sieg|en *a. fig.* νικώ (*-άς*); *im Spiel* κερδίζω (***j-n***/κπ); **&te(r)** νικημένος, ηττημένος
be'sinnen*: *sich ~* μετανιώνω; (*sich erinnern*) θυμάμαι; συλλογίζομαι
Be'sinnung (*0*) *f* συλλογή; (*Bewußtsein*) αισθήσεις *f/pl*; ***zur ~ kommen*** συνέρχομαι; έρχομαι στα λογικά μου; ***die ~ verlieren*** χάνω τις αισθήσεις μου; **&s·los** λιπόθυμος, αναίσθητος
Be'sitz (*-es*; *0*) *m* κατοχή; κτήμα *n*
be'sitz|en* κατέχω; έχω; **&er(in** *f*) *m* ιδιοκτήτης (*-ήτρια*); **&ergreifung** *f* κατάληψη (*-εις*); **~los** ακτήμων 2; **&tum** (*-s*, *-̈er*) *n*, **&ung** *f* κτήμα *n*
be'soffen F μεθυσμένος
be'sohlen σολιάζω
Be'soldung *f* μισθοδοσία
be'sonder- ιδιαίτερος, ξεχωριστός
Be'sonderheit *f* ιδιορρυθμία
be'sonders ιδίως, ιδιαίτερα
be'sonnen συνετός, φρόνιμος; **&heit** (*0*) *f* σύνεση, φρόνηση
be'sorgen *j-m etw.* προμηθεύω; *etw.* φροντίζω (*A*/για); ανησυχώ
Be'sorgnis (*-*; *-se*) *f* ανησυχία; **&erregend** ανησυχαστικός
be'sorgt ανήσυχος; νοιασμένος
Be'sorgung *f* προμήθεια; εκτέλεση (*-εις*); ***~en machen*** κάνω ψώνια
be'spitzel|n κατασκοπεύω, σπιουνάρω; **&ung** *f* κατασκόπευση
be'sprech|en* συζητώ (*-άς*) (*A*/για), κουβεντιάζω (*A*/*A od.* για); *Buch* κρίνω; (*kommentieren*) σχολιάζω; **&ung** *f* συζήτηση (*-εις*); κριτική
be'spritzen πιτσιλίζω

besser (*Komp. v.* **gut**) καλύτερος (*Adv* -τερα); ***umso ~*** τόσο το καλύτερο
besser|n καλυτερεύω, βελτιώνω; διορθώνω; **≈ung** *f* καλυτέρευση, βελτίωση; ***gute ≈ung!*** περαστικά σας!
best- άριστος, ο καλύτερος
Be'stand *m* υπόσταση (-εις); (*Dauer*) διάρκεια; ***von ~ sein*** διαρκώ
be'ständig σταθερός *a. Wetter*; μόνιμος; **≈keit** *f* σταθερότητα
Be'stand|s·aufnahme *f* απογραφή; **~teil** *m* συστατικό, στοιχείο
be'stärken ενισχύω
be'stätigen *Richtigkeit e-r S.* (επι)βεβαιώνω; διαβεβαιώνω
Be'stätigung *f* (επι)βεβαίωση (-*εις*), διαβεβαίωση (-*εις*)
be'statt|en κηδεύω; **≈ung** *f* κηδεία
be'staunen θαυμάζω
beste (*Superlativ v.* **gut**): **der ≈** ο καλύτερος; άριστος; *der* **erste ~** τυχαίος
be'stech|en* δωροδοκώ, δεκάζω; ***sich ~en lassen*** δωροδοκούμαι; **~lich** δεκάσιμος; **≈ung** *f* δωροδοκία; **≈ungsgelder** *n/pl* λεφτά *n/pl* δωροδοκίας
Be'steck (-*ẹs*; -*e*) *n* μαχαιροπίρουνα *n/pl*; *mar.* στίγμα *n*
be'stehen* *v/i* υφίσταμαι; υπάρχω; **~ aus** *D* αποτελούμαι από; **~ auf** *etw.* (*D*) επιμένω σε; *Prüfung, Gefahr* περνώ (-άς); **~d** υφιστάμενος
be'stehlen* κλέβω (***j-n***/κπ)
be'steigen (*Zug, Berg*) ανεβαίνω
be'stell|en *Hdl.* παραγγέλνω (***bei j-m etw.***; ***j-m etw.***/κτ σε κπ); *Gruß* διαβιβάζω; *Feld* καλλιεργώ; ***j-n zu sich*** (*D*) **~en** προσκαλώ κπ; **≈formular** *n* έντυπο παραγγελίας
Be'stellung *f* παραγγελία; καλλιέργεια; ***auf ~*** επί παραγγελία
be'steuer|n φορολογώ; **≈ung** *f* φορολογία
besti'alisch θηριώδης 2
Bestie ['bɛstĭə] *f* θηρίο, κτήνος *n*
be'stimmen ορίζω; προσδιορίζω; προορίζω (***j-n zu*** *D*/κπ για)
be'stimmt ορισμένος; προορισμένος; τακτός; *vom Schicksal* γραφτός; *Adv* χωρίς άλλο; **~e(r)** κάποιος; **≈heit** (*0*) *f* βεβαιότητα
Be'stimmung *f* (καθ)ορισμός; προσδιορισμός *a. Gr.*; (*Schicksal*) γραμμένο; (*Berufung*) προορισμός; **~ungen** *f/pl* διατάξεις *f/pl*
Be'stimmungsort *m* προορισμός
be'straf|en τιμωρώ; **≈ung** *f* τιμωρία
be'strahl|en φωτίζω; *Med.* υποβάλλω σε ακτινοθεραπεία; **≈ung** *f* φωτισμός; *Med.* ακτινοθεραπεία
Be'streben *n* προσπάθεια
be'streiten* αμφισβητώ; αρνούμαι; *Ausgaben* πληρώνω
be'streuen πασπαλίζω
be'stürz|en ξαφνιάζω, σαστίζω; **~t** κατάπληκτος; **≈ung** *f* κατάπληξη
Be'such *m* επίσκεψη, (*als Besucher oft*) *pl* επισκέψεις; *e-r Schule* φοίτηση (-*εις*); **≈en** επισκέπτομαι; φοιτώ; συχνάζω; **~er(in** *f*) *m* επισκέπτης (-τρια); **≈t:** ***stark ≈t*** πολυσύχναστος; **~s·zeit** *f* ώρα επισκέψεως
be'tätig|en *Bremse usw.* χειρίζομαι; βάζω σε ενέργεια; **≈ung** *f* χειρισμός
be'täub|en (ξε)κουφαίνω; *Med., a. fig.* ναρκώνω; **≈ung** *f* κώφωση (-*εις*), νάρκωση (-*εις*)
Be'täubungsmittel *n* ναρκωτικό
be'teilig|en: ***sich ~en an*** *D* συμμετέχω σε; **~t** ενδιαφερόμενος; συμμέτοχος; **≈ung** *f* συμμετοχή
beten προσεύχομαι
be'teuer|n επιμένω (*A od.* **daß**/ότι), διαβεβαιώνω (**daß**/πως, ότι); **≈ung** *f* έντονη διαβεβαίωση
be'titeln επιγράφω, τιτλοφορώ
be'tonen τονίζω; (*preisen*) εξαίρω
Be'tonung *f* τονισμός; τόνος
Be'tracht (-*ẹs*; *0*) *m* υπολογισμός; ***in ~ ziehen*** λαμβάνω υπ' όψη
be'trachten παρατηρώ, κοιτάζω, θεωρώ
be'trächtlich αξιόλογος
Be'trachtung *f* παρατήρηση (-*εις*)
Be'trag (-*ẹs*; *⸚e*) *m* ποσό
be'tragen* *Rechnung*: ανέρχομαι σε; ***sich ~*** (συμπερι)φέρομαι; **≈** *n* συμπεριφορά, διαγωγή
Be'treff (-*ẹs*; -*e*) *m e-s Briefes* αναφορά; **≈en*** αφορώ (-άς) (*A*/*A*); **was** (**mich**) ***betrifft*** όσον αφορά (εμένα); **≈end** σχετικός (*A*/με)
be'treiben* *Gewerbe* εξασκώ; *Handel* επαγγέλλομαι; (*e-e S. voranbringen*) ωθώ, επισπεύδω; *Tech.* κινώ
be'treten* πατώ (-άς); *Raum* μπαίνω (*A*/σε); **≈** *n* είσοδος *f*

be'treu|en φροντίζω; μεριμνώ (-άς) (**j-n**/για κπ); **2ung** (0) *f* περίθαλψη, εξυπηρέτηση (-εις)
Be'trieb *m* επιχείρηση (-εις); (*Fabrik*) εργοστάσιο; λειτουργία; *Tech.* κίνηση (-εις); (*Tätigkeit*) ενέργεια; ***in ~ nehmen*** θέτω σε κίνηση; ***in ~ sein*** λειτουργώ
be'triebsam αεικίνητος
Be'triebs|ausgaben *f/pl* έξοδα *n/pl* επιχειρήσεως; **~geheimnis** *n* βιομηχανικό απόρρητο; **~kapital** *n* κεφάλαιο κινήσεως; **~klima** *n* ατμόσφαιρα (εργασίας); **~kosten** *pl* λειτουργικό κόστος *n*; **~leiter** *m* διευθυντής επιχειρήσεως; **~ordnung** *f* κανονισμός; **~rat** *m* συμβούλιο εργαζομένων; **~system** *n* *EDV* λειτουργικό σύστημα *n*; **~unfall** *m* ατύχημα *n* εργασίας; **~wirtschaft** *f* οικονομία επιχειρήσεων
be'trinken*: ***sich ~*** μεθοκοπώ (-άς)
Betroffene(r) παθών (*-ούσα*)
be'trog *s.* ***betrügen***
be'trüb|en λυπώ, θλίβω; **2nis** (-; *-se*) *f* θλίψη (-εις), λύπη; **~t** θλιμμένος
Be'trug (*-es; 0*) *m* απάτη, εξαπάτηση
be'trüg|en απατώ (-άς), εξαπατώ; **2er(in** *f*) *m* απατεώνας (-νισσα); **~erisch** απατηλός
be'trunken πιωμένος, μεθυσμένος
Bett (*-es; -en*) *n* κρεβάτι, *K* κλίνη; ***zu ~ gehen*** πλαγιάζω; **~decke** *f* κουβέρτα, πάπλωμα *n*
betteln ζητιανεύω, *K* επαιτώ
bett|en (*-e-*) πλαγιάζω; **~lägerig** κατάκοιτος; **2laken** *n* σεντόνι
Bettler *m* ζητιάνος; **~in** *f* ζητιάνα
Bettruhe *f* κατάκλιση (-εις)
Bett|vorleger *m* πατάκι; **~wäsche** *f*, **~zeug** *n* σεντόνια *n/pl*
beug|en *a. fig.* κάμπτω, κυρτώνω; λυγίζω; *Recht* παραβιάζω; *Gr.* κλίνω; ***sich ~en*** *a. fig.* σκύβω; *fig. Forderungen* υποκύπτω (*D*/σε); ***gebeugt*** σκυφτός; **2ung** *f a. Gr.* κλίση (*-εις*)
Beule *f* εξόγκωμα *n*, καρούμπαλο
be'unruhig|en ανησυχώ; ταράζω; **~end** ανησυχητικός; **~t** ανήσυχος; **2ung** (0) *f* ανησυχία, ταραχή
be'urlaub|en χορηγώ άδεια (**j-n**/σε κπ); ***sich ~en lassen*** παίρνω άδεια; **2ung** *f* άδεια, χορήγηση
be'urteil|en κρίνω, γνωμοδοτώ; **2ung** *f* κρίση (-εις), εκτίμηση (-εις)
Beute (0) *f* λεία, λάφυρο
Beutel *m* σάκος, πουγγί
Be'völkerung *f* πληθυσμός
Be'völkerungs|explosion *f* πληθυσμιακή έκρηξη (-εις); **~statistik** *f* δημογραφία
be'vollmächtig|en εξουσιοδοτώ; **~t** πληρεξούσιος; **2ung** *f* εξουσιοδότηση (-εις)
be'vor *Ko* προτού, πριν (να + *St II*)
be'vormunden κηδεμονεύω
be'vorrechtig|en χορηγώ προνόμια (**j-n**/σε κπ); **~t** προνομιούχος
be'vorschuss|en *Gehalt* προκαταβάλλω; **2ung** *f* προκαταβολή
be'vorstehen*: ***es steht bevor*** επίκειται; **~d** επικείμενος
be'vorzug|en προτιμώ (-άς); ευνοώ; **~t** ευνοούμενος, προνομιούχος; **2ung** *f* προτίμηση (-εις)
be'wach|en φυλάγω; *mil.* φρουρώ; **2ung** *f* φύλαξη, φρούρηση
be'waffn|en εξοπλίζω; **~et** ένοπλος; **2ung** *f* εξοπλισμός
be'wahr|en φυλά(γ)ω; (δια)τηρώ; ***~en vor*** *etw.* (*D*) προφυλάγω από; ***Gott ~e!*** Θεός φυλάξοι!
be'währ|en: ***sich ~en*** αποδεικνύομαι καλός; **~t** *a. Pers.*: δοκιμασμένος
be'wahrheiten: ***sich ~*** επαληθεύομαι
Be'wahrung *f* φύλαξη, τήρηση (-εις); διατήρηση (-εις); διάσωση
Be'währung *f* ευδοκίμηση; *jur.* αναστολή εκτελέσεως της ποινής; ***mit ~*** με αναστολή
be'waldet δασωμένος, δασόφυτος
be'wältig|en φέρνω σε πέρας, καταφέρνω; *Schwierigkeiten* υπερνικώ; **2ung** *f* υπερνίκηση
be'wässer|n ποτίζω; αρδεύω; **2ung** *f* άρδευση (-εις), πότισμα *n*
be'wegen κουνώ (-άς), (παρα)κινώ; *fig.* (*rühren*) συγκινώ; ***sich ~*** κουνιέμαι, κινούμαι; κυκλοφορώ
Be'weggrund *m* αίτιο, κίνητρο
be'weglich *allg.* κινητός; ευκίνητος; **2keit** (0) *f* ευκινησία
be'wegt ταραγμένος; συγκινημένος
Be'wegung *f* κίνηση (-εις); *Pol.* κίνημα *n*; (*Unruhe*) ταραχή; (*Rührung*) συγκίνηση (-εις); ***in ~ setzen*** θέτω σε κίνηση; κινητοποιώ

B

be'wegungs|los ακίνητος; **2losigkeit** *(0) f* ακινησία
be'weinen θρηνώ, κλαίω (***j-n***/κπ)
Be'weis *(-es; -e) m* απόδειξη *(-εις)*, τεκμήριο
be'weis|en* αποδείχνω, αποδεικνύω; **2mittel** *n* τεκμήριο
be'werb|en*: *sich ~en* βάζω υποψηφιότητα; **2er** *m* υποψήφιος; **2ung** *f* αίτηση *(-εις)*; υποψηφιότητα *G*; **2ungs·schreiben** *n* γραπτή αίτηση
be'werkstellig|en πραγματοποιώ, εκτελώ; **2ung** *f* εκτέλεση *(-εις)*
be'wert|en εκτιμώ *(-άς)*; *(benoten)* βαθμολογώ; **2ung** *f* εκτίμηση *(-εις)*; βαθμολόγηση *(-εις)*
be'willig|en χορηγώ; εγκρίνω; **2ung** *f* χορήγηση *(-εις)*; έγκριση *(-εις)*
be'wirken προκαλώ, προξενώ
be'wirt|en κερνώ *(-άς)*, φιλεύω, φιλοξενώ; **2ung** *f* κέρασμα *n*
be'wohn|bar κατοικήσιμος; **~en** κατοικώ; **2er** *m* κάτοικος *(a. f)*; **~t** κατοικημένος
be'wölk|en: *sich ~en* *a. fig.* συννεφιάζω; **~t** συννεφιασμένος, *K* νεφελώδης 2; **2ung** *f* συννεφιά
Be'wunder|er *m* θαυμαστής; **2n** θαυμάζω; **2ns·wert** αξιοθαύμαστος; **~ung** *f* θαυμασμός
be'wußt συνειδητός; ***~ machen*** συνειδητοποιώ; **~los** αναίσθητος; **2losigkeit** *(0) f* αναισθησία; **2sein** *n* συναίσθηση, συνείδηση
be'zahl|en *a. fig.* πληρώνω; **~t** πληρωμένος; **2ung** *f* πληρωμή
be'zähmen δαμάζω; τιθασεύω
be'zauber|n *(-re)* μαγεύω, γοητεύω; **~nd** γοητευτικός
be'zeichn|en *(markieren)* σημαδεύω; χαρακτηρίζω (**als**/σαν); **~end** χαρακτηριστικός (**für** *A*/*G*); **2ung** *f* χαρακτηρισμός; ονομασία
be'zeug|en μαρτυρώ *(-άς)*; **~t** μαρτυρημένος; **2ung** *f* μαρτυρία
be'zichtigen κατηγορώ (***j-n*** *G*/κπ για)
be'ziehen* *Waren* προμηθεύομαι; *Bett* στρώνω; *Wohnung* εγκαθίσταμαι σε; *Gehalt* παίρνω; ***sich ~ auf*** *A* αναφέρομαι σε
Be'ziehung *f allg.* σχέση *(-εις)*; μέσο; ***~en*** *f/pl* δοσοληψίες *f/pl*
be'ziehungs|los άσχετος; **~weise** (***bzw.***) αντιστοίχως; ή
Be'zirk *(-ęs; -e) m (a. Wahl2)* περιφέρεια, τμήμα *n*; διαμέρισμα *n*
Be'zug *m Möbel*: επένδυση *(-εις)*; *Waren*: προμήθεια; σχέση *(-εις)*, αναφορά; ***mit ~ auf*** *A* σχετικά με
Be'züge *m/pl* αποδοχές *f/pl*
be'züglich αναφορικός, σχετικός; *Präp G* αναφορικά σε, σχετικά με
Be'zugnahme *f* αναφορά (***auf*** *A*/σε)
be'zwecken σκοπεύω, επιδιώκω
be'zweifeln *(-le)* αμφισβητώ
be'zwingen* δαμάζω, καταβάλλω
Bibel *f* Βίβλος *f*, Αγία Γραφή
Biber *m* κάστορας, καστόρι
Biblio|gra'phie *f* βιβλιογραφία; **2-'graphisch** βιβλιογραφικός; **~'thek** *f* βιβλιοθήκη; **~the'kar** *(-s; -e) m* βιβλιοθηκάριος
bieg|en* κάμπτω, λυγίζω; *v/i (sn)* ***um die Ecke ~en*** στρίβω; **~sam** εύκαμπτος, λυγερός; **2samkeit** *(0) f* ευκαμψία; **2ung** *f* κάμψη *(-εις)*; στροφή
Biene *f* μέλισσα
Bienen|stock *m a. fig.* κυψέλη; **~zucht** *f* μελισσοκομία; **~züchter** *m* μελισσοκόμος
Bier *(-ęs; -e) n* μπίρα, *K* ζύθος; **~garten** *m* μπιραρία
bieten* *z. B. Geld* προσφέρω; ***j-m die Stirn ~*** αντιμετωπίζω κπ
Bi'lanz *f* ισολογισμός; ισοζύγιο; *a. fig.* απολογισμός
bilateral διμερής 2
Bild *(-ęs; -er) n allg.* εικόνα; *(Foto)* φωτογραφία; *gerahmt*: κάδρο; ***im ~e sein*** είμαι ενήμερος
bilden *a. Gr.* σχηματίζω; αποτελώ; *(schulen)* μορφώνω; *(formen)* πλάθω; *sittlich, geistig*: διαμορφώνω; **~d** μορφωτικός; *Künste*: εικαστικός
Bilder|buch *n* βιβλίο με εικόνες; **~galerie** *f* πινακοθήκη; **~rahmen** *m* κορνίζα; **~rätsel** *n* γρίφος
Bildfläche *f* οθόνη
Bild|hauer *m* γλύπτης; **~haue'rei** *f* γλυπτική; **2'hübsch** πεντάμορφος
bildlich εικονικός; μεταφορικός
Bild|schärfe *f* καθαρότητα ειδώλου; **~schirm** *m* οθόνη; ***am ~schirm arbeiten*** δουλεύω με υπολογιστή; **~schirmtext** *m* κείμενο οθόνης
Bildung *f* σχηματισμός; *geistige*: μόρφωση, παιδεία
Bildungs|- μορφωτικός; **~weg** *m*

μόρφωση; ***auf dem zweiten ~weg*** στην επιμόρφωση; **~wesen** (*-s; 0*) *n* εκπαίδευση (*-εις*)
Billard ['bɪljart] (*-s; -e, -s*) *n* μπιλιάρδο
billig φτηνός; δίκαιος
billigen επιδοκιμάζω, εγκρίνω
Billig|flug *m* φτηνή πτήση (*-εις*); **~lohnland** *n* χαμηλόμισθη χώρα
Billigung *f* επιδοκιμασία, έγκριση
Binde *f* επίδεσμος
Binde|- συνδετικός; **~gewebe** *n* συνεκτικός ιστός; **~glied** *n* συνδετικός κρίκος; **~hautentzündung** *f* επιπεφυκίτιδα
binden* *v/t a. Buch* δένω; δεσμεύω; *v/i Tech.* πήζω; **~d** δεσμευτικός
Binde|strich *m* συνδετικό; **~wort** *n Gr.* σύνδεσμος
Bindfaden *m* σπάγκος
Bindung *f* δεσμός; δέσμευση (*-εις*) (*a. fig. Verpflichtung*); σύνδεση (*-εις*)
binnen *D, G Zeit* εντός *G*
Binnen|- εσωτερικός; **~land** *n* εσωτερικό; **≗ländisch** μεσόγειος; **~markt** *m* εσωτερική αγορά
Bio|chemie [-çe'miː] *f* βιοχημεία; **~'graph** (*-en*) *m* βιογράφος; **~gra'phie** *f* βιογραφία; **~'loge** (*-n*) *m* βιολόγος; **~lo'gie** (*0*) *f* βιολογία; **≗'logisch** βιολογικός; **~'top** *m, n* βιότοπος
Birn|baum *m* αχλαδιά, απιδιά; **~e** *f* αχλάδι, απίδι
bis¹ *Präp A nur Zeit*, **~ zu** *D Ort u. Zeit* (*a.* **auf, an, in**) μέχρι *G od. A*, ως *A*, έως *A od. G*, ίσαμε
bis² *Ko* ώσπου (να), μέχρις ότου; όσο(ν) να
Bischof ['bɪʃɔf] (*-es; ⸚e*) *m* δεσπότης *m*; επίσκοπος
Bischofssitz *m* μητρόπολη (*-εις*)
bisher [bɪs'heːʀ] ως τώρα, μέχρι τώρα; **~ig** τέως, (ο) μέχρι τώρα
Biskuit (*-s; -s, -e*) *m* μπισκότο
biß *s.* ***beißen***
Biß (*-sses; -sse*) *m* δαγκαματιά
bißchen: ***ein*** **~** κομμάτι; *mit Adj, Verben*: κάπως; *a. Zeit*: λίγο, λιγάκι
Bissen *m* μπουκιά, χαψιά
bissig δαγκανιάρης 3; *fig.* δηκτικός
Bistum (*-s; ⸚er*) *n* επισκοπή
bis'weilen κάποτε, ενίοτε
Bitte *f* παράκληση (*-εις*); ***auf ~n*** *G* κατά παράκληση *G*
bitte! (σας *bzw.* σε) παρακαλώ; (*nehmen Sie!*) ορίστε!; (**wie**) **~?** ορίστε
bitten* *s. a.* ***bitte***; παρακαλώ (***j-n zu***/κπ να); ***j-n um etw.*** (*A*) **~** ζητώ κτ από κπ; **~d** παρακλητικός
bitter *a. fig.* πικρός; *fig.* αγλύκαντος; ***~ machen, ~ werden*** πικραίνω; ***~ schmecken*** πικρίζω; **~'böse** αγριεμένος; **≗keit** *f* πικρότητα, πίκρα; **~'süß** γλυκόπικρος
Bitt|gesuch *n*, **~schrift** *f* αίτηση (*-εις*)
bläh|en *v/t* φουσκώνω, εξογκώνω; **≗ung** *f* φούσκωμα *n*, αέρια *n/pl*
Blamage [bla'maːʒə] *f* εξευτελισμός; ντροπή; F ρεζίλι, ρεζιλίκι
bla'mieren ρεζιλεύω, ντροπιάζω
blank στιλπνός; *Messer*: γυμνός
blanko *Hdl.* εν λευκώ; **≗kredit** *m* πίστωση (*-εις*) εν λευκώ; **≗scheck** *m* επιταγή εν λευκώ; **≗vollmacht** *f* εξουσιοδότηση εν λευκώ
Blase *f a. Med.* φούσκα, φυσαλίδα; *Anat.* (*Harn≗ usw.*) κύστη (*-εις*)
blasen φυσώ (*-άς*); πνέω; *Mus.* παίζω
Blas|instrument *n* πνευστό όργανο; **~orchester** *n* ορχήστρα πνευστών
blaß (*a. ⸚sser; ⸚ssest*) ωχρός, χλωμός; ***~ werden*** κιτρινίζω, χλωμιάζω
Blässe (*0*) *f* ωχρότητα, κιτρινάδα
Blatt (*-es; ⸚er*) *n* (*a. fig. Zeitung*) φύλλο
Blattern *f/pl* βλογιά
blättern ξεφυλλίζω (**in** *D/A*)
Blätterteig *m* φύλλα *n/pl* ζύμης
blau γαλανός, μπλε (*0*); *vor Kälte* μελανός (από); (*betrunken*) φέσι; **~äugig** γαλανομάτης 3
Blau|licht *n Polizei*: μπλε φως *n*; **~säure** (*0*) *f* υδροκυάνιο; **≗'weiß** γαλανόλευκος
Blech (*-es; -e*) *n* έλασμα *n*; (*Eisen≗*) λαμαρίνα; (*Zinn≗*) τενεκές; **~dose** *f* τενεκεδένιο δοχείο; **~schaden** *m* ζημιά λαμαρίνας
Blei (*-s; 0*) *n* μολύβι, μόλυβδος; **≗frei** αμόλυβδος
Bleibe *f* στέγη
bleiben* (*sn*) *allg.* μένω; *treu usw.* παραμένω; (*bestehen auf*) επιμένω (***bei*** *D*/σε); ***zu lange ~*** αργώ; *Tel.* ***~ Sie am Apparat!*** περιμένετε στο ακουστικό!; **~d** μόνιμος
bleich κάτωχρος, χλωμός, πελιδνός; ***~ werden*** πανιάζω, χλωμιάζω; **~en** ασπρίζω; **≗mittel** *n* λευκαντικό
bleiern μολυβένιος, μολύβδινος

Blei|stift *m* μολύβι; **~stiftanspitzer** *m* ξύστρα
Blend|e *f Fot.* διάφραγμα *n*; **2en** τυφλώνω; θαμπώνω; στραβώνω; **2end** *fig.* περίλαμπρος
Blennorrhoe [-'rø:] *f* βλεννόρροια
Blick (-*es*; -*e*) *m* ματιά; βλέμμα *n*; (*Aussicht*) θέα; ***böse*(*r*) ~** βασκανία; **2en** βλέπω, κοιτάζω; ***sich 2en lassen*** εμφανίζομαι; **~winkel** *m* οπτική γωνία
blind *a. fig.* τυφλός, F στραβός; *j-n* **~ *machen*** στραβώνω, τυφλώνω
Blinddarm *m* τυφλό έντερο; **~entzündung** *f* σκωληκοειδίτιδα
Blinde|kuh (*0*) *f* τυφλόμυγα; **~n·anstalt** *f* άσυλο τυφλών
Blind|heit (*0*) *f* τυφλότητα, F στραβομάρα; **2lings** στα τυφλά
blink|en (τρεμο)λάμπω, γυαλίζω; αναβοσβήνω (φως); **2er** *m* φλας (*0*) *n*; **2licht** *n* διακοπτόμενο φως
Blitz (-*es*; -*e*) *m* αστραπή, κεραυνός; **~ableiter** *m* αλεξικέραυνο
blitzen αστράφτω; αστραποβολώ
Blitz|krieg *m* κεραυνοβόλος πόλεμος; **~licht** *n* φλας (*0*) *n*; **~schlag** *m* αστροπελέκι; **2'schnell** αστραπιαίος; **~würfel** *m* κυβοφλάς (*0*) *n*
Block (-*es*; ⸚*e*) *m* (*Holz2*) κούτσουρο; μπλοκ *n*; *pol.* συνασπισμός
Block|ade [blɔ'ka:də] *f* αποκλεισμός; μπλόκο; **~flöte** *f* φλογέρα, ευθύαυλος; **2frei** *pol.* αδέσμευτος; **2'ieren** μπλοκάρω; αποκλείω
blöd|(e) κουτός, βλάκας; *Wort, Tat*: βλακώδης 2; **2sinn** (-*es*; *0*) *m* κουταμάρα, ηλιθιότητα, βλακεία; **~sinnig** παλαβός, ηλίθιος
blöken βελάζω; **2** *n* βέλασμα *n*
blond ξανθός (-*ιά*, -*ό*); **~haarig** ξανθομάλλης (-*ούσα*, -*άλλικο*)
bloß (*nackt*) γυμνός; *Adv* (*nur*) μόνο(ν)
Blöße *f* γύμνια; γυμνότητα
bloß|liegen* ξεσκεπάζομαι; **~stellen** *j-n* απογυμνώνω; εξευτελίζω; ***sich ~stellen*** εκτίθεμαι
blühen ανθίζω (*a.* -θώ); *fig.* ακμάζω; **~d** *fig.* ανθηρός
Blume *f* λουλούδι, άνθος *n*
Blumen|beet *n* παρτέρι, βραγιά; **~garten** *m* λουλουδόκηπος; **~händler** *m* ανθοπώλης; **~kohl** *m* κουνουπίδι; **~laden** *m* ανθοπωλείο; **~strauß** *m* ανθοδέσμη; **~topf** *m* γλάστρα; **~vase** *f* ανθοδοχείο; **~zucht** *f* ανθοκομία
Bluse *f* πουκαμίσα, μπλούζα
Blut (-*es*; *0*) *n* αίμα *n*; *fig.* ***frische*(*s*) ~** νέο αίμα
blut|arm αναιμικός; **2armut** *f* αναιμία
Blut|bad *n* σφαγή, αιματοκύλισμα *n*; **2befleckt** ματωμένος; **~bild** *n* αιματοκρίτης; **2bildend** αιμοποιητικός; **~druck** (-*es*; *0*) *m* πίεση (αίματος)
Blüte *f a. fig.* άνθος *n*; *fig.* ακμή
Blutegel *m* βδέλλα
bluten ματώνω, αιμορραγώ
Blut|entnahme *f* λήψη (-*εις*) αίματος; **~erguß** *m* αιμάτωμα *n*
Bluterkrankheit (*0*) *f* αιμοφιλία
Blütezeit *f* εποχή της ανθήσεως *a. fig.*; άνθηση, ακμή
Blut|gefäß *n* (αιμοφόρο) αγγείο; **~gruppe** *f* ομάδα αίματος; **2ig** αιματηρός *a. fig.*; ματωμένος
Blutkörperchen *n* αιμοσφαίριο; ***rote*(*s*) ~** ερυθρό αιμοσφαίριο; ***weiße*(*s*) ~** λευκό αιμοσφαίριο
Blut|kreislauf *m* κυκλοφορία (του) αίματος; **~probe** *f* αλκοτέστ (*0*) *n*; **~rache** *f* βεντέτα; **~schande** *f* αιμομιξία; **~senkung** *f* καθίζηση (-*εις*); **~spender(in** *f*) *m* αιμ(ατ)οδότης (-ρια); **~spucken** *n* αιμόπτυση (-*εις*); **2stillend** αιμοστατικός; **2überströmt** αιμόφυρτος; **~übertragung** *f* μετάγγιση (-*εις*) αίματος
Blutung *f* αιμορραγία, μάτωμα *n*
Blut|vergießen *n* αιματοχυσία; **~vergiftung** *f* σηψαιμία
Bö *f* σπιλάδα, μπουρίνι
Bock (-*es*; ⸚*e*) *m* αρσενικό (ζώο); (*Ziegen2*) τράγος; (*Turn2*) τρίποδο
bock|en με πιάνει γινάτι, πεισματώνω; **~ig** πεισματάρης 3
Boden (-*s*; ⸚) *m* έδαφος *n*, χώμα *n*; γη, γαία, *pl* γαίες; *Tech.* δάπεδο; (*Fuß2*) πάτωμα *n*; πάτος; ***auf dem*** (*bzw.* ***den***) **~** χάμω, καταγής
Boden|- έγγειος; **~fenster** *n* φεγγίτης; **~fläche** *f* επιφάνεια; **~frost** *m* παγωνιά στο έδαφος; **2los** απύθμενος; **~personal** *n* προσωπικό εδάφους; **~satz** *m* κατακάθι; **~schätze** *m/pl* ορυκτός πλούτος
bog *s.* ***biegen***
Bogen (-*s*; ⸚ *od.* -) *m* τόξο; *Mus. a.*

δοξάρι; (*Papier*) φύλλο, κόλλα; (*Triumph*≈) αψίδα; (*Gewölbe*) καμάρα; (*Kurve, Biegung*) στροφή
bogen|förmig καμαρωτός, τοξοειδής 2; ≈**gang** *m* στοά; ≈**schütze** *m* τοξότης; ≈**strich** *m Mus.* δοξαριά
Bohne *f* φασόλι, κουκί
Bohner|maschine *f* παρκετέζα; ≈**n** γυαλίζω (το δάπεδο); ~**wachs** *n* βερνίκι
bohren τρυπώ (-άς), διανοίγω; ***in der Nase*** ~ σκαλίζω τη μύτη
Bohr|er *m*, ~**maschine** *f* τρυπάνι
Bohrung *f Öl usw.* γεώτρηση (-εις)
Boiler [ˈbɔʏlɐ] *m* θερμοσίφωνας
Boje *f* σημαδούρα
Bollwerk *n* έπαλξη (-εις), προμαχώνας
bombar'dier|en *a. fig.* βομβαρδίζω; ≈**ung** *f* βομβαρδισμός
Bombe *f* βόμβα; ~**n-** βομβαρδιστικός
Bon [bɔŋ] (-*s*; -*s*) *m* απόκομμα *n*
Bonbon [bɔŋˈbɔŋ] (-*s*; -*s*) *m* καραμέλα
Bonus *m* πριμ (*0*) *n*, κέρδος *n*
Boot (-*ęs*; -*e*) *n* βάρκα, *K* λέμβος *f*
Boots|mann *m* λοστρόμος; ναύκληρος; ~**verleih** *m* ενοικίαση βαρκών
Bord[1] (-*ęs*; -*e*) *n* ράφι
Bord[2] *m* (*μόνο με Präp*): ***an*** ~ στο κατάστρωμα, στο καράβι; *a. Flugw.* ***an*** ~ ***gehen*** επιβιβάζομαι
Bor'dell (-*s*; -*e*) *n* οίκος ανοχής
Bord|funker *m* ιπτάμενος ασυρματιστής; ~**ingenieur** *m*, ~**mechaniker** *m* ιπτάμενος μηχανικός; ~**karte** *f* κάρτα επιβιβάσεως; ~**stein** *m* κράσπεδο (πεζοδρομίου)
borgen δανείζω; ***sich*** (*D*) *etw.* ~***en*** δανείζομαι *A*
bor'niert στενοκέφαλος
Börse *f Hdl.* χρηματιστήριο; (*Geldbeutel*) πορτοφόλι; ~**n·bericht** *m* ειδήσεις *f*/*pl* χρηματιστηρίου
Börsen|makler *m* μεσίτης χρηματιστηρίου; ~**spekulant** *m* κερδοσκόπος χρηματιστηρίου
Borste *f* γουρουνότριχα
Borte *f* κράσπεδο; γαλόνι, σιρίτι
bösartig *a. Med.* κακοήθης 2; ≈**keit** *f* κακοήθεια
böse (*a.* ***bös***) κακός; (*wild*) άγριος; ≈(**s**) κακό; ≈**wicht** (-*ęs*; -*e*) *m* κακοποιός
boshaft μοχθηρός; ≈**igkeit** *f* μοχθηρία
Bosheit *f* κακία, κακεντρέχεια
Boß (-*sses*; -*sse*) *m* αφεντικό
böswillig κακόβουλος; ≈**keit** *f* κακία
bot *s.* ***bieten***
Bo'tanik (*0*) *f* βοτανική, βοτανολογία; ~**er** *m* βοτανολόγος
bo'tanisch βοτανικός; ~***e*(*r*) *Garten*** βοτανικός κήπος
Bote (-*n*) *m* αγγελιοφόρος; κλητήρας
Botschaft *f* μήνυμα *n*; διάγγελμα *n*; *Diplomatie*: πρεσβεία; ~**er** *m* πρεσβευτής; ~**erin** πρέσβειρα; ~**s-** πρεσβευτικός
Bottich (-*s*; -*e*) *m* βαρέλι
Boulevard [buˑləˈvaːʀ] (-*s*; -*s*) *m* λεωφόρος *f*; ~**blatt** *n* λαϊκή εφημερίδα; ~**presse** *f* λαϊκός τύπος
Bourgeois [buˑʀʒoˑˈa] (-; -) *m pol.* αστός; ~**ie** [-ˈziː] *f* αστική τάξη (-εις)
box|en πυγμαχώ; ≈**er** *m* πυγμάχος; ≈**kampf** *m* πυγμαχία
Boy'kott (-*s*; -*s*, -*e*) *m* μποϊκοτάζ (*0*) *n*; ≈**ieren** [-ˈtiːʀən] μποϊκοτάρω
brach[1] [aː] *s.* ***brechen***
brach[2] *Feld*: χέρσος (-*α*, -*ο*), ακαλλιέργητος; ≈**e** *f*, ≈**feld** *n* χέρσωμα *n*
brachliegen* είμαι χέρσος; *fig. Kräfte*: μένω ανεκμετάλλευτος
brachte *s.* ***bringen***
Branche [ˈbʀɑ̃ːʃə, ˈbʀaŋʒə] *f* κλάδος; ~**n·verzeichnis** *n* επαγγελματικός κατάλογος, χρυσός οδηγός
Brand (-*ęs*; ⸚*e*) *m* φωτιά, πυρκαγιά; (*Wund*≈) γάγγραινα; ***in*** ~ ***geraten*** παίρνω φωτιά; ***in*** ~ ***stecken*** βάζω φωτιά (*A*/σε)
Brand|mal *n* στίγμα *n*; ≈**marken** στιγματίζω *a. fig.*; ~**stätte** *f*, ~**stelle** *f* τόπος πυρκαγιάς; ~**stifter** *m* εμπρηστής *a. fig.*; ~**stiftung** *f* εμπρησμός; ~**wunde** *f* έγκαυμα *n*
Branntwein *m* μπράντι (*0*); ρακί
braten* *v*/*t* ψήνω; *in der Pfanne* τηγανίζω; καβουρντίζω; ≈ *n* ψήσιμο (-*ατος*); τηγάνισμα *n*; ≈ *m* ψητό
Brat|kartoffeln *f*/*pl* τηγανητές πατάτες *f*/*pl*; ~**ofen** *m* φούρνος; ~**pfanne** *f* τηγάνι; ~**spieß** *m* σούβλα
Brauch (-*ęs*; ⸚*e*) *m* έθιμο, συνήθεια; ≈**bar** χρήσιμος; ~**barkeit** (*0*) *f* χρησιμότητα
brauchen (*nötig haben*) χρειάζομαι, έχω ανάγκη (*A od.* από); *Zeit* θέλω
Braue'rei *f* ζυθοποιείο

braun καφετής (*-ιά, -ί*), *a. Haar*: καστανός; **~ werden** μαυρίζω
Bräune *(0) f* καστανό χρώμα; **2n** *v/t u. v/i (sn)* μαυρίζω; **~n** *n* μαύρισμα *n*
Braunkohle *f* λιγνίτης
brausen παφλάζω; 2 *n* παφλασμός
Braut (-; *‥e*) *f* μνηστή, νύφη
Bräutigam (*-s; -e*) *m* μνηστήρας, γαμπρός
Braut|kleid *n* νυφικό; **~kranz** *m* στεφάνι; **~paar** *n* νιόπαντροι *m/pl*
brav *Kind*: φρόνιμος
bravo! μπράβο (σου, σας *usw.*)
Brecheisen *n* λοστός
brechen* *allg.* σπάζω; *Phys.* διαθλώ (*-άς*); *Eid* πατώ; *Gesetz* παραβαίνω; *Rekord* καταρρίπτω; *Wort* αθετώ; *v/i* 2 *n* σπάσιμο (*-ατος*); θλάση (*-εις*)
Brech|mittel *n* εμετικό; **~reiz** *m* τάση (*-εις*) εμετού
Brechung *f Phys.* διάθλαση (*-εις*)
Brei (*-ęs; -e*) *m* χυλός, πολτός; **2ig** χυλώδης
breit φαρδύς (*-ιά, -ύ*), πλατύς (*-ιά, -ύ*)
Breite *f* φάρδος *n*; *Geogr.* πλάτος *n*
Breitengrad *m* μοίρα πλάτους
breitmachen: ***sich* ~** στρώνομαι
Breitwand *f* γιγάντια οθόνη, σινεμασκόπ *(0) n*
Bremse *f Tech.* φρένο, ποδόφρενο, τροχοπέδη; **2n** φρενάρω
Brems|licht *n Auto*: φώτα *n/pl* φρένων; **~pedal** *n* πεντάλι φρένων; **~strecke** *f* απόσταση φρεναρίσματος; **~ung** *f* τροχοπέδηση (*-εις*)
brenn|bar καύσιμος; **~en*** *v/t* καίω; *v/i* τσούζω; καίω, καί(γ)ομαι
Brennen *n* κάψιμο (*-ατος*); **2d** καυτός
Brenner *m* καυστήρας
Brennessel *f* τσουκνίδα, κνίδη
Brenn|glas *n* φακός; **~holz** *n* καυσόξυλο; **~punkt** *m Phys.* εστία; *fig.* κέντρο; **~stoff** *m* καύσιμη ύλη
brenzlich καμένος; *fig.* επικίνδυνος
Brett (*-ęs; -er*) *n* σανίδι; ράφι; **~spiel** *n* επιτραπέζιο παιχνίδι, τάβλι
Brezel *f* κουλούρι, σιμίτι
Brief (*-ęs; -e*) *m* γράμμα *n*, *K Hdl. mst.* επιστολή; *Börse*: συναλλαγματική; **~bogen** *m* κόλα; **~geheimnis** *n* απόρρητο των επιστολών; **~kasten** *m* γραμματοκιβώτιο; **~kopf** *m* επικεφαλίδα; **2lich** επιστολικός; **~marke** *f* γραμματόσημο
Briefmarken|kunde *f*, **~sammeln** *n* φιλοτελισμός; **~sammler** *m* φιλοτελιστής; **~sammlung** *f* συλλογή γραμματοσήμων
Brief|öffner *m* χαρτοκόπτης; **~papier** *n* επιστολόχαρτο; **~tasche** *f* πορτοφόλι; **~träger** *m* ταχυδρόμος; **~umschlag** *m* φάκελος; **~waage** *f* ζυγαριά γραμμάτων; **~wahl** *f* εκλογή δι' αλληλογραφίας; **~wechsel** *m* αλληλογραφία
briet *s.* ***braten***
Bri'gade *f* ταξιαρχία
Bri'kett (*-s; -s*) *n* πλιθάνθρακας
brillant [-'ljant] λαμπρός, εξαιρετικός; 2 (*-en*) *m* διαμάντι
Brille *f* γυαλιά *n/pl*
Brillenglas *n* κρύσταλλο
bringen* φέρνω (***j-m etw.***/κτ σε κπ); *Rundfunk*: μεταδίδω; *Zeitung*: δημοσιεύω; (*erwähnen*) αναφέρω; *etw., j-n* πηγαίνω, οδηγώ; *Geld auf die Bank* καταθέτω, βάζω; ***mit sich* ~** (*die Folge haben*) συνεπάγομαι; ***es zu etw.* ~** ευδοκιμώ; ***j-n dazu* ~, *daß*** κάνω κπ να
Brise *f* αεράκι, αύρα
bröckeln (*sn*) θρυμματίζομαι
Brocken *m* κομμάτι
Brombeere ['bʀɔm-] *f* βατόμουρο
Bron'chitis *(0) f* βρογχίτιδα
Bronze ['bʀɔŋsə] *f* μπρούντζος, *K* ορείχαλκος; **~-** μπρούντζινος
Brosche [ɔ] *f* καρφίτσα, περόνη
bro'schiert χαρτόδετος
Bro'schüre *f* φυλλάδα; τεύχος *n*
Brot (*-ęs; -e*) *n* ψωμί, *K* άρτος; (*Laib*) καρβέλι; ***sein* ~ *verdienen*** βγάζω το ψωμί μου; **~-** αρτο-
Brötchen [ø:] *n* ψωμάκι
Brot|erwerb *m* βιοπορισμός; **~korb** καλαθάκι για το ψωμί; **~rinde** *f* κόρα; **~röster** *m* φρυγανιέρα
Bruch [ʊ] (*-ęs; ‥e*) *m allg.* σπάσιμο (*-ατος*), θραύση; (*~stelle*) ρήγμα *n*; ρήξη (*-εις*); αθέτηση (*-εις*); *Med.* (*Leisten2*) κήλη; *Anat.* κάταγμα *n*; *Math.* κλάσμα *n*; *mar.* αβαρία
Bruch|band *n* κηλεπίδεσμος; **~bude** *f* σαράβαλο, παλιόσπιτο
brüchig εύθραυστος
Bruch|rechnung *(0) f* κλασματικός λογαριασμός; **~stück** *n* κομμάτι; απόσπασμα *n*; **~teil** *m* πολλοστη-

μόριο; ***im ~teil einer Sekunde*** σε κλάσματα δευτερολέπτου
Brücke *f* γέφυρα (*a. Zahn*≈), γεφύρι
Bruder (*-s*; ⸚) *m* αδελφός, αδερφός
brüderlich αδελφικός; ≈**keit** (*0*) *f* αδελφικότητα
Brüderschaft *f* αδελφότητα
Brühe *f* ζουμί, ζωμός; ≈**n** ζεματίζω
brüh'warm ζεματιστός
brüllen *Tier*; *fig*. *Mensch*: μουγκρίζω (***vor*** *D*/από), ωρύομαι, ουρλιάζω; ≈ *n* μουγκρητό, ούρλιασμα *n*
brumm|en βουίζω; ≈**en** *n* βόμβος; βοή, βοητό; **~ig** γκρινιάρης 3
brü'nett μελαχρινός
Brunnen *m* πηγάδι; (*Kur*≈) ιαματική πηγή; **~**- πηγαδίσιος (*-a, -o*)
Brunst (-; ⸚*e*) *f* οργασμός, βαρβατίλα
brüsk τραχύς, απότομος; *Adv a.* ξερά
Brust (-; ⸚*e*) *f* στήθος *n a. vom Geflügel*; μαστός; βυζί; ***die ~ geben*** *od.* ***bekommen*** βυζαίνω; **~bein** *n* στέρνο
brüsten: ***sich ~*** παινεύομαι
Brustfellentzündung *f* πλευρίτιδα
Brust|korb *m* θώρακας; **~schwimmen** *n* πρόσθιο κολύμπι
Brüstung *f* παραπέτο, θωράκιο
Brustwarze *f* ρόγα, θηλή
Brut *f Zool.* νεοσσοί *m/pl*, γόνος
bru'tal βάρβαρος, κτηνώδης 2; ≈**i'tät** *f* βαρβαρότητα
Brutapparat *m* επωαστήριο, κλωσσομηχανή
brüten κλωσσώ, επωάζω
Brüter *m Atom*: ***schneller ~*** αναπαραγωγικός αντιδραστήρας
Brut|henne *f* κλώσσα; **~reaktor** *m s.* ***Brüter***; **~stätte** *f* κλωσσοφωλιά; *fig.* εστία
brutto *Hdl.* ακαθάριστος
Brutto|einkommen *n* ακαθάριστο εισόδημα *n*; **~sozi'alprodukt** *n* ακαθάριστο εθνικό προϊόν (*-τος*) *n*
Bube (*-n*) *m* αγόρι
Buch [u:] (*-ẹs*; ⸚*er*) *n* βιβλίο; *Hdl.* ***~ führen*** κρατώ λογιστικά βιβλία
Buch|besprechung *f* βιβλιοκρισία; **~binder** *m* βιβλιοδέτης; **~binderei** *f* βιβλιοδετείο; **~druck** (*-ẹs*; *0*) *m* τυπογραφία; **~drucker** *m* τυπογράφος; **~druckerei** *f* τυπογραφείο
buchen *Hdl.* εγγράφω, καταχωρίζω; *Reise* κλείνω
Bücher|brett *n* ράφι; **~ei** [-'raı] *f* βιβλιοθήκη; **~freund** *m* βιβλιόφιλος; **~schrank** *m* βιβλιοθήκη
Buchführung *f* λογιστική
Buchhalt|er(in *f*) *m* λογιστής (-ίστρια); **~ung** *f* λογιστική; (*Abteilung*) λογιστήριο
Buch|händler *m* βιβλιοπώλης; **~handlung** *f* βιβλιοπωλείο
Buchprüfer *m* ελεγκτής βιβλίων
Büchse *f* (*Dose*) κουτί; κονσέρβα; (*Flinte*) τουφέκι
Buchstabe (*-n*) *m* γράμμα *n*; στοιχείο
buchsta'bieren συλλαβίζω; ≈ *n* συλλαβισμός; **~d** *Adv* συλλαβιστά
buchstäblich *Adv* κατά γράμμα, κυριολεκτικά
Bucht *f* κόλπος; ***kleine ~*** κολπίσκος
Buchung *f Hdl.* (λογιστική) εγγραφή; κλείσιμο (*-ατος*); **~s·maschine** *f* λογιστική μηχανή
Buckel *m* καμπούρα
bücken: ***sich ~*** σκύβω, υποκλίνομαι
bucklig καμπούρης 3
buddeln (ανα)σκαλεύω
Bude *f* (*Bretter*≈) παράπηγμα *n*
Budget [by'dʒe:] (*-s*; *-s*) *n* προϋπολογισμός
Büfett [by'fe:] (*-s*; *-s*) *n* μπουφές (*-έδες*); ***kaltes ~*** κρύο πιάτο
Büffel *m Zool.* βουβάλι, βούβαλος
Bug (*-ẹs*; ⸚*e*) *m mar.* πλώρη, πρώρα
Bügel *m* κρεμάστρα; **~eisen** *n* σίδερο (σιδερώματος); **~falte** *f* τσάκιση; ≈**n** σιδερώνω; **~n** *n* σιδέρωμα *n*
Bühne *f* σκηνή, θέατρο; βήμα *n*; *Tech.* αποβάθρα
Bühnen|ausstattung *f* σκηνικός διάκοσμος; **~bearbeitung** *f* δραματοποίηση (*-εις*); **~bild** *n* σκηνογραφία, σκηνικό; **~bildner** *m* σκηνογράφος; **~stück** *n* θεατρικό έργο
Bull|auge *n* φινιστρίνι; **~dozer** [-do:zɐ] *m* μπουλντόζα
Bummel *m* F σεριάνι, βόλτα
bummeln (*gehen*) σεριανίζω, χαζεύω; ≈**streik** *m* απεργία καθυστερήσεως; ≈**zug** *m* αργό τρένο, πόστα
Bund[1] (*-ẹs*; *-e*) *n* μάτσο; δέσμη; *Schlüssel*: κρίκος; **~**[2] (*-ẹs*; ⸚*e*) *m* σύνδεσμος; συμμαχία; ομοσπονδία
Bündel *n* δέμα, δεμάτι; δέσμη
Bundes|bahn *f* Ομοσπονδιακοί Σιδηρόδρομοι *m/pl*; **~bank** *f* Ομοσπον-

διακή Τράπεζα; **~kanzler** *m* (αρχι-) καγκελάριος; **~liga** *f* πρώτη εθνική κατηγορία; **~präsident** *m* πρόεδρος της Ομοσπονδίας; **~rat** *m* Ομοσπονδιακό Συμβούλιο; **~republik** *f* Ομοσπονδιακή Δημοκρατία; ***~republik Deutschland*** Ομοσπονδιακή Δημοκρατία της Γερμανίας; **~staat** *m* ομοσπονδία; **~tag** *m* Ομοσπονδιακή Βουλή; **~wehr** *f* Ομοσπονδιακός Στρατός

bündig σύντομος; ολιγόλογος

Bündnis (*-ses; -se*) *n* συμμαχία; **~partner** *m* σύμμαχος

Bungalow [-lo] (*-s; -s*) *m* μπαγκαλόου (*0*) *n*

Bunker *m mil.* καταφύγιο

bunt πολύχρωμος, ποικιλόχρωμος; **≈stift** *m* χρωματιστό μολύβι

Bürde *f* φόρτος, βάρος *n*

Burg *f* κάστρο, πύργος

Bürge (*-n*) *m* εγγυητής; **≈n** εγγυώμαι (*-άσαι*) (**für** *A*/για)

Bürger *m* αστός, (*Staats≈*) πολίτης; **~in** *f* αστή, πολίτισσα; **~initiative** *f* πρωτοβουλία (των) πολιτών; **~krieg** *m* εμφύλιος πόλεμος

bürgerlich αστικός; ***~es Gesetzbuch*** (***BGB***) αστικός κώδικας

Bürgermeister *m* δήμαρχος

Bürgersteig *m* πεζοδρόμιο

Bürgschaft *f* εγγύηση (*-εις*)

Bü'ro (*-s; -s*) *n* γραφείο, πρακτορείο; **~angestellte(r)** υπάλληλος (*a. f*) γραφείου; **~arbeit** *f* δουλειά γραφείου; **~bedarf** *m* είδη γραφείου; **~kauffrau** *f* διαχειρίστρια; **~kaufmann** *m* διαχειριστής; **~klammer** *f* συνδετήρας; **~kraft** *f* υπάλληλος γραφείου; **~kra'tie** *f* γραφειοκρατία; **≈'kratisch** γραφειοκρατικός

Bursche (*-n*) *m* νέος, νεαρός

Bürste *f* βούρτσα; **≈n** βουρτσίζω

Bus [bʊs] (*-ses; -se*) *m* λεωφορείο; **~bahnhof** *m* σταθμός λεωφορείων

Busch [ʊ] (*-es; ¨-e*) *m* θάμνος

Busen *m* στήθος *n*; κόλπος

Bus|fahrer(in *f*) *m* οδηγός (*a. f*) λεωφορείου; **~haltestelle** *f* στάση (*-εις*)

Buße *f* μετάνοια

büßen *Sünden* μετανοιώνω; **~ *für*** *A* πληρώνω *A*

Buß|geld *n* πρόστιμο; **~tag** *m evangelisch*: ημέρα της Μετανοίας

Büste *f* προτομή, μπούστος; **~n·halter** *m* (***BH***) σουτιέν (*0*) *n*, στηθόδεσμος

Busverbindung *f* συγκοινωνία (με λεωφορείο)

Butter (*0*) *f* βούτυρο; **~brot** *n* σάντουιτς με βούτυρο; **~milch** *f* βουτυρόγαλα *n*

Byte *n EDV* ενιαία ομάδα ψηφίων, μπάιτ

C

Café [ka'fe:] (*-s; -s*) *n* καφενείο; ζαχαροπλαστείο

Cafete'ria *f* καφετερία

camp|en ['kɛmpən] κατασκηνώνω; **≈er** *m* κατασκηνωτής; **≈ing** (*-s; 0*) *n* κατασκήνωση (*-εις*); **≈ingbus** *m* τροχόσπιτο; **≈ingplatz** *m* κάμπινγκ (*0*) *n*, κατασκήνωση (*-εις*)

Champagner [ʃam'panjə] *m* σαμπάνια, καμπανίτης

Chance ['ʃɑ̃:sə, F 'ʃaŋzə] *f* ευκαιρία, δυνατότητα; προοπτική; **~n·gleichheit** *f* ισότητα προοπτικών

Cha|os ['ka:ɔs] (*-; 0*) *n* χάος *n*; **≈'otisch** χαώδης 2, αβυσσαλέος

Cha'rakter [k-] (*-s; -'tere*) *m* χαρακτήρας

charakter|i'sieren [k-] χαρακτηρίζω; **≈i'sierung** *f* χαρακτηρισμός; **≈'istikum** (*-s; -ka*) *n* χαρακτηριστικό; **~istisch** [-'rɪstɪʃ] χαρακτηριστικός

cha'rakter|los με κακό χαρακτήρα; **≈schwäche** *f* αδυναμία χαρακτήρα; **≈stärke** *f* δύναμη χαρακτήρα; **≈zug** *m* χαρακτηριστικό

Charme [ʃaʀm] (*-s; 0*) *m* γοητεία

Charter|flug *m* πτήση (-εις) τσάρτερ; **~flugzeug** *n* αεροπλάνο τσάρτερ *od.* ναυλωμένο; **~gesellschaft** *f* εταιρεία ναυλώσεως; **≈n** ναυλώνω
Chassis [ʃa'si:] (-; -) *n* σασί (*0*)
Chau'ffeur (-*s*; -*e*) *m* οδηγός
Chaussee [ʃo·'se:] *f* αμαξιτή οδός
Chef [ʃɛf] (-*s*; -*s*) *m Büro*: προϊστάμενος; αφεντικό; (*Anführer*) αρχηγός; **~arzt** *m* αρχίατρος; **~sekretärin** *f* γραμματέας *f* προϊσταμένου
Chem|ie [çe·'mi:] (*0*) *f* χημεία; **~iker** ['çe:mi·kɐ] *m* χημικός (*a. f*); **≈isch** χημικός
Chinin [çi·'ni:n] (-*s*; *0*) *n* κινίνο
Chip [tʃɪp] *m EDV* πλακίδιο, τσιπ (*0*) *n*
Chirurg [çi·'RʊRk] (-*en*) *m* χειρούργος; **~ie** [-'gi:] *f* χειρουργική
Chlor [klo:R] (-*s*; *0*) *n* χλώριο
Chloro'form [klo·Ro·-] (-*s*; *0*) *n* χλωροφόρμιο
Chloro'phyll (-*s*; *0*) *n* χλωροφύλλη
Cholera ['ko·ləRa·] (*0*) *f* χολέρα
Choler|iker [ko·'le:Rikɐ] *m* χολερικός; **≈isch** χολερικός
Chor [ko:R] (-*ẹs*; *⁻e*) *m* χορωδία
Choreogra'phie [k-] *f* χορογραφία
Christ [k-] (-*en*) *m* χριστιανός
Christen|heit (*0*) *f* χριστιανοσύνη; **~tum** (-*s*; *0*) *n* χριστιανισμός
christiani'sieren εκχριστιανίζω
Christ|kind *n* (το) θείο βρέφος; Χριστούλης; **≈lich** χριστιανικός
Christus ['k-] (*G -i*) Χριστός; ***vor ~*** (***v. Chr.***) προ Χριστού (π. Χ.); ***nach ~*** (***n. Chr.***) μετά Χριστόν (μ. Χ.)
Chrom [kRo:m] (-*s*; *0*) *n* χρώμιο
Chromo'som [k-] (-*s*; -*en*) *n* χρωμόσωμα *n*
Chronik ['kRo:nɪk] *f* χρονικά *n/pl*
chronisch ['k-] χρόνιος (-*ία*)
Chro'nist [k-] (-*en*) *m* χρονικογράφος
Chrono|lo'gie [k-] *f* χρονολογία; **≈'logisch** χρονολογικός; **~'meter** *m* χρονόμετρο
Chrysan'theme [kRy·-] *f* χρυσάνθεμο
cif [tsɪf] = ***Kosten, Versicherung, Fracht*** τσιφ (αξία, ασφάλεια, ναύλα)
circa ['tsɪRka·] περίπου
City ['sɪti·] (-; -*s*) *f* κέντρο
Clique ['klɪkə] *f* κλίκα
Clown [klaʊn] (-*s*; -*s*) *m* γελωτοποιός, κλόουν (*0*) *m*
Cocktail ['kɔkte:l] (-*s*; -*s*) *m* κοκτέιλ (*0*) *n*
Codex ['ko:dɛks] (-; *0*) *m* κώδικας
College ['kɔlɪdʒ] (- *od.* -*s*; -*s*) *n* κολλέγιο
Computer [kɔm'pju:tɐ] *m* ηλεκτρονικός υπολογιστής, κομπιούτερ (*0*) *m*; **~ausdruck** εκτύπωμα *n* υπολογιστή; **≈gesteuert** διευθυνόμενος από υπολογιστή; **~steuerung** *f* χειρισμός υπολογιστή
Container [-'te:-] *m* κιβώτιο εμπορευμάτων, κοντέινερ (*0*) *n*
Copyright ['kɔpɪRaɪt] (-*s*; -*s*) *n* συγγραφικά δικαιώματα *n/pl*, κοπιράιτ (*0*) *n*
Couch [kaʊtʃ] (-; -*s od.* -*en*) *f* ντιβάνι
Cou'pon [ku·-] (-*s*; -*s*) *m* κουπόνι
Courage [ku·'Ra:ʒə] (*0*) *f* κουράγιο
Cousin [ku·'zɛŋ] (-*s*; -*s*) *m* εξάδελφος, ξάδερφος
Creme [kRe:m] (-; -*s*) *f s.* ***Krem***; **≈farben** κρεμ; **~suppe** *f* σούπα κρέμα

D

da *Adv* (*Ort*) εκεί; ***wer '~?*** ποιος είναι; *Ko* (*Grund*) γιατί, *K* διότι; επειδή; μια και; ***~ doch*** μια που; αφού
da'bei *Adv*: (***nahe ~***) κοντά; ***~ haben*** έχω μαζί μου; (*in Wirklichkeit*) πραγματικά; (*einschränkend, Gegensatz*) *mst.* **'*dabei*:** όμως, ωστόσο
da'bei|bleiben* (*sn*) παραμένω; *fig. bei e-r S.* επιμένω σε; **~sein*** (*sn*) παρευρίσκομαι; **~sitzen*** παρακάθομαι
Dach [a] (-*ẹs*; *⁻er*) *m* στέγη, σκεπή; (*Ziegel≈*) κεραμίδια *n/pl*
Dach|balken *m* καδρόνι; **~decker** *m*

κεραμιδάς (*-άδες*); **~fenster** *n* φεγγίτης; **~gepäckträger** *m* σχάρα; **~kammer** *f* σοφίτα
dachte *s.* ***denken***
Dach|verband *m* διευθυντικό συγκρότημα *n*; **~ziegel** *m* κεραμίδι
D
dadurch *Adv* (*Ort*) απομέσα; (*Grund*) με αυτό τον τρόπο; έτσι
dafür *Adv* γι' αυτό; (*Gegensatz*) αντί τούτου; ***~ sein*** είμαι υπέρ
da'gegen *Adv* κατά; εναντίον; απ' εναντίας; όμως; ***~ sein*** είμαι κατά
daher (*Ort*) απ' εκεί; *Ko* γι' αυτό
da'hin (προς τα) εκεί; ***bis ~*** ως εκεί; (*Zeit*) ως τότε; **~raffen** ξεκληρίζω; **~schleppen: *sich ~schleppen*** σέρνομαι; **~siechen** (*sn*) μαραζώνω
da'hinten *Adv* εκεί πέρα
da'hinter *Adv* (*Ort*) πίσω από αυτό; (*Zeit*) μετά; **~kommen*** (*sn*) *fig.* παίρνω είδηση (*od.* χαμπάρι); **~stecken** είμαι ο υποκινητής
da'hinvegetieren φυτοζωώ
Dahlie ['da:lĭə] *f* ντάλια
dalassen* αφήνω πίσω
damal|ig πρωτινός, τέως, τότε; **~s** τότε; ***schon ~s*** από τότε
Dame *f* κυρία; (*Karte*) ντάμα; ***meine ~n und Herren!*** κυρίες και κύριοι!; ***~ des Hauses*** οικοδέσποινα; **~n** (*Toilette*) γυναικών
Damen|bekleidung *f* γυναικεία ενδύματα *n/pl*; **~binde** *f* σερβιέτα υγείας; **~friseur** *m* κομμωτής; **~kleid** *n* φόρεμα *n*; **~konfektion** *f* έτοιμα γυναικεία φορέματα; **~mode** *f* γυναικεία μόδα; **~schneiderin** *f* μοδίστρα; **~schuhe** *m/pl* γυναικεία παπούτσια *n/pl*
Damespiel *n* ντάμα
damit *Adv* μ' αυτό
da'mit *Ko* για να
Damm (*-ǝs; ¨e*) *m* πρόχωμα *n*; νεροδεσιά; *mar.* μόλος; προκυμαία
dämmer|n: *es ~t* *morgens*: ξημερώνει; *abends*: σουρουπώνει; **Ձung** *f* χάραμα *n*; σούρουπο
Dämon (*-s; -'monen*) *m* δαίμονας
Dampf (*-ǝs; ¨e*) *m* ατμός; αχνός
Dampf|antrieb *m*: ***mit ~antrieb*** ατμοκίνητος; **~druck** *m* πίεση (*-εις*) ατμού; **Ձen** αχνίζω, βγάζω ατμό
dämpfen *v/t Essen* αχνίζω; (*geringer machen*) μετριάζω
Dampfer *m* ατμόπλοιο, βαπόρι
Dampf|kessel *m* ατμολέβητας; **~maschine** *f* ατμομηχανή; **~schiff** *n* ατμόπλοιο; **~schiffahrt** *f* ατμοπλοΐα
danach [-'na:x] ύστερα, μετά, έπειτα
da'neben δίπλα (σ' αυτό); παραπλεύρως; **~fallen*** (*sn*) παραπέφτω; **~gehen*** (*sn*) *a. fig.* αστοχώ; **~setzen, ~stellen** παραθέτω
Dank (*-ǝs; 0*) *m* χάρη, ευχαριστία; ***Gott sei ~!*** δόξα σοι ο Θεός; ***vielen ~*** ευχαριστώ πολύ; **~-** (*Schreiben*) ευχαριστήριος (*-α, -ο*)
dank *Präp D* χάρη σε
dankbar ευγνώμων 2; ***~ sein*** ευγνωμονώ (***j-m***/κπ); **Ձkeit** (*0*) *f* ευγνωμοσύνη
danke ευχαριστώ; ***~ schön* (*sehr*)*!*** ευχαριστώ πολύ
danken ευχαριστώ (***j-m für***/κπ για)
dann τότε, ύστερα, έπειτα; μετά; ***~ und wann*** πότε-πότε
da'ran σ' αυτό; ***nahe ~*** κοντά; ***nahe ~ sein, zu*** κοντεύω να; ***es liegt mir ~*** με ενδιαφέρει; *s. a.* ***dran***; **~machen: *sich ~machen, zu*** καταπιάνομαι να
da'ransetzen ριψοκινδυνεύω
da'rauf (*Ort*) (πάνω) σ' αυτό; (*Zeit*) ύστερα, έπειτα; **~folgend** επόμενος
da'raus απ' αυτό, *K* εκ τούτου
darbiet|en* παρουσιάζω; *Mus.* εκτελώ; **Ձung** *f* παρουσίαση (*-εις*), εκτέλεση (*-εις*)
darf *s.* ***dürfen***
'darin, da'rin μέσα, (μέσα) σ' αυτό
darleg|en εκθέτω; **Ձung** *f* έκθεση
Darlehen *n* δάνειο; **~s·nehmer** *m* δανειζόμενος, οφειλέτης; **~s·summe** *f* ποσό δανεισμού
Darm (*-ǝs; ¨e*) *m* έντερο; **~entzündung** *f* εντερίτιδα; **~spülung** *f* κλύσμα *n*
darstellen *allg., a. Thea.* παριστάνω; *Thea.* ερμηνεύω; περιγράφω
Darstell|er *m* ηθοποιός; **Ձerisch** υποκριτικός; **~ung** *f* παράσταση (*-εις*)
da'rüber αποπάνω; πάνω απ' αυτό; **~hinaus** επιπλέον, εκτός τούτου
'darum (*Grund*) γι' αυτό
da'rum (*Ort*) τριγύρω, γύρω απ' αυτό
da'runter (*unten*) αποκάτω; κάτω απ' αυτό; (*zwischen*) ανάμεσα (σ' αυτούς *bzw.* σ' αυτά), μεταξύ (αυτών); (*~ tragen, Kleidung*) απομέσα
dasein* (*vorhanden sein*) υπάρχω, πα-

ρευρίσκομαι; ***nicht** ~* λείπω; (*zu Hause sein*) είμαι σπίτι
Dasein (*-s; 0*) *n* ύπαρξη (*-εις*)
daß *Ko* ότι, πως; που; (*final*) να; **so ~** ώστε να; (*nach Verben des Fürchtens usw.*) μήπως; **~** (**nicht**) μη(ν) *nach* φοβάμαι, υποψιάζομαι *usw.*
das'selbe το ίδιο, το αυτό
Da'tei *f* στοιχειοθήκη
Daten *n/pl* στοιχεία *n/pl*; **~bank** *f* τράπεζα στοιχείων *od.* πληροφοριών; **~material** *n* υλικό στοιχείων; **~schutz** *m* προστασία στοιχείων; **~träger** *m* φορέας στοιχείων; **~typist(in** *f*) *m* χειριστής (-ίστρια); **~verarbeitung** *f* μηχανογράφηση
da'tier|en *v/t* χρονολογώ; **2ung** *f* χρονολόγηση (*-εις*)
Dativ (*-s; -e*) *m Gr.* δοτική
Datum (*-s; Daten*) *n* ημερομηνία; χρονολογία; **~s·angabe** *f* στοιχεία *n/pl* ημερομηνίας
Dauer (*0*) *f* διάρκεια; **~arbeitslosigkeit** *f* μακροπρόθεσμη ανεργία; **~auftrag** *m* πάγια εξουσιοδότηση (*-εις*)
dauerhaft διαρκής 2; *Stoff*: γερός, στερεός; **2igkeit** (*0*) *f* στερεότητα
Dauerkarte *f* εισιτήριο διαρκείας
Dauerlauf *m* δρόμος αντοχής
dauern διαρκώ; αργώ
dauer|nd συνεχής 2, διαρκής 2; *Einrichtung*: μόνιμος; *Adv* διαρκώς, συνεχώς; **2welle** *f* περμανάντ (*0*) *n, f*
Daumen *m* αντίχειρας; ***j-m den ~ drücken*** εύχομαι καλή τύχη σε κπ
Daune *f* πούπουλο; **~n·decke** *f* πουπουλένιο πάπλωμα
'davon, da'von απ' αυτό; γι' αυτό; *K* εξ αυτού; F ***das hast du da'von, wenn ...*** αυτά παθαίνεις, όταν ...
da'von|fliegen* (*sn*) ξεπετιέμαι; **~jagen** διώχνω; **~kommen*** (*sn*) *mit dem Leben* την σκαπουλάρω; **~laufen*** (*sn*) δραπετεύω; **~machen: *sich ~machen*** ξεπορτίζω; **~rennen*** (*sn*) το βάζω στα πόδια
'davor, da'vor (*Ort*) μπροστά απ' αυτό; (*Zeit*) προτού, πριν (απ' αυτό)
'dazu, da'zu σ' αυτό; ***noch** ~ zahlen usw.* έξτρα, επιπλέον; (*Zweck*) προς το σκοπό αυτό, γι' αυτό
da'zu|geben* δίνω έξτρα *od.* επιπλέον; **~gehören** ανήκω σ' αυτά *od.* σ' αυτούς, αποτελώ μέρος του *od.* τους; **~kommen*** (*sn*) προστίθεμαι
da'zwischen ανάμεσα (σ' αυτά), (ανα)μεταξύ; **~reden** πετιέμαι
De'batt|e *f* συζήτηση (*-εις*); **2ieren** [-'ti:-] συζητώ (*-άς*) (**über** *A*/για)
dechi'ffrieren αποκρυπτογραφώ
Deck (*-es; -s*) *n* κατάστρωμα *n*
Decke *f* κουβέρτα; σκέπασμα *n*, κάλυμμα *n*; (*Zimmer2*) ταβάνι
Deckel *m* καπάκι; κάλυμμα *n*
decken *a. fig., mil., Hdl.* καλύπτω; *Dach* σκεπάζω; *Bedarf* αντιμετωπίζω; ***den Tisch ~*** βάζω τραπέζι; *fig.* (*in Schutz nehmen*) κάνω πλάτες (**j-n**/σε κπ); ***sich ~*** συμπίπτω, ταυτίζομαι
Deckname *m* ψευδώνυμο
Deckung *f Hdl.* αντίκρισμα *n*, κάλυψη (*-εις*)
De'fekt (*-s; -e*) *m* βλάβη; **2** *Adj Tech.* ελαττωματικός; χαλασμένος
defen'siv αμυντικός; **2e** *f* άμυνα
defi'n|ieren ορίζω; **2i'tion** *f* ορισμός; **~i'tiv** οριστικός
'Defizit (*-s; -e*) *n* έλλειμμα *n*
degene'rieren εκφυλίζομαι
degra'dieren *mil.* υποβιβάζω
dehnbar ελαστικός
dehn|en εκτείνω, τεντώνω; **2ung** *f* έκταση (*-εις*); διαστολή
Deich (*-es; -e*) *m* πρόχωμα *n*; υδατοφράχτης
dein ... σου; (*betont*) δικός σου; *Su* **der 2e** ο δικός σου; **~erseits** εκ μέρους σου; **~esgleichen** ο όμοιός σου
deinetwegen για το χατίρι σου
deka'den|t παρακμάζων (*-ουσα, -ον*); **2z** (*0*) *f* παρακμή
De'kan (*-s; -e*) *m* κοσμήτορας
Deklar|a'tion *f* δήλωση (*-εις*); **2'ieren** δηλώνω
Deklin|a'tion *f Gr.* κλίση (*-εις*); *Phys.* απόκλιση (*-εις*); **2'ieren** κλίνω
Dekora'tion *f* διακόσμηση (*-εις*)
dekora'tiv διακοσμητικός
deko'rieren διακοσμώ
De'kret (*-s; -e*) *n* διάταγμα *n*
Deleg|a'tion *f* αντιπροσωπεία; **2ieren** [-'gi:-] αποστέλλω; **~ierte(r)** απεσταλμένος
deli'kat (*schmackhaft*) νόστιμος; λεπτός; (*heikel*) δυσχερής 2
Delika'tesse *f* λιχουδιά; **~n·geschäft** *n* εδωδιμοπωλείο πολυτελείας

De'likt (*-s; -e*) *n* πλημμέλημα *n*
Delphin [dɛl'fiːn] (*-s; -e*) *m* δελφίνι
Delta (*-s; -s*) *n* δέλτα *(0) n*
Dema'go|ge (*-n*) *m* δημαγωγός; **~'gie** *f* δημαγωγία; **≈gisch** δημαγωγικός
Demarkati'on *f* οροθέτηση (*-εις*); **~s-linie** *f* διαχωριστική γραμμή
D
De'men|ti (*-s; -s*) *n* διάψευση (*-εις*); **≈'tieren** διαψεύδω
dem|entsprechend, ~gemäß *Adv* σύμφωνα με τούτο
dem|nach άρα; **~'nächst** προσεχώς
Demo'krat (*-en*) *m* δημοκράτης; **~ie** [-'tiː] *f* δημοκρατία; **≈isch** δημοκρατικός; **~i'sierung** *f* εκδημοκρατισμός
demo'lieren τα κάνω γυαλιά-καρφιά
Demon'str|ant (*-en*) *m* διαδηλωτής; **~ati'on** *f* διαδήλωση (*-εις*); **≈ieren** κάνω διαδήλωση; (*zeigen, vorführen*) επιδεικνύω
Demont|age [-'taːʒə] *f Tech.* διάλυση; **≈ieren** αποσυναρμολογώ
Demosko'pie *f* δημοσκόπηση (*-εις*)
Demut *(0) f* ταπεινοσύνη
demütig ταπεινός; **~en** ταπεινώνω, μειώνω; **~end** ταπεινωτικός, μειωτικός; **≈ung** *f* ταπείνωση (*-εις*)
demzu'folge συνεπώς
Denk|art *f* νοοτροπία; **≈en*** σκέφτομαι (**an** *A/A*), συλλογίζομαι (**an** *A/A*); *v/i* διανοούμαι, στοχάζομαι; ***sich*** (*D*) *etw.* ***≈en*** φαντάζομαι *A*; **~en** *n* (δια)νόηση; **~er** *m* στοχαστής
Denk|mal (*-~~e~~s; ¨er, -e*) μνημείο; **~mal-schutz** *m*: ***unter ~malschutz*** διατηρητέος; **~schrift** *f* υπόμνημα *n*; **≈würdig** αξιομνημόνευτος
denn γιατί, αφού, διότι, επειδή; *als Füllwort*: και, αλλά; *in der Frage*: άραγε, τάχα; ***es sei ~*** εκτός εάν
dennoch εντούτοις, ωστόσο
den'tal οδοντικός; **≈-** οδοντικός
Denunziant [-'tsǐant] (*-en*) *m* καταδότης, χαφιές (*-έδες*)
Denunzia'tion *f* κατάδοση (*-εις*)
denun'zieren καταδίδω
Deo(dorant) *n* αποσμητικό
Deponie [-'niː] *f* αποθήκη (απορριμμάτων), χωματερή
depo'nier|en *Hdl.* αποθέτω, καταθέτω; **≈ung** *f* απόθεση (*-εις*)
deportieren [-'tiː-] εκτοπίζω
Depot [de'poː] (*-s; -s*) *n* ντεπό *(0) a. Esb.*; *Hdl.* κατάθεση (*-εις*)
Depp (*-en*) *m* F βόδι, γκλάβας
Depressi'on *f Psych.* κατάθλιψη (*-εις*); *Hdl.* ύφεση, κάμψη
depri'mier|en καταθλίβω; **~end** καταθλιπτικός
Deput|ati'on *f* επιτροπή; **~'ierte(r)** *m* απεσταλμένος; βουλευτής
der [deːʀ] *Art m sg* ο; **~** (***da***) αυτός, εκείνος; *Relativpron* που, ο οποίος; ***~ und ~*** ο τάδε, ο δείνα
derart *groß, viel* τόσο; ***~, daß*** τόσο που (*od.* ώστε); **~ig** τέτοιος
derb χονδροειδής 2; (*fest*) στερεός; **≈heit** *f* χοντροκοπιά
der'gleichen: ***nichts ~*** τίποτε παρόμοιο (δεν)
derjenige εκείνος; ***~, der*** (***welcher***) εκείνος που; όποιος (*-α, -ο*)
der'selbe ο ίδιος
Desert|eur [-'tøːʀ] (*-s; -e*) *m* λιποτάκτης; **≈ieren** [-'tiː-] λιποτακτώ
des|'gleichen *Adv* παρόμοια; **~halb** γι' αυτό
Design [di'zaɪn] *n* σχέδιο; **~er(in** *f*) *m* διακοσμητής (-μήτρια)
Desinfek'tion *f* απολύμανση (*-εις*); **~s·mittel** *n* απολυμαντικό
desinfizieren [dɛsˀɪnfiˑ'tsiːʀən] απολυμαίνω; **~d** απολυμαντικός
Desorganisati'on *f* αποδιοργάνωση
Des'pot (*-en*) *m* δεσπότης; *fig.* σατράπης; **≈isch** δεσποτικός
Dessert [dɛ'sɛːʀ] (*-s; -s*) *n* γλυκό, επιδόρπιο
Desti'll|at (*-s; -e*) *n* απόσταγμα *n*; **~ati'on** *f* απόσταξη (*-εις*); **≈ieren** αποστάζω; **≈iert** αποσταγμένος
desto τόσο; ***~ besser*** τόσο το καλύτερο
deswegen γι' αυτό
Detail [de'taɪ] (*-s; -s*) *n* λεπτομέρεια; *pl* καθέκαστα *n/pl*
Detek'tiv (*-s; -e*) *m* ντέτεκτιβ *(0) m*
Deton|ati'on *f* εκπυρσοκρότηση (*-εις*); **≈ieren** [-'niː-] εκπυρσοκροτώ
deut|en εξηγώ, ερμηνεύω; *mit dem Finger* δείχνω (με το δάχτυλο); *fig.* προμηνύω (***auf*** *A/A*); **~lich** σαφής 2; *Adv* καθαρά; ***~lich machen*** κάνω φανερό; **≈lichkeit** *f* σαφήνεια
deutsch γερμανικός; **≈** *n* (τα) γερμανικά; **≈e(r)** Γερμανίδα, Γερμανός; **≈land** *n* Γερμανία
Deutung *f* ερμηνεία

De'vise *f* σύνθημα *n*; **~n** *f/pl* (ξένο) συνάλλαγμα *n*; **~n·kontrolle** *f* έλεγχος συναλλάγματος; **~n·kurs** *m* τιμή συναλλάγματος; **~n·makler** *m* μεσίτης συναλλάγματος
De'zember *m* Δεκέμβριος
dezentrali'sieren αποκεντρώνω
Dezi'mal- δεκαδικός
Dezimeter *m* υποδεκάμετρο
dezi'mieren δεκατίζω; εξολοθρεύω
Dia ['di:a·] (*-s*; *-s*) *n* σλάιτς (*0*) *n*
Dia'betes (*0*) *m* ζάχαρο(διαβήτης)
Diag'nose *f* διάγνωση (*-εις*)
diag'nostisch διαγνωστικός
diago'nal διαγώνιος
Dia|'kon (*-s*; *-en*, *-e*) *m* διάκος, (ιερο)διάκονος; **~ko'nie** (*0*) *f* διακονία; **~ko'nissin** *f* διακόνισσα
Dia'lekt (*-s*; *-e*) *m* διάλεκτος *f*
Dia'log (*-ęs*; *-e*) *m* διάλογος
Dia'mant (*-en*) *m* διαμάντι; **2en** αδαμάντινος, διαμαντένιος
diame'tral διαμετρικός
Diarrhöe [-'rø:] *f* διάρροια
Di'aspora (*0*) *f* διασπορά
Di'ät (*0*) *f* δίαιτα; **~ *halten*** κάνω δίαιτα; **~-** διαιτητικός; **~en** *pl* βουλευτική αποζημίωση (*-εις*)
dich σε, (*betont*) (ε)σένα
dicht πυκνός; *Tech.* στεγανός; **~ *da'bei*** κοντά κοντά; **~besiedelt, ~bevölkert** πυκνοκατοικημένος
Dichte *f a. Phys.* πυκνότητα; **2n** *Tech.* στεγανοποιώ; *lit.* γράφω ποιήματα; στιχουργώ; **~r** *m* ποιητής; **~rin** *f* ποιήτρια; **2risch** ποιητικός
dichtgedrängt στριμωγμένος
Dicht|kunst (*0*) *f* ποιητική; **~ung** *f lit.* ποίηση (*-εις*); *Tech.* στεγανοποίηση (*-εις*); **~ungsring** *m* λαστιχάκι, παρέμβυσμα *n*
dick χοντρός, παχύς; **~ *machen*** παχαίνω; **~ *werden*** παχαίνω, χοντραίνω; (*gerinnen*) πήζω
Dick|darm *m* παχύ έντερο; **~darmentzündung** *f* εντεροκολίτιδα
Dick|e *f* πάχος *n*; χόντρος *n*; **2flüssig** πηχτός; **2häutig** σκληρόπετσος
Dickicht (*-s*; *-e*) *n* λόχμη, ρουμάνι
Dick|kopf *m fig.* μουλάρι; **2köpfig** χοντροκέφαλος, στραβοκέφαλος
Di'daktik *f* διδακτική
Dieb (*-ęs*; *-e*) *m* κλέφτης
Diebesgut *n* κλοπιμαίο (*oft pl*)
Dieb|in *f* κλέφτρα; **~stahl** (*-ęs*; *⁻e*) *m* κλοπή, κλέψιμο (*-ατος*); **~stahlversicherung** *f* ασφάλεια κλοπής
Diele *f* χολ (*0*) *n*, προθάλαμος; *Boden*: σανίδα; **2n** σανιδώνω
dienen *a. mil.* υπηρετώ (***j-m***/κπ); δουλεύω (***j-m***/κπ); (*nützlich sein*) *e-r Pers.*; *zu e-r S.* χρησιμεύω σε (**als**/ως)
Diener *m* υπηρέτης; (*Verbeugung*) υπόκλιση (*-εις*); **~in** *f* υπηρέτρια
Dienst (*-ęs*; *-e*) *m allg.* υπηρεσία; εξυπηρέτηση (*-εις*); ***der öffentliche ~*** οι Δημόσιες Υπηρεσίες; ***außer ~*** συνταξιούχος; *mil.* απόστρατος
Dienstag (*-ęs*; *-e*) *m* Τρίτη; ***am ~*** την Τρίτη; **2s** κάθε Τρίτη; την Τρίτη
Dienst|alter *n Büro*: αρχαιότητα; **~grad** *m* βαθμός; **~herr** *m Hdl.* εργοδότης
Dienstleistung *f* παροχή υπηρεσιών; **~s·abend** *m etwa*: παράταση ωραρίου; **~s·gewerbe** *n* κλάδος παροχής υπηρεσιών; **~s·unternehmen** *n* επιχείρηση παροχής υπηρεσιών
dienst|lich υπηρεσιακός; **2mädchen** *n* υπηρέτρια; **2personal** *n* υπηρετικό προσωπικό; **2reise** *f* επαγγελματικό ταξίδι; **2stelle** *f* υπηρεσία; γραφείο; **2weg** *m* υπηρεσιακή οδός *f*; **2zeit** *f* θητεία; ωράριο υπηρεσίας
dies τούτο, αυτό
dieselbe η ίδια
Diesel(kraftstoff) *m* ντίζελ (*0*) *n*
dieser αυτός, τούτος
dies|jährig (ε)φετινός; **~mal** αυτή τη φορά
Dietrich (*-s*; *-e*) *m* αντικλείδι
diffa'mier|en δυσφημίζω; **2ung** *f* δυσφήμιση (*-εις*)
Differential|- [-'tsĭa:l] διαφορικός; **~** (*-s*; *-e*) *n*, **~getriebe** *n* διαφορικό; **~rechnung** *f* διαφορικός λογισμός
Diffe'renz *f* διαφορά *Math. u. fig.*; **2ieren** [-'tsi:-] διαφοροποιώ
digi'tal ψηφιακός; **2anzeige** *f* ψηφιακή ένδειξη; **2rechner** *m EDV* ψηφιακός υπολογιστής; **2uhr** *f* ψηφιακό ρολόι
Dik'tat (*-ęs*; *-e*) *n* υπαγόρευση (*-εις*); **~or** (*-s*; *-'toren*) *m* δικτάτορας; **~ur** [-'tu:ʀ] *f* δικτατορία
dik'tieren (*a. gebieten*) υπαγορεύω
Di'lemma (*-s*; *-s*) *n* δίλημμα *n*
Dile'ttant (*-en*) *m* ερασιτέχνης

Dill (*-s; 0*) *m* άνηθο(ς)
Dimen'sion *f* διάσταση (*-εις*)
Diminu'tiv (*-s; -e*) *n* υποκοριστικό
DIN Γερμανικές Προδιαγραφές *f/pl* Βιομηχανίας; **~-Format** *n* σχήμα *n* *DIN*; **~-Norm** *f* νόρμα *DIN*

D

Ding (*-ęs; -e*) *n allg.* πρά(γ)μα *n*; ***vor allen ~en*** προπάντων; ***guter ~e sein*** έχω τα κέφια μου
Dino'saurier [-rĭa] *m* δεινόσαυρος
Dioxyd ['di:-] (*-s; -e*) *n* διοξίδιο
Diö'zese *f* επισκοπή
Diphthe'rie *f* διφθερίτιδα
Di'plom (*-s; -e*) *n* δίπλωμα *n*, πτυχίο; **~-***Ingenieur usw.* διπλωματούχος, πτυχιούχος (*a. f*)
Diplo'mat (*-en*) *m* διπλωμάτης; **~ie** [-'ti:] (*0*) *f* διπλωματία; **≗isch** *a. fig.* διπλωματικός
dir σου; (*betont*) (ε)σένα; *reflexiv* στον εαυτό σου
di'rekt ευθύς (*-εία, -ύ*), ίσιος (*-α, -ο*); *Steuer*: άμεσος; (*ohne Umwege*) κατευθείαν
Di'rektflug *m* κατευθείαν πτήση (*-εις*)
Direkti'on *f* διεύθυνση (*-εις*)
Di'rektor (*-s; -'toren*) *m* διευθυντής
Di'rekt|übertragung *f* άμεση αναμετάδοση (*-εις*); **~verkauf** *m* άμεση πώληση (*-εις*)
Diri'gent (*-en*) *m* μαέστρος
diri'gieren διευθύνω
Dirne *f* πόρνη; πουτάνα
Dis'kette *f* δίσκος, ντισκέτα; **~n·laufwerk** *n* συσκευή χειρισμού δίσκου
Dis'kont (*-s; -e*) *m* προεξόφληση; **~satz** *m* τόκος προεξοφλήσεως
Disko'thek *f* ντισκοτέκ (*0*) *f*
dis'kret διακριτικός, εχέμυθος; **≗ion** [-'tsĭo:n] (*0*) *f* διακριτικότητα
diskrimi'nieren κάνω διακρίσεις
Diskus (*-; -se*) *m* δίσκος
Disku'ssion *f* συζήτηση (*-εις*)
disku'tieren συζητώ (*-άς*)
dispo'nieren (*planen*) σχεδιάζω
disqualifi'zieren *Sp.* αποκλείω
Dissertati'on *f* διδακτορική διατριβή
Dis'tanz *f* απόσταση (*-εις*)
Distel *f* γαϊδουράγκαθο
Diszi'plin *f* πειθαρχία
diszipli'niert πειθαρχημένος; ***sich ~ verhalten*** πειθαρχώ
diszi'plinlos απειθάρχητος
Divi'dende *f* μέρισμα *n*; (*Schein*) τοκομερίδιο
divi|'dieren διαιρώ; **≗si'on** *f mil.* μεραρχία; *Math.* διαίρεση (*-εις*)
D-Mark *f* γερμανικό μάρκο
doch ωστόσο, όμως; *Antwort auf verneinte Fragen* ναι, μάλιστα; (*sicher*) πώς; *Partikel mit Imp.* για; ***paß ~ 'auf!*** για πρόσεχε!; ***nicht ~*** όχι δα
Docht (*-ęs; -e*) *m* φιτίλι
Dock (*-s; -s*) *n* ντοκ (*0*) *n*, δεξαμενή
Dogge *f* μολοσσός
Dogma (*-s; -men*) *n* δόγμα *n*
Dog'ma|tik *f* δογματική; **≗tisch** δογματικός
Doktor (*-s; -'toren*) *m* διδάκτορας; *Med.* γιατρός; ***s-n ~ machen*** γίνομαι διδάκτορας; **~'and** (*-en*) *m* υποψήφιος διδάκτορας; **~arbeit** *f* διδακτορική διατριβή
Dok'trin *f* δόγμα *n*
Doku'ment (*-s; -e*) *n* έγγραφο
Dokumen'tarfilm *m* ντοκιμαντέρ (*0*) *n*
dokumen'tieren τεκμηριώνω
Dollar (*-s; -s*) *m* δολάριο
dolmetsch|en μεταφράζω; **≗er** *m* διερμηνέας, μεταφραστής; **≗erin** *f* μεταφράστρια
Dom (*-ęs; -e*) *m* μητρόπολη (*-εις*)
domi'nieren επικρατώ (**über** *A/G*)
Dompteu|r [-'tø:ʀ] (*-s; -e*) *m* θηριοδαμαστής; **~se** *f* θηριοδαμάστρια
Donner *m* βροντή, μπουμπουνητό; **≗n** βροντάει, μπουμπουνίζει; **~schlag** *m* αστροπελέκι
Donnerstag *m* Πέμπτη, *s.* ***Dienstag***
doof κουτός
Doppelbesteuerung *f* διπλή φορολογία; **~s·abkommen** *n* σύμβαση αποφυγής διπλής φορολογίας
Doppel|bett *n* διπλό κρεβάτι; **≗deutig** διφορούμενος; **~gänger** *m* σωσίας; **~punkt** *m* διπλή τελεία; **~scheiben** *f/pl* διπλά τζάμια *n/pl*
doppelt διπλός, διττός, διπλάσιος
Doppelzimmer *n* δίκλινο δωμάτιο
Dorf (*-ęs; ¨er*) *n* χωριό; **~bewohner** *m* χωριανός
dörflich χωριάτικος
Dorfplatz *m* πλατεία (του χωριού)
Dorn (*-ęs; -en*) *m* αγκάθι; *Tech.* επιβολέας *m*; **~busch** *m* βάτος; **~enhecke** *f* παλιούρι; **≗ig** αγκαθωτός
dörren ξεραίνω

Dorsch (-*ęs*; -*e*) *m* μουρούνα
dort εκεί; ***von ~*** (***her***) από'κεί, απ' εκεί; **~hin** προς τα 'κεί, κατά 'κεί
Dose *f* κουτί; κονσέρβα; **~n-öffner** *m* ανοιχτήρι κονσερβών
dösen μισοκοιμάμαι
do'sier|en δοσολογώ; **≗ung** *f* δοσολογία
Dosis (-; -*en*) *f* δόση (-*εις*)
Dotter *n, m* κρόκος
Do'zent (-*en*) *m etwa*: λέκτορας
Drache (-*n*) *m* δράκος, δράκοντας; **~n** *m* (*Papier-*) χαρταετός
Drachme *f* δραχμή
Draht (-*ęs*; *⸗e*) *m* σύρμα *n*, τέλι; **~funk** *m* ενσύρματη ραδιοφωνία; **≗los** ασύρματος; **~seil** *n* συρματόσχοινο; **~seilbahn** *f* τελεφερίκ (*0*) *n*; **~zieher** *m* πρωταίτιος, „εγκέφαλος"
dra'konisch δρακόντειος (-*α, -ο*)
Drama (-*s*; -*men*) *n a. fig.* δράμα *n*
dra'mat|isch *a. fig.* δραματικός; **~i'sieren** *a. fig.* δραματοποιώ
dran *s.* ***daran***; ***Sie sind ~*** η σειρά σας
drang *s.* ***dringen***
Drang (-*ęs*; *0*) *m* ορμή; πίεση (-*εις*)
Dränge'lei *f* συνωστισμός
drängeln σπρώχνω, στριμώχνω; **≗** *n* σπρώξιμο (-*ατος*)
drängen* *fig.* πιέζω (**zu**/να), βιάζω (**zu**/να), φορτώνω; ***j-n zur Seite ~*** παραγκωνίζω κπ; ***sich ~*** συνωστίζομαι
drastisch δραστικός
drauf *s.* ***darauf***; ***~ und dran sein*** κοντεύω να; ***~ los*** στα ίσα
Draufgänger *m* ριψοκίνδυνος
draufgehen* (*sn*) *s.* δαπανιέμαι
draußen έξω; ***von ~*** απ' έξω
drechs|eln τορνεύω; ***gedrechselt*** τορνευτός; **≗ler** *m* τορναδόρος
Dreck (-*ęs*; *0*) *m* F βρομιά, βρόμα; λάσπη; *fig.* ένα τίποτα (*0*) *n*
dreckig βρόμικος; βρομιάρης 3; ***~ werden, sich ~ machen*** βρομίζω
Dreh (-*ęs*; *0*) *m* F τρόπος
Dreh|- περιστροφικός, περιστρεφόμενος; **~arbeiten** *f/pl* γύρισμα *n*; **~bank** *f* τόρνος; **~buch** *n* σενάριο
drehen (περι)στρέφω; στρίβω; *a. Film* γυρίζω; *Metalle* τορνεύω; **≗** *n* γύρισμα *n*, στρίψιμο (-*ατος*)
Dreh|orgel *f* λατέρνα; **~scheibe** *f* περιστρεφόμενος δίσκος; **~strom** *m* τριφασικό ρεύμα *n*
Drehung *f* (υπο)στροφή
drei τρεις *m, f*, τρία *n*; **≗** *f* τριάρι
drei|- τρι-; **≗bettzimmer** *n* τρίκλινο δωμάτιο; **~dimensional** τρισδιάστατος; **≗eck** (-*ęs*; -*e*) *n* τρίγωνο; **~eckig** τριγωνικός; **≗'einigkeit** (*0*) *f Rel.* τριάδα
drei|fach τριπλάσιος, τριπλός; **~hundert** τριακόσιοι, -ιες, -ια; **≗'käsehoch** (-*s*; -*s*) *m* σταλιά μπόμπιρας; **≗rad** *n* τρίκυκλο; **~silbig** τρισύλλαβος
dreißig τριάντα; **≗jährige**(**r**) τριαντάρης (-άρα); **~st-** τριακοστός
dreist αυθάδης 2; αναιδής 2
drei'stellig *Zahl*: τριψήφιος
Dreistigkeit *f* αυθάδεια; αναίδεια
drei|stöckig τριώροφος; **~stündig** τρίωρος; **~tägig** τριήμερος; **~tausend** τρεις χιλιάδες
Drei|zack (-*ęs*; -*e*) *m* τρίαινα; **≗zehn** δεκατρείς *m, f*, δεκατρία *n*; **~zimmerwohnung** *f* τριάρι
Dreschmaschine *f* αλωνιστική μηχανή
dre'ssieren (εκ)γυμνάζω
Dre'ssur *f* εκγύμναση (-*εις*)
drin *s.* ***darin***
dringen* *v/i* (*sn*) (δι)εισδύω (**in** *A*/σε); διαπερνώ (-άς); επιμένω (**auf** *A*/σε); **~d** επείγων (-*ουσα, -ον*); βιαστικός; σοβαρός; *Adv* επειγόντως
dringlich *s.* ***dringend***; **≗keit** (*0*) *f* άμεση ανάγκη, προτεραιότητα
drinnen μέσα; *K* έσω, εντός
dritt|-, -e(**r**) τρίτος; **≗el** *n* τρίτο; **~ens** τρίτον
Droge *f* ναρκωτικό
drogen|abhängig ναρκομανής 2; **≗beratungsstelle** *f* γραφείο πληροφόρησης ναρκομανών; **≗handel** *m* εμπόριο ναρκωτικών; **≗händler** *m* έμπορος ναρκωτικών; **≗konsum** *m* κατανάλωση ναρκωτικών; **≗problem** *n* πρόβλημα ναρκωτικών; **≗szene** (*0*) *f* κόσμος των ναρκομανών
Droge'rie *f* κατάστημα καλλυντικών (και ειδών υγιεινής)
Droh- απειλητικός
drohen απειλώ (***j-m***/κπ); φοβερίζω (***j-m***/κπ); **~d** απειλητικός
Drohne *f a. fig.* κηφήνας
dröhnen βροντώ (-άς), αχολογώ (-άς)

Drohung *f* απειλή; φοβέρα
drollig κωμικός; αστείος
drossel|n επιβραδύνω, χαμηλώνω; *Ausgaben, Einfuhr* περιορίζω; ελαττώνω; **&ung** *f* ελάττωση
drüben πέρα; πέραν (*in D*/σε)
Druck (*-es; ⸚e*) *m* πίεση (*-εις*); *seelisch*: θλίψη (*-εις*); *Typ.* (*pl -e*) εκτύπωση (*-εις*); τύπος; ***j-n unter ~ setzen, ~ auf j-n ausüben*** πιέζω κπ; **~buchstabe** *m* τυπογραφικό στοιχείο
drucken *Typ.* (εκ)τυπώνω
drücken πιέζω; *Hand, Schuh* σφίγγω; ***sich vor der Arbeit ~*** φυγοπονώ; **&** *n* πίεση (*-εις*); **~d** *Wetter*: πνιγερός
Drucker *m* τυπογράφος; εκτυπωτής
Drücker *m* πόμολο; σκανδάλη
Druck|e'rei *f* τυπογραφείο; **~fehler** *m* τυπογραφικό λάθος; **~knopf** *m* σούστα; **~kosten** *pl* τυπωτικά *n/pl*; **~luft** (*0*) *f Tech.* πεπιεσμένος αέρας; **~messer** *m* μανόμετρο; **~sache** *f* έντυπο; **~stoff** *m* εμπριμέ (*0*) *n*
drunter: ***~ und drüber*** άνω κάτω
Drüse *f Anat.* αδένας; **~n·erkrankung** *f* αδενοπάθεια
Dschungel (*-s; -*) *m* ζούγκλα
du εσύ; ***~ da!*** μωρέ!, καλέ!
Dual|ismus (*0*) *m* δυαδισμός; **~system** (*-s; 0*) *n* δυαδικό σύστημα *n*
Dübel (*-s; -*) *m* τάκος
Du'blette *f* διπλό αντίτυπο
Dudelsack *m* τσαμπούνα, γκάιντα
Du'ell (*-s; -e*) *n* μονομαχία
Duft (*-es; ⸚e*) *m* άρωμα *n*; ευωδία, μυρωδιά; **&en** μυρίζω, μοσχοβολώ (*-άς*) (***nach*** *D/A*), ευωδιάζω; **&end** μυρωδάτος; **&ig** (*leicht*) ανάερος
duld|en *v/t* ανέχομαι; *Aufschub usw.* επιδέχομαι; **~sam** ανεκτικός; **&ung** *f* ανοχή
dumm (*⸚er; ⸚st-*) κουτός, βλακώδης 2; ***~es Zeug*** κουρουφέξαλα *n/pl*; ***sich ~ stellen*** κάνω το κορόιδο; **&heit** *f* βλακεία, ανοησία, κουταμάρα; **&kopf** *m* βλάκας
dumpf υπόκωφος; αμυδρός
Dumping ['dampiŋ] (*-s; 0*) *n*, **~praktiken** *f/pl* πρακτική τιμών κάτω του κόστους; **~preis** *m* τιμή κάτω του κόστους
Düne *f* αμμόλοφος
Dünge|mittel *n* λίπασμα *n*; **&n** λιπαίνω; **~r** *m* λίπασμα *n*; κοπριά

dunkel *a. fig.* σκοτεινός; *Farbe, a. fig.* σκούρος (*-a, -o*); *Sinn*: δυσνόητος; ***~ werden*** σκοτεινιάζω; *Farbe*: σκουραίνω; ***im &n*** στα σκοτεινά *a. fig.*
Dunkelheit (*0*) *f* σκοτάδι
Dunkelkammer *f* σκοτεινός θάλαμος
dünn ψιλός, λεπτός; (*schlank*) αδύνατος; *Stoff*: αραιός; **~ besiedelt** αραιοκατοικημένος; ***~er werden*** λεπτύνω; **&darm** *m* λεπτό έντερο
Dunst (*-es; ⸚e*) *m* αχνός, καταχνιά; **&en** αχνίζω
dünsten αχνίζω; ***gedünstet*** αχνιστός
dunstig ατμώδης 2, θολός
Dupli'kat (*-s; -e*) *n* διπλόγραφο; διπλότυπο
durch *Präp mit A* (*örtlich*) (μέσα) από; (*vermittels, instrumental*) με; μέσω, διά μέσου *G*; ***die ganze Nacht ~*** όλη τη(ν) νύχτα
durch- *Präfix oft*: δια-
durch·arbeiten *v/t* επεξεργάζομαι; *v/i* εργάζομαι χωρίς διακοπή
durch'aus οπωσδήποτε; ολότελα, εντελώς; ***~ nicht*** καθόλου; διόλου
durch|beißen* κόβω με τα δόντια; **~blättern** *Buch* ξεφυλλίζω (*Su* ξεφύλλισμα *n*); **~blicken** διαβλέπω; **&'blutung** *f* αιμάτωση (*-εις*)
durch'bohr|en *v/t* διατρυπώ (*-άς*); *Kugel*: (δια)περνώ (*-άς*); *Schmerz*: σουβλίζω; **~t** διάτρητος, τρυπητός
durch|brechen* *v/i* σπάζω; **~'brechen*** *v/t* διασπώ (*-άς*); παραβιάζω; **~brennen*** *v/i* (*sn*) καίομαι; (*weglaufen*) δραπετεύω; **&bruch** *m* ξέσπασμα *n*; (*Erfolg*) επιτυχία
durch'dacht μελετημένος
durchdrehen *Fleisch* αλέθω; F (*verrückt werden*) τρελαίνομαι
durchdringen* (*sn*) *v/i* διεισδύω (***durch*** *A*/διά *G*); επικρατώ
durch'dringen* *v/t* (δια)περνώ (*-άς*); **~d** διαπεραστικός
Durch'dringung *f* διείσδυση (*-εις*)
durchein'ander *Adv* ανάκατα; **&** (*-s; 0*) *n* ανακάτωμα *n*; ***in e-m wüsten &*** φύρδην μίγδην; **~bringen*** μπερδεύω; ανακατεύω; ***alles ~bringen*** τα κάνω θάλασσα; **~geraten*** (*sn*) γίνομαι άνω κάτω
durchfahren* *v/i* (*sn*) δε σταματώ (*-άς*)
durch'fahren* *v/t* διασχίζω

Durch|fahrt *f* διέλευση (-εις); (*Weg*) δίοδος *f*; **~fall** *m* διάρροια
durchfallen* (*sn*) *in e-r Prüfung* απορρίπτομαι, αποτυχαίνω
durch|'fließen* *v/t* διαρρέω; **~'forschen** διερευνώ (-άς)
durch|frieren* (*sn*) *v/i* ξεπαγιάζω; **~gefroren** ξεπαγιασμένος
Durchfuhr *f* διαμετακόμιση (-εις)
durchführ|en ενεργώ; *Plan* εκτελώ, εφαρμόζω; *Wahlen, Untersuchung* διενεργώ; *Aufgabe, Werk* πραγματοποιώ; **&ung** *f* εκτέλεση (-εις), εφαρμογή; *v. Wahlen* διενέργεια
Durch|gabe *f* μετάδοση (-εις); **~gang** *m* (*Weg*) δίοδος *f*; διάβαση (-εις)
Durchgangs|lager *n* κέντρο διερχομένων; **~station** *f* πέρασμα *n*
durch|geben* *Nachricht* μεταδίδω; **~gehen*** (*sn*) *v/i* περνώ (-άς) (**durch** *A/A*); *Pferd*: αφηνιάζω; ***etw. ~gehen lassen*** κάνω τα στραβά μάτια; **~gehend** *Arbeitszeit*: συνεχής 2; ***~gehend geöffnet sein*** λειτουργώ με συνεχές ωράριο
durchgreifend ριζικός
durch|kauen μασώ (-άς) καλά; *fig.* αναμασώ (-άς); **~kommen*** (*sn*) *a. Gesetz*: περνώ (-άς); διέρχομαι; *fig.* (*es schaffen*) τα βολεύω; (*Prüfung*) πετυχαίνω
durch'kreuzen *fig. Pläne* ματαιώνω; ***die Meere ~*** διασχίζω
Durchlaß (*-sses; ¨sse*) *m* δίοδος *f*
durchlassen* αφήνω να περάσει
durchlässig διαπεραστός
Durch|lauf·erhitzer *m* θερμοσίφωνας με άμεση θέρμανση; **&leiten** διαμετακομίζω; **&lesen*** το διαβάζω όλο
durch|'leuchten (*röntgen*) ακτινοσκοπώ; **&'leuchtung** *f* ακτινοσκόπηση (-εις); **~'löchern** διατρυπώ (-άς); **~'löchert** διάτρητος; τρυπητός
durch|lüften εξαερίζω; **~machen** (*erleiden*) παθαίνω; υποφέρω, τραβώ (-άς)
Durchmesser *m* διάμετρος *f*
durch|'nässen καταβρέχω, καταμουσκεύω; **~'näßt** μουσκεμένος
durch|nehmen* διδάσκω, (δια)πραγματεύομαι; **~pausen** ξεσηκώνω
durch'queren *See, Land* διασχίζω
durch|rechnen υπολογίζω, λογαριάζω; **~regnen: *es regnet durch*** στάζει η στέγη
Durchreise *f* διέλευση (-εις) (**durch**/από); ***auf der ~ sein*** διέρχομαι
durchreisen (*sn*) *v/i* περνώ (-άς), διέρχομαι
Durchsage *f* (ραδιοφωνική) ανακοίνωση (-εις); **&n** ανακοινώνω
durchsägen πριονίζω
durch'schauen *fig.* διαβλέπω
durch|scheinen* φεγγίζω; *a. fig.* διαφαίνομαι; **~scheinend** διαφανής 2
Durchschlag *m* κόπια, αντίγραφο
durchschlagen* *v/t* (*trennen*) κόβω; *fig.* ***sich ~*** τα βγάζω πέρα
durchschlag|end *Erfolg*: θεαματικός; **&papier** *n* καρμπόν (*0*) *n*
durch|schleusen περνώ (-άς) από υδροφράχτη; *fig.* περνώ κρυφά (***j-n***/κπ); **~schlüpfen** (*sn*) *fig.* ξεφεύγω; **~schneiden*** κόβω στα δυο
durch'schneiden* *Math.* διατέμνω
Durchschnitt *m* μέσος όρος; (*Schneiden*) τομή; ***im ~*** κατά μέσον όρο; **&lich** μέσος; *Adv* κατά μέσον όρο; **~s·einkommen** *n* μέσο εισόδημα; **~s·temperatur** *f* μέση θερμοκρασία
Durchschrift *f* αντίγραφο
durchschütteln *v/t* τραντάζω
durchsehen* κοιτάζω; ελέγχω
durchsetzen επιβάλλω (***bei j-m etw.***/κτ σε κπ); ***sich ~*** επιβάλλομαι (***bei*** *D*/σε); *Wahrheit, Meinung*: επικρατώ
durch'setzen ανακατεύω (***mit***/με)
Durchsetzung *f* επιβολή; **~s·vermögen** (*-s; 0*) *n* επιβλητικότητα
Durchsicht *f* επιθεώρηση (-εις), εξέταση (-εις); **&ig** διαφανής 2; **~igkeit** (*0*) *f* διαφάνεια
durch|sickern (*sn*) *a. fig.* διαρρέω (*Su* διαρροή); **~sieben** κοσκινίζω
durch'stechen* (δια)τρυπώ (-άς)
durch'stöbern σκαλίζω
durch|stoßen* τρυπώ (-άς) (**durch** *A/A*); **~streichen*** διαγράφω, σβήνω
durch|'streifen περιέρχομαι; **~'suchen** ψάχνω, ερευνώ (-άς); ***j-n ~suchen*** του κάνω έρευνα; **&'suchung** *f* ψάξιμο (-ατος), έρευνα
durch'trieben κατεργάρης 3; **&heit** (*0*) *f* κατεργαριά
Durch|wahl (*0*) *f* αυτόματη κλήση (-εις); **&wählen** καλώ κατευθείαν;

D

~wahlnummer αριθμός αυτόματης κλήσης
durchweg γενικά; ολότελα
durch'wühlen *a. fig.* σκαλίζω; *fig.* ψαχουλεύω σε
Durchzug *m* διέλευση (*-εις*); ρεύμα (αέρα); *mil.* πέρασμα *n*
dürf|en* μπορώ; επιτρέπεται να; (*in Fragen; negiert*) κάνει να ...; έχω την άδεια; ***nicht ~en*** δεν πρέπει να ...
dürftig φτωχικός, *a. fig.* πενιχρός
dürr (*hager*) ξερακιανός; ξερός; **2e** *f* ξεραΐλα, ξηρασία
Durst (*-ẹs; 0*) *m* δίψα (***auf*** *A*; *fig.* ***nach*** *D/G*); ***den ~ löschen*** ξεδιψώ (*-άς*)
dürsten διψώ (*-άς*) (***nach*** *D*/για)
durstig διψασμένος
Dusche *f* ντους (*0*) *n*; *a. fig.* ***kalte ~*** ψυχρολουσία; **2n** κάνω ντους
Düse *f Tech.* εγχυτήρας, ζικλέρ (*0*) *n*
Düsen|antrieb *m* αεριοπροώθηση (*-εις*); **~flugzeug** *n* τζετ (*0*) *n*, αεριωθούμενο
düster σκοτεινός; *a. fig.* ζοφερός
Dutzend (*-s; -e*) *n* ντουζίνα, δωδεκάδα; ***etwa ein ~*** μια δωδεκαριά
duzen μιλώ στον ενικό (***j-n***/σε κπ)
Dy'nam|ik (*0*) *f* δυναμισμός; **2isch** δυναμικός
Dyna'mit (*-s; 0*) *n* δυναμίτης
Dy'namo (*-s; -s*) *m* δυναμό (*0*)
D-Zug ['de:tsu:k] *m* εξπρές (*0*) *n*

E

Ebbe *f* άμπωτη
eben (*glatt*) ομαλός, ίσιος; (*-a, -o*); *Weg*: στρωτός; *a. Math.* επίπεδος
Eben|bild *n* ομοίωμα *n*; **2bürtig** εφάμιλλος (*D/G*), ισάξιος (*-a, -o*)
Ebene *f* πεδιάδα, κάμπος; *fig.* επίπεδο
eben|falls *Adv* επίσης; **~mäßig** συμμετρικός
ebenso ομοίως; ***~ ... wie*** το ίδιο ... όπως
ebnen ισάζω; *fig.* ***j-m den Weg ~*** εξομαλύνω το δρόμο σε κπ
Echo ['ʔεço:] (*-s; -s*) *n* αντίλαλος; *fig.* απήχηση (*-εις*); *K* ηχώ
echt γνήσιος (*-a, -o*); *Farbe*: ανεξίτηλος; (*rein*) *Butter usw.*: ανόθευτος
Eck|- γωνιακός; *Stein*: ακρογωνιαίος (*-a, -o*); **~ball** *m Sp.* κόρνερ (*0*) *n*; **~daten** *n/pl* βασικά στοιχεία *n/pl*
Ecke *f* γωνιά, γωνία; άκρη
eckig γωνιακός
Eck|lohn *m* βασικός μισθός; **~zahn** *m* σκυλόδοντο
edel (*-dl-*) ευγενής 2
Edel|- ευγενής 2; τίμιος (*-a, -o*); **~mut** *m* γενναιοφροσύνη, μεγαλοψυχία; **~stein** *m* πολύτιμο πετράδι
effek'tiv, effizi'en|t αποτελεσματικός; **2z** *f* αποτελεσματικότητα
e'gal ίσος, ίδιος (*-a, -o*), όμοιος (*-a, -o*); ***das ist mir ~*** το ίδιο μου κάνει
Ego'ist (*-en*) *m* εγωιστής; **2isch** εγωιστικός
ego'zentrisch εγωκεντρικός
ehe *Ko* πριν (να), προτού (να) + *St II*
Ehe ['e:ə] *f* γάμος
Ehe|bruch *m* μοιχεία; **~frau** *f* σύζυγος *f*; **~gatte** *m* σύζυγος; **~leute** *pl* σύζυγοι *m/pl*; **2lich** συζυγικός; *Kind*: νόμιμος
ehemalig παλαιός; πρώην
Ehe|mann *m* σύζυγος; **~paar** *n* αντρόγυνο
eher πρωτύτερα; (*vielmehr*) μάλλον
Ehe|ring *m* βέρα; **~scheidung** *f* διαζύγιο
ehrbar έντιμος, χρηστός
Ehre *f* τιμή; ***zu ~n*** *G* προς τιμήν *G*
Ehren- *Bürger usw.*: επίτιμος
ehren *v/t* τιμώ (*-άς*); σέβομαι
Ehren|amt *n* τιμητικό αξίωμα *n*; **2amtlich** άμισθος; **~sache** *f* ζήτημα τιμής; **2voll** τιμητικός; **~wort** (*-ẹs; -e*) *n* λόγος τιμής
Ehr|furcht *f* σεβασμός (***vor*** *D*/προς); **~gefühl** (*-ẹs; 0*) *n* φιλοτιμία
Ehrgeiz *m* φιλοδοξία; **2ig** φιλόδοξος

ehrlich τίμιος; **≈keit** *f* τιμιότητα
ehrlos άτιμος; **≈igkeit** *f* ατιμία
Ehrung *f* τιμητική διάκριση (*-εις*)
Ei (*-ɇs; -er*) *n* αβγό; *Anat.* ωάριο; ***hart-gekochtes, rohes, weichgekochtes ~*** σφιχτό, ωμό, μελάτο αβγό
Eich|e *f* βαλανιδιά; **~el** *f* βαλανίδι
Eichhörnchen *n* σκίουρος
Eichmaß *n* πρότυπο μέτρο
Eid (*-ɇs; -e*) *m* όρκος; ***e-n ~ leisten*** ορκίζομαι, δίνω όρκο; **~bruch** *m* επιορκία; **≈brüchig** επίορκος
Eidechse *f* σαύρα, γουστερίτσα
Eides|leistung *f* ορκωμοσία; **≈stattlich:** ***≈stattliche Erklärung*** υπεύθυνη δήλωση (*-εις*)
Ei·dotter *n* κρόκος
Eier|becher *m* αβγοθήκη; **~kuchen** *m* τηγανίτα; **~stock** *m* ωοθήκη
Eifer (*-s; 0*) *m* ζήλος, ζέση; **~sucht** (*0*) *f* ζήλια, ζηλοτυπία
eifersüchtig ζηλιάρης 3, ζηλότυπος; ***~ sein auf j-n*** ζηλεύω κπ
eifrig δραστήριος, πρόθυμος
Eigelb (*-s; -e*) *n* κρόκος, κροκάδι
eigen δικός μου *usw.*; (*besonder-*) ιδιαίτερος; ***sich*** (*D*) ***etw. zu ~ machen*** υιοθετώ, εγκολπώνομαι
Eigen|art *f* ιδιομορφία; ιδιοτροπία; **≈artig** ιδιόμορφος; ιδιότροπος; **≈händig** ιδιόχειρος; **~heim** *n* ιδιόκτητο σπίτι; **~heit** *f* ιδιοτροπία; **~kapital** *n* προσωπικό κεφάλαιο; **~lob** *n* περιαυτολογία; **≈mächtig** αυθαίρετος; **≈nützig** ιδιοτελής 2
eigens *Adv* επίτηδες; αποκλειστικά
Eigenschaft *f* ιδιότητα; **~s·wort** *n Gr.* επίθετο
Eigensinn (*-ɇs; 0*) *m* πείσμα *n*; **≈ig** πεισματάρης 3, ιδιότροπος
eigentlich ουσιαστικός (*Adv* -ά), πραγματικός; *oft Füllwort*: άραγε
Eigen|tum (*-s; 0*) *n* ιδιοκτησία; **~tümer** *m* ιδιοκτήτης; **≈tümlich** ιδιόρρυθμος; **~tümlichkeit** *f* ιδιορρυθμία
Eigentums|recht *n* δικαίωμα *n* κυριότητας; **~urkunde** *f* δικαιόγραφο; **~wohnung** *f* ιδιόκτητο διαμέρισμα *n*
eigenwillig ισχυρογνώμων 2
eignen: ***sich ~*** προσφέρομαι (**zu** *D*/ για), κάνω (για)
Eignung *f* καταλληλότητα; **~s·test** *m* εξέταση καταλληλότητας
Eil- επείγων (*-ουσα, -ον*)
Eilbrief *m* (κατ)επείγον γράμμα *n*
Eile (*0*) *f* βιασύνη; ***in ~ sein*** βιάζομαι
Ei·leiter *m Anat.* σάλπιγγα
eil|en (*sn*) σπεύδω (**zu**/να), πετιέμαι; ***es ~t*** επείγει; **~ig** βιαστικός (*Adv* -ά); *Adv* επειγόντως; **≈zug** *m* ταχεία
Eimer *m* κουβάς (*-άδες*), κάδος
ein (*eine, eins*) ένας; μία, μια; ένα; ***um ~ Uhr*** στη μία; ***~ für allemal*** μια για πάντα; ***~ gewisser*** κάποιος
Einakter *m Thea.* μονόπρακτο
ein'ander αλληλ-, ο ένας ... τον άλλον
ein·arbeit|en εξοικειώνω στην εργασία; ***sich ~en*** μαθαίνω *od.* συνηθίζω τη δουλειά; **≈ung** *f* εξοικείωση
ein·atm|en εισπνέω; **≈ung** (*0*) *f* εισπνοή
Einbahnstraße *f* μονόδρομος
Einbau (*-ɇs; -ten*) *m* εγκατάσταση (*-εις*); *in die Wand* εντοιχισμός
einbauen εγκαθιστώ, εντοιχίζω
Einbau|küche *f* κουζίνα με εντοιχισμένα ντουλάπια; **~möbel** *n/pl* εντοιχισμένα έπιπλα; **~schrank** *m* χωνευτό ντουλάπι
ein|begreifen*: ***mit ~begreifen*** συμπεριλαμβάνω; **~behalten*** *vom Gehalt* (κατα)κρατώ
einberuf|en* συγκαλώ; *mil.* καλώ, επιστρατεύω; **≈ung** *f* σύγκληση (*-εις*); συγκρότηση (*-εις*); *mil.* κλήση (*-εις*)
Einbettzimmer *n* μονόκλινο δωμάτιο
einbiegen* (*sn*) *v/i* στρίβω, κάμπτω
einbilden: ***sich*** (*D*) ***etw. ~*** φαντάζομαι *A*; (*wichtig tun*) αλαζονεύομαι
Einbildung *f* φαντασία; αυταρέσκεια; **~s·kraft** (*0*) *f* φαντασία
einbinden* δένω
Einblick *m fig.* γνώση (*-εις*), ιδέα; ***e-n ~ haben*** είμαι μπασμένος
einbrech|en *v/t Tür* σπάζω; *v/i* (*sn*) *in ein Haus* κάνω διάρρηξη (*-εις*); **≈er** *m* διαρρήκτης
einbringen* *Ernte* συγκομίζω *a. Gewinn*, σοδιάζω; φέρνω
einbrocken *Brot* βουτώ (*-άς*); *fig.* ***j-m etwas ~*** βάζω κπ σε μπελά
Einbruch *m* διάρρηξη (*-εις*)
einbürger|n πολιτογραφώ; ***sich ~n*** *fig.* καθιερώνομαι; **≈ung** *f* πολιτογράφηση (*-εις*)

E

Einbuße *f* χάσιμο (*-ατος*), απώλεια
einbüßen χάνω
einchecken [-tʃ-] τσεκάρω
eincremen αλείφω με κρέμα
eindämm|en *Fluß* μολώνω; *Feuer, Ölpest* καταστέλλω; αναχαιτίζω; **≈ung** *f* καταστολή
eindeutig μονοσήμαντος; ξεκάθαρος
eindeutschen εκγερμανίζω
eindringen* (*sn*) (***in*** *A*) εισβάλλω, εισορμώ (*-άς*) (σε); *fig.* εμβαθύνω (σε); ≈ *n* εισβολή; εισόρμηση (*-εις*)
eindring|lich έντονος; **≈ling** (*-s; -e*) *m* εισβολέας
Eindruck *m* εντύπωση (*-εις*); ***~ machen*** κάνω εντύπωση (*-εις*)
eindrucksvoll εντυπωσιακός
ein·ebnen ισοπεδώνω
ein·engen *a. Kleidung*: στενεύω
einer'lei ενός είδους; ***das ist mir ~*** το ίδιο μου κάνει; ≈ (*-s; 0*) *n* μονοτονία
einerseits: ***~ - andererseits*** αφ' ενός (μεν) ... αφ' ετέρου
einfach απλός; *fig.*: λιτός; ***ganz ~*** απλούστατα
einfädeln βελονιάζω, περνώ (*-άς*) βελόνα; *fig.* μηχανεύομαι
einfahr|en* *v/i* (*sn*) μπαίνω (με αμάξι); φτάνω; **≈t** *f* είσοδος; άφιξη (*-εις*)
Einfall *m* επιδρομή, εισβολή; (*Idee*) ιδέα; **≈en*** (*sn*) (*einstürzen*) βουλιάζω; εισβάλλω (***in*** *A*/σε); *Licht*: πέφτω; ***es fällt mir ein*** (το) σκέφτομαι; μου καπνίζει (***zu*** .../να ...)
Ein|falt (*0*) *f* αφέλεια, απλοϊκότητα; **≈fältig** αφελής 2, απλοϊκός
Einfa'milienhaus *n* μονοκατοικία
ein|fangen* πιάνω; **~farbig** μονόχρωμος; **~fassen** (*säumen*) ρελιάζω; **≈fassung** *f* περίζωμα *n*; στρίφωμα *n*
einfetten αλείφω
einflößen εγχέω, ενσταλάζω
Einflugschneise *f* αεροδιάδρομος προσγείωσης
Einfluß *m* επιρροή, επίδραση (*-εις*); **≈reich** ισχυρός
einförmig ομοιόμορφος; **≈keit** *f* ομοιομορφία; μονοτονία
ein|frieren* *v/t* (κατα)ψύχω; παγώνω; *v/i* (*sn*) παγώνω; **≈frieren** *n* πάγωμα *n*; **~fügen** παρεμβάλλω, εντάσσω; ***sich ~fügen*** *fig.* προσαρμόζομαι (***in*** *A*/σε); **≈fügung** *f* παρεμβολή
Einfuhr *f* εισαγωγή; **~-** εισαγωγικός; **~beschränkungen** *f/pl* περιορισμοί *m/pl* εισαγωγών
einführen εισάγω; *Methoden* εγκαινιάζω; λανσάρω; *Pers.* παρουσιάζω
Einfuhr|genehmigung *f* άδεια εισαγωγής; **~land** *n* χώρα εισαγωγής
Einführung *f* εισαγωγή (***in*** *A*/σε); εγκαινιασμός; λανσάρισμα *n*; **~sangebot** *n* εναρκτήρια προσφορά
Einfuhr|verbot *n* απαγόρευση (*-εις*) εισαγωγής; **~zoll** *m* εισαγωγικός δασμός
Eingabe *f EDV* εισαγωγή; **~gerät** *n* συσκευή εισαγωγής
Eingang *m* είσοδος *f*, έμπα (*0*) *n*; ***Eingänge*** (*Briefe usw.*) εισερχόμενα *n/pl*
Eingangs|datum *n* ημερομηνία εισόδου; **~stempel** *m* σφραγίδα εισόδου
eingeben* *v/t* εμπνέω; *EDV* εισάγω
eingebildet ξιπασμένος, φαντασμένος; *Kranker*: κατά φαντασίαν
eingeboren ιθαγενής 2
Eingebung *f* έμπνευση (*-εις*)
eingehen* (*sn*) *v/t Vertrag* συνάπτω; *v/i Brief*: εισέρχομαι; (*einwilligen*) συναινώ (***auf*** *A*/με); (*welken, a. fig.*) μαραίνομαι; **~d** *fig.* λεπτομερειακός
Eingemachte(s) γλυκό; τουρσί
eingenommen προδιατεθειμένος
eingesalzen παστός
einge|schränkt περιορισμένος; **~schrieben** *Brief*: συστημένος
Einge|ständnis (*-ses; -se*) *n* ομολογία; **≈stehen*** *v/t* ομολογώ; **≈stellt** *s.* ***einstellen***; (*gesinnt*) διατεθειμένος
Eingeweide *pl* εντόσθια *n/pl*, σωθικά *n/pl*
Eingeweihte(r) (με)μυημένος
einge|wöhnen: ***sich ~wöhnen in*** *A* εγκλιματίζομαι, συνηθίζω με *od.* σε; **~wurzelt** ριζωμένος
eingießen* (εγ)χύνω (σε), ρίχνω
eingleisig με μία γραμμή
eingliederln εντάσσω (***in*** *A*/σε); *in die Gesellschaft* ενσωματώνω; **≈ung** *f* ένταξη (*-εις*); ενσωμάτωση (*-εις*)
eingraben* παραχώνω; θάβω
eingravieren εγχαράσσω
eingreifen* επεμβαίνω, παρεμβαίνω (***in*** *A*/σε); ≈ *n* επέμβαση (*-εις*)
Eingriff *m* επέμβαση (*-εις*) *a. Med.*, εγχείρηση (*-εις*); ***e-n ~ vornehmen bei*** *D* χειρουργώ *A*

Einhalt: e-r S. (*D*) ~ ***gebieten*** αναστέλλω *A*; θέτω τέρμα σε
einhalt|en *Gesetz, Zeitplan* τηρώ; *v/i* παύω; **≈ung** *f* τήρηση (-*εις*)
einhändig|en παραδίνω (***j-m etw.***/κτ σε κπ); **≈ung** *f* παράδοση (-*εις*)
einheften ράβω; ταξινομώ
einheimisch (ε)ντόπιος (-*α*, -*ο*); *S.*: εγχώριος (-*α*, -*ο*)
Einheit *f* μονάδα *a. mil.*; ενότητα; σύνολο; **≈lich** ενιαίος (-*α*, -*ο*)
einholen *v/t* (συμ)μαζεύω; *Fahne* υποστέλλω; (*j-n erreichen*) προφταίνω; *v/i* (*einkaufen*) κάνω ψώνια
einig σύμφωνος, μονιασμένος
einige *adj u. su* μερικοί; ***vor ~r Zeit*** πριν λίγο καιρό
einigen: *sich ~* συμφωνώ
einigermaßen κάπως; έτσι κ' έτσι
Einig|keit (*0*) *f* ομόνοια, ενότητα; **~ung** *f* ένωση (-*εις*); συνεννόηση (-*εις*); *im Arbeitsstreit* συνδιαλλαγή
einjährig μονοετής 2
ein|kassieren εισπράττω; **≈kauf** *m* αγορά; **≈käufe** *m/pl* ψώνια *n/pl*
einkaufen αγοράζω; ψωνίζω; ***~ gehen*** πάω να ψωνίσω
Einkaufs|bummel *m* βόλτα στην αγορά; **~preis** *m Hdl.* τιμή κόστους; **~zentrum** *n* εμπορικό κέντρο
ein|kerkern καταδικάζω σε κάθειρξη; **~klammern** βάζω σε παρένθεση
Einklang *m* αρμονία; ομοφωνία; ***in ~ bringen mit*** εναρμονίζω με
ein|kleben κολλώ (-*άς*) (σε); **~kleiden** ντύνω; **~klemmen** μαγγώνω
Einkommen *n* εισόδημα *n*; **≈sschwach** εισοδηματικά ασθενής 2; **~s·steuer** *f* φόρος εισοδήματος
einkreisen περικυκλώνω
Einkünfte *f/pl* εισοδήματα *n/pl*
einladen* φορτώνω (σε); *Gäste* καλώ (***j-n zu*** *D*/κπ σε); **~d** ελκυστικός
Einladung *f* πρόσκληση (-*εις*); **~sschreiben** *n* προσκλητήριο
Einlage *f* συνημμένο; κατάθεση (-*εις*)
einlager|n αποθηκεύω; **≈ung** *f* αποθήκευση (-*εις*)
Einlaß (-*sses*; *⁻sse*) *m* είσοδος *f*
einlassen* *v/t* επιτρέπω την είσοδο (*A*/σε κπ); *Wasser* βάζω
Einlauf *m Med.* κλύσμα *n*
einlaufen* (*sn*) εισέρχομαι; εισπλέω; *Stoff*: μπαίνω, στενεύω
ein|leben: *sich ~leben in A* εξοικειώνομαι με; **~legen** βάζω (σε); *Geld* καταθέτω; *Pause* κάνω, παρεμβάλλω
Einlegesohle *f* πάτος
einleit|en εισάγω; (*in Gang setzen*) βάζω μπρος, ξεκινώ (-*άς*); *Verhandlungen* αρχίζω; **≈ung** *f* εισαγωγή
einleucht|en: *es leuchtet ein* είναι ευνόητο *od.* σαφές; **~end** ευνόητος
einliefer|n παραδίνω; μεταφέρω; **≈ung** *f* παράδοση (-*εις*); μεταφορά
einlösen *Scheck* εξαργυρώνω; *Versprechen* πραγματοποιώ
einmachen κάνω γλυκό *bzw.* τουρσί
einmal μια φορά; (*irgendwann*) κάποτε; ***nicht ~*** ούτε (*od.* δεν) ... καν ...; ***auf ~*** μονομιάς, απότομα; ***es war ~*** μια φορά κι έναν καιρό
Einmal'eins (*0*) *n* προπαίδεια
einmalig ... εφ' άπαξ; *fig.* μοναδικός
Ein|marsch *m* εισβολή; **≈marschieren** (*sn*) εισβάλλω; **≈mauern** χτίζω
einmisch|en: *sich ~en in A* επεμβαίνω σε, ανακατεύομαι σε; **≈ung** *f* ανάμειξη (-*εις*), επέμβαση (-*εις*)
einmünden *Fluß*: χύνομαι, εκβάλλω (***in*** *A*/σε); *Straße*: συναντώ (-*άς*)
einmütig ομόφωνος
Einnahme *f* είσπραξη (-*εις*); *pl* **~n** έσοδα *n/pl*; *mil.* πάρσιμο (-*ατος*), άλωση (-*εις*); **~quelle** *f* πηγή εσόδων
einnehmen* παίρνω, λαμβάνω; *Stadt* καταλαμβάνω, παίρνω; (*Raum ausfüllen*) πιάνω; *Betrag* εισπράττω
einnicken (*sn*) με παίρνει (ένας) υπνάκος
Ein·öde *f* ερημιά
ein|ordnen κατατάσσω; ταξινομώ; ***sich ~ordnen*** συμμορφώνομαι; **≈ordnung** *f* κατάταξη (-*εις*), ταξινόμηση (-*εις*); **~packen** πακετάρω; **≈packen** *n* πακετάρισμα *n*
einpflanzen εμφυτεύω
einprägen αποτυπώνω (***in*** *A*/[πάνω] σε); εντυπώνω; ***sich*** (*D*) ***etw. ~*** τυπώνω κτ (καλά) στο μυαλό μου; **≈** *n* αποτύπωση (-*εις*)
einprogrammieren *EDV* συμπεριλαμβάνω στο πρόγραμμα
einquartieren παρέχω κατάλυμα *n* σε; ***sich ~*** καταλύω
ein|rahmen πλαισιώνω, κορνιζάρω;

~räumen *Möbel* τακτοποιώ; *Rechte usw.* παραχωρώ; (*eingestehen*) παραδέχομαι; **&räumung** *f* παραχώρηση (-εις); παραδοχή
einreden: *j-m etw.* ~ πείθω κπ για κτ; ***sich*** (*D*) ***etw.* ~** φαντάζομαι κτ (μόνο)
einreib|en* τρίβω; **&ung** *f* εντριβή
ein|reichen υποβάλλω; **&reichung** *f* υποβολή; **~reihen** κατατάσσω (**unter** *A*/μεταξύ *G*); ***sich ~reihen*** μπαίνω σε μια σειρά
Einreise *f* είσοδος *f* (*σε ξένη χώρα*); **~genehmigung** *f* άδεια εισόδου
einreisen (*sn*) μπαίνω (*σε ξένη χώρα*)
Einreisevisum *n* θεώρηση (-εις) εισόδου
einreißen* *v/t Zaun* κατεδαφίζω; ξεσκίζω; *v/i* (*sn*) (ξε)σκίζομαι
einricht|en τακτοποιώ; *Wohnung* επιπλώνω; (*regeln*) **es ~en** κανονίζω; ***sich ~en*** (*Haushalt*) στήνω νοικοκυριό; **&ung** *f* επίπλωση (-εις); ίδρυμα *n*; ίδρυση (-εις)
ein|rosten (*sn*) σκουριάζω; **~rücken** *v/i* (*sn*) εισβάλλω
eins ένα; *Note*: άριστα; ***eine & erhalten*** αριστεύω; *Uhrzeit*: μία
einsam έρημος; *Pers.* μόνος, μοναχικός; **&keit** (*0*) *f* μοναξιά
einsammeln μαζεύω
Einsatz *m* (*Teil*) παρεμβολή; *Spiel*: μίζα; *v. Kräften*: κινητοποίηση (-εις); δραστηριότητα (**für** *A*/για); (*Verwendung*) χρησιμοποίηση; ***unter ~ meines Lebens*** ριψοκινδυνεύοντας τη ζωή μου
ein|saugen αναρροφώ (*Su* αναρρόφηση); **~schalten** *Licht* ανάβω; (*einfügen*) παρεμβάλλω; ***sich ~schalten*** παρεμβαίνω (***in*** *A*/σε); **&schaltquote** *f* ακροαματικότητα
einschätzen εκτιμώ (-άς)
Einschätzung *f* εκτίμηση (-εις)
ein|schenken *Wein usw.* βάζω, κερνώ (-άς); **~schicken** στέλνω; **~schieben*** παρεμβάλλω; **~schiffen** *v/t* μπαρκάρω; **&schiffung** *f* μπαρκάρισμα *n*; **~schlafen*** (*sn*) αποκοιμιέμαι; *Glied*: μουδιάζω; **~schläfern** (απο)κοιμίζω; ναρκώνω
Einschlag *m* σημείο πτώσεως
einschlagen* *v/t Nagel* μπήγω; σπάζω; *Weg* παίρνω; (*einwickeln*) (περι-)τυλίγω; *v/i Blitz*: πέφτω
einschlägig σχετικός
ein|schleichen*: *sich ~schleichen* F τρυπώνω; **~schließen*** κλείνω; (*umzingeln*) περικυκλώνω; (*umfassen*) περιλαμβάνω; **~schließlich** συμπεριλαμβανομένου (*G*/*G*)
ein|schmelzen* λιώνω; **~schmieren** αλείφω; ***sich ~schmieren*** μουντζουρώνομαι; **~schnappen** (*sn*) *Tech.* πιάνω; *fig.* ***~geschnappt sein*** παρεξηγιέμαι; **~schneidend** *fig.* ριζοσπαστικός
Einschnitt *m* τομή, εγκοπή
einschränken περιορίζω; μετριάζω; ***sich ~*** περιορίζομαι οικονομικά; **~d** περιοριστικός
Einschränkung *f* περιορισμός
Einschreibe|brief *m* συστημένο γράμμα *n*; **&n*** εγγράφω; ***sich &n*** (εγ)γράφομαι; **~n** *n* συστημένο
ein|schreiten* (*sn*) επεμβαίνω; **~schrumpfen** (*sn*) συρρικνώνομαι
einschüchter|n φοβερίζω, εκφοβίζω; **&ung** *f* εκφοβισμός, φοβέρα
einschulen (εγ)γράφω (μαθητή)
einsehen* (*begreifen*) εννοώ, κατανοώ; *Irrtum* αναγνωρίζω; **es ~** το παραδέχομαι; (*prüfen*) επιθεωρώ
einseifen σαπουνίζω
einseitig *a. fig.* μονόπλευρος, μονομερής 2; **&keit** *f* μονομέρεια
einsenden* στέλνω
einsetzen *v/t* βάζω μέσα; ενθέτω; *Anzeige* καταχωρώ; *Geldmittel* διαθέτω; *jur.* εγκαθιστώ (-άς) (*A* **zu** *D*/*A* – *A*); *in ein Amt* διορίζω; *v/i Regen* αρχίζω; ***sich ~ für*** *A* τάσσομαι υπέρ *G*
Einsetzung *f* εγκατάσταση (-εις)
Einsicht *f* κατανόηση, σύνεση; *fig.* ***zur ~ bringen*** συνετίζω; **&ig** συνετός
Einsied|e'lei *f* ερημιτήριο; **~ler** *m* ερημίτης, αναχωρητής
einsilbig μονοσύλλαβος; λιγόλογος
einsinken* (*sn*) βυθίζομαι; βουλιάζω
einsortieren ταξινομώ
ein|sparen *Energie* εξοικονομώ; *Arbeitsplätze* καταργώ; **&sparung** *f* εξοικονόμηση *G*; **~sperren** *j-n allg.* κλειδώνω; *in ein Gefängnis* φυλακίζω, κλείνω μέσα; **&sperrung** *f* φυλάκιση (-εις)
einspielen: *sich ~* πάω πρίμα
einspringen* (*sn*) αντικαθιστώ (-άς) (**für *j-n***/κπ)

einspritzen εγχέω, χύνω μέσα
Einspruch *m jur.* ένσταση (*-εις*); ~ **erheben** *jur.* υποβάλλω ένσταση (**gegen** *A*/εναντίον *G*); διαφωνώ
einst άλλοτε, το πάλαι ποτέ
ein|stecken (*in die Tasche stecken*) βάζω στην τσέπη; **~steigen*** (*sn*) ανεβαίνω
einstellen *v/t* (*regulieren*) κανονίζω, ρυθμίζω; *Mitarbeiter* προσλαμβάνω, διορίζω, παίρνω; (*abschaffen*) καταργώ; (*beenden*) *Arbeit* παύω; *Zahlungen* αναστέλλω; **sich ~ auf** *A* προετοιμάζομαι για
Einstellung *f v. Personal* πρόσληψη (*-εις*); *v. Zahlungen* αναστολή; (*Anschauung*) *a. pol.* φρόνημα *n*; **~s·gespräch** *n* συνομιλία πρόσληψης
Einstieg (*-ęs; -e*) *m* είσοδος *f*
einstimmig ομόφωνος; *Adv* παμψηφεί; **≗keit** (*0*) *f* ομοφωνία
einstöckig μονόπατος, μονώροφος
einstuf|en διαβαθμίζω; *j-n* **niedriger ~en** υποβιβάζω; **≗ung** *f* διαβάθμιση (*-εις*)
Einsturz *m* κατάρρευση (*-εις*)
einstürzen (*sn*) *Haus*: καταρρέω, γκρεμίζομαι; *Mauer*: πέφτω
einstweilig προσωρινός; **~e Verfügung** προσωρινά μέτρα *n/pl*
eintägig μονοήμερος
Eintags- εφήμερος, ημερήσιος
eintauchen *v/t* βυθίζω, βουτώ (*-άς*); **≗** *n* βούτηγμα *n*, βουτιά
Eintausch *m* ανταλλαγή; **≗en** ανταλλάσσω
einteil|en διαιρώ; κατανέμω; ταξινομώ; **≗ung** *f* ταξινόμηση (*-εις*); κατανομή
eintönig μονότονος, πληκτικός
Eintracht (*0*) *f* ομόνοια, αρμονία
einträchtig μονοιασμένος
Eintrag (*-ęs; ¨e*) *m* εγγραφή
eintragen* εγγράφω, αναγράφω; *z. B. unter e-m Datum* καταχωρίζω; **sich ~** (**lassen**) (εγ)γράφομαι
einträglich προσοδοφόρος (*-a, -o*)
Eintragung *f* εγγραφή; καταχώριση
eintreffen* (*sn*) φτάνω (**in** *D*/σε); *Voraussagen usw.*: αληθεύω; **≗** *n* άφιξη (*-εις*); προσέλευση (*-εις*)
eintreiben* εισπράττω; *Vieh* μαζεύω
eintreten* (*sn*) μπαίνω, εισέρχομαι (**in** *A*/σε); (*geschehen*) συμβαίνω; ***treten Sie bitte ein!*** περάστε!
Eintritt *m* είσοδος *f*; ερχομός
Eintritts|karte *f* εισιτήριο; **~preis** *m* τιμή εισιτηρίου
ein·üben εξασκώ (**j-n in** *D*/κπ σε)
ein- und ausgehen* μπαινοβγαίνω
Ein- und Ausladen *n* φορτοεκφόρτωση (*-εις*)
einverleib|en προσαρτώ (*-άς*), ενσωματώνω; **≗ung** *f* προσάρτηση (*-εις*); ενσωμάτωση (*-εις*)
Einvernehmen *n* σύμπνοια
einverstanden σύμφωνος; **~!** σύμφωνοι!; ~ **sein mit** *D* συμφωνώ με
Einverständnis (*-ses; -se*) *n* συμφωνία
Einwand (*-ęs; ¨e*) *m* αντίρρηση (*-εις*)
Einwander|er *m* μετανάστης; **≗n** (*sn*) μεταναστεύω; **~ung** *f* μετανάστευση (*-εις*); **~ungs·land** *n* μεταναστευτική χώρα
einwandfrei άψογος; τέλειος
ein|wechseln ανταλλάσσω; **~weichen** *Wäsche* μουλιάζω; **~weihen** εγκαινιάζω; μυώ (**in** *A*/σε); **≗weihung** *f* εγκαίνια *n/pl*; μύηση (*-εις*)
einweis|en* κατατοπίζω (**in** *A*/σε); **≗ung** *f* κατατόπιση (*-εις*) (**in** *A*/σε)
einwenden* αντιτείνω
einwickel|n (περι)τυλίγω; **≗papier** *n* χαρτί περιτυλίγματος
einwillig|en συγκατανεύω, συναινώ (**in** *A*/σε); **≗ung** *f* συγκατάθεση (*-εις*), συναίνεση (*-εις*)
einwirk|en επιδρώ (*-άς*); **≗ung** *f* επενέργεια, επίδραση (*-εις*)
Einwohner *m* κάτοικος; **~'meldeamt** *n etwa*: δημοτολόγιο
Einzahl *f Gr.* ενικός (αριθμός)
einzahl|en καταθέτω, πληρώνω; **≗ung** *f* κατάθεση (*-εις*), πληρωμή; **≗ungs·beleg** *m* απόδειξη πληρωμής
einzäunen φράζω, περιφράσσω
Einzel|- ατομικός; (*getrennt*) (ξε)χωριστός; μονο-; **~bett** *n* μονό κρεβάτι; **~fall** *m* μοναδική περίπτωση (*-εις*); **~haft** *f* απομόνωση (*-εις*)
Einzelhandel *m* λιανικό εμπόριο; **~s·preis** *m* λιανική τιμή
Einzelhändler *m* μικρέμπορος
Einzelheit *f* λεπτομέρεια
einzeln *Adv* (ξε)χωριστά; *Adj* μεμονωμένος; **~e** *pl* μερικοί *pl*
Einzelzimmer *n* μονόκλινο δωμάτιο

einziehen* *v/t* επιστρατεύω; *Steuern* εισπράττω; *Anker* σηκώνω; *Segel* μαζεύω; *v/i* (*sn*) *in e-e Wohnung* μπαίνω, *K* εγκαθίσταμαι
einzig μόνος, μοναδικός; **~artig** μοναδικός; **~artigkeit** *f* μοναδικότητα
Einzug *m* είσοδος *f*, εγκατάσταση
Eis (*-es*; *0*) *n* πάγος; (*Speise~*) παγωτό
Eis|bahn *f* παγοδρόμιο; **~bär** *m* πολική αρκούδα; **~berg** *m* παγόβουνο; **~brecher** *m* παγοθραυστικό; **~café** *n* καφετερία; **~diele** *f* παγωτατζίδικο
Eisen *n* σίδερο, *K* σίδηρος
Eisenbahn *f* σιδηρόδρομος; ***mit der ~*** σιδηροδρομικώς; **~er** *m* σιδηροδρομικός; **~verbindung** *f* σιδηροδρομική συγκοινωνία; **~wagen** *m* βαγόνι
Eisen|beton *m* σιδερομπετόν (*0*); **~erz** *n* σιδηρομετάλλευμα *n*; **~haltig** σιδηρούχος (*-a, -o*); **~industrie** *f* σιδηρουργία; **~waren** *pl* σιδερικά *n/pl*; **~warenhändler** *m* σιδεράς (*-άδες*); **~zeit** (*0*) *f* εποχή (του) σιδήρου
eisern σιδερένιος (*-a, -o*)
eisgekühlt παγωμένος
eisig (*a. fig.*) παγερός; ***~e Kälte*** πολικό ψύχος, φαρμάκι
Eiskaffee *m etwa*: παγωτό με φραπέ
Eis|kunstlauf *m* καλλιτεχνική παγοδρομία; **~lauf** *m* παγοδρομία, πατινάζ (*0*) *n*; **~schrank** *m* ψυγείο; **~vogel** *m* αλκυόνα; **~würfel** *m* παγάκι; **~zeit** *f* εποχή των παγετώνων
eitel ματαιόδοξος; φιλάρεσκος; **~keit** *f* ματαιοδοξία; φιλαρέσκεια
Eiter (*-s*; *0*) *m* πύο(ν); **~beule** *f* απόστημα *n*; **~fluß** *m* πυόρροια
eitern βγάζω πύο(ν), πυορροώ
Eiweiß (*-es*; *-e*) *n* ασπράδι (του αβγού); *Biol.* λεύκωμα *n*
Ejakul|a'tion *f* εκσπερμάτωση (*-εις*); **~ieren** [-'li:-] εκσπερματώνω
Ekel¹ (*-s*; *0*) *m* σιχασιά, αηδία
Ekel² *n* σιχαμένος άνθρωπος; **~haft** σιχαμερός, αηδιαστικός; **~n: *es ekelt mich* od. *sich ~n*** σιχαίνομαι
Ekzem [-'tse:m] (*-s*; *-e*) *n* έκζεμα *n*
e'lasti|sch *a. fig.* ελαστικός; **~zi'tät** (*0*) *f* ελαστικότητα
Ele'fant (*-en*) *m* ελέφαντας
ele'gan|t κομψός; **~z** (*0*) *f* κομψότητα
elektrifi'zier|en εξηλεκτρίζω; **~ung** (*0*) *f* εξηλεκτρισμός
E'lektriker *m* ηλεκτρολόγος
e'lektrisch ηλεκτρικός; ***~er Schlag*** ηλεκτροπληξία
Elektrizi'tät (*0*) *f* ηλεκτρισμός; **~s·gesellschaft** *f* ηλεκτρική εταιρεία; **~s·werk** *n* ηλεκτρικός σταθμός
Elek'trode *f* ηλεκτρόδιο
E'lektro|gerät *n* ηλεκτρική συσκευή; **~geschäft** *n* κατάστημα ηλεκτρικών ειδών; **~kardiogramm** *n* ηλεκτροκαρδιογράφημα *n*; **~magnet** *m* ηλεκτρομαγνήτης; **~motor** *m* ηλεκτρομηχανή
E'lektron (*-s*; *-'tronen*) *n* ηλεκτρόνιο
Elek'tronen|gehirn *n* ηλεκτρονικός εγκέφαλος; **~rechner** *m* ηλεκτρονική αριθμομηχανή
Elek'tro|nik (*0*) *f* ηλεκτρονική; **~nisch** ηλεκτρονικός; ***~nische Datenverarbeitung*** *f* ηλεκτρονική μηχανογράφηση (*-εις*)
E'lektro|schweißer *m* ηλεκτροκολλητής; **~technik** (*0*) *f* ηλεκτροτεχνία
Ele'ment (*-s*; *-e*) *n allg. a. Chem.* στοιχείο; (*Bestandteil*) συστατικό
elemen'tar στοιχειώδης 2
elend¹ άθλιος (*-a, -o*), ελεεινός
Elend² (*-ęs*; *0*) *n* αθλιότητα
elf έντεκα, ένδεκα; **~** (*0*) *f* ενδεκάδα
Elfenbein *n* φίλντισι, ελεφαντοστό
elfte(r) ενδέκατος
elimi'nieren εξαλείφω; εξοντώνω
E'lite *f* (*das Beste*) άνθος *n*
Ellbogen *m* αγκώνας
El'lip|se *f* έλλειψη (*-εις*); **~tisch** ελλειπτικός
Elster (*-*; *-n*) *f* κίσσα
elter|lich γονικός; **~n** *pl* γονείς *m/pl*
Email [e'maɪ] (*-s*; *-s*) *n* σμάλτο
Emanzip|a'tion *f* χειραφέτηση (*-εις*); **~'ieren** χειραφετώ; **~iert** χειραφετημένος
Em'bargo (*-s*; *-s*) *n* οικονομικός αποκλεισμός; εμπάργκο (*0*)
Embo'lie *f* εμβολή
Embryo (*-s*; *-s od. -'onen*) *m* έμβρυο
Emi'gr|ant (*-en*) *m* μέτοικος, μετανάστης; **~a'tion** *f* μετανάστευση (*-εις*); **~ieren** (*sn*) μεταναστεύω
Emi'ssion *f* έκλυση (*-εις*); **~s·werte** *m/pl* αξίες *f/pl* έκλυσης
Emo'tion *f* συγκίνηση (*-εις*)

em'pfahl *s.* ***empfehlen***
Em'pfang (*-ẹs; ⸗e*) *m* υποδοχή; (*Entgegennahme*) παραλαβή; *Rdf.* λήψη (*-εις*); *a. offiziell* δεξίωση (*-εις*); ***in ~ nehmen*** παραλαμβάνω
em'pfangen* δέχομαι; υποδέχομαι; *Brief* παίρνω; *Waren* παραλαμβάνω; *Fernsehen usw.* πιάνω; ***~ werden*** γίνομαι δεκτός
Em'pfänger *m* παραλήπτης; αποδέκτης; (*Radio*⚬, *Fernseh*⚬) δέκτης
Em'pfängnis (*-; -se*) *f Biol.* σύλληψη (*-εις*); ⚬**verhütend** αντισυλληπτικός; ⚬***verhütendes Mittel*** αντισυλληπτικό
Em'pfangsbestätigung *f* βεβαίωση (*-εις*) παραλαβής
em'pfehlen* συνιστώ (*-άς*), συσταίνω (***j-m etw.***/κτ σε κπ); ***es empfiehlt sich*** ενδείκνυται
Em'pfehlung *f* σύσταση (*-εις*); **~s·schreiben** *n* συστατική επιστολή
em'pfind|en* αισθάνομαι, νιώθω; **~lich** ευπαθής 2 *a. Tech.*; ευαίσθητος; (*sensibel, Pers.*) εύθικτος; ⚬**lichkeit** *f* ευπάθεια; ευαισθησία
em'pfindsam (συν)αισθηματικός; ⚬**keit** *f* (συν)αισθηματικότητα
Em'pfindung *f* αίσθημα *n*
em'pfohlen *s.* ***empfehlen***
em'pirisch εμπειρικός
em'pören *v/t* θυμώνω, αγανακτώ; ***sich ~*** επαναστατώ (***gegen*** *A*/κατά *G*); (***über*** *A*) εξοργίζομαι (με)
em'por|heben σηκώνω ψηλά; **~kommen** (*sn*) *fig.* ανέρχομαι; ⚬**kömmling** (*-s; -e*) *m* νεόπλουτος; τυχάρπαστος; **~steigen** (*sn*) ανηφορίζω; ανεβαίνω
em'pört εξοργισμένος
Em'pörung *f* αγανάκτηση; οργή
emsig φιλόπονος, προκομμένος
End- *allg.* τελικός; ληκτικός
Endbetrag *m* σούμα, άθροισμα *n*
Ende (*-s; -n*) *n* (*Schluß*) τέλος *n*; λήξη (*-εις*); πέρας *n*; (*Ziel*) τέρμα *n*; ***am ~*** στο τέλος; ***letzten ~s*** σε τελική ανάλυση; στο κάτω κάτω; ***zu ~ führen*** περατώνω, φέρνω σε πέρας; ***am ~ sein*** (*erschöpft sein*) αποσταίνω
Endeffekt: ***im ~*** σε τελική ανάλυση
enden *v/i allg.* τελειώνω, παύω; *Gr.* (***auf***) *z. B. e-n Konsonanten* λήγω (σε)
End|ergebnis *n* τελικό αποτέλεσμα; ⚬**gültig** τελειωτικός; οριστικός
endlager|n αποθηκεύω οριστικά; ⚬**ung** *f* οριστική αποθήκευση
end|lich επιτέλους, πια; **~los** απέραντος, ατελείωτος
End|produkt *n* τελικό προϊόν; **~station** *f* τέρμα *n*
Endung *f Gr.* κατάληξη (*-εις*)
Endverbraucher *m* τελικός καταναλωτής
Ener'gie *f* ενέργεια; ⚬**bewußt** φειδωλός στη χρήση ενέργειας; ⚬**los** αδρανής 2; **~problem** *n* ενεργειακό πρόβλημα; **~quelle** *f* ενεργειακή πηγή; **~verbrauch** *m* κατανάλωση ενέργειας; **~versorgung** *f* εφοδιασμός με ενέργεια; **~vorräte** *m/pl* ενεργειακά αποθέματα *n/pl*
e'nergisch ενεργητικός
eng *a. fig.* στενός; στενόχωρος; ***~er werden*** *od.* ***machen*** στενεύω
Engagement [ãˑgaːʒ'mãː] (*-s; -s*) *n* δέσμευση (*-εις*); *Thea.* συμβόλαιο; ενθουσιασμός
engagier|en [ãˑga'ʒiːrən] *v/t Künstler* προσλαμβάνω; **~t** στρατευμένος; ***sich ~en*** δουλεύω με ενθουσιασμό
Enge *f* στενότητα
Engel *m* άγγελος; ⚬**haft** αγγελικός
Engpaß *m* κλεισούρα; στενότητα
engstirnig στενοκέφαλος
Enkel *m* εγγονός; **~in** *f* εγγονή; **~kind** *n* εγγόνι
e'norm υπέρογκος
Ensemble [ãˑ'sãːbl] (*-s; -s*) *n Thea.* θίασος
ent'art|en (*sn*) εκφυλίζομαι; ***~et*** εκφυλισμένος; ⚬**ung** *f* εκφυλισμός
ent'behr|en στερούμαι; **~lich** περιττός, μη αναγκαίος; ⚬**ung** *f* στέρηση (*-εις*)
ent'binden* αποδεσμεύω (***j-n von*** *D*/ κπ από); *e-e Frau* (την) ξεγεννώ; *v/i Frau:* γεννώ
Ent'bindung *f* τοκετός, γέννα; **~s·station** *f* μαιευτήριο
ent'blöß|en (ξε)γυμνώνω; **~t** γυμνός
ent'brennen* (*sn*) *v/i* ανάβω
ent'deck|en *Neues* βρίσκω; *Land* ανακαλύπτω; ⚬**er** *m* (πρώτος) εξερευνητής; ⚬**ung** *f* ανακάλυψη (*-εις*)
Ente *f* πάπια *a. Nachtgeschirr*, παπί
ent'ehr|en ατιμάζω; **~end** ατιμωτικός; ⚬**ung** *f* ατίμωση (*-εις*)

E

ent'eign|en απαλλοτριώνω; **≈ung** *f* απαλλοτρίωση (-*εις*)
ent'erben αποκληρώνω
ent'fachen ανάβω; προκαλώ
ent'fallen* (*sn*) *Name* διαφεύγω (***j-m***/*G*); (*wegfallen*) *jur.* αίρομαι
ent'falt|en ξεδιπλώνω; *a. fig.* αναπτύσσω; **≈ung** *f* ανάπτυξη (-*εις*)
ent'fernen *v/t* αφαιρώ; *j-n* απομακρύνω; *Fleck* βγάζω, εξαλείφω
ent'fernt *a. Verwandte* μακρινός; απομακρυσμένος; *Adv* μακριά
Ent'fernung *f* (*Distanz*) απόσταση (-*εις*); (*Wegnahme*) αφαίρεση (-*εις*); απομάκρυνση (-*εις*)
ent|'fesseln *fig.* αποχαλινώνω; **~'flammen** *v/i* (*sn*) παίρνω φωτιά; **~'fliehen*** (*sn*) δραπετεύω; **~'fremden** αποξενώνω; **≈'fremdung** *f* αποξένωση (-*εις*)
ent'führ|en *Menschen* απάγω; **≈er** *m* απαγωγέας; **≈ung** *f* απαγωγή
ent'gegen εναντίον (*D*/*G*); **~arbeiten** κωλυσιεργώ (*D*/*A*); **~bringen*** ***j-m*** *Achtung* περιβάλλω κπ με; **~gesetzt** αντίθετος; **~halten*** αντιτείνω (*D*/σε)
ent'gegen|kommen* (*sn*) έρχομαι σε προϋπάντηση; *fig.* (***j-m***) υποχωρώ (σε κπ), διευκολύνω (κπ); **≈kommen** *n* προϋπάντηση (-*εις*); διευκόλυνση (-*εις*); **~kommend** υποχρεωτικός
Ent'gegen|nahme *f* παραλαβή; **≈nehmen*** παραλαμβάνω, δέχομαι; **≈setzen** αντιτάσσω (*D*/σε); **≈stehen*** αντίκειμαι (*D*/σε)
ent'gegenstellen αντιτάσσω
ent'gegen|treten* (*sn*) αντιμετωπίζω (*D*/*A*); **~wirken** αντενεργώ
ent'gegnen (αντ)απαντώ (-*άς*)
ent'gehen* (*sn*) διαφεύγω (*D*/*A*)
Ent'gelt (-*ℯs*; *0*) *n* αντάλλαγμα *n*; **≈en*** ανταμείβω (***j-m etw.***/κπ για)
ent|'gleisen (*sn*) εκτροχιάζομαι; *fig.* παραστρατώ; **≈'gleisung** *f* εκτροχιασμός; *fig.* παραστράτημα *n*; **~'gleiten*** (*sn*) ξεφεύγω (*D*/*G*, από)
ent'haar|en αποτριχώνω, (απο)ψιλώνω; **≈ung** *f* αποτρίχωση (-*εις*); **≈ungs·mittel** *n* αποτριχωτικό
ent'halten* *v/t* περιέχω, περικλείω; *Buch*: περιλαμβάνω; ***sich e-r S.*** (*G*) **~** απέχω *G od.* από
ent'haltsam εγκρατής 2; **≈keit** (*0*) *f* εγκράτεια
ent'haupten αποκεφαλίζω
ent'hüll|en αποκαλύπτω; **≈ung** *f* αποκάλυψη (-*εις*) (**über** *A*/για)
enthusiastisch ενθουσιαστικός
ent|'keimen αποστειρώνω; **~'kleiden** γδύνω, ξεντύνω
ent'kommen* (*sn*) διαφεύγω
ent'kräft|en *v/t* εξασθενίζω; **≈ung** *f* εξασθένηση (-*εις*)
ent'laden* *Wagen* ξεφορτώνω, *a. El.* εκφορτώνω; *El. u. Waffe* εκκενώνω
Ent'ladung *f* ξεφόρτωμα *n*; *El.* εκφόρτιση (-*εις*); εκκένωση (-*εις*)
ent'lang *Präp. A* κατά μήκος *G*
ent'larv|en *v/t* ξεμασκάρω; **≈ung** *f* ξεμασκαρωμα *n*
ent'lassen* απολύω; αποφυλακίζω
Ent'lassung *f* απόλυση (-*εις*); *mil.* αποστράτευση (-*εις*)
Ent'lassungsschein *m* απολυτήριο; εξιτήριο
ent'last|en ξεφορτώνω (***j-n***/κπ), ανακουφίζω; *Angeklagten* μαρτυρώ υπέρ *G*; **≈ung** *f* ανακούφιση; *Verkehr*: αποσυμφόρηση (-*εις*); *jur.* απαλλαγή; **≈ungs·zeuge** *m* μάρτυρας υπερασπίσεως
ent'laufen* (*sn*) δραπετεύω
ent'leer|en εκκενώνω; **≈ung** *f* εκκένωση (-*εις*); *Med.* κένωση (-*εις*)
ent'legen απόκεντρος
ent'lehnen δανείζομαι
ent|'locken αποσπώ (-*άς*) (***j-m etw.***/κτ από κπ); **~'lohnen** αμείβω; **≈'lohnung** *f* αμοιβή; **~'lüften** (εξ)αερίζω; **~'machten** αφαιρώ την εξουσία από
entmilitari'sier|en αποστρατικοποιώ; **≈ung** *f* αποστρατικοποίηση (-*εις*)
ent'mündig|en θέτω υπό κηδεμονία; **≈ung** *f* κηδεμόνευση (-*εις*)
ent'mutig|en αποθαρρύνω; **~end** αποθαρρυντικός; **≈ung** *f* αποθάρρυνση
Ent'nahme *f* λήψη (-*εις*); παραλαβή; αφαίρεση (-*εις*)
ent'nehmen* *Waren* παίρνω, τραβώ (-*άς*) (*D*/από); συμπεραίνω
ent'nerven εκνευρίζω
ent'rahmt αποβουτυρωμένος
ent|'rätseln ξεδιαλύνω; **~'rechten** στερώ των δικαιωμάτων
ent'rüst|en: ***sich ~en über*** *A* αγανακτώ με; **≈ung** *f* αγανάκτηση

ent'saft|en αποχυμώνω, ξεζουμίζω; **2er** *m* αποχυμωτής
ent'salzen ξαρμυρίζω
ent'schädig|en αποζημιώνω; **2ung** *f* αποζημίωση (-*εις*)
ent'schärfen αμβλύνω; εξουδετερώνω
Ent'scheid (-*ϵs*; -*e*) *m* απόφαση (-*εις*); **2en*** αποφασίζω; *Schicksal*: κρίνω; ***sich* 2*en*** αποφασίζω; **2end** αποφασιστικός; **~ung** *f* απόφαση (-*εις*)
ent'schieden κατηγορηματικός, έντονος; **2heit** (*0*) *f* αποφασιστικότητα
ent|'schließen*: ***sich ~schließen*** αποφασίζω (**zu** *D*/*A*; να ...); **~'schlossen** αποφασισμένος
Ent'schlossenheit (*0*) *f* αποφασιστικότητα
Ent'schluß (-*sses*; **-*sse*) *m* απόφαση (-*εις*); ***e-n ~ fassen*** παίρνω απόφαση
ent'schlüsseln αποκρυπτογραφώ
ent'schuld|igen συγχωρώ; ***~igen Sie bitte!*** με συγχωρείτε; ***sich ~igen*** ζητώ συγνώμη; **2igung** *f* συγνώμη
ent'senden* αποστέλλω
ent'setz|en τρομάζω; ***sich ~en*** *od.* ***~t sein*** κατατρομάζω; **2en** *n* τρόμος, φρίκη; **~lich** τρομακτικός, φριχτός; **~t** τρομαγμένος
ent'sinnen*: ***sich ~*** *G* θυμάμαι *A*
entsorg|en *Müll* εξουδετερώνω; **2ung** *f* εξουδετέρωση (απορριμάτων)
ent'spann|en (*lockern*) ξετεντώνω; ***sich ~en*** χαλαρώνω; **~t** χαλαρωμένος; **2ung** *f* χαλάρωση; ύφεση
ent'sprech|en* (*D*) ανταποκρίνομαι (σε), αντιστοιχώ, αναλογώ (προς); **~end** αντίστοιχος, ανάλογος (*D*/με, προς); *Präp D* αναλόγως προς, σύμφωνα με; **2ung** *f* αντιστοιχία
ent'steh|en* (*sn*) γεννιέμαι, γίνομαι; προκαλούμαι; **2ung** *f* γένεση
ent'stell|en *a. Worte* παραμορφώνω, (δια)στρεβλώνω; ασχημαίνω; **~end** παραποιητικός; **~t** παραμορφωμένος; **2ung** *f* παραμόρφωση (-*εις*)
ent'strömen (*sn*) εκρέω; διαρρέω
ent'täusch|en απογοητεύω; **~end** απογοητευτικός; **2ung** *f* απογοήτευση (-*εις*)
ent'waffn|en αφοπλίζω; ξαρματώνω; **2ung** *f* αφοπλισμός
ent'wässer|n αφυδατώνω; *Land* αποξηραίνω; **2ung** *f* αποξήρανση (-*εις*)
entweder: ~ ... *oder* ή ... ή, είτε ... είτε
ent|'weichen* (*sn*) διαφεύγω; **~'wenden** υπεξαιρώ, κλέβω
ent'werfen* σχεδιάζω; *Plan* καταστρώνω; **2** *n* σχεδιασμός
ent'wert|en *v*/*t* υποτιμώ (-*άς*); ακυρώνω; **2ung** *f* υποτίμηση (-*εις*)
ent'wick|eln αναπτύσσω; εξελίσσω; *Foto* εμφανίζω; **2lung** *f* ανάπτυξη; εξέλιξη (-*εις*); *Fot.* εμφάνιση (-*εις*)
Ent'wicklungs|helfer *m* σύμβουλος σε αναπτυσσόμενη χώρα; **~hilfe** *f* αναπτυξιακή βοήθεια; **~land** *n* χώρα υπό ανάπτυξη; **~politik** *f* αναπτυξιακή πολιτική
ent|'wirren ξεμπερδεύω; **~'wischen** (*sn*) το σκάζω (**aus** *D*/από); **~'wöhnen** *Kind* αποθηλάζω; ξεσυνηθίζω; **~'würdigen** εξευτελίζω
Ent'wurf *m* σχέδιο; προμελέτη
ent'wurzel|n ξεριζώνω; **2ung** *f* ξερρίζωμα *n*
ent'zieh|en* αφαιρώ (***j-m etw.***/κτ από κπ); **2ung** *f* αφαίρεση (-*εις*); *Drogen*: αποτοξίνωση (-*εις*); **2ungsheim** *n* αποτοξινωτικό κέντρο
ent'ziffer|n αποκρυπτογραφώ; **2ung** *f* αποκρυπτογράφηση (-*εις*)
ent'zück|end γοητευτικός; **~t** καταγοητευμένος
ent'zünd|en ανάβω, αναφλέγω; **2ung** *f* ανάφλεξη (-*εις*); *Med.* φλεγμονή
Enzyklo|pä'die *f* εγκυκλοπαίδεια; **2'pädisch** εγκυκλοπαιδικός
Epi|de'mie *f* επιδημία; **2'demisch** επιδημικός; **~'gramm** (-*s*; -*e*) *n* επίγραμμα *n*
Epik (*0*) *f* επική ποίηση
Epi|le'psie *f* επιληψία; **2'leptisch** επιληπτικός; **~'log** (-*s*; -*e*) *m* επίλογος
Epi'sod|e *f* επεισόδιο; **2isch** επεισοδιακός
Epoche [eˈpɔxə] *f* εποχή
er [ˀeːʀ] αυτός; εκείνος
er'achten κρίνω (***als*** *A*/*A*); ***meines* 2*s*** κατ' εμέ
er'arbeiten *v*/*t* (το) αποκτώ εργαζόμενος
Erbanlage *f* κληρονομική ιδιότητα
er'barm|en: *sich j-s* (*G*) ***~en*** (ευ-)σπλαγχνίζομαι κπ; ***Herr, ~e Dich!*** Κύριε ελέησον!; **2en** *n* ευσπλαγχνία; οίκτος

E

E

er'bärmlich άθλιος; αξιολύπητος
er'barmungslos ανελέητος
er'bau|en ιδρύω; *fig.* καλοκαρδίζω; **≗er** *m* ιδρυτής; **~lich** ηθοπλαστικός
Erbe 1. *m* (*-n*) κληρονόμος; **2.** *n* (*-s; 0*) *a. fig.* κληρονομιά, *a.* -ία; **≗n** κληρονομώ (***von** D*/από)
er'beuten αρπάζω
er'bitter|n πικραίνω; εξαγριώνω; **~t** *Kampf*: άγριος (*-α, -ο*)
Erbkrankheit *f* κληρονομική αρρώστια
er'blassen, er'bleichen χλωμιάζω
erblich κληρονομικός; **≗keit** (*0*) *f* κληρονομικότητα
er|'blicken βλέπω; ανακαλύπτω; **~'blinden** (*sn*) τυφλώνομαι
er'brechen*: ***sich ~*** κάνω εμετό; V ξερνώ (*-άς*); **≗** *n* εμετός
Erbschaft *f* κληρονομιά, *a.* -ία
Erbschafts|- κληρονομικός; **~steuer** *f* φόρος κληρονομίας
Erbse *f* μπιζέλι; αρακάς
Erbteil *n* μοίρα, κλήρος
Erdarbeiten *f/pl* χωματουργικά έργα *n/pl*
Erdbeben *n* σεισμός; **~opfer** *n* σεισμόπληκτος; **≗sicher** αντισεισμικός
Erd|beere *f* φράουλα; **~boden** *m* έδαφος *n*; χώμα *n*
Erde *f* γη; (*Land*) γαία; (*Boden, Staub*) χώμα *n*; ***auf der*** *od.* ***die ~*** καταγής
erden *El.* γειώνω
Erd|erschütterung *f* δόνηση (*-εις*); **~gas** *n* φυσικό αέριο; **~geschoß** *n* ισόγειο; **~halbkugel** *f* ημισφαίριο
er'dicht|en επινοώ; **~et** επινοημένος
Erd|karte *f* γεωγραφικός χάρτης; **~klumpen** *m* (σ)βόλος; **~kruste** *f* φλοιός; **~kugel** *f* υδρόγειος *f*; **~kunde** *f* γεωγραφία; **~nuß** *f* φιστίκι
Erdöl *n* πετρέλαιο; *s. a. Öl*; **≗haltig** πετρελαιοφόρος; (*-α, -ο*); **~industrie** *f* βιομηχανία πετρελαίου; **~leitung** *f* πετρελαιαγωγός; **≗produzierend: *≗produzierende Länder*** πετρελαιοπαραγωγές χώρες
Erdreich (*-es; 0*) *n* χώμα *n*
er|'drosseln στραγγαλίζω; **~'drücken** πνίγω; **~'drückend** συντριπτικός
Erd|rutsch *m* κατολίσθηση (*-εις*); **~stoß** *m* σεισμική δόνηση (*-εις*); **~teil** *m* ήπειρος *f*

er'dulden *Qualen* υποφέρω
er'eign|en: *sich ~en* συμβαίνω, γίνομαι; **≗is** (*-ses; -se*) *n* συμβάν (*-άντος*) *n*, γεγονός *n*, περιστατικό
Erek'tion *f* στύση (*-εις*)
er'fahr|en¹* *v/t* μαθαίνω (***über** A*/για), πληροφορούμαι για; **~en²** *Adj* έμπειρος (***in** D*/σε); πεπειραμένος
Er'fahrung *f* πείρα; εμπειρία
er'fand *s.* ***erfinden***
er'fassen συλλαμβάνω; κατανοώ; *polizeilich*: σημειώνω; *EDV* κωδικοποιώ, συμπεριλαμβάνω
er'find|en* *etwas Neues* βρίσκω, εφευρίσκω, επινοώ; **≗er** *m* εφευρέτης; **~erisch** επινοητικός; εφευρετικός
Er'findung *f* εφεύρεση (*-εις*); επινόημα *n*; (*Lüge*) κατασκεύασμα *n*
Er'folg (*-es; -e*) *m* επιτυχία; **≗en** (*sn*) επακολουθώ; συμβαίνω; γίνομαι; **≗los** αποτυχημένος; **~losigkeit** *f* αποτυχία; **≗reich** πετυχημένος
er'forderlich απαιτούμενος
er'fordern απαιτώ
er'forsch|en εξερευνώ (*-άς*); ερευνώ (*-άς*); **≗er** *m* (εξ)ερευνητής; **≗ung** *f* εξερεύνηση (*-εις*); έρευνα
er'freu|en *v/t* χαροποιώ, ευφραίνω; **~lich** ευχάριστος; ικανοποιητικός; **~t: *~t sein*** είμαι ευχαριστημένος (***über** A*/από *od.* για)
er'frier|en (*sn*) ξεπαγιάζω; παγώνω; **≗ung** *f* κρυοπάγημα *n*, ξεπάγιασμα *n*
er'frisch|en δροσίζω, φρεσκάρω; ***sich ~en*** δροσίζομαι; **~end** δροσιστικός; **≗ung** *f* αναψυκτικό
er'füllen *Versprechen* εκπληρώνω, εκτελώ; *Bedingung* πληρώ (*-οίς*)
Er'füllung *f* εκπλήρωση (*-εις*), εκτέλεση (*-εις*), πραγματοποίηση; ***in ~ gehen*** πραγματοποιούμαι
er'funden *s.* ***erfinden***; πλαστός
er'gänzen *v/t* συμπληρώνω; αναπληρώνω (***durch** A*/με); **~d** συμπληρωματικός
Er'gänzung *f* συμπλήρωση (*-εις*); **~s-** συμπληρωματικός
er'gattern F *Geld* το τσιμπώ (*-άς*); *Sachen usw.* οικονομώ (*-άς*)
er'geben¹* *v/t Gewinn* δίνω, αποφέρω; *beim Rechnen* ***ergibt, ergeben*** ίσον; ***sich ~ aus** D* συνάγομαι από; προκύπτω από; ***sich ~*** παραδίνομαι
er'geben² (*zugetan*) αφοσιωμένος;

υποταγμένος; **≈heit** *(0) f* αφοσίωση
Er'gebnis *(-ses; -se) n* αποτέλεσμα *n*; **≈los** ατελεσφόρητος
Er'gebung *f* υποταγή, καρτερία
er'gehen* *v/i*: ***über sich ~ lassen*** υπομένω αγόγγυστα
er'giebig αποδοτικός; **≈keit** *(0) f* αποδοτικότητα
er'gießen*: ***sich ~*** χύνομαι, εκβάλλω
er'grauen *(sn)* γκριζάρω
er'greifen* αρπάζω (**an** *D*/από); πιάνω; *Dieb* συλλαμβάνω; *Beruf* διαλέγω; *fig.* (*rühren*) συγκινώ; *Maßnahmen* λαμβάνω; **~d** συγκινητικός
Er'greifung *f* σύλληψη (*-εις*); *e-r Maßnahme* λήψη (*-εις*)
er'griffen *s.* ***ergreifen***; συγκινημένος; **≈heit** *(0) f* συγκίνηση (*-εις*)
ergründen εξιχνιάζω
Er'guß *m* χύσιμο (*-ατος*)
er'haben ανάγλυφος; υψηλός; ανώτερος *G*; **≈heit** *(0) f* ανωτερότητα
er'halten* *etw.* λαμβάνω, παίρνω; (*bewahren*) διατηρώ; *Familie* συντηρώ; ***sich selbst ~*** αυτοσυντηρούμαι
er'hältlich διαθέσιμος
Er'haltung *f* (δια)τήρηση (*-εις*); διαφύλαξη (*-εις*); συντήρηση (*-εις*); **≈s·würdig** *Bauwerk*: διατηρητέος
er'hängen *v/t* κρεμώ (*-άς*), απαγχονίζω; ***sich ~*** κρεμιέμαι
er'heben* *v/t allg.* σηκώνω, υψώνω (*a. Math.*); *Einwand* προβάλλω; *Forderung* εγείρω; *Stimme* εντείνω; *fig. geistig* εξυψώνω; *Steuern* επιβάλλω (**auf** *A*/επί *G*); ***sich ~*** σηκώνομαι; *gegen j-n, etw.* εξεγείρομαι
er'heb|lich σημαντικός; σοβαρός; **≈ung** *f* ανάταση; επιβολή; επανάσταση (*-εις*); (*Hügel*) ύψωμα *n*
er|'heitern φαιδρύνω, διασκεδάζω; **≈'heiterung** *f* διασκέδαση (*-εις*); **~'hellen** *v/t* φωτίζω; διασαφηνίζω
er'hielt *s.* ***erhalten***
er'hitzen ζεσταίνω; *Tech.* θερμαίνω; *fig.* εξάπτω
er'hitz|t ζεσταμένος; *fig.* ερεθισμένος; **≈ung** *f* θέρμανση (*-εις*)
er'hoffen προσδοκώ (*-άς*); ελπίζω
er'höh|en σηκώνω, (αν)υψώνω, ψηλώνω; *Lohn, Preis* αυξάνω; **≈ung** *f a. fig.* (αν)ύψωση (*-εις*); αύξηση (*-εις*); (*Hügel*) εξοχή, ψήλωμα *n*
er'hol|en: *sich ~en* *a. Börse*: αναλαμβάνω; ξεκουράζομαι, αναπαύομαι; **~sam** αναζωογονητικός
Er'holung *f* αναψυχή, ξεκούραση
Er'holungs|heim *n* αναπαυτήριο; **~pause** *f* ανάπαυλα; **~reise** *f* ταξίδι αναψυχής
er'hören εισακούω
er'innern (***j-n an*** *A*) θυμίζω (κτ σε κπ), υπενθυμίζω (κτ σε κπ); ***sich e-r S.*** (*G*) *od.* ***an etw.*** (*A*) **~** θυμάμαι *A*
Er'innerung *f* θύμηση, ανάμνηση (*-εις*) (**an** *A*/*G*); ***zur ~ an*** *A* στη μνήμη *G*; ***in ~ bringen*** υπενθυμίζω; **~s·vermögen** (*-s*; *0*) *n* μνημονικό
er'kalten *(sn)* κρυώνω; *fig.* ψυχραίνω
er'kält|en: *sich ~en* κρυώνω, κρυολογώ; **≈ung** *f* κρυολόγημα *n*
er'kämpfen κερδίζω με αγώνα
er'kannt *s.* ***erkennen***
er'kaufen αποκτώ (*-άς*) (με χρήμα)
er'kenn|bar (*leicht ~bar*) ευδιάκριτος; **~en*** ξεχωρίζω; διακρίνω (**an** *D*/από); (*identifizieren*) αναγνωρίζω
er'kenntlich ευγνώμων 2
Er'kenntnis (*-; -se*) *f* γνώση (*-εις*); κατανόηση
er'klären εξηγώ (***j-m etw.***/κτ σε κπ); ερμηνεύω; (*sagen*) δηλώνω (***daß***/ότι); *Krieg* κηρύσσω; ***sich bereit ~*** προθυμοποιούμαι; ***sich mit etw. einverstanden ~*** συμφωνώ σε *od.* με κτ
Er'klärung *f* εξήγηση (*-εις*); δήλωση (*-εις*); (*Kriegs≈*) κήρυξη (*-εις*)
er'krank|en *(sn)* αρρωσταίνω; **~t** άρρωστος (**an** *D*/από); **≈ung** *f* αρρώστια
er'kund|en κατασκοπεύω; **~igen: *sich ~igen*** πληροφορούμαι
Er'kundigung *f* πληροφορία
er'lahmen *(sn) fig. Kräfte*: εξασθενώ; φθίνω, μαραίνομαι
er'lang|en αποκτώ (*-άς*), πετυχαίνω (*A*/*A*); **≈ung** *(0) f* επίτευξη (*-εις*); απόκτηση
Er'laß *m* (*-sses*; *-sse*) διάταγμα *n*; (*Schulden≈*) απαλλαγή
er'lass|en* εκδίδω; *Strafe, Schuld* χαρίζω (***j-m***/σε κπ); *Sünde* συγχωρώ
er'lauben επιτρέπω; ***sich*** (*D*) **~** (*sich leisten*) έχω τη δυνατότητα να
Er'laubnis *(0) f* άδεια
er'läuter|n ερμηνεύω, εξηγώ; **≈ung** *f* ερμηνεία, εξήγηση (*-εις*)

E

er'leb|en ζω (*A*/*A*); δοκιμάζω; αντιμετωπίζω; γνωρίζω; **≈nis** (*-ses*; *-se*) *n* περιπέτεια; βίωμα *n*
er'ledig|en διεκπεραιώνω; (*a. töten*) ξεμπερδεύω με; (*ruinieren*) καταστρέφω; **~t** *Arbeit*: καμωμένος; *Pers.* κατεστραμμένος; (*erschöpft*) κατάκοπος; **≈ung** *f* διεκπεραίωση (*-εις*)
er'leichtern ξαλαφρώνω (**um** *A*/κατά), ελαφρώνω; *fig.* (δι)ευκολύνω
Er'leichterung *f a. fig.* ξαλάφρωμα *n*; διευκόλυνση (*-εις*), ανακούφιση
er'leiden* παθαίνω; *Qualen* τραβώ (*-άς*); υποφέρω; *Verluste* υφίσταμαι
er'lernen μαθαίνω; **≈** *n* εκμάθηση
er'leucht|en (δια)φωτίζω; **~et** φωτισμένος; **≈ung** *f fig.* φώτιση
er'liegen* (*sn*) *a. mil.* υποκύπτω σε; ***zum ≈ kommen*** σταματώ (*-άς*)
Er'lös (*-es*; *-e*) *m* κέρδος *n*
er'löschen* (*sn*) *v/i a. fig.* σβήνω
er'lös|en (απο)λυτρώνω; *Rel.* σώζω; **≈er** *m* λυτρωτής; *Rel.* σωτήρας; **≈ung** *f* (απο)λύτρωση; σωτηρία
er'mächtig|en εξουσιοδοτώ; **≈ung** *f* εξουσιοδότηση (*-εις*)
er'mahn|en νουθετώ, παραινώ; **≈ung** *f* νουθεσία, παραίνεση (*-εις*)
er'mangeln στερούμαι (*G*/*G*)
er'mäßig|en λιγοστεύω; *Preis* κατεβάζω; **≈ung** *f* έκπτωση (*-εις*)
er'messen* σταθμίζω; κρίνω
er'mitt|eln εξακριβώνω; ανακαλύπτω; **≈lung** *f* εξακρίβωση (*-εις*)
er'möglichen καθιστώ (*-άς*) δυνατό
er'mord|en δολοφονώ; **≈ung** *f* φόνος, δολοφονία
er'müd|en *v/t* κουράζω; *v/i* (*sn*) κουράζομαι; **~end** κουραστικός; **~et** κουρασμένος; **≈ung** *f* κούραση
er'munt|ern προτρέπω (**zu**/σε), παροτρύνω; **≈erung** *f* προτροπή
er'mutig|en ενθαρρύνω; **~end** ενθαρρυντικός; **≈ung** *f* ενθάρρυνση (*-εις*)
er'nähren (δια)τρέφω; *Familie* συντηρώ, ζω; ***sich ~*** τρέφομαι
Er'nährung *f* (δια)τροφή
er'nenn|en* διορίζω (***j-n zu*** *D*/κπ *A*); ανακηρύσσω (**zu** *D*/*A*); **≈ung** *f* διορισμός, αναγόρευση (*-εις*)
er'neuer|n ανανεώνω, ανακαινίζω; **≈ung** *f* ανανέωση (*-εις*), ανακαίνιση
er'niedrig|en ταπεινώνω; **~end** ταπεινωτικός; **≈ung** *f* ταπείνωση (*-εις*)
Ernst (*-es*; *0*) *m* σοβαρότητα; ***im ~*** σοβαρά
ernst σοβαρός; ***~ nehmen*** παίρνω στα σοβαρά; **~haft** *S. u. Pers.* σοβαρός; **≈haftigkeit** (*0*) *f* σοβαρότητα
Ernte *f* θερισμός, συγκομιδή; σοδειά; **≈n** θερίζω, συγκομίζω
Er'nüchterung *f* απογοήτευση (*-εις*)
Er'ober|er *m* κατακτητής; **≈n** κατακτώ (*-άς*); κυριεύω; **~ung** *f* άλωση (*-εις*), *a. fig.* κατάκτηση (*-εις*)
er'öffn|en *Geschäft, Konto* ανοίγω; εγκαινιάζω; **≈ung** *f* εγκαίνια *n*/*pl*; **≈ungs-** εναρκτήριος (*-α*, *-ο*)
er'örter|n συζητώ (*-άς*); **≈ung** *f* συζήτηση (*-εις*)
Ero'sion *f* διάβρωση (*-εις*)
e'rotisch ερωτικός
er'press|en εκβιάζω; **≈er** *m* εκβιαστής; **~erisch** εκβιαστικός; **≈ung** *f* εκβιασμός
er'prob|en δοκιμάζω; **~t** δοκιμασμένος; **≈ung** *f* δοκιμή
er'raten* μαντεύω
er'reg|en ερεθίζω; *Neid, Interesse* διεγείρω, κινώ, προκαλώ; **≈er** *m Med.* μικρόβιο; **≈ung** *f* διέγερση (*-εις*)
er'reich|bar κατορθωτός; **~en** *Ziel* κατορθώνω; πετυχαίνω; *Zug* προφταίνω, προλαβαίνω
er'rett|en (δια)σώζω (**aus** *D*; **von, vor** *D*/από); **≈ung** *f* διάσωση (*-εις*)
er'richt|en οικοδομώ, (αν)εγείρω; *Hdl.* (*gründen*) συγκροτώ; **≈ung** *f* ανέγερση (*-εις*); ίδρυση (*-εις*)
er|'ringen* αποκτώ (*-άς*); κερδίζω; **~'röten** (*sn*) κοκκινίζω
Er'rungenschaft *f* επίτευγμα *n*
Er'satz (*-es*; *0*) *m* αναπλήρωση (*-εις*); (*Entschädigung*) αποζημίωση (*-εις*); **~-** αναπληρωματικός; *mil., Tech.* εφεδρικός; **~mann** *m* αναπληρωτής; **~reifen** *m* ρεζέρβα; **~stoff** *m* υποκατάστατο; **~teil** *n* ανταλλακτικό
er|'saufen* (*sn*) πνίγομαι; **~'säufen** *v/t* πνίγω
er'schaff|en* δημιουργώ; **≈ung** *f* δημιουργία
er'schein|en* (*sn*) φαίνομαι, προβάλλω; εμφανίζομαι; βγαίνω σε; (*auftreten*) παρουσιάζομαι; **≈ung** *f* εμφάνιση (*-εις*); παρουσίαση (*-εις*); (*Natur-*) φαινόμενο; ***in ≈ung treten*** κάνω την εμφάνισή μου

er'schienen *s.* ***erscheinen***
er'schieß|en* τουφεκίζω; **2ung** *f* τουφεκισμός
er'schlaff|en *v/i* (*sn*) ατονώ; **2ung** *f* ατονία, αποχαύνωση
er'schlagen* σκοτώνω
er'schließ|en* *etw.* κάνω προσιτό; **2ung** *f* ξεχέρσωμα *n*; **2ungskosten** *pl* έξοδα *n/pl* έργων υποδομής
er'schlossen *Grundstück*: ***voll*** ~ με όλα τα έργα υποδομής
er'schöpf|en *a. fig.* εξαντλώ; *j-n* κουράζω, καταβάλλω; **~t** καταβεβλημένος; *fig.* εξαντλημένος; **2ung** *f* εξάντληση (-*εις*)
er'schrecken *v/t* τρομάζω, φοβίζω; *v/i* (*sn*) τρομάζω; **~d** τρομαχτικός
er'schrocken τρομαγμένος
er'schütter|n *a. fig.* συνταράζω, δονώ, συγκλονίζω; **~nd** συνταρακτικός; **2ung** *f* δόνηση (-*εις*); *fig.* κλονισμός
er'schwer|en δυσκολεύω, επιβαρύνω; **~end** επιβαρυντικός; **2ung** *f* επιβάρυνση (-*εις*)
er'schwinglich προσιτός
er'sehen* διαβλέπω (***aus*** *D*/από)
er'setz|en αντικαθιστώ (-*άς*) (***durch*** *A*/με); *Schaden* επανορθώνω; αναπληρώνω; **2ung** *f* αντικατάσταση (-*εις*); αναπλήρωση (-*εις*)
er'sichtlich φανερός
er'spar|en εξοικονομώ; ***j-m etw.*** **~en** γλυτώνω κπ από κτ; **2nis** (-; -*se*) *f* οικονομία; **2te(s)** αποταμίευμα *n*
erst *Adv* (*zunächst*) πρώτα; μόνο; όχι νωρίτερα από; ***eben*** ~ μόλις τώρα
er'starken (*sn*) δυναμώνω
er'starr|en (*sn*) παγώνω, κοκαλιάζω; *Flüssigkeit*: πήζω; **~t** πηχτός; *fig.* απολιθωμένος; **2ung** *f* πάγωμα *n*
er'statten *Bericht* υποβάλλω; *Unkosten* πληρώνω; ***Anzeige*** ~ κάνω καταγγελία
Erstaufführung *f* πρεμιέρα
er'staunen *v/i* (*sn*) παραξενεύομαι, εκπλήττομαι; 2 *n* απορία; κατάπληξη; ***in* 2 *versetzen*** καταπλήττω
er'staun|lich καταπληκτικός; **~t** κατάπληκτος
erst|e(r) πρώτος; **2e(r)** αριστούχος
er'stechen* μαχαιρώνω, σφάζω
er'stehen* αποκτώ (-*άς*); αγοράζω
erstenmal: ***zum*** ~ για πρώτη φορά
erstens πρώτον, κατά πρώτο
er'sticken *v/t* πνίγω; *v/i* (*sn*) ασφυκτιώ (-*άς*); *a. in Arbeit* πνίγομαι; **~d** *Hitze*: ασφυκτικός, πνιγερός
Er'stickung *f*, **~s·tod** *m* πνιγμός
erstklassig ... πρώτης τάξεως
er|'streben *v/t* επιδιώκω; **~'strecken:** ***sich ~strecken*** (επ)εκτείνομαι
er'suchen αιτώ, ζητώ
er'tappen F τσακώνω
er'teil|en χορηγώ, παρέχω, δίνω; *Unterricht* παραδίδω; **2ung** *f* χορήγηση (-*εις*); παροχή; απονομή
er'tönen (*sn*) (αντ)ηχώ, ακούομαι
Er'trag (-*ḗs*; ⁻*e*) *m* κέρδος *n*; (*Leistung*) απόδοση (-*εις*); (*Ernte*) παραγωγή
er'tragen* βαστώ (-*άς*); υποφέρω
er'träglich ανεκτός, υποφερτός
er'tragreich καρποφόρος, αποδοτικός
Er'tragslage *f* κατάσταση (-*εις*) κερδών
er'träumen: ***sich*** (*D*) ~ ονειρεύομαι
er'trinken* (*sn*) πνίγομαι; 2 *n* πνιγμός; πνίξιμο (-*ατος*)
er'trug *s.* ***ertragen***
Er'tüchtigung *f* εξάσκηση (-*εις*)
er'übrigen εξοικονομώ; βάζω κατά μέρος; ***sich*** ~ περιττεύω
er'wachen (*sn*) ξυπνώ (-*άς*); 2 *n* ξύπνημα *n*
er'wachsen μεγάλος, ενήλικος
Er'wachsene(r) μεγάλος, ενήλικος
er'wägen* *Folgen usw.* αναμετρώ (-*άς*), σταθμίζω; υπολογίζω
Er'wägung *f* στάθμιση (-*εις*)
er'wähnen *v/t* αναφέρω, μνημονεύω; **~s·wert** αξιόλογος
Er'wähnung *f* αναφορά
er'wärm|en *v/t* ζεσταίνω, θερμαίνω; **2ung** *f* ζέσταμα *n*
er'wart|en *v/t* περιμένω, αναμένω, προσμένω; **2ung** *f* αναμονή, προσδοκία
er'wecken *fig.* ξυπνώ (-*άς*); προκαλώ
er'weich|en μαλακώνω; *fig.* ***sich ~en lassen*** κάμπτομαι; **2ung** *f* μαλάκωμα *n*; *Med.* μαλάκυνση
er'weisen* παρέχω; απονέμω; ***sich ~ als*** αποδείχνομαι *N*
er'weiter|n (δι)ευρύνω, πλαταίνω; (επ)εκτείνω; **2ung** *f* διεύρυνση (-*εις*), επέκταση (-*εις*)
Er'werb (-*ḗs*; -*e*) *m* απόκτηση (-*εις*); **2en*** αποκτώ (-*άς*); *Hdl.* αγοράζω

er'werbs|los άνεργος; **≗lose(r)** *m/f* άνεργος (-η); **~tätig** εργαζόμενος; **≗zweig** *m* επαγγελματικός κλάδος
Er'werbung *f* (*Sache*) απόκτημα *n*
er'wider|n απαντώ (-ας); *Besuch* ανταποδίδω; **≗ung** *f* απάντηση (-εις); ανταπόδοση (-εις)
er'wischen F *j-n* γραπώνω
er|'worben αποκτημένος; *K* κεκτημένος; **~'wünscht** επιθυμητός; **~'würgen** στραγγαλίζω
Erz (*-es*; *-e*) *n* μετάλλευμα *n*
er'zähl|en διηγούμαι, αφηγούμαι; **≗er** *m* διηγηματογράφος; αφηγητής; **≗er-, ~erisch** διηγηματικός; **≗ung** *f* διήγημα *n*, αφήγημα ή
Erz|bischof *m* αρχιεπίσκοπος; **~engel** *m* αρχάγγελος
er'zeug|en *Tech.* παράγω; κατασκευάζω; *Zool.*, *Bot.* γεννώ (-άς); *Durst* φέρνω; **≗er** *m* γονέας; *Tech.* παραγωγός; **≗erland** *n* χώρα παραγωγής; **≗nis** (*-ses*; *-se*) *n* προϊόν (*-όντος*); κατασκεύασμα *n*; **≗ung** *f* παραγωγή
er'zieh|en* ανατρέφω, διαπαιδαγωγώ; (*unterrichten*) εκπαιδεύω; **≗er** *m* παιδαγωγός; **~erisch** παιδαγωγικός, εκπαιδευτικός; **≗ung** (*0*) *f* ανατροφή; διαπαιδαγώγηση (-εις)
Er'ziehungs|- εκπαιδευτικός; **~anstalt** *f* παιδαγωγικό ίδρυμα *n*; **~berechtigte(r)** (*Vormund*) κηδεμόνας; **~wesen** (*-s*; *0*) *n* παιδεία
er'zielen πετυχαίνω; αποκομίζω
er'zogen *s.* ***erziehen***; ***schlecht ~*** κακοαναθρεμμένος; κακομαθημένος
er'zürnen οργίζω; ***sich ~*** μαλώνω
er'zwingen* *allg. u. mil.* εκβιάζω
es αυτό; ***ich bin ~, ich bin's*** εγώ είμαι
Esel *m* γάιδαρος, γαϊδούρι, *K* όνος
Esels|brücke *f* μνημοτέχνασμα *n*; **~geschrei** *n* γκάρισμα *n*
Eseltreiber *m* γαϊδουριάρης (*-ηδες*)
Eskal|a'tion *f* κλίμακωση (*-εις*); **≗'ieren** κλιμακώνω
Essay [ʔɛ'se:] (*-s*; *-s*) *m* δοκίμιο
eßbar φαγώσιμος, βρώσιμος
essen* τρώω; *etwas* τσιμπώ (-άς)
Essen *n* (*Mahlzeit*) φαγητό; φαΐ
Essig (*-s*; *-e*) *m* ξίδι
Eß|löffel *m* κουτάλι (της σούπας); **~tisch** *m* τραπέζι φαγητού; **~zimmer** *n* τραπεζαρία

Establishment [ɛs'tɛbliʃmɛnt] (*-s*; *0*) *n* κατεστημένο
eta'blier|en: ***sich ~en*** εγκαθίσταμαι; **~t** εγκατεστημένος; πετυχημένος
Etage [e·'ta:ʒə] *f* πάτωμα *n*, όροφος; **~n·haus** *n* πολυκατοικία; **~n·wohnung** *f* διαμέρισμα *n*
E'tappe *f* σταθμός; διάστημα *n*
Etat [ʔe:'ta:] (*-s*; *-s*) *m* προϋπολογισμός
Eth|ik (*0*) *f* ηθική; **≗isch** ηθικός
Eti'kette *f* ετικέτα, πρωτόκολλο
etliche ['ʔɛt-] κάμποσοι (-ες, -α)
Etui [e·'tŭi:] (*-s*; *-s*) *n* θήκη
etwa περίπου, κάπου; ως; *in der Frage* (*vielleicht*) τυχόν, μήπως
etwas κάτι, κάτιτι; *Adv* κάπως; (*ein wenig*) λίγο, λιγάκι; ***so ~*** κάτι τέτοιο
Etymolo'gie *f* ετυμολογία
euch *A*, *D* σας; *K* υμάς (*A*)
euer (***eure***) ο ... σας (*enklitisch*): ***~ Freund*** ο φίλος σας; *betont*: δικός σας; ***der ≗e*** ο δικός σας
Eule *f* κουκουβάγια, *K* γλαυξ (*-κός*) *f*
eures'gleichen οι όμοιοί σας
euretwegen για χάρη σας
Euro- ευρω-, ευρωπαϊκός
Euro|'bank *f* Ευρωτράπεζα; **~kat** *m* ευρωκαταλύτης; **~norm** *f* ευρωπαϊκή νόρμα
europäi'sieren εξευρωπαΐζω
Europa|parlament *n* Ευρωκοινοβούλιο; **~pokal** *m* κύπελλο Ευρώπης; **~rat** *m* Ευρωπαϊκό Συμβούλιο
Euroscheck *m* ευρωτσέκ (*0*) *n*; **~karte** *f* κάρτα του ευρωτσέκ
Euter *n* μαστός, μαστάρι, βυζί
evaku'ier|en εκκενώνω; **≗ung** *f* εκκένωση (*-εις*)
evan'gel|isch ευαγγελικός; **≗ium** (*-s*; *-ien*) *n* ευαγγέλιο, F βαγγέλιο
Eventu|ali'tät *f* ενδεχόμενο; **≗'ell** ενδεχόμενος; *Adv* ενδεχομένως
Evolu'tion *f* εξέλιξη (*-εις*)
ewig αιώνιος (*-α, -ο*), παντοτεινός; **≗keit** *f* αιωνιότητα
Ex- τέως, πρώην
ex'akt ακριβής 2; **≗heit** (*0*) *f* ακρίβεια
E'xamen (*-s*; *-mina*) *n* εξετάσεις *f/pl*
Exeku'tion *f* εκτέλεση (*-εις*); **~s·kommando** *n* εκτελεστικό απόσπασμα *n*
E'xempel *n* παράδειγμα *n*
Exem'plar (*-s*; *-e*) *n* αντίτυπο; **≗isch** παραδειγματικός

exer'zieren *mil.* γυμνάζομαι
E'xil (*-s; -e*) *n* εξορία
existentiell [-'tsiɛl] υπαρξιστικός
Exi'stenz *f* ύπαρξη (*-εις*); **~ia'lismus** (*0*) *m* υπαρξισμός; **~minimum** *n* κατώτατο όριο διαβίωσης
exi'stieren υπάρχω, *K* υφίσταμαι
exklu'siv αποκλειστικός; **≈i'tät** (*0*) *f* αποκλειστικότητα
exkommuni|'zieren αφορίζω; **≈'zierung** *f* αφορισμός
Exmatrikula'tion *f* διαγραφή (από το μητρώο)
e'xotisch εξωτικός
Expan'sion *f* επέκταση (*-εις*); **~s·politik** *f* επεκτατισμός
Expedi'tion *f Hdl.* διεκπεραίωση (*-εις*); αποστολή; *mil.* εκστρατεία
Experi'ment (*-s; -e*) *n* πείραμα *n*; **≈ell** [-'tɛl] πειραματικός; **≈ieren** [-'ti:-] πειραματίζομαι
Ex'perte (*-n*) *m* εμπειρογνώμονας
explo|'dieren (*sn*) εκρηγνύομαι, σκάζω, ανατινάζομαι; **≈'sion** *f* έκρηξη (*-εις*); **~'siv** εκρηκτικός
Ex'port (*-ɇs; -e*) *m* εξαγωγή
Expor|teur [-'tøʀ] (*-s; -e*) *m* εξαγωγέας; **≈'tieren** εξάγω; **~t·land** *n* χώρα εξαγωγής; **~t·überschuß** *m* πλεόνασμα *n* εξαγωγών
Ex'preß (*-sses; -sse*) *m* ταχεία, εξπρές (*0*) *n*; **~-** άμεσος
extra *Adv* επίτηδες; έξτρα, ιδιαίτερος
Extra (*-s; -s*) *n* παραπάνω (*0*) *n*, έξτρα (*0*) *n*; **~blatt** *n* παράρτημα *n*
Ex'trem (*-s; -e*) *n* ακρότητα, άκρο; **~ismus** [-'mɪs-] (*-; 0*) *m* εξτρεμισμός; **~ist** (*-en*) *m* εξτρεμιστής; **≈istisch** εξτρεμιστικός
Extremi'täten *f/pl* άκρα *n/pl*
Exzel'lenz *f* εξοχότητα; **~!** εξοχότατε!
ex'zentrisch εκκεντρικός
Ex'zeß (*-sses; -sse*) *m* παρεκτροπή

F

Fabel (*-; -n*) *f* μύθος; **≈haft** (*a. enorm*) μυθώδης 2, μυθικός
Fa'brik *f* εργοστάσιο, φάμπρικα
Fabri'kant (*-en*) *m* κατασκευαστής; εργοστασιάρχης
Fabri'kat (*-ɇs; -e*) *n* κατασκεύασμα *n*; **~ion** [-'tsi̯o:n] *f* κατασκευή
fabri'zieren *a. fig.* κατασκευάζω
Fach (*-ɇs; ⸚er*) *n* (*im Schrank*) διαμέρισμα *n*; θυρίδα; (*Lehr≈*) κλάδος
Fach|- ειδικός; **~arbeiter** *m* ειδικευμένος εργάτης; **~arzt** *m* ειδικός γιατρός; **~ausdruck** *m* όρος; **~bereich** *m* τμήμα *n*
Fächer *m* βεντάλια, ριπίδιο
Fach|hochschule *f* ανώτερη τεχνική σχολή; **~mann** (*-ɇs; -leute*) *m* ειδικός; **~messe** *f* κλαδική έκθεση (*-εις*); **~werk** *n* τσατμάς; **~wort** (*-ɇs; ⸚er*) *n* όρος; **~wörterbuch** *n* ειδικό λεξικό (όρων)
Fackel (*-; -n*) *f* πυρσός, δάδα; **~zug** *m* λαμπαδηφορία
fade άγευστος, άνοστος
Faden (*-s; ⸚*) *m a. fig.* νήμα *n*; (*Näh≈*) κλωστή; **~nudel** *f* φιδές (*-έδες*); **≈scheinig** φθαρμένος; *Argument*: σαθρός
fähig ικανός (**zu** *D*/για); (*tüchtig*) επιτήδειος (*-α, -ο*); **≈keit** *f* ικανότητα (**zu** *D*/για); επιδεκτικότητα
fahnd|en καταζητώ (*-άς*) (**nach** *D/A*); **≈ung** *f* καταζήτηση (*-εις*); **≈ungsdienst** *m* καταδιωκτική αρχή
Fahne *f* σημαία, παντιέρα
Fahnen|eid *m* όρκος στρατιώτη; **~flucht** (*0*) *f* λιποταξία
Fahnenflüchtige(r) λιποτάκτης
Fahr|ausweis *m* εισιτήριο; **~bahn** *f* λωρίδα; **≈bar** κινητός; **~dienstleiter** *m Esb.* ρυθμιστής
Fähre *f* φεριμπότ (*0*) *n*, πορθμείο
fahren* *v/t Auto* οδηγώ; (*transportieren*) μεταφέρω; *v/i* (*sn*) *Zug, Pers.*: **~ nach** *D* πάω *od.* πηγαίνω για
Fahr|en *n* οδήγηση; **~er(in** *f*) *m* (*Auto-*)

F

οδηγός (*a. f*), σοφέρ (*0*) *m*; **~erflucht** (*0*) *f* εγκατάλειψη θύματος
Fahr|gast *m* επιβάτης; **~geld** *n* ναύλα *n/pl*; **~gemeinschaft** *f etwa* ομάδα μετακίνησης; **~geschwindigkeit** *f* ταχύτητα; **~gestell** *n Auto*: σασί (*0*), πλαίσιο; **~karte** *f* εισιτήριο; **~karten·automat** *m* αυτόματος (πωλητής) εισιτηρίων; **~karten·schalter** *m* θυρίδα εισιτηρίων
fahrlässig *jur.* αμελής 2; απρόσεχτος; **2keit** *f* αμέλεια; απροσεξία
Fahrplan *m* δρομολόγιο; **2mäßig** κανονικός
Fahr|preis *m* τιμή εισιτηρίου; **~rad** *n* ποδήλατο; **~radverleih** *m* κατάστημα *n* δανεισμού ποδηλάτων; **~radweg** *m* λωρίδα ποδηλάτων; **~schein** *m* εισιτήριο; **~schule** *f* σχολή οδηγών; **~stuhl** *m* ασανσέρ (*0*) *n*
Fahrt *f* διαδρομή; μετάβαση (*-εις*)
Fährte *f* αχνάρι, ίχνος *n*
Fahrten·schreiber *m* (ειδικός) μετρητής αποστάσεων
fahrtüchtig κατάλληλος για κυκλοφορία; *Pers.* ικανός για οδήγηση
Fahr|zeit *f* χρόνος μετάβασης; **~zeug** *n* όχημα *n*; τροχοφόρο; **~zeughalter** *m* ιδιοκτήτης οχήματος
Fak'simile (*-s*; *-s*) *n* πανομοιότυπο
Faktor (*-s*; *-toren*) *m* παράγοντας
Fakultät *f* σχολή
Fall (*-ęs*; *⁻e*) *m* πέσιμο (*-ατος*); *a. Gr.* πτώση (*-εις*); (*Umstand*) περίπτωση (*-εις*); (*Vorkommnis*) κρούσμα *n*; ***auf jeden ~*** οπωσδήποτε; ***auf keinen ~*** με κανένα(ν) τρόπο (δεν ...)
Falle *f* (*a. fig.*) παγίδα, ενέδρα
fallen* (*sn*) πέφτω; *Aktien*: υποτιμώμαι (*-άσαι*); (*unter e-e Kategorie ~*) υπάγομαι σε; ***es fällt mir auf die Nerven*** μου χτυπάει στα νεύρα
Fallen *n* πέσιμο (*-ατος*), πτώση (*-εις*)
fällen κόβω; *Urteil jur.* εκδίδω
fällig *Hdl.* ληξιπρόθεσμος; ***~ werden*** λήγω; **2keit** *f* λήξη (*-εις*)
falls αν, (ε)άν τυχόν
Fallschirm *m* αλεξίπτωτο; **~jäger** *m* αλεξιπτωτιστής
Falltür *f* (γ)κλαβανή, καταπακτή
falsch (*-er*; *-est*) (*unrichtig*) λανθασμένος, εσφαλμένος; (*unwahr*) ψεύτικος; (*künstlich*) τεχνητός; (*gefälscht*) κίβδηλος; *oft*: ψευδο-; ***~ singen*** παραφωνώ; *Adv. a.* λάθος
Falsch·aussage *f* ψευδομαρτυρία
fälsch|en *allg.* παραποιώ, κιβδηλεύω; *Unterschrift, Geschichte* πλαστογραφώ; *Wein* νοθεύω; *Geld* παραχαράσσω; **2er** *m* πλαστογράφος
Falschgeld *n* πλαστά (χαρτο)νομίσματα *n/pl*
Falschheit *f Pers.* υπουλότητα
fälschlich εσφαλμένος
falschspielen κλέβω στα χαρτιά
Fälschung *f* παραποίηση (*-εις*); νοθεία; πλαστογράφηση (*-εις*)
Falte *f* δίπλα; πτυχή; *Kleid*: πιέτα; (*Runzel*) ζάρα, ρυτίδα
falten διπλώνω; *Hände* (συμ)πλέκω
faltenlos *Gesicht*: αρρυτίδωτος
faltig *Gesicht, Haut*: ρυτιδωμένος
famili'är οικογενειακός; οικείος
Fa'milie [-lĭə] *f* οικογένεια, σόι; **~n-** (*Leben, Name usw.*) οικογενειακός
Fa'milien|angehörige(r) μέλος *n* της οικογένειας; **~beihilfe** *f* επίδομα *n* οικογενειακών βαρών; **~betrieb** *m* οικογενειακή επιχείρηση (*-εις*); **~name** *m* επώνυμο; **~planung** *f* οικογενειακός προγραμματισμός
Fa'nat|iker *m*, **2isch** φανατικός; **2i'sieren** φανατίζω
fand *s.* ***finden***
Fang (*-ęs*; *⁻e*) *m* λεία; πιάσιμο (*-ατος*); **~arm** *m Polyp*: πλοκάμι
fangen* πιάνω, συλλαμβάνω, τσακώνω; ***Feuer ~*** αρπάζω φωτιά
Farb|- (*z. B. ~stoffe*) χρωστικός; **~band** *n* ταινία γραφομηχανής; **2beständig** ανεξίτηλος
Farbe *f* χρώμα *n*; (*Stoff*) μπογιά, βαφή; (*Gesichts2*) θωριά, χροιά
färben *a. fig.* χρωματίζω; βάφω, μπογιατίζω; **2** *n* βάψιμο (*-ατος*)
farbenblind δαλτονικός
Färber *m* βαφέας
Färbe'rei *f* βαφείο
Farb|fernsehgerät *n* συσκευή έγχρωμης τηλεόρασης; **~film** *m* έγχρωμο φιλμ (*0*) *n*; **~fotografie** *f* έγχρωμη φωτογραφία; **2ig** χρωματιστός, έγχρωμος; **2los** άχρωμος; **~stift** *m* χρωματιστό μολύβι; **~stoff** *m* χρωστική ουσία
Färbung *f* χρωματισμός; *fig.* χροιά
Farm *f* αγρόκτημα *n*
Farnkraut *n* φτέρη

F

Fa'san (*-ẹs; -e*) *m* φασιανός
Fasching (*-s; -e*) *m* Αποκριές *f/pl*
Fa'schis|mus *m* φασισμός; **~t** (*-en*) *m* φασίστας; **&tisch** φασιστικός
Faser (*-; -n*) *f* ίνα; **&ig** ινώδης 2
Faß (*-sses; ¨sser*) *n* βαρέλι; ... ***aus dem ~*** βαρελίσιος (*-α, -ο*); *adv* χύμα
Fa'ssade *f* πρόσοψη (*-εις*)
fassen *v/t* (*greifen*) πιάνω; (*enthalten*) χωρώ, περιλαμβάνω, παίρνω; (*begreifen*) καταλαβαίνω; ***sich ~*** συγκρατιέμαι, βαστιέμαι; ***sich kurz ~*** συντομεύω; **&** *n* πιάσιμο (*-ατος*)
Fassung *f* (*Brillen&*) σκελετός; (*Glühbirnen&*) ντουί (*0*); (*Ruhe*) ψυχραιμία; ***aus der ~ geraten*** τα χάνω, σαστίζω; ***die ~ bewahren*** διατηρώ την ψυχραιμία μου
fassungs|los σαστισμένος; **&vermögen** *n* περιεκτικότητα
fast σχεδόν, παραλίγο
fasten νηστεύω
Fasten *n* (*a. pl*) νηστεία; **~-** νηστήσιμος; **~zeit** *f* σαρακοστή
fa'tal μοιραίος (*-α, -ο*); ολέθριος (*-α*)
Fata'lismus (*-; 0*) *m* μοιρολατρία
fauchen φυσώ (*-άς*), μουγκρίζω
faul (*nicht fleißig*) τεμπέλης 3, οκνηρός; (*verdorben*) σάπιος (*-α, -ο*); *Witz*: κρύος (*-α, -ο*); *Ei*: κλούβιος (*-α, -ο*)
faulen (*sn*) σαπίζω, σήπομαι
faulenz|en τεμπελιάζω; **&er** *m* τεμπελχανάς (*-άδες*)
Faulheit (*0*) *f* τεμπελιά, οκνηρία
Fäulnis (*0*) *f* σήψη (*-εις*), σαπίλα
Faulpelz *m* τεμπελόσκυλο
Fauna (*-; -nen*) *f* πανίδα
Faust (*-; ¨e*) *f* γροθιά, πυγμή
Faust|kampf *m* πυγμαχία; **~recht** (*-ẹs; 0*) *n* χειροδικία; **~schlag** *m* γροθιά
Favo'rit (*-en*) *m* ευνοούμενος; *Sp.* φαβορί (*0*) *m*
Februar (*-s; -e*) *m* Φεβρουάριος, Φλεβάρης
fecht|en ξιφομαχώ; *fig.* μάχομαι; **&en** *n* ξιφομαχία; **&er** *m* ξιφομάχος
Feder (*-; -n*) *f* φτερό; (*Schreib&*) πένα; *Tech.* ελατήριο; (*Sprung&*) σούστα; **~bett** *n* πουπουλένιο πάπλωμα *n*
Federung *f Wagen*: ανάρτηση (*-εις*) (με σούστες); σούστες *f/pl*
Federzeichnung *f* ιχνογραφία
Fee *f* νεράιδα; **&n-haft** μαγευτικός
fegen σκουπίζω; **&** *n* σκούπισμα *n*
Fehl- εσφαλμένος
fehl: ***~ am Platze*** άτοπος
Fehl|anzeige *f* αρνητική είδηση (*-εις*); ***~anzeige!*** τζίφος; **~betrag** *m* έλλειμμα *n*
fehlen *v/i* (*a. abwesend sein*) λείπω (***an*** *D*/από); απουσιάζω (***in*** *D*/από); ***es fehlt mir an*** *D* μου χρειάζεται *N*; *bsd. fig.* υστερώ κατά *A*; ***das hat mir noch gefehlt!*** αυτό μου έλειπε!
Fehler *m* λάθος *n*, σφάλμα *n*; (*Charakter&*; *Tech.*) ελάττωμα *n*; ***e-n ~ machen*** λαθεύω; **&frei** αλάνθαστος; **&haft** λανθασμένος; (*defekt*) ελαττωματικός; **&los** άπταιστος
Fehl|geburt *f* αποβολή; ***e-e ~geburt haben*** αποβάλλω; **&gehen*** (*sn*) αστοχώ, πέφτω έξω; **~griff** *m* πλάνη; **~schlag** *m* αποτυχία
fehlschlagen* (*sn*) *S.* αποτυχαίνω
Fehltritt *m a. fig.* παραπάτημα *n*
Feier *f* γιορτή, τελετή; **~abend** *m* σκόλασμα *n*; ***~abend machen*** σκολνώ (*-άς*); **&lich** εορτάσιμος; γιορταστικός; **~lichkeit** *f* τελετή
feiern *v/t Fest* γιορτάζω; *ein Ereignis* πανηγυρίζω (*a. v/i*)
Feiertag *m* αργία; ***nationaler ~*** εθνική γιορτή
Feige *f* σύκο
feige (*-r; feigst-*) δειλός, άνανδρος, φοβιτσιάρης 3; ***~ sein*** δειλιάζω
Feigenbaum *m* συκιά
Feig|heit (*0*) *f* δειλία, ανανδρία; **~ling** (*-s; -e*) *m* φοβιτσιάρης (*-ηδες*)
Feile *f* λίμα, ρίνη; **&n** λιμάρω
feilschen παζαρεύω (***um*** *A*/*A*)
fein (*dünn*) ψιλός, λεπτός; (*elegant*) κομψός; ***~ gemahlen*** ψιλοκομμένος
Feind (*-ẹs; -e*) *m* εχθρός; **~in** *f* εχθρός *f*
feindlich εχθρικός; *oft*: αντι-
Feindschaft *f* εχθρότητα, έχθρα
feindselig εχθρικός; **&keit** *f* έχθρα; εχθροπραξία
feinfühlig λεπτός, αβρός
Fein|heit *f* λεπτότητα, φινέτσα; **~schmecker** *m* λιχούδης, καλοφαγάς (*-άδες*); **&sinnig** αισθαντικός; **~sinnigkeit** *f* αισθαντικότητα
Feld (*-ẹs; -er*) *n* (*Acker*) χωράφι; (*Schlacht&*, *a. El.*) πεδίο; **~arbeit** *f* γεωργική εργασία; **~bett** *n* ράντσο;

~flasche *f* παγούρι; **~herr** *m* στρατηγός; **~marschall** *m* στρατάρχης; **~wächter** *m* αγροφύλακας; **~webel** *m* λοχίας; **~weg** *m* χωματόδρομος; **~zug** *m* εκστρατεία
Fell (*-ℯs*; *-e*) *n* δέρμα *n*, τομάρι; δορά
Fels (*-en*) *m*, **Felsen** *m* βράχος
felsenfest ακλόνητος
felsig βραχώδης 2
Felswand *f* γκρεμ(ν)ός
Femininum (*-s*; *-nina*) *n* θηλυκό
Fenchel (*-s*; *0*) *m* μάραθο
Fenster *n* παράθυρο; **~bank** *f* περβάζι; **~laden** *m* παντζούρι; **~platz** *m* θέση (*-εις*) στο παράθυρο; **~putzer** *m* καθαριστής; **~rahmen** *m* κούφωμα *n*; **~scheibe** *f* τζάμι
Ferien [ˈfeːʀĭən] *pl* διακοπές *f*/*pl*, παύσεις *f*/*pl*; **~arbeit** *f* εργασία κατά τις διακοπές; **~dorf** *n* τουριστικό συγκρότημα *n*; **~haus** *n* εξοχικό σπίτι; **~kurs** *m* μαθήματα *n*/*pl* διακοπών; **~ort** *m* τουριστικό χωριό; **~wohnung** *f* διαμέρισμα *n* διακοπών
Ferkel *n* γουρουνόπουλο, χοιρίδιο; *fig*. βρομιάρης 3, λέτσος
fern μακρινός; *Adv* μακριά; άπω
Fernbedienung *f* τηλεχειρισμός
fernbleiben* (*sn*) απέχω (*D*/*από*)
Ferne *f* απόσταση (*-εις*), μάκρος *n*
ferner έπειτα; **~hin** επίσης
fern|gelenkt τηλεκατευθυνόμενος; **≗gespräch** *n* υπεραστική συνδιάλεξη (*-εις*); **≗glas** *n* τηλεσκόπιο, κιάλια *n*/*pl*; **~halten*** κρατώ μακριά *od*. έξω; **≗heizung** *f* τηλεθέρμανση; **≗licht** *n* φως *n* αποστάσεως
Fernmelde|- τηλεπικοινωνιακός; **~amt** τηλεπικοινωνιακό κέντρο; **~wesen** (*-s*; *0*) *n* τηλεπικοινωνίες *f*/*pl*
Fernschreib|en *n* τηλεγράφημα *n*; **~er** *m* τηλέτυπο
Fernseh|- τηλεοπτικός; **~ansager** *m* τηλεπαρουσιαστής; **~ansagerin** *f* τηλεπαρουσιάστρια; **~apparat** *m* τηλεόραση
fernsehen* βλέπω τηλεόραση; **≗** *n* τηλεόραση
Fernseh|film *m* τηλεταινία; **~serie** *f* τηλεοπτική σειρά, σήριαλ (*0*) *n*; **~teilnehmer** *m* τηλεθεατής; **~übertragung** *f* τηλεοπτική εκπομπή
Fernsprech|amt *n* τηλεφωνικό κέντρο; **~anschluß** *m* τηλεφωνική σύνδεση (*-εις*); **~buch** *n* τηλεφωνικός κατάλογος; **~er** *m* τηλέφωνο
Fernsteuerung *f* τηλεχειρισμός
Fern|studium *n*, **~unterricht** *m* μαθήματα δι' αλληλογραφίας; **~verkehr** *m* υπεραστικές μεταφορές *f*/*pl*
Ferse *f* φτέρνα
fertig έτοιμος; τελειωμένος
fertig|bringen* *es* καταφέρνω; **≗gericht** *n* έτοιμο φαγητό
Fertighaus *n* λυόμενο σπίτι
fertig|machen τελειώνω; F *j-n* (*völlig erschöpfen*) καταντώ (*-άς*) κπ πτώμα; ***sich ~machen*** ετοιμάζομαι; **≗produkt** *n* έτοιμο προϊόν *n*; **~stellen** φέρνω σε πέρας; **≗ungs·straße** *f* διάδρομος συναρμολόγησης
Fessel *f* δεσμός; **~n** *pl* δεσμά *n*/*pl*
fessel|n δένω; *fig*. συναρπάζω; **~nd** συναρπαστικός
Fest (*-ℯs*; *-e*) *n* γιορτή, πανηγύρι
fest *a. Körper*: στερεός; *Einkommen*: πάγιος (*-α*, *-ο*); *Anstellung*: μόνιμος
Festessen *n* (επίσημο) γεύμα *n*
Fest|genommene(r) *m* συλληφθείς (*-έντος*) *m*; **≗gesetzt** τακτός
festhalten* κρατώ (*-άς*) (γερά); *fig*. εμμένω (**an** *D*/σε); ***sich ~ an*** *D* κρατιέμαι, πιάνομαι, βαστιέμαι από
festig|en σταθεροποιώ; **≗keit** (*0*) *f* στερεότητα; *Tech*. αντοχή; **≗ung** (*0*) *f* σταθεροποίηση
Festkonto *n* δεσμευμένος λογαριασμός
Festland (*-ℯs*; *0*) *n* ξηρά; στεριά; **~(s)sockel** *m* υφαλοκρηπίδα
festlegen (καθ)ορίζω; *Geld* δεσμεύω; ***sich ~*** δεσμεύομαι (***auf*** *A*/για)
festlich γιορταστικός
festmachen στερεώνω
Festnahme *f* σύλληψη (*-εις*)
festnehmen* συλλαμβάνω
Festpreis *m* προκαθορισμένη τιμή
Fest|rede *f* πανηγυρικός; **~saal** *m* αίθουσα για γιορτές
festschnallen *Gurt* προσδένω
festsetzen τάσσω; (καθ)ορίζω
Festspiel *n* φεστιβάλ (*0*) *n*
feststehen* *fig*. είμαι βέβαιος; **~d** αμετάλλακτος
feststell|en διαπιστώνω; εξακριβώνω; (*klären*) διευκρινίζω; **≗ung** *f* διαπίστωση, εξακρίβωση (*-εις*)
Festtag *m* γιορτή; **~s-** γιορταστικός

Festung *f* οχυρό, φρούριο, κάστρο
festverzinslich ... με σταθερό τόκο
Fett (*-ės; -e*) *n a. am Körper* λίπος *n*; πάχος *n*; λίγδα
fett λιπαρός; (*dick; a. Essen*) παχύς; **≗ablagerung** *f* απόθεμα *n* λίπους; **~arm** *Essen*: άπαχος; *Nahrungsmittel*: με λίγα λιπαρά
fetten *v/i* λιγδιάζω
Fettfleck *m* λίγδα; λεκές (*-έδες*) λίπους
fettig λιγδερός; στεατώδης 2
fettlos άπαχος
Fett|polster *n am Körper* μαξιλαράκι λίπους; **~schicht** *f* στρώμα *n* λίπους
Fetzen *m* κουρέλι; *a. fig.* ράκος *n*
feucht υγρός; ~ ***machen*** υγραίνω; **≗biotop** *m, n* υγρός βιότοπος; **~kalt** υγρός και ψυχρός
Feuchtigkeit (*0*) *f* υγρασία
Feu'dal|- φεουδαρχικός; **~herrschaft** *f* φεουδαρχία
Feuer *n* φωτιά; *mil.* πυρ (*πυρός*) *n*; ~ ***fangen*** πιάνω φωτιά; ~ ***legen*** βάζω φωτιά
Feuer|bestattung *f* αποτέφρωση (*-εις*); **~einstellung** *f* κατάπαυση (*-εις*) του πυρός; **≗fest** πυρίμαχος
Feuerlöscher *m* πυροσβεστήρας
Feuermelder *m* πυραγγέλτης
feuern πυροβολώ
Feuersbrunst *f* πυρκαγιά
feuersicher πυρασφαλής 2
Feuerversicherung *f* πυρασφάλεια; **~s·gesellschaft** *f* πυρασφαλιστική
Feuerwehr *f* πυροσβεστικό σώμα; **~mann** *m* (*pl -leute*) πυροσβέστης
Feuer|werk *n* πυροτέχνημα *n*; **~zange** *f* μασιά; **~zeug** *n* αναπτήρας
Feuilleton (*-s; -s*) *n* επιφυλλίδα
feurig πύρινος; *Mensch*: θερμός
Fibel (*-; -n*) *f* αλφαβητάρι(ο)
Fichte *f* πεύκο, *K* πευκη
ficken V γαμώ (*-άς*)
Fieber *n* πυρετός; **≗frei** απύρετος; **≗haft** πυρετικός; *fig.* πυρετώδης 2; **~mittel** *n* αντιπυρετικό
fiebern έχω πυρετό
fiel *s.* ***fallen***
Fi'gur (*-; -en*) *f*; *Kartenspiel, Mus., fig.* φιγούρα; *Math.* σχήμα *n*
fi'gürlich *Gr.* μεταφορικός
Fikti'on *f* επινόημα *n*
fik'tiv πλασματικός, ανύπαρκτος

Filet [fi'le:] (*-s; -s*) *n* φιλέτο
Fili'ale *f* υποκατάστημα *n*
Film (*-s; -e*) *m* ταινία, φιλμ (*0*) *n*; **~atelier** *n* στούντιο
filmen κινηματογραφώ; γυρίζω ταινία
Film|schauspieler(in *f*) *m* ηθοποιός (*a. f*) του κινηματογράφου; **~vorführgerät** *n* μηχανή προβολής; **~vorführung** *f* προβολή
Filter *m* φίλτρο, σουρωτήρι; **≗n** σουρώνω, φιλτράρω
Filzokra'tie *f etwa*: φαυλοκρατία
Fi'nanz|amt *n* εφορεία; **~beamte(r)** εφοριακός; **~en** *pl* οικονομικά *n/pl*; **≗iell** [-'tsǐɛl] οικονομικός; **≗'ieren** χρηματοδοτώ; **~'ierung** *f* χρηματοδότηση (*-εις*)
Findelkind *n* έκθετο
finden* βρίσκω; (*meinen a.*) νομίζω
Finder *m* ευρετής; **~lohn** *m* εύρετρα *n/pl*, βρετικά *n/pl*
findig εφευρετικός
Finger *m* δάχτυλο, *K* δάκτυλος; **~abdruck** *m* δακτυλικό αποτύπωμα *n*; **~hut** *m* δαχτυλήθρα; **~nagel** *m* νύχι
Fingerspitze *f* άκρα δακτύλου; **~n·gefühl** (*-ės; 0*) *n* (*Takt*) διακριτικότητα
fin'gier|en προσποιούμαι, υποκρίνομαι; **~t** εικονικός
Fink (*-en*) *m* σπίνος
finster σκοτεινός, ζοφερός *a. fig.*; **≗nis** (*-; -se*) *f* σκοτάδι; έκλειψη (*-εις*)
Firma (*-; -men*) *f* φίρμα, οίκος
Firmenname *m* επωνυμία φίρμας
Firnis (*-ses; -se*) *m a. fig.* λούστρο, βερνίκι; **≗sen** βερνικώνω
Fisch [ɪ] (*-ės; -e*) *m* ψάρι; *K* ιχθύς; **~besteck** *n* σερβίτσιο για ψάρι
fischen ψαρεύω, *K* αλιεύω; **≗** *n* ψάρεμα *n*
Fischer *m* ψαράς (*-άδες*); **~boot** *n* ψαρόβαρκα; **~dorf** *n* ψαράδικο χωριό
Fische'rei *f* αλιεία; **~hafen** *m* αλιευτικό λιμάνι
Fisch|esser *m* ψαροφάγος; **~fang** *m* ψάρεμα *n*, αλιεία; **~filet** *n* φιλέτο ψαριού; **~geruch** *m* ψαρίλα; **~gräte** *f* ψαροκόκαλο; **~grund** *m* ψαρότοπος; **~händler** *m* ψαράς (*-άδες*), *K* ιχθυοπώλης; **~handlung** *f* ψαράδικο, ιχθυοπωλείο; **~lokal** *n* ψαροταβέρνα; **~markt** *m* ψαράδικα *n/pl*;

F

~rogengelee *n* ταραμάς; **~suppe** *f* ψαρόσουπα; **~zucht** *f* ιχθυοτροφία
Fiskus (-; *0*) *m* δημόσιο ταμείο
Fistel (-; *-n*) *f* συρίγγιο
Fitneß-Center *n* κέντρο σωματικής αγωγής
fix σβέλτος; *Idee*: έμμονος
fi'xieren *j-n* ατενίζω; *Fot.* φιξάρω
Fixstern *m* απλανής (2) αστέρας
FKK|-Camp *n* στρατόπεδο γυμνιστών; **~-Strand** *m* ακτή γυμνιστών
flach (*eben*) επίπεδος; (*untief*, *a. fig.*) ρηχός; **~e Hand** παλάμη
Fläche *f* επιφάνεια; έκταση (*-εις*)
Flächen|- επιφανειακός; **~inhalt** *m* εμβαδό(ν)
Flachland *n* πεδιάδα, κάμπος
Flachs (*-es*; *0*) *m* λινάρι
flackern *v/i* τρεμοσβήνω
Fladenbrot *n* λαγάνα
Flagge *f* σημαία, παντιέρα
Flak (*pl.* - *od.* *-s*) *f* αντιαεροπορικό
Flamme *f a. fig.* φλόγα
Fla'nell (*-s*; *-e*) *m* φανέλα
fla'nieren σερ(γ)ιανίζω
Flanke *f* πλευρά; **~n·ball** *m* σέντρα
Flasche *f* μπουκάλι, μποτίλια, φιάλη; (*Saug*≈) μπιμπερό
Flaschen|- εμφιαλωμένος; **~öffner** *m* ανοιχτήρι; **~pfand** *n* αντίτιμο φιάλης; **~zug** *m* τροχαλία
flattern φτερουγίζω; *Fahne*: ανεμίζω
flau άτονος; *Markt*: στάσιμος
Flaum (*-ẹs*; *0*) *m* χνούδι; **~feder** *f* πούπουλο
Flaute *f* απραξία, στασιμότητα
Flechte *f Med.* έρπητας, έρπης; *Bot.* λειχήνα
flechten* πλέκω
Fleck (*-ẹs*; *-e*) *m* λεκές (*-έδες*), κηλίδα; (*Schande*) στίγμα *n*; **blaue(r)** ~ μελανιά
flecken *v/i* λεκιάζω; **~los** ακηλίδωτος
Fleckenwasser *n* διαλυτικό λεκέδων
Fleckfieber *n* εξανθηματικός τύφος
fleckig λεκιασμένος, κηλιδωμένος
Fledermaus *f* νυχτερίδα
Flegel *m* χοντράνθρωπος, χωριάτης
flehen ικετεύω (**zu** *D*/*A*)
Fleisch (*-ẹs*; *0*) *n* κρέας (*-ατος*) *n*; *menschl.* σάρκα; ψαχνό
Fleisch|brühe *f* ζουμί, ζωμός; **~er** *m* χασάπης (*-ηδες*), κρεοπώλης; **~e'rei** *f* χασάπικο, κρεοπωλείο; **~klößchen** *n* κεφτές (*-έδες*); **≈los** χωρίς κρέας; **~pastete** *f* κρεατόπιτα; **~wolf** *m* κρεατομηχανή
Fleiß (*-es*; *0*) *m* εργατικότητα; **≈ig** εργατικός, φιλόπονος
fle'xi|bel εύκαμπτος; *fig.* ευέλικτος; **≈bili'tät** (*0*) *f* ευελιξία
flicken μπαλώνω; *Bauwerk* μερεμετίζω; ≈ *m* μπάλωμα *n*; **≈teppich** *m* κουρελού (*-ούδες*) *f*
Flieder *m* πασχαλιά
Fliege *f* μύγα; (*Binder*) παπιγιόν (*0*)
fliegen* (*sn*) πετώ (*-άς*); **in die Luft** ~ ανατινάζομαι; ≈ *n* πέταγμα *n*; **~d** ιπτάμενος
Flieger *m* αεροπόρος
Flieger|alarm *m* αεροπορικός συναγερμός; **~horst** *m* αεροπορική βάση (*-εις*); **~schule** *f* σχολή αεροπορίας
fliehen* (*sn*) δραπετεύω, τρέπομαι σε φυγή
Fliese *f* πλακάκι; **≈n** *v/t* πλακοστρώνω; ***gefliest*** πλακόστρωτος
Fließband *n* κορδέλα (συναρμολογήσεως), κυλιόμενη ταινία
fließen* (*sn*) ρέω, τρέχω; *Fluß*: χύνομαι (**in** *A*/σε); **~d** τρεχούμενος; ***~d sprechen*** μιλώ μ' ευχέρεια
flink σβέλτος, πεταχτός
Flipper *m* φλιπεράκι
Flirt [œ] (*-s*; *-s*) *m* φλερτ (*0*) *n*, ερωτοτροπία; **≈en** ερωτοτροπώ, φλερτάρω
Flitterwochen *f/pl* μήνας του μέλιτος
Flocke *f* νιφάδα, τουλούπα
flog *s.* ***fliegen***
floh *s.* ***fliehen***
Floh (*-ẹs*; *⸚e*) *m* ψύλλος
Floskel *f* τυπική έκφραση (*-εις*)
floß [ɔ] *s.* ***fließen***
Floß [o:] (*-es*; *⸚e*) *n* σχεδία, σάλι
Flosse *f* πτερύγιο
Flöte *f* φλογέρα; φλάουτο
flott (*schnell*) γοργός; (*schick*) κομψός
Flotte *f* στόλος
Flotten|manöver *n* ναυτικές ασκήσεις *f/pl*; **~stützpunkt** *m* ναυτική βάση (*-εις*)
Fluch [u:] (*-ẹs*; *⸚e*) *m* κατάρα, βλαστήμια; **≈en** βλαστημώ (*-άς*)
Flucht *f* φυγή, φευγάλα; *heimlich*: απόδραση (*-εις*), δραπέτευση (*-εις*); ***die ~ ergreifen*** τρέπομαι σε φυγή; **~hilfe** *f* φυγάδευση (*-εις*)

flüchten (*sn*) δραπετεύω (***aus*** *D*/από); (***sich***) ~ ***zu*** *D* καταφεύγω σε
flüchtig *Verurteilter*: φυγόποινος; (*oberflächlich*) επιπόλαιος; **≈keit** *f* απροσεξία
Flüchtling (*-s*; *-e*) *m* πρόσφυγας, φυγάδας; δραπέτης
Flug (*-es*; *⸚e*) *m* πτήση (*-εις*); *des Vogels* πέταγμα *n*; ***im*** **~e** στα πεταχτά
Flug|abwehr *f* αεροπορική άμυνα; **~bahn** *f* τροχιά; **~blatt** *n* φεϊγβολάν (*0*) *n*
Flügel *m* φτερό, φτερούγα; (*Bau*) πτέρυγα; (*Tür≈*) φύλλο
Flug|gast *m* επιβάτης (αεροπλάνου); **~gesellschaft** *f* αεροπορική εταιρεία; **~hafen** *m* αερολιμένας; **~höhe** *f* ύψος *n* πτήσεως; **~kapitän** *m* πιλότος, καπετάνιος; **~lotse** *m* ελεγκτής πτήσεων; **~platz** *m* αεροδρόμιο; **~reise** *f* αεροπορικό ταξίδι; **~schein** *m* αεροπορικό εισιτήριο; **~schreiber** *m* μαύρο κουτί; **~verbindung** *f* αεροπορική συγκοινωνία; **~wesen** (*-s*; *0*) *n* αεροπορία
Flugzeug *n* αεροπλάνο, αεροσκάφος *n*; ***mit dem*** ~ αεροπορικώς; **~entführer** *m* απαγωγέας αεροπλάνου; **~entführung** *f* απαγωγή αεροπλάνου; **~träger** *m* αεροπλανοφόρο
Fluor (*-s*; *0*) *n* φθόριο
Flur (*-es*; *-e*) *m* διάδρομος
Fluß [ʊ] (*-sses*; *⸚sse*) *m* ποτάμι, ποταμός; *fig.* ροή; **~bett** *n* κοίτη
flüssig ρευστός *a. Geld*; υγρός; **≈gas** *n* υγραέριο; **≈keit** *f* υγρό
flüstern ψιθυρίζω (***ins Ohr***/στ' αφτί)
Flut *f* (*nicht Ebbe*) πλημμυρίδα, φουσκονεριά; κατακλυσμός
Födera|'lismus (*-*; *0*) *m* ομοσπονδιακό σύστημα *n*; **~ti'on** *f* ομοσπονδία; **≈'tiv** ομοσπονδιακός
Fohlen *n* πουλάρι, *K* πώλος
Föhn *m* νοτιάς; πνιγερός αέρας
Fokus (*-*; *-se*) *m* εστία
Folge *f* (*Fortsetzung*) συνέχεια; (*Konsequenz*) συνέπεια; *aufeinander* διαδοχή; ***zur*** ~ ***haben*** έχει ως συνέπεια
folgen (*sn*) ακολουθώ (*a. -άς*) (*D*/*A*); επακολουθώ (*D od.* ***auf*** *A*/*v*/*i*); *a. fig.*, *D* παρακολουθώ *A*; **~d** επόμενος
folgendermaßen ως εξής
folgern συμπεραίνω (***daß***/πως)
Folgerung *f* συμπέρασμα *n*
folg|lich επομένως, συνεπώς, κατά συνέπεια; **~sam** υπάκουος
Folie *f* διαφανές φύλλο, ζελατίνα
Folk'lor|e (*0*) *f* λαϊκή παράδοση (*-εις*); **~e·abend** *m* λαογραφική βραδιά; **≈'istisch** φολκλοριστικός
Folkmusik *f* δημοτική μουσική
Folter *f* βασανιστήριο; **~kammer** *f* αίθουσα βασανιστηρίων; **≈n** βασανίζω; **~ung** *f* βασανισμός
Fonds [fɔ̃:, fɔŋ] (*-*; *-*) *m* κεφάλαιο, φόντα *n*/*pl*; *Auto*: πίσω μέρος *n*
Fon'täne *f* πίδακας
foppen κοροϊδεύω
Förderer *m* υποστηρικτής
fordern απαιτώ, ζητώ (*-άς*) (***etw. von j-m***/κτ από κπ), αξιώνω
fördern *j-n* υποστηρίζω, ευνοώ; *etw.* προάγω; *Erze* εξάγω
Forderung *f* απαίτηση (*-εις*); αίτημα *n*, αξίωση (*-εις*)
Förderung *f* προαγωγή; υποστήριξη; *Erz*: εξόρυξη (*-εις*)
Fo'relle *f* πέστροφα
Form *f allg.* μορφή; (*Gestalt*) σχήμα *n*; *Tech.* καλούπι
for'm|al τυπικός; **≈ali'tät** *f* (*z. B. Zoll-*) διατύπωση (*-εις*); *allg.* τύποι *m*/*pl*
For'mat (*-s*; *-e*) *n* σχήμα *n*; *fig.* αξία
Formel *f* κανόνας; τύπος
for'mell τυπικός, επίσημος
formen (δια)πλάθω; **≈lehre** *f Gr.* μορφολογία, τυπικό
for'mieren σχηματίζω; ***sich*** ~ *mil.* παρατάσσομαι
förmlich τυπικός; **≈keit** *f* τυπικότητα
formlos άτυπος; άμορφος
Formu'l|ar (*-s*; *-e*) *n* έντυπο; **≈ieren** *Gedanken* διατυπώνω; **~ierung** *f* διατύπωση (*-εις*)
forsch|en *v*/*i* ερευνώ (*-άς*); **~en *nach*** *D* αναζητώ (*-άς*) *A*; **~end** ερευνητικός; **≈er** *m* ερευνητής; **≈ung** *f* έρευνα; **≈ungs·auftrag** *m* εντολή έρευνας; **≈ungs·gebiet** *n* πεδίο έρευνας
Forst (*-es*; *-e*) *m* δάσος *n*
Förster *m* δασονόμος
Forst|meister *m* δασάρχης; **~revier** *n* δασαρχείο; **~wirtschaft** *f* δασοκομία; **~wissenschaft** (*0*) *f* δασολογία
fort μακριά; (*weiter*) περαιτέρω
fort|bestehen* διατηρούμαι; **~bewegen: *sich*** **~*bewegen*** (μετα)κινού-

F

μαι; **2bewegungsmittel** *n* μέσο μετακινήσεως; **2bildung** *f* μετεκπαίδευση (*-εις*); **~dauern** συνεχίζομαι
fort|fahren* (*sn*) φεύγω; *fig*. εξακολουθώ (**in** *D*/*A*); **~führen** συνεχίζω; **2gang** (*-es*; *0*) *m* εξακολούθηση
fortgeschritten προχωρημένος
fortjagen διώχνω, αποπεμπω
fortkommen* (*sn*) *fig*. προοδεύω
fort|pflanzen: *sich ~pflanzen* αναπαράγομαι; **2pflanzung** *f* αναπαραγωγή; **~reißen*** παρασέρνω; **~schreiten*** (*sn*) προχωρώ (*-άς*), προοδεύω; **2schreiten** *n* πρόοδος *f*
Fortschritt *m* πρόοδος *f*; προκοπή; **2lich** προοδευτικός; **~lichkeit** (*0*) *f* προοδευτικότητα
fortsetz|en *v*/*t* συνεχίζω, εξακολουθώ; **2ung** *f* συνέχεια
fortwährend αδιάκοπος
Fo'ssil (*-s*; *-lien*) *n* απολίθωμα *n*
Foto (*-s*; *-s*) *n* φωτογραφία; **~-** φωτογραφικός; **~apparat** *m* φωτογραφική μηχανή; **~ko'pie** *f* φωτοαντίγραφο, φωτοτυπία; **2ko'pieren** φωτοτυπώ
Fötus (*-ses*; *-se od. -ten*) *m* έμβρυο
Fracht *f* φορτίο; **~brief** *m* φορτωτική; **~er** *m* φορτηγό πλοίο; **~kosten** *pl* κόμιστρα *n*/*pl*
Frage *f* ερώτηση (*-εις*); (*Problem*) ζήτημα *n*, πρόβλημα *n*; ***in ~ stellen*** αμφισβητώ
Fragebogen *m* ερωτηματολόγιο
fragen ρωτώ (*-άς*); ***nach j-m ~*** ζητώ (*-άς*) κπ; ***sich ~*** αναρωτιέμαι
Fragezeichen *n* ερωτηματικό
frag|lich προβληματικός; **~los** αναμφίβολος
Frag'ment (*-s*; *-e*) *n* απόσπασμα *n*; **2arisch** [-'ta:-] αποσπασματικός
Frak'tion *f* κοινοβουλευτική ομάδα; **2s·los** ανεξάρτητος; **~s·vorsitzende(r)** *m* πρόεδρος κοινοβουλευτικής ομάδας
fran'kier|en γραμματοσημαίνω; **2maschine** *f* μηχανή γραμματοσήμανσης; **2ung** *f* γραμματοσήμανση
Franse *f* κρόσσι; (*Fetzen*) ξέφτι
fraß [a:] *s.* ***fressen***
Fraß [a:] (*-es*; *0*) *m* βορά; κακοφαγία
Fratze *f* μορφασμός; μούρη
Frau *f* γυναίκα; (*Ehe2*) σύζυγος *f*; *Anrede*; *vor dem Namen*: κυρία; *Brief*: ***sehr geehrte*** (***liebe***) **~** αξιότιμη (αγαπητή) κυρία; ***alte ~*** γριά
Frauen|arbeit *f* γυναικεία δουλειά; **~arzt** *m* γυναικολόγος; **~bewegung** *f* φεμινισμός; γυναικείο κίνημα *n*; **~heilkunde** *f* γυναικολογία; **~rechtlerin** *f* φεμινίστρια
Fräulein *n* δεσποινίς *f*, δεσποινίδα
frech αυθάδης 2, θρασύς (*-εία, -ύ*); **2heit** *f* αυθάδεια, θράσος *n*
frei ελεύθερος (**von** *D*/από); *Sitten*: ελευθέριος (*-α, -ο*); (*Zeit habend*) εύκαιρος; (*ungebunden*) αδέσμευτος; ***~e Stelle*** κενή θέση (*-εις*); ***im 2en*** στο ύπαιθρο; ***~ sein*** ευκαιρώ
Freibad *n* ανοιχτό κολυμβητήριο
Freiberufler *m* ελεύθερος επαγγελματίας
freiberuflich: *~ tätig sein* εξασκώ ελεύθερο επάγγελμα
Freibetrag *m* μη φορολογητέο ποσό
Frei·exemplar *n* δωρεάν αντίτυπο
Frei|gabe *f* απελευθέρωση (*-εις*); **2geben*** *Schule*: σχολώ (*-άς*); αίρω
freihaben* έχω άδεια
Freihafen *m* ελεύθερος λιμένας
freihalten* κρατώ (*-άς*) ελεύθερο
Freihandel *m* ελεύθερο εμπόριο; **~szone** *f* ζώνη ελεύθερου εμπορίου
Freiheit *f* ελευθερία; ***dichterische ~*** ποιητική άδεια; **2lich** φιλελεύθερος
Freiheits|krieg *m* απελευθερωτικός πόλεμος; **~strafe** *f* ποινή καθείρξεως
Frei|karte *f* εισιτήριο ελευθέρας; **~körperkultur** (*0*) *f* (**FKK**) γυμνισμός
frei|lassen* αποφυλακίζω, αφήνω ελεύθερο; *Raum* αφήνω άδειο; **2lassung** *f* αποφυλάκιση (*-εις*), (απ)ελευθέρωση
freilich βεβαίως
Freilicht- υπαίθριος (*-α, -ο*)
freimachen ξεβουλώνω; *Brief* γραμματοσημαίνω; *Oberkörper* γυμνώνω
Freimaurer *m* μασόνος, τέκτονας; **~ei** [-'RaI] (*0*) *f* μασονία
freisetzen *v*/*t* απαλλάσσω; *Energie* παράγω, απελευθερώνω
freisprech|en* αθωώνω, απαλλάσσω (**von** *D*/*G*); **2ung** *f* αθώωση (*-εις*), απαλλαγή
Freispruch *m* αθώωση (*-εις*)
Freitag *m* Παρασκευή
freiwerden (*sn*) ελευθερώνομαι

freiwillig εκούσιος (*-α, -ο*), εθελοντικός; **e(r)** εθελοντής
Freizeit *f* ελεύθερος χρόνος; **~angebot** *n* δυνατότητες *f/pl* ψυχαγωγίας; **~gestaltung** *f* αξιοποίηση ελεύθερου χρόνου
Freizügigkeit *f* ελευθερία κινήσεων
fremd ξένος; (*entlehnt*) δάνειος (*-α, -ο*); **~artig** ξενότροπος, αλλιώτικος
Fremde (*0*) *f* ξένα *n/pl*, ξενιτ(ε)ιά; ***in die ~ gehen*** ξενιτεύομαι, μισεύω
fremden|feindlich εχθρικός στους ξένους; **führer(in** *f*) *m* ξεναγός *m/f*; **polizei** *f* τμήμα *n* αλλοδαπών; **verkehr** *m* τουρισμός; **verkehrsbüro** *n* γραφείο τουρισμού; **zimmer** *n* δωμάτιο για ξένους
Fremde(r) ξένος; αλλοδαπός
Fremd|finanzierung *f etwa*: δανεισμός; **~herrschaft** *f* ξενοκρατία; **~kapital** *n etwa*: δάνειο; **~körper** *m* ξένο σώμα *n*; **~sprache** *f* ξένη γλώσσα; **sprachig** ξενόγλωσσος, ξενόφωνος; **~wort** *n* ξένη λέξη (*-εις*)
Fre'quenz *f Phys.* συχνότητα
Fresko (*-s*; *-ken*) *n* τοιχογραφία
fressen* *Tier*: τρώω, βόσκω; **** *n* τροφή, φαΐ
Freude *f* χαρά; ευφροσύνη; ***j-m*** **(e-e)** ***~ machen*** δίνω χαρά σε κπ
freudig χαρούμενος, χαρμόσυνος
freuen: *sich über etw.* (*A*) **~** χαίρομαι για; ***sich auf etw.*** (*A*) **~** περιμένω κτ με χαρά; *unp.* ***es freut mich*** χαίρομαι
Freund (*-ęs*; *-e*) *m* φίλος; **~in** *f* φιλενάδα, φίλη; **lich** ευγενικός; **~lichkeit** *f* ευγένεια; **~schaft** *f* φιλία; **schaftlich** φιλικός; *Adv* φιλικά, *a.* με το καλό; **~schafts-** φιλικός
Frevel ['fʀeːfəl] *m* ανοσιουργία; **haft** ανόσιος (*-α, -ο*)
Frieden (*-s*; *0*) *m* ειρήνη; ησυχία; ***~ schließen*** συνάπτω ειρήνη; ***j-n in ~ lassen*** αφήνω κπ ήσυχο
Friedens|bewegung *f* ειρηνιστικό κίνημα *n*; **~initiative** *f* ειρηνευτική πρωτοβουλία; **~konferenz** *f* διάσκεψη (*-εις*) ειρήνης; **~politik** *f* πολιτική ειρήνης; **~stifter** *m* ειρηνοποιός; **~verhandlungen** *f/pl* διαπραγματεύσεις *f/pl* ειρήνης; **~vertrag** *m* συνθήκη ειρήνης
friedfertig ειρηνικός, φιλήσυχος
Fried|hof *m* νεκροταφείο, κοιμητήριο; **lich** ειρηνικός
frieren* κρυώνω, παγώνω
Fries (*-es*; *-e*) *m* διάζωμα
frisch (*-er*; *-est-*) φρέσκος (*-ια, -ο*), νωπός; πρόσφατος; *Luft*: δροσερός; ***sich ~ machen*** φρεσκάρομαι
Frisch|e (*0*) *f* φρεσκάδα; δροσιά; **~haltung** *f* διατήρηση (τροφίμων)
Fri'seur (*-s*; *-e*) *m* κομμωτής; (*Haarschneider*) κουρέας; **~in** *f* κομμώτρια
fri'sier|en χτενίζω; **salon** *m Damen*: κομμωτήριο; *Herren*: κουρείο
Frist *f* προθεσμία, διορία; **gemäß** εμπρόθεσμος; έγκαιρος; ***nicht gemäß*** ληξιπρόθεσμος; **los** άμεσος; **~verlängerung** *f* παράταση (*-εις*) προθεσμίας
Fri'sur *f* χτένισμα *n*, κόμμωση (*-εις*)
froh (*-er*; *-est-*) χαρούμενος, εύθυμος; (*erfreut*) ευχαριστημένος
fröhlich εύθυμος, χαρούμενος; **keit** (*0*) *f* ευθυμία
fromm (*-er, -st- od.* **ˮ***er*, **ˮ***st-*) ευσεβής 2; (*religiös*) θρήσκος (*-α, -ο*)
Frömmigkeit (*0*) *f* ευσέβεια
Front *f mil.* μέτωπο; *e-s Hauses* πρόσοψη (*-εις*); ***~ machen gegen*** *A* αντιτάσσομαι σε; **~'al·zusammenstoß** *m* μετωπική σύγκρουση (*-εις*)
fror *s.* ***frieren***
Frosch [ɔ] (*-ęs*; **ˮ***e*) *m* βάτραχος
Frost (*-ęs*; **ˮ***e*) *m* παγωνιά, πάγος; **~beule** *f* χιονίστρα
frösteln κρυώνω, έχω ρίγος
frostig ψυχρός, παγερός
Frostschutzmittel *n* αντιψυκτικό
fro'ttier|en τρίβω; **tuch** *n* μπουρνούζι
Frucht (*-*; **ˮ***e*) *f* καρπός *a. fig.*; (*Obst*) φρούτο, οπωρικό (*mst. pl*); **bar** εύφορος; γόνιμος *a. fig.*; **~barkeit** (*0*) *f* γονιμότητα, ευφορία
fruchten καρποφορώ
fruchtlos άκαρπος; *fig.* μάταιος
Fruchtsaft *m* φρουτοχυμός
früh πρωινός; πρώιμος; *Adv* νωρίς, πρωί; **~estens** το νωρίτερο; ***sehr ~, am ~en Morgen*** πρωί-πρωί
Frühe (*0*) *f* πρωί, αυγή; ***in aller ~*** πρωί-πρωί; με την αυγή
früher *Adv* νωρίτερα; (*ehemals*) άλλοτε; ***~ oder später*** αργά ή γρήγορα

F

früher- *Adj* προηγούμενος, πρωτύτερος; (*ehemalig*, *Ex-*) πρώην (*0*)
Früherkennung *f* πρώιμη διάγνωση
Früh|geburt *f* πρόωρος τοκετός; **~jahr** *n* άνοιξη; **~jahrs-** ανοιξιάτικος; **~ling** (*-s*; *-e*) *m* άνοιξη; **~messe** *f* όρθρος; **2reif** πρώιμος; **~stück** *n* πρωινό, πρόγευμα *n*; **2stücken** (*gefrühstückt*) προγευματίζω; **~stücksfernsehen** *n etwa*: πρωινή τηλεόραση; **2zeitig** πρώιμος; *Adv* νωρίς
Fuchs [fʊks] (*-es*; *⸚e*) *m a. fig.* αλεπού (*-ούδες*) *f*; (*Pferd*) ντορής (*-ήδες*)
fuchteln χειρονομώ
Fuge *f* αρμός, άρθρωση (*-εις*); ***aus den ~n geraten*** ξεχαρβαλώνομαι
fügen *v/t Tech.* προσαρμόζω (***in*** *A*/σε); ***sich ~*** υπακούω; συμμορφώνομαι (*D*/με); ***sich in sein Schicksal ~*** υποκύπτω στη μοίρα μου
fügsam πεθήνιος (*-α, -ο*)
Fügung *f*: ***~ des Schicksals*** επιταγή της μοίρας; ***Gottes ~*** Θεού θέλημα *n*
fühlbar αισθητός; χειροπιαστός
fühlen (*empfinden*) αισθάνομαι, νιώθω; *Puls* πιάνω; ***sich ~*** αισθάνομαι
Fühler *m Zool.* κεραία
fuhr *s.* ***fahren***
Fuhre *f* αγώ(γ)ι, αμαξοφόρτωμα *n*
führen οδηγώ (***zu***/σε); περνώ (***aus, von*** *D*/από; ***nach*** *D*, ***auf*** *A*, ***zu*** *D*/σε); *Buch* κρατώ (*-άς*); *Verhandlungen* διεξάγω; (*verwalten*) διευθύνω; *Krieg, Leben* κάνω; *Ware* διαθέτω; *Weg*: βγάζω (***zu, nach*** *D*/σε); ***j-n ~ zu, nach*** *D* πηγαίνω κπ σε; *e-e Bewegung* ηγούμαι *G*; ***~ vor j-m*** προηγούμαι *G* (***in*** *D*/σε)
führend κορυφαίος (*-α, -ο*)
Führer *m* οδηγός; ηγέτης; (*Partei2, Banden2*) αρχηγός; **~schaft** *f* αρχηγία; **~schein** *m* άδεια οδηγήσεως
Fuhr|geld *n* αγώ(γ)ι; **~mann** *m* αμαξάς
Führung *f* ηγεσία; διεύθυνση (*-εις*); διαγωγή; **~s·zeugnis** *n* πιστοποιητικό ποινικού μητρώου
Fülle (*0*) *f* αφθονία; πληθώρα
füllen γεμίζω (***etw. mit*** *D*/κτ με *od. A*); *Zahn* βουλώνω, σφραγίζω
Füll|federhalter *m* πένα; **~ung** *f* γέμιση; (*Zahn-*) σφράγισμα *n*
Fund (*-ɇs*; *-e*) *m* εύρημα *n*
Funda'ment (*-ɇs*; *-e*) *n* θεμέλιο, υπόβαθρο; υποδομή
Fund|büro *n* γραφείο απολεσθέντων αντικειμένων; **~grube** *f fig.* αποδοτική πηγή
fun'diert θεμελιωμένος, βάσιμος
Fundsachen *f/pl* απολεσθέντα *n/pl*
fünf πέντε; **2** *f* πέντε *n*, πεντάρι; **~fach** πενταπλάσιος (*-α, -ο*); **~hundert** πεντακόσιοι 3; **2hundert'drachmenschein** *m* πεντακοσάρι; **2kampf** *m* πένταθλο; **~mal** πέντε φορές; **~stellig** πενταψήφιος (*-α, -ο*)
fünft- πέμπτος
Fünf|'tagewoche *f* εβδομάδα των πέντε ημερών; **2tägig** πενθήμερος; **~tel** *n* πέμπτο; **2tens** πέμπτον
fünfzehn δεκαπέντε
fünfzig πενήντα, *K* πεντήκοντα; **2jährige(r)** πενηντάρης (*f* -άρα)
Funk (*-s*; *0*) *m* ασύρματος; ραδιοφωνία
Funke (*-ns*; *-n*) *m*, *a. Funken m* σπίθα, σπινθήρας; *fig.* έναυσμα *n*
funkeln λαμποκοπώ (*-άς*)
funkelnagelneu ολοκαίνουργος
funk|en εκπέμπω με ασύρματο; **2er** *m* ασυρματιστής
Funk|gerät *n* συσκευή ασυρμάτου; **~peilgerät** *n* ραδιογωνιόμετρο; **~station** *f* σταθμός ασυρμάτου; **~telegramm** *n* ραδιοτηλεγράφημα *n*
Funk'tion *f* λειτουργία
Funktio'När (*-s*; *-e*) *m* υπάλληλος
funktio'nieren *v/i* λειτουργώ; εργάζομαι, δουλεύω
Funkverkehr *m* ραδιοεπικοινωνία
für *Präp A* για; αντί *G*; αντί για; *K* υπέρ *G*; προς; ***~ 10 Mark*** αντί 10 μάρκων; ***~ das Vaterland*** υπέρ πατρίδος; ***Schritt ~ Schritt*** βήμα προς βήμα
Fürbitte *f* μεσολάβηση (*-εις*)
Furche *f* αυλάκι; (*Falte*) ρυτίδα; **2n** αυλακώνω; ***gefurcht*** αυλακωτός
Furcht (*-*; *0*) *f* φόβος (***vor*** *D*/*G*); **2bar** φοβερός, τρομερός
fürchten *v/t* φοβάμαι, φοβούμαι (***daß***/ότι *od.* μην); ***sich ~ vor*** *D* φοβάμαι *A od.* από
fürchterlich φοβερός, τρομερός
furchtlos άφοβος; **2igkeit** (*0*) *f* αφοβία, θάρρος *n*
furchtsam φοβιτσιάρης 3, δειλός
Fur'nier (*-s*; *-e*) *n* καπλαμάς (*-άδες*); **2en** καπλαντίζω, επικολλώ (*-άς*)

Fürsorg|e (*0*) *f* μέριμνα, φροντίδα; **≈lich** προβλεπτικός; στοργικός
Fürsprache *f* συνηγορία; σύσταση
Fürst (*-en*) *m* ηγεμόνας, πρίγκιπας; **≈lich** ηγεμονικός
Fürwort (*-ℯs*; *-̈er*) *n Gr.* αντωνυμία
Furz (*-es*; *-̈e*) P πορδή
Fu'sion *f Hdl.* συγχώνευση (*-εις*)
fusio'nieren συγχωνεύω, -νεύομαι
Fuß [u:] (*-es*; *-̈e*) *m* πόδι; (*Lampen≈*) βάση (*-εις*); *e-s Berges* πρόποδες *m/pl*; ***zu ~*** με τα πόδια, πεζή; ***zu ~ gehen*** περπατώ (*-άς*); πεζοπορώ; ***auf freien ~ setzen*** ελευθερώνω
Fußball *m* (*Spiel*) ποδόσφαιρο; (*Ball*) μπάλα; ***~ spielen*** παίζω ποδόσφαιρο; **~-** ποδοσφαιρικός; **~er** *m* ποδοσφαιριστής; **~spiel** *n* ποδοσφαιρικός αγώνας; **~spieler** *m* ποδοσφαιριστής
Fuß|bank *f* σκαμνί; **~boden** *m* δάπεδο, πάτωμα *n*; **~bremse** *f* ποδόφρενο
fußen βασίζομαι (***auf*** *D*/σε)
Fußgänger *m* πεζός; διαβάτης; **~ampel** *f* φανάρι πεζών; **~in** *f* διαβάτισσα; πεζή; **~tunnel** *m* υπόγεια διάβαση (*-εις*); **~übergang** *m* διάβαση (*-εις*) πεζών; **~zone** *f* πεζόδρομος
Fuß|hebel *m* πε(ν)τάλι; **~lappen** *m* τσούλι; **~marsch** *m* πορεία; **~note** *f* υποσημείωση (*-εις*); **~pflege** *f* πεντικιούρ (*0*) *n*; **~sohle** *f Anat.* πατούσα; **~spur** *f*, **~stapfe** *f* πατημασιά, (α)χνάρι, ίχνος *n*; **~tritt** *m* κλωτσιά; ***j-m e-n ~tritt versetzen*** κλωτσώ (*-άς*) κπ; **~weg** *m* μονοπάτι
Futter *n* (ζωο)τροφή; *Kleidung*: φόδρα; *Tech.* επένδυση (*-εις*)
Futterkrippe *f* παχνί, φάτνη
füttern *a. ein Kind* ταΐζω; *Kleider* φοδράρω; ≈ *n* τάισμα *n*
Fu'tur (*-s*; *-e*) *n Gr.* μέλλοντας

G

gab *s.* ***geben***
Gabardine *m* (γ)καμπαρντίνα
Gabe *f* δώρο; (*Dosis*) δόση (*-εις*); ταλέντο, χάρισμα *n*; ***milde ~*** ψυχικό
Gabel (*-*; *-n*) *f* πιρούνι; (*Heu≈*; *allg.*) διχάλι; **≈n:** ***sich ≈n*** διακλαδίζομαι; **~stapler** *m* κλαρκ (*0*) *n*; **~ung** *f* διακλάδωση (*-εις*)
gackern κακαρίζω, φλυαρώ
gaff|en χαζεύω, χάσκω; **≈er** *m* χάχας
Gage ['ga:ʒə] *f* αμοιβή (ηθοποιού)
gähnen χασμουριέμαι; *fig. Abgrund*: χάσκω; ≈ *n* χασμουρητό
Gala (*-*; *0*) *f* επίσημο ένδυμα *n*; **~abend** *m* επίσημη βραδιά
ga'lant περιποιητικός
Gale'rie *f a. Thea.* γαλαρία, *Thea. a.* υπερώο; πινακοθήκη
Galgen *m* κρεμάλα, αγχόνη; **~frist** *f* τελευταία προθεσμία; **~humor** *m* τραγικό χιούμορ
Galle *f* χολή; **≈(n)bitter** *adj* φαρμάκι; **~n·blase** *f* χοληδόχος κύστη; **~n·steine** *m/pl* χολόλιθοι *m/pl*
Gal'lone *f* γαλόνι
Ga'lopp (*-s*; *-e*, *-s*) *m* καλπασμός
galop'pieren (*sn*) καλπάζω
gal'vani'sieren γαλβανίζω
Gang (*-ℯs*; *-̈e*) *m* (*Gehen*) βάδισμα *n*; περπάτημα *n*; (*z. B. Einkäufe*) δρόμος (*mst. pl*); (*Korridor*) διάδρομος; *Anat.* αγωγός; *Auto*: ταχύτητα; *Essen*: πιάτο; (*Verlauf*) πορεία; ***in vollem ~e*** εν εξελίξει; ***in ~ setzen*** *allg.* βάζω μπρος
gang: ***~ und gäbe*** καθιερωμένος
gängeln σέρνω από τη μύτη
gängig συνηθισμένος
Gangschaltung *f* σύστημα *n* ταχυτήτων
Gans (*-*; *-̈e*) *f* χήνα; *fig.* ***dumme ~*** κουτοθήλυκο
Gänse|blümchen *n* μαργαρίτα; **~füßchen** *n/pl Typ.* εισαγωγικά *n/pl*; **~haut** *f*: ***e-e ~haut bekommen*** με πιάνει ανατριχίλα
ganz *Adj* όλος, ολόκληρος *mit Art*; *oft*: ολο-; παν- (παγ-, παμ-); (*sehr*)

G

θεο-; (*heil*) σώος (-*a*, -*o*); ακέραιος; ~ ***gut*** αρκετά καλά; ~ ***gewiß*** βεβαιότατα; ~ ***genau*** ακριβώς; ~ ***und gar*** ολότελα; ~ ***und gar nicht*** (δεν) ... καθόλου
Ganze(s) όλο(ν), σύνολο
Ganzheit (*0*) *f* ακεραιότητα
gänzlich *Adv* εντελώς, παντελώς
ganz|seitig *Annonce*: ολοσέλιδος; **≈tags·schule** *f* ολοήμερο σχολείο
gar *Adj Gekochtes*: καλοψημένος, έτοιμος; (**noch**) ***nicht*** ~ άψητος; *Adv* (*sehr*) πολύ; ~ ***nicht*** (δεν) ... καθόλου; ~ ***nichts*** απολύτως τίποτε
Garage [gaˑˈʀaˑʒə] *f* γκαράζ (*0*) *n*
Ga'rant (-*en*) *m* εγγυητής
Garan'tie *f* εγγύηση (-*εις*); ασφάλεια; **~mächte** *f*/*pl* εγγυήτριες δυνάμεις *f*/*pl*; **≈ren** εγγυώμαι, ασφαλίζω; **≈rt** εγγυημένος; **~schein** *m* εγγυητήριο
Garde *f* φρουρά; σωματοφυλακή
Garde'robe *f* κρεμάστρα, γκαρνταρόμπα; (*Kleidung*) ρουχισμός
Gar'dine *f* κουρτίνα, στορ (*0*) *n*
gären* ζυμώνομαι; *Bier*: βράζω
Garn (-*ẹs*; -*e*) *n* κλωστή, νήμα *n*
Gar'nele *f* γαρίδα
gar'nieren γαρνίρω, διακοσμώ
Garni'son *f* φρουρά
Garni'tur *f* γαρνιτούρα
Garten (-*s*; ⸚) *m* κήπος, περιβόλι
Garten|arbeit *f*, **~bau** (-*ẹs*; *0*) *m* κηπουρική; **~haus** *n* κιόσκι; **~lokal** *n* εξοχικό κέντρο; **~schere** *f* κλαδευτήρι
Gärtner *m* κηπουρός, περιβολάρης
Gärtne'rei *f* επιχείρηση (-*εις*) κηπουρικής
Gärtnerin *f* περιβολάρισσα
Gärung *f a. fig.* ζύμωση (-*εις*)
Gas (-*es*; -*e*) *n* αέριο, γκάζι; *Auto*: ~ ***geben*** πατώ (-*άς*) το γκάζι; **~heizung** *f* θέρμανση (-*εις*) αερίου; **~kammer** *f* θάλαμος αερίων; **~kocher** *m* γκαζιέρα; **~leitung** *f* αγωγός αερίου; **~maske** *f* αντιασφυξιογόνα μάσκα
Gasse *f* δρομάκι, σοκάκι
Gast (-*es*; ⸚*e*) *m* (*Eingeladener*) καλεσμένος, επισκέπτης; φιλοξενούμενος; (*Hotel≈*) πελάτης; **~arbeiter** *m* αλλοδαπός εργαζόμενος
Gäste|buch *n* βιβλίο επισκεπτών; **~haus** *n* ξενώνας; **~zimmer** *n* δωμάτιο (των) ξένων
gast|freundlich φιλόξενος; **≈freundschaft** *f* φιλοξενία; **≈geber(in** *f*) *m* οικοδεσπότης, -δέσποινα; **≈haus** *n* *etwa*: πανδοχείο; **≈hörer(in** *f*) *m* ακροατής, -άτρια; **≈land** *n* χώρα υποδοχής (ξένων)
Gastrono'mie (*0*) *f* γαστρονομία
Gaststätte *f* (απλό) εστιατόριο
Gastwirt *m* εστιάτορας
Gas|uhr *f* μετρητής γκαζιού; **~werk** *n* εργοστάσιο παραγωγής (φωτ)αερίου
Gatt|e (-*n*) *m* σύζυγος, κύριος; **~in** *f* σύζυγος *f*, κυρία
Gattung *f* είδος *n*
Gaul (-*ẹs*; ⸚*e*) *m* παλιάλογο
Gaumen *m* ουρανίσκος
Gauner *m* λωποδύτης, απατεώνας
Ge'bäck (-*ẹs*; -*e*) *n* γλυκό, *oft*: μπισκότο; βούτηγμα *n*
ge'bar *s.* ***gebären***
Ge'bärde *f* χειρονομία
ge'bären* γεννώ (-*άς*)
Ge'bärmutter *f* μήτρα, υστέρα
Ge'bäude (-*s*; -) *n* κτίριο
Ge'beine *n*/*pl* οστά *n*/*pl*
Ge'bell (-*s*; *0*) *n* γάβγισμα *n*
geben* δίνω; *ein Essen* παραθέτω; *Glanz usw.* προσδίδω; *Karten* μοιράζω; ***zu verstehen*** ~ αφήνω να ενοηθεί; ***es gibt*** *A* υπάρχει *N*, έχει *A*; ***was gibt's?*** τι τρέχει; *Thea.* ***gegeben werden*** παίζομαι
Geber *m* δωρητής, χορηγητής
Ge'bet (-*ẹs*; -*e*) *n* προσευχή
ge'beten *s.* ***bitten***
ge'beugt γερτός, σκυφτός
Ge'biet (-*ẹs*; -*e*) *n a. fig.* περιοχή, περιφέρεια; *fig.* τομέας, κύκλος
ge'bieten* υπαγορεύω, επιβάλλω
Ge'bieter *m* δεσπότης, κυρίαρχος; **≈isch** προστακτικός, δεσποτικός
Ge'biets- εδαφικός
Ge'bilde *n* σχήμα *n*, πλάσμα *n*
ge'bildet μορφωμένος
Ge'birg|e *n* οροσειρά; **≈ig** βουνίσιος, ορεινός
Gebirgs|kette *f* οροσειρά; **~paß** *m* κλεισούρα
Ge'biß (-*sses*; -*sse*) *n* οδοντοστοιχία, μασέλα (*a. künstlich*/τεχνητή)
ge'bissen *s.* ***beißen***
ge'blieben *s.* ***bleiben***
ge'bogen *s.* ***biegen***; καμπυλωτός

ge'boren *s.* ***gebären***; γεννημένος; ***Frau M., ~e ...*** κυρία Μ., το γένος ...
ge'borgen *s.* ***bergen***
Ge'bot (*-ẹs; -e*) *n der Pflicht usw.* προσταγή; *Rel.* εντολή
ge'boten *s.* ***bieten***; επιβαλλόμενος
ge'bracht *s.* ***bringen***
ge'brannt *s.* ***brennen***; καμένος
ge'braten *s.* ***braten***; ψητός
Ge'brauch *m* χρήση (*-εις*); μεταχείριση; (*Sitte*) έθιμο; ***~ machen von D*** κάνω χρήση *G*
ge'brauchen μεταχειρίζομαι, χρησιμοποιώ
ge'bräuchlich συνηθισμένος; *Wort*: εύχρηστος; *Adv* εν χρήσει
Ge'brauchs·anweisung *f* οδηγίες *f/pl* χρήσεως
ge'braucht μεταχειρισμένος
Ge'brech|en *n* σωματικό ελάττωμα *n*; **ℒlich** ανάπηρος
ge'brochen *s.* ***brechen***; σπασμένος
Ge'brüder *pl Hdl.* αδελφοί *m/pl*
Ge'brüll (*-ẹs; 0*) *n* μούγκρισμα *n*; *von Menschen*: ξεφωνητά *n/pl*
ge'bückt σκυφτός
Ge'bühr *f* τέλος *n*, φόρος
ge'bührend ταιριαστός
Ge'bühren|einheit *f* μονάδα τέλους; **~erhöhung** *f* αύξηση (*-εις*) τελών; **ℒfrei** ατελής 2; **ℒpflichtig** υποκείμενος σε τέλη
ge'bunden *s.* ***binden***; δεμένος
Ge'burt [uː] *f* γέννα, γέννηση (*-εις*); τοκετός; ***von ~ an*** εκ γενετής
Ge'burten|kontrolle *f* έλεγχος γεννήσεων; **~rückgang** *m* υπογεννητικότητα; **ℒschwach** υπογεννητικός; **ℒstark** υπεργεννητικός
Ge'burts|anzeige *f* δήλωση (*-εις*) γεννήσεως; **~datum** *n* ημερομηνία γεννήσεως; **~helfer** *m* μαιευτήρας; **~jahr** *n* έτος *n* γεννήσεως; **~ort** *m* τόπος γεννήσεως; **~tag** *m* γενέθλια *n/pl*; **~urkunde** *f* πιστοποιητικό γεννήσεως; **~wehen** *f/pl* ωδίνες *f/pl*, πόνοι *m/pl*
Ge'büsch [y] (*-ẹs; -e*) *n* θάμνοι *m/pl*
ge'dacht *s.* ***denken***
Ge'dächtnis (*-ses; -se*) *n* μνήμη, μνημονικό; θυμητικό; ***zum ~ an A*** στη μνήμη *G*; ***aus dem ~*** από μνήμης
Ge'dächtnis|schwäche *f* αδυναμία μνήμης; **~schwund** *m* αμνησία

Ge'danke (*-ns; -n*) *m* σκέψη (*-εις*), ιδέα; ***in ~n*** αφηρημένος; ***in ~n sein*** αφαιρούμαι; ***auf den ~n kommen*** μου μπαίνει η ιδέα; ***sich ~n machen über A*** ανησυχώ για
Gedanken|austausch *m* ανταλλαγή σκέψεων; **~freiheit** (*0*) *f* ελευθερία σκέψεως; **~gang** *m* στοχασμός; **ℒlos** αστόχαστος; **~strich** *m* παύλα
Ge'deck (*-ẹs; -e*) *n* μενού (*0*) *n*; (*Besteck*) σερβίτσιο,κουβέρ (*0*) *n*
ge'deihen* (*sn*) προκόβω; *Kind*: αναπτύσσομαι; **ℒ** *n* προκοπή
Ge'denk|- αναμνηστικός; **~briefmarke** *f* αναμνηστικό γραμματόσημο
ge'denken* μνημονεύω (*G/A*); (*beabsichtigen*) σκέπτομαι (**zu**/να)
Ge'denk|feier *f* μνημόσυνο; **~tag** *m* επέτειος *f*
Ge'dicht (*-ẹs; -e*) *n* ποίημα *n a. fig.*; **~sammlung** *f* ανθολογία
ge'dieh(en) *s.* ***gedeihen***
Ge'dränge (*-s; 0*) *n* συνωστισμός
ge'drängt στριμωγμένος; *Übersicht*: συνοπτικός; πυκνός
ge|'druckt έντυπος; **~'drungen** *s.* ***dringen***; κοντόχοντρος; *Stil*: σύντομος
Ge'duld (*0*) *f* υπομονή; ***~ haben*** κάνω υπομονή; **ℒen: *sich* ℒen** υπομένω; **ℒig** υπομονετικός
ge'ehrt αξιότιμος, σεβαστός; ***sehr ~er Herr ...!*** αξιότιμε κύριε ...!
ge'eignet (**für** *A*) κατάλληλος (για)
Ge'fahr *f* κίνδυνος; ***auf die ~ hin*** με κίνδυνο να; ***in ~ sein*** κινδυνεύω; ***sich in ~ begeben*** ριψοκινδυνεύω
ge'fährd|en εκθέτω σε κίνδυνο; ***sich ~en*** (δια)κινδυνεύω; **ℒung** *f* κίνδυνος
Ge'fahrenzone *f* επικίνδυνη ζώνη
ge'fährlich επικίνδυνος
ge'fahrlos ακίνδυνος
Ge'fährt|e (*-n*) *m* σύντροφος, ταίρι; **~in** *f* συντρόφισσα
Ge'fälle *n* κλίση (*-εις*)
ge'fallen* αρέσω; ***das gefällt mir*** αυτό μου (*od.* μ') αρέσει; ***sich*** (*D*) ***etw. ~ lassen*** ανέχομαι κτ
Gefallen[1] *n* ευχαρίστηση (*-εις*)
Gefallen[2] *m* χατίρι; ***tu mir den ~, zu*** κάνε μου τη χάρη να
Ge'fallene(r) πεσών (*-όντος*) *m*
ge'fällig εξυπηρετικός; **ℒkeit** *f* εξυπηρέτηση (*-εις*)

ge'fälligst (*unfreundlich!*) λοιπόν: ***merk dir das ~*** μάθε το, λοιπόν!
ge'fälscht πλαστός; κίβδηλος
ge'fangen *s.* ***fangen***; **Ⓢe(r)** αιχμάλωτος; φυλακισμένος; **~nehmen*** αιχμαλωτίζω; **Ⓢschaft** (*0*) *f* αιχμαλωσία; ***in Ⓢschaft geraten*** αιχμαλωτίζομαι
Ge'fängnis (*-ses*; *-se*) *n* φυλακή; ***ins ~ werfen*** φυλακίζω; **~insasse** (*-n*) *m* κρατούμενος; **~strafe** *f* φυλάκιση (*-εις*); **~wärter** *m* δεσμοφύλακας
ge'färbt χρωματιστός; *s.* ***färben***
Ge'fäß (*-es*; *-e*) *n* δοχείο; βάζο; *Bot.*, *Anat.* αγγείο
ge'faßt (*ruhig*) ψύχραιμος
Ge'fecht (*-ɇs*; *-e*) *n* μάχη, συμπλοκή; ***außer ~ setzen*** θέτω εκτός μάχης
ge'fesselt δεμένος, δέσμιος (*-α, -ο*)
Ge'fieder *n* φτέρωμα *n*; **Ⓢt** φτερωτός
ge'fiel *s.* ***gefallen***
Ge'flecht (*-ɇs*; *-e*) *n* πλέγμα *n*
ge|'flochten πλεγμένος; *s. a.* ***flechten***; **~'flogen** *s.* ***fliegen***; **~'flossen** *s.* ***fließen***
Ge'flügel (*-s*; *0*) *n* πουλερικά *n/pl*; **~farm** *f* πτηνοτροφείο; **Ⓢt** φτερωτός; **~zucht** *f* ορνιθοτροφία
Ge'flüster (*-s*; *0*) *n* ψιθύρισμα *n*
Ge'folge *n* ακολουθία; συνοδεία
ge|'formt σχηματισμένος; **~'fragt** περιζήτητος; **~'fräßig** λαίμαργος
Ge'frier|- κατεψυγμένος; **~anlage** *f* ψυκτικό μηχάνημα
ge'frieren (*sn*) *v/i* παγώνω; **Ⓢ** *n* ψύξη
Ge'frierschrank *m* καταψύκτης
ge'froren *s.* ***(ge)frieren***; παγωμένος; (*Tiefkühl-*) κατεψυγμένος
Ge'füge *n allg.* δομή; συναρμογή
ge'fügig πειθήνιος (*-α, -ο*)
Ge'fühl (*-ɇs*; *-e*) *n* (*TastⓈ usw.*) αίσθηση (*-εις*); (συν)αίσθημα *n*; (*Verständnis*) κατανόηση
ge'fühllos αναίσθητος, ανάλγητος; **Ⓢigkeit** (*0*) *f* αναισθησία
ge'fühlvoll αισθηματικός, ευαίσθητος
ge|'funden *s.* ***finden***; **~'füllt** γεμάτος; γεμιστός
ge'gangen *s.* ***gehen***
ge'geben δοσμένος; **~enfalls** ενδεχομένως; **Ⓢheit** *f* δεδομένο
gegen *Präp A* κατά *G*, εναντίον *G*; (*Richtung*) προς *A*; κατά *A*
Gegen-, gegen- *oft*: αντι-, αντ-
Gegenangriff *m* αντεπίθεση (*-εις*)
Gegen|besuch *m* αντεπίσκεψη (*-εις*); **~beweis** *m* ανταπόδειξη (*-εις*)
Gegend *f* περιοχή, τόπος, μέρος *n*
gegenein'ander ο ένας κατά του άλλου
Gegen|forderung *f* ανταπαίτηση (*-εις*); **~frage** *f* αντερώτηση (*-εις*); **~gewicht** *n* αντίβαρο; **~gift** *n* αντίδοτο; **~leistung** *f* αντιπαροχή; *Hdl.* αντάλλαγμα *n*; **~revolution** *f* αντεπανάσταση (*-εις*)
Gegensatz *m* αντίθεση (*-εις*); ***im ~ zu*** αντίθετα σε *od.* με
gegen|sätzlich *Ansicht*: αντίθετος; **~seitig** αμοιβαίος (*-α, -ο*); **Ⓢseitigkeit** (*0*) *f* αμοιβαιότητα; **Ⓢspionage** *f* αντικατασκοπεία
Gegenstand *m* αντικείμενο; θέμα *n*
gegenständlich αντικειμενικός
Gegen|stimme *f* αρνητική ψήφος; **~teil** *n* αντίθετο; ***im ~teil*** απεναντίας
gegen'über *Adv* απέναντι (*D*/από), αντίκρυ; *Präp D* μπροστά σε; **~liegen*** είμαι απέναντι; **~liegend** αντικρινός; **~stellen** αντιπαραθέτω; **Ⓢstellung** *f* αντιπαράθεση (*-εις*); **~treten*** (*sn*) αντιμετωπίζω (*D*/*A*)
Gegen|verkehr *m* αντίθετο ρεύμα *n*; **~wart** (*0*) *f* παρουσία; *Gr.* ενεστώτας; (*Jetztzeit*) παρόν; **Ⓢwärtig** τωρινός; **~wert** *m* αντίτιμο
ge'gessen *s.* ***essen***
ge|'glichen *s.* ***gleichen***; **~'glitten** *s.* ***gleiten***
Gegner *m* αντίπαλος; **Ⓢisch** αντίπαλος; *Heer*: εχθρικός; **~schaft** (*0*) *f* ανταγωνισμός
ge|'gossen χυτός; *s.* ***gießen***; **~'griffen** *s.* ***greifen***; **~'grillt** της σχάρας
Ge'habe (*-s*; *0*) *n* καμώματα *n/pl*
Ge'halt[1] (*-ɇs*; *ᵘer*) *n* μισθός; αμοιβή
Ge'halt[2] (*-ɇs*; *-e*) *m* περιεχόμενο; **Ⓢlos** κενός, ασήμαντος
Ge'halts|abrechnung *f* εκκαθάριση (*-εις*) μισθού; **~empfänger** *m* μισθωτός, μισθοσυντήρητος; **~erhöhung** *f* αύξηση (*-εις*); **~forderung** *f* απαιτήσεις *f/pl* μισθού; **~gruppe** *f* μισθολογική βαθμίδα; **~konto** *n* λογαριασμός μισθού; **~zahlung** *f* μισθοδοσία; **~zulage** *f* επιμίσθιο
ge'haltvoll περιεκτικός

ge'harzt ρετσινάτος
Ge'häuse *n* θήκη, περίβλημα *n*
Ge'hege *n* μάντρα; περίβολος
ge'heim κρυφός, μυστικός; ***im ~en*** στα κρυφά
Ge'heim|abstimmung *f* μυστική ψηφοφορία; **~agent** *m* μυστικός πράκτορας; **~dienst** *m* μυστική υπηρεσία; **2halten*** κρατώ (*-άς*) μυστικό
Ge'heimnis (*-ses*; *-se*) *n* μυστικό; απόρρητο; **2voll** μυστηριώδης 2
Geheimnummer *f* μυστικός αριθμός
Ge'heimpoliz|ei *f* μυστική αστυνομία; **~ist** *m* μυστικός (αστυνόμος)
gehen* *v/i* (*sn*) πηγαίνω, πάω *a. fig.*; περπατώ (*-άς*); *Zug*: φεύγω; ***~ über*** *A* περνώ (*-άς*) *A*; *Geschäft, Maschine*: (***gut***) **~** δουλεύω (καλά); ***vor sich ~*** (*geschehen*) γίνομαι; ***es geht um*** *A* πρόκειται για; ***wie geht's?*** τι κάνεις; ***wie geht es Ihnen?*** τι κάνετε; πώς είστε; ***es geht*** (***nicht***) (δε) γίνεται
Gehen *n* περπάτημα *n*, βάδισμα *n*
ge'heuchelt προσποιητός
Ge'heul (*-ęs*; *0*) *n* ουρλιαχτό
Ge'hilf|e (*-n*) *m*, **~in** *f* βοηθός (*a. f*)
Ge'hirn (*-ęs*; *-e*) *n* εγκέφαλος, μυαλό; **~erschütterung** *f* εγκεφαλική διάσειση (*-εις*); **~hautentzündung** *f* μηνιγγίτιδα; **~schlag** *m* εγκεφαλική συμφόρηση (*-εις*); **~wäsche** *f fig.* πλύση εγκεφάλου
ge'hoben *s.* ***heben***; ανώτερος
Ge'hör (*-ęs*; *0*) *n* ακοή; ***~ finden*** εισακούομαι; **~-** ακουστικός
ge'horchen υπακούω (*D*/σε)
ge'hör|en ανήκω (*D*/σε); (*als Einteilung*) υπάγομαι (**zu** *D*/σε); ***es ~t sich*** αρμόζει; ***wie es sich ~t*** καθώς πρέπει
ge'horsam [oː] υπάκουος; **2** (*-s*; *0*) *m* υπακοή
Gehweg *m* πεζοδρόμιο
Geier *m* γύπας
Geige *f* βιολί; **~r** *m* βιολιστής
geil λάγνος; **2heit** (*0*) *f* λαγνεία
Geisel *f* όμηρος; **~nahme** *f* απαγωγή ομήρων
Geißel *f* μάστιγα; **2n** μαστιγώνω
Geist (*-ęs*; *-er*) *m* πνεύμα *n*; μυαλό; (*Gespenst*) φάντασμα *n*; (*Verstand*) νους; διάνοια; **böse**(***r***) **~** δαίμονας
Geisterbahn *f* τρένο φάντασμα *n*
Geister|fahrer *m* οδηγός φάντασμα *n*; **~haus** *n* στοιχειωμένο σπίτι
geistes|abwesend αφηρημένος; **2abwesenheit** *f* αφηρημάδα; **2gegenwart** *f* ετοιμότητα πνεύματος; **~gestört, ~krank** φρενοβλαβής 2, F βλαμμένος; **2krankheit** *f* φρενοβλάβεια; **~schwach** πνευματικά καθυστερημένος; **2wissenschaften** *f/pl* θεωρητικές επιστήμες *f/pl*
geistig πνευματικός; διανοητικός
geistlich κληρικός; **2e**(**r**) κληρικός, ιερέας, ιερωμένος; **2keit** (*0*) *f* κλήρος
geist|los ανούσιος (*-α, -ο*), σαχλός; **~reich** πνευματώδης 2
Geiz (*-es*; *0*) *m* φιλαργυρία, τσιγκουνιά; **2en** τσιγκουνεύομαι (***mit*** *D*/*A*); **~hals** *m* σπαγγοραμμένος; **2ig** φιλάργυρος, τσιγκούνης 3
ge|'kauft *a. fig.* αγορασμένος; **~'kennzeichnet** σημαδεμένος
Ge'kicher (*-s*; *0*) *n* χαχανητό
Ge'kritzel (*-s*; *0*) *n* ορνιθοσκαλίσματα *n/pl*
ge'krümmt καμπύλος; γαμψός
ge|'kühlt παγωμένος; **~'künstelt** βεβιασμένος
Ge'lächter *n* γέλια *n/pl*; χάχανα *n/pl*
ge'laden *s.* ***laden***; *Waffen*: γεμάτος; *El.* φορτισμένος
ge'lähmt παράλυτος
Ge'lände *n* έδαφος *n*, γήπεδο; **~fahrzeug** *n* τζιπ (*0*) *n*
Ge'länder *n* κάγκελα *n/pl*
ge'langen (*sn*) (*erreichen*) φτάνω (***nach, zu*** *D*/σε, *A*); καταλήγω σε
ge'langweilt βαργεστημένος
ge'lassen *fig.* ατάραχος, ήσυχος; *s.* ***lassen***; **2heit** (*0*) *f* αταραξία
gelaufen *s.* ***laufen***; τρεχάτος
ge'läufig συνηθισμένος
ge'launt: *gut ~* ευδιάθετος; ***schlecht ~*** κακοδιάθετος
gelb κίτρινος; *v/t* ***~ färben***, *v/i* ***~ werden*** κιτρινίζω; **~lich** κιτρινωπός; **2sucht** (*0*) *f* ίκτερος, κιτρινάδα
Geld (*-ęs*; *-er*) *n* χρήματα *n/pl*, λεφτά *n/pl*; ***zu ~ machen*** ρευστοποιώ
Geld|angelegenheit *f* F παραδοδουλειά; **~anlage** *f* τοποθέτηση (*-εις*) χρημάτων; **~automat** *m* αυτόματη χρηματοθυρίδα; **~beutel** *m* πουγγί; **~börse** *f* πορτοφόλι; **~buße** *f* πρό-

G

στιμο; **~geber** *m* χρηματοδότης; **2-gierig** φιλοχρήματος; **~institut** *n* τράπεζα; ταμιευτήριο; **~mangel** *m* έλλειψη χρήματος; **~markt** *m* χρηματαγορά; **~schein** *m* χαρτονόμισμα *n*; **~schrank** *m* χρηματοκιβώτιο; **~strafe** *f* πρόστιμο; **~stück** *n* νόμισμα *n*, κέρμα *n*; **~umlauf** *m* κυκλοφορία χρήματος; **~umtausch** *m*, **~wechsel** *m* (αντ)αλλαγή χρήματος; **~wechsler** *m* σαράφης (*-ηδες*), αργυραμοιβός

Ge'lee [ʒe'-] (*-s*; *-s*) *n* ζελέ (*0*) *n*, πηχτή

ge'legen *s.* ***liegen***; βολικός; (*örtlich*) βρισκόμενος; *allg.* κατάλληλος

Ge'legenheit *f* ευκαιρία; ***die ~ abpassen*** καιροφυλακτώ; ***die ~ versäumen*** χάνω την ευκαιρία

ge'legentlich ευκαιριακός

Ge'lehr|samkeit (*0*) *f* λογιότητα; **2t**, **~te(r)** λόγιος (*-α*, *-ο*)

Ge'leit (*-ẹs*; *-e*) *n* συνοδεία; **2en** συνοδεύω; **~zug** *m* νηοπομπή, συνοδεία

Ge'lenk (*-ẹs*; *-e*) *n* *Anat.* κλείδωση (*-εις*); *Tech.* άρθρωση (*-εις*), αρμός; **~entzündung** *f* αρθρίτιδα; **2ig** ευλύγιστος; **~igkeit** (*0*) *f* ευλυγισία

ge'lernt *Pers.* ειδικευμένος

ge'liebt αγαπημένος; **2e** *f* αγαπητικιά; ερωμένη; **2e(r)** αγαπητικός; ερωμένος

ge'liehen *s.* ***leihen***

ge'ling|en* (*sn*): ***es ~t mir zu*** κατορθώνω να, πετυχαίνω να; **2en** *n* επιτυχία, ευόδωση

ge'litten *s.* ***leiden***

ge'loben *bsd. Rel.* τάζω; υπόσχομαι

Ge'löbnis (*-ses*; *-se*) *n* τάξιμο (*-ατος*)

ge|'lockt κατσαρός; **~'logen** *s.* ***lügen***; **~'löscht** σβησμένος; **~'löst** λυτός

gelt? *dialektal* δεν είναι έτσι;

gelten* ισχύω; (*für etw. gehalten werden*) θεωρούμαι *A*; ***~ als*** περνώ (*-άς*) για; ***~d machen*** διεκδικώ

Geltung *f* κύρος *n*, αξία, ισχύς *f*; ***~ haben*** ισχύω; ***zur ~ bringen*** *od.* ***kommen lassen*** αξιοποιώ

Ge'lübde *n* τάμα *n*, τάξιμο (*-ατος*)

ge'lungen *s.* ***gelingen***; πετυχημένος

gemächlich [-'mɛːçlɪç] νωχελικός

ge'macht καμωμένος, φτιαχτός

ge'mahlen *s.* ***mahlen***; αλεσμένος

Ge'mälde *n* ζωγραφιά, πίνακας; **~galerie** *f*, **~sammlung** *f* πινακοθήκη

ge'mäß *Präp D* σύμφωνα με; **~igt** μετριοπαθής 2; *Klima*: εύκρατος

ge'mein (*allgemein*) κοινός; (*zynisch*) κυνικός; (*gewöhnlich*) πρόστυχος, χυδαίος (*-α*, *-ο*); (*böse*) κακός

Ge'meinde *f* κοινότητα; *über 10.000* δήμος; (*Pfarr2*) ενορία; **~rat** *m* δημοτικό συμβούλιο; **~wahlen** *f/pl* δημοτικές εκλογές *f/pl*

ge'mein|gefährlich επικίνδυνος στη δημόσια ασφάλεια; **2heit** *f* προστυχιά, χυδαιότητα; κακία; **~nützig** κοινωφελής 2; **~sam** κοινός; συνεταιρικός; *s. a.* ***Markt***; **2samkeit** *f* κοινότητα

Ge'meinschaft *f* κοινότητα; ομάδα; **2lich** κοινός; ομαδικός; **~s·raum** *m* κοινόχρηστος χώρος

ge'messen *s.* ***messen***; μετρημένος

Ge'metzel *n* σφαγή

ge'mietet νοικιασμένος

Ge'misch (*-ẹs*; *-e*) *n* μείγμα *n*, κράμα *n*; **2t** μεικτός, ανάμεικτος

Ge'murmel (*-s*; *0*) *n* μουρμούρα

Ge'müse *n* λαχανικά *n/pl*; **~garten** *m* λαχανόκηπος; **~händler** *m* μανάβης (*-ηδες*); **~laden** *m* μανάβικο; **~markt** *m* λαχαναγορά; **~suppe** *f* χορτόσουπα

Ge'müt (*-ẹs*; *-er*) *n* ψυχή; καρδιά; ***die ~er*** τα πνεύματα; **2lich** *etwa*: άνετος, αναπαυτικός; **~lichkeit** (*0*) *f* ζεστασιά, άνεση

Gen (*-s*; *-e*) *n* γονίδιο

ge'nannt *s.* ***nennen***

ge'nau ακριβής 2 (*Adv.* ακριβώς); **2igkeit** *f* ακρίβεια

Gen'darm [ʒan-] (*-en*) *m* χωροφύλακας; **~e'rie** *f* χωροφυλακή

Genea|lo'gie *f* γενεαλογία; **2'logisch** γενεαλογικός

ge'nehmig|en εγκρίνω; **~t** εγκεκριμένος; **2ung** *f* έγκριση (*-εις*); *Hdl. usw.* άδεια

ge'neigt γερμένος, διατεθειμένος

Gene'ral (*-s*; *-̈e*) *m* στρατηγός; **~direktor** *m* γενικός διευθυντής; **2i'sieren** γενικεύω; **~sekretär** *m* γενικός γραμματέας; **~streik** *m* γενική απεργία

Genera'tion *f* γενεά; **~en·vertrag** *m* συμβόλαιο γενεών

Gene'rator (*-s*; *-'toren*) *m* γεννήτρια

ge'nesen* (*sn*) θεραπεύομαι

Ge'nesung *f* ανάρρωση (*-εις*); **~s·urlaub** *m* αναρρωτική άδεια
Ge'net|ik (*0*) *f* γενετική; **2isch** γενετικός
Genforschung *f* έρευνα γονιδίων
geni'al μεγαλοφυής 2
Ge'nick (*-es*; *-e*) *n* σβέρκος
Genie [ʒe·'ni:] (*-s*; *-s*) *n* μεγαλοφυΐα
ge'nieren [ʒe-]: ***sich ~*** ντρέπομαι
ge'nießbar φαγώσιμος; πόσιμος
ge'nieß|en* απολαμβάνω; γλεντώ (*-άς*); **2er** *m* γλεντζές (*-έδες*)
ge'nommen *s.* ***nehmen***
Ge'nosse (*-n*) *m a. pol.* σύντροφος
Ge'nossenschaft *f* κοινοπραξία; συνεταιρισμός; **~ler** *m* συνέταιρος; **2lich** συνεταιρικός
Ge'nossin *f* συντρόφισσα
ge'nug αρκετός; ***~ haben von*** *D fig.* βαριέμαι *A*; ***es ist ~*** αρκεί, φτάνει
ge'nügen αρκώ; **~d** αρκετός
ge'nügsam ολιγαρκής 2
Ge'nugtuung *f* ικανοποίηση (*-εις*)
Genus (*-*; *Genera*) *n Gr.* γένος *n*
Ge'nuß [ʊ] (*-sses*; *-sse*) *m* απόλαυση (*-εις*); *von Nahrungsmitteln* κατανάλωση; ***in den ~*** *G* ***kommen*** απολαμβάνω *A*; **2reich** απολαυστικός, ηδονικός
ge'öffnet ανοιχτός
Geo|'graph (*-en*) *m* γεωγράφος; **~gra'phie** (*0*) *f* γεωγραφία; **2'graphisch** γεωγραφικός; **~'loge** (*-n*) *m* γεωλόγος; **~lo'gie** (*0*) *f* γεωλογία; **~me'trie** *f* γεωμετρία; **2'metrisch** γεωμετρικός; **~phy'sik** *f* γεωφυσική
Ge'päck (*-es*; *0*) *n* αποσκευές *f/pl*; **~abfertigung** *f* διεκπεραίωση αποσκευών; **~annahme** *f* παραλαβή αποσκευών; **~aufbewahrung** *f* φύλαξη αποσκευών; **~ausgabe** *f* παράδοση (*-εις*) αποσκευών; **~kontrolle** *f* έλεγχος αποσκευών; **~schalter** *m* θυρίδα αποσκευών; **~schein** *m* δελτίο αποσκευών; **~stück** *n* αποσκευή; **~träger** *m* αχθοφόρος; **~wagen** *m* σκευοφόρος *f*; καρότσι
ge'pfiffen *s.* ***pfeifen***
ge'pflegt περιποιημένος
ge'plagt ταλαιπωρημένος
ge'plant σχεδιασμένος; *Verbrechen*: προμελετημένος
ge'pökelt αλίπαστος, παστός
ge'rade ίσιος (*-α, -ο*), ευθύς (*-εία, -ύ*); (*aufrecht*) ορθός, όρθιος (*-α, -ο*); *Zahl*: ζυγός; *zeitl.* μόλις
Ge'rade (*-n*) *f Math.* ευθεία
gerade|'aus κατευθείαν, ίσ(ι)α; **~stehen*** *fig.* αναλαμβάνω (τις), ευθύνες; **~wegs** *Adv* ίσ(ι)α, γραμμή
ge'radlinig ευθύγραμμος
Ge'ranie [-nĭə] *f* γεράνι
Ge'rät (*-es*; *-e*) *n* συσκευή; σκεύος *n*
ge'raten* (*sn*) (***in*** *A*) καταντώ (*-άς*) (σε), περιέρχομαι (σε); ***gut ~*** πετυχαίνω, βγαίνω καλά; ***in Brand ~*** πιάνω φωτιά; ***in Streit ~*** έρχομαι στα λόγια
Ge'räteturnen *n* ενόργανη γυμναστική
Gerate'wohl: *aufs ~* στην τύχη
ge'räuchert καπνιστός
ge'raum: *seit ~er Zeit* από καιρό
ge'räumig ευρύχωρος, απλόχωρος; **2keit** (*0*) *f* ευρυχωρία
Ge'räusch (*-es*; *-e*) *n* θόρυβος; **2los** αθόρυβος; **2voll** θορυβώδης 2
Gerbe|r *m* βυρσοδέψης; **~'rei** *f* βυρσοδεψείο
ge'recht *S. u. Pers.* δίκαιος; **2igkeit** (*0*) *f* δικαιοσύνη
Ge'rede (*-s*; *0*) *n* κουβέντες *f/pl*
ge'reizt ερεθισμένος, εκνευρισμένος; **2heit** (*0*) *f* ερεθισμός
Ge'richt (*-es*; *-e*) *n jur.* δικαστήριο; (*Essen*) πιάτο; ***das Jüngste ~*** η Δευτέρα Παρουσία; ***vor ~ gehen*** καταφεύγω στα δικαστήρια; **2lich** δικαστικός
Ge'richts|akten *f/pl* δικογραφία; **~arzt** *m* ιατροδικαστής; **~barkeit** (*0*) *f* δικαιοδοσία; **~beschluß** *m* δικαστική απόφαση (*-εις*); **~medizin** *f* ιατροδικαστική; **~tag** *m* δικάσιμος *f* (ημέρα); **~verhandlung** *f* (δικαστική) συζήτηση (*-εις*); **~vollzieher** *m* δικαστικός κλητήρας; **~vorsitzender** *m* πρόεδρος; **~weg** *m* δικαστική οδός
ge'rieben *s.* ***reiben***; τριμμένος
ge'ring λιγοστός, ασήμαντος; *Qualität*: κατώτερος; ***ganz ~*** ελάχιστος
ge'ring|fügig τιποτένιος (*-α, -ο*); **~schätzen** καταφρονώ
Ge'ringschätzung (*0*) *f* καταφρόνηση
ge'ringst- παραμικρός, ελάχιστος
ge'rinnen* (*sn*) πήζω; κόβω
Ge'rinnsel *n* (*Blut2*) θρόμβος

G

Ge'rippe *n* σκελετός, κουφάρι
ge'rissen *s.* ***reißen***; σχισμένος; *fig.* πανούργος (*-a, -o*)
german|isch γερμανικός, τευτονικός; **≗ist** [-'nɪst] (*-en*) *m* γερμανιστής; **≗'istik** (*0*) *f* γερμανική φιλολογία
gern (*lieber, liebst-*) *Adv* ευχαρίστως; ***etw. ~ tun*** μου αρέσει να + *St I*; ***~ sehen*** βλέπω με καλό μάτι; ***ich möchte ~*** (θα) ήθελα; ***bitte, ~ geschehen!*** παρακαλώ, τίποτε!
ge'ronnen *s.* ***rinnen***; πηχτός
Gerste (*0*) *f* κριθάρι; *K* κριθή
Gerstenkorn *n* κριθαράκι *a. Med.*
Gerte *f* βίτσα, βέργα
Ge'ruch [ʊ] (*-ẹs; ⸚e*) *m* μυρωδιά, οσμή; (*Sinn*) όσφρηση; ***üble*(*r*) *~*** δυσοσμία; **≗los** άοσμος
Ge'rücht (*-ẹs; -e*) *n* φήμη, διάδοση (*-εις*); ***es geht das ~*** διαδίδεται
ge'rührt συγκινημένος
Ge'rümpel (*-s; 0*) *n* σαράβαλα *n/pl*
Ge'rüst (*-ẹs; -e*) *n* σκαλωσιά, σκελετός; **≗et: *gut ≗et*** *fig.* οπλισμένος
gesalzen αλατισμένος
ge'samt, Gesamt- ολόκληρος, συνολικός; ολικός
Ge'samt|ansicht *f* πανόραμα η; **~ausgabe** *f* άπαντα *n/pl*; **~heit** (*0*) *f*, **~menge** *f* σύνολο; **~schule** *f etwa*: σχολείο πολλών κατευθύνσεων; **~wert** *m* συνολική αξία
Ge'sandte(r) πρεσβευτής
Ge'sandtschaft *f* πρεσβεία
Ge'sang (*-ẹs; ⸚e*) *m* τραγούδι; ωδική
Ge'säß [ɛː] (*-es; -e*) *n* πισινός
ge|'sättigt χορτάτος; **~'schädigt** ζημιωμένος; **~'schaffen** καμωμένος
Ge'schäft (*-ẹs; -e*) *n allg.* δουλειά, εργασία; *Börse, Bank*: συναλλαγή, δοσοληψία; (*Laden*) μαγαζί, κατάστημα *n*; ***ein ~*** (*= Notdurft*) ***verrichten*** κάνω την ανάγκη μου
ge'schäftlich επαγγελματικός
Ge'schäfts|- εμπορικός; **~buch** *n* λογιστικό βιβλίο; **~führer(in *f*)** *m* διαχειριστής (*-ίστρια f*); **~führung** *f* διαχείριση (*-εις*); **~inhaber** *m* καταστηματάρχης; **~jahr** *n* οικονομικό έτος *n*; **~leitung** *f* διεύθυνση (*-εις*); **~mann** *m* επαγγελματίας; **~reise** *f* επαγγελματικό ταξίδι; **~reisende(r)** περιοδεύων αντιπρόσωπος; **~zeiten** *f/pl* ώρες λειτουργίας
ge'schehen* (*sn*) γίνομαι; συμβαίνω; ***das geschieht ihm recht*** καλά να πάθει
Ge'schehnis *n* συμβάν (*-άντος*) *n*, γεγονός (*-ότος*) *n*
ge'scheit έξυπνος
Ge'schenk (*-ẹs; -e*) *n* δώρο, χάρισμα *n*; ***unnütze*(*s*) *~*** δώρο άδωρο
Ge'schichte *f* ιστορία; (*Erzählung*) διήγημα *n*; (*Ereignis*) υπόθεση (*-εις*)
ge'schichtlich ιστορικός
Ge'schichts|buch *n* βιβλίο ιστορίας; **~forscher** *m* ιστορικός; **~schreiber** *m* ιστοριογράφος
Ge'schick (*-ẹs; -e*) *n* επιδεξιότητα; (*Schicksal*) μοίρα, τύχη; **~lichkeit** (*0*) *f* επιδεξιότητα; **≗t** επιδέξιος (*-a, -o*)
ge'schieden *s.* ***scheiden***; διαζευγμένος, χωρισμένος
Ge'schirr (*-ẹs; -e*) *n* πιατικά *n/pl*, σκεύη *n/pl*; **~schrank** *m* πιατοθήκη; **~spüler** *m* πλυντήριο πιάτων
ge'schlagen *s.* ***schlagen***; χτυπημένος
Ge'schlecht (*-ẹs; -er*) *n Zool., Gr.* γένος *n*, φύλο; (*Familie*) γενεά
Ge'schlechts- γενετήσιος (*-a, -o*); σεξουαλικός; αφροδίσιος (*-a, -o*)
Ge'schlechts|akt *m* σεξουαλική πράξη (*-εις*); **~krankheit** *f* αφροδίσιο νόσημα; **~leben** *n* σεξουαλική ζωή; **~organe** *n/pl* γεννητικά όργανα *n/pl*; **~trieb** (*-ẹs; 0*) *m* σεξουαλική ορμή; **~verkehr** *m* συνουσία; **~wort** *n Gr.* άρθρο
ge'schlossen *s.* ***schließen***; κλειστός
Ge'schmack (*-ẹs; ⸚er*) *m* γεύση (*-εις*); *fig.* γούστο; *pl* ***Geschmäcker*** προτιμήσεις *f/pl*; (*Ästhetik*) καλαισθησία; (*Wohlgeschmack*) νοστιμάδα
ge'schmacklos (*fade*) άνοστος, άγευστος; *Kleidung*: ακαλαίσθητος; **≗igkeit** *f* ανοστιά; ακαλαισθησία
Ge'schmack(s)sache *f* ζήτημα *n* ορέξεως; ζήτημα *n* γούστου
ge'schmackvoll καλόγουστος
ge'schmeidig ευλύγιστος, εύκαμπτος; **≗keit** (*0*) *f* ευλυγισία, ευκαμψία
Ge'schmier|(e) (*-ẹs; 0*) *n* πασαλείμματα *n/pl*; **≗t** πασαλειμμένος
ge'schmolzen *s.* ***schmelzen***
ge'schnitten *s.* ***schneiden***; κομμένος
ge'schnitzt σκαλιστός
Ge'schöpf (*-ẹs; -e*) *n* πλάσμα *n*

Ge'schoß [ɔ] (*-sses*; *-sse*) *n* βλήμα *n*, οβίδα; (*Etage*) όροφος
Ge'schrei (*-s*; *0*) *n* κραυγές *f/pl*, σαματάς; ξεφωνητά *n/pl*
ge|'schrieben *s.* ***schreiben***; **~'schrien** [-i:ən] *s.* ***schreien***
ge'schunden *s.* ***schinden***; γδαρμένος
Ge'schütz (*-es*; *-e*) *n* πυροβόλο, κανόνι; **~feuer** *n* κανονιοβολισμός
Ge'schwätz (*-es*; *0*) *n* φλυαρία; **≗ig** φλύαρος; **~igkeit** (*0*) *f* πολυλογία
ge|'schwiegen *s.* ***schweigen***
Ge'schwindigkeit *f* ταχύτητα
Ge'schwindigkeits|begrenzung *f* όριο ταχύτητας; **~überschreitung** *f* υπέρβαση (*-εις*) ορίου ταχύτητας
Ge'schwister *pl* αδέρφια *n/pl*
ge|'schwollen *s.* ***schwellen***; πρησμένος; **~'schwommen** *s.* ***schwimmen***
ge'schworen *s.* ***schwören***; **≗e(r)** ένορκος; **≗en•gericht** *n* κληρωτό *od.* ορκωτό δικαστήριο
Ge'schwulst (*-*; *¨e*) *f* πρήξιμο (*-ατος*), όγκος; οίδημα *n*
Ge'schwür (*-ęs*; *-e*) *n* έλκος *n*
Ge'selle (*-n*) *m* βοηθός τεχνίτη; σύντροφος; **~n•brief** *m* δίπλωμα *n* τεχνικής μαθητείας; **~n•prüfung** *f* εξετάσεις *f/pl* τεχνικής μαθητείας
ge'sellig κοινωνικός
Ge'sellschaft *f* κοινωνία; *Hdl.*, *Kultur* εταιρεία; (*Gruppe*) συντροφιά, παρέα; (*Verein*) όμιλος; (*Feier*) γλέντι; ***j-m ~ leisten*** κάνω παρέα *od.* κρατώ συντροφιά σε κπ; **~er** *m Hdl.* εταίρος; συνέταιρος; **≗lich** κοινωνικός
Ge'sellschafts|kapital *n* εταιρικό κεφάλαιο; **~ordnung** *f* κοινωνικό σύστημα; **~politik** *f* κοινωνική πολιτική; **~reise** *f* ομαδικό ταξίδι; **~schicht** *f* κοινωνικό στρώμα
ge'sessen *s.* ***sitzen***
Ge'setz (*-es*; *-e*) *n* νόμος; (*Statut*) θεσμός; ***~e geben*** (*od.* ***machen, erlassen***) νομοθετώ; **~buch** *n* κώδικας; **~entwurf** *m* νομοσχέδιο
Ge'setzes|bestimmungen *f/pl* νομοθετικές διατάξεις *f/pl*; **~kraft** (*0*) *f* νομική ισχύ; **≗treu** νομιμόφρων 2
ge'setzgeb|end νομοθετικός; **≗er** *m* νομοθέτης; **≗ung** *f* νομοθεσία
ge'setzlich νόμιμος, έννομος
ge'setzlos άνομος; αναρχικός; **≗igkeit** *f* ανομία; αναρχία
ge'setzmäßig νόμιμος; τακτικός
ge'setzwidrig παράνομος; ***~ handeln*** παρανομώ; **≗keit** *f* παρανομία
Ge'sicht (*-ęs*; *-er*) *n* πρόσωπο; (***direkt***) ***ins ~*** κατάμουτρα
Ge'sichts|ausdruck *m* έκφραση προσώπου; **~feld** *n Optik* οπτικό πεδίο; **~kreis** *m a. fig.* ορίζοντας; **~punkt** *m* άποψη (*-εις*); **~züge** *m/pl* γραμμές *f/pl* του προσώπου, χαρακτηριστικά *n/pl*
Ge'sindel (*-s*; *0*) *n* συρφετός
ge'sinnt διατεθειμένος (*D*/προς)
Ge'sinnung *f* διάθεση (*-εις*); φρόνημα *n*
ge'sonnen *s.* ***sinnen***; διατεθειμένος
ge'spalten σχισμένος; διχασμένος
Ge'spann (*-ęs*; *-e*) *n* ζευγάρι; (*Wagen*) καρότσα; **≗t** τεταμένος
Ge'spenst (*-ęs*; *-er*) *n* φάντασμα *n*, στοιχειό; *a. fig. des Krieges* φάσμα *n*
gespien [-'ʃpi:ən] *s.* ***speien***
Ge'spött (*-ęs*; *0*) *n* ρεζίλι, κορόιδο
Ge'spräch (*-ęs*; *-e*) *n* συνομιλία, κουβέντα; συνδιάλεξη (*-εις*); **≗ig** ομιλητικός; **~igkeit** (*0*) *f* ομιλητικότητα
Ge'sprächs|partner *m* συνομιλητής; **~runde** *f* γύρος των συνομιλιών; **~stoff** *m* θέμα *n* συνομιλίας
ge|'sprochen [ɔ] *s.* ***sprechen***; **~'sprungen** *s.* ***springen***; *Glas*: ραγισμένος
Ge'stalt *f* μορφή; σχήμα *n*; (*Wuchs*) κορμοστασιά, μπόι *n*; **≗en** πλάθω; *fig.* διαμορφώνω; **≗los** άμορφος; **~ung** *f* πλάσιμο (*-ατος*), σχηματισμός; διαμόρφωση (*-εις*)
ge'standen *s.* ***stehen, gestehen***
Ge'ständnis (*-ses*; *-se*) *n* ομολογία
Ge'stank (*-ęs*; *0*) *m* βρόμα, κακοσμία, δυσωδία
ge'statt|en επιτρέπω (***j-m etw.***/κτ σε κπ); ***ich ~e mir, zu*** λαμβάνω την τιμή (*od.* το θάρρος) να
Geste [ε] *od.* [e:] *f* χειρονομία
ge'stehen* ομολογώ
Ge'stein (*-ęs*; *-e*) *n* πέτρωμα *n*
Ge'stell (*-ęs*; *-e*) *n* σκελετός, βάση (*-εις*); υπόβαθρο; (*Bücher≗*) ράφι
ge'stempelt σφραγισμένος
gestern χτες, (ε)χθές
ge|'stickt κεντημένος; **~'stiegen** *s.* ***steigen***
gestiku'lieren χειρονομώ
Ge'stirn (*-ęs*; *-e*) *n* άστρο, αστέρι

G

ge|'stochen *s.* ***stechen***; **~'stohlen** *s.* ***stehlen***; κλεμμένος, κλοπιμαίος
ge'storben *s.* ***sterben***; νεκρός
ge'streckt ίσιος (*-α, -ο*); τεντωμένος
ge'streift ριγωτός; ριγέ (*0*)
ge'strichen *s.* ***streichen***; βαμμένος
gestrig χθεσινός, χτεσινός
Ge'strüpp (*-ęs; 0*) *n* λόχμη
Ge'such [uː] (*-ęs; -e*) *n* αίτηση (*-εις*) (***um*** *A/G*); **≈t** περιζήτητος; (*gekünstelt*) εξεζητημένος
ge'sund γερός, υγιής 2; *Klima*: υγιεινός; **~ *sein*** είμαι καλά; υγιαίνω; **~ *werden*** γίνομαι καλά; **≈heit** (*0*) *f* υγεία; ***≈heit!*** γεια σου!
Ge'sundheits|amt *n*, **~behörden** *f/pl* υγειονομικές αρχές *f/pl*; **~fürsorge** *f* υγειονομική περίθαλψη; **≈gefährdend** επικίνδυνος για την υγεία; **~politik** *f* υγειονομική πολιτική; **≈schädlich** ανθυγιεινός; **~wesen** *n* υγειονομικό σύστημα; **~zeugnis** *n* πιστοποιητικό υγείας; **~zustand** (*-ęs; 0*) *m* κατάσταση (*-εις*) υγείας
Ge'sundung (*0*) *f fig.* εξυγίανση
ge|'sungen *s.* ***singen***; **~'sunken** *s.* ***sinken***; **~'tan** *s.* ***tun***; **~'teilt** διηρημένος
Ge'tränk (*-ęs; -e*) *n* ποτό, πιοτό
Ge'tränke|automat *m* αυτόματος πωλητής ποτών; **~karte** *f* κατάλογος ποτών
Ge'treide *n* σιτηρά *n/pl*, δημητριακά *n/pl*; **~anbau** (*-ęs; 0*) *m* σιτοκαλλιέργεια; **~ernte** *f* σοδειά σιτηρών; **~händler** *m* σιτέμπορος; **~mangel** (*-s; 0*) *m* σιτοδεία; **~markt** *m* σιταγορά; **~speicher** *m* σιταποθήκη
ge'trennt (ξε)χωριστός, διηρημένος; **~ zahlen** πληρώνω χωριστά
Ge'triebe *n Auto*: κιβώτιο ταχυτήτων, γρανάζια *n/pl*; **~öl** *n* γράσα *n/pl*; **~schaden** *m* βλάβη ταχυτήτων
ge'trieben *s.* ***treiben***
ge'troffen *s.* ***treffen***
ge'trunken *s.* ***trinken***
Ge'tue (*-s; 0*) *n* καμώματα *n/pl*
ge'übt εξασκημένος (***in*** *D*/σε)
Gewächs [-'vɛks] (*-es; -e*) *n* φυτό
gewachsen [-'vaksən]: ***gut* ~** καλοφτιαγμένος; ***schlecht* ~** κακοφτιαγμένος; *j-m, e-r S.* (*D*) **~ *sein*** τα βγάζω πέρα με; είμαι ικανός για
Ge'wächshaus *n* θερμοκήπιο
ge'wagt τολμηρός, ριψοκίνδυνος
Ge'währ (*0*) *f* εγγύηση (*-εις*)
ge'währen παρέχω; χορηγώ
ge'währleist|en εγγυώμαι; **≈ung** *f* εγγύηση (*-εις*); εξασφάλιση
Ge'währsmann *m* εγγυητής
Ge'währung *f* παροχή, χορήγηση
Ge'walt *f* βία; *jur.* εξουσία; *des Windes* ορμή, φόρα; ***höhere* ~** ανωτέρα βία
Ge'walt|herrschaft *f* καθεστώς (*-ώτος*) *n* βίας; **≈ig** *Wirkung*: τρομερός, σφοδρός; **≈los** ειρηνικός; **≈sam** βίαιος; **~tat** *f* βιαιοπραγία; **≈tätig** βίαιος, κτηνώδης 2; **~tätigkeit** *f* βιαιότητα
Ge'wand (*-ęs; ¨er*) *n* ένδυμα *n*
ge'wandt *s.* ***wenden***; σβέλτος, επιτήδειος (*-α, -ο*)
ge'wann *s.* ***gewinnen***
Ge'wässer *n* νερά *n/pl*, ύδατα *n/pl*; **~schutz** *m* προστασία υδάτων
Ge'web|e *n* ύφασμα *n*; **≈t** υφαντός
Ge'wehr (*-ęs; -e*) *n* τουφέκι, όπλο
Ge'weih (*-ęs; -e*) *n* κέρατα *n/pl*
ge'weiht (με)μυημένος (*D*/σε)
Ge'werbe *n* βιοτεχνία; **~freiheit** (*0*) *f* επαγγελματική ελευθερία; **~schein** *m* άδεια εξασκήσεως επαγγέλματος; **~schule** *f* βιοτεχνική σχολή; **~steuer** *f* φόρος επιτηδεύματος; **~treibende(r)** βιοτέχνης
ge'werblich βιοτεχνικός
Ge'werkschaft *f* συνδικάτο; **~(l)er(in** *f*) *m* συνδικαλιστής (-ίστρια); **≈lich** συνδικαλιστικός
Ge'werkschafts|bund *m* συνδικαλιστική συνομοσπονδία; **~vertreter** *m* εκπρόσωπος συνδικάτου
ge'wesen *s.* ***sein***
Ge'wicht (*-ęs; -e*) *n* βάρος *n*; (*Bedeutung*) σημασία; βαρύτητα; ***spezifisches* ~** ειδικό βάρος; **~heben** *n* άρση βαρών; **≈ig** βαρυσήμαντος
ge'wiesen *s.* ***weisen***
ge'willt: ~ *sein* είμαι πρόθυμος
Ge'wimmel (*-s; 0*) *n* συνωστισμός
Ge'winde *n Tech.* σπείρωμα *n*
Ge'winn (*-ęs; -e*) *m* κέρδος *n*; **~ *abwerfen*** αφήνω κέρδη; **~anteil** *m* μερίδιο; **~ausschüttung** *f* καταβολή κερδών; **~beteiligung** *f* συμμετοχή στα κέρδη; **≈bringend** επικερδής 2
ge'winnen* κερδίζω; αποκτώ; *Anhänger* προσελκύω; **~d** ελκυστικός
Ge'winner *m* κερδισμένος; νικητής
Ge'winn|liste *f* αριθμοί *m/pl* που κερ-

δίζουν; **~spanne** *f* περιθώριο κέρδους; **~- und Verlustrechnung** *f* απολογισμός κερδών και ζημιών
Ge'wirr (*-es; 0*) *n a. fig.* μπέρδεμα *n*
ge'wiß βέβαιος; ορισμένος; *Adv* βέβαια, βεβαίως; ***ganz*** **~** βεβαιότατα
Ge'wissen *n* συνείδηση (*-εις*); ***j-n auf dem ~ haben*** παίρνω κπ στο λαιμό μου; **≈haft** ευσυνείδητος; **~haftigkeit** (*0*) *f* ευσυνειδησία; **≈los** ασυνείδητος; **~losigkeit** (*0*) *f* ασυνειδησία
Ge'wissens|biß *m* τύψη (*-εις*); **~freiheit** (*0*) *f* ελευθερία συνειδήσεως
gewisser'maßen τρόπον τινά
Ge'wißheit *f* βεβαιότητα
Ge'witter *n* καταιγίδα, θύελλα
ge'wöhnen: *j-n an etw.* (*A*) **~** συνηθίζω κπ σε κτ; ***sich*** **~** συνηθίζω
Ge'wohnheit *f* συνήθεια; έξη (*-εις*)
ge'wöhnlich συνηθισμένος; (*allgemein*) κοινός; (*vulgär*) χυδαίος (*-α, -ο*); *Adv* συνήθως
ge'wohnt συνηθισμένος; ***es ~ sein, zu*** συνηθίζω να
ge'wöhnt (***an*** *A*) συνηθισμένος (σε, με); ***nicht ~*** (***an*** *A*) ασυνήθιστος (σε)
Ge'wöhnung *f* εθισμός
Ge'wölb|e *n* θόλος; **≈t** θολωτός
ge'wonnen *s.* ***gewinnen***
ge'worfen *s.* ***werfen***
Ge'wühl (*-es; 0*) *n* ανακατωσούρα
ge'wunden *s.* ***winden***
Ge'würz (*-es; -e*) *n* καρύκευμα *n*, μπαχαρικό; **~nelke** *f* μοσχοκάρφι
ge|'zackt, ~'zahnt πριονωτός; οδοντωτός
ge'zeichnet *fig.* σημαδεμένος
Ge'zeiten *pl* παλίρροια
ge'zielt κατευθυνόμενος
ge'ziert επιτηδευμένος
ge'zogen *s.* ***ziehen***
ge'zwungen *s.* ***zwingen***; υποχρεωμένος; βεβιασμένος; **~er'maßen** αναγκαστικά
gib! δώσε!, δος!; *s.* ***geben***
Gicht (*0*) *f* αρθρίτιδα; *in den Füßen*: ποδάγρα
Giebel (*-s; -*) *m* αέτωμα *n*, καλκάνι
Gier (*0*) *f* απληστία, βουλιμία (***nach*** *D*/για); **≈ig** άπληστος
gießen* χύνω; *Blumen* ποτίζω
Gießer *m* χύτης, χωνευτής
Gieße'rei *f* χυτήριο
Gießkanne *f* ποτιστήρι

Gift (*-es; -e*) *n* φαρμάκι, δηλητήριο; **~gas** *n* δηλητηριώδες αέριο; **≈ig** φαρμακερός, δηλητηριώδης 2; **~igkeit** (*0*) *f* τοξικότητα; **~schlange** *f* φαρμακερό φίδι
Gi'gant (*-en*) *m* γίγ(αντ)ας; **≈isch** γιγαντιαίος (*-α, -ο*)
ging *s.* ***gehen***
Gipfel *m* κορ(υ)φή; *fig.* αποκορύφωμα *n*; **~konferenz** *f* διάσκεψη (*-εις*) κορυφής
Gips (*-es; -e*) *m* γύψος; **~-** γύψινος; **~abdruck** *m* (γύψινο) εκμαγείο
Gipsverband *m* επίδεσμος γύψου
Gi'raffe *f* καμηλοπάρδαλη (*-εις*)
Giro [ʒ-] (*-s; -s*) *n* οπισθογράφηση; πληρωμή με συναλλαγματικές; **~konto** *n* λογαριασμός όψεως; **~verkehr** *m* διακίνηση λογαριασμών όψεως
Gischt (*0*) *f* αφρός
Gi'tarre *f* κιθάρα
Gitter *n* κάγκελο, κιγκλίδωμα *n*
Glanz (*-es; 0*) *m* λάμψη (*-εις*), στιλπνότητα; *fig.* λαμπρότητα
glänzen λάμπω (***vor***/από); *Fußboden, Augen*: γυαλίζω, λαμποκοπώ; **~d** γυαλιστερός; *a. fig.* λαμπρός
Glanz|leistung *f* λαμπρή επίδοση (*-εις*); **≈los** θολός, θαμπός; **~stück** *n* άθλος; **≈voll** περίλαμπρος
Glas (*-es; ¨er*) *n* γυαλί; (*Trink≈*) ποτήρι; (*Fenster≈*) τζάμι; **~bläser** *m* υαλοποιός; **~er** *m* τζαμτζής (*-ήδες*)
gläsern γυάλινος
Glasfaser *f* οπτική ίνα
Glas|hütte *f* υαλουργείο; **~malerei** *f* υαλογραφία; **~perle** *f* χάντρα; **~scheibe** *f* τζάμι; **~tür** *f* τζαμόπορτα
Gla'sur *f Kuchen*: γλάσο
Glaswolle *f* υαλοβάμβακας
glatt ομαλός; (*schlüpfrig*) γλιστερός
Glätte *f* γλίστρα, ολισθηρότητα
Glatteis *n* γλιστερός πάγος
glätten εξομαλύνω, κάνω λείο
glattgehen* (*sn*) πάω καλά
Glatz|e *f* φαλάκρα; **≈köpfig** φαλακρός
Glaube (*-ns; 0*) *m* πίστη
glauben *j-m* πιστεύω *A*; **~ *an*** *Gott, Träume usw.* (*A*) πιστεύω σε
Glaubens|bekenntnis *n* σύμβολο πίστεως; **~freiheit** (*0*) *f* θρησκευτική ελευθερία
glaubhaft πιστευτός

G

gläubig θρήσκος (*-α, -ο*), ευσεβής 2; **⁓e(r)** πιστός; **⁓er** *m Hdl.* πιστωτής
glaubwürdig αξιόπιστος
gleich ίσος (*D*/με), όμοιος (*-α, -ο*); *Math.* ίσον (=); *zeitl.* ευθύς, αμέσως; ***es ist mir ~*** το ίδιο μου κάνει
gleich|altrig συνομήλικος; **~artig** ομοειδής 2; **~bedeutend** ταυτόσημος, συνώνυμος; **~berechtigt** ισότιμος; **⁓berechtigung** (*0*) *f* ισοτιμία
gleichen* μοιάζω (*D*/σε, με)
gleichermaßen εξίσου; παρομοίως
gleich|falls επίσης; **~förmig** ομοιόμορφος; **~gesinnt** ομόφρων 2
Gleichgewicht *n* ισορροπία *a. pol.*; ***ins ~ bringen*** εξισορροπώ
gleichgültig αδιάφορος (***gegenüber*** *D*/για); **⁓keit** (*0*) *f* αδιαφορία
Gleichheit (*0*) *f* ισότητα; ***~ vor dem Gesetz, der Rechte*** ισονομία
Gleichklang *m* ομοφωνία
gleichkommen* ισοδυναμώ (*D*/με)
gleichlautend ομώνυμος
gleichmachen εξισώνω; ισοπεδώνω
Gleich|maß *n* συμμετρία; **⁓mäßig** κανονικός; συμμετρικός
gleich|namig συνονόματος; *a. Bruch* ομώνυμος; **⁓nis** (*-ses; -se*) *n* παραβολή; **~rangig** ομότιμος
gleichschalt|en συντονίζω; *fig.* ευθυγραμμίζω; **⁓ung** *f* συντονισμός
gleich|schenklig *Dreieck*: ισοσκελής 2; **~seitig** ισόπλευρος; **~stellen** εξισώνω; *Frau a.* χειραφετώ; **⁓stellung** *f* εξίσωση; χειραφέτηση; **~tun***: ***es j-m ~tun*** παραβγαίνω με κπ
Gleichung *f Math.* εξίσωση (*-εις*)
gleichwertig ισάξιος (*-α, -ο*), ισότιμος; **⁓keit** (*0*) *f* αντιστοιχία
gleichzeitig σύγχρονος, ταυτόχρονος; **⁓keit** (*0*) *f* συγχρονισμός
Gleis (*-es; -e*) *n* (σιδηρο)τροχιά
gleiten* (*sn*) γλιστρώ; ***~de Arbeitszeit*** *f* ελαστικό ωράριο
Gletscher *m* παγετώνας
glich *s.* ***gleichen***
Glied (*-ẹs; -er*) *n* μέλος *n*; *mil.* ζυγός; κρίκος; ***männliche*(*s*) ~** πέος *n*
glieder|n υποδιαιρώ; *lit. Stoff* διαρθρώνω; **⁓ung** *f* υποδιαίρεση (*-εις*); διάρθρωση (*-εις*)
glimpflich: ***~ davonkommen*** γλυτώνω φτηνά

glitt *s.* ***gleiten***
glitzern (τρεμο)λάμπω
glo'bal παγκόσμιος (*-α, -ο*); συνολικός
Globus (*- od. -ses; -se, Globen*) *m* υδρόγειος *f* (σφαίρα); γη
Glocke *f* κουδούνι; καμπάνα; **~n·turm** *m* καμπαναρ(ε)ιό
Glos'sar (*-s; -e*) *n* λεξιλόγιο
Glosse *f* σχόλιο
glotzen F γουρλώνω τα μάτα
Glück (*-ẹs; 0*) *n* ευτυχία; τύχη, ευτύχημα *n*, γούρι; ***auf gut ~*** στα κουτουρού; στην τύχη; ***~ haben*** είμαι τυχερός
glückbringend γούρικος, τυχερός
Gluck|e *f* κλώσσα; **⁓en** κλωσσώ (*-άς*)
glücken: ***es glückt j-m*** πετυχαίνω
glücklich ευτυχισμένος; **~erweise** ευτυχώς; καλά που
glückselig μακάριος (*-α, -ο*); **⁓keit** *f* μακαριότητα, ευδαιμονία
Glücks|fall *m* ευτύχημα *n*; **~kind** *n* τυχερός; **~spiel** *n* τυχερό παιχνίδι
Glückwunsch *m* συγχαρητήρια *n/pl*; ***herzlichen ~*** *allg.* χρόνια πολλά; **~karte** *f* ευχετήρια κάρτα; **~telegramm** *n* ευχετήριο τηλεγράφημα
Glüh|birne *f* γλόμπος; **⁓en** *v/i* πυρώνω; καί(γ)ομαι (***vor*** *D*/από); *fig.* φλέγομαι (***vor*** *D*/από); **⁓end** πυρ(ακτ)ωμένος; *a. fig.* φλογερός; **~würmchen** *n* πυγολαμπίδα
Glut *f* ανθρακιά; (*Hitze*) καύσωνας
Gly'kose (*0*) *f* γλυκόζη
Glyze'rin (*-s; 0*) *n* γλυκερίνη
Gnade *f* χάρη; έλεος *n*; (*Gunst*) εύνοια; ***um ~ bitten*** ζητώ χάρη
Gnaden|gesuch *n* αίτηση (*-εις*) χάριτος; **⁓los** άσπλαχνος; **~schuß** *m* χαριστική βολή
gnädig ευνοϊκός; ευμενής 2
Gold (*-ẹs; 0*) *n* χρυσός, μάλαμα *n*; (*-Schmuck*) χρυσάφι
Gold|barren *m* ράβδος χρυσού; **⁓bestickt** χρυσοκέντητος; **⁓en** χρυσός, μαλαματένιος (*-α, -ο*); **⁓farben** χρυσαφής (*-ιά, -ί*); **~fisch** *m* χρυσόψαρο; **~gräber** *m* χρυσοθήρας; **~grube** *f* χρυσωρυχείο; **⁓haltig** χρυσοφόρος (*-α, -ο*)
goldig *fig.* χρυσός, αγαπητός
Gold|kind: ***mein ~kind!*** χρυσό μου!; **~medaille** *f* χρυσό μετάλλιο; **~mine**

f χρυσωρυχείο; **~münze** *f* χρυσό νόμισμα; **~preis** *m* τιμή χρυσού; **~schmied** *m* χρυσοχόος; **~schmuck** *m* χρυσαφικό, *mst. pl*; **~staub** *m* χρυσόσκονη; **~währung** *f* χρυσός κανόνας; **~waren** *f/pl* χρυσαφικά *n/pl*; **~wert** (*-es; 0*) *m* αξία χρυσού

Golf[1] (*-es; -e*) *m* κόλπος

Golf[2] (*-s; 0*) *n Sp.* γκολφ *n*; **~platz** *m* γήπεδο γκολφ; **~schläger** *m* μπαστούνι του γκολφ; **~strom** (*-es; 0*) *m* ρεύμα *n* του κόλπου

gönn|en: ***j-m etw. ~en*** δε(ν) ζηλεύω κπ για κάτι; χαλαλίζω; ***sich*** (*D*) ***etw. ~en*** προσφέρω κτ στον εαυτό μου; **≗er** *m* προστάτης

Gono'rrhöe *f* γονόρροια

Göre *f* F παλιόπαιδο; παλιοκόριτσο

Go'rilla (*-s; -s*) *m* γορίλας

Gosse *f* αυλάκι νερού; ***in der ~ enden*** παίρνω τον κακό δρόμο

Gott (*-es; ⸚er*) *m* θεός; ***du lieber ~!*** Θεέ μου!; ***~ behüte!*** (*od.* ***bewahre!***) Θεός φυλάξοι; ***~ sei Dank!*** δόξα σοι ο Θεός, ευτυχώς; ***so ~ will*** Θεού θέλοντος; ***um ~es willen*** προς Θεού, για όνομα του Θεού

Gottes|dienst *m* (θεία) λειτουργία; **≗fürchtig** θεοφοβούμενος

Gotteslästerler|er *m* βλάσφημος; **~ung** *f* βλασφημία

Gottheit *f* θεότητα

Gött|in *f* θεά; **≗lich** *a. fig.* θεϊκός, θείος (*-a, -o*)

gott|los άθεος, ασεβής 2; **≗losigkeit** (*0*) *f* αθεΐα

Götze (*-n*) *m* είδωλο

Götzenanbeter *m* ειδωλολάτρης

Gouverneur [guˈvɛʀˈnøːʀ] (*-s; -e*) *m* κυβερνήτης, ύπατος αρμοστής

Grab (*-es; ⸚er*) *n* τάφος, μνήμα *n*

graben* σκάβω, σκαλίζω

Graben (*-s; ⸚*) *m* χαντάκι, τάφρος *f*; *mil.* χαράκωμα *n*

Grab|hügel *m* τούμπα; **~inschrift** *f* επιτύμβια επιγραφή; **~legung** *f* **Christi** επιτάφιος; **~rede** *f* νεκρολογία; **~schänder** *m* τυμβωρύχος; **~stein** *m* επιτύμβια πλάκα

Grad (*-es; -e*) *m* βαθμός; *Math.* μοίρα

Gra'ffito (*-s; -i*) *m od. n* επιγραφή

Gram (*-es; 0*) *m* θλίψη (*-εις*)

Gramm (*-s; -*) *n* γραμμάριο

Grammatik [-ˈmatɪk] *f* γραμματική

gram'matisch γραμματικός

Grammo'phon (*-s; -e*) *n* γραμμόφωνο

Gra'nat·apfel *m* ρόδι; **~baum** *m* ροδιά

Gra'nate *f* οβίδα

grandios [-ˈdǐoːs] μεγαλειώδης 2

Gra'nit (*-s; -e*) *m* γρανίτης

Graph|ik *f* γραφικές τέχνες *f/pl*; **≗isch** γραφικός

Grapholo'gie (*0*) *f* γραφολογία

Gras (*-es; ⸚er*) *n* χορτάρι, χόρτο

gras|en βόσκω; **≗hüpfer** *m* ακρίδα

gräßlich φρικτός; τερατόμορφος

Gräte *f* ψαροκόκκαλο, αγκάθι

Gratifika'tion *f* επίδομα *n*

gratis δωρεάν, χάρισμα, τζάμπα

grätsch|en διασκελίζω; **≗stellung** *f* διάσταση (*-εις*)

Gratu|la'tion *f* συγχαρητήρια *n/pl*; **≗'lieren** συγχαίρω (***j-m zu*** *D*/κπ για); **≗liere!** τα συγχαρητήριά μου; *z. B. zum neuen Kleid*: με γεια!

grau γκρίζος (*-a, -o*), γκρι (*0*); *Haar*: ψαρός; ***~ werden*** γκριζάρω

grau|en: ***mir ~t vor*** *D* φρικιάζω με

Grauen *n* φρίκη; **≗erregend, ≗haft, ≗voll** φρικαλέος (*-a, -o*)

grauhaarig γκριζομάλλης 3

Graupe *f* κριθαράκι

grausam σκληρός, ωμός; **≗keit** *f* σκληρότητα, ωμότητα

Gra|veur [-ˈvøːʀ] (*-s; -e*) *m* χαράκτης; **≗'vieren** (εγ)χαράσσω

Gravita'tion (*0*) *f* έλξη

Grazie [-tsǐə] *f* χάρη

gra'ziös χαριτωμένος

grä|zi'sieren εξελληνίζω; **≗'zist** (*-en*) *m* ελληνιστής

greifbar χειροπιαστός; εφικτός

greifen* πιάνω, αρπάζω (***an*** *D*/από); ***~ zu*** *D Mitteln* καταφεύγω σε

Greis (*-es; -e*) *m* γέροντας, γέρος

Greisin *f* γριά, γερόντισσα

grell εκτυφλωτικός; χτυπητός

Gremium (*-s; -ien*) *n* επιτροπή

Grenz|- οροθετικός; συνοριακός, μεθοριακός; μεθόριος (*-a, -o*); **~befestigung** *f* συνοριακό οχυρό; **~bevölkerung** *f* παραμεθόριος πληθυσμός

Grenze *f* σύνορο, *mst.* σύνορα *n/pl*; όριο; ***e-e ~ setzen*** *D* βάζω όριο σε

grenzen συνορεύω (***an*** *A*/με); γειτνιάζω; **~los** απέραντος, αχανής 2

Grenz|formalität *f* συνοριακή διαδικασία; **~gebiet** *n* συνορεύοντα

G

εδάφη *n/pl*; **~kontrolle** *f* συνοριακός έλεγχος; **~linie** *f* συνοριακή γραμμή; **~stein** *m* ορόσημο; **~übergang** *m* συνοριακή διάβαση (*-εις*)
Greuel *m* αγριότητα, φρίκη
Grieche *m* Έλληνας
Griechen|freund *m* φιλέλληνας; **≈freundlich** φιλελληνικός; **~junge** *m* ελληνόπουλο; **~land** *n* Ελλάδα, Ελλάς (*-άδος*) *f*; **~mädchen** ελληνοπούλα; **~tum** (*-s; 0*) *n* ελληνισμός, ρωμιοσύνη
Griechin *f* Ελληνίδα
griechisch ελληνικός; *Adv* ελληνικά
Griechisch *n* τα ελληνικά
Grieß (*-es; -e*) *m* σιμιγδάλι
griff *s.* ***greifen***
Griff (*-ẹs; -e*) *m* λαβή; χερούλι; (*Greifen*) πιάσιμο (*-ατος*); *etw.* ***in den ~ bekommen*** τα καταφέρνω; γίνομαι κύριος *G*; **≈bereit** πρόχειρος
Grill (*-s; -s*) *m* σχάρα, σκάρα; (*Gerät*) ψηστιέρα
Grille *f* τζίτζικας; *fig.* παραξενιά
grillen ψήνω στη σκάρα; **gegrillt** ... της σκάρας
Grillrestaurant *n* ψησταριά
Gri'masse *f* μορφασμός; ***~n schneiden*** μορφάζω, κάνω μορφασμούς
grimmig βλοσυρός
grinsen χαζογελώ (*-άς*), μορφάζω
Grippe *f* γρίπ(π)η; **~welle** *f* κύμα γρίπ(π)ης
grob (*‥er; ‥st-*) χοντρός; *Manieren*: βάναυσος, αγροίκος (*-α, -ο*); **≈heit** *f* χοντροκοπιά, βαναυσότητα
Grobian (*-s; -e*) *m* χοντράνθρωπος
Groll (*-ẹs; 0*) *m* άχτι, μίσος *n*, εχθροπάθεια; **≈en** *Donner*: μπουμπουνίζει; *v/i* μνησικακώ (***j-m***/με κπ)
Groschen *m* δεκαφένικο; *hist.* γρόσι; *fig.* (*wenig Geld*) πεντάρα
groß [oː] (*‥er; ‥t-*) μεγάλος; *Gestalt*: ψηλός; ***im ~en und ganzen*** γενικά; ***~ werden*** μεγαλώνω
Groß·aktionär *m* μεγαλομέτοχος
groß·artig μεγαλοπρεπής 2; F **~!** μούρλια!; **≈keit** (*0*) *f* μεγαλοπρέπεια
Großbuchstabe *m* κεφαλαίο
Größe *f* μέγεθος *n*; νούμερο
Groß·eltern *pl* παππούς και γιαγιά
Größen|ordnung *f* μέγεθος *n*; **~wahn** *m* μεγαλομανία; **≈wahnsinnig** μεγαλομανής 2
größer μεγαλύτερος; **~ *werden*** μεγαλώνω, ψηλώνω
Groß|grundbesitz *m* μεγαλοϊδιοκτησία; **~grundbesitzer** *m* μεγαλοκτηματίας; **~handel** *m* μεγαλεμπόριο; **~händler** *m* μεγαλέμπορος; **~industrielle(r)** μεγαλοβιομήχανος; **~macht** *f* μεγάλη δύναμη (*-εις*); **~maul** *n* φανφαρόνος; **≈mütig** μεγαλόψυχος; **~mutter** *f* γιαγιά (*-άδες*)
Großraum *m* μεγάλος χώρος; **~büro** *n* γραφείο πολλών θέσεων
großspurig επιδεικτικός; **≈keit** (*0*) *f* επιδεικτικότητα
Großstadt *f* μεγαλούπολη (*-εις*)
größt- μέγιστος; ο μεγαλύτερος
Großtat *f* κατόρθωμα *n*
größtenteils ως επί το πλείστον
Großtue'rei *f* κομπασμός
großtun* κομπάζω
Groß·unternehmen *n* μεγαλοεπιχείρηση (*-εις*)
Großvater *m* παππούς (*-ούδες*)
groß|ziehen* *Kinder* μεγαλώνω, ανατρέφω; **~zügig** γενναιόδωρος; **≈zügigkeit** (*0*) *f* γενναιοδωρία
gro'tesk αλλόκοτος, παράδοξος
Grübchen *n* λακκάκι
Grube *f* λάκκος, βόθρος; (*Bergwerk*) ορυχείο
Grüb|e'lei *f* επίμονη σκέψη (*-εις*); **≈eln** είμαι συλλογισμένος
grün πράσινος; χλοερός; (*unreif*) άγουρος; **~ *werden*** πρασινίζω; ***~e Versicherungskarte*** *f* πράσινη κάρτα; *pol.* **≈e(n)** *pl* πράσινοι *m/pl*, οικολόγοι *m/pl*
Grün (*-s; -*) *n* πρασινάδα; πράσινο; ***im ~en*** στην εξοχή; **~anlage** *f* πάρκο
Grund (*-ẹs; ‥e*) *m* βυθός, βάθος *n*, πυθμένας; (*Boden*) έδαφος *n*; *e-s Gefäßes*: πάτος; (*Basis*) βάση (*-εις*); (*Ursache*) λόγος, αιτία; ***auf ~*** *G* σύμφωνα με; ***von ~ auf*** (*od.* ***aus***) ριζικά; εκ βάθρων; ***aus diesem ~*** για το λόγο αυτό; ***im ~e*** κατά βάθος
Grund|bedeutung *f* κυριολεξία; **~bedingung** *f* βασικός όρος; **~besitz** *m* ακίνητη περιουσία, γαιοκτησία; **~besitzer** *m* γαιοκτήμονας; **~buch** *n* κτηματολόγιο
gründen ιδρύω; συγκροτώ; θεμελιώνω; *fig.* ***auf*** *A* βασίζω σε
Gründer *m* ιδρυτής; **~in** *f* ιδρύτρια

Grund|fläche *f* βάση (*-εις*); **~gesetz** *n* Σύνταγμα *n* της Γερμανίας
Grund|kapital *n* ιδρυτικό κεφάλαιο; **~lage** *f* βάση (*-εις*), θεμέλιο; **ℒlegend** βασικός, θεμελιακός
gründlich εμπεριστατωμένος, ριζικός; **ℒkeit** (*0*) *f* εμβρίθεια
Grund|lohn *m* βασικός μισθός; **ℒlos** άπατος; *fig.* αθεμελίωτος; χωρίς λόγο; **~mauer** *f* θεμέλια *n/pl*; **~nahrungsmittel** *n/pl* βασικά τρόφιμα *n/pl*
Grün'donnerstag *m* Μεγάλη Πέμπτη
Grund|recht *n* θεμελιώδες δικαίωμα *n*; **~riß** *m* σχεδιάγραμμα *n*, σχέδιο; **~satz** *m* αρχή; **ℒsätzlich** βασικός, κύριος; **~schule** *f* δημοτικό σχολειο
Grundstein *m* θεμέλιος λίθος
Grund|steuer *f* έγγειος φόρος; **~stück** *n* οικόπεδο; κτήμα *n*; **~stücks·makler** *m* κτηματομεσίτης
Gründung *f* ίδρυση (*-εις*), σύσταση
Grund|wasser *n* υπόγεια νερά *n/pl*; **~zug** *m* κύριο χαρακτηριστικό
grunzen γρυλίζω; **ℒ** *n* γρυλισμός
Gruppe *f* ομάδα, παρέα; όμιλος
Gruppen|führer *m* ομαδάρχης; **~reise** *f* ομαδικό ταξίδι
grup'pieren ταξινομώ σε ομάδες
grusel|n: *mich* (*od.* ***mir***) ***~t*** ανατριχιάζω (από φόβο)
Gruß (*-es*; *⸚e*) *m* χαιρετισμός; ***letzte(r) ~*** τελευταίος ασπασμός; ***viele Grüße an*** *A* πολλά χαιρετίσματα σε; ***mit freundlichen Grüßen*** με φιλικούς χαιρετισμούς
grüßen χαιρετώ (*-άς*); ***j-n ~ lassen*** διαβιβάζω χαιρετισμούς σε κπ; ***grüß Gott!*** γεια σου (*od.* σας)!
gucken F κοιτάζω; ***in die Luft ~*** χαζεύω τον ουρανό
Guerillakrieg [ge'rɪlja-] *m* ανταρτοπόλεμος
Guillotine [gijo'ti:nə] *f* καρμανιόλα, *K* λαιμητόμος *f*
gültig έγκυρος; **ℒkeit** (*0*) *f* ισχύς (*-ύος*) *f*, κύρος *n*
Gummi (*-s, -s*) *m* (*Radier-*) σβηστήρα; *n* λάστιχο; **~band** *n* ελαστική ταινία; **~baum** *m* φίκος; **~reifen** *m* λάστιχο; **~stiefel** *m* λαστιχένια μπότα
Gunst (*0*) *f* εύνοια, ευμένεια; ***zu ~en von*** *D* προς όφελος *G*

günstig ευνοϊκός; *Preis*: χαμηλός; ***es ist ~*** συμφέρει
Gurgel *f* λάρυγγας; **ℒn** κάνω γαργάρα; **~n** *n* γαργάρα
Gurke *f* αγγούρι; **~n·salat** *m* αγγουροσαλάτα
Gurt (*-ęs*; *-e*) *m* ζώνη
Gürtel *m* ζωνάρι, ζώνη; **~reifen** *m* *Auto*: ράντιαλ (*0*) *n*
Guß (*-sses*; *⸚sse*) *m* χύσιμο (*-ατος*); (*RegenＬ*) μπόρα; ***aus e-m ~*** μονοκόμματος; **~eisen** *n* χυτοσίδηρος, μαντέμι; **~form** *f* καλούπι
Gut (*-ęs*; *⸚er*) *n* (*Gehöft*) υποστατικό, κτήμα *n*; (*Vermögen*) *mst. pl* αγαθά *n/pl*
gut (*besser*; *best-*) καλός; *Sitte*: χρηστός; *Adv* καλά, καλώς; ***~ gemacht*** καλοκαμωμένος; ***etw. ~ machen*** πετυχαίνω κτ; ***nur ~, daß*** καλά που; ***es ~ haben*** καλοπερνώ; ***es mit j-m ~ meinen*** θέλω το καλό κάποιου
Gutacht|en *n* γνωμοδότηση (*-εις*); **~er** *m* εμπειρογνώμονας
gutartig καλόβολος; *bsd. Med.* καλοήθης 2
Güte (*0*) *f* καλοσύνη; (*Qualität*) ποιότητα
Güter|bahnhof *m* εμπορικός σταθμός; **~gemeinschaft** *f* κοινοκτημοσύνη; **~verkehr** *m* διακίνηση εμπορευμάτων; **~wagen** *m* σκευοφόρος *f*; **~zug** *m* εμπορική αμαξοστοιχία
Gute|(s) *n* καλό; ***im ~n*** φιλικά, με το καλό; ***alles ~!*** *mst.* χρόνια πολλά!
gutgehen* (*sn*): ***es geht mir gut*** είμαι καλά; *Geschäft usw. s.* ***gehen***
guthaben* έχω να παίρνω; **ℒ** *n* πίστωση (*-εις*), ενεργητικό
gutheißen *v/t* εγκρίνω
gütig ήπιος (*-α, -ο*), αγαθός
gutmütig καλόψυχος; **ℒkeit** (*0*) *f* καλοψυχία
Guts·besitzer *m* κτηματίας
Gutschein *m* απόδειξη, δελτίο
gut|schreiben* πιστώνω (***j-m etw.***/κπ με); **ℒschrift** *f* πίστωση (*-εις*)
gutwillig καλόβολος; πρόθυμος
Gym'nasium (*-s*; *-ien*) *n* γυμνάσιο; (*Oberstufe*) λύκειο
Gym'nast|ik (*0*) *f* γυμναστική; **ℒisch** γυμναστικός
Gynäko'log|e (*-n*) *m* γυναικολόγος; **ℒisch** γυναικολογικός

G

H

Haar (-*ẹs*; -*e*) *n* τρίχα; (*Kopf*&) μαλλιά *n*/*pl*; ***die ~e schneiden*** κουρεύω (*D*/*A*); ***sich in die ~e geraten*** πιάνομαι μαλλιά με μαλλιά
Haar|ausfall *m* τριχόπτωση (-*εις*); **~bürste** *f* βούρτσα μαλλιών
haaren *z. B. Pelz*: μαδώ (-*άς*)
Haar·entferner *m* αποτριχωτικό
Haares·breite: ***um ~*** παρά τρίχα
Haar|färbemittel *n* χρωμοσαμπουάν (*0*) *n*; **&ig** τριχωτός; **~klemme** *f* τσιμπιδάκι; **~knoten** *m* κότσος; **~locke** *f* μπούκλα; **~nadel** *f* φουρκέτα; **~nadelkurve** *f* στενή στροφή; **~netz** *n* φιλές (-*έδες*); **&scharf** ακριβέστατος; **~schneiden** *n*, **~schnitt** *m* κόψιμο μαλλιών, κούρεμα *n*
haar|sträubend ανατριχιαστικός; **&trockner** *m* σεσουάρ (*0*) *n*; **&waschmittel** *n* σαμπουάν (*0*) *n*; **&wuchs** *m* τριχοφυΐα
Hab|: ***~ und Gut*** *n* υπάρχοντα *n*/*pl*; **~e** (*0*) *f* περιουσία, αγαθά *n*/*pl*
haben* έχω; ***~ zu*** πρέπει να; (***viel***) ***zu tun ~*** έχω δουλειά; ***etw. davon ~*** έχω κέρδος απ' αυτό
Haben|saldo *m* υπόλοιπο του έχειν; **~seite** στήλη του έχειν *od.* λαβείν; **~zinsen** *m*/*pl* τόκοι *m*/*pl* του λαβείν
Habgier *f* πλεονεξία; **&ig** πλεονεκτικός; **~ige(r)** πλεονέκτης
habili'tieren: ***sich ~*** γίνομαι υφηγητής
Hack|e *f* τσάπα, σκαπάνη; (*Ferse*) φτέρνα; **&en** κόβω, λιανίζω; **~fleisch** *n* κιμάς
Hafen (-*s*; ⸗) *m* λιμάνι
Hafen|anlagen *f*/*pl* λιμενικές εγκαταστάσεις *f*/*pl*; **~arbeiter** *m* λιμενεργάτης; **~behörde** *f* λιμεναρχείο; **~gebühren** *f*/*pl* ελλιμενικά *n*/*pl*; **~meister** *m* λιμενάρχης; **~polizei** *f* λιμενικό σώμα; **~stadt** *f* (πόλη με) λιμάνι; **~viertel** *n* συνοικία του λιμανιού
Hafer *m* βρώμη; **~flocken** *f*/*pl* κουάκερ (*0*) *n*, νιφάδες *f*/*pl* βρώμης
Haff (-*ẹs*; -*e*) *n* λιμνοθάλασσα
Haft (*0*) *f* (προσωπο)κράτηση (-*εις*); ***in ~ nehmen*** (προ)φυλακίζω; **&bar** υπεύθυνος; **~barkeit** (*0*) *f* ευθύνη; **~befehl** *m* ένταλμα *n* συλλήψεως
haften πιάνω; (*bürgen*) ευθύνομαι, εγγυώμαι (**für** *A*/για)
Haftgläser *n*/*pl* φακοί *m*/*pl* επαφής
Häftling (-*s*; -*e*) *m* κρατούμενος
Haftpflicht (*0*) *f* αστική ευθύνη; **&ig** υπεύθυνος; **~versicherung** *f* ασφάλεια ζημιών τρίτων
Haftstrafe *f* φυλάκιση (-*εις*)
Haftung *f* ευθύνη, υπευθυνότητα
Hagel (-*s*; *0*) *m* χαλάζι; **&n: es &t** πέφτει (*od.* ρίχνει) χαλάζι
hager ισχνός
Hahn (-*ẹs*; ⸗*e*) *m* κόκορας, πετεινός *a. am Gewehr*; *Tech.* κάνουλα, κρουνός; (*Wasser*&) βρύση
Hähnchen *n* κοτόπουλο; πετεινάρι
Hai(fisch) (-*ẹs*; -*e*) *m* σκυλόψαρο, καρχαρίας *a. fig.*
Hain (-*ẹs*; -*e*) *m* άλσος *n*
häkeln πλέκω με κροσέ
haken *v*/*t* γαντζώνω; κρεμώ (-*άς*)
Haken *m* αρπάγη; αγκίστρι, γάντζος; **&förmig** γρυπός; **~kreuz** *n* σβάστικα, αγκυλωτός σταυρός
halb μισός; ***~ zwei*** μιάμιση, μία και μισή; ***zum ~en Preis*** μισοτιμής
halb- ημι-, μισο-
-halben, -halber, halber *Präp G* χάριν *G*, λόγω *G*; *K* ένεκεν *G*
Halb|fabrikat *n* ημικατεργασμένο προϊόν; **&fertig** μισοέτοιμος; **~finale** *n Sp.* ημιτελικός
hal'bier|en διχοτομώ, κόβω στη μέση; **&ung** *f* διχοτόμηση (-*εις*)
Halb|insel *f* χερσόνησος *f*; **~jahr** *n* εξάμηνο; **~kreis** *m* ημικύκλιο; **~kugel** *f* ημισφαίριο; **&mast** μεσίστιος (-*α*, -*ο*); **~mond** *m* μισοφέγγαρο, *K* ημισέληνος *f*
halb|offen μισάνοιχτος; **&pension** (*0*) *f* ημιδιατροφή; **&schuh** *m* σκαρπίνι; **&starke(r)** τέντυ μπόυ (*pl* -*όηδες*) *m*
halbtags: ***~ arbeiten*** εργάζομαι μισό ωράριο; **&beschäftigung** *f* απασχόληση (-*εις*) μισού ωραρίου; **&kraft** *f* απασχολούμενος (*f* -ουμένη) με μισό ωράριο
Halb|ton *m* ημιτόνιο; **&voll** μισογε-

H

μάτος; ~~**wegs**~~ *fig.* πάνω κάτω; **~zeit** *f* ημιχρόνιο
half *s.* ***helfen***
Hälfte *f* μισό, ήμισυ (*-εος*) *n*
Halle *f* (μεγάλη) αίθουσα; (*Säulen*2) στοά; (*Markt*2) αγορά
hallen αντηχώ
Hallenbad *n* κλειστή πισίνα
hallo! γεια (σου, σας); *Anruf*: καλέ!; *am Telefon*: (ε)μπρός!
Halluzina'tion *f* παραίσθηση (*-εις*)
Halm (*-ɇs*; *-e*) *m* καλάμι
Halo'gen|lampe *f* λάμπα φθορίου; **~scheinwerfer** *m* προβολέας φθορίου
Hals (*-es*; *⁃e*) *m* λαιμός *a. der Flasche*, τράχηλος; **~band** *n* περιδέραιο, κολιέ (*0*) *n*; **2brecherisch** *fig.* επικίνδυνος; **~entzündung** *f* φαρυγγίτιδα
Hals-Nasen-Ohrenarzt *m* ωτορινολαρυγγολόγος
Hals|schmerzen *m/pl* πονόλαιμος; **~tuch** *n* φουλάρι
halt! στοπ!, αλτ!; στάσου!
Halt (*-ɇs*; *-e*) *m* (*Aufenthalt*) στάση (*-εις*); (*Stütze*) στήριγμα *n*; **2bar** *Stoff*: στερεός; *Nahrung*: διατηρήσιμος; **~barkeit** (*0*) *f* στερεότητα; διατήρηση; **~barkeits·datum** *n* ημερομηνία λήξεως
halten* *v/t* βαστώ (*-άς*), κρατώ (*-άς*); *Ordnung* τηρώ; *Rede* βγάζω; *Wort* κρατώ; *v/i* (*haften*) πιάνω; (*stoppen*) σταματώ (*-άς*); ***j-n für*** *etw.* (*od. j-n*) **~** παίρνω *od.* έχω κπ για, θεωρώ κπ ως; *fig.* ***sich ~ an*** *A z. B. e-e Vorschrift* ακολουθώ *A*; ***viel ~ von*** *D* έχω μεγάλη ιδέα για; ***zum 2 bringen*** σταματώ (*-άς*)
Halter *m* βάση (*-εις*); (*Träger*) στήριγμα *n*
Halte|stelle *f* στάση (*-εις*); **~verbot** *n* απαγόρευση (*-εις*) στάθμευσης; **~verbots·schild** *n* απαγορευτική πινακίδα στάθμευσης
haltlos (*unbeherrscht*) ασυγκράτητος; (*unbegründet*) αβάσιμος
haltmachen στέκομαι, σταθμεύω
Haltung *f* στάση (*-εις*) *a. fig.*; φέρσιμο (*-ατος*), συμπεριφορά
Ha'lunke (*-n*) *m* παλιάνθρωπος
Hammel *m* κριάρι; **~braten** *m* ψητό αρνί; **~fleisch** *n* αρνίσιο κρέας
Hammer (*-s*; *⁃*) *m* σφυρί, (*a. Wurf*2) σφύρα
Hammerwerfen *n* σφυροβολία
Hämorrho'iden *pl* αιμορροΐδες *f/pl*
Hamster *m* μυωξός; **2n** θησαυρίζω
Hand (*-*; *⁃e*) *f* χέρι; ***flache ~*** παλάμη; ***die öffentliche ~*** το δημόσιο; ***~ in ~*** χέρι-χέρι; ***Hände hoch!*** ψηλά τα χέρια!; ***~ anlegen*** βάζω χέρι; ***j-m die ~ drücken*** σφίγγω το χέρι *G* κάποιου; ***j-n in der ~ haben*** έχω κπ στο χέρι; ***j-m freie ~ lassen*** αφήνω ελευθερία σε κπ; *fig. e-e S.* ***in die ~ nehmen*** αναλαμβάνω; ***das hat ~ und Fuß*** αυτό είναι καλοσχεδιασμένο
Hand|arbeit *f* εργόχειρο; χειροτεχνία; **~ball** *m* χειροσφαίριση; **~bedienung** *f* χειροκίνητη λειτουργία; **~bremse** *f* χειρόφρενο; **~buch** *n* εγχειρίδιο
Hände|druck (*-ɇs*; *⁃e*) *m* χειραψία; **~klatschen** *n* χειροκροτήματα *n/pl*
Handel (*-s*; *0*) *m* εμπόριο; ***~ treiben*** εμπορεύομαι
handel|n *v/i* εμπορεύομαι (***mit*** *D/A*); (*feilschen*) κάνω παζάρια; (*tätig sein*) ενεργώ; ***es ~t sich um*** *A* πρόκειται για; **2n** *n* ενέργεια; (*Feilschen*) παζάρεμα *n*
Handels|abkommen *n* εμπορική συμφωνία; **~attaché** *m* εμπορικός ακόλουθος; **~bank** *f* εμπορική τράπεζα; **~beziehungen** *f/pl* εμπορικές σχέσεις *f/pl*; **~bilanz** *f* εμπορικό ισοζύγιο; **~gesellschaft** *f* εμπορική εταιρεία; **~kammer** *f* εμπορικό επιμελητήριο; **~marine** *f* εμπορικό ναυτικό; **~spanne** *f* δείκτης κέρδους; **2üblich** συνηθισμένος στο εμπόριο; **~verkehr** *m* εμπορική κίνηση (*-εις*); **~vertretung** *f* εμπορική αντιπροσωπεία
hand|fest χειροπιαστός; **2fläche** *f* παλάμη; **~gearbeitet** χειροποίητος; **2gelenk** *n* καρπός (του χεριού); **2gemenge** *n* συμπλοκή; **2gepäck** *n* χειραποσκευές *f/pl*; **~geschrieben** χειρόγραφος; **2granate** *f* χειροβομβίδα; **~greiflich** χειροπιαστός; ***~greiflich werden*** έρχομαι στα χέρια; **2griff** *m* χειρολαβή; **2habung** *f* χειρισμός
Händler *m* έμπορος; ***ambulante(r) ~*** γυρολόγος, πραματευτής (*-άδες*)

H

handlich εύχρηστος, βολικός
Handlung *f* πράξη (*-εις*); *a. lit.* δράση (*-εις*); *e-s Dramas* πλοκή; **~s·freiheit** (*0*) *f* ελευθερία δράσεως
Hand|schelle *f* χειροπέδη; **~schlag** *m* χειραψία; **~schrift** *f* γράψιμο (*-ατος*), γραφή; (*Manuskript*) χειρόγραφο; **≈schriftlich** χειρόγραφος; **~schuh** *m* γάντι; **~tasche** *f* τσάντα; **~tuch** *n* πετσέτα, προσόψι; **~voll** (-; -) *f* χεριά, χούφτα; **~werk** *n* χειροτεχνία; **~werker(in** *f*) *m* τεχνίτης (-τρα); **~werks·zeug** (*-ℯs*; *0*) *n* εργαλεία *n/pl*; σύνεργα *n/pl*
Hanf (*-ℯs*; *0*) *m* κανναβι
Hang (*-ℯs*; *⸚e*) *m* (βουνο)πλαγιά; *fig.* κλίση (*-εις*) (**zu** *D*/για)
Hänge|brücke *f* κρεμαστή γέφυρα; **~matte** *f* κούνια, αιώρα
hängen* *v/i* κρεμιέμαι, κρέμομαι (**an** *D*/σε, από); *fig.* **an j-m** (*od.* **etw.**) **~** είμαι αφοσιωμένος σε κπ *od.* κτ; *v/t* (*hängte*) κρεμώ (*-άς*) (**an** *A*/σε, από); *j-n* (*henken*) απαγχονίζω, κρεμώ (*-άς*)
hängenbleiben* (*sn*) πιάνομαι (**an** *D*/από); *Kleid*: σκαλώνω (**an** *D*/σε)
Hantel *f* αλτήρας
han'tieren χειρίζομαι (**mit** *D*/*A*)
Happen *m* μπουκιά, χαψιά
Harke *f* τσουγκράνα
harmlos *Pers.* άκακος; αβλαβής 2; **≈igkeit** *f* αθωότητα; αβλάβεια
Harmo|'nie *f* αρμονία; **≈'nieren** ταιριάζω
Har'mon|ika (-; *-s*) *f* φυσαρμόνικα; **≈isch** αρμονικός; **≈i'sieren** εναρμονίζω; **~isierung** *f* εναρμόνιση (*-εις*)
Harn (*-ℯs*; *0*) *m* κάτουρο, ούρα *n/pl*; **~ *lassen*** κατουρώ (*-άς*), ουρώ; **~blase** *f* ουροδόχος κύστη; **~röhre** *f* ουρήθρα; **~säure** *f* ουρικό οξύ (*-έος*) *n*; **~stein** *m* ουρόλιθος
Har'pune *f* καμάκι, αρπάγη
hart (*⸚er*; *⸚est-*) *allg.* σκληρός; (*fest*) στερεός; *Ei*: σφιχτός; ***~ machen, ~ werden*** σκληραίνω; πήζω
Härte *f* σκληρότητα; στερεότητα; **≈n** σκληραίνω; *Fette usw.* στερεοποιώ
hart|herzig σκληρόκαρδος; **~näckig** επίμονος; **≈näckigkeit** (*0*) *f* επιμονή
Härtung *f* σκλήρυνση (*-εις*); στερεοποίηση (*-εις*)
Harz (*-es*; *-e*) *n* ρετσίνι; **≈ig** ρετσινάτος; **~wein** *m* ρετσίνα, ρετσινάτο
Haschisch (-; *0*) *n* χασίσι; **~raucher** *m* χασικλής (*-ήδες*)
Hase (*-n*) *m* λαγός
Hasenbraten *m* ψητός λαγός
Haß (*-sses*; *0*) *m* μίσος *n*, έχθρα
hassen *v/t* μισώ
häßlich [ε] άσχημος; **~ *werden*** ασχημαίνω; **≈keit** *f* ασχήμια
Hast (*0*) *f* βία, βιασύνη; **≈en** (*sn*) βιάζομαι; τρέχω; **≈ig** βιαστικός
Haube *f* σκούφια; *Auto*: καπό (*0*)
Hauch (*-ℯs*; *0*) *m* πνοή; (*Dunst*) αχνός; *fig.* ίχνος *n*; **≈en** φυσώ (*-άς*) χουχουλιάζω
hauen* χτυπώ (*-άς*)
Haufen *m* σωρός; στοίβα
häufen σωρεύω; στοιβάζω
haufenweise *Adv* σωρηδόν
häufig συχνός; *Adv.* συχνά; **≈keit** (*0*) *f* συχνότητα
Häufung *f* συσσώρευση (*-εις*)
Haupt (*-ℯs*; *⸚er*) *n* κεφάλι; *a. fig.* κεφαλή; **~-** κύριος (*-α, -ο*)
haupt|amtlich *Adv* επαγγελματικά; **≈anschluß** *m El.* κύρια σύνδεση (*-εις*); **≈bahnhof** *m* κεντρικός σταθμός
Haupt|beschäftigung *f* κύρια ασχολία; **~darsteller(in** *f*) *m* πρωταγωνιστής (-ίστρια); **~eingang** *m* κύρια είσοδος; **~fach** *n* κύριο μάθημα; **~gericht** *n* κύριο πιάτο; **~geschäfts·straße** *f* κύριος εμπορικός δρόμος; **~gewinn** *m* πρώτος λαχνός; **~grund** *m* κύριος λόγος
Häuptling (*-s*; *-e*) *m* φύλαρχος
Haupt|mahlzeit *f* κύριο γεύμα; **~mann** (*-ℯs*; *-leute*) *m mil.* λοχαγός; **~person** *f* πρωταγωνιστής; **~postamt** *n* κεντρικό ταχυδρομείο; **~rolle** *f* πρώτος ρόλος; **~sache** *f* κυριότερο, το παν; **≈sächlich** κυριότερος; *Adv* κυρίως; **~saison** *f* κύρια τουριστική σεζόν; **~satz** *m Gr.* κύρια πρόταση (*-εις*); **~schule** *f* εννεατάξιο δημοτικό; **~stadt** *f* πρωτεύουσα; **~straße** *f* κεντρικός δρόμος; **~ursache** *f* κύρια αιτία; **~verkehrs·straße** *f* συγκοινωνιακή αρτηρία; **~verkehrszeit** *f* ώρες *f/pl* αιχμής; **~versammlung** *f* γενική συνέλευση (*-εις*); **~wohnsitz** *m* μόνιμη κατοικία; **~wort** *n Gr.* ουσιαστικό

Haus (*-es*; *⸚er*) *n* σπίτι, *K* οικία; *Hdl.* οίκος; ***zu ~e*** (στο) σπίτι; ***nach ~e gehen*** πάω (στο) σπίτι

Haus|arbeit *f* δουλειά του σπιτιού; **~arzt** *m* οικογενειακός γιατρός; **~besetzer** *m* καταληψίας; **~besetzung** *f* κατάληψη σπιτιού; **~besitzer** *m* (σπιτο)νοικοκύρης (*-ηδες*); **&en** *Tiere*: κατοικώ; (*wüten*) μαίνομαι; **~frau** *f* νοικοκυρά; **~friedensbruch** *m* παραβίαση (*-εις*) οικογενειακού ασύλου; **&gemacht** σπιτίσιος (*-α, -ο*); **~genosse(-in** *f*) *m* συγκάτοικος (*a. f*)

Haus|halt (*-ẹs*; *-e*) *m* νοικοκυριό; *Hdl. pol.* προϋπολογισμός; **&halten*** κάνω οικονομία; **~hälterin** *f* οικονόμος *f*

Haushalts|artikel *m/pl* οικιακά είδη *n/pl*; **~defizit** *n* έλλειμμα *n* προϋπολογισμού; **~geld** *n* έξοδα *n/pl* του σπιτιού; **~plan** *m* προϋπολογισμός

Hausherr *m* νοικοκύρης (*-ηδες*); οικοδεσπότης

Hau'sierer *m* γυρολόγος

häuslich οικιακός

Haus|mädchen *n* υπηρέτρια; **~meister** *m* επιστάτης; **~mittel** *n* εμπειρικό γιατρικό; **~ordnung** *f* κανονισμός; **~schuh** *m* παντούφλα

Hausse [o:s] *f* υπερτίμηση (*-εις*), άνοδος *f* της οικονομίας

Haus|suchung *f* κατ' οίκον έρευνα; **~tier** *n* κατοικίδιο ζώο; **~tür** *f* εξώπορτα; **~verwalter** *m* διαχειριστής; **~wart** (*-ẹs*; *-e*) *m* θυρωρός (*a. f*); **~wirt** *m* (σπιτο)νοικοκύρης (*-ηδες*); **~wirtin** *f* (σπιτο)νοικοκυρά

Haut (*-*; *⸚e*) *f* δέρμα *n*, πετσί; *der Milch* τσίπα

Haut|abschuppung *f* πιτυρίαση; **~abschürfung** *f* ξέγδαρμα *n*, εκδορά; **~arzt** *m* δερματολόγος

Häutchen *n* υμένας; μεμβράνη

Haut|entzündung *f* δερματίτιδα; **~farbe** *f* χρώμα *n* του δέρματος; **~krankheit** *f* δερματοπάθεια; **~pflege** *f* περιποίηση (*-εις*) του δέρματος

Hava'rie *f* αβαρία, ζημιά

Hebamme *f* μαμμή, μαία

Hebel *m* μοχλός, λοστός

heben* *v/t* σηκώνω; υψώνω; *Wrack* ανελκύω; **&** *n* σήκωμα *n*

he'bräisch εβραϊκός

Hebung *f* ανύψωση (*-εις*)

Heck (*-ẹs*; *-s*) *n* πρύμ(ν)η

Hecke *f* φράχτης

Heck|fenster *n* πίσω παράθυρο; **~motor** *m* οπίσθια μηχανή; **~scheibe** *f* πίσω τζάμι

Heer (*-ẹs*; *-e*) *n* στρατός, στράτευμα *n*; *fig.* (*Menge*) πλήθος *n*

Heer|es·leitung *f* ηγεσία του στρατού; **~lager** *n* στρατόπεδο

Hefe *f* μαγιά, προζύμι

Heft (*-ẹs*; *-e*) *n* τετράδιο; (*Zeitschrift*) τεύχος *n*; **&en** καρφιτσώνω; *Broschüre* χαρτοδένω; *Blick* καρφώνω

heftig σφοδρός; *Schmerz*: έντονος; *bsd. Regen*: ραγδαίος (*-α, -ο*); **&keit** *f* σφοδρότητα

Heft|klammer *f* συνδετήρας; **~pflaster** *n* λευκοπλάστης; **~zwecke** *f* πινέζα

Hehler *m* κλεπταποδόχος

Heide[1] (*-n*) *m* ειδωλολάτρης

Heide[2] *f Bot.* ρείκι

heikel (*-kl-*) δύσκολος, λεπτός

Heil (*-ẹs*; *0*) *n* σωτηρία

heil σώος (*-α, -ο*), ακέραιος, αβλαβής 2

Heiland (*-ẹs*; *0*) *m* σωτήρας

Heil|anstalt *f* θεραπευτήριο; **~bad** *n* ιαματικό λουτρό; λουτρόπολη (*-εις*); **&bar** θεραπεύσιμος

heilen *v/t* γιατρεύω, θεραπεύω; *a. fig. z. B. Zeit*: επουλώνω; κλείνω

Heilgymnastik *f* θεραπευτική γυμναστική

heilig άγιος (*-ία, -ιο*); ιερός; **&e(r)** ***Geist*** Άγιο Πνεύμα *n*; ***&e Schrift*** Αγία Γραφή; **&'abend** *m* παραμονή Χριστουγέννων; **~en** *v/t* (εξ)αγιάζω

Heiligenbild *n* αγιογραφία, εικόνα, εικόνισμα *n*; **~maler** *m* αγιογράφος; **~malerei** *f* αγιογραφία

Heiligenschein *m* φωτοστέφανο(ς)

Heiligkeit (*0*) *f* αγιότητα

heiligsprechen* ανακηρύσσω άγιο

Heiligtum (*-s*; *⸚er*) *n* ιερό, άδυτο

Heil|kraft *f* ιαματικότητα; **~kunde** *f* ιατρική; **~mittel** *n* γιατρικό, φάρμακο; **~pflanze** *f* φαρμακευτικό φυτό; **~praktiker** *m* πρακτικός; **~quelle** *f* ιαματική πηγή; **&sam** θεραπευτικός; *fig.* σωτήριος (*-α, -ο*)

Heil|ung *f* θεραπεία; **~verfahren** *n* θεραπευτική αγωγή

H

Heim (-*ẹs*; -*e*) *n* σπίτι; (*Zuhause*) σπιτικό, τζάκι; (*Anstalt*) άσυλο
Heim·arbeit *f* κατ' οίκον εργασία
Heimat (*0*) *f* πατρίδα; **~adresse** *f* διεύθυνση καταγωγής; **~hafen** *m* λιμάνι καταχωρισμού; **2lich** πάτριος (-*a*, -*o*); **~lose(r)** άπατρις *m*, *f*; **~ort** *m* γενέτειρα
Heim|fahrt *f* γυρισμός, επιστροφή; **2isch** ενδημικός; **~kehr** (*0*) *f* παλινόστηση (-*εις*); **2kehren** (*sn*) παλινοστώ
heimlich κρυφός, μυστικός; **2keit** *f* μυστικότητα
Heim|reise *f* γυρισμός, επιστροφή; **2tückisch** ύπουλος; **~weg** *m* γυρισμός, επιστροφή; **~weh** (-*s*; *0*) *n* νοσταλγία; ***~weh haben*** νοσταλγώ (***nach*** *D*/*A*); **2zahlen** *fig.* ανταποδίδω
Heirat *f* γάμος, παντρειά; **2en** παντρεύομαι, F παίρνω
Heirats|antrag *m* πρόταση (-*εις*) γάμου; **~anzeige** *f* αγγελτήριο γάμου; **~vermittlung** *f* προξενιά
heiser βραχνός; **2keit** *f* βραχνάδα
heiß ζεστός; θερμός; *Tränen*: πύρινος; ***es ist ~*** κάνει ζέστη
heißen* λέγομαι, ονομάζομαι; ***das ~t*** (***d. h.***) δηλαδή; ***wie ~t du?*** πώς σε λένε; ***was ~t das auf griechisch?*** πώς λέγεται αυτό (στα) ελληνικά;
heißlaufen* υπερθερμαίνομαι
Heiß'wasserspeicher *m* θερμοσίφωνας
heiter (*a. heitrer, heiterst-*) εύθυμος, χαρούμενος; *Wetter*: αίθριος (-*a*, -*o*); **2keit** (*0*) *f* ευθυμία
heiz|en θερμαίνω, ζεσταίνω; **2er** *m* θερμαστής; **2kissen** *n* ηλεκτρικό μαξιλάρι; **2körper** *m* θερμαντικό σώμα *n*; **2lüfter** *m* αερόθερμο; **2öl** *n* θερμαντικό πετρέλαιο; **2ung** *f* θέρμανση (-*εις*)
Hektar (-*s*; -*e*) *m* εκτάριο
hekt|isch αγχώδης 2, βιαστικός; **2ik** (*0*) *f* άγχος *n*, βιασύνη
Hektoliter *m* εκατόλιτρο
Held (-*en*) *m* ήρωας; ***junge(r) ~*** παλικάρι
Heldin *f* ηρωίδα
helfen* βοηθώ (-*άς*) (*D*/*A*); (*nützen*) ωφελώ (*D*/*A*)
Helfer(in *f*) *m* βοηθός (*a. f*)
Heli'kopter *m* ελικόπτερο
Helium (-*s*; *0*) *n* ήλιο
hell φωτεινός; *Farbe*: ανοιχτός; *fig.* ***~er Kopf*** έξυπνος; ***es wird ~*** ξημερώνει; **~blau** γαλανός
Hel'len|e (-*n*) *m* Έλληνας; **2i'sieren** εξελληνίζω; **~ismus** [-'nɪs-] (-; *0*) *m* ελληνισμός; **2istisch** [-'nɪs] ελληνιστικός
hellhörig *Gebäude*: χωρίς ηχομόνωση
hellicht: ***am ~en Tage*** μέρα μεσημέρι
Helligkeit *f* λάμψη, φωτεινότητα
hell|sehen* μαντεύω; **2seher** *m* μάντης (-*εις*); **2seherin** *f* μάντισσα
Helm (-*ẹs*; -*e*) *m* κράνος *n*, κάσκα
Hemd (-*ẹs*; -*en*) *n* πουκάμισο; **~hose** *f* κομπινεζόν (*0*) *f od. n*
Hemi'sphäre *f* ημισφαίριο
hemm|en αναστέλλω, εμποδίζω; **2nis** (-*ses*; -*se*) *n* κώλυμα *n*; **2ung** *f* εμπόδιο; *Psych.* αναστολή; **~ungslos** αχαλίνωτος
Hengst (-*es*; -*e*) *m* επιβήτορας
Henkel *m* χερούλι, λαβή
Henker *m* δήμιος, μπόγιας
Henne *f* κότα, όρνιθα
her εδώ, *z. B.* ***komm ~!*** έλα εδώ!; ***von dort ~*** απ' εκεί; ***es ist drei Jahre ~*** (***daß***) πάνε τρία χρόνια (που)
herab [hɛ'rap] προς τα (εδώ) κάτω
he'rabblicken βλέπω κάτω; *fig.* ***auf j-n ~*** κοιτάζω κπ αφ' υψηλού
he'rabgesetzt μειωμένος, κατεβασμένος
he'rab|kommen* (*sn*) κατεβαίνω; **~setzen** υποβιβάζω (***j-n***/κπ); *Preis* κατεβάζω, μειώνω
He'rabsetzung *f* υποβιβασμός; ελάττωση (-*εις*), μείωση
he'rabstürzen (*sn*) *v*/*i* πέφτω, γκρεμίζομαι
heran [hɛ'ran] κοντά, προς τα εδώ
he'ran|bringen* κουβαλώ (-*άς*); **~kommen*** (*sn*) πλησιάζω; **~rücken** *v*/*i* (*sn*) κοντεύω σε, *a. fig.* πλησιάζω; **~wachsen*** (*sn*) μεγαλώνω
herauf [hɛ'rauf] (προς τα) πάνω; **~setzen** *Preis* ανεβάζω, αυξάνω
heraus [hɛ'raus] (προς τα) έξω; μέσα από; ***~ mit der Sprache!*** πες το!
he'raus|bekommen* βρίσκω; βγάζω; *Wechselgeld* παίρνω; **~bringen*** *Buch* βγάζω; **~finden*** (*erraten*) βρίσκω; (*feststellen*) διαπιστώνω; **~fordern** προκαλώ (***zu*** *D*/σε); **2forderung** *f*

πρόκληση (*-εις*); **2gabe** (*0*) *f* έκδοση (*-εις*); **~geben*** *Buch* εκδίδω; *Geld* δίνω τα ρέστα; **2geber(in** *f*) *m* εκδότης (-τρια)

he'raus|kommen* (*sn*) βγαίνω (**aus** *D*/από); *Buch, Zeitung*: εκδίδομαι; **~kriegen** (*entfernen*) βγάζω; (*erfahren*) παίρνω λόγια

he'raus|lassen* αφήνω να βγει; **~nehmen*** βγάζω, εξάγω; **~reden:** ***sich ~reden*** δικαιολογούμαι; **~reißen*** *fig.* γλυτώνω; **~rücken** *Geld* F κατεβάζω

he'rausstellen βγάζω έξω; ***sich ~*** φανερώνομαι, αποδεικνύομαι

he'raus|treten* (*sn*) βγαίνω, εξέρχομαι; **~ziehen*** βγάζω

herb στυφός; *Wein*: μπρούσκος (*-α, -ο*)

her'bei|eilen (*sn*) τρέχω βιαστικά (προς τα εδώ); **~führen** (*verursachen*) προξενώ; **~rufen*** φωνάζω να έρθει

Herberge *f* πανδοχείο; ξενώνας

herbringen* φέρνω εδώ

Herbst (*-ęs; -e*) *m* φθινόπωρο; **~-, 2lich** φθινοπωρινός

Herd [eː] (*-ęs; -e*) *m allg., fig.* εστία; τζάκι; (*Küchen2, El.*) κουζίνα

Herde *f* κοπάδι; *a. fig.* αγέλη

he'rein μέσα; ***~!*** εμπρός!

he'rein|fallen* (*sn*) πέφτω μέσα; **~gehen*** (*sn*) μπαίνω

herfallen* (*sn*): ***über j-n ~*** ρίχνομαι σε κπ *od.* κάποιου

hergehen* (*sn*): ***vor j-m ~*** προηγούμαι κάποιου; ***hinter j-m ~*** παρακολουθώ κπ

her|holen φέρνω; **~hören** ακούω

Hering (*-s; -e*) *m* ρέγγα

herkommen* (*sn*) προσέρχομαι; (*herstammen*) προέρχομαι; ***komm her!*** (για) έλα δω!

Herkunft (*0*) *f* προέλευση (*-εις*), καταγωγή; **~s·land** *n* χώρα καταγωγής

her|leiten (*folgern*) συμπεραίνω (**aus** *D*/από); *Wort* παράγω; **~machen:** ***sich ~machen über*** *A* ρίχνομαι σε

her'metisch ερμητικός

heroisch [-'roːɪʃ] ηρωικός

Herr (*-n; -en*) *m* κύριος *a. Rel.*; **Herren**(*-Toilette*) „Ανδρών"; ***~ Müller!*** κύριε Müller!; ***eigener ~*** (*unabhängig*) ανεξάρτητος

Herren|anzug *m* ανδρικό κουστούμι; **~artikel** *m/pl* ανδρικά είδη *n/pl*; **~bekleidung** *f* ανδρικός ρουχισμός; **~friseur** *m* κουρέας (*-εις*); **2los** αδέσποτος; **~mode** *f* ανδρική μόδα; **~toilette** *f* αποχωρητήριο ανδρών

herrichten ευπρεπίζω, ετοιμάζω

Herr|in *f a. hist.* αφέντρα; κυρία; **2isch** αυταρχικός, δεσποτικός

herrlich εξαίσιος (*-α, -ο*), μεγαλόπρεπος; **2keit** *f* μεγαλοπρέπεια

Herrschaft *f* κυριαρχία, εξουσία; ηγεμονία; **2lich** αρχοντικός

herrschen *v/i* κυριαρχώ; *a. fig.* βασιλεύω; ***~ über*** *A* εξουσιάζω *A*

Herrscher *m* κυρίαρχος

her|stammen κατάγομαι; **~stellen** κατασκευάζω; **2steller** *m* κατασκευαστής; **2stellung** *f* κατασκευή

H

he'rüber προς τα εδώ; **~bringen*, ~holen** φέρνω εδώ

he'rum (τρι)γύρω; *oft*: περι-

he'rumbummeln χαζεύω

he'rum|drehen στριφογυρίζω; **~fahren*** (*sn*) *Schiff*: περιπλέω; κάνω βόλτες; **~führen** *Fremde* ξεναγώ; **~gehen*** (*sn*) τριγυρίζω; **~kommen*** (*sn*) *weit*: κοσμογυρίζω; *fig.* **um etw.** (*A*) ***~kommen*** αποφεύγω *A*; **~kriegen** F (*überreden*) τουμπάρω; **~laufen*** (*sn*) τριγυρίζω; **~liegen*** είμαι σκόρπιος *od.* πεταμένος; **~reichen** δίνω γύρω-γύρω; **~schleichen*** (*sn*) σέρνομαι; **~stehen*** στέκομαι (γύρω); **~streiten*:** ***sich ~streiten*** τσακώνομαι

he'rumtreiben*: ***sich ~*** περιπλανιέμαι

he'runter [hɛ-] προς τα κάτω

he'runter|bringen* *fig.* καταστρέφω; **~fallen*** (*sn*) πέφτω (κάτω); **~gekommen** ξεπεσμένος; **~holen** κατεβάζω; **~kommen*** (*sn*) κατεβαίνω; *fig. moralisch* ξεπέφτω; **~lassen*** κατεβάζω; **~schlucken** καταπίνω

hervor [hɛr'foːʀ] από μέσα

her'vor|bringen* βγάζω; παράγω; **~gehen*** (*sn*) *fig.* προκύπτω, απορρέω; **~gucken** *z. B. Unterrock*: ξεπροβάλλω; **~heben*** εξαίρω, τονίζω; **~holen** βγάζω; **~kommen*** (*sn*) προβάλλω; **~ragen** *a. fig.* (προ)εξέχω; **~ragend** έξοχος; εξαιρετικός; **~stehen*** προεξέχω; **~treten*** (*sn*) προε-

ξέχω; *fig.* εμφανίζομαι; **~tun*: *sich ~tun*** διαπρέπω
Herz (*-ens*; *-en*) *n* καρδιά, *K* καρδία; *Kartenspiel*: κούπα; (*Zentrum*) κέντρο; ***von ganzem ~en*** μ'όλη μου την καρδιά; ***schweren ~ens*** με βαριά καρδιά; ***sich*** (*D*) ***etw. zu ~en nehmen*** παίρνω κτ κατάκαρδα
Herz|anfall *m* καρδιακή προσβολή; **~beschwerden** *f/pl* καρδιακές ενοχλήσεις *f/pl*
herz·ergreifend συγκινητικός
Herz|fehler *m* καρδιακό ελάττωμα; **&haft** δυνατός
Herz|infarkt *m* καρδιακό έμφραγμα; **~insuffizienz** *f* καρδιακή ανεπάρκεια; **~klopfen** *n* χτυποκάρδι, καρδιοχτύπι; **&krank** καρδιακός; **~leiden** *n* καρδιοπάθεια
herzlich εγκάρδιος (*-α, -ο*); *Empfang*: θερμός; **&keit** *f* εγκαρδιότητα
herzlos άκαρδος; **&igkeit** *f* απονιά
Herzschlag *m* (*Tod*) αποπληξία
herzzerreißend σπαραξικάρδιος
hetero'gen ετερογενής 2
Hetz|e *f* (*Eile*) φούρια; *fig.* πρόκληση (*-εις*) μίσους (***gegen*** *A*/κατά *G*); *s. a.* ***Hetzjagd***; **&en** (*verfolgen*) καταδιώκω; *fig.* διεγείρω (**zu** *D*/σε); *v/i* (*sn*) (*eilen*) βιάζομαι; **~jagd** *f* κυνηγητό; *fig.* βία
Heu (*-es*; *0*) *n* χορτάρι, σανό(ς)
Heuche|'lei *f* υποκρισία, προσποίηση; **&ln** υποκρίνομαι, προσποιούμαι
Heuchler *m* υποκριτής; **~in** *f* υποκρίτρια; **&isch** υποκριτικός
heulen ουρλιάζω; κλαίω; F ***es ist zum &*** είναι για κλάματα
Heu|schnupfen *m* αλλεργικό συνάχι; **~schrecke** *f* ακρίδα
heute σήμερα; ***~ abend*** απόψε
heutig σημερινός; σύγχρονος
heut·zutage σήμερα
He'xameter *m* εξάμετρο
Hexe *f* μάγισσα; *fig.* στρίγγλα; **&n** κάνω μάγια; **~n·schuß** *m* οσφυαλγία
Hexe'rei *f* μάγια *n/pl*, μαγγανεία
Hieb (*-es*; *-e*) *m* χτύπημα *n*; *pl* ξύλο
hielt *s.* ***halten***
hier εδώ; *K* ενταύθα; *bei Aufruf von Namen*: παρών (*f* -ούσα); ***von ~*** (***ab***) απ' εδώ; ***~ und da*** εδώ κι εκεί; ***~ ist*** να + *N* (*a. A*), *z. B.* ***~ ist er, der Vater*** να τος, να ο πατέρας; ***~ bin ich*** να με
Hierarchie [hiˑeˑrarˈçiː] *f* ιεραρχία
hier|auf (*Zeit*) ύστερα, μετά; (*Ort*) εδώ (ε)πάνω; **~aus** από τούτο; **~her** (προς τα) εδώ; αυτού; **~in** σ' αυτό; **~mit** με αυτό; *Hdl.* με την παρούσα
Hieroglyphen [hiˑeˑroˑˈglyːfən] *f/pl a. fig.* ιερογλυφικά *n/pl*
hier|über (ε)πάνω απ' αυτό; *reden, schreiben* γι' αυτό; **~von** απ' αυτό; **~zu** προς τούτο; **~zulande** (εδώ) στον τόπο μας
hiesig (ε)ντόπιος (*-α, -ο*)
Hilfe *f* βοήθεια; ***gegenseitige ~*** αλληλοβοήθεια; **Erste ~** πρώτες βοήθειες *f/pl*; ***mit ~*** *G* με τη βοήθεια *G*; ***zu ~ rufen*** καλώ σε βοήθεια
Hilfeleistung *f* παροχή βοήθειας
hilf|los αβοήθητος; **~reich** βοηθητικός; εξυπηρετικός
Hilfs- βοηθητικός, επικουρικός
Hilfs|arbeiter *m* ανειδίκευτος εργάτης; **~mittel** *n* (*Buch usw.*) βοήθημα *n*; **~verb** *n*, **~zeitwort** *n Gr.* βοηθητικό ρήμα
Himmel *m* ουρανός; ***heitere(r) ~*** αιθρία; *fig.* ***aus heiterem ~*** στα καλά καθούμενα; ***unter freiem ~*** στο ύπαιθρο; ***um ~s willen*** για όνομα του Θεού
himmel|blau γαλανός, ουρανής (*-ιά, -ί*); **&fahrt** *f Rel.* Ανάληψη
Himmels|körper *m* ουράνιο σώμα; **~richtung** *f* σημείο του ορίζοντα
himmlisch ουράνιος (*-α, -ο*); *fig.* υπέροχος
hin *etwa*: προς τα (ε)κεί; *oft*: κοντά σε, *z. B.* ***hinlaufen zu*** τρέχω κοντά σε; ***nach oben ~*** προς τα (ε)πάνω; ***auf seine Bitte ~*** μετά από παράκλησή του; *Sache*: **ist ~** (= *weg, kaputt*) πάει (περίπατο), χάλασε; ***~ und her*** πέρα δώθε; ***~ und wieder*** πού και πού; ***~ und zurück*** με επιστροφή; ***es ist noch lange ~*** έχει καιρό ακόμα; ***wo ist er ~*** (= *hingegangen*)? πού πήγε;
hi'nab προς τα κάτω; **~steigen*** (*sn*) κατεβαίνω; **~stürzen** *v/t* (κατα)γκρεμίζω; *v/i* ***sich ~stürzen, ~stürzen*** (*sn*) γκρεμίζομαι
hi'nauf προς τα (ε)πάνω; ανα-; **~gehen*** (*sn*), **~steigen*** (*sn*) ανεβαίνω; **~tragen*** ανεβάζω
hi'naus (προς τα) έξω; ***darüber ~*** επιπλέον

hi'naus|begleiten ξεπροβοδώ; **~fahren*** (*sn*) *aufs Meer*: ανοίγομαι; **~gehen*** (*sn*) βγαίνω; *auf den Garten usw.* βλέπω σε; **~laufen*** (*sn*) τρέχω έξω; *fig.* ***darauf ~laufen, daß*** καταλήγει να; **~lehnen: *sich ~lehnen*** σκύβω έξω; **~schieben*** *v/t* αναβάλλω; **~werfen*** πετώ (*-άς*) έξω; *fig. j-n* διώχνω (***aus** D*/από); **~zögern** βραδύνω, διαιωνίζω

hinderlich ενοχλητικός

hinder|n εμποδίζω (***j-n an** D*/κπ σε κτ); **ℒnis** (*-ses*; *-se*) *n* εμπόδιο, κώλυμα *n*; **ℒnisrennen** *n* δρόμος μετ' εμποδίων

hindeuten δείχνω, προμηνύω (***auf** A/A*); ***alles deutet darauf hin, daß*** όλα δείχνουν πως

hin'durch: (*Zeit*) ***den ganzen Tag ~*** όλη τη(ν) (η)μέρα; (*Ort*) μέσα από

hi'nein (προς τα) μέσα; **~-** εν-, εισ-

hi'nein|drängen: *sich ~drängen* χώνομαι; **~dürfen*** επιτρέπεται να μπω; **~gehen*** (*sn*) μπαίνω; **~geraten*** (*sn*) εμπλέκομαι; **~kommen*** (*sn*) εισέρχομαι; **~lassen*** *j-n* αφήνω να μπει

hi'nein|stecken μπήγω, μπάζω, χώνω; **~stopfen** πατικώνω; **~ziehen*** *v/t* τραβώ μέσα; *fig.* (ε)μπλέκω, μπερδεύω (***j-n in** A*/κπ σε)

hin|fahren* *v/t* μεταφέρω; *v/i* (*sn*) μεταβαίνω; **ℒfahrt** *f* μετάβαση (*-εις*), πηγαιμός; **~fallen*** (*sn*) πέφτω; **~fällig** (*schwach*) καχεκτικός; (*ungültig*) άκυρος

hing *s.* ***hängen***

Hin|gabe (*0*) *f* αφιέρωση (*-εις*) (***an** A*/ προς); **ℒgeben*** θυσιάζω; ***sich e-r S.*** (*D*) ***ℒgeben*** αφιερώνομαι σε κτ; **ℒ'gegen** όμως; **ℒgehen*** (*sn*) πηγαίνω; **ℒgerissen** *Adj* συνεπαρμένος

hinhalten* τείνω; *fig.* εμπαίζω

hinken κουτσαίνω; **~d** κουτσός

hin|kommen* (*sn*) φτάνω; **~kriegen:** F (***es schon***) ***~kriegen*** τα καταφέρνω; **~legen** βάζω; ***sich ~legen*** πλαγιάζω; **~nehmen*** (παρα)δέχομαι; *fig.* (*dulden*) ανέχομαι

hinreißen* συναρπάζω; **~d** συναρπαστικός

hinricht|en εκτελώ; **ℒung** *f* εκτέλεση (*-εις*), θανάτωση (*-εις*)

hin|scheiden* (*sn*) εκλείπω; **~schleppen** σέρνω; **~schmeißen*** F *Arbeit* τα βροντώ (*-άς*) κάτω; **~setzen: *sich ~setzen*** κάθομαι; **~stellen** τοποθετώ; ***~stellen als** A* εμφανίζω σαν

hinten *Adv* πίσω; ***von ~*** αποπίσω

hinter (*wo?* = *D*; *wohin?* = *A*) πίσω από; (*Zeit*) μετά (από); **~ *etw.*** (*D*) ***her sein*** επιδιώκω κτ; ***~ j-m her sein*** καταδιώκω κπ, κυνηγώ (*-άς*) κπ

hinter-, ℒ- οπίσθιος (*-α, -ο*), πίσω

Hinter|achse *f* οπίσθιος άξονας; **~'bliebene(r)** επιζών (*-ούσα, -ών*); **ℒeinander** διαδοχικά; (*ununterbrochen*) μονορούφι; **~e(r)** πισινός, οπίσθια *n/pl*; **~gedanke** *m* υστεροβουλία; **ℒ'gehen*** *fig.* (εξ)απατώ (*-άς*); **~grund** *m* φόντο, βάθος *n*

Hinterhalt *m* καρτέρι, ενέδρα

hinterhältig υστερόβουλος

hinter'her κατόπι(ν), αποπίσω

Hinter|land (*-es*; *0*) *n* ενδοχώρα; **ℒ'lassen*** κληροδοτώ, αφήνω; **~'lassenschaft** *f* κληρονομιά; **ℒ'legen** *Hdl.* (παρα)καταθέτω

Hinterlist *f* υπουλότητα; **ℒig** ύπουλος

Hinter|mann *m fig.* εγκέφαλος; **~rad** *n* πίσω ρόδα; **ℒrücks** αποπίσω; κρυφά; **~teil** *n* οπίσθιο μέρος; **ℒ'treiben*** υπονομεύω

Hinter|treppe *f* πίσω σκάλα; **~tür** *f* πίσω πόρτα, παραπόρτι

hi'nüber *Adv* εκεί πέρα, απέναντι; *als Präfix oft*: μετα-, δια-

hi'nüber|fahren*, ~gehen*, ~schaffen περνώ (*-άς*); **~springen*** (*sn*) μεταπηδώ (*-άς*)

hin und 'her πέρα δώθε; **~ gehen*** (*sn*) πηγαινοέρχομαι

Hin- und Rück|fahrkarte *f* εισιτήριο μετ' επιστροφής; **~fahrt** *f* πηγαιμός και ερχομός

hin und zurück μετ' επιστροφής

hi'nunter (προς τα) κάτω; **~bringen*** κατεβάζω; **~gehen*** (*sn*) κατεβαίνω

Hinweg *m* πηγαιμός, μετάβαση (*-εις*)

hin'weg [-'vεk] μακριά απ' εδώ; **~gehen*** (*sn*) (ξε)περνώ (*-άς*) (***über** A/A*); *fig.* αγνοώ (***über** A/A*); **~kommen*** (*sn*) παρηγοριέμαι (***über** A*/ για); **~sehen*** παραβλέπω (***über** A/A*); **~setzen: *sich über** A **~setzen*** περιφρονώ, αγνοώ *A*

Hinweis (*-es*; *-e*) *m* υπόδειξη (*-εις*); ένδειξη (*-εις*)

hinweisen* υποδεικνύω (***j-n auf*** *A*/*A* σε κπ); παρατηρώ (***darauf, daß***/ότι)
Hinweisschild *n* ταμπέλα, πινακίδα (σημάνσεως)
hin|wenden*: ***sich ~wenden*** στρέφομαι (***zu*** *D*/προς); **≈wendung** *f fig.* στροφή; **~werfen*** πετώ (*-άς*) (κάτω); ρίχνω
hinziehen* *v/t* τραβώ (*-άς*), ελκύω; ***sich ~*** (*Zeit*) παρατείνομαι
hin'zufüg|en προσθέτω (***zu*** *D*/σε); **≈ung** *f* προσθήκη
hin'zu|kommen* (*sn*) προσέρχομαι; *fig.* προστίθεμαι (***zu*** *D*/σε); **~setzen** προσθέτω (***zu*** *D*/σε); **~zählen** συγκαταλέγω
Hirnhaut•entzündung *f* μηνιγγίτιδα
Hirsch (*-ẹs; -e*) *m* ελάφι
Hirt (*-en*) *m* τσοπάνος, βοσκός
hissen *Flagge* υψώνω; **≈** *n* ύψωση (*-εις*), έπαρση (*-εις*)
Hi'stor|ie [-ʀĭə] *f* ιστορία; **~iker** *m* ιστορικός; **≈isch** ιστορικός
Hit (*-s; -s*) *m* επιτυχία
Hitze (*0*) *f* ζέστη; **~welle** *f* καύσωνας
hitz|ig (*reizbar*) ευέξαπτος; (*aufgeregt*) εξημμένος; έντονος; **≈schlag** *m* θερμοπληξία
HIV-negativ έιτζ αρνητικό
HIV-positiv έιτζ θετικό
hob *s.* ***heben***
Hobby (*-s; -s*) *n* χόμπυ (*0*) *n*
hobel|n ροκανίζω; **≈span** *m* ροκανίδι
hoch [oː] (*höher; höchst-*) (υ)ψηλός; *Stimme*: λεπτός; ***Hände ~!*** ψηλά τα χέρια; ***lebe ~!*** ζήτω!; ***hohes Alter*** μεγάλη ηλικία
Hoch (*-s; -s*) *n* υψηλό βαρομετρικό
Hochachtung *f* υπόληψη; **≈s•voll** με υπόληψη; με τιμή
Hoch|bahn *f* υπέργειος σιδηρόδρομος; **≈begabt** ευφυής 2; **~burg** *f fig.* ακρόπολη (*-εις*), οχυρό; **≈deutsch**: ***das ~deutsche*** η γραφόμενη, κοινή γερμανική; **~druck** (*-ẹs; 0*) *m* υψηλή πίεση (*-εις*); **~druckgebiet** *n* ζώνη υψηλών πιέσεων; **~ebene** *f* οροπέδιο; **≈fahren*** (*sn*) *v/i* πετιέμαι (ε)πάνω; **~frequenz** *f* υψηλή συχνότητα; **≈gehen*** (*sn*) (*s. aufregen*) F παίρνω φωτιά; **≈gelegen** υψηλός; **~genuß** *m* απόλαυση (*-εις*)
Hochhaus *n* ψηλό κτίριο, μέγαρο; ουρανοξύστης

hoch|heben* σηκώνω, (αν)υψώνω; **~kommen*** (*sn*) ανεβαίνω; *fig.* ανέρχομαι; **≈konjunktur** *f* άνοδος *f* της οικονομίας; **≈land** *n* ορεινή περιοχή; **≈leistungs-**... υψηλής δυναμικότητας; **~mütig** υπεροπτικός; **~näsig** ψηλομύτης (*-α, -ικο*)
Hoch|ofen *m* υψικάμινος; **~rechnung** *f* πρόβλεψη (*-εις*); **~saison** *f* κύρια σεζόν *f*; **≈schätzen** εκτιμώ πολύ
Hochschul|abschluß *m* δίπλωμα ανώτατης σχολής; **~e** *f* ανώτατη σχολη
Hoch|sommer *m* καρδιά του καλοκαιριού; **~spannung** *f* υψηλή τάση (*-εις*); **~sprung** *m* άλμα *n* εις ύψος
höchst [høːçst] *Adv* άκρως
Hoch•stapler *m* απατεώνας
höchste(r) *Sup v.* ***hoch***; ο πιο ψηλός, ο ψηλότερος; *Elativ* (υ)ψηλότατος, ύψιστος
höchst|ens το πολύ-πολύ; **≈geschwindigkeit** *f* όριο ταχύτητας
Hochstimmung *f* έξαρση (*-εις*), κέφι
Höchst|leistung *f allg.* ρεκόρ (*0*) *n*, επίδοση (*-εις*); **~maß** *n* ο υψηλότερος βαθμός; **≈persönlich** αυτοπροσώπως; **~preis** *m* ανώτατη τιμή; **~stand** *m Tech.* ανώτατο επίπεδο; **≈wahrscheinlich** *Adv* πιθανότατα
hoch|trabend πομπώδης 2; **≈verrat** *m* εσχάτη προδοσία; **≈wasser** *n* πλημμύρα
Hochzeit [ɔ] *f* γάμος, γάμοι *m/pl*; ***silberne, goldene, diamantene ~*** αργυροί, χρυσοί, αδαμάντινοι γάμοι; **≈lich, ~s-** γαμήλιος (*-α, -ο*), νυφικός
Hochzeits|kleid *n* νυφικό; **~tag** *m* ημέρα του γάμου; επέτειος *f*
hochziehen* ανασύρω
hock|en κάθομαι ανακούρκουδα *od.* μαζεμένος; **≈er** *m* σκαμνί
Höcker *m* καμπούρα, *K* ύβος
Hode *f* όρχις (*-εως*), V αρχίδι
Hof (*-ẹs; ⸚e*) *m* αυλή *a. des Königs*; (*Gut*) αγρόκτημα *n*
hoffen ελπίζω (***auf*** *A*/σε), προσδοκώ *A*; **~tlich** μακάρι (να)
Hoffnung *f* ελπίδα (***auf*** *A*/σε, για); **≈s•los** απελπιστικός; **~s•losigkeit** (*0*) *f* απελπισία; **≈s•voll** ελπιδοφόρος
höflich ευγενικός, ευγενής 2; **≈keit** *f* ευγένεια
Höhe *f* ύψος *n*; (*Anhöhe*) ύψωμα *n*; *Betrag*: ***in ~ von*** *D* ανερχόμενος σε

Hoheits|gebiet *n* επικράτεια; **~gewässer** *pl* χωρικά ύδατα *n/pl*; **~rechte** *n/pl* κυριαρχικά δικαιώματα *n/pl*
Höhen|angabe *f* υψόμετρο; **~lage** *f* ύψος *n*; **~messung** *f* υψομέτρηση (-εις)
Höhepunkt *m* αποκορύφωμα *n*; *fig.* (*Blüte*) ακμή; *fig.* ***auf dem ~ sein*** μεσουρανώ
höher|- *Komp v. hoch*, πιο ψηλός; ανώτερος; *Adv* παραπάνω; ***~ machen*** ανυψώνω
hohl κούφιος (*-α, -ο*); *Phys.* κοίλος; (*leer*) κενός, κλούβιος (*-α, -ο*)
Höhle *f* σπηλιά, σπήλαιο; (*Tier*≗) φωλιά
hohl|klingend υπόκωφος; **≗maß** *n* κοίλο μέτρο; **≗raum** *m* κενός χώρος; **≗spiegel** *m* κοίλο κάτοπτρο
Hohn (*-ęs; 0*) *m* χλευασμός, κοροϊδία
höhnisch χλευαστικός
holen πηγαίνω να πάρω; ***j-n ~ lassen*** στέλνω να φέρουν κπ *od.* να καλέσουν κπ
Hölle *f a. fig.* κόλαση; Ἅδης
holprig *Boden*: ανώμαλος
Ho'lunder (*-s; 0*) *m* κουφοξυλιά
Holz (*-es; ⁼er*) *n* ξύλο; (*Bau*≗, *Brenn*≗) ξυλεία; **≗artig** ξυλοειδής 2
hölzern ξύλινος, ξυλένιος (*-α, -ο*)
Holz|fällen *n* υλοτομία; **~fäller** *m* ξυλοκόπος; **~kohle** *f* ξυλοκάρβουνο; **~schnitzerei** *f* ξυλογλυπτική; **~verarbeitung** *f* επεξεργασία ξύλου; **~wand** *f* ξυλότοιχος; **~wurm** *m* σαράκι
homo|- ομο-; **~'gen** ομ(οι)ογενής 2
Homöo|pa'thie (*0*) *f* ομοιοπαθητική; **≗'pathisch** ομοιοπαθητικός
homosexu'ell ομοφυλόφιλος
Honig (*-s; 0*) *m* μέλι; **~kuchen** *m* μελόπιτα; **~wabe** *f* κερήθρα
Hono'rar (*-s; -e*) *n* αμοιβή
Honrati'oren *pl* προύχοντες *m/pl*
hono'rieren *v/t* (αντ)αμείβω
Hopfen *m* λυκίσκος, ζυθόχορτο
Hör|apparat *m* ακουστικό (βαρυκοΐας); **≗bar** ακουόμενος, ακουστός
horchen αφουγκράζομαι; κρυφακούω
Horde *f* ορδή, στίφος *n*
hören ακούω (***über*** *A*, ***von*** *D*/για); ***~ auf*** *A* ακούω *A*, υπακούω σε; ***schwer ~*** βαρυακούω; ***nicht richtig ~*** παρακούω; ***hör mal!*** άκου!, καλέ!; *als Protest*: ***~ Sie mal!*** ορίστε κατάσταση!
Hörer *m allg.* ακροατής; *Universität*: φοιτητής; *Tel.* ακουστικό
Hörerschaft *f* ακροατήριο
Hörfunk *m* ραδιοφωνία
hörig δούλος; **≗e(r)** δουλοπάροικος
Hori'zont (*-ęs; -e*) *m a. fig.* ορίζοντας **≗al** [-'taːl] οριζόντιος (*-α, -ο*)
Hor'mon (*-s; -e*) *n* ορμόνη
Horn (*-ęs; ⁼er*) *n* κέρατο; *Mus.* κορνέτο
Hornhaut *f* κερατοειδής χιτώνας
Horo'skop (*-s; -e*) *n* ωροσκόπιο
Horrorfilm *m* έργο τρόμου
Hör|saal *m* αίθουσα παραδόσεων; **~spiel** *n Rdf.* σκετς (*0*) *n*
Hort (*-ęs; -e*) *m* καταφύγιο; **≗en** αποθησαυρίζω
Hose *f* παντελόνι; ***kurze ~*** σορτσάκι
Hosen|bein *n* μπατζάκι; **~träger** *m* (*mst. pl*) (τι)ράντες *f/pl*
Hospi'tal (*-s; ⁼er*) *n* νοσοκομείο
hospi'tieren παρακολουθώ
Hostie ['hɔstĭə] *f Rel.* αντίδωρο
Hotel [ho·'tɛl] (*-s; -s*) *n* ξενοδοχείο; **~gewerbe** *n* ξενοδοχειακός κλάδος; **~halle** *f* χολ (*0*) *n*, υποδοχή ξενοδοχείου
Hotelier [ho·tɛ'lĭeː] (*-s; -s*) *m* ξενοδόχος
Ho'telzimmer *n* δωμάτιο ξενοδοχείου
Hubraum *m* διαδρομή εμβόλου
hübsch νόστιμος, χαριτωμένος
Hubschrauber *m* ελικόπτερο; **~landeplatz** *m* χώρος προσγείωσης ελικοπτέρων
huckepack|: ***~ tragen*** κουβαλώ στην πλάτη; **≗verkehr** *m* σιδηροδρομική μεταφορά αυτοκινήτων
Huf (*-ęs; -e*) *m* οπλή; **~eisen** *n* πέταλο
Hüft|- ισχιακός; **~e** *f* ισχίο, γοφός
Hüftweh *n* ισχιαλγία
Hügel *m* λόφος; **≗ig** λοφώδης 2
Huhn (*-ęs; ⁼er*) *n* κότα, όρνιθα
Hühnchen *n* κοτόπουλο, ορνίθι
Hühner|auge *n* κάλος; **~stall** *m* κοτέτσι; **~zucht** *f* ορνιθοτροφία
Hülle *f* περίβλημα *n*, περικάλυμμα *n*; ***in ~ und Fülle*** μπόλικα μπόλικα
Hülse *f* λοβός; **~n·frucht** *f* όσπριο
hu'man ανθρώπινος
Huma|'nismus (*-s; 0*) *m* ανθρωπισμός;

~'nist (*-en*) *m* ανθρωπιστής; **Ձ'nistisch** ανθρωπιστικός
Hummel *f* αγριομέλισσα
Hummer *m* αστακός
Hu'mor (*-s; 0*) *m* χιούμορ (*0*) *n*
humo'ristisch χιουμοριστικός
humpeln κουτσαίνω
Hund (*-ęs; -e*) *m* σκυλί, σκύλος
Hundehütte *f* σκυλόσπιτο
hundert εκατό(ν)
Hundert (*-s; -e*) *n* εκατοντάδα; **~'drachmenschein** *m* κατοστάρικο; **Ձfach** εκατονταπλάσιος; **Ձmal** εκατό φορές; **~'meterlauf** *m* δρόμος εκατό μέτρων
hundertst|- εκατοστός; **Ձel** *n* εκατοστό
Hunde|steuer *f* φορολογία των σκύλων; **~wetter** *n* παλιόκαιρος
Hündin *f* σκύλα
Hunger (*-s; 0*) *m* πείνα; **~ *haben*** πεινώ (*-άς*); **~lohn** *m* μισθός πείνας
hungern πεινώ (*-άς*)
Hungers•not *f* σιτοδεία, λιμός
Hungerstreik *m* απεργία πείνας
hungrig πεινασμένος
Hupe *f* κόρνα, σειρήνα; **Ձn** κορνάρω
hüpfen (*sn*) χοροπηδώ (*-άς*)
Hupverbot *n* απαγόρευση κορναρίσματος
Hürde *f* μάντρα; *fig.* εμπόδιο; **~n•lauf** *m* δρόμος μετ' εμποδίων
Hure *f* πόρνη; **~'rei** *f* πορνεία
husten βήχω; Ձ *m* βήχας; Ձ *n* βήξιμο (*-ατος*); **Ձmittel** *n* αντιβηχικό
Hut[1] (*-ęs; ⸚e*) *m* καπέλο
Hut[2] *f*: ***auf der ~ sein*** είμαι σε επιφυλακή
hüten φυλώ (*-άς*); *Haus* προσέχω; ***sich ~ vor*** *D* φυλάγομαι από
Hütte *f* καλύβα; (*Berg*Ձ) καταφύγιο; *Tech.* μεταλλουργείο
Hüttenwesen (*-s; 0*) *n* μεταλλουργία
Hy'äne *f* ύαινα
Hya'zinthe *f* ζουμπούλι, υάκινθος
Hy'drant (*-en*) *m* στόμιο υδροληψίας
Hy'drau|lik (*0*) *f* υδραυλική; **Ձlisch** υδραυλικός
Hygien|e [hy'gǐe:nə] (*0*) *f* υγιεινή; **Ձisch** υγιεινός
Hymne *f* ύμνος
Hyp'nose *f* ύπνωση (*-εις*)
hypnotisieren [-'zi:-] *a. fig.* υπνωτίζω
Hypo|'physe *f* υπόφυση (*-εις*); **~te'nuse** *f* υποτείνουσα; **~'thek** *f* υποθήκη
Hypo'the|se *f* υπόθεση (*-εις*); **Ձtisch** υποθετικός
Hyste'rie *f* υστερία, υστερισμός
hy'sterisch υστερικός

I

ich εγώ; Ձ *n* εγώ (*0*) *n*
Ide'al (*-s; -e*) *n* ιδανικό, ιδεώδες *n*; Ձ *Adj* ιδανικός, ιδεώδης 2; **Ձi'sieren** εξιδανικεύω
Idea'lis|mus (*-; 0*) *m* ιδεαλισμός; **~t** (*-en*) *m* ιδεαλιστής; **Ձtisch** ιδεαλιστικός
I'dee [i'de:] *f* ιδέα; (*Ahnung*) είδηση (*-εις*) (***von*** *D*/από); ***fixe ~*** έμμονη ιδέα
identifi'zier|en ταυτίζω; ***sich ~en*** ταυτίζομαι (***mit*** *D*/με); **Ձung** *f* ταύτιση (*-εις*)
i'dentisch ταυτόσημος
Identi'tät (*0*) *f* ταυτότητα
Ideo|'loge (*-n*) *m* ιδεολόγος; **~lo'gie** *f* ιδεολογία; **Ձ'logisch** ιδεολογικός
idio'matisch ιδιωματικός; **~e(*r*) *Ausdruck*** ιδιωματισμός
Idiot [i'dǐo:t] (*-en*) *m* ηλίθιος; **Ձisch** ηλίθιος (*-α, -ο*)
I'dol (*-s; -e*) *n* είδωλο, ίνδαλμα *n*
I'dyll (*-s; -e*) *n* ειδύλλιο; **Ձisch** ειδυλλιακός
Igel *m* σκαντζόχοιρος
igno'rieren αγνοώ
ihm του, σ'αυτόν
ihn τον, αυτόν
ihnen τους, σ'αυτούς; Ձ σας, σε σας
ihr[1] (*3. Pers. Sing.*) της, σ'αυτήν; (*Pos-*

sessivpron.) ... της; *pl* ... τους; (*betont*) ο δικός της; ο δικός τους; **der** **≗e** ο δικός της; ο δικός τους
ihr² (*2. Pers. Plur*) (*N*) εσείς
Ihr³ (*possessiv*) ... σας, ο δικός σας; **der** **~e** ο δικός σας
ihrerseits εκ μέρους της (*pl* τους); **≗** εκ μέρους σας
ihretwegen για χάρη της (*pl* τους); **≗** για χάρη σας
I'kone *f* εικόνα, εικόνισμα *n*
illegal παράνομος; **≗i'tät** *f* παρανομία
Illu'sion *f* αυταπάτη; ***sich ~en machen*** αυταπατώμαι (**über** *A*/ως προς)
illu'sorisch απατηλός
Illustr|a'tion *f* εικονογράφηση (*-εις*); **≗ieren** [-'stri:-] εικονογραφώ; **~ierte** *f* (εικονογραφημένο) περιοδικό
im = ***in dem***
Image ['ımıdʒ] (-[*s*], *-s*) *n* φήμη
Imbiß (*-sses*; *-sse*) *m* μεζές (*-έδες*); **~bude** *f* καντίνα; **~stube** *f* σνακ-μπαρ (*0*) *n*, σουβλατζίδικο
Imita'tion *f* (απο)μίμηση (*-εις*)
imi'tieren *v/t* μιμούμαι
Imker *m* μελισσοκόμος
Immatrikula'tion *f* εγγραφή
immer πάντα, πάντοτε; ***schon ~*** ανέκαθεν; **~** + *Adj im Komp* όλο και ...; ***wer***, ***wo***(***hin***), ***wann auch ~*** οποιοσδήποτε, οπουδήποτε, οποτεδήποτε; **~hin** πάντως, μια φορά
Immo'bilien [-ĭən] *pl* ακίνητα *n*/*pl*; **~makler** *m* μεσίτης ακινήτων
im'mun *Med.* απρόσβλητος (**gegen** *A*/σε); **≗i'tät** (*0*) *f* ανοσία (**gegen** *A*/σε); *pol.* ασυλία
Imper|ativ (*-s*; *-e*) *m* προστακτική; **~fekt** (*-s*; *-e*) *n* παρατατικός
Imperia'l|ismus (-; *0*) *m* ιμπεριαλισμός; **~ist** (*-en*) *m* ιμπεριαλιστής
impf|en *v/t* εμβολιάζω; **≗paß** *m* βιβλιάριο εμβολιασμού; **≗stoff** *m* ορός εμβολίου; **≗ung** *f* εμβόλιο, εμβολιασμός
impo'nieren εντυπωσιάζω (*D*/*A*)
Im'port (*-s*; *-e*) *m* εισαγωγή; **~beschränkung** *f* περιορισμός εισαγωγών; **~eur** [-'tø:ʀ] (*-s*; *-e*) *m* εισαγωγέας; **≗ieren** [-'ti:-] εισάγω
impo'sant επιβλητικός
impoten|t *Med.* ανίκανος; **≗z** *f* ανικανότητα
imprägʼnieren εμποτίζω (**mit** *D*/με)
Improvisa'tion *f* αυτοσχεδιασμός
improvi'sier|en αυτοσχεδιάζω; **~t** αυτοσχέδιος (*-α*, *-ο*)
Im'puls (*-es*; *-e*) *m* ώθηση (*-εις*)
im'stande: ***~ sein*** είμαι σε θέση
in (*wo?* = *D*; *wohin?* = *A*) σε, μέσα, σε; *vor Art* σ-: ***~ Athen*** στην Αθήνα; ***~ einer Stunde*** σε μία ώρα
Inbegriff *m* ενσάρκωση (*-εις*)
inbegriffen συμπεριλαμβανομένου (-ης; -ων) του (της; των) *G*
in'dem ενώ; *partizipial*: -οντας, -ώντας, *z. B.* ***~ er sagt***(***e***) λέγοντας; ***~ man fragt*** ρωτώντας
Index (-; *-dices* [-tse:s]) *m* δείκτης; ευρετήριο; **~zahl** *f* τιμάριθμος
Indi'an|er *m* Ινδιάνος; **~erin** *f* Ινδιάνα; **≗isch** ινδιάνικος
In|dika'tion *f Med.* ένδειξη (*-εις*); **~dikativ** (*-s*; *-e*) *m Gr.* οριστική; **≗direkt** έμμεσος
indiskret αδιάκριτος; **≗ion** [-'tsĭo:n] *f* αδιακρισία
indiskutabel εκτός συζητήσεως
Individual|ismus [-'lıs-] (-; *0*) *m* ατομικισμός; **~ist** [-'lıst] (*-en*) *m* ατομικιστής; **~i'tät** *f* ατομικότητα
individu'ell ατομικός
Indi'viduum (*-s*; *-duen*) *n* άτομο
In'diz (*-es*; *-ien*) *n* ένδειξη (*-εις*)
indoger'manisch ινδοευρωπαϊκός
industriali'sier|en εκβιομηχανίζω; **≗ung** *f* εκβιομηχάνιση (*-εις*)
Indu'strie *f* βιομηχανία; ***~- und Handelskammer*** Εμπορικό και Βιομηχανικό Επιμελητήριο; **~gebiet** *n* βιομηχανική περιοχή; **~kauffrau** *f*, **~kaufmann** *m etwa*: (ειδικευμένη; -ος) έμπορος βιομηχανικής επιχείρησης
industri'ell βιομηχανικός; **≗e**(**r**) βιομήχανος
Industrie·staat *m* βιομηχανικό κράτος
Infante'rie *f* πεζικό; **~-** πεζικός
Infek'tion *f* μόλυνση (*-εις*)
Infinitiv (*-s*; *-e*) *m* απαρέμφατο
infi'zieren *v/t* μολύνω
Infla'tion *f* πληθωρισμός; **≗istisch** [-'nıstıʃ] πληθωριστικός; **~s·rate** *f* ποσοστό πληθωρισμού
infolge'dessen κατά συνέπεια
Infor'matik (*0*) *f* πληροφορική
Informa'tion *f* πληροφορία; ενη-

μέρωση (-εις) (**über** *A*/για); **~s-schalter** *m* θυρίδα πληροφοριών
infor'mieren πληροφορώ, ενημερώνω (**j-n über** *A*/κπ για)
infra|rot υπέρυθρος; **&struktur** *f* υποδομή
Ingenieur [ɪnʒeˈnǐøːʀ] (*-s; -e*) *m* (πολιτικός) μηχανικός
Inhaber *m* κάτοχος; ιδιοκτήτης
inhaf'tier|en φυλακίζω; **&te(r)** φυλακισμένος; **&ung** *f* φυλάκιση (*-εις*)
Inhala'tion *f* εισπνοή
Inhalt (*-ẹs; -e*) *m* περιεχόμενο; *Buch*: *mst. pl* περιεχόμενα *n/pl*
inhalts|reich περιεκτικός; **&verzeichnis** *n* πίνακας περιεχομένων
Initia'tive *f* πρωτοβουλία
Injek'tion *f*, **~s·spritze** *f* ένεση (*-εις*)
inklu'sive *des, der ... od. o. Art* συμπεριλαμβανομένου (-ης; -ων) + *G m. Art*
Inklu'sivpreis *m* συνολική τιμή
inkonsequen|t ασυνεπής 2; **&z** *f* ασυνέπεια
In'kraftsetzung *f* εφαρμογή
Inland (*-ẹs; 0*) *n* εσωτερικό
Inlandflug *m* πτήση (*-εις*) εσωτερικού
Inlandsgespräch *n* συνδιάλεξη (*-εις*) εσωτερικού
in'mitten *G* ανάμεσα σε
innen μέσα, εντός; **&minister** *m* υπουργός εσωτερικών; **&ministerium** *n* υπουργείο εσωτερικών; **&politik** *f* εσωτερική πολιτική; **~politisch** της εσωτερικής πολιτικής; **&stadt** *f* κέντρο
inner|- εσωτερικός; **~betrieblich** ενδοεπιχειρησιακός; **&e(s)** εσωτερικό
Inne'reien *pl* εντόσθια *n/pl*
inner|halb *Präp G* μέσα σε, εντός *G*; **~lich** *a. Med.* εσωτερικός
innig εγκάρδιος (*-α, -ο*); οικείος (*-α, -ο*); **&keit** (*0*) *f* οικειότητα; εγκαρδιότητα; **~st** ολόψυχος, βαθύς
Innung *f* συντεχνία, συνάφι
in·offiziell ανεπίσημος
Inquisi'tion *f* ιερά εξέταση (*-εις*)
ins = ***in das***
Insasse (*-n*) *m* επιβάτης; (*Gefängnis&, Heim&*) τρόφιμος; **~n·versicherung** *f* ασφάλιση (*-εις*) επιβατών
insbe'sondere ιδίως, ιδιαίτερα
Inschrift *f* επιγραφή
In'sekt (*-ẹs; -en*) *n* έντομο
In'sekten|(schutz)mittel εντομοκτόνο; **~stich** *m* τσίμπημα *n* εντόμου
Insel (*-; -n*) *f* νησί; ***öde*** (***unbewohnte***) **~** ξερονήσι
Inse|'rat (*-ẹs; -e*) *n* καταχώριση (*-εις*), αγγελία; **&'rieren** καταχωρίζω
ins|ge'heim *Adv* κρυφά; **~ge'samt** όλα μαζί, συνολικά
in'sofern *Ko* καθόσο(ν)
Inspek'tion *f* επιθεώρηση (*-εις*)
In'spektor (*-s; -'toren*) *m* επιθεωρητής
Inspi|ra'tion *f* έμπνευση (*-εις*); **&'rieren** εμπνέω (**j-n zu** *D*/κτ σε κπ); **&'zieren** επιθεωρώ
Install|ateur [-ˈtøːʀ] (*-s; -e*) *m* εφαρμοστής; *sanitär* υδραυλικός; **~a'tion** *f* εγκατάσταση (*-εις*); **&'ieren** εγκαθιστώ (*-άς*)
in'stand: **~ *halten*** διατηρώ, συντηρώ; **~ *setzen*** επιδιορθώνω
inständig θερμός
In'stand|haltung *f* συντήρηση (*-εις*); **~setzung** *f* επιδιόρθωση (*-εις*)
In'stanz *f* αρμόδια αρχή; *Gericht*: ***erster, höherer*** **~** πρωτοβάθμιος (*-α, -ο*), ... ανωτέρου βαθμού
In'stinkt (*-ẹs; -e*) *m* ένστικτο; **&'iv** ενστικτώδης 2; *Adv* ενστικτωδώς
Insti'tut (*-ẹs; -e*) *n* ινστιτούτο; **~ion** [-ˈtsǐoːn] *f* θεσμός
Instruk'tion *f* οδηγία
Instru'ment (*-ẹs; -e*) *n* εργαλείο; *Mus.* όργανο; **&'al** *Mus.* ενόργανος
insze'nier|en *a. fig.* σκηνοθετώ; **&ung** *f* σκηνοθεσία
in'takt ανέπαφος; απαραβίαστος
Inte|gra'tion *f* ενσωμάτωση (*-εις*), ένταξη (*-εις*); *Europas* συνένωση; **&'grieren** ενσωματώνω
intellektu'ell διανοητικός, πνευματικός; **&e(r)** διανοούμενος
intelli'gen|t έξυπνος; **&z** *f* νοημοσύνη, εξυπνάδα; (*als Schicht*) (οι) διανοούμενοι
Inten'dant (*-en*) *m Thea.* διευθυντής
Inten|si'tät *f* εντατικότητα; **&'siv** εντατικός
intensi'vieren εντατικοποιώ
Inter'city|netz *n* δίκτυο υπερταχέων τρένων; **~zug** *m* υπερταχεία; **~zuschlag** *m* συμπλήρωμα *n* υπερταχείας
intere'ssant ενδιαφέρων (*-ουσα, -ον*); *Preis*: συμφέρων (*-ουσα, -ον*)

Inter'ess|e (*-s*; *-n*) *n* ενδιαφέρον (*-οντος*) (**für** *A*, **an** *D*/για); (*Nutzen*) συμφέρον (*-οντος*); **~ent** [-'sɛnt] (*-en*) *m* ενδιαφερόμενος
intere'ssieren *v/t* ενδιαφέρω; ***sich ~ für*** *A* ενδιαφέρομαι για
in'tern εσωτερικός
Inter'nat (*-s*; *-e*) *n* οικοτροφείο
internatio'nal διεθνής 2
inter|parlamen'tarisch διακοινοβουλευτικός; **&preta'tion** *f* ερμηνεία; **~pre'tieren** ερμηνεύω; εξηγώ; **&punk'tion** *f* στίξη
Inter|rail-Karte *f* μειωμένο εισιτήριο νέων; **&ve'nieren** επεμβαίνω; **~ven'tion** *f* επέμβαση (*-εις*); **~view** [-vju:] (*-s*; *-s*) *n* συνέντευξη (*-εις*); **&viewen** [-'vju:ən] *j-n* παίρνω συνέντευξη από
in'tim μύχιος (*-α, -ο*), σεξουαλικός; οικείος (*-α, -ο*); **&i'tät** *f* οικειότητα
intolerant μισαλλόδοξος
intransitiv *Gr.* αμετάβατος
intra|musku'lär ενδομυϊκός; **~ve'nös** ενδοφλέβιος (*-α, -ο*)
In'tri|ge *f* ραδιουργία; μηχανορραφία; **&'gieren** ραδιουργώ
Inva'lide (*-n*) *m* ανάπηρος
Invalidi'tät (*0*) *f* αναπηρία
Inva'sion *f* εισβολή
Inven|'tar (*-s*; *-e*) *n* υπάρχοντα *n/pl*; **~'tur** *f* καταγραφή υπαρχόντων; κλείσιμο (*-ατος*) των βιβλίων
inve'stieren *Hdl.* επενδύω
Investi'tion *f* επένδυση (*-εις*)
inwie|'fern, ~'weit κατά πόσο(ν)
in'zwischen στο αναμεταξύ
ird|en πήλινος; **~isch** επίγειος (*-α, -ο*)
irgend -δήποτε; ***wenn ~*** αν τυχόν; ***~ etwas*** κάτι (τι); **~ein(er), ~ jemand** κανένας, κάποιος, οποιοσδήποτε; **~wann** κάποτε, ποτέ; **~welche** κάποιοι; **~wie** κάπως, όπως-όπως; κατά κάποιον τρόπο; **~wo(hin)** κάπου, πουθενά
Iro'nie *f* ειρωνεία
i'ronisch ειρωνικός
irrational παράλογος
irre παράφρονας; φρενοβλαβής 2
irreführ|en *v/t* παραπλανώ (*-άς*); αποπροσανατολίζω; **~end** παραπλανητικός; **&ung** *f* παραπλάνηση (*-εις*)
irren: *mst.* ***sich ~*** κάνω λάθος, σφάλλω, απατώμαι (**in** *D*/σε)
Irrfahrt *f* περιπλάνηση (*-εις*)
irri'tieren *j-n* μπερδεύω, συγχέω
Irr|sinn (*-ẹs*; *0*) *m* παραφροσύνη; **&sinnig** τρελός; **~tum** (*-s*; *¨er*) *m* σφάλμα *n*, πλάνη; **&tümlich** πλανημένος, σφαλερός; *Adv* κατά λάθος
Ischias (*0*) *f*, F *a. n*, *m* ισχιαλγία
Is'lam (*-s*; *0*) *m* Ισλάμ (*0*) *n*, Ισλαμισμός; **&isch** ισλαμικός
Isola'tion *f s.* ***Isolierung***
Iso'lator (*-s*; *-'toren*) *m* μονωτής
Iso'lier|- (απο)μονωτικός; **~band** *n* μονωτική ταινία; **&en** (απο)μονώνω; **&t** (με)μονωμένος; **~ung** *f* (απο-)μόνωση (*-εις*)
iß! φά(γ)ε!, *s.* ***essen***
Isthmus (*-*; *0*) *m* ισθμός

J

ja ναι, μάλιστα; (*Verstärkung*) μα
Jacht *f* γιοτ (*0*) *n*, θαλαμηγός *f*
Jacke *f* ζακέτα
Jackett [ʒa'kɛt] (*-s*; *-s*) *n* σακάκι
Jagd [ja:kt] *f* κυνήγι; κυνηγητό; **~flugzeug** *n* καταδιωκτικό; **~gewehr** *n* δίκανο
jagen κυνηγώ (*-άς*); ***j-n ~ aus*** *D* διώχνω κπ από; *fig.* ***~ nach*** *D* καταδιώκω *A*; (*eilen*) βιάζομαι; *e-e Kugel* φυτεύω (**in** *A*/σε)
Jäger *m* κυνηγός
jäh απότομος; ξαφνικός
Jahr (*-ẹs*; *-e*) *n* χρόνος (*pl* χρόνια *n/pl*); (*z. B. Schul&*) χρονιά, έτος *n*; ***in diesem ~*** (ε)φέτος; ***voriges ~*** πέρ(υ)σι, τον περασμένο χρόνο; ***im vorletzten ~*** πρόπερσι; ***im nächsten ~*** του χρόνου; ***im ersten ~*** *Student usw.* πρωτοετής 2; ***im ~e 2000*** το *od.* στα

2000; ***die zwanziger ~e*** η δεκαετία του είκοσι; ***von ~ zu ~*** χρόνο με το χρόνο; ***gutes neues ~!*** καλή χρονιά!; ***ein glückliches neues ~!*** ευτυχισμένος ο καινούρ(γ)ιος χρόνος!
jahr'aus, jahr'ein χρόνο με το χρόνο
Jahrbuch *n* επετηρίδα
jahrelang επί (αρκετά) χρόνια
jähren: ***sich ~*** χρονιάζω
Jahres|abonnement *n* ετήσια συνδρομή; **~abschluß** *m Hdl.* ετήσιος απολογισμός; **~ausgleich** *m* φορολογική εκκαθάριση (*-εις*); **~bericht** *m* ετήσια έκθεση (*-εις*); **~einkommen** *n* ετήσια έσοδα *n/pl*; **~'hauptversammlung** *f* ετήσια γενική συνέλευση (*-εις*); **~tag** *m* επέτειος *f*; **~zeit** *f* εποχή (του έτους)
Jahrgang *m* χρονιά; *mil.* κλάση (*-εις*)
Jahr'hundert *n* αιώνας; **~wende** *f* τέλος του αιώνα
jährlich ετήσιος (*-α, -ο*)
Jahr|markt *m* πανηγύρι; **~'zehnt** *n* δεκαετία
Jähzorn *m* οξυθυμία; **♀ig** οξύθυμος
Jalou'sie [ʒa·luˑ'ziː] *f* παντζούρι
Jammer (*-s; 0*) *m* θρήνος; κακομοιριά; ***es ist ein ~*** είναι κρίμα
jammern θρηνώ, κλαίγομαι
Januar (*-s; -e*) *m* Ιανουάριος, Γενάρης
Jas'min (*-s; -e*) *m* γιασεμί, φούλι
jäten ξεβοτανίζω; **♀** *n* (ξε)βοτάνισμα *n*
Jauche *f* κοπρόνερο; **~grube** *f* βόθρος
jauchzen ξεφωνίζω, αλαλάζω
ja'wohl μάλιστα
Jawort (*-ℯs; -e*) *n* ναι *n*, συναίνεση
Jazz [dʒɛs] (*-; 0*) *m* τζαζ (*0*) *f*
je (*bisher*) ποτέ; ***als ~*** παρά ποτέ; ***~ zwei*** από *od. K* ανά δύο; ***~ ... desto*** όσο ... τόσο; ***~ nach*** ανάλογα με; ***~ nachdem*** εξαρτάται
Jeans [dʒiːns] *pl* τζην (*0*) *n/pl*
jedenfalls πάντως, οπωσδήποτε
jeder (***jede, jedes***) κάθε (*0*); *su* ο καθένας, η καθεμιά, το καθένα; (***ein***) ***~, der*** ο καθένας που; ***~ beliebige*** οποιοσδήποτε; **~mann** ο καθένας; **~zeit** πάντοτε
jedesmal κάθε φορά; *Ko* ***~ wenn*** κάθε (φορά) που
jedoch [je·'dɔx] όμως, εντούτοις
Jeep [dʒiːp] (*-s; -s*) *m* τζιπ (*0*) *n*
jemals ['jeːmaːls] ποτέ
jemand κάποιος; κανείς, κανένας
jener (***jene, jenes***) *lit.* εκείνος
jenseits *Präp G* πέρα(ν) *G od.* από; *Adv* πέρα, αντίπερα; **♀** (*-; 0*) *n* (ο) άλλος κόσμος, υπερπέραν (*0*) *n*
Jesus *m* (*G u D* ***Jesu***; *A* ***Jesum***) Ιησούς (*-ού*); ***~ Christus*** Ιησούς Χριστός
jetzig τωρινός
jetzt τώρα; ***von ~ an*** από τώρα
jeweil|ig *als Adj* εκάστοτε; **~s** εκάστοτε, κάθε φορά
Job [dʒɔb] (*-s, -s*) *m* (ευκαιριακή) δουλειά; μικροδουλειά
Joch (*-ℯs; -e*) *n* ζυγός; (*Ochsen♀ usw.*) ζευγάρι; **~bogen** *m* ζύγωμα *n*
Jod (*-ℯs; 0*) *n* ιώδιο
jodhaltig ιωδιούχος (*-α, -ο*)
Joghurt ['jogʊʀt] (*-s; -s*) *m* γιαούρτι
Jo'hannisbeere *f* φραγκοστάφυλο
Joint-venture ['dʒɔɪnt'vɛntʃə] (*-s, -s*) *n etwa*: κοινή δουλειά δύο επιχειρήσεων
Joker ['dʒ-] *m* μπαλαντέρ (*0*) *n*
jonisch ιωνικός
Joule [dʒaʊl] (*-; -*) *n El.* ζουλ (*0*) *n*
Journal [ʒʊʀ'naːl] (*-s; -e*) *n Hdl.* ημερολόγιο; περιοδικό; **~'ismus** (*0*) *m* δημοσιογραφία
Journa'list (*-en*) *m* δημοσιογράφος; **♀isch** δημοσιογραφικός
Jubel (*-s; 0*) *m* αγαλλίαση (*-εις*), αλαλαγμός; **♀n** αλαλάζω
Jubi'läum (*-s; -'läen*) *n* επέτειος *f*
juck|en φαγουρίζω; *mst.* (***es***) ***~t mich*** με τρώει, έχω φαγούρα; **♀en** *n* φαγούρα
Jude (*-n*) *m* Εβραίος, Ιουδαίος
Jüd|in *f* Εβραία; **♀isch** ιουδαϊκός
Judo (*-s; 0*) *n* τζούντο
Jugend (*0*) *f* νιάτα *n/pl*, νεότητα; (*Gruppe*) νεολαία; ***von ~ auf*** από μικρός; **~-** εφηβικός, νεανικός; **~arbeitslosigkeit** *f* ανεργία νέων; **~erinnerungen** *f/pl* παιδικές αναμνήσεις *f/pl*; **~freund** *m* παιδικός φίλος; **~gericht** *n* δικαστήριο ανηλίκων; **~herberge** *f* ξενώνας νεότητας; **~jahre** *n/pl* νεανικά χρόνια *n/pl*; **~kriminalität** *f* εγκληματικότητα των νέων; **♀lich** νεανικός, εφηβικός; **~liche(r)** έφηβος; **~liebe** *f* πρώτη αγάπη
Juli (*-s; -s*) *m* Ιούλιος, Ιούλης

jung (*ʺer*; *ʺst-*) νέος (*-a, -o*), νεαρός; μικρός; **~e(s)** ***Mädchen*** νέα, κοπέλα; **~e(r)** ***Mann*** νέος; ***wieder ~ werden*** ξανανιώνω
Junge (*-n*) *m* αγόρι, παιδί
Junge(s) *n* (*Tier*) μικρό
Jünger *m Rel.* μαθητής; οπαδός
Jungfer *f*: ***alte ~*** γεροντοκόρη
Jungfern·fahrt *f* πρώτο ταξίδι
Jungfrau *f* παρθένα; *Astr.* Παρθένος *f*; ***die heilige ~*** η Παναγία
jungfräulich παρθενικός
Junggesell|e *m* εργένης; (***alter***) **~e** γεροντοπαλίκαρο; **~in** *f* εργένισσα
Jung·unternehmer *m* νεαρός επιχειρηματίας
Juni (*-s*; *-s*) *m* Ιούνιος, Ιούνης
junior: ***Herr M. ~*** ο κύριος Μ. γιος; (***der***) **≈** (*-s*; *-'oren*) νεότερος; **≈chef** *m* νεαρό αφεντικό; γιος του αφεντικού; **≈partner** *m* νεότερος συνέταιρος
Jura (*o. Art.*) *pl* νομικά *n/pl*; ***~ studieren*** σπουδάζω νομικά
Ju'rist (*-en*) *m* νομικός; **≈isch** *a. Pers.* νομικός
Jury ['ʒyːʀiˑ] (*-*; *-s*) *f* (*Film≈, Sport usw.*) (κριτική) επιτροπή
Justiti'ar (*-s*; *-e*) *m* συνήγορος
Ju'stiz [iː] (*0*) *f* δικαιοσύνη; **~minister** *m* υπουργός δικαιοσύνης
Ju'wel (*-s*; *-e*) *n* πολύτιμος λίθος; *fig.* διαμάντι; **~en** *pl* τιμαλφή *n/pl*
Juwe'lier (*-s*; *-e*) *m* κοσμηματοπώλης; **~geschäft** *n* κοσμηματοπωλείο

K

Kaba'rett (*-s*; *-e*) *n* καμπαρέ (*0*) *n*
Kabel *n* (*Tau*) παλαμάρι; *El.* καλώδιο; **~anschluß** *m* καλωδιακή σύνδεση (*-εις*); **~fernsehen** *n* καλωδιακή τηλεόραση (*-εις*)
Kabeljau (*-s*; *-s od. -e*) *m* μουρούνα; (*gesalzen*) μπακαλιάρος
Ka'bine *f* καμπίνα, θάλαμος
Kabi'nett (*-s*; *-e*) *n* υπουργικό συμβούλιο
Kabrio(lett) (*-s*; *-s*) *n* αμάξι με πτυσσόμενο κάλυμμα *n*
Kachel (*-*; *-n*) *f* πλακάκι
kacken V χέζω
Kadaver [kaˑ'daːvɐ] *m* ψοφίμι
Kader *m mil., pol.* στέλεχος *n*
Käfer *m* σκαθάρι, κάνθαρος
Kaffee (*-s*; *-s*) *m* καφές (*-έδες*); **~fahrt** *f etwa*: απογευματινή εκδρομή; **~geschäft** *n* καφεκοπτείο; **~haus** *n* καφενείο; **~kanne** *f* καφετιέρα; **~maschine** *f* συσκευή του καφέ; **~tasse** *f* φλιτζάνι του καφέ; **~trinker** *m* καφεπότης
Käfig (*-s*; *-e*) *m* κλουβί, καφάσι
kahl φαλακρός; (*bartlos*) σπανός; *Berg*: γυμνός
Kahn (*-ẹs*; *ʺe*) *m* βάρκα, *K* λέμβος *f*
Kai (*-s*; *-s*) *m* προκυμαία; **~mauer** *f* προκυμαία
Kaiser *m* αυτοκράτορας, *Byzanz*: βασιλέας (*-είς*); **~in** *f* αυτοκράτειρα; **~reich** *n* αυτοκρατορία; **~schnitt** *m* καισαρική τομή
Ka'jütboot *n* βάρκα με καμπίνα
Ka'jüte *f* καμπίνα, θάλαμος
Ka'kao (*-s*; *-sorten*) *m* κακάο
Kakerlak (*-s*; *-en*) *m* κατσαρίδα
Kaktus (*-*; *-'teen, a. -se*) *m* κάκτος
Kalb (*-ẹs*; *ʺer*) *n* μοσχάρι; **~fleisch** *n* μοσχαρίσιο κρέας; **~s·braten** *m* μοσχάρι ψητό; **~s·hachse** *f* βίδα
Ka'lender *m* ημερολόγιο
Ka'liber *n* διαμέτρημα *n*; ολκή
Kalium (*-s*; *0*) *n* ποτάσα
Kalk (*-ẹs*; *-e*) *m* ασβέστη(ς)
Kalku|la'tion *f* υπολογισμός; **≈'lieren** υπολογίζω (***auf*** *A*/σε)
Kalorie [-'ʀiː] *f* θερμίδα
kalt (*ʺer*; *ʺst-*) κρύος (*-a, -o*); ψυχρός; ***~e Dusche*** *a. fig.* ψυχρολουσία; ***es ist ~*** κάνει κρύο; ***mir ist ~*** κρυώνω
Kaltblüt|er *m Zool.* ψυχρόαιμος; **≈ig** ψύχραιμος; **~igkeit** (*0*) *f* ψυχραιμία

K

Kälte *(0) f* κρύο, ψύχος *n*; **~einbruch** *m* εισβολή ψύχους; **~periode** *f* περίοδος ψύχους; **~technik** *f* τεχνική του ψύχους; **~welle** *f* κύμα *n* ψύχους
Kaltfront *f* μέτωπο ψύχους
kalt|machen *fig.* F ξεκάνω; **2miete** *f* ενοίκιο χωρίς θέρμανση
Kalzium *(-s; 0) n* ασβέστιο
kam *s.* ***kommen***
Ka'mel *(-s; -e) n* καμήλα
Kamera *(-; -s) f* φωτογραφική μηχανή; κινηματογραφική συσκευή
Kame'rad *(-en) m* σύντροφος; **~schaft** *f* συντροφικότητα, φιλία; **2schaftlich** συντροφικός
Kameramann *(-ẹs; ¨er, -leute) m* οπερατέρ *(0) m*
Ka'mille *f* χαμομήλι
Ka'min *(-s; -e) m* τζάκι, καμινάδα; *(Schornstein)* καπνοδόχος *f*
Kamm *(-ẹs; ¨e) m* χτένι, χτένα, τσατσάρα; *des Hahns* λειρί
kämmen *v/t* χτενίζω
Kammer *(-; -n) f* κάμαρα, θάλαμος; *Anat.* κοιλία; *Hdl. usw.* επιμελητήριο; *pol.* κοινοβούλιο, Βουλή
Kammermusik *f* μουσική δωματίου
Kampagne [-'panjə] *f pol.* καμπάνια, εκστρατεία
Kampf *(-ẹs; ¨e) m* αγώνας, *pol. a.* πάλη; *a. fig.* μάχη; *Sp.* ματς *(0) n*
Kampf|- μαχητικός, πολεμικός; **~bahn** *f* στάδιο
kämpfen μάχομαι *a. fig.*; **~ *gegen*** *A* πολεμώ *(-άς) A*; **~ *für*** *A* παλεύω για; **~ *um*** *A* αγωνίζομαι για
Kampfer *(-s; 0) m* κάμφορα
Kämpfer *m* αγωνιστής, μαχητής; **~in** *f* αγωνίστρια; **2isch** μαχητικός
Kampf|flugzeug *n* μαχητικό αεροσκάφος; **2los** *Adv* αμαχητί; **2unfähig** άμαχος
kam'pieren κατασκηνώνω
Ka'nal *(-s; ¨e) m* διώρυγα; κανάλι *(a. Fernseh2)*; *(Abzugs2)* οχετός
Kanalisa'tion *f* αποχέτευση *(-εις)*
Ka'narienvogel *m* καναρίνι
Kandi'dat *(-en) m* υποψήφιος
Kandida'tur *f* υποψηφιότητα
kandi'dieren υποβάλλω υποψηφιότητα; **~d** υποψήφιος *(-a, -o)*
kan'dier|en γλασάρω; ***~te Früchte*** *f/pl* φρουί γκλασέ *n/pl*, κόντιτο
Kandiszucker ['kandi:s-] *m* κάντιο
Känguruh *(-s; -s) n* καγκουρό *(0)*
Ka'ninchen *n* κουνέλι
Ka'nister *m* μπιντόνι, δοχείο
Kanne *f* κανάτα, λαγήνι
Kanni'bal|e *(-n) m* κανίβαλος; **~ismus** [-'lɪs-] *(-; 0) m* κανιβαλισμός
kannte *s.* ***kennen***
Kanon *(-s; -s) m* κανόνας
Ka'none *f* κανόνι, F *fig.* άσος
Kante *f* άκρη, άκρο, παρυφή *(a. Stoff)*; **~n** *m Brot*: γωνιά (ψωμιού)
Kan'tine *f* καντίνα εργοστασίου
Kanu *(-s; -s) n* κανό *(0)*
Kanzel *f* άμβωνας
Kanz'lei *f* καγκελαρία; γραφείο
Kanzler *m* καγκελάριος
Kap *(-s; -s) n* κάβος, ακρωτήρι(ο)
Kapazi'tät *f* χωρητικότητα; δυναμικό(τητα); *(Könner)* αυθεντία; **~sauslastung** *f* εκμετάλλευση δυναμικού; **~s·erweiterung** *f* επέκταση δυναμικού
Ka'pell|e *f* παρεκκλήσι; *Mus.* μπάντα; **~meister** *m* διευθυντής ορχήστρας, μαέστρος
Kaper *(-; -n) f Bot.* κάππαρη
ka'pieren F παίρνω κάβο, σκαμπάζω; ***ich hab's ~t*** μπήκα
Kapi'tal *(-s; -lien) n* κεφάλαιο
Kapi'tal|anlage *f* τοποθέτηση κεφαλαίου; **~ertrags·steuer** *f* φόρος καταθέσεων; **~flucht** *f* φυγή κεφαλαίου; **~hilfe** *f* βοήθεια με κεφάλαιο
Kapita'lis|mus *(-; 0) m* κεφαλαιοκρατία; **~t** *(-en) m* κεφαλαιούχος, καπιταλιστής; **2tisch** κεφαλαιοκρατικός; καπιταλιστικός
Kapi'talmarkt *m* αγορά κεφαλαίου
Kapi'tän *(-s; -e) m* πλοίαρχος, καπετάνιος
Kapitel [ka·'pɪtəl] *n* κεφάλαιο
Kapi'tell *(-s; -e) n* κιονόκρανο
Kapitu|la'tion *f* συνθηκολόγηση *(-εις)*; **2'lieren** συνθηκολογώ
Kappe *f* σκούφια; *Med.* κορώνα
kappen *Bot.* περικόπτω, κλαδεύω
Kapsel *(-; -n) f Med.* κάψουλα
ka'putt F χαλασμένος, σπασμένος; *Pers.* ***ganz ~*** κατάκοπος; **~gehen*** *(sn) v/i* σπάζω, χαλνώ *(-άς)*; **~machen** χαλνώ *(-άς)*, ξεχαρβαλώνω; *fig. j-n* καταντώ *(-άς)* πτώμα; **~schlagen*** κάνω γυαλιά-καρφιά
Ka'puze *f* κουκούλα

K

Ka'raffe *f* καράφα
Karambolage [-'laːʒə] *f* καραμπόλα
Ka'rat (*-s; -e*) *n* καράτι
Kara'wane *f* καραβάνι
Kardi'nal (*-s; ¨e*) *m* καρδινάλιος
Kardio'gramm (*-s; -e*) *n* καρδιογράφημα *n*
Kar'freitag *m* Μεγάλη Παρασκευή
karg (*¨er; ¨st-*) φειδωλός; γλίσχρος
kärglich πενιχρός; φτωχικός
Karies ['kaːrĭɛs] (*0*) *f* τερηδόνα
Karika'tur *f* καρικατούρα, γελοιογραφία; **~'ist** (*-en*) *m* γελοιογράφος
karita'tiv αγαθοεργός
Karneval (*-s; -e*) *m* καρναβάλι, αποκριές *f/pl*
Karo (*-s; -s*) *n* καρό (*0*)
Karosse'rie *f* αμάξωμα *n*
Ka'rotte *f* καρότο
Karpfen *m* κυπρίνος, σαζάνι
Karre *f*, **Karren** *m* κάρο, καροτσάκι; (*Schieb*≗) καρότσι
Karriere [ka'rĭeːrə] *f* σταδιοδρομία, καριέρα; **~ *machen*** σταδιοδρομώ
Karte *f allg.* δελτίο; (*Post*≗) δελτάριο; (*Land*≗) χάρτης; (*Speise*≗) κατάλογος; (*Ansichts*≗) κάρτα; (*Eintritts*≗) εισιτήριο; ***grüne* ~** πράσινη κάρτα; **~*n spielen*** παίζω χαρτιά *n/pl*; ***nach der* ~** *essen* α λα καρτ
Kar'tei *f* δελτιοθήκη; **~ *führen*** τηρώ καρτέλες; **~karte** *f* καρτέλα, δελτίο; **~kasten** *m* δελτιοθήκη
Kar'tell (*-s; -e*) *n* καρτέλ (*0*) *n*; **~amt** *n etwa*: αρχή ελέγχου των καρτέλ
Karten|legen *n* χαρτομαντεία; **~legerin** *f* χαρτορίχτρα
Kartenspiel *n* χαρτοπαίγνιο; **~en** *n* χαρτοπαιξία; **~er** *m* χαρτοπαίχτης
Karten|verkauf *m* πώληση (*-εις*) εισιτηρίων; **~'vorverkauf** *m* προπώληση εισιτηρίων
Kar'toffel *f* πατάτα; **~salat** *m* πατατοσαλάτα
Karto'graph (*-en*) *m* χαρτογράφος; **~ie** [-'fiː] (*0*) *f* χαρτογραφία; **≗isch** χαρτογραφικός
Karton [-'tɔ̃ː, -'tɔŋ] (*-s; -s*) *m* χαρτόνι; **~-** χαρτονένιος (*-α, -ο*)
Karu'ssell (*-s; -s*) *n* αλογ(ατ)άκια *n/pl*, καρουσέλ (*0*) *n*
Karwoche *f* Μεγάλη Εβδομάδα
Käse *m* τυρί
Ka'serne *f* στρατώνας
Ka'sino (*-s; -s*) *n* λέσχη, καζίνο
Kaskoversicherung *f* κάσκο, γενική ασφάλεια
Kasper *m a. fig.* φασουλής, καραγκιόζης; **~theater** *n* φασουλής
Kasse *f* ταμείο; ***bei* ~ *sein*** διαθέτω λεφτά; **~ *machen*** κάγω ταμείο
Kassen|arzt *m* ταμειακός γιατρός; **~bestand** *m* εισπράξεις *f/pl*; **~bon** *m* ταμειακή απόδειξη (*-εις*); **~erfolg** *m* εμπορική επιτυχία; **~patient** *m* δημόσια ασφαλισμένος
Kasse'rolle *f* κατσαρόλα
Ka'ssette *f* κασέτα; κασετίνα; **~n·recorder** *m* κασετόφωνο
ka'ssier|en εισπράττω; *jur. Urteil* ακυρώνω; **≗er** *m* ταμίας (*a. f*)
Ka'stanie [-nĭə] *f* κάστανο; **~n·baum** *m* καστανιά; **≗n·braun** καστανός
Kasten (*-s; ¨*) *m* κιβώτιο, θήκη
ka'strieren ευνουχίζω
Kasus (*-; -*) *m Gr.* πτώση (*-εις*)
Kat (*-s; -s*) *m* καταλύτης
Kata'kombe *f* κατακόμβη
Kata'log (*-ɇs; -e*) *m* κατάλογος
Kataly'sator (*-s; -'toren*) *m* καταλύτης; **~auto** *n* F καθαρό αυτοκίνητο, αυτοκίνητο με καταλύτη
Ka'tarrh (*-s; -e*) *m* κατάρρους (*-ου*) *m*
kata|stro'phal καταστρεπτικός; **≗'strophe** *f* καταστροφή
Kategorie [-'riː] *f* κατηγορία
Kater *m* γάτος; *nach e-m Rausch*: πονοκέφαλος
Katha'revusa (*0*) *f* (*„Reinsprache", neugriechisch*) καθαρεύουσα
Ka'theder *n* καθέδρα
Kathe'drale *f* μητρόπολη (*-εις*)
Ka'theter *m Med.* καθετήρας
Ka'thode *f Phys.* κάθοδος *f*
Katho'lik (*-en*) *m* καθολικός
ka'tholi|sch καθολικός; **≗'zismus** (*-; 0*) *m* καθολικισμός
Katze *f* γάτα
Kauderwelsch (*-ɇs; 0*) *n* αλαμπουρνέζικα *n/pl*; κορακίστικα *n/pl*
kauen *v/t* μασώ (*-άς*)
kauern: *sich* ~ ζαρώνω
Kauf (*-ɇs; ¨e*) *m* αγορά; (*Gekauftes*) ψώνια *n/pl*; ***etw. in* ~ *nehmen*** το παίρνω απόφαση
kaufen *v/t* αγοράζω *a. fig.* (**bei** *D*/από); *Lebensmittel usw.* ψωνίζω
Käufer *m* αγοραστής

K

Kauf|frau *f* εμπόρισσα; **~haus** *n* πολυκατάστημα *n*; **~kraft** (*0*) *f* αγοραστική δύναμη (*-εις*); **~leute** *pl* έμποροι *m/pl*
Kauf|mann (*-ℯs*; *-leute*) *m* έμπορος; **2männisch** εμπορικός; **~preis** *m* τιμή αγοράς; **~vertrag** *m* πωλητήριο
Kaugummi *m* τσίχλα, μαστίχα
Kaulquappe *f* γυρίνος
kaum μόλις; ελάχιστα
kau'sal αιτιώδης 2; *Gr.* αιτιολογικός
Kau'tion *f* εγγύηση (*-εις*)
Kautschuk (*-s*; *-e*) *m* καουτσούκ (*0*) *n*
Kavalier [-'liːʀ] (*-s*; *-e*) *m* (*höflicher Mann*) ιππότης; καβαλιέρος
Kavalle'rie *f* ιππικό
Kaviar (*-s*; *-e*) *m* χαβιάρι; ***rote*(*r*) ~** ταραμάς (*-άδες*)
Kegel *m* κώνος; *Spiel*: τσούνι; **~bahn** *f* πίστα τσουνιών; **2förmig** κωνικός; **2n** παίζω τσούνια; **~spiel** *n* τσούνια *n/pl*
Kehl|e *f* λαρύγγι, λάρυγγας; λαιμός; **~kopf** *m* λάρυγγας
kehren σκουπίζω; (*wenden*) γυρίζω
kehrt|machen κάνω μεταβολή, γυρίζω πίσω; **2wendung** *f* μεταβολή
Keil (*-ℯs*; *-e*) *m* σφήνα; **~schrift** *f* σφηνοειδής γραφή
keil|förmig σφηνοειδής 2; **2kissen** *n* κεφαλάρι; **2riemen** *m* ιμάντας
Keim (*-ℯs*; *-e*) *m* σπέρμα *n*; φύτρα; βλαστός; *Med.* βακτηρίδιο
keimen (ξε)φυτρώνω; βλαστάνω
keimfrei αποστειρωμένος; ***~ machen*** αποστειρώνω
kein|er (*keine*, *kein*[*s*]) *adj u. su* (δεν ...) κανένας *od.* κανείς, καμιά, κανένα; ***~ einziger*** ούτε ένας (δεν); ***~er von uns*** (δεν ...) κανείς μας; *oft*: δεν, *bsd. im Plur*: ***ich habe ~e Kinder*** δεν έχω παιδιά
keinerlei κανενός είδους
keines|falls, ~wegs (δεν ...) καθόλου, διόλου
Keks [eː] (*-es*; *-e*) *m* μπισκότο
Kelch (*-ℯs*; *-e*) *m Bot.* κάλυκας; (*Gefäß*) κύπελλο
Kelle *f* κουτάλα; (*Maurer2*) μυστρί
Keller *m* υπόγειο; κελάρι
Kellner *m* σερβιτόρος, γκαρσόν(ι); **~in** *f* σερβιτόρ(ισσ)α, γκαρσόνα
Kelter *f* πατητήρι; **2n** πατώ (*-άς*)
kennen* *etw., j-n* γνωρίζω; *j-n, Inhalt e-r S.* ξέρω; ***sich ~*** γνωρίζομαι; **~lernen** *j-n* κάνω γνωριμία με
Kenner *m* γνώστης, ειδήμονας
Kenntnis (*-*; *-se*) *f* γνώση (*-εις*); ***in ~*** εν γνώσει; ***~ haben von*** *D* έχω γνώση *G*
Kennwort *n* σύνθημα *n*
Kennzeich|en *n* γνώρισμα *n*; διακριτικό; *Auto*: αριθμός κυκλοφορίας; **2nen** σημαδεύω; χαρακτηρίζω; **~nung** *f* χαρακτηρισμός
Kennziffer *f* δείκτης, ένδειξη (*-εις*)
kentern (*sn*) *v/i* μπατάρω
Ke'ramik *f* κεραμικά *n/pl*; (*Kunst*) κεραμική; **~er** *m* κεραμοποιός
ke'ramisch κεραμικός
Kerbe *f* χάραγμα *n*, εντομή, εγκοπή
Kerker *m* ειρκτή
Kerl (*-ℯs*; *-e*) *m* τύπος; ***gemeine*(*r*) ~** παλιάνθρωπος; ***der arme ~*** ο καημένος
Kern (*-ℯs*; *-e*) *m a. fig.* πυρήνας; σπόρος; (*Obst2*) κουκούτσι; *fig.* ουσία; **~brennstoffe** *m/pl* πυρηνικά υλικά *n/pl*; **~energie** *f* πυρηνική ενέργεια; **~forschung** *f* πυρηνική έρευνα; **~fusion** *f* πυρηνική τήξη (*-εις*); **2gesund** υγιέστατος; **2ig** εύρωστος; **~kraftgegner** *m etwa*: αντίπαλος πυρηνικής ενέργειας; **~kraftwerk** *n* πυρηνικό εργοστάσιο; **~physik** *f* πυρηνική φυσική; **~reaktor** *m* πυρηνικός αντιδραστήρας; **~spaltung** *f* διάσπαση (*-εις*) του πυρήνα; **~technik** *f* πυρηνική τεχνική
Kernwaffen *f/pl* πυρηνικά όπλα *n/pl*; **2frei** αποπυρηνικοποιημένος
Kerze *f* κερί; *Phys.* κηρίο
Kescher *m* απόχη
keß (*-sser*; *-ssest-*) (*flott*) ζωηρός
Kessel *m* καζάνι, λέβητας; **~raum** *m* λεβητοστάσιο; **~stein** *m* πουρί
Kette *f a. Chem.* αλυσίδα; *pl* δεσμά *n/pl*; ***in ~n legen*** αλυσοδένω
Ketzer *m* αιρετικός; **~ei** [-'ʀaɪ] *f* αίρεση (*-εις*); **2isch** αιρετικός
keuch|en αγκομαχώ, λαχανιάζω; *K* ασθμαίνω; **2husten** *m* κοκίτης
Keule *f* ρόπαλο; *Tier*: μπούτι, μερί
keusch αγνός, παρθένος (*-α, -ο*); **2heit** (*0*) *f* αγνότητα, παρθενία
Kfz *s.* ***Kraftfahrzeug***

Kicher·erbse [ı] *f* ρεβίθι
kichern [ı] χαχανίζω
Kiefer[1] *m Anat.* σαγόνι, σιαγόνα
Kiefer[2] (-; -*n*) *f* πεύκο(ς)
Kiel (-*ɇs*; -*e*) *m* καρίνα, τρόπιδα
Kieme *f* σπάραχνο, βρόγχι
Kies (-*es*; -*e*) *m* βότσαλα *n*/*pl*; χαλίκια *n*/*pl*
Kiesel *m* χοχλάδι, βότσαλο; **~säure** (*0*) *f* πυριτικό οξύ; **~stein** *m* χαλίκι
Kilo (-*s*; -[*s*]) *n* κιλό; **~gramm** *n* χιλιόγραμμο; **~'meter** *m* χιλιόμετρο; **~'watt** *n* κιλοβάτ (*0*) *n*; **~'wattstunde** *f* κιλοβατώρα
Kind (-*ɇs*; -*er*) *n* παιδί; *K* τέκνον; ***kleine(s) ~*** παιδάκι, μικρό; ***einzige(s) ~*** μοναχοπαίδι; ***von ~ auf*** από παιδί, από μικρός; ***ein ~ bekommen*** αποκτώ (-*άς*) παιδί
Kinder|- παιδικός; νηπιακός; **~arzt** *m* παιδίατρος; **~fahrkarte** *f* παιδικό εισιτήριο; **~freibetrag** *m* αφορολόγητο ποσό τέκνων; **~garten** *m* νηπιαγωγείο; **~gärtnerin** *f* νηπιαγωγός *f*; **~geld** *n* επίδομα *n* τέκνων; **~hort** *m* παιδικός σταθμός; **~krankheit** *f* παιδική ασθένεια; **~lähmung** *f* πολιομυελίτιδα; **≗los** άτεκνος; **~losigkeit** (*0*) *f* ατεκνία; **~mädchen** *n* νταντά (-*άδες*); **~schuh** *m* παιδικό παπούτσι
Kinderspiel *n bsd. fig.* παιχνίδι; **~platz** *m* παιδική χαρά
Kinder|wagen *m* αμαξάκι, καροτσάκι; **~zimmer** *n* παιδικό δωμάτιο
Kindes|alter *n* παιδική ηλικία; **~entführung** *f* απαγωγή παιδιού
Kindheit (*0*) *f* παιδική ηλικία
kindisch παιδιακίσιος (-*a*, -*o*)
kindlich παιδικός; αφελής 2
Kinn (-*ɇs*; -*e*) *n* πιγούνι, σαγόνι
Kino (-*s*; -*s*) *n* κινηματογράφος, σινεμά (*0*) *n*; **~-** κινηματογραφικός
Kiosk (-*s*; -*e*) *m* περίπτερο; κιόσκι
kippen *v*/*t u. v*/*i* (*sn*) αναποδογυρίζω
Kirche *f* εκκλησία; *K* ναός
Kirchensteuer *f* εκκλησιαστικός φόρος
Kirch|gang *m* εκκλησιασμός; **≗lich** εκκλησιαστικός; **~turm** *m* καμπαναριό
Kirmes (-; -*messen*) *f* πανηγύρι
Kirsch|baum *m* κερασιά; **~e** *f* κεράσι; **~kuchen** *m* τούρτα βύσσινου
Kissen *n* μαξιλάρι; *Tech.* (*Stoß≗*) πέλμα *n*; **~bezug** *m* μαξιλαροθήκη
Kiste *f* κάσα, θήκη; *Hdl.* κιβώτιο
Kitsch (-*es*; *0*) *m* κακοτεχνία; **≗ig** κακότεχνος, ακαλαίσθητος
Kitt (-*ɇs*; -*e*) *m* στόκος
kitzeln γαργαλώ (-*άς*)
Kitzler *m Anat.* κλειτορίδα
kläffen γαβγίζω
Klage *f allg.* παράπονο (**über** *A*/για); *jur.* αγωγή; καταγγελία; (*Geschrei*) οδυρμός, θρήνος
klag|en *v*/*i* παραπονιέμαι; (*jammern*) μοιρολογώ; ***wir können nicht ~en*** δεν έχουμε παράπονο; *jur.* ***gegen j-n ~en wegen*** *G* ενάγω κπ για; ***ich ~e gegen ihn*** του κάνω αγωγή; **≗en** *n* κλάψιμο (-*ατος*), κλάψες *f*/*pl*
Kläger *m* ενάγων (-*οντος*) *m*, μηνυτής; **~in** *f* ενάγουσα, μηνύτρια
kläglich οικτρός, ελεεινός
Klammer (-; -*n*) *f* (*Büro≗*) συνδετήρας; *Typ.* ***runde ~*** παρένθεση (-*εις*); ***eckige ~*** αγκύλη
klammern: *sich an etw.* (*A*) **~** προσκολλούμαι σε
Kla'motten *f*/*pl* F ρούχα *n*/*pl*
klang *s.* ***klingen***
Klang (-*ɇs*; **¨e**) *m* ήχος; **≗los** άτονος
Klapp|bett *n* πτυσσόμενο κρεβάτι; **~couch** *f* καναπές-κρεβάτι
Klappe *f Anat.* βαλβίδα; *Tech.* κλείστρο; F (*Mund*) ***halt die ~!*** σκασμός!
klapp|en: *nach oben ~en* σηκώνω; F (*gelingen*) πετυχαίνω; ***es ~t*** *a.* γίνεται
klappern κροταλίζω; βροντώ (-*άς*)
klapprig σαραβαλιασμένος; *adv* σαράβαλο; ***~ werden*** σαραβαλιάζω
Klapptisch *m* πτυσσόμενο τραπέζι
klar διαυγής 2; σαφής 2, φανερός; *Himmel*: καθαρός; *Adv* ***~ und deutlich*** καθαρά και ξάστερα
Kläranlage *f* εγκατάσταση (-*εις*) καθαρισμού λυμάτων
klären ξεδιαλύνω, διευκρινίζω
Klarheit (*0*) *f* διαύγεια; σαφήνεια
klar|machen *v*/*t* καθιστώ σαφές; εξηγώ; *v*/*i mar.* ετοιμάζω; **~stellen** διασαφηνίζω; **≗stellung** *f* διασάφηση
Klärung *f* διευκρίνιση (-*εις*)
klar|werden* (*sn*)**: *es wird mir ~*** αρχίζω να καταλαβαίνω

K

Klasse *f* τάξη (*-εις*); κατηγορία; ***erste ~*** πρώτη θέση (*-εις*)
Klassen|- ταξικός; **~kamerad** *m* συμμαθητής; **~zimmer** *n* αίθουσα, τάξη (*-εις*)
Klassifika'tion *f* ταξινόμηση (*-εις*), κατάταξη (*-εις*)
Klassik (*0*) *f* κλασική εποχή
Klass|iker *m* κλασικός; **≈isch** κλασικός; **~i'zismus** (*-; 0*) *m* κλασικισμός
Klatsch (*-es; -e*) *m* κουτσομπολιό; **≈en** κουτσομπολεύω (**über** *A*/*A*); ***Beifall ≈en*** χειροκροτώ
Klaue *f* νύχι
klauen F ξαφρίζω; κλέβω
Klausel (*-; -n*) *f* ρήτρα
Klau'sur *f*, **~arbeit** *f Universität*: γραπτές εξετάσεις *f/pl*
Klavier [-'viːʀ] (*-s; -e*) *n* πιάνο; **~spieler** *m* πιανίστας
kleben *v/t u. v/i* κολλώ (*-άς*)
Klebestreifen *m* σελοτέιπ (*0*) *n*
klebrig κολλητικός, γλοιώδης 2
Klebstoff *m* κόλλα
Klecks (*-es; -e*) *m* λεκές (*-έδες*); μουντζούρα; **≈en** μουντζουρώνω
Klee (*-s; 0*) *m* τριφύλλι; **~blatt** *n* τριφύλλι; *fig.* τριάδα
Kleid (*-ẹs; -er*) *n* φόρεμα *n*, φουστάνι; *allg.* ρούχο; *K* ενδυμασία
Kleider|bügel *m* κρεμαστάρι; **~bürste** *f* βούρτσα για τα ρούχα; **~haken** *m* κρεμάστρα; **~schrank** *m* ντουλάπα
Kleidung *f* ρούχα *n/pl*, ρουχισμός
Kleie *f* πίτουρο, *K* πίτυρον
klein μικρός; *Wuchs*: κοντός; *Zahl*: λίγος; ***sehr ~*** ελάχιστος; (*unbedeutend*) ασήμαντος; ***~er werden*** μικραίνω; ***im ~en*** λιανικά
Klein|anzeige *f* μικρή αγγελία; **~buchstabe** *m* μικρό γράμμα *n*; **~bürger** *m* μικροαστός; **~e(r)** μικρός, μικρούλης (*-α*); **≈er** μικρότερος; κοντότερος; **~gedruckte(s)** (τα) ψιλά γράμματα *n/pl*; **~geld** (*-ẹs; 0*) *n* ψιλά *n/pl*; **≈hacken*** κόβω ψιλά-ψιλά
Kleinigkeit *f* ασήμαντο πράγμα; ***wegen e-r ~*** για ψύλλου πήδημα
Kleinkind *n* νήπιο; **~er-** νηπιακός
Klein|kram *m* μικροπράγματα *n/pl*; **≈lich** μικροπρεπής 2, μικρολόγος; **~lichkeit** *f* μικροπρέπεια; **~stadt** *f* κωμόπολη (*-εις*)
Kleister *m* αλευρόκολλα
Klemme *f El.* ακροδέκτης; F ***in der ~ sein*** βρίσκομαι σε ανάγκη
klemmen μαγγώνω, σφίγγω; *Tech.* κολλώ (*-άς*)
Klempner *m* υδραυλικός
Klette *f Bot.*, *fig.* κολλητσίδα
klettern (*sn*) σκαρφαλώνω (***auf*** *A*/σε), *K* αναρριχώμαι (*-άσαι*)
Klettverschluß *m* αυτοκόλλητο κλείσιμο (*-ατος*)
Kli'en|t (*-en*) *m jur.* πελάτης; **~'tel** *f* πελατεία; **~tin** πελάτισσα
Klima (*-s; -s od. -te*) *n* κλίμα *n*; **~anlage** *f* συσκευή κλιματισμού, αιρ-κοντίσιον (*0*) *n*; **~katastrophe** *f* καταστροφή του κλίματος
kli'matisch κλιματικός
Klimaver·änderung *f* αλλαγή του κλίματος
Klinge *f* λεπίδα, λάμα
Klingel *f* κουδούνι; **≈n** κουδουνίζω, χτυπώ (*-άς*) (το κουδούνι)
klingen* *v/i* ηχώ; *Ohren*: βουίζω
Klin|ik *f* κλινική; **≈isch** κλινικός
Klinke *f* πόμολο
klipp: ***~ und klar*** ορθά κοφτά
Klippe *f* ύφαλος, *a. fig.* σκόπελος
Klischee [-'ʃeː] (*-s; -s*) *n* κλισέ (*0*) *n*
Kli'stier (*-s; -e*) *n* κλύσμα *n*
Klo (*-s, -s*) *n* F τουαλέτα
klopfen χτυπώ (*-άς*)
Klöppel *m* κοπανέλι; *der Glocke*: γλωσσίδι; **≈n** κάνω δαντέλες
Klo'sett (*-s; -e*) *n* αποχωρητήριο, τουαλέτα; **~papier** *n* χαρτί υγείας
Kloß [oː] (*-es; ‥e*) *m* σβόλος
Kloster (*-s; ‥*) *n* μοναστήρι, μονή
Klotz (*-es; ‥e*) *m* κούτσουρο
Klub [ʊ] (*-s; -s*) *m* λέσχη
Kluft (*-; ‥e*) *f a. fig.* χάσμα *n*
klug (*‥er; ‥st-*) έξυπνος, σοφός
Klugheit (*0*) *f* εξυπνάδα
Klump|en *m* σβόλος; **≈en** σβολιάζω
knabbern τραγανίζω
knack|en *v/t Nüsse* σπάζω; F *Geldschrank* παραβιάζω; **≈wurst** *f* λουκάνικο Φραγκφούρτης
Knall (*-ẹs; -e*) *m* (σ)τράκα; κρότος
knallen εκπυρσοκροτώ; χτυπώ (*-άς*); ***mit der Tür ~*** βροντώ (*-άς*) την πόρτα
knapp σπάνιος (*-α, -ο*); *Geld*: λίγος; *Adv* μόλις; ***~ gewogen*** λειψός; ***~ sein*** σπανίζω

Knappheit (*0*) *f* σπανιότητα; (*Geld*&) στενότητα, έλλειψη (*-εις*)
knarren *v/i Tür*: τρίζω; & *n* τρίξιμο (*-ατος*)
Knast (*-ęs*; *0*) *m* F φρέσκο
Knäuel *n*, *m* κουβάρι; *fig.* πλήθος *n*
knauser|ig τσιγκούνης 3, μίζερος; **~n** τσιγκουνεύομαι
Knebel *m* φίμωτρο; **&n** φιμώνω; **~ung** *f* φίμωση (*-εις*)
Knecht (*-ęs*; *-e*) *m* δούλος
kneif|en* τσιμπώ (*-άς*); (*sich drücken*) το σκάζω (***vor*** *D*/από); **&en** *n* τσίμπημα *n*; **&zange** *f* τανάλια
Kneipe *f* καπηλειό; **&n** F μεθοκοπώ
Kneippkur *f* υδροθεραπεία
knet|en ζυμώνω; *Brot* πλάθω; **&maschine** *f* ζυμωτική μηχανή
Knick (*-ęs*; *-e*) *m Papier*: δίπλα; ρωγμή; στροφή; **&en** διπλώνω
Knicks (*-es*; *-e*) *m* υπόκλιση (*-εις*)
Knie [kniː] (*-s*; - ['kniːə]) *n* γόνατο; ***auf*** (***den***) **~*n*** *bitten* γονατιστός; ***auf die ~ fallen*** πέφτω γονατιστός; **~beuge** *f* κάμψη (*-εις*); **~fall** *m* γονυκλισία; **&n** *n* γονάτισμα *n*; **~scheibe** *f* επιγονατίδα; **~strumpf** *m* κάλτσα (ως το γόνατο)
Kniff (*-ęs*; *-e*) *m* δίπλα; *fig.* (*Trick*) κόλπο
knipsen (*lochen*) τρυπώ (*-άς*); *Fotos* βγάζω φωτογραφίες
Knirps (*-es*; *-e*) *m* πιτσιρίκος; *Schirm*: πτυσσόμενη ομπρέλα τσέπης
knirschen τρίζω
knistern τσιτσιρίζω; τρίζω
knitter|frei ατσαλάκωτος; **~n** ζαρώνω; *Stoff*: τσαλακώνω
Knoblauch [-oː-] *od.* [-ɔ-] (*-ęs*; *0*) *m* σκόρδο; **~zehe** *f* σκελίδα (σκόρδου)
Knöchel [œ] *m* κότσι, αστράγαλος
Knochen *m* κόκαλο, *K* οστούν *n*
knöchern κοκάλινος, οστέινος
Knolle *f* βολβός
Knopf (*-ęs*; *¨e*) *m* κουμπί
knöpfen κουμπώνω
Knopfloch *n* κουμπότρυπα
Knorpel *m* χόνδρος
Knospe *f Bot.* μπουμπούκι
Knoten *m a. mar.* κόμπος, κόμβος; (*Haar*&) κότσος; & *v/t* (κομπο)δένω; **~punkt** *m* κόμπος
knüpfen συμπλέκω, δένω
Knüppel *m* ματσούκι, μαγκούρα
knurren γουργουρίζω; γκρινιάζω
knusp(e)rig ξεροψημένος, τραγανός
Koali'tion *f* συνασπισμός; **~s·regierung** *f* κυβέρνηση (*-εις*) συνασπισμού
Kobalt (*-s*; *0*) *n* κοβάλτιο
Kobold (*-ęs*; *-e*) *m* αγερικό
Koch [ɔ] (*-ęs*; *¨e*) *m* μάγειρος (*a.* -ας); **~**- μαγειρικός; **~buch** *n* οδηγός μαγειρικής
kochen [ɔ] *v/t* μαγειρεύω; *Kaffee* ψήνω; βράζω (*a. v/i*, *a. fig.* ***vor*** *D*/από); & *n* μαγείρεμα *n*; βράσιμο (*-ατος*); **~d** βραστός, ζεματιστός
Kocher *m z. B. El.* καμινέτο
Koch|gelegenheit *f* δυνατότητα μαγειρέματος; **~geschirr** *n* μαγειρικά σκεύη *n/pl*; **~herd** *m* κουζίνα
Köchin [œ] *f* μαγείρισσα
Koch|kunst *f* μαγειρική; **~löffel** *m* κουτάλα; **~nische** *f* κουζίνα-ντουλάπι; **~platte** *f* (ηλεκτρικό) μάτι; **~topf** *m* χύτρα, τέντζερες (*-έδες*)
Kode [koːd(ə)] (*-s*; *-s*) *m* κώδικας
Köder *m* δόλωμα *n*; *fig.* δέλεαρ (*-έατος*) *n*; **&n** δολώνω; δελεάζω
Kodex (-, *-es*; *-e*, *-dizes*) *m* κώδικας
Koffe'in (*-s*; *0*) *n* καφεΐνη; **&frei** χωρίς καφεΐνη
Koffer *m* βαλίτσα; **~kuli** *m* καρότσι αποσκευών; **~raum** *m* πορτ-μπαγκάζ (*0*) *n*
Kohl (*-ęs*; *-e*) *m* λάχανο
Kohle *f* κάρβουνο, άνθρακας
Kohlen|dioxid *n* διοξίδιο του άνθρακα; **~händler** *m* ανθρακοπώλης; **~säure** (*0*) *f* ανθρακικό οξύ; ***ohne ~säure*** *Getränk*: χωρίς ανθρακικό; **&säurehaltig** *Getränk*: αεριούχος (*-α*, *-ο*)
Kohlepapier *n* καρμπόν (*0*)
Kohletablette *f* δισκίο άνθρακα
Koitus (-; -) *m* συνουσία
Koje *f* καμπίνα
Koka'in (*-s*; *0*) *n* κοκαΐνη
ko'kett φιλάρεσκος, κοκέτης 3; **&e'rie** *f* κοκεταρία; **~ieren** [-'tiː-] *v/i* ερωτοτροπώ, φλερτάρω
Kokon [-'kɔŋ] (*-s*; *-s*) *m* κουκούλι
Kokosnuß *f* ινδοκάρυδο, καρύδα
Kolben *m* κόπανος; (*Gewehr*&) υποκόπανος, κοντάκι; *Tech.* έμβολο; **~ring** *m* δακτύλιος εμβόλου

Kolik *f* κολικός, κόψιμο (*-ατος*)
Kollabora'teur (*-s; -e*) *m* δοσίλογος
Kollaps (*-es; -e*) *m Med.* συγκοπή
Kolleg [-'le:k] (*-s, -s*) *n* κολέγιο
Kol'lege (*-n*) *m* συνάδελφος
kollegi'al συναδελφικός; **ꙭi'tät** (*0*) *f* συναδελφικότητα
Kol'legium (*-s; -ien*) *n* συμβούλιο, σύλλογος
Kol'lekte *f* έρανος
Kollek'tion *f* συλλογή
Kollek'tiv (*-s; -e*) *n* ομάδα; ꙭ *Adj* συλλογικός
Koller *m* μανία, φρενίτιδα
kolli|'dieren (*sn*) συγκρούομαι; **ꙭ'sion** *f* σύγκρουση (*-εις*)
Kölnisch Wasser *n* κολώνια
koloni'al αποικιακός; **ꙭ'ismus** (*-; 0*) *m* αποικιοκρατία
Kolo'nie *f* αποικία
Kolon'nade *f* στοά, κιονοστοιχία
Ko'lonne *f* φάλαγγα
kolo'rieren χρωματίζω
Koloß [-'lɔs] (*-sses; -sse*) *m* κολοσσός
kolos'sal κολοσσιαίος (*-α, -ο*)
Ko'lumne *f allg., Typ.* στήλη
Koma (*-s; -s*) *n* κώμα *n*
Kombina'tion *f* συνδυασμός
kombi'nieren συνδυάζω
Ko'met (*-en*) *m* κομήτης
Komfor|t [-'fo:ʀ] (*-s; 0*) *m* ανέσεις *f/pl*; **ꙭ'tabel** άνετος
Komiker *m* κωμικός
komisch κωμικός; (*merkwürdig*) αλλόκοτος, παράξενος
Komi'tee (*-s; -s*) *n* επιτροπή
Komman'dan|t (*-en*) *m* διοικητής; φρούραρχος; **~'tur** *f* φρουραρχείο
komman'dieren *v/t* κουμαντάρω; διατάζω
Komman'ditgesellschaft *f* ετερόρρυθμη εταιρία
Kom'mando (*-s; -s*) *n* κουμάντο; προσταγή; αρχηγία; (*Abteilung*) απόσπασμα *n*
kommen* (*sn*) *v/i* έρχομαι; *Winter usw.*: φτάνω; *fig.* ***auf etw. ~*** σκέφτομαι κτ; ***~ zu*** *D* προσέρχομαι σε; καταλήγω σε; ***soweit ~, daß*** φτάνω να; *mst. unp* καταλήγω να; ***nicht dazu ~, daß*** δεν προλαβαίνω να; ***zu sich*** (*D*) ***~*** συνέρχομαι; **~d** προσεχής 2, ερχόμενος
Kommen'tar (*-s; -e*) *m* σχόλιο
Kommen|'tator (*-s; -'toren*) *m* σχολιαστής; **ꙭ'tieren** σχολιάζω
kommerzi'ell εμπορικός
Kommili'tone (*-n*) *m* συμφοιτητής
Kommi'ssar (*-s; -e*) *m pol.* επίτροπος; (*Polizei*ꙭ) αστυνόμος
Kommi'ssion *f* επιτροπή
kommu'nal κοινοτικός; **ꙭpolitik** *f* κοινοτική πολιτική; **ꙭwahl** *f* δημοτικές εκλογές *f/pl*
Kom'mune *f* κοινότητα
Kommunika'tion *f* επικοινωνία
Kommu'nion *f Rel.* κοινωνία
Kommu'nis|mus (*-; 0*) *m* κομμουνισμός; **~t** (*-en*) *m* κομμουνιστής; **ꙭtisch** κομμουνιστικός
Ko'mödie [-ĭə] *f* κωμωδία
kom'pakt συμπαγής 2, πυκνός
Kompanie [-'ni:] *f mil.* λόχος
Komparativ (*-s; -e*) *m* συγκριτικός
Kompaß (*-sses; -sse*) *m* μπούσουλας, πυξίδα
kompe'ten|t αρμόδιος (*-α, -ο*) (***in*** *D*/σε); **ꙭz** *f* αρμοδιότητα
kom'plett τέλειος, ακέραιος
Kom'plex (*-es; -e*) *m Psych.* σύμπλεγμα *n*; (*Häuser*ꙭ *usw.*) συγκρότημα *n*
Komplika'tion *f* επιπλοκή
Kompli'ment (*-ẹs; -e*) *n* κομπλιμέντο, φιλοφρόνημα *n*
Kom'plize (*-n*) *m* συνένοχος
kompli'zier|en περιπλέκω; ***sich ~en*** δυσχεραίνομαι; **~t** πολύπλοκος
Kom'plott (*-ẹs; -e*) *n* συνωμοσία
Kompo'nente *f* συστατικό
kompo'n|ieren συνθέτω; **ꙭist** (*-en*) *m* συνθέτης
Komposi'tion *f* σύνθεση (*-εις*)
Kom'pott (*-ẹs; -e*) *n* κομπόστα
Kom'presse *f* επίδεσμος
kompri'mieren συμπιέζω
Kompro'miß (*-sses; -sse*) *m* συμβιβασμός; ***e-n ~ schließen*** συμβιβάζομαι (***mit*** *D*/με); **ꙭbereit** συμβιβαστικός
konden'sieren *v/t* συμπυκνώνω
Kon'densmilch *f* γάλα εβαπορέ *n*
Kondi'tio|n *f* όρος; **ꙭ'nal** υποθετικός
Kon'dito|r (*-s; -'toren*) *m* ζαχαροπλάστης; **~'rei** *f* ζαχαροπλαστείο
kondo'lieren συλλυπούμαι (***j-m***/κπ)
Kon'dom (*-s; -e*) *n* προφυλακτικό
Konfek'tion *f* έτοιμα ρούχα *od.* ενδύματα *n/pl*

Konfe'renz *f* συνδιάσκεψη (*-εις*); σύσκεψη (*-εις*), συμβούλιο
Konfe'ssion *f* θρήσκευμα *n*
Konfir'mand (*-en*) *m* κατηχούμενος
Konfirma'tion *f etwa*: χρίσμα *n*
konfis'zieren κατάσχω, δημεύω
Konfi'türe *f* μαρμελάδα
Kon'flikt (*-ℯs*; *-e*) *m* διαφωνία, σύγκρουση (*-εις*); *mil.* σύρραξη (*-εις*)
Konföodera'tion *f* συνομοσπονδία
Konfron|ta'tion *f jur.* αντιπαράσταση (*-εις*); αναμέτρηση (*-εις*); **ↁ'tieren** *v/t* αντιπαραθέτω; **ↁ'tiert: *ↁtiert sein mit*** *D* αντιμετωπίζω *A*
Kon'greß [ε] (*-sses*; *-sse*) *m* συνέδριο
König [-ıç] (*-s*; *-e*) *m a. im Schach u. fig.* βασιλιάς; (*Karte*) ρήγας; **~in** *f* βασίλισσα; (*Karte*) ντάμα; **ↁlich** βασιλικός; **~reich** *n* βασίλειο, βασιλεία; **~s·haus** *n* βασιλικός οίκος
Konju|ga'tion *f Gr.* συζυγία; κλίση (του ρήματος); **ↁgieren** [-'gi:-] κλίνω
Konjunk'tion *f Gr.* σύνδεσμος
Konjunktiv (*-s*; *-e*) *m* υποτακτική
Konjunk'tur *f* κατάσταση (*-εις*) της οικονομίας; **~politik** *f* πολιτική σταθεροποίησης της οικονομίας
kon'kav κοίλος
kon'kret συγκεκριμένος
Konkur'rent (*-en*) *m* συναγωνιστής, ανταγωνιστής
Konkur'renz *f* συναγωνισμός; **~kampf** *m* ανταγωνισμός; **ↁlos** ασυναγώνιστος
konkur'rieren: ~ (*können*) *mit* *D* συναγωνίζομαι *A*, ανταγωνίζομαι *A*
Kon'kurs (*-es*; *-e*) *m* πτώχευση (*-εις*); ***~ machen*** πτωχεύω; ***~ anmelden*** κηρύσσω πτώχευση; **~verwalter** *m* σύνδικος
können* (*Modalverb* + *Inf ohne zu*) μπορώ να; (*gelernt haben*) ξέρω (να); ***es kann sein*** μπορεί; ***wer kann*** (= *mag*) ***das sein?*** ποιος να είναι αυτός;
Könner *m* γνώστης, ικανός
konse'quen|t συνεπής 2 (*a. im Handeln*); **ↁz** *f* συνέπεια; συμπέρασμα *n*
konserva'tiv συντηρητικός
Kon'serve *f* κονσέρβα
konser'vier|en κονσερβοποιώ; συντηρώ; **ↁungs·mittel** *n* συντηρητικό
konsoli'dier|en σταθεροποιώ, παγιώνω; **ↁung** *f* παγίωση (*-εις*)
Konso'nant (*-en*) *m* σύμφωνο
konspira'tiv συνωμοτικός
kon'stant σταθερός
konstitu'ierend *pol.* συντακτικός
Konstitu'tion *f* σύνταγμα *n*; *Pers.* κράση (*-εις*)
konstru'ieren κατασκευάζω
Konstruk|'tion *f* κατασκευή; **ↁ'tiv** εποικοδομητικός
Konsul (*-s*; *-n*) *m* πρόξενος
Konsu'lat (*-s*; *-e*) *n* προξενείο
Konsulta'tion *f* συμβουλή
Kon'sum (*-s*; *0*) *m* κατανάλωση (*-εις*); **~'ent** (*-en*) *m* καταναλωτής; **~gesellschaft** *f* καταναλωτική κοινωνία; **~güter** *n/pl* καταναλωτικά αγαθά *n/pl*; **ↁ'ieren** καταναλώνω
Kon'takt (*-ℯs*; *-e*) *m* επαφή; **~linsen** *f/pl* φακοί *m/pl* επαφής
Konterrevolution *f* αντεπανάσταση (*-εις*)
Konti'nent (*-ℯs*; *-e*) *m* ήπειρος *f*
Kontin'gent (*-ℯs*; *-e*) *n* ποσοστό
kontinu'ierlich συνεχής 2
Konto (*-s*; *-ten*) *n* λογαριασμός; **~auszug** *m* απόσπασμα *n* λογαριασμού; **~führungs·gebühr** *f* τραπεζικό τέλος; **~nummer** *f* αριθμός λογαριασμού; **~stand** *m* κατάσταση (*-εις*) λογαριασμού
Kontra|baß *m* κοντραμπάσο; **~indika'tion** *f Med.* αντένδειξη (*-εις*)
Kon'trakt (*-ℯs*; *-e*) *m* σύμβαση (*-εις*)
Kon'trast (*-ℯs*; *-e*) *m* αντίθεση (*-εις*)
Kon'trolle *f* έλεγχος
Kontrol|leur [-'lø:ʀ] (*-s*; *-e*) *m* ελεγκτής; **ↁ'lieren** ελέγχω
Kon'trollturm *m* πύργος ελέγχου
Kon'tur *f* περίμετρος *f*, σχήμα *n*
Konven'tion *f* σύμβαση (*-εις*); συμβατικότητα; (*Brauch*) έθιμο
Konventio'nalstrafe *f* ποινική ρήτρα
Konversa'tion *f* συνομιλία
konver'tier|bar μετατρέψιμος; **~en** μετατρέπω; *Rel.* αλλαξοπιστώ
kon'vex κυρτός
Kon'voi (*-s*; *-s*) *m* νηοπομπή
Konzentra'tion *f* συγκέντρωση (*-εις*); **~s·lager** *n* στρατόπεδο συγκεντρώσεως
konzen'trier|en συγκεντρώνω; **~t** (*dicht*) πυκνός

Kon'zept (-*ẹs*; -*e*) *n* σχέδιο; (*Kladde*) πρόχειρο
Kon'zern (-*ẹs*; -*e*) *m* συγκρότημα *n*
Kon'zert (-*ẹs*; -*e*) *n* συναυλία, κοντσέρτο
Konze'ssion *f* παραχώρηση (-*εις*); (*Betriebserlaubnis*) άδεια
Kon'zil (-*ẹs*; -*e*) *n* σύνοδος *f*
Ko•oper|a'tion *f* συνεργασία; **ˆa'tiv** συνεργατικός; **ˆ'ieren** συνεργάζομαι
Ko•ordina'tion *f* συντονισμός
ko•ordi'nieren συντονίζω
Kopf [ɔ] (-*ẹs*; *ᵘe*) *m* κεφάλι, *K* κεφαλή; *e-r Bande*: εγκέφαλος; ***aus dem ~*** απ' έξω; ***den ~ verlieren*** τα χάνω
Kopf-an-'Kopf-Rennen *n fig*. μάχη στήθος με στήθος
Kopfbahnhof *m etwa*: τέρμα *n* γραμμής
Kopfbedeckung *f* κάλυμμα *n*
köpfen αποκεφαλίζω
Kopf|hörer *m* ακουστικό; **~kissen** *n* προσκέφαλο; **ˆlos** ακέφαλος; **~rechnen** *n* υπολογισμός απ' έξω; **~salat** *m* μαρούλι
Kopfschmerz|en *m/pl* πονοκέφαλος; **~tablette** *f* χάπι για τον πονοκέφαλο
Kopf|sprung *m* βουτιά; **~steinpflaster** *n* καλντερίμι; **~stoß** *m* κεφαλιά; **~tuch** *n* τσεμπέρι, μαντίλι
Ko'pie *f* αντίγραφο; *fig*. αντιγραφή; **ˆren** αντιγράφω; **~rer** *m* φωτοτυπικό μηχάνημα
Kopilot (-*en*) *m* δεύτερος πιλότος
Koppel *f* μάντρα, βοσκοτόπι
Koppelung *f* επαφή, σύνδεση (-*εις*)
Ko'ralle *f* κοράλλι
Korb (-*ẹs*; *ᵘe*) *m* καλάθι; καλάθα, κοφίνι; **~flasche** *f* δαμετζάνα
Kordel *f* κορδέλα, γαϊτάνι
Kork (-*ẹs*; -*e*) *m* φελλός; **~en** *m* πώμα *n*; **~en•zieher** *m* τιρμπουσόν (*0*)
Korn (-*ẹs*; *ᵘer*) *n* κόκκος (*a. Film*), σπυρί; (*Getreide*) σ(ι)τάρι
Körper *m* κορμί; σώμα *n a. Phys., Astr.*
Körper|bau (-*ẹs*; *0*) *m* σωματική διάπλαση; **ˆbehindert** ανάπηρος; **~haltung** *f* κορμοστασιά; **ˆlich** σωματικός; *Arbeit a*. χειρωνακτικός; **~pflege** *f* καλλωπισμός; **~teil** *m* μέλος *n* (του σώματος); **~verletzung** *f* τραυματισμός

Korps [koːʀ] (- [koːʀs]; - [koːʀs]) *n diplomatisches, mil*. σώμα *n*
korpu'lent σωματώδης 2
Korreferent (-*en*) *m* συνεισηγητής
kor'rekt ακριβής 2; ορθός; (*anständig*) καθώς πρέπει; *adv* εντάξει; **ˆheit** (*0*) *f* ορθότητα
Korrek'tur *f* διόρθωση (-*εις*); **~band** *n* διορθωτική ταινία
Korrespon'den|t (-*en*) *m Hdl*. αλληλογράφος; *Zeitung*: ανταποκριτής; **~tin** *f* ανταποκρίτρια; **~z** *f* αλληλογραφία; επιστολογραφία
korrespon'dieren αλληλογραφώ
Korridor (-*s*; -*e*) *m* διάδρομος
korri'gieren *allg*. διορθώνω
Korro'sion *f* διάβρωση (-*εις*)
kor|rum'pieren διαφθείρω; **~'rupt** διεφθαρμένος; **ˆrup'tion** *f* διαφθορά
Kor'sett (-*ẹs*; -*e*) *n* κορσές (-*έδες*)
Kos'met|ik (*0*) *f* αισθητική; **~ika** *n/pl* καλλυντικά *n/pl*; **~ikerin** *f* αισθητικός *f*; **ˆisch** καλλυντικός
kosmisch κοσμικός
Kost (*0*) *f* τροφή
kostbar πολύτιμος, ακριβός; **ˆkeit** *f* πολύτιμο αντικείμενο
kost|en κοστίζω, στοιχίζω (***j-n***/σε κπ), κάνω; ***was ~et?*** πόσο κάνει; *v/t Essen* δοκιμάζω, γεύομαι
Kosten *pl* κόστος *n*, έξοδα *n/pl*, δαπάνη; ***auf ~*** *G* δαπάναις *G*
Kosten|dämpfung *f* περιορισμός εξόδων; **ˆdeckend** με κάλυψη των εξόδων; **~erstattung** *f* επιστροφή δαπανών; **~explosion** *f* έκρηξη (-*εις*) εξόδων; **ˆgünstig** φτηνός; **ˆlos** ανέξοδος; **ˆpflichtig** με υποχρεωτική δαπάνη; **~voranschlag** *m* προϋπολογισμός εξόδων
köstlich θαυμάσιος (-*α*, -*ο*)
Kost|probe *f* δοκιμή; δείγμα *n*; **ˆspielig** δαπανηρός
Ko'stüm (-*s*; -*e*) *n* ταγέρ (*0*) *n*
Kot (-*ẹs*; *0*) *m* κοπριά, κόπρανα *n/pl*
Kotelett [ko·t'lɛt] (-*s*; -*s*) *n* μπριζόλα
Kotflügel *m Auto*: φτερό
kotzen V ξερνώ (-*άς*)
Krabbe *f* γαρίδα
Krach (-*ẹs*; -*s od*. *ᵘe*) *m* κρότος; φασαρία, θόρυβος; (*Börsen*ˆ) κραχ (*0*) *n*; (*Streit*) καβγάς (-*άδες*); ***~ machen*** κάνω θόρυβο; **ˆen** *v/i* κροτώ; F (*zerbrechen*) σπάζω

Kraft (-; ⸚e) *f allg.* δύναμη (-εις); κύρος *n*; *als Person* (*Arbeits*≈) εργαζόμενος; *jur.* ισχύς (-ύος) *f*; **in ~ sein** ισχύω; ***in ~ treten*** τίθεμαι σε ισχύ; ***außer ~ setzen*** ακυρώνω

kraft *Präp G* δυνάμει *G*

Kraftfahrer *m* αυτοκινητιστής; οδηγός

Kraftfahrzeug *n* αυτοκίνητο; **~brief** *m* άδεια κυκλοφορίας (αυτοκινήτου); **~steuer** *f* τέλη *n*/*pl* κυκλοφορίας αυτοκινήτου; **~versicherung** *f* ασφάλεια αυτοκινήτων

kräftig δυνατός; *fig.* ισχυρός; *Stimme*: έντονος; **~en** *v*/*t* δυναμώνω, τονώνω; **~end** δυναμωτικός; **≈ung** *f* δυνάμωμα *n*, τόνωση (-εις)

kraftlos αδύνατος; ανίσχυρος

Kraft|probe *f* αναμέτρηση (-εις); **~stoff** *m* βενζίνη, καύσιμα *n*/*pl*; **~werk** *n* εργοστάσιο παραγωγής ρεύματος

Kragen *m* κολάρο, γιακάς (-άδες)

Krähe *f* καρακάξα; **≈n** λαλώ

Kralle *f* γαμψό νύχι

Kram (-*e*s; *0*) *m* πρά(γ)ματα *n*/*pl*; **≈en** *v*/*i* ανακατεύω, ψάχνω

Krämer *m* μπακάλης (-ηδες); *fig.* μικρολόγος; **~laden** *m* μπακάλικο

Krampf (-*e*s; ⸚e) *m* σπασμός, κράμπα; **~ader** *f* κιρσός; **≈haft** σπασμωδικός

Kran (-*e*s; ⸚e) *m* γερανός, βίντσι

krank άρρωστος, *K* ασθενής 2; ***~ machen, ~ werden*** αρρωστώ (-άς)

kränken θίγω, προσβάλλω

Kranken|geld *n* επίδομα *n* ασθενείας; **~gymnastik** *f etwa*: φυσιοθεραπεία; **~haus** *n* νοσοκομείο; **~kasse** *f* ασφαλιστικό ταμείο; **~pfleger** *m* βοηθός νοσοκόμος; **~pflegerin** *f* βοηθός *f* νοσοκόμα; **~schein** *m* δελτίο *od.* βιβλιάριο ασθενείας; **~schwester** *f* (αδελφή) νοσοκόμα; **~versicherung** *f* ασφάλιση (-εις) υγείας; **~wagen** *m* ασθενοφόρο

krankhaft παθολογικός

Krankheit *f* αρρώστια, ασθένεια

Krankheits·erreger *m* μόλυσμα *n*

kränklich αρρωστιάρης 3, ασθενικός

krankschreiben γράφω άρρωστο

Kränkung *f* προσβολή

Kranz (-*es*; ⸚e) *m* στεφάνι

Krapfen *m etwa*: λουκουμάς (-άδες)

kraß (-*sser*; -*ssest*-) άκρος (-*a*, -*o*)

Krater *m* κρατήρας

Krätze (*0*) *f* ψώρα

kratz|en τσουγκρανίζω; γρατσουνίζω; **≈er** *m* (*Schramme*) γρατσουνιά

kraulen *v*/*t* ξύνω ελαφρά, χαϊδεύω; *v*/*i* (*schwimmen*) κολυμπώ (-άς) κρόουλ; **≈** *n* κρόουλ (*0*) *n*

kraus σγουρός, κατσαρός

Kraut (-*e*s; ⸚er) *n* χόρτο, αγριοβότανο; (*Arznei*) βοτάνι

Kräutertee *m etwa*: τσάι του βουνού

Kra'wall (-*s*; -*e*) *m* φασαρία

Kra'watte *f* γραβάτα

Krebs [eː] (-*es*; -*e*) *m* καρκίνος; (*Fluß*≈) κάβουρας; **≈artig** καρκινοειδής 2; **~geschwür** *n* καρκίνωμα *n*

Kre'dit (-*e*s; -*e*) *m* πίστωση (-εις); δάνειο; ***auf ~*** επί πιστώσει; ***~ gewähren*** δίνω πίστωση; **~institut** *n* πιστωτικό ίδρυμα; **~karte** *f* πιστωτική κάρτα

Kreide *f* κιμωλία

Kreis (-*es*; -*e*) *m* κύκλος; γύρος; (*Bezirk*) νομός; *El.*, *Radio* κύκλωμα *n*; **~bahn** *f* τροχιά

kreischen στριγγλίζω; **≈** *n* στριγγλιά

Kreis|el *m* σβούρα; **≈en** περιφέρομαι; *Blut*: κυκλοφορώ; **≈förmig** κυκλικός

Kreislauf *m* κυκλοφορία; **~mittel** *n* φάρμακο του κυκλοφοριακού; **~störungen** *f*/*pl* κυκλοφοριακές διαταραχές *f*/*pl*

Kreißsaal *m* αίθουσα τοκετού

Kreis|stadt *f* πρωτεύουσα νομού; **~verkehr** *m* (υποχρεωτική) κυκλική πορεία

Krem (-; -*s*) *f* κρέμα

Krema'torium (-*s*; -*ien*) *n* κρεματόριο, αποτεφρωτήριο

Krempel (-*s*; *0*) *m* σαβούρα

kre'pieren (*sn*) σκάζω; (*sterben*) ψοφώ (-άς); ***er ist ~t*** τα τίναξε

Krepp (-*s*; -*e od.* -*s*) *m* κρέπ(ι) *n*

Kresse *f* κάρδαμο

Kreuz (-*es*; -*e*) *n* σταυρός; *Anat.* οσφύς (-ύος) *f*, μέση; (*Karte*) σπαθί; *Mus.* δίεση (-εις)

kreuz: ***~ und quer*** δώθε κείθε

kreuzen σταυρώνω; διασταυρώνω; ***sich ~*** διασταυρώνομαι

kreuzig|en *v*/*t* σταυρώνω; **≈ung** *f* σταύρωση (-εις)

Kreuz|otter *f* οχιά, έχιδνα; **~schmerzen** *m*/*pl* οσφυαλγία; **~ung** *f* δια-

K

σταύρωση (-εις) *a. Biol.*; *Zool.* επιμιξία; **~verhör** *n* εξονυχιστική ανάκριση (-εις); **~worträtsel** *n* σταυρόλεξο; **~zug** *m* σταυροφορία
kribbel|ig *etwa*: νευρικός; ***j-n ~ig machen*** εκνευρίζω κπ; **~n** μυρμηγκιάζω, γαργαλεύω; ***es ~t mich*** με τρώει
kriech|en* (*sn*) *a. fig.* έρπω; **≈er** *m fig.* δουλοπρεπής 2; **≈spur** *f* αργή λωρίδα; **≈tier** *n* ερπετό
Krieg (-*es*; -*e*) *m* πόλεμος; ***~ führen*** κάνω πόλεμο; ***vor dem ~*** προπολεμικά; ***im ~e befindlich*** εμπόλεμος
kriegen F παίρνω; (*fassen*) πιάνω
Krieger *m hist.* μαχητής; **≈isch** πολεμικός, μαχητικός
Kriegs|beschädigte(r) ανάπηρος πολέμου; **~dienstverweigerer** *m* αρνησίας, αντιρρησίας; **~dienstverweigerung** *f* άρνηση (-εις) στρατιωτικής υπηρεσίας; **~erklärung** *f* κήρυξη (-εις) πολέμου
Kriegs|gefangene(r) αιχμάλωτος; **~gegner** *m* ειρηνιστής; **~gericht** *n* στρατοδικείο; **~marine** *f* πολεμικό ναυτικό; **~material** *n* υλικό πολέμου; **~schiff** *n* πολεμικό (πλοίο); **~verbrecher** *m* εγκληματίας πολέμου; **~zustand** *m* κατάσταση (-εις) πολέμου
Krimi|nali'tät (*0*) *f* εγκληματικότητα; **~'nalpolizei** *f* ασφάλεια; **~'nalroman** *m* αστυνομικό μυθιστόρημα; **≈'nell** εγκληματικός
Kringel *m* κουλούρι
Krippe *f* φάτνη, παχνί
Krise *f* κρίση (-εις); **~n·stab** *m* επιτελείο κρίσης
Kri'stall (-*s*; -*e*) *m, n* κρύσταλλο(ς); **≈en** κρυστάλλινος; **≈i'sieren** *v/i* αποκρυσταλλώνω
Kri'terium (-*s*; -*ien*) *n* κριτήριο
Kri'tik *f* κριτική; *Phil.* έλεγχος
Kritiker *m* κριτικός, επικριτής
kritisch κρίσιμος *a. Phys.*, κριτικός; *Krankheit*: επικίνδυνος
kriti'sieren κριτικάρω; κρίνω
Kritze|'lei *f* κακογραφία, ορνιθοσκαλίσματα *n/pl*; **≈lig** δυσανάγνωστος
kroch [ɔ] *s.* ***kriechen***
Kroko'dil (-*s*; -*e*) *n* κροκόδειλος
Krone *f* στέμμα *n*; (*Währung, Zahn≈*) κορώνα; (*Blumen≈*) στεφάνι
krönen στέφω, στεφανώνω
Kron|leuchter *m* πολυέλαιος; **~prinz** *m* διάδοχος; **~prinzessin** *f* διάδοχος *f*
Krönung *f* στέψη (-εις); *fig.* επιστέγασμα *n*
Kronzeuge (-*n*) *m* κύριος μάρτυρας
Kröte *f* φρύνος
Krücke *f* δεκανίκι; πατερίτσα
Krug (-*es*; ⁻*e*) *m* στάμνα, κανάτα
Krümel *m* ψίχουλο; **≈n** *v/i* θρυμματίζομαι, κάνω ψίχουλα
krumm καμπύλος, κυρτός
krümmen κυρτώνω, καμπυλώνω
Krümmung *f* κυρτότητα, καμπή
Krüppel *m* σακάτης
Kruste *f* κόρα, φλοιός; κρούστα
Krypta (-; -*ten*) *f* κρύπτη
Ku'bik|meter *m* κυβικό μέτρο; **~wurzel** *f* κυβική ρίζα; **~zahl** *f* κύβος
ku|bisch κυβικός; **≈'bismus** (-; *0*) *m* κυβισμός
Küche *f* κουζίνα, μαγειρείο; (*Kochkunst a.*) μαγειρική
Kuchen *m* πάστα; (*Sand≈*) κέικ (*0*) *n*; **~blech** *n* ταψί
Küchen|chef *m* πρωτομάγειρας; **~gerät** *n* μαγειρικό σκεύος; **~maschine** *f* μίξερ (*0*) *n*; **~möbel** *n/pl* έπιπλα *n/pl* κουζίνας
Kuckuck (-*s*; -*e*) *m* κούκος; F (= *Teufel*) ***zum ~!*** στο διάβολο!
Kufe *f* έλασμα *n*; πέλμα *n*
Kugel *f a. der Waffe* σφαίρα; μπίλια; τόπι; *mil.* βόλι, μπάλα
kugel|förmig σφαιρικός; **≈kopf** *m* μπαλάκι; **≈kopfmaschine** *f* γραφομηχανή με μπαλάκι; **≈lager** *n* ρουλεμάν (*0*) *n*
kugeln *v/i* (*sn*) κυλώ (-άς); ***sich ~ (vor Lachen)*** λιγώνομαι απ' τα γέλια
Kugelschreiber *m* στιλό (*0*) *n*
Kuh (-; ⁻*e*) *f* αγελάδα; δαμάλα; **~-** αγελαδινός; **~fladen** *m* σβουνιά
kühl *angenehm*: δροσερός; *unangenehm*: ψυχρός; ***es ist ~*** κάνει δροσιά *bzw.* ψύχρα
Kühl|anlage *f* ψυκτική εγκατάσταση (-εις); **~e** (*0*) *f* δροσιά; ψύχρα; ψυχρότητα *a. fig.*; **≈en** δροσίζω; **≈end** δροσιστικός; **~er** *m Auto*: ψυγείο; **~er·flüssigkeit** *f* ψυκτικό υγρό; **~erhaube** *f* καπό (*0*) *n*; **~haus** *n* αποθήκη ψυγείο; **~schrank** *m* ψυγείο; **~tasche** *f* φορητό ψυγειάκι; **~ung** *f*

K

ψύξη (-εις); **~wasser** *n* νερό ψύξεως
kühn τολμηρός, θαρραλέος; **2heit** *f* τόλμη, θάρρος *n*
Kuhstall *m* βουστάσιο
Küken *n* κλωσσοπούλι, νεοσσός
ku'lant φιλοφρονητικός, πρόθυμος
kuli'narisch μαγειρικός
Ku'lisse *f* παρασκήνιο; ***hinter den ~n*** *a. fig.* παρασκηνιακός
Kult (*-ȩs; -e*) *m* λατρεία
kulti'vier|en καλλιεργώ; **~t** καλλιεργημένος; *fig.* πολιτισμένος
Kul'tur *f Biol.* καλλιέργεια; *allg., fig.* πολιτισμός; **~abkommen** *n* πολιτιστικό σύμφωνο; **~austausch** *m* πολιτιστικές ανταλλαγές *f/pl*
kultu'rell (εκ)πολιτιστικός
Kul'tur|film *m* μορφωτικό έργο; **~geschichte** (*0*) *f* ιστορία του πολιτισμού; **2los** απολίτιστος; **~programm** *n* μορφωτικό πρόγραμμα
Kultusministerium *n* υπουργείο παιδείας (και θρησκευμάτων)
Kümmel *m* κύμινο
Kummer (*-s; 0*) *m* λύπη, σκοτούρα; ***~ machen*** (*od.* ***bereiten***) προκαλώ λύπη *od.* σκοτούρα (***j-m***/σε κπ)
kümmerlich στερημένος; πενιχρός
kümmer|n: *es ~t mich* με μέλει; ***was ~t dich das?*** τι σε νοιάζει *od.* μέλει; ***sich um A ~n*** κοιτάζω *A*, νοιάζομαι (για); **2nis** (*-; -se*) *f* θλίψη (-εις)
kummervoll θλιμμένος, περίλυπος
Kumpel *m* σύντροφος; *im Bergwerk*: εργάτης ορυχείου
Kunde (*-n*) *m* πελάτης
Kundendienst *m* υπηρεσία εξυπηρέτησης του κοινού
kundgeb|en* γνωστοποιώ, δηλώνω; **2ung** *f* διαδήλωση (-εις)
kundig γνώστης, έμπειρος
kündig|en *Vertrag* καταγγέλλω, ακυρώνω; ***j-m ~en*** απολύω κπ; **2ung** *f* καταγγελία, ακύρωση (-εις)
Kündigungs|frist *f* προθεσμία καταγγελίας; **~schutz** *m* προστασία καταγγελίας
Kundin *f* πελάτισσα
Kundschaft *f* πελατεία; **~er** *m* κατάσκοπος; ανιχνευτής
künftig μελλοντικός; *adv* στο εξής
Kunst (*-; ⸚e*) *f* τέχνη, καλλιτεχνία
Kunst|ausstellung *f* καλλιτεχνική έκθεση (-εις); **~fertigkeit** *f* επιτηδειότητα; **~geschichte** (*0*) *f* ιστορία (της) τέχνης; **~gewerbe** (*-s; 0*) *n* καλλιτεχνική βιοτεχνία; **~handwerk** *n* χειροτεχνία
Künstler *m* καλλιτέχνης; **~in** *f* καλλιτέχνιδα; **2isch** καλλιτεχνικός
künstlich τεχνητός; ψεύτικος
kunstlos άτεχνος
Kunst|maler *m* ζωγράφος; **~richtung** *f* τεχνοτροπία; **~seide** *f* τεχνητό μετάξι, ρεγιόν (*0*); **~stoff** *m* πλαστικό, συνθετική ύλη; **~stück** *n* τέχνασμα *n*; **~werk** *n* έργο τέχνης
Kupfer *n* χαλκός, μπακίρι; **2n** χάλκινος
Kupon [-'pɔŋ] (*-s; -s*) *m* κουπόνι
Kuppel *f* θόλος, τρούλος
Kuppe'lei *f* μαστροπεία
Kuppler *m* ρουφιάνος, μαστροπός; **~in** *f* ρουφιάνα, μαστροπός *f*
Kupplung *f* συμπλέκτης, ντεμπραγιάζ (*0*) *n*
Kur *f* κούρα, θεραπεία
Kür *f* ασκήσεις *f/pl* κατά βούληση
Kur|aufenthalt *m* παραμονή σε κούρα; **~bad** *n* ιαματικό λουτρό
Kurbel *f* μαναβέλα, στρόφαλος
Kürbis (*-ses; -se*) *m* κολοκύθι
Kurhaus *n* ίδρυμα *n* λουτρών
ku'rieren θεραπεύω, κουράρω
kurios [-'o:s] παράξενος; περίεργος; **2i'tät** *f* αξιοπερίεργο
Kur·ort *m* λουτρόπολη (-εις)
Kurs (*-es; -e*) *m* (*Gang*) πορεία *a. pol.*; *Börse*: τιμή; *s. a.* ***Kursus***; **~anstieg** *m* άνοδος *f* τιμών; **~buch** *n* δρομολόγιο
Kürschner *m* γουναράς (-άδες)
Kursus (*-; Kurse*) *m* σειρά *od.* κύκλος μαθημάτων; **~teilnehmer** *m* ακροατής; **~teilnehmerin** *f* ακροάτρια
Kurswagen *m Esb.* κατευθείαν *n*
Kurtaxe *f etwa*: τέλος *n* λουτρών
Kurve *f* στροφή; καμπή; *fig.* (*körperliche Rundung, Math.*) καμπύλη
kurz (*⸚er; ⸚est-*) κοντός; μικρός; *Zeit*: λίγος; σύντομος; ***vor ~em*** προ ολίγου; ***zu ~ kommen*** ζημιώνομαι; ***kürzer werden*** μικραίνω
Kurz|arbeit (*0*) *f* απασχόληση (-εις) λίγων ωρών; **2ärmelig** *Hemd*: κοντομάνικος; **2atmig** ασθματικός
Kürze (*0*) *f* βραχύτητα; συντομία; ***in ~*** σε λίγο; σύντομα

K

kürzen *v/t* κονταίνω; *Ausgaben* περικόπτω; *Schriftstück* βραχύνω
Kurz|film *m* ταινία μικρού μήκους; **2fristig** βραχυπρόθεσμος; **2gefaßt** συνοπτικός; **~geschichte** *f* διήγημα *n*
kürzlich *Adv* τελευταία; πρόσφατα
Kurzparkzone *f* ζώνη σύντομης στάθμευσης
Kurzschluß *m El.* βραχυκύκλωμα *n*
Kurzschlußhandlung *f* πράξη (*-εις*) πανικού
Kurzschrift *f* στενογραφία
kurzsichtig κοντόφθαλμος, μύωπας *a. fig.*; **2keit** (*0*) *f* μυωπία
Kürzung *f* βράχυνση (*-εις*); περικοπή; *Math.* (*e-s Bruchs*) απλοποίηση (*-εις*)
Kurzwelle *f* βραχύ κύμα *n*
Ku'sine *f* εξαδέλφη
Kuß [ʊ] (*-sses*; *⁼sse*) *m* φιλί, φίλημα *n*
küssen φιλώ (*-άς*)
Küste [ʏ] *f* ακτή, παραλία
Kutsche [ʊ] *f* καρότσα; **~r** *m* αμαξάς (*-άδες*)
Kutter *m* ψαράδικο; κότερο

L

la'bil ασταθής 2; **2i'tät** *f* αστάθεια
La'bor (*-s*; *-s*) *n* εργαστήριο
Labo'rant (*-en*) *m*, **~in** *f* βοηθός (*a. f*) εργαστηρίου
Laby'rinth (*-ęs*; *-e*) *n a. Anat.* λαβύρινθος; **2isch** λαβυρινθώδης 2
lächeln [ɛ] *v/i* χαμογελώ (*-άς*), μειδιώ (*-άς*); **2** *n* χαμόγελο
lachen [a] γελώ (*-άς*) (**über** *A*/με)
lächerlich γελοίος (*-a, -o*); **~ machen** γελοιοποιώ; **sich ~ machen** γίνομαι γελοίος; **2keit** *f* γελοιότητα
Lachs (*-es*; *-e*) *m* σολομός
Lack (*-ęs*; *-e*) *m* βερνίκι; λούστρο; **2ieren** [-'ki:-] βερνικώνω
laden* φορτώνω; *Waffe* γεμίζω; (*einladen*) προσκαλώ; *jur.* καλώ; *El.* φορτίζω
Laden (*-s*; *⁼*) *m* κατάστημα *n*, μαγαζί; (*Fenster2*) παντζούρι; **~besitzer** *m* μαγαζάτορας; **~dieb** *m* κλέφτης; **~diebstahl** *m* κλοπή σε κατάστημα; **~preis** *m* λιανική τιμή; **~schluß(zeit** *f*) *m* κλείσιμο των καταστημάτων, ωράριο
Ladung *f* φόρτωμα *n*; φορτίο; *El.* φόρτιση (*-εις*); *jur.* κλήση (*-εις*)
lag *s.* **liegen**
Lage *f* τοποθεσία; *e-r Stadt usw. a.* θέση (*-εις*); *fig., allg.* κατάσταση (*-εις*); **in der ~ sein** είμαι σε θέση
Lager *n mil.* στρατόπεδο; (*Bett*) στρώμα *n*; (*Erz2 usw.*) κοίτασμα *n*; (*Waren2*) αποθήκη, αμπάρι
Lager|bestand *m* αποθέματα *n/pl*; **~haltung** *f* αποθήκευση (*-εις*)
lagern *v/t* αποθηκεύω; *v/i* καταυλίζομαι
Lager|platz *m* αποθήκη; **~ung** *f* αποθήκευση (*-εις*)
La'gune *f* λιμνοθάλασσα
lahm παράλυτος, κουτσός; *fig.* άτονος, ανιαρός; **~en** χωλαίνω
lähmen *Med., fig.* παραλύω
Lähmung *f* παράλυση (*-εις*)
Laich (*-ęs*; *-e*) *m* γόνος; **2en** γονεύω
Laie (*-n*) *m* μη ειδικός; *fig.* άπειρος (**in** *D*/από); **~n-** λαϊκός; *Thea.* ερασιτεχνικός
La'kai (*-en*) *m* λακές (*-έδες*)
Lamm (*-ęs*; *⁼er*) *n* αρνί *a. fig.*; **~fleisch** *n* αρνίσιο κρέας, αρνάκι; **~kotelett** *n* αρνίσια παϊδάκια *n/pl*
Lämpchen *n* καντήλι
Lampe *f* λάμπα, λυχνία
Lampen|fieber *n* τρακ (*0*) *n*; **~schirm** *m* αμπαζούρ (*0*) *n*
Lampion [-pĭɔŋ] (*-s*; *-s*) *m* φανάρι χάρτινο
Land (*-ęs*; *⁼er*) *n* χώρα, τόπος; γη; (*Acker*) χωράφι; (*Bundes2*) ομόσπονδη χώρα; **flache(s) ~** κάμπος; **auf dem ~** στην εξοχή; **an ~ gehen** βγαίνω στην ξηρά

L

Land|bevölkerung *f* αγροτικός πληθυσμός; **~bewohner** *m* χωρικός
Lande|bahn *f Flugw.* διάδρομος προσγείωσης; **~erlaubnis** *f* άδεια προσγείωσης
landen *v/i* (*sn*) *Flugw.* προσγειώνομαι; *fig.* καταλήγω
Land·enge *f* ισθμός
Lände'reien *f/pl* κτήματα *n/pl*
Landes|erzeugnis *n* εγχώριο προϊόν; **~innere(s)** ενδοχώρα; **~währung** *f* εθνικό νόμισμα
Land|gericht *n* πρωτοδικείο; **~gut** *n* κτήμα *n*; **~haus** *n* εξοχικό σπίτι; **~karte** *f* χάρτης
ländlich αγροτικός
Land|luft (*0*) *f* εξοχικός αέρας; **~rat** (*-es*; *"e*) *m* έπαρχος; **~schaft** *f* τοπίο
Lands|mann (*-es*; *-leute*) *m* (συμ)πατριώτης, συντοπίτης; **~männin** *f* (συμ)πατριώτισσα
Land|straße *f* δημόσιος δρόμος, δημοσιά; **~streicher** *m* αλήτης
Landtag *m* τοπική βουλή
Landung *f Flugw.* προσγείωση (*-εις*); **~s·brücke** *f* αποβάθρα
Land|wirt *m* γεωργός; **~wirtschaft** *f* γεωργία
lang (*"er*; *"st-*) μακρύς; *Brief*: μεγάλος; *Weg, Zeit*: πολύς (*πολλή, πολύ*); ***fünf Meter ~*** πέντε μέτρα μήκος; (***fünf***) ***Jahre ~*** για (πέντε) χρόνια
langandauernd παρατεταμένος
lange *Zeit*: πολύν καιρό; πολλή ώρα; ***seit ~m*** από πολύν καιρό; ***vor ~r Zeit*** προ πολλού; ***auf ~e Zeit*** (***hinaus***) για πολύ; ***wie ~?*** πόσον καιρό; ***~ dauern*** αργώ
Länge *f* μήκος *n*, μάκρος *n*; ***der ~ nach*** κατά μήκος; ***in die ~ ziehen*** *v/t* παρατραβώ (*-άς*); ***sich in die ~ ziehen*** τραβώ σε μάκρος
langen φτάνω (***bis*** [***zu***] *D*/ως)
Längen|grad *m* μοίρα μήκους; **~maß** *n* μέτρο μήκους
länger μακρύτερος; *Zeit*: περισσότερος; ***~ machen, ~ werden*** μακραίνω; *Tage*: μεγαλώνω
Langeweile *f* βαρεμάρα, πλήξη, ανία; ***~ haben*** βαριέμαι
lang|fristig μακροπρόθεσμος; **~haarig** μακρομάλλης 3; **~jährig** μακροχρόνιος (*-α, -ο*); **≗lauf** *m* χιονοδρομία μακρών αποστάσεων

länglich μακρουλός, επιμήκης 2
längs *Präp G* κατά μήκος *G*
langsam αργός, σιγανός; *Adv* αργά, σιγά; ***immer ~!*** σιγά σιγά!; **≗keit** (*0*) *f* αργοπορία, βραδύτητα
Lang|schläfer *m* υπναράς (*-άδες*); **~spielplatte** *f* (***LP***) δίσκος μεγάλης διαρκείας
Längs·schnitt *m* τομή κατά μήκος *G*
längst προ πολλού
Langstrecken|lauf *m* δρόμος αντοχής; **~läufer** *m* δρομέας αντοχής
Lan'guste *f* αστακός
langweil|en *v/t* πλήττω, κουράζω; ***sich ~en*** πλήττω; **~ig** βαρετός, ανιαρός
Langwelle *f* μακρό κύμα
langwierig μακροχρόνιος (*-α, -ο*)
Lap'palie [-ĭə] *f* ασήμαντο πράγμα
Lappen *m* ξεσκονόπανο, κουρέλι
Lärm (*-es*; *0*) *m* θόρυβος, φασαρία; ***~ machen*** κάνω θόρυβο; **≗en** θορυβώ; **~schutz** *m* ηχοπροστασία
Larve [-fə] *f Zool.* νύμφη
lasern ['le:-] *Med.* F θεραπεύω με λέιζερ
Laserstrahl ['le:-] *m* λέιζερ (*0*) *n*; **~en** *pl a.* ακτίνες *f/pl* λέιζερ
lassen* *allg.* (*a. zulassen*) αφήνω; ***j-n etw. tun ~*** (*erlauben*) επιτρέπω σε κπ να; (*veranlassen*) βάζω κπ να, *a. o. Übersetzung*; ***sich ~*** *durch Passivkonstruktion*; ***er ließ das Trinken*** άφησε το πιοτό; ***laß mich vorbei***(***gehen***)***!*** άφησέ με να περάσω; ***ich muß mir die Haare schneiden ~*** πρέπει να κόψω τα μαλλιά μου; ***das läßt sich nicht beschreiben*** δεν περιγράφεται; ***das läßt sich machen*** αυτό γίνεται; ***sich*** (*D*) ***etw. machen*** (*od.* ***anfertigen***) ***~*** δίνω να μου κάνουν κτ, παραγγέλνω κτ
Lasso (*-s*; *-s*) *n* βρόχος
Last *f a. fig.* φορτίο, φόρτος; ***zu ~en*** *G* σε *od.* εις βάρος *G*; ***j-m zur ~ fallen*** γίνομαι βάρος σε κπ; **~auto** *n* φορτηγό, καμιόνι
lasten βαραίνω, πιέζω (***auf*** *D/A*)
Laster[1] *m s.* ***Lastkraftwagen***
Laster[2] *n* ελάττωμα *n*, βίτσιο
läster|n βρίζω, κακολογώ (***über j-n/*** *A*); *Rel.* βλασφημώ; **≗ung** *f* ύβρη (*-εις*); βλασφημία
lästig ενοχλητικός, φορτικός; ***~ sein*** ενοχλώ (***j-m/A***)

L

Last|kraftwagen *m* (***LKW***) καμιόνι, φορτηγό, νταλίκα; **~schrift** *f Hdl.* χρεωστική εγγραφή
La'tein (*-s; 0*) *n* λατινικά *n/pl*; **~er** *m* Λατίνος; **2isch** λατινικός
La'terne *f* φανάρι, φανός
latschen [aː] F σέρνω τα πόδια μου
lau *a. fig.* χλιαρός
Laub (*-es; 0*) *n* φυλλωσιά, φύλλωμα *n*; **~baum** *m* δέντρο φυλλοβόλο; **~e** *f* σκιάδα
Lauch (*-es; -e*) *m* πράσο
Lauer *f*: ***auf der ~ liegen*** στήνω καρτέρι; **2n** καραδοκώ (***auf*** *A/A*); παραφυλάω
Lauf (*-es; ¨e*) *m* (*Laufen*) τρέξιμο (*-ατος*); *Sp.* δρόμος; *Astr.* πορεία; *der Jahre* πάροδος *f*; *des Gewehrs* κάννη; ***im ~e der Zeit*** με το πέρασμα του χρόνου; ***im ~e des Tages*** κατά τη(ν) διάρκεια της ημέρας
Lauf|bahn στάδιο; (*Berufs-*) σταδιοδρομία; καριέρα; πορεία; **~bursche** *m* τσιράκι
laufen* (*sn*) τρέχω; *Tech.* (*in Betrieb sein*) λειτουργώ; *Gefahr* διατρέχω; **2** *n* τρέξιμο (*-ατος*); ***im 2*** τρέχοντας; **~d** *Wasser*: τρεχούμενος; *Nummer*: αύξων (*-ουσα, -ον*); *Hdl.* ανοιχτός; ***das ~de Jahr*** το τρέχον έτος; ***die ~den Ausgaben*** τα τρέχοντα έξοδα; ***auf dem ~den sein*** είμαι ενήμερος
Läufer *m* δρομέας; *Fußball*: χαφ (-μπεκ) *m*; (*Teppich*) διάδρομος
Laufe'rei *f*, **~en** *pl* τρεχάματα *n/pl*
Laufmasche *f* πόντος
Laufsteg *m* σανιδόσκαλα, πασαρέλα
Laufwerk *n* μηχανισμός χειρισμού *a. EDV*
Laufzeit *f e-s Wechsels* διορία; *e-s Kredits* διάρκεια
Lauge *f* αλισίβα, σταχτόνερο
Laune *f* διάθεση (*-εις*); ***gute ~*** κέφι, ευθυμία; ***schlechte ~*** κακοδιαθεσία; **~n** *f/pl* ιδιοτροπίες *f/pl*
launenhaft ιδιότροπος, κακότροπος
Laus (*-; ¨e*) *f* ψείρα
lausch|en κρυφακούω; **2er** *m* ωτακουστής; **~ig** απόμερος, ήμερος
laut *Adj* δυνατός; *Adv* δυνατά
Laut (*-es; -e*) *m a. Gr.* φθόγγος; ήχος
laut *Präp G* (*a. D*) σύμφωνα με
lauten ακούγομαι; λέω
läuten χτυπώ (*-άς*); κουδουνίζω
lauter αγνός; (*viel*) ***~ Unsinn*** όλο ανοησίες; ***vor ~ Grübeln*** από την πολλή σκέψη
läuter|n εξαγνίζω; καθαρίζω; **2ung** *f* κάθαρση (*-εις*), εξαγνισμός
Laut|gesetz *n Gr.* φθογγολογικός νόμος; **2los** άφωνος; **~schrift** *f* φωνητική γραφή; **~sprecher** *m* μεγάφωνο; **~sprecherbox** *f* ηχείο; **~stärke** *f* ένταση (*-εις*) ήχου
lauwarm (*0*) χλιαρός, υπόθερμος
Lava (*-; -ven*) *f* λάβα; (*Stück*) μύδρος
Lavendel [-'vɛn-] (*-s; -*) *m* λεβάντα
La'wine *f* χιονοστιβάδα
Laza'rett (*-es; -e*) *n* στρατιωτικό νοσοκομείο
leben ζω (***von*** *D*/με, από); ***gut ~*** καλοζώ; *in e-m Haus* μένω; ***er lebe*** (***hoch***)***!*** ζήτω!; ***leb wohl!*** έχε γεια!, γεια σου
Leben *n* ζωή, βίος; *Thea. usw.* κίνηση (*-εις*); ***mein ~ lang*** όλη τη ζωή μου; ***~ bringen in*** *A* ζωηρεύω *A*; ***sich das ~ nehmen*** αυτοκτονώ; ***ums ~ kommen*** σκοτώνομαι; **2d** ζωντανός
le'bendig ζωντανός; ζωηρός
Lebens|abend *m* (τα) δυσμά του βίου; **~art** *f* τρόπος ζωής; **~bedingungen** *f/pl* όροι *m/pl* διαβίωσης; **~beschreibung** *f* βιογραφία; **~dauer** *f* διάρκεια ζωής; **~erfahrung** *f* πείρα του κόσμου; **~gefahr** (*0*) *f* κίνδυνος θανάτου *od.* ζωής; **2gefährlich** θανάσιμος; **~gefährte** *m*, **~gefährtin** *f* ταίρι; **~haltung**(**s·kosten** *pl*) *f* κόστος *n* της ζωής; **~jahr** *n* έτος της ζωής
lebens·länglich ισόβιος (*-α, -ο*); ***~e Freiheitsstrafe*** ισόβια δεσμά *n/pl*
Lebens|lauf *m* βιογραφικό σημείωμα *n*; **2lustig** εύθυμος, ζωηρός
Lebens·mittel *n/pl* τρόφιμα *n/pl*; **~abteilung** *f* τμήμα *n* τροφίμων; **~geschäft** *n* παντοπωλείο, κατάστημα *n* τροφίμων; **~knappheit** *f* ανεπάρκεια τροφίμων; **~preise** *m/pl* τιμές *f/pl* τροφίμων; **~vergiftung** *f* τροφική δηλητηρίαση
Lebens|raum *m* ζωτικός χώρος; *Biol.* βιότοπος; **~standard** *m* βιοτικό επίπεδο; **~stellung** *f* μόνιμη θέση (*-εις*); **~unterhalt** *m* (τα) προς το ζην; **~versicherung** *f* ασφάλεια ζωής; **~weise** *f* τρόπος ζωής; **~werk** *n* έργο ζωής; **~zeichen** *n* σημείο ζωής

Leber (-; *-n*) *f* συκώτι, ήπαρ (*-ατος*) *n*; **~entzündung** *f* ηπατίτιδα
Lebewesen *n* πλάσμα *n*, ον (*-τος*) *n*
lebhaft ζωηρός; έντονος; **2igkeit** (*0*) *f* ζωηρότητα
leblos άψυχος, νεκρός
Leck (*-ęs*; *-s*) *n* διαρροή
lecken *v/t* γλείφω; *Hahn*: τρέχω
lecker νόστιμος; **2bissen** *m* λιχουδιά; **2maul** *n* λιχούδης 3
Leder *n* δέρμα *n*, πετσί; ***aus*** **~** δερμάτινος; **~imitation** *f* απομίμηση δέρματος; **~waren** *f/pl* δερμάτινα είδη *n/pl*
ledig (*unverheiratet*) άγαμος; ελεύθερος; **~lich** απλώς και μόνο
leer άδειος (*-α, -ο*), κενός; *Blatt*: άγραφος; **2e** (*0*) *f* κενό; **~en** αδειάζω; εκκενώνω; **2lauf** *m* κίνηση (*-εις*) στο κενό; **2ung** *f* εκκένωση (*-εις*)
le'gal νόμιμος; **~i'sieren** νομιμοποιώ; **2i'tät** (*0*) *f* νομιμότητα
legen *v/t* βάζω, θέτω; *Eier* γεννώ (*-άς*); *Karten* ρίχνω; ***sich*** **~** ξαπλώνω (***auf*** *A*/σε); πλαγιάζω; *Wind*: πέφτω; ***sich ins Bett*** **~** πέφτω στο κρεβάτι
legen'där θρυλικός
Le'gende *f* θρύλος
le'gier|en συγχωνεύω; *Suppe* δένω; **2ung** *f* κράμα *n*
Legi'on *f* λεγεώνα
Legisla'tive *f* νομοθετική εξουσία
Legisla'turperiode *f* βουλευτική περίοδος *f*
legi'tim νόμιμος; **2a'tion** *f* δικαίωμα *n*; (*Ausweis*) ταυτότητα; **~ieren** [-'mi:-] νομιμοποιώ
Lehm (*-ęs*; *-e*) *m* πηλός; λάσπη; (*Ton*) άργιλος; **2ig** λασπώδης 2
Lehne *f* ακουμπιστήρι, στήριγμα *n*
lehnen ακουμπώ (*-άς*) (***an*** *A*/σε); ***sich*** **~** ***auf*** *A* ακουμπώ (*-άς*) σε; ***sich*** **~** ***über*** *A* σκύβω πάνω από
Lehrbuch *n* διδακτικό βιβλίο
Lehre *f* δίδαγμα *n*, δόγμα *n*; διδασκαλία; (*Lehrzeit*) μαθητεία
lehren *v/t u. v/i* διδάσκω; ***j-n etw.*** **~** *a.* μαθαίνω κτ σε κπ
Lehrer *m* (δι)δάσκαλος; *Oberschule*: καθηγητής; **~in** *f* δασκάλα
Lehr|gang *m* κύκλος μαθημάτων; **~jahr** *n* έτος *n* μαθητείας; **~ling** (*-s*; *-e*) *m* μαθητευόμενος; **~plan** *m* πρόγραμμα διδασκαλίας; **2reich** διδακτικός; **~stelle** *f* θέση (*-εις*) μαθητείας; **~stuhl** *m* έδρα; **~tätigkeit** *f* διδασκαλία; **~zeit** *f* μαθητεία
Leib (*-ęs*; *-er*) *m* σώμα *n*, κορμί
Leibes|erziehung *f* σωματική αγωγή; **~übungen** *f/pl* γυμναστική; **~visita'tion** *f* σωματική έρευνα
Leib|garde *f* σωματοφυλακή; **2lich** *Bruder*: ομομήτριος; σωματικός; **~schmerzen** *m/pl* κοιλόπονος; **~wache** *f* σωματοφυλακή; **~wächter** *m* σωματοφύλακας
Leiche *f* λείψανο, πτώμα *n*
leichen|blaß κατάχλωμος; **2schändung** *f* νεκροσυλία; **2schau** *f* νεκροψία; **2tuch** *n* σάβανο; **2wagen** *m* νεκροφόρα
Leichnam (*-ęs*; *-e*) *m* πτώμα *n*
leicht ελαφρός (*-ά, -ό*), ελαφρύς; (*mühelos*) εύκολος; *Tod*: ανώδυνος
Leicht|athletik *f* αθλητισμός (στίβου); **2fertig** επιπόλαιος; **~fertigkeit** *f* επιπολαιότητα; **2gläubig** εύπιστος; **~gläubigkeit** (*0*) *f* ευπιστία; **~igkeit** (*0*) *f* ελαφρότητα; ευκολία, ευχέρεια; **~sinn** (*-ęs*; *0*) *m* απερισκεψία; **2sinnig** ελαφρόμυαλος, απερίσκεπτος; **2verdaulich** χωνευτικός, εύπεπτος
Leid (*-ęs*; *0*) *n* πόνος, θλίψη (*-εις*); ***j-m ein*** **~** ***zufügen*** κάνω κακό σε κπ
leid: ***es tut mir*** **~** λυπάμαι (***um j-n***/κπ; ***daß***/που)
leiden* πάσχω (***an*** *D*/*A od.* από), υποφέρω (***an*** *D*, *fig.* ***unter*** *Hitze usw.*/ από); τραβώ (*-άς*); ***schwer*** **~** ***unter*** *D* δοκιμάζομαι σκληρά από; ***mit j-m*** **~** συμπάσχω; *fig.* ***nicht*** **~** ***können*** δε(ν) χωνεύω
Leiden *n* πάθηση (*-εις*); βάσανο; οδύνη; *Christi* πάθος *n*
Leidenschaft *f* πάθος *n*, μανία; ***Theater*2** έρωτας με το θέατρο; **2lich** παθιασμένος; μανιακός; *Liebe*: παράφορος
leider *Adv* δυστυχώς
leidgeprüft πολύπαθος, βασανισμένος
leid|ig δυσάρεστος; **2tragende(r)** χαροκαμένος
Leierkasten *m* λατέρνα
Leih|bibliothek *f*, **~bücherei** *f* δανειστική βιβλιοθήκη
leih|en* δανείζω (***j-m etw.***/κτ σε κπ);

L

sich (*D*) ***etw.*** **~*en von*** *D* δανείζομαι κτ από; **≈gebühr** *f* τέλος *n* δανεισμού; **≈wagen** *m* νοικιασμένο αυτοκίνητο

Leim (*-es; -e*) *m* κόλλα; **≈en** κολλώ (*-άς*)

Leine *f* σκοινί, σχοινί

Leinen *n* λινό; ≈ λινός

Lein|öl *n* λινέλαιο; **~samen** *m* λινόσπορος; **~wand** *f Kino*: οθόνη

leise σιγανός, αθόρυβος; *Stimme*: χαμηλός; *Adv* σιγά

Leiste *f Anat.* βουβώνας; (*Tapeten≈*) παρυφή

leisten *Maschine*: αποδίδω; *Arbeit* παράγω; ***Folge*** **~** *D* ανταποκρίνομαι σε; ***Widerstand*** **~** προβάλλω αντίσταση; ***es sich*** **~** ***können*** (***zu***) έχω τα μέσα (να)

Leistenbruch *m* κήλη

Leistung *f* κατόρθωμα *n*; *Tech. usw.* απόδοση (*-εις*); επίδοση (*-εις*); *El.* ισχύς (*-ύος*) *f*; *Geld≈, jur.* παροχή

leistungsfähig ικανός, αποδοτικός; **≈keit** (*0*) *f* αποδοτικότητα

Leitartikel *m* κύριο άρθρο

leiten *v/t* (καθ)οδηγώ; *Wasser, El.* διοχετεύω; *pol.* κατευθύνω; *Firma* διευθύνω; (*verwalten*) διοικώ; *Anweisungen* **~ *an*** *A* διαβιβάζω σε; **~de**(**r**) ***Angestellte***(***r***) ανώτατο στέλεχος

Leiter¹ *f* σκάλα, κλίμακα

Leiter² *m* προϊστάμενος, διαχειριστής; διευθυντής; *Phys., El.* αγωγός

Leit|faden *m* εγχειρίδιο; οδηγός; **~planke** *f* προστατευτικό διάζωμα

Leitung *f Firma*: διεύθυνση (*-εις*), καθοδήγηση (*-εις*); *Wasser*: διοχέτευση (*-εις*); *El.* αγωγός; *Tel.* γραμμή

Leit|währung *f* επικρατούν νόμισμα *n*; **~zins** *m* τόκος εθνικής τράπεζας

Lek'tion *f* μάθημα *n*

Lektor (*-s; -'toren*) *m* λέκτορας; *Verlag*: υπεύθυνος συντάκτης

Lek'türe *f* ανάγνωσμα *n*; (*Lesen*) ανάγνωση, διάβασμα *n*

Lende *f* ισχίο; μερί; **~n·braten** *m* φιλέτο, ψαρονέφρι

lenken *z.B. Schiff* διευθύνω; κατευθύνω; οδηγώ

Lenk|er *m* κυβερνήτης; **~rad** *n*, **~stange** *f* τιμόνι; **~ung** *f* διεύθυνση (*-εις*)

Leo'pard (*-en*) *m* λεοπάρδαλη (*-εις*)

Lepra (*0*) *f* λέπρα; **≈krank** λεπρός

Lerche *f* κορυδαλλός

lernen μαθαίνω, διαβάζω; *als Lehrling*: μαθητεύω; ***auswendig*** **~** αποστηθίζω; ≈ *n* μάθηση

Lesebuch *n* αναγνωστικό

lesen* *v/t* διαβάζω; *Wein* αποτρυγώ (*-άς*); *Universität*: *v/i* παραδίδω; ≈ *n* διάβασμα *n*, ανάγνωση (*-εις*)

Leser *m* αναγνώστης; **~in** *f* αναγνώστρια; **≈lich** ευανάγνωστος

Lese|saal *m* αναγνωστήριο; **~zeichen** *n* σελιδοδείκτης

Lesung *f* ανάγνωση (*-εις*)

Lethar'gie (*0*) *f* λήθαργος

Letter *f* στοιχείο, ψηφίο

letzt- τελευταίος (*-α, -ο*), έσχατος

letzt|ens τελευταία; **~lich** τελικά

Leucht|e *f* λάμπα, φως (*φωτός*) *n*; **~en** *pl* φωτιστικά *n/pl*; **≈en** φέγγω, φωτίζω; λάμπω; **≈end** φωτεινός, λαμπερός; *fig. Beispiel*: λαμπρός; **~er** *m* κηροπήγιο; **~gas** (*-es; 0*) *n* φωταέριο; **~käfer** *m* πυγολαμπίδα; **~kugel** *f* φωτοβολίδα; **~reklame** *f* φωτεινή διαφήμιση (*-εις*); **~signal** *n* φωτεινό σήμα; **~turm** *m* φάρος

leugn|en αρνιέμαι, αρνούμαι; **≈ung** *f* άρνηση (*-εις*)

Leute *pl* κόσμος, άνθρωποι *m/pl*; ***junge*** **~** νέοι *m/pl*

Leutnant (*-s; -s od. -e*) *m* ανθυπολοχαγός; **~ *zur See*** ανθυποπλοίαρχος

Lexi|ko'graph (*-en*) *m* λεξικογράφος; **~kon** (*-s; -ka*) *n* λεξικό

Li'belle *f* νερονύφη; *Tech.* αλφάδι

libe'ral *pol.* φιλελεύθερος; **≈i'sierung** *f Hdl.* φιλελευθεροποίηση (*-εις*); **≈ismus** [-'lɪs-] (*-; 0*) *m pol.* φιλελευθερισμός

Licht (*-es; -er*) *n* φως (*φωτός*) *n*; (*Kerze*) κερί; **~ *machen*** ανάβω το φως; *fig.* ***das*** **~ *der Welt erblicken*** βλέπω το φως της ημέρας; *fig.* ***ans*** **~ *bringen*** φέρνω στο φως; ***ans*** **~ *kommen*** έρχομαι στο φως

licht (*-er; -est-*) φωτεινός; (*spärlich*) *Wald*: αραιός

Licht|bild *n* φωτογραφία; **≈empfindlich** ευαίσθητος στο φως; **~schutzfaktor** *m* δείκτης προστασίας

lichten *v/t Anker* σηκώνω; *Wald* αραιώνω; *Haare*: μαδώ (*-άς*)

lichter'loh: ~ *brennen* λαμπαδιάζω

Licht|geschwindigkeit (*0*) *f* ταχύτητα

φωτός; **~jahr** *n* έτος *n* φωτός; **~maschine** *f* δυναμό (*0*) *n*
Licht|quelle *f* πηγή φωτός; **~schacht** *m* φωταγωγός; **~schalter** *m* διακόπτης; **~stärke** *f* φωτεινότητα; **~strahl** *m* ακτίνα φωτός
Lichtung *f im Wald*: ξέφωτο
Lid [iː] (*-ẹs; -er*) *n* βλέφαρο
lieb αγαπητός, προσφιλής 2; (*angenehm*) ευχάριστος; (*nett*) ευγενικός; ***~er nehmen, ~er mögen*** προτιμώ (*-άς*)
Liebe *f* αγάπη (**zu** *D*/για); έρωτας; *mütterliche*: στοργή
lieben αγαπώ (*-άς*); **~s·wert** αξιαγάπητος
liebenswürdig (*nett*) ευγενικός; **2keit** *f* ευγένεια
Liebes|beziehung *f* ερωτικές σχέσεις *f/pl*, (ερωτικός) δεσμός; **~brief** *m* ερωτική επιστολή, ραβασάκι; **~erklärung** *f* ερωτική εξομολόγηση (*-εις*); **~kummer** *m* καημός της αγάπης; **~lied** *n* ερωτικό τραγούδι
Liebes|paar *n* ερωτικό ζευγάρι; **~roman** *m* αισθηματικό μυθιστόρημα
liebevoll φιλόστοργος, στοργικός
liebhab|en αγαπώ (*-άς*); **2er** *m* εραστής, αγαπητικός
lieblich χαριτωμένος, γλυκός (*-ιά, -ό*)
Liebling (*-s; -e*) *m* αγαπητός, ευνοούμενος; ***mein ~!*** αγάπη μου!
Lieblings- *Essen usw.*: αγαπημένος
lieblos άστοργος; σκληρόκαρδος; **2igkeit** *f* αστοργία
Lied (*-ẹs; -er*) *n* τραγούδι, σκοπός
liederlich άτσαλος
Liefe'rant (*-en*) *m* προμηθευτής
lieber|bar παραδοτέος; **2frist** *f* προθεσμία παραδόσεως
liefern προμηθεύω; παραδίνω; *Beweis* φέρνω; *El. Strom* χορηγώ
Liefer|schein *m* απόδειξη (*-εις*) παραδόσεως; **~ung** *f* παράδοση (*-εις*); προμήθεια; χορήγηση (*-εις*)
Lieferungsbedingungen *f/pl* όροι *m/pl* παραδόσεως
Lieferwagen *m* φορτηγάκι
Liege *f* ξαπλωτούρα
lieg|en* είμαι ξαπλωμένος; *Geogr.* βρίσκομαι; ***~en zwischen*** *D* (*a. Zeit*) μεσολαβώ μεταξύ *G*; ***es ~t an*** *D* απόκειται σε; ***es ~t mir daran*** με ενδιαφέρει; **2en** *n* κατάκλιση (*-εις*)
liegenbleiben* (*sn*) *Pers.* μένω ξαπλωμένος; *Auto*: μένω στο δρόμο; *Waren*: μένω απούλητος
liegenlassen* αφήνω; *Schirm usw.* ξεχνώ (*-άς*)
Liege|stuhl *m* ξαπλωτούρα; σεζλόγκ (*0*) *f*; **~wagen** *m* βαγόνι (με) κουκέτες
lieh *s.* ***leihen***
ließ *s.* ***lassen***
Lift (*-ẹs; -e*) *m* ασανσέρ (*0*) *n*
Liga (*-; -gen*) *f* συνδεσμος; *Fußball*: κατηγορία
Li'kör (*-s; -e*) *m* λικέρ (*0*) *n*, ηδύποτο
lila (*0*) μελιτζανής (*-ιά, -ί*), λιλά (*0*)
Lilie [-lĭə] *f* κρίνο, κρίνος
Limo'nade *f* λεμονάδα
Linde *f* φλαμουριά, φιλύρα, τιλία
linder|n *Med.* καταπραΰνω, μαλακώνω; **2ung** *f* καταπράυνση
Line'al (*-s; -e*) *n* ρίγα, χάρακας
Linie [-nĭə] *f allg.* γραμμή; αράδα; ***in erster ~*** πρώτα-πρώτα; κατά πρώτο λόγο
Linien|bus *m* λεωφορείο γραμμής; **~flugzeug** *n* αεροπλάνο γραμμής; **~richter** *m Sp.* επόπτης γραμμών
lini'ier|en ριγώνω, χαρακώνω; **2en** *n* χάραξη (*-εις*); **~t** ριγωτός
link|- *a. pol.* αριστερός; ζερβός; ***die ~e Seite*** *e-s Stoffes* ανάποδη; **2e** *f* αριστερά *a. pol.*; **~isch** αδέξιος (*-α, -ο*)
links *Adv* αριστερά, ζερβά
Links|'außen (*0*) *m* έξω αριστερά *m*; **~extremismus** *m* ακροαριστερισμός; **~verkehr** *m* προτεραιότητα αριστερής λωρίδας
Li'nole·um (*-s; 0*) *n* λινέλαιο
Linse *f Phys.* φακός; *Bot.* φακή
Lippe *f* χείλι, χείλος *n*; **~n·stift** *m* κραγιόν (*0*)
liqui'd|ieren εκκαθαρίζω; (*auflösen*) *pol.* διαλύω; εξαλείφω; **2ierung** *f* εξάλειψη (*-εις*)
lispeln ψευδίζω; **2** *n* ψεύδισμα *n*
List *f* δόλος, τέχνασμα *n*, πανουργία
Liste *f* λίστα, κατάλογος; ***schwarze ~*** μαύρος κατάλογος
listig πανούργος (*-α, -ο*)
Liter *m* (*a. n*) λίτρο
lite'ra|risch λογοτεχνικός; **2'tur** *f* λογοτεχνία
litt *s.* ***leiden***
Litur'gie *f* λειτουργία

Li'zenz *f* άδεια *a. poet.*
LKW [ɛlka·'we:] (*-s; -s*) *m* (= *Lastkraftwagen*) καμιόνι, νταλίκα, φορτηγό; **~-Fahrer** *m* οδηγός νταλίκας
Lob (*-es; -e*) *n* έπαινος; **2en** *v/t* επαινώ, παινεύω; ***sich selbst* 2en** περιαυτολογώ; **2end** επαινετικός; **2ens•wert** αξιέπαινος
Loblied *n fig.* εγκώμιο (***auf*** *A*/σε)
Lobrede *f* εγκώμιο
Loch [ɔ] (*-es; ⸚er*) *n* τρύπα; *K* οπή; *fig.* F (*Bude*) τρώγλη; ***Löcher bekommen*** τρυπώ (*-άς*)
loch|en τρυπώ (*-άς*); **2er** *m* τρυπητήρι, περφορατέρ (*0*) *n*
löcherig τρύπιος (*-a, -o*)
Locke *f* μπούκλα, σγουρό
locken *v/t* δελεάζω; (*kräuseln*) σγουραίνω, κατσαρώνω; **2kopf** *m* σγουρομάλλης 3; **2wickler** *m* μπιγκουτί (*0*)
locker χαλαρός; *Brot*: αφράτος; *Sitte*: έκλυτος; *fig.* ***nicht ~ lassen*** επιμένω; **~n** χαλαρώνω, ξεσφίγγω; *Schraube a.* λασκάρω; **2ung** *f* χαλάρωση (*-εις*); έκλυση (*-εις*)
lockig σγουρός, κατσαρός
lodern λαμπαδιάζω
Löffel *m* κουτάλι; **2n** τρώω με το κουτάλι; **~voll** (*0*) *m* κουταλιά
log *s.* ***lügen***
Loga'rithmus (*-; -men*) *m* λογάριθμος
Logbuch [ɔ] *n* ημερολόγιο πλοίου
Loge ['lo:ʒə] *f Thea.* θεωρείο; (*Freimaurer*) στοά
logieren [lo·'ʒi:ʀən] καταλύω
Log|ik (*0*) *f* λογική; **2isch** λογικός
Lohn (*-es; ⸚e*) *m* μισθός; αμοιβή; **~abzug** *m* κράτηση (*-εις*) μισθού; **~arbeit** *f* έμμισθη εργασία; **~empfänger** *m* μισθωτός
lohn|en *unp* (*vorteilhaft sein*) συμφέρει; ***es ~t sich*** αξίζει (τον κόπο)
Lohn|erhöhung *f* αύξηση (*-εις*) μισθών; **~gruppe** *f* μισθολογική κατηγορία; **~steuer** *f* φόρος μισθωτών υπηρεσιών; **~steuerjahresausgleich** *m* ετήσια εξίσωση (*-εις*) φόρου μισθωτών υπηρεσιών; **~steuerkarte** *f* φορολογική κάρτα; **~tarif** *m* μισθολόγιο
Lohnzahlung *f* μισθοδοσία
Lok [ɔ] (*-; -s*) *f s.* ***Lokomotive***
Lo'kal (*-es; -e*) *n* κέντρο; **~-, 2** τοπικός
lokali'sieren εντοπίζω
Lokomo'tiv|e *f* ατμομηχανή; **~führer** *m* μηχανοδηγός
Lombardkredit *m* πίστωση (*-εις*) επ' ενεχύρω χρεωγράφων
Lorbeer [ɔ] (*-s; -en*) *m*, **~baum** *m* δάφνη; **~blatt** *n* δαφνόφυλλο; **~kranz** *m* δαφνοστέφανο
Los (*-es; -e*) *n* (*Schicksal*) τύχη, μοίρα; *Lotterie*: λαχείο; κλήρος; ***das große ~*** το πρώτο λαχείο
los! άιντε!, εμπρός!, έλα, ελάτε!; *Adj* (*gelöst, ab*) βγαλμένος, ξεκολλημένος; ***etw., j-n ~ werden*** ξεφορτώνομαι κπ, κτ; ***was ist ~?*** τι τρέχει; τι γίνεται
los|bekommen* κατορθώνω να αποσπάσω; **~binden*** ξεδένω
löschen σβήνω; εξοφλώ; *Waren* ξεφορτώνω; (*streichen*) διαγράφω
Lösch|mannschaft *f* πυροσβεστική ομάδα; **~papier** *n* στ(ο)υπόχαρτο; **~ung** *f* κατάσβεση (*-εις*); *Hdl.* εξάλειψη (*-εις*); εκφόρτωση (*-εις*); **~wagen** *m* πυροσβεστικό όχημα
lose χαλαρός; *Wein usw.* χύμα (*adv*)
Lösegeld *n* λύτρα *n/pl*, εξαγορά
losen κληρώνω
lösen λύνω; *Ehe, Salz* διαλύω; *Fahrkarte* βγάζω
los|fahren* (*sn*), **~gehen*** (*sn*) ξεκινώ (*-άς*); (*sich lösen*) ξεκολλώ (*-άς*); **~kaufen** εξαγοράζω; **~kommen*** (*sn*) απαλλάσσομαι, γλυτώνω (***aus, von*** *D*/από); **~lassen*** αφήνω; ελευθερώνω; *Seil* λασκάρω; (*losstürmen lassen*) ξαπολνώ (*-άς*), εξαπολύω
löslich [ø:] διαλυτός
loslös|en λύνω, αποσυνδέω; **2ung** *f* απαγκίστρωση (*-εις*)
los|machen ξεσφίγγω; *Boot* λύνω; ***sich ~machen*** ξεκόβω; **~reißen*** αποσπώ (*-άς*); ***sich ~reißen*** ξεκολλώ (*-άς*)
lossagen: *sich ~ von* *D* απαρνιέμαι *A*
los|schießen* *fig.* αρχίζω; *fig.* ***schieß los!*** εμπρός!, άρχισε!; **~stürmen** (*sn*) ξεχύνομαι
Losung *f* σύνθημα *n*
Lösung *f* λύση (*-εις*); *Chem.* διάλυμα *n*, διάλυση (*-εις*)
Lösungsmittel *n* διαλύτης
los|werden* (*sn*) *j-n* ξεφορτώνομαι; **~ziehen*** (*sn*) F ξεκουμπίζομαι

Lot [o:] (-*ɇs*; -*e*) *n mar.* βολίδα; *der Maurer* νήμα *n* στάθμης
löten (συγ)κολλώ (-άς)
Lo'tion (-; -*en*) *f* λοσιόν *(0) f*
Lotse [o:] (-*n*) *m* πλοηγός, πιλότος; **≗n** πλοηγώ; **~n•dienst** *m* πλοηγία
Lotte'rie *f a. fig.* λαχείο, λοταρία
Lotto (-*s*; -*s*) *n* αριθμολαχείο
Löwe (-*n*) *m* λιοντάρι
Löwin *f* λέαινα
Luchs [ks] (-*es*; -*e*) *m* λύγκας
Lücke *f* κενό, χάσμα *n*
lückenhaft ελλειπής 2
lud *s.* ***laden***
Luft (-; ⸚*e*) *f* αέρας; ελεύθερος χώρος; ***in der ~*** *schwebend* μετέωρος; ***aus der ~ gegriffen*** ανεδαφικός
Luft|abwehr *f* αεράμυνα; **~angriff** *m* αεροπορική επιδρομή; **~aufnahme** *f* αεροφωτογραφία; **~ballon** *m* αερόστατο; *für Kinder*: φούσκα, μπαλόνι; **~blase** *f* φουσκαλίδα; **~brücke** *f* αερογέφυρα
Lüftchen *n* αεράκι, αύρα
luftdicht αεροστεγής 2, ερμητικός
Luftdruck (-*ɇs*; *0*) *m* ατμοσφαιρική πίεση (-*εις*)
lüften (εξ)αερίζω; *Geheimnis* λύνω
Luft|fahrt *f* αεροπορία; **~fracht** *f* αεροπορικό φορτίο *od.* -κός ναύλος
luftig ευάερος; ελαφρός (-*ά*, -*ό*)
Luftkissenboot *n* (ιπτάμενο) δελφίνι
Luft|kur•ort *m* τόπος αεροθεραπείας; **≗leer** κενός αέρος; **~linie** *f* εναέρια γραμμή; **~loch** *n Flugw.* κενό (αέρος); **~matratze** *f* φουσκωτό στρώμα
Luftpost *f* αεροπορικό ταχυδρομείο; ***mit*** (*od.* ***per***) **~** αεροπορικώς
Luft|raum *m* εναέριος χώρος; **~röhre** *f Anat.* τραχεία; **~schiff** *n* αεροσκάφος *n*
Luftschutz *m* παθητική αεράμυνα
Luft|sprung *m* χοροπήδημα *n*; ***~sprünge machen*** χοροπηδώ (-*άς*); **~streitkräfte** *f/pl* αεροπορικές δυνάμεις *f/pl*; **~temperatur** *f* θερμοκρασία αέρος
Lüftung *f* (εξ)αερισμός
Luft|verkehr *m* αεροπορική συγκοινωνία; **~verschmutzung** *f* ρύπανση (-*εις*) *od.* μόλυνση (-*εις*) της ατμόσφαιρας; **~waffe** *f* πολεμική αεροπορία
Lüge *f* ψέμα *n*, ψευτιά
lügen* λέω ψέματα; *K* ψεύδομαι; **≗märchen** *n* τερατολόγημα *n*
Lügn|er *m* ψεύτης; **~erin** *f* ψεύτρα; **≗erisch** ψεύτικος
Luke *f* φεγγίτης; *mar.* μπουκαπόρτα
lukra'tiv επικερδής 2
Lump (-*en*) *m* παλιάνθρωπος
Lumpen *m* ράκος *n*, κουρέλι
Lunch [lantʃ] (-*es*; -*es*) *m* ελαφρύ φαγητό; **~paket** *n* πακετάκι τροφίμων
Lunge *f* πνευμόνι; πνεύμονας; *Tier*: πλεμόνι
Lungen|entzündung *f* πνευμονία; **~tuberkulose** *f* φυματίωση
Lupe *f* φακός
Lurch (-*ɇs*; -*e*) *m* αμφίβιο
Lust (-; ⸚*e*) *f* όρεξη (-*εις*) (**zu** *D*/για), διάθεση (-*εις*) (**zu** *D*/ για); (*Wonne*) ηδονή; ***keine ~ haben zu*** βαριέμαι να
lüstern φιλήδονος, λάγνος; **≗heit** *f* φιληδονία, λαγνεία
lustig χαρούμενος, εύθυμος; *iro.* διασκεδαστικός; ***sich ~ machen über*** *A* κοροϊδεύω *A*, γελώ (-*άς*) με; **≗keit** *(0) f* ευθυμία; φαιδρότητα
lustlos *Pers.* δύσθυμος
Lustspiel *n* κωμωδία
lutsch|en [ʊ] πιπιλίζω *A* (*Su.* πιπίλισμα *n*); **≗er** *m* πιπίλα
luxuri'ös πολυτελής 2
Luxus (-; *0*) *m* πολυτέλεια, λούσο; **~artikel** *m/pl* είδη *n/pl* πολυτελείας; **~hotel** *n* ξενοδοχείο πολυτελείας
lynchen λυντσάρω
Lyr|ik *(0) f* λυρική ποίηση; **≗isch** λυρικός

M

machen κάνω; (*anfertigen*) φτιάχνω; μαστορεύω; *Bett* στρώνω; *Prüfung* δίνω; *Zimmer* συγυρίζω; ***sich ein Kleid ~ lassen*** ράβω; F ***vor Angst in die Hosen ~*** V χέζομαι, τα κάνω απάνω μου; ***sich an*** *die Arbeit* **~** στρώνομαι σε; ***es macht nichts*** δεν πειράζει; ***was macht das?*** τι πειράζει; ***es läßt sich ~*** γίνεται; ***ich mach mir nichts d(a)raus*** δε με νοιάζει; ***mach, daß du fortkommst!*** ξεκουμπίσου!
Machenschaften *f/pl* σκευωρία
Macher *m etwa*: πετυχημένος
Macht (-; ⁼*e*) *f* δύναμη (-*εις*); *pol.* εξουσία; ισχύς (-*ύος*) *f*; ***an der ~ sein*** είμαι στην εξουσία; ***an die ~ kommen*** ανέρχομαι στην εξουσία
mächtig δυνατός, ισχυρός; (*umfangreich*) τεράστιος (-*a*, -*o*)
macht|los αδύναμος, χωρίς εξουσία; **2übernahme** *f* ανάληψη (-*εις*) εξουσίας
Machwerk *n* τσαπατσούλικη δουλειά
Mädchen *n* κορίτσι, κόρη; **~name** *m* πατρικό όνομα; *im Formular*: το γένος *G*
Made *f* σκουλήκι; λεβίθα
made [meɪd]: ***~ in Greece*** Ελληνικής κατασκευής
madig σκουληκιασμένος
Ma'donna (*0*) *f* Παναγία
mag *s.* ***mögen***; ***es ~ sein*** μπορεί
Maga'zin (-*s*; -*e*) *n* αποθήκη; (*Zeitschrift*) περιοδικό
Magen *m* στομάχι, *K* στόμαχος; κοιλιά; ***mit nüchternem ~*** νηστικός; ***sich*** (*D*) ***den ~ verderben*** χαλνώ (-*άς*) το στομάχι μου; **~beschwerden** *f/pl* στομαχικές ενοχλήσεις *f/pl*; **~geschwür** *n* έλκος *n* στομάχου; **~krebs** *m* καρκίνος στομάχου; **~verstimmung** *f* κακοστομαχιά
mager *Mensch*: αδύνατος, *a. fig.* ισχνός; *Fleisch*: ψαχνός, άπαχος; *fig.* πενιχρός; **2milch** *f* άπαχο γάλα
Ma'gie (*0*) *f* μαγεία
Mag|ier [-gĭa] *m* μάγος; **~ierin** *f* μάγισσα; **2isch** μαγικός
Ma'gister *m etwa*: πανεπιστημιακό δίπλωμα
Magi'strat (-*ęs*; -*e*) *m* δημαρχία
Mag'nesium (-*s*; *0*) *n* μαγνήσιο
Mag'net (-*en*) *m* μαγνήτης; **~band** *n* μαγνητοταινία; **2isch** μαγνητικός; **~ismus** [-'tɪs-] (-; *0*) *m* μαγνητισμός; **~nadel** *f* μαγνητική βελόνη
Mag'netplatte *f EDV* μαγνητικός δίσκος
Maha'goni (-*s*; *0*) *n* μαόνι
Mäh|drescher *m* θεριζοαλωνιστική μηχανή; **2en** θερίζω
Mahl (-*ęs*; -*e*) *n* γεύμα *n*
mahlen* αλέθω
Mahlzeit *f* γεύμα *n*; **~!** καλή όρεξη!; *Gruß*: γεια σας, γεια σου!
Mähmaschine *f* θεριστική μηχανή
Mähne *f* χαίτη, κόμη
mahn|en *v/t* υπενθυμίζω (***j-n***/σε κπ); *jur.* οχλώ; **2bescheid** *m* έγγραφη ειδοποίηση (-*εις*); **2mal** *n* μνημείο; **2ung** *f* υπενθύμιση (-*εις*)
Mai (-*s*; -*e*) *m* Μάιος; ***der Erste ~*** η Πρωτομαγιά; **~-** μαγιάτικος
Mais (-*es*; -*e*) *m* καλαμπόκι, *K* αραβόσιτος; **~grütze** *f* μαμαλίγκα
Maje'stät *f* μεγαλειότητα; **2isch** μεγαλόπρεπος
Ma'jor (-*s*; -*e*) *m* ταγματάρχης
Majoran (-*s*; -*e*) *m* μαντζουράνα
ma'kaber μακάβριος (-*a*, -*o*)
make'donisch μακεδονικός
Makel *m* ψεγάδι
makellos ακηλίδωτος, αψεγάδιαστος
Makka'roni *pl* μακαρόνια *n/pl*
Makler [ɑː] *m* μεσίτης; **~gebühr** *f* μεσιτικά *n/pl*
Ma'krele σκουμπρί; τσίρος
Mal[1] (-*ęs*; -*e*) *n* φορά; ***zum ersten ~*** για πρώτη φορά; ***ein anderes ~*** άλλη φορά; ***jedes ~*** κάθε φορά
mal *Math.* επί; ***sag ~!*** για πες μου!
Mal[2] (-*ęs*; -*e*) *n* (*Fleck*) στίγμα *n*
Ma'laria (*0*) *f* ελονοσία, μαλάρια
malen ζωγραφίζω; **2** *n* ζωγράφισμα *n*
Maler *m* (*Kunst*2) ζωγράφος; (*Handwerker*) μπογιατζής (-*ήδες*); **~'ei** *f* ζωγραφική; **~in** *f* ζωγράφος *f*; **2isch** γραφικός

M

malnehmen* πολλαπλασιάζω
Malz (*-es; 0*) *n* βύνη, κριθάρι
Mama (*-; -s*) *f* μαμά
man κανείς; ~ ***sagt*** λέγεται
Management ['mɛnɛdʒ-] (*-s; -s*) *n* διαχείριση (*-εις*)
managen διαχειρίζομαι, διευθύνω
Manager *m* διαχειριστής, διευθυντής, μάνατζερ (*0*) *m*
manch|: ~ ***einer***, **~*er***, **~*e*** κάποιοι (*-ες, -α*); **~erlei** διαφόρων ειδών; **~mal** κάποτε
Man'dant (*-en*) *m* εντολοδότης
Manda'rine *f* μανταρίνι
Man'dat (*-ęs; -e*) *n pol.* εντολή
Mandel *f* (α)μύγδαλο; *Anat. mst. pl* αμυγδαλές *f/pl*; **~baum** *m* (α)μυγδαλιά; **~entzündung** *f* αμυγδαλίτιδα; **~kern** *m* (α)μυγδαλόψιχα; **~kuchen** *m* (α)μυγδαλωτό
Manege [-'ne:ʒə] *f* αρένα τσίρκου
Mangel (*-s;* ¨) *m* έλλειψη (*-εις*) (***an*** *D/G*); *pl* ατέλειες *f/pl*, ελαττώματα *n/pl*; ~ ***leiden an*** *D* στερούμαι *A*
mangelhaft ελαττωματικός
mangel|n: ***es ~t mir an*** *D* μου λείπει *N*, στερούμαι *A*
mangels *G* ελλείψει *G*
manie'riert επιτηδευμένος, προσποιητός; **♀heit** *f* προσποίηση
ma'nierlich ευπρεπής 2
Mani'küre *f* μανικιούρ (*0*) *n*
Manipu|la'tion *f* επιδέξιος χειρισμός; επηρεασμός; μανούβρα; **♀'lieren** επηρεάζω; μανουβράρω
Manko (*-s; -s*) *n s.* ***Mangel*** *m*
Mann (*-ęs; ¨er*) *m* άντρας, *a.* ανδ-; (*Ehe♀*) σύζυγος; ***junge*(*r*)** ~ νέος; ***alte*(*r*)** ~ γέρος
Männchen *n* ανθρωπάκος; (*Tier*) αρσενικό; ~ ***machen*** κάνω σούζα
mannhaft παλικαρίσιος (*-α, -ο*), αντρίκιος (*-α, -ο*); **♀igkeit** (*0*) *f* παλικαριά
Männ|lein *n* ανθρωπάκι; **♀lich** *a. Gr.* αρσενικός; ανδρικός, *a.* αντρ-; *Hormon*: ανδρογόνος (*-α, -ο*); **~lichkeit** (*0*) *f* ανδρισμός
Mannschaft *f Sp.* ομάδα; *Flugw., mar.* πλήρωμα *n*
Ma'növer [-v-] *n mil.* γυμνάσια *n/pl*; *fig.* ελιγμός; μανούβρα
manöv'rier|en *a. fig.* ελίσσομαι; μανουβράρω; **~fähig** ευέλικτος

Man'schette *f* μανικέτι; **~n·knopf** *m* μανικετόκουμπο
Mantel (*-s;* ¨) *m* (ε)πανωφόρι, παλτό; *Tech.* περίβλημα *n*; **~tarif(vertrag)** *m* γενική συλλογική σύμβαση (*-εις*)
manu'ell χειροκίνητος
Manu'skript (*-ęs; -e*) *n* χειρόγραφο
Mappe *f* χαρτοφύλακας
Marathonlauf *m* μαραθώνιος δρόμος
Märchen *n* παραμύθι (*a. Lüge*); **~erzähler** *m* παραμυθάς; **♀haft** παραμυθένιος (*-α, -ο*)
Marder *m* κουνάβι, κουνάδι
Marga'rine (*0*) *f* μαργαρίνη
Marge'rite *f* μαργαρίτα
Ma'rien|bild *n* εικόνα της Παναγίας; **~käfer** *m* λαμπρίτσα
Ma'rine *f* ναυτικό; **♀blau** σκούρο μπλε (*0*); **~infanterist** *m* πεζοναύτης; **~werft** *f* ναύσταθμος
mari'niert μαρινάτος
Mario'nette *f a. fig.* μαριονέτα, ανδρείκελο
mari'tim θαλασσινός, ναυτικός
Mark¹ (*-; -*) *f* (*Geldeinheit*) μάρκο
Mark² (*-ęs; 0*) *n* μεδούλι; *Anat.* μυελός; *Bot.* εντεριώνη, ψίχα
Marke *f* σήμα *n*, μάρκα
Marken|artikel *m* εμπόρευμα *n* ποιότητας; **~zeichen** *n* σήμα *n* κατατεθέν (*-έντος*)
Marketing (*-s; 0*) *n* μάρκετιγκ (*0*) *n*; επηρεασμός της αγοράς
mar'kier|en μαρκάρω, σημαδεύω; **♀ung** *f* σημάδεμα *n*
Mar'kise *f* τέντα, πρόστεγο
Markt (*-ęs; ¨e*) *m Hdl.* αγορά; μαγαζιά *n/pl*; ***schwarze*(*r*)** ~ μαύρη αγορά; ***Gemeinsame*(*r*) *Europäische*(*r*)** ~ Ευρωπαϊκή Κοινή Αγορά
Markt|analyse *f* ανάλυση (*-εις*) αγοράς; **~anteil** *m* αγοραστική αναλογία; **♀beherrschend** επικρατέστερος στην αγορά; **~lücke** *f* κενό αγοράς; **~platz** *m* αγορά, πιάτσα; **~wirtschaft** *f* οικονομία της αγοράς
Marme'lade *f* μαρμελάδα
Marmor (*-s; -e*) *m* μάρμαρο; **♀n** μαρμάρινος
Mars (*-; 0*) *m Astr.* Άρης
Marsch (*-es; ¨e*) *m a. fig.* (*Kundgebung*) πορεία; *mil.* πεζοπορία; *Mus.* εμβατήριο; **♀!** μαρς!, F εμπρός!
Marschall (*-s; ¨e*) *m* στρατάρχης

M

mar'schieren (*sn*) βαδίζω, πορεύομαι
Märtyrer *m* μάρτυρας *m* (*a.* **-in** *f*)
Mar'tyrium (*-s*; *-rien*) *n* μαρτύριο
Mar'xis|mus (-; *0*) *m* μαρξισμός; **~t** (*-en*) *m* μαρξιστής; **²tisch** μαρξιστικός
März (*-es*; *-e*) *m* Μάρτιος, Μάρτης
Marzi'pan (*-s*; *-e*) *n* (α)μυγδαλωτό
Masche *f* θηλειά, πόντος; βρόχος
Ma'schine *f* μηχανή; **²geschrieben** δακτυλογραφημένος
maschi'nell μηχανικός; **~ *hergestellt*** μηχανοποίητος
Ma'schinen|bau (*-ẹs*; *0*) *m* μηχανοποιία; **~bauer** *m* μηχανουργός; **~bau·ingenieur** *m* μηχανολόγος; **~fabrik** *f* μηχανουργείο; **~gewehr** *n* πολυβόλο; **~pistole** *f* αυτόματο; **~saal** *m* μηχανοστάσιο; **~schreiber(in** *f*) *m* δακτυλογράφος *m, f*
Maschine'rie *f* μηχανισμός
ma'schineschreiben* δακτυλογραφώ
Maschi'nist (*-en*) *m* μηχανικός
Masern *pl* ιλαρά
Maske *f* μάσκα, προσωπίδα
Maskenball *m* χορός μεταμφιεσμένων
mas'kier|en μασκαρεύω, μεταμφιέζω; **²ung** *f* μεταμφίεση (*-εις*)
maskulin αρσενικος; **²um** (*-s*; *-na*) *n* αρσενικό
maß [a:] *s.* ***messen***
Maß [a:] (*-es*; *-e*) *n* μέτρο; διάσταση (*-εις*); *Anzug*: ***nach ~*** στα μέτρα *G*; ***über die ~en*** υπέρμετρα *Adv*
Massage [ma'sa:ʒə] *f* μασάζ (*0*) *n*
Masse *f a. Phys.* μάζα; όγκος, πλήθος *n*; ***die breite ~*** οι ευρύτερες μάζες
Maß·einheit *f* μονάδα μετρήσεως
Massen|abfertigung *f* μαζική διεκπεραίωση; **~absatz** *m* μαζική πώληση (*-εις*); **~andrang** *m* γενικός συνωστισμός; **~arbeitslosigkeit** *f* μαζική ανεργία; **~demonstration** *f* πολυπληθής διαδήλωση (*-εις*); **~entlassung** *f* μαζική απόλυση (*-εις*); **~flucht** *f* μαζική φυγή; **²haft** μαζικός; **~karambolage** *f* μαζική σύγκρουση (*-εις*); **~medien** *pl* μέσα *n/pl* μαζικής ενημέρωσης; **~mord** *m* ομαδικοί φόνοι *m/pl*; **~tourismus** *m* γενικός τουρισμός; **²weise** *Adv* μαζικά
Masseur [-'sø:ʀ] (*-s*; *-e*) *m* μασέρ (*0*) *m*
maßgeb|end, ~lich προσδιοριστικός; έγκυρος
ma'ssieren μαλάζω, κάνω μασάζ (σε)
mäßig [ε:] μέτριος (*-a, -o*); *Preis*: λογικός; μετριοπαθής 2
mäßigen *v/t* μετριάζω; καταπραΰνω
Mäßig|keit (*0*) *f* μετριοπάθεια; **~ung** *f* μετριασμός, συγκράτηση
ma'ssiv συμπαγής 2, ατόφιος (*-a, -o*); *fig. Vorwurf usw.* σφοδρός
maßlos άμετρος; *Adv. a.* υπερβολικά; **²igkeit** *f* ακρότητα
Maßnahme *f* μέτρο; προφύλαξη (*-εις*); ***~n ergreifen*** παίρνω *od.* λαμβάνω τα μέτρα μου
Maßstab *m Karte*: κλίμακα; μέτρο, κριτήριο
maßvoll μετρημένος
Mast¹ (*-ẹs*; *-e[n]*) *m* κατάρτι, άλμπουρο; (*Leitungs²*) στύλος
Mast² (-; *-en*) *f* σίτευση (*-εις*)
mästen σιτεύω; παχαίνω
Materi'al (*-s*; *-lien*) *n* υλικό, ύλη; **~fehler** *m* ελάττωμα *n* υλικού
Materia'lis|mus (-; *0*) *m* (***historischer*** ιστορικός) υλισμός, ματεριαλισμός; **~t** (*-en*) *m* υλιστής, ματεριαλιστής; **²tisch** υλιστικός
Ma'terie [-ʀĭə] *f* ύλη
materi'ell υλικός
Mathema'tik (*0*) *f* μαθηματικά *n/pl*
Mathe'mat|iker *m* μαθηματικός; **²isch** μαθηματικός
Ma'tratze *f* στρώμα *n*, στρωμάτσο
Matriarchat [-'ça:t] (*-ẹs*; *-e*) *n* μητριαρχία
Ma'trose (*-n*) *m* ναύτης
Matsch (*-es*; *0*) *m* F λασπόνερα *n/pl*
matt (*-er*; *-est-*) *Pers.* αποσταμένος, άτονος; θαμπός; *Schach*: ματ (*0*)
Matte *f* ψάθα
Mattigkeit (*0*) *f* ατονία; απόσταμα *n*
Mauer *f* τείχος *n*; (*Wand*) τοίχος; **²n** τοιχοδομώ; **~stein** *m* τούβλο; **~werk** *n* τοιχοδομή
Maul (*-ẹs*; *¨er*) *n* στόμα (ζώου); F ***halt's ~!*** σκάσε!, σκασμός!
Maulbeerbaum *m* μουριά
Maulesel *m* μουλάρι, ημίονος
Maulkorb *m* φίμωτρο
Maulwurf *m* τυφλοπόντικο
Maurer *m* οικοδόμος, χτίστης; **~handwerk** (*-ẹs*; *0*) *n* τοιχοδομία

M

Maus (-; ⸗e) *f* ποντίκι; *EDV a.* χειριστήριο; *K u. Anat.* μυς (*μυός*); **~cursor** *m* φωτεινό σύμβολο
Mause|falle *f* ποντικοπαγίδα; **~loch** *n* ποντικότρυπα
Maut *f* (*Autobahn*) δίοδος *f*; **~gebühr** *f* διόδια *n/pl*
maximal ανώτατος
Mayonnaise *f* μαγιονέζα
Mechan|ik [-'ça:-] *f* μηχανική; **~iker(in** *f*) *m* μηχανικός *a. f*; **2isch** μηχανικός; **2i'sieren** μηχανοποιώ; **~ismus** [-'nɪs-] (-; *-men*) *m* μηχανισμός
Mecke|'rei *f fig.* μουρμούρα, γκρίνια; **~rer** *m* γκρινιάρης (*-ηδες*); **2rn** *Ziege*: βελάζω; *fig.* γκρινιάζω
Medaille [-'daljə] *f* μετάλλιο
Medien [-ən] *pl* μέσα *n/pl* επικοινωνίας
Medika'ment (-*es*; *-e*) *n* φάρμακο, γιατρικό; **2'ös** φαρμακευτικός
Medit|a'tion *f etwa*: διαλογισμός; **2'ieren** διαλογίζομαι (**über** *A/A*)
Medium (*-s*; *-ien*) *n allg.* μέσο; *Gr.* μέση φωνή; *spiritistisch*: μέντιουμ (*0*) *n*
Medi'zin *f* ιατρική; (*Arznei*) γιατρικό; **~er** *m* γιατρός; **2isch** ιατρικός
Meer (-*es*; *-e*) *n* θάλασσα; ***offene*(s)** ~ πέλαγος *n*
Meer|blick *m* θέα στη θάλασσα; **~enge** *f* στενά *n/pl*
Meeres|früchte *f/pl* θαλασσινά *n/pl*; **~grund** (-*es*; *0*) *m* βυθός; **~spiegel** (*-s*; *0*) *m* επιφάνεια της θάλασσας
Meerwasser *n* θαλασσινό νερό
Mega|hertz *n* μεγαλόκυκλος; **~'phon** (*-s*; *-e*) *n* μεγάφωνο
Mehl (-*es*; *-e*) *n* αλεύρι
mehr περισσότερος; *Adv* περισσότερο, πιο, πλέον (**als**/από); (*vielmehr*) μάλλον; ***~ oder weniger*** λίγο-πολύ; ***nicht ~*** όχι *od.* δεν ... πια; ***nichts ~*** τίποτε άλλο
Mehr|arbeit *f* υπερεργασία; **~aufwand** *m*, **~ausgabe** *f* πρόσθετη δαπάνη; **2deutig** πολυσήμαντος; **~einnahme** *f* πρόσθετο έσοδο
mehrere κάμποσοι 3
mehrfach πολλαπλάσιος (*-a, -o*)
Mehr|heit *f* πλειονότητα; *pol.* (*Stimmen-*) πλειοψηφία; **~heits·wahlrecht** *n* πλειοψηφικό (εκλογικό) σύστημα; **2malig** επανειλημμένος; **2mals** κάμποσες φορές
mehrstimmig πολύφωνος
mehr|stöckig πολυώροφος; **~stündig** πολύωρος
Mehrwertsteuer *f* φόρος προστιθέμενης αξίας
Mehrzahl *f* πλειονότητα; *Gr.* πληθυντικός (αριθμός)
meiden* *v/t* αποφεύγω
Meile *f* μίλι; **~n·stein** *m* ορόσημο
mein μου; ***~ Onkel*** ο θείος μου; (*betont, a. su* **-er, -e, -es**) (ο) δικός μου
Mein·eid *m* ψευδορκία, επιορκία; ***e-n ~ leisten*** παίρνω ψεύτικο όρκο
mein|en νομίζω, κρίνω (**daß**/ότι); ***was ~en Sie mit ...?*** τι εννοείτε λέγοντας ...; ***ich ~e es gut mit ihm*** θέλω το καλό του
meiner *G von* **ich**: μου; **~seits** εκ μέρους μου
meinetwegen ας είναι; (*zu meinen Gunsten*) για μένα, για το χατίρι μου
Meinung *f* γνώμη; ιδέα (**über** *A*/για); ***öffentliche ~*** κοινή γνώμη; ***nach meiner ~*** κατά τη γνώμη μου; ***ich bin nicht Ihrer ~*** διαφωνώ μαζί σας
Meinungs|austausch *m* ανταλλαγή απόψεων; **~umfrage** *f* δημοσκόπηση (*-εις*); **~verschiedenheit** *f* διχογνωμία, διαφωνία
Meißel *m* σμίλη; **2n** σμιλεύω
meist(-) (ο) περισσότερος; *Adv* τις περισσότερες φορές; συνήθως
Meist|begünstigungsklausel *f* ρήτρα του μάλλον ευνοουμένου κράτους; **~bietende(r)** πλειοδότης; **2ens, 2enteils** ως επί το πλείστον
Meister *m a. fig.* μάστορας; *fig.* άσος; *Kunst*: καλλιτέχνης; *Sp.* πρωταθλητής; **2haft** αριστοτεχνικός; **~in** *f* μαστόρισσα
meistern υπερνικώ (*-άς*); περιορίζω
Meister|schaft *f* μαστοριά; *Sp.* πρωτάθλημα *n*; **~stück** *n*, **~werk** *n* αριστούργημα *n*, αριστοτέχνημα *n*
Melancholie [-ko·'li:] *f* μελαγχολία
Melan'chol|iker *m*, **2isch** μελαγχολικός
melden *etw.* αναγγέλλω, δηλώνω; *Nachrichten* μεταδίδω; *Zeitung*: αναφέρω; ***sich ~*** (*antworten*) απαντώ (*-άς*); ***sich zu Wort ~*** ζητώ (*-άς*) το λόγο
Meldung *f* (αν)αγγελία; (*Nachricht*) είδηση (*-εις*); δήλωση (*-εις*)

M

melken* αρμέγω
Melo'die *f* σκοπός, μελωδία
me'lodisch μελωδικός
Me'lone *f* (*Zucker*≈) πεπόνι; (*Wasser*≈) καρπούζι
Mem'bran(e) *f* μεμβράνη
Memoiren [-mo·'a:Rən] *pl* απομνημονεύματα *n/pl*
Memo'randum (*-s; -den*) *n* υπόμνημα *n*
Menge *f* πλήθος *n*, ποσότητα; (*Haufen*) σωρός; *Math.* (τα) σύνολα
Mengen|lehre (*0*) *f Math.* διδασκαλία των συνόλων; **~rabatt** *m* έκπτωση (*-εις*) ποσότητας
Mensch (*-en*) *m* άνθρωπος; F *Interjektion*: καλέ!, ρε!; ***junge*(*r*) ~** νέος
Menschen|affe *m* ανθρωποειδής πίθηκος; **~alter** *n* γενεα
Menschen|geschlecht *n* ανθρώπινο γένος; **~kenntnis** *f* ανθρωπογνωσία; **≈leer** άδειος από κόσμο; **~rechte** *n/pl* ανθρώπινα δικαιώματα *n/pl*; **≈scheu** ακοινώνητος
Menschenverstand *m*: ***der gesunde ~*** ο κοινός νους, ο ορθός λόγος
Menschenwürde *f* αξιοπρέπεια του ανθρώπου
Mensch|heit (*0*) *f* ανθρωπότητα; **≈lich** ανθρώπινος; **~lichkeit** (*0*) *f* ανθρωπισμός
Menstrua'tion *f* έμμηνα *n/pl*
Mentali'tät *f* νοοτροπία
Me'nü (*-s; -s*) *n* μενού (*0*) *n*
merk|bar αισθητός; **≈blatt** *n* πληροφοριακό δελτίο
merken νιώθω; παρατηρώ; αισθάνομαι; ***etw. ~ an D*** καταλαβαίνω κτ από; ***sich*** (*D*) ***etw. ~*** (*notieren*) σημειώνω κτ; (συγ)κρατώ κτ στο μυαλό μου
merk|lich αισθητός; **≈mal** *n* γνώρισμα *n*, σημάδι
merkwürdig περίεργος, παράξενος; **≈keit** *f* αξιοπερίεργο
Messe *f Rel.* λειτουργία; *Hdl.* έκθεση (*-εις*), εμποροπανήγυρη (*-εις*); **~ausweis** *m* εισιτήριο; **~besucher** *m* επισκέπτης έκθεσης; **~gelände** *n* περιοχή έκθεσης
messen* μετρώ (*-άς*); *fig.* ***sich ~ mit D*** μετριέμαι μαζί *G*
Messeneuheit *f etwa*: καινοτομία
Messer *n* μαχαίρι; ***~ und Gabel*** μαχαιροπίρουνο; **~stich** *m* μαχαιριά
Meßgewand *n* άμφιο
Messing (*-s; 0*) *n* ορείχαλκος; **~-** ορειχάλκινος
Messung *f* μέτρηση (*-εις*)
Me'tall (*-s; -e*) *n* μέταλλο; **~-** μεταλλικός; μετάλλινος
Metallur'gie (*0*) *f* μεταλλουργία
me'tallverarbeitend: ***~e Industrie*** μεταλλοβιομηχανία
Metamor'phose *f* μεταμόρφωση (*-εις*)
Metaphy'sik *f* μεταφυσική
Meta'stase *f* μετάσταση (*-εις*)
Meteo'rit (*-en*) *m* μετεωρίτης
Meteoro|'loge (*-n*) *m* μετεωρολόγος; **~lo'gie** (*0*) *f* μετεωρολογία
Meter *m* (*od. n*) μέτρο
Me'than (*-s; 0*) *n*, **~gas** *n* μεθάνιο
Me'thod|e *f* μέθοδος *f*; **≈isch** μεθοδικός
Metr|ik *f* μετρική; **≈isch** μετρικός
Metro *f* υπόγειος σιδηρόδρομος, μετρό (*0*); **~'pole** *f* μητρόπολη (*-εις*); **~po'lit** (*-en*) *m* μητροπολίτης
Metze'lei *f* σφαγή, μακελειό
Metzge|r *m* χασάπης (*-ηδες*), κρεοπώλης; **~'rei** *f* χασάπικο
Meute *f* κυνηγετικοί σκύλοι *m/pl*; *fig.* σκυλολόι; συμμορία
Meute|'rei *f* ανταρσία; **~rer** *m* στασιαστής; **≈rn** στασιάζω
mi'auen νιαουρίζω
mich *A von* ***ich***: με; (ε)μένα, *K* εμέ
mied *s.* ***meiden***
Mieder *n* κορσές (*-έδες*)
Miene *f* ύφος *n*, όψη (*-εις*)
mies F κακός, άσχημος
Miesmuschel *f* μύδι
Miet·auto *n* ενοικιαζόμενο αυτοκίνητο
Miet|e *f* νοίκι, ενοίκιο; μίσθωμα *n*; **≈en** (ε)νοικιάζω; πιάνω; μισθώνω; **~er(in** *f*) *m* ενοικιαστής (-άστρια); **~erhöhung** *f* αύξηση (*-εις*) του ενοικίου; **~er·schutz** *m* ενοικιοστάσιο
Mietshaus *n* πολυκατοικία
Mietvertrag *m* ενοικιαστήριο
Mi'gräne *f* ημικρανία
Mikro|chip *m* μικροπλακίδιο (ολοκληρωμένου κυκλώματος); **~'fiche** (*-s; -s*) *n*, *m* μικροπλακίδιο (μικροφωτογραφιών); **~film** *m* μικροφίλμ (*0*) *n*; **~'phon** (*-s; -e*) *n* μικρόφωνο; **~'skop** (*-s; -e*) *n* μικροσκόπιο; **≈'skopisch** μικροσκοπικός; **~wellen** *f/pl*

M

μικροκύματα *n/pl*; **~wellenherd** *m* κουζίνα μικροκυμάτων
Milch (*0*) *f* γάλα (-α(κ)τος) *n*; **~geschäft** *n* γαλατάδικο; **~kaffee** *m* καφές με γάλα; **~produkte** *n/pl* γαλακτοκομικά *n/pl*; **~pulver** *n* γάλα *n* σκόνη; **~reis** *m* ρυζόγαλο; **~straße** *f* γαλαξίας
mild ήπιος (*-a, -o*); (*nachsichtig*) επιεικής 2; *Urteil*, *Strafe*: ελαφρός
Milde (*0*) *f* ηπιότητα; επιείκεια
mildern καταπραΰνω; μετριάζω
Milieu [mi'ljø:] (*-s*; *-s*) *n* περιβάλλον (*-οντος*)
Mili'tär (*-s*; *0*) *n* στρατός; **~dienst** *m* θητεία; **~gericht** *n* στρατοδικείο; **2isch** στρατιωτικός
Milita'rist (*-en*) *m* μιλιταριστής
Mili'tär|pflicht (*0*) *f* υποχρεωτική θητεία; **2pflichtig** στρατεύσιμος
Mi'liz *f* πολιτοφυλακή
Milli'arde *f* δισεκατομμύριο
Milli|'gramm *n* χιλιοστόγραμμο; **~'meter** *m od. n* χιλιοστόμετρο
Milli'on *f* εκατομμύριο
Millio'när (*-s*; *-e*) *m* εκατομμυριούχος
Milz *f* σπλήνα
Mimik (*0*) *f* μιμική
Mina'rett (*-s*; *-e*) *n* μιναρές (*-έδες*)
minder λιγότερος; *Qualität*: κατώτερος; *Adv* λιγότερο; **2einnahme** *f* ελαττωμένα έσοδα *n/pl*
Minderheit *f* μειονότητα; *Stimmen*: μειοψηφία
minderjährig ανήλικος
minder|n ελαττώνω, μειώνω; **2ung** *f* ελάττωση (*-εις*)
minderwertig κατώτερος; **2keit** *f* κατωτερότητα; **2keits·komplex** *m* σύμπλεγμα *n* κατωτερότητας
mindest ελάχιστος; ***nicht im ~en*** διόλου (δεν ...); **~ens** τουλάχιστον; **2betrag** *m* ελάχιστο; **2gebot** *n* ελάχιστη προσφορά; **2lohn** *m* κατώτατος μισθός; **2umtausch** *m* ελάχιστη ανταλλαγή
Mine *f* νάρκη; (*Gold-*) ορυχείο
Minenfeld *n* ναρκοπέδιο
Mine'ral (*-s*; *-e u. -lien*) *n* ορυκτό
Mine'ral|öl *n* ορυκτέλαιο; **~ölsteuer** *f* φόρος πετρελαιοειδών; **~wasser** *n* μεταλλικό νερό
Mini|golf·anlage *f* γήπεδο μινιγκόλφ; **~kleid** *n* μίνι φόρεμα *n*
mini'mal ελάχιστος
Minimum (*-s*; *-ma*) *n* μίνιμουμ (*0*) *n*
Mi'nister *m* υπουργός
Mini'sterium (*-s*; *-ien*) *n* υπουργείο
Mi'nister|präsident *m* πρωθυπουργός, πρόεδρος της κυβερνήσεως; **~rat** *m* υπουργικό συμβούλιο
minus *Adv* πλην, μείον; **2betrag** *m* έλλειμμα *n*; **2zeichen** *n* σημείο αφαιρέσεως
Mi'nute *f* λεπτό; ***zehn ~n*** δεκάλεπτο; **~n·zeiger** *m* λεπτοδείκτης
Minze *f* δυόσμος
mir *D von* **ich**: μου, (ε)μένα; *reflexiv*: στον εαυτό μου
Misch|brot *n* ανάμεικτο ψωμί; **~gemüse** *n* μείγμα λαχανικών
Misch·ehe *f* επιγαμία
mischen ανακατεύω, αναμειγνύω
Misch|ling (*-s*; *-e*) *m* μιγάδας (-δα *f*); **~ung** *f* μείγμα *n*, (ανά)μείξη (*-εις*)
mise'rabel άθλιος (*-a, -o*), ελεεινός
Mi'sere *f* αθλιότητα, μιζέρια
miß- *Präfix* δυσ-, κατα-, κακο-
miß'acht|en περιφρονώ *a. Gesetze*; **2ung** *f* περιφρόνηση
Miß|behagen *n* δυσφορία; **~bildung** *f* παραμόρφωση (*-εις*)
miß'billigen αποδοκιμάζω
Mißbilligung *f* αποδοκιμασία
Mißbrauch *m* κατάχρηση (*-εις*)
miß'brauchen (*miß'braucht*) καταχρώμαι (*-άσαι*)
missen *s.* ***vermissen***; ***nicht ~ mögen*** δεν μπορώ να κάνω χωρίς ...
Mißerfolg *m* αποτυχία, φιάσκο
Mißernte *f* κακή σοδειά
miß|'fallen*: ***es ~fällt mir*** μου κακοφαίνεται; **2fallen** *n* δυσαρέσκεια
Miß|geburt *f* έκτρωμα *n*; **~geschick** *n* αναποδιά; **2gestimmt** δύσθυμος
miß'glücken αποτυχαίνω
Mißgriff *m* σφάλμα *n*
miß|'handeln κακοποιώ; **2'handlung** *f* κακοποίηση (*-εις*)
Mi'ssion *f Rel.* ιεραποστολή
Missio'nar (*-s*; *-e*) *m* ιεραπόστολος
Mißklang *m a. fig.* παραφωνία
miß'lang *s.* ***mißlingen***
miß|'lingen*: ***es ~lingt mir*** αποτυχαίνω (σ' αυτό); **~'lungen** αποτυχημένος
Miß|mut *m* δυσθυμία; **2mutig** δύσθυμος; **2'raten*** *s.* ***mißlingen***; *Adj* απο-

M

τυχημένος; *Kind*: κακοαναθρεμμένος; 2'**trauen** δυσπιστώ; **~trauen** *n* δυσπιστία; **~trauens·antrag** *m* πρόταση (*-εις*) αποδοκιμασίας; **~trauens·votum** *n* ψήφος αποδοκιμασίας; 2**trauisch** δύσπιστος, καχύποπτος; **~verhältnis** *n* δυσαναλογία; **~verständnis** *n* παρεξήγηση (*-εις*); 2**verstehen*** παρεξηγώ; **~wirtschaft** *f* κακή διαχείριση (*-εις*)
Mist (*-ẹs*; *0*) *m* κοπριά; F **~!** σκατά!
Misthaufen *m* κοπρώνας
mit *Präp D* με, μ', μαζί με *bzw. G*; **~ mir** μαζί μου; **~ jedem Tag** μέρα με τη μέρα; **was ist ~ dir?** τι έχεις
mit- *Präfix* συ(ν)-, συγ-, συλ-, συμ-
Mit|arbeit (*0*) *f* συνεργασία; 2**arbeiten** συνεργάζομαι; **~arbeiter** *m* συνεργάτης; **~arbeiterin** *f* συνεργάτρια; 2**bekommen*** *s.* **mitkriegen**; 2**bestimmen** συνδιοικώ; **~bestimmung** *f* συνδιοίκηση; **~bewohner** *m* συγκάτοικος; 2**bringen*** φέρνω μαζί μου; **~eigentümer** *m* συνιδιοκτήτης; 2**einander** ο ένας με τον άλλον
Mitfahr|er *m* συνεπιβάτης; **~er·zentrale** *f etwa*: κέντρο διευκόλυνσης συνταξιδιωτών; **~gelegenheit** *f* δυνατότητα συνταξίδευσης
mitfühlen συμπονώ (*-άς*) (**mit** *D*/*A*)
Mitgefühl (*-ẹs*; *0*) *n* συμπόνια
mitgehen* (*sn*) *mit j-m* συνοδεύω; F **etw. ~ lassen** τσεπώνω κτ
mitgenommen *fig.* καταπονημένος
Mitgift *f* προίκα
Mitglied *n allg.* μέλος *n*; **~s·ausweis** *m* ταυτότητα μέλους; **~s·beitrag** *m* εισφορά μέλους; **~s·land** *n*, **~staat** *m* κράτος-μέλος *n*
Mit|kämpfer *m* συναγωνιστής; 2**kommen*** (*sn*) έρχομαι μαζί; *Schule*: παίρνω τα γράμματα
Mitlaut *m* σύμφωνο
Mitleid (*-ẹs*; *0*) *n* συμπόνια, συμπάθεια (**mit** *D*/για); **~ haben mit** *D* συμπονώ (*-άς*) *A*; 2**ig** συμπονετικός
mitmachen παίρνω μέρος σε
Mitmensch *m* συνάνθρωπος
mitnehmen* παίρνω μαζί (μου); *fig.* **j-n** (**schwer** *od.* **sehr**) **~** καταπονώ
Mitreisende(r) συνταξιδιώτης (*f* -τισσα), συνεπιβάτης (*f* -τισσα)
mitreißen* συμπαρασύρω; *fig.* συναρπάζω; **~d** συναρπαστικός
Mitschuld (-; *0*) *f* συνενοχή
Mitschüler(in *f*) *m* συμμαθητής (-τρια)
Mitspieler(in *f*) *m* συμπαίκτης (-τρια)
Mittag *m* μεσημέρι; **~essen** *n* γεύμα *n*, μεσημεριανό φαγητό; 2**s** το μεσημέρι; **~s·ruhe** *f* μεσημεριάτικος ύπνος
Mit·täter(in *f*) *m* συνένοχος (-η)
Mitte *f* μέση, μέσο; (*Zentrum*) κέντρο; **~ März** (τα) μέσα Μαρτίου
mitteil|en μεταδίδω (**j-m etw.**/κτ σε κπ), αναγγέλλω; γνωστοποιώ; 2**ung** *f* πληροφορία, ανακοίνωση (*-εις*)
Mittel *n* μέσο; τρόπος; (*Geld*2) *pl* πόροι *m*/*pl*, μέσα *n*/*pl*
Mittel·alter (*-s*; *0*) *n* Μεσαίωνας; 2**lich** μεσαιωνικός
mittel|fristig μεσοπρόθεσμος; 2**linie** *f Fußball*: κεντρική γραμμή; **~los** άπορος; 2**losigkeit** (*0*) *f* ανέχεια; **~mäßig** μέτριος (*-α*, *-ο*); 2**mäßigkeit** *f* μετριότητα
Mittelmeer *n* Μεσόγειος *f*
Mittelpunkt *m* κέντρο
mittels *G* μέσω *G*, διαμέσου *G*
Mittel|stand (*-ẹs*; *0*) *m* μέση *od.* μεσαία τάξη; **~streckenrakete** *f* πύραυλος μέσου βεληνεκούς; **~streifen** *m* διαχωριστική λωρίδα; **~stürmer** *m* σέντερ φορ (*0*) *m*; **~weg** *m bsd. fig.* μέση οδός; **~welle** *f* μεσαία κύματα *n*/*pl*
mitten: ~ in *D* μέσα σε, στη μέση *G*
Mitternacht (*0*) *f* μεσάνυχτα *n*/*pl*
mittler|- μέσος, μεσαίος (*-α*, *-ο*); μέτριος (*-α*, *-ο*)
Mittler *m* μεσίτης, μεσολαβητής
Mittwoch (*-ẹs*; *-e*) *m* Τετάρτη
mit'unter κάποτε, πότε-πότε
mit|verantwortlich συνυπεύθυνος; **~wirken** συνεργάζομαι (**an** *D*/σε); συμμετέχω; 2**wirkung** (*0*) *f* συμμετοχή; 2**wisser** *m* (με)μυημένος; **~zählen** συναριθμώ
Mixer (*-s*; -) *m* μίξερ (*0*) *n*
Möbel *n* (*mst. pl*) έπιπλο, έπιπλα *n*/*pl*; **~geschäft** *n* επιπλοπωλείο; **~wagen** *m* φορτηγό μεταφοράς επίπλων
mo'bil κινητός, ευκίνητος
Mobili'ar (*-s*; *-e*) *n* έπιπλα *n*/*pl*
mobili'sier|en *mil*, *a. fig.* επιστρα-

τεύω; κινητοποιώ; **2ung** *f a. fig.* επιστράτευση (*-εις*), κινητοποίηση (*-εις*)
mo'bilmach|en επιστρατεύω; **2ung** *f* επιστράτευση (*-εις*)
mö'blier|en επιπλώνω; **~t** επιπλωμένος; **2ung** *f* επίπλωση (*-εις*)
möchte *s.* ***mögen***; ***ich ~*** θα ήθελα να; ***ich ~ gern*** επιθυμώ να; ***ich ~ lieber*** προτιμώ να
Mo'dalverb *n* βοηθητικό ρήμα
Mode *f* μόδα, *K* συρμός; (***in***) ***~ sein*** είναι μόδα (*od.* της μόδας); **~geschäft** *n* κατάστημα *n* ειδών μόδας
Mo'dell (*-s*; *-e*) *n* μοντέλο, πρότυπο; **2ieren** [-'li:-] προπλάθω
Modemacher *m etwa*: μόδιστρος
Modenschau *f* επίδειξη (*-εις*) μόδας
Moder (*-s*; *0*) *m* σαπίλα; **2ig** σάπιος (*-a*, *-o*); **2n** *v/i* σαπίζω
Mode|schmuck *m* κοσμήματα *n/pl* της μόδας; **~schöpfer** *m* δημιουργός μόδας
mo'dern σύγχρονος, μοντέρνος (*-a*, *-o*); **~i'sieren** εκσυγχρονίζω; **2i'sierung** *f* εκσυγχρονισμός
Modezeitschrift *f* περιοδικό μόδας
modisch νεοτεριστικός, της μόδας
Modus (*-*; *-di*) *m Gr.* έγκλιση (*-εις*)
Mofa (*-s*; *-s*) *n* (*Motorfahrrad*) μοτοποδήλατο
Moge|'lei *f* ζαβολιά, κλέψιμο (-ατος) στο παιχνίδι; **2ln** κλέβω
mögen* *v/t* (*gern haben*) αγαπώ (*-άς*); *e-n Menschen* συμπαθώ; *allg., a. Essen* μου αρέσει; (*verlangen*) θέλω; (*Wahrscheinlichkeit*) ***es mag sein*** μπορεί; (*Ungewißheit*) ***wo mag er sein?*** πού να είναι;
möglich δυνατός; ***es ist ~*** γίνεται, είναι δυνατό; ***~st*** όσο το δυνατό(ν) + *Komp*, *z. B.* ***~st bald*** όσο το δυνατό συντομότερα
möglicher'weise ενδεχομένως
Möglichkeit *f* δυνατότητα, ενδεχόμενο; ***nach ~*** κατά το δυνατό
Mohamme'dan|er *m* Μωαμεθανός; **2isch** μωαμεθανικός
Mohn (*-ȩs*; *0*) *m* παπαρούνα
Mohrrübe *f* καρότο
Mole *f* μόλος, προκυμαία
Mole'kül (*-s*; *-e*) *n* (γραμμο)μόριο
Molke (*0*) *f* ορός; τυρόγαλο; **~'rei** *f* γαλακτοκομείο
Moll (*-*; *-*) *n* έλασσον (-ος), μινόρε *n*
mollig μαλακός; (*warm*) θαλπερός; *Pers.* παχουλός
Mo'ment (*-ȩs*; *-e*) *m* στιγμή; (**e-n**) ***~ bitte!*** μια στιγμή, παρακαλώ
momen'tan στιγμιαίος (*-a*, *-o*); *Adv* αυτή τη στιγμή
Mo'ment·aufnahme *f* στιγμιότυπο
Mo'narch (*-en*) *m* μονάρχης; **~'ie** *f* μοναρχία; **2isch** μοναρχικός
Monat (*-ȩs*; *-e*) *m* μήνας; **2lich** μηνιαίος (*-a*, *-o*); *Adv* μηνιαία, κατά μήνα
Monats|einkommen *n* μηνιαίες αποδοχές *f/pl*; **~gehalt** *n* μηνιάτικο; **~karte** *f* μηνιαίο εισιτήριο; **~rate** *f* μηνιαία δόση (*-εις*)
Mönch (*-ȩs*; *-e*) *m* μοναχός
Mond (*-ȩs*; *-e*) *m* φεγγάρι, *K* σελήνη
mon'dän κοσμικός
Mondwechsel *m* φάση (*-εις*) σελήνης
Mo'neten *pl* F παραδάκια *n/pl*
Monitor (*-s*; *-'toren*) *m* οθόνη τηλεοράσεως
Mono|'log (*-s*; *-e*) *m* μονόλογος; **~'pol** (*-s*; *-e*) *n* μονοπώλιο; **2'ton** μονότονος
Monstrum (*-s*; *-stren*) *n* τέρας *n*
Montag *m* Δευτέρα
Montage [-'ta:ʒə] *f* συναρμολόγηση (*-εις*), μοντάρισμα *n*
Mon'tan|industrie *f* εξορυκτική (και μεταλλευτική) βιομηχανία; **~union** *f* κοινότητα άνθρακα και χάλυβα
Mon|'teur [-'tø:ʀ] (*-s*; *-e*) *m* εφαρμοστής; **2'tieren** μοντάρω
Monu'ment (*-ȩs*; *-e*) *n* μνημείο; **2'al** μνημειώδης 2
Moor (*-ȩs*; *-e*) *n* έλος *n*, τέλμα *n*
Moos (*-es*; *-e*) *n* βρύο, μούσκλο
Moped (*-s*; *-s*) *n* μοτοποδήλατο
Mo'ral (*0*) *f* ηθική; (*Mut*) ηθικό, φρόνημα *n*; *Fabel*: δίδαγμα *n*; **2isch** ηθικός
Mo'rast (*-ȩs*; *-e*) *m* έλος *n*, βούρκος *a. fig.*; **2ig** ελώδης 2
Mora'torium (*-s*; *-ien*) *n* χρεοστάσιο
Mord (*-ȩs*; *-e*) *m* φόνος, δολοφονία (***an*** *D/G*); **~anschlag** *m* απόπειρα φόνου; **2en** σκοτώνω, δολοφονώ
Mörder *m* φονιάς (*-άδες*), δολοφόνος; **2isch** (δολο)φονικός, φοβερός
Mordversuch *m* απόπειρα δολοφονίας

M

morgen αύριο; ~ ***früh*** αύριο το πρωί
Morgen *m* πρωί *n*; αυγή; ***guten ~!*** καλημέρα!
morgens το πρωί
morgig αυριανός
Morphium (*-s; 0*) *n* μορφίνη; **~süchtige(r)** μορφινομανής
morsch σάπιος (*-a, -o*), σαθρός
Mörser *m* γουδί; *mil.* βομβοβόλο
Morsezeichen *n* σήμα *n* Μορς
Mörtel *m* ασβεστοκονίαμα *n*, σοβάς
Mosaik [-za'i:k] (*-s; -en*) *n* μωσαϊκό, ψηφιδωτό; **~-** ψηφιδωτός
Mo'schee *f* τζαμί, τέμενος *n*
Mos'kito (*-s; -s*) *m* κουνούπι; **~netz** *n* κουνουπιέρα
Moslem (*-s; -s*) *m* μουσουλμάνος; **&isch** [-'le:mɪʃ] μουσουλμανικός
Most (*-ęs; -e*) *m* μούστος
Motel (*-s; -s*) *n* μοτέλ (*0*) *n*
Mo'tiv (*-s; -e*) *n* κίνητρο; *Muster*, *Bild*: μοτίβο; *Psych.* ελατήριο
Motiva'tion *f* υποκίνηση (*-εις*)
moti'vieren (*begründen*) αιτιολογώ; (*anregen*) υποκινώ
Motor (*-s; -'toren*) *m* κινητήρας, μηχανή; **~antrieb** *m*: ***mit ~antrieb*** μηχανοκίνητος; **~boot** *n* βενζινάκατος *f*; **~haube** *f* καπό (*0*)
motori'sier|en: ~t μηχανοκίνητος; **&ung** *f* μηχανοποίηση (*-εις*)
Motor|öl *n* λάδι μηχανής; **~rad** *n* μοτοσυκλέτα; **~radfahrer** *m* μοτοσυκλετιστής; **~schaden** *m* βλάβη μηχανής; **~schiff** *n* βενζινόπλοιο
Motte *f* σκόρος, βώτριδα
Motto (*-s; -s*) *n* γνωμικό, ρητό
Möwe *f* γλάρος
Mücke *f* κουνούπι, σκνίπα
müde κουρασμένος; ***~ machen*** κουράζω; ***~ werden*** κουράζομαι
Müdigkeit (*0*) *f* κούραση
muffig μουχλιασμένος; *fig.* κατσουφιασμένος
Mühe *f* κόπος, μόχθος; ***vergebliche ~*** χαμένος κόπος; ***mit ~ und Not*** τσίτα τσίτα; ***sich ~ geben*** κοπιάζω
mühelos άκοπος, εύκολος
muhen *Kuh*: μουκανίζω
mühen: *sich ~* μοχθώ
mühevoll κοπιαστικός, επίπονος
Mühl|e *f* μύλος; **~stein** *m* μυλόπετρα
müh|sam, ~selig κοπιαστικός
Mulde *f* σκάφη; λακκούβα
Müll (*-ęs; 0*) *m* σκουπίδια *n/pl*; απορρίμματα *n/pl*; **~abfuhr** *f* υπηρεσία απορριμμάτων
Mullbinde *f* γάζα φαρμακευτική
Müll|container *m* κιβώτιο απορριμμάτων; **~deponie** *f* χωματερή; **~eimer** *m* σκουπιδοτενεκές (*-έδες*), δοχείο απορριμμάτων
Müller *m* μυλωνάς (*-άδες*)
Müll|haufen *m*, **~kippe** *f* σκουπιδότοπος; **~schlucker** *m* απορροφητήρας σκουπιδιών; **~verbrennung** *f* καύση *od.* θερμοκαταστροφή απορριμμάτων; **~wagen** *m* σκουπιδιάρικο
Multipli|ka'tion *f* πολλαπλασιασμός; **&'zieren** πολλαπλασιάζω
Mumie [-mĭə] *f* μούμια
Mumps (*-; 0*) *m Med.* παρωτίτιδα
Mund (*-ęs; ~er*) *m* στόμα *n*; *Anat.* στόμιο; ***s-n ~ nicht halten können*** δε βαστώ (*-άς*) τη γλώσσα μου; ***halt den ~!*** πάψε!
Mundart *f* διάλεκτος *f*, ιδίωμα *n*
münden χύνομαι, εκβάλλω (***in*** *A*/σε)
mündig ενήλικος; ***~ werden*** ενηλικιώνομαι
mündlich προφορικός; ***das &e, die ~e Prüfung*** τα προφορικά
Mündung *f* εκβολή, στόμιο
Muni'tion *f* πολεμοφόδια *n/pl*, πυρομαχικά *n/pl*
munkeln κρυφομιλώ (*-άς*)
munter ζωηρός; (*wach*) ξύπνιος (*-a, -o*); (*fröhlich*) χαρούμενος; ***~ machen*** ζωηρεύω; **&keit** (*0*) *f* ζωηρότητα
Münz·automat *m* αυτόματος πωλητής
Münze *f* νόμισμα *n*; κέρμα *n*; *fig.* ***etw. für bare ~ nehmen*** το παίρνω τοις μετρητοίς
Münz|fernsprecher *m* κερματοδέκτης; **~kunde** (*0*) *f* νομισματική; νομισματολογία; **~sammlung** *f* συλλογή νομισμάτων
mürbe *Fleisch*: μαλακός, τρυφερός
Murmel *f* βόλος, μπίλια
murren γκρινιάζω
mürrisch αγέλαστος, γκρινιάρης 3
Mus (*-es; -e*) *n* πελτές (*-έδες*), πολτός
Muschel [ʊ] *f* κοχύλι; (*Mies&*) μύδι; **~schale** *f* όστρακο
Muse *f* μούσα

M

Mu'se·um (*-s; -'seen*) *n* μουσείο
Mu'si|k *f* μουσική; **⁀'kalisch** μουσικός
Musi'kant (*-en*) *m* μουσικός
Musiker *m* μουσικός
Mu'sik|hochschule *f* ωδείο, μουσική ακαδημία; **~instrument** *n* μουσικό όργανο; **~kapelle** *f* μπάντα; **~stück** *n* μουσικό κομμάτι; **~unterricht** *m* μάθημα *n* μουσικής
musi'zieren παίζω μουσική
Mus'katnuß *f* μοσχοκάρυδο
Muskel (*-s; -n*) *m a. fig.* μυς (*μυός*); **~-** μυϊκός; **~kater** *m* πιάσιμο των μυών; **~kraft** *f* μυϊκή δύναμη; **~schmerzen** *m/pl* μυαλγία
musku'lös μυώδης 2
Muße [u:] (*0*) *f* ανάπαυση, σκόλη
müssen* πρέπει να ..., οφείλω να ..., έχω να ...; ***ich muß weg*** (= *weggehen, abreisen*) πρέπει να φύγω; ***er muß angekommen sein*** πρέπει να έφτασε
Müßiggänger *m* αργόσχολος
Muster *n* δείγμα *n*; *fig.* πρότυπο (***an*** *D/G*), υπόδειγμα *n*; (*Dessin*) σχέδιο
mustergültig παραδειγματικός
Musterkollektion *f* συλλογή δειγμάτων
muster|n *a. j-n* περιεργάζομαι; *Truppen* επιθεωρώ; **⁀ung** *f mil.* επιθεώρηση (*-εις*); υγειονομική εξέταση (*-εις*)
Mut (*-es; 0*) *m* θάρρος *n*, κουράγιο; ***j-m ~ machen*** ενθαρρύνω κπ; ***den ~ verlieren*** αποθαρρύνομαι
Muta'tion *f Biol.* μετάλλαξη (*-εις*)
mut|ig θαρραλέος (*-a, -o*); **~los** άτολμος; **⁀losigkeit** (*0*) *f* ατολμία
Mutter (*-; ⸚er*) *f* μητέρα; *Tech.* (*-; -n*) παξιμάδι; ***~ Gottes*** Θεοτόκος *f*
mütterlich μητρικός
Muttersprache *f* μητρική γλώσσα
Mutti (*-; -s*) *f* μαμά
mutwillig θρασύς (*-εία, -ύ*); αναιδής 2
Mütze *f* σκούφια, σκούφος
Myrte *f* μυρτιά, μυρσίνη
mysteri'ös μυστηριώδης 2
My'sterium (*-s; -rien*) *n* μυστήριο
Myst|ik (*0*) *f* μυστικισμός; **~iker** *m* μυστικιστής; **⁀isch** μυστικιστικός
Mytho|lo'gie *f* μυθολογία; **⁀'logisch** μυθολογικός
Mythos (*-; -then*) *m* μύθος

N

na [na] *auffordernd*: ντε; λοιπόν; ***~, komm!*** έλα ντε!; ***~ also*** βλέπεις, λοιπόν; ***~ ja, ...*** άς είναι ...; *fragend*: ***~?*** λοιπόν; ***~ so (et)was!*** άλλο πάλι τούτο! ***~ und?*** κι ύστερα;
Nabel *m* αφαλός, ομφαλός *a. fig.*; **~schnur** *f* ομφάλιος λώρος
nach *Präp D* (*Zeit u. Reihenfolge*) μετά *A*, μετά από; (*Zeit*) ύστερα από; (*Uhrzeit*) και; (*Ort*) σε, προς, για; (*gemäß u. Verteilung*) κατά *A*, με; ***1/4 ~ drei*** τρεις και τέταρτο; ***fünf Minuten ~ halb drei*** τρεις παρά είκοσι πέντε; ***~ Hause*** (στο) σπίτι; ***er fuhr ~ Paris*** έφυγε για το Παρίσι; ***~ meiner Meinung*** κατά τη γνώμη μου; ***der Länge ~*** κατά μήκος; ***der Reihe ~*** με τη σειρά; ***~ und ~*** σιγά-σιγά, βαθμηδόν; ***~ wie vor*** όπως και πριν
nach·ahm|en (απο)μιμούμαι; **⁀er** *m* μιμητής; **⁀ung** *f* (απο)μίμηση (*-εις*)
Nachbar (*-s, -n; -n*) *m* γείτονας; **~in** *f* γειτόνισσα; **⁀lich** γειτονικός; **~-schaft** *f* γειτονιά
nachbestell|en ξαναπαραγγέλνω; **⁀ung** *f* πρόσθετη παραγγελία
nachbezahlen πληρωνω κατόπιν; *Post*: πληρώνω τα εισπρακτέα
nachbild|en αναπαριστάνω; **⁀ung** *f* αναπαράσταση (*-εις*)
nach'dem *Ko* αφού; ***je ~*** εξαρτάται
nachdem *Adv* ύστερα, κατόπιν
nachdenk|en* συλλογίζομαι, σκέπτομαι (***über*** *A/A*); **⁀en** *n* συλλογή; **~lich** συλλογισμένος, σκεπτικός
Nach|druck *m* ανατύπωση (*-εις*); *fig.*

έμφαση (-εις); **≈drucken** ανατυπώνω
nachdrücklich έντονος
nach•eifern μιμούμαι (**j-m**/κπ)
nach•ein'ander ο ένας μετά τον άλλον, αλληλοδιαδόχως
nach•empfinden* *s.* ***nachfühlen***
nach•erzähl|en αποδίδω (με δικά μου λόγια); **≈ung** *f* απόδοση (*-εις*)
Nachfolge *f* διαδοχή
nachfolg|en (*sn*) *j-m* διαδέχομαι; **~end** κατοπινός, επακόλουθος; **≈er** *m* διάδοχος
nachforsch|en ερευνώ (*-άς*), εξετάζω; **≈ung** *f* έρευνα, εξέταση (*-εις*)
Nachfrage *f Hdl.* ζήτηση (**nach** *D*/*G*); (επ)ερώτηση (*-εις*)
nach|fragen ρωτώ (*-άς*), ζητώ (*-άς*) πληροφορίες; **~fühlen: *es j-m ~fühlen*** συμμερίζομαι τα συναισθήματα κάποιου; **~füllen** συμπληρώνω; **~geben*** *a. fig.* υποχωρώ; *fig.* ενδίδω (*D*/σε); **≈geben** *n* υποχώρηση (*-εις*)
nachgehen* (*sn*) ακολουθώ (**j-m**/κπ); *e-m Geschäft* καταγίνομαι με; *Uhr*: πάει πίσω
nachgiebig ενδοτικός
nachhaltig διαρκής 2, μόνιμος
nachhelfen* παραστέκομαι (*D*/*A*)
nachher ύστερα, κατόπιν
Nachhilfestunden *f*/*pl* προγύμναση (*-εις*); ***~ geben*** προγυμνάζω
nachholen συμπληρώνω, αναπληρώνω
Nachkomme (*-n*) *m* απόγονος
nachkommen* (*sn*) έρχομαι κατόπιν; *fig.* ανταποκρίνομαι (*D*/σε); **≈schaft** *f* απόγονοι *m*/*pl*
Nachlaß (*-sses*; *-̈sse*) *m* έκπτωση (*-εις*); (*Erbschaft*) κληρονομιά
nachlassen* *v*/*t* (*lockern*) χαλαρώνω; *vom Preis* κάνω σκόντο; *Erbe* αφήνω; *v*/*i* (*weniger werden*) μετριάζομαι; *Sturm, Regen*: κόβω; κοπάζω; *Fieber*: υποχωρώ; *Gedächtnis*: εξασθενώ; ≈ *n* μετριασμός
nachlässig αμελής 2; αδιάφορος; **≈keit** *f* αμέλεια, αδιαφορία
Nachlaßverwalter *m* διαχειριστής κληρονομιάς
nachlaufen* (*sn*) τρέχω πίσω (**j-m**/ από κπ); κυνηγώ (*-άς*) (*D*/*A*)
nach|lesen* (ξανα)διαβάζω; συμβουλεύομαι (***bei*** *D*/*A*); **~machen** μιμούμαι, προσποιούμαι
Nachmittag *m* απόγε(υ)μα *n*; **≈s** το απόγε(υ)μα, *K* μετά μεσημβρίαν (μ. μ.)
Nachnahme *f* αντικαταβολή
Nachname *m* επώνυμο, επίθετο
nachprüf|en επαληθεύω, ελέγχω; **≈ung** *f* επαλήθευση (*-εις*), έλεγχος
nachrechnen ξαναλογαριάζω, ελέγχω
Nachricht *f* είδηση (*-εις*), νέο
Nachrichten|agentur *f* πρακτορείο ειδήσεων; **~dienst** *m* υπηρεσία πληροφοριών; **~satellit** *m* δορυφόρος διαβιβάσεων; **~sprecher** *m Fernsehen*: τηλεκφωνητής
Nachruf *m* νεκρολογία
nach|sagen επαναλαμβάνω; **≈saison** *f* δευτερεύουσα σεζόν (*0*) *f*; **~schikken** στέλνω κατόπιν
nach|schlagen* συμβουλεύομαι (***in*** *D*/*A*); *ein Wort* αναζητώ (*-άς*) *A*; **≈schlüssel** *m* αντικλείδι; **≈schub** *m* (αν)εφοδιασμός
nach|sehen* ακολουθώ κπ με το βλέμμα; κοιτάζω; ***j-m etw. ~sehen*** παραβλέπω κτ σε κπ; **~senden*** *s.* ***nachschicken***
Nachsicht (*0*) *f* επιείκεια; **≈ig** επιεικής 2, ανεκτικός
Nachspeise *f* ντεσέρ (*0*) *n*, επιδόρπιο
nächst *Präp D* μετά *A*, δίπλα σε
nächst- (*Ort*) (ο) πλησιέστερος, (ο) κοντύτερος; (*Zeit*) προσεχής 2, ερχόμενος; (*Reihe*) κατοπινός, επόμενος; ***am ~en Tag*** την άλλη μέρα
nachstehen* υστερώ
nächstens προσεχώς
Nacht (-; *-̈e*) *f* νύχτα; ***gute ~!*** καληνύχτα (σας); ***es wird ~*** νυχτώνει
Nacht|arbeit (*0*) *f* νυχτέρι; **~dienst** *m* νυχτερινή υπηρεσία; ***~dienst haben*** *z. B. Apotheke*: διανυκτερεύω
Nachteil *m* μειονέκτημα *n*; ***im ~ sein*** μειονεκτώ; **≈ig** μειονεκτικός
Nacht|flug *m* νυχτερινή πτήση (*-εις*); **~frost** *m* νυχτερινή παγωνιά; **~hemd** *n* νυχτικό, νυχτικιά
Nachtigall *f* αηδόνι
Nachtisch [a:] *m* επιδόρπιο
Nacht|klub *m* νάιτ κλαμπ (*0*) *n*; **~leben** *n* νυχτερινή ζωή
nächtlich νυχτερινός

Nachtlokal *n* νυχτερινό κέντρο
Nachtrag (*-ẹs*; *⁻e*) *m* συμπλήρωμα *n*
nachtragen* (*ergänzen*) συμπληρώνω; **es j-m ~** μνησικακώ; **~d** μνησίκακος, εκδικητικός
nachträglich συμπληρωματικός
Nachtruhe *f* νυχτερινή ησυχία
nachts τη νύχτα, νυχτιάτικα
Nachtschicht *f* νυχτερινή βάρδια
Nachtschwärmer *m* ξενύχτης
Nacht|tisch *m* κομοδίνο; **~tischlampe** *f* λάμπα κομοδίνου
Nachwahl *f* επαναληπτική εκλογή
Nachweis (*-es*; *-e*) *m* απόδειξη (*-εις*)
nach|weisen* αποδεικνύω; **~weislich** *Adv* αποδεδειγμένα; **⁀welt** (*0*) *f* μεταγενέστεροι *m/pl*; **~wirken** *v/i* έχω αντίχτυπο; επενεργώ; **⁀wirkung** *f* επενέργεια, συνέπεια; **⁀wort** (*-ẹs*; *-e*) *n* επίλογος; **⁀wuchs** *m* νέες γενεές *f/pl*; **~zahlen** πληρώνω επιπλέον; **~zählen** (ξανα)μετρώ (*-άς*); **⁀zahlung** *f* πρόσθετη πληρωμή; **~zeichnen** ξεσηκώνω; **~ziehen*** (*sn*) ακολουθώ
Nacken *m* σβέρκος, αυχένας
nackt γυμνός; **⁀badestrand** *m* ακτή γυμνιστών
Nadel *f* βελόνι, βελόνα; *Kompaß*: δείκτης; **~baum** *m* κωνοφόρο (δέντρο); **~öhr** *n* βελονότρυπα; **~stich** *m* βελονιά
Nagel (*-s*; *⁻*) *m* καρφί; (*Finger⁀*) νύχι; **~feile** *f* λίμα νυχιών; **~lack** *m* όζα
nagel|n καρφώνω; **⁀schere** *f* νυχοκόπτης
nage|n ροκανίζω (**an** *D/A*); **⁀tier** *n* τρωκτικό
nah(e) *Adj* κοντινός; *Verwandter*: στενός; *Adv* κοντά; *K* πλησίον; *Präp* **~ an** *D*, *A*, **~ bei** *D* κοντά σε, δίπλα σε
Nähe (*0*) *f* γειτνίαση; **in der ~** *G* κοντά (σε); **aus nächster ~** εξ επαφής
nahebei δίπλα, πλάι
nahe|gehen* (*sn*): *fig.* **j-m ~gehen** στοιχίζω σε κπ; **~kommen*** (*sn*) πλησιάζω (*D/A*); **~legen: j-m etw. ~legen** συστήνω κτ σε κπ θερμά; **~liegen*** *fig.* είναι κοντά στο νου; **~liegend** αυτονόητος
nahen (*sn*) πλησιάζω
nähen ράβω; **⁀** *n* ράψιμο (*-ατος*)
näher πλησιέστερος, κοντύτερος; *Adv* κοντύτερα; **die ~en Umstände** τα καθέκαστα; **~bringen*** προσεγγίζω; *fig.* **j-m etw. ~bringen** εξηγώ κτ σε κπ
Nah•erholungsgebiet *n etwa*: κοντινή περιοχή παραθερισμού
Näherin *f* ράφτρα, μοδίστρα
näherkommen* (*sn*) πλησιάζω, *fig.* **sich ~** έρχομαι σε επαφή
nähern: sich ~ πλησιάζω, σιμώνω (*D/A*)
nahestehen* συνδέομαι (**j-m**/με κπ); **~d** (συνδε)δεμένος
Nähgarn *n* κλωστή
nahm *s.* **nehmen**
Näh|maschine *f* ραπτομηχανή; **~nadel** *f* βελόνι, βελόνα
Nährboden *m fig.* πρόσφορο έδαφος
nähren τρέφω; *fig.* υποθάλπω
nahrhaft θρεπτικός
Nahrung (*0*) *f* τροφή; **~s•mittel** *n/pl* τρόφιμα *n/pl*
Nährwert *m* τροφική αξία
Naht (*-*; *⁻e*) *f* ραφή; *Tech.* συγκόλληση (*-εις*); **⁀los** άρραφος
Nahverkehr *m* τοπική συγκοινωνία; **~s•zug** *m* τρένο τοπικής συγκοινωνίας
Nähzeug *n* σύνεργα *n/pl* ραπτικής
na'iv αφελής 2; **⁀i'tät** (*0*) *f* αφέλεια
Name (*-ns*; *-n*) *m* όνομα *n*; (*Familien⁀*) επώνυμο; **auf den ~n** *G* στο όνομα *G*, επ' ονόματι *G*; **im ~n** *G* εν ονόματι *G*
namenlos ανώνυμος
Namens•tag *m* (ονομαστική) γιορτή
namhaft ονομαστός; σημαντικός
nämlich δηλαδή; *Adj* (ο) ίδιος
nannte *s.* **nennen**
Napf (*-ẹs*; *⁻e*) *m* γαβάθα
Narbe *f* ουλή, σημάδι; *Bot.* στίγμα *n*
Nar'kose *f* νάρκωση (*-εις*)
Nar'kotikum (*-s*; *-ka*) *n* ναρκωτικό
Narr (*-en*) *m* τρελός; **~heit** *f* τρέλα
Närr|in *f* τρελή; λωλή; **⁀isch** τρελός
Nar'zisse *f* νάρκισσος, ζαμπάκι
na'sal ρινικός; *Gr.* έρρινος
naschen τρώω γλυκά, τσιμπώ (*-άς*); *Kind*: κλέβω γλυκά
Nase *f* μύτη
Nasen|bluten *n* αιμορραγία της μύτης; **~loch** *n* ρουθούνι
Nas•horn ['na:s-] *n* ρινόκερος
naß [a] (*-sser od. ⁻sser*; *nassest-*, *nässest-*) υγρός; βρεγμένος; **~ machen** μουσκεύω

N

Nässe *(0) f* υγρασία; **≈n** υγραίνω
naßkalt υγρός και ψυχρός
Na'tion *f* έθνος *n*
natio'nal εθνικός; **≈feiertag** *m* εθνική γιορτή; **≈hymne** *f* εθνικός ύμνος
Nationa'lis|mus *(-; 0) m* εθνικισμός; **~t** *(-en) m* εθνικιστής; **≈tisch** εθνικιστικός
Nationali'tät *f* εθνικότητα
Natio'nal|mannschaft *f* εθνική ομάδα; **~sozialismus** *m* εθνικοσοσιαλισμός; **≈sozialistisch** εθνικοσοσιαλιστικός; **~tracht** *f* εθνική στολή; **~versammlung** *f* εθνοσυνέλευση *(-εις)*
Natrium *(-s; 0) n* νάτριο
Na'tur *f allg. u. fig.* φύση *(-εις)*
Natu'rell *(-s; -e) n* φυσικό
Na'tur|erscheinung *f* φυσικό φαινόμενο; **~freund** *m* φυσιολάτρης; **~gesetz** *n* φυσικός νόμος; **~heilkunde** *f* φυσιοθεραπεία; **~katastrophe** *f* θεομηνία
na'türlich φυσικός *a. fig.*; *(ungekünstelt)* απροσποίητος, απλός; **≈keit** *(0) f* φυσικότητα
Na'tur|schutz *m* προστασία της φύσης; **~schutzgebiet** *n* πάρκο φυσιοπροστασίας
Na'turwissenschaft *f* θετική επιστήμη; **~ler** *m* φυσικός επιστήμονας
Naviga'tion *(0) f* ναυτιλία, ναυτική
Nazi *(-s; -s) m* F ναζιστής, ναζί *(0)*
Nebel *m* ομίχλη, καταχνιά; **~scheinwerfer** *m* προβολέας ομίχλης; **~schlußleuchte** *f* οπίσθιο φως ομίχλης
neben *(wo? D; wohin? A) a. fig.* δίπλα σε, πλάι σε; *(außer)* εκτός από
neben'an δίπλα, παραπλεύρως
Neben|arbeit *f* πάρεργο; **~ausgaben** *f/pl* πρόσθετα έξοδα *n/pl*
neben'bei από δίπλα, παρεμπιπτόντως
Neben|beruf *m* δευτερεύον επάγγελμα *n*; **~beschäftigung** *f* πάρεργο; **~buhler** *m* αντίζηλος
neben·ein·ander ο ένας κοντά στον άλλο; πλάι-πλάι; **~stellen** παραθέτω *a. fig.*; *fig.* αντιπαραβάλλω
Neben|einkünfte *pl* έκτακτα έσοδα *n/pl*; **~fach** *n* δευτερεύον μάθημα *n*; **~fluß** *m* παραπόταμος; **~gebäude** *n* παράρτημα *n*; **~geräusche** *n/pl Radio*: παράσιτα *n/pl*; **~kosten** *pl s.* **~ausgaben**
Neben|mann *m* διπλανός; **~sache** *f* δευτερεύον ζήτημα *n*; **≈sächlich** επουσιώδης 2; **~satz** *m* δευτερεύουσα πρόταση *(-εις)*
Neben|straße *f* πάροδος *f*; **~wirkung** *f* παρενέργεια
neblig ομιχλώδης 2
Necessaire [nesɛ'sɛːʀ] *(-s; -s) n (Reise≈)* νεσεσέρ *(0) n* ταξιδιού
neck|en πειράζω, δουλεύω; **≈en** *n*, **≈e'rei** *f* πείραγμα *n*
Neffe *(-n) m* ανεψιός, ανιψιός
Nega|'tion *f* άρνηση *(-εις)*; **≈tiv** αρνητικός; **~tiv** *(-s; -e) n Foto*: αρνητικό
Neger *m* νέγρος, μαύρος; **~in** *f* νέγρα, μαύρη
ne'gieren αρνούμαι, αρνιέμαι
nehmen* παίρνω, *K* λαμβάνω; *Speise* ***zu sich*** *(D)* ~ τρώω; ***auf sich*** ~ αναλαμβάνω
Neid *(-es; 0) m* ζήλια, φθόνος; **≈isch** ζηλιάρης 3, φθονερός; ***≈isch sein auf j-n*** φθονώ, ζηλεύω κπ
Neige *f*: ***zur ~ gehen*** τελειώνω
neigen γέρνω (**zu** *D*/προς); *a. fig.* ρέπω, κλίνω προς; ***sich ~ zu, nach*** *D* γέρνω προς
Neigung *f a. fig.* κλίση *(-εις)* (**zu** *D*/ προς), ροπή; *(Zuneigung)* συμπάθεια; *Weg*: κατηφοριά
nein όχι; ***~ zu*** *D* όχι σε; **≈stimme** *f* ψήφος *f* κατά *(G)*
Nelke *f* γαρύφαλο
nennen* ονομάζω, (απο)καλώ; ***nach j-m ~*** επονομάζω; **~s·wert** αξιόλογος
Nenn|er *m* παρονομαστής; **~wert** *m* ονομαστική αξία
Neon *(-s; 0) n* νέον *(0)*
nepp|en ληστεύω; **≈lokal** *n* κοφτήριο
Nerv [-f] *(-s; -en) m* νεύρο; ***j-m auf die ~en gehen*** του δίνω στα νεύρα; ***die ~en verlieren*** εκνευρίζομαι
Nerven|arzt *m* νευρολόγος; **≈aufreibend** εκνευριστικός; **~leiden** *n* νευροπάθεια; **~system** *n* νευρικό σύστημα *n*; **~zusammenbruch** *m* νευρικός κλονισμός
ner'vös νευρικός; ***~ machen*** εκνευρίζω; ***~ werden*** νευριάζω; εκνευρίζομαι

N

Nervosi'tät (*0*) *f* νευρικότητα
Nest (*-es; -er*) *n* φωλιά; (*Zuhause*) σπιτικό
nett νόστιμος; ευγενικός; (**das ist sehr**) **~ von Ihnen!** καλοσύνη σας!
netto νέτος, καθαρός; **≗gewicht** *n* καθαρό βάρος
Netz (*-es; -e*) *n a. fig.* δίχτυ; πλέγμα *n*
Netzanschluß *m* ηλεκτρική σύνδεση (*-εις*)
netz|artig δικτυωτός; **≗haut** *f Anat.* αμφιβληστροειδής (χιτώνας)
neu (*neuer, neu(e)st-*) καινούργιος (*-α, -ο*), νέος (*-α, -ο*); **von ~em** εκ νέου
neu|angekommen νεοφερμένος; **≗auflage** *f* επανέκδοση (*-εις*)
Neubau *m* νεόχτιστο (χτίριο); **~viertel** *n* νεόχτιστος συνοικισμός; **~wohnung** *f* νεόχτιστο διαμέρισμα
Neu|bildung *f* (*Wort*) νεολογισμός; **~druck** *m* ανατύπωση (*-εις*)
neuerdings τελευταία
Neu·erscheinung *f* νέα έκδοση (*-εις*)
Neuerung *f* καινοτομία
Neue|(s) νέο, νεότερο; **nichts ~s** τίποτε νεότερο (**von** *D*/από); *s. a.* **neu**
neu|gebaut νεόχτιστος; **~geboren** νεογέννητος; **wie ~geboren** ξαναγεννημένος; **≗gestaltung** *f* αναδιοργάνωση (*-εις*)
Neugier(de) (*0*) *f* περιέργεια
neugierig περίεργος
neugriechisch νεοελληνικός; (**das**) **≗(e)** (τα) νεοελληνικά
Neuheit *f* νεότερο; νέα *n/pl*
Neujahr *n* νέο έτος; (**~stag**) πρωτοχρονιά; **pros(i)t ~!** καλή χρονιά!; **~s-** πρωτοχρονιάτικος; **~s·kuchen** *m* βασιλόπιτα; **~s·tag** *m* πρωτοχρονιά
neu|lich τις προάλλες; **≗ling** (*-s; -e*) *m* πρωτόπειρος
neun εννιά, εννέα; **~hundert** εννιακόσ(ι)οι 3; **~tausend** εννέα χιλιάδες; **≗tel** (*-s; -*) *n* ένατο; **~tens** ένατον; **~te(r)** ένατος; **~zehn** δεκαεννιά; **~zig** ενενήντα; **~zigste(r)** ενενηκοστός
neu·ordn|en ανασυγκροτώ; **≗ung** *f* ανασυγκρότηση (*-εις*)
Neural|'gie *f* νευραλγία; **≗gisch** [-'ʀal-] *a. fig.* νευραλγικός
Neuregelung *f* αναδιάρθρωση (*-εις*)
neuro'logisch νευρολογικός
Neu'rose *f* νεύρωση (*-εις*)
neust- πρόσφατος, τελευταίος
neu'tral *a. Gr.* ουδέτερος
neutrali'sier|en εξουδετερώνω; **≗ung** *f* εξουδετέρωση (*-εις*)
Neutrali'tät (*0*) *f* ουδετερότητα
Neutron (*-s; -'tronen*) *n* ουδετερόνιο, νετρόνιο
Neutrum (*-s; -tra*) *n* ουδέτερο
nicht δε(ν) (*bei Verben*); όχι (*absolut*): **~ heute** όχι σήμερα; μή(ν) *mit Konj, Part, z. B.* **sprich ~** μη μιλάς!; **durchaus ~** επ' ουδενί λόγω; **~ einmal** ούτε, μήτε; **gar ~, überhaupt ~** (δεν) ... καθόλου, διόλου
Nicht|achtung *f* ασέβεια; **~anerkennung** *f* μη αναγνώριση (*-εις*); **~'angriffspakt** *m* συνθήκη μη επιθέσεως; **~be·achtung** *f* περιφρόνηση
Nichte *f* ανιψιά, ανεψιά
nichtig άκυρος; μηδαμινός
Nicht|raucher *m* μη καπνιστής; **~raucher·abteil** *n* κουπέ (*0*) *n* μη καπνιστών
nichts (δεν) ... τίποτε (-τα); **~ dergleichen** κάθε άλλο; **sonst ~** τίποτ' άλλο; **für ~ und wieder ~** για ένα τίποτα; **≗** (*-; 0*) *n* τίποτα (*0*) *n*; **~desto'weniger** παρά ταύτα, μολαταύτα; **≗könner** *m* ατζαμής (*-ήδες*)
Nichtschwimmer *m* μη κολυμβητής; **~becken** *n* πισίνα μη κολυμβητών
nichts|sagend ασήμαντος; **≗tuer** *m* ακαμάτης
nicken γνέφω, *K* νεύω; **≗** *n* νεύμα *n*
Nickerchen *n* υπνάκος
nie (δεν ...) ποτέ
nieder *Adv* κάτω; *Adj* κατώτερος, χαμηλός; *fig.* πρόστυχος
nieder|brennen* *v/t* κατακαίω; *v/i* (*sn*) αποτεφρώνομαι; **~fallen*** (*sn*) *v/i* πέφτω κάτω; **≗gang** (*-es; 0*) *m fig.* παρακμή, δύση (*-εις*); **~geschlagen** στενοχωρημένος; κατηφής 2
nieder|knien (*sn*) γονατίζω; **~kommen*** (*sn*) ξεγεννώ (*-άς*); **≗kunft** (*-; ⸚e*) *f* τοκετός, γέννα
Niederlage *f* ήττα; (*Lager*) αποθήκη
niederlassen*: **sich ~** εγκαθίσταμαι; **sich häuslich ~** θρονιάζομαι
Niederlassung *f Hdl.* υποκατάστημα *n*
nieder|legen καταθέτω; *Amt* παραι-

N

τούμαι (*A*/*G*, από); *Arbeit* εγκαταλείπω; **≈legung** *f* κατάθεση (*-εις*)
nieder|machen, ~metzeln πετσοκόβω, κατασφάζω; **~reißen*** κατεδαφίζω, γκρεμίζω
Niederschlag *m Chem.* ίζημα *n*; ***Niederschläge*** *pl* βροχοπτώσεις *f*/*pl*
niederschlag|en* καταβάλλω; *Augen* κατεβάζω; *fig.* ***sich ~en*** υλοποιούμαι; **~s·arm** άνομβρος; **~s·reich** πλούσιος (*-α, -ο*) σε βροχές
niederschreien* γιουχαΐζω
niederträchtig αχρείος (*-α, -ο*); **≈keit** *f* αχρειότητα
nieder|trampeln τσαλαπατώ (*-άς*) (***j-n***/κπ); **~treten*** καταπατώ (*-άς*); **≈ung** *f* χαμήλωμα *n*; **~werfen*** καταβάλλω, ρίχνω κάτω
niedlich νόστιμος, χαριτωμένος
niedrig χαμηλός; (*gemein*) πρόστυχος
niemals (δεν...) ποτέ, ουδέποτε
niemand (δεν) ... κανείς, (δεν) ... κανένας
Niere *f* νεφρό
Nieren|entzündung *f* νεφρίτιδα; **~erkrankung** *f* νεφροπάθεια; **~stein** *m* νεφρόλιθος
niesel|n: *es ~t* ψιχαλίζει; **≈regen** *m* ψιχάλισμα *n*
niesen φτερνίζομαι
Niete *f Lotterie*: τζίφος, αποτυχία; *Pers.* απρόκοπος
Nihi'lismus (*-*; *0*) *m* μηδενισμός
Niko'tin (*-s*; *0*) *n* νικοτίνη
Nil *m* Νείλος; **~pferd** *n* ιπποπόταμος
nirgend|s, ~wo (δεν...) πουθενά; (***von***) **~woher** από πουθενά (δεν...); **~wohin** (δεν...) πουθενά
Nische [iː] *f* γωνία, κό(γ)χη
nisten φωλιάζω, *K* εμφωλεύω
Niveau [niˑ'voː] (*-s*; *-s*) *n* επίπεδο
Nobelpreis [noˑ'bɛl-] *m* βραβείο Νόμπελ (***für*** *A*/*G*)
noch [ɔ] ακόμα, ακόμη; ***~ heute*** *usw.* κιόλας; ***~ nicht*** όχι ακόμα; ***~ einmal*** άλλη μια φορά; ***~ da'zu*** επιπλέον; **~mals** ακόμα μια φορά
No'made (*-n*) *m* νομάδας
Nomen (*-s*; *-*) *n Gr.* όνομα *n*
Nonne *f* καλόγρια, μονάστρια
Non'stop·flug *m* πτήση χωρίς διακοπή
Nord- βόρειος (*-α, -ο*)
Nord|atlantikpakt (*-ẹs*; *0*) *m* Βορειοατλαντική Συμμαχία; **≈deutsch** βορειογερμανικός; **~en** (*-s*; *0*) *m* βορράς; **≈griechisch** βορειοελλαδικός
nördlich βόρειος (*-α, -ο*), αρκτικός
nord|'östlich βορειοανατολικός; **≈pol** (*-s*; *0*) *m* βόρειος πόλος; **~'westlich** βορειοδυτικός; **≈wind** *m* βοριάς
Nörg|e'lei *f* μουρμούρα; **≈eln** γκρινιάζω (*Su* γκρίνια)
Norm *f* κανόνας; προδιαγραφή
nor'mal κανονικός; *z. B. Puls*: φυσιολογικός; ***nicht ~ sein*** δεν είμαι στα καλά μου; **≈benzin** *n* απλή βενζίνη; **~erweise** κανονικά
normali'sier|en εξομαλύνω; **≈ung** *f* εξομάλυνση (*-εις*)
Nor'malverbraucher *m* μέσος καταναλωτής
norm|en τυποποιώ; ***genormt*** τυποποιημένος; **≈ung** *f* τυποποίηση (*-εις*)
Not (*-*; *⸚e*) *f* ανάγκη; ανέχεια; (*Geld≈*) απορία; ***in größter ~*** σε έσχατη ανάγκη; ***zur ~*** εν ανάγκη
No'tar (*-s*; *-e*) *m* συμβολαιογράφος
Notari'at (*-s*; *-e*) *n* συμβολαιογραφείο
notari'ell συμβολαιογραφικός
Not·arzt *m* γιατρός πρώτων βοηθειών; **~wagen** *m* ασθενοφόρο
Not|ausgang *m* έξοδος *f* κινδύνου; **~bremse** *f* φρένο κινδύνου; **~dienst** *m Med.* Υπηρεσία Πρώτων Βοηθειών; **~durft** (*0*) *f* (σωματική) ανάγκη; **≈dürftig** πρόχειρος, φτωχικός
Note *f Mus.* νότα; χαρτονόμισμα *n*; *pol.* διακοίνωση (*-εις*); *Schule*: βαθμός
Noten|bank *f* εκδοτική τράπεζα; **~system** *n Mus.* πεντάγραμμο
Notfall *m* περίπτωση (*-εις*) ανάγκης; ***im ~, ≈s*** εν ανάγκη
notgedrungen αναγκαστικά
no'tier|en σημειώνω; **≈ung** *f* πίνακας τιμών (χρηματιστηρίου)
nötig αναγκαίος (*-α, -ο*); ***es ist ~*** είναι ανάγκη; πρέπει (***zu***/να); ***etw. ~ haben*** έχω ανάγκη από κτ; ***das ≈e*** τα απαραίτητα; **~en** (εξ)αναγκάζω (***j-n zu*** *D*/κπ να); **≈ung** *f* (εξ)αναγκασμός
No'tiz [iː] *f* σημείωση (*-εις*); **~block** *m*, **~buch** *n* σημειωματάριο, ατζέντα
Not|lage *f* ανάγκη; **≈landen** *v*/*i* (*sn*) προσγειώνομαι αναγκαστικά; **~lan-**

N

dung *f* αναγκαστική προσγείωση (-*εις*); **~leidende(r)** άπορος
Notruf *m* κλήση (-*εις*) κινδύνου; **~nummer** *f* (τηλεφωνικός) αριθμός ανάγκης; **~säule** *f* τηλέφωνο ανάγκης
Not|rutsche *f* ολισθητική λωρίδα κινδύνου; **~signal** *n* σήμα *n* κινδύνου; **~stand** *m* κατάσταση (-*εις*) ανάγκης; **~stands·gebiet** *n* περιοχή έκτακτης ανάγκης; **~verordnung** *f* αναγκαστικός νόμος (Α.Ν.); **~wehr** (*0*) *f* (αυτο)άμυνα
notwendig αναγκαίος (-*α*, -*ο*); ***unbedingt ~*** απαραίτητος; **≗keit** *f* αναγκαιότητα, ανάγκη
No'velle *f* νουβέλα, διήγημα *n*
November [-'vɛm-] *m* Νοέμβριος
Nu: ***im ~*** στο άψε-σβήσε
Nuance [ny·'aŋsə] *f* απόχρωση (-*εις*)
nüchtern νηστικός; *a. fig.* νηφάλιος (-*α*, -*ο*); (*nicht betrunken*) ξεμέθυστος; **≗heit** (*0*) *f a. fig.* νηφαλιότητα
Nudel|n *f*/*pl* μακαρόνια *n*/*pl*, ζυμαρικά *n*/*pl*; **~holz** *n* πλαστήρι
Nu'dist (-*en*) *m* γυμνιστής
Nugat (-*s*; -*s*) *m*, *n* μαντολάτο
nukle'ar πυρηνικός; *s. a.* ***Atom-***
Null (*0*) *f* μηδέν (-*ενός*) *n*; *Ziffer*, *a. Pers.* μηδενικό; **≗ *und nichtig*** άκυρος; **~punkt** *m* σημείο πήξεως (του νερού), (το) μηδέν; **~tarif** *m*: ***zum ~tarif*** δωρεάν
nume'rier|en αριθμώ; **~t** αριθμημένος; **≗ung** *f* αρίθμηση (-*εις*)
Numis'matik (*0*) *f* νομισματολογία
Nummer *f* αριθμός; νούμερο
Nummernkonto *n etwa*: ανώνυμος λογαριασμός
Nummernschild *n* πινακίδα (κυκλοφορίας)
nun τώρα; (*also*) λοιπόν
nur μόνο, μονάχα; *Ko* ***~ daß*** μόνο που; ***nicht ~ ..., sondern auch*** όχι μόνο ... αλλά και
Nuß [ʊ] (-; *¨sse*) *f* καρύδι; **~baum** *m* καρυδιά; **~knacker** *m* καρυ(δ)οσπάστης; **~kuchen** *m* καρυδόπιτα; **~schale** *f* καρυδότσουφλο
Nutte *f* V σκρόφα, πουτάνα
nutzbar χρήσιμος; ***~ machen*** αξιοποιώ
Nutzen (-*s*; *0*) *m* όφελος *n*, κέρδος *n* (***aus*** *D*/από)
nutzen (*a.* ***nützen***) εξυπηρετώ (***j-m***/κπ), ωφελώ (*D*/*A*); *Gelegenheit* επωφελούμαι (*G*, από)
Nutzlast *f* ωφέλιμο φορτίο
nützlich ωφέλιμος, χρήσιμος (*D od.* ***für*** *A*/σε); ***~ sein*** χρησιμεύω (*D*/σε); **≗keit** (*0*) *f* ωφελιμότητα, χρησιμότητα
nutzlos άχρηστος, ανώφελος; *Bemühung*: άκαρπος
Nutznießer *m* χρήστης; επικαρπωτής
Nutzung *f* χρησιμοποίηση
Nylon ['nailɔn] (-*s*; *0*) *n* νάυλον
Nymphe *f* νύμφη

O

O'ase *f* όαση (-*εις*)
ob ['ʔɔp] αν, εάν; ***~ nicht*** μη(ν), μήπως; ***und ~!*** άλλο τίποτε!
Obdach ['ʔɔpdax] (-*ɇs*; *0*) *n* στέγη
obdachlos άστεγος; **≗en·asyl** *n* άσυλο
Obduk'tion *f* νεκροψία
oben (ε)πάνω, απάνω; ***nach ~*** (προς τα) πάνω; ***von ~*** από πάνω; ***von ~ herab*** *fig.* αφ' υψηλού
oben|erwähnt, ~genannt *K* προαναφερθείς (-*είσα*, -*έν*)
ober- *Adj* (ο) (επ)άνω, ανώτερος
Ober *m* γκαρσόνι; ***Herr ~!*** γκαρσόν!
Ober|arzt *m* αρχίατρος; **~befehlshaber** *m* αρχιστράτηγος; **~bett** *n* πάπλωμα *n*; **~bürgermeister** *m* πρώτος δήμαρχος; **~deck** *n* πρώτο κατάστρωμα
Oberfläch|e *f* επιφάνεια; **≗lich** *fig.* επιπόλαιος; **~lichkeit** *f* επιπολαιότητα
oberhalb *Präp G* (απο)πάνω από, *Adv* (ε)πάνω

Oberhand *(0) f* υπεροχή; ***die ~ gewinnen*** επικρατώ

Ober|haupt *n* αρχηγός, κεφαλή; **~hemd** *n* πουκάμισο

Ober|herrschaft *f*, **~hoheit** *f* επικυριαρχία; **~kellner** *m* αρχισερβιτόρος; **~kiefer** *m* άνω σιαγόνα; **~kommando** *n* αρχιστρατηγία; **~körper** *m* επάνω μέρος του σώματος; **~leitung** *f El.* εναέρια γραμμή; **~lippe** *f* άνω χείλος *n*; **~schenkel** *m* μερί, μηρός; **~schule** *f* γυμνάσιο; **~schüler** *m* γυμνασιόπαιδο

Oberst *(-en) m* συνταγματάρχης

oberst- ανώτατος, κορυφαίος *(-a, -o)*

Oberteil *n od. m* ανώτερο μέρος

ob'gleich αν και, μολονότι, καίτοι

obig ανωτέρω, παραπάνω *(0)*

Ob'jekt *(-ęs; -e) n* αντικείμενο

objek'tiv αντικειμενικός; **≈** *(-s; -e) n Fot.* αντικειμενικός (φακός); **≈i'tät** *(0) f* αντικειμενικότητα

Obliga|'tion *f Hdl.* ομολογία; **≈'torisch** υποχρεωτικός

O'boe *f* οξύαυλος, όμποε *(0) n*

Obrigkeit *f* εξουσία, ιθύνοντες *m/pl*

O'brist *(-en) m* συνταγματάρχης

ob'schon αν και, μολονότι, καίτοι

Observa'torium *(-s; -rien) n* αστεροσκοπείο

ob'skur σκοτεινός, ασαφής 2

Obst *(-ęs; 0) n* φρούτα *n/pl*, (ο)πωρικά *n/pl*; **~anbau** *(-ęs; 0) m* δενδροκομία, οπωροκαλλιέργεια; **~baum** *m* οπωροφόρο δέντρο; **~garten** *m* δεντρόκηπος; **~geschäft** *n* μανάβικο, οπωροπωλείο; **~händler** *m* μανάβης, οπωροπώλης; **~plantage** *f* δενδροφυτεία

obs'zön αισχρός, άσεμνος

ob'wohl μολονότι, αν και, καίτοι

Ochse ['ʔɔksə] *(-n) m* βόδι *a. Pers.*

Ocker *m, n*, **~gelb** *(-s; 0) n* ώχρα

öde έρημος; **≈** *f* ερημιά

Ö'dem *(-s; -e) n* οίδημα *n*

oder ή

Ody'ssee *f* Οδύσσεια

Ofen *(-s; ⸚) m* σόμπα, θερμάστρα; *(Back≈)* φούρνος; **~heizung** *f* θέρμανση με σόμπα; **~rohr** *n* μπουρί

offen *allg.* ανοιχτός *a. Hdl.*; *Mensch:* ειλικρινής 2, *Adv* -ά; *(unbezahlt)* εκκρεμής 2; *fig.* ***~ heraus*** ορθά-κοφτά, ξάστερα; ***weit ~*** ορθάνοιχτος

offenbar φανερός; *Adv* προφανώς

offen'bar|en φανερώνω (***j-m etw.***/κτ σε κπ), αποκαλύπτω; **≈ung** *f* φανέρωση *(-εις)*, *Rel.* αποκάλυψη *(-εις)*

Offen|heit *(0) f* ειλικρίνεια; **≈kundig, ≈sichtlich** ολοφάνερος

öffentlich δημόσιος, κοινός; *Adv a.* δημοσίως; ***~e Meinung*** *f* κοινή γνώμη

Öffentlichkeit *(0) f* κοινό; δημοσιότητα; ***in aller ~*** δημοσίως; ***unter Ausschluß der ~*** κεκλεισμένων των θυρών; **~s·arbeit** *f* δημόσιες σχέσεις *f/pl*

offe'rieren προσφέρω

O'fferte *f Hdl.* προσφορά

offizi'ell επίσημος

Offi'zier *(-s; -e) m* αξιωματικός

öffn|en ανοίγω; ***halb ~en*** μισανοίγω; **≈er** *(-s; -) m* ανοιχτήρι; **≈ung** *f* άνοιγμα *n*, οπή; στόμιο; **≈ungszeit** *f* ωράριο εργασίας

oft συχνά; ***wie ~?*** κάθε πότε?

öfter(s) συχνότερα, συχνά

ohne *Präp A* χωρίς; *K* άνευ *G*; ***~ weiteres*** χωρίς άλλο; *Ko* ***~ daß, ~ zu*** *+ Inf* χωρίς να, δίχως να

ohnehin πάντως, έτσι κι αλλιώς

Ohnmacht *f* λιποθυμία; ***in ~ fallen*** λιποθυμώ *(-άς)*, λιγοθυμώ *(-άς)*

ohnmächtig λιπόθυμος

Ohr *(-ęs; -en) n* αυτί, αφτί

ohren|betäubend εκκωφαντικός; **≈entzündung** *f* ωτίτιδα; **≈sausen** *n* βούισμα *n* των αυτιών; **≈schmalz** *n* κυψελίδα; **≈schmerzen** *m/pl* ωταλγία

Ohr|feige *f* μπάτσος, χαστούκι; **≈feigen** μπατσίζω, χαστουκίζω; **~muschel** *f* πτερύγιο (του αυτιού); **~ring** *m* σκουλαρίκι

Okkul'tismus *(-; 0) m* αποκρυφολογία

Okkupation *f* κατοχή

Öko|bewegung *f* οικολογική κίνηση *(-εις)*; **~laden** *m etwa:* κατάστημα *n* αγνών τροφίμων; **~'loge** *(-n) m* οικολόγος; **~lo'gie** *(0) f* οικολογία; **≈'logisch** οικολογικός; **~'nom** *(-en) m* οικονόμος; **~no'mie** *f* οικονομία; **≈'nomisch** οικονομικός; **~system** *n* οικολογικό σύστημα

Ok'tave *f* οκτάβα, ογδόη

Ok'tober *m* Οχτώβρης, Οκτώβριος

Öku'men|e (*0*) *f* οικουμένη; **²isch** οικουμενικός
Öl (*-ęs*; *-e*) *n* λάδι, *K* έλαιο(ν) *a. Tech.*; ***Erdöl*** πετρέλαιο; ***mit ~ zubereitet*** λαδερός; **~baum** *m* ελιά, ελαιόδενδρο; **~behälter** *m* ελαιοδοχείο
Ole'ander *m* ροδοδάφνη, πικροδάφνη
ölen λαδώνω; *Tech.* λιπαίνω
Öl|farbe *f* λαδομπογιά, ελαιόχρωμα *n*; **~filter** *m Auto*: φίλτρο λαδιού; **~fleck** *m* πετρελαιοκηλίδα; **~heizung** *f* θέρμανση (*-εις*) πετρελαίου
O'live [-və] *f* ελιά
O'liven|baum *m s.* ***Ölbaum***; **~hain** *m* ελαιώνας; **~öl** *n* ελαιόλαδο
Öl|ofen *m* θερμάστρα πετρελαίου; **~pest** *f* πετρελαιορύπανση; **~quelle** *f* πετρελαιοπηγή; **~raffinerie** *f* διυλιστήριο (πετρελαίου); **~sardine** *f* σαρδέλα λαδιού; **~tank** *m* δεξαμενή πετρελαίου; **~tanker** *m* πετρελαιοφόρο, τάνκερ (*0*) *n*; **~teppich** *m* μεγάλη πετρελαιοκηλίδα; **~ung** *f* λάδωμα *n*; **~wechsel** *m* αλλαγή λαδιού
Olympi'ade *f* Ολυμπιάδα
O'lymp|iasieger *m* ολυμπιονίκης; **²isch** ολύμπιος (*-α, -ο*); ολυμπιακός; ***~ische Spiele*** ολυμπιακοί αγώνες *m/pl*
Oma (*-*; *-s*) *f* γιαγιά, *K* μάμμη
Ome'lett (*-ęs*; *-s od. -e*) *n* ομελέτα
Omnibus (*-sses*; *-sse*) *m* λεωφορείο
Ona'n|ie (*0*) *f* αυνανισμός; **²ieren** αυνανίζομαι
Onkel *m* θείος, μπάρμπας
Opa (*-s*; *-s*) *m* παππούς (*-ούδες*)
Oper *f* όπερα *a. Haus*; μελόδραμα *n*
Opera'tion *f Med.* εγχείρηση (*-εις*); *mil.* επιχείρηση (*-εις*)
Opera'tions·saal *m* χειρουργείο
Ope'rette *f* οπερέτα
ope'rieren εγχειρίζω, χειρουργώ
Opern|- μελοδραματικός; **~glas** *n* κιάλια *n/pl*; **~haus** *n* όπερα; **~sänger** *m* τραγουδιστής όπερας
Opfer [ɔ] *n a. fig.* θύμα *n*; θυσία; **²bereit** πρόθυμος για θυσία
opfern θυσιάζω
Opium (*-s*; *0*) *n* όπιο
oppo'nieren αντιτάσσομαι (***gegen*** *A*/σε); *pol.* αντιπολιτεύομαι
Opportu'nis|mus (*-*; *0*) *m* καιροσκοπισμός; **~t** (*-en*) *m* καιροσκόπος
Opposi|'tion *f* αντιπολίτευση (*-εις*); **²tio'nell** αντιπολιτευτικός; **~tio'nelle(r)** αντιπολιτευόμενος; **~'tionspartei** *f* κόμμα *n* αντιπολίτευσης
Optik (*0*) *f* οπτική; **~er** *m* οπτικός
Opti'mis|mus (*-*; *0*) *m* αισιοδοξία; **~t** (*-en*) *m*, **²tisch** αισιόδοξος
optisch οπτικός
O'rakel *n* μαντείο; χρησμός
Orange [o'ʀaŋʒə] *f* πορτοκάλι; **~nbaum** *m* πορτοκαλιά
Orchester [-'kɛstɐ] *n* ορχήστρα
Orchidee [ɔʀçi'de:ə] *f* ορχιδέα
Orden *m* παράσημο, διάσημο
ordentlich τακτικός, κανονικός; ***recht ~*** καλούτσικος
Order (*-*; *-n od. Hdl. -s*) *f* διαταγή *a. Hdl.*; **²n** παραγγέλνω
Ordi'nalzahl *f* τακτικός αριθμός
ordi'när χυδαίος (*-α, -ο*), κοινός
ordnen τακτοποιώ, ταξινομώ; *Bücher usw.* κατατάσσω (**in** *A*/σε); ***neu ~*** ανακατατάσσω; **²** *n* τακτοποίηση (*-εις*); κανονισμός
Ordner *m* ταξινόμος; *Büro*: κλασέρ (*0*) *n*; αρχειοθήκη
Ordnung *f* τάξη (*-εις*) *a. Zool.*, τακτική, σύστημα *n*; (*Betriebs²*) κανονισμός; ***in ~*** *allg.* εντάξει; ***öffentliche ~*** δημόσια τάξη; ***in ~ bringen*** τακτοποιώ, διορθώνω
ordnungs|gemäß κανονικός; **²strafe** *f* πειθαρχική ποινή; **²zahl** *f* τακτικός αριθμός
Or'gan (*-s*; *-e*) *n* όργανο
Organisa'tion *f* οργάνωση (*-εις*); (*Verband, Gruppe*) οργανισμός
Organi'sator (*-s*; *-'toren*) *m* οργανωτής, διοργανωτής
or'gani|sch οργανικός; ενόργανος; **~'sieren** (δι)οργανώνω
Orga'nis|mus (*-*; *-men*) *m* οργανισμός; **~t** (*-en*) *m* παίχτης αρμονίου
Or'gasmus (*-*; *-men*) *m* οργασμός
Orgel *f* αρμόνιο, εκκλησιαστικό όργανο
Orgie [-gǐə] *f* όργιο, ακολασία
Orient ['ʔo:ʀiɛnt] (*-s*; *0*) *m* Ανατολή; **~ale** [-'ta:-] (*-n*) *m* Ανατολίτης; **²alisch** [-'ta:-] ανατολίτικος
orien'tier|en προσανατολίζω; κατατοπίζω; ***sich ~en*** προσανατολίζομαι; **²ung** *f* προσανατολισμός

O

Origi'nal (-*s*; -*e*) *n* πρωτότυπο; *Pers.* τύπος, ιδιότυπος; **~verpackung** *f* αρχική συσκευασία
Origi|nali'tät *f* πρωτοτυπία; ιδιορρυθμία; **♀'nell** *Pers.* ιδιόρρυθμος; *Idee*: πρωτότυπος
Or'kan (-*ęs*; -*e*) *m* τυφώνας
Orna'ment (-*ęs*; -*e*) *n* κόσμημα *n*
Ort (-*ęs*; -*e*, *Math. u. mar.* ⌐*er*) *m* τόπος, μέρος *n*, θέση (-*εις*); ***an ~ und Stelle*** επί τόπου
orthodox [-'dɔks] ορθόδοξος; **♀ie** [-dɔ'ksiː] (*0*) *f* ορθοδοξία
Ortho|gra'phie *f* ορθογραφία; **♀'graphisch** ορθογραφικός
Ortho|'päde (-*n*) *m*, **♀'pädisch** ορθοπεδικός; **~pä'die** (*0*) *f* ορθοπεδία
örtlich τοπικός, επιτόπιος (-*α*, -*ο*)
Ortschaft *f* κωμόπολη (-*εις*)
Orts|gespräch *n* αστική συνδιάλεξη (-*εις*); **~name** *m* τοπωνυμία; **~tarif** *m* αστικό κοστολόγιο; **~zeit** *f* τοπική ώρα
Os'man|e (-*n*) *m* Οθωμανός; **♀isch** οθωμανικός
Osten [ɔ] (-*s*; *0*) *m* ανατολή
Oster|ei *n* πασχαλιάτικο αβγό, *mst. pl* κόκκινα αβγά *n/pl*; **~fest** *n* Πάσχα (*0*) *n*; **~hase** *m* „πασχαλινός λαγός"; **~lamm** *n* λαμπριάτικο αρνί
Ostern [oː] *pl* (*o Art*) Πάσχα (*0*) *n*, Λαμπρή; ***zu ~*** λαμπριάτικος, πασχαλιάτικος; ***Frohe ~!*** καλό Πάσχα!
Oster|sonntag *m* Κυριακή του Πάσχα; **~tag** *m* ημέρα του Πάσχα; **~zeit** *f* πασχαλιά
östlich [œ] ανατολικός
Otter[1] *f* έχιδνα; **~**[2] *m* ενυδρίδα
Ouver'türe *f* εισαγωγή, ουβερτούρα
oval [-'vaːl] ωοειδής 2, οβάλ (*0*)
Overall ['ʔoːvaɔːl] (-*s*; -*s*) *m* φόρμα
O'xid, O'xyd (-*ęs*; -*e*) *n* οξίδιο
oxi'dieren, oxy'dieren *v/t* οξιδώνω; *v/i* (*sn*) οξιδώνομαι
Ozean (-*s*; -*e*) *m* ωκεανός; **~dampfer** *m* υπερωκεάνιο
O'zon (-*s*; *0*) *m*, *n* όζον (-*τος*); **~loch** *n* τρύπα όζοντος; **~schicht** *f* στρώμα *n* όζοντος

P

Paar (-*ęs*; -*e*) *n* ζευγάρι, ζεύγος *n*; δυάδα; (*Liebes♀*) ζευγαράκι
paar: *ein ~* λίγοι, μερικοί
paar|en ζευγαρώνω; **♀en** *n*, **♀ung** *f* ζευγάρωμα *n*; **~weise** ζευγαρωτά
Pacht *f* μίσθωμα *n* (*a. Geld*); **♀en** μισθώνω; **~en** *n* μίσθωση (-*εις*)
Pächter *m* μισθωτής
Pachtvertrag *m* μισθωτήριο
Pack[1] (-*ęs*; -*e*) *m* (*Bündel*) δέμα *n*
Pack[2] (-*ęs*; *0*) *n* όχλος, συρφετός
Päckchen *n Post*: μικρό δέμα, δεματάκι; *Zigaretten*: πακέτο
packen (*einpacken*) συσκευάζω; *Koffer* κάνω; (*ergreifen*) πιάνω; αρπάζω (***an*** *D*/από); **~d** συναρπαστικός
Pack|er *m* συσκευαστής; **~papier** *n* χαρτί περιτυλίγματος; **~ung** *f* πακέτο
Päda'gog|e (-*n*) *m* εκπαιδευτικός; **~ik** (*0*) *f* παιδαγωγική; **♀isch** παιδαγωγικός
Paddel *n* (δίπλατο) κουπί; **~boot** *n* (καναδικό) κανό (*0*)
paffen F φουμάρω
Pa'ket (-*ęs*; -*e*) *n* πακέτο, δέμα *n*; *fig.* δέσμη; **~karte** *f* δελτίο δέματος
Pakt (-*ęs*; -*e*) *m* σύμφωνο, συνθήκη; συμμαχία; **♀ieren** [-'tiː-] κλείνω ένα σύμφωνο
Pa'last (-*ęs*; ⌐*e*) *m* παλάτι, *K* ανάκτορα *n/pl*; **~-** παλατιανός
Pa'lette *f* παλέτα, χρωματοπυξίδα
Palm|e *f* φοίνικας, χουρμαδιά; **~'sonntag** *m* Κυριακή των Βαΐων
Pam'phlet (-*ęs*; -*e*) *n* λίβελος
pa'nier|en αλευρώνω; **~t** πανέ
Panik *f* πανικός; ***in ~ geraten*** πανικοβάλλομαι
Panne *f* βλάβη; *Auto*: ***e-e ~ haben***

παθαίνω βλάβη; **~n·dienst** *m*, **~n·hilfe** *f* οδική βοήθεια
Pano'rama (*-s*; *-men*) *n* πανόραμα *n*
panschen νοθεύω, ανακατεύω
Panther *m* πάνθηρας
Pan'toffel *m* παντούφλα
Panto'mime *f* παντομίμα
Panzer *m* θώρακας; *mil.* (*Wagen*) τεθωρακισμένο; τανκ (*0*) *n*; *Zool.* καύκαλο
panzern θωρακίζω
Panzerschrank *m* κιβώτιο ασφαλείας
Papa *a.* [pa'pa:] (*-s*; *-s*) *m* μπαμπάς (*-άδες*)
Papa'gei (*-s od. -en*; *-en*) *m* παπαγάλος
Pa'pier (*-s*; *-e*) *n* χαρτί; (*Urkunde, Schriftstück*) έγγραφο; **~e** *pl* (*Unterlagen*) χαρτιά *n*/*pl*; ***Bogen ~*** κό(λ)λα
Pa'pier|geld (*-ęs*; *0*) *n* χαρτονόμισμα *n*; **~geschäft** *n* χαρτοπωλείο; **~korb** *m* καλάθι αχρήστων; **~krieg** *m* χαρτοβασίλειο; **~taschentuch** *n* χαρτομάντιλο
Pappe *f* χαρτόνι
Pappel *f* λεύκη, λεύκα
Papp|karton *m* κουτί από χαρτόνι; **~maché** [-maʃe:] (*-s*; *-s*) *n* πεπιεσμένο χαρτί, *a.* χαρτόνι
Paprika ['pa-] (*-s*; *-s*) *m* πιπεριά
Papst [a:] (*-ęs*; *⸚e*) *m* πάπας
päpstlich [ɛ:] παπικός, ποντιφικός
Pa'pyrus (*-*; *-ri*) *m* πάπυρος
Pa'rabel *f* παραβολή
Para'bol- παραβολικός
Pa'rade *f* παρέλαση (*-εις*)
Para'dies (*-es*; *-e*) *n* παράδεισος; **⁀isch** παραδεισιακός
para'dox παράδοξος
Para'graph (*-en*) *m* παράγραφος *f*
paral'lel *a. fig.* παράλληλος (*D*/προς); **⁀e** *f* παράλληλος *f*; **⁀i'tät** (*0*) *f* παραλληλία; **⁀o'gramm** (*-s*; *-e*) *n* παραλληλόγραμμο
Para'ly|se *f* παράλυση (*-εις*); **~tiker** *m* παραλυτικός
Para'phrase *f* παράφραση (*-εις*)
Para'sit (*-en*) *m a. fig.* παράσιτο
Paratyphus *m* παράτυφος
Pärchen [ɛ:] *n* ζευγαράκι
Pardon [-'dɔŋ] (*-s*; *0*) *m* συγνώμη
Parfum [-'fœ̃:] (*-s*; *-s*) *n* άρωμα *n*
Parfüme'rie *f* αρωματοπωλείο
Pari'tät *f Hdl.* ισοτιμία
Park (*-s*; *-s*) *m* πάρκο
parken σταθμεύω, παρκάρω; **⁀** *n* στάθμευση, παρκάρισμα *n*
Par'kett (*-ęs*; *-e*) *n* (*Boden*) παρκέ *n*, παρκέτο; *Thea.* πλατεία
Park|gebühr *f* τέλη *n*/*pl* στάθμευσης; **~möglichkeit** *f* δυνατότητα στάθμευσης; **~platz** *m* χώρος στάθμευσης; **~uhr** *f* παρκόμετρο; **~verbot** *n* απαγόρευση (*-εις*) στάθμευσης
Parla'ment (*-s*; *-e*) *n* βουλή, κοινοβούλιο
parlamen'tarisch κοινοβουλευτικός
Parla'ments|gebäude *n* βουλή; **~wahlen** *f*/*pl* βουλευτικές εκλογές *f*/*pl*
Paro'die *f* παρωδία
Parodon'tose *f* ουλίτιδα
Pa'role *f* σύνθημα *n*
Par'tei *f* κόμμα *n*; *Hdl.* μέρος *n*; *jur.* διάδικος; ***j-s ~ ergreifen*** παίρνω το μέρος κάποιου; **~führung** *f* ηγεσία του κόμματος
par'teiisch μεροληπτικός
par'teilich κομματικός, μεροληπτικός; **⁀keit** (*0*) *f* μεροληψία
par'teilos ακομμάτιστος, ουδέτερος
Par'teitag *m* συνέδριο κόμματος
Parterre [-'tɛʀ] (*-s*; *-s*) *n* ισόγειο
Parthenon *m* Παρθενώνας
Par'tie *f* (*Hdl., Spiel*) παρτίδα; μέρος *n*, τμήμα *n*
partiell [paʀ'tsĭel] μερικός
Parti'san (*-en*) *m* αντάρτης; **~en·krieg** *m* ανταρτοπόλεμος
Parti'tur *f* παρτιτούρα
Parti'zip (*-s*; *-pien*) *n Gr.* μετοχή
Partner *m* ταίρι, σύντροφος; *Hdl.* συνέταιρος; **~in** *f* ταίρι, συντρόφισσα; **~schaft** *f* δεσμός, συντροφικότητα
Party ['pa:ʀti·] (*-*; *-s*) *f* πάρτι (*0*)
Par'zelle *f* κλήρος, χωράφι
Paß (*-sses*; *⸚sse*) *m* διαβατήριο; *Geogr.* στενό, διάβαση (*-εις*); *Fußball*: πάσα
pa'ssabel υποφερτός
Passage [pa'sa:ʒə] *f* πέρασμα *n*
Passagier [-'ʒi:ʀ] (*-s*; *-e*) *m* επιβάτης; ***blinde*(*r*) ~** λαθρεπιβάτης; **~flugzeug** *n* επιβατικό αεροπλάνο
Pa'ssant (*-en*) *m* διαβάτης, περαστικός; **~in** *f* περαστική
Paßbild *n* φωτογραφία διαβατηρίου
passen ταιριάζω; *Kleid*: πηγαίνω (**zu** *D*/με); *beim Kartenspiel*: πάω πάσο

P

passend ταιριαστός, κατάλληλος
pa'ssieren *v/t* διαβαίνω, περνώ (-άς); *v/i* (*sn*) *unp.* γίνεται, συμβαίνει
Pa'ssion *f Rel.* πάθη *n/pl*; (*Leidenschaft*) πάθος *n*
passiv [-si:f] παθητικός, αδρανής 2; **≈a** *pl Hdl.* παθητικό; **≈i'tät** (*0*) *f a. Chem.* παθητικότητα
Paß|kontrolle *f* έλεγχος διαβατηρίων; **~straße** *f* ορεινή διάβαση (-εις)
Paste *f* πάστα
Pa'stete *f etwa*: πίτα
pasteuri'sieren [pastø-] παστεριώνω
Pastor (*-s; -'toren*) *m* πάστορας, εφημέριος
Pate (*-n*) *m* ανάδοχος, νο(υ)νός; **~n·kind** *n* βαφτιστικός (-ιά)
Pa'tent (*-es; -e*) *n* πατέντα, δίπλωμα *n* ευρεσιτεχνίας
paten'tier|en απονέμω δίπλωμα ευρεσιτεχνίας σε, για; **~t** με πατέντα, κατοχυρωμένος
Patho'lo|ge (*-n*) *m* παθολόγος; **≈gisch** παθολογικός
Pathos (*-; 0*) *n* πάθος *n*
Patience [pa'sĭã:s] *f* πασιέντσα
Patient [-'tsĭɛnt] (*-en*) *m allg.* ασθενής, άρρωστος; *e-s Arztes*: πελάτης; **~in** *f* ασθενής *f*
Patin *f* νο(υ)νά, κουμπάρα
Patriarch [-'arç] (*-en*) *m* πατριάρχης; **~at** [-'ça:t] (*-es; -e*) *n* πατριαρχείο
Patri'ot (*-en*) *m* πατριώτης; **≈isch** πατριωτικός; **~ismus** [-'tɪs-] (*-; 0*) *m* πατριωτισμός
Pa'tron (*-s; -e*) *m* πολιούχος
Pa'trone *f* φυσίγγιο, φισέκι
Patrouill|e [pa'trʊljə] *f* περίπολος *f*; **≈ieren** [-'ji:-] (*sn*) περιπολώ
Pauke *f* τύμπανο
Pau'schal|e *f* εφάπαξ (*0*) *n*; **~preis** *m* αποκοπή; **~reise** *f* προπληρωμένο ταξίδι
Pause *f* διάλειμμα *n*, διακοπή; ανάπαυλα; **≈n·los** αδιάκοπος
pau'sieren κάνω διάλειμμα
Pavillon [-ljɔŋ, -'ljõ:] (*-s; -s*) *m* κιόσκι; (*Ausstellungs≈*) περίπτερο
Pazi'fis|t (*-en*) *m* ειρηνιστής; **≈tisch** ειρηνιστικός
Pech (*-s; -e*) *n* πίσσα; *fig.* (*-s; 0*) γουρσουζιά, κακοτυχία
pech|schwarz μαύρος πίσσα; **≈vogel** *m* κακότυχος, γουρσούζης (*-ηδες*)
Pe'dal (*-s; -e*) *n* πεντάλι
Pe'dant (*-en*) *m* σχολαστικός; **≈isch** σχολαστικός
Pegel *m* στάθμη, υδρόμετρο
peinig|en βασανίζω; **≈er** *m* βασανιστής; **≈ung** *f* βασανισμός
peinlich δυσάρεστος; *Adv* **~ genau** ακριβέστατος
Peitsche *f* μαστίγιο; **≈n** μαστιγώνω; *Wind* δέρνω (**gegen** *A/A*)
Pelikan (*-s; -e*) *m* πελεκάνος
Pellkartoffeln *f/pl* βραστές ακαθάριστες πατάτες
Pelz (*-es; -e*) *m* γούνα; (*Fell*) προβιά; **~geschäft** *n* γουναράδικο
Pendel *n* εκκρεμές (*-ούς*) *n*; **≈n** ταλαντεύομαι; πηγαινοέρχομαι
pene'trant διαπεραστικός, έντονος
Penicil'lin (*-s; 0*) *n* πενικιλίνη
Penis (*-; -se*) *m* πέος *n*
Pen'sion *f* σύνταξη (*-εις*); οικοτροφείο, πανσιόν (*0*) *f*
Pensio|'när (*-s; -e*) *m* συνταξιούχος; **≈'nieren** συνταξιοδοτώ
Pensum (*-s; -sen*) *n* (*Lehrstoff*) διδακτέα ύλη; *allg.* πρόγραμμα *n*
per [pɛʀ] *Präp o. Art* με, *oft Adv*; **~ Auto** με το αυτοκίνητο; **~ Luftpost** αεροπορικώς
Perfekt (*-s; -e*) *n Gr.* παρακείμενος
per'fek|t τέλειος (*-a, -o*); *e-e Sprache sprechen*: φαρσί, άπταιστα; **≈'tion** *f* τελειότητα
Perga'ment (*-s; -e*) *n* περγαμηνή, διφθέρα; **~papier** *n* λαδόχαρτο
Peri'od|e *f* περίοδος *f a. Med.*; **≈isch** περιοδικός
Peri|phe'rie *f* περιφέρεια; **~phe'riegerät** *n EDV* περιφερειακή συσκευή; **~'skop** (*-s; -e*) *n* περισκόπιο
Perle *f* μαργαριτάρι; (*Glas≈*) χάντρα; **~n·kette** *f* κολιέ (*0*) *n* μαργαριταριών
perma'nent διαρκής 2, μόνιμος
Per'son *f a. jur.* πρόσωπο; άτομο; (*verächtlich*) υποκείμενο
Perso'nal (*-s; 0*) *n* προσωπικό; **~abbau** *m* μείωση (*-εις*) προσωπικού; **~abteilung** *f* τμήμα *n* προσωπικού; **~ausweis** *m* ταυτότητα; **~chef** *m* προσωπάρχης
Perso'nal|ien [-ĭən] *pl* στοιχεία *n/pl* ταυτότητας; **~mangel** *m* έλλειψη

P

(-εις) προσωπικού; **~vertretung** *f* αντιπροσωπεία προσωπικού
Per'sonen|- επιβατικός; **~aufzug** *m* ασανσέρ (*0*) *n*; **~kraftwagen** (***PKW***) *m* αυτοκίνητο ιδιωτικής χρήσεως (= Ι.Χ.), επιβατικό αυτοκίνητο
Per'sonenzug *m* επιβατικό τρένο
per'sönlich προσωπικός; *Adv* ***höchst* ~** αυτοπροσώπως
Per'sönlichkeit *f* προσωπικότητα
Perspek'tiv|e *f* προοπτική; **≗isch** προοπτικός
Pe'rücke *f* περούκα
pervers [-'vɛʀs] διεστραμμένος; **≗ion** [-'zǐoːn] *f* διαστροφή
Pessi'mis|mus (-; *0*) *m* απαισιοδοξία; **~t** (*-en*) *m*, **≗tisch** απαισιόδοξος
Pest (*0*) *f* πανούκλα; λοιμός
Peter'silie [-lǐə] *f* μαϊντανός
Peti'tion *f* αίτηση (-εις)
Pe'troleum (*-s*; *0*) *n* πετρέλαιο
Pfad (*-ęs*; *-e*) *m* μονοπάτι; *fig.* δρόμος; **~finder** *m* πρόσκοπος
Pfahl (*-ęs*; *⸚e*) *m* παλούκι, πάσσαλος
Pfand (*-ęs*; *⸚er*) *n* ενέχυρο
Pfandbrief *m* ενεχυρόγραφο
pfänden κατάσχω
Pfand|flasche *f* μπουκάλι επιστροφής; **~leiher** *m* ενεχυροδανειστής
Pfändung *f* κατάσχεση (-εις)
Pfanne *f* τηγάνι; **~n-** τηγανητός
Pfannkuchen *m* τηγανίτα
Pfarr|er *m* παπάς (*-άδες*), ιερέας; **~frau** *f* παπαδιά, πρεσβυτέρα; **~gemeinde** *f* ενορία; **~haus** *n* πρεσβυτέριο
Pfau (*-ęs*; *-en*) *m* παγόνι
Pfeffer *m* πιπέρι; **~dose** *f* πιπεριέρα; **~minze** *f* μέντα; **≗n** πιπερώνω
Pfeif|e *f* πίπα; (*Flöte*) σφυρίχτρα; **≗en*** σφυρίζω; F ***auf etw.* ≗en** δε δίνω πεντάρα για κτ; **~en** *n* σφύριγμα *n*
Pfeil (*-ęs*; *-e*) *m* βέλος *n*, σα(γ)ίτα
Pfeiler *m* στύλος, ορθοστάτης
Pfennig (*-s*; *-e*) *m* πφένιχ (*0*) *n*; δεκάρα
Pferd (*-ęs*; *-e*) *n* άλογο; (*a. Turngerät*) ίππος; ***zu* ~e** έφιππος, *Adv* καβάλα
Pferde|geschirr *n* ιπποσκευή; **~rennbahn** *f* ιπποδρόμιο; **~rennen** *n* ιπποδρομία, κούρσα; **~schwanz** *m* (*a. Haar*) αλογοουρά; **~stall** *m* ιπποστάσιο; **~stärke** *f* (***PS***) *Tech.* ίππος; **~wagen** *m* καρότσα

pfiff *s. **pfeifen***
Pfiff (*-ęs*; *-e*) *m* σφύριγμα *n*
pfiffig καπάτσος (*-α*, *-ο*)
Pfingst|en *n od. pl*, *mst. o. Art* Πεντηκοστή; **~rose** *f* παιωνία
Pfirsich (*-s*; *-e*) *m* ροδάκινο; **~baum** *m* ροδακινιά
Pflanze *f* φυτό; **~n-** φυτικός
pflanzen φυτεύω
pflanzen|fressend φυτοφάγος (*-α*, *-ο*); **≗fresser** *m* φυτοφάγοξ; **≗kunde** (*0*) *f* βοτανική; **≗öl** *n* φυτικό έλαιο; **≗welt** (*0*) *f* χλωρίδα
pflanz|lich φυτικός; ***≗liche Ernährung*** φυτοφαγία; **≗ung** *f* φυτεία
Pflaster *n Med.* μπλάστρι, έμπλαστρο; (*Straßen≗*) λιθόστρωτο; **≗n** λιθοστρώνω; **~stein** *m* κυβόλιθος
Pflaume *f* δαμάσκηνο; **~n·baum** *m* δαμασκηνιά
Pflege *f* φροντίδα, περιποίηση (*-εις*); *des Bodens* καλλιέργεια; **~kind** *n* ψυχοπαίδι; **~mutter** *f* ψυχομάνα
pflegen *v/t allg.* φροντίζω; *j-n*, *etw.* περιποιούμαι; *j-n* κοιτάζω; *Kunst* καλλιεργώ; (*gewohnt sein*) συνηθίζω να
Pflege|r *m jur.* κηδεμόνας; (*Kranken-*) νοσοκόμος; **~satz** *m im Krankenhaus* νοσήλια *n/pl*
Pflicht *f* καθήκον (*-οντος*), χρέος *n*; **~-** υποχρεωτικός; **≗bewußt** ευσυνείδητος; **~erfüllung** *f* εκτέλεση (-εις) του καθήκοντος; **~gefühl** (*-ęs*; *0*) *n* αίσθημα *n* καθήκοντος; **~teil** *m jur.* νόμιμη μοίρα; **~verletzung** *f jur.* παράβαση (-εις) καθήκοντος
Pflock (*-ęs*; *⸚e*) *m* πάσσαλος
pflücken μαζεύω, κόβω
Pflug (*-ęs*; *⸚e*) *m* αλέτρι, άροτρο
pflüg|en οργώνω; **≗en** *n* όργωμα *n*; **≗er** *m* ζευγάς (*-άδες*)
Pforte *f* πόρτα, πύλη
Pförtner *m* πορτιέρης (*-ηδες*), θυρωρός; **~loge** *f* θυρωρείο
Pfosten *m* παραστάτης
Pfote *f Tier*: ποδάρι; V βρομόχερο
Pfropfen *m* φελλός, τάπα, πώμα *n*; *im Ohr*: βύσμα *n*; *Med.* θρόμβος
pfropf|en *Bot.* μπολιάζω; στουπώνω; **≗en** *n* μπόλιασμα *n*, εμβολιασμός
Pfund (*-ęs*; *-e*) *n* μισό χιλιόγραμμο; (*Währung*) λίρα; **~ *Sterling*** στερλίνα
Pfusch|arbeit *f* ψευτοδουλειά; **≗en** κακοδουλεύω, πασαλείβω; **~er** *m*

P

κακοδουλευτής, μαστροχαλαστής (*-ήδες*)
Pfütze *f* λούτσα, τέλμα *n*
Phäno'men (*-s*; *-e*) *n* φαινόμενο; **2'al** καταπληκτικός, σπουδαίος (*-a, -o*)
Phanta'sie *f* φαντασία; **2los** χωρίς φαντασία; **2ren** φαντασιοκοπώ; *bsd. Med.* παραληρώ, παραμιλώ (*-άς*)
Phan'tast (*-en*) *m* φαντασιοκόπος, ονειροπόλος; **2isch** φανταστικός
Phan'tom (*-s*; *-e*) *n* φάντασμα *n*; **~bild** *n* φωτογραφία σκίτσο
Pharma|ko'loge (*-n*) *m* φαρμακλόγος; **2'zeutisch** φαρμακευτικός
Phase *f allg., a. El.* φάση (*-εις*)
Phil|ate'list (*-en*) *m* φιλοτελιστής; **~an'throp** (*-en*) *m* φιλάνθρωπος; **~harmo'nie** *f* φιλαρμονική; **2har'monisch** φιλαρμονικός
Philo|'loge (*-n*) *m* φιλόλογος; **~lo'gie** *f* φιλολογία; **2'logisch** φιλολογικός; **~'soph** (*-en*) *m* φιλόσοφος; **~so'phie** *f* φιλοσοφία; **2'sophisch** φιλοσοφικός
Phlegma (*-s*; *0*) *n* φλέγμα *n*; **2tisch** [-'maː-] φλεγματικός
Pho'net|ik (*0*) *f* φωνητική; **2isch** φωνητικός
Phonolo'gie (*0*) *f* φωνολογία
Phosphor (*-s*; *0*) *m* φώσφορο; **2es'zieren** φωσφορίζω
Photo|- *s. a.* ***Foto***; **~atelier** *n* φωτογραφείο; **2'gen** φωτογενής 2; **~'graph** (*-en*) *m* φωτογράφος; **~gra'phie** *f* φωτογραφία; **2gra'phieren** φωτογραφώ, φωτογραφίζω; **2'graphisch** φωτογραφικός; **~ty'pie** *f* φωτοτυπία; **~zelle** *f* φωτοκύτταρο
Phrase *f* φράση (*-εις*)
Phy'sik (*-*; *0*) *f* φυσική; **2alisch** [-'kaː-] φυσικός
Physiker(in *f*) *m* φυσικός *a. f*
Physiogno'mie *f* φυσιογνωμία
Physio|lo'gie (*0*) *f* φυσιολογία; **2'logisch** φυσιολογικός
physisch φυσικός
Pia'nist (*-en*) *m* πιανίστας; **~in** *f* πιανίστρια
Pi'ano (*-s*; *-s*) *n* πιάνο
Pickel *m* σπυρί, μπιμπίκι; **2ig** σπυριάρης 3
picken τσιμπώ (*-άς*)
Picknick (*-s*; *-s*) *n* πικνίκ (*0*) *n*; **2en** τρώω στο ύπαιθρο

piep|en, ~sen φωνάζω πι πι; ***bei dir ~t's wohl!*** σου στρίβει η βίδα!
Pietät [piˑeˑ'tɛːt] (*0*) *f* ευσέβεια, σεβασμός; **2los** ασεβής 2
Pig'ment (*-ɇs*; *-e*) *n* χρωστική ουσία
Pik [iː] (*-s*; *-s*) *n* (*Karte*) μπαστούνι
pi'kant πικάντικος; ερεθιστικός
pi'kiert: (***leicht***) **~ *sein*** τσατίζομαι
Pilger *m* προσκυνητής, χατζής
Pille *f* χάπι; (*Antibaby2*) αντισυλληπτικό
Pi'lot (*-en*) *m* πιλότος; **~in** *f* πιλοτίνα; **~projekt** *n* πειραματική προσπάθεια
Pilz (*-es*; *-e*) *m* μανιτάρι; (*a. Bakterie*) μύκητας; **~vergiftung** *f* δηλητηρίαση (*-εις*) από μανιτάρια
pingelig F λεπτολόγος (*-a, -o*)
Pinguin (*-s*; *-e*) *m* πιγκουίνος
Pinie ['piːnĭə] *f* πεύκο, κουκουναριά; **~n·zapfen** *m* κουκουνάρι
pinkeln P κατουρώ (*-άς*)
Pinsel *m* πινέλο; **~strich** *m* πινελιά
Pin'zette *f* τσιμπίδι
Pio'nier (*-s*; *-e*) *m* σκαπανέας
Pipeline ['paiplaın] (*-s*; *-s*) *f* πετρελαιαγωγός
Pi'pette *f* σιφώνιο, σταγονόμετρο
Pi'rat (*-en*) *m* πειρατής
pissen P κατουρώ (*-άς*)
Pissoir [-soˑ'aːʀ] (*-s*; *-s*) *n* ουρητήριο
Pi'stazie [-ĭə] *f* φιστίκι; **~n·baum** *m* φιστικιά; **2n·grün** φιστικής (*-ιά, -ί*)
Piste *f* στίβος, πίστα
Pi'stole *f* πιστόλι; **~n·schuß** *m* πιστολιά
pitsch'naß: **~ *machen*** (***werden***) κάνω (γίνομαι) παπάκι *od.* μούσκεμα
Placke'rei *f* ταλαιπωρία
plä'dieren συνηγορώ (***für*** *A*/υπέρ *G*)
Plädoyer [plɛˑdoaˑ'jeː] (*-s*; *-s*) *n* συνηγορία, αγόρευση (*-εις*)
Plage *f* βάσανο; πληγή; **2n** ταλαιπωρώ; ***sich*** **2n** βασανίζομαι
Plagi'at (*-s*; *-e*) *n* λογοκλοπία
Pla'kat (*-ɇs*; *-e*) *n* αφίσα, τοιχοκόλληση (*-εις*)
Pla'kette *f* έμβλημα *n*, πινακίδα
Plan (*-ɇs*; *⸚e*) *m* (*Skizze*) σχεδιάγραμμα *n*; (*a. Absicht*) σχέδιο; *Esb.* δρομολόγιο
plan|en σχεδιάζω, (προ)μελετώ (*-άς*); **2er** *m* προγραμματιστής
Pla'net (*-en*) *m* πλανήτης

P

pla'nier|en ισοπεδώνω; **2ung** *f* ισοπέδωση (*-εις*)
Planke *f* σανίδα
plan|los ασχεδίαστος; αμέθοδος; **~mäßig** μεθοδικός, συστηματικός
planschen τσαλαβουτώ (*-άς*)
Planstelle *f* οργανική θέση (*-εις*)
Plantage [-'taːʒə] *f* φυτεία
Plan|ung *f* σχεδιασμός, προμελέτη; **~wirtschaft** *f* κατευθυνόμενη οικονομία
plappern φαφλατίζω
Plastik¹ *f* γλυπτό; **~**² (*-s; 0*) *n* (*Kunststoff*) πλαστικό; **~behälter** *m* πλαστικό δοχείο; **~beutel** *m*, **~tüte** *f* πλαστική *od.* νάιλον (*0*) σακούλα
plastisch *a. Med.* πλαστικός
Pla'tane *f Bot.* πλατάνι, πλάτανος
Platin (*-s; 0*) *n* πλατίνα
plätschern κελαρύζω, πλαταγίζω
platt ίσιος (*-α, -ο*), επίπεδος; ***e-n 2en haben*** (*Reifen*) ξεφούσκωσε το λάστιχο
Plättbrett *n* σανίδα σιδερώματος
Plattdeutsch *n* κάτω (*0*) γερμανική
Platte *f* πλάκα *a. Fot.*; *Musik*: δίσκος; ***kalte ~*** κρύο πιάτο
Plätt|eisen *n* σίδερο; **2en** σιδερώνω
Plattenspieler *m* πικάπ (*0*) *n*
Plattform *f* πλατφόρμα; βήμα *n*
Plattfuß *m* πλατυποδία
Platz (*-es; ⸗e*) *m* θέση (*-εις*); *a. fig.* τόπος; *in der Stadt*: πλατεία; (*Raum*) χώρος; ***~ haben*** *od.* ***finden*** χωρώ (*-άς*) (***in*** *D*/σε); ***j-m ~ machen*** κάνω τόπο σε κπ, δίνω τη θέση μου σε κπ; ***~ machen*** κάνω χώρο
Platz|angst (*0*) *f* αγοραφοβία; **~anweiser** *m* ταξιθέτης; **~anweiserin** *f* ταξιθέτρια
Plätzchen *n* γωνιά; (*Gebäck*) μπισκότο
platzen (*sn*) *a. fig.* σκάζω
Platz|karte *f* εισιτήριο αριθμημένης θέσης; **~regen** *m* νεροποντή
Plaude'rei *f* ψιλή κουβέντα
plaudern κουβεντιάζω
plau'sibel εύλογος, αληθοφανής 2
Pleite *f* F χρεοκοπία, F μπατίρισμα *n*; **2** *Adj* χρεοκοπημένος, F μπατίρης (*-ηδες*); ***2 gehen, 2 sein*** χρεοκοπώ, F μπατίρω
Ple'narsitzung *f* ολομέλεια
Plenum (*-s; 0*) *n* ολομέλεια
Plexiglas *n* πλεξιγκλάς (*0*) *n*
Pli'ssee (*-s; -s*) *n* πλισέ (*0*) *n*
Plomb|e *f* σφράγισμα *n* (*a. Zahn*); **2ieren** [-'biː-] σφραγίζω
plötzlich ξαφνικός, αιφνίδιος (*-α, -ο*); *Adv* ξαφνικά, έξαφνα
Pluderhose *f* βράκα
plump χοντροκαμωμένος, άγαρμπος; *Stil*: βαρύς; **2s·klo** *n* τούρκικος απόπατος
Plunder (*-s; 0*) *m* σαβούρα, κουρέλια *n/pl*
plünder|n λεηλατώ; **2ung** *f* λεηλασία
Plural (*-s; -e*) *m* πληθυντικός
plus *Adv* επιπλέον; *Math.* συν; **2** (*-; 0*) *n* επιπλέον (*0*) *n*; (*Vorteil*) προτέρημα *n*
Plus|punkt *m fig. s. Plus*; **~quamperfekt** (*-s; -e*) *n* υπερσυντέλικος
Pluszeichen *n* σημείο πρόσθεσης
Pöbel (*-s; 0*) *m* όχλος
pochen [ɔ] σφύζω; *Herz*: πάλλω; *fig.* ***~ auf*** *A* επιμένω σε
Pocken *pl* ευλογιά, βλογιά; **~schutzimpfung** *f* δαμαλισμός
Podium (*-s; -ien*) *n* εξέδρα, βήμα *n*
Poe'sie *f* ποίηση (*-εις*)
Po'et (*-en*) *m* ποιητής; **2isch** ποιητικός
Pointe [po'ɛ̃ːtə] *f* εύρημα *n*, αιχμή
Po'kal (*-s; -e*) *m Sp.* κύπελλο
Pökel|fleisch *n* παστό κρέας; **2n** παστώνω
Poker (*-s; 0*) *m* πόκερ (*0*) *n*
pokern παίζω πόκερ
Pol (*-s; -e*) *m* πόλος
Polarisa'tion *f* πόλωση (*-εις*)
Po'lar|kreis *m* πολικός κύκλος; **~stern** *m* πολικό αστέρι
Po'lem|ik *f* πολεμική; **2isch** πολεμικός
Po'lier (*-s; -e*) *m Bau*: αρχιεργάτης; **2en** γυαλίζω, λουστράρω; **2t** στιλπνός, γυαλιστερός
Poliklinik *f* εξωτερικά ιατρεία *n/pl*
Poli'tesse *f etwa*: αστυνομικίνα
Poli'tik (*0*) *f* πολιτική
Po'litiker(in *f*) *m* πολιτικός (*a. f*)
po'litisch πολιτικός
Poli'tur *f* βερνίκι, λούστρο
Poli'zei (*0*) *f* αστυνομία; **~beamte(r)** αστυνομικός (υπάλληλος); (*höherer*) αστυνόμος; **2lich** αστυνομικός; **~stunde** *f* ώρα κλεισίματος κέντρων

(διασκεδάσεως); **~wache** *f* τμήμα *n*
Poli'zist (*-en*) *m* αστυνομικός, χωροφύλακας; **~in** *f* αστυνομικίνα
Polster *n* μαξιλάρι; ταπετσαρία; **~möbel** *pl* ντιβάνια και πολυθρόνες; **≈n** ταπετσάρω
poltern κάνω φασαρία *od.* σαματά
Po'lyp (*-en*) *m Zool., Med.* πολύποδας, (ο)χταπόδι
poly|syn'thetisch πολυσύνθετος; **≈'technikum** (*-s; -ka*) *n* πολυτεχνείο
Pome'ranze *f* νεράντζι
Pommes frites [pɔm'frɪt] *pl* πατάτες τηγανητές *f/pl*
Pom|p (*-ǝs; 0*) *m* επίδειξη (*-εις*); μεγαλείο; **≈'pös** πομπώδης 2
Pon'tonbrücke *f* πλωτή γέφυρα
Pony ['pɔni:] (*-s; -s*) *n* αλογάκι πόνι
Pope (*-n*) *m* παπάς (*-άδες*)
Po'po (*-s; -s*) *m* πισινός, ποπός
popu'lär δημοφιλής 2, λαϊκός
populari|'sieren εκλαϊκεύω; **≈'tät** (*0*) *f* λαϊκότητα; δημοτικότητα
Pore *f* πόρος
Pornogra'ph|ie (*0*) *f* πορνογραφία; **≈isch** [-'gra:-] πορνογραφικός
po'rös πορώδης 2
Porree (*-s; -s*) *m* πράσο
Por'tal (*-s; -e*) *n* πυλώνας
Portemonnaie [-mɔ'ne:] (*-s; -s*) *n* πορτοφόλι
Portier [-'tje:] (*-s; -s*) *m* θυρωρός
Por'tion *f* μερίδα
Porto (*-s; -s od. Porti*) *n* ταχυδρομικά *n/pl*; **≈frei** ατελής 2; *s. a.* ***Gebühren-***
Por'trait [-'trɛ:] (*-s; -s*) *n* πορτρέτο, προσωπογραφία
Porzel'lan (*-s; -e*) *n* πορσελάνη
Po'saune *f* σάλπιγγα, τρομπέτα
Pose *f* πόζα, στάση (*-εις*)
Posi'tion *f* θέση (*-εις*), στάση (*-εις*); **~s·lichter** *n/pl Flugw.* διακριτικά φώτα *n/pl*
positiv *a. El.* θετικός; **≈¹** (*-s; -e*) *n Fot.* θετική εικόνα; **≈²** (*-s; -e*) *m Gr.* θετικός βαθμός; **≈ismus** [-'vɪs-] (*-; 0*) *m Phil.* θετικισμός
Posse *f Thea.* φάρσα
Possessiv|- *Gr.* κτητικός; **~pronomen** *n* κτητική αντωνυμία
Post (*0*) *f* ταχυδρομείο; ***per ~, mit der ~*** ταχυδρομικώς; **~amt** *n* ταχυδρομείο; **~angestellte(r)** ταχυδρομικός; **~anweisung** *f* ταχυδρομική επιταγή; **~bote** *m* ταχυδρόμος
Posten *m* θέση (*-εις*), πόστο; *Hdl.* παρτίδα, ποσότητα; *mil.* σκοπός
Poster ['pʰo:stɐ] *n* αφίσα
Post|fach *n* ταχυδρομική θυρίδα (Τ.Θ.); **~gebühren** *f/pl* ταχυδρομικά *n/pl* (τέλη)
Post|karte *f* κάρτα; καρτ-ποστάλ (*0*) *f*; **≈lagernd** ποστ-ρεστάντ (*0*); **~leitzahl** *f* κωδικός (αριθμός); **~paket** *n* ταχυδρομικό δέμα; **~scheck** *m* ταχυδρομική επιταγή
Post'skriptum (*-s; -ta*) *n* υστερόγραφο (ΥΓ.)
Postspar|buch *n* βιβλιάριο ταχυδρομικού ταμιευτηρίου; **~kasse** *f* ταχυδρομικό ταμιευτήριο
Post|stempel *m* ταχυδρομική σφραγίδα; **~wurfsendung** *f* ταχυδρομική διανομή εντύπων
Potential [-'tsǐa:l] (*-s; -e*) *n* δυναμικό; δυνατότητα
Po'tenz *f* ικανότητα; δυναμικότητα; *Math.* δύναμη (*-εις*)
Pou'larde [pu·-] *f* πουλάδα
Prä'ambel *f* προοίμιο
Pracht (*0*) *f* πολυτέλεια, μεγαλοπρέπεια
prächtig πολυτελής 2, μεγαλοπρεπής 2; εξαιρετικός
Prädi'kat (*-ǝs; -e*) *n Gr.* ρήμα *n*; χαρακτηρισμός; βαθμός
Prä'fekt (*-en*) *m* νομάρχης; **~ur** [-'tu:ʀ] *f* νομαρχία
Präfix (*-es; -e*) *n Gr.* πρόθεμα *n*
prägen *Münze* κόβω; *Charakter* πλάθω, διαμορφώνω
Prägung *f* αποτύπωση (*-εις*); *fig.* διαμόρφωση; σχηματισμός
prähistorisch προϊστορικός
prahlen καυχιέμαι (***mit*** *D*/για)
Prakti'kant (*-en*) *m* ασκούμενος
Prakti|kum (*-s; -ka*) *n* πρακτική άσκηση (*-εις*)
praktisch πρακτικός, εύχρηστος
Pra'line *f* σοκολατάκι
prall τεντωμένος; (*~ gefüllt*) παραγεμιστός; *Sonne*: φωτεινός, δυνατός
prallen (*sn*) πέφτω (***auf*** *A*/σε)
Prämie [-mǐə] *f* (*Preis*) βραβείο; (*Zulage*) πριμ (*0*) *n*, επιδότηση (*-εις*); (*Versicherungs≈*) ασφάλιστρο
prä'mieren βραβεύω

P

Präpa|'rat (-*ẹs*; -*e*) *n* παρασκεύασμα *n*; **2'rieren** παρασκευάζω
Präposi'tion *f Gr.* πρόθεση (-*εις*)
Präsens (-; -*tien*) *n* ενεστώτας
präsen'tieren παρουσιάζω
Prä'senz (*0*) *f* παρουσία
Präserva'tiv (-*s*; -*e*) *n* προφυλακτικό
Präsi'dent (-*en*) *m* πρόεδρος; *e-r Bank usw.* διοικητής; **~schaft** *f* προεδρία; **~schafts·wahlen** *f*/*pl* προεδρικές εκλογές *f*/*pl*
Prä'sidium (-*s*; -*dien*) *n* προεδρείο
prasseln πλαταγίζω, τρίζω
Präven'tiv- προληπτικός
Praxis (-; -*xen*) *f* πρακτική, πράξη (-*εις*); πείρα; *Med.* (*Raum*) ιατρείο; *jur.* γραφείο
Präze'denzfall *m* προηγούμενο
prä'zi|s(e) ακριβής 2; **2'sion** (*0*) *f* ακρίβεια
predig|en διδάσκω; *Rel.* κηρύσσω; **2er** *m* ιεροκήρυκας; **2t** [-ıçt] *f* κήρυγμα *n*; ***e-e 2t halten*** κάνω κήρυγμα
Preis (-*es*; -*e*) *m* τιμή; (*Ehren2*) βραβείο; *Sp.* έπαθλο; *fig.* (*Opfer*) τίμημα *n*; ***um jeden ~*** με κάθε τρόπο; ***um keinen ~*** (δεν ...) με κανέναν τρόπο; ***~ festsetzen für*** *A* διατιμώ *A*; **~anstieg** *m* άνοδος *f* τιμών
Preis·ausschreiben *n* διαγωνισμός
preisen* εγκωμιάζω; *Gott* δοξάζω
Preis|erhöhung *f* ανατίμηση (-*εις*); **~ermäßigung** *f* έκπτωση (-*εις*); **~gabe** (*0*) *f* εγκατάλειψη; **2geben*** εγκαταλείπω; **2gekrönt** βραβευμένος; **~lage** *f* επίπεδο τιμών; **~liste** *f* τιμολόγιο; **~nachlaß** *m* έκπτωση (-*εις*); **~richter** *m* διαιτητής; **~senkung** *f* πτώση (-*εις*) τιμών; **~träger** *m* βραβευμένος; **2wert** φτηνός
Prellung *f* μωλωπισμός
Premiere [pʀeˈmǐɛːʀə] *f* πρεμιέρα
Premierminister [pʀeˈmǐeː-] *m* πρωθυπουργός (*a. f*)
Presse *f* (*Zeitungen*) τύπος; (*Druck2*) πιεστήριο, πρέσα; **~freiheit** (*0*) *f* ελευθερία τύπου; **~konferenz** *f* συνέντευξη (-*εις*) τύπου
pressen *v*/*t* (συμ)πιέζω; ζουλώ (-*άς*)
Pressesprecher *m* εκπρόσωπος τύπου
Preßluft (*0*) *f* πεπιεσμένος αέρας
Prestige [-ˈstiːʒ] (-*s*; *0*) *n* γόητρο
prickeln μυρμηγκιάζω
Priester *m* ιερέας, παπάς (-*άδες*)
prima πρίμα (*0*); θαυμάσιος (-*α*, -*ο*)
pri'mär (πρωτ)αρχικός, πρωτογενής 2
primi'tiv, 2e(r) πρωτόγονος *a. fig.*; **2i'tät** (*0*) *f* πρωτογονισμός
Prinz (-*en*) *m* πρίγκιπας; **~essin** [-ˈtsɛsɪn] *f* πριγκίπισσα
Prin'zip (-*s*; -*pien*) *n* αρχή; ***im ~*** κατ' αρχήν; ***aus ~*** για λόγους αρχής; **2iell** [-ˈpǐel] αρχικός, βασικός
Priori'tät *f* προτεραιότητα
Prise *f Salz usw.* πρέζα
Prisma (-*s*; -*men*) *n* πρίσμα *n*
pri'vat ιδιωτικός; ατομικός; **2angelegenheit** *f* ιδιωτική υπόθεση (-*εις*); **2besitz** *m* ιδιοκτησία; **2eigentum** *n* ατομική ιδιοκτησία; **2fernsehen** *n* ιδιωτική τηλεόραση
privati'sier|en ιδιωτεύω; *Wirtsch.* ιδιωτικοποιώ; **2ung** *f* ιδιωτικοποίηση (-*εις*)
Pri'vat|patient *m* ιδιωτικός πελάτης; **~quartier** *n* ιδιωτικό κατάλυμα; **~schule** *f* ιδιωτικό σχολείο; **~unterricht** *m* ιδιαίτερο μάθημα
Privi|'leg (-*s*; -*gien*) *n* προνόμιο; **2le'giert** προνομιούχος (-*α*, -*ο*)
pro *A* (= ***für jeden***) κατά *A*, ανά *A*
Probe *f* πρόβα, δοκιμή; (*Stoff2*, *Wein2*) δείγμα *n*; *Math.* επαλήθευση (-*εις*)
probe|n *Thea.* κάνω πρόβα; **2fahrt** *f* δοκιμαστική οδήγηση; **~weise** δοκιμαστικά; **2zeit** *f* δοκιμαστική περίοδος
pro'bieren δοκιμάζω
Pro'blem (-*s*; -*e*) *n* πρόβλημα *n*, ζήτημα *n*; **2atisch** [-ˈmaː-] προβληματικός
Pro'dukt (-*ẹs*; -*e*) *n* προϊόν (-*όντος*)
Produk'tion *f* παραγωγή; **~s·genossenschaft** *f* Παραγωγικός Συνεταιρισμός; **~s·kosten** *pl* έξοδα *n*/*pl* παραγωγής; **~s·mittel** *n*/*pl* μέσα *n*/*pl* παραγωγής
produk'tiv παραγωγικός; **2i'tät** (*0*) *f* παραγωγικότητα
Produ|'zent (-*en*) *m* παραγωγός; **2'zieren** παράγω
professio'nell επαγγελματικός
Pro'fess|or (-*s*; -'*ssoren*) *m* καθηγητής; **~'orin** *f* καθηγήτρια
Profe'ssur *f* καθηγεσία, έδρα

P

Profi (*-s*; *-s*) *m* επαγγελματίας
Pro'fil (*-s*; *-e*) *n* προφίλ (*0*) *n*, κατατομή
Pro'fit (*-s*; *-e*) *m* κέρδος *n*; όφελος *n*; **♀ieren** [-'tiː-] επωφελούμαι (***von*** *D*/*G*)
Pro'gnose *f* πρόγνωση (*-εις*)
Pro'gramm (*-s*; *-e*) *n* πρόγραμμα *n*; **♀ieren** [-'miː-] προγραμματίζω; **~'ierer** *m* προγραμματιστής, **~'iererin** *f* προγραμματίστρια; **~'ierung** *f* προγραμματισμός
progre'ssiv προοδευτικός
Pro'jekt (*-ḙs*; *-e*) *n* σχέδιο; σκοπός
Projek'tion *f* προβολή; κάτοψη (*-εις*); **~s·apparat** *m* προβολέας
Proklama'tion *f* διάγγελμα *n*
Proku'rist (*-en*) *m* πληρεξούσιος
Prole|tari'at (*-ḙs*; *0*) *n* προλεταριάτο; **~'tarier** *m* προλετάριος
Pro'log (*-ḙs*; *-e*) *m* πρόλογος
Prome'nade *f* περίπατος
Pro'mille (*-*, *-*) *n* (ποσοστό) τοις χιλίοις
promi'nent διαπρεπής 2, γνωστός
Promo|'tion *f* αναγόρευση (*-εις*) διδάκτορα; **♀'vieren** αναγορεύομαι (***zum Doktor*** διδάκτορας)
prompt άμεσος; ακριβής 2
Pro'nom|en (*-s*; *- od. -mina*) *n* αντωνυμία; **♀i'nal** αντωνυμικός
Propa|'ganda (*0*) *f* προπαγάνδα; **♀-'gieren** προπαγανδίζω, διαδίδω
Pro'pan(gas) *n* προπάνιο
Pro'peller *m* προπέλα, έλικας
Pro'phet (*-en*) *m* προφήτης; **♀isch** προφητικός; μαντικός
prophe'zei|en προφητεύω; μαντεύω; **♀ung** *f* προφητεία
prophy'laktisch προφυλακτικός
Propor'tion *f* αναλογία
Propy'läen *pl* προπύλαια *n*/*pl*
Prosa (*0*) *f* πεζογραφία; **~-** πεζός
Prosaschriftsteller *m* πεζογράφος
prosit, prost! [oː] εις υγείαν!, γειά σου!; **~ *Neujahr!*** καλή χρονιά!
Pro'spekt (*-ḙs*; *-e*) *m* διαφημιστικό
Prostata (*-*; *-s*) *f Anat.* προστάτης
Prostitu|'ierte (*-n*) *f* πόρνη; **~'tion** (*0*) *f* πορνεία
Pro'test (*-ḙs*; *-e*) *m* διαμαρτυρία; *Hdl.* (*Wechsel♀*) διαμαρτύρηση (*-εις*)
Prote'stant (*-en*) *m* διαμαρτυρόμενος, προτεστάντης; **♀isch** προτεσταντικός
prote'stieren διαμαρτύρομαι (***gegen*** *A*/κατά *G*); *Wechsel* διαμαρτυρώ
Pro'test|kundgebung *f* εκδήλωση (*-εις*) διαμαρτυρίας; **~marsch** *m* πορεία διαμαρτυρίας
Pro'these *f* πρόθεση (*-εις*), τεχνητό μέλος; (*Zahn♀*) μασέλα
Proto'koll (*-s*; *-e*) *n* πρωτόκολλο; **~führer** *m* πρωτοκολλητής
Proton (*-s*; *-'tonen*) *n* πρωτόνιο
protzen καυχιέμαι (***mit*** *D*/για)
Provi'ant (*-s*; *-e*) *m* προμήθειες *f*/*pl*, τρόφιμα *n*/*pl*
Pro'vinz (*-*; *-en*) *f* επαρχία
provinzi'ell επαρχιακός
Provi'sion *f* προμήθεια, μεσιτεία
provi'sorisch προσωρινός
Provoka'tion *f* πρόκληση (*-εις*)
provo'zieren προκαλώ (***zu*** *D*/σε)
Pro'zent (*-ḙs*; *-e*) *n* εκατοστό; **... ~** (%) ... τοις εκατό; **~satz** *m* ποσοστό
Pro'zeß (*-sses*; *-sse*) *m jur.* δίκη; διαδικασία, εξέλιξη (*-εις*)
proze'ssieren διεξάγω δίκη
Proze'ssion *f* πομπή; περιφορά
prüde σεμνότυφος
prüfen ελέγχω; *Schüler* εξετάζω; (*erproben*) δοκιμάζω (***auf*** *A*/για)
Prüfung *f* έλεγχος; *Tech.* δοκιμή; (*a. von Schülern*) εξέταση (*-εις*)
Prügel *m* ρόπαλο; **~** *pl* ξύλο; **~ *bekommen*** (*od.* ***kriegen***) τρώω ξύλο
Prüge'lei *f* ξυλοδαρμός
prügeln ξυλοκοπώ (*-άς*), δέρνω; ***sich* ~** χτυπιέμαι, γροθοκοπιέμαι
Prunk (*-ḙs*; *0*) *m* χλιδή; **♀voll** πολυτελής 2
Psalm (*-s*; *-en*) *m* ψαλμός
Pseudo- ψευδ(ο)-
Pseudo'nym (*-s*; *-e*) *n* ψευδώνυμο
Psych|i'ater *m* ψυχίατρος; **~ia'trie** (*0*) *f* ψυχιατρική; **♀isch** ψυχικός
Psycho|ana'lyse [psy'ço·-] (*0*) *f* ψυχανάλυση; **~'loge** (*-n*) *m* ψυχολόγος; **~lo'gie** (*0*) *f* ψυχολογία; **♀'logisch** ψυχολογικός
Psychose [-'çoːzə] *f* ψύχωση (*-εις*)
Psychothera'pie (*0*) *f* ψυχοθεραπεία
Puber'tät (*0*) *f* εφηβεία, ήβη
Publika'tion *f* δημοσίευση (*-εις*); (*Werk*) δημοσίευμα *n*
Publikum (*-s*; *0*) *n* κοινό
publi'zieren δημοσιεύω
Pudding (*-s*; *-e od. -s*) *m* πουτίγκα

P

Puder *m* πούδρα, ταλκ *(0) n*; **\&n** πουδράρω; **~zucker** *m* ζάχαρη άχνη
Puff[1] *(-¢s; -̈e) m (Stoß)* σκούντημα *n*; *(Knall)* κρότος; **~**[2] *(-s; -s) m (Bordell)* πορνείο; **\&en** σκουντώ *(-άς)*
Pu'llover *m* πουλόβερ *(0) n*, μπλούζα
Puls *(-es; -e) m* σφυγμός; **~ader** *f* αρτηρία
Pulver *a.* [-fa] *n* σκόνη; *mil.* μπαρούτι, πυρίτιδα; **\&i'sieren** κονιοποιώ; **~kaffee** *m* στιγμιαίος καφές *(-έδες)*
Pumpe *f* αντλία, τρόμπα; **\&n** αντλώ, τρομπάρω; F *(leihen)* δανείζω *(**j-m etw.**/κτ σε κπ)*; ***sich*** *(D)* **\&n** δανείζομαι
Pumphose *f* σαλβάρι, βράκα
Punkt *(-¢s; -e) m* σημείο; *Typ.* στιγμή; *Sp.* βαθμός; *Gr.* τελεία; ***~ drei (Uhr)*** ακριβώς στις τρεις
punk'tier|en διαστίζω; *Med.* παρακεντώ *(-άς)*; **~t** διάστικτος
pünktlich ακριβής 2; *Adv* ακριβώς; **\&keit** *(0) f* ακρίβεια; τακτικότητα
Pup [u:] *(-¢s; -e) m* P πορδή; **\&en** P κλάνω; **~er** *m* P κλανιάρης 3
Pu'pille *f* κόρη, μαυράδι
Puppe *f* κούκλα; *Zool.* χρυσαλλίδα
pur *Gold usw.* καθαρός, ατόφιος *(-α, -ο)*; *Kaffee*: σκέτος
Pü'ree *(-s; -s) n* πουρές *(-έδες)*
Puri'taner *m* πουριτανός
Purpur *(-s; 0) m* πορφύρα
Purzelbaum *m* τούμπα, κουτρουβάλα; ***~ schlagen*** κάνω τούμπα
purzeln *(sn)* κατρακυλώ *(-άς)*
Pustel *f* φουσκάλα, *K* φλύκταινα
Pute *f* γαλοπούλα; **~r** *m* διάνος
Putsch [ʊ] *(-¢s; -e) m* πραξικόπημα *n*; **\&en** στασιάζω; **~'ist** *(-en) m* στασιαστής; **~versuch** *m* απόπειρα πραξικοπήματος
Putz *(-es; 0) m (am Haus)* σουβάς *(-άδες)*, ασβέστωμα *n*
putzen καθαρίζω; *Zähne a.* πλένω; *Schuhe a.* λουστράρω; ***sich die Nase putzen*** σκουπίζω τη μύτη μου
Putzfrau *f* καθαρίστρια
putzig ιδιότοπος; αστείος *(-α, -ο)*
Putzmittel *n* υλικό καθαρισμού
Pyra'mide *f* πυραμίδα

Q

Qua'drat *(-¢s; -e) n* τετράγωνο; **\&isch** τετραγωνικός; **~meterpreis** *m* τιμή ανά τετραγωνικό μέτρο
Qua'dratwurzel *f* τετραγωνική ρίζα
quaken κοάζω; **\&** *n* κόασμα *n*
Qual *f* βάσανο, τυράννια
quälen *v/t* βασανίζω; τυραννώ *(-άς)*
Quäl|e'rei *f* ταλαιπωρία, παιδεμός; **~geist** *m (Kind)* βάσανο
Qualifi|ka'tion *f* προσόντα *n/pl*; *Sp.* πρόκριση *(-εις)*; **\&'zieren:** ***sich \&zieren*** αποκτώ (τα) προσόντα *(**für** A/ για)*; *Sp.* προκρίνομαι; **\&'ziert** ικανός, ... με προσόντα
Quali'tät *f* ποιότητα
qualita'tiv ποιοτικός
Qualle *f* τσούχτρα, μέδουσα
Qualm *(-¢s; 0) m* ντουμάνι, καπνός; **\&en** βγάζω ντουμάνι; καπνίζω
qualvoll μαρτυρικός; βασανιστικός
Quanti|'tät *f* ποσότητα, ποσό; **\&ta'tiv** *a. Chem.* ποσοτικός
Quaran'täne [ka·-] *f* καραντίνα; **~station** *f* λοιμοκαθαρτήριο
Quark *(-s; 0) m* μυζήθρα
Quar'tal *(-s; -e) n* τριμηνία
Quar'tett *(-¢s; -e) n* κουαρτέτο
Quar'tier *(-s; -e) n* κατάλυμα *n*
Quarz *(-es; -e) m* χαλαζίας
Quatsch [a] *(-¢s; 0) m* F κολοκύθια *n/pl*; **\&en** F λέω χαζομάρες *f/pl*
Quecksilber *n* υδράργυρος
Quell|e *f a. fig.* πηγή, βρύση; ***heiße ~en*** θέρμες *f/pl*; **\&en** *(sn)* πηγάζω *(**aus** D, **durch** A/από)*
Queng|e'lei *f* κλαψούρισμα *n*; **\&elig** κλαψιάρικος; **\&eln** κλαψουρίζω
quer πλάγιος *(-α, -ο)*, εγκάρσιος *(-α, -ο)*; *fig. Adv* στραβά
Quere: ***j-m in die ~ kommen*** κόβω το

Q

δρόμο σε κπ; γίνομαι εμπόδιο σε κπ
Quer|schnitt *m* διατομή, εγκάρσια τομή; **≗schnitts·gelähmt** παραπληγικός; **~straße** *f* κάθετος δρόμος
quetsch|en [ε] συνθλίβω, μωλωπίζω, ζουπώ (-*άς*) *a. Pers.*; **≗ung** *f* μωλωπισμός
quickle'bendig ολοζώντανος
quieken τσιρίζω; γρυλίζω
Quirl (-*ϵs*; -*e*) *m* χτυπητήρι
quitt: ***wir sind ~*** είμαστε πάτσι
Quitte *f* κυδώνι
quit'tieren *Rechnung* εξοφλώ
Quittung *f* απόδειξη (-*εις*), εξοφλητικό; **~s·abschnitt** *m* διπλότυπο
Quiz [kvɪs] (-; -) *n* κουίζ (*0*) *n*
Quote *f* ποσοστό, αναλογία; **~nregelung** *f* διακανονισμός αναλογιών
Quotient [-'tsiɛnt] (-*en*) *m* πηλίκο

R

Ra'batt (-*ϵs*; -*e*) *m* έκπτωση (-*εις*), σκόντο
Rabe (-*n*) *m* κόρακας
rabi'at άγριος (-*α*, -*ο*), βίαιος
Rache [a] (*0*) *f* εκδίκηση (-*εις*); ***~ nehmen an D*** παίρνω εκδίκηση από, εκδικούμαι *A*; **~akt** *m* πράξη (-*εις*) *od.* έγκλημα *n* εκδικήσεως
Rachen [a] *m* φάρυγγας
rächen *Mord usw.* εκδικιέμαι, εκδικούμαι για; *j-n* παίρνω εκδίκηση για
Rächer *m* εκδικητής
Rachit|is [-'xiː-] (*0*) *f* ραχίτιδα; **≗isch** ραχιτικός
Rad (-*ϵs*; *¨er*) *n* τροχός, ρόδα; (*Fahr≗*) ποδήλατο
Ra'dar (-*s*; *0*) *n od. m* ραντάρ (*0*) *n*; **~falle** *f*, **~kontrolle** *f* έλεγχος με ραντάρ; **~schirm** *m* οθόνη ραντάρ
Ra'dau (-*s*; *0*) *m* σαματάς, φασαρία
radfahr|en* (*sn*; ***ich fahre Rad, radgefahren***) κάνω ποδήλατο; **≗er(in** *f*) *m* ποδηλάτης, ποδηλατιστής (-*ατίστρια f*); **≗sport** *m* ποδηλασία; **≗weg** *m* λωρίδα ποδηλάτων
ra'dier|en σβήνω, ξύνω; **≗gummi** *m* σβηστήρα; **≗ung** *f* χαλκογραφία
Radieschen [-'diːsçən] *n* ραπανάκι
radi'kal ριζικός; ριζοσπαστικός
Radika'lis|mus (-; *0*) *m* ριζοσπαστισμός; **~t** (-*en*) *m* ριζοσπάστης
Radio (-*s*; -*s*) *n* ραδιόφωνο; **≗ak'tiv** ραδιενεργός; **~aktivität** *f* ραδιενέργεια; **~apparat** *m* ραδιόφωνο
Radium (-*s*; *0*) *n* ράδιο
Radius (-; -*dien*) *m Math.* ακτίνα
Rad|rennen *n* ποδηλατοδρομία; **~rennfahrer** *m* ποδηλατοδρόμος; **~tour** *f* εκδρομή με ποδήλατο
raff|en αρπάζω; *Kleid* σηκώνω, μαζεύω; **~gierig** άπληστος
Raffi'n|ade *f* ζάχαρη άχνη; **~e'rie** *f* διυλιστήριο; **≗ieren** διυλίζω, ραφινάρω; **≗iert** *fig.* τετραπέρατος
Rahm (-*s*; *0*) *m* καϊμάκι, κρέμα, αφρόγαλο
Rahmen *m* πλαίσιο *a. fig.*; (*Tür≗*) περβάζι; (*Bilder≗*) κορνίζα; *fig.* (*Milieu*) περιβάλλον; ≗ *v/t* πλαισιώνω; **~bedingungen** *f/pl* συνθήκες *f/pl* πλαισίου; **~gesetz** *n* νόμος-πλαίσιο
Ra'kete *f* πύραυλος; ρουκέτα
Ra'keten·antrieb *m* πυραυλοκίνηση (-*εις*)
rammen μπήγω, χτυπώ (-*άς*)
Rampe *f Thea.* ράμπα; αποβάθρα
Rand (-*ϵs*; *¨er*) *m* (*Ort*) άκρο, άκρη; *e-s Glases* χείλι; *e-s Buches* περιθώριο; (*Saum*) παρυφή, ούγια, γύρος
randa'lieren χαλ(ν)άω τον κόσμο
Rand|bemerkung *f* σημείωση (-*εις*) περιθωρίου, σχόλιο; **~streifen** *m* βοηθητική λωρίδα
rang *s.* ***ringen***
Rang (-*ϵs*; *¨e*) *m* βαθμός; αξίωμα *n*; *mil. a.* τάξη (-*εις*); *Thea.* εξώστης
ran·gehen* F ορμώ (-*άς*)
rangieren [ʀaŋ'ʒiː-] μανουβράρω

Rangordnung *f* ιεραρχία
Ranke *f* περιπλοκάδα
ranken: *Bot.* **sich ~** αναρριχιέμαι
rann *s.* ***rinnen***
rannte *s.* ***rennen***
ranzig ταγγός
ra'pid(e) γοργός, γρήγορος
rar σπάνιος (-*α*, -*ο*); **~ *sein*** σπανίζω
ra'sant ορμητικός, γοργότατος
rasch [a] γρήγορος, σβέλτος
rascheln [a] θροΐζω
rasen μαίνομαι, λυσσομανώ (-*άς*); (*sn*) (*fahren*) τρέχω ιλιγγιωδώς
Rasen *m* γκαζόν (*0*) *n*, γρασίδι
rasend αστραπιαίος (-*α*, -*ο*); λυσσαλέος (-*α*, -*ο*)
Ra'sier|apparat *m* ξυριστική μηχανή; **≈en** ξυρίζω; **~en** *n* ξύρισμα *n*; **~klinge** *f* ξυραφάκι; **~krem** *f* κρέμα ξυρίσματος; **~pinsel** *m* πινέλο ξυρίσματος
Rasse *f* σόι *n*, φυλή; γένος *n*, ράτσα; **~hund** *m* σκυλί από ράτσα
Rassen|- φυλετικός; ρατσιστικός; **~haß** *m* φυλετικό μίσος
rassig *etwa*: καθαρόαιμος
Rast *f* ανάπαυση (-*εις*); **~ *machen*** αναπαύομαι
rasten αναπαύομαι; ξεκουράζομαι
Rasthaus *n* εστιατόριο σε εθνική οδό
rastlos ακούραστος, αεικίνητος
Rastplatz *m* αναπαυτήριο
Raststätte *f s.* ***Rasthaus***
Rat (-*ɇs*; *0*) *m* συμβουλή; (-*ɇs*; *⁼e*) (*Institution*) συμβούλιο; (*Titel*) σύμβουλος
Rate *f* δόση (-*εις*); ***in ~en*** με δόσεις
raten* συμβουλεύω (***j-m***/κπ); (*erraten*) μαντεύω; *Rätsel* λύνω; **≈kauf** *m* αγορά με δόσεις
Raten·zahlung *f* πληρωμή με δόσεις
Rat|geber *m* σύμβουλος, F συμβουλάτορας; **~haus** *n* δημαρχείο
ratifi'zier|en *Vertrag* επικυρώνω; **≈ung** *f* επικύρωση (-*εις*)
Ra'tion *f* μερίδα; (*Futter≈*) ταγή
ratio'nal (ορθο)λογικός; **~i'sieren** οργανώνω ορθολογιστικά; εξοικονομώ; **≈i'sierung** *f* ορθολογιστική οργάνωση (-*εις*)
ratio'nell ορθολογικός, οικονομικός
ratio'nier|en διανέμω με δελτίο; **≈ung** *f* διανομή με δελτίο

ratlos αμήχανος; **≈igkeit** (*0*) *f* αμηχανία, απορία
ratsam σκόπιμος, ενδεδειγμένος
Ratschlag *m* συμβουλή, οδηγία
Rätsel *n a. fig.* αίνιγμα *n*, γρίφος; **≈haft** αινιγματικός
Ratte *f* ποντικός; **~n·gift** *n* ποντικοφάρμακο
Raub (-*ɇs*; *0*) *m* αρπαγή, ληστεία; **≈en** ληστεύω, αρπάζω
Räuber *m* ληστής; **≈isch** ληστρικός
Raub|mord *m* φόνος μετά ληστείας; **~tier** *n* αρπακτικό ζώο; **~vogel** *m* αρπακτικό πτηνό
Rauch (-*ɇs*; *0*) *m* καπνός; **≈en** *v/t*, *v/i* καπνίζω; **~en** *n* κάπνισμα *n*; ***~en verboten!*** απαγορεύεται το κάπνισμα; **~er(in** *f*) *m* καπνιστής (-*ίστρια*); **~erabteil** *n* κουπέ (*0*) *n* καπνιστών
Räucher|faß *n* θυμιατήρι; **≈n** *Schinken* καπνίζω; ***geräuchert*** καπνιστός
Rauchverbot *n* απαγόρευση (-*εις*) καπνίσματος
Räud|e *f* ψώρα; **≈ig** ψωραλέος (-*α*, -*ο*)
rauf- F = ***hinauf-, herauf-***
raufen τσακώνομαι; ***sich*** (*D*) ***die Haare ~*** τραβώ (-*άς*) τα μαλλιά μου
rauh τραχύς; *Stimme*: βραχνός
Rauheit *f* τραχύτητα; βραχνάδα
Rauhreif *m* παγωμένη πάχνη
Raum (-*ɇs*; *⁼e*) *m* χώρος; τόπος; (*Weite*) απλωσιά; (*Welt≈*) διάστημα *n*; (*Zimmer*) δωμάτιο; ***leere(r)* ~** κενό
räumen εκκενώνω, αδειάζω; *Minen* εκκαθαρίζω
Rauminhalt *m* όγκος, χωρητικότητα
räumlich ... του χώρου; τρισδιάστατος; **≈keit** *f* χώρος
Raummangel (-*s*; *0*) *m* έλλειψη (-*εις*) χώρου
Räumung *f* εκκένωση (-*εις*); **~s·ausverkauf** *m* ξεπούλημα *n*, εκποίηση (-*εις*); **~s·befehl** *m* διαταγή εκκενώσεως
Raupe *f* κάμπια; **~n·kette** *f* ερπύστρια
raus = ***heraus, hinaus***; έξω; ουστ!
Rausch (-*ɇs*; *⁼e*) *m* μεθύσι, *a. fig.* μέθη; *Psych.* έκσταση (-*εις*)
rauschen φλοισβίζω, βουίζω; **≈** *n* φλοίσβος
Rauschgift *n* ναρκωτικό, *oft pl*; **~bekämpfung** *f* καταπολέμηση ναρκωτικών; **~handel** *m* εμπόριο ναρκω-

τικών; **~kriminalität** *f* εγκληματικότητα με ναρκωτικά; **2süchtig** τοξικομανής 2, ναρκομανής 2
raus|drängen υποσκελίζω; **~gehen** (*sn*) βγαίνω; **~kommen*** (*sn*) βγαίνω; **~kriegen, ~nehmen*** βγάζω
räuspern: *sich ~* ξεροβήχω
Razzia (-; *-ien*) *f* έφοδος *f*
Rea'genzglas *n* δοκιμαστικός σωλήνας
rea'gieren αντιδρώ (*-άς*), αντενεργώ
Reak'tion *f* αντίδραση (*-εις*)
reaktio'när *pol.* αντιδραστικός
Re'aktor (*-s*; *-'toren*) *m* αντιδραστήρας
re'al πραγματικός; **2einkommen** *n* πραγματικό εισόδημα
reali'sieren πραγματοποιώ
Rea'lis|mus (-; *0*) *m* ρεαλισμός, πραγματισμός; **~t** (*-en*) *m* ρεαλιστής, πραγματιστής; **2tisch** ρεαλιστικός, πραγματιστικός
Reali'tät *f* πραγματικότητα
Re'alschule *f* μέσο πρακτικό σχολείο
Re'bell (*-en*) *m* στασιαστής
rebel'lieren στασιάζω, αποστατώ
Rebel'lion *f* στάση (*-εις*)
re'bellisch στασιαστικός
Rechen|aufgabe *f* πρόβλημα *n* (αριθμητικής); **~fehler** *m* λάθος υπολογισμού; **~maschine** *f* αριθμομηχανή
Rechenschaft (*0*) *f* λόγος, λογαριασμός; ***~ ablegen über A*** δίνω λογαριασμό, λογοδοτώ για; **~s·bericht** *m* λογοδοσία; **2s·pflichtig** υπόλογος
rechnen λογαριάζω; ***~ auf A*** (*s.* ***verlassen***) βασίζομαι σε; ***damit ~, daß*** υπολογίζω να + *St II*; **2** *n* αριθμητική
Rechner *m* υπολογιστής
Rechnung *f* λογαριασμός; ***auf ~ G*** για λογαριασμό *G*
recht (*richtig*) σωστός, ορθός; δίκαιος; *Adv* (*ziemlich*) αρκετά; ***~ so!*** μπράβο!; ***~ haben*** έχω δίκιο; ***j-m ~ geben*** δίνω δίκιο σε κπ; ***das geschieht ihm ~*** καλά να (τα) πάθει
recht- (*nicht links*) δεξιός (*-ά, -ό*)
Recht (*-ęs*; *-e*) *n* δίκαιο; δίκιο; (*Anspruch*) δικαίωμα *n* (***auf*** *A*/σε)
Rechteck (*-ęs*; *-e*) *n* ορθογώνιο; **2ig** ορθογώνιος (*-α, -ο*)
rechtfertig|en δικαιολογώ (*A*/*A*); ***sich ~en*** δικαιολογούμαι; **2ung** *f* δικαιολογία
rechthaberisch ισχυρογνώμων 2
rechtlich νόμιμος; νομικός
rechtlos στερημένος δικαιωμάτων
rechtmäßig νόμιμος; **2keit** (*0*) *f* νομιμότητα
rechts δεξιά; *pol.* δεξιός (*-ά, -ο*); ***nach ~*** (προς τα) δεξιά
Rechts·anspruch *m* νόμιμο δικαίωμα *n*
Rechts·anwalt *m* δικηγόρος
Rechts|'außen (-; -) *m Sp.* έξω δεξιά (*0*) *m*; **~beistand** *m* συνήγορος; **~berater** *m* νομικός σύμβουλος
Recht·schreib(e)|- ορθογραφικός; **~fehler** *m* ανορθογραφία
Recht·schreibung *f* ορθογραφία
rechts·extrem ακροδεξιός (*-ά, -ό*); **2ismus** *m* δεξιός ριζοσπαστισμός
rechtsgültig έγκυρος
Rechts|kraft (*0*) *f* κύρος *n*; **2kräftig** τελεσίδικος; **~lage** *f* νομική θέση (*-εις*); **~mittel** *n* ένδικο μέσο
Recht·sprechung *f* απονομή δικαίου
Rechts|radikale(r) ακροδεξιός; **~schutz** *m* νομική προστασία; **~schutzversicherung** *f* ασφάλεια νομικής προστασίας; **~staat** *m* κράτος *n* δικαίου; **~streit** *m* αντιδικία; **~weg** *m* δικαστική οδός; **2widrig** παράνομος; **~wissenschaft** (*0*) *f* νομικά *n/pl*, νομική
recht|winklig ορθογώνιος; **~zeitig** έγκαιρος; *Adv a.* εγκαίρως
Reck (*-ęs*; *-e*) *n* μονόζυγο
Redak|teur [-'tøːʀ] (*-s*; *-e*) *m* συντάκτης; **~'tion** *f* σύνταξη (*-εις*)
Rede *f* λόγος, ομιλία; ***direkte*** (***indirekte***) ***~*** ευθύς (πλάγιος) λόγος; ***e-e ~ halten*** βγάζω λόγο; ***j-n zur ~ stellen*** ζητώ εξηγήσεις από κπ; ***es ist die ~ von*** *D* γίνεται λόγος για
reden μιλώ (*-άς*); **2s·art** *f* ιδιωματισμός, τρόπος του λέγειν
Redewendung *f* ιδιωματισμός, έκφραση (*-εις*)
redlich ακέραιος, έντιμος; **2keit** (*0*) *f* ακεραιότητα
Redner *m* ομιλητής, ρήτορας; **~in** *f* ομιλήτρια; **2isch** ρητορικός
redselig ['ʀeːt-] φλύαρος
Reduk'tion *f* ελάττωση (*-εις*), μείωση (*-εις*); *Math.* αναγωγή

redu'zieren ελαττώνω, μειώνω
Reed|er *m* εφοπλιστής; **~e'rei** *f* εφοπλιστική επιχείρηση (*-εις*)
re'ell έντιμος; *Math.* πραγματικός
Refe'r|at (*-ẹs*; *-e*) *n* εισήγηση (*-εις*); **~en'dar** (*-s*; *-e*) *m* ασκούμενος; **~ent** (*-en*) *m* εισηγητής; **~enz** *f* σύσταση (*-εις*); **⁓ieren** εκθέτω, αναφέρω
reflek'tieren αντανακλώ (*-άς*)
Re'flektor (*-s*; *-'toren*) *m* ανταναλαστήρας; κάτοπτρο
Re'flex (*-es*; *-e*) *m* ανατανάκλαση (*-εις*); **~-** αντανακλαστικός
Refle'x|ion *f Phys.* αντανάκλαση (*-εις*); σκέψη (*-εις*); **⁓iv** *Gr.* αυτοπαθής
Re'form *f* αναμόρφωση (*-εις*); μεταρρύθμιση (*-εις*)
Reforma'tion *f Rel.* μεταρρύθμιση
Re'formhaus *n etwa*: κατάστημα *n* ειδών υγιεινής διατροφής
refor'mieren μεταρρυθμίζω
Refrain [-'fʀɛŋ] (*-s*; *-s*) *m* ρεφρέν
Re'gal (*-s*; *-e*) *n* ράφι
Re'gatta (*-*; *-ten*) *f* λεμβοδρομία
rege δραστήριος (*-a*, *-o*); *Verkehr*: πυκνός
Regel *f* κανόνας; *Med.* περίοδος *f*; ***in der ~*** κατά κανόνα
regelmäßig *a. Gr.* τακτικός; *Gr.* ομαλός; *a. Math.* κανονικός; *Adv* τακτικά; **⁓keit** *f* τακτικότητα; ομαλότητα; κανονικότητα
regel|n κανονίζω; ρυθμίζω; *Hdl.* τακτοποιώ; **~recht** κανονικός; (*Verstärkung*) απόλυτος; **⁓ung** *f* τακτοποίηση (*-εις*), ρύθμιση (*-εις*); *Hdl.* κανονισμός
Regel|verstoß *m Sp.* φάουλ (*0*) *n*; **⁓widrig** αντικανονικός
regen: ***sich ~en*** κινούμαι
Regen *m* βροχή; **~-** βροχερός
Regenbogen *m* ουράνιο τόξο
Regene|ra'tion *f* αναζωογόνηση; **⁓'rieren** αναζωογονώ, αναγεννώ (*-άς*)
Regen|fälle *m/pl* βροχοπτώσεις *f/pl*; **~guß** *m* νεροποντή; **~mangel** (*-s*; *-*) *m* ανομβρία; **~mantel** *m* αδιάβροχο; **~schauer** *m* σύντομη βροχή; **~schirm** *m* ομπρέλα; **~tag** *m* βροχερή (η)μέρα; **~tropfen** *m* σταγόνα βροχής; **~wald** *m* τροπικό δάσος; **~wasser** *n* βροχόνερο; **~wetter** *n* βροχερός καιρός; **~zeit** *f* εποχή των βροχών

Regie [ʀeː'ʒiː] (*0*) *f* σκηνοθεσία; ***~ führen*** σκηνοθετώ
re'gier|en κυβερνώ (*-άς*); *fig.* (*j-n beherrschen*) διευθύνω; *Gr.* συντάσσομαι με; **⁓ung** *f* κυβέρνηση (*-εις*)
Re'gierungs|bezirk *m* νομός; **⁓feindlich** αντικυβερνητικός; **~partei** *f* κυβερνών κόμμα *n*; **~sprecher** *m* κυβερνητικός εκπρόσωπος
Regime [-ʒiːm] (*-s*; *-*) *n* καθεστώς (*-ώτος*) *n*; **⁓feindlich, ~gegner** *m* αντικαθεστωτικός
Regi'ment (*-ẹs*; *-er*) *n* σύνταγμα *n*
Regi'on *f* περιφέρεια; **⁓'al** περιφερειακός, τοπικός
Regisseur [ʀeːʒiː'søːʀ] (*-s*; *-e*) *m* σκηνοθέτης
Re'gister *n* κατάστιχο, μητρώο
regi'str|ieren καταχωρίζω, καταγράφω; **~iert** *a.* σεσημασμένος; **⁓ierung** *f* καταχώριση (*-εις*), εγγραφή
Regler *m Tech.* ρυθμιστής
regne|n *unp* βρέχει; **~risch** βροχερός
Regre'ssion *f Hdl.* ύφεση (*-εις*)
re'greßpflichtig υπόχρεος εξ αναγωγής
regu'l|är *mil.* τακτικός; **⁓ator** (*-s*; *-'toren*) *m* ρυθμιστής; **~ieren** ρυθμίζω; κανονίζω; **⁓ierung** *f* ρύθμιση (*-εις*), κανονισμός
Regung *f* (συγ)κίνηση (*-εις*); **⁓s·los** ακίνητος; **~s·losigkeit** (*0*) *f* ακινησία
Reh (*-ẹs*; *-e*) *n* ζαρκάδι
rehabili'tier|en *v/t* αποκαθιστώ (*-άς*); **⁓ung** *f* αποκατάσταση (*-εις*)
Reib|e *f*, **~eisen** *n* τρίφτης; **⁓en** τρίβω; **~e'reien** *f/pl fig.* προστριβές *f/pl*; **~ung** *f* (προσ)τριβή; τρίψιμο (*-ατος*); **⁓ungs·los** απρόσκοπτος
Reich (*-ẹs*; *-e*) *n* κράτος *n*; (*Kaiser⁓*) αυτοκρατορία; (*König⁓*) βασίλειο; *bibl.* βασιλεία
reich πλούσιος (*-a*, *-o*) (**an** *D*/σε); ***~ machen, ~ werden*** πλουτίζω
reichen: *v/t* ***j-m etw.*** (**hin**)**~** δίνω κτ σε κπ; *v/i* ***~ bis zu*** *D* φτάνω ως; εκτείνομαι ως; (*genügen*) φτάνω, επαρκώ; ***es reicht*** φτάνει, αρκεί
reichlich άφθονος, μπόλικος
Reichtum (*-s*; *⁓er*) *m* πλούτος (**an** *D*/σε); πλούτη *n/pl*
Reichweite *f* εμβέλεια
reif ώριμος *a. fig.*; *Obst*: γινωμένος

R

Reif (*-ẹs; 0*) *m* (*Tau*) πάχνη
reifen (*sn*) ωριμάζω, γίνομαι
Reifen *m Auto*: λάστιχο; (*Faß*≈, *Spielzeug*) στεφάνι; **~druck** *m* πίεση στα λάστιχα; **~panne** *f* βλάβη λάστιχου; **~wechsel** *m* αλλαγή λάστιχου
Reife|prüfung *f* απολυτήριες εξετάσεις *f/pl*; **~zeugnis** *n* απολυτήριο
Reihe *f* σειρά, γραμμή, αράδα; *Math.* πρόοδος *f*; ***der ~ nach*** με τη σειρά; ***in e-e ~ stellen*** αραδιάζω; ***ich bin an der ~*** είναι η σειρά μου, έχω σειρά
Reihen|folge *f* διαδοχή; σειρά; **~untersuchung** *f* υποχρεωτική εξέταση (*-εις*); **≈weise** αραδιαστά; κατά σειρά(ν)
Reim (*-ẹs; -e*) *m* ομοιοκαταληξία, ρίμα; **≈en: *sich ≈en*** ομοιοκαταληκτώ
rein¹ F = ***herein, hinein***
rein² καθαρός *a. fig.*; *Gold usw.* γνήσιος (*-α, -ο*), ατόφιος (*-α, -ο*); αγνός; *Adv* (*völlig*) τελείως, απολύτως; ***~ machen*** καθαρίζω
Rein|ertrag *m* καθαρό κέρδος; **~fall** *m* F *fig.* φιάσκο; αποτυχία; **≈fallen*** (*sn*) την παθαίνω; **≈gehen*** (*sn*) (*Platz haben*) χωρώ (*-άς*) (***in*** *A*/σε)
Reinheit (*0*) *f* καθαριότητα; αγνότητα
reinig|en καθαρίζω; **≈ung** *f* καθάρισμα *n*; *fig.* κάθαρση (*-εις*)
reinlich *Pers.* καθαρός; **≈keit** (*0*) *f* καθαριότητα
Reinmachefrau *f* καθαρίστρια
rein|rassig καθαρόαιμος; **~regnen: *es regnet rein*** η σκεπή τρέχει
Reis (*-es; 0*) *m* ρύζι
Reisbrei *m* λαπάς (*-άδες*)
Reise *f* ταξίδι; περιήγηση (*-εις*); ***glückliche*** *od.* ***gute ~!*** καλό ταξίδι!
Reise|andenken *n* ενθύμιο, σουβενίρ (*0*) *n*; **~apotheke** *f* φαρμακείο ταξιδιού; **~büro** *n* γραφείο ταξιδιών, τουριστικό γραφείο; **~bus** *m* πούλμαν (*0*) *n*; **~fieber** *n* ταξιδιωτικός πυρετός; **~führer** *m* τουριστικός οδηγός; *Pers.* ξεναγός; **~gepäck** *n* αποσκευές *f/pl*; **~gepäckversicherung** *f* ασφάλιση (*-εις*) αποσκευών; **~gesellschaft** *f* ταξιδιωτική ομάδα; **~leiter(in** *f*) *m* ξεναγός *a. f*
reisen (*sn*) ταξιδεύω; ***~ nach*** *D* φεύγω για, πηγαίνω σε; **≈de(r)** περιηγητής, ταξιδιώτης
Reise|paß *m* διαβατήριο; **~scheck** *m* τσεκ *n* ταξιδιού; **~spesen** *pl* οδοιπορικά *n/pl*; **~verkehr** *m* ταξιδιωτική κίνηση; **~versicherung** *f* ασφάλιση (*-εις*) ταξιδιού; **~ziel** *n* σκοπός ταξιδιού; προορισμός
Reißbrett *n* σχεδιαστήριο
reißen* *v/t* σέρνω, σχίζω; ***etw. an sich*** (*A*) **~** σφετερίζομαι κτ; ***mit sich*** (*D*) **~** παρασέρνω; **~d** *a. fig.* ορμητικός
Reiß|verschluß *m* φερμουάρ (*0*) *n*; **~zwecke** *f* πινέζα
reiten* (*sn*) κάνω ιππασία, ιππεύω; καβαλικεύω; ≈ *n* ιππασία
Reiter *m* καβαλάρης, ιππέας
Reite'rei *f* ιππικό
Reiz (*-es; -e*) *m* θέλγητρο, χάρη, γόητρο; *Psych.* ερεθισμός; **≈bar** ευερέθιστος
reizen ερεθίζω; (*attraktiv sein*) προσελκύω; **~d** γλυκός (*-ιά, -ό*), θελκτικός
reiz|los άχαρος; **≈ung** *f* ερεθισμός
rekapitu'lieren συγκεφαλαιώνω
Reklama'tion *f* παράπονα *n/pl*
Re'klame *f* ρεκλάμα, διαφήμιση (*-εις*)
rekla'mieren απαιτώ; διαμαρτύρομαι για, παραπονιέμαι για
rekonstru|'ieren αναπαριστάνω; **≈k'tion** *f* αναπαράσταση (*-εις*)
Re'kord (*-ẹs; -e*) *m* ρεκόρ (*0*) *n*, (μέγιστη) επίδοση (*-εις*)
Re'krut (*-en*) *m* νεοσύλλεκτος; φαντάρος
Rektor (*-s; -'toren*) *m* πρύτανης (*-εις*); *Schule*: διευθυντής
rela'tiv σχετικός; ≈- αναφορικός
Relief [-ĭɛf] (*-s; -s*) *n* ανάγλυφο
Reli'gion *f* θρησκεία
Reli'gionswissenschaft *f* θρησκειολογία; **~ler** *m* θρησκειολόγος
reli'giös θρησκευτικός *a. Pers.*; *Pers.* (*gläubig*) θρήσκος (*-α, -ο*)
Re'liquie [-ĭə] *f* λείψανο αγίου
Renaissance [rənɛ'sã:s] *f* αναγέννηση (*-εις*)
Rendezvous [rã:de'vu:] (- [-s]; - [-s]) *n* ραντεβού (*0*) *n*; συνάντηση (*-εις*)
Renn|bahn *f* πίστα; **≈en*** (*sn*) τρέχω; ***angerannt kommen*** έρχομαι τρέχοντας; **~en** *n* (*Pferde- usw.*) δρόμος; τρέξιμο (*-ατος*); **~fahrer** *m* ραλίστας; **~rad** *n* αγωνιστικό ποδήλατο

reno'vier|en ανακαινίζω; **2ung** *f* ανακαίνιση (*-εις*)
ren'tabel αποδοτικός, προσοδοφόρος
Rentabili'tät *f* αποδοτικότητα
Rente *f* σύνταξη (*-εις*); ***in ~ gehen, ~ bekommen*** παίρνω σύνταξη; **~n·alter** *n* συντάξιμη ηλικία
Renten|empfänger *m* συνταξιούχος; **~versicherung** *f* ασφάλιση (*-εις*) συντάξεως
ren'tier|en: ***sich ~en*** είμαι επικερδής 2 *od.* αποδοτικός, αποδίδω
Rentner(in *f*) *m* συνταξιούχος (-α)
Repara'tion: **~en** *f/pl pol.* αποζημίωση (*-εις*); επανορθώσεις *f/pl*
Repara'tur *f* επιδιόρθωση (*-εις*), επισκευή; **~werkstatt** *f* συνεργείο (επισκευών)
repa'rieren (επι)διορθώνω
Repertoire [-'twa:ʀ] (*-s*; *-s*) *n* ρεπερτόριο
Reportage [-'ta:ʒə] *f* ρεπορτάζ (*0*) *n*; ανταπόκριση (*-εις*)
Re'porter *m* ρεπόρτερ (*0*) *m*, δημοσιογράφος
Repräsen'ta|nt (*-en*) *m* αντιπρόσωπος; **~'tion** *f* αντιπροσώπευση (*-εις*)
repräsen|ta'tiv αντιπροσωπευτικός; **~'tieren** αντιπροσωπεύω
reprivati'sier|en ιδιωτικοποιώ; **2ung** *f* ιδιωτικοποίηση (*-εις*)
Reprodu|k'tion *f* αναπαραγωγή; **2-'zieren** αναπαράγω
Rep'til (*-s*; *-lien*) *n* ερπετό
Repu'blik *f* δημοκρατία
Republi'kan|er *m* δημοκράτης; **2isch** δημοκρατικός; ρεπουμπλικανός
Re'serve *f* ρεζέρβα, απόθεμα *n*, παρακαταθήκη; *mil.* εφεδρεία; (*Zurückhaltung*) επιφύλαξη (*-εις*); **~rad** *n* εφεδρική ρόδα; **~tank** *m* εφεδρικό δοχείο *od.* ντεπόζιτο
reser'vier|en *allg.* φυλώ (*-άς*); *Platz, Zimmer* κλείνω, κρατώ (*-άς*); **~t** επιφυλακτικός; (*gebucht*) κλεισμένος; **2ung** *f* κλείσιμο (*-άτος*)
Reser'vist (*-en*) *m* έφεδρος
resig'nieren αποκαρδιώνομαι
Resolu'tion *f pol.* απόφαση (*-εις*)
Reso'nanz *f* απήχηση (*-εις*)
Re'spekt (*-ẹs*; *0*) *m* σεβασμός; **2'ieren** *v/t* σέβομαι; **2los** ασεβής 2
Ressort [-'so:ʀ] (*-s*; *-s*) *n* τμήμα *n*
Rest (*-ẹs*; *-e*) *m* υπόλοιπο, απομεινάρι; (*Geld*) ρέστα *n/pl*
Restaurant [-ʀaŋ] (*-s*; *-s*) *n* εστιατόριο
Restaura'tion *f* παλινόρθωση (*-εις*)
Restau|'rator (*-s*; *-'toren*) *m* συντηρητής; **2'rieren** συντηρώ; *Gebäude* αναπαλαιώνω
Rest|bestand *m* κατάλοιπο; **2lich** υπόλοιπος; **2los** τέλειος (*-α*, *-ο*), ολικός; *Adv* απόλυτα, εντελώς
Resul't|at (*-ẹs*; *-e*) *n* αποτέλεσμα *n*; *Math.* εξαγόμενο; **2ieren** συνάγομαι (**aus** *D*/από); προκύπτω
Resü'mee (*-s*; *-s*) *n* περίληψη (*-εις*)
rett|en σώζω, γλυτώνω (***j-n vor*** *D*/κπ από); ***sich ~en vor*** *D* γλυτώνω από; **~end** σωτήριος (*-α*, *-ο*); **2er** *m* σωτήρας, λυτρωτής
Rettich (*-s*; *-e*) *m* ραπάνι, ρεπάνι
Rettung *f* σωτηρία, γλυτωμός
Rettungs|boot *n* ναυαγοσωστικό; **2los** ανεπανόρθωτος; **~ring** *m* σωσίβιο
Reu|e (*0*) *f* μετάνοια, μεταμέλεια; **2en:** ***es 2t mich*** μετανιώνω; **2e·voll, 2mütig** μετανιωμένος
Revanch|e [ʀe'vãʃ] *f* ανταπόδοση (*-εις*); *Sp.* ρεβάνς (*0*) *f*; **2'ieren:** ***sich 2ieren bei j-m für etw.*** ανταποδίδω κτ σε κπ
Revers [ʀə've:ʀ] (- [-s]; - [-s]) *n* ρεβέρ (*0*) *n*, πέτο
revi'dieren αναθεωρώ; ελέγχω
Re'vier (*-s*; *-e*) *n* σταθμός; (*Bezirk*) περιοχή
Revi'sion *f Hdl.* έλεγχος; *jur.* αναθεώρηση (*-εις*); **~s-** αναθεωρητικός
Re'volte *f* στάση (*-εις*), εξέγερση (*-εις*)
Revolu'tion *f* επανάσταση (*-εις*)
Revolutio'när (*-s*; *-e*) *m* επαναστάτης; **2, ~s-** επαναστατικός
Re'volver *m* περίστροφο
Revue [ʀe'vy:] *f* επιθεώρηση (*-εις*)
Rezen'sion *f* βιβλιοκρισία
Re'zept (*-ẹs*; *-e*) *n* συνταγή; **2frei** χωρίς συνταγή (γιατρού)
Rezep'tion *f Hotel*: υποδοχή
re'zeptpflichtig με συνταγή γιατρού
Reze'ssion *f* ύφεση (*-εις*)
Rezi|ta'tion *f* απαγγελία; **2'tieren** απαγγέλλω
R-Gespräch *n* προπληρωμένη συνδιάλεξη (*-εις*)

R

Rhe'tor|ik *(0) f* ρητορική; **²isch** ρητορικός
Rheu|ma *(-s; 0) n* ρευματισμός, *mst. pl* -μοί; **²'matisch** ρευματικός; **~ma'tismus** *(-; 0) m s.* ***Rheuma***
Rhombus *(-; -ben) m* ρόμβος
rhyth|misch ρυθμικός; εύρυθμος; **²mus** *(-; -men) m* ρυθμός
richten *v/t (gerade machen)* (ι)σιάζω; *(verurteilen)* δικάζω; ***etw. ~ auf*** *A* κατευθύνω κτ προς; *Brief, Frage* ***~ an*** *A* απευθύνω προς; ***sich ~ nach*** *D* συμμορφώνομαι προς
Richter *m* δικαστής; κριτής; **~-** δικαστικός; **²lich** δικαστικός
richtig σωστός, ορθός; *Adv (a. = sehr)* (για) καλά; **²keit** *(0) f* ορθότητα; **~stellen** σιάζω
Richt|linie *f* κατευθυντήρια γραμμή; **~schnur** *f* γνώμονας
Richtung *f* κατεύθυνση *(-εις)*; διεύθυνση *(-εις)*; τάση *(-εις)*; ***in ~ auf*** *A* κατά *A*, προς; **~s·änderung** *f* μεταστροφή; *Auto*: αλλαγή πορείας; **²weisend** κατευθυντήριος *(-α, -ο)*
rieb *s.* ***reiben***
riechen *v/t, v/i* μυρίζω *(a.* ***an*** *D/A;* ***nach*** *D/A)*; *v/t a.* οσφραίνομαι *a. fig.*
rief *s.* ***rufen***
Riegel *m* μάνταλο(ς), σύρτης; *fig.* ***e-n ~ vorschieben*** *D* θέτω φραγμό σε
Riemen *m* λουρί, ιμάντας; *fig.* ***den ~ enger schnallen*** σφίγγω το λουρί
Riese *(-n) m* γίγ(αντ)ας, κολοσσός
rieseln *Regen*: ψιχαλίζω
riesengroß κολοσσιαίος *(-α, -ο)*
riesig θεόρατος, πελώριος *(-α, -ο)*
riet *s.* ***raten***
Riff *(-ęs; -e) n* ξέρα, ύφαλος
Rille *f* αυλακιά; *beim Reifen*: αυλάκωση *(-εις)*; **²n** ραβδώνω
Rind *(-ęs; -er) n* βόδι; βοδινός
Rinde *f* φλοιός; *Brot*: κρούστα
Rinderbraten *m* βοδινό ψητό
Rindfleisch *n* βοδινό (κρέας)
Ring *(-ęs; -e) m allg.* δαχτυλίδι; *Astr., Tech.* δακτύλιος; *(Kreis)* κύκλος; *Kette*: κρίκος
Ringe *m/pl Turnen*: κρίκοι *m/pl*
ring|en* παλεύω *(**um** A/*για*)*; **²en** *n* πάλη; **²er** *m* παλαιστής
Ring|finger *m* παράμεσος; **~kampf** *m* πάλη; **~kämpfer** *m* παλαιστής
rings: ~ *um* *A* γύρω από *od.* σε; **~herum** *Adv* γύρω, περίγυρα, *K* πέριξ
Rinn|e *f* αυλάκι; υδρορρόη; **²en*** *(sn)* ρέω, τρέχω; **~sal** *(-ęs; -e) n* ρυάκι
Rippe *f Anat.* πλευρό, παγίδι
Rippenfell *n* πλευρά; **~-** πλευρικός; **~entzündung** *f* πλευρίτιδα
Risiko *(-s; -ken) n* κίνδυνος; *Hdl.* ευθύνη
ris'k|ant επικίνδυνος, παρακινδυνευμένος; **~ieren** *v/t* διακινδυνεύω, ρισκάρω
riß *s.* ***reißen***
Riß [ɪ] *(-sses; -sse) m* ρήγμα *n a. fig.*, ράγισμα *n*, σχίσιμο *(-ατος)*; ***e-n ~ bekommen*** ραγίζω
rissig σχισμένος
ritt *s.* ***reiten***
Ritter *m hist.* ιππότης; **²lich** ιπποτικός
Ritu'al *(-s; -e) n* τυπικό
Ritze *f* σχισμάδα, χαραμάδα; **²n** χαράζω, σχίζω
Ri'val|e *m* ανταγωνιστής; αντίζηλος; **~i'tät** *f* αντιζηλία
Rizinusöl *n* ρετσινόλαδο
Roastbeef ['ʀo:stbi:f] *(-s; -s) n* ροσμπίφ *(0) n*
Robbe *f* φώκια, *K* φώκη
Roboter ['ʀɔbɔtɐ] *m* ρομπότ *(0) n*
ro'bust κοτσονάτος, εύρωστος
roch *s.* ***riechen***
röcheln αγκομαχώ
Rock *(-ęs; ⸚e) m* φούστα
rodeln *(sn)* γλιστρώ *(-άς)* με το έλκηθρο
rod|en εκχερσώνω, ξεχερσώνω; **²en** *n*, **²ung** *f* εκχέρσωση *(-εις)*
Rogen *m* ταραμάς, αυγά ψαριών
Roggen *m* σίκαλη, βρίζα; **~brot** *n* βριζόψωμο, σικαλίσιο ψωμί
roh *(unreif, a. brutal)* ωμός, *(ungebraten) a.* άψητος, άβραστος; *(unbearbeitet)* ακατέργαστος; **²bau** *m* γιαπί, ξερολιθιά
Roheit *f* ωμότητα
Roh|kost *f* ωμή φυτική τροφή; **~material** *n* ακατέργαστο υλικό; **~öl** *n* αργό πετρέλαιο
Rohr *(-ęs; -e) n Tech.* σωλήνας; *Bot.* καλάμι; *(-Stuhl)* ψάθινος
Röhr|chen *n* σωληνάριο; **~e** *f* σωλήνας; *Radio*: λυχνία
Rohrleger *m* υδραυλικός
Rohstoff *m* πρώτη ύλη

R

Rolladen (*-s*; *⌣*) *m* ρολό, παντζούρι
Rollbahn *f Flugw.* διάδρομος (απογειώσεως *bzw.* προσγειώσεως)
Rolle *f* καρούλι, ρόδα; (*Walze*) κύλινδρος; *Thea. a. fig.* ρόλος
rollen *v/t* (κατρα)κυλώ (*-άς*), τυλίγω; *v/i* κυλιέμαι
Roller *m* (*Spielzeug*) πατίνι
Rollkragenpullover *m* πουλόβερ (*0*) *n* με γυριστό γιακά
Rollschuh *m* (τροχο)πέδιλο, πατίνι; *~ laufen* πατινάρω
Roll|stuhl *m* κυλιστή καρέκλα; *~stuhlfahrer* *m* ανάπηρος; *~treppe* *f* αυτόματη *od.* κυλιόμενη σκάλα
Ro'man (*-s*; *-e*) *m* μυθιστόρημα *n*; **&isch** ρωμανικός; **~schriftsteller** *m* μυθιστοριογράφος
Ro'mant|ik (*0*) *f* ρομαντισμός; (*Gefühl*) ρομαντικότητα; **~iker** *m*, **&isch** ρομαντικός
römisch ρωμαϊκός
röntgen [-gən] ακτινοσκοπώ
Röntgen|arzt *m* ακτινολόγος; **~aufnahme** *f* ακτινογραφία; **~bild** *n s.* ***Röntgenaufnahme***; **~strahlen** *m/pl* ακτίνες Ραίντγκεν *od.* X *f/pl*
rosa (*0*) ρόδινος, ροζ (*0*)
Rose *f* τριαντάφυλλο, ρόδο
Rosen|kranz *m Rel.* κομπολόι; **~montag** *m* Καθαρά Δευτέρα
rosig ροδαλός, ρόδινος *a. fig.*
Ro'sine *f* σταφίδα
Rosmarin (*-s*; *0*) *m* δεντρολίβανο
Rost[1] (*-ęs*; *-e*) *m* σκάρα, εσχάρα; ***vom ~*** της σκάρας; **~**[2] (*-ęs*; *0*) *m* σκουριά; ***~ ansetzen*** σκουριάζω
rosten (*sn*) σκουριάζω, οξιδώνομαι
rösten [œ] καβουρδίζω; *Brot* φρυγανίζω; ψήνω
Röst|en *n* καβούρδισμα *n*; **~er** *m* (ηλεκτρική) φρυγανιέρα
rost|frei ανοξίδωτος; **~ig** σκουριασμένος; ***~ig werden*** σκουριάζω; **&schutzmittel** *n* αντιοξιδωτικό
rot κόκκινος *a. pol.*, *K* ερυθρός; ***&e(s) Kreuz*** Ερυθρός Σταυρός; ***~e Zahlen*** *f/pl etwa*: χρέη *n/pl*; ***~ werden*** κοκκινίζω; **&buche** *f* οξυά
Röte (*0*) *f* κοκκινάδα, ερυθρότητα; **~ln** *pl. Med.* ερυθρά; **&n** κοκκινίζω
ro'tieren περιστρέφομαι
Rot|kehlchen *n* κοκκινολαίμης (*-ηδες*); **~kohl** *m* κόκκινο λάχανο
rötlich [øː] κοκκινωπός
Rötung *f* κοκκίνισμα *n*
Rotwein *m* μαύρο κρασί
Rouge [ʀuːʒ] (*-s*; *-s*) *n* ρουζ (*0*) *n*
Route [uː] *f* δρομολόγιο, πορεία
Rou'tin|e [u·] (*0*) *f* ρουτίνα; **&iert** [-'niːʀt] ρουτινιέρικος
Rowdy ['ʀaʊdi·] (*-s*; *-s*) *m* τεντυμπόης (*-ηδες*); **~tum** (*-s*; *0*) *n* τεντυμποϊσμός
Rübe *f* γογγύλι; ***rote ~*** παντζάρι
rüber *s.* ***herüber, hinüber***
Ru'bin (*-s*; *-e*) *m* ρουμπίνι
Ru'brik *f* κατηγορία; στήλη; τίτλος
Ruck (*-ęs*; *-e*) *m* τίναγμα *n*, τράνταγμα *n*; ***sich e-n ~ geben*** κάνω καρδιά
Rückantwort *f* πληρωμένη απάντηση (*-εις*); **~karte** *f* κάρτα με πληρωμένη απάντηση
ruckartig απότομος; με κόλπο
Rückblick *m fig.* αναδρομή (**auf** *A*/σε); αναπόληση (*-εις*) (**auf** *A*/*G*)
rucken *v/i* τραντάζομαι
rücken *v/t* τραβώ (*-άς*), μετακινώ; *v/i* (*sn*) κάνω τόπο
Rücken *m* ράχη, πλάτη, νώτα *n/pl*, οπίσθια *n/pl*; ***auf dem*** *bzw.* ***den ~*** *Adv* ανάσκελα; *fig.* ***hinter dem ~*** πισώπλατα; ***den ~ kehren*** γυρνώ (*-άς*) την πλάτη
Rückenmark *n* νωτιαίος μυελός
Rück|fahrkarte *f* εισιτήριο με επιστροφή; **~fahrt** *f* επιστροφή, γυρισμός; **~fall** *m Med.*, *jur.* υποτροπή; **&fällig** *jur.* υπότροπος; **~flug** *m* πτήση επιστροφής; **~frage** *f* επερώτηση (*-εις*); **~führung** *f* επαναφορά; **~gabe** *f* επιστροφή, απόδοση (*-εις*); **~gang** *m nur fig.* πτώση (*-εις*); οπισθοχώρηση (*-εις*); *Hdl., der Leistung usw.* κάμψη (*-εις*)
rückgängig: ***~ machen*** ακυρώνω
Rück|grat (*-ęs*; *-e*) *n* ραχοκοκκαλιά, σπονδυλική στήλη; **~griff** *m allg.* αναδρομή; **~halt** *m* υποστήριξη; επιφύλαξη (*-εις*); **&haltlos** ανεπιφύλακτος; **~kehr** (*0*) *f* επιστροφή, γυρισμός; **~licht** *n Auto*: οπίσθιο φως; **~reise** *f* επιστροφή, γυρισμός; **~reiseverkehr** *m* συγκοινωνία επιστροφής
Rucksack *m* σακίδιο; **~tourismus** *m* τουρισμός με σακίδιο
Rückschlag *m Med.* υποτροπή, μετάπτωση (*-εις*); *fig.* δεινοπάθημα *n*

R

Rückschritt *m fig.* οπισθοδρόμηση (*-εις*); **≈lich** οπισθοδρομικός
Rück|seite *f* ανάστροφη, ανάποδη; **~sendung** *f* επιστροφή
Rücksicht *f* προφύλαξη (*-εις*); προσοχή; σεβασμός; **≈s·los** απερίσκεπτος
Rück|sitz *m* πισινό κάθισμα *n*; **~spiegel** *m* καθρέφτης οδηγήσεως; **~spiel** *n Sp.* αγώνας ρεβάνς
Rückstand *m* καθυστέρηση (*-εις*); *Tech.* κατάλοιπο; ***im ~ sein*** καθυστερώ
rückständig οπισθοδρομικός, καθυστερημένος
Rück|stau *m Tech.* ανάδρομο φράξιμο (*-ατος*); μποτιλιάρισμα *n*; **~tritt** *m* παραίτηση (*-εις*); *Fahrrad*: (φρένο) κόντρα
rückwärts πίσω; ***~ fahren**** (*sn*) κάνω όπισθεν; **≈gang** *m* όπισθεν (*0*) *f*
Rückweg *m* γυρισμός
rückwirk|end *jur.* αναδρομικός; **≈ung** *f* αντίχτυπος
Rück|zahlung *f* επιστροφή (χρημάτων); **~zug** *m* υποχώρηση (*-εις*)
Rudel *n* κοπάδι, αγέλη
Ruder *n* κουπί; **~boot** *n* βάρκα (κωπηλασίας); **~er** *m* κωπηλάτης
ruder|n τραβώ (*-άς*) κουπί, κωπηλατώ; **≈n** *n* κωπηλασία
Ruf (*-ęs*; *-e*) *m* φήμη, όνομα *n*; (*Rufen*) κλήση (*-εις*)
rufen* φωνάζω; (*a. herbei~*) καλώ; κραυγάζω
Ruf|name *m* (βαφτιστικό) όνομα *n*; **~nummer** *f* αριθμός κλήσης; **~zeichen** *n* σήμα *n* κλήσης
rügen μέμφομαι, επιτιμώ (*-άς*)
Ruhe (*0*) *f* ησυχία; ηρεμία; (*Schweigen*) σιγαλιά; (*Erholung*) ανάπαυση; ***~!*** σιωπή!; ***in aller ~*** με το πάσο μου; ***laß mich in ~!*** παράτα με
Ruhe|geld *n* σύνταξη (*-εις*); **≈los** ανήσυχος
ruhen ησυχάζω; (*nicht arbeiten*) αργώ; (*sich ausruhen*) αναπαύομαι
Ruhe|pause *f* ανάπαυση (*-εις*), διάλειμμα *n*; **~platz** *m* αναπαυτήριο
Ruhestand (*-ęs*; *0*) *m* συνταξιοδότηση (*-εις*); *mil.* αποστρατεία; ***einstweilige(r) ~*** διαθεσιμότητα; ***im ~ (i. R.)*** απόστρατος; συνταξιούχος (-α)
Ruhe|störung *f*: ***öffentliche ~störung*** διατάραξη (*-εις*) της κοινής ησυχίας; **~tag** *m* ημέρα αργίας
ruhig ήσυχος, ήρεμος; γαλήνιος (*-α, -ο*); **~stellen** *Med.* ακινητοποιώ; **≈stellung** *f* ακινητοποίηση (*-εις*)
Ruhm (*-ęs*; *0*) *m* δόξα
rühmen *v/t* δοξάζω; ***sich e-r S.*** (*G*) (*od.* ***mit*** *D*) ~ καυχιέμαι για
rühmlich αξιέπαινος, ένδοξος
ruhm|los άδοξος; **~voll** ένδοξος
Ruhr (*0*) *f Med.* δυσεντερία
Rühreier *n/pl* χτυπητά αβγά *n/pl*
rühren *v/t* (*durch~*) ανακινώ; ανακατεύω; *fig.* συγκινώ; *v/i* ***~ an*** *D* ακουμπώ (*-άς*) *A*; *fig.* θίγω *A*; ***sich ~*** κινούμαι, σαλεύω; **~d** συγκινητικός
rührselig αισθηματικός
Rühr|stab *m* χτυπητήρι; **~ung** (*0*) *f* συγκίνηση (*-εις*)
Ruin [ʀuˈiːn] (*-s*; *0*) *m* καταστροφή, αφανισμός; **~e** *f* ερείπιο
ruiˈnier|en *v/t* καταστρέφω; αφανίζω; **~t** κατεστραμμένος
rülpsen F ρεύομαι
Rum [ʊ] (*-s*; *0*) *m* ρούμι
rumkriegen F *j-n* ψήνω
Rummel (*-s*; *0*) *m* φασαρία, αναμπουμπούλα; (*Jahrmarkt*) πανηγύρι
Rumpf (*-ęs*; *⸚e*) *m* κορμός
rümpfen: *die Nase ~ über* *A* στραβομουτσουνιάζω για
Rumpsteak [-steːk] *n* μπονφιλέ (*0*) *n*
rund *a. Zahl*: στρογγυλός; κυκλοτελής 2; ολοκληρωμένος; (*etwa*) περίπου
Rund|bau *m* ροτόντα; **~blick** *m* πανόραμα *n*; **~bogen** *m* καμάρα
Runde *f* (*Sport, Verhandlungs≈*) γύρος; κύκλος; (*Gruppe*) παρέα
Rund|fahrt *f*, **~flug** *m* γύρος
Rundfunk *m* ραδιοφωνία; *s. a.* ***Radio***; ***~- und Fernsehnetz*** δίκτυο ραδιοφωνίας και τηλεόρασης; **~gerät** *n* ραδιόφωνο; **~gesellschaft** *f* ίδρυμα *n* ραδιοφωνίας; **~programm** *n* ραδιοπρόγραμμα *n*; **~sender** *m* (ραδιο)πομπός; **~sendung** *f* ραδιοφωνική εκπομπή; **~station** *f* ραδιοφωνικός σταθμός
Rund|gang *m* περιδιάβαση (*-εις*); **≈heraus** σταράτα, ξάστερα; **≈herum** ολόγυρα
rundlich στρογγυλωπός; *Person*: παχουλός

Rundreise *f* περιήγηση (-εις), περιοδεία; ***e-e ~ machen*** περιοδεύω
Rund|schreiben *n* εγκύκλιος *f*; **~ung** *f* στρογγυλότητα; καμπύλη
runter *s.* ***hinunter, herunter***
Runzel *f* ζαρωματιά, ρυτίδα; ***~n bekommen,* ᴥn** ζαρώνω; ***die Stirn* ᴥn** σουφρώνω τα φρύδια (μου), κατσουφιάζω
runzlig ρυτιδωμένος
rupfen *a. fig.* ξεπουπουλιάζω, μαδώ (-άς); ᴥ *n* μάδημα *n*
ruppig *fig.* αυθάδης 2, βάναυσος
Ruß [uː] (-*es*; *0*) *m* καπνιά, αιθάλη
Rüssel *m Elefant*: προβοσκίδα; *Schwein*: ρύγχος *n*
rüsten εξοπλίζω; ετοιμάζω
rüstig εύρωστος, καλοστεκούμενος
rusti'kal χωριάτικος
Rüstung *f* εξοπλισμός; (*Ritter*ᴥ) πανοπλία; **~s·industrie** *f* πολεμική βιομηχανία
Rute *f* βέργα; (*Schwanz*) ουρά; **~n·gänger(in** *f*) *m* ραβδοσκόπος *m, f*
Rutsch [ʊ] (-*es*; -*e*) *m* γλίστρημα *n*; F ***guten ~ (ins neue Jahr)!*** καλή χρονιά!
Rutsche [ʊ] *f* τσουλήθρα; **ᴥn** (*sn*) γλιστρώ (-άς); *Auto a.* ντεραπάρω, **~n** *n* γλίστρημα *n*; ντεραπαρισμα *n*
rutschfest αντιολισθιτικός
rütteln τραντάζω; *fig.* θίγω

S

Saal (-*es*; *Säle*) *m* αίθουσα, σάλα
Saat *f* σπορά, σπαρτά *n/pl*; **~korn** *n* σπόρος; **~krähe** *f* κουρούνα
Sabbat (-*s*; -*e*) *m* Σάββατο
Säbel *m* σπάθα, σπαθί
Sabo|tage [-'taːʒə] *f* σαμποτάζ (*0*) *n*; **~'teur** (-*s*; -*e*) *m* σαμποτέρ (*0*) *m*; **ᴥ'tieren** σαμποτάρω
Sach|bearbeiter *m etwa*: αρμόδιος υπάλληλος; **ᴥdienlich** ωφέλιμος
Sache *f* πρά(γ)μα *n*; (*Angelegenheit*) δουλειά, υπόθεση (-εις) *a. jur.*; (*Thema*) θέμα *n*; ***bei der ~ bleiben, zur ~ kommen*** μένω ..., έρχομαι στο προκείμενο
sach|gemäß κατάλληλος; **ᴥkenner** *m* εμπειρογνώμονας; **ᴥkenntnis** *f* πραγματογνωσία; **~kundig** έμπειρος, γνώστης; **ᴥlage** *f* περιστατικά *n/pl*; **ᴥleistung** *f* παροχή σε είδος
sachlich αντικειμενικός
sächlich *Gr.* ουδέτερος
Sachlichkeit *f* αντικειμενικότητα
Sachschaden *m* υλική ζημία
Sachverhalt (-*es*; -*e*) *m* τα γεγονότα, κατάσταση (-εις) πραγμάτων
sachverständig, ᴥe(r) πραγματογνώμονας
Sack (-*es*; *¨e*) *m* σακί, τσουβάλι
Sackgasse *f* αδιέξοδος *f*; *fig.* αδιέξοδο
Sa'dis|mus (-; *0*) *m* σαδισμός; **~t** (-*en*) *m* σαδιστής; **ᴥtisch** σαδιστικός
säen σπέρνω *a. fig.*
Safe [seɪf] (-*s*, -*e*) *m, n* χρηματοκιβώτιο; (τραπεζική) θυρίδα
Saft (-*es*; *¨e*) *m* χυμός; (*allg. u. Fleisch*ᴥ) ζουμί; **ᴥig** χυμώδης 2, ζουμερός
Sage *f* μύθος, θρύλος
Säge *f* πριόνι
sagen λέω (***j-m etw.***/κτ σε κπ); ***etw. ~ zu*** *e-m Thema* λέω για; ***~ lassen*** (*bestellen*) παραγγέλνω; ***sich*** (*D*) ***~*** λέω στον εαυτό μου *od.* μέσα μου; ***leicht gesagt*** εύκολα λέγεται; ***gesagt, getan*** άμ' έπος, άμ' έργον; ***was ~ Sie dazu?*** πώς σας φαίνεται; ᴥ ***n: das*** ᴥ ***haben*** κουμαντάρω
sägen πριονίζω; ᴥ *n* πριόνισμα *n*
sagenhaft μυθικός
Sägespäne *m/pl* πριονίδια *n/pl*
sah *s.* ***sehen***
Sahne (*0*) *f* καϊμάκι, κρέμα, αφρόγαλο *n*
Saison [-'zɔ̃ː] *f* σεζόν (*0*) *f*, εποχή
Saite *f* χορδή; **~n·instrument** *n* έγχορδο όργανο
Sakko (-*s*; -*s*) *m* σακάκι

Sakra'ment (*-es; -e*) *n* μυστήριο; **~e** *n/pl* (άχραντα) μυστήρια *n/pl*
Sala'mander *m* σαλαμάντρα
Sa'lami (*-; -s*) *f* σαλάμι
Sa'lat (*-es; -e*) *m* σαλάτα *a. fig.*
Salbe *f* αλοιφή
salben χρίζω, μυρώνω
Saldo (*-s; -s/-den*) *m* υπόλοιπο
Sa'line *f* αλυκή
Salmiakgeist (*-es, 0*) *m* αμμωνία
Salmo'nelle *f* σαλμονέλα
Salon [za'lɔŋ] (*-s; -s*) *m* σαλόνι
Salto (*-s; -s*) *m* σάλτο(ς), πήδημα *n*
Sa'lut (*-es; -e*) *m mil.* χαιρετισμός; **Sieren** [-'ti:-] χαιρετώ (*-άς*)
Salve *f* ομοβροντία, ριπή
Salz (*-es; -e*) *n* αλάτι; *Chem.* άλας (*-ατος*) *n*
salzen (*-t; gesalzen*) αλατίζω
Salz|gebäck *n* αλμυρά μπισκότα *n/pl*; **~gurke** *f* αγγούρι τουρσί
salzig αλμυρός; αλατούχος (*-α, -ο*)
Salz|kartoffeln *f/pl* πατάτες βραστές *f/pl*; **~lake** *f* σαλαμούρα, άλμη; **~säure** (*0*) *f* υδροχλωρικό οξύ (*-έος*)
Same (*-ns; -n*) *m* σπόρος, σπέρμα *n*; **~n•erguß** *m* εκσπερμάτωση (*-εις*); **~zelle** *f* σπερματοζωάριο
sammeln μαζεύω, συλλέγω, συναθροίζω; *Reichtümer*: θησαυρίζω
Samml|er *m a. Tech.* συλλέκτης; **~ung** *f* συλλογή; *geistig*: συγκέντρωση (*-εις*)
Samstag (*-es; -e*) *m* Σάββατο
samt *Präp D* μαζί με *od.* και *N*
Samt (*-es; -e*) *m* βελούδο; **~-**, **Sen** βελουδένιος (*-α, -ο*), βελούδινος
sämtliche όλοι οι; **~ *Werke*** άπαντα
Sana'torium (*-s; -rien*) *n* αναρρωτήριο, σανατόριο
Sand (*-es; selten -e*) *m* άμμος *f*
San'dale *f* πέδιλο, σαντάλι
Sand|bank *f* αμμουδιά, ξέρα; **Sig** αμμώδης 2, αμμουδερός; **~papier** *n* γυαλόχαρτο; **~stein** *m* αμμόλιθος; **~strand** *m* αμμουδιά, πλαζ (*0*) *f*
sanft ήπιος (*-α, -ο*), πράος (*o. f.*); **~-** γλυκο-; **Sheit** (*0*) *f* πραότητα
sang *s.* ***singen***
Sänger *m* τραγουδιστής; *Rel. u. fig.* ψάλτης; *hist.* ραψωδός; **~in** *f* τραγουδίστρια
sa'nier|en *v/t* εξυγιαίνω *a. Hdl.*; **Sung** *f* εξυγίανση (*-εις*)
Sani'tär•anlagen *f/pl* εγκαταστάσεις *f/pl* υγιεινής
Sani'tät|er *m* νοσοκόμος; *mil.* τραυματιοφορέας; **~s-** υγειονομικός
sank *s.* ***sinken***
Sank'tion *f* (επι)κύρωση (*-εις*)
sann *s.* ***sinnen***
Saphir (*-s; -e*) *m* ζαφείρι
Sar'delle *f*, **Sar'dine** *f* σαρδέλα
Sarg (*-es; ¨e*) *m* φέρετρο
sar'kastisch σαρκαστικός
Sarko'phag (*-s; -e*) *m* σαρκοφάγος *f*
saß [a:] *s.* ***sitzen***
Satan (*-s; -e*) *m a. fig.* Σατανάς (*-άδες*)
Satel'lit (*-en*) *m* δορυφόρος; ***künstliche(r)* ~** τεχνητός δορυφόρος; **~enfernsehen** *n* δορυφορική τηλεόραση; **~en•stadt** *f* πόλη-δορυφόρος
Satin [za'tɛŋ] (*-s; -s*) *m* σατέν (*0*) *n*
Sa'tir|e *f* σάτιρα; **~iker** *m*, **Sisch** σατιρικός
satt χορτάτος, χορτασμένος; *e-e Sache* (*A*) *od.* ***es ~ haben*** βαριέμαι (*A*) (*Aor* βαρέθηκα); ***~ machen, ~ werden*** χορταίνω
Sattel (*-s; ¨*) *m* σέλα; σαμάρι
satteln σελώνω
Sa'turn (*-s; 0*) *m* Κρόνος
Sa'tyr (*-s; -e*) *m* σάτυρος
Satz (*-es; ¨e*) *m* φράση (*-εις*), *Gr.* πρόταση (*-εις*); *Tech.* σειρά; (*BodenS*) κατακάθι; *Typ.* στοιχειοθεσία; πρέφα; **~bau** (*-es; 0*) *m* δομή της φράσης; σύνταξη; **~teil** *m* μέρος *n* της πρότασης; **~ung** *f* καταστατικό; **~zeichen** *n* σημείο στίξης
Sau (*-; Säue*) *f* γουρούνα, σκρόφα
sauber καθαρός; παστρικός; **Skeit** (*0*) *f* καθαριότητα, πάστρα
saubermachen καθαρίζω, παστρεύω
säuber|n *a. fig.* (ξε)παστρεύω, καθαρίζω (**von** *D*/ από); *bsd. pol.* εκκαθαρίζω; **Sung** *f* καθάρισμα *n*; εκκαθάριση (*-εις*); **Sungs-** εκκαθαριστικός
Saubohne *f* κουκί
sau|er (*a. saurer*) ξινός; *Chem.* οξύς (*-εία, -ύ*); ***~re Milch*** ξινόγαλο; ***~er werden*** ξινίζω; *fig.* F τσαντίζομαι
Saue'rei *f* P βρομοδουλειά
Sauerkirsch|e *f* βύσσινο; **~baum** *m* βυσσινιά; **~saft** *m* βυσσινάδα
Sauer|kohl (*-es; 0*) *m*, **~kraut** (*-es; 0*) *n* λάχανο τουρσί

S

säuerlich υπόξινος; στυφός
Sauerstoff (*-ęs; 0*) *m* οξυγόνο
Sauerteig *m* προζύμη, μαγιά
saufen μεθοκοπώ (*-άς*); *Tier*: πίνω
Säufer *m* P μεθύστακας
Saufe'rei *f* P μεθοκόπι
saugen (*a.* *) *allg.* ρουφώ (*-άς*); *Tech.* αναρροφώ (*-άς*); *Tier*: βυζαίνω; θηλάζω
säugen *v/t* βυζαίνω, θηλάζω; *a. fig.* γαλουχώ; ♀ *n* θηλασμός
Säugetier *n* θηλαστικό
Säugling (*-s; -e*) *m* βρέφος *n*, βυζανιάρικο; **~s·pflege** *f* βρεφοκομία
Säule *f* κολόνα, κίονας
Saum (*-ęs; ⁻e*) *m* ρέλι, ποδόγυρος, ούγια; (*Rand*) κράσπεδο, παρυφή
säumen *v/t* (*einfassen*) ρελιάζω, στριφώνω; ♀ *n* στρίφωμα *n*
Sauna (*-; -s od. -nen*) *f* σάουνα
Säure *f* οξύ (*-έος*) *n*; ξινάδα; **~gehalt** *m* οξύτητα
Saus: ***in ~ und Braus leben*** περνώ ζωή και κότα
sausen (*sn*) *v/i* βουίζω; τρέχω ολοταχώς; *Kugel*: σφυρίζω
Sau|stall *m fig.* αχούρι; **~wetter** *n* διαβολόκαιρος
Saxo'phon (*-s; -e*) *n* σαξόφωνο
S-Bahn ['ˀɛsba:n] *f* = ***Schnellbahn in Städten*** ηλεκτρικός; αστικό τρένο; **~hof** *m* σταθμός του ηλεκτρικού; **~netz** *n* δίκτυο ηλεκτρικού
Schab|eisen *n* ξυστήρι; ♀**en** ξύνω
schäbig τριμμένος; ευτελής 2
Scha'blone *f* καλούπι; χνάρι; *fig.* ρουτίνα; ♀**n·haft** στερεότυπος
Schach (*-s; 0*) *n* σκάκι; **~brett** *n* σκακιέρα; **~figur** *f* πιόνι, πεσσός; **~spiel** *n* σκάκι; **~er** *m* σκακιστής
Schacht (*-ęs; ⁻e*) *m Bergwerk*: πηγάδι
Schachtel *f* κουτί, κουτάκι
schade κρίμα; ***wie ~!*** τι κρίμα!; ***~, daß*** ... κρίμα που ...
Schädel *m* κρανίο, καύκαλο; **~bruch** *m* κάταγμα *n* κρανίου
schaden (*D/A*) ζημιώνω; *j-m* βλάφτω; πειράζω; ***es ~et nichts*** δεν πειράζει, δε βλάφτει
Schaden (*-s; ⁻*) *m* βλάβη, ζημία (***an*** *D*/σε); ***ohne ~*** αζημίωτος; ***~ erleiden*** παθαίνω ζημία; **~ersatz** *m* αποζημίωση (*-εις*); **~ersatz·anspruch** *m* αξίωση (*-εις*) αποζημιώσεως; **~freude** (*0*) *f* χαιρεκακία; ♀**froh** χαιρέκακος; **~s·fall** *m* περίπτωση (*-εις*) ζημίας; **~s·regelung** *f* διακανονισμός ζημίας
schadhaft ελαττωματικός
schädigen ζημιώνω, βλάφτω
schädlich βλαβερός, επιζήμιος (*-α, -ο*); ♀**keit** (*0*) *f* βλαβερότητα
Schädling (*-s; -e*) *m* παράσιτο
Schad|stoffe *m/pl* ρυπαίνουσες ουσίες *f/pl*, ρύποι *m/pl*; ♀**stoff·arm** ολιγορυπαντικός
Schaf (*-ęs; -e*) *n* πρόβατο
Schäfer *m* τσομπάνος, βοσκός; **~hund** *m* τσομπανόσκυλο
Schaf·fell *n* προβιά
schaffen[1] προλαβαίνω; *Ordnung* επιβάλλω; (*fertigbringen*) κατορθώνω; (*aufessen*) καταφέρνω; (*transportieren*) μεταβιβάζω; *allg.* **es ~** τα καταφέρνω; ***es ~, zu ...*** προφταίνω να ...
schaffen[2]* δημιουργώ; ♀**s·kraft** (*0*) *f* δημιουργικότητα
Schaf·fleisch *n* πρόβειο κρέας
Schaffner *m* εισπράκτορας
Schaffung *f* δημιουργία
Scha'fott (*-ęs; -e*) *n* ικρίωμα *n*
Schafs·käse *m* φέτα
Schaft (*-ęs; ⁻e*) *m Bot.* στέλεχος *n*; *Gewehr*: κοντάκι; *Säule*: κορμός
Schafwolle *f* πρόβειο μαλλί
Schah (*-s; -s*) *m* σάχης
Scha'kal (*-s; -e*) *m* τσακάλι
Schal (*-s; -s*) *m* σάλι
schal γλυκανάλατος; *fig.* σαχλός
Schale *f* πιατέλα; (*Obst*♀) φρουτιέρα; *e-r Zitrone usw.* φλούδι; (*Eier*♀, *Nuß*♀) τσόφλι; (*Muschel*♀) όστρακο
schälen *Obst* καθαρίζω
Schall (*-ęs; -e*) *m* ήχος; **~dämpfer** *m* σιγαστήρας; *Auto*: σιλανσιέ (*0*) *n*; ♀**en** ηχώ; **~geschwindigkeit** *f* ταχύτητα ήχου; **~mauer** (*0*) *f* φράγμα *n* του ήχου; **~platte** *f* δίσκος; **~welle** *f* ηχητικό κύμα *n*
schalt *s.* ***schelten***
schalten (*handhaben*) (δια)χειρίζομαι; *El.* συνδέω; παρεμβάλλω; *Gang* βάζω
Schalter *m* (*Post- usw.*) θυρίδα, γκισέ (*0*) *n*; *El.* διακόπτης; **~beamte(r)** υπάλληλος θυρίδας; **~schluß** *m* κλείσιμο θυρίδας; **~stunden** *f/pl* ώρες *f/pl* θυρίδας

Schalt|hebel *m* μοχλός αλλαγής ταχύτητας; **~jahr** *n* δίσεκτο έτος; **~tafel** *f* ταμπλό, πίνακας διανομής; **~ung** *f El.* ζεύξη, σύνδεση (*-εις*)
Scham (*0*) *f* ντροπή, αισχύνη
schämen: *sich ~ wegen* *G* ντρέπομαι για; αισχύνομαι για
Scham|gefühl *n* αίσθημα *n* ντροπής; **&haft** ντροπαλός; **&los** αναίσχυντος; **~losigkeit** *f* αναισχυντία
Schande (*0*) *f* ντροπή, καταισχύνη
schänd|en ατιμάζω; *Kirche* βεβηλώνω; **&er** *m* ατιμαστής
schändlich αισχρός, ατιμωτικός; **&keit** *f* ατιμία, αισχρότητα
Schandtat *f* κακούργημα *n*
Schändung *f* ατίμωση (*-εις*); βιασμός; βεβήλωση (*-εις*)
Schanze *f* οχύρωμα *n*
Schar *f* κοπάδι, μπουλούκι
scharen: *um sich* (*A*) **~** συσπειρώνω; συναθροίζω
scharf *Messer*: κοφτερός; *Blick*: διαπεραστικός; *Verstand*: διορατικός; οξύς (*-εία, -ύ*); *Kälte, Worte*: τσουχτερός
Schärfe *f* οξύτητα; διορατικότητα; **&n** οξύνω, ακονίζω
Scharf|richter *m* δήμιος; **&schießen** σημαδεύω; **~schütze** *m* σκοπευτής
Scharfsinn (*-ęs; 0*) *m* αγχίνοια
Scharlach (*-s; 0*) *m Med.* οστρακιά
Scharlatan (*-s; -e*) *m* τσαρλατάνος; απατεώνας; **~e'rie** *f* τσαρλατανιά
Schar'nier (*-s; -e*) *n* (ε)ρεζές (*-έδες*), στρόφιγγα
Schärpe *f* (ε)σάρπα
scharren σκαλίζω
Scharte *f* εγκοπή; ρωγμή
Schaschlik (*-s; -s*) *m* σουβλάκι
Schatten *m a. fig.* σκιά, ίσκιος; *30 Grad* **im ~** υπό σκιάν; *fig.* **in den ~ stellen** επισκιάζω
schat'tier|en σκιάζω; **&ung** *f* σκίαση (*-εις*), απόχρωση (*-εις*)
schattig σκιερός, απόσκιος (*-α, -ο*)
Schatz (*-es; ⸚e*) *m* θησαυρός
schätzen *v/t etwas* εκτιμώ (*-άς*); υπολογίζω (**auf** *A*/σε); (*achten*) εκτιμώ; θεωρώ
Schatz|kammer *f* θησαυροφυλάκιο; **~meister** *m* θησαυροφύλακας
Schätzpreis *m* υποθετική τιμή
Schätzung *f* εκτίμηση (*-εις*); υπολογισμός; **&s·weise** κατά προσέγγιση
Schau *f* επίδειξη (*-εις*); έκθεση (*-εις*); ***zur ~ stellen*** επιδεικνύω
Schauder (*-s; 0*) *m a. fig.* ρίγος *n*, φρίκη; **&haft** φρικιαστικός; **&n** ριγώ, ανατριχιάζω (**vor** *D*/από)
schauen κοιτάζω; *s.* ***anschauen***
Schauer *m s.* ***Schauder***; (*Regen&*) μπόρα, μπουρίνι; **&lich** φρικτός, φρικιαστικός
Schaufel *f* φτυάρι, φκυάρι; (*Mehl&, Zucker&*) σέσουλα; **&n** φτυαρίζω
Schaufenster *n* βιτρίνα, προθήκη; **~bummel** *m* βόλτα στις βιτρίνες; **~puppe** *f* μανεκέν-κούκλα
Schaukel *f* κούνια; **&n** *v/i* κουνιέμαι, αιωρούμαι; *Boot*: λικνίζομαι; *v/t* κουνώ (*-άς*); λικνίζω; **~n** *n* κούνημα *n*; **~stuhl** *m* κουνιστή πολυθρόνα
schaulustig περίεργος
Schaum (*-ęs; ⸚e*) *m* αφρός; **~bad** *n* αφρόλουτρο
schäumen *a. fig.* αφρίζω (**vor** *D*/από); *fig.* κοχλάζω (**vor** *D*/από)
Schaum|stoffmatratze *f* στρώμα *n* αφρολέξ (*0*); **~wein** *m* σαμπάνια
Schau|platz *m etwa*: τόπος; **~prozeß** *m* παραδειγματική δίκη
Schauspiel *n* θέαμα *n*; δράμα *n*; **~er** *m* ηθοποιός; **~erin** *f* ηθοποιός *f*
Scheck (*-s; -s*) *m* τσεκ (*0*) *n*, επιταγή; **~gebühr** *f* τέλος *n* επιταγής; **~heft** *n* βιβλιάριο επιταγών; **~karte** *f* κάρτα επιταγών
Scheibe *f* δίσκος; *Brot*: φέτα; φελί; (*Glas&*) τζάμι, γυαλί; **~n·schießen** *n* σκοποβολή; **~n·wischer** *m* παρμπρίζ (*0*) *n*, υαλοκαθαριστήρας
Scheich (*-s; -s od. -e*) *m* σεΐχης (*-ηδες*)
Scheide *f Anat.* κόλπος; θηκάρι
scheiden* *v/t* χωρίζω; *Ehe* χωρίζω, διαλύω; *v/i* (*sn*) **von j-m ~** αποχωρίζομαι από κπ; ***sich ~ lassen von*** *D* χωρίζω (από) *A*, παίρνω διαζύγιο από
Scheidung *f* χωρισμός; (*Ehe&*) χωρισμός, διαζύγιο
Schein (*-ęs; -e*) *m* (*Glanz*) λάμψη (*-εις*); (*Anschein*) προσποίηση (*-εις*); όψη (*-εις*); (*Bescheinigung*) πιστοποιητικό; (*Gepäck& usw.*) δελτίο; (*Geld&*) χαρτονόμισμα *n*
scheinbar φαινομενικός
schein|en* *Sonne*: λάμπω, φέγγω; (*den*

S

Anschein haben) φαίνομαι; ***mir ~t*** (***daß***) μου φαίνεται (ότι *od.* πως)
scheinheilig *fig.* υποκριτής 3; **&keit** *f* υποκρισία
Scheintod *m* νεκροφάνεια
Scheinwerfer *m* προβολέας; *Auto a.*: φανός, φανάρι
Scheiß|e (*0*) *f* V σκατά *n/pl*; **&en*** V χέζω
Scheitel *m Haar*: χωρίστρα
Scheiterhaufen *m* πυρά
scheitern (*sn*) *Plan usw.*: αποτυχαίνω; ναυαγώ; & *n* αποτυχία; ναυάγιο; ***zum & bringen*** ματαιώνω
Schelte *f* κατσάδα; ***~ bekommen*** τρώω κατσάδες; **&n*** κατσαδιάζω
Schema (*-s*; *-ta*) *n* σχήμα *n*; πρότυπο
sche'matisch σχηματικός
Schemel (*-s*; *-*) *m* σκαμνί
Schenke *f* καπηλειό
Schenkel *m a. Math.* σκέλος *n*; *Anat.* (*Ober&, Keule*) μηρός, μερί, μπούτι
schenken χαρίζω (***j-m etw.***/κτ σε κπ), δωρίζω; *Gehör, Glauben* δίνω
Schenk|er *m* δωρητής; **~ung** *f* δωρεά
Scherbe *f* σύντριμμα *n*, θρύψαλο
Schere *f* ψαλίδι, ψαλίδα; (*Krebs&*) δαγκάνα
scher|en* *Schaf* κουρεύω; (*scherte*) (= *kümmern*) ***es ~t mich nicht*** δε με νοιάζει; ***~ dich zum Teufel!*** άμε *od.* ά(ντε) στο διά(β)ολο!
Schererei *f*: **~en** *pl* τράβαλα *n/pl*; μπελάς (*-άδες*), φασαρία
Scherz (*-es*; *-e*) *m* αστείο, χωρατό; ***im ~*** στ' αστεία; ***zum ~*** για αστείο
scherzen αστειεύομαι
scherzhaft αστείος (*-α, -ο*); *Adv* χωρατά
scheu δειλός, ντροπαλός
Scheu (*0*) *f* συστολή, δειλία, ατολμία
scheuen *v/t* αποφεύγω; ***die Arbeit ~*** φυγοπονώ; *v/i Pferd*: ξιπάζομαι
Scheuer|lappen *m* σφουγγαρόπανο; **~leiste** *f* περβάζι δαπέδου
scheuern σφουγγαρίζω
Scheune *f* αχυρώνας
Scheusal (*-s*; *-e*) *n* τέρας (*-ατος*) *n*
scheußlich απαίσιος (*-α, -ο*), σιχαμένος
Schi *s.* ***Ski***
Schicht *f a. fig.* στρώμα *n*; (*Lage*) σειρά; *Geol.* κοίτασμα *n*; *Arbeit*: βάρδια
schichten στοιβάζω; στρώνω
schick σικ (*0*), κομψός; & (*-es*; *0*) *m* κομψότητα
schick|en στέλνω (***j-m etw.***/κτ σε κπ); ***mit der Post ~en*** ταχυδρομώ; ***es ~t sich*** αρμόζει, ταιριάζει; **&e'ria** (*0*) *f etwa*: πλούσιοι (υπερ)μοντέρνοι *m/pl*
Schicksal (*-s*; *-e*) *n* μοίρα, πεπρωμένο; τύχη; **&haft** μοιραίος (*-α, -ο*)
schieben* σπρώχνω; ωθώ, σέρνω; *fig. Schuld* επιρρίπτω (***auf*** *A*/σε); *v/i* (*schachern*) αισχροκερδώ
Schieber *m* σύρτης; *fig.* μαυραγορίτης
Schiebetür *f* συρτή πόρτα
Schiebung *f* F *mit Waren* καπηλεία; (*Betrug*) κομπίνα, απάτη
Schieds|gericht *n* διαιτητικό δικαστήριο; **~richter** *m* διαιτητής *a. Sp.*; **~spruch** *m* διαιτητική απόφαση (*-εις*); **~verfahren** *n* διαιτησία
schief στραβός, λοξός; *a. Math.* επικλινής 2; πλάγιος (*-α, -ο*); ***j-n ~ ansehen*** στραβοκοιτάζω κπ
Schiefer *m* σχιστόλιθος; **~platte** *f* σχιστόπλακα; **~tafel** *f* πλάκα
schiefgehen* (*sn*) F πάω στραβά *od.* στράφι
schien *s.* ***scheinen***
Schienbein *n* κνήμη, F καλάμι
Schiene *f Esb.* σιδηροτροχιά, ράγια; βέργα; *Med.* νάρθηκας; **~n·verkehr** *m* σιδηροδρομική συγκοινωνία
schießen* πυροβολώ (***auf j-n***/κπ); *Kugel* φυτεύω; σημαδεύω (***j-m in*** *A*/κπ σε); & *n* πυροβολισμός
Schieße'rei *f* πυροβολισμός
Schießscheibe *f* σκοπός, σημάδι
Schiff (*-es*; *-e*) *n* πλοίο, καράβι; βαπόρι; *a. fig.* σκάφος *n*
Schiffahrt (*0*) *f* ναυσιπλοΐα, ναυτιλία
schiffbar *Fluß*: πλωτός
Schiffbau (*-es*; *0*) *m* ναυπηγική
Schiffbruch *m a. fig.* ναυάγιο; ***~ erleiden*** *a. fig.* ναυαγώ
schiffbrüchig, &e(r) ναυαγός
Schiffs|agentur *f* γραφείο ναυτιλιακής εταιρείας; **~besatzung** *f* πλήρωμα *n*; **~fracht** *f* ναύλο; **~junge** *m* μούτσος; **~papiere** *n/pl* ναυτιλιακά έγγραφα *n/pl*; **~register** *n* νηολόγιο; **~reise** *f* πλους (*-ου*); **~schraube** *f* προπέλα

S

Schi'ka|ne *f* καψώνι, πείραγμα *n*; **≈'nieren** κάνω καψώνια σε
Schild[1] (-*ès*; -*er*) *n* πινακίδα; ταμπέλα; (*Firmen≈*) επιγραφή
Schild[2] (-*ès*; -*e*) *m* (*Schutz≈*) ασπίδα; (*Wappen≈*) θυρεός; **~drüse** *f* θυρεοειδής αδένας
schilder|n (*ausführlich*) εξιστορώ; *kurz*: διαγράφω; **≈ung** *f* εξιστόρηση (-*εις*)
Schildkröte *f* χελώνα
Schilf (-*ès*; -*e*) *n* καλάμι; καλαμιώνας
schillern λαμπυρίζω
Schilling (-*s*; -*e*) *m* σελίνι(ο)
Schimmel[1] (-*s*; *0*) *m* (*~pilz*) μούχλα
Schimmel[2] *m* άσπρο άλογο
schimmel|ig μουχλιασμένος; ***~ig werden***, **~n** (*sn*) μουχλιάζω
Schimmer *m* αμυδρή λάμψη (-*εις*); *fig*. ιδέα; **≈n** λαμπυρίζω, αναλάμπω
Schim'panse (-*n*) *m* χιμπαντζής (-*ήδες*)
Schimpf|- υβριστικός; **≈en** (υ)βρίζω, κατσαδιάζω; **~wort** *n* βρισιά
schind|en* γδέρνω; ταλαιπωρώ; **≈e'rei** *f fig*. ταλαιπωρία
Schinken *m* ζαμπόν (*0*)
Schippe *f* φτυάρι; **≈n** φτυαρίζω
Schirm (-*ès*; -*e*) *m* ομπρέλα
Schirm|herr *m* προστάτης; **~herrschaft** *f* προστασία; ***unter der ~herrschaft*** *G od.* ***von*** *D* υπό την αιγίδα *G*; **~ständer** *m* ομπρελοθήκη
schizo'phren σχιζοφρενικός
Schlacht *f* μάχη; **≈en** σφάζω; **~enbummler** *m Sp*. θεατής; **~en** *n* σφαγή
Schlächt|er *m* χασάπης (-*ηδες*), κρεοπώλης; (*a. Mörder*) σφάχτης; **~e'rei** *f* χασάπικο, κρεοπωλείο
Schlacke *f* κατάλοιπο
Schlaf (-*ès*; *0*) *m* ύπνος; (*Winter≈*) νάρκη; **~anzug** *m* πιτζάμα; **~decke** *f* κουβέρτα
Schläfe *f* μελίγγι, κρόταφος
schlafen* κοιμάμαι (-*άσαι*); ***~ gehen*** πηγαίνω (*od.* πέφτω) να κοιμηθώ; ***~ Sie gut!*** καλόν ύπνο!
Schläfer *m* κοιμισμένος
schlaff πλαδαρός
schlaf|los άυπνος; ***e-e ≈lose Nacht verbringen*** ξενυχτάω; **≈losigkeit** (*0*) *f* αϋπνία; **≈mittel** *n* υπνωτικό
schläfrig νυσταγμένος, μαχμουρλής (-*ού*); *a. fig.* κοιμισμένος
Schlaf|sack *m* υπνόσακος; **~tablette** *f* υπνωτικό χάπι; **~wagen** *m* βαγκονλί (*0*) *n*, κλινάμαξα; **~zimmer** *n* κρεβατοκάμαρα, υπνοδωμάτιο
Schlag (-*ès*; *¨e*) *m* χτύπος; *a. fig., der Glocke* χτύπημα *n*; πλήγμα *n a. fig.*; ***elektrische(r) ~*** ηλεκτροπληξία; ***Schläge*** *pl* (*Prügel*) ξυλιές *f/pl*
Schlag|ader *f* αρτηρία; **~anfall** *m* αποπληξία; **~baum** *m* φραγμός (διόδου)
schlagen* *v/t* χτυπώ (-*άς*), βαρώ (-*άς*); (*prügeln*) δέρνω; *Sp*. νικώ (-*άς*), κερδίζω; ***kurz und klein ~*** τα κάνω γυαλιά καρφιά; *v/i Uhr*: χτυπώ (-*άς*); σημαίνω; ***sich ~*** χτυπιέμαι
Schlagen *n* δάρσιμο (-*ατος*); *von Eiern* χτύπημα *n*; **≈d** *Beweis*: απτός
Schlager *m* επιτυχία
Schläger *m Tech.* δάρτης; *Pers.* τραμπούκος; (*Tennis≈*) ρακέτα
Schläge'rei *f* συμπλοκή, γρονθοκόπημα *n*, δάρσιμο (-*ατος*)
schlagfertig ετοιμόλογος; **≈keit** (*0*) *f* ετοιμολογία
Schlag|instrument *n* κρουστό (όργανο); **~loch** *n* λακκούβα; **~sahne** *f* χτυπητό αφρόγαλα; **~wort** *n* σύνθημα *n*; κοινοτοπία; **~zeile** *f* χτυπητός τίτλος; **~zeug** *n Mus.* ντραμς (*0*) *n/pl*
Schlamm (-*ès*; -*e*) *m* λάσπη; **~bad** *n* λασπόλουτρο; **≈ig** λασπώδης
Schlamp|e *f* τσαπατσούλα; **~e'rei** *f* τσαπατσουλιά; **≈ig** τσαπατσούλης 3
schlang *s.* ***schlingen***
Schlange *f* φίδι; *fig.* φίδι κολοβό; (*Reihe*) ουρά; ***~ stehen*** κάνω ουρά
schlängeln: ***sich ~*** ελίσσομαι
Schlangengift *n* δηλητήριο φιδιού
schlank λεπτός, λυγερός; λιγνός; **≈heit** (*0*) *f* λεπτότητα
schlapp άτονος, μαλθακός; **≈e** *f* αποτυχία; ***e-e ≈e erleiden*** αποτυχαίνω
schlau πονηρός; επιτήδειος (-*α*, -*ο*)
Schlauch (-*ès*; *¨e*) *m* σωλήνας; ασκί; *Auto*: σαμπρέλα; **~boot** *n* λαστιχένια βάρκα; **≈en** F ξεθεώνω
Schlau|heit *f* πονηριά, επιτηδειότητα; **~kopf** *m* κατεργάρης (-*ηδες*)
schlecht *allg.* κακός (*a.* -*ιά*, -*ό*); άσχημος; *Luft*: ακάθαρτος, ανθυγιεινός; ***~ und recht*** κουτσά-στραβά; ***~ werden*** *S.* χαλώ (-*άς*); ***es geht mir ~*** *allg.*

κακοπερνώ (-άς); δεν είμαι καλά; ***mir wird ~*** ανακατώνομαι
schlecht|er χειρότερος; **~*er werden*** χειροτερεύω; **~gelaunt** κακόκεφος; **~hin** τελείως; **≗igkeit** *f* κακία
schleichen* (*sn*) *a.* ***sich ~*** κρυφοπατώ (-άς), σέρνομαι
Schleier *m* πέπλο(ς) *a. fig.*, φερετζές (-*έδες*); **≗haft** μυστηριώδης 2
Schleife *f* φιόγκος; θηλειά
schleif|en* τροχίζω, ακονίζω; (*-te*) παρασύρω, σέρνω; **≗maschine** *f* ακονιστική μηχανή; **≗stein** *m* ακόνι
Schleim (*-ęs; -e*) *m Anat.* βλέννα; φλέμα *n*; **~haut** *f* βλεννογόνο; **≗ig** βλεννώδης 2; γλοιώδης 2
schlemm|en καλοτρώω; **≗er** *m* (καλο)φαγάς (-*άδες*); κοιλιόδουλος; **≗e'rei** *f* καλοφαγία
schlendern (*sn*) περιδιαβάζω
Schleppe *f* ουρά φορέματος
schleppen *v/t* σέρνω, τραβώ (-άς); *Tech.* ρυμουλκώ; F (*hinführen*) παρασέρνω (***j-n***/κπ)
Schlepp|er *m mar. u. Auto* ρυμουλκό; **~kahn** *m* μαούνα; **~lift** *m* ανελκυστήρας χιονοδρόμων; **~netz** *n* γρίπος; **~tau** *n* παλαμάρι
Schleuder *f* σφεντόνα
schleudern *a. fig.* εξακοντίζω; εκσφενδονίζω; ***j-n zu Boden ~*** ρίχνω κπ κάτω; ≗ *n Auto*: ντεραπάρισμα *n*; ***ins ≗ geraten*** ντεραπάρω
Schleuderpreis *m*: ***zu ~en*** όσο-όσο
Schleuse *f* υδροφράκτης, νεροδεσιά
Schlich (*-ęs; -e*) *m* κατεργαριά; **~*e*** *pl* κόλπα *n/pl*; ***j-m auf die ~e kommen*** ξεσκεπάζω κπ
schlicht λιτός, απλός; **~en** μεσολαβώ, *s. a.* ***beilegen***; **≗er** *m* μεσολαβητής; **≗heit** (*0*) *f* απλότητα; **≗ung** *f* διευθέτηση (*-εις*)
schlief *s.* ***schlafen***
schließen* *allg.* κλείνω; κλειδώνω; (*beendigen*) αποπερατώνω; *Ehe, Freundschaft* συνάπτω; ***~ aus*** *D* (*folgern*) συνάγω από, συμπεραίνω από; ***sich ~*** *Wunde*: κλείνω; ***etw. in sich ~*** περικλείω κτ
Schließfach *n* (ασφαλιστική) θυρίδα
schließlich επιτέλους
Schließung *f* κλείσιμο (*-ατος*)
schliff *s.* ***schleifen***
Schliff (*-ęs; -e*) *m* ακόνισμα *n*
schlimm κακός (*a.* -ιά, -ό), άσχημος; **~*er*** χειρότερος; **~*er werden*** χειροτερεύω
schlimmst|- (ο) χειρότερος; χείριστος; **~en·falls** στη χειρότερη περίπτωση
Schlinge *f* θηλειά; (*Falle*) παγίδα
schlingen* τυλίγω; καταπίνω λαίμαργα
schlingern *mar.* κλυδωνίζομαι
Schlingpflanze *f* περιπλοκάδα
Schlips (*-es; -e*) *m* γραβάτα
Schlitten *m* έλκηθρο; **~fahren** *n* ελκηθρομία
Schlitter|bahn *f* παγοδρόμιο; **≗n** (*sn*) γλιστρώ (*-ας*)
Schlittschuh *m* παγοπέδιλο; ***~ laufen*** κάνω πατινάζ; **~laufen** *n* παγοδρομία; **~läufer** *m* παγοδρόμος
Schlitz (*-es; -e*) *m* σχισμή; *im Kleid*: σχίσιμο (*-ατος*); **≗en** σχίζω
schloß [ɔ] *s.* ***schließen***
Schloß [ɔ] (*-sses; ⸚sser*) *n* κλειδαριά; (*Palast*) ανάκτορα *n/pl*; πύργος
Schlosser *m* κλειδαράς (*-άδες*), μηχανικός; **~'ei** *f* συνεργείο
Schlucht *f* χαράδρα, φαράγγι
schluchzen κλαίω με λυγμούς
Schluck (*-ęs; -e*) *m* ρουφηξιά, γουλιά; **~auf** (*-s; 0*) *m* λόξιγκας; **~beschwerden** *f/pl* πονόλαιμος; **≗en** καταπίνω (*a. fig. nicht protestieren*); *Luft* ρουφώ; **~impfung** *f* εμβολιασμός από το στόμα
schlug *s.* ***schlagen***
Schlummer (*-s; 0*) *m* γλυκοῦπνι; **≗n** λαγοκοιμάμαι (*-άσαι*)
Schlund (*-ęs; ⸚e*) *m Anat.* φάρυγγας; (*Abgrund*) άβυσσος *f*, χάσμα *n*
schlüpfen (*sn*) γλιστρώ (-άς) (**durch** *A*/μέσα από); χώνομαι (**in** *A*/σε)
Schlüpfer *m* κιλότα
schlüpfrig γλιστερός
Schlupfwinkel *m* λημέρι
schlürfen ρουφώ (*-άς*); ≗ *n* ρούφηγμα *n*
Schluß [ʊ] (*-sses; ⸚sse*) *m* τέλος *n*, τελειωμός, λήξη (*-εις*); (*-Folgerung*) συμπέρασμα *n*; ***nun ~!*** φτάνει πια!; ***~ mit ...!*** τέρμα σε ...!; ***~ machen mit*** *D* βάζω τέρμα σε
Schlüssel *m* κλειδί; **~bund** *n* κρίκος για τα κλειδιά; **~loch** *n* κλειδαρότρυπα

S

Schlußfolgerung *f* συμπέρασμα *n*
schlüssig αποφασισμένος; *Beweis*: πειστικός
Schluß|licht *n* οπίσθιο φως; **~strich** *m*: ***e-n ~strich unter etw.*** (*A*) ***ziehen*** βάζω τελεία και παύλα σε κτ; **~verkauf** *m* ξεπούλημα *n*; εκπτώσεις *f/pl*; **~wort** (*-ęs*; *-e*) *n* επίλογος
schmackhaft γευστικός, νόστιμος
schmal στενός; *fig.* πενιχρός
schmälern λιγοστεύω
Schmal|film *m* ταινία οχτώ χιλιοστών; **~spur-** *Esb.* ... στενής γραμμής; *fig. Pers.* μικρο-
Schmalz (*-es*; *-e*) *n* ξίγκι
Schma'rotzer *m* παράσιτος
schmeck|en *v/t* (*probieren*) γεύομαι; *v/i bitter usw.* έχει ... γεύση; ***es ~t mir*** μου αρέσει
Schmeichel|'ei κολακεία, *pl a.* καλοπιάσματα *n/pl*; **2haft** κολακευτικός; **2n** κολακεύω (*D/A*)
Schmeichler *m* κόλακας; γαλίφης (*-ηδες*); **2isch** κολακευτικός
schmeißen* F πετώ (*-άς*)
Schmelz (*-es*; *-e*) *m* σμάλτο; **2en** λιώνω, *K* τήκω; *Metall a.* χωνεύω
Schmerz (*-es*; *-en*) *m* πόνος; *fig. a.* οδύνη, λύπη; ***stechende*(*r*) *~*** σούβλισμα *n*; ***~en haben,*** **2en** πονώ (*-άς*); **~ens·geld** *n* αποζημίωση οδύνης; **2haft** επώδυνος; **2lich** οδυνηρός, θλιβερός
schmerzlos ανώδυνος
schmerzstillend παυσίπονος; ***~e*(*s*) *Mittel*** παυσίπονο
Schmetterling (*-s*; *-e*) *m* πεταλούδα; (*a. Puppe*) χρυσαλλίδα; **~s·stil** (*-ęs*; *0*) *m Sp.* πεταλούδα
schmettern *Ball* καρφώνω; ***j-n zu Boden ~*** βροντώ (*-άς*) κπ κάτω
Schmied (*-ęs*; *-e*) *m* σιδεράς (*-άδες*); **~e** *f* σιδηρουργείο
schmieden σφυρηλατώ; *Pläne* κάνω, πλέκω; **2** *n* σφυρηλάτηση (*-εις*)
Schmiere *f* αλοιφή, γλίτσα; *Tech.* λιπαντικό
schmieren λαδώνω (*a. bestechen*); λιπαίνω; (*schlecht schreiben*) μουντζουρώνω; **2** *n* λάδωμα *n a. fig.*
Schmier|e'rei *f* μουντζούρες *f/pl*; **~geld** *n* ρουσφέτι; **2ig** λιγδερός
Schminke *f* φκιασίδι, μεϊκάπ (*0*) *n*; **2n** μακιγιάρω, βάφω
Schmirgelpapier *n* γυαλόχαρτο
schmiß *s.* ***schmeißen***
schmolz *s.* ***schmelzen***
Schmor|braten *m etwa*: βοδινό ψητό της κατσαρόλας; **2en** *v/t u. v/i* σιγοβράζω; **~topf** *m* κατσαρόλα
Schmuck (*-ęs*; *-e*) *m* κόσμημα *n*; στολίδι, στόλισμα *n a. fig. Pers.*
schmücken *v/t* στολίζω, διακοσμώ
schmuck|los αστόλιστος; απέριττος; **2sachen** *f/pl* κοσμήματα *n/pl*, μπιζού (*0*) *n/pl*
schmuddelig βρόμικος
Schmuggel (*-s*; *0*) *m* λαθρεμπόριο; **~-** λαθραίος (*-α, -ο*); **2n** κάνω λαθρεμπόριο (με); **~ware** *f* λαθραίο εμπόρευμα
Schmuggler *m* λαθρέμπορος
schmunzeln υπομειδιώ (*-άς*)
schmusen χαϊδεύομαι
Schmutz (*-es*; *0*) *m* βρομιά, λέρα, ακαθαρσία; *K* ρύπος
schmutzig βρόμικος; ακάθαρτος, βρομιάρης 3; βρομερός (*a. fig. niederträchtig*); ***~ machen*** λερώνω, λασπώνω
Schnabel (*-s*; ⸚) *m* ράμφος *n*, μύτη
Schnalle *f* αγκράφα, θηλυκωτήρι; **2n** θηλυκώνω; ***den Gürtel enger 2n*** σφίγγω το ζωνάρι μου
schnappen γραπώνω; ***~ nach*** *D* χάφτω *A*; ***ein bißchen Luft ~*** βγαίνω στον αέρα
Schnappschuß *m* ενσταντανέ (*0*) *n*
Schnaps (*-es*; ⸚*e*) *m* ρακί; *aus Weintrauben* τσίπουρο
schnarch|en ροχαλίζω; **2en** *n* ροχαλητό
schnauben ρουθουνίζω; φυσώ (*-άς*)
schnaufen κοντανασαίνω
Schnauze *f* ρύγχος *n*, *a. fig.* μουσούδι; P ***halt die ~!*** σκασμός!
Schnecke *f* σάλιαγκας, σαλιγκάρι; *K* κοχλίας; *Tech.* σπείρα, έλικας
Schnee (*-s*; *0*) *m* χιόνι; **~ball** *m* χιονόμπαλα; **2bedeckt** χιονισμένος; **~fall** *m*, ***~fälle*** *pl* χιονοπτώσεις *f/pl*; **~flocke** *f* νιφάδα; **~gestöber** *n* χιονοστρόβιλος; **~grenze** *f* όριο του χιονιού; **~kette** *f Auto*: αντιολισθητική αλυσίδα; **~mann** *m* χιονάνθρωπος; **~pflug** *m* εκχιονιστήρας; **~regen** *m* χιονόβροχο; **~sturm** *m* χιονοθύελλα

S

Schneide *f* κόψη, ακμή
schneiden* κόβω; *mit der Schere* ψαλιδίζω; *Linie*: διασταυρώνω; ≈ *n* κοπή, κόψιμο (*-ατος*); **~d** *fig.*, *Kälte*: τσουχτερός
Schneider *m* ράφτης; **~in** *f* ράφτρα, μοδίστρα; **≈n** ράβω
Schneidezahn *m* κοπτήρας
schneien: es ~t χιονίζει
Schneise *f* (*Wald≈*) άδεντρη λωρίδα
schnell γρήγορος, *K* ταχύς (*-εία, -ύ*); **~ machen** κάνω γρήγορα
Schnelläufer *m* δρομέας
Schnell|gaststätte *f* σνάκ-μπαρ (*0*) *n*; σουβλατζίδικο; **~gericht** *n jur.* αυτόφωρο; (*Essen*) πρόχειρο φαγητό; **~igkeit** *f* ταχύτητα; γρηγοράδα; **~kochtopf** *m* χύτρα ταχύτητας; **≈stens** *Adv* τάχιστα; **~zug** *m* ταχεία
schneuzen: sich ~ ξεμυξίζομαι
Schnipsel *n* κοψίδι
schnitt *s.* **schneiden**
Schnitt *m* κοπή; (*Längs≈, Quer≈*) τομή; *Kleid usw.*: κόψιμο (*-ατος*); **~bohnen** *f/pl* φασολάκια *n/pl*
Schnitt|fläche *f* τομή; **~lauch** (*-ęs; 0*) *m* πράσο; **~linie** *f* τέμνουσα; **~muster** *n* πατρόν (*0*); αχνάρι; **~punkt** *m* (*zweier Linien*) τομή; **~stelle** *f EDV* σημείο τομής; **~wunde** *f* κόψιμο (*-ατος*)
Schnitzel[1] *m* κοψίδι; **~**[2] *n* (*Wiener ~*) σνίτσελ (*0*) *n*; **≈n** κομματιάζω
schnitzen σκαλίζω (σε ξύλο); ***geschnitzt*** σκαλιστός
Schnitze'rei *f* ξυλογλυπτική
Schnorchel *m* αναπνευστήρας; **≈n** βουτώ με αναπνευστήρα
Schnörkel *m* στόλισμα *n*
schnüff|eln *Hund*: μυρίζω; *fig.* κατασκοπεύω; **≈ler** *m* χαφιές (*-έδες*)
Schnuller *m* πιπίλα
Schnupfen *m* συνάχι; ***sich e-n ~ holen*** συναχώνομαι
Schnupftabak *m* ταμπάκος
schnuppern μυρίζω, οσφραίνομαι
Schnur (*-; ≈e*) *f* σπάγκος, κορδόνι
schnüren δένω, σφίγγω
schnurge'rade ολόισιος (*-α, -ο*)
Schnurrbart *m* μουστάκι
schnurren χουρχουρίζω
Schnürsenkel *m* κορδόνι
schob *s.* **schieben**
Schock (*-s; -s*) *m* κλονισμός, σοκ (*0*) *n*; **≈ieren** [-'ki:-] σοκάρω
Schöffe (*-n*) *m* ένορκος, πάρεδρος; **~n·gericht** *n* ορκωτό δικαστήριο
Schoko'lade *f* σοκολάτα; **~n-** σοκολατένιος (*-α, -ο*); **~n·torte** *f* τούρτα σοκολάτας
Scholle *f* (*Fisch*) γλώσσα
schon ήδη; κιόλας; πια, πλέον; *zuweilen unübersetzt*; ***~ jetzt*** από τώρα; ***~ wieder*** και πάλι; ***es ist ~ spät*** είναι πια αργά; ***ich glaube ~*** έτσι νομίζω; (*Einräumung*) ***das ~!*** αυτό βεβαίως
schön όμορφος, ωραίος; F ***ganz ~*** (= *ziemlich*) αρκετά, στα γερά; *Wetter*: ***es wird wieder ~*** καλοσυνεύει, ο καιρός σιάζει
schonen φείδομαι; *Kleider* φυλάγω; ***sich ~*** προφυλάγομαι; **~d** με τρόπο
Schönheit *f* ομορφιά, ωραιότητα; καλλονή (*als Person*)
Schönschrift (*0*) *f* καλλιγραφία
Schonung *f* προφύλαξη (*-εις*); *K* φειδώ (*-ούς*) *f*; (*Forst*) φυτώριο
Schonzeit *f* εποχή απαγόρευσης κυνηγιού
schöpfen αντλώ *a. fig.*; παίρνω; ***Atem ~*** παίρνω ανάσα
Schöpfer *m* δημιουργός, πλάστης; **≈isch** δημιουργικός
Schöpf|kelle *f*, **~löffel** *m* κουτάλα
Schöpfung *f* δημιουργία, πλάση; (*Werk*) δημιούργημα *n*
Schorf (*-ęs; -e*) *m* κακάδι
Schornstein *m* καπνοδόχη, καμινάδα; *mar.* φουγάρο; **~feger** *m* καπνοδοχοκαθαριστής
schoß *s.* **schießen**
Schoß [o:] (*-es; ≈e*) *m* αγκαλιά; κόρφος, κόλπος; ***im ~e*** *der Familie* στους κόλπους
schraf'fieren κάνω γραμμοσκιές
schräg πλάγιος (*-α, -ο*), λοξός; επικλινής 2; **≈linie** *f* διαγώνιος *f*
Schramm|e *f* αμυχή, γρατσουνιά; **≈en** γρατσουνώ (*-άς*)
Schrank (*-ęs; ≈e*) *m* ντουλάπι; (*Kleider≈*) ντουλάπα
Schranke *f a. fig.* φραγμός; *Esb.* φράγμα *n*
Schraube *f* βίδα; κοχλίας; (*Schiffs≈*) έλικας
schrauben|förmig ελικοειδής 2; **≈mutter** (*-; -n*) *f* παξιμάδι; **≈schlüssel** *m* γαλλικό κλειδί; **≈zieher** *m* κατσαβίδι

S

Schraub|stock *m* μέγγενη; **~verschluß** *m* βιδωτό κλείσιμο (*-ατος*)

Schreck (*-ęs*; *-e*) *m* τρόμος, τρομάρα; ***e-n ~ bekommen vor*** *D* τρομάζω με; ***j-m e-n ~ einjagen*** κατατρομάζω κπ; **≈lich** φριχτός, φοβερός, τρομερός; **~schußpistole** *f* παιδικό πιστόλι

Schrei (*-ęs*; *-e*) *m* φωνή, κραυγή

schreiben* γράφω; (*verfassen*) συγγράφω; ***neu ~*** μεταγράφω; **≈** *n* γράψιμο (*-ατος*); (*Urkunde*) έγγραφο; (*Brief*) επιστολή

Schreib|er *m* γραφέας; **~heft** *n* τετράδιο; **~kraft** *f* δακτυλογράφος *a. f*; **~maschine** *f* γραφομηχανή; **~material** *n* γραφική ύλη; **~papier** *n* χαρτί αλληλογραφίας; **~tisch** *m* γραφείο; **~tischlampe** *f* λάμπα γραφείου; **~waren** *f*/*pl* είδη γραφείου; **~warenhandlung** *f* χαρτοπωλείο

schreien* (*rufen*) φωνάζω; κραυγάζω, βάζω τις φωνές; *Esel*: γκαρίζω; **≈** *n* φωνασκία; **~d** *Unrecht*: κατάφωρος; *Farbe*: χτυπητός

Schreihals *m* φωνακλάς (*-άδες*)

Schreiner *m* ξυλουργός

schreiten* (*sn*) βηματίζω, βαδίζω; *fig.* ***~ zu*** *D* προβαίνω σε

schrie *s.* ***schreien***

schrieb *s.* ***schreiben***

Schrift *f* γραφή, γράψιμο (*-ατος*); (*Werk*) σύγγραμμα *n*; **~führer** *m* γραμματέας; **≈lich** έγγραφος; *Adv* εγγράφως; ***≈liche Prüfungen*** *f*/*pl* γραπτά *n*/*pl*; **~probe** *f* δείγμα *n* γραφής; **~sprache** *f* γραφόμενη γλώσσα

Schriftstell|er(in *f*) *m* συγγραφέας *a. f*; **≈erisch** συγγραφικός

schrill οξύς (*-εία, -ύ*), διαπεραστικός

schritt *s.* ***schreiten***

Schritt (*-ęs*; *-e*) *m* βήμα *n*; *pol.* διάβημα *n*, ενέργεια; (*Maßnahme*) πράξη (*-εις*); ***~ für ~*** βήμα προς βήμα; **~macher** *m* πρωτοπόρος; *Med.* βηματοδότης; **≈weise** *Adv* σταδιακά

schroff (*steil*) απόκρημνος; *fig.* (*barsch*) ωμός, τραχύς

schröpfen *fig.* χαρατσώνω

Schrott (*-ęs*; *-e*) *m* παλιοσίδερα *n*/*pl*

schrubb|en σφουγγαρίζω; **≈er** *m* σφουγγαρίστρα

schrumpfen (*sn*) *v*/*i* ζαρώνω, φυραίνω; *Tech.* συστέλλομαι

Schub (*-ęs*; *⁼e*) *m* σπρώξιμο (*-ατος*); *Tech.* ώθηση (*-εις*); (*Menge*) φουρνιά; **~karre** *f*, **~karren** *m* καροτσάκι; **~lade** *f* συρτάρι

Schubs [ʊ] (*-es*; *-e*) *m* F σπρωξιά, σπρώξιμο (*-ατος*); **≈en** F σπρώχνω (***j-n***/κπ), σκουντώ (*-άς*)

schüchtern δειλός, ντροπαλός; **≈heit** (*0*) *f* δειλία, ντροπή

schuf *s.* ***schaffen***

Schuft (*-ęs*; *-e*) *m* παλιάνθρωπος

schuften δουλεύω σκληρά

Schuh (*-ęs*; *-e*) *m* παπούτσι, *K* υπόδημα *n*; **~geschäft** *n* υποδηματοπωλείο; **~krem** *f* βερνίκι; **~macher** *m* παπουτσής (*-ήδες*), τσαγκάρης (*-ηδες*); **~putzer** *m* λούστρος; **~sohle** *f* σόλα

Schul|- σχολικός; εκπαιδευτικός; **~abgänger** *m* απόφοιτος; **~abschluß** *m* απολυτήριο σχολείου; **~bank** *f* θρανίο; **~behörde** *f* εκπαιδευτική αρχή; **~bildung** (*0*) *f* σχολική μόρφωση (*-εις*); **~buch** *n* σχολικό βιβλίο

Schuld (*-*; *-en*) *f Geld*: χρέος *n*, οφειλή; (*0*) *jur.* ενοχή; (*Fehler*) φταίξιμο (*-ατος*); ***≈ sein an*** *D* αίτιος *G*; ***≈ haben an*** *D* φταίω για

schulden: ***j-m etw. ~*** χρωστώ (*-άς*) κτ σε κπ, οφείλω κτ σε κπ

Schulden *f*/*pl* χρέη *n*/*pl*; ***~ machen*** χρεώνομαι; ***seine ~ bezahlen*** ξεχρεώνομαι; **≈frei** αχρέωτος

Schuldienst (*-ęs*; *0*) *m*: ***im ~*** στην εκπαίδευση

schuldig *G od.* **an** *D* ένοχος *G*

Schuldirektor *m* διευθυντής σχολείου

schuldlos αθώος (*-α, -ο*), αναίτιος

Schuld|ner *m* χρεώστης, οφειλέτης; **~schein** *m* γραμμάτιο

Schul|e *f* σχολείο; ***höhere ~e*** ανώτερη σχολή; **~englisch** *n* αγγλικά *n*/*pl* του σχολείου

schulen *v*/*t* εξασκώ, μορφώνω

Schüler *m* μαθητής; ***~ sein*** μαθητεύω; **~austausch** *m* ανταλλαγή μαθητών; **~in** *f* μαθήτρια

Schul|ferien *pl* διακοπές *f*/*pl*; **≈frei:** ***≈frei haben*** δεν έχω σχολείο; **~freund** *m* συμμαθητής; **~geld** *n* δίδακτρα *n*/*pl*; **~hof** *m* αυλή του σχολείου; **≈isch** μαθητικός, σχολικός;

S

~jahr *n* σχολικό έτος; **~klasse** *f* τάξη (-εις); **~landheim** *n* μαθητικές εξοχές *f/pl*
Schulpflicht *(0) f* υποχρεωτική φοίτηση; **2ig:** **2ige(s)** ***Alter*** σχολική ηλικία
Schul|schiff *n* εκπαιδευτικό πλοίο; **~schluß** *(-sses; 0) m* σχόλασμα *n*
Schulter *f* ώμος; **~blatt** *n* ωμοπλάτη; **2n** *v/t* επωμίζομαι
Schul|ung *f* εκπαίδευση (-εις); **~wesen** *(-s; 0) n* (δημόσια) εκπαίδευση
Schul|zeit *f* σχολική περίοδος; **~zeugnis** *n* έλεγχος
Schumm|e'lei *f* F ζαβολιά; **2eln** F *beim Spiel*: κλέβω, κάνω ζαβολιές
Schuppe *f Fisch u. Anat.* λέπι; *(Haar~)* **~n** *f/pl* πιτυρίδα; **2n** *Fisch* καθαρίζω; **~n** *m* υπόστεγο; **~n·flechte** *f* ψωρίαση
schüren υποδαυλίζω, υποθάλπω *a. fig.*; *Feuer* σκαλίζω
schürfen ερευνώ (-άς) (***nach*** *D/A*)
Schurke *(-n) m* παλιάνθρωπος
Schurwolle *f* (γνήσιο) μαλλί, έριο
Schürze *f* ποδιά
Schuß *(-sses; ⁼sse) m* πυροβολισμός, βολή; τουφεκιά; *Fußball*: σουτ *(0) n*
Schüssel *f* πιατέλα, γαβάθα; *(Wasch2)* λεκάνη; *(Suppen2)* σουπιέρα
Schuß|waffe *f* πυροβόλο όπλο; **~wechsel** *m* ανταλλαγή πυροβολισμών
Schuster *m* τσαγκάρης *(-ηδες)*; παπουτσής *(-ήδες)*
Schutt *(-es; 0) m (Bau2)* μπάζα *n/pl*; **~abladeplatz** *m* χωματερή
Schüttelfrost *(-es; 0) m* ρίγος *n*, κρυάδες *f/pl*
schütteln κουνώ (-άς), (ανα)ταράζω; *Hand* σφίγγω
schütten χύνω
Schutz *(-es; 0) m* προστασία; άμυνα (***vor*** *D*/κατά *G*); ***j-n in ~ nehmen*** υπερασπίζω κπ
Schutz|blech *n* φτερό (αυτοκινήτου); **~brief** *m Kfz.* πρόθετη ασφάλιση (-εις); **~brille** *f* προστατευτικά γυαλιά *n/pl*
Schütze *(-n) m* σκοπευτής; *(Bogen2) a. Astr.* τοξότης
schützen προστατεύω, προφυλάγω (***j-n***/κπ)
Schutzengel *m* φύλακας άγγελος
Schützengraben *m* χαράκωμα *n*
Schutz|haube *f* σκέπαστρο; **~heilige(r)** πολιούχος; **~impfung** *f* προληπτικός εμβολιασμός
Schützling *(-s; -e) m* προστατευόμενος
schutzlos απροστάτευτος
Schutz|macht *f* προστάτιδα δύναμη; **~mann** *m* αστυφύλακας
schwach *(⁼er, ⁼st-)* αδύνατος; ασθενής 2; *Kaffee, Lärm*: ελαφρύς; *Licht, Hoffnung*: αμυδρός; ***schwächer werden*** αδυνατίζω; εξασθενώ
Schwäche *f* αδυναμία *a. fig.* (***für*** *A*/σε); **2n** αδυνατίζω, εξασθενίζω
schwächlich αδύναμος, ασθενικός
Schwächling *(-s; -e) m fig.* αδύνατος χαρακτήρας
Schwachsinn *(-es; 0) m* ηλιθιότητα; **2ig** ηλίθιος *(-α, -ο)*
Schwachstrom *(-es; 0) m El.* ρεύμα *n* χαμηλής τάσεως
Schwächung *f* αδυνάτισμα *n*, εξασθένιση (-εις)
Schwager *m* γαμπρός, κουνιάδος
Schwägerin *f* νύφη, κουνιάδα
Schwalbe *f* χελιδόνι
schwamm *s.* ***schwimmen***
Schwamm *(-es; ⁼e) m* σφουγγάρι, σπόγγος; *(Pilz)* μανιτάρι
Schwan *(-es; ⁼e) m* κύκνος
schwand *s.* ***schwinden***
schwang *s.* ***schwingen***
schwanger έγκυος (*f a.* -α), V γκαστρωμένος; ***~ werden*** μένω έγγυος, V γκαστρώνομαι; **2e** *(-n) f* έγγυα, έγγυος *f*
schwängern γκαστρώνω
Schwangerschaft *f* εγκυμοσύνη, γκάστρι; **~s·unterbrechung** *f* διακοπή της εγκυμοσύνης
Schwank *(-es; ⁼e) m* φάρσα
schwanken *v/i* ταλαντεύομαι *a. fig.*; *Schiff*: κλονίζομαι *a. fig.*; κουνώ (-άς); *Preise*: διακυμαίνομαι; *(zögern)* αμφιταλαντεύομαι; **~d** ταλαντευόμενος; *Preise*: ασταθής 2
Schwankung *f* διακύμανση (-εις)
Schwanz *(-es; ⁼e) m* ουρά
schwänzen *Schule* το σκάζω από
schwappen τρέχω, ξεχειλίζω
Schwarm *(-es; ⁼e) m* σμάρι, σμήνος *n*
schwärm|en *fig.* ***für*** *A* τρελαίνομαι για, ενθουσιάζομαι από; **2er** *fig.* ονειροπόλος

S

Schwarte *f* χοντρόπετσο
schwarz μαύρος, μελανός; ***~e Liste*** μαύρος κατάλογος; ***~ tauschen*** ανταλλάσσω στη μαύρη αγορά; ***~ werden*** μαυρίζω; ***~ auf weiß*** γραμμένο, γραπτό
Schwarz|arbeit *f* παράνομη (*od.* λαθραία) εργασία; **≈arbeiten** δουλεύω λαθραία; **~arbeiter(in** *f*) *m* λαθραίος εργάτης (λαθραία εργάτρια); **~brot** *n* μαύρο ψωμί
Schwärze *f* μαυράδα, μαυρίλα; **≈n** μαυρίζω; **~n** *n* μαύρισμα *n*
Schwarze(r) μαύρος, αράπης
schwarz|fahren ταξιδεύω λαθραία; **≈fahrer** *m* λαθρεπιβάτης; **≈händler** *m* μαυραγορίτης; **≈markt** *m* μαύρη αγορά; **≈marktpreis** *m* τιμή μαύρης αγοράς
schwarzrotgold: ***die ~ene Fahne*** η μαυρο-κοκκινο-χρυσή σημαία
schwarz|sehen* τα βλέπω (όλα) μαύρα; **≈seher** *m* απαισιόδοξος; **≈'weißfilm** *m* μαυρόασπρη ταινία
schwatzen φλυαρώ
Schwätz|er *m* φλύαρος, φαφλατάς (*-άδες*); **~e'rei** *f* φλυαρία, πολυλογία; **~erin** *f* γλωσσού (*-ούδες*) *f*, πολυλογού (*-ούδες*) *f*
schwatzhaft φλύαρος, πολυλογάς (*-ού, -άδικο*)
Schwebe *f*: ***in der ~*** σε εκκρεμότητα; μετέωρος; **~bahn** *f* εναέριος σιδηρόδρομος
schweben *v/i* αιωρούμαι, πλανώμαι (*-άσαι*; *a.* πλανιέμαι) (***über*** *A* ... ***hin***/σε *A*); *jur.* εκκρεμεί; ***in Gefahr ~*** βρίσκομαι σε κίνδυνο; **~d** εκκρεμής 2 *a. jur.*
Schwefel (*-s*; *0*) *m* θειάφι, θείο
schwefeln *v/t* θειαφίζω
Schwefel|quelle *f* θειοπηγή; **~säure** (*0*) *f* θειικό οξύ; **~ung** *f* θείωση
Schweif (*-ϵs*; *-e*) *m poet.*, *Astr.* ουρά; **≈en** *v/i* (*sn*) πλανιέμαι *a. fig.*
Schweige|marsch *m* σιωπηλή πορεία; **~minute** *f* λεπτό σιωπής
schweigen* σωπαίνω, σιωπώ (*-άς*) (***über*** *A*/για); ***schweig!*** σώπα!; **≈** *n* σιωπή; ***zum ≈ bringen*** επιβάλλω σιωπή σε
Schweigepflicht (*0*) *f* επιβολή σιωπής
schweigsam σιωπηλός
Schwein (*-ϵs*; *-e*) *n* γουρούνι, χοίρος; *fig.* βρομιάρης 3; F (*Glück*) ***~ haben*** έχω γούρι
Schweine|braten *m* χοιρινό ψητό; **~fleisch** *n* χοιρινό (κρέας); **~'rei** *f* F βρομιά; **~schmalz** *n mit Grieben* γλίνα; **~stall** *m* χοιροστάσιο
schweinisch βρόμικος, ρυπαρός
Schweiß (*-es*; *-e*) *m* ιδρώτας
schweiß|en συγκολλώ (*-άς*); **≈en** *n* συγκόλληση (*-εις*); **≈er** *m* συγκολλητής
schweiß|gebadet ... μούσκεμα στον ιδρώτα; **~treibend** εφιδρωτικός; **≈tropfen** *m* σταγόνα ιδρώτα
Schweißung *f* συγκόλληση (*-εις*)
Schwelle *f a. fig.* κατώφλι; *Esb.* στρωτήρας; *fig.* (τα) πρόθυρα
schwell|en *v/t* φουσκώνω, πρήζω; *v/i* * (*sn*) φουσκώνω, πρήζομαι; ***geschwollen*** πρησμένος; **≈ung** *f* φούσκωμα *n*; *Med.* οίδημα *n*, πρήξιμο (*-ατος*)
schwenk|en *v/t* κουνώ (*-άς*); *Fahne a.* ανεμίζω; *in Butter usw.* σοτάρω; **≈ung** *f* περιστροφή; κλίση (*-εις*)
schwer *von Gewicht* βαρύς; *Problem, Zeiten*: δύσκολος; *Adv* βαριά; δύσκολα; (***~*** *krank*) σοβαρά; (**zu**) ***~ sein*** βαραίνω (*D*/*A*)
Schwer|arbeit (*0*) *f* βαριά εργασία; **≈beladen** καταφορτωμένος; **~beschädigte(r)** ανάπηρος; **~e** (*0*) *f* (*z. B. des Fehlers*) βαρύτητα; βάρος *n*; **≈erziehbar** προβληματικός; **≈fallen*** (*sn*): ***es fällt mir ≈*** δυσκολεύομαι; **≈fällig** δυσκίνητος; αργός; **~fälligkeit** (*0*) *f* δυσκινησία; **~gewicht(ler** *m*) *n* (ο) βαρέων βαρών
schwerhörig βαρήκοος; ***~ sein*** βαριακούω; **≈keit** (*0*) *f* βαρηκοΐα
Schwer|industrie *f* βαριά βιομηχανία; **~kraft** (*0*) *f* βαρύτητα; **≈lich** δύσκολα, μάλλον όχι; **~mut** (*0*) *f* μελαγχολία; **≈mütig** μελαγχολικός; **~punkt** *m Phys.* κέντρο βάρους
Schwert (*-ϵs*; *-er*) *n* ξίφος *n*, σπαθί; **~fisch** *m* ξιφίας; **~lilie** *f* ίριδα
schwer|verdaulich δύσπεπτος; **~verletzt** βαριά τραυματισμένος; **~wiegend** *fig.* βαρυσήμαντος
Schwester *f* αδελφή, αδερφή
schwieg *s.* ***schweigen***
Schwieger|eltern *pl* πεθερικά *n*/*pl*; **~mutter** *f* πεθερά; **~sohn** *m* γαμπρός;

~tochter *f* νύφη; **~vater** *m* πεθερός
Schwiele *f* κάλος, ρόζος
schwierig δύσκολος; δυσχερής 2; **&keit** *f* δυσκολία, δυσχέρεια
Schwimm|bad *n* κολυμβητήριο; **~becken** *n* πισίνα
schwimmen* (*sn*) κολυμπώ (-*άς*) *a. fig.*; *Vögel*: επιπλέω; *Holz*: πλέω **&** *n* κολύμπι
Schwimm|er *m* κολυμβητής; *Tech.* φλοτέρ (*0*) *m*; **~erin** *f* κολυμβήτρια; **~gürtel** *m*, **~weste** *f* σωσίβιο
Schwindel (-*s*; *0*) *m* ίλιγγος, ζάλη; (*Betrug*) αγυρτεία, απάτη; **~anfall** *m* σκοτοδίνη; **&erregend** *a. fig.* ιλιγγιώδης 2; **&frei**: **&frei sein** δε ζαλίζομαι; **~gefühl** *n* ζάλη
schwindel|n *v/i* (*lügen*) λέω ψεματάκια; *unp.* **mir ~t** ιλιγγιώ (-*άς*)
schwinden (*sn*) ελαττώνομαι, φθίνω *a. fig.*; *Zeit*: περνώ (-*άς*)
Schwindler *m* αγύρτης, απατεώνας
schwindlig ζαλισμένος; **~ werden, mir ist ~** ζαλίζομαι
Schwindsucht (*0*) *f* φυματίωση
schwindsüchtig φυματικός
schwingen *v/t* ταλαντεύω, κινώ; *v/i* δονούμαι
Schwing|kreis *m El.* κύκλωμα *n*; **~ung** *f* ταλάντευση (-*εις*); δόνηση (-*εις*); κραδασμός
Schwips (-*es*; -*e*) *m* F τσακίρ (*0*) κέφι; ελαφρύ μεθύσι; **e-n ~ bekommen** έρχομαι στο τσακίρ κέφι
schwirr|en (*sn*) *v/i* σφυρίζω; **mir ~t der Kopf** ζαλίζομαι
Schwitzbad *n* ατμόλουτρο; (*türkisches* **~**) χαμάμι
schwitzen ιδρώνω; **&** *n* ίδρωμα *n*
schwoll *s.* **schwellen**
schwören* ορκίζομαι, κάνω όρκο (**bei** *D*/σε); **auf j-n ~** έχω εμπιστοσύνη σε κπ
schwül πνιγερός, αποπνικτικός; **&e** (*0*) *f* συννεφόκαμα *n*
Schwule(r) αδελφή, πούστης (-*ηδες*)
Schwulst (-*es*; *¨e*) *m* στόμφος
schwülstig στομφώδης 2
Schwund (-*es*; *0*) *m* φύρα, ελάττωση
Schwung (-*es*; *¨e*) *m* φόρα, ορμή; **&haft** ζωηρός; **~kraft** (*0*) *f* ζωηρότητα
schwur *s.* **schwören**
Schwur (-*es*; *¨e*) *m* όρκος; **~gericht** *n* ορκωτό δικαστήριο
sechs [zɛks] έξι; **&** *f* εξάρι
sechs|eckig εξάγωνος; **&erpack** *m* πακέτο των έξι; **~fach** εξαπλάσιος (-*α*, -*ο*); **~hundert** εξακόσ(ι)οι 3; **~köpfig** εξαμελής 2; **~stündig** εξάωρος; **~t-** έκτος; **~tägig** εξαήμερος; **~tausend** έξι χιλιάδες *f/pl*; **&tel** *n* έκτο; **~tens** έκτον
sechzehn δεκάξι, δεκαέξι
sechzig εξήντα, *K* εξήκοντα; **~st-** εξηκοστός
Sedi'ment (-*s*; -*e*) *n* ίζημα *n*
See[1] (-; -*n*) *f* θάλασσα; πέλαγος *n*; ***rauhe*** (*od.* ***schwere***) **~** φουσκοθαλασσιά; ***auf hoher ~*** στα ανοιχτά; ***zur ~ gehen*** γίνομαι ναυτικός
See[2] (-*s*; -*n*) *m* λίμνη
See|bad *n* (*Ort*) παραθαλάσσια λουτρόπολη (-*εις*); **~blick** *m* θέα προς τη θάλασσα; **~fahrer** *m* θαλασσοπόρος; **~fahrt** *f* ναυτιλία; (*Reise*) κρουαζιέρα; **~gang** (-*es*; *0*) *m* θαλασσοταραχή; **~hund** *m* φώκια; **~igel** *m* αχινός
seekrank|: **~ *werden*** με πιάνει (*od.* πειράζει) η θάλασσα; **&heit** (*0*) *f* ναυτία
Seele *f* ψυχή *a. Person*
seelisch ψυχικός; **~ *krank*** (*od.* ***gestört***) ψυχασθενής 2
See|luft (*0*) *f* θαλασσινός αέρας; **~macht** *f* θαλάσσια δύναμη (-*εις*); **~mann** (-*es*; -*leute*) *m* ναύτης, θαλασσινός; **~meile** *f* ναυτικό μίλι
Seenot *f*: ***in ~ sein*** θαλασσοπνίγομαι
See|offizier *m* αξιωματικός του ναυτικού; **~pferdchen** *n* ιππόκαμπος; **~räuber** *m* κουρσάρος, πειρατής; **~reise** *f* θαλασσινό ταξίδι; **~rose** *f* νούφαρο; **~schaden** *m* αβαρία; **~schlacht** *f* ναυμαχία; **~stern** *m* αστερίας; **~streitkräfte** *f/pl* πολεμικό ναυτικό; **~vogel** *m* θαλασσοπούλι; **~weg** *m* θαλάσσιος δρόμος; **~zunge** *f* γλώσσα
Segel *n* πανί, ιστίο; ***mit vollen ~n*** με γεμάτα πανιά; **~boot** *n* βάρκα με πανί; γιοτ (*0*) *n*; **~flugzeug** *n* ανεμόπτερο
segeln πλέω, αρμενίζω; *Sp.* ιστιοδρομώ, κάνω ιστιοπλοΐα
Segel|regatta *f* ιστιοδρομία; **~schiff** *n* ιστιοφόρο; **~sport** *m* ιστιοπλοΐα; **~tuch** (-*es*; -*e*) *n* καραβόπανο

S

Segen *m* ευχή, ευλογία; *fig.* (*Glück*) ευτυχία; **≈s·reich** ευεργετικός
Segler *m* ιστιοπλόος
Seg'ment (*-ęs; -e*) *n* τμήμα *n*
segn|en ευλογώ, εύχομαι; **≈ung** *f* ευλογία; ευεργεσία
sehen* *v/t* βλέπω; κοιτάζω; ***gut ~ können*** βλέπω καλά, καλοβλέπω; ***sich ~ lassen*** εμφανίζομαι, δίνω το παρόν σε; (***ich werde*** *od.* ***will***) ***mal ~*** να (*od.* θα) δω, ας δω; ≈ *n* όραση; ***vom*** ≈ *kennen* εξ όψεως; **~s·wert** αξιοθέατος; **≈s·würdigkeiten** *f/pl* αξιοθέατα *n/pl*
Sehkraft (*0*) *f* οπτική δύναμη (*-εις*)
Sehne *f* τένοντας, νεύρο; *des Bogens* χορδή
sehnen: *sich ~* λαχταρώ (*-άς*), επιθυμώ; νοσταλγώ (***nach*** *D/A*)
sehnig νευρώδης 2
sehn|lich λαχταριστός; διακαής 2; **≈sucht** *f* λαχτάρα, καημός, πόθος (***nach*** *D*/για); **~süchtig** διακαής 2, ανυπόμονος
sehr *Adv* πολύ; ***zu ~*** πάρα πολύ; ***so ~*** τόσο; *Ko* ***so ~ ... auch*** όσο κι αν
sei: *es ~* ας είναι; ***es ~ denn, daß*** εκτός αν
seicht άβαθος, ρηχός *a. fig.*
Seide *f* μετάξι
Seife *f* σαπούνι
Seil (*-ęs; -e*) *n* σχοινί; ***~springen*** πηδώ (*-άς*) σχοινάκι; **~bahn** *f* εναέριος σιδηρόδρομος, τελεφερίκ (*0*) *n*; **~tänzer** *m* σχοινοβάτης
sein[1]* (*sn*) είμαι; (*existieren*) υπάρχω; ***kann ~*** μπορεί, ίσως; ***ich bin gewesen in*** *z. B. München* (*D*) έχω πάει σε; ***ich bin es*** εγώ είμαι; ***es ist kalt, heiß*** κάνει κρύο, ζέστη; *s. a.* ***sei***
Sein[2] (*-s; 0*) *n* ύπαρξη (*-εις*), είναι (*0*) *n*
sein[3] *Pers Pron* ... του; (*betont*) δικός του; *z. B.* ***~ Vater*** ο πατέρας του; ***~e Mutter*** η μητέρα του; ***~ Buch*** το βιβλίο του; ***der ≈ige*** ο δικός του; ***das ≈ige tun*** βάζω τα δυνατά μου
seiner|seits εκ μέρους του; **~zeit** εκείνον τον καιρό, τότε
seinesgleichen οι όμοιοί του; ***er hat nicht ~*** δεν έχει (το) ταίρι (του)
seinetwegen για χάρη του
Seismograph (*-en*) *m* σεισμογράφος
seit[1] *Präp D* από *A* (*K*: *G*), *K* εκ, εξ *G*; εδώ και; ***~ heute morgen*** από το πρωί; ***~ zwei Jahren*** εδώ και δύο χρόνια; *verbal mit* έχω: ***~ e-r Stunde warte ich schon*** έχω μια ώρα που περιμένω; ***~ e-m Monat habe ich nicht ...*** έχω ένα μήνα να + *St II*
seit[2] *Ko* αφότου, από τότε που
seit'dem *Adv* από τότε, έκτοτε; *Ko s.* ***seit***
Seite *f* πλευρά *a. fig.* (*Aspekt*); πλάγι; μέρος *n*; *Anat.* πλευρό; *des Buches* σελίδα; ***rechte*** (***linke, falsche***) ***~ e-s Stoffes*** καλή (ανάποδη) μεριά; ***zur ~*** κατά μέρος; ***zur ~ treten*** παραμερίζω; *fig.* ***ich bin auf s-r ~*** είμαι με το μέρος του
Seiten|ansicht *f* πλάγια άποψη (*-εις*); **~linie** *f* πλάγια γραμμή; *Sp.* πλευρική γραμμή
seitens *Präp G* εκ μέρους *G*
Seiten|sprung *m fig.* κεράτωμα *n*; **~stechen** *n*: ***~stechen haben*** με σουβλίζει το πλευρό μου; **~straße** *f* πάροδος *f*; **~zahl** *f* αριθμός σελίδας
seit|'her από τότε, έκτοτε; **~lich** πλάγιος (*-α, -ο*)
seitwärts πλαγίως, πλάγια
Se'kret (*-ęs; -e*) *n* έκκριμα *n*
Sekre|'tär (*-s; -e*) *m* γραμματέας; (*Möbel*) σκρίνιο; **~tari'at** (*-ęs; -e*) *n* γραμματεία; **~'tärin** *f* γραμματέας *f*
Sekt (*-ęs; -e*) *m* σαμπάνια
Sekte *f* αίρεση (*-εις*)
Sek'tion *f* τμήμα *n*
Sektor (*-s; -'toren*) *m* τομέας
sekun'där δευτερεύων (*-ουσα, -ον*)
Se'kunde *f* δευτερόλεπτο
selber ο ίδιος, η ίδια, το ίδιο
selbst ο ίδιος (*-α, -ο*), αυτός, μόνος; ***ich ~*** εγώ ο ίδιος; μόνος μου; ***von ~*** από μόνος μου; αυτομάτως; *Ko* ***~ wenn*** ακόμα κι αν
selbständig ανεξάρτητος, αυτοτελής 2; **≈e(r)** επαγγελματίας; **≈keit** (*0*) *f* ανεξαρτησία, αυτοτέλεια
Selbst|auslöser *m Fot.* αυτόματος χρονομέτρης; **~bedienung** (*0*) *f* αυτοεξυπηρέτηση; **~befriedigung** *f* αυνανισμός; **~beherrschung** *f* αυτοκυριαρχία; **~bestimmung** (*0*) *f* αυτοδιάθεση
selbstbewußt σίγουρος για τον εαυτό του; περήφανος; **≈sein** *n Psych.* αυτοσυνείδηση
Selbstbildnis *n* αυτοπροσωπογραφία

Selbstgespräch *n* μονόλογος; ***ein ~ führen*** μονολογώ
selbstherrlich αυταρχικός
Selbsthilfe *(0) f* αυτοβοήθεια; *jur.* αυτοδικία; ***zur ~ greifen*** αυτοδικώ
Selbst|klebeband *n* αυτοκόλλητη ταινία; **~kosten** *pl* κόστος *n* παραγωγής; **~kostenpreis** *m* κόστος *n*; **~kritik** *(0) f* αυτοκριτική; **~laut** *m* φωνήεν *(-εντος) n*
Selbst|mord *m* αυτοκτονία; ***~mord begehen*** αυτοκτονώ; **~verpflegung** *f etwa*: αυτοσυντήρηση; **~versorgung** *f* αυτάρκεια; **≗verständlich** αυτονόητος; *Adv* φυσικά, εννοείται; **~vertrauen** *n* αυτοπεποίθηση; **~verwaltung** *f* αυτοδιοίκηση *(-εις)*; **~wählferndienst** *m Tel.* αυτόματη υπεραστική επικοινωνία; **~zweck** *(-ęs; 0) m* αυτοσκοπός
selig μακάριος *(-α, -ο)*; *(verstorben)* συγχωρεμένος; μακαρίτης *(-ισσα)*
Sellerie *f* σέλινο
selten σπάνιος *(-α, -ο)*, αραιός; *Adv* σπάνια; **≗heit** *f* σπανιότητα
Selters(wasser) *n* σόδα
seltsam παράξενος, περίεργος; **≗keit** *f* παραξενιά
Se'mester *n* εξάμηνο **~ferien** *f/pl* διακοπές *f/pl* εξαμήνου
Semi'kolon *(-s; -s od. -la) n im Griech.* άνω τελεία
Semi'nar *(-s; -e) n* φροντιστήριο
Semmel *(-; -n) f* ψωμάκι
Se'nat *(-ęs; -e) m* γερουσία; *der Universität* σύγκλητος *f*; **~or** *(-s; -'toren) m* γερουσιαστής
Sendegebiet *n* περιοχή (ραδιοφωνικής *od.* τηλεοπτικής) εμβέλειας
send|en* στέλνω, *K* αποστέλλω; *Radio*: εκπέμπω; **≗er** *m* πομπός; **≗e·zeit** *f e-s Programms* χρόνος εκπομπής *(Fernsehen: ...* προβολής); **≗ung** *f* αποστολή; *Radio*: εκπομπή; προβολή
Senf *(-ęs; 0) m* μουστάρδα, σινάπι
Senior *(-s; -'oren) m* γέροντας, πρεσβύτερος; *bei Namen*: πατέρας
Senkblei *n* στάθμη, βαρίδι
senk|en χαμηλώνω; *Steuern* ελαττώνω; ***sich ~en*** κατακάθομαι; **~recht** κάθετος; **≗rechte** *(-n) f* κάθετος *f*; **≗ung** *f* χαμήλωμα *n*; ελάττωση *(-εις)*, μείωση *(-εις)*
Sensa'tion *f* εντύπωση *(-εις)*, πάταγος; **≗ell** [-'nɛl] εντυπωσιακός
Sense *f* δρεπάνι, δρέπανο
sen'sib|el ευαίσθητος; εύθικτος; **≗ili'tät** *(0) f* ευαισθησία
sentimen'tal (συν)αισθηματικός; **≗i'tät** *f* (συν)αισθηματικότητα
sepa'rat χωριστός; **≗eingang** *m* ανεξάρτητη *f* είσοδος
Separa'tis|mus *(-; 0) m pol.* (απο)χωριστικό κίνημα *n*; **≗tisch** χωριστικός
Sep'tember *m* Σεπτέμβριος
Serie [-RĭƏ] *f* σειρά; **≗n·mäßig** μαζικός; **~n·produktion** *f* μαζική παραγωγή
seri'ös σοβαρός, αξιόπιστος
Serpen'tine *f*, **~n·weg** *m* δρόμος με πολλές στροφές
Serum *(-s; -ren) n* ορός
Service¹ [zɛʀ'vi:s] *(-s; - [-'vi:sə]) n* σερβίτσιο, σετ *(0) n*
Service² ['sə:vəs] *(-; 0) m (Reparatur≗)* συντήρηση *(-εις)*; *(Kundendienst, Hotel)* εξυπηρέτηση *(-εις)* (πελατών)
ser'vier|en σερβίρω; **≗er(in** *f*) *m* σερβιτόρος (-ρα)
Servi'ette *f* πετσέτα
Sesam *(-s; -s) m* σουσάμι
Sessel *m* πολυθρόνα; **~lift** *m* τελεφερίκ *(0) n*, εναέριος ανελκυστήρας με πολυθρόνες
seßhaft μόνιμος κάτοικος
setzen *v/t* βάζω, τοποθετώ; καθίζω; *Ofen usw.* εγκαθιστώ *(-άς)*; *Typ.* στοιχειοθετώ; *Hoffnung* εναποθέτω (**auf** *A*/σε); *v/i b. Spiel*: ποντάρω; ***sich ~*** κάθομαι; *in Flüssigkeiten*: κατακάθομαι; ***~ auf*** *A (sich stützen)* βασίζομαι σε; ***ich setze es mir in den Kopf, zu*** μου μπαίνει να; ***setz dich!*** κάτσε!; ***~ Sie sich bitte!*** καθίστε, παρακαλώ
Setz|er *m* στοιχειοθέτης; **~maschine** *f* τυπογραφική μηχανή
Seuche *f* επιδημία, λοιμός; **~n·gefahr** *f* κίνδυνος επιδημίας
seufz|en αναστενάζω; **≗er** *m* λυγμός, (ανα)στεναγμός
Sex'tant *(-en) m* εξάντας
Sexu'alverbrechen *n* σεξουαλικό έγκλημα *n*
sexu'ell σεξουαλικός

S

se'zieren ανατέμνω
Shorts [ʃɔʀts] *pl* σορτσάκι
sich (σ)τον εαυτό του (*bzw.* της, τους); ***für ~*** χωριστός; ***an ~*** καθ' εαυτόν (-ήν, -ό)
Sichel *f* δρεπάνι, δρέπανο
sicher (*gewiß*) βέβαιος, σίγουρος (*G*/ για); (*gesichert*) ασφαλής 2 (***vor*** *D*/ από); *als Antwort*: ***sicher!*** πώς!, βεβαίως!; **≈heit** *f* βεβαιότητα; ασφάλεια
Sicherheits|gurt *m* ζώνη ασφάλειας; **~kontrolle** *f* έλεγχος ασφάλειας; **~maßnahme** *f* ασφαλιστικό μέτρο; **~nadel** *f* παραμάνα; **~rat** (*-ẹs; 0*) *m* Συμβούλιο Ασφαλείας; **~ventil** *n* ασφαλιστική βαλβίδα
sicherlich σίγουρα, βέβαια
sichern ασφαλίζω, εξασφαλίζω *a. Zukunft*; κατοχυρώνω (***etw. vor*** *D*/ κτ από); ***gesichert*** εξασφαλισμένος
sicherstell|en εξασφαλίζω; **≈ung** *f* εξασφάλιση (*-εις*)
Sicherung *f* (εξ)ασφάλιση (*-εις*); *Waffe u. El.* ασφάλεια
Sicht (*0*) *f* θέα; όψη (*-εις*); ***auf lange ~*** επί πολύν καιρό; **≈bar** ορατός, θεατός; ***≈bar sein*** φαίνομαι; ***≈bar werden*** φανερώνομαι; **~einlagen** *f/pl Hdl.* καταθέσεις *f/pl* όψεως
sicht|en *Schiff* ανακαλύπτω, πρωτοβλέπω; **~lich** προφανής 2, φανερός; **≈vermerk** *m* θεώρηση (*-εις*); **≈weite** *f* ορατότητα
sickern (*sn*) διαρρέω, στάζω
sie *f/sg* αυτή; *pl* αυτοί, αυτές, αυτά; *a. A*: τη(ν), αυτή(ν); τους, αυτούς, τις, αυτές, τα, αυτά
Sie εσείς; *A*: σας, εσάς
Sieb (*-ẹs; -e*) *n* κόσκινο; τρυπητό; **≈en** κοσκινίζω; **~en** *n* κοσκίνισμα *n*
sieben εφτά, επτά; **≈** *f* εφτάρι; **~fach** εφταπλάσιος (*-α, -ο*); **≈gestirn** (*-ẹs; 0*) *n* Πούλια, Πλειάδες *f/pl*; **~hundert** εφτακόσ(ι)οι 3; **~jährig** εφτάχρονος; **~mal** εφτά φορές; **≈'monatskind** *n* εφταμηνίτικο; **~stündig** εφτάωρος; **~tägig** εφταήμερος; **~tausend** εφτά χιλιάδες
sieb|te(r) έβδομος; **~tens** έβδομον; **~zehn** δεκαεφτά; **~zig** εβδομήντα; **~zigjährig** εβδομηντάρης 3; **~zigste(r)** εβδομηκοστός
siedeln μένω, εγκαθίσταμαι
sieden βράζω; **≈** *n* βρασμός
Siedl|er *m* έποικος, άποικος; **~ung** *f* οικισμός
Sieg (*-ẹs; -e*) *m* νίκη; θρίαμβος
Siegel *n* σφραγίδα, βούλα; **≈n** σφραγίζω; **~n** *n* σφράγισμα *n*
sieg|en *v/i* νικώ (*-άς*); θριαμβεύω; **≈er** *m* νικητής; **≈erin** *f* νικήτρια
Sieges|- νικητήριος (*-α, -ο*); **~göttin** *f* Νίκη; **~zug** *m* θριαμβευτική πομπή
siegreich νικηφόρος (*-α, -ο*)
sieh! δες; να; **~e** βλέπε
Siel (*-ẹs; -e*) *n* υπόνομος
siezen μιλώ (*-άς*) στον πληθυντικό (***j-n***/σε κπ)
Si'gnal (*-s; -e*) *n* σήμα *n*; σύνθημα *n*; σινιάλο; **≈i'sieren** *fig.* δείχνω, υπονοώ
Silbe *f* συλλαβή
Silben|rätsel *n* συλλαβόγριφος; **~trennung** *f* συλλαβισμός
Silber (*-s; 0*) *n* ασήμι, άργυρος; **~gehalt** *m* περιεκτικότητα σε άργυρο; **~geschirr** *n* ασημικά *n/pl*; **~hochzeit** *f s.* ***Hochzeit***; **~medaille** *f* αργυρό μετάλλιο; **~münze** *f* ασημένιο νόμισμα; **≈n** ασημένιος (*-α, -ο*), αργυρός; **~pappel** *f* λεύκα
Silhouette [ziˑluˑ'ɛtə] *f* σιλουέτα
Silo (*-s; -s*) *m, n* σιλό (*0*)
Sil'vester(abend) *m* παραμονή της πρωτοχρονιάς
simpel *S.* απλός; *Pers.* αφελής 2
Sims (*-es; -e*) *m* κορνίζα, περβάζι
Simu|'lant (*-en*) *m* υποκριτής; **~la'tion** *f* προσποίηση (*-εις*); **≈'lieren** *v/t* προσποιούμαι
simul'tan ταυτόχρονος; **≈dolmetscher** *m* ταυτόχρονος διερμηνέας
Sinfo'nie *f* συμφωνία; **~orchester** *n* συμφωνική ορχήστρα
singen* τραγουδώ (*-άς*); *Rel.* ψάλλω; *Vogel*: κελαηδώ (*-άς*)
Singular (*-s; -e*) *m Gr.* ενικός
Singvogel *m* ωδικό πτηνό
sinken* (*sn*) *v/i Schiff*: βυθίζομαι, βουλιάζω; *Preis, Temperatur*: κατεβαίνω; *Sonne*: βασιλεύω; *Werte*: υποτιμώμαι (*-άσαι*); *Vertrauen*: ελαττώνομαι; ***zu Boden ~*** πέφτω; **≈** *n* βύθιση; πτώση (*-εις*)
Sinn (*-ẹs; -e*) *m* (*Gehör usw.*) αίσθηση (*-εις*); (*Bedeutung*) έννοια, νόημα *n*; (*Geist, z. B. des Gesetzes*) πνεύμα *n*; ***im***

S

übertragenen ~e μεταφορικά; ***im ~e haben*** έχω στο νου (μου)

Sinnbild *n* σύμβολο; αλληγορία; **2-lich** συμβολικός; αλληγορικός

sinnen* σκέφτομαι; ***~ auf*** *A* επιδιώκω; *Rache* επιζητώ; ***gesonnen sein zu*** έχω στο νου να

sinn·entstellend παραποιητικός

Sinnes|änderung *f* αλλαγή γνώμης; **~organ** *n* αισθητήριο όργανο; **~täuschung** *f* παραίσθηση (-εις)

sinngemäß νοηματικός; *Adv* κατά το νόημα

sinnlich αισθησιακός, φιλήδονος; *Psych.* υλικός; **2keit** *(0) f* αισθησιασμός

sinnlos χωρίς νόημα; (*unvernünftig*) ανόητος, παράλογος; **2igkeit** *f* παραλογισμός, ανοησία

Sintflut *(0) f* κατακλυσμός

Sippe *f* συγγένεια; φυλή, σόι

Si'rene *f* σειρήνα

Sirup [ʊ] *(-s; -e) m* σιρόπι

Sitte *f* έθιμο; ***die guten ~n*** τα χρηστά ήθη; ***~n und Gebräuche*** ήθη και έθιμα

Sitten|dezernat *n* τμήμα *n* ηθών; **~gemälde** *n* ηθογραφία; **~losigkeit** *f* ανηθικότητα

sittlich ηθικός; **2keit** *(0) f* ηθικότητα; **2keits·verbrechen** *n* σεξουαλικό έγκλημα

Situa'tion *f* κατάσταση (-εις), θέση (-εις)

situ'iert: ***gut ~*** εύπορος

Sitz *(-es; -e) m* έδρα *a. fig.*, κάθισμα *n*, θέση (-εις); *jur.* ***s-n ~ haben*** εδρεύω

sitzen* κάθομαι; *Kleider*: πάω; *Modell*: ποζάρω; *iro. im Gefängnis*: είμαι στο φρέσκο; **~d** καθιστός; *Beschäftigung*: καθιστικός; **~bleiben*** *(sn)* δε σηκώνομαι; *Schüler*: μένω στάσιμος; *Mädchen*: μένω στο ράφι; ***auf e-r Ware ~bleiben*** το εμπόρευμα δεν πουλιέται; ***bleiben Sie ~!*** μη σηκώνεστε!; **~lassen*** *j-n* αφήνω στα κρύα του λουτρού

Sitz|gelegenheit *f*, **~platz** *m* κάθισμα *n*, θέση (-εις); **~stange** *f* κούρνια

Sitzung *f* συνεδρίαση (-εις); ***e-e ~ abhalten*** συνεδριάζω; **~s·saal** *m* αίθουσα συνεδριάσεων

Skala *(-; -len) f* κλίμακα, σκάλα

Skan'dal *(-s; -e) m* σκάνδαλο; αναστάτωση (-εις); **2ös** [-'løːs] σκανδαλώδης 2

Ske'lett *(-es; -e) n a. fig.* σκελετός

Skept|iker *m* σκεπτικιστής; **2isch** σκεπτικός

Sketch [skɛtʃ] *(-es; -e) m* σκετς *(0) n*

Ski [ʃiː] *(-s; -er) m* σκι *(0)*, χιονοπέδιλο; **~gebiet** *n* περιοχή χιονοδρομιών; **~laufen** *n* χιονοδρομία; **~läufer(in** *f*) *m* χιονοδρόμος *a. f*

Skizze *f* σκίτσο

skiz'zieren σκιτσάρω, σχεδιάζω

Sklave [-və] *(-n) m* σκλάβος, δούλος

Sklave'rei *(0) f* σκλαβιά, δουλεία

Sklav|in *f* σκλάβα, δούλα; **2isch** δουλικός

Skle'rose *f* σλήρωση, σκλήρυνση

Skonto *(-s; -s od. -ti) m, n* σκόντο, έκπτωση (-εις)

Skor'pion *(-s; -e) m* σκορπιός

Skrupel *m* ενδοιασμός; **2los** ασυνείδητος; **~losigkeit** *f* ασυνειδησία

Skulp'tur *f* γλυπτική; (*Werk*) γλυπτό

Slaw|e *(-n) m* Σλάβος; **2isch** σλαβικός

Slogan *(-s; -s) m* σύνθημα *n*

Sma'ragd *(-es; -e) m* σμαράγδι

Smog *(-s; -s) m* νέφος *n*, αιθαλομίχλη; **~alarm** *m* συναγερμός νέφους

Smoking *(-s; -s) m* σμόκιν *(0) n*

Snob *(-s; -s) m* σνομπ *(0) m*

so *Adv* έτσι; ***so so, ~ la'la*** έτσι κ' έτσι; ***~ ein(e), einer*** τέτοιος (-α, -ο); ***~ etwas*** (*od.* F ***was***) κάτι τέτοιο; ***~ oder ~*** ούτως ή άλλως; ***~ groß*** (***hoch, sehr, viel***), ***daß*** τόσος, που (*od.* ώστε); *Vergleich*: ***~ ... wie*** τόσο ... όσο; *Ko* ***~ daß*** ούτως ώστε, έτσι που

so'bald *Ko* μόλις, άμα + *St II*

Socke *f* (κοντή) κάλτσα

Sockel *m* βάση (-εις), υπόβαθρο

Soda *(0) f* σόδα

so'dann έπειτα, μετά, ύστερα

Sodbrennen *n* καούρα

so'eben μόλις, προ ολίγου

Sofa *(-s; -s) n* καναπές (-έδες), ντιβάνι

so|'fern *Ko* εφόσον; **~'fort** αμέσως; **~'gar** (και) μάλιστα, ακόμα και

sogenannt λεγόμενος

Sohle *f* σόλα, πέλμα *n*; πατούσα

Sohn *(-es; ⸚e) m* γιος, *K* υιός; ***einzige(r) ~*** μοναχογιός

so'lange (wie) *Ko* όσο(ν), ενώ; *Adv* τόση ώρα; ***~ ich lebe*** όσο ζω

S

solche(**r**): (**ein**) **~r** τέτοιος (*-α, -ο*)
Sold (*-es; -e*) *m mil.* μισθός
Sol'dat (*-en*) *m* στρατιώτης; ***weib-liche***(***r***) **~** στρατιωτίνα
Söldner *m* μισθοφόρος
soli'darisch αλληλέγγυος (*-α, -ο*)
Solidari'tät (*0*) *f* αλληλεγγύη
so'lide σταθερός; *Stoff*: γερός
So'list (*-en*) *m* μονωδός, σολίστας; **~in** *f* μονωδός *f*
Soll (-[s]; -[s]) *n* χρέωση (*-εις*); *fig.* υποχρέωση (*-εις*); ***~ und Haben*** *Hdl.* δούναι και λαβείν
soll|**en** (+ *Inf o. zu*) *mst.* να + *Verb*; *verneint*: μη; (*die Pflicht haben*) οφείλω να; *unp* πρέπει να; *Zukunft*: θα, πρόκειται να; (*man sagt*) λένε, λέγεται ότι *od.* πως; ***was ~ ich tun?*** τι να κάνω; ***was ~ das bedeuten?*** τι θα πει αυτό; ***es ~ geschehen*** θα γίνει; ***man ~te meinen*** θα έλεγε κανείς; *konjunktional*: ***~ten Sie ihn*** (***zufällig***) ***sehen*** αν τύχει να τον δείτε; **≗zinsen** *pl* πιστωτικός τόκος
Solo (*-s; -s, -li*) *n* μονωδία, σόλο (*0*)
somit άρα
Sommer *m* καλοκαίρι, *K* θέρος *n*; ***es wird ~*** καλοκαιριάζει; ***den ~ verbringen*** ξεκαλοκαιριάζω; **~anfang** *m* αρχή του καλοκαιριού; **~fahrplan** *m* θερινό δρομολόγιο; **~ferien** *pl* θερινές διακοπές *f/pl*; **~frische** *f* θέρετρο; **≗lich** καλοκαιρινός, θερινός; **~schlußverkauf** *m* καλοκαιρινές εκπτώσεις *f/pl*; **~sprosse** *f* φακίδα; **~zeit** (*0*) *f* θερινή ώρα
Sonde *f* καθετήρας; *Geol.* γεωτρύπανο
Sonder|**angebot** *n* ειδική προσφορά; **~ausgabe** *f* έκτακτη έκδοση (*-εις*)
sonderbar περίεργος, παράξενος; *Pers. a.* ιδιότροπος, αλλιώτικος
Sonder|**fahrt** *f* έκτακτη διαδρομή; **~genehmigung** *f* ειδική άδεια; **~maschine** *f* έκτακτο αεροπλάνο
sondern[1] *Ko* αλλά
sondern[2] *v/t* ξεχωρίζω
Sonder|**sitzung** *f* ειδική συνεδρίαση (*-εις*); **~stellung** *f* ιδιαίτερο καθεστώς (*-ώτος*); **~zug** *m* έκτακτο τρένο
Sonnabend *m* Σάββατο; **~'abend** *m* σαββατόβραδο; **≗s** σαββατιάτικα
Sonne *f* ήλιος
sonnen: ***sich ~*** λιάζομαι
Sonnen|**aufgang** *m* ανατολή (ηλίου); **~bad** *n* ηλιόλουτρο; **~blume** *f* ήλιος; **~brand** *m* ηλιακό έγκαυμα; **~brille** *f* γυαλιά *n/pl* ηλίου; **~deck** *n* άνω κατάστρωμα *n*; **~energie** *f* ηλιακή ενέργεια; **~finsternis** *f* έκλειψη (*-εις*) ηλίου; **≗gebräunt** ηλιοκαμένος; **~kollektor** *m* ηλιακός συσσωρευτής; **~krem** *f* κρέμα ηλίου; **~öl** *n* λάδι ηλίου; **~schein** (*-es; 0*) *m* λιακάδα; **~schirm** *m* ομπρέλα ηλίου; **~stich** *m* ηλίαση; **~untergang** *m* (ηλιο)βασίλεμα *n*, δύση (*-εις*)
sonnig ηλιόλουστος
Sonntag (*-es; -e*) *m* Κυριακή
sonntags την Κυριακή
sonst αλλιώς, διαφορετικά; (*früher*) άλλοτε; ***~ gibt's Streit*** γιατί θα γίνει καβγάς; ***~ noch etwas?*** τίποτε άλλο; **~ig** (ο) άλλος, υπόλοιπος; **~wo** (κάπου) αλλού
so'oft *Ko* κάθε (φορά) που
So'pran (*-s; -e*) *m* υψίφωνος *f*
Sorge *f* φροντίδα (***für*** *A*/για); επιμέλεια (***für*** *A/G*); μέριμνα (***um*** *A*/για); (*Kummer*) έγνοια, σκοτούρα; ***j-m ~n machen*** στενοχωρώ κπ; ***in ~ sein*** *od.* ***sich ~n machen*** (***wegen*** *G*, ***über*** *A*) στενοχωριέμαι (για)
sorgen: ***~ für*** *A* φροντίζω *A od.* για; ***sich ~ um*** *A* ανησυχώ, φοβάμαι για
sorgen|**frei**, **~los** ξέγνοιαστος; αμέριμνος; **~voll** συλλογισμένος
Sorg|**falt** (*0*) *f* επιμέλεια; **≗fältig** επιμελής 2, *S.* φροντισμένος; **≗los** ξέγνοιαστος; αδιάφορος; **~losigkeit** (*0*) *f* αμεριμνησία
Sorte *f* είδος *n*; *Hdl. a.* ποιότητα; (*Devisen*) συνάλλαγμα *n*
sor'tier|**en** ξεδιαλέγω; ταξινομώ; **≗ung** *f* διαλογή, ταξινόμηση (*-εις*)
Sorti'ment (*-es; -e*) *n* συλλογή
Soße *f* σάλτσα
Souffleur [suˑ'flø:ʀ] (*-s; -e*) *m* υποβολεάς; **~kasten** *m* υποβολείο
soundso: ***Herr ≗*** ο κύριος τάδε
Souve'nir (*-s; -s*) *n* ενθύμιο
souve'rän [zuˑ-] κυριαρχικός; *ein* **~er** ***Staat*** κυρίαρχο κράτος; **≗** (*-s; -e*) *m* κυρίαρχος; **≗i'tät** (*0*) *f* κυριαρχία
so'viel τόσος; ***~ ich weiß*** όσο ξέρω
so'weit, **'soweit** *Ko* όσο; ***~ sein*** είμαι

S

έτοιμος; *Adv* τόσο μακριά; ~ ***das Auge reicht*** ως εκεί που φτάνει το μάτι
so'wie καθώς και; (*sobald*) μόλις
sowie'so έτσι κι αλλιώς, οπωσδήποτε
so'wjet|isch σοβιετικός; **&union** *f hist.* Σοβιετική Ένωση
so'wohl: ~ **...** ***als auch*** και ... και, τόσο ... όσο
sozi'al κοινωνικός; **&abgaben** *f/pl* κοινωνικές εισφορές *f/pl*; **&amt** *n* κέντρο κοινωνικής πρόνοιας; **&arbeiter** *m* κοινωνικός λειτουργός; **&demokrat** *m* σοσιαλδημοκράτης; **~demokratisch** σοσιαλδημοκρατικός; **&hilfe** *f* κοινωνική παροχή
soziali'sier|en κοινωνικοποιώ; **&ung** *f* κοινωνικοποίηση (*-εις*)
Sozia'lis|mus (-; *0*) *m* σοσιαλισμός; **&tisch** σοσιαλιστικός
Sozi'al|leistungen *f/pl* κοινωνικές παροχές *f/pl*; **~versicherung** *f* κοινωνική ασφάλιση (*-εις*)
Sozio|'loge (*-n*) *m* κοινωνιολόγος; **~lo'gie** (*0*) *f* κοινωνιολογία; **&'logisch** κοινωνιολογικός
Sozius (-; *-se*) *m* συνέταιρος
sozu'sagen να πούμε, *K* ούτως ειπείν
Spachtel *m, f* σπάτουλα
Spaghetti [-'geti·] *pl* σπαγέτο
spähen παρατηρώ, παραμονεύω
Spa'lier (*-s*; *-e*) *n* αράδα, παράταξη (*-εις*); δικτυωτό αναρριχωμένων
Spalt (*-ẹs*; *-e*) *m* σχισμή, χαραμάδα
Spalte *f s.* ***Spalt***; χάσμα *n*, ρωγμή; *Zeitung*: στήλη
spalt|en σχίζω; *Tech., pol.* διασπώ (*-άς*), διχάζω; ***gespalten*** διχασμένος; **&ung** *f* σχίσμα *n*; διάσπαση (*-εις*); διχασμός
Span (*-ẹs*; *¨e*) *m* πελεκούδι, σχίζα; **~ferkel** *n* γουρονόπουλο
Spange *f* κόπιτσα, καρφίτσα
spann *s.* ***spinnen***
Spanne *f* πιθαμή; *Hdl.* (*Spielraum, Marge*) περιθώριο; *s.* **Zeitspanne**
spannen τεντώνω, εντείνω; (*drücken*) σφίγγω; **~d** συναρπαστικός
Spann|kraft (*0*) *f* ελαστικότητα; *fig.* δύναμη (*-εις*); **~ung** *f El.* τάση (*-εις*); *Tech., Psych. a. fig.* ένταση (*-εις*); (*Ungeduld*) αγωνία, αδημονία; **~weite** *f* άνοιγμα *n*, έκταση (*-εις*)

Spar|- αποταμιευτικός; **~buch** *n* βιβλιάριο ταμιευτηρίου; **~büchse** *f* κουμπαράς (*-άδες*)
sparen *v/t* αποταμιεύω; *Mühe, Zeit usw.* εξοικονομώ; *v/i* (*sparsam sein*) κάνω οικονομίες; **&** *n* αποταμίευση (*-εις*)
Spar|er *m* (*a. Bau-*) αποταμιευτής; **~flamme** *f* σιγανή φωτιά
Spargel *m* σπαράγγι, *K* ασπάραγος
Spar|kasse *f* ταμιευτήριο; **~konto** *n* λογαριασμός ταμιευτηρίου
spärlich αραιός, λιγοστός
sparsam οικονόμος (*-α*) (***in*** *D*/σε); φειδωλός; **&keit** (*0*) *f* οικονομία
Sparzins *m* αποταμιευτικός τόκος
Spaß [aː] (*-es*; *¨e*) *m* αστείο, χωρατό; διασκέδαση (*-εις*); ***zum*** ~ στ' αστεία; ~ ***machen*** χωρατεύω; ~ ***daran finden, zu*** ευχαριστιέμαι να
spaßen [aː] αστειεύομαι, χωρατεύω
spaß|haft, ~ig αστείος (*-α, -ο*); **&macher** *m*, **&vogel** *m* χωρατατζής (*-ήδες*); ***ein &vogel sein*** έχω πλάκα
spät *z. B. Saat*: όψιμος; *Nacht*: βαθύς; *Adv* αργά; ***zu ~!*** τώρα πια!; ***wie ~ ist es?*** τι ώρα είναι;
Spaten *m* φτυάρι
später μεταγενέστερος; *Adv* αργότερα, ύστερα
spätestens το αργότερο, το βραδύτερο
Spatz (*-en*) *m* σπουργίτι
spa'zieren πηγαίνω βόλτα, κάνω περίπατο; περπατώ (*-άς*); **~fahren*** (*sn*): **~gehen*** (*sn*) πάω (*od.* κάνω) περίπατο
Spa'zier|gang *m* περίπατος, βόλτα; σερ(γ)ιάνι; ***e-n ~gang machen*** κάνω περίπατο; **~gänger** *m* περιπατητής
Specht (*-ẹs*; *-e*) *m* δρυοκολάπτης
Speck (*-ẹs*; *-e*) *m* λαρδί, μπέικον (*0*)
Spedi|'teur [-'tøːʀ] (*-s*; *-e*) *m* μεταφορέας; **~'tion** *f* γραφείο μεταφορών
Speer (*-ẹs*; *-e*) *m* ακόντιο
Speiche *f Rad*: ακτίνα
Speichel (*-s*; *0*) *m* σάλιο
Speicher *m* αποθήκη; *EDV* μνήμη, εναποθήκευση (*-εις*)
speicher|n αποθηκεύω; *Energie, EDV* εναποθηκεύω; **&ofen** *m* (*Nacht-*) *El.* θερμοσυσσωρευτής; **&ung** *f* (εν)αποθήκευση (*-εις*)

S

Speise *f* έδεσμα *n*, φαγητό; **~eis** *n* παγωτό; **~kammer** *f* κελάρι; **~karte** *f* κατάλογος (φαγητών)

speisen *v/i* (*essen*) τρώω; *mittags*: γευματίζω; *abends*: δειπνώ

Speise|saal *m* τραπεζαρία; **~wagen** *m* βαγκόν-ρεστοράν (*0*) *n*, βαγόνι εστιατόριο

Spek'takel *m* θέαμα *n*; φασαρία

Spek'tral- φασματικός

Spektrum (*-s*; *-tren*, *-tra*) *n* φάσμα *n*

Speku|'lant (*-en*) *m* κερδοσκόπος; **~la'tion** *f* κερδοσκοπία; **&'lieren** κερδοσκοπώ

spen'dabel ανοιχτοχέρης 3

Spende *f* δωρεά; (συν)εισφορά; **&n** (συν)εισφέρω; **~n·konto** *n* λογαριασμός δωρεών; **~n·sammlung** *f* έρανος; **~r** *m* χορηγός, δωρητής

spen'dieren κερνώ (*-άς*)

Sperma (*-s*; *-men*) *n* σπέρμα *n*

Sperre *f* φράγμα *n*, παρεμπόδιση (*-εις*); μπλόκο; *Esb.* έλεγχος; **&n** κόβω; *Weg* κλείνω, φράζω; ***&n in*** *A* φυλακίζω, εγκλείω σε

Sperr|gebiet *n* απαγορευμένη ζώνη; **&ig** ... μεγάλων διαστάσεων; **~konto** *n* δεσμευμένος λογαριασμός; **~ung** *f* αποκλεισμός; *Straße*: κλείσιμο (*-ατος*)

Spesen *pl* έξοδα *n/pl*, δαπάνες *f/pl*

Spezi'al|ausbildung *f* εξειδίκευση (*-εις*) (***in*** *D*/σε); **~gebiet** *n* ειδικός κλάδος; **~geschäft** *n* ειδικό κατάστημα

speziali'sier|en *s.* ***ausbilden***; ***sich ~en auf*** *A* ειδικεύομαι σε; ***~t auf*** *A* ειδικευμένος σε; **&ung** *f* ειδίκευση (*-εις*)

Spezia'list (*-en*) *m* ειδικός

Speziali'tät *f* ειδικότητα; σπεσιαλιτέ (*0*) *n*; **~en·restaurant** *n* εστιατόριο με σπεσιαλιτέ *od.* ντόπια φαγητά *n/pl*

spezi'ell ιδιαίτερος; *Adv a.* ειδικά

spe'zifisch ειδικός; ***~es Gewicht*** ειδικό βάρος

Sphär|e *f* σφαίρα; **&isch** σφαιρικός

Spiegel *m* καθρέφτης, κάτοπτρο; **~bild** *n* είδωλο; **~eier** *n/pl* αβγά μάτια *n/pl*; **&'glatt** *Meer*: γυαλί; **&n** *v/t* καθρεφτίζω; ***sich &n*** καθρεφτίζομαι; αντανακλώ (*-άς*); **~ung** *f* καθρέφτισμα *n*, αντανάκλαση (*-εις*)

Spiel (*-ęs*; *-e*) *n* παιχνίδι, *fig.* παίγνιο; *Sp.* αγώνας *n*, συνάντηση (*-εις*); ***~ Karten*** τράπουλα; *etw.* ***aufs ~ setzen*** ριψοκινδυνεύω; **~bank** *f* καζίνο

spielen παίζω; *den Kranken*, *Dummen usw.* κάνω, προσποιούμαι, παριστάνω (τον); *Thea. Handlung* διαδραματίζομαι; **&** *n* παίξιμο (*-ατος*); **~d** *z. B. lernen* εύκολα, διασκεδάζοντας

Spieler *m* παίχτης, *K* -κτης; χαρτοπαίχτης; **~ei** [-'ʀaɪ] *f* παιχνίδι; **~in** *f* (χαρτο)παίχτρια; **&isch** παιχνιδιάρης 3

Spiel|feld *n Sp.* γήπεδο; **~halle** *f* παιχνίδια *n/pl*, φλιπεράκια *n/pl*; **~karte** *f* τραπουλόχαρτο; **~kasino** *n* καζίνο

Spielplan *m Thea.* δραματολόγιο, ρεπερτόριο

Spiel|platz *m* παιδική χαρά, παιδότοπος; **~raum** *m fig.* περιθώριο; *Tech. a.* αέρας; **~regel** *f* κανονισμός; **~verderber** *m* χαραμτζής (*-ήδες*); **~waren** *f/pl* παιχνίδια *n/pl*; **~zeit** *f Thea.* σεζόν (*0*) *f* (του θεάτρου); *Sp.* διάρκεια του ματς; **~zeug** *n* παιχνίδι *a. fig.*

Spieß (*-es*; *-e*) *m* κοντάρι; (*Brat&*) σούβλα

Spießbürger *m* μικροαστός; **&lich** μικροαστικός

spießen σουβλίζω, λογχίζω

Spi'nat (*-ęs*; *-e*) *m* σπανάκι

Spind (*-ęs*; *-e*) *m*, *n* ντουλάπι, ερμάρι

Spindel *f* αδράχτι

Spinne *f* αράχνη

spinnen* γνέθω, κλώθω; (*Unsinn reden*) φτιάχνω *od.* λέω παραμύθια *n/pl*

Spinn|er *m* κλώστης; *fig.* ονειροπόλος, παραμυθάς (*-άδες*); **~e'rei** *f* νηματουργείο, κλωστήριο; **~gewebe** *n* ιστός αράχνης

Spi'on (*-s*; *-e*) *m* σπιούνος, κατάσκοπος (*a. f*)

Spio'nage [-ʒə] (*0*) *f* κατασκοπεία

spio'nieren κατασκοπεύω

Spi'ral|e *f* σπιράλ (*0*) *n*, σπείρα; **~feder** *f* σπειροειδές ελατήριο

Spiritu'osen *pl* οινοπνευματώδη (ποτά) *n/pl*

Spiritus (*-*; *0*) *m* σπίρτο, οινόπνευμα *n*; *Gr.* πνεύμα *n*; ***~ asper*** δασεία; ***~ lenis*** ψιλή; **~kocher** *m* καμινέτο

spitz μυτερός, σουβλερός; *Winkel*: οξύς (*-εία*, *-ύ*)

S

Spitze *f* μύτη, αιχμή; άκρα, άκρη; *Math. u. fig.* (*Gipfel*) κορυφή; *am Kleid*: δαντέλα; ***an der ~*** επί κεφαλής
Spitzel *m* χαφιές (*-έδες*), σουπιά
spitzen *v/t Bleistift usw.* (ο)ξύνω; *Ohren* τεντώνω
Spitzenleistung *f* (ανώτατη) επίδοση (*-εις*), ρεκόρ (*0*) *n*
spitzfindig ψιλολόγος (*-α, -ο*); **≗keit** *f* ψιλολογια
Spitz|hacke *f* κασμάς (*-άδες*); **~name** *m* παρατσούκλι
Splitter *m* αγκίδα, σχίζα; (*Granat≗*) θραύσμα *n*; **≗n** (*sn*) *Holz*: σχίζομαι; **≗'nackt** θεόγυμνος
Sponsor (*-s*; *-'oren*) *m* χρηματοδότης, υποστηρικτής
spon'tan αυθόρμητος
Sport (*-ℯs*; *0*) *m* αθλητισμός, σπορ (*0*) *n*; ***~ treiben*** κάνω σπορ; **~artikel** *m/pl* είδη *n/pl* σπορ, αθλητικά είδη *n/pl*; **~freund** *m* φίλαθλος; **~geschäft** *n* κατάστημα *n* αθλητικών ειδών; **~ler** *m* αθλητής; **~lerin** *f* αθλήτρια; **≗lich** αθλητικός; **~nachrichten** *f/pl* αθλητικά νέα *n/pl*; **~platz** *m* γήπεδο; **~verein** *m* αθλητικός όμιλος; **~wagen** *m* σπορ αυτοκίνητο
Spott (*-ℯs*; *0*) *m* κοροϊδία, χλευασμός
spotten *v/i* κοροϊδεύω, χλευάζω
spöttisch κοροϊδευτικός
sprach [aː] *s.* ***sprechen***
Sprache [aː] *f* γλώσσα; ***zur ~ bringen*** υποβάλλω προς συζήτηση
Sprach|en·schule *f* σχολή (ξένων) γλωσσών; **~fehler** *m* σολοικισμός; **~führer** *m* (*Buch*) γλωσσικός οδηγός; **~kurs** *m* γλωσσικό μάθημα; **~labor** *n* γλωσσικό εργαστήρι; **≗lich** γλωσσικός
sprachlos βουβός; *fig.* άναυδος; **≗igkeit** (*0*) *f* βουβαμάρα
Sprachwissenschaft *f* γλωσσολογία
sprang *s.* ***springen***
Spray [spʀeɪ] (*-s*; *-s*) *n* σπρέι (*0*) *n*
sprechen* μιλώ (*-άς*), *K* ομιλώ (***von*** *D*, ***über*** *A*/για); ***~ für j-n*** συνηγορώ, μιλώ υπέρ *G*; ***zu ~ sein*** *Arzt usw.*: δέχομαι
Sprech|er *m* ομιλητής; *Radio*: εκφωνητής; **~stunde** *f Arzt*: ώρες *f/pl* επισκέψεων; *Büro*: ώρες *f/pl* γραφείου; ***~stunde haben*** δέχομαι; **~stunden·hilfe** *f* βοηθός *bsd. f* ιατρείου; **~zimmer** *n* ιατρείο
spreizen ανοίγω
Sprengbombe *f* εκρηκτική βόμβα
sprengen *v/t* ανατινάζω; *mit Wasser* καταβρέχω; *Garten* ποτίζω
Spreng|kopf *m*: ***atomare(r) ~kopf*** πυρηνική κεφαλή; **~satz** *m* εκρηκτική γόμωση (*-εις*); **~stoff** *m* εκρηκτική ύλη; **~ung** *f* ανατίναξη (*-εις*); (*Bewässerung*) κατάβρεγμα *n*
Sprichwort (*-ℯs*; *¨er*) *n* παροιμία
sprießen* (*sn*) βλαστάνω, (ξε)φυτρώνω; **≗** *n* φύτρωμα *n*
Springbrunnen *m* σιντριβάνι
springen* (*sn*) πηδώ (*-άς*) (**über** *A/A*); *Glas*: ραγίζω; (*laufen*) πετιέμαι
Spritze *f Med.* σύριγγα; ένεση (*-εις*); (*Feuer≗*) πυροσβεστική αντλία; ***j-m e-e ~ geben*** βάζω ένεση σε κπ; **≗n** *v/t* ψεκάζω
spröd(e) ξερός, σκληρός; *fig.* σεμνότυφος
sproß *s.* ***sprießen***
Sproß [ɔ] (*-sses*; *-sse*) *m* (*a. Kind*) βλαστός, βλαστάρι
Sprosse *f* σκαλοπάτι; **~n·wand** *f* σουηδική σκάλα, πολύζυγο
Sprößling [œ] (*-s*; *-e*) *m a. e-r Familie* βλαστάρι, γόνος, κλωνάρι
Spruch [ʊ] (*-ℯs*; *¨e*) *m* ρητό, απόφθεγμα *n*; *jur.* απόφαση (*-εις*); **≗reif** *Sache*: επίκαιρος, ώριμος
Sprudel *m* μεταλλικό νερό; (*Quelle*) ιαματική πηγή; **≗n** (*sn*) αναβλύζω
sprüh|en πιτσιλίζω; *Regen*: ψιχαλίζει; **≗mittel** *n* σπρέι (*0*) *n*; **≗regen** *m* ψιχάλα
Sprung (*-ℯs*; *¨e*) *m* πήδημα *n*, άλμα *n*; *Glas*: ράγισμα *n*; *Glas*: ***Sprünge bekommen*** ραγίζω; **~brett** *n* βατήρας; **~feder** *f* ελατήριο; **~grube** *f Sp.* σκάμμα *n*; **≗haft** αλματώδης 2; *Pers.* άστατος; *fig. Adv* αλματωδώς
Spuck|e (*0*) *f* σάλιο; **≗en** φτύνω; *Blut a.* ξερνώ (*-άς*); **~en** *n* φτύσιμο
Spuk (*-ℯs*; *-e*) *m* στοιχειό, φάντασμα *n a. pl*; **≗en: es ≗t** βγαίνουν φαντάσματα *n/pl*; **~haus** *n* στοιχειωμένο σπίτι
Spülbecken *n* νεροχύτης
Spule *f* μασούρι, καρούλι
spülen ξεπλένω, ξεβγάζω; *ans Land* ξεβράζω
Spül|kasten *m* καζάνι, καζανάκι;

~ung *f Med.* κλύσμα *n*; **~wasser** *n* απόνερα *n/pl*
Spur *f* αχνάρι; *a. fig.* ίχνος *n*, πάτημα *n*; ***j-m auf die ~ kommen*** παίρνω κπ μυρωδιά
spür|bar αισθητός; ***~bar werden in*** *D* γίνομαι αισθητός σε; **~en** *v/t* νιώθω, (δι)αισθάνομαι
Spürhund *m* λαγωνικό *a. fig.*
spurlos ... χωρίς (να αφήσω) ίχνη
Spürsinn (*-ęs; 0*) *m* όσφρηση
Spurweite *f Esb.* πλάτος *n* γραμμής
Staat (*-ęs; -en*) *m* κράτος *n*, πολιτεία; δημόσιο; **~en·bund** *m* συμπολιτεία; **&en·los** χωρίς ιθαγένεια; **&lich** κρατικός
Staats|angehörige(r) υπήκοος *a. f*; **~angehörigkeit** *f* υπηκοότητα, ιθαγένεια; **~anwalt** *m* εισαγγελέας; **~anwaltschaft** *f* εισαγγελία
Staats|bank *f* εθνική τράπεζα; **~beamte(r)** δημόσιος υπάλληλος; **~bürger** *m* πολίτης; **~bürgerin** *f* πολίτισσα; **~dienst** *m* δημόσια υπηρεσία; **~examen** *n* πτυχιακές εξετάσεις *f/pl*; **~haushalt** *m* κρατικός προϋπολογισμός
Staatskosten *pl* δημόσια έξοδα *n/pl*; ***auf ~*** δημοσία δαπάνη
Staats|mann *m* πολιτικός, πολιτευόμενος; **~oberhaupt** *n* ηγέτης; **~rat** *m* (*Titel*) κρατικός σύμβουλος; (*Gruppe*) συμβούλιο επικρατείας; **~sekretär** *m* υφυπουργός; **~streich** *m* πραξικόπημα *n*; **~verfassung** *f* πολίτευμα *n*; **~wappen** *n* εθνόσημο; **~wissenschaft** *f* πολιτική επιστήμη
Stab (*-ęs; ⸚e*) *m* ραβδί; *mil.* επιτελείο
Stabhochsprung *m* άλμα *n* επί κοντώ
sta'bil σταθερός *a. Preis*; **~i'sieren** *v/t* σταθεροποιώ; **&i'sierung** *f* σταθεροποίηση (*-εις*); **&i'tät** (*0*) *f* σταθερότητα; **&i'täts·politik** *f* πολιτική σταθερότητας
stach [aː] *s.* ***stechen***
Stachel [a] (*-s; -n*) *m* αγκάθι; κεντρί *a. Zool.*; **~draht(verhau)** *m* αγκαθωτό συρματόπλεγμα; **&ig** αγκαθωτός
Stadion [-ĭɔn] (*-s; -dien*) *n* στάδιο
Stadium (*-s; -dien*) *n* στάδιο
Stadt [a] *f* (*pl* ***Städte*** [ɛː]) πόλη (*-εις*); **~autobahn** *f etwa*: αστικός δρόμος γρήγορης κυκλοφορίας; **~bahn** *f* ηλεκτρικός, μετρό (*0*); **~bevölkerung** *f* αστικός πληθυσμός; **~bummel** *m* περίπατος στην πόλη, σερ(γ)ιάνι
Städtchen [ɛː] *n* κωμόπολη (*-εις*)
Städtebau (*-ęs; 0*) *m* πολεοδομία
Städtepartnerschaft *f* αδελφοποίηση πόλεων
Städter *m* κάτοικος (*a. f*) πόλεως
Stadtgebiet *n* αστική περιοχή
städtisch αστικός, δημοτικός
Stadt|plan *m* χάρτης της πόλης; **~planung** *f* ρυμοτομία; **~rat** *m* (*Person*) δημοτικός σύμβουλος; (*Gremium*) δημοτικό συμβούλιο; **~rundfahrt** *f* περιοδεία στα αξιοθέατα; **~teil** *m*, **~viertel** *n* συνοικία; **~zentrum** *n* κέντρο (πόλεως)
Staffel *f mil.* κλιμάκιο; (*Flieger&*) σμήνος *n*
Staffe'lei *f* καβαλέτο, τρίποδο
Staffellauf *m* σκυταλοδρομία
staffel|n κλιμακώνω, διαβαθμίζω; **&ung** *f* κλιμάκωση (*-εις*)
Stag|na'tion *f* στασιμότητα, απραξία; **&'nieren** είμαι στάσιμος
stahl *s.* ***stehlen***
Stahl (*-ęs; ⸚e*) *m* χάλυβας, ατσάλι
stählen χαλυβδώνω, ατσαλώνω
stählern χαλύβδινος, ατσάλινος
Stahl|industrie *f* χαλυβοβιομηχανία; **~werk** *n* χαλυβουργείο
stak *s.* ***stecken***
Stall (*-ęs; ⸚e*) *m* στάβλος, αχούρι; (*Hühner~*) κουμάσι
Stamm (*-ęs; ⸚e*) *m* κορμός, στέλεχος *n*; (*Rasse*) φυλή; φύλο; (*Geschlecht*) γενιά; σόι; *Gr.* θέμα *n*
stammeln τραυλίζω; **&** *n* τραύλισμα *n*
stammen (*Perf. selten*): ***~ aus*** *D* κατάγομαι από, προέρχομαι από
Stammgast *m* θαμώνας; ***~ sein*** συχνάζω
stampf|en κοπανίζω; *Schiff*: σκαμπανεβάζω; ***mit den Füßen ~en*** ποδοπατώ (*-άς*); **&en** *n* κοπάνισμα *n*
stand *s.* ***stehen***
Stand (*-ęs; ⸚e*) *m* (*Zustand, jur.*) κατάσταση (*-εις*); (*Klasse*) τάξη (*-εις*); (*Kiosk*) περίπτερο; (*Wasser&, Sonnen& usw.*) στάθμη, ύψος *n*
Standard (*-s; -s*) *m* πρότυπο; (*Niveau*) επίπεδο; **&i'sieren** τυποποιώ
Standbild *n* άγαλμα *n*
Ständchen *n* καντάδα, μαντινάδα

S

Ständer *m* ορθοστάτης; βάθρο; *El.* επαγωγέας
Standes|amt *n* ληξιαρχείο; **≈amtlich** ληξιαρχικός; **~beamte(r)** ληξίαρχος
stand|fest, ~haft σταθερός, ακλόνητος; **≈haftigkeit** *(0) f* σταθερότητα
standhalten* αντέχω (*D*/σε)
ständig διαρκής 2, μόνιμος; *Adv* συνεχώς, μόνιμα, διαρκώς
Stand|licht *n Auto*: φως *n* στάθμευσης; **~ort** *m* θέση (-*εις*), σταθμός; **~punkt** *m* άποψη (-*εις*); σκοπιά; **~spur** *f* βοηθητική λωρίδα
Stange *f* κοντάρι; (*Telegraphen≈*) στύλος
stank *s.* ***stinken***
Stanz|e *f Tech.* στάμπα; **≈en** σταμπάρω; εκτυπώνω, διατρυπώ
Stapel *m* στοίβα; *mar.* σκαρί; ***auf ~*** στα σκαριά; ***vom ~ lassen*** καθελκύω; **≈n** στοιβάζω
stapfen (*sn*) πατώ (-*άς*) βαριά
Star[1] (-*ȩs*; -*e*) *m Zool.* ψαρόνι; *Med.* ***graue(r) ~*** καταρράκτης; ***grüne(r) ~*** γλαύκωμα *n*; ***schwarze(r) ~*** αμαύρωση (-*εις*)
Star[2] (-*s*; -*s*) *m Film usw.*: σταρ *(0) m, f*, αστέρας
starb *s.* ***sterben***
stark (*¨er*, *¨est-*) δυνατός, ισχυρός; (*intensiv*) έντονος; (*heftig*) σφοδρός; *Hand*: στιβαρός
Stärke *f* δύναμη (-*εις*), υσχύς (-*ύος*) *f*; σφοδρότητα; (*Dicke*) πάχος *n*; *Chem.* άμυλο; (*Wäsche≈*) κόλλα
stärken *v/t* δυναμώνω, τονώνω; *Wäsche* κολλαρίζω; **~d** δυναμωτικός
stärker *s.* ***stark***; ***~ werden*** δυναμώνω
Starkstrom (-*ȩs*; *0*) *m* ρεύμα *n* υψηλής τάσεως
Stärkung *f* ενίσχυση (-*εις*); δυνάμωμα *n*, τόνωση; **~s·mittel** *n* τονωτικό, δυναμωτικό
starr άκαμπτος, αλύγιστος; *Blick*: απλανής 2
starren: ***auf j-n ~*** ατενίζω κπ, στυλώνω τα μάτια σε κπ
Starr|heit *(0) f* ακαμψία; *fig.* πείσμα *n*; **≈köpfig** ξεροκέφαλος
Start (-*ȩs*; -*s*) *m Flugw.* απογείωση (-*εις*); *Sp.* εκκίνηση (-*εις*); **~automatik** *f* αυτοματισμός εκκίνησης; **~bahn** *f* διάδρομος απογείωσης; **≈bereit** έτοιμος για απογείωση; **≈en** *v/i* (*sn*) *Flugw.* απογειώνομαι; *Sp.* εκκινώ; **~linie** *f Sp.* αφετηρία; **~- und Landebahn** *f* διάδρομος απογείωσης και προσγείωσης; **~zeichen** *n* σήμα *n* εκκίνησης
Stat|ik *(0) f* στατική; **≈isch** στατικός
Sta'tion *f* σταθμός; *Krankenhaus*: τμήμα *n* νοσοκομείου
statio'när: *Med.* ***~e Behandlung*** θεραπεία σε νοσοκομείο
statio'n|ieren σταθμεύω; **≈ierung** *f mil.* στάθμευση (-*εις*)
Sta'tist|ik *f* στατιστική; **~iker** *m* στατιστικός; **≈isch** στατιστικός
Sta'tiv (-*s*; -*e*) *n* τρίποδο
statt *Präp G* αντί για, *K* αντί *G*
statt|finden* γίνομαι, λαμβάνω χώρα; **~lich** επιβλητικός; (*beträchtlich*) σημαντικός
Statue [-tu·ə] *f* άγαλμα *n*
Sta'tur *f* κορμοστασιά, μπόι
Status (-; -) *m* κατάσταση (-*εις*); καθεστώς (-*ώτος*) *n*; ***~ quo*** *m* παρόν καθεστώς *n*; **~symbol** *n* σύμβολο τάξεως
Sta'tut (-*ȩs*; -*en*) *n* καταστατικό
Stau (-*ȩs*; -*s*) *m* (*Verkehrs≈*) συμφόρηση (-*εις*), F μποτιλιάρισμα *n*
Staub (-*ȩs*; *0*) *m* σκόνη; ***~ wischen*** ξεσκονίζω
Stau·becken *n* λίμνη φράγματος
staub|en *v/i* σκονίζομαι; σηκώνω σκόνη; **~frei** ασκόνιστος; **~ig** σκονισμένος; **≈sauger** *m* ηλεκτρική σκούπα; **≈tuch** *n* ξεσκονόπανο; **≈wischen** *n* ξεσκόνισμα *n*
Staudamm *m* φράγμα *n*
stauen *Wasser usw.* μαζεύω; ***sich ~*** συσσωρεύομαι, στοιβάζομαι; *Verkehr*: *unp* γίνεται συμφόρηση (-*εις*)
staunen *v/i* παραξενεύομαι, απορώ (***über*** *A*/με)
Stauung *f* (*Häufung*) συσσώρευση (-*εις*); (*Verkehrs≈*) συμφόρηση (-*εις*)
Steak [ste:k] (-*s*; -*s*) *n* στέικ *(0) n*
stechen* κεντρίζω, αγκυλώνω; *Mücke usw.*: τσιμπώ (-*άς*); *Sonne*: καίω; *in Kupfer usw.* εγχαράσσω; ***in See ~*** βγαίνω στ' ανοιχτά
Steck|brief *m* περιγραφή καταζητούμενου; **~brieflich:** ***≈brieflich suchen*** καταζητώ; **~dose** *f El.* πρίζα, ρευματοδότης

S

stecken χώνω, βάζω, μπήγω (**in** *A*/σε); **in die Tasche ~** τσεπώνω
steckenbleiben* (*sn*) κολλώ (-άς); κομπιάζω
Steck|er *m El.* φίσα, ρευματολήπτης; **~nadel** *f* καρφίτσα
stehen* (*wo?*) στέκομαι, στέκω; *auf dem Tisch usw.* είμαι, βρίσκομαι; *Uhr*: έχω σταματήσει; *Kleider*: πάω; **es steht in der Zeitung** το γράφει η εφημερίδα; **wie steht's?** πώς τα περνάτε (*bzw.* περνάς); **es steht nicht gut mit ihm** *gesundheitlich, finanziell* δεν πάει καλά; **wie steht der Dollar?** πόσο πάει το δολάριο; **wie steht das Spiel?** πώς είναι το σκορ; **≗** *n* ορθοστασία; **im ≗** στο πόδι; **zum ≗ bringen** ανακόπτω
stehen|bleiben* (*sn*) (*halten*) σταματώ (-άς); **wo sind wir gestern ~geblieben?** πού μείναμε χτες; **≗bleiben** *n* σταμάτημα *n*
stehend όρθιος (*-a, -o*), *K* ιστάμενος; *Gewässer*: στάσιμος, στεκάμενος
stehlen* κλέβω (**j-m etw.**/κτ από κπ)
Stehplatz *m* θέση (*-εις*) ορθίων
steif άκαμπτος, αλύγιστος; *Mensch*: μονοκόμματος; *Benehmen*: τυπικός; *Wäsche*: κολλαριστός; *Rücken*: πιασμένος; *Knie*: δύσκαμπτος; **~ werden** πιάνομαι; *Flüssigkeit*: πήζω; **≗heit** *f* δυσκαμψία; *bsd. Med.* ακαμψία; τυπικότητα
steigen* (*sn*) ανεβαίνω, ανέρχομαι; *a. fig.* υψώνομαι; **~ aus** *D* κατεβαίνω από; **~d** ανερχόμενος
steiger|n *Bemühungen* εντείνω; *Ausgaben* ανεβάζω, αυξάνω; **≗ung** *f* ένταση (*-εις*); αύξηση (*-εις*); *Gr.* παράθεση; **≗ungs·rate** *f* ποσοστό αυξήσεως
Steigung *f* ανηφοριά, ανωφέρεια
steil απόκρημνος; (*ansteigend*) ανηφορικός; *Berg*: απότομος; **≗hang** *m* απότομη πλαγιά; **≗küste** *f* απόκρημνη ακτή
Stein (*-ẹs; -e*) *m* πέτρα, λίθος; *Obst*: κουκούτσι; *Spiel*: πούλι
Stein|adler *m* χρυσαετός; **≗'alt** υπέργηρος; **~block** *m* ογκόλιθος; **~bock** *m Zool.* αγριοκάτσικο, αίγαγρος; *Astr.* Αιγόκερως (*-ω*); **~bruch** *m* λατομείο, νταμάρι; **~butt** (*-ẹs; -e*) *m* καλκάνι
steinern πέτρινος, λίθινος; λιθικός
stein|hart σκληρός σαν πέτρα; **~ig** πετρώδης 2
Steinkohle *f* πετροκάρβουνο, γαιάνθρακας
Stelle *f* θέση (*-εις*), τόπος; μέρος *n*; (*Annahme≗ usw.*) κέντρο, σημείο; *im Buch*: χωρίο; (*Fleck*) κηλίδα; **staatliche ~n** κρατικοί φορείς *m/pl*; **an meiner ~** στη θέση μου; **an erster ~** πρωτίστως; **auf der ~** επί τόπου
stellen (*wohin?*) θέτω, βάζω (**auf, in** *usw. A*/σε), τοποθετώ; *Antrag* υποβάλλω; *Bedingungen* θέτω; *z. B. Dieb* εντοπίζω; *Falle* στήνω; *Uhr* κανονίζω; *Zeugen* προσάγω, παρουσιάζω; **zur Diskussion ~** θέτω υπό συζήτηση; **sich ~** παραδίνομαι; **sich** *dumm usw.* **~** κάνω *od.* υποκρίνομαι τον ...; **sich gegen j-n ~** εναντιώνομαι σε κπ; *fig.* **sich hinter j-n ~** υποστηρίζω κπ
Stellen|angebot *n* προσφορά θέσεων; **~gesuch** *n* ζήτηση (*-εις*) θέσης; **~vermittlung** *f* γραφείο ευρέσεως εργασίας; **≗weise** κατά τόπους
Stellplatz *m* θέση (*-εις*), χώρος
Stellung *f allg.* θέση (*-εις*) (*a. Arbeit*); (*Ort*) τοποθέτηση (*-εις*); *von Zeugen* προσαγωγή; *e-s Antrags* υποβολή; **~ nehmen zu** *D* παίρνω θέση σε; **~nahme** *f* θέση (*-εις*), γνώμη (**für** *A*/υπέρ *G*); **~s·suche** *f* αναζήτηση θέσης
stellvertret|end αναπληρωματικός; **≗er** *m* αναπληρωτής, αντιπρόσωπος; **≗erin** *f* αναπληρώτρια
stemmen *Gewicht* ανυψώνω, σηκώνω; **sich ~ gegen** *A fig.* αντιτάσσομαι σε
Stempel *m* σφραγίδα, στάμπα; **~kissen** *n* ταμπόν (*0*); **~marke** *f* ένσημο, χαρτόσημο; **≗n** σφραγίζω, χαρτοσημαίνω; *fig.* σταμπάρω; **gestempelt** σφραγισμένος
Stengel *m* στέλεχος *n*, κοτσάνι
Steno|'gramm (*-s; -e*) *n* στενογράφημα *n*; **~gra'phie** *f* στενογραφία; **≗gra'phieren** στενογραφώ; **~ty'pist(in** *f*) (*-en*) *m* στενοδακτυλογράφος (*a. f*)
Steppdecke *f* πάπλωμα *n*
Steppe *f* στέπα
stepp|en γαζώνω; **≗stich** *m* γαζί

S

sterben* (*sn*) πεθαίνω (**an** *D*; *fig.* **vor** *D*/από); *K* αποβιώνω; **gestorben** πεθαμένος; **im ≈ liegen** ψυχορραγώ; **~s·krank** ετοιμοθάνατος
Sterbe|sakramente *n/pl* επιθανάτια κοινωνία; **~urkunde** *f* πιστοποιητικό θανάτου
sterblich θνητός; **die ~en Überreste** *m/pl* σορός *f*
Stereo|anlage *f* στερεοφωνικό (συγκρότημα); **≈'phonisch** στερεοφωνικός; **~'skop** (*-s*; *-e*) *n* στερεοσκόπιο
ste'ril στείρος (*-α*, *-ο*) *a. fig.*
sterili'sier|en αποστειρώνω; **~t** αποστειρωμένος
Sterili'tät (*0*) *f Med.* στειρότητα
Stern (*-ẹs*; *-e*) *m* άστρο, αστέρι, αστέρας; **~bild** *n* αστερισμός
Sternschnuppe *f* πεφτάστρι, διάττων (*-οντος*) αστέρας
stets [eː] πάντοτε, όλο
Steuer¹ *f* φόρος, φορολογία
Steuer² *n* τιμόνι, *Auto*: *a.* βολάν (*0*) *n*; *Schiff*: *a.* πηδάλιο
Steuer|berater *m* φορολογικός σύμβουλος; **~erklärung** *f* φορολογική δήλωση (*-εις*); **≈frei** αφορολόγητος; **~'freibetrag** *m* αφορολόγητο ποσό; **~hinterziehung** *f* φοροδιαφυγή; **~karte** *f* δελτίο φορολογίας
steuer|los ακυβέρνητος; **≈mann** *m* τιμονιέρης (*-ηδες*), *K* πηδαλιούχος
steuern *Auto* οδηγώ; *Tech.* διευθύνω; *mar.* κυβερνώ (*-άς*); *v/i* κατευθύνομαι
Steuer|rad *n* τιμόνι; *Auto a.*: βολάν (*0*) *n*; **~ruder** *n* τιμόνι
Steuersenkung *f* μείωση (*-εις*) των φόρων
Steuerung *f Tech.* διεύθυνση (*-εις*); *El.* ρύθμιση (*-εις*), έλεγχος
Steuerzahl|er *m* φορολογούμενος; **~ung** *f* φορολογία
Steward ['stjuːəʀt] (*-s*; *-s*) *m* καμαρότος; **~eß** [-'dɛs] (*-*; *-ssen*) *f* (αεροσυνοδός *f*
Stich (*-ẹs*; *-e*) *m* τσίμπημα *n*; κεντιά; (*Nadel≈*) βελονιά; (*Messer≈*) μαχαιριά; (*Schmerz*) σουβλιά; *fig.* **j-n im ~ lassen** εγκαταλείπω κπ
stich|haltig *fig.* βάσιμος; **≈probe** *f* δειγματοληψία; **≈tag** *m* ορισμένη ημέρα; **≈wort** *n* λήμμα *n*; (*Losung*) σύνθημα *n*
Stick|arbeit *f* κέντημα *n*; **≈en** κεντώ (*-ας*); **~e'rei** *f* κέντημα *n*
stickig πνιγερός
Stickstoff (*-ẹs*; *0*) *m* άζωτο
Stiefbruder *m* ετεροθαλής αδελφός
Stiefel *m* μπότα; **~'ette** *f* μποτίνι
Stief|eltern *pl* πατριός και μητριά; **~kind** *n* προγόνι; **~mutter** *f* μητριά
Stiefmütterchen *n* πανσές (*-έδες*)
Stief|schwester *f* ετεροθαλής αδελφή; **~sohn** *m* προγονός; **~tochter** *f* προγονή; **~vater** *m* πατριός
stieg *s.* **steigen**
Stiel (*-ẹs*; *-e*) *m* (*Griff*) στειλιάρι, χερούλι; *Bot.* κοτσάνι, στέλεχος *n*
Stier (*-ẹs*; *-e*) *m* ταύρος; **~kampf** *m* ταυρομαχία; **~kämpfer** *m* ταυρομάχος
stieß *s.* **stoßen**
Stift (*-ẹs*; *-e*) *m* βελονόκαρφο; (*Schreib≈*) μολύβι
stift|en ιδρύω; δωρίζω, χορηγώ; *Zwietracht* σπέρνω; **≈ung** *f* ίδρυση (*-εις*); ίδρυμα *n*; δωρεά
Stil [ʃt-, *a.* st-] (*-ẹs*; *-e*) *m* στιλ (*0*) *n*; ύφος *n*; *Bau*, *Möbel*: ρυθμός
stilisieren στιλιζάρω, τυποποιώ
Sti'list (*-en*) *m lit.* στιλίστας; **≈isch** λεκτικός, υφολογικός
still σιωπηλός, σιγανός; ήσυχος; **im ~en** μέσα μου; κρυφά; **sei ~!** σώπα!, πάψε!
Stille (*0*) *f* σιγή, σιγαλιά, ηρεμία; **in aller ~** (*heimlich*) κρυφά
Stilleben [ɪ] *n* νεκρή φύση (*εις*)
stillegen (*schließen*) κλείνω; ακινητοποιώ
stillen *Kind* βυζαίνω; *fig.* γαλουχώ; *Blut* σταματώ (*-άς*); *Durst* σβήνω; *Hunger* χορταίνω; *Schmerz* καταπραΰνω
stillschweigen* σιωπώ (*-άς*); **≈** *n* σιωπή; **~d** σιωπηρός
Stillstand (*-ẹs*; *0*) *m* σταμάτημα *n*, στασιμότητα; **zum ~ bringen** ακινητοποιώ
stillstehen* σταματώ (*-άς*); στέκομαι προσοχή; **~d** στάσιμος
Stimm|abgabe *f* ψηφοφορία; **~band** *n Anat.* φωνητική χορδή; **~berechtigte(r)** ψηφοφόρος, εκλογέας; **~bruch** (*-ẹs*; *0*) *m* αλλαγή φωνής, τραγισμός; **~e** *f* φωνή, μιλιά; *Wahl*: ψήφος *f*; **s-e ~e abgeben** ψηφίζω
stimmen *Instrument* κουρντίζω; **j-n**

schlecht, gut ~ προδιαθέτω κπ; ***für*** (***gegen***) ***j-n*** ~ ψηφίζω υπέρ *G* (κατά *G*); ***das stimmt*** σωστά, είναι σωστό
Stimmen|gleichheit *f* ισοψηφία; **~mehrheit** *f* πλειοψηφία
Stimm·enthaltung *f* αποχή
Stimmung *f* διάθεση (*-εις*); (*Heiterkeit*) κέφι
Stimmzettel *m* ψηφοδέλτιο
stinken* βρομώ (*-άς*); **~d** βρομερός
Stipendi'at(in *f*) *m* υπότροφος *a. f*
Sti'pendium (*-s; -ien*) *n* υποτροφία
Stirn *f* μέτωπο, κούτελο
stöbern ψαχουλεύω (**in** *D*/σε)
stochern [ɔ] σκαλίζω
Stock (*-ẹs; ⸚e*) *m* μπαστούνι, ραβδί; (*Etage*) πάτωμα *n*; **≗'dunkel** θεοσκότεινος
stocken ανακόπτομαι, σταματώ (*-άς*); (*aussetzen*) διαλείπω; *in der Rede* κομπιάζω; ***ins*** **≗** ***geraten*** σκαλώνω; **~d** διακεκομμένος
stock|'finster κατασκότεινος, ζοφερός; **≗fisch** *m* μπακαλιάρος
Stockung *f* σταμάτημα *n*; (*Verkehrs≗*) συμφόρηση (*-εις*)
Stockwerk *n* πάτωμα *n*, όροφος
Stoff (*-ẹs; -e*) *m* (*Materie*) ύλη; υλικό; (*Tuch*) ύφασμα *n*; *lit.* υπόθεση (*-εις*), θέμα *n*
Stoffwechsel *m Biol.* μεταβολισμός
stöhnen βογγώ (*-άς*); στενάζω; **≗** *n* βογγητό, στεναγμός
Stola (*-; -len*) *f* φελόνι; (ε)σάρπα
Stollen *m Bergwerk*: στοά, γαλαρία
stolpern (*sn*) σκοντάφτω (**über** *A*/σε) *a. fig.*; παραπατώ (*-άς*)
stolz[1] (υ)περήφανος; ~ ***sein auf*** *A* (υ)περηφανεύομαι για, καμαρώνω *A*
Stolz[2] (*-es; 0*) *m* (υ)περηφάνεια; *der Familie usw.* καμάρι
stopfen (*flicken*) μπαλώνω, μαντάρω, καρικώνω; *Loch a. fig., Mund fig.* βουλώνω; γεμίζω; (*hineinzwängen*) στουπώνω; *Med.* προκαλώ δυσκοιλιότητα; **≗** *n* μαντάρισμα *n*
Stopf|garn *n* κλωστή μανταρίσματος; **~nadel** *f* βελόνι μανταρίσματος
stopp|en σταματώ (*-άς*); **≗schild** *n* πινακίδα υποχρεωτικής στάσης; **≗'uhr** *f* χρονόμετρο
Stöpsel *m* τάπα, πώμα *n*

S

Storch (*-ẹs; ⸚e*) *m* λελέκι, πελαργός
Store [ʃtoːʀ] (*-s; -s*) *m* στόρι
stören ενοχλώ (**j-n**/κπ); *Ruhe* διαταράσσω
Störgeräusch *n Radio*: παράσιτα *n/pl*
stor'nier|en *Hdl.* ακυρώνω; **≗ungs·gebühr** *f* τέλος *n* ακύρωσης
Stornobuchung *f* ακύρωση (*-εις*)
störrisch πεισματάρης 3
Störung *f* ενόχληση (*-εις*); διατάραξη (*-εις*); *Psych. a.* σύγχυση (*-εις*)
Stoß [oː] (*-es; ⸚e*) *m* σπρωξιά, ώθηση (*-εις*); *Sp.* χτύπημα *n*, σουτ (*0*) *n*; (*Haufen*) στοίβα
Stoßdämpfer *m* αμορτισέρ (*0*) *n*
stoßen* σπρώχνω, ωθώ; ~ ***an*** *A*, *fig.* ***auf*** *A* προσκρούω σε; *Dolch* ~ ***in*** *A* βυθίζω σε; ~ ***auf*** *etw. z. B. Schwierigkeiten* συναντώ (*-άς*) *A*; **sich** ~ χτυπώ (*-άς*); *fig.* **sich an etw.** (*D*) ~ σκανδαλίζομαι από κτ
Stoß|seufzer *m* (βαθύς) αναστεναγμός; **~stange** *f* προφυλακτήρας; **~trupp** *m mil.* ομάδα κρούσεως; **~verkehr** *m* πυκνή κυκλοφορία; **≗weise** κατά στοίβες; με σπρωξιές; **~zahn** *m* χαυλιόδοντας; **~zeit** *f* ώρα αιχμής
Stotter|er *m* τραυλός; **≗n** τραυλίζω
Straf·anstalt *f* σωφρονιστήριο
Straf·anzeige *f* μήνυση (*-εις*); ~ ***erstatten*** υποβάλλω μήνυση
straf|bar αξιόποινος; **≗e** *f* τιμωρία, *jur.* ποινή; κολασμός; **~en** τιμωρώ; **≗erlaß** *m* αμνηστία
straff τεντωμένος, τεζαριστός; *Disziplin usw.*: αυστηρός
straffen εντείνω, τεζάρω, τεντώνω
straffrei [aː] ατιμώρητος; **≗heit** (*0*) *f* ατιμωρησία
Straf|gefangene(r) φυλακισμένος; **~gericht** *n* ποινικό δικαστήριο
Strafgesetz *n* ποινικός νόμος; **~buch** *n* ποινικός κώδικας (Π.Κ.)
Strafmandat *n* κλήση (*-εις*)
Straf|porto *n* πρόσθετα ταχυδρομικά *n/pl*; **~prozeß** *m* ποινική δίκη; **~recht** (*-ẹs; 0*) *n* ποινικό δίκαιο; **≗rechtlich** ποινικός; **~register** *n* ποινικό μητρώο; **~stoß** *m Sp.* πέναλτι (*0*); **~tat** *f* εγκληματική πράξη (*-εις*); **~zettel** *m* κλήση (*-εις*)
Strahl (*-ẹs; -en*) *m* ακτίνα, αχτίδα; **≗en** ακτινοβολώ, λάμπω *a. fig.* (**vor**/από)
Strahlen|behandlung *f* ακτινοθερα-

πεία; **2d** ακτινοβόλος (*-α, -ο*); *fig.* εκθαμβωτικός; λαμπρός; **~forschung** *f* ακτινολογία

Strahlung *f* ακτινοβολία; λάμψη (*-εις*)

Strähne *f* τσουλούφι

stramm σφιχτός; αυστηρός; (*dastehend*) στητός; **~stehen*** στέκομαι προσοχή; *fig.* στέκομαι σούζα

strampeln χτυπώ (*-άς*) με τα πόδια

Strand (*-ęs; ⁼e*) *m* ακτή, παραλία, πλαζ (*0*) *f*; **2en** (*sn*) *mar.* ναυαγώ *a. fig.*; **~korb** *m etwa*: ψάθινη πολυθρόνα της ακτής; **~nähe** *f* γειτνίαση ακτής; **~promenade** *f* παραλία; **~wächter** *m* ακτοφύλακας

Strang (*-ęs; ⁼e*) *m* σκοινί, σχοινί

Stra'paze *f* ταλαιπωρία

strapa'zier|en ταλαιπωρώ, στραπατσάρω; **~fähig** ... αντοχής

Straße *f* δρόμος, *K* οδός *f*

Straßen|arbeiten *f/pl* οδικές εργασίες *f/pl*; **~bahn** *f* τραμ (*0*) *n*; **~bahnhaltestelle** *f* στάση (*-εις*) του τραμ; **~bau** (*-ęs; 0*) *m* οδοποιία; **~benutzungs·gebühr** *f* διόδια *n/pl*; **~feger** *m* οδοκαθαριστής; **~händler** *m* πλανόδιος πωλητής; **~karte** *f* οδικός χάρτης; **~sperre** *f* οδόφραγμα *n*

Straßenverkehr *m* οδική κυκλοφορία; **~s·ordnung** *f* Κώδικας Οδικής Κυκλοφορίας (Κ.Ο.Κ.)

Stra|'tege (*-n*) *m* στρατηγός; **~te'gie** *f* στρατηγική; **2'tegisch** στρατηγικός

sträuben: *sich ~* *Haare*: σηκώνομαι; **sich ~ gegen** εναντιώνομαι σε

Strauch (*-ęs; ⁼er*) *m* θάμνος

Strauß¹ (*-es; ⁼e*) *m* ανθοδέσμη, μπουκέτο

Strauß² (*-es; -e*) *m* (*Vogel*) στρουθοκάμηλος

streben: *~ nach* *D* επιδιώκω *A*, αποβλέπω σε; ***danach ~*** φιλοδοξώ

Strecke *f* διαδρομή; έκταση (*-εις*); *Esb.* γραμμή; **2n** τεντώνω; *Arme* απλώνω

Streich (*-ęs; -e*) *m* (*Hieb*) χτύπημα *n*; (*Schabernack*) φάρσα, πείραγμα *n*

streicheln χαϊδεύω

streichen* *v/t* (*färben*) βάφω; *Butter* αλείφω; (*löschen*) *Hdl.*, *jur.* απαλείφω; *Wort* διαγράφω, σβήνω

Streichholz *n* σπίρτο; **~schachtel** *f* σπιρτοκούτι

Streich|instrument *n* έγχορδο (όργανο); **~orchester** *n* ορχήστρα εγχόρδων; **~ung** *f Hdl.* απάλειψη (*-εις*); *aus der Liste*: διαγραφή

Streife *f* περιπολία, περίπολος *f*

streifen *v/t* (*berühren*) αγγίζω; *Thema* θίγω; *v/i* (*sn*) τριγυρίζω (**durch die *Straßen***/στους δρόμους)

Streifen *m* λουρίδα; (*Muster*) ρίγα, ράβδωση (*-εις*); (*Film*) ταινία; **~wagen** *m* περιπολικό

Streik (*-ęs; -s*) *m* απεργία; **~brecher** *m* απεργοσπάστης; **2en** απεργώ; **~ende(r)** απεργός; **~posten** *m* φρουρά απεργών

Streit (*-ęs; -e*) *m* καβγάς (*-άδες*), διένεξη (*-εις*); φιλονικία; ***~ suchen*** γυρεύω καβγά

streiten* *v/i* μαλώνω, φιλονικώ; ***sich ~*** λογομαχώ (***um** A*/για)

Streit|er *m* μαχητής; **~e'rei** *f* μαλώματα *n/pl*; **~frage** *f* διαφωνία; **~igkeit** *f* διένεξη (*-εις*); διαφορά; **~kräfte** *f/pl* ένοπλες δυνάμεις *f/pl*

streng αυστηρός; *Winter*: δριμύς (*-εία, -ύ*); **2e** (*0*) *f* αυστηρότητα

Streß [ε] (*-sses; 0*) *m* άγχος *n*

stress|en αγχώνω; **~ig** αγχωτικός

streuen *v/t* σκορπίζω; πασπαλίζω; *Salz* ρίχνω

strich *s.* ***streichen***

Strich (*-ęs; -e*) *m* γραμμή, χαρακιά; (*Feder2*) πενιά; ***gegen den ~*** ανάποδα; *Prostituierte*: ***auf den ~ gehen*** F κάνω πιάτσα; **2weise** σποραδικά

Strick (*-ęs; -e*) *m* σκοινί; **2en** πλέκω; **~en** *n* πλέξιμο (*-ατος*); **~leiter** *f* ανεμόσκαλα; **~nadel** *f* βελόνα πλεξίματος; **~waren** *f/pl* πλεχτά *n/pl*; **~zeug** *n* είδη *n/pl* πλεκτικής; πλέξιμο (*-ατος*)

strikt αυστηρός; ακριβής 2

stritt *s.* ***streiten***

strittig επίμαχος, αμφισβητούμενος

Stroh (*-ęs; 0*) *n* άχυρο; ψάθα; ***aus ~*** ψάθινος; αχυρένιος (*-α, -ο*); **~halm** *m* καλάμι; **~hut** *m* ψαθάκι

Strom (*-ęs; ⁼e*) *m* (μεγάλος) ποταμός *a. fig.*; *El.* ρεύμα *n*; ***in Strömen*** *regnen* κρουνηδόν; **~anschluß** *m* ηλεκτρική σύνδεση (*-εις*); **~ausfall** *m* διακοπή ρεύματος

strömen (*sn*) ρέω; ***~ in** A* εισρέω σε; *Menschen*: ***~ auf, in** A* ξεχύνομαι σε

S

Strom|erzeugung *f* ηλεκτροπαραγωγή; **ᘐlinien(förmig)-** αεροδυναμικός; **~rechnung** *f* λογαριασμός ρεύματος; **~stärke** *f El.* τάση (-*εις*)
Strömung *f* ρεύμα *n*, ρους (-*ου*)
Strophe *f* στροφή
Strudel *m* στρόβιλος, δίνη *a. fig.*
Struk'tur *f* δομή; διάρθρωση (-*εις*); **ᘐ'ell** διαρθρωτικός
Strumpf (-*ẹs*; *ᵕe*) *m* κάλτσα; **~band** *n* καλτσοδέτα; **~hose** *f* καλτσόν (*0*) *n*
Stube *f* κάμαρα
Stuck (-*ẹs*; *0*) *m* στόκος
Stück (-*ẹs*; -*e*) *n a. Mus.* κομμάτι; τεμάχιο; *Thea.*, *Kino*: έργο; *Obst*: φελί; ***aus e-m ~*** μονοκόμματος; ***aus freien ~en*** αυτοπροαίρετα; ***in ~e gehen*** γίνομαι κομμάτια
Stück|chen *n* κομματάκι; **ᘐeln** τεμαχίζω; **~gut** *n Post*: δέμα *n*; **ᘐweise** με το κομμάτι, κατά τεμάχια
Stu'dent (-*en*) *m* φοιτητής *m*, σπουδαστής
Stu'denten|- φοιτητικός; **~ausweis** *m* φοιτητική ταυτότητα; **~heim** *n* φοιτητική εστία
Stu'dent|in *f* φοιτήτρια, σπουδάστρια; **ᘐisch** φοιτητικός
Studie [-dĭə] *f* μελέτη; σπουδή
Studien|aufenthalt *m* παραμονή για σπουδές; **~geld** *n* δίδακτρα *n/pl*; **~jahr** *n* ακαδημαϊκό έτος; **~platz** *m* θέση (-*εις*) σπουδών; **~rat** (-*ẹs*; *ᵕe*) *m* καθηγητής (της μέσης); **~rätin** *f* καθηγήτρια; **~zeit** *f* έτη *n/pl* φοιτήσεως
stu'dieren σπουδάζω, μελετώ (-*άς*); **~ *an D*** φοιτώ σε; ***etw. genau ~*** ερευνώ (-*άς*) κτ
Studio (-*s*; -*s*) *n* στούντιο
Studium (-*s*; -*dien*) *n* σπουδές *f/pl*; φοίτηση (-*εις*) (**an** *D*/σε); μελέτη
Stufe *f* σκαλοπάτι, σκαλί; βαθμίδα *a. fig.*; (*Niveau*) επίπεδο; (*Stadium*) στάδιο; **ᘐn·weise** σταδιακός
Stuhl (-*ẹs*; *ᵕe*) *m* καρέκλα; *Med.* κένωση (-*εις*); **~drang** *m* σφίξη
Stuhlgang (-*ẹs*; *0*) *m Med.* βγάλσιμο (-*ατος*), αφόδευση (-*εις*); ***~ haben*** βγαίνω
stumm βουβός, άφωνος; σιωπηλός
Stummel *m* κούτσουρο
Stummfilm *m* βουβή ταινία
Stümper *m* μαστροχαλαστής
Stumpf (-*ẹs*; *ᵕe*) *m* κούτσουρο
stumpf αμβλύς (-*εία*, -*ύ*) *a. fig.*, στομωμένος; ***~ machen*** αμβλύνω, στομώνω
stumpfsinnig ηλίθιος (-*a*, -*o*)
Stunde *f* ώρα; (*Lektion*) μάθημα *n*; ***halbe ~*** ημίωρο
Stunden|kilometer *m/pl* χιλιόμετρα *n/pl* την ώρα; **ᘐlang** πολύωρος; *Adv* (με τις) ώρες; **~lohn** *m* ωρομίσθιο; **~plan** *m Schule*: πρόγραμμα *n* μαθημάτων; **ᘐweise** με την ώρα; **~zeiger** *m* ωροδείκτης
stündlich ωριαίος (-*a*, -*o*); κάθε ώρα
Stundung *f* αναβολή (πληρωμής)
stur πεισματάρης 3
Sturm (-*ẹs*; *ᵕe*) *m* θύελλα, καταιγίδα; (*See*) τρικυμία; φουρτούνα; **~angriff** *m* έφοδος *f*, γιουρούσι
stürmen *v/t* παίρνω με έφοδο; *v/i* (*sn*) (εφ)ορμώ (-*άς*)
Sturmflut *f* φουσκονεριά
stürmisch θυελλώδης 2 *a. fig.*; *fig.* ορμητικός; *Tempo*: γοργός
Sturm|warnung *f* προειδοποίηση (-*εις*) καταιγίδας; **~wind** *m* μπουρίνι
Sturz (-*es*; *ᵕe*) *m* πτώση (-*εις*) *a. pol.*; ανατροπή; κατάρρευση (-*εις*)
stürzen *v/t* γκρεμίζω; *pol.* ανατρέπω; ρίχνω (***j-n in*** *A*/κπ σε); *v/i* (*sn*) πέφτω; ***sich ~ auf*** *A* ρίχνομαι σε, ορμώ (-*άς*) εναντίον *G*
Sturz|flug *m* κάθετη πτήση (-*εις*); **~helm** *m* προστατευτικό κράνος
Stute *f* φοράδα
Stütze *f a. fig.* (υπο)στήριγμα *n*, αποκούμπι; *fig.* στυλοβάτης
stutzen *v/t* κολοβώνω, κουτσουρεύω; *v/i* (*überrascht sein*) ξαφνιάζομαι
stützen *v/t* υποστηρίζω, στηρίζω (**auf** *A*/σε); ***sich ~ auf*** *A* στηρίζομαι σε *od.* επάνω σε, βασίζομαι σε
stutzig: ***~ machen*** ιδεάζω, πονηρεύω; ***~ werden*** ιδεάζομαι, υποψιάζομαι
Stützpunkt *m mil.* βάση (-*εις*)
Sub'jekt (-*ẹs*; -*e*) *n Gr.*, *a. Pers.* υποκείμενο
subjek'tiv υποκειμενικός
Sub|stantiv (-*s*; -*e*) *n* ουσιαστικό; **~'stanz** *f* ουσία, ύλη
subtra'hieren αφαιρώ
Subtrak'tion *f* αφαίρεση (-*εις*)
Sub·unternehmer *m* υποεπιχειρηματίας

S

Subven'tion *f* επιχορήγηση (*-εις*); **᷈ieren** [-'ni:-] επιχορηγώ
Suche [u:] (*0*) *f* αναζήτηση (*-εις*), έρευνα
suchen *v/t* (ανα)ζητώ (*-άς*), γυρεύω; **~ *nach D*** ψάχνω για; ***gesucht*** εξεζητημένος
Sucher *m Fot.* ερευνητής
Sucht (*-; ¨e*) *f* εξάρτηση (*-εις*); μανία, πάθος *n*
süchtig (*drogen~*) τοξικομανής 2; ναρκομανής 2; **᷈e(r)** F πρεζάκιας
Süden (*-s; 0*) *m* νότος, νοτιά
Süd|früchte *f/pl* εσπεριδοειδή *n/pl*; **᷈lich** νότιος (*-α, -ο*); *Adv. a.* νοτίως
Suf'fix (*-es; -e*) *n Gr.* επίθημα *n*
Sühne *f* εξιλασμός; **᷈n** εξιλεώνω
Sulta'nine *f* σουλτανίνα
Sülze *f* πηχτή
Summe *f* σύνολο, άθροισμα *n*; (*Geld᷈*) ποσό
summen *Lied* σιγοτραγουδώ (*-άς*); *bsd. Insekten*: ζουζουνίζω
Sumpf (*-es; ¨e*) *m* βάλτος, έλος *n*, τέλμα *n*; *fig.* βόρβορος; **᷈ig** ελώδης 2, τελματώδης 2
Sünde *f* αμαρτία, κρίμα *n*
super! F πρωτης!
Super *n* (*Benzin*) βενζίνη σούπερ
Superlativ (*-s; -e*) *m* υπερθετικός
Super|macht *f* υπερδύναμη (*-εις*); **~markt** *m* σούπερ-μάρκετ (*0*) *n*, υπεραγορά
Suppe *f* σούπα
Suppen|löffel *m* κουτάλι σούπας; **~schüssel** *f* σουπιέρα; **~teller** *m* βαθύ πιάτο; **~würfel** *m* κύβος σούπας
Surf|brett [œ:] *n* σανίδα σέρφιγκ; **᷈en** κάνω σέρφιγκ; **᷈** *n* σέρφιγκ (*0*) *n*
suspen'dieren αναστέλλω; παύω προσωρινά
süß [y:] (*-er; -est-*) γλυκός (*-ιά, -ό*); **᷈e** (*0*) *f* γλύκα; γλυκύτητα; **~en** γλυκαίνω; **᷈igkeit** *f* γλύκισμα *n*, γλυκό; **~lich** υπόγλυκος; *fig.* γλυκερός; **᷈stoff** *m* ζαχαρίνη; **~wasserfisch** *m* ψάρι των γλυκών νερών
Swimmingpol [-pu:l] (*-s; -s*) *m* πισίνα
Symbi'ose *f* συμβίωση (*-εις*)
Sym'bol (*-s; -e*) *n* σύμβολο; **᷈isch** συμβολικός; **᷈i'sieren** συμβολίζω; **~'ismus** (*-; 0*) *m* συμβολισμός
Sym|me'trie *f* συμμετρία; **᷈'metrisch** συμμετρικός, ισόμετρος
Sym|pa'thie *f* συμπάθεια; **᷈'pathisch** συμπαθητικός; ***j-n ᷈pathisch finden*** συμπαθώ κπ
sympathi'sieren συμπαθώ (***mit j-m/A***)
Sympho'nie *f* συμφωνία; **~konzert** *n* συμφωνική συναυλία
Sym|'ptom (*-s; -e*) *n* σύμπτωμα *n*; **᷈pto'matisch** συμπτωματικός
Syna'goge *f* συναγωγή
synchroni'sier|en [zynkro'-] συγχρονίζω, ντουμπλάρω; **᷈ung** *f* συγχρονισμός
Syndi'kat (*-es; -e*) *n* συνδικάτο
Sy'node *f* σύνοδος *f*
Syno'nym (*-s; -e*) *n* συνώνυμο
syn'taktisch *Gr.* συντακτικός
Syntax (*0*) *f* σύνταξη (*-εις*), συντακτικό
Syn'the|se *f* σύνθεση (*-εις*); **᷈tisch** συνθετικός; ***᷈tische Stoffe*** *m/pl* συνθετικές ύλες *f/pl*
Syphilis (*0*) *f* σύφιλη
Sy'stem [-e:m] (*-s; -e*) *n* σύστημα *n*
Syste'mat|ik *f* συστηματική; **᷈isch** συστηματικός; **᷈i'sieren** συστηματοποιώ
Szene ['stse:nə] *f* σκηνή; *s. a.* ***Milieu, Drogenszene***; **~'rie** *f* σκηνικό

T

Tabak (*-s; -e*) *m* καπνός; **~(an)bau** (*-es; 0*) *m* καπνοκαλλιέργεια; **~dose** *f* καπνοθήκη, ταμπακέρα; **~händler** *m* καπνέμπορος; **~laden** *m* καπνοπωλείο; **~(s•)pfeife** *f* πίπα; **~waren** *f/pl* καπνά *n/pl*
Ta'bel|le *f* πίνακας; **᷈'larisch** υπό μορφή πίνακα

T

Ta'blett (*-s; -s*) *n* δίσκος; **~e** *f* δισκίο, χάπι
ta'bu, **2** (*-s; -s*) *n* ταμπού (*0*) *n*
Tacho'meter *m, n* ταχύμετρο
Tadel *m* μομφή, ψόγος; **2los** άπταιστος; **2n** επικρίνω, ψέγω
Tafel *f* (*Tisch*) τραπέζι; πίνακας
Täfelung *f* σανίδωση (*-εις*)
Tafelwein *m* επιτραπέζιο κρασί
Tag (*-ęs; -e*) *m* (η)μέρα; (*24 Stunden*) μερόνυχτο; ***am ~e*** την ημέρα; ***eines ~es*** κάποια μέρα; ***jeden ~*** κάθε μέρα; ***den ganzen ~*** ολοήμερα; ***~ und Nacht*** μέρα-νύχτα, νυχθημερόν; ***guten ~!*** καλημέρα!; *v/i* ***an den ~ kommen*** βγαίνω στην επιφάνεια
Tage|buch *n* ημερολόγιο; **~gelder** *n/pl* οδοιπορικά *n/pl*; **2lang** για πολλές μέρες; **~lohn** *m* μεροκάματο; ημερομίσθιο; **~löhner** *m* μεροκαματιάρης
tagen *Gremium*: συνεδριάζω
Tages|anbruch *m* ξημέρωμα *n*, χαραυγή; **~ausflug** *m* ημερήσια εκδρομή; **~fahrt** *f* ημερήσια διαδρομή; **~gericht** *n* φαγητό της ημέρας; **~karte** *f* *Esb.* ημερήσιο εισιτήριο; **~kurs** *m* *e-r Aktie* τρέχουσα αξία
Tageslicht (*-ęs; 0*) *n* φως *n* ημέρας
Tagesordnung *f* ημερήσια διάταξη
Tages|zeit *f* ώρα; **~zeitung** *f* καθημερινή εφημερίδα
täglich καθημερινός; ημερήσιος (*-a, -o*); ***das ~e Brot*** καθημερινό
Tagung *f* συνεδρίαση (*-εις*), διάσκεψη (*-εις*)
Tai'fun (*-s; -e*) *m* τυφώνας
Taill|e ['taljə] *f* μέση; **2'iert** μεσάτος
Takt (*-ęs; -e*) *m* *Mus.* χρόνος, ρυθμός, μέτρο; (*Benehmen*) τακτ (*0*) *n*; **~gefühl** (*-ęs; 0*) *n* διακριτικότητα
Takt|ik *f* τακτική; **2isch** τακτικός
taktlos άτοπος; *Pers.* αδιάκριτος; **2igkeit** *f* αδιακρισία; ατοπία
Takt|stock *m* μπαγκέτα; **2voll** διακριτικός
Tal (*-ęs; "er*) *n* κοιλάδα
Ta'lent (*-ęs; -e*) *n* ταλέντο; **2iert** [-'tiːʀt] ταλαντούχος (*-a, -o*)
Taler *m* τάλιρο
Talfahrt *f* κάθοδος *f*, κατηφοριά
Talg (*-ęs; -e*) *m* λίπος *n*, ξίγκι
Talisman (*-s; -e*) *m* φυλαχτό
Talk (*-ęs; 0*) *m* ταλκ (*0*) *n*

T

Talsperre *f* φράγμα *n*
Tampon [-'pɔŋ] (*-s; -s*) *m* ταμπόν (*0*)
Tango (*-s; -s*) *m* ταγκό (*0*)
Tank (*-s; -s*) *m* (*Behälter*) δεξαμενή; *Auto*: ρεζερβουάρ (*0*) *n*, ντεπόζιτο; **~anzeige** *f* ένδειξη (*-εις*) ντεπόζιτου; **2en** παίρνω βενζίνη; **~er** *m* πετρελαιοφόρο; **~stelle** *f* πρατήριο βενζίνης; **~wart** (*-ęs; -e*) *m* πρατηριούχος
Tanne *f*, **~n·baum** *m* έλατο
Tante *f* θεία
Tanz (*-es; "e*) *m* χορός; **~abend** *m* χοροεσπερίδα
tanzen *a. fig.* χορεύω; ***~ gehen*** πηγαίνω στο χορό
Tänzer *m* χορευτής; **~in** *f* χορεύτρια
Tanz|gruppe *f* χορευτικό συγκρότημα; **~kapelle** *f* ορχήστρα; **~lokal** *n* χορευτικό κέντρο; ντάνσιγκ (*0*) *n*; **~musik** *f* χορευτική μουσική; **~schule** *f* σχολή χορού; **~stunde** *f* μάθημα *n* χορού
Ta'pete *f* ταπετσαρία
tape'zier|en ταπετσάρω; **2er** *m* ταπετσιέρης (*-ηδες*)
tapfer γενναίος (*-a, -o*), ανδρείος (*-a, -o*); **2keit** (*0*) *f* γενναιότητα, ανδρεία
tappen *v/i* (*sn*) πασπατεύω; προχωρώ ψηλαφητά
Ta'rif (*-s; -e*) *m* (*Zoll2 usw.*) ταρίφα, διατίμηση (*-εις*), τιμολόγιο; **~autonomie** *f* συλλογική ανεξαρτησία; **~erhöhung** *f* αύξηση (*-εις*) τιμολογίου; **~konflikt** *m* διαφωνία για συλλογικούς μισθούς; **2lich** σύμφωνος με την ταρίφα; *Arbeitslohn usw.*: συλλογικός; **~lohn** *m* συλλογικός μισθός; **~partner** *m/pl* συμβαλλόμενοι *m/pl* συλλογικών διαπραγματεύσεων; **~verhandlung** *f* συλλογική διαπραγμάτευση (*-εις*); **~vertrag** *m* συλλογική σύμβαση (*-εις*)
tarn|en καμουφλάρω; *Gefühle a.* κρύβω; ***getarnt*** καμουφλαρισμένος; **2ung** *f* καμουφλάρισμα *n*
Tasche [a] *f* τσέπη; (*Hand2*) τσάντα; ***in die ~ stecken*** τσεπώνω
Taschen|buch *n* βιβλίο τσέπης; **~dieb** *m* πορτοφολάς (*-άδες*); **~geld** *n* χαρτζιλίκι; **~lampe** *f* φακός τσέπης; **~messer** *n* σουγιάς (*-άδες*); **~rechner** *m* υπολογιστής τσέπης, F κομπιουτεράκι

Taschenspieler *m* ταχυδακτυλουργός; **~ei** [-'raɪ] *f* ταχυδακτυλουργία
Taschen|tuch *n* μαντίλι; **~uhr** *f* ρολόι τσέπης
Tasse *f* φιλτζάνι, φλιτζάνι
Tasta'tur *f* πληκτρολόγιο
Tast|e *f* πλήκτρο; **2en** ψηλαφίζω, ψηλαφώ; **~en** *n* ψηλάφηση (*-εις*); **~en·telefon** *n* πληκτρολογιακό τηλέφωνο; **~sinn** (*¢s; 0*) *m* αφή
tat *s.* ***tun***
Tat *f* πράξη (*-εις*); ενέργεια; (*Leistung*) κατόρθωμα *n*; ***in der ~*** πράγματι; όντως; ***auf frischer ~*** επ' αυτοφώρω
Tat|en *f/pl* έργα *n/pl*; **2en·los** αδρανής 2
Täter *m* δράστης, αυτουργός
tätig ενεργός; δραστήριος (*-α, -ο*); εργαζόμενος; (*durch die Tat*) έμπρακτος; ***~ sein*** ενεργώ; *Institut*: λειτουργώ; *Pers.* δρω (*-άς*); (*arbeiten*) εργάζομαι; **~en** εκτελώ
Tätigkeit *f* δράση (*-εις*), ενέργεια; *e-s Organs*: λειτουργία; ***in ~*** εν ενεργεία; ***bisherige ~*** προϋπηρεσία
Tat·ort (*-¢s; -e*) *m* τόπος εγκλήματος
täto'wier|en διαστίζω, κάνω τατουάζ σε; **2ung** *f* τατουάζ (*0*) *n*
Tatsache *f* γεγονός (*-ότος*) *n*, δεδομένο
tatsächlich πραγματικός, αληθινός; *Adv a.* αλήθεια, πράγματι
Tatverdacht *m* υποψία
Tatze *f Zool.* μπροστινό πόδι
Tatzeit *f* ώρα του εγκλήματος
Tau¹ (*-¢s; 0*) *m* δροσιά
Tau² (*-¢s; -e*) *n* παλαμάρι
taub κουφός; *Nuß usw.*: κούφιος (*-α, -ο*); *Glieder*: μουδιασμένος; ***~ werden*** κουφαίνομαι; μουδιάζω
Taube *f* περιστέρι, F πιτσούνι
Tauben·schlag *m* περιστερ(ι)ώνας
Taub|heit (*0*) *f* κωφότητα, κουφαμάρα; **2stumm** κωφάλαλος
tauch|en *v/t a. Brot* βουτώ (*-άς*), βυθίζω (***in*** *A*/σε); *v/i* (*sn*) βουτώ (*-άς*), καταδύομαι; **2en** *n* κατάδυση (*-εις*), βούτηγμα *n*; **2er** *m* δύτης, βουτηχτής; **2er·anzug** *m* σκάφανδρο; **2flosse** *f* βατραχοπέδιλο; **2schule** *f* σχολή δυτών
tauen *v/i* (*sn*) λιώνω
Tauf|becken *n* κολυμβήθρα; **~e** *f* βαφτίσια *n/pl*; βάφτιση (*-εις*); **2en** βαφτίζω
Taufschein *m* πιστοποιητικό βάφτισης
taugen αξίζω; ***~ für*** *A*, ***zu*** *D* κάνω για, χρησιμεύω για
tauglich κατάλληλος; *mil.* ικανός (***zu*** *D*/για); **2keit** (*0*) *f* χρησιμότητα; *mil.* ικανότητα
taumeln (*sn*) τρικλίζω, παραπαίω
Tausch (*-¢s; -e*) *m a. Hdl.* ανταλλαγή; **2en** ανταλλάσσω, συναλλάσσω
täuschen εξαπατώ (*-άς*), (ξε)γελώ (*-άς*); ***sich ~*** (ξε)γελιέμαι (***in*** *D*/σε)
Tausch|geschäft *n*, **~handel** *m* ανταλλακτικό εμπόριο, τράμπα
Täuschung *f* (*Betrug*) απάτη, εξαπάτηση (*-εις*); (*Irrtum*) πλάνη
tausend χίλιοι 3; *beim Zählen*: χίλια; ***zwei~*** δύο χιλιάδες; **2** (*-s; -e*) *n* χιλιάδα; **~mal** χίλιες φορές *f/pl*
Tauwetter *n* καιρός ξεπαγώματος
Taverne [-'vɛʀ-] *f* ταβέρνα
Taxa'meter *m* ταξίμετρο
Tax|e *f*, **~i** (*-s; -s*) *n* ταξί (*0*)
ta'xieren εκτιμώ (*-άς*)
Taxifahrer *m* οδηγός ταξί, ταξιτζής (*-ήδες*); **~in** *f* ταξιτζού (*-δες*)
Taxistand *m* στάση (*-εις*) ταξί
Team [tiːm] (*-s; -s*) *n* ομάδα
Techn|ik *f* τεχνική; **~iker** *m* τεχνικός; τεχνίτης; **2isch** τεχνικός; **~olo'gie** *f* τεχνολογία; **~olo'gietransfer** *m* μεταφορά τεχνολογίας; **2o'logisch** τεχνολογικός
Tee (*-s; -s*) *m* τσάι; **~beutel** *m* σακουλάκι τσαγιού; **~gebäck** *n* μπισκότο τσαγιού; **~kanne** *f* τσαγ(ι)έρα; **~löffel** *m* κουταλάκι
Teer (*-¢s; -e*) *m* κατράμι, πίσσα; **2en** κατραμώνω, πισσώνω
Teich (*-¢s; -e*) *m* μικρή λίμνη
Teig (*-¢s; -e*) *m* ζυμάρι, ζύμη; **~waren** *f/pl* ζυμαρικά *n/pl*
Teil (*-¢s; -e*) *m, n* μέρος *n*; (*Anteil*) μερίδιο; (*Stück*) κομμάτι, τμήμα *n*; ***zum ~*** εν μέρει; ***zum großen ~*** κατά μεγάλο μέρος; **~-** μερικός; **2bar** διαιρετός
Teilbeschäftigung *f* μερική απασχόληση (*-εις*)
Teilchen *n* μόριο; *Phys.* σωματίδιο
teilen διαιρώ; μοιράζω; χωρίζω; μερίζω; *Schmerz, Meinung* συμμε-

T

ρίζομαι; **sich ~** (*trennen*) διακλαδίζομαι; **unter sich ~** μοιράζομαι
teil|haben* συμμετέχω (**an** *D*/σε); **≗haber** *m* μέτοχος; συνέταιρος, εταίρος; **≗kaskoversicherung** *f* μερική ασφάλεια
Teil|nahme (*0*) *f* συμμετοχή; συμπάθεια; **≗nahms·los** αδιάφορος, αμέτοχος; **~nahms·losigkeit** (*0*) *f* αδιαφορία
teilnehm|en*: ~en an *D* λαμβάνω μέρος σε, συμμετέχω σε; **≗er** *m* (*Fernsprech-*) συνδρομητής; συμμετέχων (*-οντος*) *m*
teils εν μέρει; **~ ... ~** μια ... μια
Teilung *f* χωρισμός; *Math.* διαίρεση (*-εις*); (*Arbeits≗*) καταμερισμός
teil|weise μερικός; εν μέρει; **≗zahlung** *f* πληρωμή με δόσεις; **≗zeitbeschäftigung** *f* μερική απασχόληση
Teint [tɛ̃:] (*-s*; *-s*) *m* χροιά
Tele'fon (*-s*; *-e*) *n* τηλέφωνο; **~anruf** *m* τηλεφώνημα *n*; **~anschluß** *m* τηλεφωνική σύνδεση (*-εις*); **~buch** *n* τηλεφωνικός κατάλογος; **~gespräch** *n* τηλεφώνημα *n*
telefo'nieren τηλεφωνώ (**mit** *D*/σε), παίρνω (στο) τηλέφωνο (**mit** *D*/κπ); μιλώ (*-άς*) στο τηλέφωνο
tele'fonisch τηλεφωνικός
Tele'fon|kabel *n* καλώδιο; **~karte** *f* κάρτα τηλεφώνου; **~marke** *f* τηλεφωνικό κέρμα; **~nummer** *f* αριθμός τηλεφώνου; **~zelle** *f* τηλεφωνικός θάλαμος
Tele'graf (*-en*) *m* τηλέγραφος; **~en·amt** *n* τηλεγραφείο; **≗ieren** τηλεγραφώ
Tele|'gramm (*-s*; *-e*) *n* τηλεγράφημα *n*; **~kommunikation** *f* τηλεπικοινωνία; **~objektiv** *n* τηλεφακός
Telepa'thie (*0*) *f* τηλεπάθεια
Tele'skop (*-s*; *-e*) *n* τηλεσκόπιο
Teller *m* πιάτο
Tempel *m* ναός
Tempera'ment (*-ęs*; *-e*) *n* ιδιοσυγκρασία; **≗voll** θερμόαιμος
Tempera'tur *f* θερμοκρασία; **~schwankung** *f* διακύμανση (*-εις*) θερμοκρασίας; **~sturz** *m* πτώση (*-εις*) θερμοκρασίας
Tempo (*-s*; *-pi*) *n* τέμπο, ρυθμός; *Mus.* χρόνος; **~limit** *n* περιορισμός ταχύτητας; **≗'ral** χρονικός
Ten'denz *f* τάση (*-εις*) (**zu** *D*/προς)
ten'dieren τείνω (**zu** *D*/προς)
Tennis (*-*; *0*) *n* τένις (*0*) *n*; **~schläger** *m* ρακέτα; **~spiel** *n* αντισφαίριση
Teppich (*-s*; *-e*) *m* χαλί, τάπης (*-ητος*); **~weber** *m* ταπητουργός
Ter'min (*-s*; *-e*) *m* διορία, προθεσμία, συνάντηση (*-εις*); **≗gerecht** εμπρόθεσμος; **~kalender** *m* ημερολόγιο συναντήσεων
Terpen'tinöl *n* νέφτι
Ter'rasse *f* ταράτσα
territori'al εδαφικός, χωρικός
Terri'torium (*-s*; *-rien*) *n* χώρα
Terror (*-s*; *0*) *m* τρομοκρατία; **≗i'sieren** τρομοκρατώ; **~'ismus** (*-*; *0*) *m* τρομοκρατία; **~'ist** (*-en*) *m* τρομοκράτης; **≗'istisch** τρομοκρατικός
Test (*-s*; *-s*) *m* τεστ (*0*) *n*; διαγώνισμα *n*
Testa'ment (*-ęs*; *-e*) *n* διαθήκη; ***Altes*** (***Neues***) **~** Παλαιά (Καινή) Διαθήκη; ***sein ~ machen*** κάνω τη διαθήκη μου
testen δοκιμάζω, εξακριβώνω
Tetanus (*-*; *0*) *m* τέτανος
teuer (*-rer*; *-erst-*) (*a. lieb*) ακριβός; (*lieb*) αγαπητός, προσφιλής 2; ***wie ~ ist das?*** πόσο (κάνει, κοστίζει, έχει); ***teurer werden*** ακριβαίνω; **≗ung** *f* ακρίβεια
Teufel *m* διάβολος; ***zum ~!*** στο διάβολο!
teuflisch διαβολικός
Text (*-es*; *-e*) *m* κείμενο; **~er** *m* στιχουργός (διαφημίσεων)
Tex'til|fabrik *f* υφαντουργείο; **~ien** *pl* υφάσματα *n*/*pl*; **~industrie** *f* υφαντουργία
Textverarbeitung *f EDV* επεξεργασία κειμένου; **~s·system** *n* σύστημα *n* επεξεργασίας κειμένου
The'ater *n* θέατρο; **~aufführung** *f* θεατρική παράσταση (*-εις*); **~stück** *n* θεατρικό έργο
thea'tralisch θεατρικός
Theke *f* (μ)πάγκος
The|ma (*-s*; *-men*) *n* θέμα *n a. Mus.*; **≗'matisch** θεματικός
Theo|'loge (*-n*) *m* θεολόγος; **~lo'gie** *f* θεολογία; **≗'logisch** θεολογικός
Theo|'retiker *m* θεωρητικός; **≗'retisch** θεωρητικός; **~'rie** *f* θεωρία
thera'peutisch θεραπευτικός
Thermo'meter *n* θερμόμετρο
Thermosflasche *f* θερμός (*0*) *n*

T

Thermo'stat (*-en*) *m* θερμοστάτης
Thriller [θ-] *m* θρίλερ (*0*) *n*
Throm'bose *f* θρόμβωση (*-εις*)
Thron (*-ęs*; *-e*) *m* θρόνος; **≈en** κάθομαι; **~folger** *m* διάδοχος
Thunfisch *m* τόνος, *K* θύννος
Thymian (*-s*; *-e*) *m* θυμάρι
Tick (*-s*; *-s*) *m* τικ (*0*) *n*, παραξενιά; **≈en** κάνω τικ-τακ; **~et** (*-s*; *-s*) *n* εισιτήριο
tief βαθύς; *Farbe*: βαθυ-; **~er machen, ~er werden** βαθαίνω
Tief|bau (*-ęs*; *0*) *m* υπόγειες κατασκευές *f/pl*; οδοποιία; **~druck** *m* βαθυτυπία; *Wetter*: χαμηλή πίεση (*-εις*); **~druckgebiet** *n* ζώνη χαμηλών πιέσεων; **~e** *f* βάθος *n*; *Meer*: *a.* βυθός; **~ebene** *f* βαθύπεδο
Tiefenpsychologie *f* ψυχολογία του βάθους
Tief|gang *m* βύθισμα *n*; **~garage** *f* υπόγειο γκαράζ (*0*) *n*; **≈gekühlt** κατεψυγμένος; **~kühlschrank** *m* καταψύκτης; **~stand** *m* (πιο) χαμηλό επίπεδο
Tier (*-ęs*; *-e*) *n* ζώο, κτήνος *n*; ***wilde*(*s*) ~** θηρίο; **~arzt** *m* κτηνίατρος; **~freund** *m* ζωόφιλος; **~garten** *m* ζωολογικός κήπος; **≈isch** ζωικός; *fig.* κτηνώδης 2
Tier|kreis *m* ζωδιακός κύκλος; **~kreiszeichen** *n* ζώδιο; **~reich** (*-ęs*; *0*) *n* ζωικό βασίλειο; **~schutz** *m* προστασία των ζώων; **~seuche** *f* επιζωοτία
Tiger *m* τίγρης (*-εις*); *fig.* καπλάνι
tilg|en εξαφανίζω; εξαλείφω *Schulden* αποσβήνω; **≈ung** *f* απόσβεση (*-εις*)
Tink'tur *f* βάμμα *n*
Tinte *f* μελάνι, *K* μελάνη
Tinten·fisch *m* σουπιά
tippen αγγίζω (***an*** *D*/*A*); *auf der Maschine*: δακτυλογραφώ
Tippfehler *m* δακτυλογραφικό λάθος
Tisch (*-ęs*; *-e*) *m* τραπέζι; ***runde*(*r*) ~** ροτόντα; *fig. pol.* στρογγυλό τραπέζι; **~decke** *f* τραπεζομάντιλο
Tisch|ler *m* ξυλουργός, μαραγκός; **~le'rei** *f* ξυλουργείο; ξυλουργική
Tisch|ordnung *f der Gäste*: τοποθέτηση των καλεσμένων; **~tennis** *n* πιγκ-πόγκ (*0*) *n*; **~tuch** *n* τραπεζομάντιλο
Titel *m* τίτλος; **~seite** *f* προμετωπίδα
Toast [to:st] (*-ęs*; *-e*) *m* φρυγανιά; (*Trinkspruch*) πρόποση (*-εις*); **~er** *m* φρυγανιέρα
toben *a. Schlacht*: μαίνομαι, φρενιάζω, λυσσώ (*-άς*)
Tobsucht (*0*) *f* μανία, φρένιασμα *n*
Tochter (*-*; *⸚*) *f* κόρη, θυγατέρα; ***einzige* ~** μοναχοκόρη; **~gesellschaft** *f* θυγατρική εταιρεία
Tod (*-ęs*; *-e*) *m* θάνατος; πεθαμός; *fig.* (ο) Χάρος
Todes|angst *f* άγχος *n*, αγωνία; **~anzeige** *f* αγγελία θανάτου; **~fall** *m* θάνατος; **~kampf** *m* ψυχομαχητό; **~strafe** *f* θανατική ποινή; **~tag** *m* ημέρα (του) θανάτου; **~urteil** *n* καταδίκη σε θάνατο
Tod|feind *m* θανάσιμος εχθρός; **≈'krank** ετοιμοθάνατος
tödlich θανάσιμος; θανατηφόρος (*-α*, *-ο*)
tod'müde κατάκοπος
Toilette [to·a·'lɛtə] *f* τουαλέτα; (*Abort*) τουαλέτα, μέρος *n*; **~n·papier** *n* χαρτί τουαλέτας, χαρτί υγείας
tole'rant *Rel.* ανεξίθρησκος; *allg.* ανεκτικός; **≈z** *f Rel.* ανεξιθρησκεία; *allg. a. Tech.* ανοχή
toll δαιμονισμένος; (*schön*) θαυμάσιος (*-α*, *-ο*); ***es ist* ~** είναι μούρλια; **≈heit** *f* τρέλα; **≈wut** *f* λύσσα
tollwütig λυσσ(ι)ασμένος
Tolpatsch (*-ęs*; *-e*) *m*, **Tölpel** *m* μπουνταλάς (*-άδες*), κωθώνι
To'mate *f* (ν)τομάτα; **~n·ketchup** *m*, *n* κέτσαπ (*0*) *n*; **~n·mark** *n* ντοματοπελτές (*-έδες*); **~n·salat** *m* ντοματοσαλάτα
Tombola (*-*; *-s*) *f* λαχειοφόρα αγορά, τόμπολα
Ton[1] (*-ęs*; *⸚e*) *m* τόνος, ήχος; φωνή
Ton[2] (*-ęs*; *-e*) *m* (*Erde*) πηλός
Ton·abnehmer *m* πικάπ (*0*) *n*
Tonband (*-ęs*; *⸚er*) *n* μαγνητοταινία; **~aufnahme** *f* ηχογράφηση (*-εις*); **~gerät** *n* μαγνητόφωνο
tönen *v/i* ηχώ; **~d** ηχηρός
Ton·erde *f* αργιλόχωμα *n*, πηλός
Tonfall (*-ęs*; *0*) *m* ρυθμός, τονισμός
Tongefäß *n* πιθάρι
Tonikum (*-s*; *-ka*) *n* τονωτικό, δυναμωτικό
Ton|leiter *f* σκάλα, κλίμακα; **≈los** άτονος; άφωνος

T

Tonnage [tɔ'na:ʒə] *f* το(ν)νάζ (*0*) *n*, χωρητικότητα
Tonne *f* βαρέλι; *Maß*: τόνος
Topf (*-ǿs*; *⁼e*) *m* χύτρα
Töpf|er *m* αγγειοπλάστης, κανατάς (*-άδες*); **~e'rei** *f* αγγειοπλαστική
Tor (*-ǿs*; *-e*) *n* πύλη; *Sp*. τέρμα *n*, γκολ (*0*) *n*; ***ein ~ schießen*** βάζω γκολ
Torlinie *f* γραμμή τέρματος
torpe'dieren *a. fig*. τορπιλίζω
Tor'pedo (*-s*; *-s*) *m* τορπίλα
Torschütze *m* σκόρερ (*0*) *m*
Torso (*-s*; *-s*) *m* κορμός αγάλματος; απόσπασμα *n*
Torstand (*-ǿs*; *0*) *m* σκορ (*0*) *n*
Torte *f* τούρτα; πάστα
Tor'tur *f* μαρτύριο, βάσανο
Torwart (*-ǿs*; *-e*) *m* τερματοφύλακας
tosen βροντώ (*-άς*)
tot *a. fig*. νεκρός, πεθαμένος; ***auf der Stelle ~ sein*** μένω στον τόπο
to'tal ολοκληρωτικός, ολικός; **≗ausverkauf** *m* ξεπούλημα *n*
totali'tär ολοκληρωτικός
To'talschaden *m* ολοκληρωτική ζημία
Tote(r) νεκρός, πεθαμένος
töten σκοτώνω, θανατώνω, φονεύω
Toten|bett *n* νεκροκρέβατο; **≗'blaß** πελιδνός; **~gräber** *m* νεκροθάφτης; **~kopf** *m* νεκροκεφαλή; **~messe** *f* νεκρώσιμη ακολουθία; **~schein** *m* πιστοποιητικό θανάτου
Toto (*-s*; *-s*) *n* προ-πό (*0*) *n*
Totschlag *m* φόνος, ανθρωποκτονία
tot|schlagen* σκοτώνω *a. fig. Zeit*; **~schweigen*** παρασιωπώ (*-άς*); **~stellen: *sich ~stellen*** κάνω τον πεθαμένο
Tötung *f* σκοτωμός, φόνος
Tour [u:] *f* γύρος; (*Ausflug*) εκδρομή
Tou'ris|mus [u'] (*-*; *0*) *m* τουρισμός; **~t** (*-en*) *m* τουρίστας, περιηγητής
Tour'nee [ʊ] *f* τουρνέ (*0*) *f*, περιοδεία; ***auf ~ gehen*** περιοδεύω
To'xin (*-s*; *-e*) *n* τοξίνη
Tracht *f* στολή; (*National≗*) εθνική ενδυμασία
trachten: *j-m nach dem Leben ~* επιβουλεύομαι τη ζωή *G*; **≗gruppe** *f* ομάδα με τοπική ενδυμασία
trächtig έγκυος (*-α*, *-ο*)
Tradi'tion *f* παράδοση (*-εις*); **≗ell** [-'nɛl] πατροπαράδοτος
traf *s.* ***treffen***
Tragbahre *f* φορείο
tragbar φορητός; *fig*. υποφερτός
träge νωθρός, *a. Phys*. αδρανής 2
tragen* *v/t* κουβαλώ (*-άς*); φέρνω; *Kleidung*, *Brille* φορώ; *Folgen* υφίσταμαι; (*stützen, halten*) βαστάζω; ***nach oben ~*** ανεβάζω
Träger *m* φορέας; (*Lasten≗*) χαμάλης (*-ηδες*); *Tech*. υποστήριγμα *n*, στυλοβάτης; **~rakete** *f* πύραυλος-φορέας
Trägheit (*0*) *f* νωθρότητα, οκνηρία
Tragik (*0*) *f* τραγικότητα
tragisch τραγικός
Traglast *f* βάρος *n*
Tra'gödie [-dĭə] *f* τραγωδία
Train|er [e:] *m* προπονητής; **≗ieren** [-'ni:-] προπονώ
Training (*-s*; *-s*) *n* προπόνηση (*-εις*); **~s·anzug** *m* φόρμα
Traktor (*-s*; *-'toren*) *m* τρακτέρ (*0*) *n*
trampeln ποδοπατώ (*-άς*)
Trampelpfad *m etwa*: πεπατημένη
trampen πάω με οτοστόπ
Träne *f* δάκρυ *n*; **≗n** δακρύζω
Tränen·gas (*-es*; *0*) *n* δακρυγόνο αέριο
trank *s.* ***trinken***
Trank (*-ǿs*; *⁼e*) *m* ποτό
Tränke *f* ποτίστρα; **≗n** ποτίζω
Trans|ak'tion *f Hdl*. συναλλαγή, αγοραπωλησία; **~'fer** (*-s*; *0*) *m* μεταφορά; **~for'mator** (*-s*; *-'toren*) *m El*. μετασχηματιστής
Tran'sistor (*-s*; *-'toren*) *m* τρανζίστορ (*0*) *n*
Tran'sit (*-s*; *-e*) *m* διαμετακόμιση (*-εις*), τράνζιτο
transitiv *Gr*. μεταβατικός
Tran'sit|raum *m* χώρος τράνζιτ; **~reisende** *m/pl Flugw*. διερχόμενοι επιβάτες *m/pl*; **~visum** *n* θεώρηση *od.* βίζα διερχομένων
Transpa'rent (*-ǿs*; *-e*) *n* πανό (*0*)
Transplan|'tat (*-s*; *-e*) *n* μόσχευμα *n*; **~ta'tion** *f* μεταμόσχευση (*-εις*); **≗'tieren** μεταμοσχεύω
Trans'port (*-ǿs*; *-e*) *m* μεταφορά, μεταγωγή; **~flugzeug** *n* μεταγωγικό αεροπλάνο
transpor'tieren μεταφέρω, μετακομίζω
Trans'port|kosten *pl* μεταφορικά *n/pl*;

~mittel *n* μεταφορικό μέσο; **~unternehmen** *n* επιχείρηση (*-εις*) μεταφορών; **~unternehmer** *m* μεταφορέας; **~wesen** *n* σύστημα *n* μεταφορών
Trasse *f* γραμμή, οδική αρτηρία
trat *s.* ***treten***
Tratsch [aː] (*-ęs; 0*) *m* κουτσομπολιό; **2en** κουτσομπολεύω
Traube *f* σταφύλι; τσαμπί
trauen: ***j-m*** **~** πιστεύω κπ; εμπιστεύομαι κπ; ***j-n*** (***kirchlich***) **~** στεφανώνω; *v/i*: ***sich*** **~** (*wagen*) τολμώ (*-άς*)
Trauer (*0*) *f um Angehörige* πένθος *n*; θλίψη, λύπη; **~anzeige** *f* αγγελία θανάτου; **~feier** *f* κηδεία; επιμνημόσυνη τελετή; **~flor** *m* κρέπι
trauern *v/i* πενθώ
Trauer|spiel *n* τραγωδία; **~weide** *f* (ιτέα η) κλαίουσα
träufeln ενστάζω, ενσταλάζω
Traum (*-ęs; ⁻e*) *m* όνειρο
Trauma (*-s; -men*) *n* ψυχικό τραύμα
trau'matisch τραυματικός
träum|en ονειρεύομαι (***von*** *D/A*); *fig.* ονειροπολώ; **2er** *m* ονειροπόλος, φαντασιοκόπος; **2e'rei** *f* ρεμβασμός, ονειροπόληση
traum|haft φανταστικός, ονειρώδης 2; **2welt** *f* φανταστικός κόσμος
traurig λυπημένος, θλιμμένος; (*betrübend*) λυπηρός, θλιβερός; **2keit** (*0*) *f* λύπη, θλίψη (*-εις*)
Trau|ring *m* βέρα; **~schein** *m* πιστοποιητικό γάμου
Trauung *f* στεφάνωμα *n*, γάμος; ***standesamtliche*** **~** πολιτικός γάμος; ***kirchliche*** **~** θρησκευτικός γάμος
Trauzeug|e *m* κουμπάρος; **~in** *f* κουμπάρα
Travellerscheck *m* ταξιδιωτική επιταγή
Trecker *m* τρακτέρ *n*, ελκυστήρας
Treff (*-s; -s*) *m Kartenspiel*: σπαθί; *Ort*: στέκι
treffen* *v/t* (*begegnen*) συναντώ (*-άς*); *zufällig*: τυχαίνω; (*antreffen*) βρίσκω; *Zielscheibe* πετυχαίνω; χτυπώ (*-άς*); (*erraten*) μαντεύω; *Maßnahmen* λαμβάνω; **~d** εύστοχος
Treffer *m* επιτυχία; ***e-n*** **~** ***erzielen*** πετυχαίνω διάνα
Treff|punkt *m* εντευκτήριο; F στέκι; **2sicher** εύστοχος; **~sicherheit** (*0*) *f* ευστοχία
Treib·eis *n* πλεούμενος πάγος
treiben* *v/t Tech.* κινώ, προωθώ; (*anspornen*) παρορμώ; ***j-n*** **~** ***zu*** *D* εξωθώ κπ σε; *Sport* κάνω; *Handwerk* εξασκώ; ***was treibst du?*** τι φτιά(χ)νεις; *v/i* (*sn*) *Schiff auf dem Meer*: πλέω ακυβέρνητος; **2** *n* κίνηση (*-εις*)
Treib|haus *n* θερμοκήπιο; **~riemen** *m* ιμάντας; **~stoff** *m* καύσιμα *n/pl*
Trema (*-s; -s*) *n Gr.* διαλυτικά *n/pl*
Trend (*-s; -s*) *m* τάση (*-εις*); (*Vorliebe*) προτίμηση (*-εις*)
trennen (δια)χωρίζω, αποχωρίζω, αποσπώ (*-άς*); *El. Gerät*: αποσυνδέω
Trenn|linie *f* διαχωριστική γραμμή; **~ung** *f* (απο)χωρισμός; **~wand** *f* μεσότοιχος, διάφραγμα *n*
Treppe *f* σκάλα κλίμακα; **~n·geländer** *n* κάγκελο της σκάλας; **~n·haus** *n* κλιμακοστάσιο, σκάλα
Tre'sor (*-s; -e*) *m*, **~raum** *m Bank*: θησαυροφυλάκιο
Tretboot *n* ποδήλατο θάλασσας
treten* *v/t* κλοτσώ (*-άς*), (ποδο)πατώ, (***j-n***/κπ); *v/i* (*sn*) *irgendwohin* πατώ (*-άς*); **~** ***in*** *A* μπαίνω σε; *fig. aus dem Dienst* αποχωρώ από
treu πιστός (*D*/σε), συνεπής 2; **2bruch** *m* επιορκία; **2e** (*0*) *f* πίστη
Treu|hand (*0*) *f* καταπιστευτική διαχείριση; **~händer** *m* κηδεμόνας, καταπιστευτικός διαχειριστής; **~händerschaft** *f* κηδεμονία
treuherzig άδολος, ειλικρινής 2, ντόμπρος (*-α, -ο*)
treulos άπιστος; **2igkeit** (*0*) *f* απιστία
Tribu'nal (*-s; -e*) *n* δικαστήριο
Tri'büne *f* βήμα *n*, εξέδρα
Tri'but (*-ęs; -e*) *m* φόρος υποτέλειας
Trichter *m* χουνί
Trick (*-s; -s*) *m* τρικ (*0*) *n*, τέχνασμα *n*, κόλπο; **~track** (*-s; -s*) *n* τάβλι
trieb *s.* ***treiben***
Trieb (*-ęs; -e*) *m* ορμή, ένστικτο; *Psych.* ροπή (***zu*** *D*/προς); *Bot.* βλαστάρι; **~kraft** *f* κινητήρια δύναμη; **~werk** *n* μηχανισμός; *Flugw.* σύστημα *n* προωθήσεως
triftig πειστικός, βάσιμος
Trigonome'trie (*0*) *f* τριγωνομετρία

Triller *m* τερετισμός; **ℒn** τερετίζω
Trink|- πόσιμος; **ℒbar** πόσιμος
trinken* πίνω; (*trunksüchtig sein*) μεθώ (*-άς*); ***auf j-s Gesundheit ~*** (προ)πίνω στην υγεία *G*
Trink|er *m* μπεκρής (*-ήδες*), *K* φιλοπότης; **ℒfertig** έτοιμος (προς πόση); **~geld** *n* πουρμπουάρ (*0*) *n*, φιλοδώρημα *n*; **~glas** *n* ποτήρι; **~wasser** (*-s; 0*) *n* πόσιμο νερό
Tripper *m* βλεννόρροια
Tritt (*-ęs; -e*) *m* βήμα *n*; πάτημα *n*; κλοτσιά; (*Spur*) ίχνος *n*; (*Leiter*) σκαλίτσα; **~brett** *n* σκαλοπάτι
Tri'umph (*-ęs; -e*) *m* θρίαμβος; **ℒal** [-'fa:l] θριαμβευτικός; **ℒ'ieren** θριαμβεύω
trivi'al τετριμμένος
trocken *a.fig.* ξερός; στεγνός; *Brot*: σκέτος; ***~ werden*** ξεραίνομαι; στεγνώνω; *fig.* ***auf dem ~en sitzen*** μένω στα κρύα του λουτρού
Trocken|heit *f* ξηρασία, ανομβρία; **ℒlegen** αποξηραίνω; **~milch** *f* γάλα *n* σκόνη
trocknen *v/t* ξεραίνω, στεγνώνω; *v/i* (*sn*) στεγνώνω, αποξηραίνομαι
Trockner *m* στεγνωτήρι
Trödel (*-s; 0*) *m* παλιούρες *f/pl*
Trödelmarkt *m* παλιατζίδικα *n/pl*
trödeln αργοπορώ
Trog (*-ęs; ⸚e*) *m* σκάφη
Trommel *f* τ(ο)ύμπανο; νταούλι; **~fell** *n* τύμπανο; **ℒn** τυμπανίζω
Trommler *m* τυμπανιστής
Trom'pete *f* σάλπιγγα, τρο(υ)μπέτα; **ℒn** σαλπίζω; **~r** *m* σαλπιστής
Tropen *pl* τροπικές χώρες *f/pl*
tropfen τρέχω, στάζω; **ℒ** *m* στάλα, σταγόνα; *z. B. Wein*: κόμπος; *fig.* ***ein ℒ auf den heißen Stein*** σταγόνα στον ωκεανό
Tropfstein *m* σταλακτίτης *m*; **~höhle** *f* καρστικό σπήλαιο
Tro'phäe *f* τρόπαιο
tropisch τροπικός
Trost [o:] (*-es; 0*) *m* παρηγοριά
tröst|en [ø:] παρηγορώ; ***sich ~en mit*** *D* παρηγοριέμαι με; **~lich** παρηγορητικός
trostlos απελπιστικός; **ℒigkeit** (*0*) *f* απελπιστικότητα
Trott (*-ęs; 0*) *m fig.* ρουτίνα, το ίδιο βιολί
Trottel *m* μπούφος, χάχας
trotz *Präp G* παρά *A*; ***~ alledem*** παρ'όλα αυτά; ***~ allem*** μολαταύτα; ***~ des Regens*** παρ'όλη τη βροχή
Trotz (*-es; 0*) *m* πείσμα *n*, (γ)ινάτι; **ℒdem** μολαταύτα, και όμως
trotz|en πεισματώνω, εναντιώνομαι; **~ig** πεισματάρης 3
trübe θολός, θαμπός; *Himmel*: συννεφιασμένος
Trubel (*-s; 0*) *m* φασαρία, πανηγύρι
trüb|en θαμπώνω, θολώνω; ***sich ~en*** θαμπώνω; **ℒsal** (*-; -e*) *f* λύπη, θλίψη (*-εις*); **~sinnig** μελαγχολικός; **ℒung** *f* θόλωση (*-εις*); θάμπωμα *n*
Trüffel *f* τρούφα
trug *s.* ***tragen***
trüg|en* απατώ (*-άς*); **~erisch** παραπλανητικός; *Hoffnung*: απατηλός
Trugschluß *m* εσφαλμένο συμπέρασμα *n*
Truhe *f* σεντούκι, κασέλα
Trümmer *pl* ερείπια *n/pl*, χαλάσματα *n/pl*; **~haufen** *m* σωρός ερειπίων
Trumpf (*-ęs; ⸚e*) *m* ατού (*0*) *n*, κόζι
Trunkenheit (*0*) *f* μέθη, μεθύσι
Trunk|sucht (*0*) *f* αλκοολισμός; **ℒsüchtig** μέθυσος, αλκοολικός
Trupp (*-s; -s*) *m* ομάδα
Truppe *f mil.* στράτευμα *n*
Trust [a] (*-ęs; -e, -s*) *m* τραστ (*0*) *n*
Trut|hahn *m* κούρκος, γάλος; **~henne** *f* κούρκα, γαλοπούλα
tschüß! γειά σου, γειά σας!
Tube *f* σωληνάριο
Tuberku'lose *f* φυματίωση
Tuch [u:] (*-ęs; ⸚er*) *n* πανί; (*pl. -e*) ύφασμα *n*, τσόχα; **~-** πάνινος
tüchtig *Pers.* ικανός, άξιος (*-α, -ο*); *Adv* δυνατά; **ℒkeit** (*0*) *f* ικανότητα, αξιοσύνη
Tück|e *f* υπουλότητα, κακοήθεια; **ℒisch** ύπουλος, κακοήθης 2
tüfteln λεπτολογώ, ψιλολογώ
Tugend *f* αρετή; **ℒhaft** ενάρετος
Tulpe *f* τουλίπα
tummel|n: ***sich ~n*** χοροπηδώ (*-άς*), αλωνίζω; **ℒplatz** *m* παιδότοπος
Tu'mult (*-ęs; -e*) *m* ανακατωσούρα, σάλος
tun* *allg.*, *Pflicht* κάνω; F (*stecken*) βάζω (***in*** *A*/σε); ***nichts ~*** χασομερώ (*-άς*); ***ich habe zu ~*** (= *arbeiten*) έχω δουλειά; ***es zu ~ haben mit ...***

T

έχω να κάνω με ...; ***sein möglichstes*** ~ βάζω τα δυνατά μου; ***so*** ~, ***als ob*** καμώνομαι πως, κάνω πως
Tunnel (*-s; pl. oft -s*) *m* τούνελ (*0*) *n*, τουνέλι, σήραγγα, γαλαρία
tupfen διαστίζω
Tür *f* πόρτα, *K* θύρα; ***hinter verschlossenen*** ~***en*** κεκλεισμένων των θυρών; ~**angel** *f* ρεζές (*-έδες*)
Turban (*-s; -e*) *m* σαρίκι
Tur'bine *f* τουρμπίνα, στρόβιλος
turbu'lent θυελλώδης 2
Türflügel *m* πορτόφυλλο
Türkenherrschaft *f* τουρκοκρατία
Türklinke *f* πόμολο
Turm (*-es; ⸚e*) *m* πύργος
turnen γυμνάζομαι; ♀ *n* γυμναστική
Turnhalle *f* γυμναστήριο
Tur'nier (*-s; -e*) *n* αγώνας
Turn|lehrer *m* γυμναστής; ~**schuhe** *m/pl* αθλητικά παπούτσια *n/pl*
Tür|pfosten *m* παραστάτης; ~**riegel** *m* μάνταλο
Tusche *f* σινική μελάνη
tuscheln κρυφομιλώ (*-άς*)
Tuschkasten *m* κουτί χρωμάτων
Tüte *f* (χαρτο)σακούλα, χουνί
Typ (*-s; -en*) *m* τύπος; ~**e** *f Typ.* στοιχείο, ψηφί(ο); ~**en·rad** *n* ρόδα *od.* τροχός στοιχείων
Typhus (*-; 0*) *m* τύφος
typ|isch τυπικός, χαρακτηριστικός; ~**o'graphisch** τυπογραφικός
Ty'rann (*-en*) *m* τύραννος *a. fig.*; ~**ei** [-'naɪ] (*0*) *f* τυραννία; ♀**isch** τυραννικός; ♀**i'sieren** τυραννώ (*-άς*)

U

U-Bahn *f* ηλεκτρικός, μετρό (*0*); ~**hof** *m* σταθμός ηλεκτρικού; ~**-Netz** *n* δίκτυ μετρό
übel κακός (*a. -ιά*); ***nicht*** ~ καλούτσικος; ***mir wird*** ~ αναγουλιάζω, λιγώνομαι (***vor*** *D*/από); ♀ (*-s; -*) *n* κακό
Übelkeit *f* αναγούλα, ναυτία
übelnehmen* *v/t* παρεξηγώ; **es** (***j-m***) ~ μου κακοφαίνεται
üben ασκώ (***mit j-m etw.***/κπ σε); (προ)γυμνάζω; ***sich*** ~ ***in*** *D* ασκούμαι σε; γυμνάζομαι
über *Präp A, D* (ε)πάνω από, αποπάνω από; *K* υπέρ *A*; (*durch e-n Ort*) μέσω *G*; ~ ... (*A*) ***hinaus*** πέρα από
über- *Präfix, oft*: υπερ-, παρα-; μετα-
über'all παντού, *K* (α)πανταχού
über'anstreng|en κατακουράζω (***j-n*** κπ); ♀**ung** *f* υπερκόπωση (*-εις*)
über'arbeit|en *v/t* ξαναδουλεύω, επεξεργάζομαι; ***sich*** ~***en*** παρακουράζομαι; ♀**ung** *f* επεξεργασία; καταπόνηση
über|aus πάρα πολύ, άκρως; ~**'bauen** εποικοδομώ
Überbeanspruchung *f* υπερένταση (*-εις*)
überbelichten υπερφωτίζω
über'bieten* πλειοδοτώ, υπερθεματίζω
Über|blick *m* επισκόπηση (*-εις*) (**über** *A/G*); εποπτεία; ♀**'blicken** *Landschaft* αγκαλιάζω με το μάτι; *fig.* βλέπω
über|'bringen* *Brief* παραδίνω; ~**'brücken** *a. fig.* γεφυρώνω; ♀**'brükkung** *f* γεφύρωση (*-εις*)
über|'dauern επιζώ; ~**'denken*** επανεξετάζω; ~**'dies** άλλωστε
Über|druß (*-sses; 0*) *m* χορτασμός, κόρος; ♀**drüssig: e-r S.** (*G*) ♀***drüssig werden*** βαριέμαι κτ
überdurchschnittlich *etwa*: υπεραρκετός; *Adv.* ιδιαίτερα
über'eilen *v/t* ενεργώ βεβιασμένα
überein'ander ο ένας (ε)πάνω στον άλλον; ~**schlagen*** *Beine* σταυρώνω
über'ein|kommen* (*sn*) συμφωνώ (***mit*** *D*/με); ♀**kommen** *n*, ♀**kunft** (*-; ⸚e*) *f* συμφωνία, σύμβαση
über'ein·stimm|en συμφωνώ; ~**end** σύμφωνος; ♀**ung** *f* συμφωνία
über·empfindlich υπερευαίσθητος
über'fahren* *Auto*: πατώ (*-άς*) (***j-n***/ κπ), παρασύρω

Überfahrt *f* διάπλους (-*ου*), διαπεραίωση (-*εις*)
Überfall *m* αιφνιδιασμός; επιδρομή; ***bewaffnete(r)*** ~ ένοπλη ληστεία
über'fallen* *v/t* αιφνιδιάζω, επιτίθεμαι ξαφνικά σε
überfällig εκπρόθεσμος
über'fliegen* πετώ (-*άς*) πάνω από; *fig. a. Buch* ξεφυλλίζω
überfließen* (*sn*) ξεχειλίζω
Überfluß (-*sses*; *0*) *m* αφθονία
überflüssig περιττός, παραπανίσιος (-*α*, -*ο*); ~ ***sein*** περισσεύω
über|'fluten πλημμυρίζω; **~'fordern** κατακουράζω (***j-n***/κπ); **~'führen** *jur.* αποδεικνύω την ενοχή (***j-n***/κάποιου); **ˆ'führung** *f* (*Brücke*) οδογέφυρα; μεταγωγή; *jur.* απόδειξη (-*εις*) ενοχής
über'füll|en παραγεμίζω; **~t** *Saal*: καταγεμάτος; υπερπλήρης 2
Überfunktion *f* υπερλειτουργία
Übergabe *f* παράδοση (-*εις*)
Übergang *m* διάβαση (-*εις*); *fig.* μετάβαση (-*εις*); μεταβολή; **~s·periode** *f* μεταβατική περίοδος
über'geben* παραδίνω (***j-m***/σε κπ); ***sich*** ~ (*erbrechen*) κάνω εμετό
übergehen* (*sn*): *fig.* ~ ***zu*** + *Inf* προχωρώ (-*άς*) να ...; ~ ***zu*** *D Handlungen* προβαίνω σε; *zur Tagesordnung* περνώ (-*άς*) σε
über'gehen* *v/t etw., j-n* παραβλέπω; παραλείπω, αμελώ
Über|gepäck *n* επιπλέον (*0*) αποσκευή; **~gewicht** (-*ęs*; *0*) *n* πλεονάζον (-*τος*) βάρος; *fig.* υπεροχή; **ˆ'gießen*** περιχύνω
überglücklich υπερευτυχής 2
über|greifen* μεταδίδομαι; επεμβαίνω (***auf*** *A*/σε); **ˆgriff** *m* παραβίαση (-*εις*); επέμβαση (-*εις*); **~groß** υπερμεγέθης 2; **ˆgröße** *f* υπερμέγεθος *n*
über'häufen παραφορτώνω
über'haupt γενικά; *in der Frage*: άραγε; ~ ***nicht*** καθόλου (... δεν)
über'heb|lich επηρμένος, υπεροπτικός; **ˆlichkeit** *f* έπαρση
über|'heizen, ~'hitzen υπερθερμαίνω; **ˆ'hitzung** *f* υπερθέρμανση (-*εις*)
über'höht υπέρογκος; F με καπέλο
über'hol|en *v/t Auto*: προσπερνώ (-*άς*); (*übertreffen*) ξεπερνώ (-*άς*) (***in*** *D*/σε); (*prüfen*) αναθεωρώ; (*reparieren*) επιδιορθώνω; **ˆspur** *f* λωρίδα προσπέρασης; **ˆverbot** *n* απαγόρευση (-*εις*) προσπέρασης
über'hören (τα) ακούω βερεσέ
über·irdisch υπέργειος (-*α*, -*ο*)
überkleben, über'kleben κολλώ (-*άς*) (ε)πάνω
überkochen *Milch*: φουσκώνω
über|'kommen* *Gefühl*: πιάνω (***j-n*** κπ); **~'laden*** *Part* παραφορτωμένος; **ˆlandbus** *m* υπεραστικό λεωφορείο
über'lassen* αφήνω (***j-m etw.***/κτ σε κπ); (*abtreten*) παραχωρώ
über'last|en παραφορτώνω; *El. Gerät* υπερφορτίζω; **ˆung** *f* υπερφόρτωση (-*εις*)
überlaufen* (*sn*) *Wasser*: ξεχειλίζω; *zum Gegner*: αυτομολώ (***zu*** *D*/σε)
über'laufen *Part* πολυσύχναστος
Überläufer *m* αυτόμολος
über'leben *v/i* επιζώ, επιβιώνω
über'legen[1] σκέφτομαι, μελετώ (-*άς*); ***sich*** (*D*) ***etw.*** ~ συλλογίζομαι *A*
über'legen[2] *Adj* ανώτερος, υπέρτερος; ***j-m*** ~ ***sein*** υπερτερώ *G*; **ˆheit** (*0*) *f* υπεροχή
über'leg|t μελετημένος; **ˆung** *f* συλλογισμός, σκέψη (-*εις*)
über'liefer|n παραδίδω; **~t** πατρογονικός; **ˆung** *f* παράδοση (-*εις*)
über'listen *v/t* πιάνω κορόιδο
Über|macht (*0*) *f* υπεροχή; **~maß** (-*es*; *0*) *n* υπερβολή; **ˆmäßig** υπερβολικός, υπέρμετρος
über'mitt|eln διαβιβάζω (***j-m etw.***/κτ σε κπ); **ˆlung** *f* διαβίβαση (-*εις*)
über|morgen μεθαύριο; **~'müdet** καταπονημένος, F πτώμα; **ˆ'müdung** *f* υπερκόπωση (-*εις*); **ˆmut** *m* αποθράσυνση; **~mütig** αποθρασυμένος
über'nachten διανυκτερεύω
Über'nachtung *f* διανυκτέρευση (-*εις*); ~ ***mit Frühstück*** διανυκτέρευση με πρωινό
Übernahme *f* αποδοχή; *e-s Amtes*: ανάληψη (-*εις*); παραλαβή
übernatürlich υπερφυσικός
über'nehmen* *v/t* αναλαμβάνω; παραλαμβάνω; ***sich*** ~ ***bei*** *D* ξανοίγομαι σε; μοχθώ υπερβολικά
über|parteilich υπερκομματικός; **ˆproduktion** *f* υπερπαραγωγή; **~'prüfen** αναθεωρώ, ελέγχω; **ˆ'prüfung** *f* αναθεώρηση (-*εις*)

überquellen* ξεχειλίζω
über'quer|en περνώ (-άς); διασχίζω; **Ωung** *f* πέρασμα *n*, διάβαση (-εις)
über'ragen υπερβαίνω, υπερέχω
über'rasch|en ξαφνιάζω, αιφνιδιάζω, εκπλήττω; **~end** αιφνιδιαστικός; απροσδόκητος; **~t** έκπληκτος; **Ωung** *f* έκπληξη (-εις); αιφνιδιασμός, ξάφνιασμα *n*
über|'reden πείθω (***j-n***/κπ); **~'reichen** επιδίδω; **Ω'reichung** *f* επίδοση (-εις)
über'rumpeln αιφνιδιάζω
Überschall- υπερηχητικός
über'schatten επισκιάζω
über'schätz|en *Kräfte* υπερτιμώ (-άς); ***sich ~en*** μεγαλοπιάνομαι; **Ωung** *f* υπερτίμηση (-εις)
über'schauen *v/t* βλέπω; έχω εποπτεία *G*
Überschlag *m* προσωρινός υπολογισμός; (*Drehung*) ανατροπή
über'schlagen* υπολογίζω; *Seite* πηδώ (-άς); ***sich ~*** αναποδογυρίζομαι
über'schneiden: *sich ~* διασταυρώνομαι
über'schreib|en* *Vermögen* μεταβιβάζω, μεταγράφω; **Ωung** *f jur.* μεταγραφή
über'schreit|en* περνώ (-άς), διαβαίνω; υπερβαίνω; *fig.* ***die Grenzen ~en*** ξεπερνώ (-άς) τα όρια; *Gesetz* παραβαίνω; **Ωung** *f* διάβαση (-εις); παράβαση (-εις); *fig.* υπέρβαση (-εις)
Über|schrift *f* επιγραφή; τίτλος, επικεφαλίδα; **~schuß** *m* περίσσευμα *n*, πλεόνασμα *n*; *Hdl.* υπόλοιπο
über'schütten: *j-n mit etw.* (*D*) **~** κατακλύζω κπ με κτ
über'schwemm|en *v/t* πλημμυρίζω *a. fig.*; **Ωung** *f* πλημμύρα
überschwenglich διαχυτικός
Übersee (*0*) *o. Art* υπερπόντιες χώρες *f/pl*; **Ωisch** υπερωκεάνιος (*-a, -o*)
über'sehen* *Fehler* παραβλέπω; *Landschaft* βλέπω με μια ματιά; (*erkennen*) αντιλαμβάνομαι
über'senden* αποστέλλω
übersetzen διαπεραιώνω
über'setz|en μεταφράζω; **Ωer(in** *f*) *m* μεταφραστής, -φράστρια; **Ωung** *f* μετάφραση (-εις); *Tech.* μετάδοση (-εις)

Übersicht *f* σύνοψη (-εις), περίληψη (-εις); **Ωlich** συνοπτικός; **~lichkeit** (*0*) *f* συνοπτικότητα; **~s·karte** *f* συνοπτικός χάρτης
übersiedel|n (*sn*) μετοικώ; **Ωung** *f* μετοίκηση (-εις)
übersinnlich μεταφυσικός
über'spann|en παρατραβώ (-άς); παρατεντώνω *a. fig.*; **~t** *fig.* εκκεντρικός; **Ωung** *f* υπέρταση (-εις)
über|'springen* *v/t* (υπερ)πηδώ (-άς); *Wort* παραλείπω; **~'stehen*** ξεπερνώ (-άς), αντέχω σε; **~'stimmen** καταψηφίζω (***j-n***/κπ)
Überstunde *f* υπερωρία; **~n·zuschlag** *m* επίδομα *n* υπερωριακής εργασίας
über'stürz|en επισπεύδω; ***sich ~en*** βιάζομαι υπερβολικά; *Ereignisse*: επισπεύδομαι; **Ωung** *f* επίσπευση (-εις)
über'tönen σκεπάζω
Übertrag (*-ẹs; ⁻e*) *m Hdl.* μεταφορά
über'trag|bar μεταφερτός; μεταδοτικός; **~en*** *Hdl.*, μεταφέρω; *Amt* αναθέτω; *jur. a.* μεταβιβάζω; *Radio*: μεταδίδω; *Blut* μεταγγίζω; *Sprache* μεταφράζω; **~en** *Adj* (*bildlich*) μεταφορικός; **Ωung** *f* μετάδοση (-εις); *jur.* μεταβίβαση (-εις)
über'treffen* *v/t* υπερβαίνω (***an*** *D*/σε); ξεπερνώ (-άς) (***j-n in, an*** *D*/κπ σε)
über'treib|en* υπερβάλλω, μεγαλοποιώ; **Ωung** *f* υπερβολή
über'tret|en* *Gesetz* παραβαίνω; **Ωer** *m* παραβάτης; **Ωung** *f jur.* πταίσμα *n*, παράβαση (-εις)
über'trieben υπερβολικός
über'wach|en *v/t* επιβλέπω; *Tel.* παρακολουθώ; **Ωung** *f* επίβλεψη (-εις); παρακολούθηση (-εις)
über'wältig|en *v/t* υπερνικώ (-άς), καταβάλλω; **~end** θεαματικός, καταπληκτικός; **Ωung** *f* υπερνίκηση (-εις)
überwechseln (*sn*) μεταπηδώ (-άς)
über'weis|en* *Hdl.* εμβάζω; μεταβιβάζω; **Ωung** *f* έμβασμα *n*; **Ωungs·formular** *n* έντυπο εμβάσματος
über'wiegen* επικρατώ; **~d** επικρατέστερος; *Adv* κυρίως
über|'winden* υπερνικώ (-άς); ξεπερνώ (-άς); *Hindernis* υπερπηδώ (-άς); **Ω'windung** *f* υπερνίκηση; **~'wintern** διαχειμάζω

Über|zahl *(0) f* πλειονότητα, πλειοψηφία; **⁀zählig** υπεράριθμος
über'zeug|en πείθω *(**j-n von** D/κπ* για); ***sich ~en von*** *D* βεβαιώνομαι για; **~end** πειστικός; **~t** πεπεισμένος; **⁀ung** *f* πεποίθηση *(-εις)*
überziehen* *v/t Mantel* βάζω
über'ziehen* *Konto* υπερβαίνω; *Bett (neu ~)* αλλάζω σεντόνια, σκεπάζω
Über'ziehung *f Hdl.* υπέρβαση *(-εις)*; **~s·kredit** *m* δάνειο υπέρβασης
Überzug *m* επικάλυμμα *n*
üblich συνηθισμένος, κανονικός; ***~ sein*** συνηθίζεται
U-Boot *n* υποβρύχιο
übrig λοιπός, υπόλοιπος; ***im ~en*** κατά τα άλλα; ***~ sein*** υπολείπομαι; **~bleiben*** *(sn)* περισσεύω, απομένω; **~ens** εξάλλου, άλλωστε; **~lassen*** αφήνω
Übung *f* άσκηση *(-εις)*, εξάσκηση; **~en** *pl mil.* γυμνάσια *n/pl*
Ufer *n* όχθη, ακτή; ***über die ~ treten*** ξεχειλίζω; **~promenade** *f* παραλία; **~straße** *f* παραλιακός δρόμος
Uhr *f* ρολόι, *K* ωρολόγιον; ***wieviel ~ ist es?*** τι ώρα είναι; ***es ist 3 ~*** είναι τρεις (η ώρα)
Uhr|macher *m* ρολογάς *(-άδες)*, ωρολογοποιός; **~zeit** *f* ώρα
Uhu ['u:hu:] *(-s; -s) m* μπούφος
Ulk *(-ẹs; -e) m* πλάκα; **⁀ig** κωμικός
ulti|ma'tiv τελεσιγραφικός; **⁀'matum** *(-s; -ten) n* τελεσίγραφο
Ultra|'kurzwelle *f* υπερβραχέα κύματα *n/pl*; **⁀rot** υπέρυθρος
um¹ *Präp A Uhrzeit*: στις; γύρω σε; ***~ Mitternacht*** τα μεσάνυχτα; *~ 10 m höher* κατά *A* ...; *Ort*: ***~ ... (herum)*** γύρω από; γύρω σε, περί *A*; ***~ ... willen*** για; ***~ ein Haar*** παρά τρίχα
um² *Adv*: ***es ist ~*** τελείωσε; ***~ so besser*** τόσο το καλύτερο; ***~ zu*** *(Ko)* για να
um'arm|en αγκαλιάζω; **⁀ung** *f* αγκαλιά, αγκάλιασμα *n*
Umbau *(-ẹs; -ten) m* μετασκευή; **⁀en** μετασκευάζω, αλλάζω
umbenenn|en* μετονομάζω; **⁀ung** *f* μετονομασία
um|biegen* στρίβω; λυγίζω; **~bilden** μετασχηματίζω; *pol.* ανασχηματίζω; **⁀bildung** *f* μετασχηματισμός; ανασχηματισμός; **~binden*** περιδένω
umbringen* *v/t* σκοτώνω, πεθαίνω; *a. fig.* ***sich ~*** σκοτώνομαι *(**vor** D/σε)*, τσακίζομαι
Umbruch *m pol.* ριζική αλλαγή
umbuch|en *Hdl.* μεταφέρω σε άλλο λογαριασμό; αλλάζω κλείσιμο; **⁀ung** *f* μεταφορά, αλλαγή
umdisponieren αλλάζω σχέδια
um|drehen περιστρέφω, γυρίζω; **⁀'drehung** *f* περιστροφή
um·erzieh|en* αναμορφώνω; **⁀ung** *f* αναμόρφωση *(-εις)*
um|fahren* *v/t Auto*: παρασέρνω *(**j-n** κπ)*; **~'fahren*** *v/t* περνώ *(-άς)* γύρω από; *mar.* περιπλέω; **~fallen*** *(sn)* πέφτω
Umfang *(-ẹs; ⁼e) m* περιφέρεια; έκταση *(-εις)*; μέγεθος *n*, όγκος; **⁀reich** ογκώδης 2, περιεκτικός, εκτεταμένος
um'fassen περιλαμβάνω; περιβάλλω; **~d** εκτενής 2, περιεκτικός
umform|en μετασχηματίζω; **⁀ung** *f El.* μετασχηματισμός; μεταμόρφωση *(-εις)*
Umfrage *f* δημοσκόπηση *(-εις)*, έρευνα
Umgang *(-ẹs; 0) m* παρέα, συναναστροφή, επικοινωνία
umgänglich κοινωνικός, βολικός
Umgangs|formen *f/pl* καλοί τρόποι *m/pl*; **~sprache** *f* καθομιλουμένη; **⁀sprachlich** της καθομιλουμένης
um|'geben* περιβάλλω *a. fig.*; **⁀'gebung** *f* περιβάλλον *(-οντος) n*
umgehen* *(sn)* μεταχειρίζομαι *(**mit** D/A)*
um'gehen* παρακάμπτω *a. fig.*
umgehend ανυπέρθετος, άμεσος
Um'gehung *f* καταστρατήγηση *(-εις)*; **~s·straße** *f* παρακαμπτήριος *f*
umgekehrt ανάστροφος, αντίθετος, αντίστροφος
umgestalt|en αναδιοργανώνω; **⁀ung** *f* αναδιοργάνωση *(-εις)*
umgraben* ανασκάπτω
Um|hang *(-ẹs; ⁼e) m* κάπα; **⁀hängen*** βάζω; κρεμώ *(-άς)* αλλού
um'her τριγύρω; **~blicken** βλέπω γύρω μου; **~gehen*** *(sn)* τριγυρίζω; **~irren** *(sn)* περιπλανιέμαι; **~schlendern** *(sn)* περιδιαβάζω; **~ziehen** *(sn)* γυρίζω, περιπλανιέμαι; **~ziehend** *Händler*: πλανόδιος *(-α, -ο)*

um'hin: ***nicht ~können, zu ...*** δεν μπορώ παρά να ...
Umkehr (*0*) *f* γυρισμός, επιστροφή
umkehr|en *v/i* (*sn*) γυρίζω πίσω; *v/t* (*wenden*) αναποδογυρίζω, αντιστρέφω; **2ung** *f* αντιστροφή
umkippen αναποδογυρίζω
um'klammer|n αγκαλιάζω, σφίγγω; **2ung** *f* εναγκαλισμός
Umkleidekabine *f* καμαρίνι
umkleiden: ***sich ~*** αλλάζω (φόρεμα)
Umkleideraum *m* αποδυτήρια *n/pl*
umkommen* (*sn*) σκοτώνομαι
Umkreis (*-es*; *0*) *m* κύκλος, περίμετρος *f*; περιφέρεια
um'kreis|en περικυκλώνω; **2ung** *f* περικύκλωση (*-εις*)
Umland *n* περίχωρα *n/pl*
Umlauf *m* περιστροφή; (*Geld2*) κυκλοφορία; *Astr. a.* περιφορά; ***im ~ sein, in ~ setzen*** κυκλοφορώ
Umlaufbahn *f Satellit*: τροχιά
Umlaut *m* μεταφωνία
umlegen βάζω; (*gürten*) ζώνω; *örtlich*: μετατοπίζω
umleit|en μεταστρέφω; *Fluß* μετοχετεύω; **2ung** *f Straße*: παρακαμπτήριος *f*; **2ungs·schild** *n* πινακίδα παρακαμπτηρίου
umlernen μαθαίνω αλλιώς
umpflanzen μεταφυτεύω
umrechnen μετατρέπω, ανάγω
Umrechnungs·kurs *m* τιμή συναλλάγματος
umrennen* ρίχνω κάτω (τρέχοντας)
um'ringen περικυκλώνω
Umriß *m* περίγραμμα *n*
umrühren *Kaffee* ανακατεύω
Umsatz *m* τζίρος, κύκλος εργασιών; **~provision** *f* προμήθεια κύκλου εργασιών; **~rückgang** *m* ελάττωση κύκλου εργασιών; **~steigerung** *f* αύξηση (*-εις*) κύκλου εργασιών; **~steuer** *f* φόρος κύκλου εργασιών
umschalt|en *Tel., El.* μεταλλάσσω; **2ung** *f* μεταλλαγή
Umschau (*0*) *f* επισκόπηση (*-εις*)
umschauen: ***sich ~*** βλέπω γύρω
Umschlag *m Med.* κατάπλασμα *n*; *e-s Buches* εξώφυλλο; (*Kuvert*) φάκελος; *des Wetters* μεταβολή
umschlagen* *v/t* (*wenden*) γυρίζω, στρέφω; *v/i* (*sn*) *Wetter*: μεταβάλλομαι; **2** *n* μεταβολή
Umschlagplatz *m* χώρος διακινήσεως
um|'schließen* περικλείω; **~'schlingen*** αγκαλιάζω
um'schreib|en* περιγράφω; **~end** περιφραστικός; **2ung** *f* περίφραση (*-εις*)
umschuld|en μετατρέπω χρέος *n*; **2ung** *f* μετατροπή χρέους
umschul|en μετεκπαιδεύω; **2ung** *f* μετεκπαίδευση (*-εις*), (επαγγελματική) προσαρμογή
Umschwung *m Wetter*: μεταβολή; *pol.* μεταπολίτευση (*-εις*)
umsehen: ***sich ~*** κοιτάζω πίσω; ***sich ~ nach*** *D* αναζητώ (*-άς*) *A*
Umsicht (*0*) *f* πρόνοια, περίσκεψη; **2ig** προσεκτικός
umsiedel|n (*sn*) μετοικώ; **2ung** *f* μετοίκηση (*-εις*)
um'sonst τζάμπα; (*gratis*) *a.* δωρεάν; (*vergeblich*) *a.* μάταια
um'spannen περιλαμβάνω
Umstand *m* περίσταση (*-εις*), περιστατικό; *pl* φασαρία
Umstände *pl* συθήκες *f/pl*; φασαρίες *f/pl*; ***unter ~n*** ενδεχομένως; ***mildernde ~*** *jur.* ελαφρυντικά *n/pl*
umständlich εμπεριστατωμένος; *Pers. a.* πληκτικός; **2keit** *f* διεξοδικότητα
Umsteigefahrschein *m* εισιτήριο συνεχείας
umsteigen* (*sn*) αλλάζω (*Bus*: λεωφορείο; *Eisenbahn*: τρένο *usw.*)
umstellen μεταθέτω, μετατοπίζω, μετακινώ; αναπροσαρμόζω
um'stellen ζώνω, μπλοκάρω
Umstellung *f* μετάθεση (*-εις*), μετατόπιση (*-εις*), μετατροπή
um|stimmen μεταπείθω; **~stoßen*** αναποδογυρίζω; *Pläne* ανατρέπω
um'stritten αμφισβητούμενος
Umsturz *m* ανατροπή
umstürzen *v/t* ανατρέπω
Umtausch *m* ανταλλαγή
umtausch|en ανταλλάσσω; αλλάζω; **2kurs** *m* τιμή συναλλάγματος
umverteilen ξαναμοιράζω
umwälz|en *fig.* ανατρέπω; **~end** επαναστατικός; **2ung** *f* επανάσταση (*-εις*), μεταβολή
umwand|eln (μετα)τρέπω (***in*** *A*/σε); **2lung** *f* (μετα)τροπή

Umwelt (*0*) *f* περιβάλλον (*-οντος*) *n*; **~belastung** *f* επιβάρυνση (*-εις*) περιβάλλοντος; **~bewußtsein** *n* συνείδηση περιβαλλοντικών προβλημάτων; **~einfluß** *m* επίδραση (*-εις*) περιβάλλοντος; **≗freundlich** ευνοικός για το περιβάλλον; **~schäden** *m/pl* ζημίες *f/pl* περιβάλλοντος; **~schutz** *m* προστασία (του) περιβάλλοντος; **~schützer** *m* περιβαλλοντολόγος; **~verschmutzung** *f* ρύπανση *od.* μόλυνση του περιβάλλοντος

umwerfen* αναποδογυρίζω; **~d: ~d** ***komisch*** ανεκδιήγητος

um'wickeln *v/t* περιτυλίγω

um'zäun|en περιφράσσω; **~t** περιφραγμένος; **≗ung** *f* περίφραξη (*-εις*)

umziehen* (*sn*) μετακομίζω, αλλάζω σπίτι; ***sich*** ~ αλλάζω (ρούχα)

um'zingel|n περικυκλώνω, εγκλωβίζω; **≗ung** *f* περικύκλωση (*-εις*)

Umzug *m* μετακόμιση (*-εις*)

unab'änderlich αμετάτρεπτος

unabhängig ανεξάρτητος; **≗keit** (*0*) *f* ανεξαρτησία

unab|lässig αδιάκοπος; **~sehbar** απρόβλεπτος; **~sichtlich** απρομελέτητος, αθέλητος

unachtsam απρόσεκτος; **≗keit** *f* απροσεξία, αμέλημα *n*

unan|gebracht άτοπος; **~gefochten** αδιαφιλονίκητος; **~gemeldet** αδήλωτος; **~gemessen** ανάρμοστος; απρεπής 2; **~genehm** δυσάρεστος; **~getastet** απαραβίαστος

unan|greifbar απρόσβλητος; **~nehmbar** απαράδεκτος; **≗nehmlichkeit** *f* αναποδιά; **~sehnlich** άχαρος; **~ständig** απρεπής 2; ανάρμοστος; **≗ständigkeit** *f* απρέπεια; **≗tastbarkeit** (*0*) *f* ακεραιότητα

unappetitlich άνοστος, αηδιαστικός

Unart *f* αταξία; **≗ig** άτακτος

unästhetisch αντιαισθητικός

unauf|fällig αφάνταχτος, διακριτικός; **~findbar** ανεύρετος; **~geklärt** ανεξιχνίαστος; **~geräumt** ασυγύριστος; **~haltsam** ασταμάτητος; **~hörlich** ακατάπαυστος; **~merksam** απρόσεκτος; **≗merksamkeit** (*0*) *f* απροσεξία; **~richtig** ανειλικρινής 2; **≗richtigkeit** *f* ανειλικρίνεια

unaus|bleiblich αναπόφευκτος; **~geführt** ανεκτέλεστος; **~gefüllt** ασυμπλήρωτος; **~geglichen** *seelisch*: ανισόρροπος; **~genutzt** ανεκμετάλλευτος; **~gereift** ανώριμος; **~gesetzt** αδιάλειπτος

unaus|löschlich ανεξάλειπτος; *Eindruck*: ανεξίτηλος; **~sprechlich** απρόφερτος; *fig.* ανεκδιήγητος; **~stehlich** *Pers.* ανυπόφορος, αχώνευτος; **~weichlich** αναπόφευκτος

unbe|achtet απαρατήρητος; **~antwortet** αναπάντητος; **~arbeitet** ακατέργαστος; **~aufsichtigt** ανεπίβλεπτος; **~baut** χέρσος; **~dacht** απερίσκεπτος; **~denklich** ακίνδυνος; **~deutend** ασήμαντος; **~dingt** απόλυτος; *Adv* χωρίς άλλο, οπωσδήποτε

unbe|einflußt ανεπηρέαστος; **~fahrbar** αδιάβατος; **~fangen** αμερόληπτος; **≗fangenheit** (*0*) *f* αμεροληψία; **~festigt** ακατοχύρωτος; **~friedigend** ανεπαρκής 2; μη ικανοποιητικός; **~friedigt** ανικανοποίητος; **~fugt** αναρμόδιος (*-α, -ο*); **~gabt** μη ευφυής 2; **~greiflich** ακατανόητος, ακατάληπτος; **~grenzt** απεριόριστος; **~gründet** αβάσιμος; **~haart** άτριχος

Unbehag|en (*-s; 0*) *n* δυσαρέσκεια; αδιαθεσία; **≗lich** δυσάρεστος

unbe|helligt ανενόχλητος; **~herrscht** ασυγκράτητος; **~holfen** αδέξιος (*-α, -ο*); **≗holfenheit** (*0*) *f* αδεξιότητα; **~kannt** άγνωστος; **~kleidet** άντυτος; **~kümmert** αμέριμνος; **~lästigt** ανενόχλητος; **~lebt** *Straße*: ασύχναστος; **~lehrbar** αλογίκευτος; **~leuchtet** αφώτιστος; **~liebt** αντιπαθητικός, αντιδημοτικός; **≗liebtheit** (*0*) *f* αντιδημοτικότητα; **~merkt** απαρατήρητος; **~nutzbar** άχρηστος

unbequem άβολος, ενοχλητικός; **≗lichkeit** *f* ενοχλητικότητα

unbe|rechenbar *a. Pers.* ακαταλόγιστος; **~rechtigt** αδικαιολόγητος; **~rücksichtigt** (*nicht hinzugefügt*) απρόσθετος; **~rufen!** χτύπα ξύλο!; **~rührt** άθικτος, ανέπαφος; *Mädchen*: παρθενικός; **~schädigt** αζημίωτος, αβλαβής 2; **~schäftigt** εύκαιρος, αργός; **~schränkt** απεριόριστος; **~schreiblich** απερίγραπτος; **~schwert** *Pers.* ξένοιαστος; **~setzt** απλήρωτος; **~siegbar** ακατανίκητος; **~siegt** ανίκητος; **~sonnen** απε-

U

ρίσκεπτος; **~sorgt** ξένοιαστος; ***sei ~sorgt*** έννοια σου!
unbespielt: *~e Kassette* άγραφη κασέτα
unbeständig *a. Wetter*: ασταθής 2; **2keit** *(0) f* αστάθεια
unbe|stätigt αβεβαίωτος, *Nachricht*: ανεπιβεβαίωτος; **~stechlich** αδέκαστος, αδωροδόκητος
unbestimm|bar απροσδιόριστος; **~t** ανεξακρίβωτος, αόριστος; ***auf ~te Zeit*** επ' αόριστον
unbe|streitbar αναντίρρητος; **~stritten** αδιαφιλονίκητος; **~teiligt** αμέτοχος (***an*** *D*/σε); **~tont** άτονος
unbeugsam άκαμπτος, αλύγιστος
unbe|wacht *Parkplatz*, *Bahnübergang*: αφύλαχτος; **~waffnet** άοπλος; **~weglich** ακίνητος, ασάλευτος; **~wiesen** αναπόδεικτος; **~wohnt** ακατοίκητος; **~wußt** ασυνείδητος; **~zahlbar** ανεκτίμητος; **~zahlt** απλήρωτος, ανεξόφλητος
unblutig αναίμακτος
unbrauchbar άχρηστος; ***~ machen*** αχρηστεύω; **2keit** *(0) f* αχρηστία
unchristlich μη χριστιανικός
und *Ko* και; ***~ so weiter*** *(usw.)* και τα λοιπά (κλπ.); ***~ wenn schon!*** κι ύστερα
Undank *(-es; 0) m* αχαριστία; **2bar** αχάριστος, ανευχαρίστητος; αγνώμων 2; **~barkeit** *(0) f* αγνωμοσύνη
un|datiert αχρονολόγητος; **~deklinierbar** άκλιτος; **~demokratisch** αντιδημοκρατικός; **~'denkbar** αδιανόητος
undeutlich ασαφής 2; αμυδρός; **2keit** *(0) f* ασάφεια; αμυδρότητα
undicht μη στεγανός; ***~ sein*** *Dach*, *Hahn*: τρέχω
un|diplomatisch αψυχολόγητος; **~diszipliniert** απειθάρχητος
unduldsam μισαλλόδοξος; **2keit** *(0) f* μισαλλοδοξία
undurch|dringlich αδιαπέραστος; **~führbar** απραγματοποίητος; **~lässig** *Stoff*: αδιαπέραστος, στεγανός; **~sichtig** αδιαφανής 2, θαμπός
uneben άνισος, ανώμαλος; **2heit** *f* ανωμαλία
unecht ψεύτικος, κάλπικος, νόθος *(f a. -α)*; πλαστός; **2heit** *(0) f* πλαστότητα
unehelich *Kind*: εξώγαμος, νόθος
uneigennützig αφιλοκερδής 2; **2keit** *(0) f* αφιλοκέρδεια
unein|geladen ακάλεστος; **~geschränkt** απεριόριστος; **~geweiht** αμύητος
uneinheitlich ανομοιόμορφος; **2keit** *(0) f* ανομοιομορφία
uneinig ασύμφωνος (***über*** *A*/για); **2keit** *(0) f* ασυμφωνία
uneinnehmbar άπαρτος
unempfindlich αναίσθητος; αδιάφορος; **2keit** *(0) f* αναισθησία
un'endlich άπειρος, απέραντος; **2keit** *(0) f* άπειρο, απεραντοσύνη
unentbehrlich απαραίτητος
unent|geltlich δωρεάν, άμισθος; **~schieden** αναποφάσιστος; *Kampf*: ισόπαλος; **~schlossen** άβουλος; αναποφάσιστος; **2schlossenheit** *(0) f* αναποφασιστικότητα; **~schuldigt** αδικαιολόγητος
uner|bittlich άκαμπτος; **~fahren** άπειρος (***in*** *D*/σε); **2fahrenheit** *(0) f* απειρία; **~forscht** ανεξερεύνητος; **~freulich** δυσάρεστος; **~füllt** ανεκπλήρωτος; **~giebig** άκαρπος, άγονος; **~heblich** ασήμαντος; **~hört** ανήκουστος; **~kannt** αγνώριστος; **~klärlich** ανεξήγητος; **~läßlich** απαραίτητος; **~laubt** απαγορευμένος, ανεπίτρεπτος; **~meßlich** αμέτρητος; **~müdlich** ακούραστος; **~reichbar** ανέφικτος; **~sättlich** αχόρταγος; **~schöpflich** ανεξάντλητος; **~schrocken** ατρόμητος; **~schwinglich** απρόσιτος, ανέφικτος; **~setzlich** αναντικατάστατος; **~träglich** ανυπόφορος, αβάσταχτος; **~wartet** αναπάντεχος; **~wünscht** ανεπιθύμητος
unfähig ανίκανος (***zu*** *D*/για); **2keit** *(0) f* ανικανότητα
Unfall *m* ατύχημα *n*, δυστύχημα *n*; **~flucht** *f* εγκατάλειψη θύματος; **~hergang** *m* διαδικασία ατυχήματος; **~station** *f* σταθμός πρώτων βοηθειών; **~verhütung** *f* πρόληψη *(-εις)* ατυχημάτων; **~versicherung** *f* ασφάλεια ατυχημάτων
un|faßbar ακατάληπτος; **~fehlbar** αλάθητος; **~förmig** δύσμορφος, ασουλούπωτος; **~frankiert** χωρίς γραμματόσημο; **~frei** ανελεύθερος; **~freiwillig** ακούσιος *(-α, -ο)*, άθε-

λος; **~freundlich** αγενής 2; **≗freundlichkeit** *(0) f* αγένεια; **~fruchtbar** *Boden*: άγονος; στείρος (*-a, -o*); **≗fruchtbarkeit** *(0) f* αγονία; στειρότητα
Unfug (*-es; 0) m* αταξία, τρέλες *f/pl*
unge|achtet *G* παρά *A*; **~ahnt** ανέλπιστος; **~bildet** αγράμματος, αμόρφωτος; **~bräuchlich** άχρηστος; **~braucht** αμεταχείριστος; **~brochen** ακατάλυτος; **~bührlich** απρεπής 2; **~deckt** *Tisch*: άστρωτος; *Scheck*: ακάλυπτος
Unge|duld *(0) f* ανυπομονησία; **≗duldig** ανυπόμονος; **≗düngt** αλίπαντος
unge|eignet ακατάλληλος (*für A/* για); **~fähr** περίπου, πάνω-κάτω
ungefährlich ακίνδυνος
ungeheizt αθέρμαστος
Ungeheuer *n* τέρας (*-ατος*) *n*; ≗ *Adj* τεράστιος (-α, -ο); **≗lich** τερατώδης 2; **~lichkeit** *f* τερατωδία
unge|hindert ανεμπόδιστος; **~hörig** ανάρμοστος; **~horsam** ανυπάκουος, ανυπόταχτος; **~klärt** αδιευκρίνιστος; **~kocht** άβραστος; **~kühlt: ~kühlt haltbar** *Lebensmittel*: διατηρείται εκτός ψυγείου; **~kündigt** *Vertrag*: ακατάγγελτος; **~laden** *Gast*: α(προσ)κάλεστος; *Waffe*: αγέμιστος; **~legen** *Zeit*: ακατάλληλος; **~lernt** *Arbeiter*: ανειδίκευτος; **~lesen** αδιάβαστος; **~löst** άλυτος
unge|macht *Bett*: άστρωτος; άφτιαχτος; **~mein** *Adv* ιδιαίτερα, ασυνήθιστα; **~mütlich** άβολος, *Pers. a.* δυσάρεστος
ungenau ανακριβής; **≗igkeit** *f* ανακρίβεια
ungeniert [-ʒe-] αφελής 2
ungenießbar μη βρώσιμος; ***das ist ~*** αυτό δεν τρώγεται (*bzw.* πίνεται)
unge|nügend ανεπαρκής 2; **~nutzt** αχρησιμοποίητος; **~ordnet** αταχτοποίητος; **~pflegt** απεριποίητος; **~prüft** ανεξέταστος; αδοκίμαστος; **~rade** *Zahl*: μονός
ungerecht άδικος; **~fertigt** αδικαιολόγητος; **≗igkeit** *f* αδικία
unge|regelt ακανόνιστος; **≗reimtheit** *f* ανακολουθία, παραλογισμός
ungern χωρίς όρεξη, απρόθυμα
unge|rührt *fig.* ασυγκίνητος; **~sagt** ανείπωτος; **~salzen** ανάλατος
Ungeschick|lichkeit *f* αδεξιότητα; **≗t** αδέξιος (*-a, -o*)
unge|schlagen *Sp.* αήττητος; **~schnitten** άκοπος; **~schützt** απροστάτευτος; **~sellig** ακοινώνητος; **~setzlich** παράνομος; **≗setzlichkeit** *f* παρανομία; **~sichert** ανασφάλιστος; **~spritzt** *Obst*: αράντιστος, αψέκαστος; **~stempelt** ασφράγιστος; **~stört** ανενόχλητος
ungesund ανθυγιεινός
unge|süßt άγλυκος; **~tauft** αβάφτιστος; **~teilt** αμοίραστος, *Interesse*: αμέριστος; **~tragen** αφόρετος; **~trübt** αθόλωτος; *fig.* ανέφελος; **≗tüm** (*-es; -e*) *n* μεγαθήριο; **~übt** αγύμναστος; **~waschen** άπλυτος
ungewiß αβέβαιος; **≗heit** *(0) f* αβεβαιότητα
unge|wöhnlich, ~wohnt ασυνήθιστος; **~wollt** αθέλητος
Ungeziefer (*-s; 0) n* ζωύφια *n/pl*
ungezogen κακοαναθρεμμένος, ανάγωγος; **≗heit** *f* αταξία
unge|zuckert αζαχάρωτος; *Kaffee*: σκέτος; **~zwungen** αβίαστος
Un|glaube (*-ns; 0) m* απιστία; **≗gläubig** άπιστος; (*zweifelnd*) δύσπιστος; **≗'glaublich** απίστευτος; **≗glaubwürdig** αναξιόπιστος
ungleich άνισος, ανόμοιος (*-a, -o*); **≗heit** *(0) f* ανισότητα; **~mäßig** ασύμμετρος; **≗mäßigkeit** *f* ασυμμετρία
Unglück (*-es; -e*) *n* δυστυχία, συμφορά; (*Unglücksfall*) ατύχημα *n*, δυστύχημα *n*; **≗lich** δυστυχισμένος, δύστυχος; ***≗lich sein*** δυστυχώ; **≗licherweise** δυστυχώς
Unglücks|fall *m* ατύχημα *n*, δυστύχημα *n*; **~rabe** *m* γρουσούζης 3
ungültig άκυρος; ***für ~ erklären*** ακυρώνω; **≗keit** *(0) f* ακυρότητα
Un|gunst *(0) f* δυσμένεια; **≗günstig** ενάντιος (*-a, -o*), δυσμενής 2
unhaltbar *Behauptung*: ανεδαφικός
un|handlich άβολος, δύσχρηστος; **~harmonisch** δυσαρμονικός
Unheil (*-s; 0) n* συμφορά, κακό
unheilbar αγιάτρευτος, αθεράπευτος
unheilvoll μοιραίος (*-a, -o*)
un|heimlich φοβερός; **~höflich** αγενής 2; **≗höflichkeit** *f* αγένεια; **~hygienisch** ανθυγιεινός

U

Uni'form *f* στολή
uninteressiert αδιάφορος
Uni'on *f* ένωση (*-εις*)
univer'sal γενικός, καθολικός
Universi'tät *f* πανεπιστήμιο; **~s•bibliothek** *f* βιβλιοθήκη του πανεπιστημίου
Uni'versum (*-s*; *0*) *n* σύμπαν (*-αντος*) *n*
unkennt|lich αγνώριστος; **2nis** (*0*) *f* άγνοια; ***in 2nis*** *G* εν αγνοία *G*
unklar ασαφής 2; **2heit** *f* ασάφεια
un|klug αψυχολόγητος; **~kontrolliert** ανεξέλεγκτος; **~konzentriert** ασυγκέντρωτος; **~korrigiert** αδιόρθωτος
Unkosten *pl* έξοδα *n/pl*; τέλη *n/pl*
Unkraut (*-¢s*; *⁻er*) *n* ζιζάνιο
unkündbar ισόβιος (*-α, -ο*)
un|längst πρόσφατα; **~lauter:** ***~lauterer Wettbewerb*** αθέμιτος συναγωνισμός; **~leserlich** δυσανάγνωστος; **~liebsam** ανεπιθύμητος; **~logisch** παράλογος; **~lösbar** άλυτος
un|männlich άνανδρος; **~maßgeblich** αναρμόδιος (*-α, -ο*); **2menge** *f* πλήθος *n*
Unmensch *m* τέρας (*-άτος*) *n*; **2lich** απάνθρωπος; **~lichkeit** (*0*) *f* απανθρωπιά
un|merklich ανεπαίσθητος; **~methodisch** αμέθοδος; **~mittelbar** άμεσος; **~möbliert** ανεπίπλωτος; **~modern** ντεμοντέ (*0*), απαρχαιωμένος
unmöglich αδύνατος
un|moralisch ανήθικος; **~motiviert** αδικαιολόγητος; χωρίς κίνητρα; **~mündig** ανήλικος; **2mut** (*-¢s*; *0*) *m* δυσφορία; **~nahbar** απλησίαστος; **~natürlich** αφύσικος; **~nötig** περιττός; **~nütz** ανώφελος; **~ordentlich** ακατάστατος; **2ordnung** (*0*) *f* ακαταστασία
unpartei|isch αμερόληπτος; υπερκομματικός; **2lichkeit** (*0*) *f* αμεροληψία
un|passend ανάρμοστος; **~passierbar** αδιάβατος, απέραστος; **~päßlich** αδιάθετος; **~persönlich** *a. Gr.* απρόσωπος; **~praktisch** άβολος; ανεφάρμοστος; **~produktiv** άκαρπος, αντιπαραγωγικός; **~pünktlich** ανακριβής 2; καθυστερημένος; **2pünktlichkeit** (*0*) *f* ανακρίβεια; **~qualifiziert** ακατάρτιστος, χωρίς προσόντα; **~rasiert** αξύριστος

unrecht άδικος; ***~ haben*** έχω άδικο; **2** (*-¢s*; *0*) *n* άδικο, αδικία
un|rechtmäßig αθέμιτος; **~regelmäßig** ανώμαλος, ακανόνιστος; **2regelmäßigkeit** *f* ανωμαλία; **~reif** άγουρος, ανώριμος; **~rentabel** απρόσοδος, ασύμφορος; **~richtig** εσφαλμένος; ανακριβής 2
Unruhe *f* ανησυχία; ταραχή; **~stifter** *m* ταραχοποιός
unruhig ανήσυχος, *K* ταραχώδης 2
uns μας, *betont*: εμάς
un|'sagbar ανείπωτος, ανεκδιήγητος; **~sauber** ακάθαρτος, ρυπαρός; **2sauberkeit** *f* απλυσιά, ακαθαρσία
unschädlich άβλαβος; ***~ machen*** εξουδετερώνω *a. Bombe*
un|scharf θαμπός, ασαφής 2; **~'schätzbar** ανεκτίμητος; **~scheinbar** αφανής 2; **~'schlagbar** ακαταμάχητος
unschlüssig διστακτικός; ***~ sein*** αμφιταλαντεύομαι; **2keit** (*0*) *f* διστακτικότητα
Unschuld (*0*) *f* αθωότητα; **2ig** αθώος (*-α, -ο*); αναίτιος (*-α, -ο*)
unselbständig εξαρτημένος
unser *Possessivpronomen*: ... μας, *betont*: ο δικός μας, *a. als Su*; **~einer** *etwa*: εμείς; **~es'gleichen** άνθρωποι σαν κι εμάς; **~etwegen** για το χατίρι μας
unsicher αβέβαιος, αμφίβολος, επισφαλής 2; **2heit** *f* αβεβαιότητα
unsichtbar αόρατος
Unsinn (*-¢s*; *0*) *m* ανοησία, *oft pl*; ***~ reden*** παραλογίζομαι; **2ig** ανόητος
Unsitt|e *f* κακή συνήθεια; **2lich** ανήθικος, αισχρός
un|sozial αντικοινωνικός; **~'sterblich** αθάνατος; **2stimmigkeit** *f* ασυμφωνία
Un|summe *f* αστρονομικό ποσό; **2sympathisch** αντιπαθητικός; **~tat** *f* κακούργημα *n*
untätig αδρανής 2; ***~ sein*** αδρανώ
un|tauglich ανίκανος (***für*** *A*/για); **~teilbar** αδιαίρετος, αμέριστος
unten *Adv* κάτω, χάμω; ***ganz ~*** κάτω κάτω; ***weiter ~*** παρακάτω
unter *Präp D* (*wo?*), *A* (*wohin?*), *fig. mst. D*; (απο)κάτω από; *K* υπό *A*; (*zwischen*) ανάμεσα σε; μεταξύ *G*; *Zeit*:

επί *G*; + *Zahlen, z. B. Null*: κάτω *G*, κάτω από; *Beispiele*: **~ den Tisch** κάτω από το τραπέζι; **~ Null** υπό το μηδέν, κάτω από το μηδέν; **~ uns** μεταξύ μας; **~ anderem** (**u. a.**) μεταξύ άλλων; **~ dem Vorwand** με το πρόσχημα; **~ den Türken** υπό τους Τούρκους

Unterabteilung *f* υποδιαίρεση (*-εις*)

Unterbau *m* υποδομή

unterbelicht|en *Foto* υποφωτίζω; **~et** υποφωτισμένος; **&ung** *f* υποφωτισμός

unterbewußt υποσυνείδητος; **&sein** *n* υποσυνείδητο

unter|'bieten* μειοδοτώ; F ρίχνω (τις τιμές); **~'brechen*** διακόπτω; **&'brechung** *f* διακοπή; **~'breiten** υποβάλλω

unterbring|en* *S.* βολεύω, τακτοποιώ; *Pers.* τοποθετώ, στεγάζω; **&ung** *f* τακτοποίηση (*-εις*); τοποθέτηση (*-εις*)

unter'brochen διακεκομμένος

unter'dessen στο (ανα)μεταξύ

Unterdruck (*-ǿs; 0*) *m* υποπίεση

unter'drück|en καταπιέζω; καταπνίγω; *Lachen* κρατώ (*-άς*); **&er** *m* καταπιεστής; **&ung** *f* καταπίεση

unterein'ander αμοιβαία

unterentwickelt υποανάπτυκτος

unterernähr|t υποσιτισμένος; **&ung** (*0*) *f* υποσιτισμός

Unter|'führung *f* υπόγεια διάβαση (*-εις*); **~gang** *m* καταστροφή; *Sonne*: δύση (*-εις*); βασίλεμα *n*

untergebracht εγκαταστημένος

untergehen* (*sn*) καταστρέφομαι; *Astr.* δύω, βασιλεύω; *mar.* βυθίζομαι

untergeordnet υφιστάμενος

unter'grab|en* υποσκάπτω, υπονομεύω; **&ung** *f* υπονόμευση (*-εις*)

Untergrund *m* υπέδαφος *n*; **~bahn** *f* υπόγειος σιδηρόδρομος, μετρό (*0*), ηλεκτρικός

unterhalb *Präp G* κάτω από, υπό *A*

Unterhalt (*-ǿs; 0*) *m* διατροφή

unter'halten* *v/t* (δια)τρέφω, συντηρώ; *Beziehungen* διατηρώ; ***sich ~*** διασκεδάζω; (*reden*) κουβεντιάζω (***mit*** *D*/με, ***über*** *A*/για)

unter'haltsam διασκεδαστικός

Unterhalts·kosten *pl* έξοδα *n/pl* διατροφής *od.* συντηρήσεως

Unter'haltung *f* (*Ernährung*) διατροφή; (*Belustigung*) διασκέδαση (*-εις*), ψυχαγωγία; (*Gespräch*) συνομιλία, κουβέντα; **~s·programm** *n* ψυχαγωγικό πρόγραμμα

Unterhändler *m* διαπραγματευτής

Unterhemd *n* φανέλα

Unter|hose *f* (ε)σώβρακο; **&irdisch** υπόγειος (*-α, -ο*)

unter'joch|en υποτάσσω, υποδουλώνω; **&ung** *f* καταδούλωση

Unter|kiefer *m* κάτω σιαγόνα; **&kommen*** (*sn*) βολεύομαι (***in*** *D*/σε); **&kriegen** βάζω κάτω (***j-n***/κπ); **~kunft** (*-; ⸚e*) *f* στέγη, κατάλυμα *n*; **~lage** *f* υπόβαθρο; (*Beleg*) έγγραφο; *mst. pl* στοιχεία *n/pl*

unter'lass|en* παραλείπω; **&ung** *f* παράλειψη (*-εις*); *jur.* αποχή

unter|'laufen* *v/t* παρακάμπτω; **~'legen** *Adj* υποδεέστερος

unter|legen βάζω αποκάτω; **&leib** *m* υπογάστριο; **~'liegen*** νικιέμαι, ηττώμαι (*-άσαι*) *a. Sp., fig.* υπόκειμαι; **&lippe** *f* κάτω χείλος *n*; **~'mauern** *fig.* στερεώνω; *Haus* υποτειχίζω

Untermiete *f* υπομίσθωση (*-εις*); **~r** *m* υπομισθωτής, υπενοικιαστής

unter'nehm|en* *v/t* επιχειρώ, αναλαμβάνω; **&en** *n* (*Firma*) επιχείρηση (*-εις*); εγχείρημα *n*; **&er** *m* επιχειρηματίας *a. f*; **&ung** *f* εγχείρημα *n a. mil.*

Unteroffizier *m* υπαξιωματικός

unter'ordnen υπάγω (*A - D*/*A* - σε)

Unter'redung *f* συνομιλία

Unterricht (*-ǿs; -e*) *m* μάθημα *n*, διδασκαλία; **~ *geben*** παραδίδω μαθήματα

unter'richten (*lehren*) διδάσκω; (*informieren*) ενημερώνω

Unterrock *m* μεσοφόρι

unter'sagen απαγορεύω (***j-m etw.***/κτ σε κπ)

unter'schätz|en υποτιμώ (*-άς*); **&ung** *f* υποτίμηση (*-εις*)

unter'scheid|en* διακρίνω, ξεχωρίζω; ***sich ~en von*** *D* διακρίνομαι από; **&ung** *f* διάκριση (*-εις*), διαστολή

Unter|schied (*-ǿs; -e*) *m* διαφορά; **&schiedlich** διαφορετικός

unter'schlag|en* υπεξαιρώ; **&ung** *f* υπεξαίρεση (*-εις*)

Unterschlupf (*-ǿs; 0*) *m* καταφύγιο

U

unter|'schreiben* υπογράφω; **~'schrieben** υπο(γε)γραμμένος; **≈schrift** *f* υπογραφή
Unterseeboot *n* υποβρύχιο
unter'setzt κοντόχοντρος
unterst- κατώτατος
unter'stehen* εξαρτώμαι (*-άσαι*) (*D*/ από); ***sich*** **~** αποτολμώ (*-άς*)
unter'stellen υπάγω (*A - D*/*A* - σε); (*beschuldigen*) καταλογίζω (***j-m etw.*** κτ σε κπ); (*vermuten*) υποθέτω
unterstellen βάζω αποκάτω
unter|'streichen* υπογραμμίζω; **~'stützen** υποστηρίζω; ενισχύω; **≈'stützung** *f* υποστήριξη (*-εις*); ενίσχυση (*-εις*)
unter'such|en εξετάζω; (*ein Problem ~en*) μελετώ (*-άς*), ερευνώ (*-άς*); **≈ung** *f* εξέταση (*-εις*); (*Abhandlung*) μελέτη; έρευνα
Unter'suchungs|gefangene(r) υπόδικος; **~haft** *f* προφυλάκιση; **~richter** *m* ανακριτής
Untertan (*-en*) *m* υπήκοος, *a. Adj*
Untertasse *f* πιατάκι, τασάκι
untertauchen *v/i* (*sn*) βουτώ (*-άς*), βυθίζομαι; (*verschwinden*) εξαφανίζομαι
Unterteil *m, n* κάτω μέρος *n*
unter'teil|en υποδιαιρώ; **≈ung** *f* υποδιαίρεση (*-εις*)
Unter|temperatur *f* υποθερμία; **~titel** *m* υπότιτλος; **≈vermieten** υπενοικιάζω; **~vermietung** *f* υπενοικίαση (*-εις*); **≈'wandern** υπονομεύω; **~wäsche** *f* εσώρουχα *n/pl*
unter'wegs [e:] στο δρόμο, καθ' οδόν.
unter'weis|en* διδάσκω; καθοδηγώ; **≈ung** *f* καθοδήγηση (*-εις*)
Unterwelt *f* υπόκοσμος; Άδης
unter'werf|en* υποτάσσω; **≈ung** *f* υποταγή, συμμόρφωση (*-εις*)
unterwürfig δουλικός
unter'zeichn|en υπογράφω; **≈er(in** *f*) *m* υπογράφων (-ουσα); **~et** υπο(γε)γραμμένος; **≈ung** *f* υπογραφή
unter'ziehen* *e-r Prüfung* υποβάλλω σε; ***sich*** **~** *D* υφίσταμαι *A*
untrennbar αχώριστος
untreu άπιστος (*D*/σε); **≈e** *f* απιστία
untröstlich απαρηγόρητος
unüber|brückbar αγεφύρωτος *a. fig.*; **~legt** αμελέτητος, απερίσκεπτος; **~'setzbar, ~'setzt** αμετάφραστος; **~'tragbar** *Recht*: αμεταβίβαστος; **~'trefflich** αξεπέραστος
unum|'gänglich αναπόφεκτος; **~'stößlich** αμετάτρεπτος
ununter|'brochen αδιάκοπος; ασταμάτητος; **~'scheidbar** αξεχώριστος
unver|'ändert αμετάβλητος; **~'antwortlich** ανεύθυνος; **~'besserlich** αδιόρθωτος, ανεπανόρθωτος
unverbindlich μη δεσμευτικός
unverbleit αμόλυβδος
unver|'braucht φρέσκος (*-ια, -ο*); *Pers.* αγέραστος; **~'dächtig** ανύποπτος; **~'daulich** δύσπεπτος, αχώνευτος
unver'einbar ασυμβίβαστος; **≈keit** (*0*) *f* ασυμβίβαστο
unver|fälscht ανόθευτος; **~froren** ασύστολος αναιδής 2; **~'gänglich** αξέχαστος; **~hältnismäßig** δυσανάλογος; **~'heiratet** άγαμος, ανύπαντρος; **~hofft** απροσδόκητος; **~'kennbar** προφανής 2
unver'letz|lich *allg.* απαράβατος; απλήγωτος; **≈lichkeit** (*0*) *f allg. jur.* απαράβατο; **~t** ατραυμάτιστος
unver|'meidlich αναπόφευκτος; **~'mietet** ανοίκιαστος; **~'mindert** αμείωτος; **~mutet** απρόβλεπτος
Unver|nunft (*0*) *f* παραλογισμός, ανοησία; **≈nünftig** παράλογος, ανόητος; **≈öffentlicht** ανέκδοτος
unverrichtet: ***~er Dinge zurückkehren*** γυρίζω άπραχτος
unver|'rückbar αμετακίνητος; **~schämt** αδιάντροπος, αναιδής 2; **≈schämtheit** *f* αναίδεια, αδιαντροπιά; **~schuldet** αναίτιος (*-α, -ο*); αχρέωτος; **~sehrt** σώος (*-α, -ο*), άβλαφτος; **~söhnlich** άσπονδος, αδιάλλακτος; **~ständlich** ακατανόητος; **~sucht:** ***nichts ~sucht lassen*** εξαντλώ όλα τα μέσα
unver|träglich αμόνοιαστος; **~'wechselbar** απαράλλακτος; **~'wundbar** άτρωτος; **~wundet** ατραυμάτιστος; **~wüstlich** *Stoff usw.*: αθάνατος, ... αντοχής; **~zeihlich** ασυγχώρητος; **~zollt** ατελώνιστος; **~züglich** άμεσος; *Adv* αμέσως, χωρίς χρονοτριβή
unvoll|endet ατέλειωτος, ανολοκλήρωτος; **~kommen** ατελής 2; **~ständig** ασυμπλήρωτος, ατελής 2
unvorbereitet απροετοίμαστος

unvor|eingenommen απροκατάληπτος; **~hergesehen** απρόβλεπτος
unvorsichtig απερίσκεπτος; **&keit** *f* απερισκεψία
unvor'stellbar αφάνταστος
unwahr αναληθής 2; **&heit** *f* αναλήθεια; **~scheinlich** απίθανος
unwesentlich επουσιώδης 2
Unwetter *n* κακοκαιρία, θύελλα
unwichtig ασήμαντος
unwillkürlich άθελος
unwirksam ατελεσφόρητος
unwirtschaftlich αντιοικονομικός
Unwohlsein (-*s*; *0*) *n* αδιαθεσία
un|würdig ανάξιος (-*α*, -*ο*) (*G*/*G*); **~zählig** αναρίθμητος; αμέτρητος
unzer|'brechlich άθραυστος; **~'störbar** άφθαρτος; **~stört** αχάλαστος; **~'trennlich** αχώριστος
Un|zucht (*0*) *f* ασέλγεια; ***~zucht treiben*** ασελγώ; **&züchtig** ασελγής 2
unzufrieden δυσαρεστημένος (***mit*** *D*/ με); ***~ sein*** δυσαρεστούμαι; **&heit** (*0*) *f* δυσαρέσκεια
unzu|gänglich απρόσιτος, απλησίαστος; **~länglich** ανεπαρκής 2; **~lässig** ανεπίτρεπτος; **~reichend** ανεπαρκής 2; **~treffend** ανακριβής 2; **~verlässig** αναξιόπιστος
un|zweckmäßig άσκοπος; **~zweifelhaft** αναμφίβολος
üppig άφθονος; **&keit** (*0*) *f* αφθονία
ur·alt πανάρχαιος
U'ran (-*s*; *0*) *n* ουράνιο
Ur·aufführung *f* (παγκόσμια) πρεμιέρα

urbar: ***~ machen*** εκχερσώνω
Ur|enkel *m* δισέγγονος; **~enkelin** *f* δισεγγόνα; **~großmutter** *f* προμάμμη; **~großvater** *m* προπάππος
Urheber *m* δημιουργός; *von Störungen* πρωταίτιος; (*Verfasser*) συγγραφέας; **~recht** *n* συγγραφικό δικαίωμα *n*
U'rin (-*s*; -*e*) *m* ούρα *n*/*pl*
Urkund|e *f* έγγραφο; **~en·fälschung** *f* πλαστογραφία
Urlaub (-*ęs*; -*e*) *m* άδεια, διακοπές *f*/*pl*; ***~ machen, in ~ gehen*** πάω διακοπές; ***~ nehmen*** παίρνω άδεια; **~er(in** *f*) *m* αδειούχος (-χα); **~s·anschrift** *f* διεύθυνση (-*εις*) διακοπών; **~s·geld** *n* επίδομα αδείας; **~s·ort** *m* τόπος διακοπών; **~s·reise** *f* ταξίδι διακοπών; **~s·zeit** *f* καιρός διακοπών
Urne *f* τεφροδόχη; (*Wahl&*) κάλπη
Uro'loge (-*n*) *m* ουρολόγος
Ursache *f* αιτία; ***keine ~!*** τίποτε!
Ur|sprung (-*ęs*; *¨e*) *m* προέλευση (-*εις*); **&sprünglich** (πρωτ)αρχικός
Urteil (-*ęs*; -*e*) *n* κρίση (-*εις*) (***über*** *A*/ για); *jur*. απόφαση (-*εις*); **&en** (*geurteilt*) κρίνω
Urteils|begründung *f* σκεπτικό; **~spruch** *m* ετυμηγορία; **~verkündung** *f* απαγγελία αποφάσεως
Urwald *m* παρθένο δάσος
Uten'silien [-lĭən] *pl* χρειώδη *n*/*pl*
Uterus (-; -*ri*) *m* *Anat*. μήτρα
Uto'pie *f* ουτοπία
u'topisch ουτοπικός
UV-Strahlen *pl* υπεριώδεις ακτίνες *f*/*pl*

V

Vaga'bund [v-] (-*en*) *m* αλήτης
vage [v-] ακαθόριστος; ασαφής 2
Va'gina [v-] (-; -*nen*) *f* *Anat*. κόλπος
va'kant [v-] χηρεύων (-*ουσα*, -*ον*)
Vakuum ['vaː-] (-*s*; -*kua*) *n* κενό
Va'luta (-; -*ten*) *f* συνάλλαγμα *n*
Vam'pir [v-] (-*s*; -*e*) *m* βρυκόλακας
Van'd|ale (-*n*) *m* βάνδαλος *a*. *fig*.; **~a'lismus** (-; *0*) *m* βανδαλισμός

Vanille [vaˑ'nɪljə] (*0*) *f* βανίλια
vari'abel [v-] μεταβλητός
Vari|'ante [v-] *f* παραλλαγή; **~a'tion** *f* παραλλαγή *a*. *Mus*.; **~eté** [-eˑ'teː] (-*s*; -*s*) *n* βαριετέ (*0*) *n*
Vase [v-] *f* βάζο, ανθοδοχείο
Vase'line [v-] (*0*) *f* βαζελίνη
Vater [f-] (-*s*; *¨*) *m* πατέρας, μπαμπάς (-*άδες*); **~land** *n* πατρίδα

väterlich [f-] πατρικός
vater|los [f-] χωρίς πατέρα; **2schaft** (*0*) *f* πατρότητα; **2'unser** (*-s*; -) *n* Πάτερ ημών (*0*) *n*
Vege'tar|ier *m*, **2isch** χορτοφάγος
Vegeta|'tion [v-] *f* βλάστηση; **2'tiv** *Med.* νευφορυτικός
Veilchen [f-] *n* μενεξές (*-έδες*)
Vene [v-] *f* φλέβα
Venen·entzündung *f* φλεβίτιδα
Ven'til [v-] (*-s*; *-e*) *n* βαλβίδα, δικλίδα *a. fig.*; **~a'tion** *f* εξαερισμός; **~ator** [-'la:-] (*-s*; *-'toren*) *m* ανεμιστήρας, εξαεριστήρτας
ver'abred|en *v/t* συμφωνώ; ***sich ~en mit*** *D* κλείνω ραντεβού με; **2ung** *f* συνάντηση (*-εις*), ραντεβού (*0*) *n*
ver'abscheu|en σιχαίνομαι; αποστρέφομαι; **2ung** *f* αποστροφή
ver'abschied|en *v/t Gäste* ξεπροβοδίζω; *Gesetze* ψηφίζω; ***sich von j-m ~en*** αποχαιρετίζω, *a.* -τώ (*-άς*) κπ; **2ung** *f* ξεπροβόδισμα *n*; αποχαιρετισμός; *Gesetz*: ψήφισμα *n*
ver|achten περιφρονώ; **~'ächtlich** περιφρονητικός; **2'achtung** *f* καταφρόνηση, περιφρόνηση
verallge'meiner|n καθολικεύω, γενικεύω; **2ung** *f* γενίκευση (*-εις*)
ver'alt|en (*sn*) παλιώνω, απαρχαιώνομαι; **~et** παλιωμένος, απαρχαιωμένος
Ve'randa [v-] (-; *-den*) *f* βεράντα
ver'änder|lich μεταβλητός; *Wetter*: ασταθής 2; **~n** αλλάζω; **2ung** *f* αλλαγή, μεταβολή
ver|'ängstigt φοβισμένος; **~'ankern** αγκυροβολώ; *fig. gesetzlich* κατοχυρώνω
ver'anlag|en *steuerlich*: εκτιμώ (*-άς*); **2ung** *f* (*Talent*; *zu e-r Krankheit*) προδιάθεση (*-εις*) (**zu** *D*/προς, για); (*Steuer-*) εκτίμηση (*-εις*)
ver'anlass|en προτρέπω; ενεργώ; ***das Nötige ~en*** ενεργώ τα δέοντα; **2ung** *f* αφορμή, αιτία; προτροπή
ver'anstalt|en διοργανώνω; **2er** *m* διοργανωτής; **2ung** *f* διοργάνωση (*-εις*); εκδήλωση (*-εις*)
ver'antwort|en ευθύνομαι για; ***sich ~en*** δίνω λόγο; **~lich** υπεύθυνος (***für*** *A*/για); ***~lich sein für*** ευθύνομαι για
Ver'antwortung *f* ευθύνη (***für*** *A*/*G*); ***zur ~ ziehen*** ζητώ (*-άς*) το λόγο από
ver|'arbeiten επεξεργάζομαι *a. Daten*; **2'arbeitung** *f* επεξεργασία; **~'ärgern** εξοργίζω; **~'armen** (*sn*) *v/i* φτωχαίνω
ver'ausgaben* ξοδεύω; ***sich ~*** καταξοδεύομαι; *fig.* αναλώνομαι
ver'äußer|n διαθέτω; εκποιώ; **2ung** *f* εκποίηση (*-εις*); διάθεση (*-εις*)
Verb [v-] (*-s*; *-ben*) *n* ρήμα *n*
Verb-, ver'bal [v-] ρηματικός
Ver'band (*-ẹs*; *-̈e*) *m Med.* επίδεσμος; (*Berufs2*) σωματείο, ένωση (*-εις*); (*Gruppe*) σύνδεσμος, *Sp.* σύλλογος; *mil.* μονάδα; **~s·kasten** *m* φορητό φαρμακείο; **~stoff** *m* γάζα; **~zeug** (*-ẹs*; *0*) *n* υλικό επιδέσεως
ver'bann|en εκτοπίζω; εξορίζω; **~t** εξόριστος; **2ung** *f* εξορία
ver'barg *s.* ***verbergen***
verbarrika'dieren φράζω, κλείνω; ***sich ~*** οχυρώνομαι
ver'bergen* κρύβω, αποκρύπτω
ver'besser|n βελτιώνω, καλυτερεύω; *Fehler* διορθώνω; **2ung** *f* καλυτέρευση (*-εις*); διόρθωση (*-εις*)
ver'beug|en: *sich ~en vor* *D a. fig.* υποκλίνομαι μπροστά σε; **2ung** *f* υπόκλιση (*-εις*)
ver|'biegen* στραβώνω, *fig.* διαστρεβλώνω; **~'bieten*** απαγορεύω; **(*es*) *ist verboten*** απαγορεύεται
ver'binden* ενώνω, συνδέω; *Wunde* επιδένω; ***sich ~*** συνδέομαι, σμίγω
ver'bindlich δεσμευτικός; *Pers.* υποχρεωτικός; **2keit** *f Hdl.* υποχρέωση (*-εις*), δέσμευση (*-εις*); εξυπηρετικότητα; **2keiten** *pl* χρέη *n*/*pl*
Ver'bindung *f* ένωση (*-εις*); *Verkehr*: συγκοινωνία; *Tel.*, *Hdl.* επικοινωνία; (*Verein*) σύνδεσμος; ***in ~ bringen*** φέρνω σ' επαφή; *fig.*, *bsd. S.* συσχετίζω; ***sich in ~ setzen mit*** *D* έρχομαι σ' επαφή με
ver'bissen άγριος (*-α*, *-ο*), πεισματωμένος
ver'bitten*: *sich* (*D*) ***etw.*** (*A*) ***~*** δεν επιτρέπω κτ, απαγορεύω κτ
ver'bitter|n *v/t* πικραίνω; **~t** πικραμένος; **2ung** *f* πίκρα
ver|'blassen (*sn*) *v/i* ξεθωριάζω; *Ruhm*: ωχριώ (*-άς*) (***neben*** *D*/μπροστά σε); **~'bleiben*** (*sn*) μένω; υπολείπομαι, παραμένω (***bei*** *D*/σε); *Brief*: ***ich ~bleibe*** διατελώ; **~'bleit** με

μόλυβδο; **~'blenden** *fig.* (απο-)τυφλώνω; **≈'blendung** *f* τύφλα, τύφλωση (*-εις*), στραβωμάρα; **~'blüffen** *v/t* καταπλήσσω; **~'blüffend** καταπληκτικός; **~'blüfft** σύξυλος; **≈'blüffung** *f* κατάπληξη (*-εις*)
ver|'blühen *a. fig.* μαραίνομαι; **~'bluten** (*sn*) *v/i* πεθαίνω από αιμορραγία
ver|'bohrt δογματικός, πεισματάρης 3; **~'borgen¹** *Adj* κρυφός, ενδόμυχος; **~'borgen²** *v/t* δανείζω; **~'borgen³** *s.* ***verbergen***
Ver'bot (*-ẹs; -e*) *n* απαγόρευση (*-εις*); **≈en** *s.* ***verbieten***; απαγορευμένος; ***Eintritt ≈en*** απαγορεύεται η είσοδος; **~s·schild** *n* απαρογευτικό σήμα *n*; απαγορευτική πινακίδα
ver'brannt καμένος
Ver'brauch (*-ẹs; 0*) *m* κατανάλωση; ξόδεμα *n*; **≈en** καταναλώνω; *Geld, Vorrat* ξοδεύω; ***sich ≈en*** (κατ)αναλώνομαι
Ver'braucher *m* καταναλωτής, *pl a.* καταναλωτικό κοινό; **~gemeinschaft** *f* Ένωση (*-εις*) Καταναλωτών; **~markt** *m* καταναλωτική αγορά; **~preis** *m* τιμή καταναλωτή
ver'brech|en* *v/t* διαπράττω; **≈en** *n* έγκλημα *n*; ***ein ≈en begehen*** εγκληματώ; **≈er** *m* εγκληματίας; **~erisch** εγκληματικός
ver'breit|en *v/t* διαδίδω *a. Gerücht*; *Duft* σκορπίζω; ***sich ~en*** επεκτείνομαι (**über** *A*/σε); **~ern** διανοίγω, διαπλατύνω; **≈erung** *f* διαπλάτυνση (*-εις*); διάνοιξη (*-εις*); **~et** δια(δε)δομένος; **≈ung** *f* διάδοση (*-εις*); εξάπλωση (*-εις*)
ver'brenn|en* *v/t* καίω; *v/i* (*sn*) καί(γ)ομαι; ***sich ~en*** καί(γ)ομαι; **≈ung** *f* καύση (*-εις*) *a. Phys.*; κάψιμο (*-ατος*); *am Körper*: έγκαυμα *n*
ver'bringen* *Zeit, Ferien* περνώ (*-άς*); ***den Sommer ~*** παραθερίζω; ***den Winter ~*** ξεχειμωνιάζω
ver'brüder|n: *sich ~n* αδελφώνομαι; **≈ung** *f* αδέλφωση (*-εις*)
ver'brühen: *sich ~* ζεματίζομαι
ver'buch|en *Hdl.* καταχωρίζω; **≈ung** *f* καταχωρισμός
Ver'bund (*-es; -e*) *m* ένωση (*-εις*), σύνδεσμος
ver'bunden συνδεδεμένος; (*dankbar*) υποχρεωμένος; *Tel.* ***falsch ~*** λάθος στο νούμερο; ***~ sein durch*** *A* συνδέομαι δια *G*
ver'bünden: *sich ~* συνασπίζομαι
Ver'bundenheit (*0*) *f* δεσμός
ver'bündet σύμμαχος; συμμαχικός
ver'bürgen: *sich für* *A* **~** εγγυώμαι για
ver'bürgt εξακριβωμένος
ver'büßen εκτίνω
Ver'dacht (*-ẹs; 0*) *m* υποψία, υπόνοια (*oft pl -οιες*); ***j-n in ~ haben*** υποψιάζομαι κπ (***daß***/πως); ***den ~ haben, daß*** υποπτεύομαι ότι; ***im ~*** *G* ***stehen*** είμαι ύποπτος *G*
ver'dächtig ύποπτος (*G/G*); **~en** υποψιάζομαι, υποπτεύομαι (***j-n***/κπ)
ver'damm|en καταδικάζω; αναθεματίζω; ***~t noch mal!*** να πάρει ο διά(β)ολος!; **≈ung** *f* καταδίκη, αναθεματισμός
ver'dampf|en (*sn*) εξατμίζομαι; **≈ung** *f* εξάτμιση (*-εις*)
ver'danken χρ(ε)ωστώ (*-άς*), οφείλω
ver'darb *s.* ***verderben***
ver'dau|en χωνεύω; **~lich** χωνευτικός; (***leicht***) ***~lich*** ευκολοχώνευτος, εύπεπτος; ***schwer ~lich*** δυσκολοχώνευτος, δύσπεπτος; **≈ung** (*0*) *f* χώνεψη; πέψη; **≈ungs·störung** *f* δυσπεψία
Ver'deck (*-ẹs; -e*) *n* κατάστρωμα *n*; *Auto*: σκεπή; **≈en** (συγ)καλύπτω, σκεπάζω, κρύβω
ver'denken*: *j-m etw. nicht ~ können* δεν παρεξηγώ κπ
Ver'derb (*-ẹs; 0*) *m* καταστροφή; φθορά; **≈en*** *v/t* καταστρέφω, χαλ(ν)ώ (*-άς*); *Charakter* (δια)φθείρω; *v/i* (*sn*) χαλ(ν)ώ (*-άς*), φθείρομαι; **~en** *n* όλεθρος; ***j-n ins ~en stürzen*** προξενώ την καταστροφή *G*; **≈lich** ολέθριος (*-α, -ο*); ***leicht ≈lich*** *Lebensmittel*: ασυντήρητος
ver'dien|en *Geld* κερδίζω; *Anerkennung usw.* αξίζω; *sein Brot* βγάζω; **≈st¹** (*-ẹs; -e*) *m Hdl.* κέρδος *n*; **≈st²** (*-ẹs; -e*) *n* αξία; **~st·voll** αξιέπαινος; **~t** άξιος (*-α, -ο*); *Strafe*: δίκαιος; ***sich ~t machen um*** *A etwa*: προσφέρω μεγάλες υπηρεσίες σε
ver|'doppeln διπλασιάζω; **≈'doppelung** *f* διπλασιασμός; **~'dorben** *s.* ***verderben***; διεφθαρμένος; *Essen*: χαλασμένος
ver'dräng|en παραγκωνίζω (***j-n***/κπ);

V

Phys. εκτοπίζω; *Psych.* απωθώ; **Şung** *f* παραγκωνισμός; εκτόπιση (-*εις*); απώθηση (-*εις*)

ver'dreh|en παραμορφώνω, στραβώνω; *Wahrheit* διαστρεβλώνω; ***j-m den Kopf ~en*** ξελογιάζω κπ; **Şung** *f* παραμόρφωση (-*εις*), διαστρέβλωση (-*εις*)

ver|'drücken: F ***sich ~drücken*** την κάνω κοπάνα; **~'duften** (*sn*) F κόβω λάσπη; ***~'dufte!*** να χαθείς!

ver'dunkel|n *fig.* αμαυρώνω; *Fenster* συσκοτίζω; **Şung** *f* συσκότιση (-*εις*)

ver|'dünnen αραιώνω; *mit Wasser*: νερώνω; **~'dunsten** (*sn*) εξατμίζομαι; **Ş'dunstung** *f* εξάτμιση (-*εις*); **~'dursten** (*sn*) πεθαίνω από τη δίψα

ver'edeln εξευγενίζω

ver'ehr|en λατρεύω; σέβομαι; **Şer** *m* λάτρης; *e-s Mädchens*: θαυμαστής; **~t** σεβαστός; ***sehr ~ter ...!*** σεβαστέ ...!; **Şung** *f Rel.* λατρεία; σεβασμός

ver'eidig|en ορκίζω; **~t** ένορκος, ορκισμένος; **Şung** *f* ορκωμοσία

Ver'ein (-*ęs*; -*e*) *m* σύλλογος, όμιλος

ver'einbar|en συμφωνώ; συμβιβάζω; **Şung** *f* συμφωνία

ver'einfach|en απλοποιώ, απλουστεύω; **Şung** *f* απλούστευση (-*εις*), απλοποίηση (-*εις*)

ver'einheitlich|en τυποποιώ; ενοποιώ; **Şung** *f* τυποποίηση (-*εις*)

ver'einig|en (συν)ενώνω; *Wahlstimmen* ***auf sich ~en*** συγκεντρώνω; **~t** ενωμένος; **Şung** *f* (συν)ένωση (-*εις*), ενοποίηση (-*εις*)

ver'eint ενωμένος

ver'ein|samen (*sn*) απομονώνομαι; **~zelt** σποραδικός; μεμονωμένος

ver'eisen παγώνω

ver'eiteln *v/t* ματαιώνω

ver'eitern (*sn*) διαπυούμαι

ver'enden (*sn*) ψοφώ (-*άς*)

ver'eng|en *v/t* στενεύω; ***sich ~en*** στενεύω; **Şung** *f* στένωση (-*εις*)

ver'erb|en κληροδοτώ (***j-m etw.***/κτ σε κπ); **~lich** κληρονομικός; **Şung** *f* κληρονομικότητα

ver'ewigen αποθανατίζω

ver'fahren* (*sn*) (*behandeln*) *Pers.* μεταχειρίζομαι (***mit*** *D*/*A*); *S.* χειρίζομαι (***mit*** *D*/*A*); ενεργώ; ***sich ~*** χάνω το δρόμο; **Ş** *n* μέθοδος *f*, τρόπος ενέργειας; *jur.*, *Tech.* διαδικασία

Ver'fall (-*ęs*; *0*) *m* παρακμή, ξεπεσμός; *der Frist*: λήξη (-*εις*)

ver'fallen[1]* (*sn*) παρακμάζω, ξεπέφτω; ρημάζω; *Wechsel*: λήγω; *in e-n Fehler* πέφτω σε; **~[2]** *Adj* ξεπεσμένος; ρημαγμένος

Ver'falls·datum *n* ημερομηνία λήξης

ver'fälsch|en νοθεύω; *Wahrheit* παραποιώ; **Şung** *f* νόθευση (-*εις*); παραποίηση (-*εις*)

ver'fass|en συγγράφω; **Şen** *n* συγγραφή; **Şer** *m* συγγραφέας

Ver'fassung *f* σύνταγμα *n*; *Staatsform*: πολίτευμα *n*; *Psych.* διάθεση (-*εις*), κατάσταση (-*εις*)

ver'fassungsmäßig συνταγματικός

ver'faulen (*sn*) σαπίζω, *K* σήπομαι

ver'fehlen *v/t Ziel* αποτυχαίνω

ver'feinden: *sich ~en mit* *D* γίνομαι εχθρός *G*

ver'feinern εκλεπτύνω, εξευγενίζω

ver'film|en γυρίζω φιλμ; **Şung** *f* κινηματογραφική μεταφορά

ver'finstern: *sich ~* σκοτεινιάζω

ver|'flechten* *fig.* εμπλέκω (***in*** *A*/ σε); διασυνδέω; **Ş'flechtung** *f* εμπλοκή; διασύνδεση (-*εις*); **~'fliegen*** (*sn*) ξεθυμαίνω; **~'fluchen** αναθεματίζω, καταριέμαι

ver'folg|en *v/t* καταδιώκω *a. gerichtlich*, κυνηγώ (-*άς*); *fig. e-e S.* παρακολουθώ; ***das Ziel ~en*** επιδιώκω; **Şer** *m* διώκτης; **Şung** *f* (κατα)δίωξη (-*εις*)

ver'form|en παραμορφώνω; **Şung** *f* παραμόρφωση (-*εις*); *Tech.* έλαση

ver'fracht|en *Ware* στέλνω, φορτώνω; **Şer** *m* αποστολέας; **Şung** *f* αποστολή; φόρτωση (-*εις*)

ver'fressen F φαγάς (*f* -*γού*), λαίμαργος

ver'früht πρόωρος

ver'füg|bar διαθέσιμος; **~en** (*anordnen*) ορίζω; ***~en über*** *A* (*haben*) διαθέτω *A*, έχω *A*

Ver'fügung *f* διάθεση (-*εις*); διαταγή; ***j-m etw. zur ~ stellen*** αφήνω κτ στη διάθεση κάποιου

ver'führ|en *v/t* (*verlocken*) δελεάζω; *Mädchen* αποπλανώ (-*άς*), διαφθείρω; **Şer** *m* ξελογιαστής, διαφθορέας; **~erisch** παραπλανητικός, δελεαστικός; **Şung** *f* παραπλάνηση (-*εις*), δελεασμός

V

ver|'gammeln ξεπέφτω; **~'gammelt** *Pers.* ξεπεσμένος
ver'gangen περασμένος; **Ձheit** *f* παρελθόν (*-όντος*) *n*; περασμένα *n/pl*
ver'gänglich εφήμερος, παροδικός
ver'gas|en εξαερώνω; **Ձer** *m* καρμπιρατέρ (*0*) *n*
ver'gaß *s.* ***vergessen***
ver'geben* συγχωρώ; (*zuteilen*) μοιράζω; (*gewähren*) παρέχω; **~** *Adj* δοσμένος, πιασμένος; συ(γ)χωρεμένος
ver'geblich μάταιος; *Mühe*: άδικος; *Adv a.* τζάμπα
Ver'gebung *f* (*Zuteilung*) μοίρασμα *n*; συγχώρηση (*-εις*); *Rel.* άφεση (*-εις*)
vergegen'wärtigen: *sich* ~ συνειδητοποιώ, αναπολώ
ver'gehen* (*sn*) *Zeit*: περνώ (*-άς*), διαβαίνω; *Appetit*: κόβομαι; *fig.* **~ *vor*** *D* λιώνω από; ***sich* ~ *an*** *D sittlich*: βιάζω *A*; **Ձ** *n* παράπτωμα *n*, αδίκημα *n*
ver'gelt|en* ανταμείβω; **Ձung** *f* ανταπόδοση (*-εις*); **Ձungs•maßnahme** *f*, *mst. pl* αντεκδίκηση (*-εις*), αντίποινα *n/pl*
ver'gessen* ξεχνώ (*-άς*), λησμονώ; *Part.* ξεχασμένος; **Ձheit** (*0*) *f* λήθη, λησμονιά
ver'geßlich ξεχασιάρης 3
ver'geud|en σπαταλώ (*-άς*); σκορπίζω; **Ձung** *f* σπατάλη
verge'waltig|en βιάζω; **Ձer** *m* βιαστής; **Ձung** *f* βιασμός
verge'wissern: *sich* ~ βεβαιώνομαι
ver|'gießen* χύνω (*Su* χύσιμο, *-ατος*); **~'giften** δηλητηριάζω, φαρμακώνω; **Ձ'giftung** *f* δηλητηρίαση (*-εις*)
Ver'gleich (*-ẹs*; *-e*) *m* σύγκριση (*-εις*), παραβολή (**mit** *D*/προς); *jur.* συμβιβασμός; ***im* ~ *zu*** *D* σε σύγκριση με, κοντά σε; **Ձbar** συγκρίσιμος; **Ձen*:** ***Ձen mit*** *D* συγκρίνω με, παραβάλλω προς; *jur.* ***sich Ձen mit*** *D* συμβιβάζομαι με; **Ձend, ~s-** συγκριτικός; **~s•verfahren** *n* διαδικασία συμβιβασμού
ver'glich *s.* ***vergleichen***
ver'gnügen: *sich* ~ διασκεδάζω; **Ձ** *n* διασκέδαση (*-εις*); (*Fest*) γλέντι, πάρτι (*0*); ***viel* Ձ!** καλή διασκέδαση!; ***mit*** **Ձ** με ευχαρίστηση; **Ձ *daran haben, zu*** ευχαριστιέμαι να
ver'gnüg|lich απολαυστικός, διασκεδαστικός; **~t** εύθυμος
Ver'gnügungs|park *m* πάρκο αναψυχής; **~reise** *f* ταξίδι αναψυχής
ver'goldet επίχρυσος
ver'gönnt: *es war mir nicht* ~ δε μου ήταν(ε) γραφτό; ***es sei dir* ~** χαλάλι (να) σου (γίνει)!
ver|'göttern λατρεύω; **~'graben*** *v/t* (κατα)χώνω, θάβω
ver'greifen: *sich* ~ *an* *D* (*S. u. Pers.*) βάζω χέρι σε
ver'griffen *Buch*: εξαντλημένος
ver'größer|n* μεγαλώνω; *fig.* μεγαλοποιώ; *Foto* μεγεθύνω; **Ձung** *f* μεγέθυνση (*-εις*); **Ձungs•glas** *n* μεγεθυντικός φακός
Ver'günstigung *f* προνόμιο, χάρη
ver'güt|en* ανταμείβω, πληρώνω; **Ձung** *f* ανταμοιβή, πληρωμή
ver'haft|en συλλαμβάνω; **Ձete(r)** συλληφθείς (*-έντος*); **Ձung** *f* σύλληψη (*-εις*)
ver'halten* συγκρατώ; ***sich* ~** (*proportional sein*) αναλογώ (**zu** *D*/προς); (*sich benehmen*) (συμπερι)φέρομαι
Ver'halten *n* συμπεριφορά
Ver'hältnis (*-ses*; *-se*) *n* σχέση (*-εις*), αναλογία; ***ein* ~ *haben mit j-m*** τα έχω με κπ; **~se** *pl* συνθήκες *f/pl*
ver'hältnis|mäßig ανάλογος, σχετικός; **Ձwahl** *f* αναλογική εκλογή
ver'hand|eln διαπραγματεύομαι (***über*** *A*/για *od. A*); *jur.* συζητώ (*-άς*); **Ձlung** *f* διαπραγμάτευση (*-εις*); **Ձlungs•tag** *m* δικάσιμος *f*
ver'hängen σκεπάζω; *jur.* ***e-e Strafe* ~** επιβάλλω ποινή
Ver'hängnis (*-ses*; *-se*) *n* μοίρα, πεπρωμένο; **Ձvoll** μοιραίος (*-a, -o*)
ver'härt|en *v/t* σκληραίνω *a. fig.*; **Ձung** *f* σκλήρυνση (*-εις*)
ver'haßt μισητός
ver'hätschel|n κανακεύω, (παρα)χαϊδεύω; **~t** (παρα)χαϊδεμένος
ver'hauen ξυλοκοπώ (*-άς*)
ver'heer|en ερημώνω, ρημάζω; **~end** καταστρεπτικός
ver'heilen (*sn*) *v/i Wunde*: επουλώνομαι; θεραπεύομαι
ver'heimlich|en αποκρύβω (***j-m etw.*** κτ από κπ), F κουκουλώνω; **Ձung** *f* απόκρυψη (*-εις*)
ver'heirat|en παντρεύω; ***sich* ~en *mit***

D παντρεύομαι *A*; **~et** παντρεμένος; έγγαμος; **℞ung** *f* παντρειά
ver'heiß|en *lit.* υπόσχομαι; τάζω; *Gutes usw.* προμηνύω; **℞ung** *f* υπόσχεση (-*εις*); *Rel.* επαγγελία
ver|'helfen βοηθώ (-*άς*) (***j-m zu*** *D*/κπ σε); **~'herrlichen** δοξάζω, εξυμνώ; **℞'herrlichung** *f* εξύμνηση (-*εις*); **~'hext** μαγεμένος, καταραμένος
ver'hinder|n εμποδίζω (*A*/*A*), παρακωλύω; **℞ung** *f* παρεμπόδιση (-*εις*), κώλυμα *n*
ver|'höhnen χλευάζω; **℞'hör** (-*¢s*; -*e*) *n* ανάκριση (-*εις*); **~'hören** ανακρίνω
ver'hüllen συγκαλύπτω *a. fig.*
ver|'hungern (*sn*) *v*/*i* λιμοκτονώ; πεθαίνω της πείνας; **~'hungert** πεινασμένος
ver'hüt|en *Gefahr usw.* προλαβαίνω, αποτρέπω; **℞ung** *f* πρόληψη (-*εις*); *Med.* αντισύλληψη; **℞ungs·mittel** *n* αντισυλληπτικό, προφυλακτικό
ver|'irren: *sich ~irren* χάνομαι, περιπλανιέμαι; **~'jagen** διώχνω; **~'jähren** (*sn*) παραγράφομαι; **~'kabeln** *Rdf.* συνδέω με καλώδιο
ver'kalk|t αρτηριοσκληρωτικός; **℞ung** *f* αρτηριοσκλήρωση (-*εις*) *a. fig.*
Ver'kauf *m* πούληση (-*εις*) (*a.* πώ-); **℞en** *a. fig.* πουλώ (-*άς*) (*a.* πω-)
Ver'käufer *m* πωλητής; **~in** *f* πωλήτρια
Ver'kaufs|abteilung *f* τμήμα *n* πωλήσεων; **~leiter** *m* προϊστάμενος πωλήσεων; **℞offen** ανοιχτός; **~preis** *m* τιμή πωλήσεως
Ver'kehr (-*s*; *0*) *m* επικοινωνία; κίνηση; *Esb. usw.* συγκοινωνία; (*Auto*℞) κυκλοφορία; *Hdl.* δοσοληψία
ver'kehren *allg.* κυκλοφορώ; περνώ (-*άς*); ***mit j-m ~*** συναναστρέφομαι με; *in e-m Lokal* συχνάζω
Ver'kehrs|ampel *f* σηματοδότης; **~funk** *m* αυτοκινητιστικές ειδήσεις *f*/*pl*; **~knotenpunkt** *m* κόμβος συγκοινωνιών; **~ministerium** *n* Υπουργείο Συγκοινωνίας; **~mittel** *n*/*pl* συγκοινωνιακά μέσα *n*/*pl*; ***öffentliche ~mittel*** *n*/*pl* μαζικά μέσα μεταφοράς; **~polizei** *f* τροχαία; **~polizist** *m* τροχονόμος; **~regel** *f* κανόνας κυκλοφορίας; **℞reich** πολυσύχναστος; **~schild** *n* πινακίδα (σημάνσεως); **~stau** *m*, **~stockung** *f* κυκλοφοριακή συμφόρηση (-*εις*), μποτιλιάρισμα *n*; **~unfall** *m* τροχαίο ατύχημα *n*; **~verbindung** *f* συγκοινωνιακή σύνδεση (-*εις*)
ver'kehrt *Adj* στραβός, ανάποδος; λάθος *n*
ver'kennen* παραγνωρίζω
ver|'klagen ενάγω; **~'kleben** κολλώ (-*άς*); **~'kleiden** *Tech.* επενδύω; μεταμφιέζω; ***sich ~kleiden*** μεταμφιέζομαι; **℞'kleidung** *f* μεταμφίεση (-*εις*); *Tech.* επένδυση (-*εις*)
ver'kleiner|n μικραίνω, σμικρύνω; **℞ung** *f* σμίκρυνση (-*εις*)
ver'kneifen*: *sich das Lachen nicht ~ können* δε(ν) συγκρατώ τα γέλια; ***verkniffen*** *Gesicht*: κατσούφης 3
ver'knöchert αποστεωμένος
ver'knüpf|en συνδέω; **~t** συνδεδεμένος; **℞ung** *f* σύνδεση (-*εις*)
ver'kommen* (*sn*) ξεπέφτω; **~** *Adj* διεφθαρμένος; ξεπεσμένος
ver'körper|n ενσαρκώνω, προσωποποιώ; **℞ung** *f* ενσάρκωση (-*εις*)
ver'krachen: *sich ~* τα τσουγκρίζω
ver'kraften *v*/*t* αντέχω σε
ver'krampf|en: *sich ~en* *allg.* μουδιάζω; **~t** βεβιασμένος; μουδιασμένος
ver'kriechen: *sich ~* τρυπώνω
ver'kümmer|n (*sn*) *v*/*i* μαραίνομαι; **~t** *Organ*: υποτυπώδης 2
ver'künd|en διακηρύσσω, αναγγέλλω; **~igen** *s.* ***verkünden***; **℞igung** *f* κήρυξη (-*εις*); αναγγελία; *Rel.* Ευαγγελισμός
ver|'kürzen συντέμνω, μικραίνω; *Abstand* βραχύνω; συντομεύω; **℞'kürzung** *f* συντόμευση (-*εις*), σύμπτυξη (-*εις*)
ver|'laden* φορτώνω; **℞'ladung** *f* φόρτωση (-*εις*); **℞'lag** (-*¢s*; -*e*) *m* εκδοτικός οίκος; **~'lagern** μετατοπίζω; **℞'lagerung** *f* μετατόπιση (-*εις*)
ver'langen απαιτώ, θέλω; *j-n* ζητώ (-*άς*) *a. am Tel.*; **℞** *n* απαίτηση (-*εις*); επιθυμία
ver'länger|n μακραίνω; *Frist* παρατείνω (***um*** *A*/για); *Vertrag* ανανεώνω; **℞ung** *f Hdl.* παράταση (-*εις*); **℞ungs·schnur** *f El.* επέκταση (-*εις*)
ver'langsam|en βραδύνω; *Gang* επιβραδύνω; **℞ung** *f* επιβράδυνση (-*εις*)

V

Ver'laß (*-sses; 0*) *m*: ***auf ihn ist kein ~*** (αυτός) δεν έχει πίστη *od.* μπέσα
ver'lassen *v/t* αφήνω, *a. Stellung* εγκαταλείπω; *Mann* παρατώ (*-άς*); ***sich ~ auf*** *A* βασίζομαι σε; **~** *Adj* (*einsam*) ερημικός; εγκατα(λε-) λειμμένος; **≗heit** (*0*) *f* ερημιά
Ver'lauf (*-es; 0*) *m* εξέλιξη (*-εις*); *Zeit*: πέρασμα *n*, πάροδος *f*; *e-r Krankheit*: πορεία; **≗en*** (*sn*) *Zeit*: περνώ (*-άς*); *Sache*: πηγαίνω, εξελίσσομαι; ***sich ≗en*** χάνομαι, χάνω το δρόμο
ver'laut|en: *wie ~et* κατά τα λεγόμενα
ver'leben περνώ (*-άς*), ζω
ver'legen μεταφέρω (***von*** *D* - ***nach*** *D*/ από - σε); βάζω κατά λάθος; *Leitungen* τοποθετώ; *Bücher* εκδίδω; **~** *Adj* αμήχανος; **≗heit** *f* αμηχανία
Ver'leger *m* εκδότης; **~in** *f* εκδότρια
ver'leg|t *s.* ***verlegen***; **≗ung** *f* μεταφορά; *von Leitungen*: τοποθέτηση (*-εις*)
Ver'leih *m* κατάσημα *n* δανεισμού
ver'leih|en* δανείζω; *Orden* απονέμω; δίνω; **≗ung** *f* απονομή
ver'leiten παρασέρνω; ***sich zu*** *D* ***~ lassen*** παρασύρομαι σε
ver'lernen ξεμαθαίνω
ver'letz|bar τρωτός; **~en** *a. fig.* πληγώνω, τραυματίζω; *Gesetz* παραβαίνω; **~end** *fig.* προσβλητικός; **~t** πληγωμένος; **≗te(r)** τραυματίας; **≗ung** *f* τραυματισμός; *jur.* παράβαση (*-εις*)
ver'leugn|en αρνιέμαι, αποκηρύσσω; **≗ung** *f* αποκήρυξη (*-εις*)
ver'leumd|en συκοφαντώ (***bei*** *D*/σε); **≗er** *m* συκοφάντης; **~erisch** συκοφαντικός; **≗ung** *f* συκοφαντία
ver'lieb|en: *sich ~en in* *A* ερωτεύομαι *A*; **~t** ερωτευμένος
ver'lieren* χάνω; ***Zeit*** **~** χρονοτριβώ
Ver'lierer *m* χαμένος
ver'lob|en αρραβωνιάζω; **~t** αρραβωνιασμένος (***mit*** *D*/με); **≗te(r)** *f* (*m*) αρραβωνιαστικιά *f* (*-ός m*); **≗ung** *f* αρραβώνες *m/pl*
ver'lock|en δελεάζω; **~end** δελεαστικός; **≗ung** *f* δελεασμός, πειρασμός
ver'lor *s.* ***verlieren***
ver'loren χαμένος; **≗e(s)** απολεσθέντα *n/pl*; **~gehen*** (*sn*) χάνομαι, πηγαίνω χαμένος; *Brief*: παραπέφτω
ver'löschen* (*sn*) τρεμοσβήνω

ver'los|en κληρώνω; **≗ung** *f* κλήρωση (*-εις*)
Ver'lust (*-es; -e*) *m* απώλεια, χάσιμο (*-ατος*); *Hdl.* ζημία; ***ohne ~*** με το αζημίωτο; ***~e erleiden durch*** *A* ζημιώνομαι από
ver'machen κληροδοτώ
Ver'mächtnis (*-ses; -se*) *n* κληροδότημα *n*; *geistig fig.* (πνευματική) διαθήκη
ver'mehr|en πληθαίνω; ***sich ~en*** πολλαπλασιάζομαι; **≗ung** *f* αύξηση (*-εις*); πολλαπλασιασμός
ver'meid|en* αποφεύγω; **≗ung** *f* αποφυγή
ver'meintlich υποτιθέμενος
Ver'merk (*-es; -e*) *m* σημείωση (*-εις*); **≗en** *v/t* σημειώνω
ver'messen* *v/t* καταμετρώ (*-άς*); ***sich ~*** έχω την τόλμη; *Adj.* απόκοτος
Ver'messung *f* καταμέτρηση (*-εις*)
ver'miet|en (ε)νοικιάζω; **≗er** *m* ενοικιαστής, νοικοκύρης (*-ηδες*); **≗erin** *f* ενοικιάστρια, νοικοκυρά; **≗ung** *f* ενοικίαση (*-εις*)
ver'mindern *v/t*, *a.* ***sich ~*** λιγοστεύω; *Kosten* μειώνω
ver'minen *v/t* ναρκοθετώ
ver'misch|en ανακατώνω, ανακατεύω, αναμειγνύω; **~t** ανακατεμένος, ανάμεικτος; **≗ung** *f* ανακάτωμα *n*, μείξη (*-εις*)
ver|'missen *Pers.* μου λείπει *N*, αποθυμώ (*-άς*); **≗'mißte(r)** αγνοούμενος
ver'mitt|eln μεσιτεύω; βρίσκω; **~els** *Präp G* μέσω *G*; **≗ler** *m* μεσίτης; *pol.* μεσολαβητής; **≗lerin** *f* μεσίτρια; **≗lung** *f* μεσολάβηση (*-εις*), μεσιτεία; **≗lungs·gebühr** *f* μεσιτικά *n/pl*
ver'mögen* μπορώ (**zu**/να)
Ver'mögen *n* (*Kraft*) δύναμη (*-εις*); (*Geld usw.*) περιουσία; **≗d** εύπορος
ver'mut|en υποθέτω; **~lich** υποθετικός, *Adv.* ίσως; **≗ung** *f* υπόθεση (*-εις*), εικασία
ver'nachlässig|en *v/t* (παρ)αμελώ *a. Pflicht*; **≗ung** *f* παραμέληση
ver|'nageln καρφώνω; **~'narben** (*sn*) επουλώνομαι; **~'narrt** ξετρελαμένος (***in*** *A*/με)
ver'nehm|en* αντιλαμβάνομαι; (*verhören*) εξετάζω; **≗ung** *f jur.* ανάκριση (*-εις*)

V

ver'neig|en: *sich* ~*en vor* *D* υποκλίνομαι μπροστά σε; **~ung** *f* υπόκλιση (*-εις*)
ver'nein|en *Frage* αρνιέμαι (*a.* -ούμαι); **~ung** *f* άρνηση (*-εις*)
ver'nicht|en εξοντώνω, εξολοθρεύω; **~end** εξοντωτικός; **~ung** *f* εξόντωση (*-εις*), εξολόθρεψη (*-εις*)
Ver'nunft (*0*) *f* λογικό; λογική; ***~ annehmen*** βάζω μυαλό; ***zur ~ kommen*** λογικεύομαι; **~begabt** *Biol.* λογικός
ver'nünftig λογικός; συνετός
ver'öd|en (*sn*) *v/i* ερημώνομαι; **~ung** *f* ερήμωση (*-εις*)
ver'öffentlich|en δημοσιεύω; *Werk a.* τυπώνω; **~ung** *f* δημοσίευση (*-εις*); *Werk*: δημοσίευμα *n*
ver'ordn|en διατάζω; *Arznei* γράφω; (***j-m etw.***/κτ σε κπ); **~ung** *f* διάταγμα *n*; (*Polizei-*) διάταξη (*-εις*)
ver|'pachten εκμισθώνω; **~'pachtung** *f* εκμίσθωση (*-εις*); **~'packen** αμπαλάρω, συσκευάζω; **~'packung** *f* συσκευασία, αμπαλάζ (*0*) *n*; **~'passen** χάνω; *Schlag* τραβώ (*-άς*) (***j-m***/σε κπ); **~'pesten** μολύνω; **~'pfänden** δίνω ενέχυρο; **~'pflanzen** μεταφυτεύω *a. fig.*
ver'pfleg|en διατρέφω; **~ung** *f* τροφή; *bsd. mil.* διατροφή
ver'pflicht|en υποχρεώνω; δεσμεύω; **~et** υποχρεωμένος; **~ung** *f* υποχρέωση (*-εις*)
ver'pfuschen χαλ(ν)ώ (*-άς*)
ver'plempern F *Zeit* χάνω; *Geld* χαραμίζω; σπαταλώ (*-άς*)
ver'prügeln ξυλοκοπώ (*-άς*)
ver'pulvern *Geld* χαραμίζω
Ver'putz (*-es; 0*) *m* σουβάς (*-άδες*); **~en** σουβα(ν)τίζω
Ver'rat (*-ẹs; 0*) *m* προδοσία; **~en*** προδίνω (*a.* ***j-m etw.***/κτ σε κπ); (*enthüllen*) φανερώνω; *Gefühle* εξωτερικεύω, δείχνω
Ver'räter *m* προδότης; **~isch** προδοτικός
ver'rechn|en *Hdl.* καταλογίζω (***auf*** *A*, ***mit*** *D*/σε); ***sich ~en*** κάνω λάθος (στο λογαριασμό); *fig.* πέφτω έξω (στους υπολογισμούς μου); **~ung** *f* συμψηφισμός; καταλογισμός; ***zur ~ung*** προς καταλογισμό
Ver'rechnungs·scheck *m* δίγραμμη επιταγή
ver|'recken (*sn*) ψοφώ (*-άς*); **~'regnet** πολύ βροχερός; **~'reisen** (*sn*) πάω ταξίδι
ver'renk|en εξαρθρώνω, στραμπουλώ (*-άς*); **~ung** *f* εξάρθρωση (*-εις*); στραμπούλιγμα *n*
ver'richt|en εκτελώ, κάνω; **~ung** *f* εκτέλεση (*-εις*)
ver'riegeln κλειδομανταλώνω
ver'ringer|n *v/t* ελαττώνω, λιγοστεύω, *Kosten* μειώνω; ***sich ~n*** λιγοστεύω; **~ung** *f* ελάττωση (*-εις*), μείωση (*-εις*)
ver'rinnen* (*sn*) *Zeit*: περνώ (*-άς*)
verrosten (*sn*) *v/i* σκουριάζω
ver'rott|en (*sn*) *v/i* σαπίζω *a. fig.*; **~et** σάπιος (*-α, -ο*)
ver'rücken (μετα)κινώ, μετατοπίζω
ver'rückt τρελός, παλαβός; ***~ machen*** (ξε)τρελαίνω; ***~ werden*** τρελαίνομαι (***vor*** *D*/από); **~heit** *f* τρέλα
Vers [f-] (*-es; -e*) *m* στίχος
ver'sagen: *j-m etw. ~* αρνούμαι (*od.* αρνιέμαι) κτ σε κπ; *v/i* αποτυχαίνω (***in*** *D*/σε); *Maschinen*: δε λειτουργώ
Ver'sager *m* αποτυχημένος
ver'salzen παραβάζω αλάτι σε
ver'samm|eln συναθροίζω, συγκεντρώνω; **~lung** *f* συνέλευση (*-εις*); συγκέντρωση (*-εις*)
Ver'sand (*-ẹs; 0*) *m* αποστολή
ver'sanden (*sn*) *v/i Fluß*: ρηχαίνω
ver'sand|fertig ετοιμοπαράδοτος; **~haus** *n* επιχείρηση (*-εις*) πωλήσεων δι' αλληλογραφίας; **~stelle** *f* διεκπεραίωση (*-εις*)
ver|'säumen *Frist, Zug* χάνω; παραλείπω (***zu***/να); **~'säumnis** (*-ses; -se*) *n* παράλειψη (*-εις*)
ver'schaffen προμηθεύω, παρέχω
ver'schanz|en (περι)χαρακώνω; *fig.* ***sich ~en hinter*** *D* κρύβομαι πίσω από; **~ung** *f* οχύρωση (*-εις*)
ver'schärf|en οξύνω; *fig.* εντείνω; **~ung** *f* (παρ)όξυνση (*-εις*); ένταση (*-εις*)
ver|'scharren παραχώνω; **~'schenken** μοιράζω (***an*** *A*/σε); **~'schicken** αποστέλλω; (*deportieren*) εκτοπίζω; **~'schieben*** *Termin* αναβάλλω; **~'schiebung** *f* αναβολή
ver'schieden *Adj* διαφορετικός; *pl.* (*mehrere*) διάφοροι 3; **~artig** ποικιλόμορφος, ποικίλος

ver'schiff|en *v/t* μπαρκάρω; **≗ung** *f* μπαρκάρισμα *n*
ver'schimmeln (*sn*) μουχλιάζω
ver'schlafen*: (*die Zeit*) ~ παρακοιμάμαι; *Adj* νυσταλέος (*-α, -ο*), νυσταγμένος
Ver'schlag (*-es; ⸗e*) *m* αποθηκούλα
ver'schlagen* *v/t Schiff* ρίχνω έξω; *Atem, Appetit* κόβω
ver'schlechter|n *v/t*, ***sich ~n*** χειροτερεύω; **≗ung** *f* χειροτέρευση (*-εις*)
ver'schleier|n σκεπάζω με πέπλο; *fig.* συγκαλύπτω; **≗ung** *f* συγκάλυψη (*-εις*)
Ver'schleiß (*-es; -e*) *m* τριβή, φθορά; φύρα; **≗en*** φθείρομαι, τρίβομαι
ver'schlepp|en *Pers.* απάγω; (*verzögern*) τρενάρω; **≗ung** *f* απαγωγή; επιβράδυνση (*-εις*); **≗ungs·taktik** *f* κωλυσιεργία
ver'schleudern *Geld* τρώ(γ)ω; *Waren* πουλώ (*-άς*) όσο όσο
ver'schließen* κλειδώνω; κλείνω; *Loch* φράζω
ver'schlimmer|n *v/t* επιδεινώνω; **≗ung** *f* επιδείνωση (*-εις*)
ver'schlingen* *Essen* καταβροχθίζω; τρώω (*a. fig.* ***mit den Augen*** με τα μάτια μου); *Hände* πλέκω
ver'schlossen κλεισμένος *a. fig.*
ver'schlucken *v/t* καταπίνω; ***sich ~*** στραβοκαταπίνω
Ver'schluß (*-sses; ⸗sse*) *m* κλειδαριά; καπάκι, πώμα *n*; (*Tuben≗*) βούλωμα *n*; *Fot.* κλείστρο; *Waffe*: ουραίο; ***unter ~ halten*** κλειδώνω
ver'schlüsselt κρυπτογραφικός
ver|'schmähen περιφρονώ; **~'schmelzen*** *v/t* συγχωνεύω *a. Hdl.*; **≗'schmelzung** *f* συγχώνευση (*-εις*); **~'schmerzen** *etwa*: παρηγοριέμαι (*A*/για), ξεχνώ (*-άς*); **~'schmieren** πασαλείφω (*a. -βω*); **~'schmitzt** μαργιόλος (*-α, -ικο*)
ver'schmutz|en λερώνω, βρομίζω; *Luft* μολύνω; **~t** ακάθαρτος; **≗ung** *f* μόλυνση (*-εις*)
ver'schnaufen: *sich ~* ξανασαίνω
ver'schneit χιονισμένος
ver'schnupft συναχωμένος
ver'schnür|en δένω; **~t** δεμένος
ver'schollen αγνοούμενος
ver'schon|en: *j-n ~en* αφήνω κπ απείραχτο; ***~t bleiben*** σώζομαι
ver'schöner|n εξωραΐζω, καλλωπίζω; **≗ung** *f* εξωραϊσμός
ver'schreib|en* *Med.* γράφω; ***sich ~en*** κάνω γραφικό λάθος; **~ungs·pflichtig** με συνταγή γιατρού
ver'schrotten μεταβάλλω σε παλιοσίδερα
ver'schüchtert (εκ)φοβισμένος
ver'schuld|en: *mst.* ***~et haben*** φταίω (*A*/για), είμαι υπαίτιος (*-α, -ο*) *G*; **≗en** *n* φταίξιμο (*-ατος*), υπαιτιότητα; **≗ung** (*0*) *f* χρέωση (*-εις*)
ver'schütten *Wasser* χύνω; καταπλακώνω
ver'schwand *s.* ***ver'schwinden***
ver'schweigen* *v/t* αποσιωπώ (*-άς*); **≗** *n* αποσιώπηση (*-εις*)
ver'schwend|en σπαταλώ (*-άς*); **~erisch** σπάταλος; *Licht*: άπλετος; **≗ung** *f* σπατάλη
ver'schwiegen σιωπηλός, εχέμυθος; **≗heit** (*0*) *f* εχεμύθεια
ver|'schwimmen* (*sn*) συγχέομαι; γίνομαι ασαφής 2; **~'schwinden*** (*sn*) χάνομαι, εξαφανίζομαι; *Gefahr*: εκλείπω; ***~schwinde!*** χάσου!; **≗'schwinden** *n* εξαφάνιση (*-εις*); **~'schwommen** ασαφής 2, συγκεχυμένος
ver'schwör|en*: *sich ~en gegen A* συνωμοτώ κατά *G*; **≗er** *m* συνωμότης; **≗ung** *f* συνωμοσία
ver'schwunden *s.* ***verschwinden***
ver'sehen *Dienst* εκτελώ; ***j-n ~ mit D*** εφοδιάζω κπ με; ***sich ~*** κάνω λάθος, γελιέμαι; **≗** *n* λάθος *n*; **~tlich** κατά λάθος
ver'send|en* αποστέλλω; **≗ung** *f* αποστολή
ver'sengen καψαλίζω
ver'senk|en βυθίζω, βουλιάζω; **≗ung** *f* (κατα)βύθιση (*-εις*)
ver'sessen (φανατικά) προσηλωμένος (***auf*** *A*/σε)
ver'setz|en μεταθέτω; (*verpfänden*) βάζω ενέχυρο; *Schüler* προβιβάζω; *Schlag* καταφέρω; ***in Furcht ~en*** τρομοκρατώ; ***sich in j-s Lage ~en*** μπαίνω στη θέση κάποιου; **≗ung** *f* μετάθεση (*-εις*) *a. e-s Beamten*; *Schule*: προβιβασμός; **≗ungs·zeugnis** *n* ενδεικτικό (προβιβασμού)
ver'seuch|en *a. Luft u. fig.* μολύνω; **≗ung** *f* μόλυνση (*-εις*), μίανση (*-εις*)

V

Ver'sicherer *m* ασφαλιστής
ver'sicher|n: ***j-m ~n, daß*** βεβαιώνω κπ πως (*od.* ότι); *Eigentum* ασφαλίζω; **~t** ασφαλισμένος; **2ung** *f* ασφάλιση (*-εις*), ασφάλεια; (δια-) βεβαίωση (*-εις*)
Ver'sicherungs|gesellschaft *f* ασφαλιστική εταιρεία; **~karte** *f für Griechen etwa*: βιβλιάριο του Ι.Κ.Α., *s. a.* ***Karte***; **~police** *f* ασφαλιστήριο; **~prämie** *f* πριμ (*0*) *n*, ασφάλιστρα *n/pl*; **~summe** *f* ασφαλισθέν ποσό; **~vertrag** *m* ασφαλιστήριο συμβόλαιο
ver'sickern (*sn*) στάζω, διαρρέω
ver'siegel|n σφραγίζω; **~t** σφραγισμένος; **2ung** *f* σφράγισμα *n*
ver'siegen (*sn*) *Quelle*: στερεύω
ver'silbert επάργυρος
ver'sinken* (*sn*) βυθίζομαι
Ver'sion *f* εκδοχή; παραλλαγή
ver'sklaven σκλαβώνω
ver'söhn|en *v/t* συμφιλιώνω; ***sich ~en mit*** *D* συμβιβάζομαι με; **~lich** συμβιβαστικός, διαλλακτικός; **2ung** *f* συμφιλίωση (*-εις*), συνδιαλλαγή
ver'sorg|en *v/t* εφοδιάζω, φροντίζω; ***mit Strom ~en*** ηλεκτροδοτώ; **2ung** *f* εφοδιασμός; *Tech. a.* παροχή (***mit*** *D/G*); **2ungs•engpaß** *m* στενότητα εφοδιασμού
ver'spät|en: ***sich ~en*** καθυστερώ; **~et** καθυστερημένος; **2ung** *f* καθυστέρηση (*-εις*)
ver'sperren φράζω; κλείνω; αποκλείω
ver'spott|en κοροϊδεύω, περιπαίζω; **2ung** *f* κοροϊδία, χλευασμός
ver'sprach *s.* ***versprechen***
ver'sprechen* υπόσχομαι, τάζω (***j-m etw.***/κτ σε κπ); **2** *n* υπόσχεση (*-εις*); ***sich ~*** κάνω λάθος; ***sich etw. ~*** περιμένω κτ (***von***/από)
Ver'sprechung *f a. pol.* επαγγελία
ver'sprochen *s.* ***versprechen***
ver'spüren αισθάνομαι
ver'staatlich|en κρατικοποιώ; **2ung** *f* κρατικοποίηση (*-εις*)
Ver'stand (*-ęs*; *0*) *m* νους, νόηση, σύνεση, λογικό; ***nicht bei ~ sein*** δεν είμαι στα λογικά μου; ***den ~ verlieren*** χάνω τα μυαλά μου
ver'ständig φρόνιμος, μυαλωμένος; **~en:** ***j-n von D ~en*** ειδοποιώ κπ για; ***sich ~en*** συνεννοούμαι; **2ung** *f* συνεννόηση (*-εις*)
ver'ständlich καταληπτός, ευνόητος, εύλογος; **~er'weise** *Adv* ευλόγως, εύλογα
Ver'ständnis (*-ses*; *-se*) *n* κατανόηση; αντίληψη (*-εις*) (***für*** *A*/για); **2los** χωρίς κατανόηση
ver'stärk|en ενισχύω; ενδυναμώνω; **2er** *m Radio*: ενισχυτής; **2ung** *f* ενίσχυση (*-εις*)
ver'staub|en (*sn*) σκονίζομαι; **~t** σκονισμένος
ver'stauch|en *v/t* στραμπουλίζω, βγάζω; **2ung** *f* στραμπούλιγμα *n*
ver'stauen στοιβάζω; στριμώχνω
Ver'steck (*-ęs*; *-e*) *n* κρυψώνας, κρησφύγετο; **2en** *v/t* (απο)κρύβω
ver'stehen* *v/t* καταλαβαίνω; εννοώ; *Scherz*, *Spaß* **~** παίρνω από; ***etw. ~ von*** *D* νιώθω, ξέρω από; ***keinen Spaß ~*** δε σηκώνω αστεία; ***sich ~ auf*** *A* ξέρω από; ***es versteht sich*** εννοείται; ***verstanden?*** κατάλαβες
ver|'steigern βγάζω στον πλειστηριασμό; **2'steigerung** *f* πλειστηριασμός; **2'steinerung** *f* απολίθωμα *n*
ver'stell|en *v/t* μετακινώ; *Stimme* αλλάζω; ***sich ~en*** προσποιούμαι; **2ung** *f fig.* προσποίηση (*-εις*)
ver'steuern φορολογώ
ver'stimm|en *v/t Mus.* ξεκουρδίζω; *fig.* κακοκαρδίζω; **~t** ξεκούρδιστος; *Magen*: χαλασμένος; *fig.* κακοκαρδισμένος; **2ung** *f* κακοκάρδισμα *n*; (*Magen-*) διαταραχή
ver'stohlen κλεφτός
ver'stopf|en φράζω, βουλώνω; **~t** βουλωμένος; *Straßenverkehr*: μποτιλιαρισμένος; **2ung** *f Verkehr*: συμφόρηση (*-εις*); *Med.* δυσκοιλιότητα
ver'storben πεθαμένος
ver'stört αναστατωμένος
Ver'stoß (*-es*; *⁓e*) *m* παράπτωμα *n*; **2en*** *v/t* διώχνω, αποκληρώνω; ***2en gegen*** *A* προσκρούω σε
ver'streichen* *v/t* αλείφω; *v/i* (*sn*) κυλώ (*-άς*), περνώ (*-άς*)
ver'streu|en (κατα)σκορπίζω; **~t** σκορπισμένος
ver'strick|en (ε)μπλέκω (***j-n in*** *A*/κπ σε); **2ung** *f* εμπλοκή, μπλέξιμο (*-ατος*)

ver'stümmel|n ακρωτηριάζω, σακατεύω; **&ung** *f* ακρωτηριασμός
ver'stummen (*sn*) βουβαίνομαι
Ver'such (*-ęs*; *-e*) *m* δοκιμή *a. Tech.*; πείραμα *n*; απόπειρα; **&en** δοκιμάζω, επιχειρώ (**zu**/να)
Ver'suchung *f* πειρασμός
ver'süßen *a. fig.* γλυκαίνω
ver'tag|en αναβάλλω; **&ung** *f* αναβολή
ver'tauschen ανταλλάσσω
ver'teidig|en *v/t* υπερασπίζω, υπερασπίζομαι; ***sich* ~*en*** υπερασπίζομαι/τον εαυτό μου, αμύνομαι; **&er** *m* υπερασπιστής; *jur.* συνήγορος; *Sp.* μπακ (*0*) *m*
Ver'teidigung *f* υπεράσπιση (*-εις*), άμυνα (***gegen*** *A*/κατά *G*); συνηγορία; **~s·minister** *m* υπουργός Εθνικής Άμυνας
ver'teil|en (δια)μοιράζω (***an*** *A*/σε), διανέμω; *Preis* απονέμω; **&er** *m Auto*: διανομέας; **&ung** *f* διαμοιρασμός; διανομή, κατανομή
ver'teuer|n ακριβαίνω; **&ung** *f* υπερτίμηση (*-εις*); αύξηση (*-εις*)
ver'teufelt διαβολεμένος
ver'tief|en: *sich* ~*en* βαθαίνω *a. fig.*; *fig.* εμβαθύνω (***in*** *A*/σε); **~t** βαθουλός; ***ganz* ~*t in*** *A* απορροφημένος σε; **&ung** *f* βαθούλωμα *n*, κοιλότητα
verti'kal κάθετος
ver'tilgen αφανίζω; εξολοθρεύω
ver'ton|en μελοποιώ; **&ung** *f* μελοποίηση (*-εις*)
Ver'trag (*-ęs*; *⁻e*) *m* σύμφωνο, συμβόλαιο, σύμβαση (*-εις*); *pol.* συνθήκη
ver'tragen* υποφέρω, βαστώ (*-άς*); αντέχω σε; ***ich kann das Klima nicht*** ~ δε(ν) με σηκώνει το κλίμα; ***sich* ~ *mit*** *D* μονοιάζω με
ver'traglich: ~ ***vereinbart*** συμβολαιογραφικά συμφωνημένος
Ver'trags|abschluß *m* συνθηκολόγηση (*-εις*); **~bruch** *m* αθέτηση (*-εις*) συμβολαίου; **&gemäß** κατά τη συμφωνία; **~händler** *m* συμβεβλημένος έμπορος; **~partner** *m* συναλλασσόμενος; **&schließend** συμβαλλόμενος; **~urkunde** *f* συμφωνητικό; **~werkstatt** *f* συμβεβλημένο συνεργείο
ver'trauen: *j-m* ~ εμπιστεύομαι σε κπ; ***auf*** *A* ~ έχω εμπιστοσύνη σε
Ver'trauen (*-s*; *0*) *n* εμπιστοσύνη (**zu** *D*/σε); ***im*** ~ εμπιστευτικά
Ver'trauens|arzt *m etwa*: γιατρός ελεγκτής (του ταμείου υγείας); **~bruch** *m* κατάχρηση (*-εις*) εμπιστοσύνης; **~sache** *f* εμπιστευτική υπόθεση (*-εις*); **~stellung** *f* εμπιστευτική θέση (*-εις*); **&voll** γεμάτος εμπιστοσύνη
ver'traulich εμπιστευτικός, οικείος (*-α, -ο*); ***streng*** ~ απόρρητος; **&keit** *f* οικειότητα
ver'traut οικείος (*-α, -ο*), γνώριμος; ~ ***mit*** *D* κατατοπισμένος για; ***j-n* ~ *machen mit*** *D* κατατοπίζω κπ για; ***sich* ~ *machen*** εξοικειώνομαι; **&heit** (*0*) *f* οικειότητα; εξοικείωση
ver'treib|en* *Feind* εκδιώκω, διώχνω; *Bücher* κυκλοφορώ; *Waren* πουλώ (*-άς*); ***sich*** (*D*) ***die Zeit* ~*en*** περνώ (*-άς*) την ώρα μου; **&ung** *f* (εκ)δίωξη (*-εις*)
ver'tret|en* αντιπροσωπεύω; (*ersetzen*) αντικαθιστώ (*-άς*); *Ansicht* διατυπώνω; **&er** *m* αντιπρόσωπος, αντικαταστάτης; *Hdl.* πράκτορας; (*Reisender*) πλασιέ (*0*) *m*; **&ung** *f* αντιπροσωπεία, εκπροσώπηση (*-εις*)
Ver'trieb (*-ęs*; *-e*) *m* πώληση (*-εις*), διάθεση (*-εις*); **~s·abteilung** *f* τμήμα *n* πωλήσεων; **~s·leiter** *m* προϊστάμενος πωλήσεων
Ver'triebene(r) διωγμένος; πρόσφυγας
ver'trocknen (*sn*) ξεραίνομαι
ver|'trösten αναβάλλω, κοροϊδεύω; **~'tuschen** [υ] *v/t* σκεπάζω; *es, das* τα κάνω πλακάκια; **~'üben** *Einbruch usw.* διαπράττω; **~'unglücken** (*sn*) *Pers.* παθαίνω ατύχημα; *S.* αποτυχαίνω
ver'unreinig|en λερώνω; ρυπαίνω, μολύνω; **&ung** *f* λέρωμα *n*; ρύπανση, μόλυνση
ver'untreu|en καταχρώμαι (*-άσαι*); **&ung** *f* κατάχρηση (*-εις*)
ver'ursachen προξενώ
ver'urteil|en καταδικάζω (**zu** *D*/σε); (*tadeln*) κατακρίνω; **&te(r)** κατάδικη (-ος); **&ung** *f* καταδίκη (**zu** *D*/σε)
ver'vielfältig|en πολλαπλασιάζω; πολυγραφώ; **&ung** *f* πολυγράφηση (*-εις*); **&ungs·apparat** *m* πολύγραφος

V

ver'wachsen* (*sn*) συμφύομαι; **~** *Adj* σύμφυτος; (*bucklig*) καμπούρης 3
ver'wählen: *Tel.* **sich ~** κάνω λάθος στο νούμερο
ver'wahren *v/t* φυλά(γ)ω; κλειδώνω; ***sich ~ gegen*** *A* διαμαρτύρομαι για
ver'wahrlos|en (*sn*) ξεπέφτω; **2ung** *f* ξεπεσμός, παραμέληση
ver'walt|en διοικώ; *Geld usw.* διαχειρίζομαι; **2er** *m* διοικητής; διαχειριστής; **2ung** *f* (*a. Gebäude*) διοίκηση (*-εις*), διαχείριση (*-εις*)
ver'wand|eln μεταβάλλω (***j-n in*** *A*/κπ σε); μετατρέπω, μεταμορφώνω; **2lung** *f* μεταβολή; μετατροπή, μεταμόρφωση (*-εις*)
ver'wandt συγγενής 2 (***mit*** *D*/με); συγγενικός; **2e(r)** συγγενής 2; **2schaft** *f* συγγένεια; **~schaftlich** συγγενικός
ver|'warnen προειδοποιώ; **2'warnung** *f* προειδοποίηση (*-εις*)
ver'wechs|eln μπερδεύω; συγχέω; **2lung** *f* μπέρδεμα *n*; σύγχυση (*-εις*)
ver'weichlich|en *v/t* μαλθακώνω; **~t** μαλθακός, θηλυπρεπής 2
ver'weiger|n αρνιέμαι, αρνούμαι; **2ung** *f* άρνηση (*-εις*)
ver'weilen διαμένω; **2** *n* διαμονή
ver'weint κλαμένος
Ver'weis (*-es*; *-e*) *m* (*Rüge*) επίπληξη (*-εις*); (*Hinweis*) παραπομπή (***auf*** *A*/σε); **2en*** παραπέμπω
ver'welken (*sn*) *a. fig.* μαραίνομαι
ver'wend|bar χρησιμοποιήσιμος; **~en*** μεταχειρίζομαι, χρησιμοποιώ; **2ung** *f* χρησιμοποίηση, χρήση (*-εις*)
ver'wert|en αξιοποιώ; **2ung** *f* αξιοποίηση (*-εις*)
ver'wes|en (*sn*) *v/t* σαπίζω, *K* σήπομαι; **2ung** (*0*) *f* σήψη
ver'wick|eln μπερδεύω; ***j-n ~eln in*** *A* (ε)μπλέκω κπ σε; **~elt** *fig.* πολύπλοκος; μπερδεμένος; **2lung** *f fig.* μπλέξιμο (*-ατος*), περιπλοκή
ver'wilder|n (*sn*) εξαγριώνομαι, γίνομαι άγριος; *Garten*: χορταριάζω; **2ung** *f* εξαγρίωση (*-εις*)
ver'wirklich|en πραγματοποιώ; **2ung** *f* πραγματοποίηση (*-εις*)
ver'wirr|en μπερδεύω, συγχέω, σαστίζω; **~t** μπερδεμένος, σαστισμένος; **2ung** *f* μπέρδεμα *n*, σύγχυση (*-εις*)
ver'wischen εξαλείφω; σβήνω
ver'witter|n (*sn*) διαβρώνομαι; **2ung** *f* διάβρωση (*-εις*)
ver'wöhn|en *Kind* χαϊδεύω, καλομαθαίνω; **~t** καλομαθημένος
ver'worren συγκεχυμένος
ver'wund|bar τρωτός, ευπρόσβλητος; **~en** τραυματίζω
ver'wunder|lich παράδοξος, παράξενος; **~n** εκπλήττω, παραξενεύω; **~t** παραξενεμένος; **2ung** (*0*) *f* απορία, έκπληξη (*-εις*)
Ver'wund|ete(r) τραυματίας; **~ung** *f* τραυματισμός, λαβωματιά
ver'wünsch|en καταριέμαι; **2ung** *f* κατάρα, βλαστήμια
ver'wurzeln ριζώνω
ver'wüst|en [yː] ερημώνω, ρημάζω; **2ung** *f* ερήμωση (*-εις*)
ver'zagen (*sn*) αποκαρδιώνομαι
ver'zählen: *sich* **~** μετρώ (*-άς*) λάθος
ver'zauber|n μαγεύω; **2ung** *f* μαγεία
Ver'zehr (*-es*; *0*) *m* κατανάλωση; **2en** τρώω; καταναλώνω
ver'zeich|nen σημειώνω; **2nis** (*-ses*; *-se*) *n* κατάλογος, πίνακας, λίστα
ver'zeih|en* συγχωρώ (*D*/*A*); ***~en Sie!*** με συγχωρείτε; **~lich** συγχωρητέος (*-α, -ο*); **2ung** (*0*) *f* συγχώρηση (*-εις*); συγνώμη
ver'zerr|en παραμορφώνω, στρεβλώνω; **2ung** *f* παραμόρφωση (*-εις*)
Ver'zicht (*-es*; *-e*) *m* ***auf*** *A* παραίτηση (*-εις*), αποχή από; **2en** παραιτούμαι (***auf*** *A*/από)
ver'zieh *s.* ***verzeihen***
ver'zier|en διακοσμώ, στολίζω; **~t** στολισμένος; **2ung** *f* διακόσμηση (*-εις*), κόσμημα *n*
ver'zöger|n επιβραδύνω, καθυστερώ; **2ung** *f* καθυστέρηση (*-εις*)
ver'zoll|en εκτελωνίζω, πληρώνω δασμούς για; **2ung** *f* εκτελωνισμός
ver'zweif|eln (*sn*) απελπίζομαι (*Pers.* ***an*** *D*; *S.* ***über*** *A*/για); **~elt** απελπισμένος, απεγνωσμένος; **2lung** *f* απελπισία, απόγνωση
ver'zweig|en: *sich ~en* διακλαδίζομαι; **2ung** *f* διακλάδωση (*-εις*)
Vete'ran [v-] (*-en*) *m* απόμαχος
Veteri'när [v-] (*-s*; *-e*) *m* κτηνίατρος; **~medizin** *f* κτηνιατρική
'Veto [v-] (*-s*; *-s*) *n* βέτο (*0*), αρνησικυρία; ***sein ~ einlegen*** προβάλλω βέτο

V

Vetter [f-] (*-s; -n*) *m* (ε)ξάδελφος
Via'dukt [v-] (*-ęs; -e*) *n* οδογέφυρα
vi'brieren [v-] πάλλω, δονούμαι
Video|film *m* φιλμ (*0*) *n* βίντεο; **~kamera** *f* μηχανή λήψης βίντεο; **~kassette** *f* βιντεοκασέτα; **~rekorder** *m* (συσκευή) βίντεο; **~'thek** *f* βιντεοθήκη
Vieh [fiː] (*-ęs; 0*) *n* ζώα *n/pl*; κτήνη *n/pl*; **~futter** *n* ζωοτροφή; **~zucht** *f* κτηνοτροφία; **~züchter** *m* κτηνοτρόφος
viel [fiːl] *Adj* πολύς, πολλή, πολύ; *Adv* πολύ; **~e** *pl*, πολλοί 3; ***ziemlich ~*** αρκετός, κάμποσος
Viel|falt (*0*) *f* ποικιλία; **꠸fältig** πολλαπλός, ποικίλος
viel'leicht ίσως; *Frage*: μήπως
vielmals πολλές φορές, συχνά
vielmehr μάλλον; αντίθετα
viel|seitig πολύπλευρος; πολυμερής 2; **꠸seitigkeit** (*0*) *f* πολυμέρεια; **~versprechend** υποσχόμενος πολλά; **꠸völkerstaat** *m* πολυεθνικό κράτος
vier τέσσερα (*m, f* τέσσερις)
vier|bändig τετράτομος; **꠸eck** (*-ęs; -e*) *n* τετράγωνο; **~eckig** τετραγωνικός, τετράγωνος; **~hundert** τετρακόσ(ι)οι 3; **~jährig** τετράχρονος; **~köpfig** τετραμελής 2; **~mal** τέσσερις φορές; **~stöckig** τετραώφορος; **~tausend** τέσσερις χιλιάδες
Viertel *n* τέταρτο; (*Stadt꠸*) συνοικία, γειτονιά; **~'jahr** *n* τρίμηνο; **꠸jährlich** τρίμηνος; **~'stunde** *f* τέταρτο (της ώρας)
vierte|ns τέταρτον; **~(r)** τέταρτος
vierzehn ['fɪʀ-] δεκατέσσερις *f/m* (*n* -ρα); **~tägig** δεκαπενθήμερος
vierzig ['fɪʀtsɪç] σαράντα; **~jährig** σαραντάρης (*-a*)
Vier'zimmerwohnung *f* τεσσάρι
Villa [v-] (*-; -len*) *f* έπαυλη (*-εις*)
vio'lett [v-] μενεξεδένιος (*-a, -o*)
Vio'lin|e [v-] *f* βιολί; **~ist** [-'nɪst] (*-en*) *m* βιολιστής *od.* βιολιτζής (*-ήδες*); **~schlüssel** *m* κλειδί του σολ
Violoncello [-'tʃɛloˑ] (*-s; -s*) *n* βιολοντσέλο, *K* βαρύχορδο(ν)
Virtu'ose [v-] (*-n*) *m* δεξιοτέχνης
Virus [v-] (*-; -ren*) *m, n* ιός
vis-à-vis [viˑzaˑ'viː] *Adv* καρσί
Vi'sier [v-] (*-s; -e*) *n* στόχαστρο
Vi'sion [v-] *f* οπτασία
Vi'site [v-] *f Med.* επίσκεψη (*-εις*); **~n·karte** *f* κάρτα, επισκεπτήριο
Visum [v-] (*-s; -sa, -sen*) *n* θεώρηση (*-εις*), βίζα
vi'tal [v-] ζωτικός; ζωηρός; **꠸i'tät** (*0*) *f* ζωτικότητα
Vita'min [v-] (*-s; -e*) *n* βιταμίνη; **꠸haltig** βιταμινούχος (*-a, -o*); **~mangel** (*-s; 0*) *m* αβιταμίνωση
Vizepräsident *m* αντιπρόεδρος
Vogel [f-] (*-s; ¨*) *m* πουλί; *K* πτηνό(ν); *fig.* ***e-n ~ haben*** έχω δόση τρέλας; **~bauer** *n* κλουβί, καφάσι
Vo'kabel [v-] *f* λέξη (*-εις*)
Vokabu'lar [v-] (*-s; -e*) *n* λεξιλόγιο
Vo'kal [v-] (*-s; -e*) *m* φωνήεν (*-εντος*) *n*
Vokativ [v-] (*-s; -e*) *m* κλητική
Volk [f-] (*-ęs; ¨er*) *n* λαός; φυλή
Völker|kunde (*0*) *f* εθνολογία; **~mord** *m* γενοκτονία; **~recht** (*-ęs; 0*) *n* διεθνές δίκαιο; **~verständigung** *f* συνεννόηση των λαών; **~wanderung** *f* μετανάστευση (*-εις*) των λαών
Volks|abstimmung *f* δημοψήφισμα *n*; **~armee** *f* λαϊκός στρατός; **~bildung** (*0*) *f* λαϊκή εκπαίδευση; **~demokratie** *f* λαϊκή δημοκρατία; **꠸eigen** κρατικοποιημένος, λαϊκός; **~fest** *n* πανηγύρι; **~hochschule** *f* λαϊκό πανεπιστήμιο, λαϊκή επιμόρφωση; **~kunde** (*0*) *f* λαογραφία; **~lied** *n* δημοτικό τραγούδι; **~partei** *f* λαϊκό κόμμα; **~republik** *f* Λα(οκρατ)ική Δημοκρατία
Volks·schul|e *f* δημοτικό σχολείο; **~lehrer** *m* (δημοδι)δάσκαλος
Volks|tanz *m* λαϊκός χορός; **~tracht** *f* εθνική ενδυμασία; **꠸tümlich** λαϊκός; δημοφιλής 2; **~versammlung** *f* εθνοσυνέλευση (*-εις*); **~vertretung** *f* αντιπροσωπεία του λαού
Volks·wirtschaft *f* πολιτική οικονομία; **~ler** *m* οικονομολόγος (*a. f*); **꠸lich** οικονομολογικός
Volks|zählung *f* απογραφή πληθυσμού; **~zugehörigkeit** *f* εθνικότητα
voll γεμάτος, πλήρης 2; ***~ und ganz*** εντελώς; ***gepfropft ~*** κάργα; ***mit ~en Händen*** πλουσιοπάροχα; ***aus ~em Herzen*** μ' όλη μου την καρδιά
Voll|bart *m* γενειάδα; **~beschäftigung** (*0*) *f* πλήρης απασχόληση (*-εις*)
Voll|blut (*-ęs; 0*) *n* καθαρόαιμος; **꠸'bringen*** φέρνω σε πέρας
Volldampf: ***mit ~*** (***voraus***) ολοταχώς

V

voll'end|en τελειώνω, αποπερατώνω, ολοκληρώνω; *Lebensjahr* συμπληρώνω, κλείνω; **~et** τέλειος (*-a, -o*); *Tatsache*: τετελεσμένος; **≗ung** *f* ολοκλήρωση, τελειότητα
Volleyball ['vɔli·bal] (*-ɇs; 0*) *m* πετόσφαιρα, βόλεϋ(μπολ) (*0*) *n*
völlig ολικός; ολοκληρωτικός, *Adv* εντελώς, τελείως
volljährig ενήλικος; ***~ werden*** ενηλικιώνομαι; **≗keit** (*0*) *f* ενηλικιότητα
Vollkaskoversicherung *f* πλήρης αυτασφάλιση
voll'kommen τέλειος (*-a, -o*); *Adv* τελείως; **≗heit** (*0*) *f* τελειότητα
vollmachen καταγεμίζω; F ***sich ~*** λερώνομαι, μαγαρίζομαι
Vollmacht *f* πληρεξουσιότητα; (*Urkunde*) πληρεξούσιο
Vollmilch *f* γάλα με την κρέμα
Voll|mond *m* πανσέληνος *f*; **~pension** (*0*) *f* πλήρης διατροφή; **≗schlank** παχουλός
vollständig ολόκληρος, ακέραιος; **≗keit** (*0*) *f* ακεραιότητα
vollstopfen στουμπώνω, τυλώνω; ***sich ~*** την πατικώνω (για καλά)
voll'streck|en εκτελώ; **≗er** *m* εκτελεστής; **≗ung** *f* εκτέλεση (*-εις*)
volltanken γεμίζω το ντεπόζιτο
Voll|versammlung *f* ολομέλεια; **≗zählig** πλήρης 2; **≗'ziehen*** εκτελώ; **~'zug** (*-ɇs; 0*) *m* εκτέλεση (*-εις*)
Volon'tär [v-] (*-s; -e*) *m* εθελοντής
Vo'lumen [v-] (*-s; -*) *n* όγκος
vom = ***von dem***
von *Präp D* από *A*; *K* εκ, εξ *G*; (*seitens*) εκ μέρους *G*; *beim Pass.* από *A*; ***ein Freund ~ mir*** ένας φίλος μου; ***einer ~*** (*Zahl*) ένας στους; ***~ nun an*** από τώρα
von'statten: (***gut***) ***~ gehen*** εξελίσσομαι ικανοποιητικά *od.* καλά
vor *Präp Ort*: (*wo? D*; *wohin? A*) μπροστά από, μπροστά σε; *Zeit D*: πριν από, προ *G*; εδώ και; ***nach wie ~*** όπως πάντα *od.* πάντοτε; ***~ allem*** προπάντων; ***~ Christi Geburt*** προ Χριστού; *Uhrzeit*: ***fünf Minuten ~ vier*** τέσσερις παρά πέντε
vor'an μπροστά, εμπρός; **~gehen*** (*sn*) *a. fig.* προηγούμαι (*D/G*)
vor'ankommen* (*sn*) προχωρώ; προκόβω; **≗** *n* προκοπή
Vorankündigung *f* προ(αν)αγγελία
Voranmeldung *f* προαγγελία
Voranschlag *m* προϋπολογισμός
vor'an|stellen προτάσσω; **~treiben*** προωθώ
Vor|anzeige *f* προαναγγελία; **~arbeit** *f* προεργασία; **~arbeiter** *m* αρχιεργάτης; **~arbeiterin** *f* αρχιεργάτρια
vo'raus εκ των προτέρων, από τα πριν; ***im ~ bezahlen*** προκαταβάλλω
vo'rausgesetzt: ***~ daß*** υποτίθεται ότι, όσο(ν), δεδομένου ότι
vo'raus|sagen προλέγω; **~schicken** *v/t* προπέμπω; (*sagen*) προλογίζω; **~sehen*** προβλέπω, προνοώ; **~setzen** προϋποθέτω; **≗setzung** *f* προϋπόθεση (*-εις*); **~sichtlich** προβλεπόμενος; **~zahlen** προπληρώνω; **≗zahlung** *f* προπληρωμή
Vorbedacht (*-ɇs; 0*) *m* προμελέτη; ***mit ~*** εσκεμμένως, εσκεμμένα
Vor|bedingung *f* προϋπόθεση (*-εις*); **~behalt** (*-ɇs; -e*) *m* επιφύλαξη (*-εις*)
vorbehalt|en*: ***sich*** (*D*) ***etw. ~en*** επιφυλάσσομαι; ***Irrtum ~en*** εκτός λάθους; **~los** ανεπιφύλακτος
vor'bei: ***~ sein*** πέρασε; πάει; ***es ist ~ mit ihm*** πάει χαμένος; **~fahren*** (*sn*), **~gehen*** (*sn*) περνώ (*-άς*); **~kommen*** (*sn*) περνώ (*-άς*); *Pers.* ***gerade ~kommen*** είμαι περαστικός; **~lassen*** αφήνω να περάσει
Vorbemerkung *f* προοίμιο
vorbereit|en (προ)ετοιμάζω; προπαρασκευάζω; ***sich ~en auf A*** (προ-)ετοιμάζομαι για; **~end** προκαταρκτικός; **≗ung** *f* (προ)ετοιμασία
Vor|besprechung *f* προκαταρκτική συζήτηση (*-εις*); **≗bestellen** κρατώ (*-άς*); **~bestellung** *f* κράτηση (*-εις*); **≗bestraft** σεσημασμένος
vorbeug|en προλαμβάνω; **≗ung** *f* πρόληψη (*-εις*)
Vorbild *n* πρότυπο, παράδειγμα *n*; **≗lich** παραδειγματικός
Vorbote (*-n*) *m* προάγγελος
vorbringen* παρουσιάζω; *Einwand* προβάλλω; *Meinung* εκφράζω
vordatieren προχρονολογώ
vorder-, Vorder- [ɔ] μπροστινός
Vorder|grund *m* (τα) εμπρός; ***in den ~grund treten*** *fig.* έρχομαι στο προσκήνιο; **~mann** (*-ɇs; ⸚er*) *m* μπροστι-

νός; **~seite** *f* πρόσοψη (-*εις*); *e-s Hauses*: μέτωπο
vordrängen: sich ~ σπρώχνομαι (προς τα) εμπρός; *fig.* επιζητώ τα πρωτεία
vordring|en* (*sn*) διεισδύω; **~lich** βιαστικός, επείγων (-*ουσα, -ον*)
Vordruck (-*ẹs*; -*e*) *m* έντυπο
vor|ehelich προγαμιαίος; **~eilig** *Beschluß*: εσπευσμένος; *Pers.* απερίσκεπτος
voreingenommen προκατειλημμένος (**gegen** *A*/εναντίον *G*); **~ sein** μεροληπτώ; **≈heit** *f* προκατάληψη (-*εις*)
vor|enthalten* κατακρατώ; *Wahrheit* αποκρύπτω (**j-m**/από κπ); **~erst** προς το παρόν; πρώτα
Vorfahr (-*en*) *m* πρόγονος
vorfahren* (*sn*) έρχομαι με αμάξι
Vorfahrt *f Auto*: προτεραιότητα; **~s·recht** *n* δικαίωμα *n* προτεραιότητας; **~s·schild** *n* σήμα *n* προτεραιότητας; **~s·straße** *f* δρόμος προτεραιότητας
Vorfall *m* περιστατικό
vorfallen* (*sn*) συμβαίνω
vorfinden* βρίσκω; ανταμώνω
Vorfreude *f* πρόγευση (-*εις*) χαράς
vorführ|en επιδεικνύω; *Film* προβάλλω; *Zeugen* προσάγω; **≈ung** *f Film*: προβολή; επίδειξη
Vor|gang *m* διαδικασία; περιστατικό; **~gänger** *m* προκάτοχος
vorgehen* (*sn*) προχωρώ; *Uhr*: πηγαίνω μπρος; (*geschehen*) συμβαίνω; (*wichtiger sein*) προηγούμαι
Vorgeschicht|e *f* προϊστορία *a. fig.*; *e-s Vorfalls, e-r Tat* ιστορικό; **≈lich** προϊστορικός
Vorgeschmack *m fig.* πρόγευση (*G*/*G*); προαίσθηση (-*εις*)
vor|geschoben *s.* **vorschieben**; **~geschrieben** καθορισμένος, υποχρεωτικός; **~gesehen** προβλεπόμενος; **≈gesetzte(r)** προϊστάμενος, *f* -μένη; **~gestern** προχθές, προχτές; **~gestrig** προχθεσινός
vor|greifen* προλαβαίνω; **~haben*** έχω σκοπό, σχεδιάζω; **≈haben** *n* σκοπός, σχέδιο; πρόθεση (-*εις*)
Vorhalle *f* πρόθυρα *n*/*pl*; προθάλαμος; *Kirche*: νάρθηκας
vorhalt|en* κρατώ (μπροστά) σε; **j-m etw. ~en** (*od.* **daß ...**) κατηγορώ κπ (γιατί ...); **lange ~en** βαστώ (-*άς*)
Vorhand (*0*) *f im Spiel*: πρωτιά
vor'handen υπαρκτός; **~ sein** υπάρχω; **≈sein** *n* ύπαρξη (-*εις*)
Vorhang (-*ẹs*; **⸚e**) *m* κουρτίνα, παραπέτασμα *n*; *Thea.* αυλαία; **eiserner ~** σιδηρούν παραπέτασμα *n*
Vorhängeschloß *n* λουκέτο
Vorhaut *f* πόσθη, ακροποσθία
vorher πριν, προηγουμένως, προτού
vor'herbestimm|en προ(καθ)ορίζω; **≈ung** *f* προκαθορισμός
vor'her|gehend, ~ig προηγούμενος
vorherr|schen επικρατώ; **~schend** *a. Ansicht*: επικρατέστερος
Vor'her|sage *f* πρόγνωση (-*εις*); **≈sagen** προλέγω; **≈sehen*** προβλέπω
vor'hin προ ολίγου, πριν από λίγο
Vorhof *m* προαύλιο
vorig|- περασμένος; **~es Jahr** πέρ(υ)σι; **~es Mal** την άλλη *od.* περασμένη φορά
Vorkämpfer *m* πρόμαχος
Vorkasse *f* προπληρωμή
Vorkehrung *f* προετοιμασία
Vorkenntnis (-; -*se*) *f* προκαταρκτική γνώση (-*εις*); τα στοιχεία
vor|kommen* (*sn*) *z. B. Tier*: είμαι κοινός (**in** *D*/ σε), υπάρχω; (*geschehen*) συμβαίνω; **oft ~kommen** παρουσιάζομαι συχνά (**in** *D*/σε); **es kommt mir ~** μου φαίνεται
Vorkomm|en *n* (*Erz-*) κοίτασμα *n*; ύπαρξη (-*εις*); **~nis** (-*ses*; -*se*) *n* συμβάν (-*τος*) *n*
Vorkriegs- προπολεμικός
vorlad|en* *jur.* καλώ, κλητεύω; **≈ung** *f* κλήση (-*εις*)
Vorlage *f* δείγμα *n*; *pol.* νομοσχέδιο; (*Vorlegen*) παρουσίαση (-*εις*)
Vorläuf|er *m* πρόδρομος; **≈ig** προσωρινός (*Adv* -*α*, -*ώς*)
vorlaut προπετής 2; αναιδής 2
vorlegen καταθέτω, παρουσιάζω; υποβάλλω
Vorleger *m* (*Bett≈*) χαλάκι; ταπέτο
vorles|en* διαβάζω (**aus** *D*/από); **≈ung** *f* παράδοση (-*εις*)
vorletzt- προτελευταίος (-*α*, -*ο*)
Vorlieb|e *f* προτίμηση (-*εις*); **≈nehmen*** αρκούμαι (**mit** *D*/σε)
vor|liegen* υπάρχω; **~liegend** προκείμενος

V

vormachen (*zeigen*) δείχνω; ***j-m etw.*** **~** (*täuschen*) ξεγελώ (-άς) κπ, πιάνω κπ κορόιδο
Vormarsch *m* προέλαση (-εις)
vormerk|en σημειώνω; ***~en lassen*** κλείνω; **~ung** *f* σημείωση (-εις)
Vormittag *m* πρωί (*0*) *n*, πρωινό; ***am ~*** το πρωί; **~s** προ μεσημβρίας (π.μ.)
Vormund (-*ẹs*; -*e*) *m* κηδεμόνας, επίτροπος; **~** *G* ***sein*** κηδεμονεύω *A*
Vormundschaft *f* κηδεμονία; ***unter ~ stehen*** (***stellen***) είμαι (θέτω) υπό κηδεμονία
vorn *Adv* εμπρός, μπροστά; ***von ~*** *Zeit*: από την αρχή
Vor|name *m* (βαφτιστικό *od.* μικρό) όνομα *n*; ***~- und Nachname*** ονοματεπώνυμο
vornehm αρχοντικός
vornehmen* επιχειρώ; ενεργώ; *Abänderungen usw.* κάνω; ***sich*** (*D*) ***etw. ~*** καταπιάνομαι με; ***sich ~ zu ...*** προτίθεμαι να ...
vornherein: ***von ~*** ευθύς εξ αρχής
Vorort (-*ẹs*; -*e*) *m* προάστιο; **~zug** *m* τρένο προαστίων
Vorrang (-*ẹs*; *0*) *m* προτεραιότητα; πρωτεία *n/pl*; ***den ~ haben*** προέχω; **~ig** πρωταρχικός
Vor|rat (-*ẹs*; *⁻e*) *m* προμήθεια (***an*** *D*/ σε), απόθεμα *n*; **~rätig** διαθέσιμος; **~rats·raum** *m* αποθήκη; **~raum** *m* προθάλαμος; **~recht** *n* προνόμιο
Vorrichtung *f Tech.* μηχανισμός
vorrücken (*sn*) *v/i* προχωρώ
Vorruhestand *m* πρόωρη συνταξιοδότηση
vor|sagen *Schule*: ψιθυρίζω; **~saison** *f* προτουριστική περίοδος; **~satz** *m* σκοπός, πρόθεση (-εις), προμελέτη; **~sätzlich** *jur.* προμελετημένος
Vorschau *f* σύνοψη (-εις) του προγράμματος *od.* μιας ταινίας
Vorschein *m*: ***zum ~*** (***bringen***) ***kommen*** (εμφανίζω) εμφανίζομαι
Vorschlag *m* πρόταση (-εις), υπόδειξη (-εις); ***auf ~*** καθ' υπόδειξη
vorschlagen* προτείνω (***j-m etw.***/κτ σε κπ); υποδεικνύω
vorschnell εσπευσμένος, απερίσκεπτος
vor|schreiben* διατάζω; **~schrift** *f* διάταξη (-εις), κανονισμός; **~schriftsmäßig** σύμφωνος με τον κανονισμό; **~schuß** *m* προκαταβολή
vor|sehen* προβλέπω; προνοώ; ***sich ~sehen*** προφυλάγομαι; ***sieh dich ~!*** το νου σου!; **~setzen** *Speisen* παραθέτω, προσφέρω; προτάσσω
Vorsicht (*0*) *f* προσοχή, περίσκεψη; **~ig** προσεκτικός; ***~ig sein*** προσέχω; **~s·maßnahme** *f* προφυλακτικό μέτρο
Vorsilbe *f* πρόθεμα *n*
Vorsitz (-*es*; *0*) *m* προεδρία; ***den ~ führen bei*** *D* προεδρεύω σε; **~ende**(**r**) πρόεδρος (*a. f*); ***stellvertretende***(***r***) ***~ende***(***r***) αντιπρόεδρος (*a. f*)
Vorsorge (*0*) *f* πρόνοια, μέριμνα; ***~ treffen*** (***für*** *A*) μεριμνώ (-άς) (για)
vorsorg|en προνοώ, μεριμνώ (-άς); **~lich** προνοητικός; *Adv a.* προληπτικά; **~lichkeit** *f* προνοητικότητα
Vorspeise *f* μεζές (-έδες), ορεκτικό
Vorspiel *n Mus.* προοίμιο; *Thea.* πρόλογος; *fig.* προϊστορία
vorspringen* (*sn*) πηδώ (-άς) μπροστά; *Mauer*: (προ)εξέχω
Vorsprung *m* (προ)εξοχή; *Sp.* υπεροχή; ***e-n ~ haben*** προηγούμαι *G*
Vor|stadt *f* προάστιο; **~stand** *m* προεδρείο
vorsteh|en* (προ)εξέχω; ***e-r S.*** (*D*) **~en** προΐσταμαι *G*; **~er** *m* προϊστάμενος
vorstellen παρουσιάζω; (*bekanntmachen*) συστήνω; *Uhr* βάζω μπροστά; ***sich*** (*D*) ***etw. ~*** φαντάζομαι; *A* ***stell dir mal vor!*** φαντάσου!
Vorstellung *f* παρουσίαση (-εις); *Thea., Psych.* παράσταση (-εις); (*Pläne*) ιδέες *f/pl*
Vorstoß *m mil.* προέλαση (-εις), κρούση (-εις); (*Versuch*) απόπειρα
vorstoßen* *v/i* (*sn*) *Heer*: προωθούμαι; *v/t* προωθώ
Vorstrafe *f* προηγούμενη ποινή; **~nregister** *n* ποινικό μητρώο
Vor|stufe *f* πρώτη βαθμίδα; **~täuschen** προσποιούμαι; **~täuschung** *f* προσποίηση
Vorteil (-*ẹs*; -*e*) *m* πλεονέκτημα *n*; όφελος *n*; **~haft** πλεονεκτικός, συμφέρων (-*ουσα*, -*ον*); ***es ist ~haft*** συμφέρει
Vortrag (-*ẹs*; *⁻e*) *m* διάλεξη (-εις); (*Gedicht*) απαγγελία; *Mus.* εκτέλεση (-εις); ***e-n ~ halten*** δίνω διάλεξη

vortragen* απαγγέλλω; εκθέτω
Vortrags·saal *m* αίθουσα διαλέξεων
vor'trefflich εξαίρετος, έξοχος
vortreten* (*sn*) προχωρώ; εξέχω
vo'rüber: *es ist* ~ πέρασε, τελείωσε, πάει; **~gehen*** (*sn*) *v/i* περνώ (-άς) (***an j-m***/μπροστά από); διαβαίνω; **~gehend** περαστικός, παροδικός; *Adv* προσωρινά
Vorurteil *n* πρόληψη (-εις), προκατάληψη (-εις)
Vorverkauf *m* προπώληση (-εις); **~s·stelle** *f* πρακτορείο προπωλήσεων
Vor|wahl- προεκλογικός; **~wahlnummer** *f* κωδικός (πόλεως), αριθμός αυτόματης κλήσης
Vorwand (-*ȩs*; *"e*) *m* πρόφαση (-εις), πρόσχημα *n*
vorwärts εμπρός; **~kommen*** (*sn*) προοδεύω, σταδιοδρομώ, πάω μπρος
Vorwäsche *f* πρόπλυση (-εις)
vor'weg [ε] από πριν; **~nehmen*** *fig.* προεξοφλώ, προλαμβάνω
vor|weisen* παρουσιάζω, επιδεικνύω; **~werfen*** κατηγορώ (***j-m etw.***/κπ για)
vorwiegend κυρίως, ιδίως
Vor|wort (-*ȩs*; *-e*) *n* πρόλογος; προλεγόμενα *n/pl*; **~wurf** (-*ȩs*; *"e*) *m* κατηγορία; **≗wurfs·voll** επιτιμητικός
Vorzeichen *n* οιωνός, προμήνυμα *n*
vorzeitig πρόωρος
vorziehen* προτιμώ (-άς)
Vorzimmer *n* δωμάτιο αναμονής
Vorzug (-*ȩs*; *"e*) *m* προτέρημα *n*, πλεονέκτημα *n*; προτίμηση (-εις)
vor'züglich άριστος, έξοχος
Votum [v-] (*-s*; *-ten*) *n* ψήφος *f*
vul'gär [v-] χυδαίος (*-a*, *-o*)
Vul'kan [v-] (*-s*; *-e*) *m* ηφαίστειο; **≗isch** ηφαιστειογενής 2

W

Waage *f* ζυγαριά, πλάστιγγα; *Astr.* ζυγός; **≗recht** οριζόντιος (*-a*, *-o*)
Wabe *f* κερήθρα
wach [a] ξύπνιος (*-a*, *-o*); (*a. wachsam*) άγρυπνος; ***~ sein*** αγρυπνώ; ***~ werden*** ξυπνώ (-άς)
Wach|ablösung *f* αλλαγή (της) φρουράς; **~e** *f* φρουρά; *a. Pers.* σκοπός, βάρδια; ***~e haben*** *od.* ***stehen*** έχω βάρδια; **≗en** αγρυπνώ; ***≗en über*** *A* φρουρώ *A*; επαγρυπνώ για
Wachhund [a] *m* σκύλος φύλακας
wachrütteln *v/t fig.* αφυπνίζω
Wachs [vaks] (*-es*; *0*) *n* κερί
wachsam ['vaxza:m] άγρυπνος, προσεκτικός; ***~ sein*** επαγρυπνώ; **≗keit** (*0*) *f* επαγρύπνηση
wachsen[1] [-ks-] (*sn*) ψηλώνω, αυξάνομαι; *Pflanzen*: βλασταίνω; *Kind*: αναπτύσσομαι
wachsen[2] [-ks-] κερώνω
Wachs|figur ['vaks-] *f* κέρινο ομοίωμα; **~kerze** *f* κερί
Wachstube ['vaxʃt-] φυλάκιο
Wachs·tuch [-ks-] *n* μουσαμάς (*-άδες*)
Wachstum ['vakstu:m] (*-s*; *0*) *n* μεγάλωμα *n*; αύξηση (-εις); **~s·rate** *f* ρυθμός αυξήσεως
Wächter *m* φύλακας, φρουρός
Wachtmeister *m* ενωμοτάρχης
Wach·traum *m* ονειροπόληση (-εις)
Wachtturm *m* σκοπιά
wackeln *v/i Zahn, Tisch* κουνιέμαι; σείομαι; (*wanken*) τρικλίζω; σείω (***an*** *D/A*); κουνώ (-άς) *A*; **≗** *n* κούνημα *n*
wacklig κουνιστός, ασταθής 2
Wade *f* γάμπα, κνήμη
Waffe *f a. fig.* όπλο; ***~n tragen*** οπλοφορώ
Waffel *f* γκοφρέτα; κρέπα
Waffen|besitz *m* κατοχή όπλων; **~gattung** *f* όπλο; **~gebrauch** *m* χρήση όπλου; **~gewalt** (*0*) *f* ένοπλη βία; **~lager** *n* οπλοστάσιο; **~produktion** *f* παραγωγή όπλων; **~schein** *m* άδεια

οπλοφορίας; **~stillstand** *m* ανακωχή
wagen (απο)τολμώ (-άς)
Wagen *m* όχημα *n* (*a. Auto*); αυτοκίνητο, αμάξι; *Esb.* βαγόνι, άμαξα
Wagen|heber *m* γρύλος; **~papiere** *n/pl* χαρτιά *n/pl* αυτοκινήτου
Waggon [-'gɔŋ] (*-s; -s*) *m* βαγόνι
waghalsig ριψοκίνδυνος
Wagnis (*-ses; -se*) *n* τόλμημα *n*
Wahl *f* εκλογή; *pol.* εκλογές *f/pl*, ψηφοφορία; *des Vorstandes*: αρχαιρεσίες *f/pl*; ***nach ~*** κατ' εκλογήν
Wahl|aufruf *m* προκήρυξη εκλογών; **≗berechtigt** με εκλογικό δικαίωμα; **~beteiligung** *f* συμμετοχή στις εκλογές; **~bezirk** *m* εκλογική περιφέρεια; **~bündnis** *n pol.* συνδυασμός, συνασπισμός
wählen εκλέγω, ψηφίζω; διαλέγω; ***j-n zu*** *D* **~** βγάζω κπ *A*; ***zu*** *D* ***gewählt werden*** βγαίνω *N*; *Tel.* παίρνω το νούμερο
Wähler *m* εκλογέας, ψηφοφόρος
Wahl·ergebnis *n* αποτέλεσμα *n* (των) εκλογών
wählerisch εκλεκτικός; μίζερος
Wählerschaft *f* εκλογικό σώμα
Wahl|fälschung *f* καλπονόθευση (*-εις*); **~heimat** *f* πατρίδα εκλογής; **~kampf** *m* εκλογικός αγώνας; **~kreis** *m* εκλογική περιφέρεια; **~lokal** *n* εκλογικό κέντρο; **~plakat** *n* προεκλογική αφίσα; **~recht** (*-ẹs; 0*) *n* δικαίωμα *n* ψήφου
Wählscheibe *f Tel.* δίσκος επιλογής
Wahl|spruch *m* σύνθημα *n*; **~system** *n* εκλογικό σύστημα; **~urne** *f* κάλπη; **~zettel** *m* ψηφοδέλτιο
Wahn (*-ẹs; 0*) *m* φαντασίωση (*-εις*); μανία; **~sinn** (*-ẹs; 0*) *m* παραφροσύνη, μανία, τρέλα
wahnsinnig παράφρονας, τρελός; ***~ machen*** τρελαίνω
Wahnvorstellung *f* παράκρουση (*-εις*), παραίσθηση (*-εις*)
wahr αληθινός; ***nicht ~?*** δεν είναι έτσι; ***es ist ~*** είναι αλήθεια
wahren *lit.* διατηρώ; προφυλάγω
währen *lit.* διαρκώ
während *Präp G* (*P a. D*) κατά *A*, τον καιρό *G*; *Ko* ενώ (*a. gegensätzlich*); **~'dessen** στο μεταξύ
Wahrheit *f* αλήθεια (***bittere*** μαύρη)
wahrnehm|bar αντιληπτός, αισθητός; **~en*** *Psych.* συναισθάνομαι; *allg.* αντιλαμβάνομαι; *Gelegenheit* εκμεταλλεύομαι; **≗ung** *f* αντίληψη (*-εις*)
wahr|sagen λέω την τύχη, μαντεύω; **≗sager** *m* μάντης (*-εις*); **≗sagerin** *f* μάντισσα
wahr'scheinlich πιθανός; *Adv* πιθανόν; **≗keit** *f* πιθανότητα
Wahrung (*0*) *f* διατήρηση
Währung *f* νόμισμα *n*; **~s·fonds** *m*: ***internationale(r) ~sfonds*** Διεθνές Νομισματικό Ταμείο; **~s·kurs** *m* τιμή νομίσματος; **~s·reform** *f* νομισματική μεταρρύθμιση (*-εις*); **~s·system** *n* νομισματικό σύστημα
Wahrzeichen *n* σύμβολο
Waise *f* ορφανός, -ή; **~n·haus** *n* ορφανοτροφείο; **~n·kind** *n* ορφανό
Wal (*-ẹs; -e*) *m* φάλαινα, κήτος *n*
Wald (*-ẹs; ¨er*) *m* δάσος *n*, δρυμός; **~bestand** *m* δασικός πλούτος; **~brand** *m* πυρκαγιά δάσους; **~sterben** *n* καταστροφή των δασών
Wal|fang *m* φαλαινοθηρία; **~fänger** *m* φαλαινοθήρας *m*; (*Schiff*) φαλαινοθηρικό
Wall (*-ẹs; ¨e*) *m* πρόχωμα *n*
Wallfahr|er *m* προσκυνητής, χατζής (*-ήδες*); **~t** *f* προσκύνημα *n*
Wallung *f* βρασμός; *fig.* αναβρασμός
Walnuß [a] *f* καρύδι
Walze *f* κύλινδρος
wälzen κυλώ (*-άς*); ***sich ~*** κυλιέμαι
Walzer *m* βαλς (*0*) *n*, *K* στρόβιλος
Walzwerk *n* ελασματουργείο
Wand (*-; ¨e*) *f* τοίχος
Wandel (*-s; 0*) *m* αλλαγή, μεταβολή; **≗bar** μεταβλητός; **≗n** (*ändern*) αλλάζω; ***sich*** **≗n** μεταμορφώνομαι
Wander|ausstellung *f* κινητή έκθεση (*-εις*); **~er** *m* οδοιπόρος; **~karte** *f* οδοιπορικός χάρτης; **≗n** (*sn*) οδοιπορώ; *Biol.* μεταναστεύω; **~schaft** (*0*) *f* οδοιπορία; **~ung** *f* οδοιπορία, πεζοπορία; **~weg** *m* δρομάκι οδοιπορίας
Wand|kalender *m* ημερολόγιο τοίχου; **~lung** *f* μεταβολή
Wand|schirm *m* παραβάν (*0*) *n*; **~tafel** *f* (μαυρο)πίνακας
Wange *f* μάγουλο, *K* παρειά
wanken *a. fig.* σαλεύω, κλονίζομαι

wann πότε; *Relativadv* όποτε; ***bis ~*** ως πότε; ***dann und ~*** πότε πότε
Wanne *f* σκάφη; μπανιέρα
Wanze *f* κοριός; (*Abhör*♀) μικροπομπός
Wappen *n* οικόσημο, θυρεός
Ware *f* εμπόρευμα *n*, πράγμα *n*
Waren|angebot *n* προσφορά; **~bestand** *m* απόθεμα *n*; **~haus** *n* πολυκατάστημα *n*; **~probe** *f* δείγμα *n* εμπορεύματος; **~sendung** *f* αποστολή εμπορευμάτων; **~test** *m* εξέταση (-*εις*) εμπορεύματος; **~zeichen** *n* σήμα *n* κατατεθέν (-*τος*)
warf *s.* ***werfen***
warm ζεστός, θερμός; ***~ machen*** *Essen* ζεσταίνω; ***~ werden*** ζεσταίνομαι; **~blütig** θερμόαιμος
Wärme (*0*) *f* ζέστη; θερμότητα; **~einheit** *f* μονάδα θερμότητας; **~front** *f* μέτωπο καύσωνα; **~isolierung** *f* θερμομόνωση (-*εις*)
wärmen ζεσταίνω, θερμαίνω
Wärmflasche *f* θερμοφόρα
Warm'wasser|heizung *f* κεντρική θέρμανση; **~speicher** *m* θερμοσίφωνας; **~versorgung** *f* παροχή ζεστού νερού
Warn|blinkanlage *f* σύστημα *n* δεικτών πορείας; **~dreieck** *n* τρίγωνο κινδύνου
warn|en *v/t* προειδοποιώ; **♀schuß** *m* προειδοποιητική βολή; **♀streik** *m* προειδοποιητική απεργία; **♀ung** *f* προειδοποίηση (-*εις*) (***an*** *A*/προς)
Warteliste *f* κατάλογος αναμονής
warten περιμένω, αναμένω (***auf j-n***/κπ); *Tech.* συντηρώ
Wärter *m* φύλακας
Warte|raum *m*, **~saal** *m* αίθουσα αναμονής; **~zimmer** *n* δωμάτιο αναμονής
Wartung *f* συντήρηση (-*εις*)
warum γιατί; ***~ nicht?*** γιατί όχι;
Warze *f* κρεατοελιά
was *Fragepron* τι; ***ach ~*** μπα; ***~ für ein*(e)** τι, τι είδους, τι λογής; *Korrelativpron* (*das, was*) ό, τι; αυτό που; *verallgemeinernd*: ***~ auch immer*** οτιδήποτε, ό, τι κι αν; *Indefinitpron* (*etwas*) κάτι; ***~ mich anbetrifft*** όσο για μένα, όσον αφορά εμένα
Wasch·anlage *f* σύστημα *n* αυτόματου πλυσίματος

Waschbecken *n* λεκάνη, νιπτήρας
Wäsche *f* ασπρόρουχα *n*/*pl*; *zum Waschen*: μπουγάδα; πλύση (-*εις*); ***schmutzige ~*** *a. fig.* άπλυτα *n*/*pl*
wasch·echt ανθεκτικός σε πλύσιμο
Wäsche|garnitur *f* αλλαξιά; **~klammer** *f* μανταλάκι; **~leine** *f* σκοινί για τα ρούχα
waschen* πλένω; *Haar* λούζω; ***sich ~*** πλένομαι; ♀ *n* πλύση (-*εις*), πλύσιμο (-*ατος*)
Wäsch|e'rei *f* πλυντήριο; **~erin** *f* πλύστρα; **~e·trockner** *m* στεγνωτήριο ρούχων
Wasch|küche *f* πλυσταριό; **~lappen** *m* σφουγγαρόπανο; *fig.* μαλθακός; **~maschine** *f* πλυντήριο; **~mittel** *n* απορρυπαντικό; **~salon** *m* *etwa*: πλυντήρια *n*/*pl* αυτοεξυπηρέτησης; **~schüssel** *f* λεκάνη
Wasser (-*s*; - *od.* ¨) *n* νερό; *K* ύδωρ (*ύδατος*) *n*; ***fließende*(s)** ~ νερό τρεχούμενο; ***~ lassen*** κάνω το νερό μου
Wasser|anschluß *m* παροχή νερού; **~ball** *m* υδατόσφαιρα; **~dampf** *m* (υδρ)ατμός; **♀dicht** αδιάβροχος; **~fahrzeug** *n* πλεούμενο; **~fall** *m* καταρράκτης; **~farbe** *f* νερομπογιά; **~faß** *n* βυτίο; **~glas** *n* νεροπότηρο; **~hahn** *m* βρύση
wässerig νερουλός; άνοστος
Wasser|klosett *n* αποχωρητήριο; **~kraftwerk** *n* υδροηλεκτρικός σταθμός; **~leitung** *f* (υδρ)αγωγός; **~mangel** (-*s*; *0*) *m* λειψυδρία; **~mann** *m* *Astr.* υδροχόος; **~melone** *f* καρπούζι
Wasser|pfeife *f* ναργιλές (-*έδες*); **~pflanze** *f* υδρόφυτο; **~pumpe** *f* (υδρ)αντλία; **~reservoir** *n* δεξαμενή, στέρνα; **~rohr** *n* υδροσωλήνας; **♀scheu** υδρόφοβος; **~schlange** *f* νερόφιδο; **~ski** *m* θαλάσσιο σκι (*0*); **~stand** *m* υδροστάθμη
Wasserstoff (-*ęs*; *0*) *m* υδρογόνο; **~bombe** *f* υδρογονοβόμβα
Wasser|sucht (*0*) *f* υδρωπικία; **~uhr** *f* υδρόμετρο; **~versorgung** *f* ύδρευση; **~waage** *f* αλφάδι; **~wagen** *m* βυτιοφόρο; **~werke** *n*/*pl* οργανισμός υδρεύσεως
waten (*sn*) υδροβατώ

Watt (*-s*; -) *n Phys.* βατ *(0) n*
Watte *f* βαμβάκι, βάτα
web|en υφαίνω; **≗er** *m* υφαντής; **≗e'rei** *f* υφαντική; υφαντήριο; **≗stuhl** *m* αργαλειός
Wechsel ['vɛksəl] *m* εναλλαγή; *Kleider*: αλλαγή; *Hdl.* συναλλαγματική; **~geld** *n* ρέστα *n/pl*; ψιλά *n/pl*; **≗haft** άστατος; **~jahre** *n/pl* κλιμακτήριος *f*; **~kurs** *m* τιμή συναλλάγματος
wechseln ['vɛksəln] αλλάζω; *Geld a.* χαλνώ (*-άς*)
wechsel|seitig αμοιβαίος (*-a, -o*); *oft*: αλληλο-; **≗strom** *m* εναλλασσόμενο ρεύμα; **≗stube** *f* σαράφικο; **~voll** ευμετάβλητος; **≗wirkung** *f* αμοιβαία επίδραση (*-εις*)
Weck|auftrag *m* εντολή αφύπνισης; **~dienst** *m* υπηρεσία αφυπνίσεων
weck|en *v/t* ξυπνώ (*-άς*) *K* αφυπνίζω *a. Interesse*; **≗en** *n* ξύπνημα *n*; **≗er** *m* ξυπνητήρι
Wedel *m* φτερό; **≗n** ανεμίζω
weder: ~ ... noch ούτε ... ούτε, μήτε ...μήτε
Weg [e:] (*-ẹs; -e*) *m* δρόμος, *K* οδός *f* (*a. fig.* **zu** *D*/προς); *fig.* τρόπος; ***vom ~e abkommen*** ξεστρατίζω; *fig.* ***aus dem ~e gehen*** αποφεύγω (*D/A*); ***sich auf den ~ machen*** παίρνω το δρόμο (***nach*** *D*/για); ***im ~e stehen*** στέκομαι εμπόδιο (*D*/σε)
weg [vɛk] *Adv* (*verschwunden, verloren*) πάει, χαμένος; (*abgereist*) φευγάτος; *oft verbal*: ***der Zug ist gerade ~*** μόλις έφυγε το τρενο; ***~ hier!*** φύγε!, δρόμο!
wegbleiben [ɛ]* (*sn*) λείπω; (*nicht mehr kommen*) δεν έρχομαι πια
wegbringen* μεταφέρω; (*beseitigen*) εξαφανίζω
wegen *Präp G* εξαιτίας *G*, λόγω *G*; για
weg|fahren* (*sn*) φεύγω, αναχωρώ; **≗fall** (*-ẹs; 0*) *m* παράλειψη (*-εις*); **~fallen*** (*sn*) παραλείπομαι; δε γίνομαι; **≗gang** (*-ẹs; 0*) *m* αναχώρηση (*-εις*); **~gehen*** (*sn*) φεύγω; **~gießen*** χύνω; **~jagen** *v/t* διώχνω; **~kommen*** (*sn*) φεύγω; χάνομαι; **~lassen*** παραλείπω; αφήνω να φύγει; **~laufen*** (*sn*) το στρίβω, δραπετεύω; **~machen** εξαφανίζω; **~legen** βάζω κατά μέρος
weg|müssen* πρέπει να φύγω; **≗nahme** *f* αφαίρεση (*-εις*); **~nehmen*** αφαιρώ, παίρνω (***j-m etw.***/κτ από κπ); **~reißen** αρπάζω; **~schaffen** αποσύρω, απομακρύνω
weg|schicken ξαποστέλνω; **~sehen*** αποστρέφω το βλέμμα; **~stellen** βάζω κατά μέρος; **~tragen*** μεταφέρω; **~treten*** (*sn*) αποσύρομαι; **~wehen** (*sn*) (το) παίρνει ο αέρας
Wegweiser [e:] *m* οδοδείκτης
Wegwerf|flasche *f* μπουκάλι μιας χρήσης; **≗en*** πετώ (*-άς*), (απο-) ρίχνω; **≗end** περιφρονητικός
wegziehen *v/i* (*sn*) μετοικώ
weh *Adv*: ***~ tun*** πονώ (*-άς*); ***mir tut der Kopf ~*** μ' έπιασε το κεφάλι
wehen φυσώ (*-άς*), πνέω; *Fahne*: κυματίζω; **≗** *n* φύσημα *n*
Wehen *f/pl* ωδίνες *f/pl*
Weh|mut (*0*) *f* θλίψη (*-εις*), μελαγχολία; **≗mütig** μελαγχολικός, θλιμμένος
Wehr[1] (-; *-en*) *f hist.* άμυνα; ***sich zur ~ setzen*** αμύνομαι
Wehr[2] (*-ẹs; -e*) *n* υδροφράκτης
Wehrdienst *m* (στρατιωτική) θητεία, στρατιωτικό; **~verweigerer** *m* αντιρρησίας (συνειδήσεως); **~verweigerung** *f* άρνηση (*-εις*) θητείας
wehren: *sich ~* αμύνομαι
wehr|fähig ικανός, στρατεύσιμος; **~los** άοπλος; **≗pflicht** (*0*) *f* υποχρεωτική θητεία
Weib (*-ẹs; -er*) *n hist.* γυναίκα; *mst. verächtlich*: γύναιο; *iro.* θηλυκό; **~chen** *n Zool.* θηλυκό
weiblich γυναικείος (*-a, -o*), θηλυκός; **≗keit** (*0*) *f* θηλυκότητα
weich μαλακός; μαλθακός; ***~ machen, ~ werden*** μαλακώνω
Weiche *f Esb.* κλειδί, βελόνη
weichen* (*sn*) υποχωρώ
weichgekocht *Ei*: μελάτος
Weichteile *n/pl* μαλακά *n/pl*
Weide *f* (*Wiese*) βοσκή; (*Baum*) ιτιά
weide|n βόσκω; **≗platz** *m* βοσκοτόπι
weiger|n: *sich ~n* αρνιέμαι (**zu**/να); **≗ung** *f* άρνηση (*-εις*)
Weihnachten *n* (*a. pl*) *mst. o. Art* Χριστούγεννα *n/pl*; ***Fröhliche ~!*** καλά Χριστούγεννα!
Weihnachts|abend *m* (*Fest*) παραμονή των Χριστουγέννων; **~baum**

m χριστουγεννιάτικο δέντρο; **~(feier)tag** *m* ημέρα των Χριστουγέννων; **~ferien** *f/pl* χριστουγεννιάτικες διακοπές *f/pl*; **~geld** *n* επίδομα *n* Χριστουγέννων; **~geschäft** *n* πωλήσεις *f/pl* Χριστουγέννων; **~lied** *n allg.* χριστουγεννιάτικο τραγούδι; *in Griechenland*: *pl* (τα) κάλαντα; **~mann** *m* Αϊ-Βασίλης *m*

Weihrauch *m* λιβάνι

Weih|ung *f* καθαγίαση (*-εις*); **~wasser** (*-s*; *0*) *n* αγίασμα *n*

weil *Ko* γιατί, επειδή; *K* διότι

Weil|chen *n* στιγμή; **~e** (*0*) *f*: **e-e ~e** λίγη ώρα

Wein (*-ęs*; *-e*) *m* κρασί; *K* οίνος; (*Traube*) σταφύλι

Wein|bau (*-ęs*; *0*) *m* αμπελουργία; **~bauer** *m* αμπελουργός; **~berg** *m* αμπέλι, αμπελώνας; **~blatt** *n* αμπελόφυλλο

weinen κλαίω (**über** *A*/για; **vor** *D*/ από); **≗** *n* κλάψιμο (*-ατος*), κλάμα *n*

Wein|ernte *f* τρύγος; **~faß** *n* κρασοβάρελο; **~gegend** *f* αμπελουργική περιοχή; **~glas** *n* κρασοπότηρο; **~händler** *m* οινέμπορος; **~karte** *f* κατάλογος κρασιών; **~keller** *m* κάβα; **~lese** *f* τρύγος; **~lokal** *n* ταβέρνα; **~presse** *f* πατητήρι; **~rebe** *f* κλήμα *n*; **≗rot** βαθυκόκκινος; **~traube** *f* σταφύλι, (*einzelne ~*) ρώγα

Weise *f* (*Art*) τρόπος; ***auf diese ~*** έτσι, κατ' αυτόν τον τρόπο; ***in anderer ~*** αλλιώς; ***in keiner ~*** καθόλου, με κανένα(ν) τρόπο

weise σοφός, γνωστικός, φρόνιμος

weisen* δείχνω; (*verjagen*) αποβάλλω, απελαύνω, διώχνω (**aus, von** *D*/από); *fig.* **von sich** (*D*) **~** αρνιέμαι, αρνούμαι

Weisheit *f* σοφία, σύνεση; **~s·zahn** *m* φρονιμίτης

weismachen: *j-m etw.* ~ κάνω κπ να πιστέψει κτ

weiß άσπρος, λευκός *a. pol.*; ***~ werden*** *Haar*: ασπρίζω

weis·sag|en προφητεύω; **≗ung** *f* προφητεία

Weiß|brot *n* άσπρο ψωμί; **~e(s)** (*-n*) *n* ασπράδι; **≗en** ασπρίζω; **~gold** *n* λευκός χρυσός; **≗haarig** ασπρομάλλης 3; **~kohl** (*-ęs*; *0*) *m* άσπρο λάχανο; **~wein** *m* άσπρο κρασί

Weisung *f* εντολή

weit (*lang*) μακρινός, μακρύς; *im Umfang*: φαρδύς, πλατύς; *Adv* μακριά; ***~ größer*** πολύ μεγαλύτερος; ***wie ~?*** πόσο μακριά; ***bei ~em*** κατά πολύ; ***das geht zu ~*** πάει πολύ

weit|aus κατά πολύ; **≗blick** (*-ęs*; *0*) *m* προνοητικότητα; **≗e** *f* έκταση (*-εις*); πλάτος *n*; *des Raums*: απλωσιά; **~en** *Kleid* φαρδαίνω

weiter *Komp* μακρύτερος; φαρδύτερος, πλατύτερος; *Adv* μακρύτερα; περαιτέρω, παραπέρα, πέρα(ν); πιο; (*außerdem*) ακόμη *od.* -α; ***~ unten*** παρακάτω; ***und so ~*** και τα λοιπά; ***~ machen*** *Kleid* φαρδαίνω

weiter|bestehen* εξακολουθώ να υπάρχω; **~bilden** μετεκπαιδεύω; επιμορφώνω; **≗bildung** *f* μετεκπαίδευση (*-εις*), επιμόρφωση (*-εις*)

weiteres: *ohne ~* χωρίς άλλο

Weiter|fahrt *f* συνέχιση διαδρομής; **~flug** *m* συνέχιση πτήσης; **~gabe** *f* πάσα; **≗geben*** μεταβιβάζω περαιτέρω; **≗gehen*** (*sn*) προχωρώ (*a.* *-άς*); (*fortgesetzt werden*) συνεχίζομαι; **≗hin** στο μέλλον; **≗kommen*** (*sn*) προοδεύω; προχωρώ (*-άς*); **≗leiten** διαβιβάζω, παραπέμπω (**an** *A*/ σε); προωθώ σε; **~leitung** *f* διαβίβαση (*-εις*); *Hdl.* προώθηση (*-εις*); **≗machen** *v/i* (*fortfahren*) συνεχίζω; **≗reisen** (*sn*) συνεχίζω το ταξίδι

weitsichtig πρεσβυωπικός; *fig.* προνοητικός; **≗keit** (*0*) *f* πρεσβυωπία

Weit|sprung *m Sp.* άλμα εις μήκος; **≗verbreitet** πολύ διαδομένος; **~winkelobjektiv** *n* ευρυγώνιος φακός

Weizen *m* σ(ι)τάρι, *K* σίτος; **~brot** *n* σ(ι)ταρένιο ψωμί; **~mehl** *n* σιτάλευρο

welche, -er, -es *Relativpron* που; ο οποίος, η -α, το -ο; *Fragepron* ποιος (*-α, -ο*); *Indefinitpron pl* μερικοί; ***~ auch immer*** όποιος (*-α, -ο*) (και αν), οποιοσδήποτε, οποιαδήποτε, οποιοδήποτε

welk μαραμένος; **~en** (*sn*) μαραίνομαι

Wellblech *n* αυλακωτή λαμαρίνα

Welle *f* κύμα *n*; (*Achse*) άξονας

wellen, *a.* ***sich ~*** κατσαρώνω

Wellen|brecher *m* κυματοθραύστης;

~gang (-*ęs*; *0*) *m* θαλασσοταραχή; **~länge** *f Radio*: μήκος *n* κύματος
Welt *f* κόσμος; ***zur ~ bringen*** (***kommen***) φέρνω (έρχομαι) στον κόσμο
Welt|all (-*s*; *0*) *n* σύμπαν (-*αντος*) *n*; **~anschauung** *f* κοσμοθεωρία; **~ausstellung** *f* διεθνής έκθεση (-*εις*); **~bank** *f* διεθνής τράπεζα; **2berühmt** κοσμοξακουσμένος; **~frieden** *m* παγκόσμια ειρήνη; **~geschichte** (*0*) *f* παγκόσμια ιστορία; **2geschichtlich** κοσμοϊστορικός
Welt|handel *m* παγκόσμιο *od.* διεθνές εμπόριο; **~krieg** *m* παγκόσμιος πόλεμος; **2lich** κοσμικός, εγκόσμιος (-*α*, -*ο*); **~macht** *f* υπερδύναμη; **~markt** *m* παγκόσμια *od.* διεθνής αγορά; **~maßstab** *m* διεθνής κλίμακα; **~meer** *n* ωκεανός; **~meisterschaft** *f* παγκόσμιο πρωτάθλημα
Weltraum (-*ęs*; *0*) *m* διάστημα *n*; **~fahrer** *m* αστροναύτης; **~fahrt** *f* αστροναυτική; **~schiff** *n* διαστημόπλοιο
Welt|reise *f* γύρος του κόσμου; **~rekord** *m* παγκόσμιο ρεκόρ (*0*); **~stadt** *f* κοσμοπολίτικη πόλη (-*εις*); **~untergang** (-*ęs*; *0*) *m* συντέλεια του κόσμου; **~wunder** *n* θαύμα *n* του κόσμου
wem [e:] σε ποιον (*f* -*α*)
wen [e:] ποιον (*f* -*α*)
Wende *f* γύρισμα *n*, τροπή; καμπή; *pol.* αλλαγή
Wendeltreppe *f* γυριστή σκάλα
wenden* τρέπω; *v/i* στρίβω; *v/t* στρέφω; *Kleider* γυρίζω; ***sich ~ an** A* απευθύνομαι σε, αποτείνομαι σε; ***sich ~ gegen** A* αντιτίθεμαι σε
Wendepunkt *m* κρίσιμο σημείο
wendig εύστροφος
Wendung *f a. fig.* τροπή, στροφή; (*Satz*) φράση (-*εις*)
wenig λίγος; ***ein ~*** λίγο; ***sehr ~, ganz ~*** πολύ λίγο, λιγάκι; ***~e*** *a.* λιγοστοί; ***~er*** λιγότερος; ***~er werden*** λιγοστεύω
wenigstens τουλάχιστον
wenn *Ko Zeit*: όταν; μόλις + *St II*; κάθε φορά που; *Bedingung*: αν, εάν; *Konzession*: ***~ auch*** έστω και αν *od.* νά; αν και; ***selbst ~*** και αν ακόμη; *Wunsch*: ***~ nur*** φτάνει να; ***~*** (***doch***) ***nur*** μακάρι να + *Konj od. Impf*; ***immer ~*** οπότε; ***als ~*** σαν να *mst.* + *Impf*; **~'gleich** αν και
wer ποιος (*f* -*α*); *Relativpron* όποιος (*f* -*α*); ***~ auch immer*** οποιοσδήποτε (*f* -*α*-)
Werbe|abteilung *f* τμήμα διαφημίσεων; **~agentur** *f* διαφημιστική επιχείρηση (-*εις*); **~geschenk** *n* διαφημιστικό δώρο; **~mittel** *n* διαφημιστικό μέσο
werben*: ***~ für** A* διαφημίζω *A*; **~ um** *A* επιδιώκω *A*
Werbung *f* διαφήμιση (-*εις*); **~s·kosten** *pl* έξοδα *n/pl* διαφήμισης
werden* (*sn*) (*entstehen*) γίνομαι; *Futur*: θα; πρόκειται να; *Witwe usw.* μένω; *Foto*: *gut usw.* βγαίνω; ***zweiter ~*** έρχομαι δεύτερος; ***j-n etw. ~ lassen*** κάνω κπ *A*; ***Soldat ~*** πάω φαντάρος; ***was ist aus ihm geworden?*** τι απέγινε; ***was wird aus ihm ~?*** πού θα καταντήσει;
werfen* ρίχνω; πετώ (-*άς*); *Junge* γεννώ (-*άς*)
Werft *f* ναυπηγείο
Werk (-*ęs*; -*e*) *n* έργο; (*Fabrik*) εργοστάσιο; *lit. a.* ποίημα *n*; σύγγραμμα *n*; ***sämtliche ~e*** τα άπαντα
Werk|bank (-; *⸚e*) *f* πάγκος; **~führer** *m* εργοδηγός; **~meister** *m* αρχιτεχνίτης; **~statt** *f* συνεργείο; **~tag** *m* εργάσιμη (ημέρα); **2tags** τις εργάσιμες μέρες; **~tätige**(**r**) εργαζόμενος (*f* -η); **~zeug** (-*ęs*; -*e*) *n* όργανο, εργαλείο
Wert[1] (-*ęs*; -*e*) *m allg.* αξία; τιμή; ***im ~e von*** αξίας *G*; ***großen ~ legen auf** A* δίνω μεγάλη σημασία σε
wert[2] άξιος (-*α*, -*ο*); *mit G*: ***der Rede ~*** άξιος λόγου; ***~ sein*** αξίζω
Wert|brief *m* επιστολή με δηλωμένη αξία; **~gegenstand** *m* πολύτιμο αντικείμενο; **2los** μηδαμινός, χωρίς αξία; **~paket** *n* δέμα *n* αξίας; **~papier** *n* χρεόγραφο, αξία; **~sachen** *f/pl* αξίες *f/pl*, πολύτιμα αντικείμενα *n/pl*; **~schätzung** *f* εκτίμηση (-*εις*)
wertvoll *Pers., S.* πολύτιμος
Wesen *n* (*Geschöpf*) ον (*όντος*) *n*; (*Natur*) φύση, ουσία; (*Art*) τρόπος; ήθος *n*
wesentlich ουσιώδης 2; σημαντικός; ***im ~en*** κατ' ουσία, κυρίως
wes'halb γιατί

Wespe [ε] *f* σφή(γ)κα
Wespen·nest *n* σφη(γ)κοφωλιά
wessen ποιανού, ποιανής, ποιανών; τίνος, τίνων
Weste *f* γελέκι, γιλέκο
West|en (*-s; 0*) *m* δύση; ***im*** **~*en*** δυτικά; **≈lich** δυτικός
wes'wegen γιατί
Wettbewerb (*-es; -e*) *m Hdl.* συναγωνισμός; ***unlautere*(*r*)** ~ αθέμιτος συναγωνισμός; **~s·teilnehmer(in** *f*) *m* διαγωνιζόμενος (*f -η*)
Wette *f* στοίχημα *n*
Wett|eifer *m* άμιλλα; **≈en** βάζω στοίχημα, στοιχηματίζω (***um*** *A*/*A*)
Wetter *n* καιρός; ***schlechte*(*s*)** ~ κακοκαιρία; ***schöne*(*s*)** ~ καλοκαιρία; **~bedingungen** *f*/*pl* καιρικές συνθήκες *f*/*pl*; **~bericht** *m* δελτίο καιρού, μετεωρολογικό δελτίο; **~besserung** *f* βελτίωση του καιρού; **~dienst** *m* μετεωρολογική υπηρεσία; **≈fest** ανθεκτικός στον καιρό; **≈fühlig** ευαίσθητος στον καιρό; **~karte** *f* μετεωρολογικός χάρτης; **~lage** *f* καιρικές συνθήκες *f*/*pl*; **~umschwung** *m* καιρική μεταβολή; **~vorhersage** *f* πρόγνωση (*-εις*) του καιρού
Wett|kampf *m* αγώνας, ματς (*0*) *n*; **~lauf** *m* δρόμος; **≈machen** ανταποδίδω, ισοφαρίζω; **~rennen** *n s.* **~*lauf***; **~rüsten** *n* ανταγωνισμός εξοπλισμών
wich *s.* ***weichen***
wichtig σπουδαίος (*-α, -ο*); ~ ***tun mit*** *D* μεγαλοπιάνομαι για; ***sich*** ~ ***machen*** κάνω τον καμπόσο; **≈keit** *f* σπουδαιότητα, σημασία; **≈tuer** *m* ξιπασμένος; **≈tuerei** *f* ξιπασιά
Wickel *m* κομπρέσα, κατάπλασμα *n*; **~kind** *n etwa*: βυζανιάρικο
wickeln τυλίγω; *Kind* φασκιώνω
Widder *m Zool.* κριάρι; *Astr.* κριός
wider *Präp A* κατά *G*, εναντίον *G*
Wider|hall *m* αντίλαλος, αντήχηση (*-εις*); **≈'legen** αναιρώ, ανασκευάζω; **≈lich** σιχαμερός; **≈natürlich** αφύσικος; **≈rechtlich** παράνομος; **~rede** *f* αντιλογία; **~ruf** *m* ακύρωση (*-εις*); **≈'rufen*** ακυρώνω, αναιρώ; **~sacher** *m* αντίπαλος
wider'setzen: ***sich*** ~ *D* αντιτίθεμαι σε, εναντιώνομαι σε
widerspiegel|n *a. fig.* (αντι)καθρεφτίζω; **≈ung** *f* αντανάκλαση (*-εις*)
wider'sprechen αντιλέγω; ***sich*** ~ αντιφάσκω; **~d** αντιφατικός
Widerspruch *m* αντίφαση (*-εις*)
widersprüchlich αντιφατικός
Widerstand *m* αντίσταση (*-εις*); ~ ***leisten*** προβάλλω αντίσταση; **≈s·fähig** ανθεκτικός; **~s·fähigkeit** (*0*) *f* ανθεκτικότητα, αντοχή (***gegen*** *A*/σε)
wider|'stehen* αντιστέκομαι; αντέχω (*D*/σε); **~'strebend** απρόθυμος; **~wärtig** αντιπαθητικός, αηδιαστικός; **~willig** απρόθυμος
widm|en αφιερώνω (***j-m etw.***/κτ σε κπ), ***sich*** **~*en*** αφιερώνομαι (*D*/σε); αφοσιώνομαι (*D*/σε); **≈ung** *f* αφιέρωση (*-εις*)
widrig αντίξοος; **≈keit** *f* αντιξοότητα
wie *Frageadverb*: πώς; *Ko* σαν, όπως, καθώς; ~ ***ein Mensch*** σαν άνθρωπος; ~ ***der Teufel*** σαν το(ν) διάβολο; ~ ***lange?*** πόσον καιρό; ~ ***groß?*** πόσο μεγάλος; (*so* ... *wie*) όσο; ***er ist tapfer*** ~ ***kein anderer*** είναι γενναίος όσο κανείς άλλος; *Ausruf vor Adj u. Adv*: πόσο!, τι ... που; ~ ***schön sie ist!*** τι όμορφη του είναι!; ~ ***... so auch*** όπως ... έτσι και; ~ ***... auch immer*** όσο ... και να
wieder ξανά, πάλι; πίσω; *oft*: ανα-
Wieder|'aufbau (*-es; 0*) *m* ανοικοδόμηση (*-εις*); **≈'aufbauen** ανοικοδομώ; **≈'aufbereiten** ανακυκλώνω; **~'aufbereitung** *f* ανακύκλωση; **~'aufbereitungs·anlage** *f* εγκατάσταση (*-εις*) ανακύκλωσης; **≈'auferstehen*** (*sn*) ανασταίνομαι; **≈'aufleben** (*sn*) αναβιώνω; **~'aufnahme** *f* (επ)ανάληψη (*-εις*); *in e-e Gruppe*: επανένταξη (*-εις*); **≈'aufnehmen** (επ)αναλαμβάνω; **≈'auftauchen** (*sn*) αναδύομαι; *fig.* ξαναφαίνομαι
wieder|beleben αναζωογονώ; **≈belebung** *f* αναζωογόνηση; **~bringen*** ξαναφέρνω
Wieder'eingliederung *f z. B. beruflich*: επανένταξη (*-εις*)
wieder'einstell|en επαναπροσλαμβάνω, επαναφέρω; **≈ung** *f* αναδιορισμός, επαναπρόσληψη (*-εις*)
wieder|erkennen* αναγνωρίζω; **~erlangen** επανακτώ (*-άς*)

wiederfinden* ξαναβρίσκω
Wieder|gabe *f e-r Rede* απόδοση (-*εις*); *Tonband*: αναπαραγωγή; **2geben*** αποδίδω; **~geburt** *f* αναγέννηση (-*εις*); **2'gutmachen** επανορθώνω; **~'gutmachung** *f* επανόρθωση (-*εις*)
wieder'herstell|en επαναφέρω; **2ung** *f* επαναφορά, ανασύσταση (-*εις*)
wieder'hol|en επαναλαμβάνω, ξαναλέω; **~t** επανειλημμένος; **2ung** *f* επανάληψη (-*εις*); **2ungs·prüfung** *f* επανεξέταση (-*εις*)
wiederhören: *Rdf., Tel.* **auf 2!** γεια σας!
Wiederkäuer *m* μηρυκαστικό
wieder|kommen* (*sn*) ξανάρχομαι, επανέρχομαι; **~machen** ξανακάνω
wiedersehen* ξαναβλέπω; **auf 2!** χαίρετε, F αντίο (σας); **auf ein gesundes 2!** καλή αντάμωση!
wieder|tun* ξανακάνω; **~um** (και) πάλι; **2vereinigung** *f* (επαν)ένωση (-*εις*), ενοποίηση (-*εις*)
wiederver|kaufen μεταπουλώ (-*άς*); **2käufer** *m* μεταπράτης
wiederverwert|en ανακυκλώνω; **2ung** *f* ανακύκλωση (-*εις*)
wiederwählen επανεκλέγω
Wiege *f* κούνια; *fig.* κοιτίδα
wiegen* ζυγίζω, σταθμίζω; **in den Schlaf ~** νανουρίζω; **2lied** *n* νανούρισμα *n*
Wiese *f* λιβάδι
Wiesel *n* νυφίτσα
wie'so πώς; (*Erstaunen*) **~ denn** από πού κι ως πού; **~ nicht** πώς όχι
wie'viel πόσος; *adv* πόσο
wild άγριος (-*a*, -*o*), *Tier a.* ανήμερος; **~ machen** εξαγριώνω, θυμώνω; *fig.* **ganz ~ sein auf** *A* έχω μανία με
Wild (-*ęs*; *0*) *n* κυνήγι, αγρίμια *n*/*pl*; **~dieb** *m* λαθροθήρας; **~e(r)** άγριος, αγριάνθρωπος; **~ente** *f* αγριόπαπια; **2'fremd** πεντάξενος; **~leder** *n* σουέτ (*0*) *n*; **~nis** (-; -*se*) *f* αγριότοπος; **~schwein** *n* αγριόχοιρος, αγριογούρουνο; **~wechsel** *m* πέρασμα *n* αγριμιών; **~'westfilm** *m* καουμπόικη ταινία
Wille (-*ns*; *0*) *m* θέληση (-*εις*) (**zu** *D*/για); βούληση (-*εις*)
willenlos άβουλος
willig πρόθυμος, καλόβολος
will'kommen ευπρόσδεκτος; **~!** καλωσορίσατε!, καλώς ήλθατε!
Willkür (*0*) *f* ετσιθελισμός; **~akt** *m* αυθαιρεσία; **2lich** αυθαίρετος
wimmeln βρίθω (**von** *D*/*G*, από)
Wimper (-; -*n*) *f* βλεφαρίδα
Wind (-*ęs*; -*e*) *m* άνεμος, αέρας
Winde *f* βίντσι, βαρούλκο
Windel (-; -*n*) *f* πάνα, φασκιά
winden* *v*/*t* τυλίγω; **sich ~** κουβαριάζομαι *a. vor Schwerzen*
wind|geschützt απάνεμος; **~ig: schwach ~ig** με ασθενείς ανέμους; **es ist ~ig** φυσάει (αέρας); **2kraft** *f* αιολική ενέργεια; **2mühle** *f* ανεμόμυλος; **2pocken** *pl* ανεμοβλογιά
Wind|schutzscheibe *f* παρμπρίζ (*0*) *n*; **~stärke** *f* ένταση ανέμου; μποφόρ (*0*) *n*
windstill απάνεμος; **2e** *f* άπνοια
Windung *f allg.* ελιγμός; στροφή
Wink (-*ęs*; -*e*) *m* νεύμα *n*; νόημα *n*
Winkel *m Math.* γωνία; γωνιά; **rechte(r), spitze(r), stumpfe(r) ~** ορθή, οξεία, αμβλεία γωνία; **~messer** *m* γωνιόμετρο
winken γνέφω, νεύω, κάνω νόημα
Winter *m* χειμώνας; **~einbruch** *m* εισβολή χειμώνα; **~fahrplan** *m* χειμερινό δρομολόγιο; **2lich** χειμερινός, χειμωνιάτικος; **~reifen** *pl Auto*: χειμερινά λάστιχα *n*/*pl*; **~schlaf** *m* χειμερία νάρκη; **~schlußverkauf** *m* χειμερινές εκπτώσεις *f*/*pl*; **~sport** *m* χειμερινό σπορ (*0*)
Winzer *m* αμπελουργός
winzig ελάχιστος, πολύ μικρός
Wippe *f* τραμπάλα
wir εμείς, *K* ημείς; **~ alle** όλοι μας
Wirbel *m* στρόβιλος; δίνη; *Anat.* σπόνδυλος; (*Aufruhr*) σάλος (**um** *A*/για); **2n** στροβιλίζω; **~säule** *f* ραχοκοκκαλιά, σπονδυλική στήλη; **~sturm** *m* κυκλώνας; **~tier** *n* σπονδυλωτό
wirken *v*/*i* ενεργώ, (επι)δρώ (-*άς*) (**auf** *A*/πάνω σε); (*aussehen*) **gut ~** δείχνω καλός
wirklich πραγματικός; *Adv* πράγματι; **2keit** *f* πραγματικότητα
wirksam δραστικός, αποτελεσματικός; **2keit** (*0*) *f* αποτελεσματικότητα
Wirkung *f* ενέργεια; επίδραση (-*εις*) *e-r Arznei*: δράση (-*εις*)

Wirkungs|kreis *m* πεδίο δράσεως; **≈los** ατελεσφόρητος; **≈voll** αποτελεσματικός
wirr μπερδεμένος, συγκεχυμένος; ανακατωμένος; **≈en** *pl* ταραχές *f/pl*
Wirt (-*ęs*; -*e*) *m* (*Gastwirt*) ξενοδόχος; ταβερνιάρης (-*ηδες*); **~in** *f* ξενοδόχα, ταβερνιάρισσα
Wirtschaft *f* (*Gasthaus*) μαγειρείο; (*Ökonomie*) οικονομία; (*Hauswesen*) νοικοκυριό; **≈en** διαχειρίζομαι (το νοικοκυριό); **~er** *m* οικονόμος; **~erin** *f* οικονόμα; **≈lich** οικονομικός; **~lichkeit** (*0*) *f* οικονομικότητα
Wirtschafts|abkommen *n* οικονομική σύμβαση (-*εις*); **~beziehungen** *f/pl* οικονομικές σχεσεις *f/pl*; **~krise** *f* οικονομική κρίση (-*εις*); **~politik** *f* οικονομική πολιτική; **~prüfer** *m* ορκωτός λογιστής; **~wachstum** *n* αύξηση (-*εις*) της οικονομίας; **~wissenschaft** *f* οικονομολογία
Wirtshaus *n s.* ***Wirtschaft*** (*Gasthaus*)
Wisch (-*es*; -*e*) *m fig.* παλιόχαρτο; **≈en** σκουπίζω; ***Staub ≈en*** ξεσκονίζω; **~lappen** *m* σφουγγαρόπανο, πατσαβούρα; **~tuch** *n* ξεσκονόπανο
wissen* ξέρω (***daß***/πως), ***nicht***(***s***) **~** αγνοώ; **≈** *n* γνώσεις *f/pl*; ***meines ≈s*** όσο ξέρω; ***ohne mein ≈*** εν αγνοία μου
Wissenschaft *f* επιστήμη; **~ler** *m* επιστήμονας; **≈lich** επιστημονικός
wissentlich εν γνώσει, θεληματικά
wittern *Hund*: οσφραίνομαι
Witterung *f* καιρική κατάσταση (-*εις*)
Witwe *f* χήρα; ***~ sein*** χηρεύω; **~nschaft** *f* χηρεία; **~r** *m* χήρος
Witz (-*ęs*; -*e*) *m* αστείο; **~bold** (-*ęs*; -*e*) *m*, **≈ig** *S. u. Pers.* αστείος (-*α*, -*ο*), ευτράπελος; **≈los** F άστοχος
wo πού; *relativ*: όπου; ***von ~*** από πού; ***~ auch immer*** οπουδήποτε; ***ach ~!*** ψέματα!; **~'anders**(**hin**) αλλού
wo'bei με, σε ποια υπόθεση; ***~ bist du gerade?*** με τι ασχολείσαι; *relativ*: (πράγμα) με το οποίο; *Ko* ενώ
Woche *f* (ε)βδομάδα
Wochen|arbeits·zeit *f* εβδομαδιαίο ωράριο; **~blatt** *n* εβδομαδιαίο περιοδικό; **~ende** *n* Σαββατοκύριακο; **~karte** *f* εβδομαδιαίο εισιτήριο; **≈lang** επί εβδομάδες; **~lohn** *m* βδομαδιάτικο; **~markt** *m* λαϊκή αγορά; **~schau** *f* επίκαιρα *n/pl*; **~tag** *m* καθημερινή
wöchentlich εβδομαδιαίος (-*α*, -*ο*)
Wöchnerin *f* λεχώνα, *K* λεχώ *f*
wodurch πώς, από πού; με τί
wo'durch *relativ*: με το οποίο; *Ko instrumental*: με αποτέλεσμα να + *St II*
wo'für για τι; *relativ*: για το οποίο
wog *s.* ***wiegen***
Woge *f* κύμα *n*
wo'gegen (*gegen was*) εναντίον τίνος; *relativ*: (πράγμα) κατά του οποίου; *Ko* ενώ, εκεί που
wo'her από πού; *relativ*: απ' όπου
wo'hin για πού, πού; *relativ*: όπου
wohl καλά; (*vermutlich*) μάλλον; ίσως; *Frage*: μήπως; ***ich fühle mich nicht ~*** δεν είμαι καλά
Wohl (-*ęs*; *0*) *n* καλό; ευημερία; ***zum ~, auf Ihr ~!*** στην υγειά σας!
wohl|'an εμπρός!, άιντε!; **≈befinden** *n* ευεξία; **~begründet** βάσιμος; **~behalten** σώος (-*α*, -*ο*) και αβλαβής 2; **≈fahrt** (*0*) *f* κοινωνική πρόνοια
wohlhabend εύπορος; ευκατάστατος
Wohl|klang (-*ęs*; *0*) *m* ευφωνία; **≈meinend** καλοπροαίρετος
Wohlsein *n* ευεξία
Wohlstand (-*ęs*; *0*) *m* ευημερία; ***im ~ leben*** ευημερώ; **~s·gesellschaft** *f* κοινωνία ευημερίας
Wohl|tat *f* ευεργεσία; **~täter** *m* ευεργέτης; **≈tätig** ευεργετικός, αγαθοεργός; **~tätigkeits-** φιλανθρωπικός; **≈tuend** ευχάριστος; **~wollen** *n* ευμένεια; **≈wollend** ευμενής 2
wohnen κάθομαι, κατοικώ (***in*** *D*/σε), μένω (***bei j-m***/σε)
Wohngemeinschaft *f etwa*: ομάδα κοινής κατοίκησης
wohnhaft κάτοικος (*a. f*) (***in***/*G*)
Wohn|haus *n* κατοικία, σπίτι; **~mobil** *n* τροχόσπιτο; **~ort** *m* τόπος κατοικίας; **~raum** *m Bürokratie*: στέγη; **~sitz** *m* κατοικία
Wohnung *f* κατοικία; (*Etagen≈*) διαμέρισμα *n*
Wohnungs|amt *n* γραφείο στεγάσεως; **~bau** (-*ęs*; *0*) *m* οικοδομή κατοικιών; ***Wohnung im sozialen ~bau*** *etwa*: εργατική κατοικία; **~(bau)darlehen** *n* στεγαστικό δά-

W

νειο; **~los** άστεγος; **~not** (*0*) *f* έλλειψη (-*εις*) στέγης
Wohn|wagen *m* τροχόσπιτο; **~zimmer** *n* σάλα, καθημερινό
wölb|en *v/t* κυρτώνω; **~ung** *f* (*Bogen*) καμάρα; (*Kuppel*) τρούλος, θόλος
Wolf (-*ḙs*; *¨e*) *m* λύκος
Wolke *f* σύννεφο, *a. fig.* νέφος *n*
Wolken|bruch *m* νεροποντή; **~kratzer** *m* ουρανοξύστης; **~los** ασυννέφιαστος, ανέφελος *a. fig.*
wolkig νεφελώδης 2
Woll|decke *f* μάλλινη κουβέρτα; (*grobe*) βελέντζα; **~e** *f* μαλλί; ***aus ~e***, **~en**[1] μάλλινος
wollen[2]* *v/t* θέλω; *Hilfsverb + Inf. ohne zu*: θέλω να; *nahe Zukunft oft*: πρόκειται να; (*beabsichtigen*) λέω να
Wollust (-; *¨e*) *f* λαγνεία, ηδονή
womit με τι; ***wo'mit*** *relativ*: με το οποίο
wo|'möglich ίσως, πιθανό(ν); **~nach** κατά *od.* μετά (από) τι; ***~'nach*** *relativ*: κατά *od.* μετά το οποίο
Wonne *f* ηδονή; τέρψη (-*εις*)
woran σε τι; ***wo'ran*** *relativ*: στο οποίο
worauf σε τι; μετά (από) τι; ***wo'rauf*** *relativ*: στο οποίο; *zeitlich*: οπότε; μετά το οποίο
woraus από τι; ***wo'raus*** *relativ*: από το οποίο
worin σε τι; ***wo'rin*** *relativ*: στο οποίο
Wort (-*ḙs*; *¨er*) *n* (*Einzel~*) λέξη (-*εις*); (*pl -e*) (*Rede*) λόγος (*pl* -ια); (*Spruch*) ρητό; ***kein ~!*** τσιμουδιά!, (ούτε) μιλιά!; ***~ für ~*** λέξη προς λέξη; ***in ~en*** ολογράφως; ***mit anderen ~en*** με άλλα λόγια; ***das ~ ergreifen*** παίρνω το λόγο; ***j-m sein ~ geben*** δίνω το λόγο μου σε κπ; ***das letzte ~ haben*** έχω το βέτο; (***sein***) ***~ halten*** κρατώ (-*ας*) το λόγο (μου)
Wortart *f Gr.* μέρος του λόγου
Wörter|buch *n* λεξικό; **~verzeichnis** *n* λεξιλόγιο, γλωσσάριο
Wortlaut (-*ḙs*; *0*) *m* κείμενο, διατύπωση (-*εις*)
wörtlich κυριολεκτικός; κατά λέξη
wort|los *Adv* μη βγάζοντας λέξη; **~schatz** *m* λεξιλόγιο; **~wechsel** *m* φιλονικία
worüber, worum για τι πράγμα, για ποιο πράγμα; ***wo'rüber, wo'rum*** *relativ*: για το οποίο
worunter μεταξύ τίνων; κάτω από τι; ***wo'runter*** *relativ*: μεταξύ των οποίων
wovon από πού, από τι; για τι πράγμα; ***wo'von*** *relativ*: από (*bzw.* για) το οποίο
wovor μπροστά σε τι; ***wo'vor*** *relativ*: ενώπιον του οποίου
wozu γιατί, προς τι; ***wo'zu*** *relativ*: για το οποίο; προς το οποίο
Wrack (-*ḙs*; -*s*) *n* ναυάγιο *a. fig.*
wringen* στίβω
Wucher [u:] (-*s*; *0*) *m* τοκογλυφία; **~er** *m* τοκογλύφος, γδάρτης; **~isch** τοκογλυφικός; **~n** θεριεύω; *Bot.* φουντώνω; *Hdl.* δανείζω με υπερβολικό τόκο; **~preis** *m* τοκογλυφική τιμή; **~zins** *m* υπερβολικός τόκος
wuchs *s.* ***wachsen***
Wuchs [u:] (-*es*; *0*) *m* κορμοστασιά, ανάστημα *n*; (*Wachstum*) ανάπτυξη
Wucht [ʊ] (*0*) *f* πίεση (-*εις*), ορμή
wühlen σκαλίζω; *fig.* υπονομεύω
wund πληγωμένος; **~e** *f* πληγή, τραύμα *n*
Wunder *n* θαύμα *n* (*fig.* **an**/*G*); φαινόμενο; ***wie durch ein ~*** ως εκ θαύματος; ***es ist kein ~*** δεν είναι παράξενο
wunderbar θαυμάσιος (-*α*, -*ο*)
wundern παραξενεύω; ***sich ~ über*** *A* παραξενεύομαι, απορώ με
Wunsch (-*ḙs*; *¨e*) επιθυμία; *für andere*: ευχή; ***nach ~*** κατ' ευχήν
wünschen επιθυμώ; ***j-m etw. ~*** εύχομαι κτ σε κπ
Wunsch|form *f Gr.* ευκτική; **~gemäß** κατ' ευχήν; **~programm** *n Radio*: *etwa*: πρόγραμμα που διαλέξατε
Würde *f* αξιοπρέπεια; **~los** αναξιοπρεπής 2; **~n·träger** *m* αξιωματούχος; **~voll** αξιοπρεπής 2
würdig αξιοσέβαστος; αντάξιος (-*α*, -*ο*) (*G*/*G*); άξιος (-*α*, -*ο*) *G*, *z. B.* ***bewunderungs~*** άξιος θαυμασμού; **~en** καταξιώνω, εκτιμώ (-*άς*); **~ung** *f* εκτίμηση (-*εις*)
Wurf (-*ḙs*; *¨e*) *m* ριξιά, βολή
Würfel *m* ζάρι; *Math.* κύβος; **~n** παίζω τα ζάρια; **~spiel** *n* ζάρια *n*/*pl*; **~zukker** *m* ζάχαρη σε κύβους
Wurfgeschoß *n* βλήμα *n*
würgen *v/t* στραγγαλίζω; *v/i* προσπαθώ να καταπιώ

Wurm (-*ę̸s*; *¨er*) *m* σκουλήκι
Wurst (-; *¨e*) *f* λουκάνικο; (*Aufschnitt*) σαλάμι
Würstchen *n* (μικρό) λουκάνικο
Wurstwaren *f/pl* αλλαντικά *n/pl*
Würze *f* άρτυμα *n*; καρύκευμα *n*
Wurzel *f a. fig., Math.* ρίζα; ***bis zur ~, mit der ~*** σύρριζα
würz|en *a. fig.* καρυκεύω, νοστιμεύω; **~ig** καρυκευμένος, αρωματικός
wusch [u:] *s.* ***waschen***
wußte *s.* ***wissen***
wüst [y:] έρημος; (*ungeordnet*) ανάστατος; **2e** *f* έρημος *f*
Wut (*0*) *f* οργή, θυμός; φούρκα; ***j-n in ~ bringen*** εξοργίζω κπ, φουρκίζω κπ; **~anfall** *m* μανία; **~ausbruch** *m* ξέσπασμα *n* οργής
wüten μαίνομαι; *Grippe usw.* κάνω θραύση; **~d** θυμωμένος, οργισμένος; ***~d werden auf*** *A*, ***über*** *A* αγριεύω με, εξαγριώνομαι με

X

X-Beine *n/pl*: ***er hat ~*** είναι στραβοκάνης *od.* στραβοπόδαρος
x-beliebig οποιοσδήποτε
Xylo'phon (-*s*; -*e*) *n* ξυλόφωνο

Y

y-Achse *f Math.* άξονας των ψ
Yacht *f* γιοτ (*0*) *n*
Yoga [j-] (-*s*; *0*) *m, n* γιόγκα (*0*) *n*; **~stellung** *f* στάση (-*εις*) του γιόγκα

Z

Zack|e *f*, **~en** *m* μύτη, αιχμή; *Tech.* δόντι; **2ig** οδοντωτός; κοφτερός
zaghaft άτολμος, διστακτικός
zäh *Pers.* (*hartnäckig*) επίμονος; (*ausdauernd*) καρτερικός; *Fleisch*: σκληρός; **2igkeit** (*0*) *f* επιμονή; σκληρότητα; **~flüssig** παχύρρευστος
Zahl *f* αριθμός; *fig.* ***in die roten ~en geraten*** παρουσιάζω έλλειμμα; **2bar** πληρωτέος (-*α*, -*ο*)
zahlen *v/t* πληρώνω; ***ich möchte ~!*** (θέλω) να πληρώσω; (παρακαλώ,) το λογαριασμό!
zähl|en μετρώ (-άς), αριθμώ; *v/i* (*gehören zu*) συγκαταλέγομαι (***zu*** *D*/μεταξύ *G*, σε); ***das ~t nicht*** δε μετράει
zahlen|gleich ισάριθμος; **2lotto** *n* αριθμολαχείο; **~mäßig** αριθμητικός
Zähler *m Tech.* μετρητής; αριθμητής
Zahl|grenze *f etwa*: όριο ισχύος εισιτηρίου; **~karte** *f etwa*: ταχυδρομική επιταγή

zahl|los αμέτρητος; **~reich** πολυάριθμος; **2tag** *m* ημέρα πληρωμής; **2ung** *f* πληρωμή
Zählung *f* μέτρημα *n*
Zahlungs|anweisung *f* ένταλμα *n* πληρωμής; **~aufforderung** *f* απαίτηση (*-εις*) πληρωμής; **~aufschub** *m* αναβολή πληρωμής; **~befehl** *m jur.* επιταγή; **~bilanz** *f* ισοζύγιο πληρωμών; **~bilanzdefizit** *n* έλλειμμα *n* ισοζυγίου πληρωμών; **~bilanzüberschuß** *m* πλεόνασμα *n* ισοζυγίου πληρωμών; **~einstellung** *f* στάση (*-εις*) πληρωμών; **2fähig** φερέγγυος (*-α, -ο*); **~fähigkeit** *0) f* φερεγγυότητα; **~mittel** *n* μέσο πληρωμών; **2unfähig** αφερέγγυος; **~unfähigkeit** (*0*) *f* αφερεγγυότητα
Zahl|wort (*-es; ¨er*) *n Gr.* αριθμητικό; **~zeichen** *n* ψηφίο
zahm ήμερος; **~ *werden*** ημερεύω
zähmen ημερεύω; *Tier a.* δαμάζω
Zähmung *f* ημέρωμα *n*
Zahn (*-es; ¨e*) *m* δόντι; **~arzt** *m* οδοντογιατρός; **~arztpraxis** *f* οδοντιατρείο; **~bürste** *f* οδοντόβουρτσα; **~creme** *f* οδοντόκρεμα
Zahnersatz *m* μασέλα, ψεύτικα δόντια *n/pl*
Zahn|fleisch *n* ούλα *n/pl*; **~fleischentzündung** *f* ουλίτιδα; **~heilkunde** *f* οδοντιατρική; **2los** ξεδοντιάρης (*-α*); **~pasta** *f* οδοντόπαστα; **~prothese** *f* μασέλα
Zahnrad *n* οδοντωτός τροχός; **~bahn** *f* οδοντωτός σιδηρόδρομος
Zahn|schmelz *m* σμάλτο, αδαμαντίνη; **~schmerzen** *m/pl* πονόδοντος; **~stein** (*-es; 0*) *m* πουρί, πέτρα; **~stocher** *m* οδοντογλυφίδα; **~techniker** *m* οδοντοτεχνίτης
Zange *f* τσιμπίδα
Zank (*-es; 0*) *m* καβγάς (*-άδες*); τσακωμός, μάλωμα *n*, φιλονικία
zanken: *sich* ~ τσακώνομαι; μαλώνω, καβγαδίζω
Zäpfchen *n Anat.* σταφυλή; *Med.* (*Suppositorium*) υπόθετο
Zapfen *m Faß*: κάνουλα, τάπα; *Bot.* κώνος, κουκουνάρι; **~streich** *m* σιωπητήριο
zappel|ig *Kind*: ζωηρός, ανήσυχος; **~n** σπαρταρώ (*-άς*); **2philipp** (*-s; -e*) *m* νευρόσπαστο

Zar (*-en*) *m* τσάρος; **~in** *f* τσαρίνα; **2istisch** [-'tɪs-] τσαρικός
zart [aː] τρυφερός, απαλός; **~fühlend** αβρός
zärtlich τρυφερός, χαϊδευτικός, στοργικός; **2keit** *f* τρυφερότητα, στοργή
Zä'sur *f* τομή
Zauber *m a. fig.* μαγεία; γοητεία; **~'ei** *f* μαγεία, γοητεία; **~er** *m* μάγος; **~flöte** *f* μαγικός αυλός; **~formel** *f* μαγική λέξη (*-εις*); **2haft** μαγευτικός; **~in** *f* μάγισσα; **~künstler** *m* θαυματοποιός; **~mittel** *n* μαγικό μέσο
zaubern μαγεύω
Zauberstab *m* μαγικό ραβδί
Zaum (*-es; ¨e*) *m* χαλινός, καπίστρι; ***im ~e halten*** συγκρατώ, συμμαζεύω
Zaumzeug (*-es; 0*) *n* χαλινάρια *n/pl*
Zaun (*-es; ¨e*) *m* φράχτης, περίβολος; **~pfahl** *m* παλούκι
Zebra (*-s; -s*) *n* ζέβρα; **~streifen** *m* διάβαση (*-εις*) πεζών
Zeche [ε] *f* έξοδα *n/pl* γλεντιού; *Tech.* μεταλλείο, ορυχείο
Zecke *f Zool.* τσιμ(π)ούρι
Zeder *f* κέδρος; **~n·holz-** κέδρινος
Zeh (*-s; -en*) *m*, **~e** *f* δάχτυλο (του ποδιού); ***kleine ~e*** δαχτυλάκι
zehn δέκα; ***etwa ~*** καμιά δεκαριά; **2** *f* δεκάδα; (*Karte*) δεκάρι; **2er** *m* δεκάδα; **~jährig** δεκάχρονος; δεκαετής 2; **~mal** δέκα φορές; **~tägig** δεκαήμερος
zehn'tausend δέκα χιλιάδες
Zehnte|l *n* δέκατο; **2ns** δέκατον; **2(r)** δέκατος
zehren τρέφομαι (**von** *D*/από, με)
Zeichen *n* σημάδι, *a. Math.* σημείο, σήμα *n*, σινιάλο; ένδειξη (*-εις*); μάρκα; *Büro*: μονογραφή; **~heft** *n* τετράδιο ιχνογραφίας; **~kunst** *f* ιχνογραφία; **~lehrer** *m* δάσκαλος *od.* καθηγητής ιχνογραφίας; **~setzung** *f Gr.* στίξη; **~stift** *m* μολύβι (ιχνογραφίας)
zeichn|en ιχνογραφώ, σχεδιάζω; (*kennzeichnen*) σημαδεύω; *Brief* υπογράφω; **2en** *n* ιχνογραφία; **2er** *m* σχεδιαστής; **2erin** *f* σχεδιάστρια; **2ung** *f* ιχνογράφημα *n*, σχέδιο; **~ungs·berechtigt** δικαιούχος υπογραφής
Zeige|- δεικτικός; **~finger** *m* δείκτης;

2n δείχνω (**j-m etw.**/κτ σε κπ); *Interesse* επιδεικνύω; (*offenbaren*) εμφανίζω; **sich 2n** εκδηλώνομαι; **~r** *m Uhr*: δείκτης
Zeile *f* στίχος, αράδα; *e-s Briefes*: γραμμή, σειρά
Zeit *f* καιρός, χρόνος; (*Stein2 usw.*) εποχή; ώρα; **zur ~** προς το παρόν; ***seit einiger ~*** εδώ και λίγο καιρό; ***vor langer ~*** παλ(α)ιά, προ πολλού; ***zur rechten ~*** στη σωστή ώρα; ***von ~ zu ~*** από καιρό σε καιρό; ***im Laufe der ~*** στη διάρκεια του χρόνου; ***sich ~ lassen*** δε(ν) βιάζομαι; ***es ist höchste ~*** επείγει
Zeit|abschnitt *m* περίοδος *f*; **~alter** *n* εποχή; **~arbeit** *f etwa*: απασχόληση περιορισμένου χρόνου; **~aufwand** *m* δαπάνη χρόνου; **~dauer** *f* χρονική διάρκεια; **~en·folge** *f Gr.* χρήση των χρόνων (στον πλάγιο λόγο); **~geist** (-; *0*) *m* πνεύμα *n* της εποχής; **2gemäß** επίκαιρος, συγχρονισμένος; **~genosse** *m*, **2genössisch** σύγχρονος; **~geschehen** *n* επικαιρότητα
zeitig νωρίς; εγκαίρως
Zeit|karte *f* εισιτήριο διαρκείας; **~konto** *n* λογαριασμός προθεσμίας; **~lang** *f*: ***e-e ~lang*** για λίγο, κάμποσο(ν) καιρό; **2'lebens** όλη τη ζωή; **2lich** χρονικός; **~lohn** *m etwa*: χρονική αποζημίωση; **2los** άχρονος
Zeitlupen|aufnahme *f* επιβραδυντική κινηματογράφηση (*-εις*); **~tempo** *n*: ***im ~tempo*** σε αργή προβολή
Zeit|mangel (*-s*; *0*) *m* έλλειψη (*-εις*) χρόνου; **~messer** *m* χρονόμετρο; **~plan** *m* χρονοδιάγραμμα; **~punkt** *m* χρονικό σημείο; **2raubend** χρονοβόρος (*-α, -ο*); **~raum** *m* χρονικό διάστημα; **~rechnung** *f* χρονολογία; **~schrift** *f* περιοδικό
Zeitung *f* εφημερίδα
Zeitungs|anzeige *f* αγγελία εφημερίδας; **~artikel** *m* άρθρο εφημερίδας; **~bericht** *m* ανταπόκριση (*-εις*) εφημερίδας; **~händler** *m* εφημεριδοπώλης; **~papier** *n* χαρτί εφημερίδας
Zeit|unterschied *m* διαφορά χρόνου; *Zonenzeit*: διαφορά της ώρας; **~verschwendung** *f* σπατάλη χρόνου; **~vertreib** *m*: ***zum ~vertreib*** για να περνάει η ώρα; **2weilig** προσωρινός; **~zone** *f etwa*: ζώνη της ίδιας ώρας
Zell|e *f* κε(λ)λί; *Biol.* κύτταρο; *pol.* πυρήνας; **~kern** *m* πυρήνας
Zello'phan (*-s*; *0*) *n* σελοφάν (*0*) *n*
Zellu'lose *f* κυτταρίνη
Zelt (*-es*; *-e*) *n* σκηνή, αντίσκηνο; **2en** κατασκηνώνω; **~en** *n*, **~lager** *n* κατασκήνωση (*-εις*)
Ze'ment (*-es*; *0*) *m* τσιμέντο; **2ieren** [-'ti:-] τσιμεντάρω, τσιμεντώνω
Ze'nit (*-s*; *0*) *m* κατακόρυφο, *a. fig.* ζενίθ (*0*) *n*; μεσουράνημα *n*
zen'sier|en *pol.* λογοκρίνω; *Schule*: βαθμολογώ; **2ung** *f* βαθμολογία
Zen'sur *f* λογοκρισία; βαθμολογία
Zenti'meter *m* (*a. n*) εκατοστό(μετρο), πόντος; **~maß** *n* μέτρο
Zentner *m* στατήρας
zen'tral κεντρικός; κύριος (*-α, -ο*)
Zen'tral|bank *f* εθνική τράπεζα; **~e** *f* κέντρο; αρχηγείο; **~heizung** *f* κεντρική θέρμανση (*-εις*)
zentrali'sier|en συγκεντρώνω; **2ung** *f* συγκέντρωση (*-εις*)
Zentra'lis|mus (-; *0*) *m* συγκεντρωτισμός; **2tisch** συγκεντρωτικός
Zentrum (*-s*; *-tren*) *n* κέντρο
Zepter *n* σκήπτρο
zer'brach [a:] *s.* ***zerbrechen***
zer|'brechen* [ε] *v/t* σπάζω, τσακίζω (*a. v/i sn*); κομματιάζω; ***sich*** (*D*) ***den Kopf ~brechen*** σπάζω το κεφάλι μου; **~'brechlich** εύθραυστος; **~'brochen** *s.* ***zerbrechen***; **~'bröckeln** *v/t* θρυμματίζω, κάνω θρύμματα; **~'drücken** ζουλώ (*-άς*), *K* συνθλίβω
Zeremo|'nie *f* τελετή; **~ni'ell** (*-s*; *-e*) *n* τυπικό, εθιμοτυπία
Zer'fall (*-es*; *0*) *m* διάλυση (*-εις*), αποσύνθεση (*-εις*); **2en*** (*sn*) διαλύομαι, αποσυντίθεμαι
zer|'fetzen σχίζω, *a. fig.* κουρελιάζω; **~'fleischen** κατακρεουργώ; **~'hakken** λιανίζω; **~'kleinern** κομματιάζω; **~'knirscht** μετανιωμένος (***wegen*** *G*/για); συντετριμμένος; **~'knittern** τσαλακώνω; **~'kratzen** κατατσουγκρανώ (*-άς*); **~'lassen*** λιώνω; **~'legen** διαμελίζω; αποσυνθέτω; **~'lumpt** κουρελιασμένος; **~'mürbt** καταβεβλημένος; κατάκοπος; **~'nagen** κατατρώω; **~'platzen*** (*sn*)

σκάζω; **~'quetschen** [ε] πολτοποιώ, λιώνω, συνθλίβω
Zerrbild *n* γελοιογραφία
zer|'reiben* κατατρίβω; **~'reißen*** *v/t* (ξε)σκίζω; *Brief* κάνω κομμάτια; *Faden* σπάζω
zerren σέρνω; τραβώ (*-άς*)
zer|'rinnen* (*sn*) διαλύομαι; περνώ (*-άς*); **~'riß** *s.* ***zerreißen***; **~'rissen** ξεσκισμένος; **~'rütten** *Gesellschaft usw.* ανατρέπω, διαλύω; *Gesundheit* φθείρω; **~'sägen** πριονίζω; κόβω με πριόνι; **~schlagen*** *v/t* σπάζω, κατακομματιάζω; *Feind* συντρίβω, κατατροπώνω; *Verbrecherbande* εξαρθρώνω; **2'schlagung** *f* κατατρόπωση (*-εις*); **~'schmelzen*** (*sn*) λιώνω; **~'schmettern** *a. fig.* κατασυντρίβω; **~'schneiden*** κόβω κομμάτια *n/pl*
zer'setz|en *Chem.* αποσυνθέτω; ***sich ~en*** σαπίζω; **2ung** *f* αποσύνθεση (*-εις*); διάλυση (*-εις*)
zer'splitter|n *v/t* κατακομματιάζω; *Macht* κατακερματίζω; διασκορπίζω; **2ung** *f* κομμάτιασμα *n*; κατακερματισμός
zer|'springen* (*sn*) *v/i* σκάζω, *Glas*: ραγίζω; **~'stampfen** στουμπίζω
zer'stör|en καταστρέφω, χαλνώ (*-άς*); εξαλείφω; *Vorurteil* ανατρέπω; **2er** *m mil.* αντιτορπιλικό; **~erisch** καταστρεπτικός; **~t** κατεστραμμένος, χαλασμένος; **2ung** *f* καταστροφή
zer'streu|en *Menschen* (δια)σκορπίζω; (*unterhalten*) ψυχαγωγώ, διασκεδάζω; **~t** σκορπισμένος; *fig.* (*abwesend*) αφηρημένος; **2t·heit** *f* αφηρημάδα; **2ung** *f* διασκόρπιση (*-εις*), διασπορά; *fig.* ψυχαγωγία, διασκέδαση (*-εις*)
zer'stritten μαλωμένος
zer'stückel|n διαμελίζω, τεμαχίζω; **2ung** *f* διαμελισμός
zer'teil|en κατατέμνω; διαιρώ; **2ung** *f* κατάτμηση (*-εις*)
Zertifi'kat (*-¢s*; *-e*) *n* πιστοποιητικό; τίτλος
zer'treten* τσαλαπατώ (*-άς*)
zer'trümmern κομματιάζω, συντρίβω; *Atom* διασπώ (*-άς*)
Zettel *m* χαρτάκι, καρτέλα, δελτίο; **~kasten** *m* καρτελοθήκη

Zeug (*-¢s*; *0*) *n* (*Sachen*) πράγματα *n/pl*; *fig.* ικανότητες *f/pl*
Zeuge (*-n*) *m* μάρτυρας
zeugen¹ *v/t* γεννώ (*-άς*); τεκνοποιώ
zeugen² μαρτυρώ (***von*** *D/A*); *vor Gericht* καταθέτω (στο δικαστήριο)
Zeugen·aus·sage *f* μαρτυρική κατάθεση (*-εις*), μαρτυρία
Zeugin *f* (*K*) μάρτυς (*-υρος*) *f*
Zeugnis (*-ses*; *-se*) *n jur.* μαρτυρία; (*Schul2 usw.*) έλεγχος, ενδεικτικό; (*Bescheinigung*) πιστοποιητικό
Zeugung *f* τεκνοποιία; **~s·akt** *m* γενετήσια πράξη (*-εις*); **2s·fähig** ικανός για τεκνοποιία; **2s·unfähig** ανίκανος
Zicklein *n* κατσικάκι
Ziege *f* γίδα, κατσίκι; *a. fig.* κατσίκα
Ziegel *m* τούβλο, πλίθος; (*Dach2*) κεραμίδι; **~dach** *n* κεραμωτή στέγη; **~ei** [-'laɪ] *f* πλινθοποιείο; κεραμοποιείο; **~stein** *m* τούβλο
Ziegen|bock *m* τράγος; **~hirt** *m* γιδοβοσκός; **~käse** *m* κατσικίσιο τυρί; **~milch** *f* κατσικίσιο γάλα
Ziehbrunnen *m* μαγγανοπήγαδο
ziehen* *v/t a. Revolver, Linie* τραβώ (*-άς*); σέρνω, σύρω; (*abschleppen*) ρυμουλκώ; *Messer, Hut, Zahn* βγάζω; *Grenze* θέτω; *Mauer* υψώνω; *fig. Schlüsse* βγάζω; *Vergleich* κάνω; ***das Los ~*** κληρώνω; *v/i* (*sn*) (*gehen, fahren*) τραβώ (*-άς*), πορεύομαι; *Vögel*: αποδημώ; ***~ durch*** *A* περνώ (*-άς*) από; *sich e-n Zahn* ***~ lassen*** βγάζω; ***sich in die Länge ~*** *fig.* τραβώ (*-άς*) σε μάκρος; ***es zieht*** φυσάει, κάνει ρεύμα
Zieh|harmonika (*-*; *-s*) *f* φυσαρμόνικα; **~ung** *f e-s Loses*: κλήρωση (*-εις*)
Ziel (*-¢s*; *-e*) *n a. fig.* στόχος; σημάδι; (*Absicht*) σκοπός; (*Endpunkt*) τέρμα *n*; **2bewußt** σκόπιμος, συνειδητός; **2en** σκοπεύω, σημαδεύω (***auf*** *A/A*); **~gruppe** *f* ομάδα προορισμού; **~hafen** *m* λιμάνι προορισμού; **2los** άσκοπος; *Adv a.* στα κουτουρού; **~scheibe** *f a. fig.* στόχος, σημάδι; **2strebig** φιλόδοξος, σκόπιμος; **~strebigkeit** (*0*) *f* σκοπιμότητα, φιλοδοξία
ziemlich *Adv* αρκετά; ***~ viele*** αρκετοί 3, κάμποσοι 3

Zier(de) *f* κόσμημα *n*; στολίδι
zieren *v/t* στολίζω, κοσμώ; ***sich ~*** κάνω νάζια, καμώνομαι
zier|lich λεπτοκαμωμένος; **2pflanze** *f* διακοσμητικό φυτό
Ziffer *f* ψηφίο, αριθμός; **~blatt** *n* πλάκα του ρολογιού
Ziga'rette *f* τσιγάρο; ***Päckchen ~n*** πακέτο τσιγάρα
Ziga'retten|automat *m* αυτόματος τσιγάρων; **~etui** *n* τσιγαροθήκη; **~fabrik** *f* καπνεργοστάσιο; **~papier** *n* τσιγαρόχαρτο
Ziga'rillo (*-s, -s*) *m* πουράκι
Zi'garre *f* πούρο
Zi'geuner *m* γύφτος, τσιγγάνος; **~in** *f* γύφτισσα, τσιγγάνα
Zi'kade *f* τζιτζίκι, τζίτζικας
Zimmer *n* δωμάτιο; **~decke** *f* ταβάνι, *K* οροφή; **~kellner** *m* καμαριέρης (*-ηδες*); **~mädchen** *n* καμαριέρα; **~mann** (*-ẹs; -leute*) *m* μαραγκός, ξυλουργός; **~nachweis** *m* γραφείο ευρέσεως δωματίων; **~nummer** *f* νούμερο *od.* αριθμός δωματίου; **~schlüssel** *m* κλειδί δωματίου
zimperlich σεμνότυφος; υπερευαίσθητος
Zimt (*-ẹs; 0*) *m* κανέλα
Zink (*-ẹs; 0*) *n* τσίγκος, ψευδάργυρος
Zinn (*-ẹs; 0*) *n* καλάι *n*, κασσίτερος
Zin'nober *m* κιννάβαρι
Zins (*-es; -en*) *m mst. pl* τόκος; ***~en bringen*** φέρνω τόκους; **2bringend** τοκοφόρος (*-a, -o*); **~es·zins** *m* επιτόκιο, ανατοκισμός; **2frei, 2los** άτοκος; **~satz** *m* ύψος *n* τόκου; **~schein** *m* κουπόνι, τοκομερίδιο
Zio'nismus (*-; 0*) *m* σιωνισμός
Zipfel *m* άκρη, άκρο
Zirkel *m* διαβήτης; *fig.* κύκλος
zirku'lieren κυκλοφορώ
Zirkum'flex (*-es; -e*) *m* περισπωμένη
Zirkus (*-; -se*) *m* τσίρκο
zischen [ι] σφυρίζω
Zis'terne *f* στέρνα, δεξαμενή
Zita'delle *f* κάστρο, ακρόπολη (*-εις*)
Zi't|at (*-ẹs; -e*) *n* παράθεμα *n*; **2ieren** παραθέτω; (*vorladen*) καλώ
Zi'trone *f* λεμόνι
Zi'tronen|baum *m* λεμονιά; **~limonade** *f* λεμονάδα; **~saft** (*-ẹs; 0*) *m* χυμός λεμονιού
Zitrusfrüchte *f/pl* εσπεριδοειδή *n/pl*
zittern τρέμω, τρεμουλιάζω (***vor*** *D*/ από; ***um*** *A*/για); ***vor Kälte ~*** τουρτουρίζω; **2** *n* τρεμούλα; **~d** τρεμουλιαστός; τρεμάμενος
Zitze *f Zool.* μαστός, βυζί
Zi'vil|bevölkerung *f* άμαχος πληθυσμός; **~dienst** *m* πολιτική υπηρεσία; **~kleidung** *f* πολιτική περιβολή
Zivili|sation *f* πολιτισμός; **2'sieren** εκπολιτίζω; **2'siert** πολιτισμένος
Zivi'list (*-en*) *m* πολίτης
Zi'vilrecht (*-ẹs; 0*) *n* αστικό δίκαιο; **2lich** πολιτικός
zog *s.* ***ziehen***
zögern διστάζω (**zu**/να); **2** *n* δισταγμός; **~d** διστακτικός
Zöli'bat (*-ẹs; 0*) *n* αγαμία
Zoll (*-ẹs; ¨e*) *m* τελωνείο; (*Abgabe*) δασμός, τέλος *n*; (*Maß*) δάκτυλος; *englischer* ίντσα; **~abfertigung** *f* εκτελωνισμός; **~amt** *n* τελωνείο; **~beamte(r)** τελωνειακός; **~bescheinigung** *f* τελωνειακή βεβαίωση (*-εις*); **2frei** αδασμολόγητος τελωνειακή ατέλεια; **~kontrolle** *f* τελωνειακός έλεγχος
Zollstock *m* πτυσσόμενο μέτρο
Zone *f* ζώνη
Zoo (*-s; -s*) *m* ζωολογικός κήπος; **~'loge** (*-n*) *m* ζωολόγος; **~lo'gie** (*0*) *f* ζωολογία; **2'logisch** ζωολογικός
Zopf (*-ẹs; ¨e*) *m* πλεξούδα, κοτσίδα
Zorn (*-ẹs; 0*) *m* οργή, θυμός; ***in ~ geraten*** οργίζομαι; **2ig** θυμωμένος
zu[1] *Präp D örtlich*: προς, σε; *zeitlich*: σε, κατά *A*; *oft nur A*; *Zweck*: για; *Beispiele*: ***~ Hause*** (στο) σπίτι; ***~ den Festtagen*** στις γιορτές; ***~ Tausenden*** κατά χιλιάδες; ***zum Scherz*** για αστείο
zu[2] *Adv* (παρα)πολύ; παρα- *vor Verben*
zu[3] *vor dem Inf* να + *Konj*
zu[4] (*geschlossen*) κλειστός
zu'aller'erst πρώτα-πρώτα
zubauen φράζω, περιτειχίζω
Zubehör (*-ẹs; -e*) *n* εξαρτήματα *n/pl*
zubekommen* κατορθώνω να κλείσω; παίρνω έξτρα
zubereit|en ετοιμάζω, παρασκευάζω; **2ung** *f* ετοιμασία
zu|binden* δένω; **~bleiben*** (*sn*) μένω κλειστός
zubring|en* *Zeit* περνώ (*-άς*); φέρνω; **2erbus** *m* λεωφορείο αεροδρομίου;

Z

≈erstraße *f* αυτοκινητόδρομος προς εθνική
Zucht *(0) f* πειθαρχία; (-; *-en*) *Zool.* εκτροφή; *Bot.* καλλιέργεια
zücht|en *Zool.* εκτρέφω; **≈er** *m Zool.* κτηνοτρόφος, εκτροφέας; *Bot.* καλλιεργητής
Zuchthaus *n* ειρκτή
züchtig σεμνός, αγνός; **~en** τιμωρώ; **≈ung** *f* σωματική ποινή
Zuchtvieh *n* ζώα *n/pl* για αναπαραγωγή
zucken σπαρταρώ (-άς), σπαράζω
Zucker *m* ζάχαρη; **~dose** *f* ζαχαριέρα; **~guß** *m* γλάσο; **≈krank** διαβητικός; **~krankheit** *(0) f* ζάχαρο, διαβήτης; **~melone** *f* πεπόνι; **≈n** ζαχαρώνω; **~rohr** *n* ζαχαροκάλαμο; **~rübe** *f* ζαχαρότευτλο; **≈süß** γλυκός (*-ιά, -ό*) ... μέλι
Zuckung *f* σπασμός, σύσπαση (*-εις*)
zudecken σκεπάζω; κουκουλώνω
zu'dem ακόμα, επιπλέον
zu|drehen *Hahn* κλείνω; γυρίζω; **~drücken** κλείνω
zu'erst [eː] πρώτα, εν πρώτοις
Zufahrt *f* προσπέλαση (*-εις*)
Zufall *m* σύμπτωση (*-εις*), τύχη; ***durch*** **~** τυχαία, κατά σύμπτωση; **≈en*** (*sn*) κλείνω (τυχαία); τυχαίνω (***j-m***/σε κπ)
zufällig τυχαίος (*-α, -ο*); *Adv* τυχαία, κατά τύχη, τυχόν; *in Fragen a.* μήπως, τυχόν; **~ *sein*** τυχαίνει
Zuflucht *(0) f* καταφύγιο, προσφυγή (**zu** *D*/σε); **~s·ort** *m*; **~s·stätte** *f* καταφύγιο, άσυλο
Zufluß *m* συρροή; εισροή
zuflüstern σφυρίζω (***j-m etw.***/κτ σε κπ), ψιθυρίζω
zu'folge *D* κατά *A*, σύμφωνα με
zu'frieden ευχαριστημένος (***mit*** *D*/με, από); ***laß mich ~!*** άφησέ με ήσυχο (-η)!; **≈heit** *(0) f* ευχαρίστηση, ικανοποίηση; **~stellen** ικανοποιώ
zu|frieren* (*sn*) παγώνω; **~fügen** προσθέτω; προξενώ; **≈fuhr** *f* προσκομιδή, (αν)εφοδιασμός; **~führen** προσάγω; (αν)εφοδιάζω
Zug (*-es*; *⸚e*) *m Esb.* τρένο, συρμός, αμαξοστοιχία; (*Fest≈*) πομπή; (*Luft≈*) ρεύμα *n*; *beim Schach*: κίνηση (*-εις*); (*Schluck*) ρουφηξιά; (*Charakter≈*) χαρακτηριστικό
Zu|gabe *f* συμπλήρωμα *n*, προσθήκη; **~gang** *m* πρόσβαση (*-εις*) (**zu** *D*/σε); προσπέλαση (*-εις*); (*Vermehrung*) αύξηση (*-εις*); **≈gänglich** *a. fig.* προσιτός
Zugbegleiter *m* συνοδός τρένου
Zugbrücke *f* κινητή γέφυρα
zugeben* δίνω έξτρα, προσθέτω; (*gestehen*) ομολογώ; *Fehler* παραδέχομαι
zugehen* (*sn*) κατευθύνομαι (***auf*** *A*/ προς); (*schließen*) κλείνω; (*geschehen*) γίνομαι
zugehören ανήκω (*D*/σε)
Zügel *m* χαλινάρι, *a. fig.* ηνίο
zügel|los αχαλίνωτος (*bsd. fig.*); **≈losigkeit** *f* ασυδοσία; **~n** *a. fig.* χαλινώνω; *Kind, Zunge* μαζεύω
Zuge|ständnis (*-ses*; *-se*) *n* παραχώρηση (*-εις*), υποχώρηση (*-εις*); **≈stehen*** παραχωρώ
Zugführer *m Esb.* μηχανοδηγός
zügig απρόσκοπτος; γρήγορος
Zugkraft *f* ελκτική δύναμη (*-εις*)
zu'gleich συγχρόνως, μαζί, συνάμα
Zugluft *(0) f* ρεύμα *n*
zugreifen* αρπάζω; *bei Tisch*: παίρνω, πιάνω
zu'grunde: ~ *gehen* ρημάζω, καταστρέφομαι; **~ *legen*** θέτω για *od.* ως βάση; **~ *richten*** καταστρέφω; ξεθεμελιώνω
Zugtier *n* υποζύγιο
zugucken κοιτάζω, παρατηρώ (*D*/*A*)
zu'gunsten *G* σε όφελος *G*
zu'gute για το καλό *G*, υπέρ *G*; ***j-m ~ kommen*** μου βγαίνει σε καλό
Zug|verkehr *m* σιδηροδρομική συγκοινωνία; **~vogel** *m* αποδημητικό πτηνό *od.* πουλί
zuhalten* κρατώ (*-άς*) κλειστό
Zuhälter *m* ρουφιάνος, προαγωγός
Zu|'hause (*-; 0*) *n* σπιτικό; **≈hören** ακούω; **~hörer** *m* ακροατής; **~hörerschaft** *f* ακροατήριο; **≈kleben** κολλώ (*-άς*); **≈knöpfen** κουμπώνω
zukommen* (*sn*) έρχομαι (***auf j-n***/ προς), πλησιάζω *A*; *Recht, Ehre*: ανήκει (***j-m***/σε κπ); ***j-m etw. ~ lassen*** παρέχω κτ σε κπ; φιλεύω κπ κτ
Zu|kunft *(0) f* μέλλον (*-οντος*) *a. Gr.*; ***in ~kunft*** στο μέλλον, μελλοντικά; **≈künftig** μελοντικός
Zulage *f* επίδομα *n*, ειδική παροχή

zu|langen παίρνω; **~lassen*** επιτρέπω; (*dulden*) ανέχομαι; *Schule*: δέχομαι; ***zugelassen werden*** γίνομαι δεκτός; παίρνω επαγγελματική άδεια; **~lässig** επιτρεπτός, δεκτός; **≈lassung** *f* παραδοχή; επαγγελματική άδεια; *Schüler*: εισαγωγή (**zu** *D*/σε)
zulegen προσθέτω; *v/i* F αυξάνω την ταχύτητα; ***sich*** (*D*) ***etw.*** **~** προμηθεύομαι κτ
zuleit|en *Tech.* παροχετεύω; οδηγώ; **≈ung** *f El.* (μετ)αγωγός
zu'letzt στο τέλος, επιτέλους
zu'liebe: ***j-m*** **~** για χάρη *G*
Zuliefer·industrie *f etwa*: βιομηχανία πρώτων υλών
zum [υ] = ***zu dem***
zumachen κλείνω
zu'mal (da) *Ko* προκειμένου ότι, μια και
zumauern *Loch* χτίζω, κλείνω
zu'meist ως επί το πλείστον
zumuten απαιτώ, γυρεύω (***j-m etw.***/κτ από κπ); ***sich*** (*D*) ***zuviel*** **~** υπερτιμώ τις δυνάμεις μου
Zumutung *f* υπερβολική απαίτηση; προσβολή
zu'nächst πρώτα, στην αρχή
zu|nageln καρφώνω; **≈nahme** *f* αύξηση (*-εις*); **≈name** *m* επώνυμο
zünden *v/t*, *v/i* ανάβω *a. fig.*
Zünd|er *m* αναφλεκτήρας; **~holz** *n* σπίρτο; **~kerze** *f* μπουζί, αναφλεκτήρας; **~schloß** *n* διακόπτης ανάφλεξης; **~schlüssel** *m* κλειδί μίζας; **~schnur** *f* φιτίλι; **~stoff** *m* εύφλεκτη ύλη; *fig.* έναυσμα *n*; δυναμίτης; **~ung** *f Auto*: ανάφλεξη (*-εις*)
zunehmen* αυξάνω, μεγαλώνω; (*dikker werden*) παχαίνω; *Mond*: γεμίζω; **~d;** *Adv* ολοένα (και) + *Komp*
zuneigen *D* ρέπω, τείνω προς
Zuneigung *f* ροπή; συμπάθεια
Zunft (-; *⸚e*) *f* συντεχνία, σινάφι
Zunge *f* γλώσσα
Zungen|brecher *m* γλωσσοδέτης; **~fertigkeit** (*0*) *f* ευγλωττία; **~spitze** *f* άκρη της γλώσσας
Zünglein *n der Waage*: γλώσσα, γλωσσίδι; *fig.* ***das*** **~** ***an der Waage sein*** κλίνω την πλάστιγγα
zu'nichte: **~** ***machen*** καταστρέφω
zu'nutze: ***sich*** (*D*) ***etw.*** **~** ***machen*** επωφελούμαι από κτ, εκμεταλλεύομαι κτ
zupfen [υ] μαδώ (*-άς*); τραβώ (*-άς*)
zur [υ] = ***zu der***
zurechn|en καταλογίζω; **~ungs·fähig** ικανός καταλογισμού; **≈ungs·fähigkeit** (*0*) *f* καταλογισμός
zu'recht|finden*: ***sich*** **~*finden*** προσανατολίζομαι; **~kommen*** (*sn*) *kostenmäßig*: τα βγάζω πέρα; *mit e-r Pers.* τα πάω καλά; **~machen** *Zimmer* συγυρίζω; *Bett* στρώνω, φτιάνω; ***sich*** **~*machen*** φτιάνομαι; **~weisen*** επιπλήττω; **≈weisung** *f* επίπληξη (*-εις*)
zureden παραινώ (***j-m***/κπ)
zu|richten ετοιμάζω; ***j-n übel*** **~*richten*** κακομεταχειρίζομαι κπ; **~riegeln** μανταλώνω
zu'rück πίσω; ***ich bin*** **~** γύρισα
zu'rück|behalten* (κατα)κρατώ (*-άς*); **~bekommen*** παίρνω πίσω; **~bleiben*** (*sn*) *a. fig. j-m gegenüber* μένω πίσω από; υπολείπομαι (***um*** *A*/κατά *A*); ***in*** *e-r S.* (*D*) **~** υστερώ σε; **~bringen*** φέρνω πίσω; **~denken*** ξαναθυμάμαι, ξαναφέρνω στο μυαλό μου (***an*** *A*/*A*); **~drängen** παραγκωνίζω; **~erhalten*** παίρνω πίσω; **~erstatten** επιστρέφω; **~fahren*** γυρίζω, επιστρέφω; **~fallen*** (*sn*) πέφτω πίσω; *jur.* ***an j-n*** περιέρχομαι σε κπ; **~finden*** ξαναβρίσκω το δρόμο; **~fordern** ζητώ (*-άς*) πίσω; **~führen:** ***etw. auf etw.*** (*A*) **~*führen*** αποδίδω κτ σε κτ; ανάγω κτ σε κτ; **~geben*** δίνω πίσω, γυρίζω, επιστρέφω; **~geblieben** (***geistig***/πνευματικώς) καθυστερημένος; **~gehen*** (*sn*) πηγαίνω πίσω, γυρίζω; *Hdl. usw.* μειώνομαι, πέφτω; **~*gehen auf*** *A* ανάγομαι σε; **~greifen*** *fig.* ανατρέχω (***auf*** *A*/σε); **~halten*** συγκρατώ; ***sich*** **~*halten*** συγκρατιέμαι, -ούμαι; **~haltend** συγκρατημένος; επιφυλακτικός; **≈haltung** (*0*) *f* επιφύλαξη (*-εις*); **~kehren** (*sn*) γυρίζω (πίσω), επιστρέφω; **~kommen*** (*sn*) επανέρχομαι (*a.* ***auf*** *ein Thema*/σε)
zu'rück|lassen* καταλείπω, αφήνω πίσω; **~legen** *Geld* βάζω κατά μέρος; *Buch* αφήνω; *Weg* διανύω; **~lehnen:** ***sich*** **~*lehnen*** ακουμπώ (*-άς*) πίσω; **~nehmen*** παίρνω πίσω; ανα-

καλώ; **~rufen** φωνάζω πίσω; *Abgesandte* ανακαλώ; *Tel.* ξαναπαίρνω στο τηλέφωνο; **~schlagen*** *Angriff* αποκρούω, αντικρούω; **~schrecken** *v/i* * (*sn*) αποθαρρύνομαι; *fig.* διστάζω (**vor** *D*/μπροστά σε); **~senden*** επιστρέφω; **~setzen** βάζω πίσω; *fig. j-n* υποβιβάζω; **~stellen** βάζω πίσω; (*aufschieben*) αφήνω γι αργότερα; **~stoßen*** σπρώχνω; **~stufen** *Büro*: υποβιβάζω; **~treten*** (*sn*) υποχωρώ; *von e-m Vertrag*: αποχωρώ; *Regierung*: παραιτούμαι; **~versetzen** μεταφέρω πίσω; **~weichen*** (*sn*) υποχωρώ; **~weisen*** αποκρούω; *Forderung* απορρίπτω; **2weisung** *f* απόκρουση (-εις); **~werfen*** ρίχνω πίσω, *Strahlen* αντανακλώ (-άς); **~wollen*** θέλω να γυρίσω

zu'rückzahlen πληρώνω πίσω, επιστρέφω; *fig.* ***es j-m mit gleicher Münze ~*** πληρώνω κπ με το ίδιο νόμισμα

zu'rückziehen* *v/t* αποσύρω; ***sich ~*** αποσύρομαι; αποτραβιέμαι

Zu|ruf *m* κλήση (-εις); (*Beifall*) επευφημία; **2rufen*** φωνάζω (*D*/*A*); **~sage** *f* υπόσχεση (-εις); αποδοχή; **2sagen** υπόσχομαι; *Einladung*: δέχομαι; ***etw. sagt mir zu*** μου αρέσει κτ

zu'sammen μαζί, συγχρόνως

Zu'sammen|arbeit *f* συνεργασία; **2arbeiten** συνεργάζομαι; **2binden*** δένω μαζί; **2bleiben*** (*sn*) μένω μαζί; **2brechen*** (*sn*) σωριάζομαι, καταρρέω; *Hdl.*, *Verkehr*: παραλύω; **2bringen*** μαζεύω; ζευγαρώνω; **~bruch** *m* κατάρρευση (-εις); καταστροφή; **2drängen** στριμώχνω; **2fahren*** (*sn*) *Wagen*: συγκρούομαι; *fig.* τρομάζω; **2fallen*** (*sn*) γκρεμίζομαι; *körperlich*: καταβάλλομαι (***durch*** *A*/από); συμπίπτω; **2falten** διπλώνω, συμπτύσσω; **2fassen** συγκεφαλαιώνω; **2fassend** περιληπτικός; **~fassung** *f* περίληψη (-εις)

zu'sammen|fügen συναρμολογώ; **2fügung** *f* συναρμολόγηση (-εις); **~führen** ενώνω; **~gehen*** (*sn*) *a. fig.* συμβαδίζω (***mit*** *D*/με); **~gehören** ταιριάζω; ανήκω στην ίδια οικογένεια (*bzw.* ομάδα); **~gesetzt** σύνθετος; *Gr. Zeiten*: περιφραστικός

Zu'sammen|halt *m* συνοχή; αλληλεγγύη; **2halten*** *v/t* συγκρατώ; *fig. v/i* συνδέομαι

Zu'sammenhang *m* συνάφεια; σχέση (-εις); ***in diesem ~*** σχετικά

zu'sammenhängen* σχετίζομαι; **~d** συναφής 2 (***mit*** *D*/με)

zu'sammen|hanglos *Worte usw.* ασυνάρτητος, ξεκάρφωτος; **~klappbar** πτυσσόμενος; **~klappen** *Schirm* συμπτύσσω; *fig. v/i* (*sn*) σωριάζομαι; **~kommen*** (*sn*) συνέρχομαι, σμίγω; **2kunft** (-; *¨e*) *f* συνάντηση (-εις); **~laufen*** (*sn*) συναθροίζομαι; **~leben** συμβιώνω; *bes. ohne Heirat*: συζώ; **2leben** *n* συμβίωση; **~legen** βάζω μαζί; *Firmen* ενοποιώ, συγχωνεύω; *Geld* βάζω ρεφενέ; **2legung** *f Hdl.* συγχώνευση (-εις), ενοποίηση (-εις); **~leimen** συγκολλώ (-άς)

zu'sammen|nehmen*: ***sich ~ nehmen*** συγκρατιέμαι; βάζω τα δυνατά μου; **~packen** μαζεύω; **~passen** *v/i* ταιριάζω; **~pressen** στριμώχνω, (συμ)πιέζω; **~rechnen** συνυπολογίζω (***zu*** *D*/σε); προσθέτω; **~rollen** κουλουριάζω; **~rücken** πλησιάζω; *a. im Bus* σφίγγομαι; **~rufen** συγκαλώ

zu'sammen|schließen*: ***sich ~*** *Hdl.* συνεταιρίζομαι; *allg.* ενώνομαι (***zu*** *D*/σε); **2schluß** *m* ένωση (-εις); **~schrumpfen** (*sn*) *Pers.* ζαρώνω; *allg.* λιγοστεύω; **~setzen** συνθέτω, συναρμολογώ; ***sich ~setzen aus*** *D* αποτελούμαι από; **2setzung** *f* σύσταση (-εις); *a. Gr.* σύνθεση (-εις); **~stehen*** στέκομαι μαζί; *fig.* συνασπίζομαι; **~stellen** συμπαραθέτω, συγκεντρώνω; **2stellung** *f* συμπαράθεση (-εις); **2stoß** *m* σύγκρουση (-εις), τρακάρισμα *n*; **~stoßen*** (*sn*) συγκρούομαι, τρακάρω; **~strömen** (*sn*) συρρέω *a. fig.*; **~stürzen** (*sn*) βουλιάζω, γκρεμίζομαι

zu'sammen|treffen* (*sn*) συναντιέμαι (***mit j-m***/με κπ); *zeitlich*: συμπίπτω; **2treffen** *n* συνάντηση (-εις); σύμπτωση (-εις); **~treten*** (*sn*) (*tagen*) συνεδριάζω; *Parlament*: συνέρχομαι; **~tun*:** ***sich ~tun*** ενώνομαι; **~wachsen*** (*sn*) συμφύομαι; **~wohnen** συγκατοικώ; **~zählen** προσθέτω; **~ziehen*** *v/t* συστέλλω, συσπώ (-άς); *a.*

Gr. συναιρώ; *Truppen* συγκεντρώνω; **ẞziehung** *f* συστολή
Zu|satz *m* προσθήκη, συμπλήρωμα *n*; **ẞsätzlich** (επι)πρόσθετος
zuschau|en κοιτάζω (*D*/*A*); **ẞer** *m* θεατής
zu|schicken στέλνω; **~schieben*** κλείνω; σπρώχνω; *fig.* καταλογίζω; **ẞschlag** *m* επαύξηση (*-εις*); **~schlagen*** *Tür* κλείνω με πάταγο; (*Auktion*) κατακυρώνω; *Schicksal*: χτυπώ (*-άς*); **~schließen*** κλειδώνω; **~schneiden*** *Kleid* κόβω; **ẞschneider** *m* κόπτης; **ẞschneiderin** *f* κόπτρια; **~schnüren** δένω σφιχτά; **~schrauben** βιδώνω; **~schreiben*** αποδίδω (*A*–*D*/κτ σε)
zu'schulden: ***sich*** (*D*) ***etw. ~ kommen lassen*** γίνομαι ένοχος (για *od. G*)
Zuschuß *m* επιμίσθιο, επίδομα *n*; **~betrieb** *m* προβληματική επιχείρηση (*-εις*)
zu|schütten αναχωματίζω; **~sehen*** κοιτάζω, βλέπω (*D*/*A*); **~senden*** αποστέλλω, στέλνω (***j-m etw.***/κτ σε κπ); **~setzen** χάνω; *Geld* προσθέτω; **~sichern** επιβεβαιώνω; **ẞsicherung** *f* επιβεβαίωση (*-εις*); **~spitzen: *sich ~spitzen*** *Lage*: επιδεινώνομαι, οξύνομαι; **ẞspitzung** *f* επιδείνωση (*-εις*)
zusprechen*: ***Betrag ~*** επιδικάζω; ***j-m Trost ~*** παρηγορώ κπ; ***j-m Mut ~*** ενθαρρύνω κπ
Zuspruch (*-ẹs*; *0*) *m* ενθάρρυνση (*-εις*)
Zustand *m allg.* κατάσταση (*-εις*); (*schlechter*) κατάντημα *n*; ***was sind das für Zustände!*** τι χάλια είναι αυτά!
zu'stande: ***~ bringen*** *A* φέρνω σε πέρας; ***es kommt ~*** γίνεται
zuständig αρμόδιος (*-α, -ο*) (**für** *A*/για, *K* επί *G*); **ẞkeit** *f* αρμοδιότητα
zu|stehen*: ***mir steht etw. zu*** έχω δικαίωμα για; **~steigen** ανεβαίνω κατά τη διαδρομή
zustell|en επιδίδω; **ẞung** *f* διανομή
zusteuern βάζω πλώρη (***auf*** *A*/για)
zustimm|en συμφωνώ, επιδοκιμάζω (***j-m***/κπ); **ẞung** *f* επιδοκιμασία, συγκατάθεση (***zu*** *D*/για)
Zutaten *f*/*pl* συστατικά *n*/*pl*
zuteil|en μοιράζω (***j-m etw.***/κτ σε κπ); **ẞung** *f* κατανομή
zu'tiefst *bedauern* βαθύτατα
zu|trauen: ***j-m etw. ~trauen*** θεωρώ κπ ικανό για; **ẞtrauen** *n* εμπιστοσύνη (***zu*** *D*/σε); **~treffen*** αληθεύω; **~treffend** σωστός, ακριβής 2
Zutritt (*-ẹs*; *0*) *m* είσοδος *f*
zutun (*hin~*) προσθέτω; ***kein Auge ~*** δεν κλείνω μάτι; **ẞ** *n* σύμπραξη
zuverlässig αξιόπιστος; **ẞkeit** (*0*) *f* αξιοπιστία; αυθεντικότητα
Zuversicht (*0*) *f* αισιοδοξία; **ẞlich** αισιόδοξος
zu'viel παραπολύ; *vor Verben*: παρα-
zu'vor πριν, προηγουμένως
zu'vor|kommen* (*sn*) προλαβαίνω (*D*/*A*); **~kommend** υποχρεωτικός, φιλοφρονητικός
Zuwachs [-ks] (*-es*; *0*) *m* αύξηση (*-εις*); **~rate** *f Hdl.* ρυθμός αυξήσεως
zu|wachsen* (*sn*) *Wunde*: επουλώνομαι; **ẞwanderer** *m* μετανάστης
zu|weisen* *Arbeit* δίνω, ορίζω; **~wenden*** *Geld* χορηγώ; *Aufmerksamkeit* στρέφω; ***sich ~wenden*** *D* στρέφομαι σε; **ẞwendung** *f* χορηγία; βοήθεια; **~werfen*** ρίχνω (***j-m etw.***/κτ σε κπ); *Tür* κλείνω ορμητικά
zu'wider *D* εναντίον *G*, παρά *A*; **~handeln** παραβαίνω (*D*/*A*); **ẞhandlung** *f* παράβαση (*-εις*)
zuwinken γνέφω (***j-m***/σε κπ)
zu|zahlen πληρώνω πρόσθετα; **~ziehen*** *Vorhang* κλείνω; *Knoten* σφίγγω; **~züglich** *G* συν *A*
zwang *s.* ***zwingen***
Zwang (*-ẹs*; *‥e*) *m* εξαναγκασμός
zwängen σφίγγω, πιέζω
zwanglos αβίαστος; χωρίς τύπους
Zwangs|arbeit *f* καταναγκαστική εργασία; **~ernährung** *f* αναγκαστική διατροφή; **~jacke** *f* ζουρλομαντύας; **~lage** *f* δίλημμα *n*; **ẞläufig** αναγκαίος (*-α, -ο*); **~maßnahme** *f* αναγκαστικό μέτρο; **~versteigerung** *f* αναγκαστικός πλειστηριασμός; **~vollstreckung** *f* αναγκαστική εκτέλεση (*-εις*); **~vorstellung** *f Psych.* έμμονη ιδέα
zwanzig είκοσι; **~jährig** εικοσάχρονος; **~mal** είκοσι φορές; **~ste(r)** εικοστός; **~tausend** είκοσι χιλιάδες
zwar: ***und ~*** και μάλιστα; ***~ ..., aber*** μεν ..., αλλά (*od.* όμως)
Zweck (*-ẹs*; *-e*) *m* σκοπός; ***es hat keinen ~*** δεν έχει νόημα

zweckdienlich πρακτικός, σκόπιμος
Zwecke *f* (πλατυκέφαλη) πρόκα
zweck|los άσκοπος; **~mäßig** σκόπιμος; **≈mäßigkeit** *(0) f* σκοπιμότητα; **~s** *Präp G* με σκοπό *A od.* να
zwei δύο, δυο; ≈ *f* δύο *(0)*, δυάρι
zwei|bändig δίτομος; **~deutig** *(a. unklar)* διφορούμενος; αμφίβολος; **~fach** διπλός, διπλάσιος *(-a, -o)*
Zweifel *m* αμφιβολία; ***im ~ sein über*** *A* είμαι σε αμφιβολία για; **≈haft** αμφίβολος; **≈los** αναμφίβολος, αναμφισβήτητος; **≈n** αμφιβάλλω (***an*** *D*/για); **≈s'ohne** χωρίς αμφιβολία
Zweifler *m* σκεπτικιστής
Zweig *(-ẹs; -e) m* κλαρί; *a. fig., Wirtsch.* κλάδος; *Schule*: κύκλος
zwei|gleisig *Esb.* με δύο γραμμές *f/pl*; **~gliedrig** διμελής 2
Zweigstelle *f* υποκατάστημα *n*, παράρτημα *n*; **~n·leiter(in** *f)* *m* προϊστάμενος (-μένη *f*) υποκαταστήματος
zweihändig με δύο χέρια
zweihundert διακόσ(ι)οι 3
zwei|jährig δίχρονος, διετής 2; **≈kampf** *m* μονομαχία; **≈'klassen-, ~klassig** διτάξιος *(-a, -o)*; **~köpfig** *Adler*: δικέφαλος; διμελής 2; **~mal** δυο φορές; **~monatlich** διμηνιαίος; **~motorig** δικινητήριος *(-a, -o)*; **≈rad** *n* ποδήλατο; **~schneidig** δίκοπος; **~seitig** διμερής; δίπλευρος; δισέλιδος; **~silbig** δισύλλαβος; **~sprachig** δίγλωσσος; **≈sprachigkeit** *(0) f* διγλωσσία; **~stellig** *Zahl*: διψήφιος *(-a, -o)*; **~stöckig** διώροφος, δίπατος; **~stündig** δίωρος
zweit: *zu ~* δυο-δυο, ανά δύο
zwei|tägig διήμερος; **≈taktmotor** *m* δίχρονος κινητήρας
zweitausend δύο χιλιάδες
zweiteil|en διχοτομώ; **≈ung** *f* διχοτομία; διχοτόμηση *(-εις)*
zweit|ens δεύτερον; **~e(r)** δεύτερος
zweitrangig δευτερεύων *(-ουσα, -ον)*
zwei|wöchig δεκαπενθήμερος; **≈'zimmerwohnung** *f* δυάρι
Zwerchfell *n* διάφραγμα *n*
Zwerg *(-ẹs; -e) m* νάνος
Zwetsch(g)e *f* δαμάσκηνο
zwicken τσιμπώ *(-άς)*
Zwieback *(-ẹs; ⸚e) m* παξιμάδι
Zwiebel *f* κρεμμύδι; *(Knolle)* βολβός; **~geruch** *m* κρεμμυδίλα
Zwie|gespräch *n* διάλογος; **~licht** *(-ẹs; 0) n* λυκόφως *(-ωτος) n*; **≈lichtig** ύποπτος; **~spalt** *(-ẹs; 0) m* διαφωνία; δίλημμα *n*; **~tracht** *(0) f* διχόνοια
Zwilling *(-s; -e) m* δίδυμος; *Astr.* **~e** Δίδυμοι; **~s·bruder** *m* δίδυμος αδελφός; **~s·schwester** *f* δίδυμη αδελφή
zwingen* (εξ)αναγκάζω; ***j-n ~ zu*** *D* επιβάλλω κτ σε κπ; **~d** αναγκαστικός; δεσμευτικός; υποχρεωτικός
zwinkern ανοιγοκλείνω τα μάτια
Zwirn *(-ẹs; -e) m* κλωστή, νήμα *n*
zwischen *Präp D* ανάμεσα σε, μεταξύ *G*; **≈aufenthalt** *m* ενδιάμεση στάση *(-εις)*; **≈deck** *n* μεσοκατάστρωμα *n*; **~'durch** *Ort*: ανάμεσα από; *Zeit*: στο (ανα)μεταξύ; *(manchmal)* κάπου κάπου
Zwischen|fall *m* επεισόδιο; **~frage** *f* εμβόλιμη ερώτηση *(-εις)*; **~handel** *m* διαμετακομιστικό εμπόριο; **~händler** *m* ενδιάμεσος έμπορος; **~landung** *f* ενδιάμεση προσγείωση *(-εις)*; **~lösung** *f* προσωρινή λύση *(-εις)*; **~mahlzeit** *f etwa*: κολατσιό; **~raum** *m* διάστημα *n*; **~ruf** *m etwa*: διακοπή, κραυγή; **~spiel** *n* ιντερμέτζο; *fig.* επεισόδιο; **≈staatlich** διακρατικός; **~wand** *f* μεσότοιχος; **~zeit** *f* ενδιάμεσος χρόνος; ***in der ~zeit*** στο αναμεταξύ
Zwist *(-es; -e) m*, **~igkeit** *f* διαφορά
zwitschern τερετίζω, κελαηδώ *(-άς)*; ≈ *n* τερέτισμα *n*, κελάηδημα *n*
Zwitter *m* ερμαφρόδιτος
zwölf δώδεκα; ***etwa ~*** καμιά δωδεκαριά; **≈'fingerdarm** *m* δωδεκαδάκτυλο(ς); **~jährig** δωδεκάχρονος
Zwölft|el *n* δωδέκατο; **≈ens** δωδέκατον; **≈e(r)** δωδέκατος
zyklisch κυκλικός
Zy'klon *(-s; -e) m* κυκλώνας
zy'klopisch κυκλώπειος *(-a, -o)*
Zyklus *(-; -len) m a. Tech.* κύκλος
Zy'lind|er *m* κύλινδρος; *(Hut)* ημίψηλο; **≈risch** κυλινδρικός
Zyni|ker *m*, **≈sch** κυνικός
Zy'nismus *(-; 0) m* κυνισμός
Zy'presse *f* κυπαρίσσι; **~n-** κυπαρισσένιος *(-a, -o)*
Zytolo'gie *(0) f* κυτταρολογία

Gebräuchliche griechische Abkürzungen
Οι πιο συνηθισμένες ελληνικές συντομογραφίες

Α Ανατολή Osten
Α. Ε. Ανώνυμη Εταιρεία Aktiengesellschaft (AG)
αι. αιώνας Jahrhundert
Α. Κ. Αστικός Κώδικας Bürgerliche(s) Gesetzbuch (BGB)
Α. Ο. ... Αθλητικός Όμιλος ... Sportverein (SV)
Α. Π. Ε. Αθηναϊκό Πρακτορείο Ειδήσεων Athener Nachrichtenagentur
αρ. αριθμός Nummer (Nr.)
Β Βορράς Norden
ΒΑ Βορειοανατολικός nordöstlich
ΒΔ Βορειοδυτικός nordwestlich
βλ. βλέπε siehe (s.)
Δ Δύση Westen
Δδα Δεσποινίδα Fräulein
Δ. Ε. Σ. Διεθνής Ερυθρός Σταυρός Internationale(s) Rote(s) Kreuz (IRK)
δηλ. δηλαδή das heißt (d. h.)
Δ. Ο. Ε. Διεθνής Ολυμπιακή Επιτροπή Internationale(s) Olympische(s) Komitee (IOK)
δρ. διδάκτορας Doktor (Dr.)
δρχ. δραχμές Drachmen
Δ. Σ. Διπλωματικό Σώμα Diplomatische(s) Korps (CD)
Δ. Υ. Δημόσια Υπηρεσία Öffentlicher Dienst, Behörde, Amt
Ε. Β. Ε. Εμπορικό και Βιομηχανικό Επιμελητήριο Industrie- und Handelskammer (IHK)
Ε. Ε. Ετερόρρυθμη Εταιρεία Kommanditgesellschaft (KG)
Ε. Ε. Σ. Ελληνικός Ερυθρός Σταυρός Griechische(s) Rote(s) Kreuz
εκ. εκατοστό Zentimeter (cm)
Ε. Λ. Π. Α. Ελληνική Λέσχη Περιήγησης και Αυτοκινήτου Griechischer Touring- und Automobilklub (etwa ADAC)
ΕΛ. ΤΑ. Ελληνικά Ταχυδρομεία Griechische Post
Ε. Ο. Κ. Ευρωπαϊκή Οικονομική Κοινότητα Europäische Wirtschaftsgemeinschaft (EWG)
Ε. Ο. Τ. Ελληνικός Οργανισμός Τουρισμού Griechische Fremdenverkehrszentrale
Ε. Π. Ε. Εταιρεία Περιορισμένης Ευθύνης Gesellschaft mit beschränkter Haftung (GmbH)
Ε. Ρ. Τ. Ελληνική Ραδιοφωνία-Τηλεόραση Griechische Rundfunk- und Fernsehanstalten
Ε. Τ. Ε. Εθνική Τράπεζα Ελλάδας Nationalbank von Griechenland
Ε. Φ. Ε. Ε. Εθνική Φοιτητική Ένωση Ελλάδας Studentenbund von Griechenland
Ε. Χ. Ελληνική Χωροφυλακή Griechische Gendarmerie
Η. Π. Α. Ηνωμένες Πολιτείες Αμερικής Vereinigte Staaten von Amerika (USA)
Θεσ/νίκη Θεσσαλονίκη Thessaloniki
κ. 1. και und; **2.** κύριος, κυρία Herr, Frau
Κα Κυρία Frau
κ. ά. και άλλα und andere(s) (u. a.)
Κελ. Κελσίου Celsius
κεφ. κεφάλαιο Kapitel
Κ. Κ. Ε. Κομμουνιστικό Κόμμα Ελλάδας Kommunistische Partei Griechenlands
κλπ. και (τα) λοιπά und so weiter (usw.)
Κο, Κος Κύριο, Κύριος Herrn, Herr
Κ. Τ. Ε. Λ. Κοινό Ταμείο Εισπράξεων Λεωφορείων *etwa*: Autobusgesellschaft
Κ. Τ. Ε. Ο. Κέντρο Τεχνικού Ελέγχου Οχημάτων Technische(r) Überwachungsverein (TÜV)
κτλ. και τα λοιπά und so weiter (usw.)

Κ.Υ.Π. Κεντρική Υπηρεσία Πληροφοριών Zentrale(r) Nachrichtendienst
Κων/πολη Κωνσταντινούπολη Konstantinopel
Λ.Σ. Λιμενικό Σώμα Hafenpolizei
λ/σμός λογαριασμός Rechnung
λ.χ. λόγου χάριν zum Beispiel (z. B.)
μ.μ. μετά μεσημβρία(ν) nachmittags/abends
μ.Χ. μετά Χριστό(ν) nach Christus (n. Chr.)
Ν Νότος Süden
ΝΑ Νοτιοανατολικά südöstlich
ΝΔ Νοτιοδυτικά südwestlich
Ν.Δ. Νέα Δημοκρατία Neue Demokratie (Partei)
Ξ.Α. Ξένη Αποστολή Ausländische Vertretung (CC, CD)
Ο.Ε. Ομόρρυθμη Εταιρεία Offene Handelsgesellschaft (OHG)
Ο.Η.Ε. Οργανισμός Ηνωμένων Εθνών Verein(ig)te Nationen (UNO)
Ο.Σ.Ε. Οργανισμός Σιδηροδρόμων Ελλάδας Griechische Eisenbahn
Ο.Τ.Ε. Οργανισμός Τηλεπικοινωνιών Griechische Telekommunikationsgesellschaft
ΠΑ.ΣΟ.Κ. Πανελλήνιο Σοσιαλιστικό Κίνημα Griechische Sozialistische Bewegung
πβ. παράβαλε vergleiche (vgl.)
περ. περίπου circa (ca.)
Π.Κ. Ποινικός Κώδικας Strafgesetzbuch (StGB)
π.μ. προ μεσημβρίας vormittags/morgens
ΠΡΟ-ΠΟ Προγνωστικά Ποδοσφαίρου Toto
Π.Υ. Πυροσβεστική Υπηρεσία Feuerwehr
π.χ. παραδείγματος χάριν zum Beispiel (z. B.)
π.Χ. προ Χριστού vor Christus (v. Chr.)
σελ. σελίδα Seite
σημ. σημείωση Anmerkung (Anm.)
Σία Συντροφία (&) Co.
στ. στίχος Zeile (Z.)
Τ.Ε. Τράπεζα Ελλάδας Bank von Griechenland
τ.μ. τετραγωνικό μέτρο Quadratmeter (qm)
τηλ. τηλέφωνο Telefon (Tel.)
τομ. τόμος Band (Bd.)
τον. τόν(ν)οι Tonnen (t), Bruttoregistertonnen (BRT)
Υ. Υπουργείο Ministerium
Υ.Γ. Υστερόγραφο Postskriptum (PS)
Φ.Π.Α. Φόρος Προστιθέμενης Αξίας Mehrwertsteuer (MwSt)
χιλ. χιλιάδες tausend
χλγρ. χιλιόγραμμο Kilogramm (kg)
χλμ., χμ. χιλιόμετρο Kilometer (km)

Gebräuchliche deutsche Abkürzungen
Οι πιο συνηθισμένες γερμανικές συντομογραφίες

Abb. Abbildung εικόνα; σχήμα
Abf. Abfahrt αναχώρηση (αν.)
Abs. Absatz εδάφιο; (άλλη) παράγραφος; Absender αποστολέας
Abt. Abteilung τμήμα
a. D. außer Dienst εν αποστρατεία (ε. α.)
ADAC [a:de:ʔa:'tse:] Allgemeiner Deutscher Automobil-Club Γενική Γερμανική Λέσχη Αυτκοκινήτου
Adr. Adresse διεύθυνση (διεύθ.)
AG Aktiengesellschaft ανώνυμη εταιρία (A. E.)
allg. allgemein γενικός
Ank. Ankunft άφιξη (άφ.)
Anm. Anmerkung σημείωση (σημ.)
App. Apparat μηχανή; τηλέφωνο (τηλ.)
ARD [a:ʔɛʀ'de:] Arbeitsgemeinschaft der öffentlich-rechtlichen Rundfunkanstalten der Bundesrepublik Deutschland Κοινοπραξία των δημοσίων ραδιοφωνικών ιδρυμάτων της Ομοσπονδιακής Δημοκρατίας της Γερμανίας
Art. Artikel άθρο; παράγραφος (παρ.)
b. bei παρά, σε, επί
Bd. Band τόμος (τ.)
Best.-Nr. Bestellnummer αριθμός (αρ.) παραγγελίας
Betr., betr. Betreff, betrifft αφορά
Bez. Bezirk διαμέρισμα *n*
Bhf. Bahnhof σταθμός
BRD Bundesrepublik Deutschland Ομοσπονδιακή Δημοκρατία της Γερμανίας
BRT Bruttoregistertonne κόρος, τόν(ν)ος (τ.)
b. w. bitte wenden! γύρισε τη σελίδα
bzw. beziehungsweise σχετικά; ή
C Celsius Κελσίου (K.)
ca. circa, ungefähr, etwa περίπου (περ.)
ccm Kubikzentimeter κυβικό εκατοστό (κυβ. εκ.)
CDU Christlich-Demokratische Union Χριστιανο-δημοκρατική Ένωση
cm Zentimeter εκατοστό (εκ.)
Co. [ko:] Kompagnon, Kompanie συντροφία (Σα, Σία)
CSU [tse:ʔɛs'ʔu:] Christlich-Soziale Union Χριστιανικοκοινωνική Ένωση
D Deutschland Γερμανία
DAAD Deutscher Akademischer Austauschdienst Γερμανική Υπηρεσία Κρατικών Υποτροφιών
DB Deutsche Bundesbahn Ομοσπονδιακός σιδηρόδρομος της Γερμανίας
DBP Deutsche Bundespost Γερμανικά Ταχυδρομεία
dgl. dergleichen ομοίως, όμοια
d. h. das heißt δηλαδή (δηλ.)
Dipl. Diplom- (*diplomiert*) πτυχιούχος
DM Deutsche Mark Γερμανικό μάρκο
dpa Deutsche Presse-Agentur Γερμανικό Πρακτορείο Ειδήσεων
Dr. Doktor δόκτορας, διδάκτορας (δρ.)
DRK Deutsches Rotes Kreuz Γερμανικός Ερυθρός Σταυρός
dt., dtsch. deutsch γερμανικός
D-Zug Durchgangs-Zug ταχεία
E Eilzug ταχεία
ECU [ʔe'ky:] Euro-Dollar εκιού
EDV elektronische Datenverarbeitung ηλεκτρονικό μηχανογραφικό σύστημα
EG Europäische Gemeinschaft Ευρωπαϊκή Κοινότητα
ehem. ehemalig, ehemals πρώην
einschl. einschließlich συμπεριλαμβανομένου (-ης, -ων)
ev. evangelisch ευαγγελικός
e. V. eingetragener Verein καταχωρημένος σύλλογος

evtl. eventuell ενδεχομένως
f. folgende (Seite) επόμενη (σελίδα)
Fa. Firma οίκος
Fam. Familie οικογένεια
FDP, F.D.P. Freie Demokratische Partei Ελεύθερο Δημοκρατικό Κόμμα
ff. folgende (Seiten) επόμενες σελίδες
FKK [ʔɛfka'ka:] Freikörperkultur γυμνισμός
Forts. Fortsetzung η συνέχεια
Fr. Frau κυρία (Κα)
Frl. Fräulein Δεσποινίδα (Δδα)
geb. geboren γεννημένος; γυναίκα: το γένος
Gebr. Gebrüder αδελφοί (α/φοί)
gegr. gegründet ιδρυμένος
gesch. geschieden διεζευγμένος, -η
gest. gestorben πεθαμένος, -η
gez. gezeichnet υπογεγραμμένος, -η
GmbH Gesellschaft mit beschränkter Haftung Εταιρία Περιορισμένης Ευθύνης (Ε. Π. Ε.)
Hbf. Hauptbahnhof κεντρικός σταθμός
h. c. honoris causa, ehrenhalber τιμής ένεκεν
Hr., Hrn. Herr(n) κύριος (Κ.)
i. im, in σε
i. A. im Auftrag κατ' εντολής
IC Intercity-Zug υπερταχεία
ICE Intercity Expreßzug υπερταχεία αποστάσεων
IHK Industrie- und Handelskammer Εμπορικό και Βιομηχανικό Επιμελητήριο (Ε. Β. Ε.)
Ing. Ingenieur μηχανικός
inkl. inklusive συμπεριλαμβανομένου (-ης, -ων)
i. R. im Ruhestand απόστρατος; συνταξιούχος
Jh. Jahrhundert αιώνας (αι.)
jr., jun. junior, der Jüngere ο νεότερος; υιός
jur. juristisch νομικός (Ν., νομ.)
Kap. Kapitel κεφάλαιο (κεφ.)
Kat Katalysator καταλύτης
kath. katholisch καθολικός
Kfz. Kraftfahrzeug αυτοκίνητο (αυτ/το)
kg Kilogramm χιλιόγραμμο (χλγρ.)
KG Kommanditgesellschaft Ετερόρρυθμη Εταιρεία (Ε. Ε.)
KKW Kernkraftwerk πυρηνικό εργοστάσιο
Kl. Klasse τάξη
km Kilometer χιλιόμετρο (χλμ., χμ.)
Kto. Konto λογαριασμός (λ/σμός)
KW Kurzwelle βραχέα κύματα
kW Kilowatt κιλοβάτ, χιλιοβάτ
kWh Kilowattstunde κιλοβατώρα
led. ledig άγαμος
lfd. Nr. laufende Nummer αύξων αριθμός (αα)
Lkw, LKW Lastkraftwagen φορτηγό καμιόνι νταλίκα
LP Langspielplatte δίσκος μεγάλης διαρκείας
lt. laut κατά, σύμφωνα προς
luth. lutherisch λουθηρανικός
max. maximal το πολύ, το ανώτατο όριο
MEZ mitteleuropäische Zeit Ώρα Κεντρικής Ευρώπης
Mill. Million(en) εκατομμύριο, -α
min., Min. Minute(n) λεπτό
min. minimal το ελάχιστο
möbl. möbliert επιπλωμένος
m. W. meines Wissens όσο ξέρω
MWSt. Mehrwertsteuer Φόρος Προστιθέμενης Αξίας (Φ. Π. Α.)
N Norden βορράς (Β)
Nachf. Nachfolger διάδοχος
nachm. nachmittags μετά μεσημβρίαν (μ. μ.)
n. Chr. nach Christus μετά Χριστό(ν) (μ. Χ.)
N. N. Nomen nescio αγνώστου ονόματος
NO Nordosten βορειοανατολικός (ΒΑ)
No., Nr. Nummer αριθμός (αρ.)
NW Nordwesten βορειοδυτικός (ΒΔ)
O Osten ανατολή (Α); Ost- ανατολικός
o. oben επάνω
ÖBB Österreichische Bundesbahnen Ομοσπονδιακοί σιδηρόδρομοι Αυστρίας
od. oder ή
OEZ Osteuropäische Zeit Ώρα Ανατολικής Ευρώπης
o. J. ohne Jahr χωρίς ημερομηνία
OP Operationssaal αίθουσα εγχειρίσεων
ORF Österreichischer Rundfunk Αυστριακή Ραδιοφωνία
Pf Pfennig πφένιχ ($^1/_{100}$ του μάρκου)
Pfd. Pfund λίβρα ($^1/_2$ κιλού)

PGiroA Postgiroamt υπηρεσία ταχυδρομικών επιταγών
Pkw [pe:ka:'ve:] *m* Personenkraftwagen επιβατικό αυτοκίνητο; (το) Ι. Χ. (= ιδιωτικής χρήσης επιβατικό αυτοκίνητο)
priv. privat ιδιωτικός
PS [pe:'ˀɛs] Pferdestärke ίππων; Postskriptum Υστερόγραφο (Υ. Γ.)
qm Quadratmeter τετραγωνικό μέτρο (τ. μ.)
Reg.-Bez. Regierungsbezirk διοικητική περιφέρεια; *Ελλάδα:* νομός (Ν.)
Rel. Religion θρησκεία
S Süden νότος (Ν); Süd- νότιος
s. siehe βλέπε (βλ.)
S. Seite σελίδα (σ., σελ.)
S-Bahn Schnellbahn, Stadtbahn αστικός ηλεκτρικός (σιδηρόδρομος)
SBB Schweizerische Bundesbahnen Ομοσπονδιακοί Σιδηρόδρομοι Ελβετίας
sec. Sekunde δευτερόλεπτο (δ.)
sfr., sFr. Schweizer Franken ελβετικό φράγκο
SO Südosten νοτιοανατολικός (ΝΑ)
s. o. siehe oben βλέπε ανωτέρω
sog. sogenannt λεγόμενος
SPD [ˀɛspe:'de:] *f* Sozial-Demokratische Partei Deutschlands Σοσιαλδημοκρατικό Κόμμα Γερμανίας
SRG Schweizerische Radio- und Fernsehgesellschaft Ελβετική Εταιρεία Ραδιοφωνίας και Τηλεόρασης
St. Stück τεμάχιο; Sankt άγιος (αγ.)
Std. Stunde ώρα
stellv. stellvertretend αναπληρωματικός
Str. Straße οδός
s. u. siehe unten βλέπε (βλ.) κατωτέρω
SW Südwesten, Südwest- νοτιοδυτικός (ΝΔ)
TEE Trans-Europa-Express Διευρωπαϊκό Εξπρές
Tel. Telefon τηλέφωνο (τηλ.)
TELEKOM Telekommunikation Τηλεπικοινωνίες
TH Technische Hochschule πολυτεχνείο
Tsd. Tausend(e) χιλιάδες (χιλ.)
TU Technische Universität Τεχνικό Πανεπιστήμιο
TÜV Technischer Überwachungsverein Κέντρο Τεχνικού Ελέγχου Οχημάτων (Κ.Τ.Ε.Ο.) ρήσεως
u. und και (κ.)
u. a. und andere(s) και άλλα (κ. α.); unter anderem μεταξύ άλλων
u. ä. und ähnliche(s) και τα όμοια (κ. τ. ο.)
u. dgl. und dergleichen (mehr) και τα τοιαύτα (κ. τ. τ.)
UKW Ultrakurzwelle υπερβραχέα κύματα
US(A) Vereinigte Staaten (von Amerika) Ηνωμένες Πολιτείες (της) Αμερικής (Η. Π. Α.)
usw. und so weiter και τα λοιπά (κτλ., κλπ.)
v. von από; σε ονόματα: τίτλος ευγενείας
v. Chr. vor Christus προ Χριστού (π. Χ.)
verh. verheiratet έγγαμος
verw. verwitwet(e) χήρος, -α
vgl. vergleiche παράβαλε (πρβλ.)
v. H. vom Hundert τοις εκατόν
vorm. vormittags προ μεσημβρίας (π. μ.)
W Westen, West- δύση; δυτικός (Δ)
WC Wasserklosett Τουαλέτα
WS Wintersemester χειμερινό εξάμηνο
z. B. zum Beispiel παραδείγματος χάριν (π. χ.)
ZDF Zweites Deutsches Fernsehen Δεύτερο Πρόγραμμα Γερμανικής Τηλεόρασης
z. H(d). zu Händen τη φροντίδι *G*
zw. zwischen μεταξύ
z. Zt. zur Zeit προς το παρόν

Die wichtigsten griechischen Deklinations- und Konjugationsmuster

DEKLINATION DER SUBSTANTIVE

Eine **Dativentsprechung** wird analytisch nach folgender Formel gebildet: **σ** + Akk. des Artikels + Akk. des Substantivs.

στον κύριο dem Herrn στην κυρία der Dame στο παιδί dem Kind(e)
στους κυρίους den Herren στις κυρίες den Damen στα παιδιά den Kindern

Der **Vokativ** ist meist dem Nominativ gleich; vom Nominativ abweichende Formen hat nur der Singular der Maskulina.

Gebräuchliche Formen der **Katharévusa** werden in eckigen Klammern angegeben.

MASKULINA

		-ος	-ας	-ης
N	ο	κύρι**ος**	πατέρ**ας**	εργάτ**ης**
G	του	κυρί**ου**	πατέρ**α**	εργάτ**η**
A	τον	κύρι**ο**	πατέρ**α**	εργάτ**η**
V		κύρι**ε**	πατέρ**α**	εργάτ**η**
pl N	οι	κύρι**οι**	πατέρ**ες**	εργάτ**ες**
G	των	κυρί**ων**	πατέρ**ων**	εργατ**ών**
A	τους	κυρί**ους**	πατέρ**ες**	εργάτ**ες**

Vokativ der **Namen** auf **-ος:** Auf der vorletzten Silbe betonte Namen auf **-ος** bekommen im Vok. Sing. **-ο** statt **-ε:**

Πέτρο!, Αλέκο!, κύριε Μαλάμο!

-δες-Plural: Viele Substantive auf **-ης** und alle auf **-άς, -ές, -ούς** bilden den Plural auf **-δες**, z. B. μανάβ**ης**, μανάβη**δες**; ψωμ**άς**, ψωμά**δες**; καφ**ές**, καφέ**δες**; παππ**ούς**, παππού**δες**.

		-έας [-εύς]		*Plural*
N	ο	διερμην**έας** [-εύς]	οι	διερμην**είς**
G	του	διερμην**έα** [-έως]	των	διερμην**έων**
A	το(ν)	διερμην**έα**	τους	διερμην**είς**
V		διερμην**έα**		διερμην**είς**

FEMININA

		-η	-α	
N	η	τέχν**η**	γλώσσ**α**	θάλασσ**α**
G	της	τέχν**ης**	γλώσσ**ας**	θάλασσ**ας**
A	την	τέχν**η**	γλώσσ**α**	θάλασσ**α**
pl N	οι	τέχν**ες**	γλώσσ**ες**	θάλασσ**ες**
G	των	τεχν**ών**	γλωσσ**ών**	θαλασσ**ών**
A	τις	τέχν**ες**	γλώσσ**ες**	θάλασσ**ες**

	-ος	**-η** (*pl* **-εις**)	*Plural*	
N	η οδ**ός**	δύναμ**η**	οι οδ**οί**	δυνάμ**εις**
G	της οδ**ού**	δύναμ**ης** [δυνάμ**εως**]	των οδ**ών**	δυνάμ**εων**
A	την οδ**ό**[ν]	δύναμ**η**	τις οδ**ούς**	δυνάμ**εις**

-δες-Plural: alle auf **-ού**, wenige auf **-ά**, z. B. μαϊμ**ού**, μαϊμού**δες**; γιαγι**ά**, γιαγιά**δες**.

NEUTRA

	-ο	**-ι**	**-ί**	**-ος**
N, A	το βιβλί**ο**	σπίτ**ι**	παιδ**ί**	κράτ**ος**
G	του βιβλί**ου**	σπιτ**ιού**	παιδ**ιού**	κράτ**ους**
pl N, A	τα βιβλί**α**	σπίτ**ια**	παιδ**ιά**	κράτ**η**
G	των βιβλί**ων**	σπιτ**ιών**	παιδ**ιών**	κρατ**ών**

	-μα	**-σιμο, -ξιμο, -ψιμο**	*Plural*	
N, A	το σώ**μα**	γράψ**ιμο**	τα σώ**ματα**	γραψ**ίματα**
G	του σώ**ματος**	γραψ**ίματος**	των σω**μάτων**	γραψ**ιμάτων**

DEKLINATION DER ADJEKTIVE

Die häufigste Kategorie des griechischen Adjektivs endet auf **-ος, -η, -ο.** Wenn das Femininum auf **-α** endet, ist dies im Wörterbuch vermerkt. Für Adjektive auf **-ύς, -ιά, -ύ** wird die feminine Form nicht besonders angegeben; endet das Femininum aber auf **-εία,** wird dies in Klammern vermerkt: **ευρύς** (***-εία, -ύ***).

Adjektive auf **-ης, -α, -ικο** werden mit einer 3 bezeichnet: **τεμπέλης** 3. Adjektive auf **-ης, -ης, -ες,** bei denen Mask. und Fem. identisch sind, werden durch eine 2 bezeichnet: **διεθνής** 2.

Die sehr wenigen Adjektive auf **-ων, -ων, -ον** werden ebenfalls mit einer 2 bezeichnet: **μείζων** 2.

Von allen übrigen Adjektiven werden die Nom.-Sing.-Endungen angegeben, z. B. **ενδιαφέρων** (***-ουσα, -ον***)**, σταχτής** (***-ιά, -ί***).

Deklinationsmuster

A. Echt volkssprachlich

Adjektive auf **-ος, -η** (bzw. **-α**), **-ο** werden wie die Substantive mit denselben Endungen dekliniert.

	-ύς	**-ιά**	**-ύ**	*Plural*		
N	βαρ**ύς**	βαρ**ιά**	βαρ**ύ**	βαρ**ιοί**	βαρ**ιές**	βαρ**ιά**
G	βαρ**ιού**	βαρ**ιάς**	βαρ**ιού**	βαρ**ιών**	βαρ**ιών**	βαρ**ιών**
A, V	βαρ**ύ**	βαρ**ιά**	βαρ**ύ**	βαρ**ιούς**	βαρ**ιές**	βαρ**ιά**

	-ης	-α	-ικο
N	τεμπέλ**ης**	τεμπέλ**α**	τεμπέλ**ικο**
G	τεμπέλ**η**	τεμπέλ**ας**	τεμπέλ**ικου**
A, V	τεμπέλ**η**	τεμπέλ**α**	τεμπέλ**ικο**
pl N	τεμπέλ**ηδες**	τεμπέλ**ες**	τεμπέλ**ικα**
G	τεμπέλ**ηδων**	(τεμπέλ**ικων**)	τεμπέλ**ικων**
A	τεμπέλ**ηδες**	τεμπέλ**ες**	τεμπέλ**ικα**

	-ής	-ιά	-ί
N	σταχτ**ής**	σταχτ**ιά**	σταχτ**ί**
G	σταχτ**ιού**	σταχτ**ιάς**	σταχτ**ιού**
A, V	σταχτ**ή**	σταχτ**ιά**	σταχτ**ί**
pl N	σταχτ**ιοί**	σταχτ**ιές**	σταχτ**ιά**
G	σταχτ**ιών**	σταχτ**ιών**	σταχτ**ιών**
A	σταχτ**ιούς**	σταχτ**ιές**	σταχτ**ιά**

	-άς	-ού	-άδικο
N	γλωσσ**άς**	γλωσσ**ού**	γλωσσ**άδικο**
G	γλωσσ**ά**	γλωσσ**ούς**	γλωσσ**άδικου**
A, V	γλωσσ**ά**	γλωσσ**ού**	γλωσσ**άδικο**
pl N	γλωσσ**άδες**	γλωσσ**ούδες**	γλωσσ**άδικα**
G	γλωσσ**άδων**	γλωσσ**ούδων**	γλωσσ**άδικων**
A	γλωσσ**άδες**	γλωσσ**ούδες**	γλωσσ**άδικα**

B. Gebräuchliche Katharevusa-Muster

	MASKULIN = FEMININ		NEUTRAL	
	-ης		-ες	
N	διεθν**ής**	ελώδ**ης**	διεθν**ές**	ελώδ**ες**
G	διεθν**ούς**	ελώδ**ους**	διεθν**ούς**	ελώδ**ους**
A	διεθν**ή**	ελώδ**η**	διεθν**ές**	ελώδ**ες**
N	διεθν**είς**	ελώδ**εις**	διεθν**ή**	ελώδ**η**
G	διεθν**ών**	ελωδ**ών**	διεθν**ών**	ελωδ**ών**
A	διεθν**είς**	ελώδ**εις**	διεθν**ή**	ελώδ**η**

	MASKULIN = FEMININ		NEUTRAL	
	-ων	*Plural*	-ον	*Plural*
N	μείζ**ων**	μείζ**ονες**	μείζ**ον**	μείζ**ονα**
G	μείζ**ονος**	μειζ**όνων**	μείζ**ονος**	μειζ**όνων**
A	μείζ**ονα**	μείζ**ονες**	μείζ**ον**	μείζ**ονα**

	-ων	-ουσα	-ον
N	ενδιαφέρ**ων**	ενδιαφέρ**ουσα**	ενδιαφέρ**ον**
G	ενδιαφέρ**οντος**	ενδιαφέρ**ουσας**	ενδιαφέρ**οντος**
A	ενδιαφέρ**οντα**	ενδιαφέρ**ουσα**	ενδιαφέρ**ον**
N	ενδιαφέρ**οντες**	ενδιαφέρ**ουσες**	ενδιαφέρ**οντα**
G	ενδιαφερ**όντων**	ενδιαφερ**ουσών**	ενδιαφερ**όντων**
A	ενδιαφέρ**οντες**	ενδιαφέρ**ουσες**	ενδιαφέρ**οντα**

C. Unregelmäßiges Adjektiv

	πολύς			*Plural*		
N	πολ**ύς**	πολλ**ή**	πολ**ύ**	πολλ**οί**	πολλ**ές**	πολλ**ά**
G	πολλ**ού**	πολλ**ής**	πολλ**ού**	πολλ**ών**	πολλ**ών**	πολλ**ών**
A	πολ**ύ**	πολλ**ή**	πολ**ύ**	πολλ**ούς**	πολλ**ές**	πολλ**ά**

Steigerung der Adjektive

Analytisch durch **πιο** (so immer möglich)

Komp.:	πιο ψηλός	höher	πιο ενδιαφέρων	interessanter
Sup.:	ο πιο ψηλός	der höchste	ο πιο ενδιαφέρων	der interessanteste

Synthetisch

Komp.: durch Neutrum Sing. + **-τερος, -τερη, -τερο** bei den Adjektiven auf **-ος** (nicht immer möglich), **-ύς, -ής** 2:

ζεστό: ζεστότερος, ζεστότερη, ζεστότερο — heißer
βαρύ: βαρύτερος, βαρύτερη, βαρύτερο — schwerer
σαφές: σαφέστερος, σαφέστερη, σαφέστερο — klarer

Sup.: durch Artikel + Komparativ:

ο ζεστό**τερος, η** ζεστό**τερη, το** ζεστό**τερο** der heißeste usw.

Absoluter Superlativ (*Elativ* = „höchst", „äußerst") durch **-τατος, -τατη, -τατο:**

ζεστότατος, βαρύτατος, σαφέστατος äußerst heiß *usw.*
(Hierfür kann auch analytisch [πάρα] πολύ ζεστός gesagt werden).

Bildung des Adverbs aus dem Adjektiv

Adjektive auf **-ος, -ης** 3 und **-ύς:** Adverbien meist auf **-α** (gleich *n/pl* des Adjektivs).

Adjektive auf **-ης** 2: Adverbien auf **-ως.**

Steigerung des Adverbs entsprechend der des Adjektivs: πιο σκληρά od. σκληρότερα härter, (πάρα) πολύ σκληρά od. σκληρότατα äußerst hart *usw.*

KONJUGATION

Das griechische Verb hat zwei Stämme, durch welche die Art der Handlung näher beschrieben wird:

Der **erste Stamm (I)** od. Präsensstamm bezeichnet das Lineare (das regelmäßig Wiederholte, Gewohnheitsmäßige oder das Andauern, den Verlauf) einer Handlung bzw. etwas Allgemeingültiges.

Von diesem Stamm werden folgende Kategorien gebildet: Indikativ Präsens, Konjunktiv Präsens, duratives Futur, Imperfekt, Konditional der Gegenwart, Imperativ Präsens, Adverbialpartizip.

Der **zweite Stamm (II)** od. Aoriststamm (Hinweise zu seiner Bildung finden sich nach dem Verb in Klammern) bezeichnet das Punktuelle, Einmalige oder Abgeschlossene, das Zielgerichtete einer Handlung. Von diesem Stamm werden folgende Kategorien gebildet: Indikativ Aorist (Zeitbezug: Vergangenheit), Konjunktiv und Imperativ Aorist (ohne Zeitbezug), punktuelles Futur, Futurum Exactum, Perfekt, Plusquamperfekt, Konditional der Vergangenheit, Partizip Perfekt Passiv.

Die Hilfsverben έχω und είμαι

έχω (nur folgende Formen):

Ind. Präs.:	ich habe έχω, έχεις, έχει – έχουμε, έχετε, έχουν(ε)
Konj. Präs.:	daß ich habe να έχω usw.
Futur:	ich werde haben θα έχω usw.
Imperfekt:	ich hatte είχα, είχες, είχε – είχαμε, είχατε, είχαν(ε)
Imperativ:	habe!, habt! έχε!, έχετε!
Adverbialpart.:	habend έχοντας

είμαι (nur folgende Formen):

Ind. Präs.:	ich bin είμαι, είσαι, είναι – είμαστε, είστε, είναι
Kond. Präs.:	ich sei (bin) να είμαι usw.
Futur:	ich werde sein θα είμαι usw.
Imperfekt:	ich war ήμουν(α), ήσουν(α), ήταν(ε) – ήμασταν, ήσασταν, ήταν(ε)
Imperativ:	sei!, seid! να είσαι!, να είστε!
Adverbialpart.:	seiend όντας

Übersicht über die Verbformen

1. Konjugation: Verben auf **-ω**

I. Stamm

Ind. Präs.:	ich binde δέν**ω** δέν**εις** δέν**ει** δέν**ουμε** δέν**ετε** δέν**ουν(ε)**	ich werde gebunden; ich binde mich δέν**ομαι** δέν**εσαι** δέν**εται** δεν**όμαστε** δέν**εστε** δέν**ονται**
Konj. Präs.:	daß ich binde να δένω usw. wie Ind. Präs.	daß ich gebunden werde; daß ich mich binde να δένομαι usw. wie Ind. Präs.
dur. Futur:	ich werde binden θα δένω usw. wie Ind. Präs.	ich werde gebunden werden θα δένομαι usw. wie Ind. Präs.
Imperfekt:	ich band **έ**δεν**α** **έ**δεν**ες** **έ**δεν**ε** δέν**αμε** δέν**ατε** **έ**δεν**αν** (δέν**ανε**)	ich wurde gebunden; ich band mich δεν**όμουν(α)** δεν**όσουν(α)** δεν**όταν(ε)** δεν**όμασταν (-στε)** δεν**όσασταν (-στε)** δέν**ονταν** (δενόντ**ουσαν**)
Kond. Präs.:	ich würde binden θα έδενα usw. wie Impf.	ich würde gebunden werden; ich würde mich binden θα δενόμουν(α) usw. wie Impf.
Imperativ:	binde! δέν**ε**! bindet! δέν**ετε**!	(laß dich binden! να δένεσαι! laßt euch binden! να δένεστε!)
Adverbialpart.:	bindend δέν**οντας**	

II. Stamm

Konj. Aor.:	daß ich binde να δέσ**ω** να δέσ**εις** να δέσ**ει** να δέσ**ουμε** να δέσ**ετε** να δέσ**ουν(ε)**	daß ich gebunden werde; daß ich mich binde να δεθ**ώ** να δεθ**είς** να δεθ**εί** να δεθ**ούμε** να δεθ**είτε** να δεθ**ούν(ε)**
punkt. Futur:	ich werde binden θα δέσω usw. wie Konj. Aor.	ich werde gebunden werden θα δεθώ usw. wie Konj. Aor.

Ind. Aor.:	ich band **έ**δεσ**α** **έ**δεσ**ες** **έ**δεσ**ε** δέσ**αμε** δέσ**ατε** **έ**δεσ**αν** (δέσ**ανε**)	ich wurde gebunden δέθ**ηκα** δέθ**ηκες** δέθ**ηκε** δεθ**ήκαμε** δεθ**ήκατε** δέθ**ηκαν** (δεθ**ήκανε**)
Perfekt, Plusquamperfekt, Fut. exact., Kond. der Vergangenheit:	έχω usw. + δέσ**ει**	έχω usw. + δεθ**εί**
Imperativ:	binde! δέσ**ε**! bindet! δέσ**τε**!	laß dich binden! δέ**σου** laßt euch binden! δε**θείτε**
Part. Perf.:	—	

2. Konjugation: Verben auf **-ώ**

a) **-ώ** oder **-άω** (**άς**) **/** b) **-ώ** (**είς**)

a) **αγαπώ** (**άς**)

I. Stamm

Ind. Präs.:	ich liebe αγαπ**άω** αγαπ**άς** αγαπ**άει** αγαπ**άμε** αγαπ**άτε** αγαπ**άν**(**ε**)	 αγαπ**ώ** αγαπ**άς** αγαπ**ά** αγαπ**ούμε** αγαπ**άτε** αγαπ**ούν**(**ε**)	ich werde geliebt αγαπ**ιέμαι** αγαπ**ιέσαι** αγαπ**ιέται** αγαπ**ιόμαστε** αγαπ**ιέστε** αγαπ**ιούνται**
Konj. Präs.:	daß ich liebe να αγαπώ (-άω)		daß ich geliebt werde να αγαπιέμαι
dur. Futur:	ich werde lieben θα αγαπώ (-άω)		ich werde geliebt werden θα αγαπιέμαι
Imperfekt:	ich liebte αγαπ**ούσα** αγαπ**ούσες** αγαπ**ούσε** αγαπ**ούσαμε** αγαπ**ούσατε** αγαπ**ούσαν**(**ε**)		ich wurde geliebt αγαπ**ιόμουν**(α) αγαπ**ιόσουν**(α) αγαπ**ιόταν**(ε) αγαπ**ιόμασταν** (-στε) αγαπ**ιόσασταν** (-στε) αγαπ**ιόνταν**(ε) (-ιόντουσαν)
Kond. Präs.:	ich würde lieben θα αγαπούσα usw. wie Impf.		ich würde geliebt werden θα αγαπιόμουν
Imperativ:	liebe! αγάπ**α**! liebt! αγαπ**άτε**!		laß dich lieben! να αγαπ**ιέσαι**! liebt euch! να αγαπ**ιέστε**!
Adverbialpart.:	liebend αγαπ**ώντας**		

Vier Verben, die nur Passivformen haben (**θυμάμαι, κοιμάμαι, λυπάμαι, φοβάμαι**) werden wie folgt konjugiert:

Präsens:	θυμάμαι (-ούμαι)	Imperfekt:	θυμόμουν(α)
	θυμάσαι		θυμόσουν(α)
	θυμάται		θυμόταν(ε)
	θυμόμαστε (-ούμαστε)		θυμόμασταν
	θυμάστε		θυμόσασταν
	θυμούνται		θυμόνταν (-όντουσαν)

Konj. Aor.:	daß ich liebe να αγαπ**ήσω** Endungen s. Präs. von δένω	daß ich geliebt werde να αγαπ**ηθώ** Endungen s. Präs. von b) κινώ
punkt. Futur:	ich werde lieben θα αγαπήσω	ich werde geliebt werden θα αγαπηθώ
Ind. Aor.:	ich liebte αγάπ**ησα** Endungen s. έδεσα	ich wurde geliebt αγαπ**ήθηκα** Endungen s. δέθηκα
Perfekt, Plusquamperfekt, Fut. exact., Kond. d. Vergangenheit:	έχω usw. + αγαπήσει	έχω usw. + αγαπηθεί
Imperativ:	liebe! αγάπ**ησε** liebt! αγαπ**ήστε**	laß dich lieben! αγαπ**ήσου** liebt euch! αγαπ**ηθείτε**
Part. Perf.:	—	geliebt αγαπ**ημένος**

b) **κινώ (είς)**

I. Stamm

Ind. Präs.:	ich bewege κιν**ώ** κιν**είς** κιν**εί** κιν**ούμε** κιν**είτε** κιν**ούν**(ε)	ich werde bewegt, ich bewegte mich κιν**ούμαι** κιν**είσαι** κιν**είται** κιν**ούμαστε** κιν**είστε** κιν**ούνται**
Konj. Präs.:	daß ich bewege να κινώ usw.	daß ich bewegt werde να κινούμαι usw.
dur. Futur:	ich werde bewegen θα κινώ usw.	ich werde bewegt werden θα κινούμαι usw.
Imperfekt:	ich bewegte κιν**ούσα** usw. wie αγαπούσα	ich wurde bewegt, ich bewegte mich κιν**ιόμουν** usw. wie αγαπιόμουν Manche Verben haben **-ούμουν,** z. B. στερούμουν

Imperativ:	bewege! (κίνει!) bewegt! κινείτε!	(bewege dich! να κινείσαι! bewegt euch! να κινείστε!)
Adverbialpart.:	bewegend **κινώντας**	

II. Stamm

Konjugation wie II. Stamm von αγαπώ: να κινήσω, να κινηθώ; κίνησα, κινήθηκα.

Folgende Verben haben im Ind./Konj. Präs. Aktiv überwiegend verkürzte Endungen: ακούω, καίω, κλαίω, λέω, πάω (dazu der Konj. Aor. να πάω), τρώω, φταίω, φυλάω; ebenso der Konj. Aor. von τρώω, να φάω.

ακούω	λέω	πάω	τρώω
ακούς	λες	πας	τρως
ακούει	λέει	πάει	τρώει
ακούμε	λέμε	πάμε	τρώμε
ακούτε	λέτε	πάτε	τρώτε
ακούν(ε)	λένε	πάνε	τρώνε
Die anderen Formen des Präsensstammes:			
	Imperfekt		
άκου(γ)α usw.	έλεγα usw.	πήγαινα usw.	έτρωγα usw.
	Imperativ Präsens		
άκου! ακούτε!	λέγε! λέγετε!	πήγαινε! πηγαίνετε!	τρώγε! τρώτε!
	Indikativ Präsens Passiv		
ακού(γ)ομαι	λέγομαι	—	τρώγομαι

Alphabetische Liste griechischer unregelmäßiger Verben

Folgende Formen, soweit sie gebräuchlich sind, werden angegeben: Ind. Präs., Konj. Aor., Ind. Aor. Aktiv, Ind. Aor. Pass., Part. Perf. Passiv. Einige abweichende Imperativ-Aorist-Formen sind ebenfalls aufgenommen und durch Ausrufungszeichen gekennzeichnet. Nicht existierende Formen werden durch einen Strich angedeutet.

αγανακτώ, να αγανακτήσω, αγανάκτησα, –, αγανακτισμένος
ακουμπώ (άς), να ακουμπήσω, ακούμπησα, –, ακουμπισμένος
ακριβαίω, να ακριβύνω, ακρίβυνα, –, –
αναβάλλω, να αναβάλω, ανέβαλα, αναβλήθηκα, αναβλημένος
αναιρώ, να αναιρέσω, αναίρεσα, αναιρέθηκα, αναιρεμένος
ανασαίνω, να ανασάνω, ανάσανα, –, –
ανατέλλω, να ανατείλω, ανάτειλα (ανέ-), –, –
ανεβαίνω, να ανέβω od. -βώ, ανέβηκα, ανέβα! ανεβείτε!, –, ανεβασμένος
απομακρύνω, να απομακρύνω, απομάκρυνα, απομακρύνθηκα, απομακρυσμένος
αρέσω (Impf. άρεσα od. άρεζα), να αρέσω, άρεσα, –, –
αρκώ, να αρκέσω, άρκεσα, αρκέστηκα, –
αυξάνω, να αυξήσω, αύξησα, αυξήθηκα, αυξημένος
αφαιρώ wie αναιρώ
αφήνω, να αφήσω, άφησα, άφησε! od. άσε!, αφέθηκα, αφημένος
βάζω, να βάλω, έβαλα, βάλθηκα, βαλμένος
βαθαίνω, να βαθύνω, βάθυνα, –, –
βαραίνω, να βαρύνω, βάρυνα, –, βαρημένος
βαριέμαι, να βαρεθώ, βαρέθηκα, –
βαρώ (άς), να βαρέσω, βάρεσα, βαρέστηκα, βαρεμένος
βαστώ (άς), να βαστάξω (-ήξω), βάσταξα (-ηξα), βαστάχτηκα (-ήχτηκα), βασταγμένος (-ηγμένος)
βγάζω, να βγάλω, έβγαλα, βγάλθηκα, βγαλμένος
βγαίνω, να βγω, βγήκα, βγες! od. έβγα!, βγέστε! od. βγείτε!, βγαλμένος
βλέπω, να δω, είδα, δες!, δέστε! od. δείτε!, να ιδωθώ, ειδώθηκα, ιδωμένος
βρέχω, να βρέξω, έβρεξα, βράχηκα, βρε(γ)μένος
βρίσκω, να βρω, βρήκα, βρες!, βρέστε! od. βρείτε!, βρέθηκα, –
γελώ (άς), να γελάσω, γέλασα, γελάστηκα, γελασμένος
γερνώ (άς), να γεράσω, γέρασα, –, γερασμένος
γίνομαι, να γίνω, έγινα od. γίνηκα, –, γινωμένος (= reif)
γλυκαίνω, να γλυκάνω, γλύκανα, γλυκάθηκα, γλυκασμένος
δέρνω, να δείρω, έδειρα, δάρθηκα, δαρμένος
διδάσκω, να διδάξω, δίδαξα, διδάχτηκα, διδαγμένος
δίνω, να δώσω, έδωσα, δόθηκα, δοσμένος
διψώ (άς), να διψάσω, δίψασα, –, διψασμένος
επιβαρύνω, να επιβαρύνω, επιβάρυνα, επιβαρύνθηκα, επιβαρημένος
έρχομαι, να έρθω, ήρθα, έλα!, ελάτε!, –, –
εύχομαι, να ευχηθώ, ευχήθηκα, –
ζεσταίνω, να ζεστάνω, ζέστανα, ζεστάθηκα, ζεσταμένος
θέλω, (Impf. ήθελα), να θελήσω, θέλησα, –, θελημένος

θερμαίνω, να θερμάνω, θέρμανα, θερμάνθηκα, θερμασμένος
κάθομαι, να καθίσω od. να κάτσω, κάθισα od. έκατσα, κάτσε!, καθίστε!, καθισμένος
καίω (s. S. 560), να κάψω, έκαψα, κάηκα, καμένος
καλώ, να καλέσω, κάλεσα, καλέστηκα, καλεσμένος
κάνω, να κάνω, έκανα, –, καμωμένος
καταλαβαίνω, να καταλάβω, κατάλαβα, –, –
κατεβαίνω, να κατέβω od. -βώ, κατέβηκα, κατέβα!, κατεβείτε!, –, κατεβασμένος
κερνώ (άς), να κεράσω, κέρασα, κεράστηκα, κερασμένος
κλαίω (s. S. 560), να κλάψω, έκλαψα, κλαύτηκα, κλαμένος
κοιμάμαι (s. S. 559), να κοιμηθώ, κοιμήθηκα, κοιμισμένος
κονταίνω, να κοντύνω, κόντυνα, –, –
κουφαίνω, να κουφάνω, κούφανα, κουφάθηκα, κουφαμένος
λέω (s. S. 560), να πω, είπα, πες!, πέστε! od. πείτε!, ειπώθηκα, ειπωμένος
μαθαίνω, να μάθω, έμαθα, μαθεύτηκα, μαθημένος
μακραίνω, να μακρύνω, μάκρυνα, –, –
μεθώ (άς), να μεθύσω, μέθυσα, –, μεθυσμένος
μένω, να μείνω, έμεινα, –, –
μικραίνω, να μικρύνω, μίκρυνα, –, –
μολύνω, να μολύνω, μόλυνα, μολύνθηκα, μολυσμένος
μπαίνω, να μπω, μπήκα, μπες!, μπέστε! od. μπείτε!, –, μπασμένος
μπορώ, να μπορέσω, μπόρεσα, –, –
ντρέπομαι, να ντραπώ, ντράπηκα, –
ξεραίνω, να ξεράνω, ξέρανα, ξεράθηκα, ξεραμένος
ξέρω, να ξέρω, (Impf. und Aor.) ήξερα, –, –
ξεχνώ (άς), να ξεχάσω, ξέχασα, ξεχάστηκα, ξεχασμένος
παθαίνω, να πάθω, έπαθα, –, (κακο)παθημένος
παίρνω, να πάρω, πήρα, πάρθηκα, παρμένος
παραγγέλνω, να παραγγείλω, παράγγειλα (-ρή-), παραγγέλθηκα, παραγγελμένος
παρασταίνω od. **παριστάνω,** να παραστήσω, παράστησα (-ρέ-), παραστάθηκα, παραστημένος
παχαίνω, να παχύνω, πάχυνα, –, –
πάω s. πηγαίνω
πεθαίνω, να πεθάνω, πέθανα, –, πεθαμένος
πεινώ (άς), να πεινάσω, πείνασα, –, πεινασμένος
περνώ (άς), να περάσω, πέρασα, περάστηκα, περασμένος
πετυχαίνω, να πετύχω, πέτυχα, –, πετυχημένος
πετώ (άς), να πετάξω, πέταξα, πετάχτηκα, πετα(γ)μένος
πέφτω, να πέσω, έπεσα, –, πεσμένος
πηγαίνω od. **πάω** (s. S. 560), να πάω, πήγα, να πας!, πάτε!, –, –
πίνω, να πιω, ήπια, πιες!, πιέστε!, od. πιείτε!, πιώθηκα, πιωμένος
πλένω, να πλύνω, έπλυνα, πλύθηκα, πλυμένος
πονώ (άς), να πονέσω, πόνεσα, –, πονεμένος
προσβάλλω, να προσβάλω, πρόσβαλα (προσέ-), προσβλήθηκα, προσ(βε)βλημένος
ρυπαίνω, να ρυπάνω, ρύπανα, ρυπάνθηκα, –
σέρνω, να σύρω, έσυρα, σύρθηκα, συρμένος
σημαίνω, να σημάνω, σήμανα, σημάνθηκα, (σε)σημασμένος
σπά(ζ)ω, σπάνω, σπω (Impf. έσπαζα od. -να), να σπάσω, έσπασα, –, σπασμένος
σπέρνω, να σπείρω, έσπειρα, σπάρθηκα, σπαρμένος
στέκομαι, να σταθώ, στάθηκα, –
στέλνω, να στείλω, έστειλα, στάλθηκα, σταλμένος
στενοχωρώ (άς, είς), να στενοχωρέσω (-ήσω), στενοχώρεσα (-ησα), στενοχωρέθηκα (-ήθηκα), στενοχωρεμένος (-ημένος)
στρέφω, να στρέψω, έστρεψα, στράφηκα, στραμμένος
συ(γ)χωρώ (άς, είς), να συ(γ)χωρέσω (-ήσω), συ(γ)χώρεσα (-ησα), συ(γ)χωρέθηκα (-ήθηκα), συ(γ)χωρεμένος (-ημένος)

σχολνώ (άς), να σχολάσω, σχόλασα, –, σχολασμένος
σωπαίνω, να σωπάσω, σώπασα, σώπα!, σωπά(σ)τε!, –, –
τραβώ (άς), να τραβήξω, τράβηξα, τραβήχτηκα, τραβηγμένος
τρελαίνω, να τρελάνω, τρέλανα, τρελάθηκα, (ξε)τρελαμένος
τρέφω od. **θρέφω,** να θρέψω, έθρεψα, τράφηκα, θρεμμένος
τρέχω (Imper. Präs. τρέχα!, τρεχάτε!), να τρέξω, έτρεξα, –, –
τρώω (s. S. 560), να φάω, έφαγα, φάε!, φάτε!, φαγώθηκα, φαγωμένος
τυχαίνω, να τύχω, έτυχα, –, –
υπόσχομαι, να υποσχεθώ, υποσχέθηκα, υποσχεμένος
υφαίνω, να υφάνω, ύφανα, υφάνθηκα, υφασμένος
φαίνομαι, να φανώ, φάνηκα, –
φεύγω (Imper. Präs. φεύγα!, φευγάτε!), να φύγω, έφυγα, –, –
φθείρω, να φθείρω, έφθειρα, φθάρηκα, φθαρμένος
φοβάμαι (s. S. 559), να φοβηθώ, φοβήθηκα, φοβισμένος
φορώ (άς), να φορέσω, φόρεσα, φορέθηκα, φορεμένος
χαίρομαι, να χαρώ, χάρηκα, –
χοντραίνω, να χοντρύνω, χόντρυνα, –, –
χορταίνω, να χορτάσω, χόρτασα, –, χορτασμένος
ψυχραίνω, να ψυχράνω, ψύχρανα, ψυχράνθηκα, ψυχραμένος

Κανόνες για την κλίση γερμανικών ουσιαστικών

1. ΓΕΝΙΚΟΣ ΚΑΝΟΝΑΣ

Η δοτική του πληθυντικού έχει ένα **-n.** Αν μια λέξη λήγει σε *-n*, τότε δε βάζουμε άλλο *-n* (π. χ. *den Gärten*, δοτ. πλ. του *der Garten*). Ουσιαστικά που σχηματίζουν τον πληθυντικό σε **-s** δεν παίρνουν το *-n*. Αν το θεματικό φωνήεν αλλάζει στον πληθυντικό (¨), το **a** γίνεται **ä**, το **au äu**, το **o ö**, και το **u** γίνεται **ü**.

2. ΘΗΛΥΚΟ

Παραδείγματα:

Ον.	die Frau	die Frau**en**	die Maschine	die Maschine**n**
Γεν.	der Frau	der "	der "	der "
Δοτ.	der Frau	den "	der "	den "
Αιτ.	die Frau	die "	die "	die "
Ον.	die Lehrerin		die Lehrerin**nen**	
Γεν.	der "		der "	
Δοτ.	der "		den "	
Αιτ.	die "		die "	

ΟΛΕΣ ΟΙ ΑΠΟΚΛΙΣΕΙΣ από τον πληθυντικό αυτό αναφέρονται στο λεξικό.

3. ΑΡΣΕΝΙΚΟ

Οι οδηγίες (-en) ή (-n) αναφέρονται στα αρσενικά της επόμενης κλίσης:

Ον.	der Student	die Student**en**	der Bote	die Bote**n**
Γεν.	des **-en**	der "	des **-n**	der "
Δοτ.	dem **-en**	den "	dem **-n**	den "
Αιτ.	den **-en**	die "	den **-n**	die "

4. ΑΡΣΕΝΙΚΑ ΚΑΙ ΟΥΔΕΤΕΡΟ

Αρσενικά και ουδέτερα που κλίνονται σύμφωνα με το επόμενο παράδειγμα δεν ξεχωρίζονται στο λεξικό (σημειώνεται όμως το γένος):

der Lehrer	die Lehrer	das Fenster	die Fenster
des Lehrer**s**	der Lehrer	des Fenster**s**	der Fenster
dem Lehrer	den Lehrer**n**	dem Fenster	den Fenster**n**
den Lehrer	die Lehrer	das Fenster	die Fenster

5. ΟΛΕΣ ΟΙ ΑΠΟΚΛΙΣΕΙΣ απ' αυτό το παράδειγμα σημειώνονται στο λεξικό με οδηγίες σε παρένθεση μετά το λήμμα.

ΚΛΙΣΗ ΤΩΝ ΕΠΙΘΕΤΩΝ

Για την κλίση του επιθέτου μπροστά από το ουσιαστικό υπάρχουν τρεις κατηγορίες:

1. Το επίθετο με το οριστικό άρθρο ή με μια λέξη που έχει την ίδια κατάληξη όπως το άρθρο:

Ον.	der groß**e** Mann	die jung**e** Frau	das klein**e** Kind
Γεν.	des **-en** Mann(e)s	der **-en** „	des **-en** Kind(e)s
Δοτ.	dem **-en** Mann(e)	der **-en** „	dem **-en** Kind(e)
Αιτ.	den **-en** Mann	die **-e** „	das **-e** Kind
Ον.	die **-en** Männer	die **-en** Frauen	die **-en** Kinder
Γεν.	der **-en** Männer	der **-en** „	der **-en** Kinder
Δοτ.	den **-en** Männern	den **-en** „	den **-en** Kindern
Αιτ.	die **-en** Männer	die **-en** „	die **-en** Kinder

Οι ίδιοι τύποι ισχύουν στον ενικό και τον πληθυντικό μετά τα **dieser, jener, welcher, mancher, solcher** και στον πληθυντικό μετά τα **alle, keine; meine, deine, seine, ihre, unsere, eu(e)re, ihre; irgendwelche, sämtliche.**

2. Το επίθετο με το αόριστο άρθρο ή με μια λέξη των ίδιων καταλήξεων:

Ον.	ein groß**er** Mann	eine jung**e** Frau	ein klein**es** Kind
Γεν.	eines **-en** Mannes	einer **-en** „	eines **-en** Kind(e)s
Δοτ.	einem **-en** Mann(e)	einer **-en** „	einem **-en** Kind(e)
Αιτ.	einen **-en** Mann	eine **-e** „	ein **-es** Kind

– χωρίς πληθυντικό! –

Το ίδιο μετά τα **kein, mein, dein, sein, ihr, unser, euer, ihr; folgend.**

3. Το επίθετο χωρίς άρθρο

Ον.	alt**er** Wein	lang**e** Zeit	frisch**es** Brot
Γεν.	**-en** Wein(e)s	**-er** „	**-en** Brot(e)s
Δοτ.	**-em** Wein(e)	**-er** „	**-em** Brot(e)
Αιτ.	**-en** Wein	**-e** „	**-es** Brot
Ον.	**-e** Weine	böse Zeiten	**-e** Brote
Γεν.	**-er** Weine	**-er** „	**-er** Brote
Δοτ.	**-en** Weinen	**-en** „	**-en** Broten
Αιτ.	**-e** Weine	**-e** „	**-e** Brote

Το ίδιο στον ενικό και στον πληθυντικό μετά τα **manch, solch, welch,** που δεν κλίνονται, και στον πληθυντικό μετά τα **andere, einige, etliche, mehrere, verschiedene, viele, wenige, folgende.** Στη γενική πληθ. λέγεται καμιά φορά μετά τις τελευταίες λέξεις και **-en** (αντί -er) στο επίθετο.

4. Πολλά επίθετα ουσιαστικοποιούνται. Τότε κλίνονται σαν τα αντίστοιχα επίθετα. Στο λεξικό δηλώνονται με το **-e(r)**: **Reisende(r)** *m/f* (= der, die Reisende, eine Reisende, ein Reisender)
der Reisende, die Reisende: καταλήξεις όπως στο 1.
ein Reisender, eine Reisende: καταλήξεις ενικού στο 2., πληθυντικού όπως στο 3.

ΣΥΓΚΡΙΤΙΚΟΣ ΚΑΙ ΥΠΕΡΘΕΤΙΚΟΣ ΒΑΘΜΟΣ ΕΠΙΘΕΤΩΝ

schnell, schneller, { **schnellst-** μόνο μπροστά από το ουσιαστικό, με κατάληξη επιθέτου·
schnellstens ή **am schnellsten** σαν επίρρημα.

Ανωμαλίες σύγκρισης σημειώνονται στο λεξικό πίσω από τα αντίστοιχα επίθετα σε παρένθεση.

Σε επίθετα που καταλήγουν σε **-el, -en** και **-er,** συχνά χάνεται το **e** της καταλήξεως, όταν προστίθεται μια γραμματική κατάληξη, π. χ.
dunkel: dunk**l**er; im dunk**l**en Zimmer.

Στο λεξικό δίνονται πίσω από τα επίθετα, των οποίων το **-e-** χάνεται σχεδόν πάντα, σχετικές οδηγίες σε παρένθεση, π. χ. **dunkel** (*-kler*).

Στα επίθετα που δε σχηματίζουν συγκριτικό και υπερθετικό βαθμό, σημειώνεται ένα μηδενικό σε παρένθεση (*0*), π. χ. **lauwarm** (*0*).

Κανόνες για την κλίση γερμανικών ρημάτων

1. Ο τύπος ευγένειας είναι το γ΄ πρόσωπο του πληθυντικού.
2. Όλα τα γερμανικά ρήματα έχουν της κατάληξη **-en** ή **-n** στο απαρέμφατο, π. χ. sag**en,** hande**ln.**
3. Ρήματα πίσω από τα οποία στο λεξικό δε σημειώνεται * είναι ομαλά και κλίνονται έτσι:

ΜΗ ΥΠΟΤΑΚΤΙΚΕΣ ΕΓΚΛΙΣΕΙΣ

	ΕΝΕΡΓΗΤΙΚΗ ΦΩΝΗ		ΠΑΘΗΤΙΚΗ ΦΩΝΗ	
Απαρέμφατο ενεστώτα:	**loben** παινεύω		**gelobt werden**	
Οριστ. Ενεστώτα:	ich lob**e**		ich werde	gelobt
	du lob**st**		du wirst	
	er, sie, es lob**t**		er, sie, es wird	
	wir lob**en**		wir werden	
	ihr lob**t**		ihr werdet	
	sie, Sie lob**en**		sie, Sie werden	
Οριστ. Παρατατ.:	ich lob**te**		ich wurde	gelobt
	du lob**test**		du wurdest	
	er, sie, es lob**te**		er, sie, es wurde	
	wir lob**ten**		wir wurden	
	ihr lob**tet**		ihr wurdet	
	sie, Sie lob**ten**		sie, Sie wurden	
Απαρέμφατο Παρακειμένου:	**gelobt haben**		**gelobt worden sein**	
Οριστ. Παρακειμένου:	ich habe	gelobt	ich bin	gelobt worden
	du hast		du bist	
	er, sie, es hat		er, sie, es ist	
	wir haben		wir sind	
	ihr habt		ihr seid	
	sie, Sie haben		sie, Sie sind	
Οριστ. Υπερσυντ.:	ich hatte gelobt		ich war gelobt worden	
	du hattest gelobt κτλ.		du warst gelobt worden κτλ.	
Μέλλοντας α΄:	ich werde loben		ich werde gelobt werden	
	du wirst loben κτλ.		du wirst gelobt werden κτλ.	
Μέλλοντας β΄:	ich werde gelobt haben		ich werde gelobt worden sein	
	du wirst gelobt haben κτλ.		du wirst gelobt worden sein κτλ.	
Υποθετική α΄:	ich würde loben κτλ.		ich würde gelobt werden κτλ.	
Υποθετική β΄:	ich würde gelobt haben κτλ.		ich würde gelobt worden sein κτλ.	

Προστακτική:	lob**e**!	sei (werde) gelobt!
	lob**t**!	seid (werdet) gelobt!
	lob**en** Sie!	seien Sie gelobt!
Μετοχή ενεστ.:	lob**end**	
Μετοχή παρακ.:		gelobt

4. ΥΠΟΤΑΚΤΙΚΗ

Ο παρατατικός της υποτακτικής στην ενεργητική φωνή είναι ο ίδιος όπως στην οριστική.

Την υποτακτική των βοηθητικών ρημάτων „haben", „sein", „werden" βλ. στα ανώμαλα γερμανικά ρήματα: *.

Στα γερμανικά η υποτακτική χρησιμοποιείται κυρίως στα εξής δύο συντακτικά σχήματα: α) η υποτακτ. α΄ για την έκφραση του πλάγιου λόγου (π. χ. sie sagte, sie *habe* ihre Tasche verloren 'είπε πως έχασε την τσάντα της')· β) η υποτακτ. β΄ για την έκφραση του μη πραγματικού (π. χ. er *käme*, wenn es nicht *regnete* 'θα ερχόταν, αν δεν έβρεχε').

Η καθομιλουμένη έχει την τάση να αντικαθιστά την υποτακτ. α΄ με την οριστική (... sie *hatte* ihre Tasche verloren) και την υποτακτ. β΄ με την υποθετική (er *würde* kommen, wenn es nicht regnen *würde*). Κανονικά οι τύποι της υποτακτικής α΄ που δε διαφέρουν απ' αυτούς της οριστικής, αντικαθίστανται με τους τύπους της υποτακτικής β΄ (ich sagte, ich *hätte* meine T. verloren).

	ΕΝΕΡΓΗΤΙΚΗ ΦΩΝΗ	ΠΑΘΗΤΙΚΗ ΦΩΝΗ
Υπ. ενεστώτα ή υποτακτική α΄:	(ich lobe)	(ich werde) gelobt
	du lob**est**	du werd**est** gelobt
	er, sie, es lob**e**	er, sie, es werd**e** gelobt
	(wir loben)	(wir werden) gelobt
	ihr lob**et**	(ihr werdet) gelobt
	(sie, Sie loben)	(sie, Sie werden) gelobt
Υποτ. παρατατ. ή υποτακτική β΄:	βλ. οριστική	ich würde gelobt κτλ.
Υποτ. παρακειμ.:	(ich habe gelobt) κτλ.	ich sei gelobt worden κτλ.
Υποτ. υπερσυντ.:	ich hätte gelobt κτλ.	ich wäre gelobt worden κτλ.
Υποτ. μέλλοντα α΄:	(ich werde loben)	(ich werde gelobt werden)
	du werdest loben κτλ.	du werdest gelobt werden κτλ.
Υποτ. μέλλοντα β΄:	(ich werde gelobt werden) κτλ.	(ich werde gelobt worden sein) κτλ.

5. Ρήματα σε *-den*, *-ten*, *-sen*, *-ssen*, *-ln*, *-rn* διαφέρουν σε μερικούς τύπους από το παράδειγμα „loben":

reden

Ενεστώτας:	ich rede	Παρατατικός:	ich red**e**te
	du red**e**st		du red**e**test
	er, sie, es red**e**t		er, sie, es red**e**te
	wir reden		κτλ.
	ihr red**e**t		
	sie, Sie reden	Μετοχή παρακ.:	gered**e**t

retten

Ενεστώτας:	ich rette	Παρατατικός:	ich rett**e**te
	du rett**e**st		du rett**e**test
	er, sie, es rett**e**t		er, sie, es rett**e**te
	wir retten		κτλ.
	ihr rett**e**t		
	sie, Sie retten	Μετοχή παρακειμ.:	gerett**e**t

reisen

Ενεστώτας:	ich reise	Παρατατικός:	ich reiste
	du rei**st**		du reistest
	κτλ.		κτλ.

fassen

Ενεστώτας:	ich fasse	Παρατατικός:	ich fa**ß**te
	du fa**ß**t		κτλ.
	er, sie, es fa**ß**t	Προστακτική:	fa**ß**!, fa**ß**t!
	wir fassen	Μετοχή παρακ.:	gefa**ß**t
	ihr fa**ß**t		
	sie, Sie fassen		

handeln

Ενεστώτας:	ich hand(**e**)le	Παρατατικός:	ich handelte κτλ.
	du handelst κτλ.	Προστακτική:	hand**le**!, handelt!
		Μετοχή παρακ.:	gehandelt

wandern

Ενεστώτας:	ich wand(**e**)re	Παρατατικός:	ich wanderte κτλ.
	du wanderst κτλ.	Προστακτική:	wand**re**!, wandert!
		Μετοχή παρακ.:	gewandert

6. α) Τα ανώμαλα (ή δυνατά) ρήματα έχουν με εξαίρεση τριών τύπων τις ίδιες καταλήξεις προσώπων όπως τα ομαλά ρήματα (πβ. ***β*** και ***γ***).

β) Στο α΄ και γ΄ πρόσωπο στον ενικό του παρατατικού δεν έχουν κατάληξη:

ich lobte	**αλλά**	ich gab
er, sie, es lobte		er, sie, es gab

γ) Η μετοχή του παρακειμένου λήγει σε **-en**· το φωνήεν της θεματικής συλλαβής μεταβάλλεται τις περισσότερες φορές: getr**u**nk**en**, απαρέμφ. tr**i**nken.

δ) Τα ανώμαλα ρήματα δε σχηματίζουν παρατατικό με *-t-*, αλλά μεταβάλλουν το φωνήεν του θέματος:

geben – gab

ε) Συχνά αλλοιώνεται και στο β΄ και στο γ΄ ενικό πρόσωπο το φωνήεν του θέματος:

ich lese	wir lesen
du liest	κτλ.
er, sie, es liest	lies!

στ) Η υποτακτική του παρατατικού σχηματίζεται συχνά με μεταφωνία του φωνήεντος του παρατατικού της οριστικής (¨):

Οριστική παρατατικού: ich fuhr κτλ.
Υποτακτική παρατατ.: ich führe κτλ.

ζ) Μερικά ρήματα σχηματίζουν τον παρατατικό και τη μετοχή με το *-t-* των ομαλών ρημάτων μεταβάλλοντας συγχρόνως το φωνήεν του θέματος. Η συζυγία αυτή λέγεται «μικτή»:

brennen – brannte – gebrannt

η) Όσον αφορά τους διάφορους τύπους βλ. τον κατάλογο των ανώμαλων γερμανικών ρημάτων (*) σ. 571 κεξ.

7. Σύνθετα ρήματα χωρίζονται, όταν ο τόνος βρίσκεται στο πρώτο συνθετικό:

'durchbrechen (*) ich breche 'durch **αλλά** 'durchzubrechen
ich brach 'durch
v/t ich habe (etwas αιτιατική) 'durchgebrochen
v/i ich bin 'durchgebrochen
αλλά
durch'brechen (*) ich durch'breche, ich durch'brach
ich habe durch'brochen.

Liste der unregelmäßigen deutschen Verben

Πίνακας των ανώμαλων γερμανικών ρημάτων

Ρήματα σημειωμένα με (°) κλίνονται επίσης και σαν ομαλά.
Konj. = υποτακτική παρατατικού ή β΄.
Τύποι σε *-st* μετά τους 3 αρχικούς χρόνους = β΄ ενικό πρόσωπο του ενεστώτα.

backen – b**u**k/back**te** – geb**a**cken; bäckst; *Konj.* backte; δηλαδή; **ich** buk ή backte, ich habe gebacken; **ich** backe, **du** bäckst, **er** bäckt; ich backte
befehlen – bef**a**hl – bef**o**hlen; befiehlst; *Konj.* beföhle; befiehl!
beginnen – beg**a**nn – beg**o**nnen; *Konj.* begönne
beißen – b**i**ß – geb**i**ssen; *Konj.* bisse
bergen – b**a**rg – geb**o**rgen; birgst; *Konj.* bärge; birg!
bersten (*sn*) – b**a**rst – geb**o**rsten; birst; *Konj.* bärste; birst!
bewegen° – bew**o**g – bew**o**gen; *Konj.* bewöge
biegen – b**o**g – geb**o**gen; *Konj.* böge
bieten – b**o**t – geb**o**ten; *Konj.* böte
binden – b**a**nd – geb**u**nden; *Konj.* bände
bitten – b**a**t – geb**e**ten; *Konj.* bäte
blasen – bl**ie**s – gebl**a**sen; bläst; *Konj.* bliese
bleiben (*sn*) – bl**ie**b – gebl**ie**ben; *Konj.* bliebe
braten – br**ie**t – gebr**a**ten; brätst; *Konj.* briete
brechen –br**a**ch – gebr**o**chen; brichst; *Konj.* bräche; brich!
brennen – br**a**nn**te** – gebr**a**nn**t**; *Konj.* brennte
bringen – br**a**ch**te** – gebr**a**ch**t**; *Konj.* brächte
denken – d**a**ch**te** – ged**a**ch**t**; *Konj.* dächte
dreschen – dr**o**sch – gedr**o**schen; drischst; *Konj.* drösche; drisch!
dringen (*sn*) – dr**a**ng – gedr**u**ngen; *Konj.* dränge
dürfen – d**u**rf**te** – ged**u**rf**t**; *Präs.* darf, darfst; *Konj.* dürfte
empfehlen – empf**a**hl – empf**o**hlen; empfiehlst; *Konj.* empföhle; empfiehl!
erbleichen (*sn*) – erbl**i**ch – erbl**i**chen; *Konj.* erbliche
erlöschen (*sn*) – erl**o**sch – erl**o**schen; erlischst; *Konj.* erlösche
erschrecken *v/i* (*sn*) – erschr**a**k – erschr**o**cken; erschrickst; *Konj.* erschräke; erschrick!
essen – **a**ß – geg**e**ssen; ißt; *Konj.* äße; iß!
fahren (*v/i*: *sn*) – f**u**hr – gef**a**hren; fährst; *Konj.* führe
fallen (*sn*) – f**ie**l – gef**a**llen; fällst; *Konj.* fiele
fangen – f**i**ng – gef**a**ngen; fängst; *Konj.* finge
fechten – f**o**cht – gef**o**chten; fichtst; *Konj.* föchte; ficht!
finden – f**a**nd – gef**u**nden; *Konj.* fände
flechten –fl**o**cht – gefl**o**chten; flichtst; *Konj.* flöchte; flicht!
fliegen (*v/i*: *sn*) – fl**o**g – gefl**o**gen; *Konj.* flöge
fliehen (*sn*) – fl**o**h – gefl**o**hen; *Konj.* flöhe
fließen (*sn*) – fl**o**ß – gefl**o**ssen; *Konj.* flösse
fressen – fr**a**ß – gefr**e**ssen; frißt; *Konj.* fräße; friß!
frieren – fr**o**r – gefr**o**ren; *Konj.* fröre
gären – g**o**r/gär**te** – geg**o**ren; *Konj.* göre/gärte
gebären – geb**a**r – geb**o**ren; gebierst; *Konj.* gebäre; gebier!

geben – gab – gegeben; gibst; *Konj.* gäbe; gib!
gedeihen (*sn*) – gedieh – gediehen; *Konj.* gediehe
gehen (*sn*) – ging – gegangen; *Konj.* ginge
gelingen – es gelang – es ist gelungen; *Konj.* es gelänge
gelten – galt – gegolten; giltst; *Konj.* gölte
genesen (*sn*) – genas – genesen; *Konj.* genäse
genießen – genoß – genossen; *Konj.* genösse
geschehen – es geschah – es ist geschehen; *Präs.* es geschieht; *Konj.* es geschähe
gewinnen – gewann – gewonnen; *Konj.* gewönne
gießen – goß – gegossen; *Konj.* gösse; gieß!
gleichen – glich – geglichen; *Konj.* gliche
gleiten (*sn*) – glitt – geglitten; *Konj.* glitte
glimmen – glomm – geglommen; *Konj.* glömme
graben – grub – gegraben; gräbst; *Konj.* grübe
greifen – griff – gegriffen; *Konj.* griffe
haben – hatte – gehabt; *Präs.* habe, hast, hat; *Konj.* hätte
halten – hielt – gehalten; hältst; *Konj.* hielte
hängen *v/i* – hing – gehangen; *Konj.* hinge
hauen – hieb/haute – gehauen; *Konj.* hiebe/haute
heben – hob – gehoben; *Konj.* höbe
heißen – hieß – geheißen; *Konj.* hieße
helfen –half – geholfen; hilfst; *Konj.* hülfe; hilf!
kennen – kannte – gekannt; *Konj.* kennte
klimmen (*sn*)° – klomm – geklommen; *Konj.* klömme
klingen – klang – geklungen; *Konj.* klänge
kneifen – kniff – gekniffen; *Konj.* kniffe
kommen (*sn*) – kam – gekommen; *Konj.* käme; komm!
können – konnte – gekonnt; *Präs.* kann, kannst, kann; *Konj.* könnte
kriechen (*sn*) – kroch – gekrochen; *Konj.* kröche
laden – lud – geladen; *Präs.* lade, lädst, lädt; *Konj.* lüde; lade!
lassen – ließ – gelassen; läßt; *Konj.* ließe
laufen (*sn*) – lief – gelaufen; läufst; *Konj.* liefe; lauf!
leiden – litt – gelitten; *Konj.* litte
leihen – lieh – geliehen; *Konj.* liehe
lesen – las – gelesen; liest; *Konj.* läse; lies!
liegen – lag – gelegen; *Konj.* läge
lügen – log – gelogen; *Konj.* löge
meiden – mied – gemieden; *Konj.* miede
melken – melkte/molk – gemolken
messen – maß – gemessen; mißt; *Konj.* mäße; miß!
mißlingen – es mißlang – es ist mißlungen; *Konj.* es mißlänge
mögen – mochte – gemocht; *Präs.* mag, magst, mag; *Konj.* möchte
müssen – mußte – gemußt; *Präs.* muß, mußt, muß; *Konj.* müßte
nehmen – nahm – genommen; nimmst; *Konj.* nähme; nimm!
nennen – nannte – genannt; *Konj.* nennte
pfeifen – pfiff – gepfiffen; *Konj.* pfiffe; pfeif!
preisen – pries – gepriesen; *Konj.* priese
quellen *v/i* (*sn*) – quoll – gequollen; quillst; *Konj.* quölle
raten – riet – geraten; rätst; *Konj.* riete
reiben – rieb – gerieben; *Konj.* riebe
reißen (*v/i*: *sn*) – riß – gerissen; *Konj.* risse
reiten (*sn*) – ritt – geritten; *Konj.* ritte
rennen (*sn*) – rannte – gerannt; *Konj.* rennte
riechen – roch – gerochen; *Konj.* röche
ringen – rang – gerungen; *Konj.* ränge
rinnen (*sn*) – rann – geronnen; *Konj.* ränne
rufen – rief – gerufen; *Konj.* riefe
saufen – soff – gesoffen; säufst; *Konj.* söffe
saugen° – sog – gesogen; *Konj.* söge
schaffen° – schuf – geschaffen; *Konj.* schüfe
scheiden (*v/i*: *sn*) – schied – geschieden; *Konj.* schiede
scheinen – schien – geschienen; *Konj.* schiene

scheißen – schiß – geschissen; *Konj.* schisse

schelten – schalt – gescholten; schiltst; *Konj.* schölte; schilt!

scheren° – schor – geschoren; *Konj.* schöre

schieben – schob – geschoben; *Konj.* schöbe

schießen – schoß – geschossen; *Konj.* schösse

schinden – schund/schindete – geschunden; *Konj.* schünde

schlafen – schlief – geschlafen; schläfst; *Konj.* schliefe

schlagen – schlug – geschlagen; schlägst; *Konj.* schlüge

schleichen (*sn*) – schlich – geschlichen; *Konj.* schliche

schleifen *v/t* – schliff – geschliffen; *Konj.* schliffe

schließen – schloß – geschlossen; *Konj.* schlösse

schlingen – schlang – geschlungen; *Konj.* schlänge

schmeißen – schmiß – geschmissen; *Konj.* schmisse

schmelzen (*v/i*: *sn*) – schmolz – geschmolzen; *Präs.* schmilzt; *Konj.* schmölze; schmilz!

schneiden – schnitt – geschnitten; *Konj.* schnitte

schreiben – schrieb – geschrieben; *Konj.* schriebe

schreien – schrie – geschrie(e)n; *Konj.* schriee

schreiten (*sn*) – schritt – geschritten; *Konj.* schritte

schweigen – schwieg – geschwiegen; *Konj.* schwiege

schwellen *v/i* (*sn*) – schwoll – geschwollen; schwillst; *Konj.* schwölle

schwimmen (*sn*) – schwamm – geschwommen; *Konj.* schwömme

schwinden (*sn*) – schwand – geschwunden; *Konj.* schwände

schwingen – schwang – geschwungen; *Konj.* schwänge

schwören – schwor – geschworen; *Konj.* schwöre/schwüre

sehen – sah – gesehen; siehst; *Konj.* sähe; sieh!

sein (*sn*) – war – gewesen; *Präs.* bin, bist, ist, sind, seid, sind; *Konj. Präs.* sei, sei(e)st, sei, seien, seiet, seien; *Impf.* war; *Konj. Impf.* wäre; sei!, seid!

senden° – sandte – gesandt; *Konj.* sendete

sieden° – sott – gesotten; *Konj.* sötte

singen – sang – gesungen; *Konj.* sänge

sinken (*sn*) – sank – gesunken; *Konj.* sänke

sinnen – sann – gesonnen; *Konj.* sänne

sitzen – saß – gesessen; *Konj.* säße

sollen – sollte – gesollt; *Konj.* sollte

speien – spie – gespie(e)n; *Konj.* spiee

spinnen – spann – gesponnen; *Konj.* spönne

sprechen – sprach – gesprochen; sprichst; *Konj.* spräche; sprich!

sprießen (*sn*) – sproß – gesprossen; *Konj.* sprösse

springen (*sn*) – sprang – gesprungen; *Konj.* spränge

stechen – stach – gestochen; stichst; *Konj.* stäche; stich!

stecken *v/i*° – stak – gesteckt; *Konj.* stäke

stehen – stand – gestanden; *Konj.* stände/stünde

stehlen – stahl – gestohlen; stiehlst; *Konj.* stähle; stiehl!

steigen (*sn*) – stieg – gestiegen; *Konj.* stiege

sterben (*sn*) – starb – gestorben; stirbst; *Konj.* stürbe; stirb!

stieben (*sn*) – stob – gestoben; *Konj.* stöbe

stinken – stank – gestunken; *Konj.* stänke

stoßen – stieß – gestoßen; stößt; *Konj.* stieße

streichen – strich – gestrichen; *Konj.* striche

streiten – stritt – gestritten; *Konj.* stritte

tragen –trug – getragen; trägst; *Konj.* trüge

treffen – traf – getroffen; triffst; *Konj.* träfe; triff!

treiben (*v/i*: *sn*) – trieb – getrieben; *Konj.* triebe

treten (*v/i*: *sn*) – trat – getreten; trittst; *Konj.* träte; tritt!

triefen° – troff – getrieft; *Konj.* tröffe

trinken – trank – getrunken; *Konj.* tränke

trügen – trog – getrogen; *Konj.* tröge

tun – t**a**t – get**a**n; *Präs.* tue, tust, tut; *Konj.* täte; tu!, tut!
verderben (*v/i: sn*) – verd**a**rb – verd**o**rben; verdirbst; *Konj.* verdürbe; verdirb!
verdingen, sich° – verd**a**ng – verd**u**ngen; *Konj.* verdänge
verdrießen – verdr**o**ß – verdr**o**ssen; *Konj.* verdrösse
vergessen – verg**a**ß – verg**e**ssen; vergißt; *Konj.* vergäße; vergiß!
verlieren – verl**o**r – verl**o**ren; *Konj.* verlöre
verschleißen – verschl**i**ß – verschl**i**ssen; *Konj.* verschlisse
wachsen (*sn*) – w**u**chs – gew**a**chsen; wächst; *Konj.* wüchse
waschen – w**u**sch – gew**a**schen; wäschst; *Konj.* wüsche
weben – w**o**b – gew**o**ben; *Konj.* wöbe
weichen (*sn*) – w**i**ch – gew**i**chen; *Konj.* wiche
weisen – w**ie**s – gew**ie**sen; *Konj.* wiese
wenden° – w**a**ndte – gew**a**ndt; *Konj.* wendete
werben – w**a**rb – gew**o**rben; wirbst; *Konj.* würbe; wirb!
werden (*sn*) – w**u**rde – gew**o**rden; *Präs.* werde, wirst, wird; *Konj.* würde
werfen – w**a**rf – gew**o**rfen; wirfst; *Konj.* würfe; wirf!
wiegen – w**o**g – gew**o**gen; *Konj.* wöge
winden – w**a**nd – gew**u**nden; *Konj.* wände
wissen – w**u**ß**te** – gew**u**ß**t**; *Präs.* weiß, weißt, weiß; *Konj.* wüßte
wollen – woll**te** – gewoll**t**; *Präs.* will, willst, will; *Konj.* wollte
wringen – wr**a**ng – gewr**u**ngen; *Konj.* wränge
zeihen° – z**ie**h – gez**ie**hen; *Konj.* ziehe
ziehen (*v/i: sn*) – z**o**g – gez**o**gen; *Konj.* zöge
zwingen – zw**a**ng – gezw**u**ngen; *Konj.* zwänge

Zahlwörter – Αριθμητικά

Grundzahlen – Απόλυτα αριθμητικά

0 null μηδέν (*n*)
1 eins ένας *m*, μια, μία *f*, ένα *n*
2 zwei δυο, δύο
3 drei τρεις *m u. f*, τρία *n*
4 vier τέσσερις (*a.* -εις) *m u. f*, τέσσερα *n*
5 fünf πέντε
6 sechs έξι
7 sieben εφτά, επτά
8 acht οχτώ, οκτώ
9 neun εννιά, εννέα
10 zehn δέκα
11 elf έντεκα, ένδεκα
12 zwölf δώδεκα
13 dreizehn δεκατρείς *m u. f*, δεκατρία *n*
14 vierzehn δεκατέσσερις *m u. f*, δεκατέσσερα *n*
15 fünfzehn δεκαπέντε
16 sechzehn δεκαέξι (*a.* δεκάξι)
17 siebzehn δεκαεφτά, -επτά
18 achtzehn δεκαοχτώ, -οκτώ
19 neunzehn δεκαεννιά, -εννέα
20 zwanzig είκοσι
21 einundzwanzig είκοσι ένας *m*, ~ μια *f*, ~ ένα *n*
22 zweiundzwanzig είκοσι δυο
30 dreißig τριάντα
40 vierzig σαράντα
50 fünfzig πενήντα
60 sechzig εξήντα
70 siebzig εβδομήντα
80 achtzig ογδόντα
90 neunzig ενενήντα
100 hundert εκατό(ν)
101 (ein)hunderteins εκατόν ένας *m*, εκατό μία *f*, εκατόν ένα *n*
125 (ein)hundertfünfundzwanzig εκατόν είκοσι πέντε
200 zweihundert διακόσ(ι)οι *m*, διακόσ(ι)ες *f*, διακόσ(ι)α *n*
300 dreihundert τριακόσ(ι)οι *usw.*
400 vierhundert τετρακόσ(ι)οι *usw.*
500 fünfhundert πεντακόσ(ι)οι *usw.*
600 sechshundert εξακόσ(ι)οι *usw.*
700 siebenhundert εφτακόσ(ι)οι *usw.*
800 achthundert οχτακόσ(ι)οι *usw.*
900 neunhundert εννιακόσ(ι)οι *usw.*
1000 tausend χίλιοι *m*, χίλιες *f*, χίλια *n*
1991 neunzehnhunderteinundneunzig χίλια εννιακόσια ενενήντα ένα
2000 zweitausend δύο χιλιάδες (*f/pl*)
10 000 zehntausend δέκα χιλιάδες
100 000 hunderttausend εκατό χιλιάδες
1 000 000 eine Million ενά εκατομμύριο
1 000 000 000 eine Milliarde ένα δισεκατομμύριο

Beim Zählen benutzt der Grieche die *neutralen* Formen der Grundzahlen: „Ένα, δύο, τρία, τέσσερα ...“.

Ordnungszahlen – Τακτικά αριθμητικά

1. erste πρώτος
2. zweite δεύτερος
3. dritte τρίτος
4. vierte τέταρτος
5. fünfte πέμπτος
6. sechste έκτος
7. sieb(en)te έβδομος
8. achte όγδοος
9. neunte ένατος
10. zehnte δέκατος
11. elfte ενδέκατος
12. zwölfte δωδέκατος
13. dreizehnte δέκατος τρίτος
14. vierzehnte δέκατος τέταρτος
15. fünfzehnte δέκατος πέμπτος
16. sechzehnte δέκατος έκτος
17. siebzehnte δέκατος έβδομος
18. achtzehnte δέκατος όγδοος
19. neunzehnte δέκατος ένατος
20. zwanzigste εικοστός
21. einundzwanzigste εικοστός πρώτος
30. dreißigste τριακοστός
40. vierzigste τεσσαρακοστός
50. fünfzigste πεντηκοστός
60. sechzigste εξηκοστός
70. siebzigste εβδομηκοστός
80. achtzigste ογδοηκοστός
90. neunzigste ενενηκοστός
100. hundertste εκατοστός
101. (ein)hunderterste εκατοστός πρώτος
125. (ein)hundertfünfundzwanzigste εκατοστός εικοστός πέμπτος
200. zweihundertste διακοσιοστός
300. dreihundertste τριακοσιοστός
400. vierhundertste τετρακοσιοστός
500. fünfhundertste πεντακοσιοστός
600. sechshundertste εξακοσιοστός
700. siebenhundertste εφτακοσιοστός
800. achthundertste οχτακοσιοστός
900. neunhundertste εννιακοσιοστός
1000. tausendste χιλιοστός
2000. zweitausendste δισχιλιοστός
10 000. zehntausendste δεκακισχιλιοστός
100 000. hunderttausendste εκατοντακισχιλιοστός
1 000 000. millionste εκατομμυριοστός

Alle griechischen Ordnungszahlen sind deklinable Adjektive dreier Endungen, z. B. πρώτος, πρώτη, πρώτο – δεύτερος, δεύτερη, δεύτερο – εικοστός, εικοστή, εικοστό.

Wichtige Abkürzungen in diesem Wörterbuch

αερ.	αεροπορία Flugwesen
αθλ.	αθλητισμός Sport
ανατ.	ανατομία Anatomie
αόρ.	αόριστος Aorist
απρ.	απρόσωπο unpersönlich
αρν.	άρνηση Verneinung
αρχιτ.	αρχιτεκτονική Architektur
αστρ.	αστρονομία Astronomie
αυτοκ.	αυτοκίνητο Auto
βιολ.	βιολογία Biologie
βλ.	βλέπε siehe
βοτ.	βοτανική Botanik
γεν.	γενικά allgemein
γεωγρ.	γεωγραφία Geographie
γραμμ.	γραμματική Grammatik
δηλ.	δηλαδή das heißt
ειρων.	ειρωνικά ironisch
εμπ.	εμπόριο Handel
ερωτ.	ερωτηματικό Fragewort
ζωολ.	ζωολογία Zoologie
ηλ.	ηλεκτρισμός Elektrizität
ηλεκτρον.	ηλεκτρονική Elektronik
θεατρ.	θέατρο, -ικός Theater
θρ.	θρησκειολογία Religionswissenschaft
ιατρ.	ιατρική Medizin
ιδ.	ιδίως besonders
ιστ.	ιστορία, -ικός Geschichte
κ.	και und
κπ	κάποιον jemanden
κτ	κάτι etwas
κτλ.	και τα λοιπά und so weiter
λαϊκ.	λαϊκό populär
λογοτ.	λογοτεχνικό literarisch
μαθ.	μαθηματικά Mathematik
μειωτ.	μειωτικός pejorativ
μουσ.	μουσική Musik
μτφ.	μεταφορικά figürlich
μυθ.	μυθολογία Mythologie
ναυτ.	ναυτιλία Schiffahrt
νομ.	νομική Jura
οικ.	οικείας σφαίρας familiär
οικον.	οικονομία Wirtschaft
παθ.	παθητική φωνή Passiv
παρατ.	παρατατικός Imperfekt
περ.	περίπου ungefähr
πληθ.	πληθυντικός Plural
ποιητ.	ποιητικό poetisch
πολ.	πολιτική Politik
πρόσ.	πρόσωπο Person
προστ.	προστακτική Imperativ
σιδ.	σιδηρόδρομος Eisenbahn
στρ.	στρατιωτικός militärisch
συνήθ.	συνήθως gewöhnlich
σχολ.	σχολείο, -ικός Schule
ταχ., ταχυδρ.	ταχυδρομείο Post
τεχν.	τεχνικός technisch
τηλεόρ.	τηλεόραση Fernsehen
τυπ.	τυπογραφία Typographie
υποτ.	υποτακτική Konjunktiv
φιλοσ.	φιλοσοφία Philosophie
φυσ.	φυσική Physik
φωτογρ.	φωτογραφική Fotografie
χημ.	χημεία Chemie
χρον.	χρονικός Zeit-, zeitlich
χυδ.	χυδαίο vulgär
ψυχ.	ψυχολογία Psychologie

---

(0)	undeklinierbar άκλιτη λέξη
a.	auch και, επίσης
A	Akkusativ αιτιατική
Adj	Adjektiv επίθετο
adj	adjektivisch επιθετικά
Adv	Adverb επίρρημα
adv	adverbiell επιρρηματικά